珠江-西江经济带城市发展研究
(2010~2015)

农业生产卷

曾 鹏 钟学思 李洪涛等 著

中国财经出版传媒集团
经济科学出版社
Economic Science Press

图书在版编目（CIP）数据

珠江-西江经济带城市发展研究：2010-2015.农业生产卷/曾鹏等著.—北京：经济科学出版社，2017.12
ISBN 978-7-5141-8838-7

Ⅰ.①珠… Ⅱ.①曾… Ⅲ.①城市经济-经济发展-研究报告-广东-2010-2015②城市经济-经济发展-研究报告-广西-2010-2015③农业生产-研究报告-广东-2010-2015④农业生产-研究报告-广西-2010-2015 Ⅳ.①F299.276②F323

中国版本图书馆CIP数据核字（2017）第307190号

责任编辑：李晓杰 刘 悦
责任校对：杨 海
责任印制：李 鹏

珠江-西江经济带城市发展研究（2010~2015）
农业生产卷
曾 鹏 钟学思 李洪涛等 著
经济科学出版社出版、发行 新华书店经销
社址：北京市海淀区阜成路甲28号 邮编：100142
总编部电话：010-88191217 发行部电话：010-88191522
网址：www.esp.com.cn
电子邮件：esp@esp.com.cn
天猫网店：经济科学出版社旗舰店
网址：http://jjkxcbs.tmall.com
北京季蜂印刷有限公司印装
880×1230 16开 23.25印张 970000字
2017年12月第1版 2017年12月第1次印刷
ISBN 978-7-5141-8838-7 定价：128.00元
（图书出现印装问题，本社负责调换。电话：010-88191510）
（版权所有 侵权必究 打击盗版 举报热线：010-88191661
QQ：2242791300 营销中心电话：010-88191537
电子邮箱：dbts@esp.com.cn）

作者简介

曾鹏，男，1981年7月生，汉族，广西桂林人，中共党员。广西师范大学经济学、法学双学士、管理学硕士，哈尔滨工业大学管理学博士，中国社会科学院研究生院经济学博士研究生（第二博士），中央财经大学经济学博士后，经济学教授，硕士研究生导师。历任桂林理工大学人文社会科学学院副院长（主持行政工作）、广西壮族自治区科学技术厅办公室副主任（挂职），现任桂林理工大学社会科学办公室主任、科技处副处长。入选中华人民共和国国家民族事务委员会"民族问题研究优秀中青年专家"、中华人民共和国国家旅游局"旅游业青年专家培养计划"、中华人民共和国民政部"行政区划调整论证专家"、广西壮族自治区人民政府"十百千人才工程"第二层次人选、广西壮族自治区教育厅"广西高等学校高水平创新团队及卓越学者计划"、广西壮族自治区教育厅"广西高等学校优秀中青年骨干教师培养工程"、广西壮族自治区知识产权局"广西知识产权（专利）领军人才"、广西壮族自治区文化厅"广西文化产业发展专家"。

曾鹏教授主要从事城市群与区域经济可持续发展、计量经济分析等方面的教学与科研工作。主持完成国家社会科学基金项目2项、中国博士后科学基金项目1项、国家民委民族问题研究项目1项、国家旅游局旅游业青年专家培养计划项目1项、广西哲学社会科学规划课题1项、广西教育科学规划课题2项、广西壮族自治区教育厅科研项目3项、广西高等教育教学改革工程项目1项、广西学位与研究生教育改革和发展专项课题1项、广西旅游产业人才小高地人才提升专项研究课题1项、广西壮族自治区社会科学界联合会研究课题2项、广西研究生科研创新项目1项；作为主研人员完成或在研国家社会科学基金项目7项。出版《面向后发地区的区域技术战略对企业迁移作用机理研究》《中国－东盟自由贸易区带动下的西部民族地区城镇化布局研究——基于广西和云南的比较》等著作4部；在《科研管理》《社会科学》《国际贸易问题》《农业经济问题》《数理统计与管理》《经济地理》《中国人口·资源与环境》《人文地理》《现代法学》等中文核心期刊、CSSCI来源期刊、EI来源期刊上发表论文87篇，在省级期刊上发表论文24篇，在《中国人口报》《广西日报》的理论版上发表论文29篇，在《海派经济学》等辑刊、国际年会和论文集上发表论文19篇。论文中有9篇被EI检索，有4篇被ISTP/ISSHP检索，有66篇被CSSCI检索，有2篇被《人大复印资料》《社会科学文摘》全文转载。学术成果获中华人民共和国国家民族事务委员会颁发的国家民委社会科学优秀成果奖二等奖1项、三等奖1项；广西壮族自治区人民政府颁发的广西壮族自治区社会科学优秀成果奖二等奖3项、三等奖6项；中国共产主义青年团中央委员会颁发的全国基层团建创新理论成果奖二等奖1项；中华人民共和国民政部颁发的民政部民政政策理论研究一等奖1项、二等奖1项、三等奖3项、优秀奖1项；教育部社会科学司颁发的高校哲学社会科学研究优秀咨询报告1项；中国共产主义青年团中央委员会办公厅颁发的全国社区共青团工作调研活动优秀调研奖一等奖1项；桂林市人民政府颁发的桂林社会科学优秀成果一等奖1项、二等奖1项、三等奖4项；广西壮族自治区教育厅颁发的广西教育科学研究优秀成果奖三等奖1项；广西壮族自治区教育厅颁发的广西高等教育自治区级教学成果奖二等奖1项；全国工商管理硕士教育指导委员会颁发的"全国百篇优秀管理案例"1项。

钟学思，男，1981年4月生，瑶族，广西柳州人，中共党员。广西师范大学经济学学士、教育学硕士，广西师范大学经济管理学院应用经济学教研室主任，副教授、硕士研究生导师，中南财经政法大学经济学博士研究生。主要从事城市化与区域经济可持续发展、少数民族文化产业发展等方面的教学与科研工作。主持国家社会科学基金项目1项、广西哲学社会科学规划课题1项、广西壮族自治区教育厅科研项目2项、广西高等教育教学改革工程项目1项；作为主研人员完成或在研国家社会科学基金项目4项。出版著作《珠江－西江经济带区域体育旅游发展研究：桂林案例》《桂林米粉》；在《体育学刊》《科技管理研究》《社会科学家》《旅游科学》《广西师范大学学报（哲学社会科学版）》《江苏农业科学》等中文核心期刊、CSSCI来源期刊上发表论文9篇，在省级期刊上发表论文22篇，其中有1篇被EI检索。学术成果获广西壮族自治区人民政府颁发的广西壮族自治区社会科学优秀成果奖三等奖1项；中华人民共和国民政部颁发的民政部民政政策理论研究一等奖1项；中国共产主义青年团中央委员会办公厅颁发的全国社区共青团工作调研活动优秀调研奖一等奖1项；广西壮族自治区科学技术协会、广西壮族自治区社会科学界联合会、共青团广西壮族自治区委员会联合颁发的广西青年学术年会优秀论文一等奖1项、二等奖1项；桂林市人民政府颁发的桂林社会科学优秀成果奖三等奖1项；广西壮族自治区教育厅颁发的广西高等教育自治区级教学成果奖一等奖1项、二等奖1项。

李洪涛，男，1993年3月生，汉族，广西桂林人，共青团员。桂林电子科技大学工学学士，桂林理工大学社会服务与管理专业硕士研究生，主要从事城市群与区域经济可持续发展方面的科研工作。参与国家社会科学基金项目2项，广西哲学社会科学规划课题1项。在《科技进步与对策》《海派经济学》等中文核心期刊、CSSCI来源期刊、集刊上发表论文3篇。学术成果获中华人民共和国国家民族事务委员会颁发的国家民委社会科学优秀成果奖三等奖1项，中华人民共和国民政部颁发的民政部民政政策理论研究三等奖2项。

参加本书撰写人员

曾　鹏	钟学思	李洪涛	杨莎莎	陈　薇
许杰智	陆凤娟	秦慧玲	徐静静	石志禹
韩晓涵	魏　旭	周林英	王俊俊	章昌平
陈　洁	梁仁海	陈　茫	邓国彬	邓小芹
黄　令	陈嘉浩	曹冬勤	邓闻静	杨　柳

前　　言

《珠江-西江经济带城市发展研究（2010~2015）》（10卷本）是2016年度广西人文社会科学发展研究中心委托项目"珠江-西江经济带城市发展研究（2010~2015）"（课题编号：WT2016001）的核心成果，总字数约1000万字。课题于2016年6月立项，2017年6月结项，历时一年由桂林理工大学、广西师范大学共同完成，并于2017年12月在经济科学出版社出版。在课题的研究期间，课题组多次深入珠江-西江经济带各城市展开实际调研，收集到了极为丰富的一线材料和数据，为10卷本著作的撰写提供了坚实的写作基础。

纵观该10卷本著作，具有以下几个特点：

一是研究区域的独特性。《珠江-西江经济带城市发展研究（2010~2015）》（10卷本）研究的珠江-西江经济带是广西重点发展的核心区域，对促进广东、广西经济一体化，探索我国跨省区流域经济合作发展新模式具有十分重要意义。《珠江-西江经济带发展规划》于2014年7月经国务院批复上升为国家战略，同年8月，国家发展和改革委员会正式印发《珠江-西江经济带发展规划》全文。规划范围包括广东省的广州、佛山、肇庆、云浮4市和广西壮族自治区的南宁、柳州、梧州、贵港、百色、来宾、崇左7市。珠江-西江经济带是珠江三角洲地区转型发展战略腹地、西南地区重要出海通道，在全国区域协调发展与面向东盟开放合作中具有重要战略地位，旨在带动区域内城市协同发展；经济带自然禀赋优良、航运条件优越、产业基础较好、合作前景广阔、发展潜力巨大，是我国新兴的跨省区的经济合作平台，是国家开发轴带的重要组成部分，沿江区域更是产业集聚的重要载体，其产业布局将对未来沿江土地利用及城市经济发展产生重要影响。它的出现将给两广地区，特别是广西经济发展带来新的机遇。在当今新形势下，对珠江-西江经济带各城市发展进行评估，探悉加快推进珠江-西江经济带发展建设，有利于构建我国西南中南地区开放发展新的战略支点，培育我国新的区域经济带打造综合交通大通道，这也是适应我国经济新常态、推进供给侧结构性改革、带动区域内城市协同发展的必然要求。

二是研究内容的必要性。《珠江-西江经济带城市发展研究（2010~2015）》（10卷本）的研究是通过城市综合发展评估的形式，将经济带内各城市关乎国民经济发展的各项指标有机结合，突破单一层面研究的局限，从综合发展、人口就业、区域经济、农业生产、工业企业、基础设施、社会福利、居民生活、科教文卫、生态环境十个方面多视角、多维度深入探讨各城市发展现状，更加突出对城市发展现状的深入探索，全方位体现城市发展水平及差异。珠江-西江经济带建设发展的成效直接体现在经济带各城市综合发展过程。国内外现有的对各地区多视角的发展评估及所构建的评价指标体系，为开展珠江-西江经济带城市综合发展评估提供了前期基础。可以说，开展珠江-西江经济带城市综合发展评估是对珠江-西江经济带规划和城市发展评估理论的进一步深化与提升，符合国家加快实施《珠江-西江经济带发展规划》，对打造综合交通大通道，建设珠江-西江生态廊道，着力构建现代产业体系，着力构筑开放合作新高地，切实支持经济带加快发展、区域协调发展和流域生态文明建设提供示范具有重要的理论意义和现实意义。党的十九大报告强调，"我国经济已由高速增长阶段转向高质量发展阶段，正处在转变发展方式、优化经济结构、转换增长动力的攻关期，建设现代化经济体系是跨越关口的迫切要求和我国发展的战略目标。"建设现代化经济体系是我国目前重要的战略任务，要求从发展方式、经济结构和增长动力的高度对城市综合发展进行评估，探寻城市经济结构和增长动力的发展特点和趋势。因此，开展珠江-西江经济带城市综合发展评估正是顺应了我国建设现代化经济体系的趋势和要求，以综合发展水平的独特视角诠释城市所包含的关乎国民生产生活的方方面面。将发展方式、经济结构和增长动力从发展层面深化至具体绩效评价，为创新区域协调发展体制机制、优化区域空间开发格局，以及全面提高珠江-西江经济带城镇化质量提供理论依据和政策依据；为推进国家实施"一带一路"倡议、京津冀协同发展、长江经济带等战略布局提供可资借鉴的区域发展素材。

三是研究主题的先进性。《珠江-西江经济带城市发展研究（2010~2015）》（10卷本）对珠江-西江经济带各城市生产、生活等方方面面发展问题进行了深入的探讨研究，其涉及的评价内容均为当前我国经济发展过程中的关注点，且其选取的评价层面及提出的实现路径与党的十九大提出的相关政策不谋而合，具有高度前瞻性。如人口就业卷中对人口就业的发展评估顺应了党的十九大发出的实现更高质量和更充分就业的"动员令"；区域经济卷中关于区域经济发展现状评估顺应了党的十六届三中全会"五个统筹"中关于统筹区域发展的重要精神；农业生产卷关于农业生产发展现状评估体现了我国近年来重视发展农业现代化、推动新型城镇化建设重要战略思想；工业企业卷中关于工业企业发展现状评估与党的十九大提出的"建立以企业为主体、市场为导向、产学研深度融合的技术创新体系，加强对中小企业创新的支持，促进科技成果转化"发展思路高度吻合；基础设施卷中关于基础设施的发展现状评估符合党的十九大提出的加强基础设施网络建设和建设"交通强国"的要求；社会福利卷中关于乡村社会福利的发展现状评估与党的十九大提出的"实施乡村振兴战略"高度一致；居民生活卷中关于居民生活的发展现状评估进一步分析了党的十九大的"人民日益增长的美好生活需要和不平衡不充分的发展之间的矛盾"的社会主要矛盾的变化。科教文卫卷中关于科教文卫的发展现状评估与"文化自信"思想一脉相承；生态环境卷中关于生态环境的发展现状评估集中体现了我国牢固树立绿色发展理念，加大生态保护力度，共享绿色发展成果，着力推进"五个协调"全面发展战略。

四是研究成果的独特性。《珠江-西江经济带城市发展研究（2010~2015）》（10卷本）通过构建珠江-西江经济带城市发展水平评价指标体系进行灰色关联度分析，运用SPSS、Arcgis等计量与地理信息软件将评估结果在地图上进行直观展示，最后将评估结果进行对比分析，做到定量和定性、理论和实践的有机统一，在进行珠江-西江经济带城市综合水平发展评估的研究中具有一定的创新性。该10卷本著作是第一部将公开渠道发布的数据进行全方位收集和整理的书籍；也是第一部全方位、多视角对珠江-西江经济带城市各方面发展水平进行综合评估的著作；著作中关于城市发展评估指标体系构建的完整与全面也是目前国内外少有的。

《珠江-西江经济带城市发展研究（2010~2015）》（10卷本）全面评价与揭示珠江-西江经济带城市发展现状，具有重大的理论指导意义。著作更是凝聚了课题组的心血和努力，从数据的全面性与完整性中明显反映出团队所花费的时间与精力，体现出当代学者所崇尚的刻苦钻研、积极进取的精神风貌。我们相信通过此系列成果能引起读者们对珠江-西江经济带城市发展现状有更深入的认识，也盼望能产生一些新的思考与启发。在国家推进西部大开发战略与"一带一路"倡议背景下，广西当前所面临的机遇和挑战是空前的。如果能引起更多学者重视新时代背景下珠江-西江经济带发展问题，探悉发展机制，剖析发展现状，发挥广西后起优势，促进珠江-西江经济带建设，则是我们热切盼望的。

曾 鹏

2017年12月

目 录

第一章　珠江-西江经济带城市农业生产发展水平综合评估 … 1
一、珠江-西江经济带城市农业生产发展水平评估指标体系及测算方法构建 … 1
二、珠江-西江经济带城市农业生产发展水平综合评估与比较 … 7
三、珠江-西江经济带城市农业结构竞争力评估与比较 … 25
四、珠江-西江经济带城市农业发展水平评估与比较 … 55
五、珠江-西江经济带城市农业产出水平评估与比较 … 83

第二章　南宁市农业生产发展水平综合评估 … 115
一、南宁市农业结构竞争力综合评估与比较 … 115
二、南宁市农业发展水平综合评估与比较 … 121
三、南宁市农业产出水平综合评估与比较 … 127
四、南宁市农业生产发展水平综合评估与比较评述 … 133

第三章　柳州市农业生产发展水平综合评估 … 136
一、柳州市农业结构竞争力综合评估与比较 … 136
二、柳州市农业发展水平综合评估与比较 … 141
三、柳州市农业产出水平综合评估与比较 … 147
四、柳州市农业生产发展水平综合评估与比较评述 … 154

第四章　梧州市农业生产发展水平综合评估 … 157
一、梧州市农业结构竞争力综合评估与比较 … 157
二、梧州市农业发展水平综合评估与比较 … 163
三、梧州市农业产出水平综合评估与比较 … 169
四、梧州市农业生产发展水平综合评估与比较评述 … 175

第五章　贵港市农业生产发展水平综合评估 … 178
一、贵港市农业结构竞争力综合评估与比较 … 178
二、贵港市农业发展水平综合评估与比较 … 184
三、贵港市农业产出水平综合评估与比较 … 190
四、贵港市农业生产发展水平综合评估与比较评述 … 196

第六章　百色市农业生产发展水平综合评估 … 200
一、百色市农业结构竞争力综合评估与比较 … 200
二、百色市农业发展水平综合评估与比较 … 206
三、百色市农业产出水平综合评估与比较 … 211
四、百色市农业生产发展水平综合评估与比较评述 … 218

第七章　来宾市农业生产发展水平综合评估 … 221
一、来宾市农业结构竞争力综合评估与比较 … 221
二、来宾市农业发展水平综合评估与比较 … 227
三、来宾市农业产出水平综合评估与比较 … 233
四、来宾市农业生产发展水平综合评估与比较评述 … 239

第八章　崇左市农业生产发展水平综合评估 …… 242
一、崇左市农业结构竞争力综合评估与比较 …… 242
二、崇左市农业发展水平综合评估与比较 …… 247
三、崇左市农业产出水平综合评估与比较 …… 253
四、崇左市农业生产发展水平综合评估与比较评述 …… 259

第九章　广州市农业生产发展水平综合评估 …… 263
一、广州市农业结构竞争力综合评估与比较 …… 263
二、广州市农业发展水平综合评估与比较 …… 268
三、广州市农业产出水平综合评估与比较 …… 274
四、广州市农业生产发展水平综合评估与比较评述 …… 280

第十章　佛山市农业生产发展水平综合评估 …… 284
一、佛山市农业结构竞争力综合评估与比较 …… 284
二、佛山市农业发展水平综合评估与比较 …… 289
三、佛山市农业产出水平综合评估与比较 …… 295
四、佛山市农业生产发展水平综合评估与比较评述 …… 301

第十一章　肇庆市农业生产发展水平综合评估 …… 305
一、肇庆市农业结构竞争力综合评估与比较 …… 305
二、肇庆市农业发展水平综合评估与比较 …… 310
三、肇庆市农业产出水平综合评估与比较 …… 316
四、肇庆市农业生产发展水平综合评估与比较评述 …… 322

第十二章　云浮市农业生产发展水平综合评估 …… 326
一、云浮市农业结构竞争力综合评估与比较 …… 326
二、云浮市农业发展水平综合评估与比较 …… 331
三、云浮市农业产出水平综合评估与比较 …… 337
四、云浮市农业生产发展水平综合评估与比较评述 …… 343

第十三章　珠江-西江经济带城市农业生产发展水平的现实研判和发展路径 …… 347
一、提升农业生产发展水平，确保衡量指标协调发展 …… 347
二、发展与稳定并重，深化农业生产发展层次 …… 348
三、破除地域壁垒，缩小地域发展差异性 …… 348
四、整合各方资源，拓展农业生产多元化渠道 …… 350

第十四章　提升珠江-西江经济带城市农业生产发展水平的对策建议 …… 353
一、优化农业结构，解放农业生产力 …… 353
二、增大生产投入，提高农业生产效率 …… 355

参考文献 …… 357

后记 …… 361

第一章 珠江-西江经济带城市农业生产发展水平综合评估

一、珠江-西江经济带城市农业生产发展水平评估指标体系及测算方法构建

(一) 珠江-西江经济带城市农业生产发展水平评估指标体系建立

1. 珠江-西江经济带城市农业生产的内涵及构成要素

我国改革开放以来，农业发展迅速，取得突破性进展。粮食和农产品产量大幅度提高，农民人均纯收入也得到了显著提高，农业机械化和科技创新技术大量投入至农业生产中，农业基础设施的完善程度越来越高，农业生产物质装备也有显著改善。

我国农业正在处于由传统农业向现代农业过渡的时期。党的十七届五中全会对推进现代农业示范区建设做了重大部署，这有利于推进我国现代化农业进程。随后，还被写入了2010年中央1号文件和国务院《政府工作报告》，创建现代农业示范区正式成为国家战略决策。

城市的农业生产发展水平与其经济产业发展有着直接相关的联系。经济及产业的调整变化是通过对地区及城市生产要素分配、生产力及生产关系进行协调优化而实现的，生产力作为各类生产要素中最为活跃的部分，经济产业的变化会第一时间反应在城市的农业领域。农业生产发展水平也制约着城市的综合发展，生产力作为城市发展中最具能动性的要素，对于协调各类要素资源的分配及经济产业结构升级起到重要作用。研究通过农业结构、农业发展、农业产出三大指标部分对珠江-西江经济带城市农业发展水平进行评估。

第一，农业结构。农业结构是农业发展水平的基本要素，城市的农业结构直接反映出其农业发展水平的演化过程。农业结构是指农产品质检的比例关系。农产品是通过对生产资源进行投入而形成的，因此农产品与农业资源结构、农业结构都有所关系。其中农业资源结构包括劳动力结构、耕地资源结构等，农业结构包括农业发展结构、产出率等。农业发展结构是对城市农业的多样化种植、种植水平和市场化程度、农业种植人员对市场分析意识能力这三个方面的综合评价。农业发展结构越好，说明城市农业种植品种较多，越能实现对城市经济社会发展的促进作用。农业产出率是对城市农业产品生产效率的评估分析，相对固定的时间内，提高农业种植水平，改进农业种植技术，可以获得更多的农业产品产量，大幅度提高农业产出率。通过城市农业产出率的评估分析，可以为城市进行农业产出增长比例调整提供理论与数据支撑。

第二，农业发展。农业发展是评估农业发展水平的重要部分。农业发展反映出城市农业土地的发展情况、农业发展水平。因此，通过研究农业土地发展、农业发展强度等内容对城市农业发展进行分析。农业土地发展反映出城市农业生产用地的使用和建设情况，由于存在着地区间土地城镇化以及经济发展不平衡问题，农业土地发展的情况也各不一样，通过对城市农用耕地面积、农业灌溉面积等多个指标的评估分析，可以说明城市其农业土地发展水平的程度。农业发展强度是对城市农业投入和产出的衡量。农业发展强度越大的城市，说明其对农业发展投入的资金、物质、人力较多，农业科技投入也较多，同时农业产出量也大、产出种类繁多。

第三，农业产出。农业是国家的传统和经济发展的基础产业。农业产出的增长可以分为外延式增长，即通过生产要素投入的增加促进产出的增加。因此，开展农业生产要素进一步改进，对于解决农业产出问题、促进农业可持续发展有着极其重要的意义。因此，通过研究城市农业承载力、农业产出增量等内容对农业产出进行评估分析。农业承载力反映出城市农业承载媒介对于被承载对象的支持程度，农业承载力是一定时期范围内，城市的农业系统对于城市的社会、经济发展以及对人们在数量和质量等各种需求的满足程度。农业承载力越大，说明城市的农业发展质量与城市居民的使用需求比例一致。农业产出增量反映农产品产出总量的变化程度，它受到两个方面的制约，一方面是城市所在地区的气候条件能否满足农业生产的需求；另一方面是保障和维系农业产出的各方面投资是否到位。

2. 珠江-西江经济带城市农业生产指标体系及其评估方法

客观全面地评价珠江-西江经济带城市农业发展水平，科学合理地掌握珠江-西江经济带及内部各城市农业发展水平的各个方面及内在机理，需要对珠江-西江经济带农业发展水平展开综合评估，因此需要一整套能够客观、准确、科学反映农业发展水平各个方面及其内在结构特征的指标体系，并能运用科学、合理的数学评价计量模型对指标体系进行评价、分析。基于中国及珠江-西江经济带农业发展现状及农业的内涵分析，努力探索构建出一整套内容丰富、符合发展实际需要的珠江-西江经济带农业发展水平评价指标体系及数学评价模型。

珠江-西江经济带城市农业发展水平评价指标体系由系统层、模块层、要素层三层指标构成，这三层指标分别对应为1个一级指标、3个二级指标、25个三级指标。其中一、二、三级指标均属于合成性的间接指标，第三层要素层指标是通过对客观直接可测量指标的计算得到的，报

告将在珠江-西江农业发展水平评估三级测算方法介绍中对具体的测算方法进行阐述分析。

由于研究所构建的三层三个方面共计 25 个指标之间存在相互依存又彼此独立的关系，指标之间既存在联系又具备区别，指标体系整体是一个完整的评估体系，由农业结构、农业发展、农业产出三个方面，全面、准确、科学的对珠江-西江经济带农业发展水平展开评估工作。

在确定评估权重和指标处理的过程中，对三级指标进行了无量纲化处理，对个别并非正向、负向的指标取与最优值之差构成为负向指标的方式进行处理。

对于正向性指标，可以通过公式（1-1）计算：

$$X_{ik} = \frac{Y_{ik} - \min_i Y_{ik}}{\max_i Y_{ik} - \min_i Y_{ik}} \times 100 \quad (1-1)$$

对于负向性指标，可以通过公式（1-2）计算：

$$X_{ik} = \frac{\max_i Y_{ik} - Y_{ik}}{\max_i Y_{ik} - \min_i Y_{ik}} \times 100 \quad (1-2)$$

所构建的珠江-西江经济带农业发展水平评估指标体系形成了一个 $Y_{11 \times 25}$ 的矩阵，由于所选取的指标数量较多并且各指标之间也存在着一定的相互联系，因而容易导致形成评价的重叠性，难以直接对其进行综合分析判别。因此，选用灰色理论对 25 项三层指标进行灰色综合评价和灰色聚类分析。

通过灰色理论对评估指标体系与相关参考因子之间的关系机密程度，从而判断各项指标距离理想最优指标之间的距离。研究以珠江-西江经济带农业发展水平评估指标理想最优指标作为参考数列 X_0 及各城市指标数列 $X_0(k)$，以珠江-西江经济带农业发展水平评估指标体系各项指标作为比较数列 X_i 及各城市指标数列 $X_i(k)$ 的标准，继而求出各指标与理想最优指标之间的灰色关联度，灰色关联度越大说明该项指标与最优理想状态越为接近，该项指标的发展水平也就越高，而灰色关联度越弱则说明该项指标的综合发展水平低。因此，通过对珠江-西江经济带农业发展水平指标体系的灰色关联度测算，可以得到各城市农业发展水平的强弱顺序。

在对各项三层指标进行无量纲化处理后将各项指标数据转化为 0~100 区间的标准值，因此选择理想最优指标数列的值为 100。研究通过公式（1-3）对灰色关联系数 $\zeta_i(k)$ 进行求解。

$$\zeta_i(k) = \frac{\min_i \min_k |X_0(k) - X_i(k)| + \delta \max_i \max_k |X_0(k) - X_i(k)|}{|X_0(k) - X_i(k)| + \delta \max_i \max_k |X_0(k) - X_i(k)|} \quad (1-3)$$

其中，δ 为分辨系数，$\delta \in [0, 1]$，通常取 0.5。

通过公式（1-4）计算各项指标的灰色关联系数。

$$\bar{r}_i = \frac{1}{n} \sum_{i=1}^{n} \zeta_i(k), \quad k = 1, 2, \cdots, m \quad (1-4)$$

通过公式（1-5）计算各项指标在综合评价中的权重 r_i。

$$r_i = \frac{\bar{r}_i}{\sum_{k=1}^{m} \bar{r}_i}, \quad k = 1, 2, \cdots, m \quad (1-5)$$

$$D_i = \sum_{k=1}^{m} r_i x_i(k), \quad i = 1, 2, \cdots, n \quad (1-6)$$

其中，D_i 数值越大说明珠江-西江经济带各城市该项指标与理想最优状态更为接近。因此，通过对 D_i 数值的分析可以反映出城市在农业发展水平层面的综合水平排序情况。表 1-1 为珠江-西江经济带城市农业生产发展水平评估指标体系及客观权重的具体信息。

表 1-1　　珠江-西江经济带城市农业生产发展水平评估指标体系及权重

一级指标	农业生产						
二级指标（3个）	三级指标（25个）	权重					
		2010年	2011年	2012年	2013年	2014年	2015年
农业结构	第一产业比重	0.042	0.042	0.040	0.040	0.038	0.038
	第一产业投资强度	0.031	0.029	0.029	0.028	0.028	0.028
	第一产业不协调度	0.067	0.065	0.061	0.059	0.060	0.058
	第一产业贡献率	0.047	0.048	0.047	0.047	0.045	0.047
	第一产业弧弹性	0.052	0.056	0.058	0.053	0.057	0.058
	第一产业结构偏离系数	0.067	0.065	0.061	0.059	0.060	0.058
	第一产业区位商	0.028	0.029	0.029	0.032	0.031	0.030
	第一产业劳动产出率	0.026	0.027	0.028	0.031	0.032	0.033
农业发展	第一产业扩张弹性系数	0.049	0.048	0.046	0.047	0.047	0.048
	农业强度	0.032	0.031	0.031	0.031	0.032	0.031
	耕地密度	0.031	0.031	0.031	0.031	0.031	0.031
	农业指标动态变化	0.035	0.036	0.037	0.037	0.037	0.044
	农业土地扩张强度	0.055	0.053	0.052	0.053	0.053	0.053
	农业蔓延指数	0.026	0.026	0.026	0.030	0.027	0.026
	农业指标相对增长率	0.028	0.028	0.029	0.031	0.038	0.029
	农业指标绝对增量加权指数	0.052	0.055	0.056	0.056	0.051	0.055

续表

二级指标 (3个)	三级指标 (25个)	权重 2010年	2011年	2012年	2013年	2014年	2015年
农业产出	食物生态足迹	0.032	0.032	0.033	0.034	0.034	0.034
	人均食物生态足迹	0.043	0.042	0.044	0.044	0.044	0.044
	农业生产比重增量	0.039	0.048	0.049	0.049	0.045	0.042
	农业生产平均增长指数	0.039	0.039	0.042	0.039	0.036	0.036
	农业枢纽度	0.041	0.036	0.034	0.033	0.032	0.032
	农业生产流强度	0.029	0.028	0.029	0.030	0.031	0.032
	农业生产倾向度	0.041	0.039	0.039	0.039	0.041	0.040
	农业生产职能规模	0.030	0.030	0.030	0.031	0.032	0.032
	农业生产职能地位	0.039	0.038	0.038	0.039	0.039	0.039

表1-2~表1-7为珠江-西江经济带城市农业发展水平指标权重分类，根据灰色关联度分析得到各项指标在综合评价体系中的权重，并根据权重的分布范围划分出最重要、较重要、重要指标三级分类标准。

表1-2　2010年影响城市综合发展水平的指标分类

类别	权重	指标
最重要	0.04~0.07	第一产业比重、第一产业不协调度、第一产业贡献率、第一产业弧弹性、第一产业结构偏离系数、第一产业扩张弹性系数、农业土地扩张强度、农业指标绝对增量加权指数、人均食物生态足迹、农业枢纽度、农业生产倾向度
较重要	0.03~0.04	第一产业投资强度、农业强度、耕地密度、农业指标动态变化、食物生态足迹、农业生产比重增量、农业生产平均增长指数、农业生产职能规模、农业生产职能地位
重要	0.02~0.03	第一产业区位商、第一产业劳动产出率、农业蔓延指数、农业指标相对增长率、农业生产流强度

表1-3　2011年影响城市综合发展水平的指标分类

类别	权重	指标
最重要	0.04~0.07	第一产业比重、第一产业不协调度、第一产业贡献率、第一产业弧弹性、第一产业结构偏离系数、第一产业扩张弹性系数、农业土地扩张强度、农业指标绝对增量加权指数、人均食物生态足迹、农业生产比重增量
较重要	0.03~0.04	农业强度、耕地密度、农业指标动态变化、农业生产平均增长指数、食物生态足迹、农业生产平均增长指数、农业枢纽度、农业生产倾向度、农业生产职能规模、农业生产职能地位
重要	0.02~0.03	第一产业投资强度、第一产业区位商、第一产业劳动产出率、农业蔓延指数、农业指标相对增长率、农业生产流强度

表1-4　2012年影响城市综合发展水平的指标分类

类别	权重	指标
最重要	0.04~0.07	第一产业比重、第一产业不协调度、第一产业贡献率、第一产业弧弹性、第一产业结构偏离系数、第一产业扩张弹性系数、农业土地扩张强度、农业指标绝对增量加权指数、人均食物生态足迹、农业生产比重增量、农业生产平均增长指数
较重要	0.03~0.04	农业强度、耕地密度、农业指标动态变化、食物生态足迹、农业枢纽度、农业生产倾向度、农业生产职能规模、农业生产职能地位
重要	0.02~0.03	第一产业投资强度、第一产业区位商、第一产业劳动产出率、农业蔓延指数、农业指标相对增长率、农业生产流强度

表1-5　2013年影响城市综合发展水平的指标分类

类别	权重	指标
最重要	0.04~0.07	第一产业比重、第一产业不协调度、第一产业贡献率、第一产业弧弹性、第一产业结构偏离系数、第一产业扩张弹性系数、农业土地扩张强度、农业指标绝对增量加权指数、人均食物生态足迹、农业生产比重增量
较重要	0.03~0.04	第一产业区位商、第一产业劳动产出率、农业强度、耕地密度、农业指标动态变化、农业蔓延指数、农业指标相对增长率、食物生态足迹、农业生产平均增长指数、农业枢纽度、农业生产流强度、农业生产倾向度、农业生产职能规模、农业生产职能地位
重要	0.02~0.03	第一产业投资强度

表1-6　2014年影响城市综合发展水平的指标分类

类别	权重	指标
最重要	0.04~0.07	第一产业不协调度、第一产业贡献率、第一产业弧弹性、第一产业结构偏离系数、第一产业扩张弹性系数、农业土地扩张强度、农业指标绝对增量加权指数、人均食物生态足迹、农业生产比重增量、农业生产倾向度

续表

类别	权重	指标
较重要	0.03~0.04	第一产业比重、第一产业区位商、第一产业劳动产出率、农业强度、耕地密度、农业指标动态变化、农业指标相对增长率、食物生态足迹、农业生产平均增长指数、农业枢纽度、农业生产流强度、农业生产职能规模、农业生产职能地位
重要	0.02~0.03	第一产业投资强度、农业蔓延指数

表1-7 2015年影响城市综合发展水平的指标分类

类别	权重	指标
最重要	0.04~0.07	第一产业不协调度、第一产业贡献率、第一产业弧弹性、第一产业结构偏离系数、第一产业扩张弹性系数、农业土地扩张强度、农业指标绝对增量加权指数、农业指标动态变化、人均食物生态足迹、农业生产比重增量、农业生产倾向度
较重要	0.03~0.04	第一产业比重、第一产业区位商、第一产业劳动产出率、农业强度、耕地密度、食物生态足迹、农业生产平均增长指数、农业枢纽度、农业生产流强度、农业生产职能规模、农业生产职能地位
重要	0.02~0.03	第一产业投资强度、农业蔓延指数、农业指标相对增长率

3. 珠江-西江经济带城市农业生产指标体系评价方法

第一，珠江-西江经济带城市农业生产指标变化类型及界定。

通过分析珠江-西江经济带各城市三级指标的变化趋势，将指标体系中各项指标变化发展态势划分为6类形态。

第一类，持续上升型。这一类型的指标是在2010~2015年间城市保持持续上升状态的指标。处于持续上升型的指标，不仅意味着城市在各项指标数据上的不断增长，更意味着城市该项指标以及农业发展水平整体上的竞争力优势不断扩大。城市的持续上升型指标数量越多，意味着城市的农业发展水平越强。

第二类，波动上升型。这一类型的指标是在2010~2015年间城市存在较多波动变化，在总体趋势上为上升趋势，但在个别年份出现了下降的情况，指标并非连续性上升状态。波动上升型指标意味着在评价的时间段内，虽然指标数据存在较大的波动变化，但是其评价末期数据值将高于评价初期数据值。波动上升型指标数量的增加，说明城市的农业发展水平并不稳定，但整体变化趋势良好。

第三类，持续保持型。这一类型的指标是在2010~2015年间城市在该项指标数值上保持平稳，变化波动较少。持续保持型指标意味着城市在该项指标上保持平稳，其竞争力并未出现明显变化。这说明城市对已具备优势保持实力，也说明城市在该项指标上的持续增长实力出现问题。持续保持型指标较多，说明城市在农业发展水平上未能实现进一步发展。

第四类，波动保持型。这一类型的指标是在2010~2015年间城市在该项指标数值上虽然呈现波动变化状态，但总体数值情况保持一致。波动保持型指标意味着城市在该项指标上虽然呈现波动状态，但在评价末期和评价初期的数值基本保持一致。波动保持型指标较多，说明城市在农业发展水平上并不稳定，未能实现持续性的增长趋势。

第五类，波动下降型。这一类的指标是在2010~2015年间城市在该项指标上总体呈现下降趋势，但在期间内存在上下波动的情况，指标并非连续性下降状态。波动下降型指标意味着在评估的时间段内，虽然指标数据存在较大的波动变化，但是其评价末期数据值低于评价初期数据值。波动下降型指标数量的增多，说明城市的农业发展水平呈现下降趋势，并且这一趋势伴随着不稳定的特征。

第六类，持续下降型。这一类的指标是在2010~2015年间城市在该指标上保持持续的下降状态。处于持续下降型的指标，意味着城市在该项指标上不断处在劣势状态，并且这一状况并未得到改善。城市的持续下降型指标数量越多，说明城市的农业发展水平越弱。

第二，指标的排名区段和优劣势的判定。

首先，排名区段的划分标准。

排名前3名的城市定为上游区，4~8名为中游区，9~11名为下游区。

其次，优劣势的评价标准。

评价指标的优劣度分为强势、优势、中势、劣势四个层次，凡是在评价时段内处于前2名的指标，均属于强势指标；在评价时段内处于3~5名的，均属优势指标；在评价时段内处于6~8名的，均属中势指标；在评价时段内始终处于9~11名的指标，均属劣势指标。对各级指标的评价均采用这一标准。

最后，指标动态变化趋势的判定。

根据前面界定的农业动态变化类型，本书在各指标评价结果前分别用"持续↑""波动↑""持续→""波动→""持续↓""波动↓"符号表示指标的持续上升、波动上升、持续保持、波动保持、持续下降、波动下降等6种变化状态，简明扼要地描述指标的具体变化情况。

（二）珠江-西江经济带城市农业生产发展水平评估指标体系的测算与评价

通过对客观性直接可测量指标的简单测算，将获取指标体系第三层要素层指标。在评价过程中，所使用的数据均为国家现行统计体系中公开发布的指标数据；主要来自《中国城市统计年鉴（2011~2016）》《中国区域经济年鉴（2011~2014）》《广西统计年鉴（2011~2016）》《广东统计年鉴（2011~2016）》以及各城市的各年度国民经济发展统计公报数据。评价范围主要包括南宁市、柳州市、梧州市、贵港市、百色市、来宾市、崇左市、广州市、佛山市、肇庆市、云浮市11个城市。

1. 珠江-西江经济带城市农业结构三级指标测算方法

第一，第一产业比重的测算公式。

$$\text{Pro}_j = P_j/P \qquad (1-7)$$

其中，Pro_j为城市的第一产业比重，P_j为城市的第一产业产值，P为城市的生产总值。经过第一产业比重测算，可以对城市第一产业与总产业增长趋势之间的关系展开分析。第一产业比重越高，说明城市的第一产业在城市整个产业中比例越大，第一产业对城市经济发展贡献越大。

第二，第一产业投资强度的测算公式。

$$E_j = Q_j/P \qquad (1-8)$$

其中，E_j为城市的第一产业投资强度，Q_j为城市对第一产业的投资总额，P为城市的生产总值。经过城市的第一产业投资强度测算，可以对城市的第一产业投资情况与地区整体经济发展水平之间的关系展开研究。城市的第一产业投资强度系数越大，说明城市财政经济对与第一产业资金、技术、物质等方面的投资越多，城市第一产业的发展要高于地区的平均水平；而城市的第一产业投资强度系数越小，说明城市第一产业发展不占优势，城市活力较弱①。

第三，第一产业不协调度的测算公式。

$$\varphi_1 = \frac{GDP_i/GDP}{Y_i/Y} - 1 \qquad (1-9)$$

其中，φ_1为第一产业不协调度，GDP_i/GDP表示城市第一产业的产值与城市总产值的比重，Y_i/Y表示第一产业的就业人员与城市总就业人口的比重。城市第一产业不协调度越小，说明城市第一产业在城市中的发展结构良好，第一产业对城市经济发展发挥促进作用②。

第四，第一产业贡献率的测算公式。

$$Con_i = \Delta L_i/\Delta L \qquad (1-10)$$

其中，Con_i为城市的第一产业贡献率，ΔL_i为i城市的第一产业在一段评估时间内产值变化量，ΔL为在同一段评估时间内城市总就业人员的变化量。经过城市的第一产业贡献率测算，可以对城市第一产业在评估时间段内为城市总体增加就业人员的占比进行评估。城市第一产业贡献率数值越大，说明城市的该产业所提供的就业机会、劳动力需求程度越高，产业发展活力更高③。

第五，第一产业弧弹性的测算公式。

$$AE = (\Delta Q/Q)/(\Delta P/P) \qquad (1-11)$$

其中，AE为城市的第一产业弧弹性，ΔQ为在一段评估时间内农村非农户投资增长量，Q为城市在评估末期时的农村非农户投资总额，ΔP为在一段评估时间内城市生产总值的变化量，P为城市在评估末期时的生产总值。第一产业弧弹性越大，说明城市的第一产业经济发展变化增长速率将快于其经济的变化增长速率，城市呈现出第一产业的扩张发展趋势④。

第六，第一产业结构偏离系数的测算公式。

$$D_i = \left| \frac{V_i}{E_i} - 1 \right| \qquad (1-12)$$

其中，D_i为第一产业结构偏离程度，$\frac{V_i}{E_i}$为第一产业比较劳动生产率，V_i为第一产业的产值比重，E_i为第一产业的就业比重。城市的第一产业结构偏离系数越小，说明城市的第一产业就业结构协调程度越高，城市的劳动生产率越高；而城市的就业结构偏离系数越大，说明城市的就业结构和产业结构将出现不协调、不稳定的状态⑤。

第七，第一产业区位商的测算公式。

$$Q_{ij} = \frac{L_{ij}/L_i}{L_j/L} \qquad (1-13)$$

其中，Q_{ij}为i城市的第一产业就业区位商，L_{ij}为i城市第一产业就业人员，L_i为i城市的总就业人口，L_j为全国的第一产业就业人员，L为全国的总就业人口。城市的第一产业区位商数值大于1，说明该城市的第一产业就业人员处于优势地位，城市的就业结构具备优势；而城市的第一产业区位商数值越小，说明城市的第一产业就业程度越低，城市的农业就业结构、产业结构不具备优势⑥。

第八，第一产业劳动产出率的测算公式。

$$LPro_i = \frac{P_i}{L_i} \qquad (1-14)$$

其中，$LPro_i$为城市的第一产业劳动生产率，P_i为城市的第一产业生产总值，L_i为城市的第一产业从业人员。经过第一产业劳动产出率测算，可以对城市第一产业的产值和第一产业从业人员的比重进行分析。第一产业劳动产出率越大，说明第一产业经济发展水平越高，第一产业对城市经济发展的贡献将越大。

2. 珠江－西江经济带城市农业发展三级指标测算方法

第一，第一产业扩张弹性系数的测算公式。

$$E = \frac{(U_{t2} - U_{t1})/U_{t1}}{(P_{t2} - P_{t1})/P_{t1}} \qquad (1-15)$$

其中，E为城市的第一产业扩张弹性系数，U_{t2}、U_{t1}为城市在一段评估时间内末期和初期的城市用地面积，P_{t2}、P_{t1}为在同一段评估时间内城市末期和初期的城镇耕地面积。城市的第一产业扩张弹性系数越大，说明城市的耕地面积扩张幅度越小，城市城镇化与城市面积之间呈现协调发展的关系；城镇耕地面积的增加，并未导致城市的过渡拥挤及承载力压力问题的出现⑦。

第二，农业强度的测算公式。

$$E = \frac{X_{i,t}}{\frac{1}{n}\sum_{j}^{n} X_{i,t}} \qquad (1-16)$$

其中，E为农业强度，$X_{i,t}$为城市的粮食作物播种面积。经过城市的农业强度测算，可以对城市的农业发展情况与地区整体平均水平之间的关系展开研究。城市农业强度数值超过1，说明城市的粮食作物播种面积将高于地区的平均水

---

① 张建红：《投资国特征及其对华投资强度的研究》，载《世界经济》2004年第1期。
② 李艳丽、刘瑞：《社会事业和社会产业协调发展的评价方法及协调度测算》，载《社会科学研究》2009年第1期。
③ 许统生、涂远芬：《贸易开放度的就业贡献率比较——基于1995～2006年省际面板数据的实证分析》，载《当代财经》2009年第5期。
④ 周春山、罗彦、陈素素：《近20年来广州市人口增长与分布的时空间演化分析》，载《地理科学》2004年第6期。
⑤ 曹骏、雷社平：《江西省第一产业结构对经济作用力的实证分析》，载《北京航空航天大学学报》（社会科学版）2011年第5期。
⑥ 李小玉、郭文：《区位商视角下的江西省产业结构研究》，载《企业经济》2012年第4期。
⑦ 邹璇、曾庆均、安虎森：《产业扩张对土地需求的定量分析——以重庆市工业扩张的用地需求为例》，载《工业技术经济》2006年第5期。

平；而城市的农业强度系数越小，说明城市的粮食作物播种面积不具备优势，城市活力较弱。

第三，耕地密度的测算公式。

$$Plow = \frac{P}{U} \quad (1-17)$$

其中，Plow为耕地密度，P为耕地面积，U为土地面积。城市的耕地密度反映出城市耕地面积的密集程度；城市耕地面积密度越大，说明城市的人力资源丰富，城市的农业生产效率较高，将有效降低农业生产成本。

第四，农业指标动态变化的测算公式。

$$U_v = (U_{t2} - U_{t1})(t_2 - t_1)/U_{t1} \quad (1-18)$$

其中，U_v为城市的农业指标动态变化，U_{t2}、U_{t1}为同一段评估时间内末期和初期的城镇粮食作物播种面积。农业指标动态变化越大，说明城市的粮食作物播种面积增加变大，对应呈现出地区经济活力的增强以及城市规模的扩大[①]。

第五，农业土地扩张强度的测算公式。

$$P_i = \frac{\Delta U_i}{TLA} \times 100\% \quad (1-19)$$

其中，P_i为i城市农业扩张土地面积比例，ΔU_i为i城市农业土地扩张面积，TLA为土地总面积。经过农业土地扩张强度测算，可以对农业土地的扩张面积的变化增长趋势之间的关系展开分析。农业土地扩张强度系数越大，说明城市的农业土地面积增长速率越快，呈现出农业生产集聚能力的提升[②]。

第六，农业蔓延指数的测算公式。

$$SI = \frac{(A_j - A_i)/A_i}{(P_j - P_i)/P_i} \quad (1-20)$$

其中，SI为城市的农业蔓延指数，A_j、A_i为城市在一段评估时间内的末期和初期的粮食总产量，P_j、P_i为城市在一段时间内的末期和初期的非农业人口。农业蔓延指数数值超过1，说明城市的粮食总产量的增长将快于非农业人口的增长水平，农业的发展呈现出蔓延的趋势。但农业的蔓延并非不限制扩大为理想状态，所以农业蔓延指数所在最优的取值范围，通常认为SI = 1.12为最优合理状态[③]。

第七，农业指标相对增长率的测算公式。

$$NICH = \frac{Y_{2i} - Y_{1i}}{Y_2 - Y_1} \quad (1-21)$$

其中，NICH为农业指标相对增长率，Y_{2i}、Y_{1i}表示i城市末期和初期的粮食产量，Y_2、Y_1表示全国在末期和初期的总粮食产量。经过农业指标相对增长率测算，可以对城市在一定时期内城市粮食产量变化增长趋势与全国总粮食产量的变化增长趋势之间的关系展开分析。农业指标相对增长率数值越大，说明城市增长速率越快，呈现出地区农业集聚能力的提升[④]。

第八，农业指标绝对增量加权指数的测算公式。

$$I = \frac{\Delta X_i}{\Delta X} \times \frac{1}{S_i} \quad (1-22)$$

其中，I为城市的农业指标绝对增量加权指数，ΔX_i为i城市的粮食产量在一段时间内的增量，ΔX为全国的粮食产量在该段时间内的增量，S_i为i城市面积占全国面积的比重。经过农业指标绝对增量加权指数测算，可以对城市粮食产量增长趋势与其土地面积之间的关系展开分析；粮食产量绝对增量加权指数越大，说明城市的粮食产量集中度越高，城市粮食产量变化增长趋向于高速型发展[⑤]。

3. 珠江-西江经济带城市农业产出三级指标测算方法

第一，食物生态足迹的测算公式。

$$FP_i = \sum_{j=1}^{m} \frac{C_e P_i C_{ij}}{M_{ij}(1 - L_j) Y_{ij}} \quad (1-23)$$

其中，FP_i为i城市的食物生态足迹，j为城市某一类农产品的产量，C_e为耗粮系数，P_i为i城市的总人口，C_{ij}为i城市的j类农产品的人均消费量，M_{ij}为i城市的j类农产品的复种系数，L_j为j类农产品的损耗系数，Y_{ij}为i城市的j类农产品的标准产量。食物生态足迹反映城市对各类食物的消费变化程度；食物生态足迹越强，说明城市的发展水平越高，城市发展规模越大，城市居民对各类食物需求也越强[⑥]。

第二，人均食物生态足迹的测算公式。

$$fp_i = \sum_{j=1}^{m} \frac{C_e C_{ij}}{M_{ij}(1 - L_j) Y_{ij}} \quad (1-24)$$

其中，fp_i为i城市的人均食物生态足迹，j为城市某一类农产品的产量，C_e为耗粮系数，C_{ij}为i城市的j类农产品的人均消费量，M_{ij}为i城市的j类农产品的复种系数，L_j为j类农产品的损耗系数，Y_{ij}为i城市的j类农产品的标准产量。人均食物生态足迹反映城市人均食物消费变化水平；人均食物生态足迹系数越大，说明城市内部平均消耗能力更强，城市的均衡发展水平越高。

第三，农业生产比重增量的测算公式。

$$P = \frac{X_{it2}}{X_{t2}} - \frac{X_{it1}}{X_{t1}} \quad (1-25)$$

其中，P为地区的城市农业生产比重增量，X_{it2}、X_{it1}分别为i城市t2、t1年份农业生产的总量，X_{t2}、X_{t1}分别为在同一段评估时间内的末期和初期的全国农业生产比重增量。城市的农业生产比重增量越高，说明城市农业生产发展程度越高，城市整体粮食产量水平更具备优势。

第四，农业生产平均增长指数的测算公式。

$$S = (X_{t2} - X_{t1})/X_{t1}(t_2 - t_1) \times 100 \quad (1-26)$$

其中，S为农业生产平均增长指数，X_{t2}、X_{t1}为城市在一段评估时间内的末期和初期的农村支出。城市的农业生产平

[①] 吴大千、王仁卿、高甡、丁文娟、王炜、葛秀丽、刘建：《黄河三角洲农业用地动态变化模拟与情景分析》，载《农业工程学报》2010年第4期。

[②] 蒋黎、崔凯：《中国城市化、农业土地利用强度和空间格局的变化研究——基于东、中、西部县域面板数据》，载《农业技术经济》2014年第1期。

[③] 董维、蔡之兵：《城镇化类型与城市发展战略——来自城市蔓延指数的证据》，载《东北大学学报》（社会科学版）2016年第2期。

[④] 杨艳昭、封志明、赵延德、游珍：《中国城市土地扩张与人口增长协调性研究》，载《地理研究》2013年第9期。

[⑤] 杨莎莎、晁操：《十大城市群人口-经济空间集聚均衡特征的比较》，载《统计与决策》2017年第7期。

[⑥] 郭华、蔡建明、杨振山：《城市食物生态足迹的测算模型及实证分析》，载《自然资源学报》2013年第3期。

均增长指数数值越大,说明城市在评估时间段内的农业生产能力越强,整体城市农业生产水平得以提升①。

第五,农业枢纽度的测算公式。

$$A_i = \frac{V_i}{(P_i \cdot G_i)} \quad (1-27)$$

其中,A_i 为 i 城市的农业枢纽度,V_i 为 i 城市的粮食作物产量,P_i 为 i 城市的常住人口,G_i 为 i 城市的生产总值。经过城市农业枢纽度测算,可以对城市农业发展程度与其他经济社会发展指标之间的关系展开分析。城市的农业枢纽度系数越大,说明城市的农业发展水平越高,其在经济社会发展中的地位越高②。

第六,农业生产流强度的测算公式。

$$\begin{cases} F_i = N_i \times E_i \\ N_i = P_i / L_i \\ E_i = \sum_{j=1}^{m} E_{ij} \\ E_{ij} = L_{ij} - L_i(L_j/L) \\ Q_{ij} = \dfrac{L_{ij}/L_i}{L_j/L} \end{cases} \quad (1-28)$$

其中,F_i 为 i 城市的农业生产流强度,N_i 为 i 城市的农业生产功能效益,E_i 为 i 城市的农业生产总体外向功能,P_i 为 i 城市的 GDP,L_i 为 i 城市的农作物总产量,E_{ij} 为 i 城市的 j 类农作物产量外向功能,Q_{ij} 为 i 城市的 j 类农作物产量区位商($Q_{ij} < 1$,说明 i 城市的 j 类农作物产量不具备外向功能,即 $E_{ij} = 0$;$Q_{ij} > 1$,说明 i 城市的 j 类农作物产量具备外向功能),L_{ij} 为 i 城市的 j 类农作物产量,L_j 为全国 j 类农作物产量,L 为全国农作物总产量。城市农业生产流强度系数越大,说明城市之间发生的经济集聚和扩散所产生的农业生产要素流动强度越强,城市经济影响力越强③。

第七,农业生产倾向度的测算公式。

$$K_i = \frac{F_i}{P_i} \quad (1-29)$$

其中,K_i 为 i 城市的农业生产倾向度,F_i 为 i 城市的农业生产流强度,P_i 为 i 城市的 GDP。城市的农业生产倾向度系数越大,说明城市的农业总功能量的外向强度越强④。

第八,农业生产职能规模的测算公式。

$$\begin{cases} T_{ij} = |Q_{ij} - 1| \times L_{ij} \\ Q_{ij} = \dfrac{L_{ij}/L_i}{L_j/L} \end{cases} \quad (1-30)$$

其中,T_{ij} 为 i 城市的农业生产职能规模,Q_{ij} 为 i 城市的农业生产区位商,L_{ij} 为 i 城市的第 j 类农作物产量,L_i 为 i 城市的农业生产总量,L_j 为全国第 j 类农作物产量,L 为全国农业生产总量。城市的农业生产职能规模系数越大,说明城市的农业生产水平越高,城市所具备的农业生产能力更强⑤。

第九,农业生产职能地位的测算公式。

$$F_{ij} = T_{ij} / \sum_{i=1}^{n} T_{ij} \quad (1-31)$$

其中,F_{ij} 为 i 城市的农业生产职能地位,T_{ij} 为 i 城市的农业生产职能规模。城市农业生产职能地位越高,说明城市的农业生产能力在地区内的水平更具备优势;城市对农业人力资源的吸引集聚能力扩大,城市发展具备的农业发展及农业劳动力发展方面的潜力⑥。

二、珠江-西江经济带城市农业生产发展水平综合评估与比较

(一)珠江-西江经济带城市农业生产发展水平综合评估结果

根据珠江-西江经济带。农业生产竞争力指标体系和数学评价模型,对 2010~2015 年珠江-西江经济带 11 个城市的农业发展水平进行评价。表 1-8~表 1-18 是本次评估期间珠江-西江经济带 11 个城市的农业发展水平排名和排名变化情况及其 3 个二级指标的评价结构。

1. 珠江-西江经济带城市农业发展水平排名

根据表 1-8 中内容对 2010 年珠江-西江经济带城市农业发展水平排名变化进行分析,可以看到农业发展水平处于上游区的依次是崇左市、来宾市、南宁市;处在中游区的依次是广州市、贵港市、百色市、肇庆市、云浮市;处在下游区的依次是佛山市、柳州市、梧州市。这说明在珠江-西江经济带城市中广西地区农业发展水平高于广东地区,更具发展优势。

表 1-8　2010 年珠江-西江经济带城市农业发展水平排名

地区	排名	区段	地区	排名	区段	地区	排名	区段
崇左	1	上游区	广州	4	中游区	佛山	9	下游区
来宾	2		贵港	5		柳州	10	
南宁	3		百色	6		梧州	11	
			肇庆	7				
			云浮	8				

根据表 1-9 中内容对 2011 年珠江-西江经济带城市农业发展水平排名变化进行分析,可以看到农业发展水平处于上游区的依次是崇左市、南宁市、来宾市;处在中游区的依次是广州市、佛山市、肇庆市、贵港市、柳州市;处在下游区的依次是百色市、云浮市、梧州市。相比于 2010 年,崇左市、南宁市、来宾市依然保持在上游城市行列;柳州市排名上升至第 8 名,进入中游区行列。佛山市

---

① 张慧、王洋:《中国耕地压力的空间分异及社会经济因素影响——基于 342 个地级行政区的面板数据》,载《地理研究》2017 年第 4 期。
② 张勇民、梁世夫、郭超然:《民族地区农业现代化与新型城镇化协调发展研究》,载《农业经济问题》2014 年第 10 期。
③ 余雷:《皖江城市带产业区位商动态变化与承接产业转移研究》,载《统计与决策》2016 年第 20 期。
④ 范德成、刘刊:《投资倾向对产业产出的影响作用研究》,载《科技与经济》2010 年第 1 期。
⑤ 黄亚玲、刘冰、吴彦虎:《农业综合生产能力评价体系的研究及实证分析》,载《宁夏社会科学》2008 年第 5 期。
⑥ 高丽丽:《农业劳动力规模和结构变动对农业发展的影响》,载《北方园艺》2015 年第 21 期。

排名上升至第5名,也进入中游区行列,农业发展水平具备较高发展潜力;百色市、云浮市均从中游城市行列下降至下游行列,分别下降3名、2名。

表1-9　2011年珠江-西江经济带城市农业发展水平排名

地区	排名	区段	地区	排名	区段	地区	排名	区段
崇左	1	上游区	广州	4	中游区	百色	9	下游区
南宁	2		佛山	5		云浮	10	
来宾	3		肇庆	6		梧州	11	
			贵港	7				
			柳州	8				

根据表1-10中内容对2012年珠江-西江经济带城市农业发展水平排名变化进行分析,可以看到农业发展水平处于上游区的依次是崇左市、来宾市、南宁市;处在中游区的依次是百色市、贵港市、柳州市、佛山市、广州市;处在下游区的依次是云浮市、梧州市、肇庆市。相比于2011年,百色市从下游城市行列上升至上游城市行列,跃居中游区城市首位,上升态势明显;肇庆市下降至第11名进入下游城市行列,说明肇庆市在提升农业发展水平方面缺乏有力推动力。

表1-10　2012年珠江-西江经济带城市农业发展水平排名

地区	排名	区段	地区	排名	区段	地区	排名	区段
崇左	1	上游区	百色	4	中游区	云浮	9	下游区
来宾	2		贵港	5		梧州	10	
南宁	3		柳州	6		肇庆	11	
			佛山	7				
			广州	8				

根据表1-11中内容对2013年珠江-西江经济带城市农业发展水平排名变化进行分析,可以看到农业发展水平处于上游区的依次是崇左市、南宁市、来宾市;处在中游区的依次是百色市、贵港市、柳州市、广州市、肇庆市;处在下游区的依次是云浮市、梧州市、佛山市。相比于2012年,肇庆市从第11名上升至第8名,进入中游城市行列;佛山市从第7名下降至第11名,下降为下游区城市。

表1-11　2013年珠江-西江经济带城市农业发展水平排名

地区	排名	区段	地区	排名	区段	地区	排名	区段
崇左	1	上游区	百色	4	中游区	云浮	9	下游区
南宁	2		贵港	5		梧州	10	
来宾	3		柳州	6		佛山	11	
			广州	7				
			肇庆	8				

根据表1-12中内容对2014年珠江-西江经济带城市农业发展水平排名变化进行分析,可以看到农业发展水平处于上游区的依次是崇左市、南宁市、来宾市;处在中游区的依次是贵港市、百色市、广州市、柳州市、肇庆市;处在下游区的依次是云浮市、梧州市、佛山市。相比于2013年,没有任何城市出现跨区变动,说明2014年珠江-西江经济带11个城市农业发展水平与2013年相类似,整体变化幅度较小。

表1-12　2014年珠江-西江经济带城市农业发展水平排名

地区	排名	区段	地区	排名	区段	地区	排名	区段
崇左	1	上游区	贵港	4	中游区	云浮	9	下游区
南宁	2		百色	5		梧州	10	
来宾	3		广州	6		佛山	11	
			柳州	7				
			肇庆	8				

根据表1-13中内容对2015年珠江-西江经济带城市农业发展水平排名变化进行分析,可以看到农业发展水平处于上游区的依次是崇左市、南宁市、来宾市;处在中游区的依次是贵港市、百色市、广州市、柳州市、肇庆市;处在下游区的依次是云浮市、梧州市、佛山市。相比于2014年,未出现城市跨区变化情况,说明2015年珠江-西江经济带11个城市农业发展水平变化较小。

表1-13　2015年珠江-西江经济带城市农业发展水平排名

地区	排名	区段	地区	排名	区段	地区	排名	区段
崇左	1	上游区	肇庆	4	中游区	云浮	9	下游区
南宁	2		广州	5		佛山	10	
来宾	3		百色	6		梧州	11	
			贵港	7				
			柳州	8				

根据表1-14中内容对2010~2015年珠江-西江经济带城市农业发展水平排名变化趋势进行分析,可以看到农业发展水平处于上升区的依次是南宁市、柳州市、肇庆市;处在保持区的依次是梧州市、百色市、崇左市;处在下降区的依次是来宾市、贵港市、广州市、佛山市、云浮市。说明珠江-西江经济带中广东板块城市的变化幅度要高于广西板块的变化幅度,广东板块城市农业发展水平发展的平稳性较弱。

表1-14　2010~2015年珠江-西江经济带城市农业发展水平排名变化

地区	排名变化	区段	地区	排名变化	区段	地区	排名变化	区段
南宁	1	上升区	梧州	0	保持区	广州	-1	下降区
柳州	2		百色	0		佛山	-1	
肇庆	3		崇左	0		云浮	-1	
						来宾	-1	
						贵港	-2	

2. 珠江－西江经济带城市农业生产得分情况

通过表1-15对2010~2015年的农业生产及变化进行分析。由2010年的珠江－西江经济带城市农业生产评价来看，有6个城市的农业生产得分已经在50分以上。得分大致处在44~65分，小于50分的城市有柳州市、梧州市、佛山市、肇庆市、云浮市。最高得分为崇左市，为64.061分，最低得分为梧州市，为44.946分。得分平均值为51.465分，标准差为5.424，说明城市之间农业生产的变化差异较大。珠江－西江经济带城市中广西地区城市的农业生产的得分较高，其中南宁市、贵港市、百色市、来宾市、崇左市5个城市的农业生产得分均超过50分，说明这些城市的农业生产发展基础较高，城市农业结构合理，农业生产较高，农业产出水平也相对较高。珠江－西江经济带城市中广东地区的农业生产水平较低，其中仅有广州市的农业生产超过50分。这说明广东地区城市的农业生产综合发展能力较低，城市农业结构不合理，农业生产较低，农业产出水平也相对较低。农业是国民经济的基础性产业，农业生产较低不利于城市其他产业的发展。

由2011年的珠江－西江经济带城市农业生产评价来看，有9个城市的农业生产得分已经在50分以上。得分大致处在47~67分，小于50分的城市有梧州市、云浮市。最高得分为崇左市，为66.285分，最低得分为梧州市，为47.364分。得分平均值为53.838分，标准差为5.267，说明城市之间农业生产的变化差异较大。珠江－西江经济带城市中广西地区城市的农业生产的得分较高，其中南宁市、柳州市、贵港市、百色市、来宾市、崇左市6个城市的农业生产得分均超过50分；说明这些城市的农业生产发展基础较高，城市农业结构合理，农业生产较高，农业产出水平也相对较高。珠江－西江经济带城市中广东地区的农业生产水平有所提升，其中广州市、佛山市、肇庆市3个城市的农业生产均超过50分；说明广东地区城市的农业生产综合发展能力提高，城市农业结构趋于合理，农业生产提高，农业产出水平也有所提升。

由2012年的珠江－西江经济带城市农业生产评价来看，有8个城市的农业生产得分已经在50分以上。得分大致处在47~63分，小于50分的城市有梧州市、肇庆市、云浮市。最高得分为崇左市，为62.112分，最低得分为肇庆市，为47.140分。得分平均值为53.598分，标准差为5.574，说明城市之间农业生产的变化差异较大。珠江－西江经济带城市中广西地区城市的农业生产的得分较高，其中南宁市、柳州市、贵港市、百色市、来宾市、崇左市6个城市的农业生产得分均超过50分，说明这些城市的农业生产发展基础较高，城市农业结构合理，农业生产较高，农业产出水平也相对较高。珠江－西江经济带城市中广东地区的农业生产水平较低，其中仅广州市、佛山市2个城市的农业生产超过50分，说明广东地区城市的农业生产综合发展能力较低，城市农业结构不合理，农业生产较低，农业产出水平也相对较低。

由2013年的珠江－西江经济带城市农业生产评价来看，有7个城市的农业生产得分已经在50分以上。得分大致处在41~65分，小于50分的城市有梧州市、佛山市、肇庆市、云浮市。最高得分为崇左市，为64.361分，最低得分为佛山市，为41.657分。得分平均值为51.944分，标准差为6.812，说明城市之间农业生产的变化差异较大。珠江－西江经济带城市中广西地区城市的农业生产的得分较高，其中南宁市、柳州市、贵港市、百色市、来宾市、崇左市6个城市的农业生产得分均超过50分，说明这些城市的农业生产发展基础较高，城市农业结构合理，农业生产较高，农业产出水平也相对较高。珠江－西江经济带城市中广东地区的农业生产水平较低，其中仅有广州市1个城市的农业生产超过50分，说明广东地区城市的农业生产综合发展能力较低，城市农业结构不合理，农业生产较低，农业产出水平也相对较低。

由2014年的珠江－西江经济带城市农业生产评价来看，有7个城市的农业生产得分已经在50分以上。得分大致处在41~62分，小于50分的城市有梧州市、佛山市、肇庆市、云浮市。最高得分为崇左市，为61.849分，最低得分为佛山市，为41.651分。得分平均值为50.910分，标准差为6.235，说明城市之间农业生产的变化差异较大。珠江－西江经济带城市中广西地区城市的农业生产的得分较高，其中南宁市、柳州市、贵港市、百色市、来宾市、崇左市6个城市的农业生产得分均超过50分；说明这些城市的农业生产发展基础较高，城市农业结构合理，农业生产较高，农业产出水平也相对较高。珠江－西江经济带城市中广东地区的农业生产水平较低，其中仅有广州市1个城市的农业生产超过50分，说明广东地区城市的农业生产综合发展能力较低，城市农业结构不合理，农业生产较低，农业产出水平也相对较低。

由2015年的珠江－西江经济带城市农业生产评价来看，有7个城市的农业生产得分已经在50分以上。得分大致处在43~63分，小于50分的城市有柳州市、梧州市、佛山市、云浮市。最高得分为崇左市，为62.336分，最低得分为梧州市，为43.402分。得分平均值为50.770分，标准差为5.195，说明城市之间农业生产的变化差异较大。珠江－西江经济带城市中广西地区城市的农业生产的得分较高，其中南宁市、贵港市、百色市、来宾市、崇左市5个城市的农业生产得分均超过50分。说明这些城市的农业生产发展基础较高，城市农业结构合理，农业生产较高，农业产出水平也相对较高。珠江－西江经济带城市中广东地区的农业生产水平较低，其中仅广州市、肇庆市2个城市的农业生产超过50分。说明广东地区城市的农业生产综合发展能力较低，城市农业结构不合理，农业生产较低，农业产出水平也相对较低。

通过对各年间的珠江－西江经济带城市农业生产的平均分、标准差进行对比分析，可以发现其平均分处于波动下降的趋势，说明珠江－西江经济带城市农业生产发展水平整体活力并未提升，城市农业发展水平有待提升。标准差也处于波动下降的趋势，说明城市间的农业生产差距有所减小。对各城市的农业生产变化展开分析，发现崇左市的农业生产处在绝对领先位置，在2010~2015年的各个时间段内均处于排名第一，但其整体上处于持续下降的趋势。云浮市的农业生产得分有所下降，但其排名出现上升。广西地区的其他城市的农业生产得分除南宁市、柳州市外均出现下降,其排名除贵港市、来宾市外均保持不变或有所上升,说明广西地区的整体农业生产处于提升状态。广东地区的其他城市的农业生产得分趋于下降,其农业生产排名除肇庆市外均出现了下降,说明这些城市的农业生产发展处于滞后阶段,农业在推动城市经济增长方面缺少动力。

肇庆市在农业生产得分小幅上升的情况下其排名出现大幅提升,说明在珠江-西江经济带城市整体农业生产呈现衰退趋势的情况下,肇庆市在农业生产发面存在有效推动力,提高了其农业生产的现有水平,使其在地区内的排名结构出现较大的提升。

表1-15　　　　　　　2010~2015年珠江-西江经济带城市农业生产评价比较

地区	2010年	2011年	2012年	2013年	2014年	2015年	综合变化
南宁	54.652	57.913	60.168	61.220	57.907	55.327	0.676
	3	2	3	2	2	2	1
柳州	46.806	50.563	51.567	51.409	50.519	49.464	2.659
	10	8	6	6	7	8	2
梧州	44.946	47.364	47.906	45.300	43.379	43.402	-1.544
	11	11	10	10	10	11	0
贵港	51.129	52.161	52.864	52.942	52.227	50.001	-1.128
	5	7	5	5	4	7	-2
百色	50.228	50.406	55.802	54.296	51.153	50.044	-0.184
	6	9	4	4	5	6	0
来宾	55.496	57.723	62.044	55.780	56.932	53.525	-1.971
	2	3	2	3	3	3	-1
崇左	64.061	66.285	62.112	64.361	61.849	62.336	-1.725
	1	1	1	1	1	1	0
广州	54.471	55.137	50.221	50.533	50.844	50.645	-3.826
	4	4	8	7	6	5	-1
佛山	47.557	52.932	50.607	41.657	41.651	44.005	-3.552
	9	5	7	11	11	10	-1
肇庆	48.440	52.163	47.140	47.335	48.405	51.111	2.672
	7	6	11	8	8	4	3
云浮市	48.334	49.566	49.152	46.547	45.146	48.605	0.271
	8	10	9	9	9	9	-1
最高分	64.061	66.285	62.112	64.361	61.849	62.336	-1.725
最低分	44.946	47.364	47.140	41.657	41.651	43.402	-1.544
平均分	51.465	53.838	53.598	51.944	50.910	50.770	-0.696
标准差	5.424	5.267	5.574	6.812	6.235	5.195	-0.229

3. 珠江-西江经济带城市农业生产要素得分情况

通过表1-16对2010~2015年的农业结构进行分析。由2010年的珠江-西江经济带城市农业结构幅度的评价来看,有8个城市的农业结构幅度大小的得分已经在22分以上。得分大致处在20~29分,小于22分的城市有广州市、佛山市、云浮市。最高得分为崇左市,为28.713分,最低得分为佛山市,为20.467分。得分平均值为23.146分,标准差为2.356,说明城市之间农业结构情况的变化差异较小。珠江-西江经济带城市中广西地区城市的农业结构幅度大小的得分较高,其中南宁市、柳州市、梧州市、贵港市、百色市、来宾市、崇左市7个城市的农业结构幅度大小的得分均超过22分;说明这些城市的农业结构综合得分较高,农业结构合理,地区的农业资源得到最合理的配置,从而使农业生产取得较好的效益。珠江-西江经济带城市中广东地区的农业结构幅度大小的得分较低,其中仅有肇庆市1个城市的农业结构的得分超过22分;说明广东地区城市的农业结构综合得分较低,农业结构不够合理,地区农业资源未能合理配置。农业结构的合理与否对农业生产能否顺利地向前发展起着十分重大的作用。

由2011年的珠江-西江经济带城市农业结构幅度的评价来看，有8个城市的农业结构幅度大小的得分已经在22分以上。大致处在20~29分，小于22分的城市有广州市、佛山市、云浮市。最高得分为崇左市，为28.884分，最低得分为佛山市，为20.728分。得分平均值为23.617分，标准差为2.374，说明城市之间农业结构情况的变化差异较小。珠江-西江经济带城市中广西地区城市的农业结构幅度大小的得分较高，其中南宁市、柳州市、梧州市、贵港市、百色市、来宾市、崇左市7个城市的农业结构幅度大小的得分均超过22分；说明这些城市的农业结构综合得分较高，农业结构合理，地区的农业资源得到最合理的配置，从而使农业生产取得较好的效益。珠江-西江经济带城市中广东地区的农业结构幅度大小的得分较低，其中仅有肇庆市1个城市的农业结构的得分超过22分；说明广东地区城市的农业结构综合得分较低，农业结构不够合理，地区农业资源未能合理配置。

由2012年的珠江-西江经济带城市农业结构幅度的评价来看，有6个城市的农业结构幅度大小的得分已经在22分以上。得分大致处在18~28分，小于22分的城市有柳州市、广州市、佛山市、肇庆市、云浮市。最高得分为崇左市，为27.908分，最低得分为广州市，为18.963分。得分平均值为22.501分，标准差为2.747，说明城市之间农业结构情况的变化差异较小。珠江-西江经济带城市中广西地区城市的农业结构幅度大小的得分较高，其中南宁市、梧州市、贵港市、百色市、来宾市、崇左市6个城市的农业结构幅度大小的得分均超过22分；说明这些城市的农业结构综合得分较高，农业结构合理，地区的农业资源得到最合理的配置，从而使农业生产取得最好的效益。珠江-西江经济带城市中广东地区的农业结构幅度大小的得分较低，其中没有任何城市的农业结构的得分超过22分；说明广东地区城市的农业结构综合得分较低，农业结构不够合理，地区农业资源未能合理配置。

由2013年的珠江-西江经济带城市农业结构幅度的评价来看，有2个城市的农业结构幅度大小的得分已经在22分以上。得分大致处在10~27分，小于22分的城市有南宁市、柳州市、梧州市、贵港市、来宾市、广州市、佛山市、肇庆市、云浮市。最高得分为崇左市，为26.979分，最低得分为佛山市，为10.930分。得分平均值为20.375分，标准差为3.874，说明城市之间农业结构情况的变化差异较小。珠江-西江经济带城市中广西地区城市的农业结构幅度大小的得分较高，其中百色市、崇左市2个城市的农业结构幅度大小的得分均超过22分；说明这些城市的农业结构综合得分较高，农业结构合理，地区的农业资源得到最合理的配置，从而使农业生产取得最好的效益。珠江-西江经济带城市中广东地区的农业结构幅度大小的得分较低，其中没有任何城市的农业结构的得分超过22分；说明广东地区城市的农业结构综合得分较低，农业结构不够合理，地区农业资源未能合理配置。

由2014年的珠江-西江经济带城市农业结构幅度的评价来看，有4个城市的农业结构幅度大小的得分已经在22分以上。得分大致处在12~26分，小于22分的城市有南宁市、柳州市、梧州市、广州市、佛山市、肇庆市、云浮市。最高得分为崇左市，为25.485分，最低得分为佛山市，为12.437分。得分平均值为20.868分，标准差为3.628，说明城市之间农业结构情况的变化差异较小。珠江-西江经济带城市中广西地区城市的农业结构幅度大小的得分较高，其中贵港市、来宾市、百色市、崇左市4个城市的农业结构幅度大小的得分均超过22分；说明这些城市的农业结构综合得分较高，农业结构合理，地区的农业资源得到最合理的配置，从而使农业生产取得最好的效益。珠江-西江经济带城市中广东地区的农业结构幅度大小的得分较低，其中没有任何城市的农业结构的得分超过22分；说明广东地区城市的农业结构综合得分较低，农业结构不够合理，地区农业资源未能合理配置。

由2015年的珠江-西江经济带城市农业结构幅度的评价来看，有3个城市的农业结构幅度大小的得分已经在22分以上。得分大致处在13~27分，小于22分的城市有南宁市、柳州市、梧州市、贵港市、广州市、佛山市、肇庆市、云浮市。最高得分为崇左市，为26.837分，最低得分为佛山市，为13.344分。得分平均值为20.765分，标准差为3.316，说明城市之间农业结构情况的变化差异较小。珠江-西江经济带城市中广西地区城市的农业结构幅度大小的得分较高，其中来宾市、百色市、崇左市3个城市的农业结构幅度大小的得分均超过22分；说明这些城市的农业结构综合得分较高，农业结构合理，地区的农业资源得到最合理的配置，从而使农业生产取得最好的效益。珠江-西江经济带城市中广东地区的农业结构幅度大小的得分较低，其中没有任何城市的农业结构的得分超过22分；说明广东地区城市的农业结构综合得分较低，农业结构不够合理，地区农业资源未能合理配置。

通过对各年间的珠江-西江经济带农业结构竞争力的平均分、标准差进行对比分析，可以发现其平均分处于波动下降的趋势，说明珠江-西江经济带农业结构整体活力并未提升，城市农业结构不够合理。珠江-西江经济带农业结构竞争力的标准差处于波动上升的趋势，说明城市间的农业结构竞争力差距逐渐扩大。对各城市的农业结构竞争力变化展开分析，发现崇左市的农业结构竞争力处在绝对领先位置，在2010~2015年的各个时间段内均处于排名第一，但其整体水平处于波动下降的趋势。肇庆市的农业结构竞争力得分有所下降，其排名也出现下降。广西地区的其他城市的农业结构竞争力得分除百色市外均出现下降，其排名除柳州市外均出现下降，说明广西地区的整体农业结构竞争力处于滞后阶段。广东地区的其他城市的农业结构竞争力得分趋于下降，其农业结构竞争力排名保持不变，说明这些城市的农业结构竞争力变化幅度较小。百色市在农业结构竞争力得分小幅上升的情况下其排名出现了大幅提升，说明在珠江-西江经济带整体农业结构竞争力呈现衰退趋势的情况下，百色市在农业结构方面存在有效推动力，提高了其农业结构竞争力的现有水平，使其在地区内的排名结构出现了较大的提升。

表1-16　　2010~2015年珠江-西江经济带城市农业结构评价比较

地区	2010年	2011年	2012年	2013年	2014年	2015年	综合变化
南宁	23.193	22.837	22.576	21.719	18.815	21.752	-1.440
	4	7	5	4	10	5	-1
柳州	22.382	22.841	21.962	20.732	21.082	21.039	-1.342
	8	6	7	7	5	6	2
梧州	22.550	23.103	22.782	21.054	20.650	19.768	-2.783
	7	5	4	5	6	8	-1
贵港	23.441	24.065	22.396	21.797	24.021	21.936	-1.505
	3	4	6	3	3	4	-1
百色	23.039	25.293	24.269	22.834	22.155	23.300	0.261
	5	3	3	2	4	2	3
来宾	25.959	26.259	26.072	20.929	25.337	22.221	-3.738
	2	2	2	6	2	3	-1
崇左	28.713	28.884	27.908	26.979	25.485	26.837	-1.876
	1	1	1	1	1	1	0
广州	20.940	21.892	18.963	18.835	19.973	18.827	-2.114
	10	9	11	9	8	10	0
佛山	20.467	20.728	19.190	10.930	12.437	13.344	-7.123
	11	11	10	11	11	11	0
肇庆	22.551	22.274	20.669	18.400	20.165	19.814	-2.738
	6	8	9	10	7	7	-1
云浮	21.371	21.608	20.728	19.920	19.424	19.574	-1.798
	9	10	8	8	9	9	0
最高分	28.713	28.884	27.908	26.979	25.485	26.837	-1.876
最低分	20.467	20.728	18.963	10.930	12.437	13.344	-7.123
平均分	23.146	23.617	22.501	20.375	20.868	20.765	-2.381
标准差	2.356	2.374	2.747	3.874	3.628	3.316	0.961

通过表1-17对2010~2015年的农业发展的变化进行分析。由2010年的珠江-西江经济带城市农业发展评价评价来看，有2个城市的农业发展得分已经在16分以上。得分大致处在10~18分，小于16分的城市有柳州市、梧州市、贵港市、百色市、来宾市、崇左市、佛山市、肇庆市、云浮市。最高得分为广州市，为17.894分，最低得分为肇庆市，为10.730分。得分平均值为14.934分，标准差为1.982，说明城市之间农业发展的变化差异较小。珠江-西江经济带城市中广西地区的农业发展水平较高，其中南宁市的农业发展超过16分；说明这些城市的农业发展的发展基础较高，农业整体发展态势稳定向好，农业现代化进程稳步推进。珠江-西江经济带城市中广东地区城市的农业发展的得分较低，其中仅有广州市的农业发展得分超过16分；说明这些城市的农业发展的发展基础较低，农业不具备较高的综合生产率，不具备完善的农业生产条件，地区基础设施和现代化的物质装备基础较差。

由2011年的珠江-西江经济带城市农业发展评价评价来看，有3个城市的农业发展得分已经在16分以上。得分大致处在14~19分，小于16分的城市有柳州市、梧州市、贵港市、百色市、来宾市、崇左市、肇庆市、云浮市。最高得分为佛山市，为18.065分，最低得分为云浮市，为14.770分。得分平均值为15.867分，标准差为1.129，说明城市之间农业发展的变化差异较小。珠江-西江经济带城市中广东地区的农业发展水平较高，其中广州市、佛山市2个城市的农业发展均超过16分；说明这些城市的农业发展的发展基础较高，农业整体发展态势稳定向好，农业现代化进程稳步推进。珠江-西江经济带城市中广西地区城市的农业发展的得分较低，其中仅有南宁市的农业发展得分超过16分；说明这些城市的农业发展的发展基础较低，农业不具备较高的综合生产率，不具备完善的农业生产条件，地区基础设施和现代化的物质装备基础较差。

由2012年的珠江-西江经济带城市农业发展评价评价来看，有4个城市的农业发展得分已经在16分以上。得分大致处在11~18分，小于16分的城市有柳州市、梧州市、百色市、来宾市、崇左市、肇庆市、云浮市。最高得分为广州市，为17.967分，最低得分为肇庆市，为11.872分。得分平均值为15.763分，标准差为1.642，说明城市之间农业发展的变化差异较小。珠江-西江经济带城市中广东地区的农业发展水平较高，其中广州市、佛山市2个城市的农业发展均超过16分；说明这些城市的农业发展的发展基础较高，农业整体发展态势稳定向好，农业现代化进程稳步推进。珠江-西江经济带城市中广西地区城市的农业发展的得分较低,其中仅有南宁市、贵港市2个城市的农业发展得分超过16分;说明这些城市的农业发展的发展基础较低,农业不具备较高的综合生产率,不具备完善的农业生产条件,地区基础设施和现代化的物质装备基础较差。

由2013年的珠江-西江经济带城市农业发展评价评价来看,有7个城市的农业发展得分已经在16分以上。得分大致处在14~19分,小于16分的城市有梧州市、崇左市、肇庆市、云浮市。最高得分为柳州市,为18.504分,最低得分为云浮市,为14.455分。得分平均值为16.601分,标准差为1.458,说明城市之间农业发展的变化差异较小。珠江-西江经济带城市中广西地区的农业发展水平较高,其中南宁市、柳州市、贵港市、百色市、来宾市5个城市的农业发展均超过16分;说明这些城市的农业发展的发展基础较高,农业整体发展态势稳定向好,农业现代化进程稳步推进。珠江-西江经济带城市中广东地区城市的农业发展的得分较低,其中仅有广州市、佛山市2个城市的农业发展得分超过16分;说明这些城市的农业发展的发展基础较低,农业不具备较高的综合生产率,不具备完善的农业生产条件,地区基础设施和现代化的物质装备基础较差。

由2014年的珠江-西江经济带城市农业发展评价评价来看,有6个城市的农业发展得分已经在16分以上。得分大致处在13~19分,小于16分的城市有柳州市、梧州市、百色市、来宾市、崇左市。最高得分为南宁市,为18.619分,最低得分为云浮市,为13.930分。得分平均值为16.065分,标准差为1.611,说明城市之间农业发展的变化差异较小。珠江-西江经济带城市中广东地区的农业发展水平较高,其中广州市、佛山市、肇庆市、云浮市4个城市的农业发展均超过16分;说明这些城市的农业发展的发展基础较高,农业整体发展态势稳定向好,农业现代化进程稳步推进。珠江-西江经济带城市中广西地区城市的农业发展的得分较低,其中仅有南宁市、贵港市2个城市的农业发展得分超过16分;说明这些城市的农业发展的发展基础较低,农业不具备较高的综合生产率,不具备完善的农业生产条件,地区基础设施和现代化的物质装备基础较差。

由2015年的珠江-西江经济带城市农业发展评价评价来看,有6个城市的农业发展得分已经在16分以上。得分大致处在15~19分,小于16分的城市有柳州市、梧州市、百色市、来宾市、崇左市。最高得分为佛山市,为18.275分,最低得分为梧州市,为15.258分。得分平均值为16.609分,标准差为1.170,说明城市之间农业发展的变化差异较小。珠江-西江经济带城市中广东地区的农业发展水平较高,其中广州市、佛山市、肇庆市、云浮市4个城市的农业发展均超过16分;说明这些城市的农业发展的发展基础较高,农业整体发展态势稳定向好,农业现代化进程稳步推进。珠江-西江经济带城市中广西地区城市的农业发展的得分较低,其中仅有南宁市、贵港市2个城市的农业发展得分超过16分;说明这些城市的农业发展的发展基础较低,农业不具备较高的综合生产率,不具备完善的农业生产条件,地区基础设施和现代化的物质装备基础较差。

通过对各年间的珠江-西江经济带城市农业发展的平均分、标准差进行对比分析,可以发现其平均分处于波动上升的趋势,说明珠江-西江经济带城市农业发展综合能力整体活力有所提升,农业成为一个有较高经济效益和市场竞争力的产业。珠江-西江经济带城市农业发展的标准差处于波动下降的趋势,说明城市间的农业发展差距有所缩小。对各城市的农业发展变化展开分析,发现广州市的农业发展处在相对领先位置,在2010~2015年的各个时间段内除2013年外均保持在上游区城市行列,其得分呈上升趋势。南宁市、来宾市的农业发展得分有所下降,其排名也出现下降。广东地区的其他城市的农业发展得分均出现上升,其排名也出现上升,说明广东地区的整体农业发展处于快速发展阶段,农业发展上升趋势明显,上升幅度较大。广西地区的其他城市农业发展水平得分趋于上升,但其农业发展排名除崇左市外,均出现了下降,说明这些城市的农业发展的发展处于滞后阶段,不利于推动农业现代化发展。佛山市、肇庆市、云浮市在农业发展得分大幅上升的情况下,其排名也出现了大幅上升,说明在珠江-西江经济带城市整体农业发展呈现上升趋势的情况下,佛山市、肇庆市、云浮市加快提升了其农业发展的现有水平,使其在地区内原有的排名结构出现变化。

表1-17　　　　　　　2010~2015年珠江-西江经济带城市农业发展评价比较

地区	2010年	2011年	2012年	2013年	2014年	2015年	综合变化
南宁	17.319	16.399	16.913	17.550	18.619	16.937	-0.382
	2	3	3	5	1	5	-3
柳州	15.135	15.053	15.208	18.504	15.563	15.525	0.391
	6	9	9	1	6	9	-3
梧州	13.844	15.015	15.827	15.347	14.549	15.258	1.413
	8	10	5	9	9	11	-3
贵港	15.756	15.777	16.632	18.137	16.739	16.210	0.454
	4	4	4	2	5	6	-2
百色	15.161	15.419	15.656	16.080	17.182	15.380	0.218
	5	7	6	7	4	10	-5

续表

地区	2010年	2011年	2012年	2013年	2014年	2015年	综合变化
来宾	16.149	15.420	15.309	16.335	15.306	15.673	-0.476
	3	6	7	6	8	8	-5
崇左	15.122	15.205	15.056	15.732	15.543	15.878	0.756
	7	8	10	8	7	7	0
广州	17.894	17.886	17.967	17.892	17.345	18.080	0.186
	1	2	1	4	3	2	-1
佛山	13.771	18.065	17.664	17.909	17.982	18.275	4.504
	9	1	2	3	2	1	8
肇庆	10.730	15.531	11.872	14.673	13.954	17.795	7.065
	11	5	11	10	10	3	8
云浮	13.397	14.770	15.286	14.455	13.930	17.686	4.290
	10	11	8	11	11	4	6
最高分	17.894	18.065	17.967	18.504	18.619	18.275	0.381
最低分	10.730	14.770	11.872	14.455	13.930	15.258	4.527
平均分	14.934	15.867	15.763	16.601	16.065	16.609	1.675
标准差	1.982	1.129	1.642	1.458	1.611	1.170	-0.812

通过表1-18对2010~2015年的农业产出的变化进行分析。由2010年的珠江-西江经济带城市农业产出评价来看，有7个城市的农业产出得分已经在13分以上。得分大致处在8~21分，小于13分的城市有柳州市、梧州市、贵港市、百色市。最高得分为崇左市，为20.225分，最低得分为梧州市，为8.552分。得分平均值为13.385分，标准差为3.157，说明城市之间农业产出的变化差异较小。珠江-西江经济带城市中广东地区城市的农业产出的得分较高，其中广州市、佛山市、肇庆市、云浮市4个城市的农业产出得分均超过13分；说明这些城市的农业产出发展基础较高，农业基础建设较好，农业稳定发展，农业经济总体运行良好。珠江-西江经济带城市中广西地区的农业产出水平较低，其中仅南宁市、来宾市、崇左市3个城市的农业产出超过13分；说明广西地区城市的农业产出综合发展能力较低，除了受自然因素影响外，也说明投入要素不合理，不利于城市农业产出。

由2011年的珠江-西江经济带城市农业产出评价来看，有7个城市的农业产出得分已经在13分以上。得分大致处在9~23分，小于13分的城市有柳州市、梧州市、贵港市、百色市。最高得分为崇左市，为22.196分，最低得分为梧州市，为9.246分。得分平均值为14.353分，标准差为3.745，说明城市之间农业产出的变化差异较小。珠江-西江经济带城市中广东地区城市的农业产出的得分较高，其中广州市、佛山市、肇庆市、云浮市4个城市的农业产出得分均超过13分；说明这些城市的农业产出发展基础较高，农业基础建设较好，农业稳定发展，农业经济总体运行良好。珠江-西江经济带城市中广西地区的农业产出水平较低，其中仅南宁市、来宾市、崇左市3个城市的农业产出超过13分；说明广西地区城市的农业产出综合发展能力较低，除了受自然因素影响外，也说明投入要素不合理，不利于城市农业产出。

由2012年的珠江-西江经济带城市农业产出评价来看，有10个城市的农业产出得分已经在13分以上。得分大致处在9~21分，小于13分的城市有梧州市。最高得分为南宁市，为20.679分，最低得分为梧州市，为9.297分。得分平均值为15.334分，标准差为3.513，说明城市之间农业产出的变化差异较小。珠江-西江经济带城市中广东地区城市的农业产出的得分较高，其中广州市、佛山市、肇庆市、云浮市4个城市的农业产出得分均超过13分；说明这些城市的农业产出发展基础较高，农业基础建设较好，农业稳定发展，农业经济总体运行良好。珠江-西江经济带城市中广西地区的农业产出水平提高，其中南宁市、柳州市、贵港市、百色市、来宾市、崇左市6个城市的农业产出均超过13分；说明广西地区城市的农业产出综合发展能力提高，投入要素趋于合理，有利于城市农业产出。

由2013年的珠江-西江经济带城市农业产出评价来看，有7个城市的农业产出得分已经在13分以上。得分大致处在8~22分，小于13分的城市有柳州市、梧州市、佛山市、云浮市。最高得分为南宁市，为21.950分，最低得分为梧州市，为8.899分。得分平均值为14.967分，标准差为4.110，说明城市之间农业产出的变化差异较小。珠江-西江经济带城市中广东地区城市的农业产出的得分较高，其中广州市、肇庆市2个城市的农业产出得分均超过13分；说明这些城市的农业产出发展基础较高，农业基础建设较好，农业稳定发展，农业经济总体运行良好。珠江-西江经济带城市中广西地区的农业产出水平有所发展，其中南宁市、贵港市、百色市、来宾市、崇左市5个城市的农业产出均超过13分；说明广西地区城市的农业产出综合发展能力有所发展，投入要素趋于合理，有利于城市农业产出。

由2014年的珠江-西江经济带城市农业产出评价来看，有6个城市的农业产出得分已经在13分以上。得分大致处在8~21分，小于13分的城市有梧州市、贵港市、百色市、佛山市、肇庆市。最高得分为崇左市，为20.821分，最低得分为梧州市，为8.179分。得分平均值为13.978分，标准差为3.893，说明城市之间农业产出的变化差异较小。

珠江-西江经济带城市中广东地区城市的农业产出的得分较高,其中广州市、云浮市2个城市的农业产出得分均超过13分;说明这些城市的农业产出发展基础较高,农业基础建设较好,农业稳定发展,农业经济总体运行良好。珠江-西江经济带城市中广西地区的农业产出水平较低,其中仅南宁市、柳州市、来宾市、崇左市4个城市的农业产出超过13分;说明广西地区城市的农业产出综合发展能力较低,除了受自然因素影响外,也说明投入要素不合理,不利于城市农业产出。

由2015年的珠江-西江经济带城市农业产出评价来看,有5个城市的农业产出得分已经在13分以上。得分大致处在8~20分,小于13分的城市有柳州市、梧州市、贵港市、百色市、佛山市、云浮市。最高得分为崇左市,为19.621分,最低得分为梧州市,为8.377分。得分平均值为13.396分,标准差为3.026,说明城市之间农业产出的变化差异较小。珠江-西江经济带城市中广东地区城市的农业产出的得分较高,其中广州市、肇庆市2个城市的农业产出得分均超过13分;说明这些城市的农业产出发展基础较高,农业基础建设较好,农业稳定发展,农业经济总体运行良好。珠江-西江经济带城市中广西地区的农业产出水平较低,其中仅南宁市、来宾市、崇左市3个城市的农业产出超过13分;说明广西地区城市的农业产出综合发展能力较低,除了受自然因素影响外,也说明投入要素不合理,不利于城市农业产出。

通过对各年间的珠江-西江经济带城市农业产出的平均分、标准差进行对比分析,可以发现其平均分处于波动上升的趋势,说明珠江-西江经济带城市农业产出综合能力整体活力有所提升,农业产出较好,能很好地服务于经济社会发展。珠江-西江经济带农业产出的标准差处于波动下降的趋势,说明城市间的农业产出差距有所缩小。对各城市的农业产出变化展开分析,发现崇左市的农业产出处在相对领先位置,在2010~2015年的各个时间段内均保持在上游区城市行列,其得分呈下降趋势。佛山市的农业产出得分有所下降,但其排名保持不变。广东地区的其他城市的农业产出得分均出现下降,其排名也出现下降,说明广东地区的整体农业产出处于滞后阶段,地区农业产出较低。广西地区的其他城市农业发展水平得分趋于上升,其农业产出排名也均出现上升,说明这些城市的农业产出发展处于上升阶段,有利于推动农业现代化发展。云浮市在农业产出得分大幅下降的情况下,其排名也出现大幅下降,说明在珠江-西江经济带城市整体农业产出呈现上升趋势的情况下,云浮市缺乏农业产出的有效推力,未能保持其农业产出的现有水平,使其在地区内原有的排名结构出现变化。

表1-18　　　　　　　2010~2015年珠江-西江经济带城市农业产出评价比较

地区	2010年	2011年	2012年	2013年	2014年	2015年	综合变化
南宁	14.141	18.678	20.679	21.950	20.474	16.638	2.497
	4	2	1	1	2	2	2
柳州	9.289	12.669	14.397	12.173	13.874	12.900	3.610
	10	8	6	9	5	6	4
梧州	8.552	9.246	9.297	8.899	8.179	8.377	-0.175
	11	11	11	11	11	11	0
贵港	11.932	12.318	13.836	13.008	11.467	11.854	-0.078
	9	9	7	7	9	8	1
百色	12.028	9.695	15.876	15.382	11.816	11.364	-0.664
	8	10	4	4	7	9	-1
来宾	13.387	16.043	20.663	18.516	16.289	15.630	2.243
	6	3	2	3	3	3	3
崇左	20.225	22.196	19.148	21.650	20.821	19.621	-0.604
	1	1	3	2	1	1	0
广州	15.637	15.359	13.290	13.806	13.525	13.738	-1.899
	2	4	9	6	6	4	-2
佛山	13.319	14.138	13.754	12.817	11.233	12.386	-0.933
	7	6	8	8	10	7	0
肇庆	15.158	14.358	14.600	14.262	14.286	13.502	-1.656
	3	5	5	5	4	5	-2
云浮	13.566	13.187	13.138	12.171	11.792	11.345	-2.221
	5	7	10	10	8	10	-5
最高分	20.225	22.196	20.679	21.950	20.821	19.621	-0.604
最低分	8.552	9.246	9.297	8.899	8.179	8.377	-0.175
平均分	13.385	14.353	15.334	14.967	13.978	13.396	0.011
标准差	3.157	3.745	3.513	4.110	3.893	3.026	-0.132

(二) 珠江-西江经济带城市农业生产发展水平评估结果的比较与评析

1. 珠江-西江经济带城市农业发展水平排序变化比较与评析

由图1-1可以看到，2010年与2011年相比，珠江-西江经济带城市农业发展水平处于上升趋势的城市有4个，分别是南宁市、柳州市、佛山市、肇庆市，上升幅度最大的是佛山市，排名上升4名，柳州市排名上升1名，南宁市、肇庆市排名均上升1名。珠江-西江经济带农业发展水平排名保持不变的城市有3个，分别是梧州市、崇左市、广州市。珠江-西江经济带农业发展水平处于下降趋势的城市有4个，分别是贵港市、百色市、来宾市、云浮市，下降幅度最大的是百色市，排名下降3名，贵港市、云浮市排名均下降2名，来宾市排名下降1名。

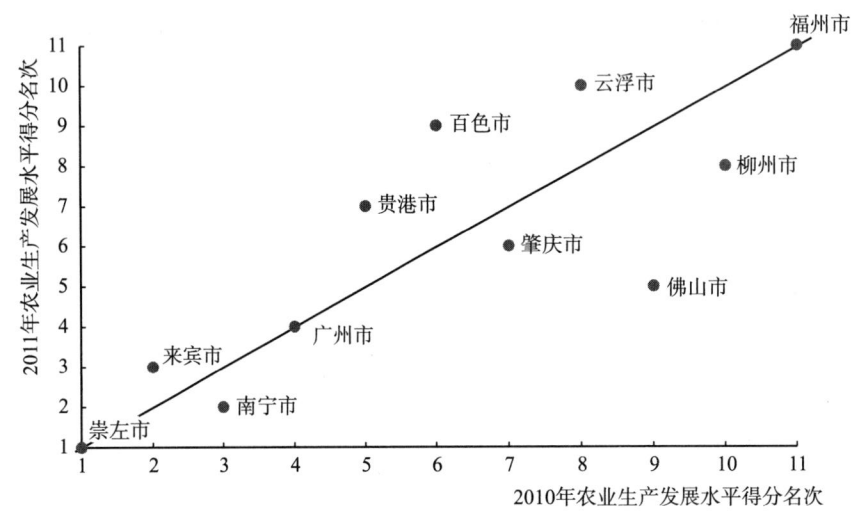

图1-1　2010~2011年珠江-西江经济带城市农业发展水平排序变化

由图1-2可以看到，2011年与2012年相比，珠江-西江经济带城市农业发展水平处于上升趋势的城市有6个，分别是柳州市、梧州市、贵港市、百色市、来宾市、云浮市，上升幅度最大的是百色市，排名上升5名，柳州市、贵港市排名均上升2名，梧州市、来宾市、云浮市排名均上升1名。珠江-西江经济带城市农业发展水平排名保持不变的城市有1个，为崇左市。珠江-西江经济带城市农业发展水平处于下降趋势的城市有4个，分别是南宁市、广州市、佛山市、肇庆市，下降幅度最大的是肇庆市，排名下降5名，广州市排名下降4名，佛山市排名下降2名，南宁市排名下降1名。

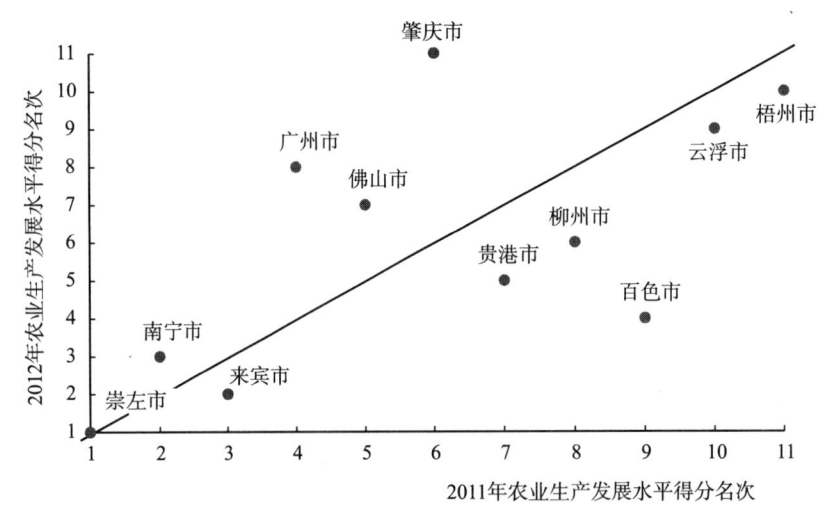

图1-2　2011~2012年珠江-西江经济带城市农业发展水平排序变化

由图1-3可以看到，2012年与2013年相比，珠江-西江经济带城市农业发展水平处于上升趋势的城市有3个，分别是南宁市、广州市、肇庆市，上升幅度最大的是肇庆市，排名上升3名，南宁市、广州市排名均上升1名。珠江-西江经济带城市农业发展水平排名保持不变的城市有6个，分别是柳州市、梧州市、贵港市、百色市、崇左市、云浮市。珠江－西江经济带城市农业发展水平处于下降趋势的城市有2个，分别是来宾市、佛山市，下降幅度最大的是佛山市，排名下降4名，来宾市排名下降1名。

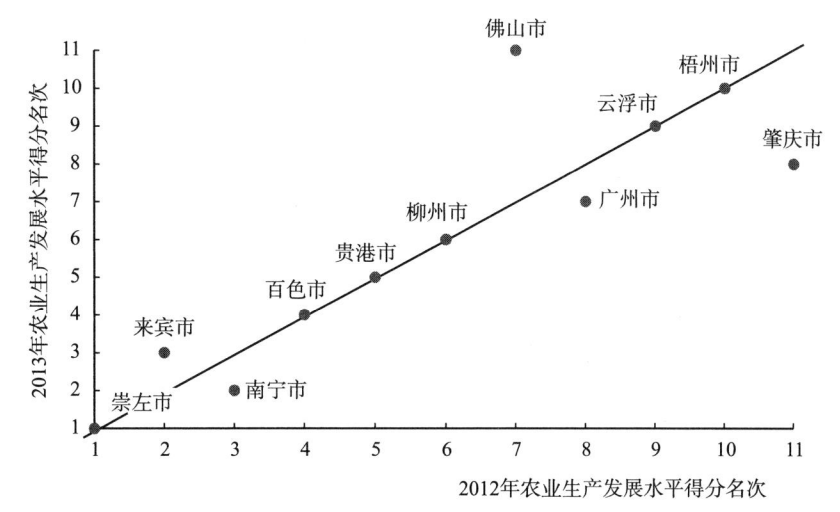

图1-3　2012~2013年珠江－西江经济带城市农业发展水平排序变化

由图1-4可以看到，2013年与2014年相比，珠江－西江经济带城市农业发展水平处于上升趋势的城市有2个，分别是贵港市、广州市，排名均上升1名。保持不变的城市有7个，分别是南宁市、梧州市、来宾市、崇左市、佛山市、肇庆市、云浮市。处于下降趋势的城市有2个，分别是柳州市、百色市，排名均下降1名。

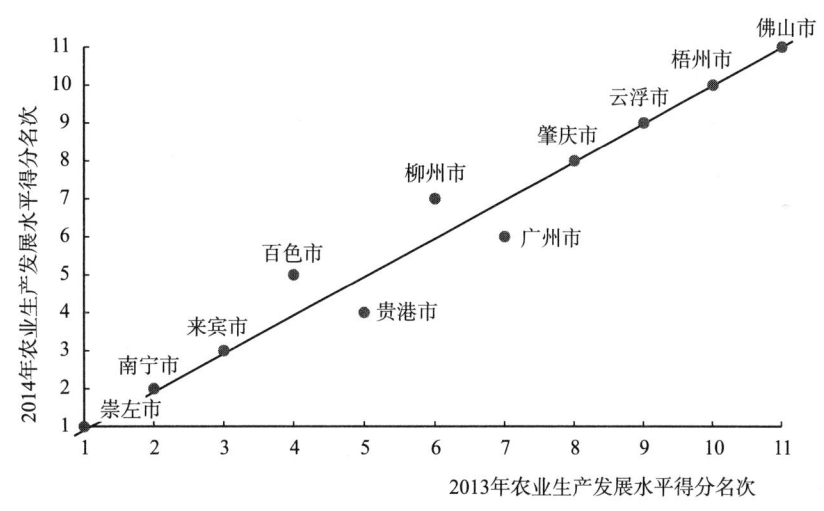

图1-4　2013~2014年珠江－西江经济带城市农业发展水平排序变化

由图1-5可以看到，2014年与2015年相比，珠江－西江经济带城市农业发展水平处于上升趋势的城市有3个，分别是广州市、肇庆市、佛山市，上升幅度最大的是肇庆市，排名上升4名，广州市、佛山市排名均上升1名。排名保持不变的城市有4个，分别是南宁市、来宾市、崇左市、云浮市。处于下降趋势的城市有4个，分别是柳州市、梧州市、贵港市、百色市，下降幅度最大的是贵港市，排名下降3名，柳州市、梧州市、百色市排名均下降1名。

由图1-6可以看到，2010年与2015年相比，珠江－西江经济带城市农业发展水平处于上升趋势的城市有3个，分别是南宁市、柳州市、肇庆市，上升幅度最大的是肇庆市，排名上升3名，柳州市的排名上升2名，南宁市的排名上升1名。排名保持不变的城市有3个，分别是梧州市、百色市、崇左市。处于下降趋势的城市有5个，分别是贵港市、来宾市、广州市、佛山市、云浮市，下降幅度最大的是贵港市，排名下降2名，来宾市、广州市、佛山市、云浮市的排名均下降1名。

由表1-19对2010~2011年珠江－西江经济带城市农业发展水平平均得分情况进行分析，可以看到，2010~2011年，农业发展水平上、中、下游区的平均得分均呈现上升趋势，分别上升2.571分、2.071分、2.676分。说明整体农业发展水平出现提升，意味着农业科技有所进步和创新，农业物质技术装备加强，农业产业体系健全，土地产出率、资源利用率、劳动生产率提高，可持续发展能力增强。二级指标中，2010~2011年间，珠江－西江经济带农业

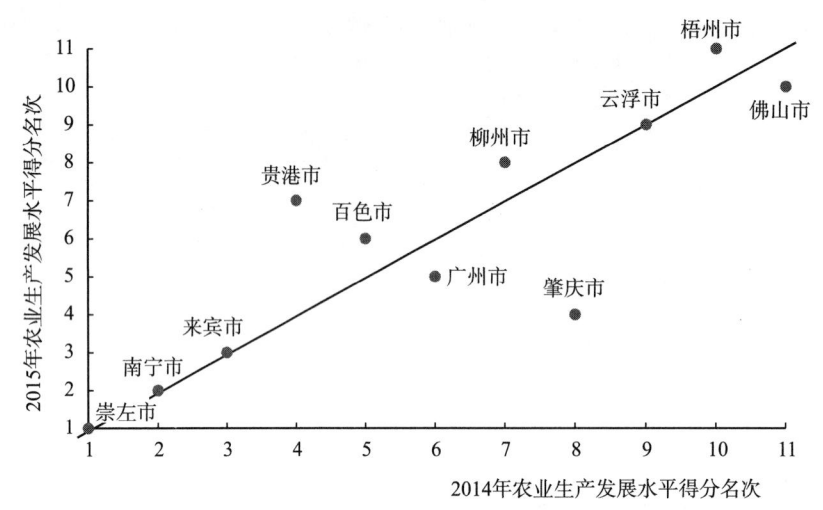

图 1-5　2014~2015 年珠江-西江经济带城市农业发展水平排序变化

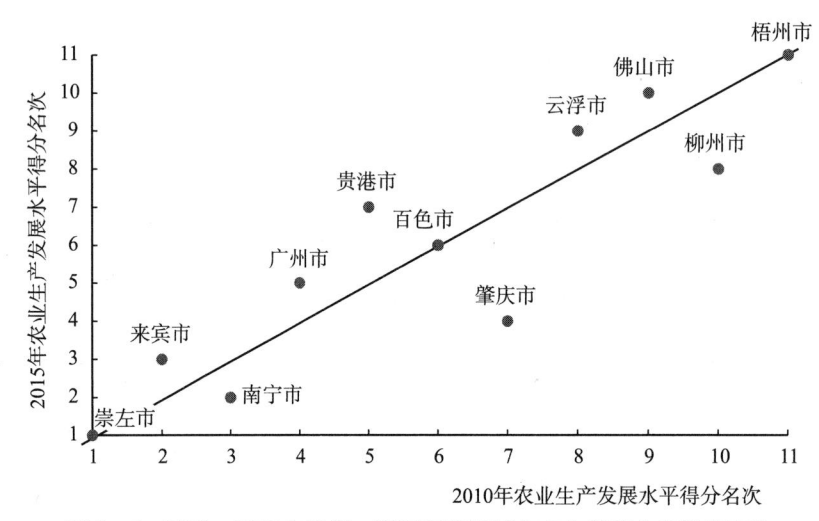

图 1-6　2010~2015 年珠江-西江经济带城市农业发展水平排序变化

结构竞争力上、中、下游区的平均得分均呈现上升趋势，分别上升 0.775 分、0.281 分、0.483 分；说明整体农业结构发展逐步提升，农业发展潜力加大、质量提高、效益增强，有利于开创特色农业发展新局面。2010~2011 年间，在农业发展上、中、下游区的平均得分均呈现上升趋势，分别上升 0.330 分、0.467 分、2.313 分；说明整体农业发展出现了小幅度的提升现象，农民收入持续较快增长，农业农村经济发展取得巨大成绩，为经济社会持续健康发展提供了有力支撑。2010~2011 年间，在农业产出上、中、下游区的平均得分均呈现出上升趋势，分别上升 1.966 分、0.654 分、0.495 分；说明珠江-西江经济带整体农业产出发展趋势良好，是保障地区粮食安全、发展现代农业、增加农民收入及推进社会主义新农村建设的重要途径。

表 1-19　　　　　　　　　2010~2011 年珠江-西江经济带城市农业生产平均得分情况

项目	2010 年			2011 年			得分变化		
	上游区	中游区	下游区	上游区	中游区	下游区	上游区	中游区	下游区
农业生产	58.069	50.520	46.436	60.640	52.591	49.112	2.571	2.071	2.676
农业结构	26.038	22.743	20.926	26.812	23.024	21.409	0.775	0.281	0.483
农业发展	17.121	15.004	12.633	17.450	15.470	14.946	0.330	0.467	2.313
农业产出	17.007	13.288	9.924	18.972	13.942	10.420	1.966	0.654	0.495

由表 1-20 对 2011~2012 年珠江-西江经济带城市农业发展水平平均得分情况进行分析，可以看到，2011~2012 年，农业发展水平上游区的平均得分呈现上升趋势，上升 0.801 分，中、下游区的平均得分均呈现下降趋势，分别下降 0.379 分、1.046 分；说明整体农业发展水平出现衰退，意味着农业科技并未进步和创新，土地产出率、资

源利用率、劳动生产率也并未出现提高，可持续发展能力较弱。二级指标中，2011~2012年间，在农业结构竞争力上、中、下游区的平均得分均呈现下降趋势，分别下降0.729分、0.936分、1.802分；说明整体农业结构发展逐步衰退，农业发展潜力较小、质量和效益均未增强，不利于开创特色农业发展新局面。2011~2012年间，在农业发展上、中游区的平均得分均呈现上升趋势，分别上升0.064分、0.272分，下游区的平均得分呈现下降趋势，下降0.901分，但其总体呈现上升趋势；说明整体农业发展出现了小幅度的提升现象，农民收入持续较快增长，农业农村经济发展取得巨大成绩，为经济社会持续健康发展提供了有力支撑。2011~2012年间，在农业产出上、中、下游区的平均得分均呈现出上升趋势，分别上升1.191分、0.551分、1.488分；说明整体农业产出发展趋势良好，是保障地区粮食安全、发展现代农业、增加农民收入及推进社会主义新农村建设的重要途径。

表1-20　　　　　　　2011~2012年珠江-西江经济带城市农业生产平均得分情况

项目	2011年			2012年			得分变化		
	上游区	中游区	下游区	上游区	中游区	下游区	上游区	中游区	下游区
农业生产	60.640	52.591	49.112	61.441	52.212	48.066	0.801	-0.379	-1.046
农业结构	26.812	23.024	21.409	26.083	22.089	19.607	-0.729	-0.936	-1.802
农业发展	17.450	15.470	14.946	17.515	15.742	14.045	0.064	0.272	-0.901
农业产出	18.972	13.942	10.420	20.163	14.493	11.908	1.191	0.551	1.488

由表1-21对2012~2013年珠江-西江经济带城市农业发展水平平均得分情况进行分析，可以看到，2012~2013年，农业发展水平上、中、下游区的平均得分均呈现下降趋势，分别下降0.988分、0.909分、3.564分；说明整体农业发展水平出现衰退，意味着农业科技并未进步和创新，土地产出率、资源利用率、劳动生产率也并未出现提高，可持续发展能力较弱。二级指标中，2012~2013年间，在农业结构竞争力上、中、下游区的平均得分均呈现下降趋势，分别下降2.213分、1.218分、3.552分；说明整体农业结构发展逐步衰退，农业发展潜力较小、质量和效益均未增强，不利于开创特色农业发展新局面。2012~2013年间，在农业发展上、中、下游区的平均得分均呈现上升趋势，分别上升0.669分、0.976分、0.780分；说明整体农业发展出现了小幅度的提升现象，农民收入持续较快增长，农业农村经济发展取得巨大成绩，为经济社会持续健康发展提供了有力支撑。2012~2013年间，在农业产出上游区的平均得分呈现出上升趋势，上升0.542分，中、下游区的平均得分均呈现出下降趋势，分别下降0.638分、0.827分，其总体呈现下降趋势；说明整体农业产出发展趋势较差，地区农业产出较小，不能为地区其他产业发展提供有效保障。

表1-21　　　　　　　2012~2013年珠江-西江经济带城市农业生产平均得分情况

项目	2012年			2013年			得分变化		
	上游区	中游区	下游区	上游区	中游区	下游区	上游区	中游区	下游区
农业生产	61.441	52.212	48.066	60.454	51.303	44.501	-0.988	-0.909	-3.564
农业结构	26.083	22.089	19.607	23.870	20.871	16.055	-2.213	-1.218	-3.552
农业发展	17.515	15.742	14.045	18.184	16.718	14.825	0.669	0.976	0.780
农业产出	20.163	14.493	11.908	20.705	13.855	11.081	0.542	-0.638	-0.827

由表1-22对2013~2014年珠江-西江经济带各城市农业发展水平平均得分情况进行分析，可以看到，2013~2014年，农业发展水平上、中、下游区的平均得分均呈现下降趋势，分别下降1.557分、0.673分、1.109分；说明珠江-西江经济带整体农业发展水平出现衰退，意味着农业科技并未进步和创新，土地产出率、资源利用率、劳动生产率也并未出现提高，可持续发展能力较弱。二级指标中，2013~2014年间，在农业结构竞争力上、下游区的平均得分均呈现上升趋势，分别上升1.078分、0.837分，中游区的平均得分呈现下降趋势，下降0.066分，其总体水平呈现上升趋势；说明整体农业结构发展逐步提升，农业发展潜力加大、质量提高、效益增强，有利于开创特色农业发展新局面。2013~2014年间，在农业发展上、中、下游区的平均得分均呈现下降趋势，分别下降0.202分、0.651分、0.681分；说明整体农业发展出现了小幅度的衰退现象，农民收入并未明显提升，农业农村经济发展成绩不明显，不能为经济社会持续健康发展提供了有力支撑。2013~2014年间，在农业产出上、中、下游区的平均得分均呈现出下降趋势，分别下降1.511分、0.796分、0.788分；说明珠江-西江经济带整体农业产出发展趋势较差，地区农业产出较小，不能为地区其他产业发展提供有效保障。

表1-22　　　　　　2013~2014年珠江-西江经济带城市农业生产平均得分情况

项目	2013年			2014年			得分变化		
	上游区	中游区	下游区	上游区	中游区	下游区	上游区	中游区	下游区
农业生产	60.454	51.303	44.501	58.896	50.630	43.392	-1.557	-0.673	-1.109
农业结构	23.870	20.871	16.055	24.947	20.805	16.892	1.078	-0.066	0.837
农业发展	18.184	16.718	14.825	17.982	16.067	14.144	-0.202	-0.651	-0.681
农业产出	20.705	13.855	11.081	19.195	13.059	10.293	-1.511	-0.796	-0.788

由表1-23对2014~2015年珠江-西江经济带各城市农业发展水平平均得分情况进行分析，可以看到，2014~2015年，农业发展水平上、中游区的平均得分均呈现下降趋势，分别下降1.833分、0.377分，下游区的平均得分呈现上升趋势，上升1.945分，其整体水平呈现下降趋势；说明整体农业发展水平出现衰退，意味着农业科技并未进步和创新，土地产出率、资源利用率、劳动生产率也并未出现提高，可持续发展能力较弱。二级指标中，2014~2015年间，在农业结构竞争力上游区的平均得分呈现下降趋势，下降0.828分，中、下游区的平均得分均呈现上升趋势，分别上升0.057分、0.356分，其总体水平呈现下降趋势；说明整体农业结构发展并未提升，农业发展潜力较小、质量和效益并未，不利于开创特色农业发展新局面。2014~2015年间，在珠江-西江经济带农业发展上、中、下游区的平均得分均呈现上升趋势，分别上升0.068分、0.410分、1.243分；说明整体农业发展出现了小幅度的提升现象，农民收入持续较快增长，农业农村经济发展取得巨大成绩，为经济社会持续健康发展提供了有力支撑。2014~2015年间，在农业产出上、中游区的平均得分均呈现出下降趋势，分别下降1.898分、0.183分，下游区的平均得分呈现出上升趋势，上升0.069分，其整体水平呈现上升趋势；说明整体农业产出发展趋势良好，是保障地区粮食安全、发展现代农业、增加农民收入及推进社会主义新农村建设的重要途径。

表1-23　　　　　　2014~2015年珠江-西江经济带城市农业生产平均得分情况

项目	2014年			2015年			得分变化		
	上游区	中游区	下游区	上游区	中游区	下游区	上游区	中游区	下游区
农业生产	58.896	50.630	43.392	57.063	50.253	45.337	-1.833	-0.377	1.945
农业结构	24.947	20.805	16.892	24.119	20.862	17.248	-0.828	0.057	0.356
农业发展	17.982	16.067	14.144	18.050	16.477	15.388	0.068	0.410	1.243
农业产出	19.195	13.059	10.293	17.296	12.876	10.362	-1.898	-0.183	0.069

由表1-24对2010~2015年珠江-西江经济带各城市农业发展水平平均得分情况进行分析，可以看到，2010~2015年，农业发展水平上、中、下游区的平均得分均呈现下降趋势，分别下降1.007分、0.267分、1.099分；说明整体农业发展水平出现衰退，意味着农业科技并未进步和创新，土地产出率、资源利用率、劳动生产率也并未出现提高，可持续发展能力较弱。二级指标中，2010~2015年间，在农业结构竞争力上、中、下游区的平均得分均呈现下降趋势，分别下降1.918分、1.881分、3.678分；说明整体农业结构发展并未提升，农业发展潜力较小、质量和效益并未，不利于开创特色农业发展新局面。2010~2015年间，在农业发展上、中、下游区的平均得分均呈现上升趋势，分别上升0.930分、1.473分、2.755分；说明整体农业发展出现了小幅度的提升现象，农民收入持续较快增长，农业农村经济发展取得巨大成绩，为经济社会持续健康发展提供了有力支撑。2010~2015年间，在农业产出上、下游区的平均得分均呈现出上升趋势，分别上升0.290分、0.437分，中游区的平均得分呈现出下降趋势，下降0.412分，其整体水平呈现上升趋势；说明珠江-西江经济带整体农业产出发展趋势良好，是保障地区粮食安全、发展现代农业、增加农民收入及推进社会主义新农村建设的重要途径。

表1-24　　　　　　2010~2015年珠江-西江经济带城市农业生产平均得分情况

项目	2010年			2015年			得分变化		
	上游区	中游区	下游区	上游区	中游区	下游区	上游区	中游区	下游区
农业生产	58.069	50.520	46.436	57.063	50.253	45.337	-1.007	-0.267	-1.099
农业结构	26.038	22.743	20.926	24.119	20.862	17.248	-1.918	-1.881	-3.678
农业发展	17.121	15.004	12.633	18.050	16.477	15.388	0.930	1.473	2.755
农业产出	17.007	13.288	9.924	17.296	12.876	10.362	0.290	-0.412	0.437

2. 珠江-西江经济带城市农业发展水平分布情况

根据灰色综合评价法对无量纲化后的三级指标进行权重得分计算，得到珠江-西江经济带各城市的农业发展水平得分及排名，反映出各城市农业发展水平情况。为更为准确地反映出珠江-西江经济带各城市农业发展水平差异及整体情况，需要对各城市农业发展水平分布情况进行分析，对各城市间实际差距和均衡性展开研究。因此，如图1-7～图1-12对2010～2015年珠江-西江经济带农业发展水平评价分值分布进行统计。

由图1-7可以看到，2010年珠江-西江经济带农业发展水平得分较均衡，农业发展水平得分在57分以上的仅有1个城市，3个城市的农业发展水平得分分布在54～57分，有1个城市的农业发展水平得分在51～54分，3个城市的农业发展水平得分在48～51分，2个城市的农业发展水平得分在45～48分，1个城市的农业发展水平得分在45分以下。这说明珠江-西江经济带农业发展水平分布较均衡，城市的农业发展水平得分相差不大，地区内农业生产综合得分分布的过渡及衔接性较好。

有2个城市的农业发展水平得分在51～54分，1个城市的农业发展水平得分在48～51分，3个城市的农业发展水平得分在45～48分，1个城市的农业发展水平得分在45分以下。这说明珠江-西江经济带农业发展水平分布较均衡，城市的农业发展水平得分相差不大，地区内农业生产综合得分分布的过渡及衔接性较好。

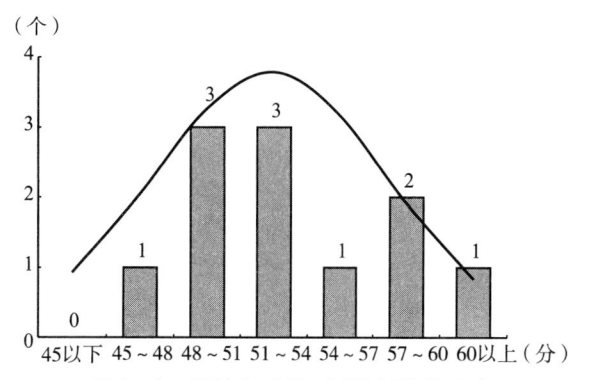

图1-8 2011年珠江-西江经济带农业发展水平评价分值分布

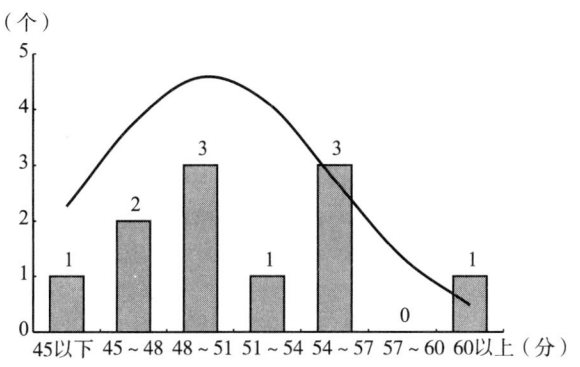

图1-7 2010年珠江-西江经济带农业发展水平评价分值分布

由图1-8可以看到，2011年珠江-西江经济带农业发展水平得分较均衡，农业发展水平得分在57分以上的有3个城市，1个城市的农业发展水平得分分布在54～57分，有3个城市的农业发展水平得分在51～54分，3个城市的农业发展水平得分在48～51分，1个城市的农业发展水平得分在45～48分。这说明珠江-西江经济带农业发展水平分布较均衡，城市的农业发展水平得分相差不大，地区内农业生产综合得分分布的过渡及衔接性较好。

由图1-9可以看到，2012年珠江-西江经济带农业发展水平得分不太均衡，农业发展水平得分在57分以上的有3个城市，1个城市的农业发展水平得分分布在54～57分，有2个城市的农业发展水平得分在51～54分，3个城市的农业发展水平得分在48～51分，2个城市的农业发展水平得分在45～48分。这说明珠江-西江经济带农业发展水平分布较不均衡，地区内农业生产综合得分分布的过渡及衔接性较差。

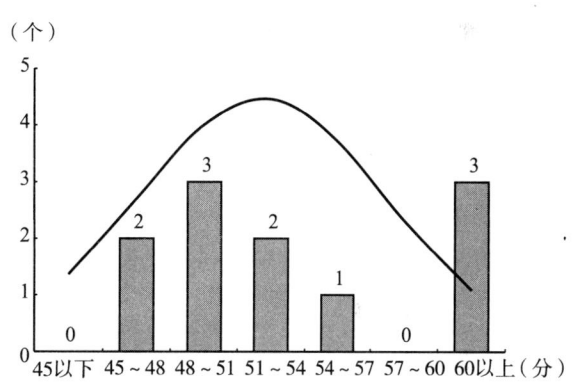

图1-9 2012年珠江-西江经济带农业发展水平评价分值分布

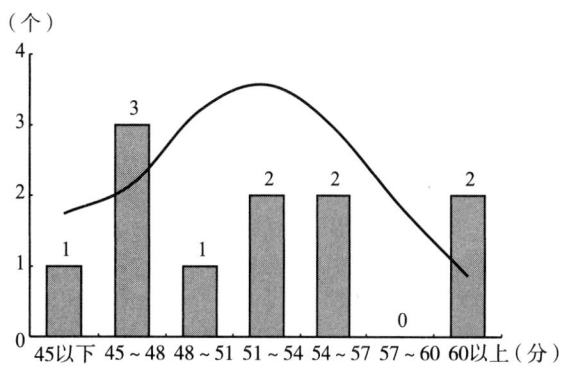

图1-10 2013年珠江-西江经济带农业发展水平评价分值分布

由图1-10可以看到，2013年珠江-西江经济带农业发展水平得分较均衡，农业发展水平得分在57分以上的有2个城市，2个城市的农业发展水平得分分布在54～57分，

由图1-11可以看到，2014年珠江-西江经济带农业发展水平得分较均衡，农业发展水平得分在57分以上的有2个城市，1个城市的农业发展水平得分分布在54～57分，有2个城市的农业发展水平得分在51～54分，3个城市的农业发展水平得分在48～51分，1个城市的农业发展水平

得分在45~48分,2个城市的农业发展水平得分在45分以下。这说明珠江－西江经济带农业发展水平分布较均衡,城市的农业发展水平得分相差不大,地区内农业生产综合得分分布的过渡及衔接性较好。

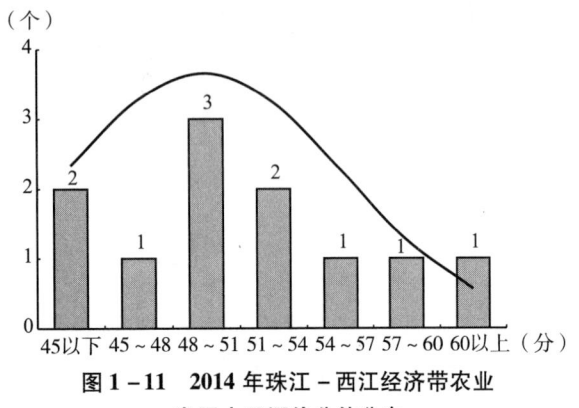

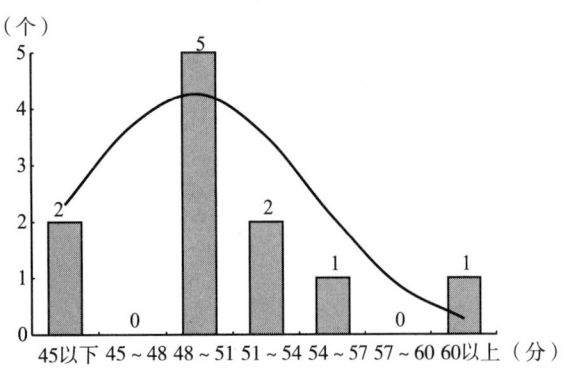

图1-11 2014年珠江－西江经济带农业发展水平评价分值分布

由图1-12可以看到,2015年珠江－西江经济带农业发展水平得分较不均衡,农业发展水平得分在57分以上的仅有1个城市,1个城市的农业发展水平得分分布在54~57分,有2个城市的农业发展水平得分在51~54分,5个城市的农业发展水平得分在48~51分,2个城市的农业发展水平得分在45分以下。这说明珠江－西江经济带农业发展水平分布较不均衡,大量城市的农业发展水平得分集中在48~51分,地区内农业生产综合得分分布的过渡及衔接性较差。

图1-12 2015年珠江－西江经济带农业发展水平评价分值分布

进一步对2010~2015年珠江－西江经济带内广西、广东地区的农业发展水平平均得分及其变化情况进行分析。由表1-25对珠江－西江经济带各地区板块农业发展水平平均得分及变化分析,从得分情况上看,2010年广西地区的农业发展水平平均得分为52.474分,广东地区农业发展水平得分为49.700分,地区间的比差为1.056:1,地区间的标准差为1.961,说明珠江－西江经济带广西地区和广东地区的农业发展水平得分的分布存在一定差距。2011年广西地区的农业发展水平平均得分为54.631分,广东地区的农业发展水平平均得分为52.449分,地区间的比差为1.042:1,地区间的标准差为1.542,说明珠江－西江经济带广西和广东地区的农业发展水平得分的分布差距处于缩小趋势。2012年广西地区的农业发展水平平均得分为56.066分,广东地区的农业发展水平平均得分为49.280分,地区间的比差为1.138:1,地区间的标准差为4.798,说明珠江－西江经济带内广西的农业发展水平得分出现了上升,而广东地区的农业发展水平得分出现了下降;也说明地区间的得分差距依旧呈现扩大的发展趋势。2013年广西地区的农业发展水平平均得分为55.044分,广东地区的农业发展水平平均得分为46.518分,地区间的比差为1.183:1,地区间的标准差为6.029,说明珠江－西江经济带内地区间农业发展水平的发展差距进一步扩大,同时农业发展水平平均得分均出现下降趋势。2014年广西地区的农业发展水平平均得分为53.424分,广东地区的农业发展水平平均得分为46.512分,地区间的比差为1.149:1,地区间的标准差为4.888,反映出珠江－西江经济带农业发展水平依然呈现下降态势,各地区间的平均得分持续下降;也反映出珠江－西江经济带内地区间农业发展水平差距呈现缩小态势。2015年广西地区的农业发展水平平均得分为52.014分,广东地区的农业发展水平平均得分为48.591分,地区间的比差为1.070:1,地区间的标准差为2.420,说明珠江－西江经济带内各地区间农业发展水平得分差距持续呈现缩小趋势。从农业发展水平的分值变化情况上看,在2010~2015年间珠江－西江经济带内广西地区和广东地区的农业发展水平得分均呈现上升趋势,其中广东地区的上升趋势更为明显,并且珠江－西江经济带内各地区的得分差距也呈现扩大趋势。

表1-25 珠江－西江经济带各地区板块农业发展水平平均得分及其变化

年份	广西	广东	标准差
2010	52.474	49.700	1.961
2011	54.631	52.449	1.542
2012	56.066	49.280	4.798
2013	55.044	46.518	6.029
2014	53.424	46.512	4.888
2015	52.014	48.591	2.420
分值变化	-0.460	-1.11	0.459

通过对珠江－西江经济带农业发展水平各地区板块的对比分析,发现珠江－西江经济带中广西板块的农业发展水平高于广东板块,各板块的农业发展水平得分差距不断扩大。为进一步对珠江－西江经济带中各地区板块的城市农业发展水平排名情况进行分析,通过表1-26和表1-27对珠江－西江经济带中广西板块、广东板块内城市位次及在珠江－西江经济带整体的位次排序分析,由各地区板块及珠江－西江经济带整体两个维度对城市排名进行分析,同时还对各板块的变化趋势进行分析。

由表1-26对珠江－西江经济带中广西板块城市的排

名比较进行分析，可以看到南宁市的农业发展水平呈现上升趋势，农业发展水平发展水平较好。柳州市在广西板块排名呈现稳定趋势，其农业发展水平在2010～2015年间除2011年外均保持在广西板块中的第6名。梧州市在广西板块排名呈现稳定趋势，其农业发展水平在2010～2015年间均保持在广西板块中的第7名。贵港市在广西板块排名呈现下降趋势，整体农业发展水平呈现衰退趋势。百色市在广西板块排名呈现上升趋势，其农业生产综合能力形成波动上升状态。来宾市在广西板块排名呈现下降趋势，其农业发展水平整体变化较小。崇左市在广西板块排名呈现稳定趋势，其农业发展水平在2010～2015年间均保持在广西板块中的第1名。

表1-26　广西板块各城市农业发展水平排名比较

地区	2010年	2011年	2012年	2013年	2014年	2015年	排名变化
南宁	3	2	3	2	2	2	1
柳州	6	5	6	6	6	6	0
梧州	7	7	7	7	7	7	0
贵港	4	4	5	5	5	5	-1
百色	5	6	4	4	4	4	1
来宾	2	3	2	3	3	3	-1
崇左	1	1	1	1	1	1	0

由表1-27对广西板块内城市在珠江－西江经济带农业发展水平排名情况进行比较，可以看到南宁市的排名处于上升的趋势，其农业发展水平排名均保持在上游区城市行列。柳州市的排名处在波动上升的趋势，说明城市的农业发展水平不断提升。梧州市的排名呈现稳定趋势，城市的农业发展水平较差，基本处在珠江－西江经济带下游区位置。贵港市的排名处在下降趋势，农业发展水平发展水平较差，出现衰退现象。百色市的排名处于稳定的趋势，城市的农业发展水平发展水平基本保持在中游区城市行列。来宾市的排名处于下降的趋势，其农业发展水平排名均保持在上游区城市行列。崇左市在珠江－西江经济带内的排名在2010～2015年间均保持在珠江－西江经济带内的第1名。

表1-27　广西板块各城市在珠江－西江经济带农业发展水平排名比较

地区	2010年	2011年	2012年	2013年	2014年	2015年	排名变化
南宁	3	2	3	2	2	2	1
柳州	10	8	6	6	7	8	2
梧州	11	11	10	10	10	11	0
贵港	5	7	5	5	4	7	-2
百色	6	9	4	4	5	6	0
来宾	2	3	2	3	3	3	-1
崇左	1	1	1	1	1	1	0

由表1-28对珠江－西江经济带中广东板块城市的排名比较进行分析，可以看到广州市的农业发展水平在呈现下降趋势，但基本能够保持在广东板块城市第1、第2名，说明广州市农业发展水平有较好的发展基础和发展水平。佛山市在广东板块排名虽有所波动，但基本保持稳定的趋势，处于广东板块第4名，说明佛山市的农业发展水平较差。肇庆市在广东板块排名呈现上升的趋势，在2010～2015年间虽有小幅波动，但整体农业发展水平呈现上升趋势。云浮市在广东板块排名也呈现稳定的趋势，在2010～2015年间虽有小幅波动，但整体农业发展水平排名保持广东板块第3名。

表1-28　广东板块各城市农业发展水平排名比较

地区	2010年	2011年	2012年	2013年	2014年	2015年	排名变化
广州	1	1	2	1	1	2	-1
佛山	4	2	1	4	4	4	0
肇庆	2	3	4	2	2	1	1
云浮	3	4	3	3	3	3	0

由表1-29对广东板块内城市在珠江－西江经济带农业发展水平排名情况进行比较，可以看到广州市的排名处于下降的趋势，其农业发展水平排名在2010～2015年间波动较大。佛山市的排名处在下降的趋势，说明城市的农业发展水平有所衰退。肇庆市的排名呈现上升的趋势，城市的农业发展水平排名上升幅度明显。云浮市的排名处于下降的趋势，城市的农业生产综合发展能力较弱。

表1-29　广东板块各城市在珠江－西江经济带农业发展水平排名比较

地区	2010年	2011年	2012年	2013年	2014年	2015年	排名变化
广州	4	4	8	7	6	5	-1
佛山	9	5	7	11	11	10	-1
肇庆	7	6	11	8	8	4	3
云浮	8	10	9	9	9	9	-1

3. 珠江－西江经济带城市农业结构、农业发展、农业产出分区段得分情况

由图1-13可以看到珠江－西江经济带城市农业发展水平上游区各项二级指标的平均得分变化趋势。2010～2015年间农业结构竞争力上游区的得分呈现波动下降的变化趋势。2010～2015年间农业发展上游区的得分呈现波动上升的发展趋势。2010～2015年间农业产出上游区的得分呈现先上升后下降的发展趋势。

由图1-14可以看到珠江－西江经济带城市农业发展水平中游区各项二级指标的平均得分变化趋势。2010～

2015年间农业结构竞争力中游区的得分呈现先上升后下降的变化趋势。2010~2015年间农业发展中游区的得分呈现波动上升的发展趋势。2010~2015年间农业产出中游区的得分呈现先上升后下降的发展趋势。

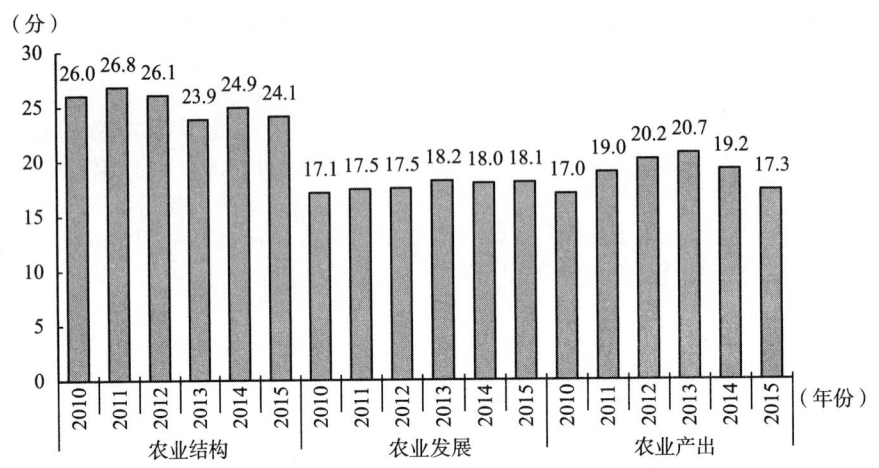

图1-13 珠江-西江经济带农业发展水平上游区各二级指标的得分比较情况

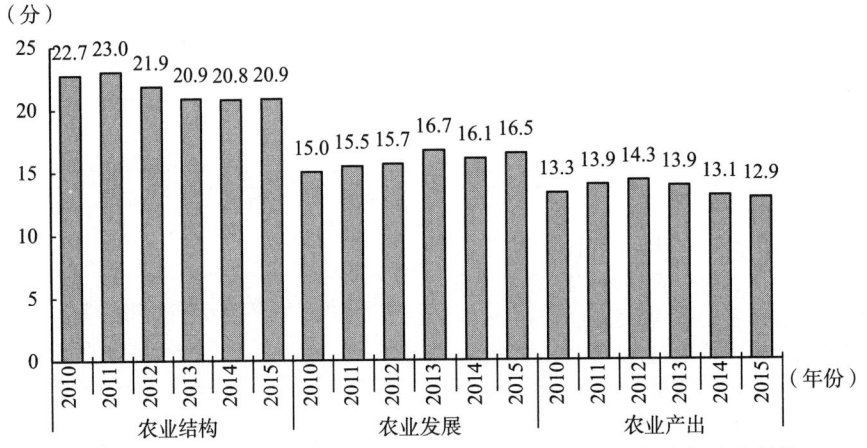

图1-14 珠江-西江经济带农业发展水平中游区各二级指标的得分比较情况

由图1-15可以看到珠江-西江经济带城市农业发展水平下游区各项二级指标的平均得分变化趋势。2010~2015年间农业结构竞争力下游区的得分呈现波动下降的变化趋势。2010~2015年间农业发展下游区的得分呈现波动上升的发展趋势。2010~2015年间农业产出下游区的得分呈现先上升后下降的发展趋势。

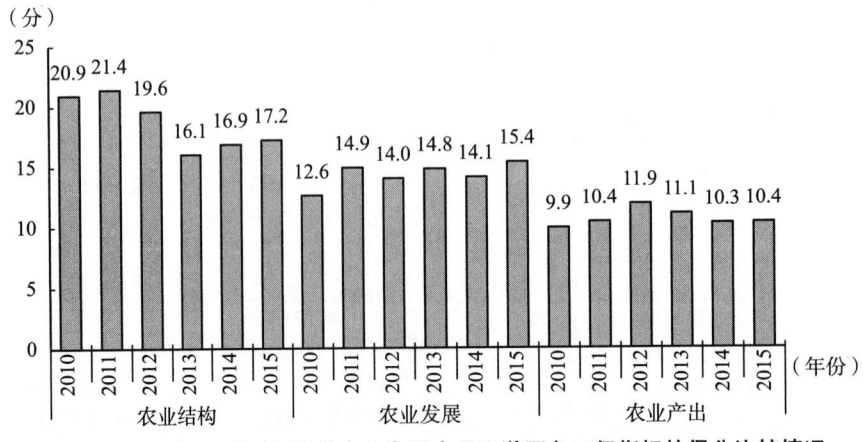

图1-15 珠江-西江经济带农业发展水平下游区各二级指标的得分比较情况

从图1-16对2010~2011年间珠江-西江经济带城市农业发展水平的跨区段变化进行分析，可以看到在2010~

2011年间有4个城市的农业发展水平在珠江-西江经济带的位次发生大幅度变动。其中百色市、云浮市由中游区下降到下游区;佛山市、柳州市由下游区上升至中游区。

	2010年	2011年	
上游区	崇左、来宾、南宁	崇左、南宁、来宾	上游区
中游区	广州、贵港、百色、肇庆、云浮	广州、佛山、肇庆、贵港、柳州	中游区
下游区	佛山、柳州、梧州	百色、云浮、梧州	下游区

图1-16　2010~2011年珠江-西江经济带农业发展水平大幅度变动情况

从图1-17对2011~2012年间珠江-西江经济带城市农业发展水平的跨区段变化进行分析,可以看到在2011~2012年间有2个城市的农业发展水平在珠江-西江经济带的位次发生大幅度变动。其中肇庆市由中游区下降到下游区;百色市下游区上升到中游区。

	2011年	2012年	
上游区	崇左、南宁、来宾	崇左、来宾、南宁	上游区
中游区	广州、佛山、肇庆、贵港、柳州	百色、贵港、柳州、佛山、广州	中游区
下游区	百色、云浮、梧州	云浮、梧州、肇庆	下游区

图1-17　2011~2012年珠江-西江经济带农业发展水平大幅度变动情况

从图1-18对2012~2013年间珠江-西江经济带城市农业发展水平的跨区段变化进行分析,可以看到在2012~2013年间有2个城市的农业发展水平在珠江-西江经济带的位次发生大幅度变动。其中佛山市由中游区下降到下游区;肇庆市下游区上升到中游区。

	2012年	2013年	
上游区	崇左、来宾、南宁	崇左、南宁、来宾	上游区
中游区	百色、贵港、柳州、佛山、广州	百色、贵港、柳州、广州、肇庆	中游区
下游区	云浮、梧州、肇庆	云浮、梧州、佛山	下游区

图1-18　2012~2013年珠江-西江经济带农业发展水平大幅度变动情况

从图1-19对2013~2014年间珠江-西江经济带城市农业发展水平的跨区段变化进行分析,可以看到在2013~2014年间城市间的排名变化较小,未有任何城市的农业发展水平在珠江-西江经济带的位次发生跨区变动。

	2013年	2014年	
上游区	崇左、南宁、来宾	崇左、南宁、来宾	上游区
中游区	百色、贵港、柳州、广州、肇庆	贵港、百色、广州、柳州、肇庆	中游区
下游区	云浮、梧州、佛山	云浮、梧州、佛山	下游区

图1-19　2013~2014年珠江-西江经济带农业发展水平大幅度变动情况

从图1-20对2014~2015年间珠江-西江经济带城市农业发展水平的跨区段变化进行分析,可以看到在2014~2015年间城市间的排名变化较小,未有任何城市的农业发展水平在珠江-西江经济带的位次发生跨区变动。

	2014年	2015年	
上游区	崇左、南宁、来宾	崇左、南宁、来宾	上游区
中游区	贵港、百色、广州、柳州、肇庆	肇庆、广州、百色、贵港、柳州	中游区
下游区	云浮、梧州、佛山	云浮、佛山、梧州	下游区

图1-20　2014~2015年珠江-西江经济带农业发展水平大幅度变动情况

从图1-21对2010~2015年间珠江-西江经济带城市农业发展水平的跨区段变化进行分析,可以看到在2010~2015年间有3个城市的农业发展水平在珠江-西江经济带的位次发生大幅度变动。其中云浮市由中游区下降至下游区;柳州市由下游区上升至中游区。说明各城市的农业发展水平在2010~2015年间发生了较小幅度的变动,但崇左市、南宁市、来宾市依然持续保持最优地位,这3个城市的农业发展水平排名依然位于上游区城市行列。

	2010年	2015年	
上游区	崇左、来宾、南宁	崇左、南宁、来宾	上游区
中游区	广州、贵港、百色、肇庆、云浮	肇庆、广州、百色、贵港、柳州	中游区
下游区	佛山、柳州、梧州	云浮、佛山、梧州	下游区

图1-21　2010~2015年珠江-西江经济带农业发展水平大幅度变动情况

三、珠江-西江经济带城市农业结构竞争力评估与比较

(一)珠江-西江经济带城市农业结构竞争力评估结果

根据珠江-西江经济带农业结构竞争力指标体系和数

学评价模型，对2010~2015年间珠江-西江经济带内11个城市的农业结构竞争力进行评价。表1-30~表1-44是本次评估期间珠江-西江经济带11个城市的农业结构竞争力排名和排名变化情况及其8个三级指标的评价结构。

1. 珠江-西江经济带城市农业结构竞争力排名

根据表1-30中内容对2010年珠江-西江经济带各城市农业结构竞争力排名变化进行分析，可以看到珠江-西江经济带11个城市中，农业结构竞争力处于上游区的依次是崇左市、来宾市、贵港市；农业发展水平处在中游区的依次是南宁市、百色市、肇庆市、梧州市、柳州市；农业发展水平处在下游区的依次是云浮市、广州市、佛山市。这说明在珠江-西江经济带中广西地区农业结构竞争力高于广东地区，更具发展优势。

表1-30　　2010年珠江-西江经济带城市农业结构排名

地区	排名	区段	地区	排名	区段	地区	排名	区段
崇左	1	上游区	南宁	4	中游区	云浮	9	下游区
来宾	2		百色	5		广州	10	
贵港	3		肇庆	6		佛山	11	
			梧州	7				
			柳州	8				

根据表1-31中内容对2011年珠江-西江经济带各城市农业结构竞争力排名变化进行分析，可以看到珠江-西江经济带11个城市中，农业结构竞争力处于上游区的依次是崇左市、来宾市、百色市；农业发展水平处在中游区的依次是贵港市、梧州市、柳州市、南宁市、肇庆市；农业发展水平处在下游区的依次是广州市、云浮市、佛山市。相比于2010年，百色市由中游区上升至上游区；贵港市由上游区下降至中游区。

表1-31　　2011年珠江-西江经济带城市农业结构排名

地区	排名	区段	地区	排名	区段	地区	排名	区段
崇左	1	上游区	贵港	4	中游区	广州	9	下游区
来宾	2		梧州	5		云浮	10	
百色	3		柳州	6		佛山	11	
			南宁	7				
			肇庆	8				

根据表1-32中内容对2012年珠江-西江经济带各城市农业结构竞争力排名变化进行分析，可以看到珠江-西江经济带11个城市中，农业结构竞争力处于上游区的依次是崇左市、来宾市、百色市；农业发展水平处在中游区的依次是梧州市、南宁市、贵港市、柳州市、云浮市；农业发展水平处在下游区的依次是肇庆市、佛山市、广州市。相比于2011年，广西地区城市排名未出现较大变动；广东地区城市云浮市由下游区上升至中游区，肇庆市由中游区下降至下游区。

表1-32　　2012年珠江-西江经济带城市农业结构排名

地区	排名	区段	地区	排名	区段	地区	排名	区段
崇左	1	上游区	梧州	4	中游区	肇庆	9	下游区
来宾	2		南宁	5		佛山	10	
百色	3		贵港	6		广州	11	
			柳州	7				
			云浮	8				

根据表1-33中内容对2013年珠江-西江经济带各城市农业结构竞争力排名变化进行分析，可以看到珠江-西江经济带11个城市中，农业结构竞争力处于上游区的依次是崇左市、百色市、贵港市；农业发展水平处在中游区的依次是南宁市、梧州市、来宾市、柳州市、云浮市；农业发展水平处在下游区的依次是广州市、肇庆市、佛山市。相比于2012年，珠江-西江经济带中广西地区各城市和广东地区各城市农业结构总体呈现稳定趋势，排名变化非常小。

表1-33　　2013年珠江-西江经济带城市农业结构排名

地区	排名	区段	地区	排名	区段	地区	排名	区段
崇左	1	上游区	南宁	4	中游区	广州	9	下游区
百色	2		梧州	5		肇庆	10	
贵港	3		来宾	6		佛山	11	
			柳州	7				
			云浮	8				

根据表1-34中内容对2014年珠江-西江经济带各城市农业结构竞争力排名变化进行分析，可以看到珠江-西江经济带11个城市中，农业结构竞争力处于上游区的依次是崇左市、来宾市、贵港市；农业发展水平处在中游区的依次是百色市、柳州市、梧州市、肇庆市、广州市；农业发展水平处在下游区的依次是云浮市、南宁市、佛山市。相比于2013年，广西地区城市百色市由上游区下降到中游区，南宁市由中游区下降至下游区，下降幅度明显，来宾市由中游区上升至上游区；广东地区城市云浮市由中游区下降至下游区，肇庆市和广州市由下游区上升至中游区。

表1-34　　2014年珠江-西江经济带城市农业结构排名

地区	排名	区段	地区	排名	区段	地区	排名	区段
崇左	1	上游区	百色	4	中游区	云浮	9	下游区
来宾	2		柳州	5		南宁	10	
贵港	3		梧州	6		佛山	11	
			肇庆	7				
			广州	8				

根据表1-35中内容对2015年珠江-西江经济带各城市农业结构竞争力排名变化进行分析，可以看到珠江-西江经济带11个城市中，农业结构竞争力处于上游区的依次是崇左市、百色市、来宾市；农业发展水平处在中游区的依次是贵港市、南宁市、柳州市、肇庆市、梧州市；农业发展水平处在下游区的依次是云浮市、广州市、佛山市。相比于2014年，广西地区城市总体呈现上升趋势；广东地区城市总体呈现下降趋势。

表1-35　2015年珠江-西江经济带城市农业结构排名

地区	排名	区段	地区	排名	区段	地区	排名	区段
崇左	1	上游区	贵港	4	中游区	云浮	9	下游区
百色	2		南宁	5		广州	10	
来宾	3		柳州	6		佛山	11	
			肇庆	7				
			梧州	8				

根据表1-36中内容对2010~2015年珠江-西江经济带各城市农业结构竞争力排名变化趋势进行分析，可以看到在珠江-西江经济带11个城市农业结构竞争力处于上升区的是百色市、柳州市；农业结构竞争力处在保持区的是崇左市、广州市、佛山市、云浮市；农业结构竞争力处在下降区的是南宁市、来宾市、贵港市、梧州市、肇庆市。这说明珠江-西江经济带中广东板块城市的变化幅度要高于广西板块城市的变化幅度，广东板块城市农业结构竞争力发展的平稳性较弱。

表1-36　2010~2015年珠江-西江经济带城市农业发展水平排名变化

地区	排名变化	区段	地区	排名变化	区段	地区	排名变化	区段
柳州	2	上升区	广州	0	保持区	肇庆	-1	下降区
百色	3		佛山	0		梧州	-1	
			崇左	0		南宁	-1	
			云浮	0		来宾	-1	
						贵港	-1	

2. 珠江-西江经济带城市第一产业比重得分情况

通过表1-37对2010~2015年珠江-西江经济带城市第一产业比重的变化进行分析。由2010年的珠江-西江经济带第一产业比重评价来看，有6个城市的第一产业比重得分已经在2分以上。得分大致处在0~5分，小于2分的城市有南宁市、柳州市、梧州市、广州市、佛山市。最高得分为崇左市，为4.165分，最低得分为广州市，为0.074分。得分平均值为2.163分，标准差为1.348，说明城市之间第一产业比重的变化差异很小。广西地区城市的第一产业比重的得分较高，其中贵港市、百色市、来宾市、崇左市4个城市的第一产业比重得分均超过2分；说明这些城市的第一产业比重发展基础较好，城市第一产业对GDP的贡献较大，农业发展基础好。广东地区的第一产业比重水平较低，其中仅肇庆市、云浮市2个城市的第一产业比重超过2分；说明广东地区城市的第一产业比重综合发展能力较低，城市第一产业比重较小。

由2011年的珠江-西江经济带城市第一产业比重评价来看，有6个城市的第一产业比重得分已经在2分以上。得分大致处在0~5分，小于2分的城市有南宁市、柳州市、梧州市、广州市、佛山市。最高得分为崇左市，为4.208分，最低得分为广州市，为0.060分。得分平均值为2.203分，标准差为1.382，说明城市之间第一产业比重的变化差异很小。广西地区城市的第一产业比重的得分较高，其中贵港市、百色市、来宾市、崇左市4个城市的第一产业比重得分均超过2分；说明这些城市的第一产业比重发展基础较好，城市第一产业对GDP的贡献较大，农业发展基础好。广东地区的第一产业比重水平较低，其中仅肇庆市、云浮市2个城市的第一产业比重超过2分；说明广东地区城市的第一产业比重综合发展能力较低，城市第一产业比重较小。

由2012年的珠江-西江经济带城市第一产业比重评价来看，有6个城市的第一产业比重得分已经在2分以上。得分大致处在0~4分，小于2分的城市有南宁市、柳州市、梧州市、广州市、佛山市。最高得分为崇左市，为3.677分，最低得分为广州市，为0.047分。得分平均值为2.020分，标准差为1.265，说明城市之间第一产业比重的变化差异很小。广西地区城市的第一产业比重的得分较高，其中贵港市、百色市、来宾市、崇左市4个城市的第一产业比重得分均超过2分；说明这些城市的第一产业比重发展基础较好，城市第一产业对GDP的贡献较大，农业发展基础好。广东地区的第一产业比重水平较低，其中仅肇庆市、云浮市2个城市的第一产业比重超过2分；说明广东地区城市的第一产业比重综合发展能力较低，城市第一产业比重较小。

由2013年的珠江-西江经济带城市第一产业比重评价来看，有6个城市的第一产业比重得分已经在2分以上。得分大致处在0~4分，小于2分的城市有南宁市、柳州市、梧州市、广州市、佛山市。最高得分为来宾市，为3.513分，最低得分为广州市，为0.033分。得分平均值为1.953分，标准差为1.239，说明城市之间第一产业比重的变化差异很小。广西地区城市的第一产业比重的得分较高，其中贵港市、百色市、来宾市、崇左市4个城市的第一产业比重得分均超过2分；说明这些城市的第一产业比重发展基础较好，城市第一产业对GDP的贡献较大，农业发展基础好。广东地区的第一产业比重水平较低，其中仅肇庆市、云浮市2个城市的第一产业比重超过2分；说明广东地区城市的第一产业比重综合发展能力较低，城市第一产业比重较小。

由2014年的珠江-西江经济带城市第一产业比重评价来看，有5个城市的第一产业比重得分已经在2分以上。得分大致处在0~4分，小于2分的城市有南宁市、柳州市、梧州市、广州市、佛山市、肇庆市。最高得分为来宾市，为3.090分，最低得分为广州市，为0.008分。得分平均值为1.706分，标准差为1.083，说明城市之间第一产业比重的变化差异很小。广西地区城市的第一产业比重的得分较高，其中贵港市、百色市、来宾市、崇左市4个城市的第一产业比重得分均超过2分；说明这些城市的第一产业比重发展基础较好，城市第一产业对GDP的贡献较大，农业发展基础好。广东地区的第一产业比重水平较低，其中仅云浮市1个城市的第一产业比重超过2分；说明广东地区城市的第一产业比重综合发展能力较低，城市第一产业比重较小。

由2015年的珠江-西江经济带城市第一产业比重评价来看，有5个城市的第一产业比重得分已经在2分以上。得分大致处在0~4分，小于2分的城市有南宁市、柳州市、梧州市、广州市、佛山市、肇庆市。最高得分为来宾市，为3.149分，最低得分为广州市，为0分。得分平均值为1.711分，标准差为1.099，说明城市之间第一产业比重的变化差异很小。广西地区城市的第一产业比重的得分较高，其中贵港市、百色市、来宾市、崇左市4个城市的第一产业比重得分均超过2分；说明这些城市的第一产业比重发展基础较好，城市第一产业对GDP的贡献较大，农业发展基础好。广东地区的第一产业比重水平较低，其中仅云浮市1个城市的第一产业比重超过2分；说明广东地区城市的第一产业比重综合发展能力较低，城市第一产业比重较小。

通过对各年间的珠江-西江经济带城市第一产业比重的平均分、标准差进行对比分析，可以发现其平均分处于波动下降的趋势，说明珠江-西江经济带第一产业比重综合能力整体活力并未提升，第一产业占GDP的比重逐渐减小，产业结构趋于合理。珠江-西江经济带第一产业比重的标准差也处于波动下降的趋势，说明城市间的第一产业比重差距有所缩小。对各城市的第一产业比重变化展开分析，发现广州市的第一产业比重处在稳定位置，在2010~2015年的各个时间段内排名均处于第十一，其发展水平出现小幅下降的趋势。崇左市的第一产业比重排名不断下降，其得分也出现下降。广东地区的其他城市的第一产业比重得分均出现下降，并且其排名除云浮市外也出现下降，说明广东地区的整体第一产业比重处于滞后阶段。广西地区的其他城市第一产业比重得分趋于下降，其第一产业比重排名除来宾市外均保持不变，说明广西地区第一产业比重变化幅度较小。来宾市在第一产业比重得分小幅下降的情况下其排名出现上升，说明在珠江-西江经济带整体第一产业比重呈现衰退趋势的情况下，来宾市保持其第一产业比重的现有水平，使其在地区内的排名结构出现变化。

表1-37　2010~2015年珠江-西江经济带各城市第一产业比重评价比较

地区	2010年	2011年	2012年	2013年	2014年	2015年	综合变化
南宁	1.833	1.874	1.667	1.589	1.412	1.302	-0.531
	8	7	7	7	7	8	0
柳州	1.051	1.096	0.980	0.944	0.789	0.824	-0.227
	9	9	9	9	9	9	0
梧州	1.866	1.769	1.623	1.468	1.343	1.369	-0.497
	7	8	8	8	8	7	0
贵港	2.763	3.093	2.953	2.887	2.519	2.556	-0.208
	4	4	4	4	4	4	0
百色	2.579	2.665	2.420	2.446	2.159	2.171	-0.408
	5	5	5	5	5	5	0
来宾	3.406	3.504	3.355	3.513	3.090	3.149	-0.257
	3	3	2	1	1	1	2
崇左	4.165	4.208	3.677	3.439	2.884	2.912	-1.253
	1	1	1	2	2	2	-1
广州	0.074	0.060	0.047	0.033	0.008	0.000	-0.074
	11	11	11	11	11	11	0
佛山	0.091	0.082	0.103	0.103	0.074	0.061	-0.030
	10	10	10	10	10	10	0
肇庆	2.419	2.361	2.156	2.060	1.815	1.813	-0.606
	6	6	6	6	6	6	0
云浮	3.548	3.521	3.241	3.000	2.675	2.664	-0.884
	2	2	3	3	3	3	-1
最高分	4.165	4.208	3.677	3.513	3.090	3.149	-1.016
最低分	0.074	0.060	0.047	0.033	0.008	0.000	-0.074
平均分	2.163	2.203	2.020	1.953	1.706	1.711	-0.452
标准差	1.348	1.382	1.265	1.239	1.083	1.099	-0.249

3. 珠江－西江经济带城市第一产业投资强度得分情况

通过表1-38对2010~2015年珠江－西江经济带城市第一产业投资强度的变化进行分析。由2010年的珠江－西江经济带第一产业投资强度评价来看，有5个城市的第一产业投资强度得分已经在0.3分以上。得分大致处在0~4分，小于0.3分的城市有南宁市、柳州市、梧州市、广州市、佛山市、云浮市。最高得分为崇左市，为3.099分，最低得分为广州市，为0分。得分平均值为0.554分，标准差为0.879，说明城市之间第一产业投资强度的变化差异较小。广西地区城市的第一产业投资强度的得分较高，其中贵港市、百色市、来宾市、崇左市4个城市的第一产业投资强度得分均超过0.3分；说明这些城市的第一产业投资强度发展基础较好，第一产业的土地利用效率越高。广东地区的第一产业投资强度水平较低，其中仅有肇庆市1个城市的第一产业投资强度得分超过0.3分；说明广东地区城市的第一产业投资强度综合发展能力较低，第一产业单位土地利用效率越差。第一产业投资强度是反映一个地区第一产业土地利用效率的综合经济指标。

由2011年的珠江－西江经济带城市第一产业投资强度评价来看，有6个城市的第一产业投资强度得分已经在0.3分以上。得分大致处在0~3分，小于0.3分的城市有柳州市、梧州市、广州市、佛山市、云浮市。最高得分为崇左市，为2.080分，最低得分为广州市，为0分。得分平均值为0.552分，标准差为0.630，说明城市之间第一产业投资强度的变化差异较小。广西地区城市的第一产业投资强度的得分较高，其中南宁市、贵港市、百色市、来宾市、崇左市5个城市的第一产业投资强度得分均超过0.3分；说明这些城市的第一产业投资强度发展基础较好，第一产业的土地利用效率越高。广东地区的第一产业投资强度水平较低，其中仅有肇庆市1个城市的第一产业投资强度得分超过0.3分；说明广东地区城市的第一产业投资强度综合发展能力较低，第一产业单位土地利用效率越差。

由2012年的珠江－西江经济带城市第一产业投资强度评价来看，有9个城市的第一产业投资强度得分已经在0.3分以上。得分大致处在0~2分，小于0.3分的城市有广州市、佛山市。最高得分为崇左市，为1.690分，最低得分为广州市，为0.004分。得分平均值为0.568分，标准差为0.493，说明城市之间第一产业投资强度的变化差异较小。广西地区城市的第一产业投资强度的得分较高，其中南宁市、柳州市、梧州市、贵港市、百色市、来宾市、崇左市7个城市的第一产业投资强度得分均超过0.3分；说明这些城市的第一产业投资强度发展基础较好，第一产业的土地利用效率越高。广东地区的第一产业投资强度水平较低，其中仅有肇庆市、云浮市2个城市的第一产业投资强度得分超过0.3分；说明广东地区城市的第一产业投资强度综合发展能力较低，第一产业单位土地利用效率越差。

由2013年的珠江－西江经济带城市第一产业投资强度评价来看，有9个城市的第一产业投资强度得分已经在0.3分以上。得分大致处在0~1分，小于0.3分的城市有广州市、佛山市。最高得分为崇左市，为0.998分，最低得分为广州市，为0.007分。得分平均值为0.481分，标准差为0.307，说明城市之间第一产业投资强度的变化差异较小。广西地区城市的第一产业投资强度的得分较高，其中南宁市、柳州市、梧州市、贵港市、百色市、来宾市、崇左市7个城市的第一产业投资强度得分均超过0.3分；说明这些城市的第一产业投资强度发展基础较好，第一产业的土地利用效率越高。广东地区的第一产业投资强度水平较低，其中仅肇庆市、云浮市2个城市的第一产业投资强度得分均超过0.3分；说明广东地区城市的第一产业投资强度综合发展能力较低，第一产业单位土地利用效率越差。

由2014年的珠江－西江经济带城市第一产业投资强度评价来看，有9个城市的第一产业投资强度得分已经在0.3分以上。得分大致处在0~1分，小于0.3分的城市有广州市、佛山市。最高得分为崇左市，为0.991分，最低得分为广州市，为0.013分。得分平均值为0.455分，标准差为0.290，说明城市之间第一产业投资强度的变化差异较小。广西地区城市的第一产业投资强度的得分较高，其中南宁市、柳州市、梧州市、贵港市、百色市、来宾市、崇左市7个城市的第一产业投资强度得分均超过0.3分；说明这些城市的第一产业投资强度发展基础较好，第一产业的土地利用效率越高。广东地区的第一产业投资强度水平较低，其中肇庆市、云浮市2个城市的第一产业投资强度得分超过0.3分；说明广东地区城市的第一产业投资强度综合发展能力较低，第一产业单位土地利用效率越差。

由2015年的珠江－西江经济带城市第一产业投资强度评价来看，有9个城市的第一产业投资强度得分已经在0.3分以上。得分大致处在0~1分，小于0.3分的城市有广州市、佛山市。最高得分为百色市，为0.879分，最低得分为佛山市，为0.020分。得分平均值为0.470分，标准差为0.266，说明城市之间第一产业投资强度的变化差异较小。广西地区城市的第一产业投资强度的得分较高，其中南宁市、柳州市、梧州市、贵港市、百色市、来宾市、崇左市7个城市的第一产业投资强度得分均超过0.3分；说明这些城市的第一产业投资强度发展基础较好，第一产业的土地利用效率越高。广东地区的第一产业投资强度水平较低，其中仅肇庆市、云浮市2个城市的第一产业投资强度得分超过0.3分；说明广东地区城市的第一产业投资强度综合发展能力较低，第一产业单位土地利用效率越差。

对比珠江－西江经济带各城市第一产业投资强度变化，通过对各年间的珠江－西江经济带第一产业投资强度的平均分、标准差进行分析，可以发现其平均分处于波动下降的趋势，说明珠江－西江经济带第一产业投资强度综合能力整体活力并未提升，第一产业土地利用效率依然较低。珠江-西江经济带第一产业投资强度的标准差处于持续下降的趋势，说明城市间的第一产业投资强度差距逐渐缩小。对各城市的第一产业投资强度变化展开分析，发现广州市的第一产业投资强度处在绝对稳定位置，在2010~2015年的各个时间段内均保持排名第十一，其整体水平处于持续上升的趋势。崇左市的第一产业投资强度排名不断下降，其得分也出现下降。广东地区的其他城市的第一产业投资强度得分均出现上升，但其排名变化较小，说明广东地区的整体第一产业投资强度变化幅度较小。广西地区的其他城市第一产业投资强度得分趋于上升，其第一产业投资强度排名除贵港市、来宾市均出现上升，说明这些城市的第一产业投资强度发展处于发展阶段，第一产业土地利用效率不断提升，有利于城市农业发展。

表1-38　　2010~2015年珠江-西江经济带各城市第一产业投资强度评价比较

地区	2010年	2011年	2012年	2013年	2014年	2015年	综合变化
南宁	0.228	0.332	0.404	0.452	0.483	0.535	0.307
	7	5	7	6	4	5	2
柳州	0.115	0.206	0.465	0.441	0.383	0.449	0.334
	9	9	5	7	8	7	2
梧州	0.178	0.243	0.342	0.534	0.448	0.536	0.359
	8	8	9	5	6	4	4
贵港	0.316	0.316	0.347	0.358	0.375	0.395	0.079
	5	6	8	9	9	9	-4
百色	0.754	1.335	1.116	0.907	0.828	0.879	0.124
	2	2	2	2	2	1	1
来宾	0.415	0.485	0.831	0.577	0.450	0.492	0.077
	4	4	3	4	5	6	-2
崇左	3.099	2.080	1.690	0.998	0.991	0.783	-2.316
	1	1	1	1	1	2	-1
广州	0.000	0.000	0.004	0.007	0.013	0.029	0.028
	11	11	11	11	11	10	1
佛山	0.015	0.026	0.009	0.014	0.034	0.020	0.005
	10	10	10	10	10	11	-1
肇庆	0.693	0.765	0.634	0.610	0.609	0.633	-0.061
	3	3	4	3	3	3	0
云浮	0.283	0.287	0.404	0.397	0.389	0.421	0.138
	6	7	6	8	7	8	-2
最高分	3.099	2.080	1.690	0.998	0.991	0.879	-2.220
最低分	0.000	0.000	0.004	0.007	0.013	0.020	0.020
平均分	0.554	0.552	0.568	0.481	0.455	0.470	-0.084
标准差	0.879	0.630	0.493	0.307	0.290	0.266	-0.613

4. 珠江-西江经济带城市第一产业不协调度得分情况

通过表1-39对2010~2015年珠江-西江经济带城市第一产业不协调度的变化进行分析。由2010年的珠江-西江经济带第一产业不协调度评价来看，有10个城市的第一产业不协调度得分已经在5分以上。得分大致处在4~7分，小于5分的城市有云浮市。最高得分为崇左市，为6.645分，最低得分为云浮市，为4.596分。得分平均值为6.182分，标准差为0.629，说明城市之间第一产业不协调度的变化差异较小。广西地区的第一产业不协调度水平较高，其中南宁市、柳州市、梧州市、贵港市、百色市、来宾市、崇左市7个城市的第一产业不协调度得分均超过5分；说明这些城市的第一产业内部不协调程度较高，内部要素之间在发展过程中彼此和谐一致的程度较低。广东地区城市的第一产业不协调度的得分较高，其中广州市、肇庆市、佛山市3个城市的第一产业不协调度得分均超过5分；说明广东地区城市的第一产业不协调度程度较高，第一产业内部存在不协调。

由2011年的珠江-西江经济带城市第一产业不协调度评价来看，有10个城市的第一产业不协调度得分已经在5分以上。得分大致处在4~7分，小于5分的城市有云浮市。最高得分为崇左市，为6.467分，最低得分为云浮市，为4.492分。得分平均值为5.945分，标准差为0.642，说明城市之间第一产业不协调度的变化差异较小。广西地区的第一产业不协调度水平较高,其中南宁市、柳州市、梧州市、贵港市、百色市、来宾市、崇左市7个城市的第一产业不协调度得分均超过5分;说明这些城市的第一产业内部不协调程度较高,内部要素之间在发展过程中彼此和谐一致的程度较低。广东地区城市的第一产业不协调度的得分较高,其中广州市、肇庆市、佛山市3个城市的第一产业不协调度得分均超过5分;说明广东地区城市的第一产业协调度程度较高,第一产业内部存在不协调。

由2012年的珠江-西江经济带城市第一产业不协调度评价来看,有8个城市的第一产业不协调度得分已经在5分以上。得分大致处在4~7分,小于5分的城市有佛山市、肇庆市、云浮市。最高得分为崇左市,为6.116分,最低得分为云浮市,为4.057。得分平均值为5.352分,标准差为0.821,说明城市之间第一产业不协调度的变化差异较小。广西地区的第一产业不协调度水平较高,其中南宁市、柳州市、梧州市、贵港市、百色市、来宾市、崇左市7个城市的第一产业不协调度得分均超过5分;说明这些城市的第一产业内部不协调程度较高,内部要素之间在发展过程中彼此和谐一致的程度较低。广东地区城市的第一产业不协调度的得分较低,其中仅广州市1个城市的第一产业不协调度得分超过5分;说明广东地区城市的第一产业协调度程度较高,第一产业内部相对协调。

由2013年的珠江-西江经济带城市第一产业不协调度评价来看,有8个城市的第一产业不协调度得分已经在5分以上。得分大致处在0~6分,小于5分的城市有佛山市、肇庆市、云浮市。最高得分为崇左市,为5.859分,最低得分为佛山市,为0分。得分平均值为4.674分,标准差为1.773,说明城市之间第一产业不协调度的变化差异较小。广西地区的第一产业不协调度水平较高,其中南宁市、柳州市、梧州市、贵港市、百色市、来宾市、崇左市7个城市的第一产业不协调度得分均超过5分;说明这些城市的第一产业内部不协调程度较高,内部要素之间在发展过程中彼此和谐一致的程度较低。广东地区城市的第一产业不协调度得分较低,其中仅广州市1个城市的第一产业不协调度得分超过5分;说明广东地区城市的第一产业协调度程度较高,第一产业内部相对协调。

由2014年的珠江-西江经济带城市第一产业不协调度评价来看,有8个城市的第一产业不协调度得分已经在5分以上。得分大致处在0~7分,小于5分的城市有佛山市、肇庆市、云浮市。最高得分为崇左市,为6.006分,最低得分为佛山市,为0.552分。得分平均值为4.904分,标准差为1.640,说明城市之间第一产业不协调度的变化差异较小。广西地区的第一产业不协调度水平较高,其中南宁市、柳州市、梧州市、贵港市、百色市、来宾市、崇左市7个城市的第一产业不协调度得分均超过5分;说明这些城市的第一产业内部不协调程度较高,内部要素之间在发展过程中彼此和谐一致的程度较低。广东地区城市的第一产业不协调度的得分较低,其中仅广州市1个城市的第一产业不协调度得分超过5分;说明广东地区城市的第一产业协调度程度较高,第一产业内部相对协调。

由2015年的珠江-西江经济带城市第一产业不协调度评价来看,有5个城市的第一产业不协调度得分已经在5分以上。得分大致处在0~6分,小于5分的城市有梧州市、贵港市、广州市、佛山市、肇庆市、云浮市。最高得分为崇左市,为5.775分,最低得分为佛山市,为0.826分。得分平均值为4.561分,标准差为1.475,说明城市之间第一产业不协调度的变化差异较小。广西地区的第一产业不协调度水平较高,其中南宁市、柳州市、百色市、来宾市、崇左市5个城市的第一产业不协调度得分均超过5分;说明这些城市的第一产业内部不协调程度较高,内部要素之间在发展过程中彼此和谐一致的程度较低。广东地区城市的第一产业不协调度的得分较低,其中4个城市中未有任何城市的第一产业不协调度得分超过5分;说明广东地区城市的第一产业协调度程度较高,第一产业内部相对协调。

通过对各年间的珠江-西江经济带城市第一产业不协调度的平均分、标准差进行对比分析,可以发现其平均分处于波动下降的趋势,说明珠江-西江经济带城市第一产业协调度综合能力整体活力有所提升,第一产业内部呈现协调状态。珠江-西江经济带城市第一产业不协调度的标准差处于波动上升的趋势,说明城市间的第一产业不协调度并未逐渐缩小。对各城市的第一产业不协调度变化展开分析,发现崇左市的第一产业不协调度得分较高,在2010~2015年的各个时间段内均处于排名第一,其整体水平处于下降的趋势。佛山市的第一产业不协调度排名不断下降,其得分也出现了下降。广东地区的其他城市的第一产业不协调度得分均出现上升,但其排名出现下降,说明这些城市的第一产业不协调度发展处于变化发展阶段,第一产业不协调度不断提升,不利于城市农业发展。广西地区的其他城市的第一产业不协调度得分趋于下降,但其排名变化较小,说明广西地区的整体第一产业不协调度变化幅度较小。佛山市在第一产业不协调度得分大幅下降的情况下其排名也出现了下降,说明在珠江-西江经济带整体第一产业不协调度呈现下移的情况下,佛山市增强提升第一产业协调度的有效推动力。

表1-39　　　　2010~2015年珠江-西江经济带各城市第一产业不协调度评价比较

地区	2010年	2011年	2012年	2013年	2014年	2015年	综合变化
南宁	6.520	6.333	5.937	5.703	5.802	5.599	-0.921
	4	4	5	3	4	3	1
柳州	6.595	6.385	5.979	5.640	5.805	5.547	-1.048
	3	3	3	4	3	4	-1
梧州	6.414	6.253	5.935	5.349	5.234	4.081	-2.334
	7	6	6	6	8	8	-1

续表

地区	2010年	2011年	2012年	2013年	2014年	2015年	综合变化
贵港	6.239	5.952	5.106	5.087	5.576	4.854	-1.385
	8	8	8	8	6	7	1
百色	6.492	6.296	5.949	5.636	5.741	5.490	-1.002
	5	5	4	5	5	5	0
来宾	6.624	6.443	6.077	5.808	5.962	5.732	-0.892
	2	2	2	2	2	2	0
崇左	6.645	6.467	6.116	5.859	6.006	5.775	-0.870
	1	1	1	1	1	1	0
广州	6.484	6.052	5.204	5.296	5.572	4.921	-1.562
	6	7	7	7	7	6	0
佛山	5.828	5.698	4.139	0.000	0.552	0.826	-5.002
	9	9	10	11	11	11	-2
肇庆	5.563	5.021	4.369	3.145	4.019	3.788	-1.776
	10	10	9	10	9	9	1
云浮	4.596	4.492	4.057	3.891	3.673	3.558	-1.038
	11	11	11	9	10	10	1
最高分	6.645	6.467	6.116	5.859	6.006	5.775	-0.870
最低分	4.596	4.492	4.057	0.000	0.552	0.826	-3.770
平均分	6.182	5.945	5.352	4.674	4.904	4.561	-1.621
标准差	0.629	0.642	0.821	1.773	1.640	1.475	0.846

5. 珠江-西江经济带城市第一产业贡献率得分情况

通过表1-40对2010~2015年珠江-西江经济带城市第一产业贡献率的变化进行分析。由2010年的珠江-西江经济带城市第一产业贡献率评价来看，有7个城市的第一产业贡献率得分已经在3.352分以上。得分大致处在3~4分，小于3.352分的城市有贵港市、佛山市、肇庆市、云浮市。最高得分为广州市，为3.362分，最低得分为肇庆市，为3.348分。得分平均值为3.354分，标准差为0.005，说明城市之间第一产业贡献率的变化差异较小。广西地区城市的第一产业贡献率的得分较高，其中南宁市、柳州市、梧州市、百色市、来宾市、崇左市6个城市的第一产业贡献率得分均超过3.352分；说明这些城市的第一产业贡献率发展基础较好，第一产业贡献率增长速度快，城市农业发展基础好。广东地区的第一产业贡献率水平较低，其中仅有广州市1个城市的第一产业贡献率得分超过3.352分；说明广东地区城市的第一产业贡献率综合发展能力较低，城市以第二产业、第三产业贡献为主，城市现代化水平较高。

由2011年的珠江-西江经济带城市第一产业贡献率评价来看，有8个城市的第一产业贡献率得分已经在3.352分以上。得分大致处在2~5分，小于3.352分的城市有南宁市、来宾市、崇左市。最高得分为广州市，为4.828分，最低得分为崇左市，为2.755分。得分平均值为3.468分，标准差为0.541，说明城市之间第一产业贡献率的变化差异较小。广东地区城市的第一产业贡献率的得分较高，其中广州市、佛山市、肇庆市、云浮市4个城市的第一产业贡献率得分均超过3.352分；说明这些城市的第一产业贡献率发展基础较好，第一产业贡献率增长速度快，城市农业发展基础好。广西地区的第一产业贡献率水平较低，其中柳州市、梧州市、贵港市、百色市4个城市的第一产业贡献率得分超过3.352分；说明广西地区城市的第一产业贡献率综合发展能力较低，城市以第二产业、第三产业贡献为主，城市现代化水平较高。

由2012年的珠江-西江经济带城市第一产业贡献率评价来看，有1个城市的第一产业贡献率得分已经在3.352分以上。得分大致处在3~4分，小于3.352分的城市有南宁市、柳州市、贵港市、百色市、来宾市、崇左市、广州市、佛山市、肇庆市、云浮市。最高得分为梧州市，为3.398分，最低得分为南宁市、崇左市、广州市，均为3.261分。得分平均值为3.302分，标准差为0.040，说明城市之间第一产业贡献率的变化差异较小。广西地区城市的第一产业贡献率的得分较高，其中梧州市的第一产业贡献率得分超过3.352分；说明这些城市的第一产业贡献率发展基础较好，第一产业贡献率增长速度快，城市农业发展基础好。广东地区的第一产业贡献率水平较低，其中4城市中未有任何城市的第一产业贡献率得分超过3.352分；说明广东地区城市的第一产业贡献率综合发展能力较低，城市以第二产业、第三产业贡献为主，城市现代化水平较高。

由2013年的珠江-西江经济带城市第一产业贡献率评价来看，有4个城市的第一产业贡献率得分已经在3.352分以上。得分大致处在3~4分，小于3.352分的城市有南宁市、贵港市、来宾市、广州市、佛山市、肇庆市、云浮市。最高得分为梧州市，为3.398分，最低得分为来宾市、佛山市、云浮市，均为3.341分。得分平均值为3.356分，标准差为 0.019，说明城市之间第一产业贡献率的变化差异较小。广西地区城市的第一产业贡献率的得分较高，其中柳州市、梧州市、百色市、崇左市 4 个城市的第一产业贡献率得分均超过 3.352 分；说明这些城市的第一产业贡献率发展基础较好，第一产业贡献率增长速度快，城市农业发展基础好。广东地区的第一产业贡献率水平较低，其中 4 个城市中未有任何城市的第一产业贡献率得分超过 3.352 分；说明广东地区城市的第一产业贡献率综合发展能力较低，城市以第二产业、第三产业贡献为主，城市现代化水平较高。

由 2014 年的珠江－西江经济带城市第一产业贡献率评价来看，有 3 个城市的第一产业贡献率得分已经在 3.352 分以上。得分大致处在 0～5 分，小于 3.352 分的城市有南宁市、柳州市、梧州市、百色市、来宾市、崇左市、佛山市、云浮市。最高得分为贵港市，为 4.478 分，最低得分为南宁市，均为 0 分。得分平均值为 2.810，标准差为 1.171，说明城市之间第一产业贡献率的变化差异较小。广东地区城市的第一产业贡献率的得分较高，其中广州市、肇庆市 2 个城市的第一产业贡献率得分均超过 3.352 分；说明这些城市的第一产业贡献率发展基础较好，第一产业贡献率增长速度快，城市农业发展基础好。广西地区的第一产业贡献率水平较低，其中仅有贵港市 1 个城市的第一产业贡献率得分超过 3.352 分；说明广西地区城市的第一产业贡献率综合发展能力较低，城市以第二产业、第三产业贡献为主，城市现代化水平较高。

由 2015 年的珠江－西江经济带城市第一产业贡献率评价来看，有 8 个城市的第一产业贡献率得分已经在 3.352 分以上。得分大致处在 3～4 分，小于 3.352 分的城市有贵港市、崇左市、广州市。最高得分为佛山市，为 3.368 分，最低得分为广州市，均为 3.321 分。得分平均值为 3.355 分，标准差为 0.017，说明城市之间第一产业贡献率的变化差异较小。广东地区城市的第一产业贡献率的得分较高，其中佛山市、肇庆市、云浮市 3 个城市的第一产业贡献率得分均超过 3.352 分；说明这些城市的第一产业贡献率发展基础较好，第一产业贡献率增长速度快，城市农业发展基础好。广西地区的第一产业贡献率水平较低，其中有南宁市、柳州市、梧州市、百色市、来宾市 5 个城市的第一产业贡献率得分超过 3.352 分；说明广西地区城市的第一产业贡献率综合发展能力较低，城市以第二产业、第三产业贡献为主，城市现代化水平较高。

对比珠江－西江经济带各城市第一产业贡献率变化，通过对各年间的珠江－西江经济带第一产业贡献率的平均分、标准差进行分析，可以发现其平均分处于波动上升的趋势，说明珠江－西江经济带第一产业贡献率综合能力整体活力有所提升，城市第一产业贡献率逐步加大。珠江－西江经济带第一产业贡献率的标准差也处于波动上升的趋势，说明城市间的第一产业贡献率差距并未缩小。对各城市的第一产业贡献率变化展开分析，发现各城市的第一产业贡献率排名处在不断变化趋势，在 2010～2015 年的各个时间段内处于排名第一的城市不断更替。广东地区的城市的第一产业贡献率得分除广州市外均出现上升，其排名除广州市外也均呈现明显的上升趋势，说明广东地区的整体第一产业贡献率排名处于发展阶段。广西地区的城市的第一产业贡献率得分趋于上升，但其第一产业贡献率排名均区域下降，说明广西城市的第一产业贡献率处于滞后阶段。广州市在第一产业不协调度得分小幅下降的情况下其排名出现大幅度下降，说明在珠江－西江经济带整体第一产业不协调度呈现提升的情况下，广州市虽保持了其第一产业贡献率原有水平，却不足以维持其在地区内的排名结构，使广州市排名出现了较大的衰退。

表 1-40　　　　　2010～2015 年珠江－西江经济带各城市第一产业贡献率评价比较

地区	2010 年	2011 年	2012 年	2013 年	2014 年	2015 年	综合变化
南宁	3.358	2.811	3.261	3.351	0.000	3.366	0.007
	3	10	9	5	11	5	-2
柳州	3.354	3.651	3.289	3.380	3.120	3.352	-0.002
	5	2	7	2	6	8	-3
梧州	3.352	3.427	3.398	3.398	2.658	3.353	0.000
	7	6	1	1	8	7	0
贵港	3.350	3.539	3.299	3.345	4.478	3.326	-0.024
	9	4	6	7	1	10	-1
百色	3.359	3.483	3.337	3.365	2.236	3.362	0.003
	2	5	2	4	9	6	-4
来宾	3.358	3.203	3.289	3.341	3.167	3.368	0.010
	3	9	7	9	5	2	1
崇左	3.353	2.755	3.261	3.367	1.790	3.349	-0.004
	6	11	9	3	10	9	-3
广州	3.362	4.828	3.261	3.343	3.616	3.321	-0.041
	1	1	9	8	2	11	-10

地区	2010年	2011年	2012年	2013年	2014年	2015年	综合变化
佛山	3.350	3.427	3.304	3.341	3.204	3.368	0.018
	9	6	5	9	4	1	8
肇庆	3.348	3.595	3.308	3.347	3.538	3.367	0.019
	11	3	4	6	3	4	7
云浮	3.351	3.427	3.313	3.341	3.100	3.368	0.017
	8	6	3	9	7	3	5
最高分	3.362	4.828	3.398	3.398	4.478	3.368	0.006
最低分	3.348	2.755	3.261	3.341	0.000	3.321	-0.027
平均分	3.354	3.468	3.302	3.356	2.810	3.355	0.000
标准差	0.005	0.541	0.040	0.019	1.171	0.017	0.012

6. 珠江－西江经济带城市第一产业弧弹性得分情况

通过表1－41对2010～2015年珠江－西江经济带城市第一产业弧弹性的变化进行分析。由2010年的珠江－西江经济带城市第一产业弧弹性评价来看，有8个城市的第一产业弧弹性得分已经在4分以上。得分大致处在2～5分，小于4分的城市有梧州市、百色市、崇左市。最高得分为云浮市，为4.428分，最低得分为百色市，为2.889分。得分平均值为4.057分，标准差为0.572，说明城市之间第一产业弧弹性的变化差异较小。广东地区城市的第一产业弧弹性的得分较高，其中广州市、佛山市、肇庆市、云浮市4个城市的第一产业弧弹性得分均超过4分；说明这些城市的第一产业弧弹性发展基础较好，城市对第一产业的变动反应灵敏，城市对农业的依赖程度大。广西地区的第一产业弧弹性水平较低，其中南宁市、柳州市、贵港市、来宾市4个城市的第一产业弧弹性得分均超过4分；说明广西地区城市的第一产业弧弹性综合发展能力较低，城市对第一产业的变动反应不灵敏，城市对农业的依赖程度较小，不以农业为主要产业。

由2011年的珠江－西江经济带城市第一产业弧弹性评价来看，有9个城市的第一产业弧弹性得分已经在4.7分以上。得分大致处在4～5分，小于4.7分的城市有百色市、广州市。最高得分为柳州市，为4.766分，最低得分为广州市，为4.689分。得分平均值为4.728分，标准差为0.029，说明城市之间第一产业弧弹性的变化差异较小。广东地区城市的第一产业弧弹性的得分较高，其中佛山市、肇庆市、云浮市3个城市的第一产业弧弹性得分均超过4.7分；说明这些城市的第一产业弧弹性发展基础较好，城市对第一产业的变动反应灵敏，城市对农业的依赖程度大。广西地区的第一产业弧弹性水平较低，其中南宁市、柳州市、梧州市、贵港市、来宾市、崇左市6个城市的第一产业弧弹性得分均超过4.7分；说明广西地区城市的第一产业弧弹性综合发展能力较低，城市对第一产业的变动反应不灵敏，城市对农业的依赖程度较小，不以农业为主要产业。

由2012年的珠江－西江经济带城市第一产业弧弹性评价来看，有3个城市的第一产业弧弹性得分已经在5分以上。得分大致处在4～6分，小于5分的城市有南宁市、柳州市、梧州市、百色市、崇左市、广州市、肇庆市、云浮市。最高得分为佛山市，为5.848分，最低得分为崇左市，为4.921分。得分平均值为5.061分，标准差为0.269，说明城市之间第一产业弧弹性的变化差异较小。广西地区城市的第一产业弧弹性的得分较高，其中贵港市、来宾市2个城市的第一产业弧弹性得分均超过5分；说明这些城市的第一产业弧弹性发展基础较好，城市对第一产业的变动反应灵敏，城市对农业的依赖程度大。广东地区的第一产业弧弹性水平较低，其中仅佛山市的第一产业弧弹性得分超过5分；说明广东地区城市的第一产业弧弹性综合发展能力较低，城市对第一产业的变动反应不灵敏，城市对农业的依赖程度较小，不以农业为主要产业。

由2013年的珠江－西江经济带城市第一产业弧弹性评价来看，有8个城市的第一产业弧弹性得分已经在4.3分以上。得分大致处在0～5分，小于4.3分的城市有百色市、来宾市、崇左市。最高得分为云浮市，为4.492分，最低得分为来宾市，为0分。得分平均值为3.978分，标准差为1.322，说明城市之间第一产业弧弹性的变化差异较小。广东地区城市的第一产业弧弹性的得分较高，其中佛山市、广州市、肇庆市、云浮市4个城市的第一产业弧弹性得分均超过4.3分；说明这些城市的第一产业弧弹性发展基础较好，城市对第一产业的变动反应灵敏，城市对农业的依赖程度大。广西地区的第一产业弧弹性水平较低，其中南宁市、柳州市、梧州市、贵港市4个城市的第一产业弧弹性得分均超过4.3分；说明广西地区城市的第一产业弧弹性综合发展能力较低，城市对第一产业的变动反应不灵敏，城市对农业的依赖程度较小，不以农业为主要产业。

由2014年的珠江－西江经济带城市第一产业弧弹性评价来看，有6个城市的第一产业弧弹性得分已经在4.840以上。得分大致处在4～5分，小于4.840分的城市有柳州市、百色市、来宾市、广州市、肇庆市。最高得分为梧州市，为4.984分，最低得分为来宾市，为4.763分。得分平均值为4.846分，标准差为0.053，说明城市之间第一产业弧弹性的变化差异较小。广东地区城市的第一产业弧弹性的得分较高，其中佛山市、云浮市2个城市的第一产业弧弹性得分均超过4.840分；说明这些城市的第一产业弧弹性发展基础较好，城市对第一产业的变动反应灵敏，城市对农业的依赖程度大。广西地区的第一产业弧弹性水平较低,其中南宁市、梧州市、贵港市、崇左市4个城市的第一产业弧弹性得分超过4.840分;说明广西地区城市的第一产业弧弹性综合发展能力较低,城市对第一产业的变动反应不灵敏,城市对农业的依赖程度较小,不以农业为主要产业。

由2015年的珠江-西江经济带城市第一产业弧弹性评价来看,有8个城市的第一产业弧弹性得分已经在4.840分以上。得分大致处在2~6分,小于4.840分的城市有梧州市、来宾市、云浮市。最高得分为崇左市,为5.755分,最低得分为来宾市,为2.067分。得分平均值为4.774分,标准差为0.940,说明城市之间第一产业弧弹性的变化差异较小。广东地区城市的第一产业弧弹性的得分较高,其中广州市、佛山市、肇庆市3个城市的第一产业弧弹性得分均超过4.840分;说明这些城市的第一产业弧弹性发展基础较好,城市对第一产业的变动反应灵敏,城市对农业的依赖程度大。广西地区的第一产业弧弹性水平较低,其中南宁市、柳州市、贵港市、百色市、崇左市4个城市的第一产业弧弹性得分超过4.840分;说明广西地区城市的第一产业弧弹性综合发展能力较低,城市对第一产业的变动反应不灵敏,城市对农业的依赖程度较小,不以农业为主要产业。

对比珠江-西江经济带各城市第一产业弧弹性变化,通过对各年间的珠江-西江经济带第一产业弧弹性的平均分、标准差进行分析,可以发现其平均分处于波动上升的趋势,说明珠江-西江经济带第一产业弧弹性综合能力整体活力有所提升,城市对农业的依赖程度加大。珠江-西江经济带第一产业弧弹性的标准差也处于波动上升的趋势,说明城市间的第一产业弧弹性差距并未缩小。对各城市的第一产业弧弹性变化展开分析,发现各城市的第一产业弧弹性排名处在不断变化趋势,在2010~2015年的各个时间段内处于排名第一的城市不断更替。广东地区城市第一产业弧弹性得分均出现下降,并且其第一产业弧弹性排名也都出现了下降,说明这些城市的第一产业弧弹性处于滞后阶段,城市对农业变动反应不敏感,逐渐脱离对农业的依赖。广西地区城市的第一产业弧弹性得分趋于上升,其第一产业弧弹性排名了梧州市、来宾市外也均出现上升,说明这些城市的第一产业弧弹性得到发展,地区对农业依赖程度加深。崇左市在第一产业弧弹性得分小幅上升的情况下其排名出现大幅度上升,说明在珠江-西江经济带整体第一产业弧弹性呈现提升的情况下,崇左市保持了其第一产业弧弹性原有水平,促进其在地区内的排名结构出现变化。

表1-41　　　　2010~2015年珠江-西江经济带各城市第一产业弧弹性评价比较

地区	2010年	2011年	2012年	2013年	2014年	2015年	综合变化
南宁	4.356	4.732	4.963	4.376	4.842	4.919	0.562
	5	6	6	6	6	5	0
柳州	4.317	4.766	4.948	4.342	4.839	4.997	0.680
	6	1	8	7	7	4	2
梧州	3.991	4.764	4.985	4.396	4.984	4.818	0.827
	9	2	4	5	1	10	-1
贵港	4.153	4.749	5.082	4.341	4.864	5.116	0.964
	8	4	3	8	2	3	5
百色	2.889	4.693	4.933	4.168	4.815	5.329	2.440
	11	10	9	10	10	2	9
来宾	4.297	4.757	5.124	0.000	4.763	2.067	-2.230
	7	3	2	11	11	11	-4
崇左	2.972	4.738	4.921	4.292	4.853	5.755	2.783
	10	5	11	9	3	1	9
广州	4.411	4.689	4.928	4.439	4.826	4.849	0.438
	2	11	10	4	8	8	-6
佛山	4.401	4.710	5.848	4.468	4.846	4.919	0.518
	4	7	1	2	5	6	-2
肇庆	4.408	4.703	4.960	4.440	4.823	4.916	0.507
	3	9	7	3	9	7	-4
云浮	4.428	4.704	4.978	4.492	4.849	4.825	0.397
	1	8	5	1	4	9	-8
最高分	4.428	4.766	5.848	4.492	4.984	5.755	1.327
最低分	2.889	4.689	4.921	0.000	4.763	2.067	-0.822
平均分	4.057	4.728	5.061	3.978	4.846	4.774	0.717
标准差	0.572	0.029	0.269	1.322	0.053	0.940	0.368

7. 珠江－西江经济带城市第一产业结构偏离系数得分情况

通过表1-42对2010~2015年珠江－西江经济带城市第一产业结构偏离系数的变化进行分析。由2010年的珠江－西江经济带城市第一产业结构偏离系数评价来看，有10个城市的第一产业结构偏离系数得分已经在5分以上。得分大致处在4~7分，小于5分的城市有云浮市。最高得分为崇左市，为6.645分，最低得分为云浮市，为4.596分。得分平均值为6.182分，标准差为0.629，说明城市之间第一产业结构偏离系数的变化差异较小。广西地区的第一产业结构偏离系数水平较高，其中南宁市、柳州市、梧州市、贵港市、百色市、来宾市、崇左市7个城市的第一产业结构偏离系数得分均超过5分；说明这些城市的第一产业结构偏离系数综合发展水平较高，意味着产业产值结构与就业结构不一致，劳动力缺乏现状更明显。广东地区城市的第一产业结构偏离系数的得分较高，其中有广州市、佛山市、肇庆市3个城市的第一产业结构偏离系数得分均超过5分；说明广东地区城市的第一产业结构偏离系数综合发展水平较高，意味着产业产值结构与就业结构不一致，劳动力缺乏现状更明显。

由2011年的珠江－西江经济带城市第一产业结构偏离系数评价来看，有10个城市的第一产业结构偏离系数得分已经在5分以上。得分大致处在4~7分，小于5分的城市有云浮市。最高得分为崇左市，为6.467分，最低得分为云浮市，为4.492分。得分平均值为5.945分，标准差为0.642，说明城市之间第一产业结构偏离系数的变化差异较小。广西地区的第一产业结构偏离系数水平较高，其中南宁市、柳州市、梧州市、贵港市、百色市、来宾市、崇左市7个城市的第一产业结构偏离系数得分均超过5分；说明这些城市的第一产业结构偏离系数综合发展水平较高，意味着产业产值结构与就业结构不一致，劳动力缺乏现状更明显。广东地区城市的第一产业结构偏离系数的得分较高，其中有广州市、佛山市、肇庆市3个城市的第一产业结构偏离系数得分均超过5分；说明广东地区城市的第一产业结构偏离系数综合发展水平较高，意味着产业产值结构与就业结构不一致，劳动力缺乏现状更明显。

由2012年的珠江－西江经济带城市第一产业结构偏离系数评价来看，有8个城市的第一产业结构偏离系数得分已经在5分以上。得分大致处在4~7分，小于5分的城市有佛山市、肇庆市、云浮市。最高得分为崇左市，为6.116分，最低得分为云浮市，为4.057分。得分平均值为5.352分，标准差为0.821，说明城市之间第一产业结构偏离系数的变化差异较小。广西地区的第一产业结构偏离系数水平较高，其中南宁市、柳州市、梧州市、贵港市、百色市、来宾市、崇左市7个城市的第一产业结构偏离系数得分均超过5分；说明这些城市的第一产业结构偏离系数综合发展水平较高，意味着产业产值结构与就业结构不一致，劳动力缺乏现状更明显。广东地区城市的第一产业结构偏离系数的得分较低，其中仅广州市1个城市的第一产业结构偏离系数得分超过5分；说明广东地区城市的第一产业结构偏离系数综合发展水平不高，越接近于0表示该产业应吸纳更多劳动力以使产业发展与吸纳就业的能力保持一致。

由2013年的珠江－西江经济带城市第一产业结构偏离系数评价来看，有8个城市的第一产业结构偏离系数得分已经在5分以上。得分大致处在0~6分，小于5分的城市有佛山市、肇庆市、云浮市。最高得分为崇左市，为5.859分，最低得分为佛山市，为0分。得分平均值为4.674分，标准差为1.773，说明城市之间第一产业结构偏离系数的变化差异较小。广西地区的第一产业结构偏离系数水平较高，其中南宁市、柳州市、梧州市、贵港市、百色市、来宾市、崇左市7个城市的第一产业结构偏离系数得分均超过5分；说明这些城市的第一产业结构偏离系数综合发展水平较高，意味着产业产值结构与就业结构不一致，劳动力缺乏现状更明显。广东地区城市的第一产业结构偏离系数的得分较低，其中仅广州市1个城市的第一产业结构偏离系数得分超过5分；说明广东地区城市的第一产业结构偏离系数综合发展水平不高，越接近于0表示该产业应吸纳更多劳动力以使产业发展与吸纳就业的能力保持一致。

由2014年的珠江－西江经济带城市第一产业结构偏离系数评价来看，有8个城市的第一产业结构偏离系数得分已经在5分以上。得分大致处在0~7分，小于5分的城市有佛山市、肇庆市、云浮市。最高得分为崇左市，为6.006分，最低得分为佛山市，为0.552分。得分平均值为4.904分，标准差为1.640，说明城市之间第一产业结构偏离系数的变化差异较小。广西地区的第一产业结构偏离系数水平较高，其中南宁市、柳州市、梧州市、贵港市、百色市、来宾市、崇左市7个城市的第一产业结构偏离系数得分均超过5分；说明这些城市的第一产业结构偏离系数综合发展水平较高，意味着产业产值结构与就业结构不一致，劳动力缺乏现状更明显。广东地区城市的第一产业结构偏离系数的得分较低，其中仅广州市1个城市的第一产业结构偏离系数得分超过5分；说明广东地区城市的第一产业结构偏离系数综合发展水平不高，越接近于0表示该产业应吸纳更多劳动力以使产业发展与吸纳就业的能力保持一致。

由2015年的珠江－西江经济带城市第一产业结构偏离系数评价来看，有5个城市的第一产业结构偏离系数得分已经在5分以上。得分大致处在0~6分，小于5分的城市有梧州市、贵港市、广州市、佛山市、肇庆市、云浮市。最高得分为崇左市，为5.775分，最低得分为佛山市，为0.826分。得分平均值为4.561分，标准差为1.475，说明城市之间第一产业结构偏离系数的变化差异较小。广西地区的第一产业结构偏离系数水平较高，其中南宁市、柳州市、百色市、来宾市、崇左市5个城市的第一产业结构偏离系数得分均超过5分；说明这些城市的第一产业结构偏离系数综合发展水平较高，意味着产业产值结构与就业结构不一致，劳动力缺乏现状更明显。广东地区城市的第一产业结构偏离系数的得分较低，其中4个城市中未有任何有城市的第一产业结构偏离系数得分超过5分；说明广东地区城市的第一产业结构偏离系数综合发展水平不高，越接近于0表示该产业应吸纳更多劳动力以使产业发展与吸纳就业的能力保持一致。

对比珠江－西江经济带各城市第一产业结构偏离系数变化，通过对各年间的珠江－西江经济带第一产业结构偏离系数的平均分、标准差进行分析,可以发现其平均分处于波动下降的趋势,说明珠江-西江经济带第一产业结构偏离系数综合能力整体活力并未提升。但珠江-西江经济带第一产业结构偏离系数的标准差处于波动上升的趋势,说明城市间的第一产业结构偏离系数差距也并未缩小。对各城市的第一产业结构偏离系数变化展开分析,发现崇左市的第一产业结构偏离系数处在较高位置,在2010~2015年的各个时间段内均排名第一,其整体水平处于下降的趋势。佛山市的第一产业结构偏离系数得分趋于下降,其排名也出现下降。广东地区的其他城市的第一产业结构偏离系数得分均出现了下降,但其第一产业结构偏离系数排名除广州市外均出现上升。广西地区的其他城市的第一产业结构偏离系数得分趋于下降,但排名变化小,说明广西地区的整体农业发展水平变化幅度较小。

表1-42　　2010~2015年珠江-西江经济带各城市第一产业结构偏离系数评价比较

地区	2010年	2011年	2012年	2013年	2014年	2015年	综合变化
南宁	6.520	6.333	5.937	5.703	5.802	5.599	-0.921
	4	4	5	3	4	3	1
柳州	6.595	6.385	5.979	5.640	5.805	5.547	-1.048
	3	3	3	4	3	4	-1
梧州	6.414	6.253	5.935	5.349	5.234	4.081	-2.334
	7	6	6	6	8	8	-1
贵港	6.239	5.952	5.106	5.087	5.576	4.854	-1.385
	8	8	8	8	6	7	1
百色	6.492	6.296	5.949	5.636	5.741	5.490	-1.002
	5	5	4	5	5	5	0
来宾	6.624	6.443	6.077	5.808	5.962	5.732	-0.892
	2	2	2	2	2	2	0
崇左	6.645	6.467	6.116	5.859	6.006	5.775	-0.870
	1	1	1	1	1	1	0
广州	6.484	6.052	5.204	5.296	5.572	4.921	-1.562
	6	7	7	7	7	6	0
佛山	5.828	5.698	4.139	0.000	0.552	0.826	-5.002
	9	9	10	11	11	11	-2
肇庆	5.563	5.021	4.369	3.145	4.019	3.788	-1.776
	10	10	9	10	9	9	1
云浮	4.596	4.492	4.057	3.891	3.673	3.558	-1.038
	11	11	11	9	10	10	1
最高分	6.645	6.467	6.116	5.859	6.006	5.775	-0.870
最低分	4.596	4.492	4.057	0.000	0.552	0.826	-3.770
平均分	6.182	5.945	5.352	4.674	4.904	4.561	-1.621
标准差	0.629	0.642	0.821	1.773	1.640	1.475	0.846

8. 珠江-西江经济带城市第一产业区位商得分情况

报告通过表1-43对2010~2015年珠江-西江经济带城市第一产业区位商的变化进行分析。由2010年的珠江-西江经济带城市第一产业区位商评价来看,有7个城市的第一产业区位商得分已经在0.1以上。得分大致处在0~2分,小于0.1分的城市有广州市、肇庆市、佛山市、云浮市。最高得分为崇左市,为1.834分,最低得分为佛山市,为0.006分。得分平均值为0.434分,标准差为0.574,说明城市之间第一产业区位商的变化差异较小。广西地区城市的第一产业区位商的得分较高,其中南宁市、柳州市、梧州市、贵港市、百色市、来宾市、崇左市7个城市的第一产业区位商得分均超过0.1分;说明这些城市的第一产业区位商发展基础较好,区位商越大,表示这些城市第一产业的专业化水平越高。广东地区的第一产业区位商水平较低,其中4个城市未有任何城市的第一产业区位商得分超过0.1分;说明广东地区城市的第一产业区位商综合发展能力较低,区位商越小。

由2011年的珠江-西江经济带城市第一产业区位商评价来看,有7个城市的第一产业区位商得分已经在0.1分以上。得分大致处在0~3分，小于0.1分的城市有广州市、肇庆市、佛山市、云浮市。最高得分为崇左市，为2.165分，最低得分为佛山市，为0.004分。得分平均值为0.486分，标准差为0.680，说明城市之间第一产业区位商的变化差异较小。广西地区城市的第一产业区位商的得分较高，其中南宁市、柳州市、梧州市、贵港市、百色市、来宾市、崇左市7个城市的第一产业区位商得分均超过0.1分；说明这些城市的第一产业区位商发展基础较好，区位商越大，表示这些城市第一产业的专业化水平越高。广东地区的第一产业区位商水平较低，其中4个城市未有任何城市的第一产业区位商得分超过0.1分；说明广东地区城市的第一产业区位商综合发展能力较低，区位商越小。

由2012年的珠江－西江经济带城市第一产业区位商评价来看，有7个城市的第一产业区位商得分已经在0.1分以上。得分大致处在0~3分，小于0.1分的城市有广州市、肇庆市、佛山市、云浮市。最高得分为崇左市，为2.121分，最低得分为佛山市，为0.001分。得分平均值为0.489分，标准差为0.654，说明城市之间第一产业区位商的变化差异较小。广西地区城市的第一产业区位商的得分较高，其中南宁市、柳州市、梧州市、贵港市、百色市、来宾市、崇左市7个城市的第一产业区位商得分均超过0.1分；说明这些城市的第一产业区位商发展基础较好，区位商越大，表示这些城市第一产业的专业化水平越高。广东地区的第一产业区位商水平较低，其中4个城市未有任何城市的第一产业区位商得分超过0.1分；说明广东地区城市的第一产业区位商综合发展能力较低，区位商越小。

由2013年的珠江－西江经济带城市第一产业区位商评价来看，有7个城市的第一产业区位商得分已经在0.1分以上。得分大致处在0~4分，小于0.1分的城市有广州市、肇庆市、佛山市、云浮市。最高得分为崇左市，为3.152分，最低得分为佛山市，为0分。得分平均值为0.618分，标准差为0.990，说明城市之间第一产业区位商的变化差异较小。广西地区城市的第一产业区位商的得分较高，其中南宁市、柳州市、梧州市、贵港市、百色市、来宾市、崇左市7个城市的第一产业区位商得分均超过0.1分；说明这些城市的第一产业区位商发展基础较好，区位商越大，表示这些城市第一产业的专业化水平越高。广东地区的第一产业区位商水平较低，其中4个城市未有任何城市的第一产业区位商得分超过0.1分；说明广东地区城市的第一产业区位商综合发展能力较低，区位商越小。

由2014年的珠江－西江经济带城市第一产业区位商评价来看，有7个城市的第一产业区位商得分已经在0.1分以上。得分大致处在0~3分，小于0.1分的城市有广州市、肇庆市、佛山市、云浮市。最高得分为崇左市，为2.938分，最低得分为佛山市，为0分。得分平均值为0.594分，标准差为0.946，说明城市之间第一产业区位商的变化差异较小。广西地区城市的第一产业区位商的得分较高，其中南宁市、柳州市、梧州市、贵港市、百色市、来宾市、崇左市7个城市的第一产业区位商得分均超过0.1分；说明这些城市的第一产业区位商发展基础较好，区位商越大，表示这些城市第一产业的专业化水平越高。广东地区的第一产业区位商水平较低，其中4个城市未有任何城市的第一产业区位商得分超过0.1分；说明广东地区城市的第一产业区位商综合发展能力较低，区位商越小。

由2015年的珠江－西江经济带城市第一产业区位商评价来看，有7个城市的第一产业区位商得分已经在0.1分以上。得分大致处在0~3分，小于0.1分的城市有广州市、肇庆市、佛山市、云浮市。最高得分为崇左市，为2.468分，最低得分为佛山市，为0分。得分平均值为0.482分，标准差为0.808，说明城市之间第一产业区位商的变化差异较小。广西地区城市的第一产业区位商的得分较高，其中南宁市、柳州市、梧州市、贵港市、百色市、来宾市、崇左市7个城市的第一产业区位商得分均超过0.1分；说明这些城市的第一产业区位商发展基础较好，区位商越大，表示这些城市第一产业的专业化水平越高。广东地区的第一产业区位商水平较低，其中4个城市未有任何城市的第一产业区位商得分超过0.1分；说明广东地区城市的第一产业区位商综合发展能力较低，区位商越小。

通过对各年间的珠江－西江经济带城市第一产业区位商的平均分、标准差进行对比分析，可以发现其平均分处于波动上升的趋势，说明珠江－西江经济带第一产业区位商综合能力整体活力有所提升。珠江－西江经济带第一产业区位商的标准差也处于波动上升的趋势，说明城市间的第一产业区位商差距并未缩小。对各城市的第一产业区位商变化展开分析，发现崇左市的第一产业区位商处在绝对领先位置，在2010~2015年的各个时间段内均保持排名第一，其整体水平处于上升的趋势。云浮市的第一产业区位商得分不断上升，但其排名也出现上升。广东地区的其他城市的第一产业区位商得分趋于下降，但其第一产业区位商排名变化小，说明广东地区的整体第一产业区位商变化幅度较小。广西地区的其他城市的第一产业区位商得分除来宾市外均出现了下降，排名除了梧州市外均保持不变或有所下降，说明这些城市的第一产业区位商处于滞后阶段，地区第一产业专业化水平较低。梧州市在第一产业区位商得分小幅下降的情况下其排名出现了大幅度下降，说明在珠江－西江经济带整体第一产业区位商呈现衰退的情况下，梧州市缺乏推动第一产业区位商发展的动力，使其在地区内的排名出现较大衰退。

表1-43　　　　2010~2015年珠江－西江经济带各城市第一产业区位商评价比较

地区	2010年	2011年	2012年	2013年	2014年	2015年	综合变化
南宁	0.345	0.380	0.354	0.474	0.376	0.328	-0.017
	4	4	5	4	4	4	0
柳州	0.329	0.312	0.268	0.236	0.231	0.182	-0.147
	5	5	6	5	6	5	0

续表

地区	2010年	2011年	2012年	2013年	2014年	2015年	综合变化
梧州	0.232	0.263	0.495	0.170	0.116	0.046	-0.186
	6	6	3	7	7	9	-3
贵港	0.216	0.218	0.194	0.220	0.350	0.150	-0.066
	7	7	7	6	5	6	1
百色	0.418	0.452	0.495	0.544	0.454	0.362	-0.057
	3	3	4	3	3	3	0
来宾	1.221	1.404	1.292	1.849	1.909	1.642	0.421
	2	2	2	2	2	2	0
崇左	1.834	2.165	2.121	3.152	2.938	2.468	0.634
	1	1	1	1	1	1	0
广州	0.036	0.018	0.011	0.018	0.020	0.007	-0.029
	10	10	10	10	10	10	0
佛山	0.006	0.004	0.001	0.000	0.000	0.000	-0.006
	11	11	11	11	11	11	0
肇庆	0.078	0.064	0.061	0.047	0.061	0.050	-0.028
	8	9	9	9	9	8	0
云浮	0.061	0.070	0.083	0.093	0.076	0.066	0.005
	9	8	8	8	8	7	2
最高分	1.834	2.165	2.121	3.152	2.938	2.468	0.634
最低分	0.006	0.004	0.001	0.000	0.000	0.000	-0.006
平均分	0.434	0.486	0.489	0.618	0.594	0.482	0.048
标准差	0.574	0.680	0.654	0.990	0.946	0.808	0.234

9. 珠江－西江经济带城市第一产业劳动产出率得分情况

通过表1-44对2010~2015年珠江－西江经济带城市第一产业劳动产出率及变化进行分析。由2010年的珠江－西江经济带城市第一产业劳动产出率评价来看，有5个城市的第一产业劳动产出率得分已经在0.1分以上。得分大致处在0~1分，小于0.1分的城市有南宁市、柳州市、百色市、来宾市、崇左市、广州市。最高得分为佛山市，为0.949分，最低得分为崇左市，为0分。得分平均值为0.220分，标准差为0.301，说明城市之间第一产业劳动产出率的变化差异较小。珠江－西江经济带中广东地区城市的第一产业劳动产出率的得分较高，其中佛山市、肇庆市、云浮市3个城市的第一产业劳动产出率得分均超过0.1分；说明这些城市的第一产业劳动产出率发展基础较好，第一产业的劳动产出率越高，说明第一产业的产业技术更高，产业基础好。珠江－西江经济带中广西地区的第一产业劳动产出率水平较低，其中梧州市、贵港市2个城市的第一产业劳动产出率得分均超过0.1分；说明广西地区城市的第一产业劳动产出率综合发展能力较低，地区第一产业的生产技术水平较低、第一产业科技水平较低，农业产出也较少。

由2011年的珠江－西江经济带城市第一产业劳动产出率评价来看，有6个城市的第一产业劳动产出率得分已经在0.1分以上。得分大致处在0~2分，小于0.1分的城市有南宁市、柳州市、百色市、来宾市、崇左市。最高得分为佛山市，为1.084分，最低得分为崇左市，为0.005分。

得分平均值为0.291分，标准差为0.361，说明城市之间第一产业劳动产出率的变化差异较小。广东地区城市的第一产业劳动产出率的得分较高，其中广州市、佛山市、肇庆市、云浮市4个城市的第一产业劳动产出率得分均超过0.1分；说明这些城市的第一产业劳动产出率发展基础较好，第一产业的劳动产出率越高，说明第一产业的产业技术更高，产业基础好。广西地区的第一产业劳动产出率水平较低，其中梧州、贵港市2个城市的第一产业劳动产出率得分均超过0.1分；说明广西地区城市的第一产业劳动产出率综合发展能力较低，地区第一产业的生产技术水平较低、第一产业科技水平较低，农业产出也较少。

由2012年的珠江－西江经济带城市第一产业劳动产出率评价来看，有5个城市的第一产业劳动产出率得分已经在0.1分以上。得分大致处在0~2分，小于0.1分的城市有南宁市、柳州市、梧州市、百色市、来宾市、崇左市。最高得分为佛山市，为1.648分，最低得分为崇左市，为0.006分。得分平均值为0.359分，标准差为0.502，说明城市之间第一产业劳动产出率的变化差异较小。广东地区城市的第一产业劳动产出率的得分较高，其中广州市、佛山市、肇庆市、云浮市4个城市的第一产业劳动产出率得分均超过0.1分；说明这些城市的第一产业劳动产出率发展基础较好，第一产业的劳动产出率越高，说明第一产业的产业技术更高，产业基础好。广西地区的第一产业劳动产出率水平较低，其中仅梧州市1个城市的第一产业劳动产出率得分超过0.1分；说明广西地区城市的第一产业劳动产出率综合发展能力较低,地区第一产业的生产技术水平较低、第一产业科技水平较低,农业产出也较少。

由2013年的珠江-西江经济带城市第一产业劳动产出率评价来看,有8个城市的第一产业劳动产出率得分已经在0.1分以上。得分大致处在0~4分,小于0.1分的城市有南宁市、来宾市、崇左市。最高得分为佛山市,为3.004分,最低得分为崇左市,为0.013分。得分平均值为0.641分,标准差为0.913,说明城市之间第一产业劳动产出率的变化差异较小。广东地区城市的第一产业劳动产出率的得分较高,其中广州市、佛山市、肇庆市、云浮市4个城市的第一产业劳动产出率得分均超过0.1分;说明这些城市的第一产业劳动产出率发展基础较好,第一产业的劳动产出率越高,说明第一产业的产业技术更高,产业基础好。广西地区的第一产业劳动产出率水平较低,其中贵港市、柳州市、梧州市、百色市4个城市的第一产业劳动产出率得分超过0.1分;说明广西地区城市的第一产业劳动产出率综合发展能力较低,地区第一产业的生产技术水平较低、第一产业科技水平较低,农业产出也较少。

由2014年的珠江-西江经济带城市第一产业劳动产出率评价来看,有8个城市的第一产业劳动产出率得分已经在0.1分以上。得分大致处在0~4分,小于0.1分的城市有南宁市、来宾市、崇左市。最高得分为佛山市,为3.175分,最低得分为崇左市,为0.015分。得分平均值为0.649分,标准差为0.933,说明城市之间第一产业劳动产出率的变化差异较小。广东地区城市的第一产业劳动产出率的得分较高,其中广州市、佛山市、肇庆市、云浮市4个城市的第一产业劳动产出率得分均超过0.1分;说明这些城市的第一产业劳动产出率发展基础较好,第一产业的劳动产出率越高,说明第一产业的产业技术更高,产业基础好。广西地区的第一产业劳动产出率水平较低,其中贵港市、柳州市、梧州市、百色市4个城市的第一产业劳动产出率得分超过0.1分;说明广西地区城市的第一产业劳动产出率综合发展能力较低,地区第一产业的生产技术水平较低、第一产业科技水平较低,农业产出也较少。

由2015年的珠江-西江经济带城市第一产业劳动产出率评价来看,有9个城市的第一产业劳动产出率得分已经在0.1分以上。得分大致处在0~4分,小于0.1分的城市有来宾市、崇左市。最高得分为佛山市,为3.323分,最低得分为崇左市,为0.021分。得分平均值为0.851分,标准差为0.990,说明城市之间第一产业劳动产出率的变化差异较小。广东地区城市的第一产业劳动产出率的得分较高,其中广州市、佛山市、肇庆市、云浮市4个城市的第一产业劳动产出率得分均超过0.1分;说明这些城市的第一产业劳动产出率发展基础较好,第一产业的劳动产出率越高,说明第一产业的产业技术更高,产业基础好。广西地区的第一产业劳动产出率水平较低,其中南宁市、贵港市、柳州市、梧州市、百色市5个城市的第一产业劳动产出率得分超过0.1分;说明广西地区城市的第一产业劳动产出率综合发展能力较低,地区第一产业的生产技术水平较低、第一产业科技水平较低,农业产出也较少。

通过对各年间的珠江-西江经济带城市第一产业劳动产出率的平均分、标准差进行对比分析,可以发现其平均分处于持续上升的趋势,说明珠江-西江经济带第一产业劳动产出率综合能力整体活力有所提升。珠江-西江经济带城市第一产业劳动产出率的标准差也处于持续上升的趋势,说明城市间的第一产业劳动产出率差距并未缩小。对各城市的第一产业劳动产出率变化展开分析,发现佛山市的第一产业劳动产出率处在绝对领先位置,在2010~2015年的各个时间段内均保持排名第一,其整体水平处于上升的趋势。南宁市、贵港市的第一产业劳动产出率得分不断上升,但其排名出现下降。广东地区的其他城市的第一产业劳动产出率得分趋于上升,其第一产业劳动产出率排名除云浮市外,均保持不变,说明广东地区的整体第一产业劳动产出率变化幅度较小。广西地区的其他城市的第一产业劳动产出率得分趋于上升,其排名也趋于上升,说明广西这些城市的第一产业劳动产出率处于发展阶段,第一产业的科技水平出现进步,产出有所提升。梧州市在第一产业劳动产出率得分小幅上升的情况下其排名出现大幅度上升,说明在珠江-西江经济带整体第一产业劳动产出率呈现提升的情况下,梧州市拥有推动第一产业劳动产出率发展的动力,使其在地区内的排名出现较大提升。

表1-44　　　　2010~2015年珠江-西江经济带各城市第一产业劳动产出率评价比较

地区	2010年	2011年	2012年	2013年	2014年	2015年	综合变化
南宁	0.032	0.043	0.053	0.071	0.099	0.104	0.072
	8	8	8	9	9	9	-1
柳州	0.025	0.041	0.053	0.108	0.110	0.142	0.117
	9	9	9	8	8	8	1
梧州	0.103	0.131	0.069	0.389	0.634	1.485	1.382
	5	6	7	6	4	2	3
贵港	0.165	0.247	0.310	0.471	0.281	0.684	0.519
	4	4	4	4	6	6	-2
百色	0.055	0.073	0.072	0.132	0.182	0.218	0.164
	7	7	6	7	7	7	0
来宾	0.013	0.021	0.026	0.034	0.035	0.038	0.024
	10	10	10	10	10	10	0

续表

地区	2010年	2011年	2012年	2013年	2014年	2015年	综合变化
崇左	0.000	0.005	0.006	0.013	0.015	0.021	0.021
	11	11	11	11	11	11	0
广州	0.090	0.193	0.303	0.403	0.346	0.778	0.688
	6	5	5	5	5	5	1
佛山	0.949	1.084	1.648	3.004	3.175	3.323	2.374
	1	1	1	1	1	1	0
肇庆	0.478	0.745	0.810	1.608	1.280	1.460	0.982
	3	2	2	2	2	3	0
云浮	0.508	0.615	0.596	0.814	0.987	1.114	0.606
	2	3	3	3	3	4	-2
最高分	0.949	1.084	1.648	3.004	3.175	3.323	2.374
最低分	0.000	0.005	0.006	0.013	0.015	0.021	0.021
平均分	0.220	0.291	0.359	0.641	0.649	0.851	0.632
标准差	0.301	0.361	0.502	0.913	0.933	0.990	0.689

（二）珠江-西江经济带城市农业结构竞争力评估结果的比较与评析

1. 珠江-西江经济带城市农业结构竞争力排序变化比较与评析

由图1-22可以看到，2010年与2011年相比，珠江-西江经济带城市农业结构竞争力处于上升趋势的城市有4个，分别是南宁市、梧州市、百色市、广州市，上升幅度最大的是南宁市、梧州市、百色市，排名均上升2名，广州市排名上升1名。排名保持不变的城市有3个，分别是来宾市、崇左市、佛山市。处于下降趋势的城市有4个，分别是南宁市、贵港市、肇庆市、云浮市，下降幅度最大的是南宁市，排名下降3名，肇庆市排名均下降2名，贵港市、云浮市排名均下降1名。

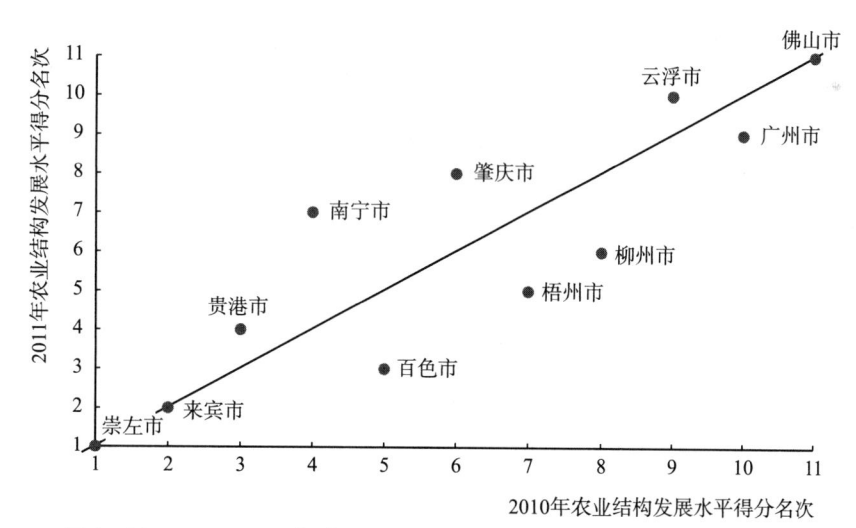

图1-22 2010~2011年珠江-西江经济带城市农业结构竞争力排序变化

由图1-23可以看到，2011年与2012年相比，珠江-西江经济带城市农业结构竞争力处于上升趋势的城市有4个，分别是南宁市、梧州市、佛山市、云浮市，上升幅度最大的是南宁市、云浮市，排名均上升2名，梧州市、佛山市排名均上升1名。排名保持不变的城市有3个，分别是百色市、崇左市、来宾市。处于下降趋势的城市有4个，分别是贵港市、柳州市、广州市、肇庆市，下降幅度最大的是贵港市、广州市，排名下降2名，柳州市、肇庆市排名均下降1名。

由图1-24可以看到，2012年与2013年相比，珠江-西江经济带城市农业结构竞争力处于上升趋势的城市有4个，分别是南宁市、贵港市、百色市、广州市，上升幅度最大的是贵港市，排名上升3名，广州市排名上升2名，南宁市、百色市排名均上升1名。排名保持不变的城市有3个，分别是柳州市、崇左市、云浮市。处于下降趋势的城市有4个，分别是梧州市、来宾市、佛山市、肇庆市，下降幅度最大的是来宾市，排名下降4名，梧州市、肇庆市、佛山市排名均下降1名。

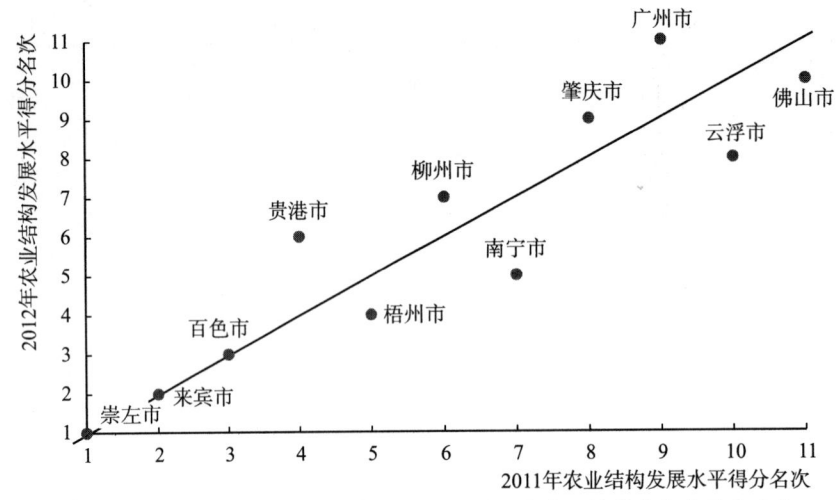

图 1-23 2011~2012 年珠江-西江经济带城市农业结构竞争力排序变化

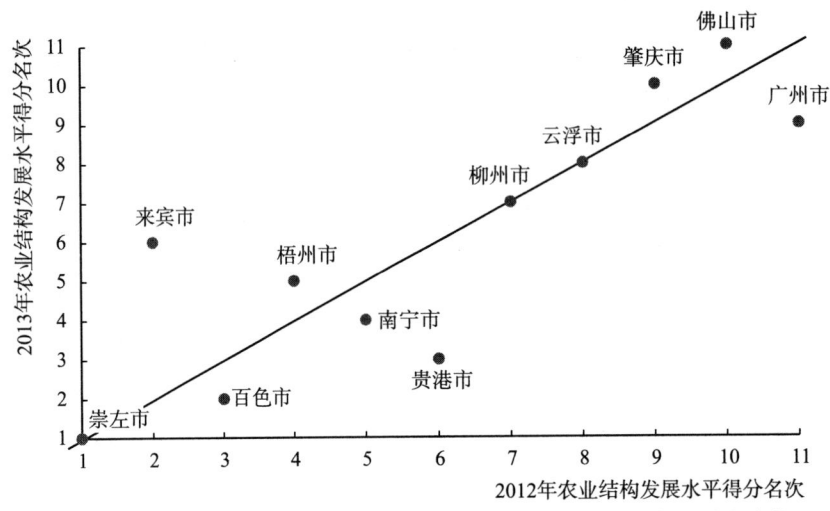

图 1-24 2012~2013 年珠江-西江经济带城市农业结构竞争力排序变化

由图 1-25 可以看到，2013 年与 2014 年相比，珠江-西江经济带城市农业结构竞争力处于上升趋势的城市有 4 个，分别是柳州市、来宾市、广州市、肇庆市，上升幅度最大的是来宾市，排名上升 4 名，肇庆市排名上升 3 名，柳州市排名上升 2 名，广州市排名上升 1 名。排名保持不变的城市有 3 个，分别是贵港市、崇左市、佛山市。处于下降趋势的城市有 4 个，分别是南宁市、梧州市、百色市、云浮市，下降幅度最大的是南宁市，排名下降 6 名，百色市排名下降 2 名，梧州市、云浮市排名均下降 1 名。

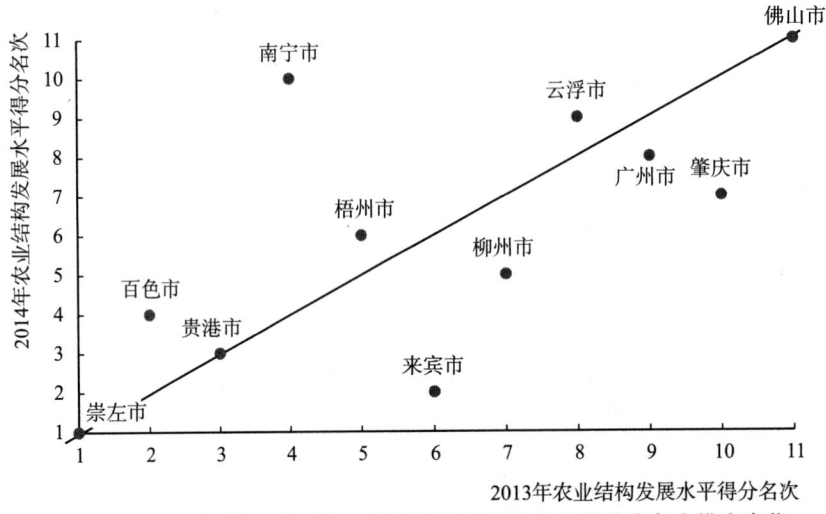

图 1-25 2013~2014 年珠江-西江经济带城市农业结构竞争力排序变化

由图1-26可以看到,2014年与2015年相比,珠江-西江经济带城市农业结构竞争力处于上升趋势的城市有2个,分别是南宁市、百色市,上升幅度最大的是南宁市,排名均上升5名,百色市排名上升2名。排名保持不变的城市有4个,分别是崇左市、佛山市、肇庆市、云浮市。处于下降趋势的城市有5个,分别是柳州市、梧州市、贵港市、来宾市、广州市,下降幅度最大的是梧州市、广州市,排名均下降2名,柳州市、贵港市、来宾市排名均下降1名。

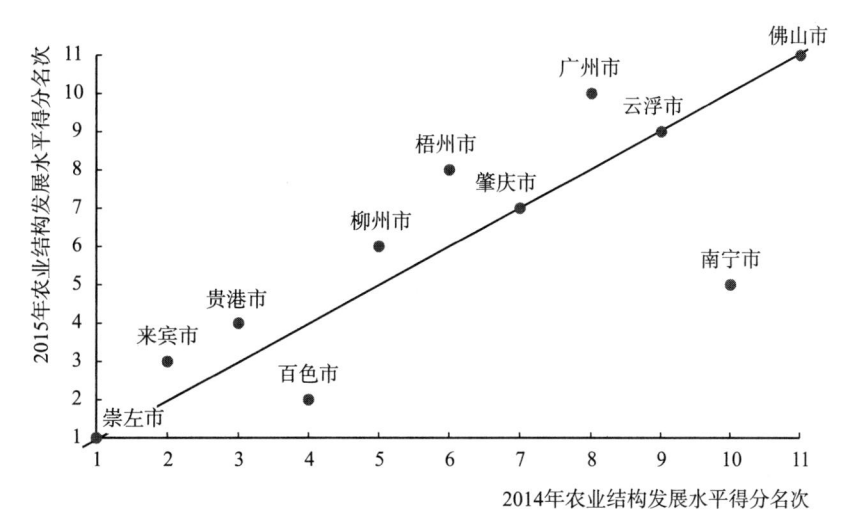

图1-26 2014~2015年珠江-西江经济带城市农业结构竞争力排序变化

由图1-27可以看到,2010年与2015年相比,珠江-西江经济带城市农业结构竞争力处于上升趋势的城市有2个,分别是柳州市、百色市,上升幅度最大的是百色市,排名上升3名,柳州市排名上升2名。排名保持不变的城市有4个,分别是崇左市、广州市、佛山市、云浮市。处于下降趋势的城市有5个,分别是南宁市、梧州市、贵港市、来宾市、肇庆市,五个城市排名均下降1名。

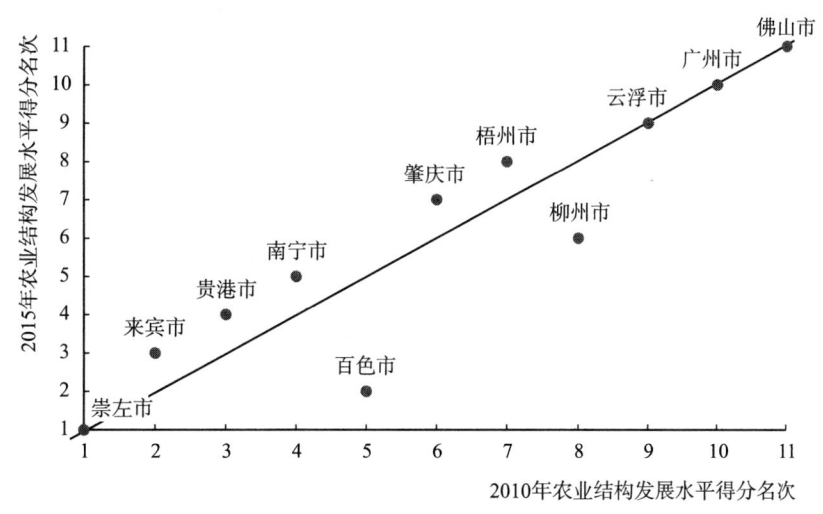

图1-27 2010~2015年珠江-西江经济带城市农业结构竞争力排序变化

由表1-45对2010~2011年珠江-西江经济带各城市农业结构竞争力平均得分情况进行分析,可以看到,2010~2011年,农业结构竞争力上、中、下游区的平均得分均呈现上升趋势,分别上升0.775分、0.281分、0.483分;说明珠江-西江经济带整体农业结构竞争力出现提升,农业结构逐渐合理化。三级指标中,2010~2011年间,在珠江-西江经济带城市第一产业比重上、中、下游区的平均得分均呈现上升趋势,分别上升0.038分、0.061分、0.007分;说明整体第一产业比重有所发展,第一产业对GDP贡献率提升。2010~2011年间,在珠江-西江经济带城市第一产业投资强度上游区的平均得分呈现下降趋势,下降0.122分,中、下游区的平均得分均呈现上升趋势,分别上升0.049分、0.034分,其总体变化趋势呈下降趋势;说明整体第一产业投资强度出现提升,各城市第一产业投资减少。2010~2011年间,在珠江-西江经济带城市第一产业不协调度上、中、下游区的平均得分均呈现下降的趋势,分别下降0.190分、0.253分、0.259分;说明珠江-西江经济带整体第一产业不协调度出现小幅度的衰退现象,产业协调度上升。2010~2011年间,在珠江-西江经济带城市第一产业贡献率上、中游区的平均得分均呈现出上升的趋势，分别上升0.665分、0.108分，下游区的平均得分呈现出下降的趋势，下降0.427分，其总体变化趋势呈上升趋势；说明整体第一产业贡献率出现小幅度的提升现象，第一产业发展态势良好。2010~2011年间，在珠江-西江经济带城市第一产业弧弹性上、中、下游区的平均得分均呈现出上升的趋势，分别上升0.347分、0.422分、1.411分；说明整体第一产业弧弹性出现小幅度的提升现象。2010~2011年间，在珠江-西江经济带城市第一产业结构偏离系数上游区的平均得分呈现出下降的趋势，下降0.190分，中、下游区的平均得分均呈现出上升的趋势，分别上升0.422分、1.411分；说明整体第一产业结构偏离系数出现提升现象。2010~2011年间，在珠江-西江经济带城市第一产业区位商上、中、下游区的平均得分均呈现出上升的趋势，分别上升0.183分、0.422分、1.411分；说明整体第一产业区位商出现提升现象，城市第一产业专业化水平提高。2010~2011年间，在珠江-西江经济带城市第一产业劳动产出率上、中、下游区的平均得分均呈现出上升的趋势，分别上升0.170分、0.422分、1.411分；说明整体第一产业劳动产出率出现提升现象，城市第一产业专业化水平提高。

表1-45　　　2010~2011年珠江-西江经济带各城市农业结构平均得分情况

项目	2010年			2011年			得分变化		
	上游区	中游区	下游区	上游区	中游区	下游区	上游区	中游区	下游区
农业结构	26.038	22.743	20.926	26.812	23.024	21.409	0.775	0.281	0.483
第一产业比重	3.706	2.292	0.405	3.744	2.352	0.412	0.038	0.061	0.007
第一产业投资强度	1.516	0.284	0.043	1.393	0.333	0.077	-0.122	0.049	0.034
第一产业不协调度	6.622	6.430	5.329	6.431	6.177	5.070	-0.190	-0.253	-0.259
第一产业贡献率	3.360	3.354	3.349	4.025	3.461	2.923	0.665	0.107	-0.427
第一产业弧弹性	4.416	4.305	3.284	4.762	4.727	4.695	0.347	0.422	1.411
第一产业结构偏离系数	6.622	4.305	3.284	6.431	4.727	4.695	-0.190	0.422	1.411
第一产业区位商	1.158	4.305	3.284	1.340	4.727	4.695	0.183	0.422	1.411
第一产业劳动产出率	0.645	4.305	3.284	0.815	4.727	4.695	0.170	0.422	1.411

由表1-46对2011~2012年珠江-西江经济带各城市农业结构竞争力平均得分情况进行分析，可以看到，由2011~2012年，农业结构竞争力上、中、下游区的平均得分均呈现下降趋势，分别下降0.729分、0.936分、1.802分。说明珠江-西江经济带整体农业结构竞争力出现衰退，农业结构不够合理化。三级指标中，2011~2012年间，在珠江-西江经济带城市第一产业比重上、中、下游区的平均得分均呈现下降趋势，分别下降0.320分、0.189分、0.036分；说明整体第一产业比重有所衰退，第一产业对GDP贡献率下降。2011~2012年间，在珠江-西江经济带城市第一产业投资强度上游区的平均得分呈现下降趋势，下降0.181分，中、下游区的平均得分均呈现上升趋势，分别上升0.118分、0.041分，其总体变化趋势呈下降趋势；说明整体第一产业投资强度出现提升，各城市第一产业投资减少。2011~2012年间，在珠江-西江经济带城市第一产业不协调度上、中、下游区的平均得分均呈现下降的趋势，分别下降0.374分、0.551分、0.882分；说明整体第一产业不协调度出现小幅度的衰退现象，产业协调度上升。2011~2012年间，在珠江-西江经济带城市第一产业贡献率上、中游区的平均得分均呈现出下降的趋势，分别下降0.676分、0.163分，下游区的平均得分呈现出上升的趋势，上升0.339分，其总体变化趋势呈上升趋势；说明整体第一产业贡献率出现小幅度的提升现象，第一产业发展态势良好。2011~2012年间，在珠江-西江经济带城市第一产业弧弹性上、中、下游区的平均得分均呈现出上升的趋势，分别上升0.589分、0.240分、0.233分；说明整体第一产业弧弹性出现了小幅度的提升现象。2011~2012年间，在珠江-西江经济带城市第一产业结构偏离系数上游区的平均得分呈现出下降的趋势，下降0.374分，中、下游区的平均得分均呈现出上升的趋势，分别上升0.240分、0.233分；说明珠江-西江经济带整体第一产业结构偏离系数出现提升现象。2011~2012年间，在珠江-西江经济带城市第一产业区位商上游区的平均得分呈现出下降的趋势，下降0.038分，中、下游区的平均得分均呈现出上升的趋势，分别上升0.240分、0.233分；说明整体第一产业区位商出现提升现象，城市第一产业专业化水平提高。2011~2012年间，在珠江-西江经济带城市第一产业劳动产出率上、中、下游区的平均得分均呈现出上升的趋势，分别上升0.203分、0.240分、0.233分；说明整体第一产业劳动产出率出现提升现象，城市第一产业专业化水平提高。

表1-46　　　2011~2012年珠江-西江经济带各城市农业结构平均得分情况

项目	2011年			2012年			得分变化		
	上游区	中游区	下游区	上游区	中游区	下游区	上游区	中游区	下游区
农业结构	26.812	23.024	21.409	26.083	22.089	19.607	-0.729	-0.936	-1.802
第一产业比重	3.744	2.352	0.412	3.425	2.164	0.377	-0.320	-0.189	-0.036
第一产业投资强度	1.393	0.333	0.077	1.212	0.451	0.118	-0.181	0.118	0.041

续表

项目	2011年 上游区	2011年 中游区	2011年 下游区	2012年 上游区	2012年 中游区	2012年 下游区	得分变化 上游区	得分变化 中游区	得分变化 下游区
第一产业不协调度	6.431	6.177	5.070	6.057	5.626	4.188	-0.374	-0.551	-0.882
第一产业贡献率	4.025	3.461	2.923	3.349	3.298	3.261	-0.676	-0.163	0.339
第一产业弧弹性	4.762	4.727	4.695	5.351	4.967	4.928	0.589	0.240	0.233
第一产业结构偏离系数	6.431	4.727	4.695	6.057	4.967	4.928	-0.374	0.240	0.233
第一产业区位商	1.340	4.727	4.695	1.303	4.967	4.928	-0.038	0.240	0.233
第一产业劳动产出率	0.815	4.727	4.695	1.018	4.967	4.928	0.203	0.240	0.233

由表1-47对2012~2013珠江-西江经济带各城市农业结构竞争力平均得分情况进行分析，可以看到，2012~2013年，农业结构竞争力上、中、下游区的平均得分均呈现下降趋势，分别下降2.213分、1.218分、3.552分；说明整体农业结构竞争力出现衰退，农业结构不够合理化。三级指标中，2012~2013年间，在珠江-西江经济带城市第一产业比重上、中、下游区的平均得分均呈现下降趋势，分别下降0.107分、0.074分、0.017分；说明整体第一产业比重有所衰退，第一产业对GDP贡献率下降。2012~2013年间，在珠江-西江经济带城市第一产业投资强度上游区的平均得分呈现下降趋势，下降0.374分，中、下游区的平均得分均呈现上升趋势，分别上升0.029分、0.008分，其总体变化趋势呈下降趋势；说明珠江-西江经济带整体第一产业投资强度出现提升，各城市第一产业投资减少。2012~2013年间，在珠江-西江经济带城市第一产业不协调度上、中、下游区的平均得分均呈现下降的趋势，分别下降0.267分、0.224分、1.843分；说明整体第一产业不协调度出现小幅度的衰退现象，产业协调度上升。2012~2013年间，在珠江-西江经济带城市第一产业贡献率上、中、下游区的平均得分均呈现出上升的趋势，分别

上升0.033分、0.052分、0.080分；说明整体第一产业贡献率出现小幅度的提升现象，第一产业发展态势良好。2012~2013年间，在珠江-西江经济带城市第一产业弧弹性上、中、下游区的平均得分均呈现出下降的趋势，分别下降0.885分、0.588分、2.108分；说明整体第一产业弧弹性出现衰退现象。2012~2013年间，在珠江-西江经济带城市第一产业结构偏离系数上、中、下游区的平均得分均呈现出下降的趋势，分别下降0.267分、0.588分、2.108分；说明整体第一产业结构偏离系数出现衰退现象。

2012~2013年间，在珠江-西江经济带城市第一产业区位商上游区的平均得分呈现出上升的趋势，上升0.546分，中、下游区的平均得分均呈现出下降的趋势，分别下降0.588分、2.108分；说明整体第一产业区位商出现衰退现象，城市第一产业专业化水平不足。2012~2013年间，在珠江-西江经济带城市第一产业劳动产出率上游区的平均得分呈现出上升的趋势，上升0.791分，中、下游区的平均得分均呈现出下降的趋势，分别下降0.588分、2.108分；说明整体第一产业劳动产出率出现衰退现象，城市第一产业专业化水平有待提高。

表1-47　　　　　　2012~2013年珠江-西江经济带各城市农业结构平均得分情况

项目	2012年 上游区	2012年 中游区	2012年 下游区	2013年 上游区	2013年 中游区	2013年 下游区	得分变化 上游区	得分变化 中游区	得分变化 下游区
农业结构	26.083	22.089	19.607	23.870	20.871	16.055	-2.213	-1.218	-3.552
第一产业比重	3.425	2.164	0.377	3.317	2.090	0.360	-0.107	-0.074	-0.017
第一产业投资强度	1.212	0.451	0.118	0.838	0.480	0.126	-0.374	0.029	0.008
第一产业不协调度	6.057	5.626	4.188	5.790	5.402	2.345	-0.267	-0.224	-1.843
第一产业贡献率	3.349	3.298	3.261	3.382	3.350	3.341	0.033	0.052	0.080
第一产业弧弹性	5.351	4.967	4.928	4.467	4.379	2.820	-0.885	-0.588	-2.108
第一产业结构偏离系数	6.057	4.967	4.928	5.790	4.379	2.820	-0.267	-0.588	-2.108
第一产业区位商	1.303	4.967	4.928	1.848	4.379	2.820	0.546	-0.588	-2.108
第一产业劳动产出率	1.018	4.967	4.928	1.809	4.379	2.820	0.791	-0.588	-2.108

由表1-48对2013~2014年珠江-西江经济带各城市农业结构竞争力平均得分情况进行分析，可以看到，由2013~2014年，农业结构竞争力上、下游区的平均得分均呈现上升趋势，分别上升1.078分、0.837分，中游区的平均得分呈现下降趋势，下降0.066分；说明整体农业结构竞争力出现提升，农业结构逐渐合理化。三级指标中，

2013~2014年间，在珠江-西江经济带城市第一产业比重上、中、下游区的平均得分均呈现下降趋势，分别下降0.029分、0.050分、0.014分；说明整体第一产业比重并未发展，第一产业对GDP贡献率下降。2013~2014年间，在珠江-西江经济带城市第一产业投资强度上、中游区的平均得分均呈现下降趋势，分别下降0.029分、0.050分，

下游区的平均得分呈现上升趋势，上升 0.014 分，其总体变化趋势呈下降趋势；说明整体第一产业投资强度出现提升，各城市第一产业投资减少。2013～2014 年间，在珠江-西江经济带城市第一产业不协调度上、中、下游区的平均得分均呈现上升的趋势，分别上升 0.014 分、0.183 分、0.403 分；说明整体第一产业不协调度出现小幅度的提升现象，产业不协调度上升。2013～2014 年间，在珠江-西江经济带城市第一产业贡献率上游区的平均得分呈现出上升的趋势，上升 0.496 分，中、下游区的平均得分均呈现出下降的趋势，分别下降 0.300 分、1.999 分，其总体变化趋势呈下降趋势；说明整体第一产业贡献率出现小幅度的衰退现象，第一产业发展态势较差。2013～2014 年间，在珠江-西江经济带城市第一产业弧弹性上、中、下游区的平均得分均呈现出上升的趋势，分别上升 0.434 分、0.461 分、1.981 分；说明整体第一产业弧弹性出现小幅度的提升现象。2013～2014 年间，在珠江-西江经济带城市第一产业结构偏离系数上、中、下游区的平均得分均呈现出上升的趋势，分别上升 0.134 分、0.461 分、1.981 分；说明整体第一产业结构偏离系数出现提升现象。2013～2014 年间，在珠江-西江经济带城市第一产业区位商上游区的平均得分均呈现出下降的趋势，下降 0.081 分，中、下游区的平均得分均呈现出上升的趋势，分别上升 0.461 分、1.981 分；说明整体第一产业区位商出现提升现象，城市第一产业专业化水平提高。2013～2014 年间，在珠江-西江经济带城市第一产业劳动产出率上、中、下游区的平均得分均呈现出上升的趋势，分别上升 0.005 分、0.461 分、1.981 分；说明整体第一产业劳动产出率出现提升现象；城市第一产业专业化水平提高。

表 1-48　　　　2013～2014 年珠江-西江经济带各城市农业结构平均得分情况

项目	2013 年			2014 年			得分变化		
	上游区	中游区	下游区	上游区	中游区	下游区	上游区	中游区	下游区
农业结构	23.870	20.871	16.055	24.947	20.805	16.892	1.078	-0.066	0.837
第一产业比重	3.317	2.090	0.360	2.883	1.850	0.290	-0.434	-0.240	-0.070
第一产业投资强度	0.838	0.480	0.126	0.810	0.431	0.141	-0.029	-0.050	0.014
第一产业不协调度	5.790	5.402	2.345	5.924	5.585	2.748	0.134	0.183	0.403
第一产业贡献率	3.382	3.350	3.341	3.878	3.050	1.342	0.496	-0.300	-1.999
第一产业弧弹性	4.467	4.379	2.820	4.900	4.840	4.801	0.434	0.461	1.981
第一产业结构偏离系数	5.790	4.379	2.820	5.924	4.840	4.801	0.134	0.461	1.981
第一产业区位商	1.848	4.379	2.820	1.767	4.840	4.801	-0.081	0.461	1.981
第一产业劳动产出率	1.809	4.379	2.820	1.814	4.840	4.801	0.005	0.461	1.981

由表 1-49 可以看到，由 2014～2015 年珠江-西江经济带各城市农业结构竞争力平均得分情况进行分析，可以看到，由 2014～2015 年，农业结构竞争力上游区的平均得分呈现下降趋势，下降 0.828 分，中、下游区的平均得分均呈现上升趋势，分别上升 0.057 分、0.356 分；说明整体农业结构竞争力出现衰退，农业结构不够合理化。三级指标中，2014～2015 年间，在第一产业比重上、下游区的平均得分均呈现上升趋势，分别上升 0.025 分、0.005 分，中游区的平均得分呈现下降趋势，下降 0.008 分；说明整体第一产业比重有所发展，第一产业对 GDP 贡献率上升。2014～2015 年间，在珠江-西江经济带城市第一产业投资强度上游区的平均得分呈现下降趋势，下降 0.045 分，中、下游区的平均得分均呈现上升趋势，分别上升 0.056 分、0.007 分，其总体变化趋势呈上升趋势；说明整体第一产业投资强度出现提升，各城市第一产业投资增多。2014～2015 年间，在珠江-西江经济带城市第一产业不协调度上、中、下游区的平均得分均呈现下降的趋势，分别下降 0.222 分、0.606 分、0.024 分；说明整体第一产业不协调度出现小幅度的衰退现象，产业不协调度下降。2014～2015 年间，在珠江-西江经济带城市第一产业贡献率上游区的平均得分呈现出下降的趋势，下降 0.510 分，中、下游区的平均得分均呈现出上升的趋势，分别上升 0.310 分、1.990 分，其总体变化趋势呈上升趋势；说明整体第一产业贡献率出现小幅度的提升现象，第一产业发展态势较好。2014～2015 年间，在珠江-西江经济带城市第一产业弧弹性上、中游区的平均得分均呈现出上升的趋势，分别上升 0.500 分、0.079 分，下游区的平均得分呈现出下降的趋势，下降 0.897 分；说明整体第一产业弧弹性出现小幅度的衰退现象。2014～2015 年间，在珠江-西江经济带城市第一产业结构偏离系数上、下游区的平均得分均呈现出下降的趋势，分别下降 0.222 分、0.897 分，中游区的平均得分呈现出上升的趋势，上升 0.079 分；说明珠江-西江经济带整体第一产业结构偏离系数出现衰退现象。2014～2015 年间，在珠江-西江经济带城市第一产业区位商上、下游区的平均得分均呈现出下降的趋势，分别下降 0.277 分、0.897 分，中游区的平均得分呈现出上升的趋势，上升 0.079 分；说明整体第一产业区位商出现衰退现象，城市第一产业专业化水平下降。2014～2015 年间，在珠江-西江经济带城市第一产业劳动产出率上、中游区的平均得分均呈现出上升的趋势，分别上升 0.275 分、0.079 分，下游区的平均得分呈现出下降的趋势，下降 0.897 分；说明整体第一产业劳动产出率出现衰退现象，城市第一产业专业化水平下降。

表1-49 2014~2015年珠江-西江经济带各城市农业结构平均得分情况

项目	2014年			2015年			得分变化		
	上游区	中游区	下游区	上游区	中游区	下游区	上游区	中游区	下游区
农业结构	24.947	20.805	16.892	24.119	20.862	17.248	-0.828	0.057	0.356
第一产业比重	2.883	1.850	0.290	2.908	1.842	0.295	0.025	-0.008	0.005
第一产业投资强度	0.810	0.431	0.141	0.765	0.487	0.148	-0.045	0.056	0.007
第一产业不协调度	5.924	5.585	2.748	5.702	4.979	2.724	-0.222	-0.606	-0.024
第一产业贡献率	3.878	3.050	1.342	3.368	3.360	3.332	-0.510	0.310	1.990
第一产业弧弹性	4.900	4.840	4.801	5.400	4.920	3.903	0.500	0.079	-0.897
第一产业结构偏离系数	5.924	4.840	4.801	5.702	4.920	3.903	-0.222	0.079	-0.897
第一产业区位商	1.767	4.840	4.801	1.490	4.920	3.903	-0.277	0.079	-0.897
第一产业劳动产出率	1.814	4.840	4.801	2.089	4.920	3.903	0.275	0.079	-0.897

由表1-50对2010~2015年珠江-西江经济带各城市农业结构竞争力平均得分情况进行分析，可以看到，2010~2015年，农业结构竞争力上、中、下游区的平均得分均呈现下降趋势，分别下降1.918分、1.881分、3.678分。说明整体农业结构竞争力出现衰退，农业结构不够合理化。三级指标中，2010~2015年间，在珠江-西江经济带城市第一产业比重上、中、下游区的平均得分均呈现下降趋势，分别下降0.798分、0.450分、0.110分；说明整体第一产业比重有所衰退，第一产业对GDP贡献率下降。2010~2015年间，在珠江-西江经济带城市第一产业投资强度上游区的平均得分呈现下降趋势，下降0.751分，中、下游区的平均得分均呈现上升趋势，分别上升0.203分、0.105分，其总体变化趋势呈下降趋势；说明整体第一产业投资强度出现衰退，各城市第一产业投资减少。2010~2015年间，在珠江-西江经济带城市第一产业不协调度上、中、下游区的平均得分均呈现下降趋势，分别下降0.919分、1.451分、2.605分；说明整体第一产业不协调度出现小幅度的衰退现象，产业不协调度下降。2010~2015年间，在珠江-西江经济带城市第一产业贡献率上、中游区的平均得分均呈现出上升的趋势，分别上升0.008分、0.006分，下游区的平均得分呈现出下降的趋势，下降0.017分，其总体变化趋势呈上升趋势；说明整体第一产业贡献率出现小幅度的提升现象，第一产业发展态势较好。2010~2015年间，在珠江-西江经济带城市第一产业弧弹性上、中、下游区的平均得分均呈现出上升的趋势，分别上升0.985分、0.615分、0.619分；说明整体第一产业弧弹性出现小幅度的衰退现象。2010~2015年间，在珠江-西江经济带城市第一产业结构偏离系数上游区的平均得分呈现出上升的趋势，上升0.919分，中、下游区的平均得分均呈现出下降的趋势，分别下降0.615分、0.619分；说明整体第一产业结构偏离系数出现衰退现象。2010~2015年间，在珠江-西江经济带城市第一产业区位商上、中、下游区的平均得分均呈现出上升的趋势，分别上升0.333分、0.615分、0.619分；说明整体第一产业区位商出现提升现象，城市第一产业专业化水平上升。2010~2015年间，在珠江-西江经济带城市第一产业劳动产出率上、中、下游区的平均得分均呈现出上升的趋势，分别上升1.444分、0.615分、0.619分；说明整体第一产业劳动产出率出现提升现象，城市第一产业专业化水平上升。

表1-50 2010~2015年珠江-西江经济带各城市农业结构平均得分情况

项目	2010年			2015年			得分变化		
	上游区	中游区	下游区	上游区	中游区	下游区	上游区	中游区	下游区
农业结构	26.038	22.743	20.926	24.119	20.862	17.248	-1.918	-1.881	-3.678
第一产业比重	3.706	2.292	0.405	2.908	1.842	0.295	-0.798	-0.450	-0.110
第一产业投资强度	1.516	0.284	0.043	0.765	0.487	0.148	-0.751	0.203	0.105
第一产业不协调度	6.622	6.430	5.329	5.702	4.979	2.724	-0.919	-1.451	-2.605
第一产业贡献率	3.360	3.354	3.349	3.368	3.360	3.332	0.008	0.006	-0.017
第一产业弧弹性	4.416	4.305	3.284	5.400	4.920	3.903	0.985	0.615	0.619
第一产业结构偏离系数	6.622	4.305	3.284	5.702	4.920	3.903	-0.919	0.615	0.619
第一产业区位商	1.158	4.305	3.284	1.490	4.920	3.903	0.333	0.615	0.619
第一产业劳动产出率	0.645	4.305	3.284	2.089	4.920	3.903	1.444	0.615	0.619

2. 珠江-西江经济带城市农业结构竞争力分布情况

根据灰色综合评价法对无量纲化后的三级指标进行权重得分计算，得到珠江-西江经济带各城市的农业结构竞争力得分及排名，反映出各城市农业结构竞争力情况。为了更为准确地反映出珠江-西江经济带各城市农业结构竞争力差异及整体情况,需要进一步对各城市农业结构竞争力分布情况进行分析,对各城市间实际差距和均衡性展开研究。因此,对 2010~2015 年珠江-西江经济带城市农业结构竞争力评价分值分布统计如图 1-28~图 1-33 所示。

由图 1-28 可以看到,2010 年珠江-西江经济带城市农业结构竞争力得分较均衡。农业结构竞争力得分在 24 分以上的有 2 个城市,23~24 分的有 3 个城市,22~23 分的有 3 个城市,21~22 分的有 1 个城市,20~21 分的有 2 个城市,这 20 分以下的有 2 个城市。这说明珠江-西江经济带城市农业结构竞争力分布较均衡,地区内农业结构综合得分分布的过渡及衔接性较好。

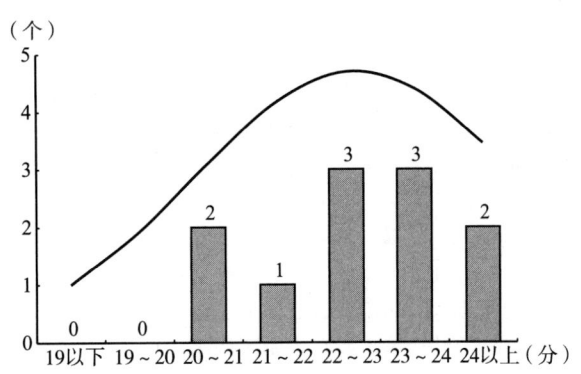

图 1-28 2010 年珠江-西江经济带城市农业结构竞争力评价分值分布

由图 1-29 可以看到,2011 年珠江-西江经济带城市农业结构竞争力得分与 2010 年情况相类似,分布显示出较均衡。农业结构竞争力得分在 24 分以上的有 1 个城市,23~24 分的有 1 个城市,22~23 分的有 2 个城市,21~22 分的有 4 个城市,20~21 分的有 3 个城市。这说明珠江-西江经济带城市农业结构竞争力分布较均衡,地区内农业结构综合得分分布的过渡及衔接性较好。

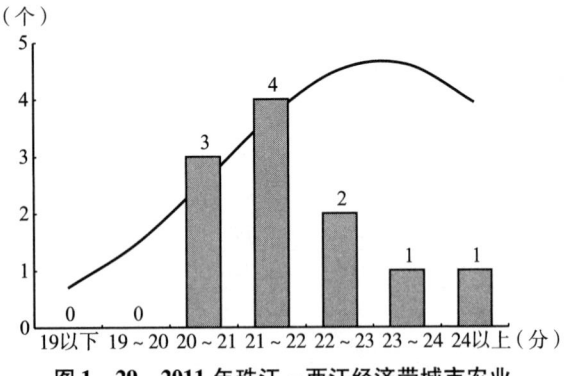

图 1-29 2011 年珠江-西江经济带城市农业发展水平评价分值分布

由图 1-30 可以看到,2012 年珠江-西江经济带城市农业结构竞争力得分分布与 2011 年情况有较大区别,但还是比较均衡。农业结构竞争力得分在 24 分以上的有 3 个城市,22~23 分的有 3 个城市,21~22 分的有 1 个城市,20~21 分的有 2 个城市,20 分以下的有 2 个城市。这说明珠江-西江经济带城市农业结构竞争力分布较均衡,地区内农业结构综合得分分布的过渡及衔接性较好。

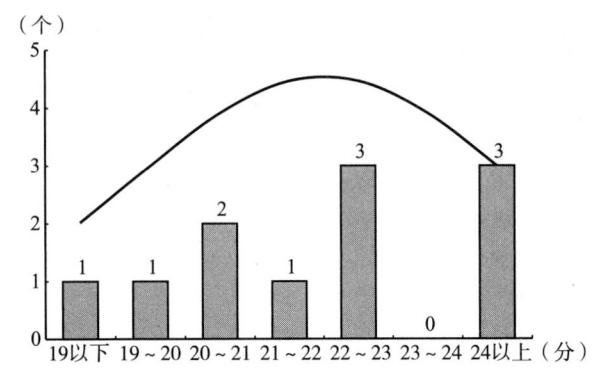

图 1-30 2012 年珠江-西江经济带城市农业发展水平评价分值分布

由图 1-31 可以看到,2013 年珠江-西江经济带城市农业结构竞争力得分分布出现较大变化,但显示出不均衡的状态。农业结构竞争力得分在 24 分以上的有 1 个城市,22~23 分的有 1 个城市,21~22 分的有 3 个城市,20~21 分的有 2 个城市,20 分以下的有 4 个城市。这说明珠江-西江经济带城市农业结构竞争力分布较均衡,地区内农业结构综合得分分布的过渡及衔接性较差。

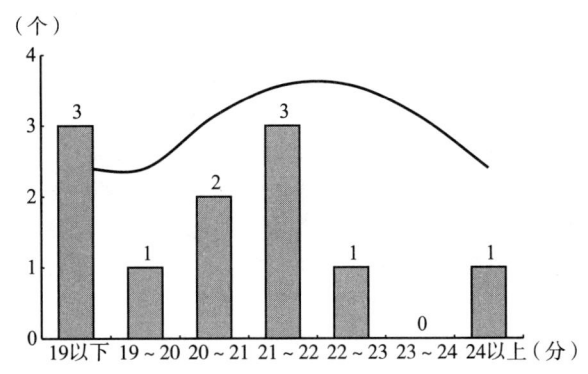

图 1-31 2013 年珠江-西江经济带城市农业发展水平评价分值分布

由图 1-32 可以看到,2014 年珠江-西江经济带城市农业结构竞争力得分分布显示出不均衡的状态。农业结构竞争力得分在 24 分以上的有 3 个城市,22~23 分的有 1 个城市,21~22 分的有 1 个城市,20~21 分的有 2 个城市,20 分以下的有 4 个城市。这说明珠江-西江经济带城市农业结构竞争力分布较均衡,地区内农业结构综合得分分布的过渡及衔接性较差。

由图 1-33 可以看到,2015 年珠江-西江经济带城市农业结构竞争力得分分布较不均衡。农业结构竞争力得分在 24 分以上的有 1 个城市,23~24 分的有 1 个城市,22~23 分的有 1 个城市,21~22 分的有 3 个城市,20 分以下的有 5 个城市。这说明珠江-西江经济带城市农业结构竞争力分布较均衡,地区内农业结构综合得分分布的过渡及衔接性较好。

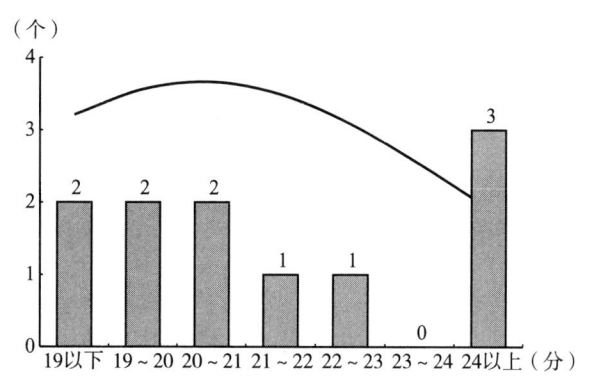

图1-32 2014年珠江-西江经济带城市农业发展水平评价分值分布

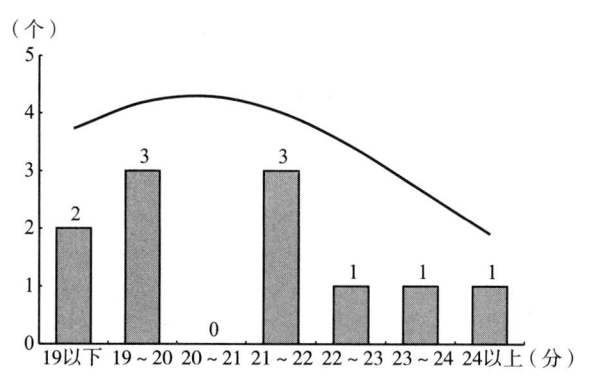

图1-33 2015年珠江-西江经济带城市农业发展水平评价分值分布

对2010~2015年珠江-西江经济带内广西、广东地区的农业结构竞争力平均得分及其变化情况进行分析。由表1-51对珠江-西江经济带地区板块农业结构竞争力平均得分及变化分析，从得分情况上看，2010年广西地区的农业结构竞争力平均得分为24.182分，广东地区农业结构竞争力得分为21.333分，地区间的比差为1.134∶1，地区间的标准差为2.015；说明广西地区和广东地区的农业结构竞争力得分的分布存在较大差距。2011年广西地区的农业结构竞争力平均得分为24.755分，广东地区的农业结构竞争力平均得分为21.626分，地区间的比差为1.145∶1，地区间的标准差为2.213；说明珠江-西江经济带内广西和广东地区的农业结构竞争力得分均出现上升；也说明农业结构竞争力得分的分布差距处于扩大趋势。2012年广西地区的农业结构竞争力平均得分为23.995分，广东地区的农业结构竞争力平均得分为19.887分，地区间的比差为1.207∶1，地区间的标准差为2.904；说明地区间的得分差距依旧处在持续扩大的发展趋势。2013年广西地区的农业结构竞争力平均得分为22.292分，广东地区的农业结构竞争力平均得分为17.021分，地区间的比差为1.310∶1，地区间的标准差为3.727；说明珠江-西江经济带内地区间农业结构竞争力的发展差距出现依然处于扩大的发展趋势。2014年广西地区的农业结构竞争力平均得分为22.506分，广东地区的农业结构竞争力平均得分为18.000分，地区间的比差为1.250∶1，地区间的标准差为3.187；一方面反映出珠江-西江经济带农业结构竞争力呈现上升势态，各地

区间的平均得分均呈现提升；另一方面也反映出农业结构竞争力呈现缩小趋势。2015年广西地区的农业结构竞争力平均得分为22.408分，广东地区的农业结构竞争力平均得分为17.890分，地区间的比差为1.252∶1，地区间的标准差为3.195；说明珠江-西江经济带内各地区间农业结构竞争力得分差距持续呈现扩大趋势。

从珠江-西江经济带农业结构竞争力的分值变化情况来看，2010~2015年间珠江-西江经济带内广西地区和广东地区的农业结构竞争力得分均呈现下降趋势，珠江-西江经济带内各地区的得分差距呈现扩大趋势。

表1-51 珠江-西江经济带地区板块农业结构竞争力平均得分及其变化

年份	广西	广东	标准差
2010	24.182	21.333	2.015
2011	24.755	21.626	2.213
2012	23.995	19.887	2.904
2013	22.292	17.021	3.727
2014	22.506	18.000	3.187
2015	22.408	17.890	3.195
分值变化	-1.775	-3.44	1.180

通过对珠江-西江经济带农业结构竞争力各地区板块的对比分析，发现珠江-西江经济带中广西板块的农业结构竞争力高于广东板块，珠江-西江经济带各版块的农业结构竞争力得分差距不断扩大。为进一步对珠江-西江经济带中各地区板块的城市农业结构竞争力排名情况进行分析，通过表1-52~表1-55对珠江-西江经济带中广西板块、广东板块内城市位次及在整体的位次排序分析，由各地区板块及珠江-西江经济带整体两个维度对城市排名进行分析，同时还对各板块的变化趋势进行分析。

由表1-52对珠江-西江经济带中广西板块城市的排名比较进行分析可知广西板块城市农业结构竞争力的排名整体变化较小。其中南宁市的农业结构竞争力呈现下降趋势，柳州市的农业结构竞争力呈现上升趋势，梧州市、贵港市、来宾市的农业结构竞争力呈现下降趋势，百色市的农业结构竞争力呈现上升趋势，其整体农业结构竞争力上升三位，上升幅度明显。崇左市的农业结构竞争力变化较小。

表1-52 广西板块各城市农业结构竞争力排名比较

地区	2010年	2011年	2012年	2013年	2014年	2015年	排名变化
南宁	4	7	5	4	7	5	-1
柳州	7	6	7	7	5	6	1
梧州	6	5	4	5	6	7	-1
贵港	3	4	3	3	3	4	-1
百色	5	3	3	2	4	2	3
来宾	2	2	2	6	2	3	-1
崇左	1	1	1	1	1	1	0

由表1-53对广西板块内城市在珠江-西江经济带农业结构竞争力排名情况进行比较可知广西城市在珠江-西江经济带内的排名的整体变化依然较小。其中崇左市的农业结构竞争力呈现稳定趋势,农业结构竞争力变化较小。南宁市、梧州市、贵港市、来宾市的排名处在下降的趋势,说明城市的农业结构竞争力出现衰退。百色市的排名呈现上升趋势,其整体农业结构竞争力上升3位,上升幅度明显。柳州市的排名也呈现上升趋势,其整体农业结构竞争力排名从2010年的第8名上升至2015年的第6名。

表1-53　广西板块各城市在珠江-西江经济带城市农业结构竞争力排名比较

地区	2010年	2011年	2012年	2013年	2014年	2015年	排名变化
南宁	4	7	5	4	10	5	-1
柳州	8	6	7	7	5	6	2
梧州	7	5	4	5	6	8	-1
贵港	3	4	6	3	3	4	-1
百色	5	3	3	2	4	2	3
来宾	2	2	2	6	2	3	-1
崇左	1	1	1	1	1	1	0

由表1-54对珠江-西江经济带中广东板块城市的排名比较进行分析,可以看到广州市、佛山市、肇庆市、云浮市的农业结构竞争力变化较小,基本呈现稳定态势。4个城市在珠江-西江经济带中的广东板块排名呈现稳定趋势,其整体农业结构竞争力下降幅度小。

表1-54　广东板块各城市农业结构竞争力排名比较

地区	2010年	2011年	2012年	2013年	2014年	2015年	排名变化
广州	3	2	4	2	2	3	0
佛山	4	4	3	4	4	4	0
肇庆	1	1	2	3	1	1	0
云浮	2	3	1	1	3	2	0

由表1-55对广东板块内城市在珠江-西江经济带农业结构竞争力排名情况进行比较,可以看到广州市、佛山市、肇庆市、云浮市的的农业结构竞争力变化依然较小。只有肇庆市在珠江-西江经济带内的排名出现城市微弱的下降趋势,说明肇庆市的农业结构竞争力有所衰退。

表1-55　广东板块各城市在珠江-西江经济带城市农业结构竞争力排名比较

地区	2010年	2011年	2012年	2013年	2014年	2015年	排名变化
广州	10	9	11	9	8	10	0
佛山	11	11	10	11	11	11	0
肇庆	6	8	9	10	7	7	-1
云浮	9	10	8	8	9	9	0

3. 珠江-西江经济带城市农业结构三级指标分区段得分情况

由图1-34可以看到珠江-西江经济带城市农业结构竞争力上游区各项三级指标的平均得分变化趋势。2010~2015年间珠江-西江经济带城市第一产业比重上游区的得分呈现波动下降的变化趋势。2010~2015年间珠江-西江经济带城市第一产业投资强度上游区的得分呈现持续下降的发展趋势。2010~2015年间珠江-西江经济带城市第一产业不协调度上游区的得分呈现波动下降的发展趋势。2010~2015年间珠江-西江经济带城市第一产业贡献率上游区的得分呈现波动上升的发展趋势。

由图1-35可以看到珠江-西江经济带城市农业结构竞争力上游区各项三级指标的平均得分变化趋势。2010~2015年间珠江-西江经济带城市第一产业弧弹性上游区的得分呈现波动上升的发展趋势。2010~2015年间珠江-西江经济带城市第一产业结构偏离系数上游区的得分呈现波动下降发展趋势。2010~2015年间珠江-西江经济带城市第一产业区位商上游区的得分呈现波动上升发展趋势,上升幅度较小。2010~2015年间珠江-西江经济带城市第一产业劳动产出率上游区的得分呈现持续上升发展趋势。

由图1-36可以看到珠江-西江经济带城市农业结构竞争力中游区各项三级指标的平均得分变化趋势。2010~2015年间珠江-西江经济带城市第一产业比重中游区的得分呈现波动下降的变化趋势。2010~2015年间珠江-西江经济带城市第一产业投资强度中游区的得分呈现波动上升的发展趋势,上升幅度较小。2010~2015年间珠江-西江经济带城市第一产业不协调度中游区的得分呈现波动下降的发展趋势。2010~2015年间珠江-西江经济带城市第一产业贡献率中游区的得分呈现波动上升的发展趋势,幅度较小。

由图1-37可以看到珠江-西江经济带城市农业结构竞争力中游区各项三级指标的平均得分变化趋势。2010~2015年间珠江-西江经济带城市第一产业弧弹性中游区的得分呈现波动上升的发展趋势。2010~2015年间珠江-西江经济带城市第一产业结构偏离系数中游区的得分呈现波动下降发展趋势。2010~2015年间珠江-西江经济带城市第一产业区位商中游区的得分呈现稳定发展趋势,变化幅度较小。2010~2015年间珠江-西江经济带城市第一产业劳动产出率中游区的得分呈现持续上升发展趋势。

由图1-38可以看到珠江-西江经济带城市农业结构竞争力下游区各项三级指标的平均得分变化趋势。2010~2015年间珠江-西江经济带城市第一产业比重下游区的得分呈现持续下降的变化趋势。2010~2015年间珠江-西江经济带城市第一产业投资强度下游区的得分呈现持续上升的发展趋势。2010~2015年间珠江-西江经济带城市第一产业不协调度下游区的得分呈现先下降后上升的发展趋势。2010~2015年间珠江-西江经济带城市第一产业贡献率下游区的得分呈现波动下降的发展趋势。

由图1-39可以看到珠江-西江经济带城市农业结构竞争力下游区各项三级指标的平均得分变化趋势。2010~2015年间珠江-西江经济带城市第一产业弧弹性下游区的得分呈现波动上升的发展趋势。2010~2015年间珠江-西江经济带城市第一产业结构偏离系数下游区的得分呈现波动下降发展趋势。2010~2015年间珠江-西江经济带城市第一产业区位商下游区的得分呈现稳定发展趋势，变换幅度较小。2010~2015年间珠江-西江经济带城市第一产业劳动产出率下游区的得分呈现稳定发展趋势，变换幅度较小。

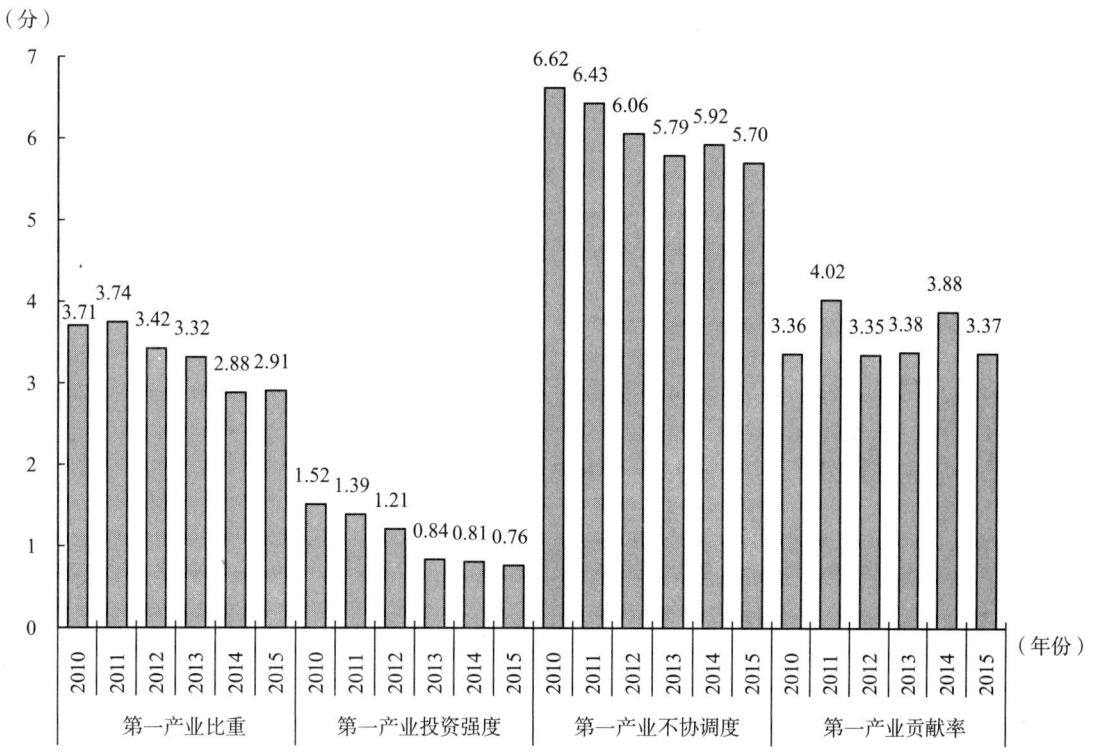

图1-34 珠江-西江经济带农业结构竞争力上游区各三级指标的得分比较情况1

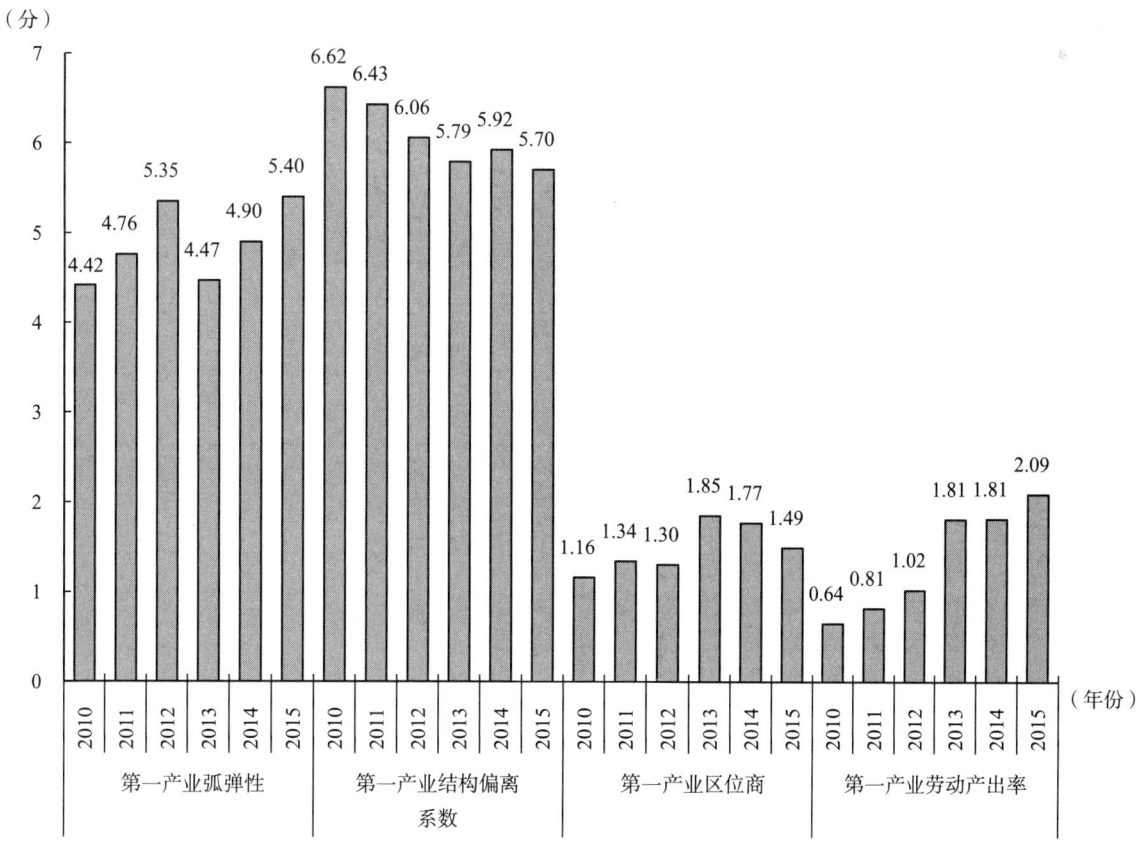

图1-35 珠江-西江经济带农业结构竞争力上游区各三级指标的得分比较情况2

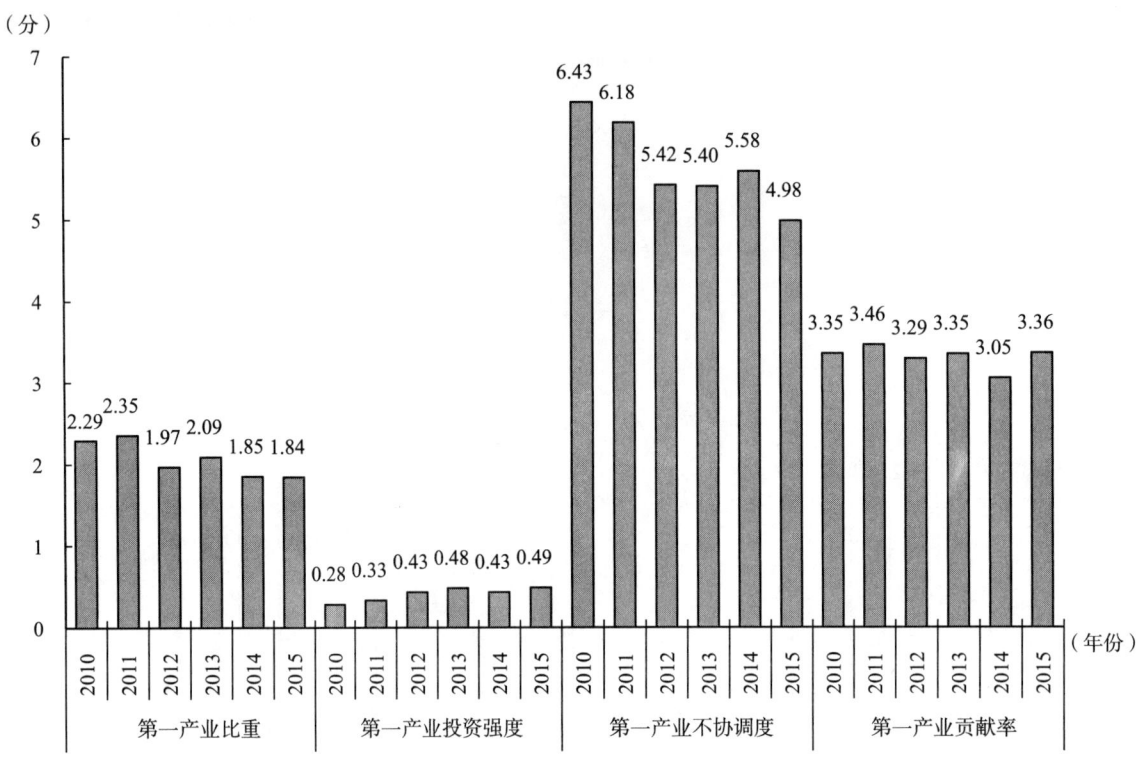

图1-36 珠江-西江经济带农业结构竞争力中游区各三级指标的得分比较情况1

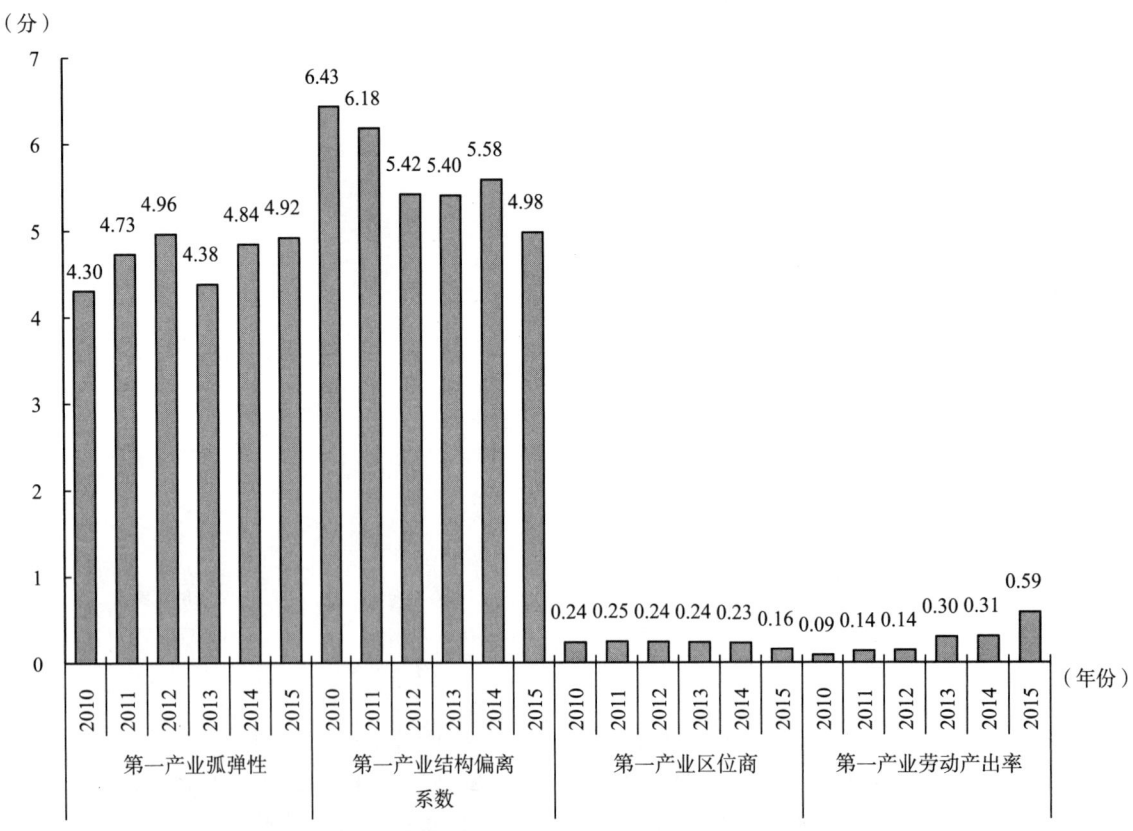

图1-37 珠江-西江经济带农业结构竞争力中游区各三级指标的得分比较情况2

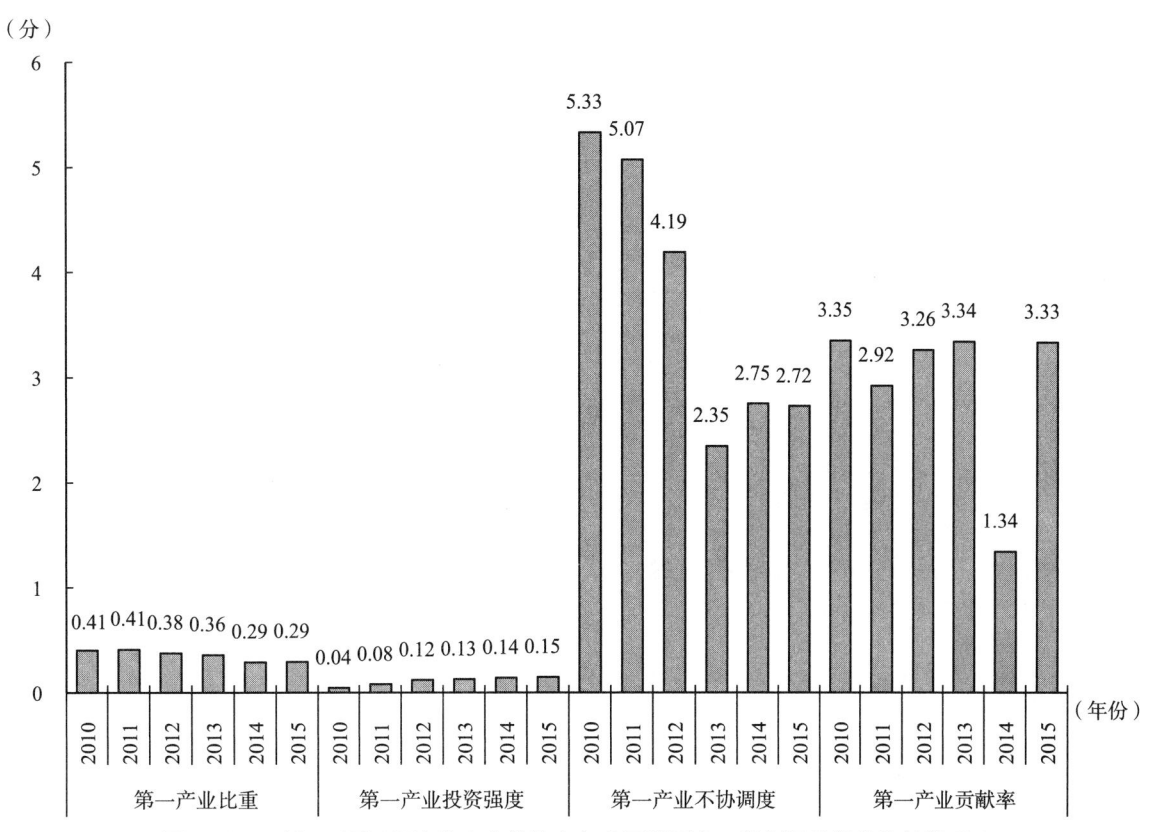

图 1–38　珠江–西江经济带农业结构竞争力下游区各三级指标的得分比较情况 1

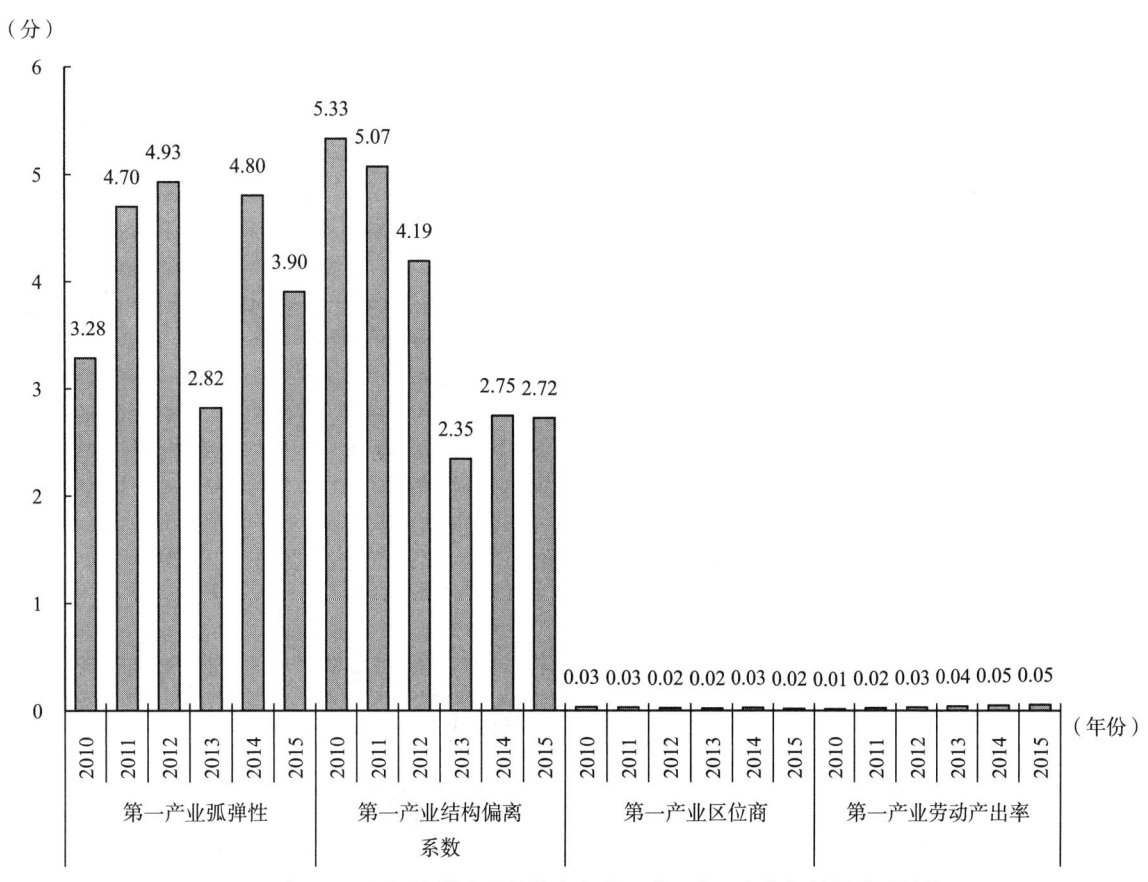

图 1–39　珠江–西江经济带农业结构竞争力下游区各三级指标的得分比较情况 2

从图 1-40 对 2010~2011 年间珠江-西江经济带城市农业结构竞争力的跨区段变化进行分析，可以看到在 2010~2011 年间有 2 个城市的农业结构竞争力在珠江-西江经济带的位次发生大幅度变动。其中贵港市由上游区下降到中游区；百色市由中游区上升到上游区。

	2010年	2011年	
上游区	崇左、来宾、贵港	崇左、南宁、百色	上游区
中游区	南宁、百色、肇庆、梧州、柳州	贵港、梧州、柳州、南宁、肇庆	中游区
下游区	云浮、广州、佛山	广州、云浮、佛山	下游区

图 1-40　2010~2011 年珠江-西江经济带城市农业结构竞争力大幅度变动情况

从图 1-41 对 2011~2012 年间珠江-西江经济带城市农业结构竞争力的跨区段变化进行分析，可以看到在 2011~2012 年间有 2 个城市的农业结构竞争力在珠江-西江经济带的位次发生大幅度变动。其中肇庆市由中游区下降到下游区，云浮市由下游区上升到中游区。

	2011年	2012年	
上游区	崇左、来宾、百色	崇左、来宾、百色	上游区
中游区	贵港、梧州、柳州、南宁、肇庆	梧州、南宁、贵港、柳州、云浮	中游区
下游区	广州、云浮、佛山	肇庆、佛山、广州	下游区

图 1-41　2011~2012 年珠江-西江经济带城市农业结构竞争力大幅度变动情况

从图 1-42 对 2012~2013 年间珠江-西江经济带城市农业结构竞争力的跨区段变化进行分析，可以看到 2012~2013 年间有 2 个城市的农业结构竞争力在珠江-西江经济带的位次发生大幅度变动。其中来宾市由上游区下降到中游区；贵港市由中游区上升到上游区。

	2012年	2013年	
上游区	崇左、来宾、百色	崇左、百色、贵港	上游区
中游区	梧州、南宁、贵港、柳州、云浮	南宁、梧州、来宾、柳州、云浮	中游区
下游区	肇庆、佛山、广州	广州、肇庆、佛山	下游区

图 1-42　2012~2013 年珠江-西江经济带城市农业结构竞争力大幅度变动情况

从图 1-43 对 2013~2014 年间珠江-西江经济带城市农业结构竞争力的跨区段变化进行分析，可以看到在 2013~2014 年间有 6 个城市的农业结构竞争力在珠江-西江经济带的位次发生大幅度变动。其中百色市由上游区下降到中游区，南宁市、云浮市由中游区下降到下游区；来宾市由中游区上升到上游区，广州市、肇庆市由下游区上升到中游区。

	2013年	2014年	
上游区	崇左、百色、贵港	崇左、来宾、贵港	上游区
中游区	南宁、梧州、来宾、柳州、云浮	百色、柳州、梧州、肇庆、广州	中游区
下游区	广州、肇庆、佛山	云浮、南宁、佛山	下游区

图 1-43　2013~2014 年珠江-西江经济带城市农业结构竞争力大幅度变动情况

从图 1-44 对 2014~2015 年间珠江-西江经济带城市农业结构竞争力的跨区段变化进行分析，可以看到在 2014~2015 年间有 4 个城市的农业结构竞争力在珠江-西江经济带的位次发生大幅度变动。其中贵港市由上游区下降到中游区，广州市由中游区下降到下游区；百色市由中游区上升到上游区，南宁市由下游区上升到中游区。

	2014年	2015年	
上游区	崇左、来宾、贵港	崇左、百色、来宾	上游区
中游区	百色、柳州、梧州、肇庆、广州	贵港、南宁、柳州、肇庆、梧州	中游区
下游区	云浮、南宁、佛山	云浮、广州、佛山	下游区

图 1-44　2014~2015 年珠江-西江经济带城市农业结构竞争力大幅度变动情况

从图 1-45 对 2010~2015 年间珠江-西江经济带城市农业结构竞争力的跨区段变化进行分析，可以看到在 2010~2015 年间有 2 个城市的农业结构竞争力在珠江-西江经济带的位次发生大幅度变动。其中贵港市由上游区下降到中游区；百色市由中游区上升到上游区。

	2010年	2015年	
上游区	崇左、来宾、贵港	崇左、百色、来宾	上游区
中游区	南宁、百色、肇庆、梧州、柳州	贵港、南宁、柳州、肇庆、梧州	中游区
下游区	云浮、广州、佛山	云浮、广州、佛山	下游区

图 1-45　2010~2015 年珠江-西江经济带城市农业结构竞争力大幅度变动情况

四、珠江－西江经济带城市农业发展水平评估与比较

(一) 珠江－西江经济带城市农业发展水平评估结果

根据珠江－西江经济带城市农业发展竞争力指标体系和数学评价模型，对2010~2015年间珠江－西江经济带内11个城市的农业发展进行了评价。表1－56~表1－70是本次评估期间珠江－西江经济带11个城市的农业发展排名和排名变化情况及其8个三级指标的评价结果。

1. 珠江－西江经济带城市农业发展排名

根据表1－56中内容对2010年珠江－西江经济带各城市农业发展排名变化进行分析，可以看到珠江－西江经济带11个城市中，农业发展处于上游区的依次是广州市、南宁市、来宾市；处在中游区的依次是贵港市、百色市、柳州市、崇左市、梧州市；处在下游区的依次是佛山市、云浮市、肇庆市。这说明在珠江－西江经济带中广西地区农业发展高于广东地区，更具发展优势。

表1－56　2010年珠江－西江经济带城市农业发展排名

地区	排名	区段	地区	排名	区段	地区	排名	区段
广州	1	上游区	贵港	4	中游区	佛山	9	下游区
南宁	2		百色	5		云浮	10	
来宾	3		柳州	6		肇庆	11	
			崇左	7				
			梧州	8				

根据表1－57中内容对2011年珠江－西江经济带各城市农业发展排名变化进行分析，可以看到珠江－西江经济带11个城市中，农业发展处于上游区的依次是佛山市、广州市、南宁市；处在中游区的依次是贵港市、肇庆市、来宾市、百色市、崇左市；处在下游区的依次是柳州市、梧州市、云浮市。相比于2010年，广西地区城市来宾市由上游区下降至中游区，柳州市、梧州市由中游区下降至下游区；广东地区城市佛山市由下游区上升至上游区。

表1－57　2011年珠江－西江经济带城市农业发展排名

地区	排名	区段	地区	排名	区段	地区	排名	区段
佛山	1	上游区	贵港	4	中游区	柳州	9	下游区
广州	2		肇庆	5		梧州	10	
南宁	3		来宾	6		云浮	11	
			百色	7				
			崇左	8				

根据表1－58中内容对2012年珠江－西江经济带各市农业发展排名变化进行分析，可以看到珠江－西江经济带11个城市中，农业发展处于上游区的依次是广州市、佛山市、南宁市；处在中游区的依次是贵港市、梧州市、百色市、来宾市、云浮市；处在下游区的依次是柳州市、崇左市、肇庆市。相比于2011年，广西地区城市崇左市由中游区下降至下游区，梧州市由下游区上升至中游区，说明梧州市在推动农业发展方面存在有效推动力。广东地区城市肇庆市由中游区下降至下游区，云浮市由下游区上升至中游区。

表1－58　2012年珠江－西江经济带城市农业发展排名

地区	排名	区段	地区	排名	区段	地区	排名	区段
广州	1	上游区	贵港	4	中游区	柳州	9	下游区
佛山	2		梧州	5		崇左	10	
南宁	3		百色	6		肇庆	11	
			来宾	7				
			云浮	8				

根据表1－59中内容对2013年珠江－西江经济带各城市农业发展排名变化进行分析，可以看到珠江－西江经济带11个城市中，农业发展处于上游区的依次是柳州市、贵港市、佛山市；处在中游区的依次是广州市、南宁市、来宾市、百色市、崇左市；处在下游区的依次是梧州市、肇庆市、云浮市。相比于2012年，珠江－西江经济带中广西地区各城市的农业发展总体呈现上升趋势，广东地区各城市的农业发展总体呈现下降趋势。

表1－59　2013年珠江－西江经济带城市农业发展排名

地区	排名	区段	地区	排名	区段	地区	排名	区段
柳州	1	上游区	广州	4	中游区	梧州	9	下游区
贵港	2		南宁	5		肇庆	10	
佛山	3		来宾	6		云浮	11	
			百色	7				
			崇左	8				

根据表1－60中内容对2014年珠江－西江经济带各城市农业发展排名变化进行分析，可以看到珠江－西江经济带11个城市中，农业发展处于上游区的依次是南宁市、佛山市、广州市；处在中游区的依次是百色市、贵港市、柳州市、崇左市、来宾市；处在下游区的依次是梧州市、肇庆市、云浮市。相比于2013年，广西地区南宁市由中游区上升至上游区，柳州市、贵港市由上游区下降至中游区；广东地区广州市由中游区上升至上游区。

根据表1－61中内容对2015年珠江－西江经济带各城市农业发展排名变化进行分析，可以看到珠江－西江经济带11个城市中，农业发展处于上游区的依次是佛山市、广州市、肇庆市；处在中游区的依次是云浮市、南宁市、贵港、崇左市、来宾市；处在下游区的依次是柳州市、百

色市、梧州市。相比于2014年，广西地区城市南宁市由上游区下降至中游区，百色市、柳州市由中游区下降至下游区。广东地区城市肇庆市由下游区上升至上游区，云浮市由下游区上升至中游区。

表1-60 2014年珠江-西江经济带城市农业发展排名

地区	排名	区段	地区	排名	区段	地区	排名	区段
南宁	1	上游区	百色	4	中游区	梧州	9	下游区
佛山	2		贵港	5		肇庆	10	
广州	3		柳州	6		云浮	11	
			崇左	7				
			来宾	8				

表1-61 2015年珠江-西江经济带城市农业发展排名

地区	排名	区段	地区	排名	区段	地区	排名	区段
佛山	1	上游区	云浮	4	中游区	柳州	9	下游区
广州	2		南宁	5		百色	10	
肇庆	3		贵港	6		梧州	11	
			崇左	7				
			来宾	8				

根据表1-62中内容对2010~2015年珠江-西江经济带各城市农业发展排名变化趋势进行分析，可以看到在珠江-西江经济带11个城市农业发展处于上升区的依次是佛山市、肇庆市、云浮市；处在保持区的是崇左市；处在下降区的依次是南宁市、贵港市、梧州市、广州市、百色市、来宾市、柳州市。这说明珠江-西江经济带中广东板块城市的变化幅度要高于广西板块的变化幅度，广东板块城市农业发展的发展的平稳性较弱。

表1-62 2010~2015年珠江-西江经济带城市农业发展排名变化

地区	排名变化	区段	地区	排名变化	区段	地区	排名变化	区段
云浮	6	上升区	崇左	0	保持区	柳州	-3	下降区
肇庆	8		广州	-1	下降区	梧州	-3	
佛山	8		贵港	-2		南宁	-3	
						来宾	-5	
						百色	-5	

2. 珠江-西江经济带城市第一产业扩张弹性系数得分情况

通过表1-63对2010~2015年的第一产业扩张弹性系数的变化进行分析。由2010年的珠江-西江经济带城市第一产业扩张弹性系数评价来看，有10个城市的第一产业扩张弹性系数得分已经在3.3分以上。得分大致处在2~5分，小于3.3分的城市有梧州市。最高得分为肇庆市，为4.937分，最低得分为梧州市，为2.710分。得分平均值为3.601分，标准差为0.510，说明城市之间第一产业扩张弹性系数的变化差异较小。广东地区的第一产业扩张弹性系数水平较高，其中广州市、佛山市、肇庆市、云浮市4个城市的第一产业扩张弹性系数均超过3.3分；说明这些城市的第一产业扩张弹性系数综合发展能力较强，农业扩展势头较强。广西地区城市的第一产业扩张弹性系数的得分较低，其中南宁市、柳州市、贵港市、百色市、来宾市、崇左市6个城市的第一产业扩张弹性系数得分均超过3.3分；说明广西地区的第一产业扩张弹性系数发展基础较低，农业扩展势头较弱。

由2011年的珠江-西江经济带城市第一产业扩张弹性系数评价来看，有5个城市的第一产业扩张弹性系数得分已经在3.443分以上。得分大致处在3~4分，小于3.443分的城市有柳州市、梧州市、百色市、来宾市、崇左市、广州市。最高得分为肇庆市，为3.853分，最低得分为柳州市、梧州市、百色市、来宾市、崇左市、广州市，均为3.442分。得分平均值为3.481分，标准差为0.124，说明城市之间第一产业扩张弹性系数的变化差异较小。广东地区的第一产业扩张弹性系数水平较高，其中佛山市、肇庆市、云浮市3个城市的第一产业扩张弹性系数均超过3.443分；说明这些城市的第一产业扩张弹性系数综合发展能力较强，农业扩展势头较强。广西地区城市的第一产业扩张弹性系数的得分较低，其中南宁市、贵港市2个城市的第一产业扩张弹性系数得分超过3.443分；说明广西地区的第一产业扩张弹性系数发展基础较低，农业扩展势头较弱。

由2012年的珠江-西江经济带城市第一产业扩张弹性系数评价来看，有9个城市的第一产业扩张弹性系数得分已经在3.3分以上。得分大致处在0~5分，小于3.3分的城市有佛山市、肇庆市。最高得分为梧州市，为4.169分，最低得分为肇庆市，为0分。得分平均值为3.072分，标准差为1.058，说明城市之间第一产业扩张弹性系数的变化差异较小。广西地区的第一产业扩张弹性系数水平较高，其中南宁市、柳州市、梧州市、贵港市、百色市、来宾市、崇左市7个城市的第一产业扩张弹性系数均超过3.3分；说明这些城市的第一产业扩张弹性系数综合发展能力较强，农业扩展势头较强。广东地区城市的第一产业扩张弹性系数的得分较低，其中广州市、云浮市2个城市的第一产业扩张弹性系数得分均超过3.3分；说明广东地区的第一产业扩张弹性系数发展基础较低，农业扩展势头较弱。

由2013年的珠江-西江经济带城市第一产业扩张弹性系数评价来看，有8个城市的第一产业扩张弹性系数得分已经在3.3分以上。得分大致处在3~4分，小于3.3分的城市有梧州市、崇左市、肇庆市。最高得分为云浮市，为3.407分，最低得分为肇庆市，为3.116分。得分平均值为3.333分，标准差为0.095，说明城市之间第一产业扩张弹性系数的变化差异较小。广东地区的第一产业扩张弹性系数水平较高，其中广州市、佛山市、云浮市3个城市的第一产业扩张弹性系数均超过3.3分；说明这些城市的第一产业扩张弹性系数综合发展能力较强，农业扩展势头较强。珠江-西江经济带中广西地区城市的第一产业扩张弹性系数的得分较低，其中南宁市、柳州市、贵港市、百色市、来宾市5个城市的第一产业扩张弹性系数得分超过3.3分；说明广西地区的第一产业扩张弹性系数发展基础较低，农业扩展势头较弱。

由2014年的珠江-西江经济带城市第一产业扩张弹性系数评价来看，有8个城市的第一产业扩张弹性系数得分已经在3.3分以上。得分大致处在3~4分，小于3.3分的城市有梧州市、崇左市、肇庆市。最高得分为佛山市，为3.415分，最低得分为肇庆市，为3.207分。得分平均值为3.356分，标准差为0.085，说明城市之间第一产业扩张弹性系数的变化差异较小。广东地区的第一产业扩张弹性系数水平较高，其中广州市、佛山市、云浮市3个城市的第一产业扩张弹性系数均超过3.3分；说明这些城市的第一产业扩张弹性系数综合发展能力较强，农业扩展势头较强。广西地区城市的第一产业扩张弹性系数的得分较低，其中南宁市、柳州市、贵港市、百色市、来宾市5个城市的第一产业扩张弹性系数得分超过3.3分；说明广西地区的第一产业扩张弹性系数发展基础较低，农业扩展势头较弱。

由2015年的珠江-西江经济带城市第一产业扩张弹性系数评价来看，有8个城市的第一产业扩张弹性系数得分已经在3.3分以上。得分大致处在3~4分，小于3.3分的城市有梧州市、崇左市、肇庆市。最高得分为云浮市，为3.457分，最低得分为肇庆市，为3.140分。得分平均值为3.372分，标准差为0.110，说明城市之间第一产业扩张弹性系数的变化差异较小。广东地区的第一产业扩张弹性系数水平较高，其中广州市、佛山市、云浮市3个城市的第一产业扩张弹性系数均超过3.3分；说明这些城市的第一产业扩张弹性系数综合发展能力较强，农业扩展势头较强。广西地区城市的第一产业扩张弹性系数的得分较低，其中南宁市、柳州市、贵港市、百色市、来宾市5个城市的第一产业扩张弹性系数得分超过3.3分；说明广西地区的第一产业扩张弹性系数发展基础较低，农业扩展势头较弱。

通过对各年间的珠江-西江经济带城市第一产业扩张弹性系数的平均分、标准差进行对比分析，可以发现其平均分处于波动下降的趋势，说明珠江-西江经济带城市第一产业扩张弹性系数综合能力整体活力并未提升。珠江-西江经济带城市第一产业扩张弹性系数的标准差也处于波动下降的趋势，说明城市间的第一产业扩张弹性系数差距逐渐缩小。对各城市的第一产业扩张弹性系数变化展开分析，发现各城市的第一产业扩张弹性系数处在波动变化状态，在2010~2015年的各个时间段内均排名第一的城市不断更替。广西地区城市的第一产业扩张弹性系数排名趋于下降，并且得分也出现下降，说明这些城市的第一产业扩张弹性系数发展处于滞后阶段，第一产业扩张弹性系数进程缓慢。广东地区城市的第一产业扩张弹性系数得分均出现下降，其排名除肇庆市、云浮市外均变化不大，说明广东地区的整体第一产业扩张弹性系数变化幅度较小。肇庆市在第一产业扩张弹性系数得分小幅下降的情况下其排名出现了大幅度下降，说明在珠江-西江经济带整体第一产业扩张弹性系数呈衰退的情况下，肇庆市缺乏推动第一产业扩张弹性系数发展的动力，使其在地区内的排名出现较大衰退。

表1-63　　　　2010~2015年珠江-西江经济带各城市第一产业扩张弹性系数评价比较

地区	2010年	2011年	2012年	2013年	2014年	2015年	综合变化
南宁	3.556	3.443	3.331	3.381	3.409	3.430	-0.126
	4	4	3	3	2	3	1
柳州	3.556	3.442	3.369	3.377	3.405	3.426	-0.130
	5	5	2	8	7	8	-3
梧州	2.710	3.442	4.169	3.186	3.245	3.294	0.584
	11	5	1	10	9	9	2
贵港	3.559	3.444	3.328	3.379	3.408	3.429	-0.130
	3	3	5	4	3	4	-1
百色	3.498	3.442	3.328	3.378	3.406	3.427	-0.071
	10	5	5	5	4	7	3
来宾	3.556	3.442	3.328	3.378	3.406	3.427	-0.129
	5	5	4	7	4	5	0
崇左	3.556	3.442	3.328	3.294	3.223	3.195	-0.361
	5	5	5	9	10	10	-5
广州	3.556	3.442	3.328	3.378	3.406	3.427	-0.129
	5	5	5	5	4	5	0
佛山	3.566	3.451	2.952	3.386	3.415	3.435	-0.131
	2	2	10	2	1	2	0
肇庆	4.937	3.853	0.000	3.116	3.207	3.140	-1.797
	1	1	11	11	11	11	-10

地区	2010年	2011年	2012年	2013年	2014年	2015年	综合变化
云浮	3.556	3.442	3.328	3.407	3.384	3.457	-0.099
	5	5	5	1	8	1	4
最高分	4.937	3.853	4.169	3.407	3.415	3.457	-1.481
最低分	2.710	3.442	0.000	3.116	3.207	3.140	0.430
平均分	3.601	3.481	3.072	3.333	3.356	3.372	-0.229
标准差	0.510	0.124	1.058	0.095	0.085	0.110	-0.400

3. 珠江-西江经济带城市农业强度得分情况

通过表1-64对2010~2015年的农业强度的变化进行分析。由2010年的珠江-西江经济带城市农业强度评价来看，有6个城市的农业强度得分已经在0.3分以上。得分大致处在0~4分，小于0.3分的城市有柳州市、梧州市、来宾市、崇左市、云浮市。最高得分为广州市，为3.158分，最低得分为云浮市，为0.012分。得分平均值为0.641分，标准差为0.912，说明城市之间农业强度的变化差异较小。广东地区城市的农业强度的得分较高，其中广州市、佛山市、肇庆市3个城市的农业强度得分均超过0.3分；说明这些城市的农业强度发展基础较好，农业发展具有较好的基础。广西地区的农业强度水平较低，其中南宁市、贵港市、百色市3个城市的农业强度得分超过0.3分；说明广西地区城市的农业强度综合发展能力较低，农业发展缓慢。

由2011年的珠江-西江经济带城市农业强度评价来看，有6个城市的农业强度得分已经在0.3分以上。2011年珠江-西江经济带农业强度得分大致处在0~4分，小于0.3分的城市有柳州市、梧州市、来宾市、崇左市、云浮市。最高得分为广州市，为3.109分，最低得分为云浮市，为0.010分。得分平均值为0.634分，标准差为0.898，说明城市之间农业强度的变化差异较小。广东地区城市的农业强度的得分较高，其中广州市、佛山市、肇庆市3个城市的农业强度得分均超过0.3分；说明这些城市的农业强度发展基础较好，农业发展具有较好的基础。广西地区的农业强度水平较低，其中南宁市、贵港市、百色市3个城市的农业强度得分超过0.3分；说明广西地区城市的农业强度综合发展能力较低，农业发展缓慢。

由2012年的珠江-西江经济带城市农业强度评价来看，有6个城市的农业强度得分已经在0.3分以上。得分大致处在0~4分，小于0.3分的城市有柳州市、梧州市、来宾市、崇左市、云浮市。最高得分为广州市，为3.097分，最低得分为云浮市，为0.010分。得分平均值为0.634分，标准差为0.894，说明城市之间农业强度的变化差异较小。广东地区城市的农业强度的得分较高，其中广州市、佛山市、肇庆市3个城市的农业强度得分均超过0.3分；说明这些城市的农业强度发展基础较好，农业发展具有较好的基础。广西地区的农业强度水平较低，其中南宁市、贵港市、百色市3个城市的农业强度得分超过0.3分；说明广西地区城市的农业强度综合发展能力较低，农业发展缓慢。

由2013年的珠江-西江经济带城市农业强度评价来看，有6个城市的农业强度得分已经在0.3分以上。得分大致处在0~4分，小于0.3分的城市有柳州市、梧州市、来宾市、崇左市、云浮市。最高得分为广州市，为3.081分，最低得分为云浮市，为0分。得分平均值为0.634分，标准差为0.889，说明城市之间农业强度的变化差异较小。广东地区城市的农业强度的得分较高，其中广州市、佛山市、肇庆市3个城市的农业强度得分均超过0.3分；说明这些城市的农业强度发展基础较好，农业发展具有较好的基础。广西地区的农业强度水平较低，其中南宁市、贵港市、百色市3个城市的农业强度得分超过0.3分；说明广西地区城市的农业强度综合发展能力较低，农业发展缓慢。

由2014年的珠江-西江经济带城市农业强度评价来看，有6个城市的农业强度得分已经在0.3分以上。得分大致处在0~4分，小于0.3分的城市有柳州市、梧州市、来宾市、崇左市、云浮市。最高得分为广州市，为3.133分，最低得分为云浮市，为0.002分。得分平均值为0.641分，标准差为0.904，说明城市之间农业强度的变化差异较小。广东地区城市的农业强度的得分较高，其中广州市、佛山市、肇庆市3个城市的农业强度得分超过0.3分；说明这些城市的农业强度发展基础较好，农业发展具有较好的基础。广西地区的农业强度水平较低，其中南宁市、贵港市、百色市3个城市的农业强度得分超过0.3分；说明广西地区城市的农业强度综合发展能力较低，农业发展缓慢。

由2015年的珠江-西江经济带城市农业强度评价来看，有6个城市的农业强度得分已经在0.3分以上。得分大致处在0~3分，小于0.3分的城市有柳州市、梧州市、来宾市、崇左市、云浮市。最高得分为广州市，为2.935分，最低得分为云浮市，为0.005分。得分平均值为0.635分，标准差为0.833，说明城市之间农业强度的变化差异较小。广东地区城市的农业强度的得分较高，其中广州市、佛山市、肇庆市3个城市的农业强度得分超过0.3分；说明这些城市的农业强度发展基础较好，农业发展具有较好的基础。广西地区的农业强度水平较低，其中南宁市、贵港市、百色市3个城市的农业强度得分超过0.3分；说明广西地区城市的农业强度综合发展能力较低，农业发展缓慢。

通过对各年间的珠江-西江经济带城市农业强度的平均分、标准差进行对比分析，可以发现其平均分处于持续下降的趋势，说明珠江-西江经济带农业强度综合能力整体活力有所下降。珠江-西江经济带农业强度的标准差处于波动下降的趋势，说明城市间的农业强度差距逐渐减小。对各城市的农业强度变化展开分析，发现广州市的农业强度处在绝对领先位置,在2010~2015年的各个时间段内均保持排名第一,其整体水平处于下降的趋势。南宁市的农业强度得分出现下降,但其排名保持不变。广东地区其他城市的农业强度得分除佛山市外出现了上升,其排名除佛山市外也均有所上升,说明广东地区的整体农业强度处于发展阶段,农业发展较快。广西地区其他城市的农业强度得分均出现下降,其农业强度排名柳州市外均出现下降,说明这些城市的农业强度发展处于滞后阶段,农业发展进程缓慢。云浮市在农业强度得分小幅上升的情况下其排名出现大幅上升,说明在珠江-西江经济带整体农业强度呈现衰退的情况下,云浮市保持其农业强度的现有水平,使其在地区内的排名结构出现变化。

表1-64　　　　　　　　　2010~2015年珠江-西江经济带各城市农业强度评价比较

地区	2010年	2011年	2012年	2013年	2014年	2015年	综合变化
南宁	1.305	1.292	1.288	1.286	1.303	1.197	-0.108
	2	2	2	2	2	2	0
柳州	0.203	0.203	0.206	0.209	0.218	0.198	-0.005
	8	8	8	8	8	7	1
梧州	0.170	0.172	0.170	0.176	0.169	0.132	-0.038
	9	9	9	9	9	10	-1
贵港	0.622	0.618	0.626	0.651	0.627	0.563	-0.059
	4	4	4	3	4	5	-1
百色	0.630	0.619	0.633	0.628	0.640	0.563	-0.067
	3	3	3	4	3	4	-1
来宾	0.222	0.224	0.227	0.237	0.226	0.185	-0.037
	7	7	7	7	7	9	-2
崇左	0.015	0.018	0.016	0.020	0.025	0.005	-0.010
	10	10	10	10	10	11	-1
广州	3.158	3.109	3.097	3.081	3.133	2.935	-0.223
	1	1	1	1	1	1	0
佛山	0.373	0.363	0.356	0.353	0.372	0.329	-0.044
	5	5	5	5	5	6	-1
肇庆	0.348	0.342	0.342	0.334	0.342	0.676	0.328
	6	6	6	6	6	3	3
云浮	0.012	0.010	0.010	0.000	0.002	0.197	0.185
	11	11	11	11	11	8	3
最高分	3.158	3.109	3.097	3.081	3.133	2.935	-0.223
最低分	0.012	0.010	0.010	0.000	0.002	0.005	-0.007
平均分	0.641	0.634	0.634	0.634	0.641	0.635	-0.007
标准差	0.912	0.898	0.894	0.889	0.904	0.833	-0.078

4. 珠江-西江经济带城市耕地密度得分情况

通过表1-65对2010~2015年的城市耕地密度的变化进行分析。由2010年的珠江-西江经济带城市耕地密度评价来看,有6个城市耕地密度得分已经在0.2分以上。得分大致处在0~4分,小于0.2分的城市有梧州市、百色市、广州市、肇庆市、云浮市。最高得分为佛山市,为3.071分,最低得分为肇庆市,为0分。得分平均值为0.542分,标准差为0.864,说明城市之间城市耕地密度的变化差异较小。广西地区的城市耕地密度水平较高,其中南宁市、柳州市、贵港市、来宾市、崇左市5个城市的城市耕地密度得分均超过0.2分;说明这些城市耕地密度发展基础较好,城市耕地面积较多,农业发展基础雄厚。广东地区城市耕地密度的得分较低,其中仅有佛山市耕地密度得分超过0.2分;说明广东地区城市耕地密度综合发展能力较低,城市耕地密度小,农业发展缺乏充分的土地。

由2011年的珠江-西江经济带城市耕地密度评价来看,有6个城市耕地密度得分已经在0.2分以上。得分大致处在0~4分,小于0.2分的城市有梧州市、百色市、广州市、肇庆市、云浮市。最高得分为佛山市,为3.045分,最低得分为肇庆市,为0分。得分平均值为0.537分,标准差为0.856,说明城市之间城市耕地密度的变化差异较小。

广西地区的城市耕地密度水平较高,其中南宁市、柳州市、贵港市、来宾市、崇左市5个城市的城市耕地密度得分均超过0.2分;说明这些城市耕地密度发展基础较好,城市耕地面积较多,农业发展基础雄厚。广东地区城市耕地密度的得分较低,其中仅有佛山市1个城市耕地密度得分超过0.2分;说明广东地区城市耕地密度综合发展能力较低,城市耕地密度小,农业发展缺乏充分的土地。

由2012年的珠江-西江经济带城市耕地密度评价来看,有6个城市耕地密度得分已经在0.2分以上。得分大致处在0~4分,小于0.2分的城市有梧州市、百色市、广州市、肇庆市、云浮市。最高得分为佛山市,为3.060分,最低得分为肇庆市,为0.006分。得分平均值为0.537分,标准差为0.860,说明城市之间城市耕地密度的变化差异较小。广西地区的城市耕地密度水平较高,其中南宁市、柳州市、贵港市、来宾市、崇左市5个城市的城市耕地密度得分均超过0.2分;说明这些城市耕地密度发展基础较好,城市耕地面积较多,农业发展基础雄厚。广东地区城市耕地密度的得分较低,其中仅有佛山市1个城市耕地密度得分超过0.2分;说明广东地区城市耕地密度综合发展能力较低,城市耕地密度小,农业发展缺乏充分的土地。

由2013年的珠江-西江经济带城市耕地密度评价来看,有6个城市耕地密度得分已经在0.2分以上。得分大致处在0~4分,小于0.2分的城市有梧州市、百色市、广州市、肇庆市、云浮市。最高得分为佛山市,为3.034分,最低得分为肇庆市,为0.006分。得分平均值为0.537分,标准差为0.853,说明城市之间城市耕地密度的变化差异较小。广西地区的城市耕地密度水平较高,其中南宁市、柳州市、贵港市、来宾市、崇左市5个城市的城市耕地密度得分均超过0.2分;说明这些城市耕地密度发展基础较好,城市耕地面积较多,农业发展基础雄厚。广东地区城市耕地密度的得分较低,其中仅有佛山市1个城市耕地密度得分超过0.2分;说明广东地区城市耕地密度综合发展能力较低,城市耕地密度小,农业发展缺乏充分的土地。

由2014年的珠江-西江经济带城市耕地密度评价来看,有5个城市耕地密度得分已经在0.2分以上。得分大致处在0~4分,小于0.2分的城市有柳州市、梧州市、百色市、广州市、肇庆市、云浮市。最高得分为佛山市,为3.060分,最低得分为肇庆市,为0.007分。得分平均值为0.541分,标准差为0.861,说明城市之间城市耕地密度的变化差异较小。广西地区的城市耕地密度水平较高,其中南宁市、贵港市、来宾市、崇左市4个城市的城市耕地密度得分均超过0.2分;说明这些城市耕地密度发展基础较好,城市耕地面积较多,农业发展基础雄厚。广东地区城市的城市耕地密度的得分较低,其中仅有佛山市1个城市耕地密度得分超过0.2分;说明广东地区城市耕地密度综合发展能力较低,城市耕地密度小,农业发展缺乏充分的土地。

由2015年的珠江-西江经济带城市耕地密度评价来看,有5个城市耕地密度得分已经在0.2分以上。得分大致处在0~4分,小于0.2分的城市有柳州市、梧州市、百色市、广州市、肇庆市、云浮市。最高得分为佛山市,为3.055分,最低得分为肇庆市,为0.006分。得分平均值为0.542分,标准差为0.859,说明城市之间城市耕地密度的变化差异较小。广西地区的城市耕地密度水平较高,其中南宁市、贵港市、来宾市、崇左市4个城市的城市耕地密度得分均超过0.2分;说明这些城市耕地密度发展基础较好,城市耕地面积较多,农业发展基础雄厚。广东地区城市耕地密度的得分较低,其中仅有佛山市1个城市耕地密度得分超过0.2分;说明广东地区城市耕地密度综合发展能力较低,城市耕地密度小,农业发展缺乏充分的土地。

通过对各年间的珠江-西江经济带城市耕地密度的平均分、标准差进行对比分析,可以发现其平均分处于稳定的趋势,说明珠江-西江经济带城市耕地密度综合能力整体活力并未提升,城市耕地密度面临考验。珠江-西江经济带城市耕地密度的标准差处于波动下降的趋势,说明城市间耕地密度差距逐渐缩小。对各城市耕地密度变化展开分析,发现佛山市的耕地密度处在绝对领先位置,在2010~2015年的各个时间段内均保持排名第一与位置,其整体水平处于波动下降的趋势。梧州市的耕地密度得分变化幅度小,其排名出现小幅上升。

广西地区的其他城市耕地密度得分变化幅度小,并且其排名变化也较小,说明广西地区的整体城市耕地密度变化幅度较小。广东地区的城市耕地密度得分趋于下降,其城市耕地密度排名变化幅度也较小,说明这些城市耕地密度发展处于稳定阶段,城市耕地密度活力及动力不足。珠江-西江经济带各城市在耕地密度得分波动下降的情况下排名变化幅度较小,说明在珠江-西江经济带整体城市耕地密度呈现下降的情况下,各城市耕地密度同步,以维持其在地区内的排名结构的稳定。

表1-65　　　　　　　2010~2015年珠江-西江经济带各城市耕地密度评价比较

地区	2010年	2011年	2012年	2013年	2014年	2015年	综合变化
南宁市	0.519	0.515	0.512	0.517	0.525	0.533	0.014
	3	3	3	3	3	3	0
柳州	0.261	0.257	0.257	0.256	0.260	0.260	-0.001
	6	6	6	6	6	6	0
梧州	0.136	0.135	0.135	0.135	0.136	0.137	0.000
	8	8	7	7	7	7	1
贵港	0.598	0.580	0.581	0.587	0.593	0.599	0.000
	2	2	2	2	2	2	0

续表

地区	2010年	2011年	2012年	2013年	2014年	2015年	综合变化
百色	0.108	0.115	0.115	0.113	0.114	0.115	0.006
	10	10	10	10	10	10	0
来宾	0.512	0.506	0.493	0.502	0.504	0.506	-0.005
	4	4	4	4	4	4	0
崇左	0.495	0.490	0.492	0.495	0.499	0.501	0.006
	5	5	5	5	5	5	0
广州	0.141	0.136	0.135	0.132	0.128	0.126	-0.014
	7	7	8	8	8	8	-1
佛山	3.071	3.045	3.060	3.034	3.060	3.055	-0.016
	1	1	1	1	1	1	0
肇庆	0.000	0.000	0.006	0.006	0.007	0.006	0.006
	11	11	11	11	11	11	0
云浮	0.125	0.123	0.123	0.124	0.124	0.126	0.001
	9	9	9	9	9	9	0
最高分	3.071	3.045	3.060	3.034	3.060	3.055	-0.016
最低分	0.000	0.000	0.006	0.006	0.007	0.006	0.006
平均分	0.542	0.537	0.537	0.537	0.541	0.542	0.000
标准差	0.864	0.856	0.860	0.853	0.861	0.859	-0.005

5. 珠江－西江经济带城市农业指标动态变化得分情况

通过表1－66对2010～2015年的农业指标动态变化的变化进行分析。由2010年的珠江－西江经济带农业指标动态变化评价来看，有1个城市的农业指标动态变化得分已经在1.76分以上。得分大致处在0～2分，小于1.76分的城市有南宁市、柳州市、梧州市、贵港市、百色市、来宾市、崇左市、广州市、云浮市、肇庆市。最高得分为佛山市，为1.818分，最低得分为肇庆市，为0分。得分平均值为1.448分，标准差为0.607，说明城市之间农业指标动态变化的变化差异较小。广东地区城市的农业指标动态变化的得分较高，其中佛山市的农业指标动态变化得分超过1.76分；说明这些城市的农业指标动态变化发展基础相比其他城市较好，地区农业发展水平较高。广西地区的农业指标动态变化水平较低，7个城市中未有任何城市的农业指标动态变化得分超过1.76分；说明广西地区城市的农业指标动态变化综合发展能力较低，地区农业发展水平较低。

由2011年的珠江－西江经济带农业指标动态变化评价来看，有10个城市的农业指标动态变化得分已经在1.76分以上。得分大致处在1～2分，小于1.76分的城市有佛山市。最高得分为梧州市，为1.810分，最低得分为佛山市，为1.759分。得分平均值为1.786分，标准差为0.018，说明城市之间农业指标动态变化的变化差异较小。广西地区城市的农业指标动态变化的得分较高，其中南宁市、柳州市、梧州市、贵港市、百色市、来宾市、崇左市7个城市的农业指标动态变化得分超过1.76分；说明这些城市的农业指标动态变化发展基础相比其他城市较好，地区农业发展水平较高。广东地区的农业指标动态变化水平较低，其中广州市、云浮市、肇庆市3个城市的农业指标动态变化得分均超过1.76分；说明广东地区城市的农业指标动态变化综合发展能力较低，地区农业发展水平较低。

由2012年的珠江－西江经济带农业指标动态变化评价来看，有10个城市的农业指标动态变化得分已经在1.76分以上。得分大致处在1～2分，小于1.76分的城市有佛山市。最高得分为百色市，为1.836分，最低得分为佛山市，为1.754分。得分平均值为1.789分，标准差为0.023，说明城市之间农业指标动态变化的变化差异较小。广西地区城市的农业指标动态变化的得分较高，其中南宁市、柳州市、梧州市、贵港市、百色市、来宾市、崇左市7个城市的农业指标动态变化得分超过1.76分；说明这些城市的农业指标动态变化发展基础相比其他城市较好，地区农业发展水平较高。广东地区的农业指标动态变化水平较低，其中广州市、云浮市、肇庆市3个城市的农业指标动态变化得分均超过1.76分；说明广东地区城市的农业指标动态变化综合发展能力较低，地区农业发展水平较低。

由2013年的珠江－西江经济带农业指标动态变化评价来看，有9个城市的农业指标动态变化得分已经在1.76分以上。得分大致处在1～2分，小于1.76分的城市有肇庆市、云浮市。最高得分为贵港市，为1.878分，最低得分为云浮市，为1.713分。得分平均值为1.795分，标准差为0.046，说明城市之间农业指标动态变化的变化差异较小。广西地区城市的农业指标动态变化的得分较高，其中南宁市、柳州市、梧州市、贵港市、百色市、来宾市、崇左市7个城市的农业指标动态变化得分超过1.76分；说明这些城市的农业指标动态变化发展基础相比其他城市较好，地区农业发展水平较高。广东地区的农业指标动态变化水平较低,其中广州市、佛山市2个城市的农业指标动态变化得分超过1.76分;说明广东地区城市的农业指标动态变化综合发展能力较低,地区农业发展水平较低。

由2014年的珠江-西江经济带农业指标动态变化评价来看,有8个城市的农业指标动态变化得分已经在1.76分以上。得分大致处在1~2分,小于1.76分的城市有梧州市、贵港市、来宾市。最高得分为佛山市,为1.8278分,最低得分为贵港市,为1.651分。得分平均值为1.757分,标准差为0.053,说明城市之间农业指标动态变化的变化差异较小。广东地区城市的农业指标动态变化的得分较高,其中广州市、佛山市、肇庆市、云浮市4个城市的农业指标动态变化得分超过1.76分;说明这些城市的农业指标动态变化发展基础相比其他城市较好,地区农业发展水平较高。广西地区的农业指标动态变化水平较低,其中南宁市、柳州市、百色市、崇左市4个城市的农业指标动态变化得分超过1.76分;说明广西地区城市的农业指标动态变化综合发展能力较低,地区农业发展水平较低。

由2015年的珠江-西江经济带农业指标动态变化评价来看,有4个城市的农业指标动态变化得分已经在2.2分以上。得分大致处在2~5分,小于2.2分的城市有南宁市、梧州市、贵港市、百色市、来宾市、广州市、佛山市。最高得分为肇庆市,为4.414分,最低得分为百色市,为2.091分。得分平均值为2.571分,标准差为0.912,说明城市之间农业指标动态变化的变化差异较小。广东地区城市的农业指标动态变化的得分较高,其中肇庆市、云浮市2个城市的农业指标动态变化得分超过2.2分;说明这些城市的农业指标动态变化发展基础相比其他城市较好,地区农业发展水平较高。广西地区的农业指标动态变化水平较低,其中柳州市、崇左市2个城市的农业指标动态变化得分超过2.2分;说明广西地区城市的农业指标动态变化综合发展能力较低,地区农业发展水平较低。

通过对各年间的珠江-西江经济带农业指标动态变化的平均分、标准差进行对比分析,可以发现其平均分处于波动上升的趋势,说明珠江-西江经济带农业指标动态变化综合能力整体活力有所提升。珠江-西江经济带农业指标动态变化的标准差也处于波动上升的趋势,说明城市间的农业指标动态变化差距并未缩小。对各城市的农业指标动态变化变化展开分析,并未发现农业指标动态变化处在绝对领先位置的城市。广东地区城市的农业指标动态变化得分均出现上升,其排名除佛山市外均趋于上升,说明广东地区的整体农业指标动态变化处于发展阶段,农业指标动态变化拥有发展活力。广西地区城市的农业指标动态变化得分趋于上升,其农业指标动态变化排名除柳州市外均出现下降,说明广西地区的整体农业指标动态变化处于滞后阶段,农业指标动态变化缺乏发展动力。

表1-66　　2010~2015年珠江-西江经济带各城市农业指标动态变化评价比较

地区	2010年	2011年	2012年	2013年	2014年	2015年	综合变化
南宁	1.720	1.788	1.779	1.784	1.763	2.145	0.425
	4	6	7	6	8	7	-3
柳州	1.669	1.796	1.802	1.808	1.798	2.272	0.603
	8	4	4	5	2	3	5
梧州	1.696	1.810	1.773	1.828	1.706	2.126	0.430
	6	1	10	3	9	9	-3
贵港	1.729	1.796	1.813	1.878	1.651	2.145	0.416
	3	5	2	1	11	8	-5
百色	1.664	1.771	1.836	1.771	1.774	2.091	0.427
	9	9	1	8	6	11	-2
来宾	1.687	1.806	1.804	1.845	1.686	2.124	0.437
	7	2	3	2	10	10	-3
崇左	1.755	1.806	1.774	1.820	1.794	2.205	0.450
	2	3	9	4	3	4	-2
广州	1.702	1.771	1.775	1.771	1.775	2.176	0.473
	5	8	8	9	5	5	0
佛山	1.818	1.759	1.754	1.776	1.827	2.169	0.351
	1	11	11	7	1	6	-5
肇庆	0.000	1.774	1.786	1.754	1.778	4.414	4.414
	11	7	5	10	4	1	10
云浮	0.488	1.768	1.786	1.713	1.772	4.410	3.921
	10	10	6	11	7	2	8

续表

地区	2010 年	2011 年	2012 年	2013 年	2014 年	2015 年	综合变化
最高分	1.818	1.810	1.836	1.878	1.827	4.414	2.597
最低分	0.000	1.759	1.754	1.713	1.651	2.091	2.091
平均分	1.448	1.786	1.789	1.795	1.757	2.571	1.123
标准差	0.607	0.018	0.023	0.046	0.053	0.912	0.305

6. 珠江－西江经济带城市农业土地扩张强度得分情况

通过表1-67对2010~2015年的农业土地扩张强度的变化进行分析。由2010年的珠江－西江经济带农业土地扩张强度评价来看，有10个城市的农业土地扩张强度得分已经在4.2分以上。得分大致处在0~6分，小于4.2分的城市有佛山市。最高得分为南宁市，为5.487分，最低得分为佛山市，为0分。得分平均值为4.213分，标准差为1.465，说明城市之间农业土地扩张强度的变化差异较小。广西地区城市的农业土地扩张强度的得分较高，其中南宁市、柳州市、梧州市、贵港市、百色市、来宾市、崇左市7个城市的农业土地扩张强度得分均超过4.2分；说明这些城市的农业土地扩张强度发展基础较好，农业土地扩展态势迅猛，农业用地较多。广东地区的农业土地扩张强度水平较低，其中广州市、肇庆市、云浮市3个城市的农业土地扩张强度得分超过4.2分；说明广东地区城市的农业土地扩张强度综合发展能力较低，农业用地占总用地面积的比例较小，农业发展水平较弱。

由2011年的珠江－西江经济带农业土地扩张强度评价来看，有3个城市的农业土地扩张强度得分已经在4.2分以上。得分大致处在4~5分，小于4.2分的城市有柳州市、梧州市、贵港市、来宾市、崇左市、广州市、肇庆市、云浮市。最高得分为百色市，为4.294分，最低得分为贵港市，为4.055分。得分平均值为4.191分，标准差为0.059，说明城市之间农业土地扩张强度的变化差异较小。广东地区城市的农业土地扩张强度的得分较高，其中佛山市的农业土地扩张强度得分超过4.2分；说明这些城市的农业土地扩张强度发展基础较好，农业土地扩展态势迅猛，农业用地较多。广西地区的农业土地扩张强度水平较低，其中南宁市、百色市2个城市的农业土地扩张强度得分超过4.2分；说明广西地区城市的农业土地扩张强度综合发展能力较低，农业用地占总用地面积的比例较小，农业发展水平较弱。

由2012年的珠江－西江经济带农业土地扩张强度评价来看，有1个城市的农业土地扩张强度得分已经在4.2分以上。得分大致处在4~5分，小于4.2分的城市有南宁市、柳州市、梧州市、百色市、贵港市、来宾市、崇左市、广州市、肇庆市、云浮市。最高得分为广州市，为4.171分，最低得分为来宾市，为4.025分。得分平均值为4.177分，标准差为0.059，说明城市之间农业土地扩张强度的变化差异较小。广东地区城市的农业土地扩张强度的得分较高，其中佛山市的农业土地扩张强度得分超过4.2分；说明这些城市的农业土地扩张强度发展基础较好，农业土地扩展态势迅猛，农业用地较多。广西地区的农业土地扩张强度水平较低，其中7个城市中未有任何城市的农业土地扩张强度得分超过4.2分；说明广西地区城市的农业土地扩张强度综合发展能力较低，农业用地占总用地面积的比例较小，农业发展水平较弱。

由2013年的珠江－西江经济带农业土地扩张强度评价来看，有7个城市的农业土地扩张强度得分已经在4.2分以上。得分大致处在3~5分，小于4.2分的城市有柳州市、百色市、广州市、佛山市。最高得分为来宾市，为4.311分，最低得分为佛山市，为3.924分。得分平均值为4.196分，标准差为0.100，说明城市之间农业土地扩张强度的变化差异较小。广东地区城市的农业土地扩张强度的得分较高，其中肇庆市、云浮市2个城市的农业土地扩张强度得分超过4.2分；说明这些城市的农业土地扩张强度发展基础较好，农业土地扩展态势迅猛，农业用地较多。广西地区的农业土地扩张强度水平较低，其中南宁市、梧州市、贵港市、来宾市、崇左市5个城市的农业土地扩张强度得分均超过4.2分；说明广西地区城市的农业土地扩张强度综合发展能力较低，农业用地占总用地面积的比例较小，农业发展水平较弱。

由2014年的珠江－西江经济带农业土地扩张强度评价来看，有10个城市的农业土地扩张强度得分已经在4.2分以上。得分大致处在4~5分，小于4.2分的城市有广州市。最高得分为南宁市，为4.272分，最低得分为广州市，为4.183分。得分平均值为4.233分，标准差为0.026，说明城市之间农业土地扩张强度的变化差异较小。广西地区城市的农业土地扩张强度的得分较高，其中南宁市、柳州市、梧州市、贵港市、百色市、来宾市、崇左市7个城市的农业土地扩张强度得分均超过4.2分；说明这些城市的农业土地扩张强度发展基础较好，农业土地扩展态势迅猛，农业用地较多。广东地区的农业土地扩张强度水平较低，其中佛山市、肇庆市、云浮市3个城市的农业土地扩张强度得分超过4.2分；说明广东地区城市的农业土地扩张强度综合发展能力较低，农业用地占总用地面积的比例较小，农业发展水平较弱。

由2015年的珠江－西江经济带农业土地扩张强度评价来看，有10个城市的农业土地扩张强度得分已经在4.2分以上。得分大致处在4~5分，小于4.2分的城市有佛山市。最高得分为南宁市，为4.331分，最低得分为佛山市，为4.054分。得分平均值为4.253分，标准差为0.070，说明城市之间农业土地扩张强度的变化差异较小。广西地区城市的农业土地扩张强度的得分较高，其中南宁市、柳州市、梧州市、贵港市、百色市、来宾市、崇左市7个城市的农业土地扩张强度得分均超过 4.2 分；说明这些城市的农业土地扩张强度发展基础较好，农业土地扩展态势迅猛，农业用地较多。广东地区的农业土地扩张强度水平较低，其中广州市、肇庆市、云浮市 3 个城市的农业土地扩张强度得分超过 4.2 分；说明广东地区城市的农业土地扩张强度综合发展能力较低，农业用地占总用地面积的比例较小，农业发展水平较弱。

通过对各年间的珠江－西江经济带农业土地扩张强度的平均分、标准差进行对比分析，可以发现其平均分处于波动上升的趋势，说明珠江－西江经济带农业土地扩张强度综合能力整体活力有所提升。珠江－西江经济带农业土地扩张强度的标准差处于波动下降的趋势，说明城市间的农业土地扩张强度差距有所缩小。对各城市的农业土地扩张强度变化展开分析，发现并未有任何城市的农业土地扩张强度处在绝对优势的地位，在 2010～2015 年的各个时间段内排名在排名第一的城市不断更替。广东地区城市的农业土地扩张强度得分除佛山市外均出现下降，其排名除云浮市外均出现下降，说明广东地区的整体农业土地扩张强度处于滞后阶段。广西地区城市的农业土地扩张强度得分趋于下降，其农业土地扩张强度排名也趋于下降，说明这些城市的农业土地扩张强度也处于停滞阶段，农业土地扩张强度缺乏有效推动力。贵港市在城市农业土地扩张强度得分小幅下降的情况下，其排名出现大幅提升，说明在珠江－西江经济带整体农业土地扩张强度呈现下降的情况下，贵港市保持其农业土地扩张强度的现有水平，使其在地区内的排名出现提升。

表 1 - 67　　　2010～2015 年珠江－西江经济带各城市农业土地扩张强度评价比较

地区	2010 年	2011 年	2012 年	2013 年	2014 年	2015 年	综合变化
南宁市	5.487	4.207	4.177	4.266	4.272	4.331	-1.156
	1	3	9	3	1	1	0
柳州	4.807	4.176	4.177	4.185	4.263	4.256	-0.551
	3	9	8	9	2	9	-6
梧州	4.379	4.191	4.187	4.200	4.240	4.265	-0.114
	6	6	3	7	6	6	0
贵港	4.299	4.055	4.186	4.270	4.247	4.297	-0.003
	10	11	5	2	3	2	8
百色	4.401	4.294	4.178	4.185	4.243	4.266	-0.134
	4	1	7	8	5	5	-1
来宾	5.464	4.187	4.025	4.311	4.205	4.269	-1.195
	2	8	11	1	10	4	-2
崇左	4.374	4.192	4.197	4.218	4.230	4.264	-0.110
	9	5	2	5	7	7	2
广州	4.375	4.156	4.171	4.173	4.183	4.235	-0.140
	8	10	10	10	11	10	-2
佛山	0.000	4.255	4.281	3.924	4.209	4.054	4.054
	11	2	1	11	9	11	0
肇庆	4.382	4.196	4.187	4.204	4.244	4.263	-0.119
	5	4	4	6	4	8	-3
云浮	4.378	4.190	4.179	4.220	4.226	4.281	-0.097
	7	7	6	4	8	3	4
最高分	5.487	4.294	4.281	4.311	4.272	4.331	-1.156
最低分	0.000	4.055	4.025	3.924	4.183	4.054	4.054
平均分	4.213	4.191	4.177	4.196	4.233	4.253	0.039
标准差	1.465	0.059	0.059	0.100	0.026	0.070	-1.395

7. 珠江－西江经济带城市农业蔓延指数得分情况

通过表1－68对2010～2015年的农业蔓延指数的变化进行分析。由2010年的珠江－西江经济带农业蔓延指数评价来看，有3个城市的农业蔓延指数得分已经在0.15分以上。得分大致处在0～1分，小于0.15分的城市有南宁市、梧州市、柳州市、贵港市、来宾市、崇左市、佛山市、云浮市。最高得分为肇庆市，为0.185分，最低得分为崇左市，为0.082分。得分平均值为0.134分，标准差为0.029，说明城市之间农业蔓延指数的变化差异较小。广东地区的农业蔓延指数水平较高，其中广州市、肇庆市2个城市的农业蔓延指数得分均超过0.15分；说明这些城市的农业蔓延指数发展水平较高。广西地区城市的农业蔓延指数的得分较低，其中仅有百色市1个城市的农业蔓延指数得分超过0.15分；说明广西地区城市的农业蔓延指数发展水平有待提升。

由2011年的珠江－西江经济带城市农业蔓延指数评价来看，有10个城市的农业蔓延指数得分已经在0.15分以上。得分大致处在0～1分，小于0.15分的城市有肇庆市。最高得分为云浮市，为0.236分，最低得分为肇庆市，为0.149分。得分平均值为0.185分，标准差为0.027，说明城市之间农业蔓延指数的变化差异较小。广西地区的农业蔓延指数水平较高，其中南宁市、梧州市、柳州市、贵港市、来宾市、崇左市、百色市7个城市的农业蔓延指数得分均超过0.15分；说明这些城市的农业蔓延指数发展水平较高。广东地区城市的农业蔓延指数的得分较低，其中广州市、佛山市、云浮市3个城市的农业蔓延指数得分超过0.15分；说明广东地区城市的农业蔓延指数发展水平有待提升。

由2012年的珠江－西江经济带城市农业蔓延指数评价来看，有8个城市的农业蔓延指数得分已经在0.15分以上。得分大致处在0～1分，小于0.15分的城市有柳州市、来宾市、崇左市。最高得分为贵港市，为0.415分，最低得分为来宾市，为0分。得分平均值为0.200分，标准差为0.142，说明城市之间农业蔓延指数的变化差异较小。广东地区的农业蔓延指数水平较高，其中广州市、肇庆市、佛山市、云浮市4个城市的农业蔓延指数得分均超过0.15分；说明这些城市的农业蔓延指数发展水平较高。广西地区城市的农业蔓延指数的得分较低，其中南宁市、贵港市、梧州市、百色市4个城市的农业蔓延指数得分超过0.15分；说明广西地区城市的农业蔓延指数发展水平有待提升。

由2013年的珠江－西江经济带城市农业蔓延指数评价来看，有7个城市的农业蔓延指数得分已经在0.15分以上。得分大致处在0～4分，小于0.15分的城市有来宾市、广州市、肇庆市、云浮市。最高得分为柳州市，为3.022分，最低得分为肇庆市，为0.079分。得分平均值为0.460分，标准差为0.854，说明城市之间农业蔓延指数的变化差异较小。广西地区的农业蔓延指数水平较高，其中南宁市、梧州市、柳州市、贵港市、崇左市、百色市6个城市的农业蔓延指数得分均超过0.15分；说明这些城市的农业蔓延指数发展水平较高。广东地区城市的农业蔓延指数的得分较低，其中佛山市1个城市的农业蔓延指数得分超过0.15分；说明广东地区城市的农业蔓延指数发展水平有待提升。

由2014年的珠江－西江经济带城市农业蔓延指数评价来看，有9个城市的农业蔓延指数得分已经在0.15分以上。得分大致处在0～1分，小于0.15分的城市有梧州市、贵港市。最高得分为百色市，为0.922分，最低得分为贵港市，为0.101分。得分平均值为0.239分，标准差为0.229，说明城市之间农业蔓延指数的变化差异较小。广东地区的农业蔓延指数水平较高，其中4个城市：广州市、肇庆市、佛山市、云浮市的农业蔓延指数得分均超过0.15分；说明这些城市的农业蔓延指数发展水平较高。广西地区城市的农业蔓延指数的得分较低，其中南宁市、柳州市、来宾市、百色市、崇左市5个城市的农业蔓延指数得分超过0.15分；说明广西地区城市的农业蔓延指数发展水平有待提升。

由2015年的珠江－西江经济带城市农业蔓延指数评价来看，有9个城市的农业蔓延指数得分已经在0.15分以上。得分大致处在0～1分，小于0.15分的城市有百色市、贵港市。最高得分为崇左市，为0.332分，最低得分为百色市，为0.087分。得分平均值为0.167分，标准差为0.060，说明城市之间农业蔓延指数的变化差异较小。广东地区的农业蔓延指数水平较高，其中广州市、肇庆市、佛山市、云浮市4个城市的农业蔓延指数得分均超过0.15分；说明这些城市的农业蔓延指数发展水平较高。广西地区城市的农业蔓延指数的得分较低，其中南宁市、柳州市、来宾市、梧州市、崇左市5个城市的农业蔓延指数得分超过0.15分；说明广西地区城市的农业蔓延指数发展水平有待提升。

通过对各年间的珠江－西江经济带城市农业蔓延指数的平均分、标准差进行对比分析，可以发现其平均分处于波动上升的趋势，说明珠江－西江经济带城市农业蔓延指数综合能力整体活力有所提升。珠江－西江经济带城市农业蔓延指数的标准差也处于波动上升的趋势，说明城市间的农业蔓延指数差距并未缩小。对各城市的农业蔓延指数变化展开分析，发现没有城市处在相对稳定的位置，在2010～2015年的各个时间段各城市相对排名在不断变化。广东地区城市的农业蔓延指数得分除佛山市、云浮市外均出现下降，其排名也均出现下降，说明广东地区的整体农业蔓延指数发展水平不高。广西地区城市的农业蔓延指数得分趋于上升，其农业蔓延指数排名除贵港市、百色市外也均出现上升，说明这些城市的农业蔓延指数也处于发展阶段，农业蔓延指数存在有效推动力。崇左市在城市农业蔓延指数得分小幅上升的情况下，其排名出现大幅提升，说明在珠江－西江经济带整体农业蔓延指数呈现下降的情况下，崇左市保持其农业蔓延指数的现有水平，使其在地区内的排名出现提升。

表1-68　　　　　　2010~2015年珠江-西江经济带各城市农业蔓延指数评价比较

地区	2010年	2011年	2012年	2013年	2014年	2015年	综合变化
南宁	0.123	0.199	0.409	0.235	0.181	0.158	0.035
	8	3	2	5	6	4	4
柳州	0.099	0.197	0.052	3.022	0.171	0.152	0.053
	10	5	9	1	8	8	2
梧州	0.133	0.187	0.199	0.206	0.128	0.158	0.025
	7	6	5	6	10	5	2
贵港	0.140	0.161	0.415	0.276	0.101	0.142	0.002
	5	10	1	4	11	10	-5
百色	0.159	0.161	0.170	0.282	0.922	0.087	-0.072
	3	9	6	3	1	11	-8
来宾	0.120	0.199	0.000	0.138	0.172	0.184	0.064
	9	4	11	8	7	2	7
崇左	0.082	0.172	0.040	0.381	0.190	0.332	0.250
	11	7	10	2	4	1	10
广州	0.160	0.214	0.169	0.126	0.187	0.151	-0.009
	2	2	7	9	5	9	-7
佛山	0.134	0.162	0.154	0.200	0.164	0.153	0.019
	6	8	8	7	9	7	-1
肇庆	0.185	0.149	0.274	0.079	0.221	0.162	-0.022
	1	11	4	11	2	3	-2
云浮	0.142	0.236	0.323	0.120	0.192	0.156	0.014
	4	1	3	10	3	6	-2
最高分	0.185	0.236	0.415	3.022	0.922	0.332	0.147
最低分	0.082	0.149	0.000	0.079	0.101	0.087	0.005
平均分	0.134	0.185	0.200	0.460	0.239	0.167	0.033
标准差	0.029	0.027	0.142	0.854	0.229	0.060	0.031

8. 珠江-西江经济带城市农业指标相对增长率得分情况

通过表1-69对2010~2015年的农业指标相对增长率的变化进行分析。由2010年的珠江-西江经济带城市农业指标相对增长率评价来看，有1个城市的农业指标相对增长率得分已经在0.7分以上。得分大致处在0~1分，小于0.7分的城市有南宁市、柳州市、梧州市、贵港市、百色市、来宾市、崇左市、广州市、佛山市、云浮市。最高得分为肇庆市，为0.878分，最低得分为南宁市，为0.269分。得分平均值为0.500分，标准差为0.167，说明城市之间农业指标相对增长率的变化差异较小。广东地区城市的农业指标相对增长率的得分较高，其中肇庆市的农业指标相对增长率得分超过0.7分；说明这些城市的农业指标相对增长率发展基础较好，城市农业增长速度较快。广西地区的农业指标相对增长率水平较低，其中7个城市中未有任何城市的农业指标相对增长率得分超过0.7分；说明广西地区城市的农业指标相对增长率综合发展能力较低，城市农业增长速度慢。

由2011年的珠江-西江经济带城市农业指标相对增长率评价来看，有1个城市的农业指标相对增长率得分已经在0.7分以上。得分大致处在0~1分，小于0.7分的城市有南宁市、柳州市、梧州市、贵港市、百色市、来宾市、崇左市、广州市、佛山市、云浮市。最高得分为肇庆市，为0.778分，最低得分为南宁市，为0.393分。得分平均值为0.539分，标准差为0.105，说明城市之间农业指标相对增长率的变化差异较小。广东地区城市的农业指标相对增长率的得分较高，其中肇庆市的农业指标相对增长率得分超过0.7分；说明这些城市的农业指标相对增长率发展基础较好，城市农业增长速度较快。广西地区的农业指标相对增长率水平较低，其中7个城市中未有任何城市的农业指标相对增长率得分超过0.7分；说明广西地区城市的农业指标相对增长率综合发展能力较低，城市农业增长速度慢。

由2012年的珠江-西江经济带城市农业指标相对增长率评价来看，有3个城市的农业指标相对增长率得分已经在0.7分以上。得分大致处在0~1分，小于0.7分的城市有柳州市、梧州市、贵港市、百色市、来宾市、崇左市、佛山市、肇庆市。最高得分为云浮市，为0.842分，最低得分为肇庆市，为0.606分。得分平均值为0.693分，标准差为0.072，说明城市之间农业指标相对增长率的变化差异较小。广东地区城市的农业指标相对增长率的得分较高，其中广州市、云浮市2个城市的农业指标相对增长率得分均超过0.7分；说明这些城市的农业指标相对增长率发展基础较好，城市农业增长速度较快。广西地区的农业指标相对增长率水平较低，其中仅南宁市1个城市的农业指标相对增长率得分超过0.7分；说明广西地区城市的农业指标相对增长率综合发展能力较低，城市农业增长速度慢。

由2013年的珠江－西江经济带城市农业指标相对增长率评价来看，有10个城市的农业指标相对增长率得分已经在0.7分以上。得分大致处在0~2分，小于0.7分的城市有佛山市。最高得分为贵港市，为1.486分，最低得分为佛山市，为0.674分。得分平均值为0.975分，标准差为0.284，说明城市之间农业指标相对增长率的变化差异较小。广西地区城市的农业指标相对增长率的得分较高，其中南宁市、柳州市、梧州市、贵港市、百色市、来宾市、崇左市7个城市的农业指标相对增长率得分均超过0.7分；说明这些城市的农业指标相对增长率发展基础较高，城市农业增长速度较快。广东地区的农业指标相对增长率水平较低，其中广州市、肇庆市、云浮市3个城市的农业指标相对增长率得分超过0.7分；说明广东地区城市的农业指标相对增长率综合发展能力较低，城市农业增长速度慢。

由2014年的珠江－西江经济带城市农业指标相对增长率评价来看，有8个城市的农业指标相对增长率得分已经在0.7分以上。得分大致处在0~4分，小于0.7分的城市有广州市、肇庆市、云浮市。最高得分为贵港市，为3.750分，最低得分为肇庆市，为0分。得分平均值为1.478分，标准差为1.177，说明城市之间农业指标相对增长率的变化差异较大。广西地区城市的农业指标相对增长率的得分较高，其中南宁市、柳州市、梧州市、贵港市、百色市、来宾市、崇左市7个城市的农业指标相对增长率得分均超过0.7分；说明这些城市的农业指标相对增长率发展基础较好，城市农业增长速度较快。广东地区的农业指标相对增长率水平较低，其中仅佛山市1个城市的农业指标相对增长率得分超过0.7分；说明广东地区城市的农业指标相对增长率综合发展能力较低，城市农业增长速度慢。

由2015年的珠江－西江经济带城市农业指标相对增长率评价来看，有1个城市的农业指标相对增长率得分已经在0.7分以上。得分大致处在0~1分，小于0.7分的城市有南宁市、柳州市、梧州市、贵港市、百色市、来宾市、肇庆市、广州市、佛山市、云浮市。最高得分为崇左市，为0.721分，最低得分为贵港市，为0.525分。得分平均值为0.617分，标准差为0.055，说明城市之间农业指标相对增长率的变化差异较小。广西地区城市的农业指标相对增长率的得分较高，其中崇左市的农业指标相对增长率得分超过0.7分；说明这些城市的农业指标相对增长率发展基础较好，城市农业增长速度较快。广东地区的农业指标相对增长率水平较低，其中4个城市中未有任何城市的农业指标相对增长率得分超过0.7分；说明广东地区城市的农业指标相对增长率综合发展能力较低，城市农业增长速度慢。

通过对各年间的珠江－西江经济带城市农业指标相对增长率的平均分、标准差进行对比分析，可以发现其平均分处于波动上升的趋势，说明珠江－西江经济带农业指标相对增长率综合能力整体活力有所提升。但珠江－西江经济带农业指标相对增长率的标准差处于波动下降的趋势，说明城市间的农业指标相对增长率差距有所缩小。对各城市的农业指标相对增长率变化展开分析，发展没有任何城市的农业指标相对增长率处在绝对领先位置，在2010~2015年的各个时间段内排名第一的城市不断更替。广东地区城市的农业指标相对增长率得分趋于下降，其排名也均出现下降，说明广东地区的整体农业指标相对增长率处于滞后阶段。广西地区城市的农业指标相对增长率得分趋于上升，其农业指标相对增长率排名除贵港市、百色市外也均出现上升，说明这些城市的农业指标相对增长率处于发展阶段，农业指标相对增长率存在有效推动力。南宁市在城市农业指标相对增长率得分小幅上升的情况下，其排名出现大幅提升，说明在珠江－西江经济带整体农业指标相对增长率呈现下降的情况下，南宁市保持其农业指标相对增长率的现有水平，使其在地区内的排名出现提升。

表1-69　　　　2010~2015年珠江－西江经济带各城市农业指标相对增长率评价比较

地区	2010年	2011年	2012年	2013年	2014年	2015年	综合变化
南宁	0.269	0.393	0.806	1.461	3.170	0.641	0.373
	11	11	2	2	2	3	8
柳州	0.369	0.456	0.692	0.966	1.639	0.611	0.243
	10	10	5	5	4	8	2
梧州	0.392	0.471	0.665	0.782	1.355	0.633	0.240
	7	7	7	9	7	4	3
贵港	0.390	0.469	0.652	1.486	3.750	0.525	0.136
	8	8	8	1	1	11	-3
百色	0.530	0.558	0.646	1.173	1.961	0.525	-0.005
	6	6	9	3	3	10	-4
来宾	0.387	0.468	0.696	1.001	1.611	0.610	0.222
	9	9	4	4	5	9	0
崇左	0.532	0.559	0.667	0.817	1.389	0.721	0.189
	4	4	6	7	6	1	3

续表

地区	2010年	2011年	2012年	2013年	2014年	2015年	综合变化
广州	0.621	0.615	0.720	0.705	0.407	0.612	-0.009
	2	2	3	10	9	7	-5
佛山	0.601	0.603	0.632	0.674	0.833	0.628	0.027
	3	3	10	11	8	5	-2
肇庆	0.878	0.778	0.606	0.793	0.000	0.656	-0.222
	1	1	11	8	11	2	-1
云浮	0.531	0.558	0.842	0.868	0.141	0.624	0.093
	5	5	1	6	10	6	-1
最高分	0.878	0.778	0.842	1.486	3.750	0.721	-0.157
最低分	0.269	0.393	0.606	0.674	0.000	0.525	0.257
平均分	0.500	0.539	0.693	0.975	1.478	0.617	0.117
标准差	0.167	0.105	0.072	0.284	1.177	0.055	-0.112

9. 珠江-西江经济带城市农业指标绝对增量加权指数得分情况

通过表1-70对2010~2015年的城市农业指标绝对增量加权指数的变化进行分析。由2010年的珠江-西江经济带城市农业指标绝对增量加权指数评价来看，有6个城市农业指标绝对增量加权指数得分已经在4.2分以上。得分大致处在0~5分，小于4.2分的城市有柳州市、百色市、广州市、肇庆市、云浮市。最高得分为贵港市，为4.419分，最低得分为肇庆市，为0分。得分平均值为3.854分，标准差为1.281，说明城市之间农业指标绝对增量加权指数的变化差异较大。广西地区城市农业指标绝对增量加权指数的得分较高，其中南宁市、梧州市、贵港市、来宾市、崇左市5个城市的城市农业指标绝对增量加权指数得分均超过4.2；说明这些城市农业指标绝对增量加权指数发展基础较好，地区农业指标在一个时间段内增长较快。广东地区的城市农业指标绝对增量加权指数水平较低，其中仅有佛山市1个城市农业指标绝对增量加权指数得分超过4.2分；说明广东地区城市农业指标绝对增量加权指数综合发展能力较低，地区农业指标增长速度较慢。

由2011年的珠江-西江经济带城市农业指标绝对增量加权指数评价来看，有6个城市农业指标绝对增量加权指数得分已经在4.5分以上。得分大致处在4~5分，小于4.5分的城市有百色市、广州市、佛山市、肇庆市、云浮市。最高得分为贵港市，为4.654分，最低得分为佛山市，为4.427分。得分平均值为4.515分，标准差为0.079，说明城市之间农业指标绝对增量加权指数的变化差异较小。广西地区城市农业指标绝对增量加权指数的得分较高，其中南宁市、柳州市、梧州市、贵港市、来宾市、崇左市6个城市的城市农业指标绝对增量加权指数得分均超过4.5分；说明这些城市农业指标绝对增量加权指数发展基础较好，地区农业指标在一个时间段内增长较快。广东地区的城市农业指标绝对增量加权指数水平较低，其中4个城市中未有任何城市农业指标绝对增量加权指数得分超过4.5分；说明广东地区城市农业指标绝对增量加权指数综合发展能力较低，地区农业指标增长速度较慢。

由2012年的珠江-西江经济带城市农业指标绝对增量加权指数评价来看，有10个城市农业指标绝对增量加权指数得分已经在4.5分以上。得分大致处在4~6分，小于4.5分的城市有佛山市。最高得分为贵港市，为5.030分，最低得分为佛山市，为4.474分。得分平均值为4.661分，标准差为0.151，说明城市之间城市农业指标绝对增量加权指数的变化差异较小。广西地区城市农业指标绝对增量加权指数的得分较高，其中南宁市、柳州市、梧州市、百色市、贵港市、来宾市、崇左市7个城市的城市农业指标绝对增量加权指数得分均超过4.5分；说明这些城市农业指标绝对增量加权指数发展基础较好，地区农业指标在一个时间段内增长较快。广东地区的城市农业指标绝对增量加权指数水平较低，其中广州市、肇庆市、云浮市3个城市农业指标绝对增量加权指数得分超过4.5分；说明广东地区城市农业指标绝对增量加权指数综合发展能力较低，地区农业指标增长速度较慢。

由2013年的珠江-西江经济带城市农业指标绝对增量加权指数评价来看，有9个城市农业指标绝对增量加权指数得分已经在4.5分以上。得分大致处在4~6分，小于4.5分的城市有肇庆市、云浮市。最高得分为贵港市，为5.609分，最低得分为云浮市，为4.004分。得分平均值为4.671分，标准差为0.393，说明城市之间城市农业指标绝对增量加权指数的变化差异较小。广西地区城市农业指标绝对增量加权指数的得分较高，其中南宁市、柳州市、梧州市、百色市、贵港市、来宾市、崇左市7个城市的城市农业指标绝对增量加权指数得分均超过4.5分；说明这些城市农业指标绝对增量加权指数发展基础较好，地区农业指标在一个时间段内增长较快。广东地区的城市农业指标绝对增量加权指数水平较低，其中广州市、佛山市2个城市农业指标绝对增量加权指数得分超过4.5分；说明广东地区城市农业指标绝对增量加权指数综合发展能力较低，地区农业指标增长速度较慢。

由2014年的珠江-西江经济带城市农业指标绝对增量加权指数评价来看，有6个城市农业指标绝对增量加权指数得分已经在4分以上。得分大致处在2~5分，小于4分的城市有南宁市、柳州市、梧州市、贵港市、来宾市。最高得分为崇左市，为4.194分，最低得分为贵港市，为2.361分。得分平均值为3.820分，标准差为0.540，说明城市之间城市农业指标绝对增量加权指数的变化差异较小。广东地区城市农业指标绝对增量加权指数的得分较高，其中4个城市：广州市、肇庆市、佛山市、云浮市的城市农业指标绝对增量加权指数得分均超过4分；说明这些城市农业指标绝对增量加权指数发展基础较好，地区农业指标在一个时间段内增长较快。广西地区的城市农业指标绝对增量加权指数水平较低，其中百色市、崇左市2个城市农业指标绝对增量加权指数得分超过4分；说明广西地区城市农业指标绝对增量加权指数综合发展能力较低，地区农业指标增长速度较慢。

由2015年的珠江-西江经济带城市农业指标绝对增量加权指数评价来看，有8个城市农业指标绝对增量加权指数得分已经在4.4分以上。得分大致处在4~5分，小于4.4分的城市有柳州市、百色市、来宾市。最高得分为崇左市，为4.657分，最低得分为百色市，为4.305分。得分平均值为4.454分，标准差为0.096，说明城市之间农业指标绝对增量加权指数的变化差异较小。广东地区城市农业指标绝对增量加权指数的得分较高，其中广州市、肇庆市、佛山市、云浮市4个城市的城市农业指标绝对增量加权指数得分均超过4.4分；说明这些城市农业指标绝对增量加权指数发展基础较好，地区农业指标在一个时间段内增长较快。广西地区的城市农业指标绝对增量加权指数水平较低，其中南宁市、梧州市、贵港市、崇左市4个城市农业指标绝对增量加权指数得分超过4.4分；说明广西地区城市农业指标绝对增量加权指数综合发展能力较低，地区农业指标增长速度较慢。

通过对各年间的珠江-西江经济带城市农业指标绝对增量加权指数的平均分、标准差进行对比分析，可以发现其平均分处于波动上升的趋势，说明珠江-西江经济带城市农业指标绝对增量加权指数综合能力整体活力有所提升。但珠江-西江经济带城市农业指标绝对增量加权指数的标准差处于波动下降的趋势，说明城市间的农业指标绝对增量加权指数差距有所缩小。对各城市的农业指标绝对增量加权指数变化展开分析，发现没有城市处在相对稳定的位置，在2010~2015年的各个时间段各城市相对排名在不断变化。广东地区城市的农业指标绝对增量加权指数得分均出现了上升，其排名除广州市、佛山市外也均出现上升，说明广东地区的整体农业指标绝对增量加权指数处于发展阶段。广西地区城市的农业指标绝对增量加权指数得分趋于上升，其农业指标绝对增量加权指数排名除梧州市、崇左市外均出现下降，说明这些城市的农业指标绝对增量加权指数处于滞后阶段，农业指标绝对增量加权指数缺乏有效推动力。肇庆市在城市农业指标绝对增量加权指数得分上升的情况下，其排名出现大幅提升，说明在珠江-西江经济带整体农业指标绝对增量加权指数呈现上升的情况下，肇庆市加速提升其农业指标绝对增量加权指数的现有水平，使其在地区内的排名出现较大提升。

表1-70 2010~2015年珠江-西江经济带各城市农业指标绝对增量加权指数评价比较

地区	2010年	2011年	2012年	2013年	2014年	2015年	综合变化
南宁	4.339	4.563	4.612	4.621	3.997	4.502	0.163
	2	4	7	6	7	4	-2
柳州	4.171	4.526	4.654	4.682	3.809	4.350	0.179
	9	5	6	5	8	10	-1
梧州	4.227	4.606	4.529	4.834	3.571	4.513	0.286
	4	2	10	3	9	2	2
贵港	4.419	4.654	5.030	5.609	2.361	4.510	0.091
	1	1	1	1	11	3	-2
百色	4.171	4.457	4.750	4.551	4.121	4.305	0.134
	8	7	2	8	4	11	-3
来宾	4.202	4.588	4.735	4.922	3.497	4.369	0.167
	6	3	3	2	10	9	-3
崇左	4.315	4.526	4.543	4.689	4.194	4.657	0.342
	3	6	9	4	1	1	2
广州	4.181	4.442	4.571	4.526	4.126	4.419	0.238
	7	9	8	9	3	8	-1
佛山	4.209	4.427	4.474	4.562	4.103	4.453	0.244
	5	11	11	7	5	6	-1
肇庆	0.000	4.439	4.670	4.387	4.156	4.477	4.477
	11	10	5	10	2	5	6

续表

地区	2010年	2011年	2012年	2013年	2014年	2015年	综合变化
云浮	4.165	4.442	4.696	4.004	4.088	4.436	0.271
	10	8	4	11	6	7	3
最高分	4.419	4.654	5.030	5.609	4.194	4.657	0.238
最低分	0.000	4.427	4.474	4.004	2.361	4.305	4.305
平均分	3.854	4.515	4.661	4.671	3.820	4.454	0.599
标准差	1.281	0.079	0.151	0.393	0.540	0.096	-1.185

（二）珠江－西江经济带城市农业发展水平评估结果的比较与评析

1. 珠江－西江经济带城市农业发展排序变化比较与评析

由图1-46可以看到，2010年与2011年相比，珠江－西江经济带城市农业发展处于上升趋势的城市有2个，分别是佛山市、肇庆市，上升幅度最大的是佛山市，排名上升8名，肇庆市排名上升6名。排名保持不变的城市有1个，是贵港市。处于下降趋势的城市有8个，分别是南宁市、百色市、来宾市、梧州市、云浮市、柳州市、崇左市、广州市，下降幅度最大的是柳州市、来宾市，排名均下降3名，百色市下降2名，南宁市、梧州市、云浮市、崇左市、广州市均下降1名。

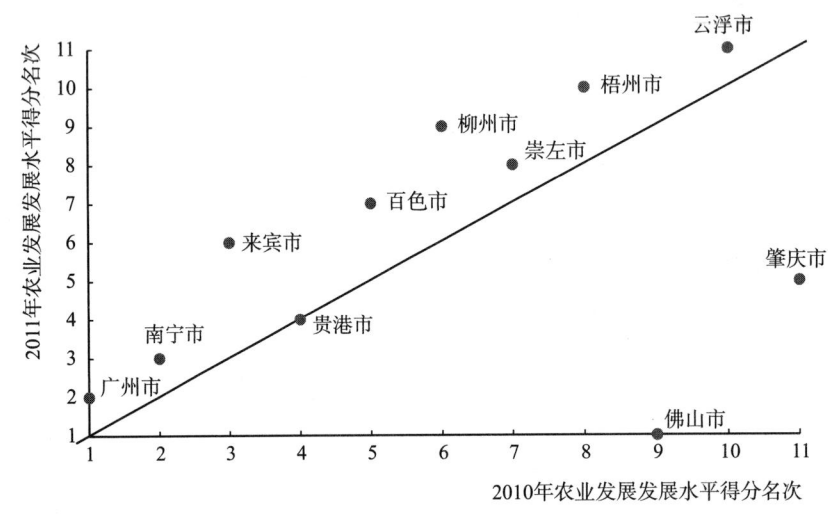

图1-46 2010~2011年珠江－西江经济带各城市农业发展排序变化

由图1-47可以看到，2011年与2012年相比，珠江－西江经济带城市农业发展处于上升趋势的城市有4个，分别是梧州市、百色市、广州市、云浮市，上升幅度最大的是梧州市，排名上升5名，云浮市排名上升3名，百色市、广州市排名均上升1名。排名保持不变的城市有3个，分别是南宁市、柳州市、贵港市。处于下降趋势的城市有4个，分别是来宾市、崇左市、佛山市、肇庆市，下降幅度最大的是肇庆市，排名下降6名，崇左市排名下降2名、来宾市、佛山市排名均下降1名。

由图1-48可以看到，2012年与2013年相比，珠江－西江经济带城市农业发展处于上升趋势的城市有5个，分别是柳州市、贵港市、来宾市、崇左市、肇庆市，上升幅度最大的是柳州市，排名上升8名，贵港市、崇左市排名上升2名，来宾市、肇庆市排名均上升1名。排名保持不变的城市有0个。处于下降趋势的城市有6个，分别是南宁市、梧州市、百色市、广州市、佛山市、云浮市，下降幅度最大的是梧州市，排名下降4名，广州市、云浮市排名下降3名，南宁市排名下降2名，百色市排名均下降1名。

由图1-49可以看到，2013年与2014年相比，珠江－西江经济带城市农业发展处于上升趋势的城市有5个，分别是南宁市、百色市、崇左市、广州市、佛山市，上升幅度最大的是南宁市，排名上升4名，百色市排名上升3名，崇左市、广州市、佛山市排名均上升1名。排名保持不变的城市有3个，分别是梧州市、肇庆市、云浮市。处于下降趋势的城市有3个，分别是柳州市、贵港市、来宾市，下降幅度最大的是柳州市，排名下降5名，贵港市排名下降3名，来宾市排名下降2名。

由图1-50可以看到，2014年与2015年相比，珠江－西江经济带城市农业发展处于上升趋势的城市有4个，分别是广州市、佛山市、肇庆市、云浮市，上升幅度最大的是肇庆市、云浮市，排名均上升7名，广州市、佛山市排名均上升1名。排名保持不变的城市有2个，分别是来宾市、崇左市。处于下降趋势的城市有5个，分别是南宁市、柳州市、贵港市、梧州市、百色市，下降幅度最大的是百色市，排名下降6名，南宁市排名下降4名，柳州市排名下降3名，梧州市排名下降2名，贵港市排名下降1名。

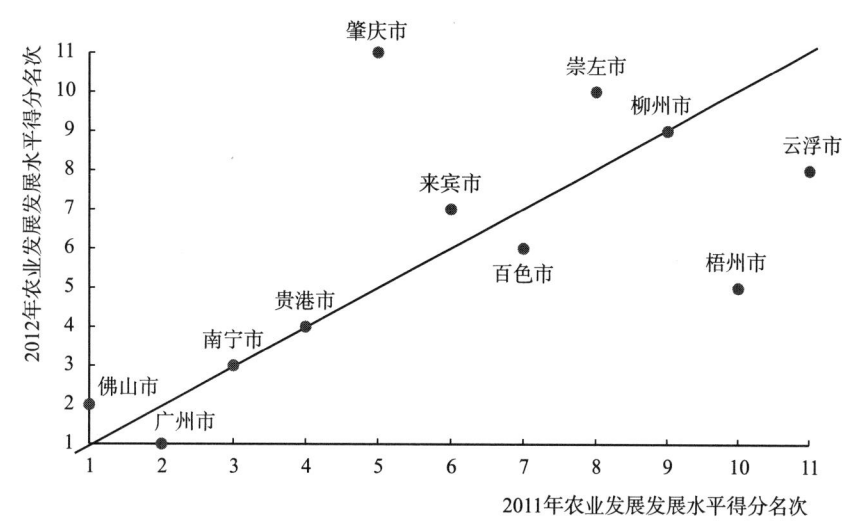

图 1-47　2011~2012 年珠江-西江经济带各城市农业发展排序变化

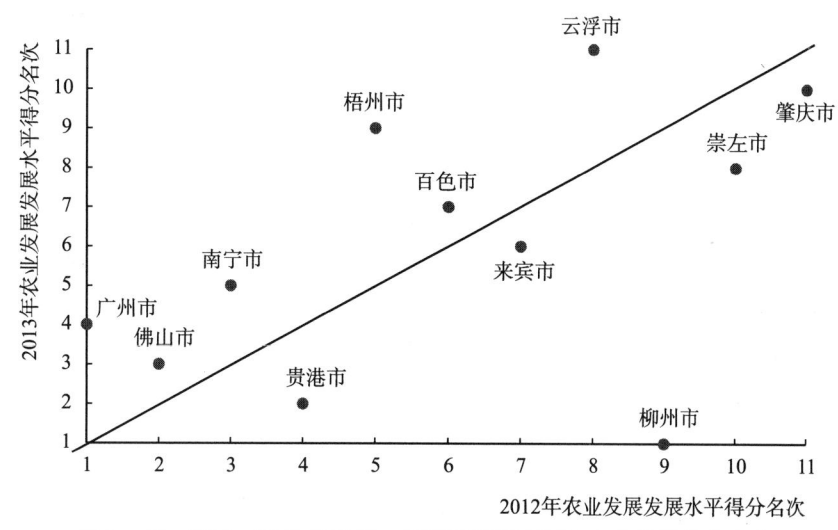

图 1-48　2012~2013 年珠江-西江经济带各城市农业发展排序变化

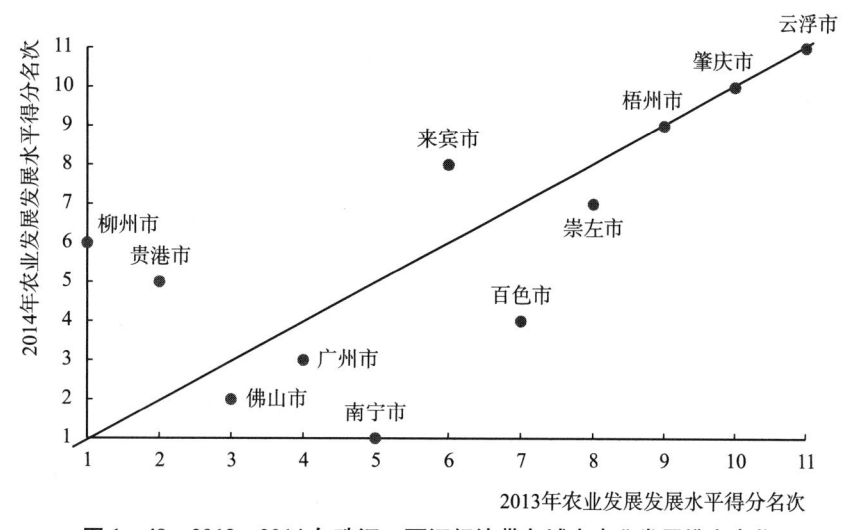

图 1-49　2013~2014 年珠江-西江经济带各城市农业发展排序变化

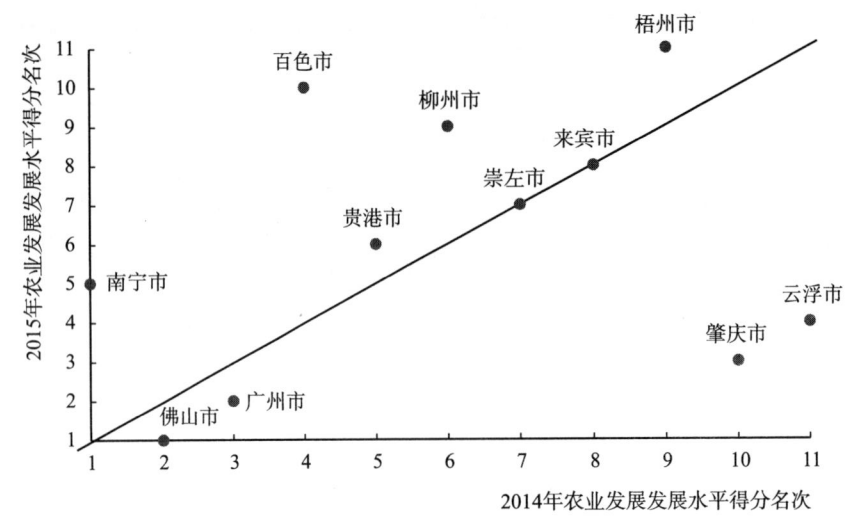

图 1-50 2014~2015 年珠江-西江经济带各城市农业发展排序变化

由图 1-51 可以看到，2010 年与 2015 年相比，珠江-西江经济带城市农业发展处于上升趋势的城市有 3 个，分别是佛山市、肇庆市、云浮市，上升幅度最大的是佛山市、肇庆市，排名均上升 8 名，云浮市排名上升 6 名。排名保持不变的城市有 1 个，是崇左市。处于下降趋势的城市有 7 个，分别是南宁市、柳州市、梧州市、贵港市、百色市、来宾市、广州市，下降幅度最大的是百色市、来宾市，排名均下降 5 名，南宁市、柳州市、梧州市排名均下降 3 名，贵港市排名下降 2 名，广州市排名下降 1 名。

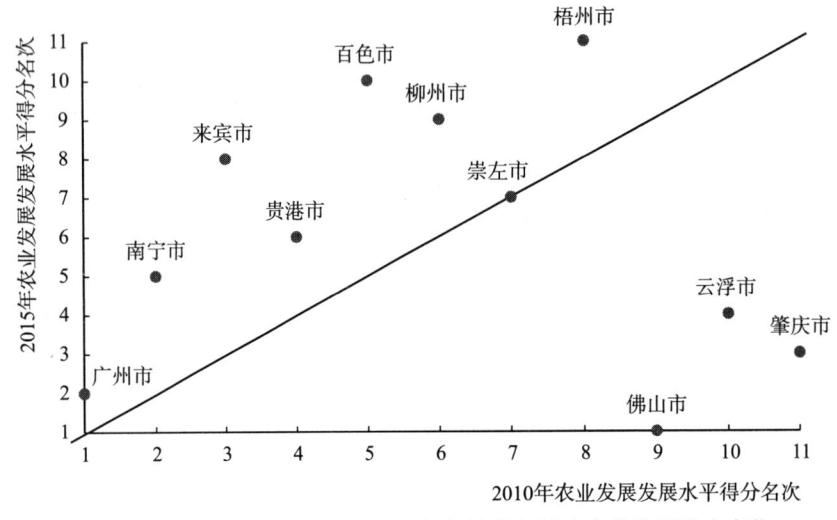

图 1-51 2010~2015 年珠江-西江经济带各城市农业发展排序变化

由表 1-71 对 2010~2011 年珠江-西江经济带各城市农业发展平均得分情况进行分析，可以看到，2010~2011 年，农业发展上、中、下游区的平均得分均呈现上升趋势，分别上升 0.330 分、0.467 分、2.313 分；说明整体农业发展出现提升，农业发展充满活力，城市农业发展有所改善和提升。三级指标中，2010~2011 年间，在珠江-西江经济带城市第一产业扩张弹性系数上、中游区的平均得分均呈现下降趋势，分别下降 0.438 分、0.114 分，下游区的平均得分呈现上升趋势，上升 0.188 分，其整体呈下降趋势；说明整体第一产业扩张弹性系数出现了衰退，第一产业扩张进程缓慢。2010~2011 年间，在珠江-西江经济带城市农业强度上、中游区的平均得分均呈现下降趋势，分别下降 0.024 分、0.003 分，下游区的平均得分呈现上升趋势，上升 0.001 分，其整体呈下降趋势；说明整体农业强度出现衰退，城市的农业发展水平较低。2010~2011 年间，在珠江-西江经济带城市耕地密度上游区、中游区的平均得分均呈现出下降的趋势，分别下降 0.016 分、0.004 分，下游区呈现上升趋势，上升 0.002 分，其整体呈现下降趋势；说明整体城市耕地密度出现轻微衰退现象，农业耕地面积减少。2010~2011 年间，在珠江-西江经济带城市农业指标动态变化上游区、中、下游区的平均得分均呈现出上升的趋势，分别上升 0.040 分、0.090 分、1.048 分；说明整体农业指标动态变化出现较大幅度的提升现象。2010~2011 年间，在珠江-西江经济带农业土地扩张强度上、中游区的平均得分均呈现出下降的趋势，分别下降 1.001 分、0.192 分，下游区的平均得分呈现出上升的趋势，上升 1.238 分，其整体呈上升趋势；

说明整体农业土地扩张强度出现提升现象,有利于城市农业的活力提升和发展的可持续性。2010~2011年间,在珠江-西江经济带城市农业蔓延指数上、下游区的平均得分均呈现出上升的趋势,分别上升0.048分、1.238分,中游区的平均得分呈现出下降的趋势,下降0.192分,其整体表现出上升趋势;说明整体城市农业蔓延指数出现了较大幅度的提升现象,农业蔓延指数发展状况良好。2010~2011年间,在珠江-西江经济带城市农业指标相对增长率上、中游区的平均得分均呈现出下降的趋势,分别下降0.035分、0.192分,下游区的平均得分呈现出上升的趋势,上升1.238分,其整体呈现上升趋势;说明整体城市农业指标相对增长率出现较大幅度的提升现象,城市农业发展活力更为充沛。2010~2011年间,在珠江-西江经济带城市农业指标绝对增量加权指数上、下游区的平均得分均呈现出上升的趋势,分别上升0.258分、1.238分,中游区的平均得分呈现出下降的趋势,下降0.192分,其整体呈现上升趋势;说明整体农业指标绝对增量加权指数出现了较大幅度的提升现象,城市农业发展活力更为充沛。

表1-71　　　　2010~2011年珠江-西江经济带各城市农业发展平均得分情况

项目	2010年			2011年			得分变化		
	上游区	中游区	下游区	上游区	中游区	下游区	上游区	中游区	下游区
农业发展	17.121	15.004	12.633	17.450	15.470	14.946	0.330	0.467	2.313
第一产业扩张弹性系数	4.021	3.556	3.255	3.583	3.443	3.442	-0.438	-0.114	0.188
农业强度	1.697	0.354	0.065	1.673	0.350	0.067	-0.024	-0.003	0.001
耕地密度	1.396	0.309	0.078	1.380	0.305	0.080	-0.016	-0.004	0.002
农业指标动态变化	1.767	1.695	0.717	1.807	1.785	1.766	0.040	0.090	1.048
农业土地扩张强度	5.252	4.383	2.891	4.252	4.191	4.129	-1.001	-0.192	1.238
农业蔓延指数	0.168	4.383	2.891	0.216	4.191	4.129	0.048	-0.192	1.238
农业指标相对增长率	0.700	4.383	2.891	0.665	4.191	4.129	-0.035	-0.192	1.238
农业指标绝对增量加权指数	4.358	4.383	2.891	4.616	4.191	4.129	0.258	-0.192	1.238

由表1-72对2011~2012年珠江-西江经济带各城市农业发展平均得分情况进行分析,可以看到,农业发展上、中游区的平均得分均呈现上升趋势,分别上升0.064分、0.272分,下游区的平均得分呈现下降趋势,下降0.901分,其整体呈现下降趋势;说明整体农业发展出现衰退升,农业发展缺乏活力,城市农业发展并未改善和提升。三级指标中,在珠江-西江经济带第一产业扩张弹性系数上游区的平均得分呈现上升趋势,上升0.040分,中、下游区的平均得分均呈现下降趋势,分别下降0.115分、1.349分,其整体呈下降趋势;说明整体第一产业扩张弹性系数出现了衰退,第一产业扩张进程缓慢。在珠江-西江经济带城市农业强度上、下游区的平均得分均呈现下降趋势,分别下降0.001分、0.001分,中游区的平均得分呈现上升趋势,上升0.001分,其整体呈下降趋势;说明整体农业强度出现了衰退,城市的农业发展水平较低。在珠江-西江经济带城市耕地密度上游区、下游区的平均得分均呈现出上升的趋势,分别上升0.004分、0.002分,中游区呈现上升趋势,上升0.002分,其整体呈现下降趋势;说明整体城市耕地密度出现了轻微衰退现象,农业耕地面积减少。在珠江-西江经济带城市农业指标动态变化上游区、中、下游区的平均得分均呈现出上升的趋势,分别上升0.011分、0.001分、0.001分;说明整体农业指标动态变化出现较大幅度的提升现象。在珠江-西江经济带城市农业土地扩张强度上、中、下游区的平均得分均呈现出下降的趋势,分别下降0.030分、0.010分、0.005分;说明整体农业土地扩张强度出现衰退现象,不利于城市农业的活力提升和发展的可持续性。在珠江-西江经济带城市农业蔓延指数上游区的平均得分呈现出上升的趋势,上升0.166分,中、下游区的平均得分均呈现出下降的趋势,分别下降0.010分、0.005分,其整体表现出上升趋势;说明整体城市农业蔓延指数出现了较大幅度的提升现象,农业蔓延指数发展状况良好。在珠江-西江经济带城市农业指标相对增长率上游区的平均得分呈现出上升的趋势,上升0.124分,中、下游区的平均得分均呈现出下降的趋势,分别下降0.010分、0.005分,其整体呈现上升趋势;说明整体城市农业指标相对增长率出现较大幅度的提升现象,城市农业发展活力更为充沛。在珠江-西江经济带城市农业指标绝对增量加权指数上游区的平均得分呈现出上升的趋势,上升0.223分,中、下游区的平均得分均呈现出下降的趋势,分别下降0.010分、0.005分,其整体呈现上升趋势;说明整体农业指标绝对增量加权指数出现较大幅度的提升现象,城市农业发展活力更为充沛。

表1-72　　　　2011~2012年珠江-西江经济带各城市农业发展平均得分情况

项目	2011年			2012年			得分变化		
	上游区	中游区	下游区	上游区	中游区	下游区	上游区	中游区	下游区
农业发展	17.450	15.470	14.946	17.515	15.742	14.045	0.064	0.272	-0.901
第一产业扩张弹性系数	3.583	3.443	3.442	3.623	3.328	2.093	0.040	-0.115	-1.349

续表

项目	2011年 上游区	2011年 中游区	2011年 下游区	2012年 上游区	2012年 中游区	2012年 下游区	得分变化 上游区	得分变化 中游区	得分变化 下游区
农业强度	1.673	0.350	0.067	1.673	0.351	0.065	-0.001	0.001	-0.001
耕地密度	1.380	0.305	0.080	1.384	0.302	0.081	0.004	-0.002	0.002
农业指标动态变化	1.807	1.785	1.766	1.818	1.786	1.767	0.011	0.001	0.001
农业土地扩张强度	4.252	4.191	4.129	4.222	4.181	4.124	-0.030	-0.010	-0.005
农业蔓延指数	0.216	4.191	4.129	0.382	4.181	4.124	0.166	-0.010	-0.005
农业指标相对增长率	0.665	4.191	4.129	0.789	4.181	4.124	0.124	-0.010	-0.005
农业指标绝对增量加权指数	4.616	4.191	4.129	4.839	4.181	4.124	0.223	-0.010	-0.005

由表 1-73 对 2012~2013 年珠江-西江经济带各城市农业发展平均得分情况进行分析，可以看到，农业发展上、中、下游区的平均得分均呈现上升趋势，分别上升 0.669 分、0.976 分、0.780 分；说明整体农业发展出现提升，农业发展充满活力，城市农业发展有所改善和提升。三级指标中，在珠江-西江经济带第一产业扩张弹性系数上游区的平均得分呈现下降趋势，下降 0.232 分，中、下游区的平均得分均呈现上升趋势，分别上升 0.050 分、1.105 分，其整体呈上升趋势；说明整体第一产业扩张弹性系数出现了提升，第一产业扩张进程加快。在珠江-西江经济带农业强度上、下游区的平均得分均呈现稳定趋势，得分不变，中游区的平均得分呈现上升趋势，上升 0.001 分，其整体呈上升趋势；说明整体农业强度出现了提升，城市的农业发展水平较高。在珠江-西江经济带城市耕地密度上游区的平均得分呈现出下降的趋势，下降 0.005 分，中游区呈现上升趋势，上升 0.002 分，下游区平均得分不变，其整体呈现下降趋势；说明整体城市耕地密度出现了轻微衰退现象，农业耕地面积减少。在珠江-西江经济带农业指标动态变化上、中游区的平均得分均呈现出上升的趋势，分别上升 0.032 分、0.006 分，下游区的平均得分呈现出下降的趋势，下降 0.021 分，其整体呈现上升趋势；说明整体农业指标动态变化出现小幅度的提升现象。在珠江-西江经济带农业土地扩张强度上、中游区的平均得分均呈现出上升的趋势，分别上升 0.061 分、0.024 分，下游区的平均得分呈现出下降的趋势，下降 0.031 分，其整体呈上升趋势；说明整体农业土地扩张强度出现提升现象，有利于城市农业的活力提升和发展的可持续性。在珠江-西江经济带城市农业蔓延指数上、中游区的平均得分均呈现出上升的趋势，分别上升 0.846 分、0.024 分，下游区的平均得分呈现出下降的趋势，下降 0.031 分，其整体表现出上升趋势；说明整体城市农业蔓延指数出现了较大幅度的提升现象，农业蔓延指数发展状况良好。在珠江-西江经济带城市农业指标相对增长率上、中游区的平均得分均呈现出上升的趋势，分别上升 0.584 分、0.024 分，下游区的平均得分呈现出下降的趋势，下降 0.031 分，其整体呈现上升趋势；说明整体城市农业指标相对增长率出现了较大幅度的提升现象，城市农业发展活力更为充沛。在珠江-西江经济带城市农业指标绝对增量加权指数上、中游区的平均得分均呈现出上升的趋势，分别上升 0.283 分、0.024 分，下游区的平均得分呈现出下降的趋势，下降 0.031 分，其整体呈现上升趋势；说明整体农业指标绝对增量加权指数出现了较大幅度的提升现象，城市农业发展活力更为充沛。

表 1-73　　　　2012~2013 年珠江-西江经济带各城市农业发展平均得分情况

项目	2012年 上游区	2012年 中游区	2012年 下游区	2013年 上游区	2013年 中游区	2013年 下游区	得分变化 上游区	得分变化 中游区	得分变化 下游区
农业发展	17.515	15.742	14.045	18.184	16.718	14.825	0.669	0.976	0.780
第一产业扩张弹性系数	3.623	3.328	2.093	3.391	3.378	3.198	-0.232	0.050	1.105
农业强度	1.673	0.351	0.065	1.673	0.352	0.065	0.000	0.001	0.000
耕地密度	1.384	0.302	0.081	1.380	0.304	0.081	-0.005	0.002	0.000
农业指标动态变化	1.818	1.786	1.767	1.850	1.792	1.746	0.032	0.006	-0.021
农业土地扩张强度	4.222	4.181	4.124	4.282	4.205	4.094	0.061	0.024	-0.031
农业蔓延指数	0.382	4.181	4.124	1.228	4.205	4.094	0.846	0.024	-0.031
农业指标相对增长率	0.789	4.181	4.124	1.373	4.205	4.094	0.584	0.024	-0.031
农业指标绝对增量加权指数	4.839	4.181	4.124	5.122	4.205	4.094	0.283	0.024	-0.031

由表 1-74 对 2013~2014 年珠江-西江经济带各城市农业发展平均得分情况进行分析，可以看到，农业发展上、中、下游区的平均得分均呈现下降趋势，分别下降 0.202 分、0.651 分、0.681 分；说明整体农业发展出现衰退，农业发展缺乏活力，城市农业发展并未改善和提升。三级指标中，在珠江-西江经济带第一产业扩张弹性系数上、中、下游区的平均得分均呈现上升趋势，分别上升 0.019 分、0.024 分、0.027 分；说明整体第一产业扩张弹性系数出现

了提升，第一产业扩张进程加快。在珠江-西江经济带农业强度上、中游区的平均得分均呈现上升趋势，分别上升0.019分、0.005分，下游区的平均得分均呈现稳定趋势，得分不变，其整体呈上升趋势；说明整体农业强度出现了提升，城市的农业发展水平较高。在珠江-西江经济带城市耕地密度上、中游区呈现均上升趋势，分别上升0.013分、0.001分，下游区平均得分不变，其整体呈上升趋势；说明整体城市耕地密度出现了轻微提升现象，农业耕地面积增多。在珠江-西江经济带农业指标动态变化上、中、下游区的平均得分均呈现出下降的趋势，分别下降0.044分、0.019分、0.065分；说明整体农业指标动态变化出现了小幅度的衰退现象。在珠江-西江经济带农业土地扩张强度上游区的平均得分呈现出下降的趋势，下降0.022分，中、下游区的平均得分均呈现出上升的趋势，分别上升0.031分、0.105分，其整体呈上升趋势；说明整体农业土地扩张强度出现提升现象，有利于城市农业的活力提升和发展的可持续性。在珠江-西江经济带城市农业蔓延指数上游区的平均得分呈现出下降的趋势，下降0.783分，中、下游区的平均得分均呈现出上升的趋势，分别上升0.031分、0.105分，其整体表现出下降趋势；说明整体城市农业蔓延指数出现了小幅度的衰退现象，农业蔓延指数发展状况不好。在珠江-西江经济带城市农业指标相对增长率上、中、下游区的平均得分均呈现出上升的趋势，分别上升1.587分、0.031分、0.105分；说明整体城市农业指标相对增长率出现了较大幅度的提升现象，城市农业发展活力更为充沛。在珠江-西江经济带城市农业指标绝对增量加权指数上游区的平均得分呈现出下降的趋势，下降0.963分，中、下游区的平均得分均呈现出上升的趋势，分别上升0.031分、0.105分，其整体呈现下降趋势；说明整体农业指标绝对增量加权指数出现了小幅度的衰退现象，城市农业发展活力不够充沛。

表1-74 2013~2014年珠江-西江经济带各城市农业发展平均得分情况

项目	2013年			2014年			得分变化		
	上游区	中游区	下游区	上游区	中游区	下游区	上游区	中游区	下游区
农业发展	18.184	16.718	14.825	17.982	16.067	14.144	-0.202	-0.651	-0.681
第一产业扩张弹性系数	3.391	3.378	3.198	3.411	3.402	3.225	0.019	0.024	0.027
农业强度	1.673	0.352	0.065	1.692	0.357	0.065	0.019	0.005	0.000
耕地密度	1.380	0.304	0.081	1.393	0.305	0.082	0.013	0.001	0.000
农业指标动态变化	1.850	1.792	1.746	1.806	1.772	1.681	-0.044	-0.019	-0.065
农业土地扩张强度	4.282	4.205	4.094	4.261	4.237	4.199	-0.022	0.031	0.105
农业蔓延指数	1.228	4.205	4.094	0.445	4.237	4.199	-0.783	0.031	0.105
农业指标相对增长率	1.373	4.205	4.094	2.960	4.237	4.199	1.587	0.031	0.105
农业指标绝对增量加权指数	5.122	4.205	4.094	4.159	4.237	4.199	-0.963	0.031	0.105

由表1-75对2014~2015年珠江-西江经济带各城市农业发展平均得分情况进行分析，可以看到，农业发展上、中、下游区的平均得分均呈现上升趋势，分别上升0.068分、0.410分、1.243分。说明整体农业发展出现提升，农业发展充满活力，城市农业发展有所改善和提升。三级指标中，在珠江-西江经济带第一产业扩张弹性系数上、中游区的平均得分均呈现上升趋势，分别上升0.030分、0.026分，下游区的平均得分呈下降趋势，下降0.015分，其整体呈上升趋势；说明整体第一产业扩张弹性系数出现了提升，第一产业扩张进程加快。在珠江-西江经济带农业强度上游区的平均得分均呈现下降趋势，下降0.089分，中、下游区的平均得分均呈现上升趋势，分别上升0.013分、0.042分，其整体呈下降趋势；说明整体农业强度出现了衰退，城市的农业发展水平较低。在珠江-西江经济带城市耕地密度上、中、下游区呈现均上升趋势，分别上升0.003分、0.001分、0.001分；说明整体城市耕地密度出现了轻微提升现象，农业耕地面积增多。在珠江-西江经济带农业指标动态变化上、中、下游区的平均得分均呈现上升的趋势，分别上升1.892分、0.395分、0.432分；说明整体农业指标动态变化出现了小幅度的提升现象。在珠江-西江经济带农业土地扩张强度上、中游区的平均得分均呈现出上升的趋势，分别上升0.042分、0.029分，下游区的平均得分呈现出下降的趋势，下降0.018分，其整体呈上升趋势；说明整体农业土地扩张强度出现提升现象，有利于城市农业的活力提升和发展的可持续性。在珠江-西江经济带城市农业蔓延指数上、下游区的平均得分均呈现出下降的趋势，分别下降0.219分、0.018分，中游区的平均得分呈现出上升的趋势，上升0.029分，其整体表现出下降趋势；说明整体城市农业蔓延指数出现了小幅度的衰退现象，农业蔓延指数发展状况不好。在珠江-西江经济带城市农业指标相对增长率上、下游区的平均得分均呈现出下降的趋势，分别下降2.287分、0.018分，中游区的平均得分呈现出上升的趋势，上升0.029分，其整体表现出下降趋势；说明整体城市农业指标相对增长率出现了较大幅度的衰退现象，城市农业发展活力不充沛。在珠江-西江经济带城市农业指标绝对增量加权指数上、中游区的平均得分均呈现出上升的趋势，分别上升0.401分、0.029分，下游区的平均得分呈现出下降的趋势，下降0.018分，其整体呈现上升趋势；说明整体农业指标绝对增量加权指数出现了小幅度的提升现象，城市农业发展活力充沛。

表1-75　　　　2014~2015年珠江-西江经济带各城市农业发展平均得分情况

项目	2014年 上游区	2014年 中游区	2014年 下游区	2015年 上游区	2015年 中游区	2015年 下游区	得分变化 上游区	得分变化 中游区	得分变化 下游区
农业发展	17.982	16.067	14.144	18.050	16.477	15.388	0.068	0.410	1.243
第一产业扩张弹性系数	3.411	3.402	3.225	3.441	3.427	3.210	0.030	0.026	-0.015
农业强度	1.692	0.357	0.065	1.603	0.370	0.107	-0.089	0.013	0.042
耕地密度	1.393	0.305	0.082	1.396	0.306	0.082	0.003	0.001	0.001
农业指标动态变化	1.806	1.772	1.681	3.699	2.168	2.114	1.892	0.395	0.432
农业土地扩张强度	4.261	4.237	4.199	4.303	4.265	4.181	0.042	0.029	-0.018
农业蔓延指数	0.445	4.237	4.199	0.226	4.265	4.181	-0.219	0.029	-0.018
农业指标相对增长率	2.960	4.237	4.199	0.673	4.265	4.181	-2.287	0.029	-0.018
农业指标绝对增量加权指数	4.159	4.237	4.199	4.560	4.265	4.181	0.401	0.029	-0.018

由表1-76对2010~2015年珠江-西江经济带各城市农业发展平均得分情况进行分析，可以看到，农业发展上、中、下游区的平均得分均呈现上升趋势，分别上升0.930分、1.473分、2.755分；说明整体农业发展出现提升，农业发展充满活力，城市农业发展有所改善和提升。三级指标中，在珠江-西江经济带第一产业扩张弹性系数上、中、下游区的平均得分均呈现下降趋势，分别下降0.580分、0.129分、0.045分；说明整体第一产业扩张弹性系数出现了衰退，第一产业扩张进程缓慢。在珠江-西江经济带农业强度上游区的平均得分均呈现下降趋势，下降0.095分，中、下游区的平均得分均呈现上升趋势，分别上升0.017分、0.042分，其整体呈下降趋势；说明整体农业强度出现了衰退，城市的农业发展水平较低。在珠江-西江经济带城市耕地密度上游区平均分无变化，中游区呈现下降趋势，下降0.003分，下游区呈现上升趋势，上升0.005分，其整体呈现上升趋势；说明整体城市耕地密度出现了轻微提升现象，农业耕地面积增多。在珠江-西江经济带农业指标动态变化上、中、下游区的平均得分均呈现出上升的趋势，分别上升1.931分、0.473分、1.396分；说明整体农业指标动态变化出现了小幅度的提升现象。在珠江-西江经济带农业土地扩张强度上、中游区的平均得分均呈现出下降的趋势，分别下降0.950分、0.118分，下游区的平均得分呈现出上升的趋势，上升1.290分，其整体呈上升趋势；说明整体农业土地扩张强度出现提升现象，有利于城市农业的活力提升和发展的可持续性。在珠江-西江经济带城市农业蔓延指数上、下游区的平均得分均呈现出上升的趋势，分别上升0.058分、1.290分，中游区的平均得分呈现出下降的趋势，下降0.118分，其整体表现出上升趋势；说明整体城市农业蔓延指数出现了小幅度的提升现象，农业蔓延指数发展状况良好。在珠江-西江经济带城市农业指标相对增长率上、中游区的平均得分均呈现出下降的趋势，分别下降0.027分、0.118分，下游区的平均得分呈现出上升的趋势，上升1.290分，其整体表现出上升趋势；说明整体城市农业指标相对增长率出现了较大幅度的提升现象，城市农业发展活力更为充沛。在珠江-西江经济带城市农业指标绝对增量加权指数上、下游区的平均得分均呈现出上升的趋势，分别上升0.202分、1.290分，中游区的平均得分呈现出下降的趋势，下降0.118分，其整体呈现上升趋势；说明整体农业指标绝对增量加权指数出现了小幅度的提升现象，城市农业发展活力充沛。

表1-76　　　　2010~2015年珠江-西江经济带各城市农业发展平均得分情况

项目	2010年 上游区	2010年 中游区	2010年 下游区	2015年 上游区	2015年 中游区	2015年 下游区	得分变化 上游区	得分变化 中游区	得分变化 下游区
农业发展	17.121	15.004	12.633	18.050	16.477	15.388	0.930	1.473	2.755
第一产业扩张弹性系数	4.021	3.556	3.255	3.441	3.427	3.210	-0.580	-0.129	-0.045
农业强度	1.697	0.354	0.065	1.603	0.370	0.107	-0.095	0.017	0.042
耕地密度	1.396	0.309	0.078	1.396	0.306	0.082	0.000	-0.003	0.005
农业指标动态变化	1.767	1.695	0.717	3.699	2.168	2.114	1.931	0.473	1.396
农业土地扩张强度	5.252	4.383	2.891	4.303	4.265	4.181	-0.950	-0.118	1.290
农业蔓延指数	0.168	4.383	2.891	0.226	4.265	4.181	0.058	-0.118	1.290
农业指标相对增长率	0.700	4.383	2.891	0.673	4.265	4.181	-0.027	-0.118	1.290
农业指标绝对增量加权指数	4.358	4.383	2.891	4.560	4.265	4.181	0.202	-0.118	1.290

2. 珠江-西江经济带城市农业发展分布情况

根据灰色综合评价法对无量纲化后的三级指标进行权重得分计算，得到珠江-西江经济带各城市的农业发展得分及排名，反映出各城市农业发展情况。为了更为准确地反映出珠江-西江经济带各城市农业发展差异及整体情况，需要进一步对各城市农业发展分布情况进行分析，对各城市间实际差距和均衡性展开研究。因此，对2010～2015年珠江-西江经济带城市农业发展评价分值分布统计如图。

由图1-52可以看到，2010年珠江-西江经济带城市农业发展得分不均衡。农业发展得分在17～18分的有2个城市，16～17分的有1个城市，15～16的有4个城市，13～14分的有3个城市，13分以下的有1个城市。这说明珠江-西江经济带城市农业发展分布不均衡，城市的农业发展得分相差较大，地区内农业发展综合得分分布的过渡及衔接性较差。

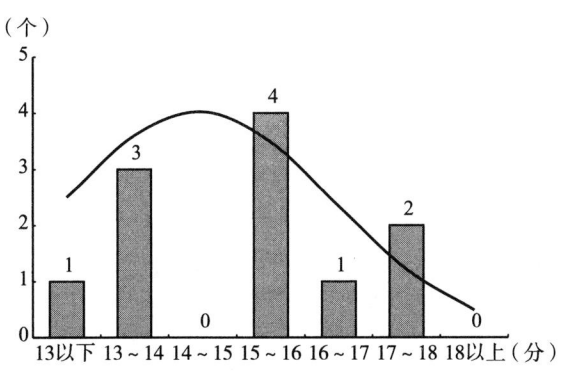

图1-52 2010年珠江-西江经济带城市农业发展评价分值分布

由图1-53可以看到，2011年珠江-西江经济带城市农业发展得分出现较大波动，但分布依然不均衡。农业发展得分在18分以上的有1个城市，17～18分的有1个城市，16～17分的有1个城市，15～16分的有7个城市，14～15分的有1个城市。这说明珠江-西江经济带城市农业发展分布不均衡，城市的农业发展得分相差较大，地区内农业发展综合得分分布的过渡及衔接性较差。

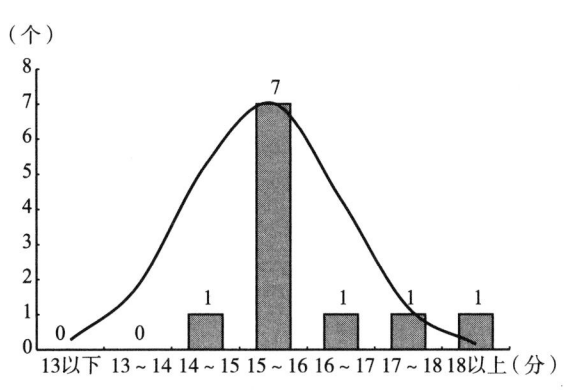

图1-53 2011年珠江-西江经济带城市农业发展水平评价分值分布

由图1-54可以看到，2012年珠江-西江经济带城市农业发展得分分布与2011年情况相类似。农业发展得分在17～18分的有2个城市，16～17分的有2个城市，15～16分的有6个城市，13分以下的有1个城市。这说明珠江-西江经济带城市农业发展分布不均衡，城市的农业发展得分相差较大，地区内农业发展综合得分分布的过渡及衔接性较差。

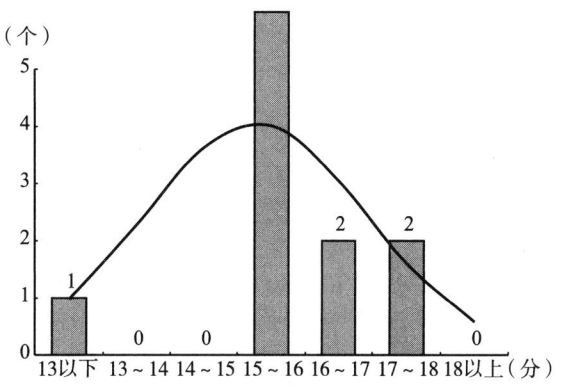

图1-54 2012年珠江-西江经济带城市农业发展水平评价分值分布

由图1-55可以看到，2013年珠江-西江经济带城市农业发展得分分布出现好转，显示出均衡的状态。农业发展得分在18分以上的有2个城市，17～18分的有3个城市，16～17分的有2个城市，15～16分的有2个城市，14～15分的有2个城市。这说明珠江-西江经济带城市农业发展分布较均衡，地区内农业发展综合得分分布的过渡及衔接性较好。

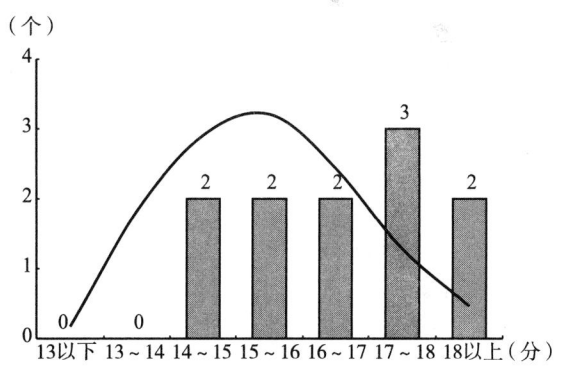

图1-55 2013年珠江-西江经济带城市农业发展水平评价分值分布

由图1-56可以看到，2014年珠江-西江经济带城市农业发展得分分布也显示出相对均衡的状态。农业发展得分在18分以上的有1个城市，17～18分的有3个城市，16～17分的有1个城市，15～16分的有3个城市，14～15分的有1个城市，13～14分的有1个城市。这说明珠江-西江经济带城市农业发展分布较均衡，地区内农业发展综合得分分布的过渡及衔接性较好。

由图1-57可以看到，2015年珠江-西江经济带城市农业发展得分分布不均衡。农业发展得分在18分以上的有2个城市，17～18分的有2个城市，16～17分的有2个城市，15~16分的有5个城市。这说明珠江－西江经济带城市农业发展分布较不均衡，地区内农业发展综合得分分布的过渡及衔接性较差。

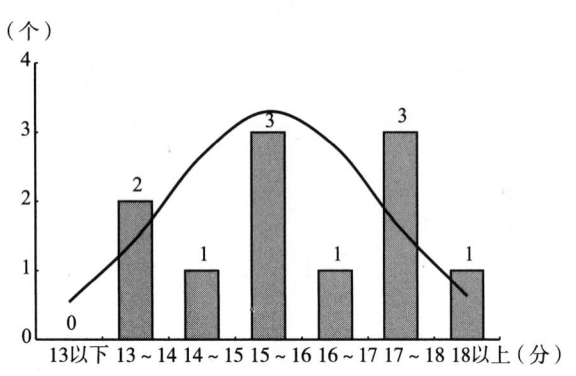

图1-56 2014年珠江－西江经济带城市农业发展水平评价分值分布

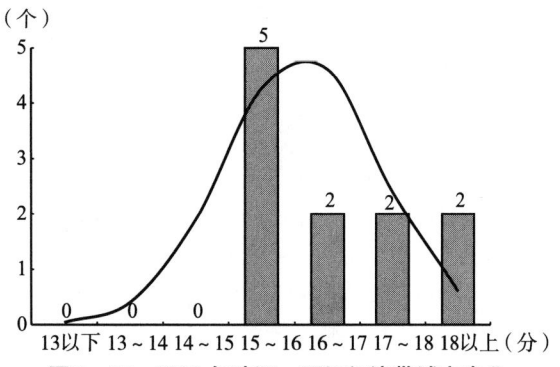

图1-57 2015年珠江－西江经济带城市农业发展水平评价分值分布

对2010~2015年珠江－西江经济带内广西、广东地区的农业发展平均得分及其变化情况进行分析。由表1-76对珠江－西江经济带各地区板块农业发展平均得分及变化分析，从得分情况上看，2010年广西地区的农业发展平均得分为15.498分，广东地区农业发展得分为13.948分，地区间的比差为1.111∶1，地区间的标准差为1.096，说明珠江－西江经济带内广西地区和广东地区的农业发展得分的分布存在一定差距。2011年广西地区的农业发展平均得分为15.470分，广东地区的农业发展平均得分为16.563分，地区间的比差为0.934∶1，地区间的标准差为0.773；说明广西和广东地区的农业发展得分的分布差距处于缩小趋势。2012年广西地区的农业发展平均得分为15.800分，广东地区的农业发展平均得分为15.697分，地区间的比差为1.007∶1，地区间的标准差为0.073。说明地区间的得分差距依旧处又出现了扩大的发展趋势。2013年广西地区的农业发展平均得分为16.812分，广东地区的农业发展平均得分为16.232分，地区间的比差为1.036∶1，地区间的标准差为0.410，说明珠江－西江经济带内地区间农业发展的发展差距出现逐步扩大的发展趋势。2014年广西地区的农业发展平均得分为16.214分，广东地区的农业发展平均得分为15.803分，地区间的比差为1.026∶1，地区间的标准差为0.291；一方面反映出珠江－西江经济带农业发展呈现下降势态，各地区间的平均得分均呈现下降；另一方面也反映出地区间农业发展差距逐步缩小。2015年广西地区的农业发展平均得分为15.837分，广东地区的农业发展平均得分为17.959分，地区间的比差为0.882∶1，地区间的标准差为1.500；说明珠江－西江经济带内各地区间农业发展得分差距呈现扩大趋势。

从珠江－西江经济带农业发展的分值变化情况上看，在2010~2015年间广西地区的农业发展得分均呈现上升趋势，广东地区的农业发展得分也呈现上升趋势，并且珠江－西江经济带内各地区的得分差距呈现扩大趋势。

通过表1-77对珠江－西江经济带农业发展各地区板块的对比分析，发现广西板块的农业发展高于广东板块，珠江－西江经济带各版块的农业发展得分差距不断扩大。为进一步对珠江－西江经济带中各地区板块的城市农业发展排名情况进行分析，通过表1-78~表1-81对广西板块、广东板块内城市位次及在珠江－西江经济带整体的位次排序分析，由各地区板块及整体两个维度对城市排名进行分析，同时还对各板块的变化趋势进行分析。

表1-77 珠江－西江经济带各地区板块农业发展平均得分及其变化

年份	广西	广东	标准差
2010	15.498	13.948	1.096
2011	15.470	16.563	0.773
2012	15.800	15.697	0.073
2013	16.812	16.232	0.410
2014	16.214	15.803	0.291
2015	15.837	17.959	1.500
分值变化	0.339	4.01	2.596

由表1-78对珠江－西江经济带中广西板块城市的排名比较进行分析，可以看到南宁市、柳州市、梧州市在广西板块排名呈现稳定趋势，农业发展变化较小。贵港市在广西板块排名呈现上升趋势，其整体农业发展在2010~2015年间保持上游区城市行列。百色市在广西板块排名呈现下降趋势。来宾市在广西板块排名也呈现下降趋势，其农业发展呈现衰退状态。崇左市在广西板块排名呈上升趋势，其农业发展从2010年的第6名提升至2015年的第3名。

表1-78 广西板块各城市农业发展排名比较

地区	2010年	2011年	2012年	2013年	2014年	2015年	排名变化
南宁	1	1	1	3	1	1	0
柳州	5	6	6	1	4	5	0
梧州	7	7	3	7	7	7	0
贵港	3	2	2	2	3	2	1
百色	4	4	4	5	2	6	-2
来宾	2	3	5	4	6	4	-2
崇左	6	5	7	6	5	3	3

由表1-79对广西板块内城市在珠江-西江经济带农业发展排名情况进行比较,可以看到南宁市、柳州市、梧州市的排名均处于下降的状态,其农业发展排名均下降三位。贵港市的排名也处于下降趋势,其农业发展排名下降两位。百色市、来宾市的排名也处于下降的势态,城市的农业发展并未提升。崇左市的排名处于保持趋势,城市的农业发展综合能力稳定。

表1-79 广西板块各城市在珠江-西江经济带城市农业发展排名比较

地区	2010年	2011年	2012年	2013年	2014年	2015年	排名变化
南宁	2	3	3	5	1	5	-3
柳州	6	9	9	1	9	9	-3
梧州	8	10	5	9	9	11	-3
贵港	4	4	4	2	5	6	-2
百色	5	7	6	7	7	10	-5
来宾	3	6	7	6	8	8	-5
崇左	7	8	10	8	7	7	0

由表1-80对珠江-西江经济带中广东板块城市的排名比较进行分析,可以看到广州市、云浮市的农业发展处于下降的趋势,农业发展从2010~2015年均下降1名。佛山市、肇庆市的农业发展处于上升趋势,说明城市有较好的农业发展基础和发展水平。广东板块各城市排名在2010~2015年间虽有波动,但总体排名变化较小,呈现稳定的状态,整体农业发展呈现稳定趋势。

表1-80 广东板块各城市农业发展排名比较

地区	2010年	2011年	2012年	2013年	2014年	2015年	排名变化
广州	1	2	1	2	2	2	-1
佛山	2	1	2	1	1	1	1
肇庆	4	3	4	3	3	3	1
云浮	3	4	3	4	4	4	-1

由表1-81对广东板块内城市在珠江-西江经济带农业发展排名情况进行比较,可以看到广州市农业发展的排名处于下降趋势,但除2013年外基本保持在上游区城市行列,说明广州市有较好的农业发展基础和水平。佛山市、肇庆市的排名均呈现上升状态,农业发展在2010~2015年间上升幅度均非常明显,说明这2个城市在农业生产发面具有有效推动力。云浮市的排名也处于上升的趋势,农业发展排名从2010年的第10名上升到2015年的第6名,城市的农业发展综合发展能力较高。

表1-81 广东板块各城市在珠江-西江经济带城市农业发展排名比较

地区	2010年	2011年	2012年	2013年	2014年	2015年	排名变化
广州	1	2	1	4	3	2	-1
佛山	9	1	2	3	2	1	8

续表

地区	2010年	2011年	2012年	2013年	2014年	2015年	排名变化
肇庆	11	5	11	10	10	3	8
云浮	10	11	8	11	11	4	6

3. 珠江-西江经济带城市农业发展三级指标分区段得分情况

由图1-58可以看到珠江-西江经济带城市农业发展上游区各项三级指标的平均得分变化趋势。2010~2015年间珠江-西江经济带第一产业扩张弹性系数上游区的得分呈现先下降后上升的变化趋势。农业强度上游区的得分呈现波动下降的发展趋势,下降幅度较小。城市耕地密度上游区的得分呈现稳定的发展趋势,整体变化幅度较小。农业指标动态变化上游区的得分呈现波动上升的发展趋势。

由图1-59可以看到珠江-西江经济带城市农业发展上游区各项三级指标的平均得分变化趋势。2010~2015年间珠江-西江经济带农业土地扩张强度上游区的得分呈现波动下降的发展趋势。农业蔓延指数上游区的得分呈现先上升后下降的发展趋势。农业指标相对增长率上游区的得分呈现先上升后下降发展趋势。城市农业指标绝对增量加权指数上游区的得分呈现先上升后下降发展趋势。

由图1-60可以看到珠江-西江经济带城市农业发展中游区各项三级指标的平均得分变化趋势。2010~2015年间珠江-西江经济带第一产业扩张弹性系数中游区的得分呈现先下降后上升的变化趋势。农业强度中游区的得分呈现稳定的发展趋势,变化幅度较小。城市耕地密度中游区的得分呈现稳定的发展趋势,整体变化幅度较小。农业指标动态变化中游区的得分呈现波动上升的发展趋势。

由图1-61可以看到珠江-西江经济带城市农业发展中游区各项三级指标的平均得分变化趋势。2010~2015年间珠江-西江经济带农业土地扩张强度中游区的得分呈现先下降后上升的发展趋势。农业蔓延指数中游区的得分呈现先上升后下降的发展趋势。农业指标相对增长率中游区的得分呈现先上升后下降发展趋势。城市农业指标绝对增量加权指数中游区的得分呈现先上升后下降发展趋势。

由图1-62可以看到珠江-西江经济带城市农业发展下游区各项三级指标的平均得分变化趋势。2010~2015年间珠江-西江经济带第一产业扩张弹性系数下游区的得分呈现先波动下降的变化趋势。农业强度下游区的得分呈现稳定下降的发展趋势,变化幅度较小。城市耕地密度下游区的得分呈现稳定的发展趋势,整体变化幅度较小。农业指标动态变化下游区的得分呈现波动上升的发展趋势。

由图1-63可以看到珠江-西江经济带城市农业发展下游区各项三级指标的平均得分变化趋势。2010~2015年间珠江-西江经济带农业土地扩张强度下游区的得分呈现波动上升的发展趋势。农业蔓延指数下游区的得分呈现先上升后下降的发展趋势。农业指标相对增长率下游区的得分呈现先上升后下降发展趋势。城市农业指标绝对增量加权指数下游区的得分呈现先上升后下降发展趋势。

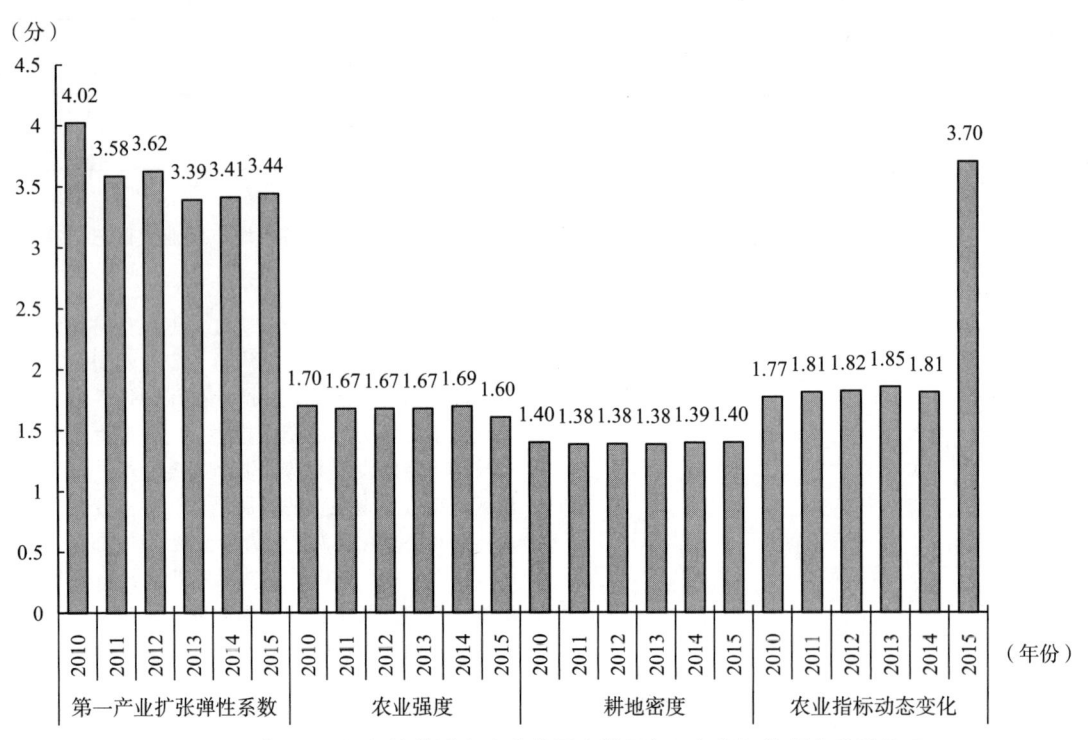

图 1-58 珠江-西江经济带城市农业发展上游区各三级指标的得分比较情况 1

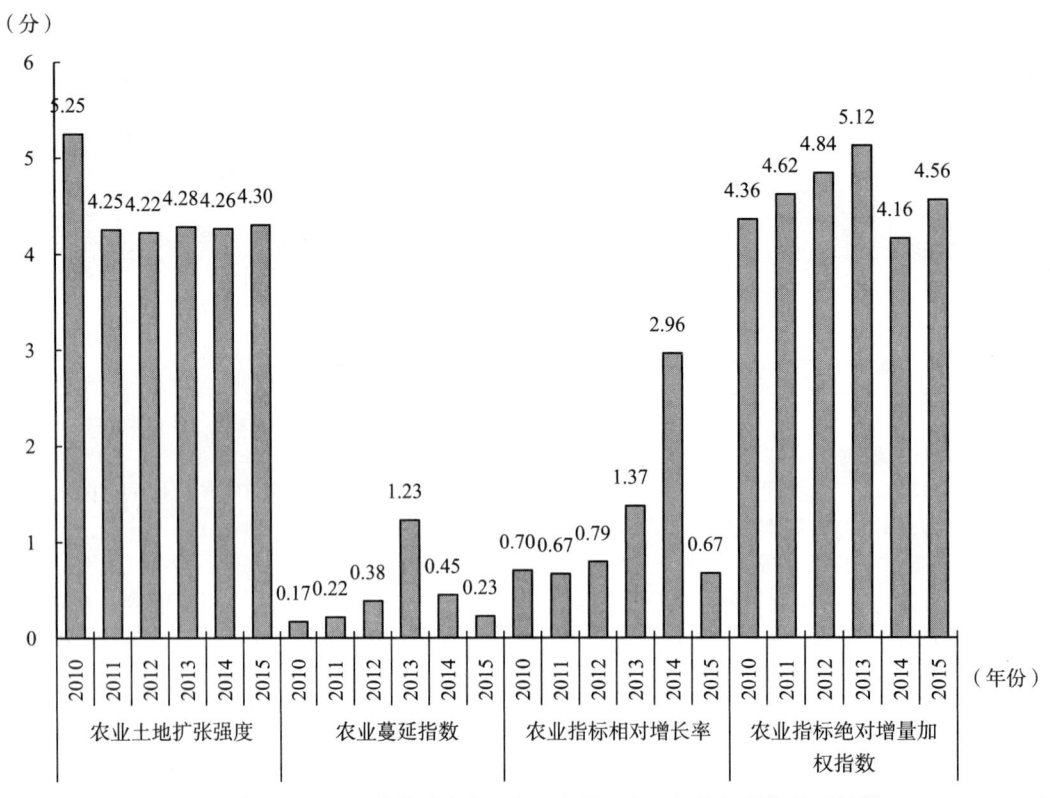

图 1-59 珠江-西江经济带城市农业发展上游区各三级指标的得分比较情况 2

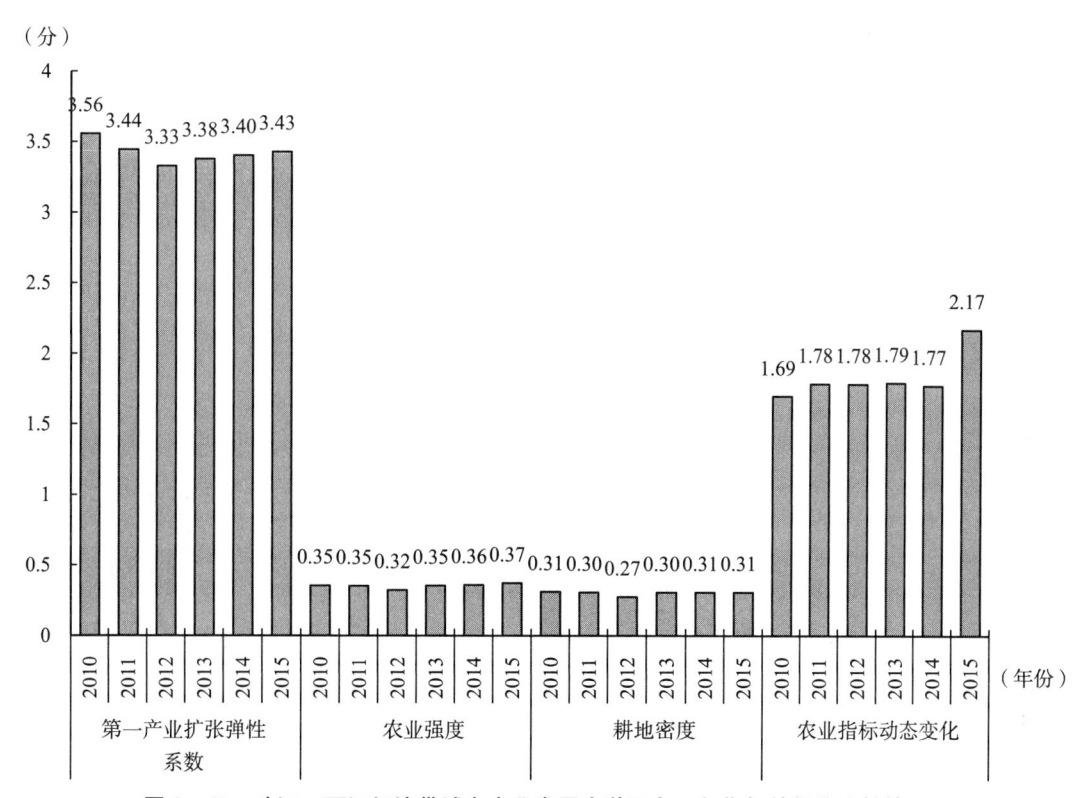

图 1-60 珠江-西江经济带城市农业发展中游区各三级指标的得分比较情况 1

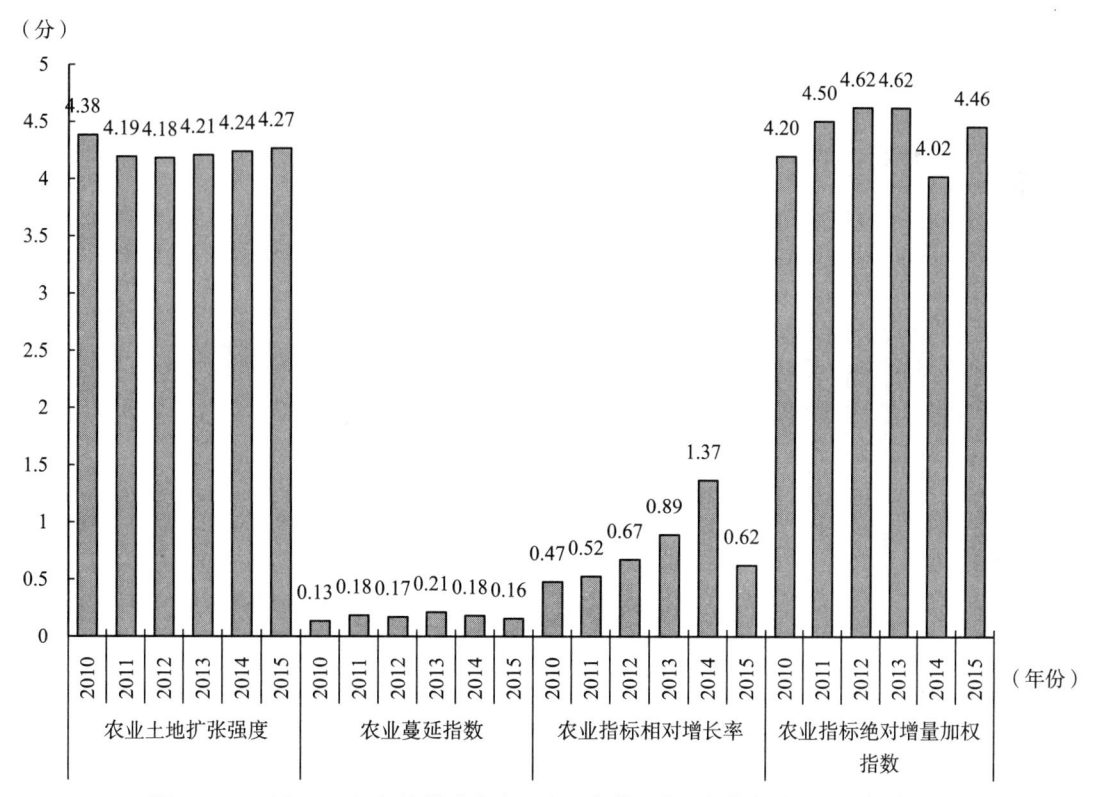

图 1-61 珠江-西江经济带城市农业发展中游区各三级指标的得分比较情况 2

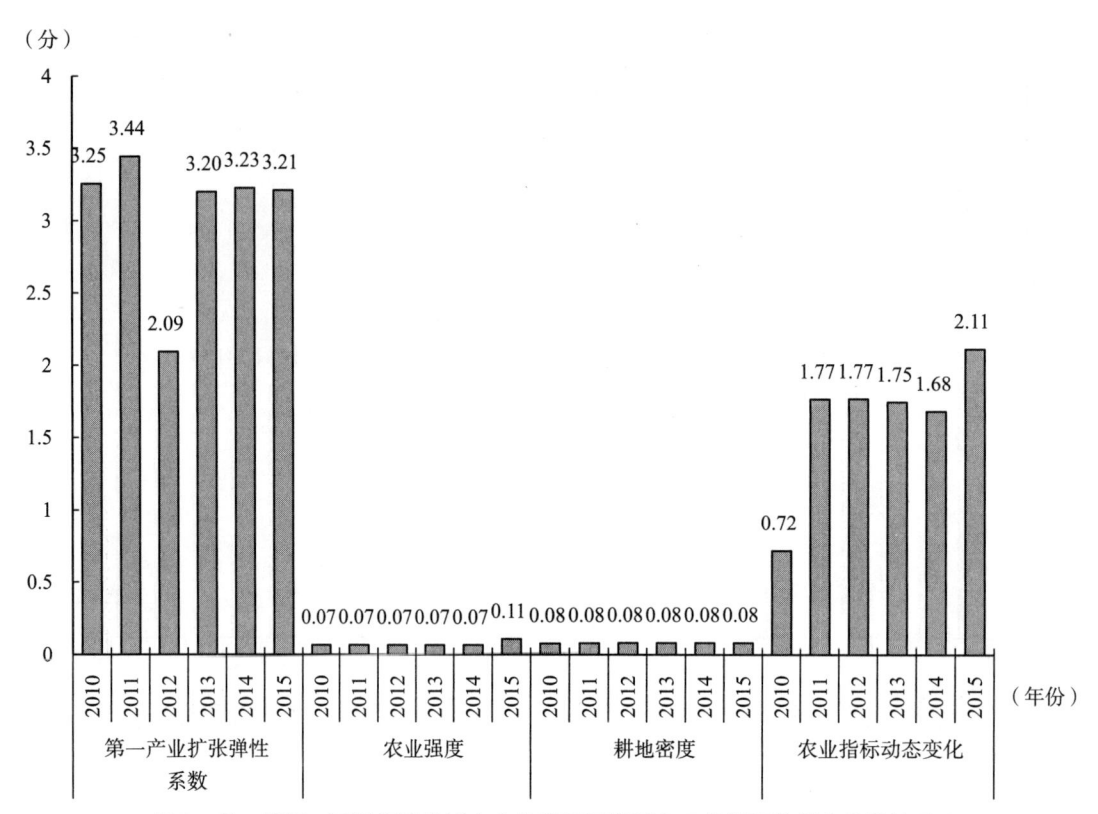

图 1-62 珠江-西江经济带城市农业发展下游区各三级指标的得分比较情况 1

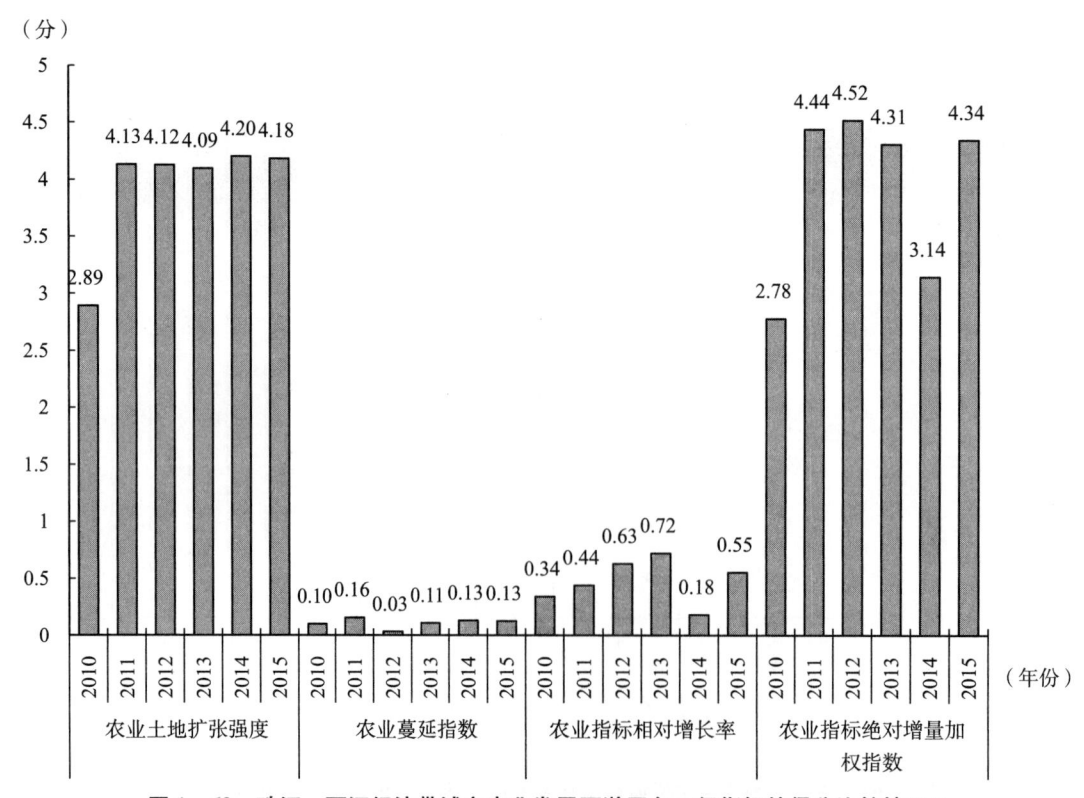

图 1-63 珠江-西江经济带城市农业发展下游区各三级指标的得分比较情况 2

从图 1-64 对 2010~2011 年间珠江-西江经济带城市农业发展的跨区段变化进行分析，可以看到在 2010~2011 年间有 5 个城市的农业发展在珠江-西江经济带的位次发生大幅度变动。其中来宾市由上游区下降到中游区，柳州市、梧州市由中游区下降到下游区；佛山市由下游区上升到上游区，肇庆市由下游区上升到中游区。

	2010年	2011年	
上游区	广州、南宁、来宾	佛山、广州、南宁	上游区
中游区	贵港、百色、柳州、崇左、梧州	贵港、肇庆、来宾、百色、崇左	中游区
下游区	佛山、云浮、肇庆	柳州、梧州、云浮	下游区

图1-64 2010~2011年珠江-西江经济带农业发展大幅度变动情况

从图1-65对2011~2012年间珠江-西江经济带城市农业发展的跨区段变化进行分析，可以看到在2011~2012年间有4个城市的农业发展在珠江-西江经济带的位次发生大幅度变动。其中肇庆市、崇左市由中游区下降到下游区；梧州市、云浮市由中游区上升到上游区。

	2011年	2012年	
上游区	佛山、广州、南宁	广州、佛山、南宁	上游区
中游区	贵港、肇庆、来宾、百色、崇左	贵港、梧州、百色、来宾、云浮	中游区
下游区	柳州、梧州、云浮	柳州、崇左、肇庆	下游区

图1-65 2011~2012年珠江-西江经济带农业发展大幅度变动情况

从图1-66对2012~2013年间珠江-西江经济带城市农业发展的跨区段变化进行分析，可以看到在2012~2013年间有7个城市的农业发展在珠江-西江经济带的位次发生大幅度变动。其中广州市、南宁市由上游区下降到中游区，梧州市、云浮市由中游区下降到下游区；柳州市由下游区上升到上游区，贵港市、崇左市由中游区上升到中游区。

	2012年	2013年	
上游区	广州、佛山、南宁	柳州、贵港、佛山	上游区
中游区	贵港、梧州、百色、来宾、云浮	广州、南宁、来宾、百色、崇左	中游区
下游区	柳州、崇左、肇庆	梧州、肇庆、云浮	下游区

图1-66 2012~2013年珠江-西江经济带农业发展大幅度变动情况

从图1-67对2013~2014年间珠江-西江经济带城市农业发展的跨区段变化进行分析，可以看到在2013~2014年间有4个城市的农业发展在珠江-西江经济带的位次发生大幅度变动。其中柳州市、贵港市由上游区下降到中游区；广州市、南宁市由中游区上升到上游区。

从图1-68对2014~2015年间珠江-西江经济带城市农业发展的跨区段变化进行分析，可以看到在2014~2015年间有5个城市的农业发展在珠江-西江经济带的位次发生大幅度变动。其中南宁市由上游区下降到中游区，柳州市、百色市由中游区下降到下游区；肇庆市由下游区上升到上游区，云浮市由下游区上升到中游区。

	2013年	2014年	
上游区	柳州、贵港、佛山	南宁、佛山、广州	上游区
中游区	广州、南宁、来宾、百色、崇左	百色、贵港、柳州、崇左、来宾	中游区
下游区	梧州、肇庆、云浮	梧州、肇庆、云浮	下游区

图1-67 2013~2014年珠江-西江经济带农业发展大幅度变动情况

	2014年	2015年	
上游区	南宁、佛山、广州	佛山、广州、肇庆	上游区
中游区	百色、贵港、柳州、崇左、来宾	云浮、南宁、贵港、崇左、来宾	中游区
下游区	梧州、肇庆、云浮	柳州、百色、梧州	下游区

图1-68 2014~2015年珠江-西江经济带农业发展大幅度变动情况

从图1-69对2010~2015年间珠江-西江经济带城市农业发展的跨区段变化进行分析，可以看到在2010~2015年间有6个城市的农业发展在珠江-西江经济带的位次发生大幅度变动。其中南宁市、来宾市由上游区下降到中游区，百色市、柳州市、梧州市由中游区下降到下游区；佛山市、肇庆市由下游区上升到上游区。

	2010年	2015年	
上游区	广州、南宁、来宾	佛山、广州、肇庆	上游区
中游区	贵港、百色、柳州、崇左、梧州	云浮、南宁、贵港、崇左、来宾	中游区
下游区	佛山、云浮、肇庆	柳州、百色、梧州	下游区

图1-69 2010~2015年珠江-西江经济带农业发展大幅度变动情况

五、珠江-西江经济带城市农业产出水平评估与比较

（一）珠江-西江经济带城市农业产出水平评估结果

根据珠江-西江经济带城市农业产出竞争力指标体系和数学评价模型，对2010~2015年间珠江-西江经济带11个城市的农业产出进行评价。表1-82~表1-97是本次评

估期间珠江-西江经济带11个城市的农业产出排名和排名变化情况及其13个三级指标的评价结果。

1. 珠江-西江经济带农业产出水平

根据表1-82中内容对2010年珠江-西江经济带各城市农业产出排名变化进行分析,可以看到珠江-西江经济带11个城市中,农业产出处于上游区的依次是崇左市、广州市、肇庆市;处在中游区的依次是南宁市、云浮市、来宾市、佛山市、百色市;处在下游区的依次是贵港市、柳州市、梧州市。这说明广东地区农业产出高于广西地区,更具发展优势。

表1-82 2010年珠江-西江经济带城市农业产出排名

地区	排名	区段	地区	排名	区段	地区	排名	区段
崇左	1	上游区	南宁	4	中游区	贵港	9	下游区
广州	2		云浮	5		柳州	10	
肇庆	3		来宾	6		梧州	11	
			佛山	7				
			百色	8				

根据表1-83中内容对2011年珠江-西江经济带各农业产出排名变化进行分析,可以看到珠江-西江经济带11个城市中,农业产出处于上游区的依次是崇左市、南宁市、来宾市;处在中游区的依次是广州市、肇庆市、佛山市、云浮市、柳州市;处在下游区的依次是贵港市、百色市、梧州市。相比于2010年,广西地区的南宁市、来宾市由中游区上升至上游区城市行列,柳州市由下游区上升至中游区城市行列,百色市由中游区下降至下游区城市行列;广东地区的肇庆市、广州市从上游城市行列下降至中游行列。

表1-83 2011年珠江-西江经济带城市农业产出排名

地区	排名	区段	地区	排名	区段	地区	排名	区段
崇左	1	上游区	广州	4	中游区	贵港	9	下游区
南宁	2		肇庆	5		百色	10	
来宾	3		佛山	6		梧州	11	
			云浮	7				
			柳州	8				

根据表1-84中内容对2012年珠江-西江经济带各农业产出排名变化进行分析,可以看到珠江-西江经济带11个城市中,农业产出处于上游区的依次是南宁市、来宾市、崇左市;处在中游区的依次是百色市、肇庆市、柳州市、贵港市、佛山市;处在下游区的依次是广州市、云浮市、梧州市。相比于2011年,百色市、贵港市从下游区城市跃居到中游区城市,上升态势明显;云浮市、广州市从中游区城市下降至下游区城市行列;这说明广东地区在提升农业产出方面缺乏有力推动力。

表1-84 2012年珠江-西江经济带城市农业产出排名

地区	排名	区段	地区	排名	区段	地区	排名	区段
南宁	1	上游区	百色	4	中游区	广州	9	下游区
来宾	2		肇庆	5		云浮	10	
崇左	3		柳州	6		梧州	11	
			贵港	7				
			佛山	8				

根据表1-85中内容对2013年珠江-西江经济带各农业产出排名变化进行分析,可以看到珠江-西江经济带11个城市中,农业产出处于上游区的依次是南宁市、崇左市、来宾市;处在中游区的依次是百色市、肇庆市、广州市、贵港市、佛山市;处在下游区的依次是柳州市、云浮市、梧州市。相比于2012年,广州市农业产出排名从第9名上升为第6名;柳州市由中游区下降至下游区。

表1-85 2013年珠江-西江经济带城市农业产出排名

地区	排名	区段	地区	排名	区段	地区	排名	区段
南宁	1	上游区	百色	4	中游区	柳州	9	下游区
崇左	2		肇庆	5		云浮	10	
来宾	3		广州	6		梧州	11	
			贵港	7				
			佛山	8				

根据表1-86中内容对2014年珠江-西江经济带各农业产出排名变化进行分析,可以看到珠江-西江经济带11个城市中,农业产出处于上游区的依次是崇左市、南宁市、来宾市;处在中游区的依次是肇庆市、柳州市、广州市、百色市、云浮市;处在下游区的依次是贵港市、佛山市、梧州市。相比于2013年,柳州市由第9名上升为第6名,云浮市由第10名上升为第8名;贵港市、佛山市则由中游区下降至下游区。

表1-86 2014年珠江-西江经济带城市农业产出排名

地区	排名	区段	地区	排名	区段	地区	排名	区段
崇左	1	上游区	肇庆	4	中游区	贵港	9	下游区
南宁	2		柳州	5		佛山	10	
来宾	3		广州	6		梧州	11	
			百色	7				
			云浮	8				

根据表1-87中内容对2015年珠江-西江经济带各农业产出排名变化进行分析,可以看到珠江-西江经济带11个城市中,农业产出处于上游区的依次是崇左市、南宁市、来宾市;处在中游区的依次是广州市、肇庆市、柳州市、佛山市、贵港市;处在下游区的依次是百色市、云浮市、梧州市。相比于2014年,广西地区城市农业产出排名呈现

下降趋势，广东地区城市农业产出排名呈现上升趋势。

表1-87　2015年珠江-西江经济带城市农业产出排名

地区	排名	区段	地区	排名	区段	地区	排名	区段
崇左	1	上游区	广州	4	中游区	百色	9	下游区
南宁	2		肇庆	5		云浮	10	
来宾	3		柳州	6		梧州	11	
			佛山	7				
			贵港	8				

根据表1-88中内容对2010~2015年珠江-西江经济带各农业产出排名变化趋势进行分析，可以看到在处于上升区的是南宁市、柳州市、贵港市、来宾市；处在保持区的是崇左市、梧州市、佛山市；处在下降区的是百色市、广州市、肇庆市、云浮市；说明珠江-西江经济带中广东板块城市的变化幅度要高于广西板块的变化幅度，广东板块农业产出发展的平稳性较弱。

表1-88　2010~2015年珠江-西江经济带城市农业产出排名变化

地区	排名变化	区段	地区	排名变化	区段	地区	排名变化	区段
贵港	1	上升区	崇左	0	保持区	百色	-1	下降区
南宁	2		佛山	0		广州	-2	
来宾	3		梧州	0		肇庆	-2	
柳州	4					云浮	-5	

2. 珠江-西江经济带城市食物生态足迹得分情况

通过表1-89对2010~2015年珠江-西江经济带各城市食物生态足迹进行综合评价分析。由2010年的珠江-西江经济带各城市食物生态足迹评价来看，有5个城市食物生态足迹得分已经在1分以上。得分大致处在0~3分，小于1分的城市有柳州市、梧州市、百色市、来宾市、崇左市、云浮市。最高得分为南宁市，为2.791分，最低得分为来宾市，为0.006分。得分的平均值为0.852分，标准差为0.851，说明城市之间的城市食物生态足迹的变化差异较小。广东地区城市食物生态足迹的得分较高，其中广州市、佛山市、肇庆市3个城市的城市食物生态足迹得分均超过1分；说明这些城市食物生态足迹发展基础好，地区农产品供应较充足，农业生态安全较有保障。广西地区的城市食物生态足迹综合变化水平较低，其中仅有南宁市和贵港市城的城市食物生态足迹在1分之上；说明广西地区城市食物生态足迹发展基础弱，部分农产品的缺口突出，农业生态安全遭受严重威胁，阻碍地区经济社会的可持续发展。

由2011年的珠江-西江经济带各城市食物生态足迹评价来看，有5个城市食物生态足迹得分已经在1分以上。得分大致处在0~3分，小于1分的城市有柳州市、梧州市、百色市、来宾市、崇左市、云浮市。最高得分为南宁市，为2.880分，最低得分为来宾市，为0.016分。得分的平均值为0.871分，标准差为0.858，说明城市之间城市食物生态足迹的变化差异较小。广东地区城市食物生态足迹的得分较高，其中广州市、佛山市、肇庆市3个城市的城市食物生态足迹得分均超过1分；说明这些城市食物生态足迹发展基础好，地区农产品供应较充足，农业生态安全较有保障。广西地区的城市食物生态足迹综合变化水平较低，其中仅有南宁市和贵港市城的城市食物生态足迹在1分之上；说明广西地区城市食物生态足迹发展基础弱，部分农产品的缺口突出，农业生态安全遭受严重威胁，阻碍了地区经济社会的可持续发展。

由2012年的珠江-西江经济带各城市食物生态足迹评价来看，有5个城市食物生态足迹得分已经在1分以上。得分大致处在0~4分，小于1分的城市有柳州市、梧州市、百色市、来宾市、崇左市、云浮市。最高得分为南宁市，为3.159分，最低得分为来宾市，为0.097分。得分的平均值为0.976分，标准差为0.915，说明城市之间城市食物生态足迹的变化差异较小。广东地区城市食物生态足迹的得分较高，其中广州市、佛山市、肇庆市3个城市的城市食物生态足迹得分均超过1分；说明这些城市食物生态足迹发展基础好，地区农产品供应较充足，农业生态安全较有保障。广西地区的城市食物生态足迹综合变化水平较低，其中仅有南宁市和贵港市城的城市食物生态足迹在1分之上；说明广西地区城市食物生态足迹发展基础弱，部分农产品的缺口突出，农业生态安全遭受严重威胁，阻碍了地区经济社会的可持续发展。

由2013年的珠江-西江经济带各城市食物生态足迹评价来看，有5个城市食物生态足迹得分已经在1分以上。得分大致处在0~4分，小于1分的城市有柳州市、梧州市、百色市、来宾市、崇左市、云浮市。最高得分为南宁市，为3.346分，最低得分为来宾市，为0.147分。得分的平均值为1.022分，标准差为0.949，说明城市之间城市食物生态足迹的变化差异较小。广东地区城市食物生态足迹的得分较高，其中广州市、佛山市、肇庆市3个城市的城市食物生态足迹得分均超过1分；说明这些城市食物生态足迹发展基础好，地区农产品供应较充足，农业生态安全较有保障。广西地区的城市食物生态足迹综合变化水平较低，其中仅有南宁市和贵港市城的城市食物生态足迹在1分之上；说明广西地区城市食物生态足迹发展基础弱，部分农产品的缺口突出，农业生态安全遭受严重威胁，阻碍了地区经济社会的可持续发展。

由2014年的珠江-西江经济带各城市食物生态足迹评价来看，有3个城市食物生态足迹得分已经在1分以上。得分大致处在0~4分，小于1分的城市有柳州市、梧州市、百色市、来宾市、崇左市、广州市、佛山市、云浮市。最高得分为南宁市，为3.379分，最低得分为梧州市，为0分。得分的平均值为0.996分，标准差为0.971，说明城市之间食物生态足迹的变化差异较小。广西地区城市食物生态足迹的得分较高，其中南宁市、贵港市2个城市的城市食物生态足迹得分均超过1分；说明这些城市食物生态足迹发展基础好，地区农产品供应较充足，农业生态安全较有保障。广东地区的城市食物生态足迹综合变化水平较低，其中仅有肇庆市的城市食物生态足迹在1分之上；说明广东地区城市食物生态足迹发展水平有待提升，部分农产品的缺口突出，农业生态安全遭受严重威胁，阻碍地区经济社会的可持续发展。

由2015年的珠江－西江经济带各城市食物生态足迹评价来看，有4个城市食物生态足迹评分已经在1分以上。得分大致处在0～4分，小于1分的城市有柳州市、梧州市、百色市、来宾市、崇左市、佛山市、云浮市。最高得分为南宁市，为3.437分，最低得分为梧州市，为0.156分。得分的平均值为1.045分，标准差为0.966，说明城市之间的食物生态足迹的变化差异较小。广西地区城市的城市食物生态足迹的得分较高，其中南宁市、贵港市2个城市的城市食物生态足迹得分均超过1分；说明这些城市食物生态足迹发展基础好，地区农产品供应较充足，农业生态安全较有保障。广东地区的城市食物生态足迹综合变化水平较低，其中仅广州市、肇庆市2个城市食物生态足迹均在1分之上；说明广东地区城市食物生态足迹发展水平有待提升，部分农产品的缺口突出，农业生态安全遭受严重威胁，阻碍了地区经济社会的可持续发展。

通过对各年间的珠江－西江经济带城市食物生态足迹的平均分、标准差进行对比分析，可以发现其平均分处于波动上升的趋势，说明珠江－西江经济带城市食物生态足迹有所提升。珠江－西江经济带城市食物生态足迹的标准差也处于波动上升的趋势，说明城市间的城市食物生态足迹综合变化程度逐渐扩大。对各城市食物生态足迹综合变化程度展开分析，发现南宁市的城市食物生态足迹综合变化程度处在绝对领先位置，在2010～2015年的各个时间段内排名保持第一。云浮市的城市食物生态足迹得分出现上升，但其排名出现下降。广东地区的其他城市食物生态足迹得分除肇庆市外均出现下降，但其排名变化较小，说明广东地区的整体城市食物生态足迹变化幅度较小。广西地区的其他城市食物生态足迹得分趋于上升，其城市食物生态足迹排名除梧州市外并无下降，说明广西地区食物生态足迹处于发展阶段，地区农业生态安全较有保障。

表1-89　　　　　2010～2015年珠江－西江经济带各城市食物生态足迹评价比较

地区	2010年	2011年	2012年	2013年	2014年	2015年	综合变化
南宁	2.791	2.880	3.159	3.346	3.379	3.437	0.646
	1	1	1	1	1	1	0
柳州	0.232	0.269	0.362	0.406	0.430	0.449	0.217
	8	8	8	8	8	8	0
梧州	0.022	0.055	0.119	0.150	0.000	0.156	0.133
	10	10	10	10	11	11	-1
贵港	1.089	1.121	1.275	1.375	1.472	1.513	0.424
	5	4	3	3	3	3	2
百色	0.506	0.522	0.660	0.741	0.766	0.786	0.280
	7	7	6	6	6	6	1
来宾	0.006	0.016	0.097	0.147	0.166	0.172	0.166
	11	11	11	11	10	10	1
崇左	0.127	0.184	0.211	0.258	0.287	0.298	0.171
	9	9	9	9	9	9	0
广州	1.204	1.178	1.264	1.347	0.976	1.152	-0.052
	3	3	4	4	5	4	-1
佛山	1.147	1.118	1.144	1.057	0.981	0.927	-0.220
	4	5	5	5	4	5	-1
肇庆	1.686	1.682	1.820	1.818	1.895	1.899	0.213
	2	2	2	2	2	2	0
云浮	0.559	0.553	0.623	0.597	0.600	0.712	0.153
	6	6	7	7	7	7	-1
最高分	2.791	2.880	3.159	3.346	3.379	3.437	0.646
最低分	0.006	0.016	0.097	0.147	0.000	0.156	0.150
平均分	0.852	0.871	0.976	1.022	0.996	1.045	0.194
标准差	0.851	0.858	0.915	0.949	0.971	0.966	0.115

3. 珠江-西江经济带城市人均食物生态足迹得分情况

通过表1-90对2010~2015年珠江-西江经济带城市人均食物生态足迹的变化进行分析。由2010年的珠江-西江经济带城市人均食物生态足迹评价来看，有6个城市的人均食物生态足迹得分已经在2分以上。得分大致处在0~5分，小于2分的城市有柳州市、梧州市、贵港市、百色市、广州市。最高得分为肇庆市，为4.169分，最低得分为广州市，为0.447分。得分平均值为2.327分，标准差为1.196，说明城市之间人均食物生态足迹的变化差异较大。广东地区城市的人均食物生态足迹的得分较高，其中云浮市、佛山市、肇庆市3个城市的人均食物生态足迹得分均超过2分；说明这些城市的人均食物生态足迹综合发展基础好，地区农产品供应较充足，农业生态安全较有保障。广西地区的人均食物生态足迹水平较低，其中南宁市、来宾市、崇左市3个城市的人均食物生态足迹得分超过2分；说明广西地区的人均食物生态足迹综合发展基础弱，部分农产品的缺口突出，农业生态安全遭受严重威胁，阻碍了地区经济社会的可持续发展。

由2011年的珠江-西江经济带城市人均食物生态足迹评价来看，有6个城市的人均食物生态足迹得分已经在2分以上。得分大致处在0~5分，小于2分的城市有柳州市、梧州市、贵港市、百色市、广州市。最高得分为肇庆市，为4.044分，最低得分为广州市，为0.383分。得分平均值为2.324分，标准差为1.143，说明城市之间人均食物生态足迹的变化差异较大。广东地区城市的人均食物生态足迹的得分较高，其中云浮市、佛山市、肇庆市3个城市的人均食物生态足迹得分均超过2分；说明这些城市的人均食物生态足迹综合发展基础好，地区农产品供应较充足，农业生态安全较有保障。广西地区的人均食物生态足迹水平较低，其中南宁市、来宾市、崇左市3个城市的人均食物生态足迹得分超过2分；说明广西地区的人均食物生态足迹综合发展基础弱，部分农产品的缺口突出，农业生态安全遭受严重威胁，阻碍了地区经济社会的可持续发展。

由2012年的珠江-西江经济带城市人均食物生态足迹评价来看，有7个城市的人均食物生态足迹得分已经在2分以上。得分大致处在0~5分，小于2分的城市有柳州市、梧州市、百色市、广州市。最高得分为肇庆市，为4.393分，最低得分为广州市，为0.427分。得分平均值为2.569分，标准差为1.191，说明城市之间人均食物生态足迹的变化差异较大。广东地区城市的人均食物生态足迹的得分较高，其中云浮市、佛山市、肇庆市3个城市的人均食物生态足迹得分均超过2分；说明这些城市的人均食物生态足迹综合发展基础好，地区农产品供应较充足，农业生态安全较有保障。广西地区的人均食物生态足迹水平较低，其中南宁市、来宾市、贵港市、崇左市4个城市的人均食物生态足迹得分超过2分；说明广西地区的人均食物生态足迹综合发展基础弱，部分农产品的缺口突出，农业生态安全遭受严重威胁，阻碍了地区经济社会的可持续发展。

由2013年的珠江-西江经济带城市人均食物生态足迹评价来看，有8个城市的人均食物生态足迹得分已经在2分以上。得分大致处在0~5分，小于2分的城市有柳州市、梧州市、广州市。最高得分为肇庆市，为4.249分，最低得分为广州市，为0.457分。得分平均值为2.567分，标准差为1.116，说明城市之间人均食物生态足迹的变化差异较大。广东地区城市的人均食物生态足迹的得分较高，其中云浮市、佛山市、肇庆市3个城市的人均食物生态足迹得分均超过2分；说明这些城市的人均食物生态足迹综合发展基础好，地区农产品供应较充足，农业生态安全较有保障。广西地区的人均食物生态足迹水平较低，其中南宁市、来宾市、贵港市、崇左市、百色市5个城市的人均食物生态足迹得分超过2分；说明广西地区的人均食物生态足迹综合发展基础弱，部分农产品的缺口突出，农业生态安全遭受严重威胁，阻碍了地区经济社会的可持续发展。

由2014年的珠江-西江经济带城市人均食物生态足迹评价来看，有8个城市的人均食物生态足迹得分已经在2分以上。得分大致处在0~5分，小于2分的城市有柳州市、梧州市、广州市。最高得分为肇庆市，为4.340分，最低得分为广州市，为0分。得分平均值为2.504分，标准差为1.205，说明城市之间人均食物生态足迹的变化差异较大。广东地区城市的人均食物生态足迹的得分较高，其中云浮市、佛山市、肇庆市3个城市的人均食物生态足迹得分均超过2分；说明这些城市的人均食物生态足迹综合发展基础好，地区农产品供应较充足，农业生态安全较有保障。广西地区的人均食物生态足迹水平较低，其中南宁市、来宾市、贵港市、崇左市、百色市5个城市的人均食物生态足迹得分超过2分；说明广西地区的人均食物生态足迹综合发展基础弱，部分农产品的缺口突出，农业生态安全遭受严重威胁，阻碍了地区经济社会的可持续发展。

由2015年的珠江-西江经济带城市人均食物生态足迹评价来看，有8个城市的人均食物生态足迹得分已经在2分以上。得分大致处在0~5分，小于2分的城市有柳州市、梧州市、广州市。最高得分为肇庆市，为4.226分，最低得分为广州市，为0.141分。得分平均值为2.504分，标准差为1.172，说明城市之间人均食物生态足迹的变化差异较大。广东地区城市的人均食物生态足迹的得分较高，其中云浮市、佛山市、肇庆市3个城市的人均食物生态足迹得分均超过2分；说明这些城市的人均食物生态足迹综合发展基础好，地区农产品供应较充足，农业生态安全较有保障。广西地区的人均食物生态足迹水平较低，其中南宁市、来宾市、贵港市、崇左市、百色市5个城市的人均食物生态足迹得分超过2分；说明广西地区的人均食物生态足迹综合发展基础弱，部分农产品的缺口突出，农业生态安全遭受严重威胁，阻碍了地区经济社会的可持续发展。

通过对各年间的珠江-西江经济带城市人均食物生态足迹的平均分、标准差进行对比分析，可以发现其平均分处于波动上升的趋势，说明珠江-西江经济带城市人均食物生态足迹有所提升。珠江-西江经济带城市人均食物生态足迹的标准差处于波动下降的趋势，说明城市间的城市人均食物生态足迹综合变化程度逐渐缩小。对各城市人均食物生态足迹综合变化程度展开分析，发现肇庆市的城市人均食物生态足迹综合变化程度处在绝对领先位置，在2010~2015年的各个时间段内排名保持第一。广东地区的其他城市人均食物生态足迹得分除云浮市外均出现了下降，其城市人均食物生态足迹排名除云浮市均保持不变或有所下降，说明广东地区食物生态足迹处于滞后阶段，地区农业生态安全不确保有保障。广西地区的城市人均食物生态足迹得分趋于上升，但其排名变化较小，说明广西地区的整体城市人均食物生态足迹变化幅度较小。

表 1-90　　2010~2015 年珠江-西江经济带各城市人均食物生态足迹评价比较

地区	2010 年	2011 年	2012 年	2013 年	2014 年	2015 年	综合变化
南宁	3.026	3.081	3.449	3.502	3.482	3.414	0.387
	4	4	4	3	2	3	1
柳州	1.263	1.322	1.624	1.707	1.702	1.694	0.431
	9	9	9	9	9	9	0
梧州	1.166	1.232	1.448	1.441	1.386	1.363	0.197
	10	10	10	10	10	10	0
贵港	1.786	1.793	2.066	2.116	2.232	2.218	0.432
	7	8	7	7	7	7	0
百色	1.670	1.852	1.965	2.075	2.124	2.132	0.462
	8	7	8	8	8	8	0
来宾	2.019	2.004	2.416	2.668	2.527	2.552	0.533
	6	6	6	6	6	6	0
崇左	2.811	2.928	3.165	3.284	3.351	3.369	0.557
	5	5	5	4	4	4	1
广州	0.447	0.383	0.427	0.457	0.000	0.141	-0.306
	11	11	11	11	11	11	0
佛山	3.677	3.497	3.571	3.218	2.962	2.759	-0.918
	2	2	3	5	5	5	-3
肇庆	4.169	4.044	4.393	4.249	4.340	4.226	0.057
	1	1	1	1	1	1	0
云浮	3.562	3.429	3.734	3.515	3.439	3.672	0.110
	3	3	2	2	3	2	1
最高分	4.169	4.044	4.393	4.249	4.340	4.226	0.057
最低分	0.447	0.383	0.427	0.457	0.000	0.141	-0.306
平均分	2.327	2.324	2.569	2.567	2.504	2.504	0.177
标准差	1.196	1.143	1.191	1.116	1.205	1.172	-0.024

4. 珠江-西江经济带城市农业生产比重增量得分情况

通过表 1-91 对 2010~2015 年珠江-西江经济带城市农业生产比重增量的变化进行分析。由 2010 年的珠江-西江经济带城市农业生产比重增量评价来看，有 5 个城市的农业生产比重增量得分已经在 2.5 分以上。得分大致处在 0~3 分，小于 2.5 分的城市有南宁市、柳州市、百色市、来宾市、崇左市、肇庆市。最高得分为贵港市，为 2.889 分，最低得分为南宁市，为 0 分。得分平均值为 1.899 分，标准差为 0.984，说明城市之间农业生产比重增量的变化差异较小。广东地区城市的农业生产比重增量的得分较高，其中云浮市、佛山市、广州市 3 个城市的农业生产比重增量得分均超过 2.5 分；说明这些城市的农业生产比重增量综合发展基础好，地区农业生产力较强，农业发展较好。广西地区的农业生产比重增量水平较低，其中梧州市、贵港市 2 个城市的农业生产比重增量得分超过 2.5 分；说明广西地区的农业生产比重增量综合发展基础弱，地区农业生产速度较慢，农业生产力不足。

由 2011 年的珠江-西江经济带城市农业生产比重增量评价来看，有 10 个城市的农业生产比重增量得分已经在 2.5 分以上。得分大致处在 1~5 分，小于 2.5 分的城市有百色市。最高得分为广州市，为 4.640 分，最低得分为百色市，为 1.481 分。得分平均值为 3.318 分，标准差为 0.883，说明城市之间农业生产比重增量的变化差异较小。广东地区城市的农业生产比重增量的得分较高，其中肇庆市、云浮市、佛山市、广州市 4 个城市的农业生产比重增量得分均超过 2.5 分；说明这些城市的农业生产比重增量综合发展基础好，地区农业生产力较强，农业发展较好。广西地区的农业生产比重增量水平较低,其中南宁市、柳州市、来宾市、崇左市、梧州市、贵港市6个城市的农业生产比重增量得分超过2.5分;说明广西地区的农业生产比重增量综合发展基础弱,地区农业生产速度较慢,农业生产力不足。

由2012年的珠江-西江经济带城市农业生产比重增量评价来看,有10个城市的农业生产比重增量得分已经在2.5分以上。得分大致处在1~5分,小于2.5分的城市有崇左市。最高得分为来宾市,为4.860分,最低得分为崇左市,为1.556分。得分平均值为3.458分,标准差为0.791,说明城市之间农业生产比重增量的变化差异较小。广东地区城市的农业生产比重增量的得分较高,其中肇庆市、云浮市、佛山市、广州市4个城市的农业生产比重增量得分均超过2.5分;说明这些城市的农业生产比重增量综合发展基础好,地区农业生产力较强,农业发展较好。广西地区的农业生产比重增量水平较低,其中南宁市、柳州市、来宾市、百色市、梧州市、贵港市6个城市的农业生产比重增量得分超过2.5分;说明广西地区的农业生产比重增量综合发展基础弱,地区农业生产速度较慢,农业生产力不足。

由2013年的珠江-西江经济带城市农业生产比重增量评价来看,有10个城市的农业生产比重增量得分已经在3分以上。得分大致处在2~5分,小于3分的城市有柳州市。最高得分为南宁市,为4.402分,最低得分为柳州市,为2.781分。得分平均值为3.531分,标准差为0.443,说明城市之间农业生产比重增量的变化差异较小。广东地区城市的农业生产比重增量的得分较高,其中肇庆市、云浮市、佛山市、广州市4个城市的农业生产比重增量得分均超过3分;说明这些城市的农业生产比重增量综合发展基础好,地区农业生产力较强,农业发展较好。广西地区的农业生产比重增量水平较低,其中南宁市、崇左市、来宾市、百色市、梧州市、贵港市6个城市的农业生产比重增量得分超过3分;说明广西地区的农业生产比重增量综合发展基础弱,地区农业生产速度较慢,农业生产力不足。

由2014年的珠江-西江经济带城市农业生产比重增量评价来看,有9个城市的农业生产比重增量得分已经在2.5分以上。得分大致处在2~5分,小于2.5分的城市有柳州市、百色市。最高得分为南宁市,为3.436分,最低得分为柳州市,为2.364分。得分平均值为2.946分,标准差为

0.356,说明城市之间农业生产比重增量的变化差异较小。广东地区城市的农业生产比重增量的得分较高,其中肇庆市、云浮市、佛山市、广州市4个城市的农业生产比重增量得分均超过2.5分;说明这些城市的农业生产比重增量综合发展基础好,地区农业生产力较强,农业发展较好。广西地区的农业生产比重增量水平较低,其中南宁市、来宾市、崇左市、梧州市、贵港市5个城市的农业生产比重增量得分超过2.5分;说明广西地区的农业生产比重增量综合发展基础弱,地区农业生产速度较慢,农业生产力不足。

由2015年的珠江-西江经济带城市农业生产比重增量评价来看,有7个城市的农业生产比重增量得分已经在2.5分以上。得分大致处在1~3分,小于2.5分的城市有南宁市、来宾市、百色市、崇左市。最高得分为梧州市,为2.965分,最低得分为南宁市,为1.418分。得分平均值为2.473分,标准差为0.608,说明城市之间农业生产比重增量的变化差异较小。广东地区城市的农业生产比重增量的得分较高,其中肇庆市、云浮市、佛山市、广州市4个城市的农业生产比重增量得分均超过2.5分;说明这些城市的农业生产比重增量综合发展基础好,地区农业生产力较强,农业发展较好。广西地区的农业生产比重增量水平较低,其中柳州市、梧州市、贵港市3个城市的农业生产比重增量得分超过2.5分;说明广西地区的农业生产比重增量综合发展基础弱,地区农业生产速度较慢,农业生产力不足。

通过对各年间的珠江-西江经济带城市农业生产比重增量的平均分、标准差进行对比分析,可以发现其平均分处于波动上升的趋势,说明珠江-西江经济带城市农业生产比重增量整体活力有所提升。珠江-西江经济带城市农业生产比重增量的标准差处于波动下降的趋势,说明城市间的农业生产比重增量差距逐渐缩小。对各城市的农业生产比重增量变化展开分析,发现并未有任何城市的农业生产比重增量处在绝对领先位置,在2010~2015年的各个时间段内基本保持排名第一的城市不断更替。广东地区城市的农业生产比重增量得分均出现上升,并且其排名除佛山市、云浮市外也出现上升,说明广东地区的整体农业生产比重增量处于发展阶段。广西地区城市的农业生产比重增量得分趋于上升,其农业生产比重增量排名趋于下降,说明这些城市的农业生产比重增量发展处于滞后阶段。

表1-91 2010~2015年珠江-西江经济带各城市农业生产比重增量评价比较

地区	2010年	2011年	2012年	2013年	2014年	2015年	综合变化
南宁	0.000	3.030	3.732	4.402	3.436	1.418	1.418
	11	8	3	1	1	11	0
柳州	1.242	3.161	3.710	2.781	2.364	2.697	1.455
	9	7	4	11	11	7	2
梧州	2.647	3.346	3.344	3.366	3.107	2.965	0.317
	3	4	8	7	5	1	2
贵港	2.889	2.999	3.646	3.497	2.885	2.901	0.012
	1	9	5	5	7	4	-3
百色	1.637	1.481	4.050	3.913	2.446	1.586	-0.052
	8	11	2	3	10	10	-2

续表

地区	2010 年	2011 年	2012 年	2013 年	2014 年	2015 年	综合变化
来宾	0.427	2.701	4.860	3.624	2.561	2.207	1.780
	10	10	1	4	9	8	2
崇左	2.199	4.142	1.556	4.021	3.104	1.782	-0.417
	6	3	11	2	6	9	-3
广州	2.506	4.640	3.208	3.287	3.205	2.937	0.432
	5	1	10	9	3	3	2
佛山	2.636	3.275	3.221	3.195	2.853	2.887	0.251
	4	5	9	10	8	6	-2
肇庆	1.872	4.496	3.362	3.415	3.287	2.937	1.066
	7	2	6	6	2	2	5
云浮	2.835	3.226	3.347	3.343	3.155	2.892	0.057
	2	6	7	8	4	5	-3
最高分	2.889	4.640	4.860	4.402	3.436	2.965	0.075
最低分	0.000	1.481	1.556	2.781	2.364	1.418	1.418
平均分	1.899	3.318	3.458	3.531	2.946	2.473	0.574
标准差	0.984	0.883	0.791	0.443	0.356	0.608	-0.376

5. 珠江-西江经济带城市农业生产平均增长指数得分情况

通过表1-92对2010~2015年珠江-西江经济带城市农业生产平均增长指数的变化进行分析。由2010年的珠江-西江经济带城市农业生产平均增长指数评价来看,有3个城市的农业生产平均增长指数得分已经在2分以上。得分大致处在0~4分,小于2分的城市有南宁市、柳州市、贵港市、百色市、来宾市、崇左市、佛山市。最高得分为广州市,为3.875分,最低得分为来宾市,为0.020分。得分平均值为1.685分,标准差为1.222,说明城市之间农业生产平均增长指数的变化差异较大。广东地区城市的农业生产平均增长指数的得分较高,其中云浮市、肇庆市、广州市3个城市的农业生产平均增长指数得分均超过2分;说明这些城市的农业生产平均增长指数综合发展基础好,城市农业生产效率更高,农业产出更多。广西地区的农业生产平均增长指数水平较低,7个城市中未有任何城市的农业生产平均增长指数得分超过2分;说明广西地区的农业生产平均增长指数综合发展基础弱,城市农业生产效率更低,农业产出更少。

由2011年的珠江-西江经济带城市农业生产平均增长指数评价来看,有8个城市的农业生产平均增长指数得分已经在2分以上。得分大致处在0~4分,小于2分的城市有百色市、来宾市、肇庆市。最高得分为广州市,为3.050分,最低得分为百色市,为0分。得分平均值为2.075分,标准差为0.811,说明城市之间农业生产平均增长指数的变化差异较大。广东地区城市的农业生产平均增长指数的得分较高,其中云浮市、佛山市、广州市3个城市的农业生产平均增长指数得分均超过2分;说明这些城市的农业生产平均增长指数综合发展基础好,城市农业生产效率更高,农业产出更多。广西地区的农业生产平均增长指数水平较低,其中南宁市、柳州市、梧州市、贵港市、崇左市5个城市中的农业生产平均增长指数得分超过2分;说明广西地区的农业生产平均增长指数综合发展基础弱,城市农业生产效率更低,农业产出更少。

由2012年的珠江-西江经济带城市农业生产平均增长指数评价来看,有9个城市的农业生产平均增长指数得分已经在2分以上。得分大致处在1~4分,小于2分的城市有崇左市、佛山市。最高得分为来宾市,为3.616分,最低得分为佛山市,为1.704分。得分平均值为2.568分,标准差为0.583,说明城市之间农业生产平均增长指数的变化差异较大。广东地区城市的农业生产平均增长指数的得分较高,其中云浮市、肇庆市、广州市3个城市的农业生产平均增长指数得分均超过2分;说明这些城市的农业生产平均增长指数综合发展基础好,城市农业生产效率更高,农业产出更多。广西地区的农业生产平均增长指数水平较低,其中南宁市、柳州市、梧州市、贵港市、百色市、来宾市6个城市中的农业生产平均增长指数得分超过2分;说明广西地区的农业生产平均增长指数综合发展基础弱,城市农业生产效率更低,农业产出更少。

由2013年的珠江-西江经济带城市农业生产平均增长指数评价来看,有7个城市的农业生产平均增长指数得分已经在2分以上。得分大致处在1~3分,小于2分的城市有柳州市、广州市、佛山市、云浮市。最高得分为百色市,为2.726分,最低得分为佛山市,为1.261分。得分平均值为2.107分,标准差为0.433,说明城市之间农业生产平均增长指数的变化差异较大。广西地区城市的农业生产平均增长指数的得分较高,其中南宁市、梧州市、贵港市、百色市、来宾市、崇左市6个城市的农业生产平均增长指数得分均超过2分;说明这些城市的农业生产平均增长指数综合发展基础好,城市农业生产效率更高,农业产出更多。广东地区的农业生产平均增长指数水平较低,其中肇庆市1个城市中的农业生产平均增长指数得分超过2分;说明广东地区的农业生产平均增长指数综合发展基础弱，城市农业生产效率更低，农业产出更少。

由2014年的珠江-西江经济带城市农业生产平均增长指数评价来看，有4个城市的农业生产平均增长指数得分已经在2分以上。得分大致处在0~3分，小于2分的城市有柳州市、梧州市、贵港市、百色市、来宾市、崇左市、佛山市。最高得分为肇庆市，为2.226分，最低得分为佛山市，为0.441分。得分平均值为1.657分，标准差为0.537，说明城市之间农业生产平均增长指数的变化差异较大。广东地区城市的农业生产平均增长指数的得分较高，其中云浮市、肇庆市、广州市3个城市的农业生产平均增长指数得分均超过2分；说明这些城市的农业生产平均增长指数综合发展基础好，城市农业生产效率更高，农业产出更多。广西地区的农业生产平均增长指数水平较低，其中仅南宁市农业生产平均增长指数得分超过2分；说明广西地区的农业生产平均增长指数综合发展基础弱，城市农业生产效率更低，农业产出更少。

由2015年的珠江-西江经济带城市农业生产平均增长指数评价来看，有1个城市的农业生产平均增长指数得分已经在2分以上。得分大致处在1~3分，小于2分的城市有南宁市、柳州市、贵港市、百色市、来宾市、崇左市、广州市、佛山市、肇庆市、云浮市。最高得分为梧州市，为2.038分，最低得分为南宁市，为0.990分。得分平均值为1.664分，标准差为0.315，说明城市之间农业生产平均增长指数的变化差异较大。广西地区城市的农业生产平均增长指数的得分较高，其中梧州市的农业生产平均增长指数得分超过2分；说明这些城市的农业生产平均增长指数综合发展基础好，城市农业生产效率更高，农业产出更多。广东地区的农业生产平均增长指数水平较低，其中4个城市中未有任何城市中的农业生产平均增长指数得分超过2分；说明广东地区的农业生产平均增长指数综合发展基础弱，城市农业生产效率更低，农业产出更少。

通过对各年间的珠江-西江经济带城市农业生产平均增长指数的平均分、标准差进行对比分析，可以发现其平均分处于波动下降的趋势，说明珠江-西江经济带城市农业生产平均增长指数整体并不稳定，但整体变化趋势较小。珠江-西江经济带农业生产平均增长指数的标准差处于持续下降的趋势，说明城市间的农业生产平均增长指数差距逐渐缩小。对各城市的农业生产平均增长指数变化展开分析，发现并未有任何城市的农业生产平均增长指数处在绝对领先位置，在2010~2015年的各个时间段内排名第一的城市不断更替。广东地区城市的农业生产平均增长指数得分均出现下降，并且其排名也都出现下降，说明广东地区的整体农业生产平均增长指数发展水平有待提升。广西地区城市的农业生产平均增长指数得分趋于上升，其农业生产平均增长指数排名也趋于上升，说明这些城市的农业生产平均增长指数也处于发展阶段。

表1-92　　　　　2010~2015年珠江-西江经济带各城市农业生产平均增长指数评价比较

地区	2010年	2011年	2012年	2013年	2014年	2015年	综合变化
南宁	0.328	2.141	2.666	2.657	2.016	0.990	0.662
	10	7	5	2	4	11	-1
柳州	0.436	2.147	2.799	1.535	1.769	1.808	1.372
	9	6	4	10	7	5	4
梧州	1.993	2.376	2.369	2.112	1.852	2.038	0.045
	4	5	7	6	5	1	3
贵港	1.766	2.538	3.005	2.351	1.420	1.851	0.085
	7	4	3	3	9	4	3
百色	0.759	0.000	3.309	2.726	1.041	1.427	0.668
	8	11	2	1	10	9	-1
来宾	0.020	1.812	3.616	2.297	1.429	1.293	1.272
	11	9	1	4	8	10	1
崇左	1.901	2.638	1.948	2.099	1.839	1.616	-0.285
	5	2	10	7	6	8	-3
广州	3.875	3.050	2.068	1.933	2.072	1.931	-1.944
	1	1	9	9	3	2	-1
佛山	1.861	2.088	1.704	1.261	0.441	1.692	-0.169
	6	8	11	11	11	7	-1
肇庆	3.273	1.461	2.436	2.215	2.226	1.928	-1.344
	2	10	6	5	1	3	-1
云浮	2.321	2.573	2.323	1.989	2.118	1.731	-0.591
	3	3	8	8	2	6	-3

续表

地区	2010年	2011年	2012年	2013年	2014年	2015年	综合变化
最高分	3.875	3.050	3.616	2.726	2.226	2.038	-1.837
最低分	0.020	0.000	1.704	1.261	0.441	0.990	0.969
平均分	1.685	2.075	2.568	2.107	1.657	1.664	-0.021
标准差	1.222	0.811	0.583	0.433	0.537	0.315	-0.907

6. 珠江－西江经济带城市农业枢纽度得分情况

通过表1-93对2010~2015年珠江－西江经济带城市农业枢纽度的变化进行分析。由2010年的珠江－西江经济带城市农业枢纽度评价来看，有7个城市的农业枢纽度得分已经在1分以上。得分大致处在0~7分，小于1分的城市有南宁市、柳州市、广州市、佛山市。最高得分为来宾市，为4.114分，最低得分为佛山市，为0.005分。得分平均值为1.927分，标准差为1.470，说明城市之间农业枢纽度的变化差异大。广东地区城市的农业枢纽度的得分较高，其中云浮市、肇庆市2个城市的农业枢纽度得分均超过1分；说明这些城市的农业枢纽度综合发展基础好，城市农业产出更多。广西地区的农业枢纽度水平较低，其中贵港市、梧州市、百色市、来宾市、崇左市5个城市的农业枢纽度得分均超过1分；说明广西地区的农业枢纽度综合发展基础弱，地区农业产出较小。

由2011年的珠江－西江经济带城市农业枢纽度评价来看，有7个城市的农业枢纽度得分已经在1分以上。得分大致处在0~3分，小于1分的城市有南宁市、柳州市、广州市、佛山市。最高得分为来宾市，为2.967分，最低得分为佛山市，为0.002分。得分平均值为1.380分，标准差为1.060，说明城市之间农业枢纽度的变化差异大。广东地区城市的农业枢纽度的得分较高，其中云浮市、肇庆市2个城市的农业枢纽度得分均超过1分；说明这些城市的农业枢纽度综合发展基础好，城市农业产出更多。广西地区的农业枢纽度水平较低，其中贵港市、梧州市、百色市、来宾市、崇左市5个城市的农业枢纽度得分超过1分；说明广西地区的农业枢纽度综合发展基础弱，地区农业产出较小。

由2012年的珠江－西江经济带城市农业枢纽度评价来看，有6个城市的农业枢纽度得分已经在1分以上。得分大致处在0~3分，小于1分的城市有南宁市、柳州市、广州市、佛山市、肇庆市。最高得分为来宾市，为2.684分，最低得分为佛山市，为0.002分。得分平均值为1.196分，标准差为0.934，说明城市之间农业枢纽度的变化差异大。广西地区城市的农业枢纽度的得分较高，其中贵港市、梧州市、百色市、来宾市、崇左市5个城市的农业枢纽度得分均超过1分；说明这些城市的农业枢纽度综合发展基础好，城市农业产出更多。广东地区的农业枢纽度水平较低，其中仅云浮市农业枢纽度得分超过1分；说明广东地区的农业枢纽度综合发展基础弱，地区农业产出较小。

由2013年的珠江－西江经济带城市农业枢纽度评价来看，有5个城市的农业枢纽度得分已经在1分以上。得分大致处在0~3分，小于1分的城市有南宁市、柳州市、梧州市、广州市、佛山市、肇庆市。最高得分为来宾市，为2.659分，最低得分为佛山市，为0.001分。得分平均值为1.079分，标准差为0.875，说明城市之间农业枢纽度的变化差异较大。广西地区城市的农业枢纽度的得分较好，其中贵港市、百色市、来宾市、崇左市4个城市的农业枢纽度得分超过1分；说明这些城市的农业枢纽度综合发展基础高，城市农业产出更多。广东地区的农业枢纽度水平较低，其中仅云浮市农业枢纽度得分超过1分；说明广东地区的农业枢纽度综合发展水平有待提升，地区农业产出较小。

由2014年的珠江－西江经济带城市农业枢纽度评价来看，有5个城市的农业枢纽度得分已经在1分以上。得分大致处在0~3分，小于1分的城市有南宁市、柳州市、梧州市、广州市、佛山市、肇庆市。最高得分为来宾市，为2.315分，最低得分为佛山市，为0.001分。得分平均值为0.926分，标准差为0.758，说明城市之间农业枢纽度的变化差异较大。广西地区城市的农业枢纽度的得分较高，其中贵港市、百色市、来宾市、崇左市4个城市的农业枢纽度得分均超过1分；说明这些城市的农业枢纽度综合发展基础好，城市农业产出更多。广东地区的农业枢纽度水平较低，其中仅云浮市农业枢纽度得分超过1分；说明广东地区的农业枢纽度综合发展水平有待提升，地区农业产出较小。

由2015年的珠江－西江经济带城市农业枢纽度评价来看，有5个城市的农业枢纽度得分已经在1分以上。得分大致处在0~3分，小于1分的城市有南宁市、柳州市、梧州市、广州市、佛山市、肇庆市。最高得分为来宾市，为2.238分，最低得分为佛山市，为0分。得分平均值为0.867分，标准差为0.718，说明城市之间农业枢纽度的变化差异较大。广西地区城市的农业枢纽度的得分较高，其中贵港市、百色市、来宾市、崇左市4个城市的农业枢纽度得分均超过1分；说明这些城市的农业枢纽度综合发展基础好，城市农业产出更多。广东地区的农业枢纽度水平较低，其中仅云浮市农业枢纽度得分超过1分；说明广东地区的农业枢纽度综合发展水平有待提升，地区农业产出较小。

通过对各年间的珠江－西江经济带城市农业枢纽度的平均分、标准差进行对比分析，可以发现其平均分处于持续下降的趋势，说明珠江－西江经济带农业枢纽度整体并不稳定，但整体变化趋势较小。珠江－西江经济带农业枢纽度的标准差处于持续下降的趋势，说明城市间的农业枢纽度差距逐渐缩小。对各城市的农业枢纽度变化展开分析，发现来宾市的农业枢纽度得分水平处在绝对领先位置，在2010~2015年的各个时间段内基本保持排名第一，但其整体水平处于下降的趋势。广东地区城市的农业枢纽度得分均出现下降,但其排名变化较小,说明广东地区的整体农业枢纽度变化幅度较小。广西地区的其他农业枢纽度得分趋于下降,但其农业枢纽度排名基本稳定。

表 1-93　　2010~2015 年珠江-西江经济带各城市农业枢纽度评价比较

地区	2010 年	2011 年	2012 年	2013 年	2014 年	2015 年	综合变化
南宁	0.739	0.516	0.432	0.376	0.316	0.285	-0.454
	8	8	8	8	8	8	0
柳州	0.679	0.487	0.402	0.358	0.303	0.284	-0.395
	9	9	9	9	9	9	0
梧州	1.929	1.317	1.102	0.914	0.791	0.767	-1.162
	6	6	6	6	6	6	0
贵港	2.455	1.830	1.631	1.495	1.265	1.156	-1.299
	5	5	5	5	5	5	0
百色	2.842	2.095	1.758	1.608	1.340	1.219	-1.623
	4	4	4	4	4	4	0
来宾	4.114	2.967	2.684	2.659	2.315	2.238	-1.876
	1	1	1	1	1	1	0
崇左	3.126	2.160	1.906	1.707	1.475	1.400	-1.726
	3	3	3	3	3	3	0
广州	0.009	0.006	0.004	0.003	0.002	0.001	-0.009
	10	10	10	10	10	10	0
佛山	0.005	0.002	0.002	0.001	0.001	0.000	-0.005
	11	11	11	11	11	11	0
肇庆	1.451	1.028	0.885	0.750	0.645	0.596	-0.855
	7	7	7	7	7	7	0
云浮	3.850	2.773	2.353	1.994	1.737	1.589	-2.260
	2	2	2	2	2	2	0
最高分	4.114	2.967	2.684	2.659	2.315	2.238	-1.876
最低分	0.005	0.002	0.002	0.001	0.001	0.000	-0.005
平均分	1.927	1.380	1.196	1.079	0.926	0.867	-1.061
标准差	1.470	1.060	0.934	0.875	0.758	0.718	-0.752

7. 珠江-西江经济带城市农业生产流强度得分情况

通过表 1-94 对 2010~2015 年珠江-西江经济带农业生产流强度的变化进行分析。由 2010 年的珠江-西江经济带城市农业生产流强度评价来看,有 8 个城市的农业生产流强度得分已经在 0.1 分以上。得分大致处在 0~3 分,小于 0.1 分的城市有梧州市、贵港市、云浮市。最高得分为广州市,为 2.498 分,最低得分为梧州市,为 0 分。得分平均值为 0.454 分,标准差为 0.760,说明城市之间农业生产流强度的变化差异较小。广东地区城市的农业生产流强度的得分较高,其中广州市、佛山市、肇庆市 3 个城市的农业生产流强度得分均超过 0.1 分;说明这些城市的农业生产流强度综合发展基础好,合理的农业生产强度,土地等资源可以为地区发展提供持续服务。广西地区的农业生产流强度水平较低,其中南宁市、柳州市、百色市、来宾市、崇左市 5 个城市的农业生产流强度得分超过 0.1 分;说明广西地区的农业生产流强度综合发展基础弱,不合理的农业生产流强度将导致自然环境破坏,引起土地荒漠化、水土流失、土壤污染等问题。

由 2011 年的珠江-西江经济带城市农业生产流强度评价来看,有 7 个城市的农业生产流强度得分已经在 0.1 分以上。得分大致处在 0~2 分,小于 0.1 分的城市有梧州市、贵港市、云浮市、肇庆市。最高得分为广州市,为 1.990 分,最低得分为梧州市,为 0.014 分。得分平均值为 0.437 分,标准差为 0.650,说明城市之间农业生产流强度的变化差异较小。广东地区城市的农业生产流强度的得分较高,其中广州市、佛山市 2 个城市的农业生产流强度得分均超过 0.1 分;说明这些城市的农业生产流强度综合发展基础好,合理的农业生产强度,土地等资源可以为地区发展提供持续服务。广西地区的农业生产流强度水平较低,其中南宁市、柳州市、百色市、来宾市、崇左市5个城市的农业生产流强度得分超过0.1分；说明广西地区的农业生产流强度综合发展基础弱，不合理的农业生产流强度将导致自然环境破坏，引起土地荒漠化、水土流失、土壤污染等问题。

由2012年的珠江-西江经济带城市农业生产流强度评价来看，有7个城市的农业生产流强度得分已经在0.1分以上。得分大致处在0~3分，小于0.1分的城市有梧州市、贵港市、云浮市、肇庆市。最高得分为广州市，为2.225分，最低得分为梧州市，为0.019。得分平均值为0.485分，标准差为0.706，说明城市之间农业生产流强度的变化差异较小。广东地区城市的农业生产流强度的得分较高，其中广州市、佛山市2个城市的农业生产流强度得分均超过0.1分，说明这些城市的农业生产流强度综合发展基础好，合理的农业生产强度，土地等资源可以为地区发展提供持续服务。广西地区的农业生产流强度水平较低，其中南宁市、柳州市、百色市、来宾市、崇左市5个城市的农业生产流强度得分超过0.1分；说明广西地区的农业生产流强度综合发展基础弱，不合理的农业生产流强度将导致自然环境破坏，引起土地荒漠化、水土流失、土壤污染等问题。

由2013年的珠江-西江经济带城市农业生产流强度评价来看，有8个城市的农业生产流强度得分已经在0.1分以上。得分大致处在0~3分，小于0.1分的城市有梧州市、贵港市、云浮市。最高得分为广州市，为2.659分，最低得分为梧州市，为0.029。得分平均值为0.562分，标准差为0.827，说明城市之间农业生产流强度的变化差异较小。广东地区城市的农业生产流强度的得分较高，其中广州市、佛山市、肇庆市3个城市的农业生产流强度得分均超过0.1分；说明这些城市的农业生产流强度综合发展基础好，合理的农业生产强度，土地等资源可以为地区发展提供持续服务。广西地区的农业生产流强度水平较低，其中南宁市、柳州市、百色市、来宾市、崇左市5个城市的农业生产流强度得分超过0.1分；说明广西地区的农业生产流强度综合发展基础弱，不合理的农业生产流强度将导致自然环境破坏，引起土地荒漠化、水土流失、土壤污染等问题。

由2014年的珠江-西江经济带城市农业生产流强度评价来看，有8个城市的农业生产流强度得分已经在0.1分以上。得分大致处在0~3分，小于0.1分的城市有梧州市、贵港市、云浮市。最高得分为广州市，为2.918分，最低得分为梧州市，为0.036分。得分平均值为0.642分，标准差为0.906，说明城市之间农业生产流强度的变化差异较小。广东地区城市的农业生产流强度的得分较高，其中广州市、佛山市、肇庆市3个城市的农业生产流强度得分均超过0.1分；说明这些城市的农业生产流强度综合发展基础好，合理的农业生产强度，土地等资源可以为地区发展提供持续服务。广西地区的农业生产流强度水平较低，其中南宁市、柳州市、百色市、来宾市、崇左市5个城市的农业生产流强度得分超过0.1分；说明广西地区的农业生产流强度综合发展基础弱，不合理的农业生产流强度将导致自然环境破坏，引起土地荒漠化、水土流失、土壤污染等问题。

由2015年的珠江-西江经济带城市农业生产流强度评价来看，有9个城市的农业生产流强度得分已经在0.1分以上。得分大致处在0~4分，小于0.1分的城市有梧州市、云浮市。最高得分为广州市，为3.237分，最低得分为梧州市，为0.035分。得分平均值为0.688分，标准差为1.001，说明城市之间农业生产流强度的变化差异较小。广东地区城市的农业生产流强度的得分较高，其中广州市、佛山市、肇庆市3个城市的农业生产流强度得分均超过0.1分；说明这些城市的农业生产流强度综合发展基础好，合理的农业生产强度，土地等资源可以为地区发展提供持续服务。广西地区的农业生产流强度水平较低，其中南宁市、柳州市、百色市、贵港市、来宾市、崇左市6个城市的农业生产流强度得分超过0.1分；说明广西地区的农业生产流强度综合发展基础弱，不合理的农业生产流强度将导致自然环境破坏，引起土地荒漠化、水土流失、土壤污染等问题。

通过对各年间的珠江-西江经济带城市农业生产流强度的平均分、标准差进行对比分析，可以发现其平均分处于波动上升的趋势，说明珠江-西江经济带城市农业生产流强度整体并不稳定，但整体变化趋势较小。珠江-西江经济带城市农业生产流强度的标准差处于波动上升的趋势，说明城市间的农业生产流强度差距逐渐扩大。对各城市的农业生产流强度变化展开分析，发现广州市的农业生产流强度得分水平处在绝对领先位置，在2010~2015年的各个时间段内均保持排名第一，其整体水平处于上升的趋势。广东地区的其他城市的农业生产流强度得分除肇庆市外均出现上升，且其排名除肇庆市外也出现上升，说明广东地区的整体农业生产流强度处于发展阶段。广西地区其他城市农业生产流强度得分趋于上升，其农业生产流强度排名变化较小，说明广西地区的整体农业生产流强度变化幅度较小。

表1-94　　　　　　　2010~2015年珠江-西江经济带各城市农业生产流强度评价比较

地区	2010年	2011年	2012年	2013年	2014年	2015年	综合变化
南宁	0.402	0.478	0.556	0.666	0.755	0.770	0.368
	3	3	3	3	4	3	0
柳州	0.345	0.402	0.479	0.538	0.827	0.704	0.359
	4	4	4	4	3	4	0
梧州	0.000	0.014	0.019	0.029	0.036	0.035	0.035
	11	11	11	11	11	11	0
贵港	0.045	0.064	0.077	0.085	0.097	0.112	0.067
	9	8	9	9	9	9	0

续表

地区	2010年	2011年	2012年	2013年	2014年	2015年	综合变化
百色	0.110	0.110	0.145	0.163	0.180	0.224	0.114
	7	7	7	6	6	6	1
来宾	0.108	0.130	0.146	0.152	0.169	0.177	0.068
	8	6	6	7	7	7	1
崇左	0.117	0.150	0.171	0.194	0.228	0.257	0.140
	6	5	5	5	5	5	1
广州	2.498	1.990	2.225	2.659	2.918	3.237	0.740
	1	1	1	1	1	1	0
佛山	1.209	1.383	1.414	1.551	1.683	1.867	0.658
	2	2	2	2	2	2	0
肇庆	0.154	0.061	0.077	0.107	0.125	0.139	-0.016
	5	9	8	8	8	8	-3
云浮	0.003	0.019	0.029	0.036	0.043	0.051	0.048
	10	10	10	10	10	10	0
最高分	2.498	1.990	2.225	2.659	2.918	3.237	0.740
最低分	0.000	0.014	0.019	0.029	0.036	0.035	0.035
平均分	0.454	0.437	0.485	0.562	0.642	0.688	0.235
标准差	0.760	0.650	0.706	0.827	0.906	1.001	0.241

8. 珠江-西江经济带城市农业生产倾向度得分情况

通过表1-95对2010~2015年珠江-西江经济带城市农业生产倾向度及变化进行分析。由2010年的珠江-西江经济带城市农业生产倾向度评价来看，有9个城市的农业生产倾向度得分已经在1分以上。得分大致处在0~5分，小于1分的城市有梧州市、云浮市。最高得分为崇左市，为4.003分，最低得分为梧州市，为0分。得分平均值为2.003分，标准差为1.235，说明城市之间农业生产倾向度的变化差异较小。广东地区城市的农业生产倾向度的得分较高，其中广州、佛山市、肇庆市3个城市的农业生产倾向度得分均超过1分；说明这些城市的农业生产倾向度综合发展基础好，农业产出更高。广西地区的农业生产倾向度水平较低，其中南宁市、柳州市、贵港市、百色市、来宾市、崇左市6个城市的农业生产倾向度得分超过1分；说明广西地区的农业生产倾向度综合发展基础弱，城市农业产出较低。

由2011年的珠江-西江经济带城市农业生产倾向度评价来看，有8个城市的农业生产倾向度得分已经在1分以上。得分大致处在0~4分，小于1分的城市有梧州市、肇庆市、云浮市。最高得分为崇左市，为3.800分，最低得分为梧州市，为0.089分。得分平均值为1.729分，标准差为1.219，说明城市之间农业生产倾向度的变化差异较小。广西地区城市的农业生产倾向度的得分较高，其中南宁市、柳州市、贵港市、百色市、来宾市、崇左市6个城市的农业生产倾向度得分均超过1分；说明这些城市的农业生产倾向度综合发展基础好，农业产出更高。广东地区的农业生产倾向度水平较低，其中广州市、佛山市2个城市的农业生产倾向度得分超过1分；说明广东地区的农业生产倾向度综合发展水平有待提升，城市农业产出较低。

由2012年的珠江-西江经济带城市农业生产倾向度评价来看，有8个城市的农业生产倾向度得分已经在1分以上。得分大致处在0~4分，小于1分的城市有梧州市、肇庆市、云浮市。最高得分为崇左市，为3.924分，最低得分为梧州市，为0.064分。得分平均值为1.801分，标准差为1.254，说明城市之间农业生产倾向度的变化差异较小。广西地区城市的农业生产倾向度的得分较高，其中南宁市、柳州市、贵港市、百色市、来宾市、崇左市6个城市的农业生产倾向度得分均超过1分；说明这些城市的农业生产倾向度综合发展基础好，农业产出更高。广东地区的农业生产倾向度水平较低，其中广州市、佛山市2个城市的农业生产倾向度得分超过1分；说明广东地区的农业生产倾向度综合发展水平有待提升，城市农业产出较低。

由2013年的珠江-西江经济带城市农业生产倾向度评价来看，有8个城市的农业生产倾向度得分已经在1分以上。得分大致处在0~4分，小于1分的城市有梧州市、肇庆市、云浮市。最高得分为崇左市，为3.787分，最低得分为梧州市，为0.042分。得分平均值为1.768分，标准差为1.221，说明城市之间农业生产倾向度的变化差异较小。广西地区城市的农业生产倾向度的得分较高，其中南宁市、柳州市、贵港市、百色市、来宾市、崇左市6个城市的农业生产倾向度得分均超过1分；说明这些城市的农业生产倾向度综合发展基础好，农业产出更高。广东地区的农业生产倾向度水平较低，其中广州市、佛山市2个城市的农业生产倾向度得分超过1分；说明广东地区的农业生产倾向度综合发展水平有待提升，城市农业产出较低。

由2014年的珠江-西江经济带城市农业生产倾向度评价来看，有8个城市的农业生产倾向度得分已经在1分以上。得分大致处在0~4分，小于1分的城市有梧州市、肇庆市、云浮市。最高得分为崇左市，为3.969分，最低得分为梧州市，为0.054分。得分平均值为1.903分，标准差为1.385，说明城市之间农业生产倾向度的变化差异较小。广西地区城市的农业生产倾向度的得分较高，其中南宁市、柳州市、贵港市、百色市、来宾市、崇左市6个城市的农业生产倾向度得分均超过1分；说明这些城市的农业生产倾向度综合发展基础好，农业产出更高。广东地区的农业生产倾向度水平较低，其中广州市、佛山市2个城市的农业生产倾向度得分超过1分；说明广东地区的农业生产倾向度综合发展水平有待提升，城市农业产出较低。

由2015年的珠江-西江经济带城市农业生产倾向度评价来看，有8个城市的农业生产倾向度得分已经在1分以上。得分大致处在0~4分，小于1分的城市有梧州市、肇庆市、云浮市。最高得分为崇左市，为3.976分，最低得分为梧州市，为0.029分。得分平均值为1.773分，标准差为1.272，说明城市之间农业生产倾向度的变化差异较小。广西地区城市的农业生产倾向度的得分较高，其中南宁市、柳州市、贵港市、百色市、来宾市、崇左市6个城市的农业生产倾向度得分均超过1分；说明这些城市的农业生产倾向度综合发展基础好，农业产出更高。广东地区的农业生产倾向度水平较低，其中广州市、佛山市2个城市的农业生产倾向度得分超过1分；说明广东地区的农业生产倾向度综合发展水平有待提升，城市农业产出较低。

通过对各年间的珠江-西江经济带城市农业生产倾向度的平均分、标准差进行对比分析，可以发现其平均分处于波动下降的趋势，说明珠江-西江经济带城市农业生产倾向度整体并不稳定，但整体变化趋势较小。珠江-西江经济带城市农业生产倾向度的标准差处于波动上升的趋势，说明城市间的农业生产倾向度差距逐渐扩大。对各城市的农业生产倾向度变化展开分析，发现崇左市的农业生产倾向度处在绝对领先位置，在2010~2015年的各个时间段内均保持排名第一，但其整体水平处于波动下降的趋势。佛山市的农业生产倾向度得分下降，但其排名出现上升。广东地区的其他城市的农业生产倾向度得分趋于下降，其农业生产倾向度排名除云浮市外均出现下降，说明广东地区的整体农业生产倾向度处于滞后阶段。广西地区的其他城市的农业生产倾向度得分趋于下降，并且其排名变化较小，说明广西地区的整体农业生产倾向度变化幅度较小。

表1-95　　2010~2015年珠江-西江经济带各城市农业生产倾向度评价比较

地区	2010年	2011年	2012年	2013年	2014年	2015年	综合变化
南宁	2.242	2.091	2.126	2.166	2.172	1.860	-0.382
	5	4	5	4	4	6	-1
柳州	2.803	2.626	2.676	2.566	3.785	2.791	-0.012
	3	3	3	3	2	3	0
梧州	0.000	0.089	0.064	0.042	0.054	0.029	0.029
	11	11	11	11	11	11	0
贵港	1.054	1.156	1.256	1.163	1.191	1.172	0.119
	9	8	8	8	8	8	1
百色	2.410	1.943	2.142	2.125	1.998	2.190	-0.220
	4	5	4	5	5	4	0
来宾	3.590	3.362	3.497	3.465	3.581	3.460	-0.130
	2	2	2	2	3	2	0
崇左	4.003	3.800	3.924	3.787	3.969	3.976	-0.027
	1	1	1	1	1	1	0
广州	2.159	1.270	1.299	1.304	1.313	1.254	-0.904
	6	7	7	7	7	7	-1
佛山	1.968	1.901	1.926	1.895	1.940	1.873	-0.095
	7	6	6	6	6	5	2
肇庆	1.403	0.170	0.211	0.282	0.283	0.264	-1.138
	8	10	10	10	10	10	-2
云浮	0.400	0.614	0.689	0.657	0.647	0.637	0.236
	10	9	9	9	9	9	1
最高分	4.003	3.800	3.924	3.787	3.969	3.976	-0.027
最低分	0.000	0.089	0.064	0.042	0.054	0.029	0.029
平均分	2.003	1.729	1.801	1.768	1.903	1.773	-0.229
标准差	1.235	1.219	1.254	1.221	1.385	1.272	0.037

9. 珠江-西江经济带城市农业生产职能规模得分情况

通过表1-96对2010~2015年珠江-西江经济带城市农业生产职能规模及变化进行分析。由2010年的珠江-西江经济带城市农业生产职能规模评价来看，有6个城市的农业生产职能规模得分已经在0.1分以上。得分大致处在0~3分，小于0.1分的城市有梧州市、贵港市、佛山市、肇庆市、云浮市。最高得分为崇左市，为2.424分，最低得分为云浮市，为0.001。得分平均值为0.542分，标准差为0.715，说明城市之间农业生产职能规模的变化差异较小。广西地区城市的农业生产职能规模的得分较高，其中南宁市、柳州市、百色市、来宾市、崇左市5个城市的农业生产职能规模得分均超过0.1分；说明这些城市的农业生产职能规模综合发展基础好，城市农业发展基础较高。广东地区的农业生产职能规模水平较低，其中仅广州市农业生产职能规模得分超过0.1分；说明广东地区的农业生产职能规模综合发展水平有待提升，城市农业发展基础较低。

由2011年的珠江-西江经济带城市农业生产职能规模评价来看，有6个城市的农业生产职能规模得分已经在0.1分以上。得分大致处在0~3分，小于0.1分的城市有梧州市、贵港市、佛山市、肇庆市、云浮市。最高得分为崇左市，为2.587分，最低得分为云浮市，为0分。得分平均值为0.545分，标准差为0.760，说明城市之间农业生产职能规模的变化差异较小。广西地区城市的农业生产职能规模的得分较高，其中南宁市、柳州市、百色市、来宾市、崇左市5个城市的农业生产职能规模得分均超过0.1分；说明这些城市的农业生产职能规模综合发展基础好，城市农业发展基础较高。广东地区的农业生产职能规模水平较低，其中仅广州市农业生产职能规模得分超过0.1分；说明广东地区的农业生产职能规模综合发展水平有待提升，城市农业发展基础较低。

由2012年的珠江-西江经济带城市农业生产职能规模评价来看，有7个城市的农业生产职能规模得分已经在0.1分以上。得分大致处在0~3分，小于0.1分的城市有贵港市、佛山市、肇庆市、云浮市。最高得分为崇左市，为2.782分，最低得分为云浮市，为0.003分。得分平均值为0.613分，标准差为0.830，说明城市之间农业生产职能规模的变化差异较小。广西地区城市的农业生产职能规模的得分较高，其中南宁市、柳州市、梧州市、百色市、来宾市、崇左市6个城市的农业生产职能规模得分均超过0.1分；说明这些城市的农业生产职能规模综合发展基础高，城市农业发展基础较好。广东地区的农业生产职能规模水平较低，其中仅广州市农业生产职能规模得分超过0.1分；说明广东地区的农业生产职能规模综合发展水平有待提升，城市农业发展基础较低。

由2013年的珠江-西江经济带城市农业生产职能规模评价来看，有9个城市的农业生产职能规模得分已经在0.1分以上。得分大致处在0~3分，小于0.1分的城市有佛山市、肇庆市。最高得分为崇左市，为2.876分，最低得分为云浮市，为0.004分。得分平均值为0.650分，标准差为0.866，说明城市之间农业生产职能规模的变化差异较小。广西地区城市的农业生产职能规模的得分较高，其中南宁市、柳州市、梧州市、贵港市、百色市、来宾市、崇左市7个城市的农业生产职能规模得分均超过0.1分；说明这些城市的农业生产职能规模综合发展基础好，城市农业发展基础较高。广东地区的农业生产职能规模水平较低，其中广州市、云浮市2个城市的农业生产职能规模得分超过0.1分；说明广东地区的农业生产职能规模综合发展水平有待提升，城市农业发展基础较低。

由2014年的珠江-西江经济带城市农业生产职能规模评价来看，有9个城市的农业生产职能规模得分已经在0.1分以上。得分大致处在0~3分，小于0.1分的城市有佛山市、肇庆市。最高得分为崇左市，为3.077分，最低得分为云浮市，为0.004分。得分平均值为0.697分，标准差为0.925，说明城市之间农业生产职能规模的变化差异较小。广西地区城市的农业生产职能规模的得分较高，其中南宁市、柳州市、梧州市、贵港市、百色市、来宾市、崇左市7个城市的农业生产职能规模得分均超过0.1分；说明这些城市的农业生产职能规模综合发展基础好，城市农业发展基础较高。广东地区的农业生产职能规模水平较低，其中广州市、云浮市2个城市的农业生产职能规模得分超过0.1分；说明广东地区的农业生产职能规模综合发展水平有待提升，城市农业发展基础较低。

由2015年的珠江-西江经济带城市农业生产职能规模评价来看，有9个城市的农业生产职能规模得分已经在0.1分以上。得分大致处在0~3分，小于0.1分的城市有佛山市、肇庆市。最高得分为崇左市，为3.208分，最低得分为云浮市，为0.006分。得分平均值为0.670分，标准差为0.944，说明城市之间农业生产职能规模的变化差异较小。广西地区城市的农业生产职能规模的得分较高，其中南宁市、柳州市、梧州市、贵港市、百色市、来宾市、崇左市7个城市的农业生产职能规模得分均超过0.1分；说明这些城市的农业生产职能规模综合发展基础好，城市农业发展基础较高。广东地区的农业生产职能规模水平较低，其中广州市、云浮市2个城市的农业生产职能规模得分超过0.1分；说明广东地区的农业生产职能规模综合发展水平有待提升，城市农业发展基础较低。

通过对各年间的珠江-西江经济带城市农业生产职能规模的平均分、标准差进行对比分析，可以发现其平均分处于波动上升的趋势，说明珠江-西江经济带城市农业生产职能规模整体并不稳定，但整体变化趋势较好。珠江-西江经济带城市农业生产职能规模的标准差处于持续上升的趋势，说明城市间的农业生产职能规模差距逐渐扩大。对各城市的农业生产职能规模变化展开分析，发现崇左市的农业生产职能规模得分水平处在绝对领先位置，在2010~2015年的各个时间段内基本保持排名第一，其整体水平处于上升的趋势。佛山市的农业生产职能规模得分出现下降，但其排名出现上升。广东地区的其他城市的农业生产职能规模得分趋于上升，其农业生产职能规模排名除肇庆市外均保持不变，说明广东地区的整体农业生产职能规模处于发展阶段。广西地区的其他城市的农业生产职能规模得分趋于上升，并且其排名变化较小，说明广西地区的整体农业生产职能规模变化幅度较小。

表 1-96　　2010~2015 年珠江-西江经济带各城市农业生产职能规模评价比较

地区	2010 年	2011 年	2012 年	2013 年	2014 年	2015 年	综合变化
南宁	0.766	0.772	0.862	0.997	1.000	0.789	0.023
	3	3	3	3	3	3	0
柳州	0.591	0.597	0.675	0.659	0.981	0.747	0.156
	4	4	4	4	4	4	0
梧州	0.090	0.096	0.105	0.113	0.127	0.140	0.050
	9	8	7	7	7	7	2
贵港	0.067	0.079	0.098	0.102	0.100	0.101	0.034
	10	10	8	8	9	9	1
百色	0.421	0.303	0.378	0.432	0.378	0.388	-0.033
	5	5	5	5	5	5	0
来宾	1.106	1.091	1.342	1.452	1.474	1.430	0.323
	2	2	2	2	2	2	0
崇左	2.424	2.587	2.782	2.876	3.077	3.208	0.784
	1	1	1	1	1	1	0
广州	0.314	0.282	0.301	0.321	0.351	0.370	0.055
	6	6	6	6	6	6	0
佛山	0.090	0.097	0.097	0.091	0.071	0.075	-0.016
	8	7	9	10	10	10	-2
肇庆	0.092	0.085	0.094	0.101	0.107	0.114	0.022
	7	9	10	9	8	8	-1
云浮	0.001	0.000	0.003	0.004	0.004	0.006	0.006
	11	11	11	11	11	11	0
最高分	2.424	2.587	2.782	2.876	3.077	3.208	0.784
最低分	0.001	0.000	0.003	0.004	0.004	0.006	0.006
平均分	0.542	0.545	0.613	0.650	0.697	0.670	0.128
标准差	0.715	0.760	0.830	0.866	0.925	0.944	0.230

10. 珠江-西江经济带城市农业生产职能地位得分情况

通过表 1-97 对 2010~2015 年珠江-西江经济带城市农业生产职能地位及变化进行分析。由 2010 年的珠江-西江经济带城市农业生产职能地位评价来看，有 7 个城市的农业生产职能地位得分已经在 1 分以上。得分大致处在 0~4 分，小于 1 分的城市有梧州市、贵港市、佛山市、云浮市。最高得分为南宁市，为 3.847 分，最低得分为云浮市，为 0.036 分。得分平均值为 1.697 分，标准差为 1.217，说明城市之间农业生产职能地位的变化差异较小。广西地区城市的农业生产职能地位的得分较高，其中南宁市、柳州市、百色市、来宾市、崇左市 5 个城市的农业生产职能地位得分均超过 1 分；说明这些城市的农业生产职能地位综合发展基础好，城市农业产出较高。广东地区的农业生产职能地位水平较低，其中广州市、肇庆市 2 个城市的农业生产职能地位得分超过 1 分；说明广东地区的农业生产职能地位综合发展水平有待提升，城市农业产出较低。

由 2011 年的珠江-西江经济带城市农业生产职能地位评价来看，有 7 个城市的农业生产职能地位得分已经在 1 分以上。得分大致处在 0~4 分，小于 1 分的城市有梧州市、贵港市、佛山市、云浮市。最高得分为南宁市，为 3.688 分，最低得分为云浮市，为 0 分。得分平均值为 1.675 分，标准差为 1.194，说明城市之间农业生产职能地位的变化差异较小。广西地区城市的农业生产职能地位的得分较高，其中南宁市、柳州市、百色市、来宾市、崇左市 5 个城市的农业生产职能地位得分均超过 1 分；说明这些城市的农业生产职能地位综合发展基础好，城市农业产出较高。广东地区的农业生产职能地位水平较低，其中广州市、肇庆市 2 个城市的农业生产职能地位得分超过 1 分；说明广东地区的农业生产职能地位综合发展水平有待提升，城市农业产出较低。

由 2012 年的珠江-西江经济带城市农业生产职能地位评价来看，有 7 个城市的农业生产职能地位得分已经在 1 分以上。得分大致处在 0~4 分，小于 1 分的城市有梧州市、贵港市、佛山市、云浮市。最高得分为南宁市，为 3.696 分，最低得分为云浮市，为 0.036 分。得分平均值为 1.669 分，标准差为 1.170，说明城市之间农业生产职能地位的变化差异较小。广西地区城市的农业生产职能地位的得分较高，其中南宁市、柳州市、百色市、来宾市、崇左市 5 个城市的农业生产职能地位得分均超过 1 分；说明这些城市的农业生产职能地位综合发展基础好，城市农业产出较高。广东地区的农业生产职能地位水平较低，其中广州市、肇庆市2个城市的农业生产职能地位得分均超过1分；说明广东地区的农业生产职能地位综合发展水平有待提升，城市农业产出较低。

由2013年的珠江-西江经济带城市农业生产职能地位评价来看，有7个城市的农业生产职能地位得分已经在1分以上。得分大致处在0~4分，小于1分的城市有梧州市、贵港市、佛山市、云浮市。最高得分为南宁市，为3.839分，最低得分为云浮市，为0.037分。得分平均值为1.681分，标准差为1.194，说明城市之间农业生产职能地位的变化差异较小。广西地区城市的农业生产职能地位的得分较高，其中南宁市、柳州市、百色市、来宾市、崇左市5个城市的农业生产职能地位得分均超过1分；说明这些城市的农业生产职能地位综合发展基础好，城市农业产出较高。广东地区的农业生产职能地位水平较低，其中广州市、肇庆市2个城市的农业生产职能地位得分均超过1分；说明广东地区的农业生产职能地位综合发展水平有待提升，城市农业产出较低。

由2014年的珠江-西江经济带城市农业生产职能地位评价来看，有7个城市的农业生产职能地位得分已经在1分以上。得分大致处在0~4分，小于1分的城市有梧州市、贵港市、佛山市、云浮市。最高得分为南宁市，为3.919分，最低得分为云浮市，为0.050分。得分平均值为1.707分，标准差为1.250，说明城市之间农业生产职能地位的变化差异较小。广西地区城市的农业生产职能地位的得分较高，其中南宁市、柳州市、百色市、来宾市、崇左市5个城市的农业生产职能地位得分均超过1分；说明这些城市的农业生产职能地位综合发展基础好，城市农业产出较高。广东地区的农业生产职能地位水平较低，其中广州市、肇庆市2个城市的农业生产职能地位得分超过1分；说明广东地区的农业生产职能地位综合发展水平有待提升，城市农业产出较低。

由2015年的珠江-西江经济带城市农业生产职能地位评价来看，有7个城市的农业生产职能地位得分已经在1分以上。得分大致处在0~4分，小于1分的城市有梧州市、贵港市、佛山市、云浮市。最高得分为崇左市，为3.715分，最低得分为云浮市，为0.056分。得分平均值为1.711分，标准差为1.241，说明城市之间农业生产职能地位的变化差异较小。广西地区城市的农业生产职能地位的得分较高，其中南宁市、柳州市、百色市、来宾市、崇左市5个城市的农业生产职能地位得分均超过1分；说明这些城市的农业生产职能地位综合发展基础好，城市农业产出较高。广东地区的农业生产职能地位水平较低，其中广州市、肇庆市这2个城市的农业生产职能地位得分超过1分；说明广东地区的农业生产职能地位综合发展水平有待提升，城市农业产出较低。

通过对各年间的珠江-西江经济带城市农业生产职能地位的平均分、标准差进行对比分析，可以发现其平均分处于波动上升的趋势，说明珠江-西江经济带城市农业生产职能地位整体并不稳定，但整体变化趋势较好。珠江-西江经济带城市农业生产职能地位的标准差也处于波动上升的趋势，说明城市间的农业生产职能地位差距逐渐扩大。对各城市的农业生产职能地位变化展开分析，发现南宁市的农业生产职能地位得分水平处在绝对领先位置，在2010~2015年的各个时间段内基本保持排名第一，但其整体水平处于下降的趋势。佛山市的农业生产职能地位得分出现下降，其排名也出现下降。广东地区的其他城市的农业生产职能地位得分趋于上升，其农业生产职能地位排名均出现上升，说明广东地区的整体农业生产职能地位处于发展阶段。广西地区的其他城市的农业生产职能地位得分趋于上升，并且其排名变化较小，说明广西地区的整体农业生产职能地位变化幅度较小。

表1-97　　　　　2010~2015年珠江-西江经济带各城市农业生产职能地位评价比较

地区	2010年	2011年	2012年	2013年	2014年	2015年	综合变化
南宁	3.847	3.688	3.696	3.839	3.919	3.676	-0.170
	1	1	1	1	1	2	-1
柳州	1.699	1.658	1.671	1.622	1.712	1.726	0.026
	5	5	5	5	5	5	0
梧州	0.704	0.722	0.726	0.732	0.827	0.883	0.179
	10	10	9	9	8	8	2
贵港	0.780	0.738	0.781	0.823	0.804	0.829	0.049
	8	9	8	8	9	9	-1
百色	1.673	1.387	1.469	1.598	1.542	1.413	-0.260
	6	6	6	6	6	6	0
来宾	1.996	1.960	2.005	2.051	2.067	2.103	0.107
	4	4	4	4	4	4	0
崇左	3.517	3.606	3.485	3.424	3.491	3.715	0.198
	2	2	2	2	2	1	1
广州	2.625	2.559	2.495	2.497	2.688	2.714	0.089
	3	3	3	3	3	3	0

续表

地区	2010年	2011年	2012年	2013年	2014年	2015年	综合变化
佛山	0.726	0.776	0.675	0.547	0.300	0.307	-0.419
	9	8	10	10	10	10	-1
肇庆	1.059	1.332	1.322	1.326	1.378	1.399	0.340
	7	7	7	7	7	7	0
云浮	0.036	0.000	0.036	0.037	0.050	0.056	0.020
	11	11	11	11	11	11	0
最高分	3.847	3.688	3.696	3.839	3.919	3.715	-0.132
最低分	0.036	0.000	0.036	0.037	0.050	0.056	0.020
平均分	1.697	1.675	1.669	1.681	1.707	1.711	0.014
标准差	1.217	1.194	1.170	1.194	1.250	1.241	0.023

(二) 珠江-西江经济带城市农业产出水平评估结果的比较与评析

1. 珠江-西江经济带城市农业产出排序变化比较分析

由图1-70可以看到，2010年与2011年相比，珠江-西江经济带城市农业产出处于上升趋势的城市有4个，分别是南宁市、柳州市、来宾市、佛山市，上升幅度最大的是来宾市，排名上升3名，南宁市、柳州市排名均上升2名，佛山市排名上升1名。排名保持不变的城市有3个，分别是梧州市、贵港市、崇左市。处于下降趋势的城市有4个，分别是百色市、肇庆市、广州市、云浮市，百色市、肇庆市、广州市、云浮市排名均下降2名。

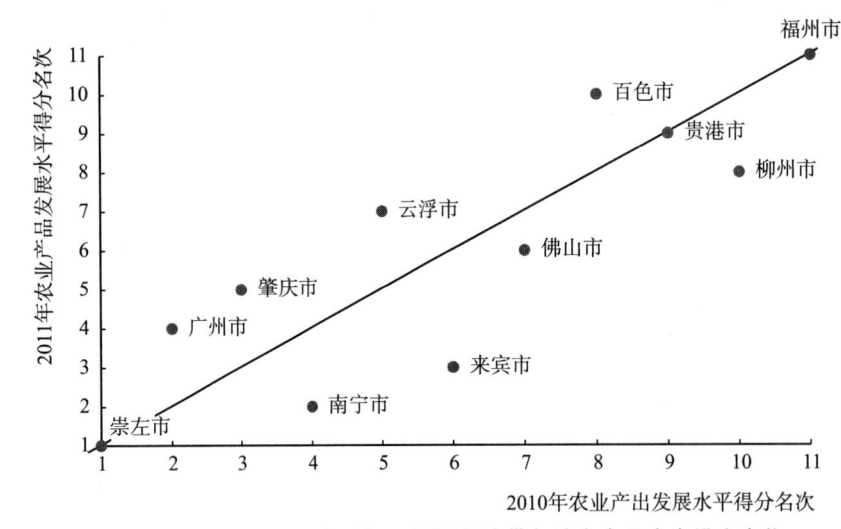

图1-70 2010~2011年珠江-西江经济带各城市农业产出排序变化

由图1-71可以看到，2011年与2012年相比，珠江-西江经济带城市农业产出处于上升趋势的城市有5个，分别是南宁市、柳州市、贵港市、百色市、来宾市，上升幅度最大的是百色市，排名上升6名，柳州市、贵港市排名均上升2名，南宁市、来宾市排名均上升1名。排名保持不变的城市有2个，分别是梧州市、肇庆市。处于下降趋势的城市有4个，分别是崇左市、佛山市、广州市、云浮市，下降幅度最大的是广州市，排名下降5名，云浮市排名下降3名，崇左市、佛山市排名均下降2名。

由图1-72可以看到，2012年与2013年相比，珠江-西江经济带城市农业产出处于上升趋势的城市有2个，分别是崇左市、广州市，上升幅度最大的是广州市，排名上升3名，崇左市排名上升1名。排名保持不变的城市有7个，分别是南宁市、梧州市、贵港市、百色市、佛山市、肇庆市、云浮市。处于下降趋势的城市有2个，分别是柳州市、来宾市，下降幅度最大的是柳州市，排名下降3名，来宾市排名下降1名。

由图1-73可以看到，2013年与2014年相比，珠江-西江经济带城市农业产出处于上升趋势的城市有4个，分别是柳州市、崇左市、肇庆市、云浮市，上升幅度最大的是柳州市，排名上升4名，云浮市排名上升2名，崇左市、肇庆市排名均上升1名。排名保持不变的城市有3个，分别是梧州市、来宾市、广州市。处于下降趋势的城市有4个，分别是南宁市、贵港市、百色市、佛山市，下降幅度最大的是百色市，排名下降3名，贵港市、佛山市排名均下降2名，南宁市排名下降1名。

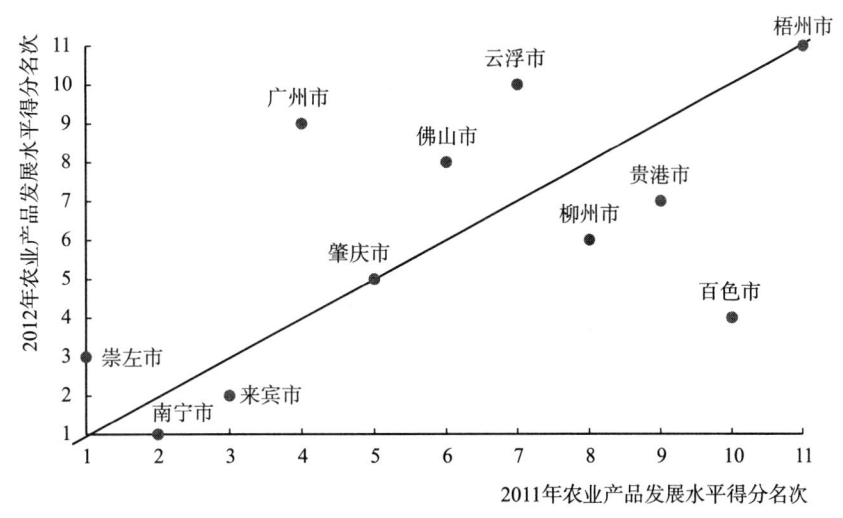

图 1-71 2011~2012 年珠江-西江经济带各城市农业产出排序变化

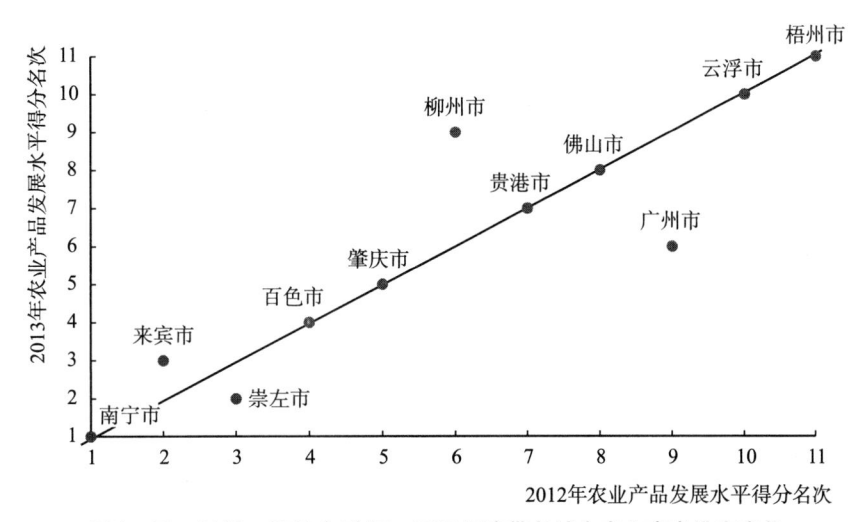

图 1-72 2012~2013 年珠江-西江经济带各城市农业产出排序变化

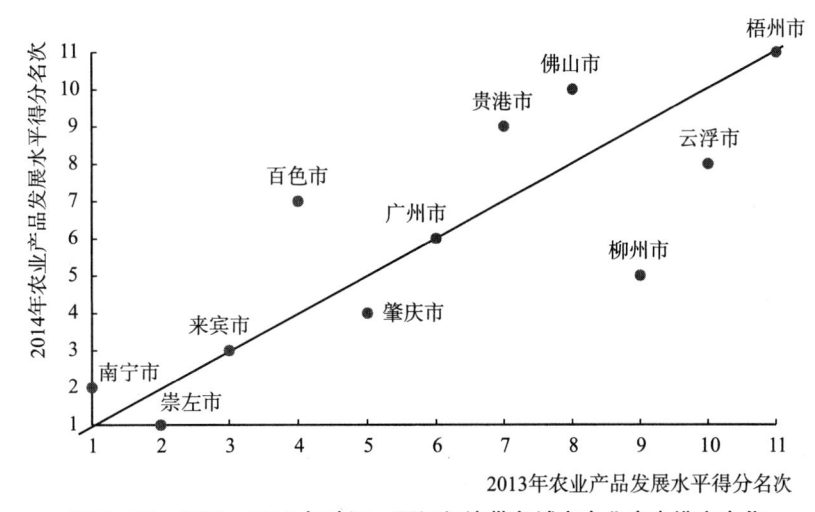

图 1-73 2013~2014 年珠江-西江经济带各城市农业产出排序变化

由图 1-74 可以看到，2014 年与 2015 年相比，珠江-西江经济带城市农业产出处于上升趋势的城市有 3 个，分别是贵港市、广州市、佛山市，上升幅度最大的是佛山市，排名上升 3 名，广州市排名上升 2 名，贵港市排名上升 1 名。排名保持不变的城市有 4 个，分别是南宁市、梧州市、来宾市、崇左市。处于下降趋势的城市有 4 个，分别是柳州市、百色市、肇庆市、云浮市，下降幅度最大的是百色市、云浮市，排名均下降 2 名，柳州市、肇庆市排名均下降 1 名。

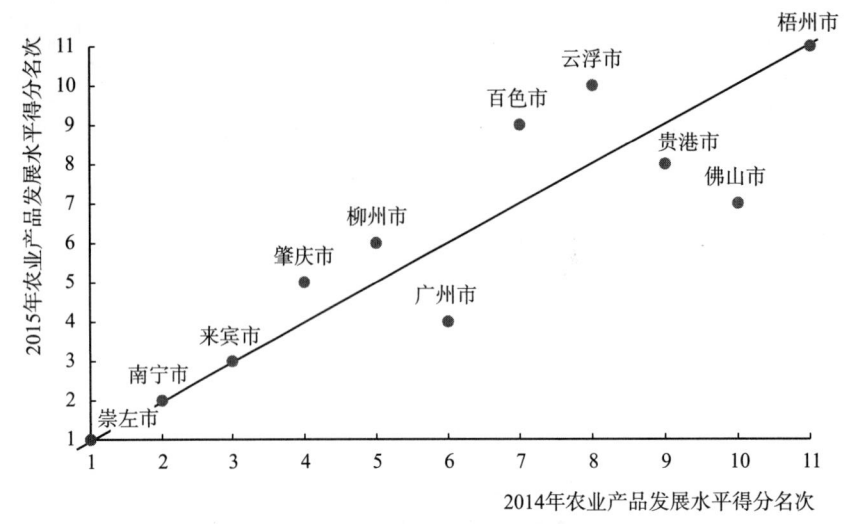

图1-74　2014~2015年珠江-西江经济带各城市农业产出排序变化

由图1-75可以看到，2010年与2015年相比，珠江-西江经济带城市农业产出处于上升趋势的城市有4个，分别是南宁市、柳州市、贵港市、来宾市，上升幅度最大的是柳州市，排名均上升4名，来宾市排名上升3名，南宁市排名上升2名，贵港市排名上升1名。排名保持不变的城市有3个，分别是梧州市、崇左市、佛山市。处于下降趋势的城市有4个，分别是百色市、肇庆市、广州市、云浮市，下降幅度最大的是云浮市，排名下降5名，肇庆市、广州市排名均下降2名，百色市排名下降1名。

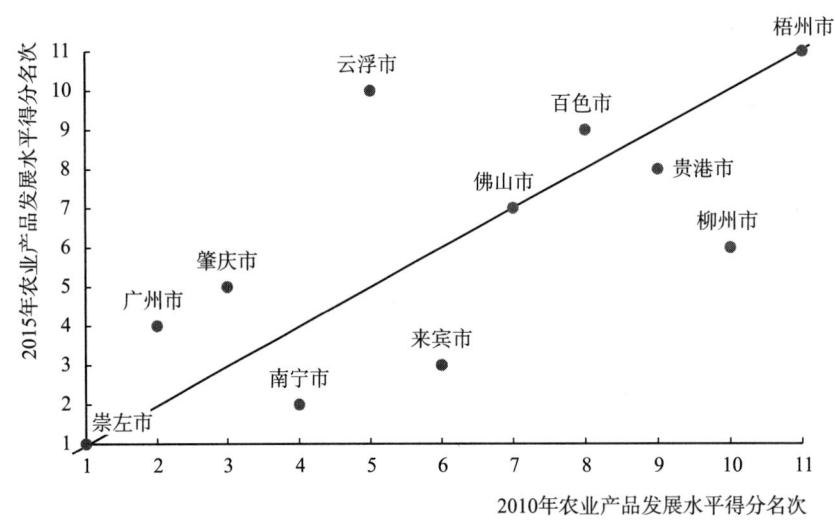

图1-75　2010~2015年珠江-西江经济带各城市农业产出排序变化

由表1-98对2010~2011年珠江-西江经济带各城市农业产出平均得分情况进行分析，可以看到，2010~2011年，农业产出上、中、下游区的平均得分均呈现上升趋势，分别上升1.966分、0.654分、0.495分；说明珠江-西江经济带整体农业产出出现提升，将能更好地服务于城市经济发展的需要。三级指标中，食物生态足迹上、中、下游区的平均得分均呈现上升趋势，分别上升0.020分、0.010分、0.033分；说明珠江-西江经济带城市整体食物生态足迹有所提升，有助于实现城市农业的可持续发展。人均食物生态足迹上游区的平均得分呈现下降趋势，下降0.146分，中、下游区的平均得分均呈现上升趋势，分别上升0.069分、0.020分，其总体人均食物生态足迹平均得分总体呈现下降趋势；说明珠江-西江经济带人均食物生态足迹有所衰退，农业产出水平有所下降。农业生产比重增量上、中、下游区的平均得分均呈现出上升的趋势，分别上升1.636分、1.038分、1.838分；说明珠江-西江经济带农业生产比重增量出现了较大幅度的提升现象，城市农业生产水平更高，农业产出更高。城市农业生产平均增长指数上游区的平均得分呈现出下降的趋势，下降0.403分，中、下游区的平均得分均呈现出上升的趋势，分别上升0.602分、0.830分，其总体农业生产平均增长指数呈现上升趋势；说明珠江-西江经济带各城市农业生产平均增长指数增长速度较快，城市农业发展节奏变快。农业枢纽度上、中、下游区的平均得分均呈现出下降的趋势，分别下降1.063分、0.526分、0.066分；说明珠江-西江经济带的农业枢纽度的得分出现了小幅度的衰退现象，农业枢纽度的衰退意味着城市农业产出较小，粮食供给不够充裕。农业生产流强度上游区的平均得分呈现下降趋势，下降0.086分，中、下游区的平均得分均呈现出上升的趋势，分别上升0.004分、0.016分；说明珠江-西江经济带上游区的农业生产流强度出现了衰退的状态，而中游区和下游区的城市农业生产流强度越来越高，城市的农业流通性更大。农业生产倾向度上、中、下游区的平均得分均呈现出下降的趋势，分别下降0.203分、0.364分、0.194分；说明珠江-西江经济带上游区、中游区和下游区的农业生产倾向度越来越低，城市的农业流动便利度逐渐衰退。农业生产职能规模上、下游区的平均得分均呈现出上升的趋势，分别上升0.052分、0.002分，中游区的平均得分呈现下降趋势，下降0.026分；说明珠江-西江经济带上游区和下游区的农业生产职能规模越来越大，城市农业专业化逐渐提升，而中游区的农业生产职能规模出现了衰退的状态。农业生产职能地位上、中、下游区的平均得分均呈现出下降的趋势，分别下降0.045分、0.019分、0.002分；说明珠江-西江经济带上游区、中游区、下游区的农业生产职能地位出现了衰退的状态。

表1-98　　　　　2010~2011年珠江-西江经济带各城市农业产出平均得分情况

项目	2010年			2011年			得分变化		
	上游区	中游区	下游区	上游区	中游区	下游区	上游区	中游区	下游区
农业产出	17.007	13.288	9.924	18.972	13.942	10.420	1.966	0.654	0.495
食物生态足迹	1.894	0.707	0.052	1.913	0.717	0.085	0.020	0.010	0.033
人均食物生态足迹	3.803	2.262	0.959	3.657	2.332	0.979	-0.146	0.069	0.020
农业生产比重增量	2.790	2.170	0.556	4.426	3.208	2.394	1.636	1.038	1.838
农业生产平均增长指数	3.156	1.656	0.261	2.754	2.258	1.091	-0.403	0.602	0.830
农业枢纽度	3.697	1.883	0.231	2.633	1.357	0.165	-1.063	-0.526	-0.066
农业生产流强度	1.370	0.167	0.016	1.283	0.171	0.032	-0.086	0.004	0.016
农业生产倾向度	3.465	2.036	0.485	3.262	1.672	0.291	-0.203	-0.364	-0.194
农业生产职能规模	1.432	0.302	0.052	1.483	0.275	0.055	0.052	-0.026	0.002
农业生产职能地位	3.329	1.442	0.488	3.284	1.423	0.487	-0.045	-0.019	-0.002

由表1-99对2011~2012年珠江-西江经济带各城市农业产出平均得分情况进行分析，可以看到，2011~2012年，农业产出上、中、下游区的平均得分均呈现上升趋势，分别上升1.191分、0.551分、1.488分。说明珠江-西江经济带整体农业产出出现提升，将能更好地服务于城市经济发展的需要。三级指标中，食物生态足迹上、中、下游区的平均得分均呈现上升趋势，分别上升0.171分、0.094分、0.058分；说明珠江-西江经济带城市整体食物生态足迹有所提升，有助于实现城市农业的可持续发展。人均食物生态足迹上、中、下游区的平均得分均呈现上升趋势，分别上升0.243分、0.280分、0.187分；说明珠江-西江经济带人均食物生态足迹有所提升，农业产出水平有所上升。农业生产比重增量上游区的平均得分呈现出下降的趋势，下降0.212分，中、下游区的平均得分均呈现出上升的趋势，分别上升0.274分、0.268分，其总体呈现上升趋势；说明珠江-西江经济带农业生产比重增量出现了小幅度的提升现象，城市农业生产水平更高，农业产出更高。城市农业生产平均增长指数上、中、下游区的平均得分均呈现出上升的趋势，分别上升0.557分、0.261分、0.816分；说明珠江-西江经济带各城市农业生产平均增长指数增长速度较快，城市农业发展节奏变快。农业枢纽度上、中、下游区的平均得分均呈现出下降的趋势，分别下降0.319分、0.196分、0.029分；说明珠江-西江经济带的农业枢纽度的得分出现了小幅度的衰退现象，农业枢纽度的衰退意味着城市农业产出较小，粮食供给不够充裕。2011~2012年间，珠江-西江经济带的农业生产流强度上、中、下游区的平均得分均呈现出上升的趋势，分别上升0.115分、0.032分、0.010分；说明珠江-西江经济带上游区、中游区和下游区的城市农业生产流强度越来越高，城市的农业流通性更大。2011~2012年间，在珠江-西江经济带农业生产倾向度上、中、下游区的平均得分均呈现出上升的趋势，分别上升0.103分、0.078分、0.030分；说明上游区、中游区和下游区的农业生产倾向度越来越高，城市的农业流动便利度逐渐提升。2011~2012年间，珠江-西江经济带的农业生产职能规模上、中、下游区的平均得分均呈现出上升的趋势，分别上升0.178分、0.036分、0.010分；说明上游区、中游区和下游区的农业生产职能规模越来越高，城市农业专业化逐渐提升。2011~2012年间，在珠江-西江经济带农业生产职能地位上、下游区的平均得分均呈现出下降的趋势，分别下降0.059分、0.008分，中游区的平均得分呈现出上升的趋势，上升0.027分，其整体呈下降趋势；说明农业生产职能地位出现了衰退的状态。

表 1-99　　2011~2012年珠江-西江经济带各城市农业产出平均得分情况

项目	2011年 上游区	2011年 中游区	2011年 下游区	2012年 上游区	2012年 中游区	2012年 下游区	得分变化 上游区	得分变化 中游区	得分变化 下游区
农业产出	18.972	13.942	10.420	20.163	14.493	11.908	1.191	0.551	1.488
食物生态足迹	1.913	0.717	0.085	2.085	0.811	0.143	0.171	0.094	0.058
人均食物生态足迹	3.657	2.332	0.979	3.899	2.612	1.166	0.243	0.280	0.187
农业生产比重增量	4.426	3.208	2.394	4.214	3.482	2.662	-0.212	0.274	0.268
农业生产平均增长指数	2.754	2.258	1.091	3.310	2.519	1.907	0.557	0.261	0.816
农业枢纽度	2.633	1.357	0.165	2.314	1.161	0.136	-0.319	-0.196	-0.029
农业生产流强度	1.283	0.171	0.032	1.398	0.204	0.042	0.115	0.032	0.010
农业生产倾向度	3.262	1.672	0.291	3.366	1.750	0.321	0.103	0.078	0.030
农业生产职能规模	1.483	0.275	0.055	1.662	0.311	0.065	0.178	0.036	0.010
农业生产职能地位	3.284	1.423	0.487	3.226	1.450	0.479	-0.059	0.027	-0.008

由表1-100对2012~2013年珠江-西江经济带各城市农业产出平均得分情况进行分析,可以看到,2012~2013年,农业产出上游区的平均得分呈现上升趋势,上升0.542分,中、下游区的平均得分均呈现下降趋势,分别下降0.638分、0.827分,其总体呈下降趋势;说明珠江-西江经济带整体农业产出出现衰退,不能更好地服务于城市经济的发展。三级指标中,2012~2013年间,在珠江-西江经济带食物生态足迹上、中、下游区的平均得分均呈现上升趋势,分别上升0.095分、0.019分、0.043分;说明城市整体食物生态足迹有所提升,有助于实现城市农业的可持续发展。2012~2013年间,在珠江-西江经济带人均食物生态足迹上游区的平均得分呈现下降趋势,下降0.144分,中、下游区的平均得分均呈现上升趋势,分别上升0.060分、0.036分,其总体人均食物生态足迹平均得分总体呈现下降趋势;说明人均食物生态足迹有所衰退,农业产出水平有所下降。2012~2013年间,在珠江-西江经济带的农业生产比重增量上、中、下游区的平均得分均呈现出下降的趋势,分别下降0.102分、0.033分、0.426分;说明农业生产比重增量出现了小幅度的衰退现象,城市农业生产水平更低,农业产出更低。2012~2013年间,在珠江-西江经济带城市农业生产平均增长指数上、中、下游区的平均得分均呈现出下降的趋势,分别下降0.732分、0.376分、0.330分;说明各城市农业生产平均增长指数增长速度较慢,城市农业发展节奏变慢。2012~2013年间,在珠江-西江经济带农业枢纽度上、中、下游区的平均得分均呈现出下降的趋势,分别下降0.194分、0.100分、0.016分;说明农业枢纽度的得分出现了小幅度的衰退现象,农业枢纽度的衰退意味着城市农业产出较少,粮食供给不够充裕。2012~2013年间,珠江-西江经济带的农业生产流强度上、中、下游区的平均得分均呈现出上升的趋势,分别上升0.227分、0.027分、0.008分;说明上游区、中游区和下游区的城市农业生产流强度越来越高,城市的农业流通性更大。2012~2013年间,在珠江-西江经济带农业生产倾向度上、中游区的平均得分均呈现出下降的趋势,分别下降0.093分、0.019分,下游区的平均得分呈现出上升的趋势,上升0.006分;说明上游区和中游区的农业生产倾向度越来越低,城市的农业流动便利度逐渐衰退,下游区的农业生产倾向度越来越高。2012~2013年间,珠江-西江经济带的农业生产职能规模上、中、下游区的平均得分均呈现出上升的趋势,分别上升0.113分、0.014分、0.001分;说明上游区、中游区和下游区的农业生产职能规模越来越高,城市农业专业化逐渐提升。2012~2013年间,在珠江-西江经济带农业生产职能地位上、中游区的平均得分均呈现出上升的趋势,分别上升0.028分、0.034分,下游区的平均得分呈现出下降的趋势,下降0.040分;说明上游区和中游区的农业生产职能地位越来越高,而下游区的农业生产职能地位出现衰退的状态。

表 1-100　　2012~2013年珠江-西江经济带各城市农业产出平均得分情况

项目	2012年 上游区	2012年 中游区	2012年 下游区	2013年 上游区	2013年 中游区	2013年 下游区	得分变化 上游区	得分变化 中游区	得分变化 下游区
农业产出	20.163	14.493	11.908	20.705	13.855	11.081	0.542	-0.638	-0.827
食物生态足迹	2.085	0.811	0.143	2.180	0.830	0.185	0.095	0.019	0.043
人均食物生态足迹	3.899	2.612	1.166	3.755	2.672	1.202	-0.144	0.060	0.036
农业生产比重增量	4.214	3.482	2.662	4.112	3.449	3.088	-0.102	-0.033	0.426
农业生产平均增长指数	3.310	2.519	1.907	2.578	2.142	1.577	-0.732	-0.376	-0.330
农业枢纽度	2.314	1.161	0.136	2.120	1.028	0.121	-0.194	-0.133	-0.016

续表

项目	2012年			2013年			得分变化		
	上游区	中游区	下游区	上游区	中游区	下游区	上游区	中游区	下游区
农业生产流强度	1.398	0.204	0.042	1.625	0.231	0.050	0.227	0.027	0.008
农业生产倾向度	3.366	1.750	0.321	3.273	1.731	0.327	-0.093	-0.019	0.006
农业生产职能规模	1.662	0.311	0.065	1.775	0.325	0.065	0.113	0.014	0.001
农业生产职能地位	3.226	1.450	0.479	3.253	1.484	0.439	0.028	0.034	-0.040

由表1-101对2013~2014年珠江-西江经济带各城市农业产出平均得分情况进行分析，可以看到，2013~2014年，农业产出上、中、下游区的平均得分均呈现下降趋势，分别下降1.511分、0.796分、0.788分。说明珠江-西江经济带整体农业产出出现衰退，不能更好地服务于城市经济的发展。三级指标中，2013~2014年间，在珠江-西江经济带食物生态足迹上游区的平均得分呈现上升趋势，上升0.069分，中、下游区的平均得分均呈现下降趋势，分别下降0.079分、0.034分，其整体呈下降趋势；说明城市整体食物生态足迹有所衰退，不利于实现城市农业的可持续发展。2013~2014年间，在珠江-西江经济带人均食物生态足迹上、中、下游区的平均得分均呈现下降趋势，分别下降0.001分、0.033分、0.172分；说明人均食物生态足迹有所衰退，农业产出水平有所下降。2013~2014年间，在珠江-西江经济带的农业生产比重增量上、中、下游区的平均得分均呈现出下降的趋势，分别下降0.802分、0.428分、0.631分；说明农业生产比重增量出现了小幅度的衰退现象，城市农业生产水平更低，农业产出更低。2013~2014年间，在珠江-西江经济带城市农业生产平均增长指数上、中、下游区的平均得分均呈现出下降的趋势，分别下降0.439分、0.361分、0.609分；说明各城市农业生产平均增长指数增长速度较慢，城市农业发展节奏变慢。2013~2014年间，在珠江-西江经济带农业枢纽度上、中、下游区的平均得分均呈现下降的趋势，分别下降0.278分、0.157分、0.019分；说明农业枢纽度的得分出现了小幅度的衰退现象，农业枢纽度的衰退意味着城市农业产出较少，粮食供给不够充裕。2013~2014年间，珠江-西江经济带的农业生产流强度上、中、下游区的平均得分均呈现出上升的趋势，分别上升0.184分、0.061分、0.009分；说明上游区、中游区和下游区的城市农业生产流强度越来越高，城市的农业流通性更大。2013~2014年间，在珠江-西江经济带农业生产倾向度上、下游区的平均得分均呈现出上升的趋势，分别上升0.505分、0.001分，中游区的平均得分呈现出下降的趋势，下降0.008分；说明上游区和下游区的农业生产倾向度越来越高，中游区的农业生产倾向度越来越低，城市的农业流动便利度逐渐衰退。2013~2014年间，珠江-西江经济带的农业生产职能规模上、中游区的平均得分均呈现出上升的趋势，分别上升0.075分、0.063分，下游区的平均得分呈现出下降的趋势，下降0.007分；说明上游区和中游区的农业生产职能规模越来越高，城市农业专业化逐渐提升，而下游区的农业生产职能规模呈现衰退的状态。2013~2014年间，在珠江-西江经济带农业生产职能地位上、中游区的平均得分均呈现出上升的趋势，分别上升0.113分、0.021分，下游区的平均得分呈现出下降的趋势，下降0.054分；说明上游区和中游区的农业生产职能地位越来越高，而下游区的农业生产职能地位出现衰退的状态。

表1-101　　　　　　　2013~2014年珠江-西江经济带各城市农业产出平均得分情况

项目	2013年			2014年			得分变化		
	上游区	中游区	下游区	上游区	中游区	下游区	上游区	中游区	下游区
农业产出	20.705	13.855	11.081	19.195	13.059	10.293	-1.511	-0.796	-0.788
食物生态足迹	2.180	0.830	0.185	2.249	0.751	0.151	0.069	-0.079	-0.034
人均食物生态足迹	3.755	2.672	1.202	3.754	2.639	1.029	-0.001	-0.033	-0.172
农业生产比重增量	4.112	3.449	3.088	3.310	3.021	2.457	-0.802	-0.428	-0.631
农业生产平均增长指数	2.578	2.142	1.577	2.138	1.781	0.968	-0.439	-0.361	-0.609
农业枢纽度	2.120	1.028	0.121	1.842	0.871	0.102	-0.278	-0.157	-0.019
农业生产流强度	1.625	0.231	0.050	1.810	0.291	0.059	0.184	0.061	0.009
农业生产倾向度	3.273	1.731	0.327	3.778	1.723	0.328	0.505	-0.008	0.001
农业生产职能规模	1.775	0.325	0.065	1.850	0.389	0.058	0.075	0.063	-0.007
农业生产职能地位	3.253	1.484	0.439	3.366	1.505	0.385	0.113	0.021	-0.054

由表1-102可以看到，2014~2015年珠江-西江经济带城市农业产出上、中游区的平均得分均呈现下降趋势，分别下降1.898分、0.183分，下游区的平均得分呈现上升趋势，上升0.069分，其整体呈现下降趋势；说明

珠江-西江经济带整体农业产出出现衰退,不能更好地服务于城市经济发展的需要。三级指标中,2014~2015年间,在珠江-西江经济带食物生态足迹上、中、下游区的平均得分均呈现上升趋势,分别上升0.034分、0.054分、0.058分;说明城市整体食物生态足迹有所提升,有利于实现城市农业的可持续发展。2014~2015年间,在珠江-西江经济带人均食物生态足迹上、下游区的平均得分均呈现上升趋势,分别上升0.017分、0.037分,中游区的平均得分呈现下降趋势,下降0.033分,其整体呈上升趋势;说明人均食物生态足迹有所提升,农业产出水平有所上升。2014~2015年间,在珠江-西江经济带的农业生产比重增量上、中、下游区的平均得分均呈现出下降的趋势,分别下降0.363分、0.304分、0.826分;说明农业生产比重增量出现了小幅度的衰退现象,城市农业生产水平更低,农业产出更低。2014~2015年间,在珠江-西江经济带城市农业生产平均增长指数上、中游区的平均得分均呈现出下降的趋势,分别下降0.172分、0.042分,下游区的平均得分呈现出上升的趋势,上升0.269分,其整体呈上升趋势;说明各城市农业生产平均增长指数增长速度较快,城市农业发展节奏变快。2014~2015年间,在珠江-西江经济带农业枢纽度上、中、下游区的平均得分均呈现出下降的趋势,分别下降0.100分、0.067分、0.007

分;说明农业枢纽度的得分出现了小幅度的衰退现象,农业枢纽度的衰退意味着城市农业产出较少,粮食供给不够充裕。2014~2015年间,珠江-西江经济带的农业生产流强度上、中、下游区的平均得分均呈现出上升的趋势,分别上升0.149分、0.009分、0.008分;说明上游区、中游区和下游区的城市农业生产流强度越来越高,城市的农业流通性更大。2014~2015年间,在珠江-西江经济带农业生产倾向度上、中、下游区的平均得分均呈现出下降的趋势,分别下降0.369分、0.053分、0.018分;说明上游区、中游区和下游区的农业生产倾向度越来越低,城市的农业流动便利度逐渐衰退。2014~2015年间,珠江-西江经济带的农业生产职能规模上、中游区的平均得分均呈现出下降的趋势,分别下降0.042分、0.037分,下游区的平均得分呈现出上升的趋势,上升0.002分;说明上游区和中游区的农业生产职能规模呈现衰退的状态,而下游区的农业生产职能规模越来越高,城市农业专业化逐渐提升。2014~2015年间,在珠江-西江经济带农业生产职能地位上、下游区的平均得分均呈现出上升的趋势,分别上升0.002分、0.012分,中游区的平均得分呈现出稳定的趋势,平均得分无变化;说明上游区和下游区的农业生产职能地位越来越高,而中游区的农业生产职能地位出现了稳定的状态。

表1-102　　　　　2014~2015年珠江-西江经济带各城市农业产出平均得分情况

项目	2014年			2015年			得分变化		
	上游区	中游区	下游区	上游区	中游区	下游区	上游区	中游区	下游区
农业产出	19.195	13.059	10.293	17.296	12.876	10.362	-1.898	-0.183	0.069
食物生态足迹	2.249	0.751	0.151	2.283	0.805	0.209	0.034	0.054	0.058
人均食物生态足迹	3.754	2.639	1.029	3.770	2.606	1.066	0.017	-0.033	0.037
农业生产比重增量	3.310	3.021	2.457	2.946	2.717	1.595	-0.363	-0.304	-0.862
农业生产平均增长指数	2.138	1.781	0.968	1.966	1.740	1.236	-0.172	-0.042	0.269
农业枢纽度	1.842	0.871	0.102	1.742	0.805	0.095	-0.100	-0.067	-0.007
农业生产流强度	1.810	0.291	0.059	1.958	0.300	0.066	0.149	0.009	0.008
农业生产倾向度	3.778	1.723	0.328	3.409	1.670	0.310	-0.369	-0.053	-0.018
农业生产职能规模	1.850	0.389	0.058	1.809	0.352	0.061	-0.042	-0.037	0.002
农业生产职能地位	3.366	1.505	0.385	3.368	1.505	0.397	0.002	0.000	0.012

由表1-103对2010~2015年珠江-西江经济带各城市农业产出平均得分情况进行分析,可以看到,2010~2015年,农业产出上、下游区的平均得分均呈现上升趋势,分别上升0.290分、0.437分,中游区的平均得分呈现下降趋势,下降0.412分,其整体呈现上升趋势;说明整体农业产出出现提升,能更好地服务于城市经济的发展。三级指标中,2010~2015年间,在珠江-西江经济带食物生态足迹上、中、下游区的平均得分均呈现上升趋势,分别上升0.389分、0.098分、0.157分;说明城市整体食物生态足迹有所提升,有利于实现城市农业的可持续发展。2010~2015年间,在珠江-西江经济带人均食物生态足迹上游区的平均得分呈现下降趋势,下降0.032分,中、下游区的平均得分均呈现上升趋势,分别上升0.343分、0.108分,其整体呈下降趋势;说明人均食物生态足迹有所衰退,农

业产出水平有所下降。2010~2015年间,在珠江-西江经济带的农业生产比重增量上、中、下游区的平均得分均呈现出上升的趋势,分别上升0.156分、0.547分、1.039分;说明农业生产比重增量出现了小幅度的提升现象,城市农业生产水平更高,农业产出更高。2010~2015年间,在珠江-西江经济带城市农业生产平均增长指数上游区的平均得分呈现出下降的趋势,下降1.190分,中、下游区的平均得分均呈现出上升的趋势,分别上升0.084分、0.975分,其整体呈下降趋势;说明各城市农业生产平均增长指数增长速度较慢,城市农业发展节奏变慢。2010~2015年间,在珠江-西江经济带农业枢纽度上、中、下游区的平均得分均呈现出下降的趋势,分别下降1.954分、1.079分、0.136分;说明农业枢纽度的得分出现了小幅度的衰退现象,农业枢纽度的衰退意味着城市农业产出较少,粮食供

给不够充裕。2010~2015 年间，珠江-西江经济带的农业生产流强度上、中、下游区的平均得分均呈现出上升的趋势，分别上升 0.588 分、0.133 分、0.050 分；说明上游区、中游区和下游区的城市农业生产流强度越来越高，城市的农业流通性更大。2010~2015 年间，在珠江-西江经济带农业生产倾向度上、中、下游区的平均得分均呈现出下降的趋势，分别下降 0.056 分、0.366 分、0.175 分；说明上游区、中游区和下游区的农业生产倾向度越来越低，城市的农业流动便利度逐渐衰退。2010~2015 年间，珠江-西江经济带城市农业生产职能规模上、中、下游区的平均得分均呈现出上升的趋势，分别上升 0.377 分、0.050 分、0.008 分；说明上游区、中游区和下游区的农业生产职能规模越来越大，城市农业专业化逐渐提升。2010~2015 年间，在珠江-西江经济带城市农业生产职能地位上、中区的平均得分均呈现出上升的趋势，分别上升 0.039 分、0.063 分，下游区的平均得分呈现出下降的趋势，下降 0.091 分；说明上游区和中游区的农业生产职能地位越来越高，而下游区的农业生产职能地位出现了衰退的状态。

表 1-103　　2010~2015 年珠江-西江经济带各城市农业产出平均得分情况

项目	2010 年			2015 年			得分变化		
	上游区	中游区	下游区	上游区	中游区	下游区	上游区	中游区	下游区
农业产出	17.007	13.288	9.924	17.296	12.876	10.362	0.290	-0.412	0.437
食物生态足迹	1.894	0.707	0.052	2.283	0.805	0.209	0.389	0.098	0.157
人均食物生态足迹	3.803	2.262	0.959	3.770	2.606	1.066	-0.032	0.343	0.108
农业生产比重增量	2.790	2.170	0.556	2.946	2.717	1.595	0.156	0.547	1.039
农业生产平均增长指数	3.156	1.656	0.261	1.966	1.740	1.236	-1.190	0.084	0.975
农业枢纽度	3.697	1.883	0.231	1.742	0.805	0.095	-1.954	-1.079	-0.136
农业生产流强度	1.370	0.167	0.016	1.958	0.300	0.066	0.588	0.133	0.050
农业生产倾向度	3.465	2.036	0.485	3.409	1.670	0.310	-0.056	-0.366	-0.175
农业生产职能规模	1.432	0.302	0.052	1.809	0.352	0.061	0.377	0.050	0.008
农业生产职能地位	3.329	1.442	0.488	3.368	1.505	0.397	0.039	0.063	-0.091

2. 珠江-西江经济带城市农业产出分布情况

根据灰色综合评价法对无量纲化后的三级指标进行权重得分计算，得到珠江-西江经济带各城市的农业产出得分及排名，反映出了各城市农业产出情况。为了更为准确地反映出珠江-西江经济带各城市农业产出差异及整体情况，需要进一步对各城市农业产出分布情况进行分析，对各城市间实际差距和均衡性展开研究。因此，由对 2010~2015 年珠江-西江经济带城市农业产出评价分值分布进行统计。

由图 1-76 可以看到，2010 年珠江-西江经济带城市农业产出得分较均衡。农业产出得分 20 分以上有 1 个城市，在 14~16 分的有 3 个城市，12~14 分的有 4 个城市，10~12 分的有 1 个城市，10 分以下的有 2 个城市。这说明珠江-西江经济带城市农业产出分布较均衡，城市的农业产出得分在各得分区间均有分布，地区内农业产出综合得分分布的过渡及衔接性较好。

由图 1-77 可以看到，2011 年珠江-西江经济带城市农业产出得分较均衡。农业产出得分 20 分以上有 1 个城市，在 18~20 分的有 1 个城市，在 16~18 分的有 1 个城市，在 14~16 分的有 3 个城市，12~14 分的有 3 个城市，10 分以下的有 2 个城市。这说明珠江-西江经济带城市农业产出分布较均衡，城市的农业产出得分在各得分区间均有分布，地区内农业产出综合得分分布的过渡及衔接性较好。

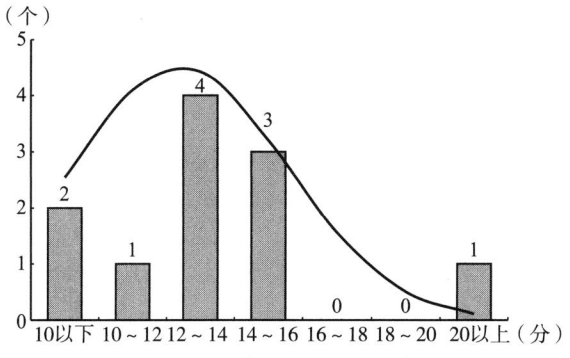

图 1-76　2010 年珠江-西江经济带城市农业产出评价分值分布

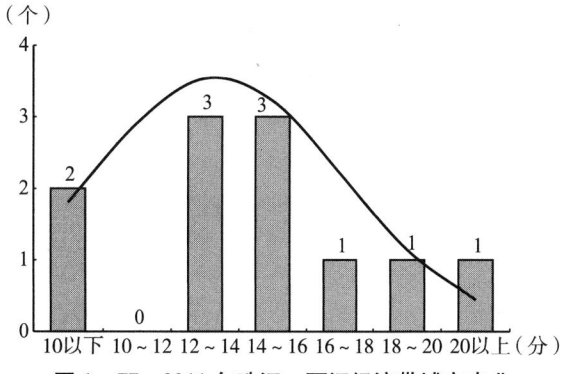

图 1-77　2011 年珠江-西江经济带城市农业发展水平评价分值分布

由图 1-78 可以看到，2012 年珠江-西江经济带城市农业产出得分较均衡。农业产出得分 20 分以上有 2 个城市，在 18~20 分的有 1 个城市，在 14~16 分的有 3 个城市，12~14 分的有 4 个城市，10 分以下的有 1 个城市。这说明珠江-西江经济带城市农业产出分布较均衡，城市的农业产出得分在各得分区间均有分布，地区内农业产出综合得分分布的过渡及衔接性较好。

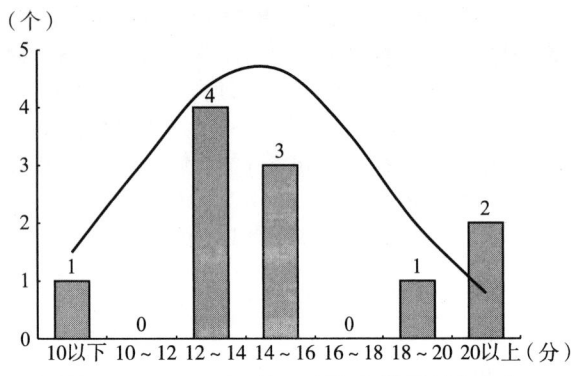

图1-78 2012年珠江-西江经济带城市农业产出评价分值分布

由图1-79可以看到，2013年珠江-西江经济带城市农业产出得分较均衡。农业产出得分20分以上2个城市，在18~20分的有1个城市，在14~16分的有2个城市，12~14分的有5个城市，10分以下的有1个城市；这说明珠江-西江经济带城市农业产出分布较均衡，城市的农业产出得分在各得分区间均有分布，地区内农业产出综合得分分布的过渡及衔接性较好。

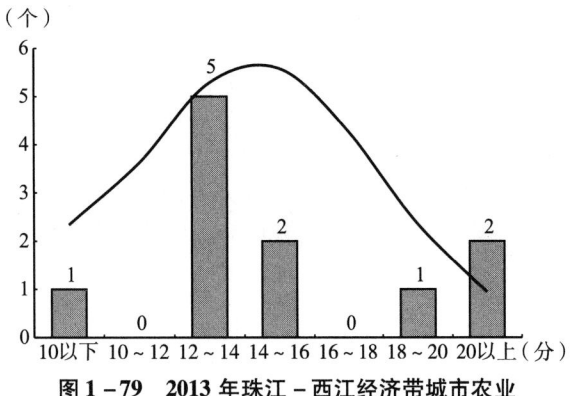

图1-79 2013年珠江-西江经济带城市农业产出评价分值分布

由图1-80可以看到，2014年珠江-西江经济带城市农业产出得分较均衡。农业产出得分20分以上有2个城市，在16~18分的有1个城市，在14~16分的有1个城市，12~14分的有2个城市，10~12分的有4个城市，10分以下的有1个城市。这说明珠江-西江经济带城市农业产出分布较均衡，城市的农业产出得分在各得分区间均有分布，地区内农业产出综合得分分布的过渡及衔接性较好。

由图1-81可以看到，2015年珠江-西江经济带城市农业产出得分较均衡。农业产出得分在18~20分的有1个城市，在16~18分的有1个城市，在14~16分的有1个城市，12~14分的有4个城市，10~12分的有3个城市，10分以下的有1个城市。这说明珠江-西江经济带城市农业产出分布较均衡，城市的农业产出得分在各得分区间均有分布，地区内农业产出综合得分分布的过渡及衔接性较好。

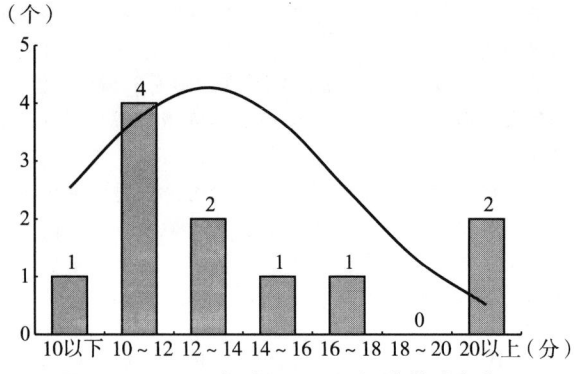

图1-80 2014年珠江-西江经济带城市农业产出评价分值分布

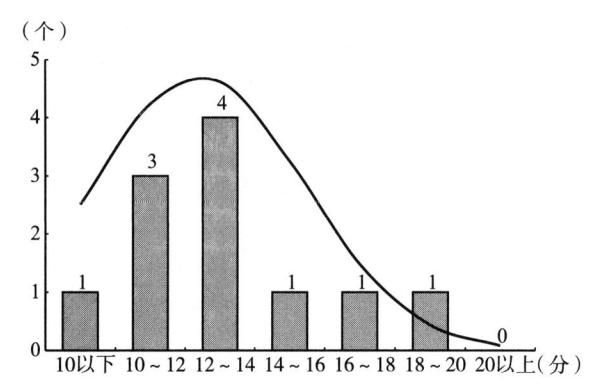

图1-81 2015年珠江-西江经济带城市农业产出评价分值分布

进一步对2010~2015年珠江-西江经济带内广西、广东地区的农业产出平均得分及其变化情况进行分析。由表1-104对珠江-西江经济带各地区板块农业产出平均得分及变化分析，从得分情况上看，2010年广西地区的农业产出平均得分为12.793分，广东地区农业产出得分为14.420分，地区间的比差为0.887:1，地区间的标准差为1.150；说明广西地区和广东地区的农业产出得分的分布存在一定差距。2011年广西地区的农业产出平均得分为14.406分，广东地区的农业产出平均得分为14.260分，地区间的比差为1.010:1，地区间的标准差为0.103，说明广西和广东地区的农业产出得分的分布差距处于缩小趋势。2012年广西地区的农业产出平均得分为16.271分，广东地区的农业产出平均得分为13.695分，地区间的比差为1.188:1，地区间的标准差为1.821；说明地区间的得分差距有扩大趋势。2013年广西地区的农业产出平均得分为15.940分，广东地区的农业产出平均得分为13.264分，地区间的比差为1.202:1，地区间的标准差为1.892，说明地区间农业产出的发展差距出现扩大的发展趋势。2014年广西地区的农业产出平均得分为14.703分，广东地区的农业产出平均得分为12.709分，地区间的比差为1.157:1，地区间的标准差为1.410；一方面反映出农业产出呈现下降势态，各地区间的平均得分均出现下降，另一方面也反映出地区间农业产出差距逐步缩小。2015年广西地区的农业产出平均得分为13.769分，广东地区的农业产出平均得分为12.743分，地区间的比差为1.081:1，地区间的标准差为0.726；说明各地区间农业产出得分差距呈现缩小趋势。

从珠江-西江经济带农业产出的分值变化情况上看，在2010~2015年间珠江-西江经济带内广西地区的农业产出得分呈现上升趋势，广东地区的农业产出得分呈现下降趋势，珠江-西江经济带内各地区的得分差距呈现扩大趋势。

表1-104 珠江-西江经济带各地区板块农业产出平均得分及其变化

年份	广西	广东	标准差
2010	12.793	14.420	1.150
2011	14.406	14.260	0.103
2012	16.271	13.695	1.821
2013	15.940	13.264	1.892
2014	14.703	12.709	1.410
2015	13.769	12.743	0.726
分值变化	0.976	-1.68	1.876

通过对珠江-西江经济带各地区板块农业产出的对比分析，发现珠江-西江经济带中广东板块的农业产出高于广西板块，珠江-西江经济带各版块的农业产出得分差距不断缩小。为进一步对珠江-西江经济带中各地区板块的城市农业产出排名情况进行分析，通过表1-105~表1-108对珠江-西江经济带中广西板块、广东板块内城市位次及在珠江-西江经济带整体的位次排序分析，由各地区板块及珠江-西江经济带整体两个维度对城市排名进行分析，同时还对各板块的变化趋势进行分析。

由表1-105对珠江-西江经济带中广西板块城市的排名比较进行分析，可以看到南宁市、梧州市、贵港市、来宾市、崇左市的农业产出均保持稳定趋势，农业产出变化幅度较小。柳州市在广西板块排名呈现上升趋势，农业产出上升幅度明显。百色市在广西板块排名呈现下降趋势，其农业产出综合能力排名下降两位。

表1-105 广西板块各城市农业产出排名比较

地区	2010年	2011年	2012年	2013年	2014年	2015年	排名变化
南宁	2	2	1	1	2	2	0
柳州	6	4	5	6	4	4	2
梧州	7	7	7	7	7	7	0
贵港	5	5	6	5	6	5	0
百色	4	6	4	4	5	6	-2
来宾	3	3	2	3	3	3	0
崇左	1	1	3	2	1	1	0

由表1-106对广西板块内城市在珠江-西江经济带城市农业产出排名情况进行比较，可以看到南宁市的排名保持上升的状态。柳州市的排名也处在上升的趋势，说明城市的农业产出不断提升。梧州市、崇左市的排名呈现稳定趋势，城市的农业产出排名变化较小。贵港市的排名处在上升趋势，其农业产出长期处于滞后状态。百色市的排名处于下降的势态，城市的农业产出发展并不稳定。来宾市的排名处于上升趋势，城市的农业产出排名从2010年的第6名上升至2015年的第3名，上升幅度明显。

表1-106 广西板块各城市在珠江-西江经济带城市农业产出排名比较

地区	2010年	2011年	2012年	2013年	2014年	2015年	排名变化
南宁	4	2	1	1	2	2	2
柳州	10	8	6	9	5	6	4
梧州	11	11	11	11	11	11	0
贵港	9	9	7	7	9	8	1
百色	8	10	4	4	3	3	-1
来宾	6	3	2	3	3	3	3
崇左	1	1	3	2	1	1	0

由表1-107对珠江-西江经济带中广东板块城市的排名比较进行分析，可以看到广州市、肇庆市的农业产出呈现稳定趋势，其农业产出具有较稳定的发展基础和发展水平。佛山市的农业产出呈现上升趋势，上升幅度较小。云浮市的农业产出呈现下降趋势，从2010年的上游区城市下降至2015年的中游区城市行列。珠江-西江经济带中的广东板块各城市排名在2010~2015年间变化幅度较小，呈现非常稳定的状态，整体农业产出呈现稳定趋势。

1-107 广东板块各城市农业产出排名比较

地区	2010年	2011年	2012年	2013年	2014年	2015年	排名变化
广州	1	1	3	2	2	1	0
佛山	4	3	2	3	4	3	1
肇庆	2	2	1	1	1	2	0
云浮	3	4	4	4	3	4	-1

由表1-108对广东板块内城市在珠江-西江经济带城市农业产出排名情况进行比较，可以看到广州市的排名呈现下降趋势，下降2位，下降幅度较小。佛山市的排名处在稳定的趋势，城市的农业产出综合发展能力较稳定。肇庆市的排名处在下降的趋势，说明城市的农业产出不断衰退。云浮市的排名处于波动下降的势态，从2010年处在珠江-西江经济带中游区位置下降至2015年的下游区城市行列，城市的农业产出综合发展能力较弱。

表 1-108 广东板块各城市在珠江-西江经济带城市农业产出排名比较

地区	2010年	2011年	2012年	2013年	2014年	2015年	排名变化
广州	2	4	9	6	6	4	-2
佛山	7	6	8	8	10	7	0
肇庆	3	5	5	5	4	5	-2
云浮	5	7	10	10	8	10	-5

3. 珠江-西江经济带城市农业产出三级指标分区段得分情况

由图 1-82 可以看到珠江-西江经济带城市农业产出上游区各项三级指标的平均得分变化趋势。2010~2015 年间珠江-西江经济带城市食物生态足迹上游区的得分呈现持续上升的变化趋势。2010~2015 年间珠江-西江经济带城市人均食物生态足迹上游区的得分呈现先上升后下降的发展趋势。2010~2015 年间珠江-西江经济带城市农业生产比重增量上游区的得分呈现先上升后下降的发展趋势。

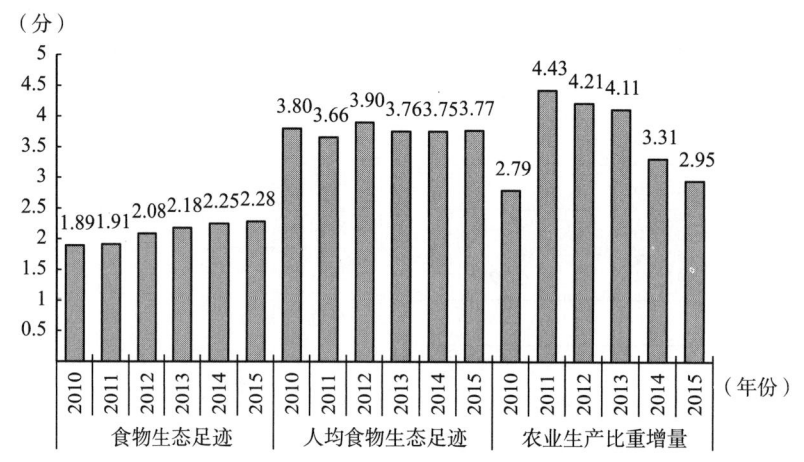

图 1-82 珠江-西江经济带城市农业产出上游区各三级指标的得分比较情况 1

由图 1-83 可以看到珠江-西江经济带城市农业产出上游区各项三级指标的平均得分变化趋势。2010~2015 年间珠江-西江经济带城市农业生产平均增长指数上游区的得分呈现波动下降的变化趋势。2010~2015 年间珠江-西江经济带城市农业枢纽度上游区的得分呈现持续下降的发展趋势。2010~2015 年间珠江-西江经济带城市农业生产流强度上游区的得分持续上升的发展趋势。

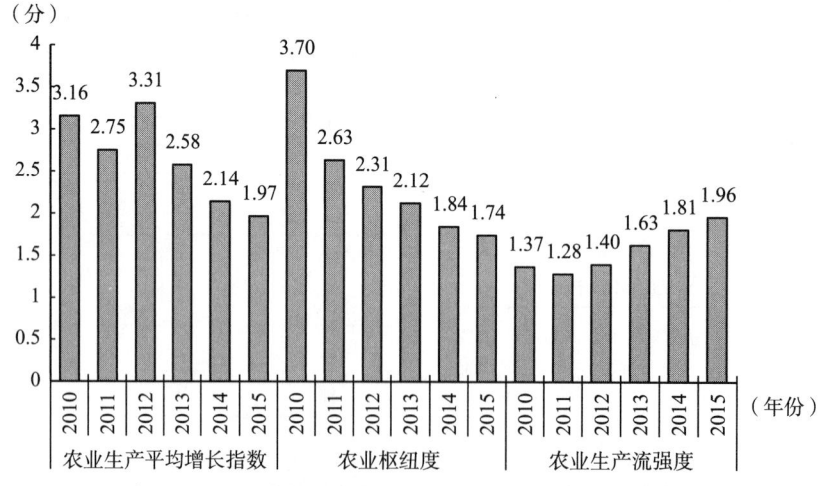

图 1-83 珠江-西江经济带城市农业产出上游区各三级指标的得分比较情况 2

由图 1-84 可以看到珠江-西江经济带城市农业产出上游区各项三级指标的平均得分变化趋势。2010~2015 年间珠江-西江经济带城市农业生产倾向度上游区的得分呈现波动下降的变化趋势。2010~2015 年间珠江-西江经济带城市农业生产职能规模上游区的得分呈现持续上升的发展趋势。2010~2015 年间珠江-西江经济带城市农业生产职能地位上游区的得分稳定的发展趋势，变化幅度较小。

由图 1-85 可以看到珠江-西江经济带城市农业产出中游区各项三级指标的平均得分变化趋势。2010~2015 年间珠江-西江经济带城市食物生态足迹中游区的得分呈现先上升后下降的变化趋势。2010~2015 年间珠江-西江经济带城市人均食物生态足迹中游区的得分呈现先上升后下降的发展趋势。2010~2015 年间珠江-西江经济带城市农业生产比重增量中游区的得分呈现先上升后下降的发展趋势。

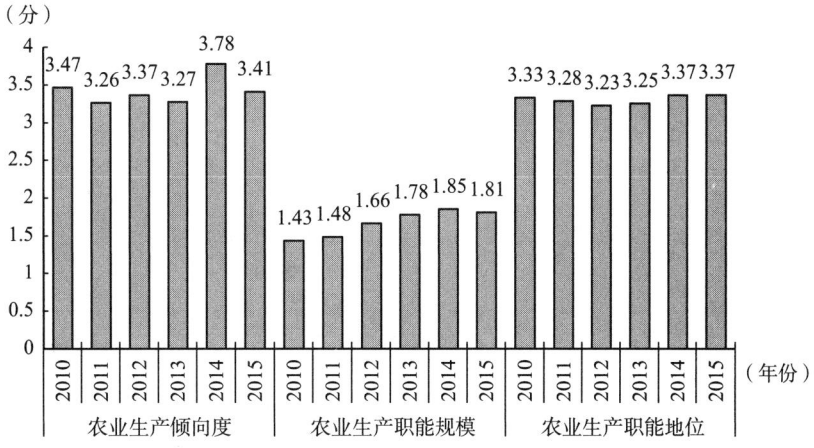

图 1-84 珠江-西江经济带城市农业产出上游区各三级指标的得分比较情况 3

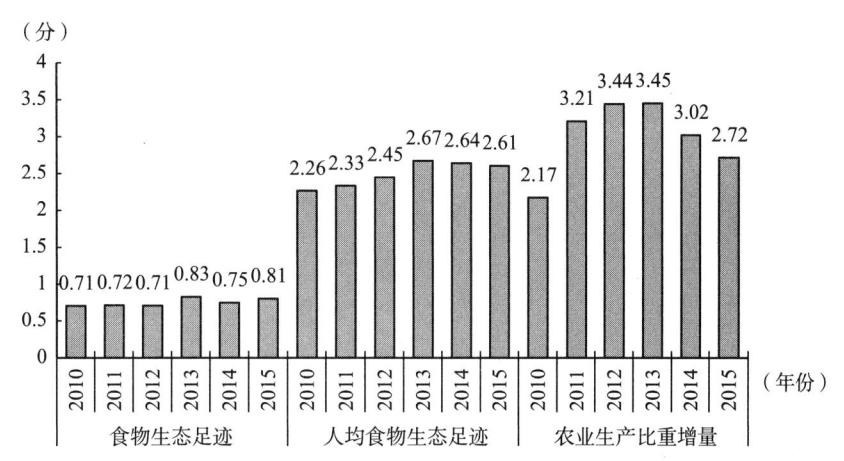

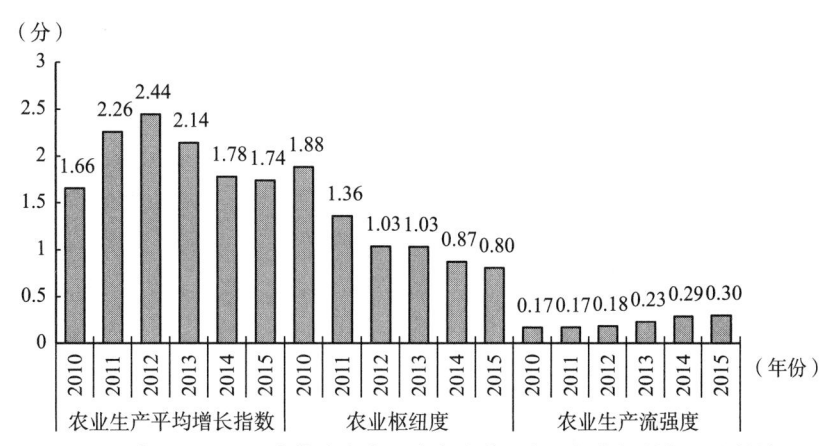

图 1-85 珠江-西江经济带城市农业产出中游区各三级指标的得分比较情况 1

由图 1-86 可以看到珠江-西江经济带城市农业产出中游区各项三级指标的平均得分变化趋势。2010~2015 年间珠江-西江经济带农业生产平均增长指数中游区的得分呈现先上升后下降的变化趋势。2010~2015 年间珠江-西江经济带城市农业枢纽度中游区的得分呈现持续下降的发展趋势。2010~2015 年间珠江-西江经济带城市农业生产流强度中游区的得分持续上升的发展趋势。

图 1-86 珠江-西江经济带城市农业产出中游区各三级指标的得分比较情况 2

由图 1-87 可以看到珠江-西江经济带城市农业产出中游区各项三级指标的平均得分变化趋势。2010~2015 年间珠江-西江经济带农业生产倾向度中游区的得分呈现波动下降的变化趋势。2010~2015 年间珠江-西江经济带城市农业生产职能规模中游区的得分呈现先上升后下降的发展趋势。2010~2015 年间珠江-西江经济带城市农业生产职能地位中游区的得分稳定的发展趋势，变化幅度较小。

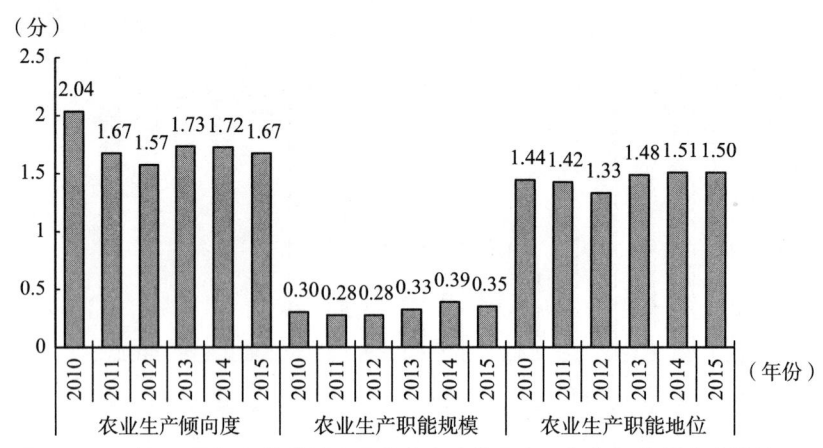

图 1-87　珠江-西江经济带城市农业产出中游区各三级指标的得分比较情况 3

由图 1-88 可以看到珠江-西江经济带城市农业产出下游区各项三级指标的平均得分变化趋势。2010~2015 年间珠江-西江经济带城市食物生态足迹下游区的得分呈现先上升后下降的变化趋势。2010~2015 年间珠江-西江经济带城市人均食物生态足迹下游区的得分呈现先上升后下降的发展趋势。2010~2015 年间珠江-西江经济带城市农业生产比重增量下游区的得分呈现先上升后下降的发展趋势。

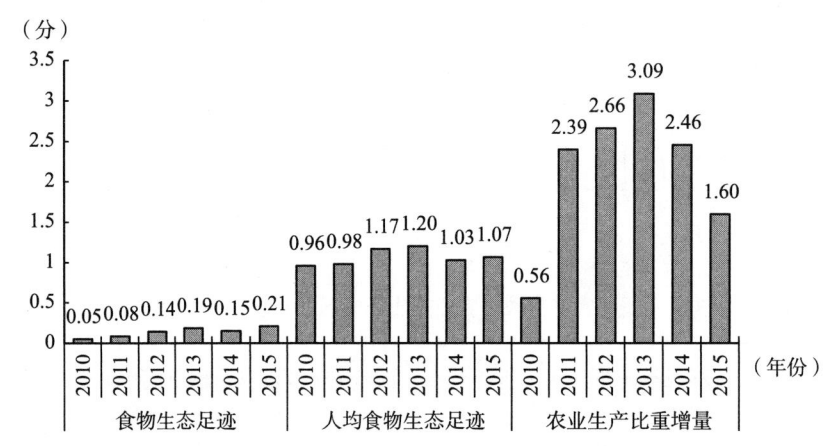

图 1-88　珠江-西江经济带城市农业产出下游区各三级指标的得分比较情况 1

由图 1-89 可以看到珠江-西江经济带城市农业产出下游区各项三级指标的平均得分变化趋势。2010~2015 年间珠江-西江经济带农业生产平均增长指数下游区的得分呈现波动上升的变化趋势。2010~2015 年间珠江-西江经济带城市农业枢纽度下游区的得分呈现持续下降的发展趋势。2010~2015 年间珠江-西江经济带城市农业生产流强度下游区的得分持续上升的发展趋势。

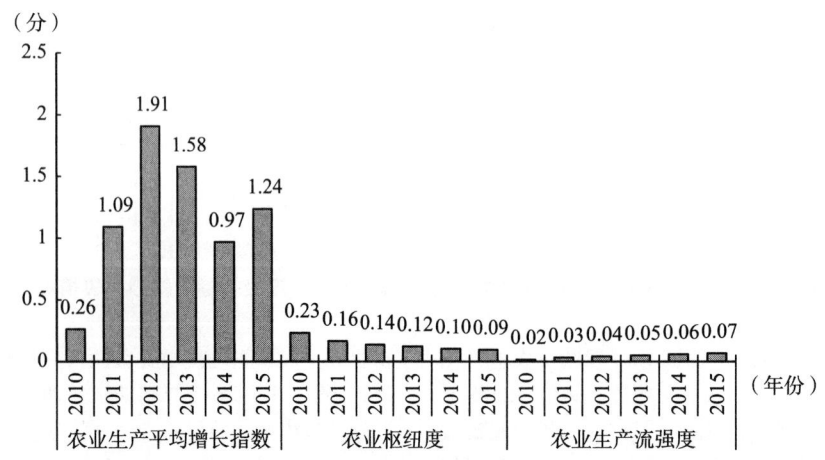

图 1-89　珠江-西江经济带城市农业产出下游区各三级指标的得分比较情况 2

由图1-90可以看到珠江-西江经济带城市农业产出下游区各项三级指标的平均得分变化趋势。2010~2015年间珠江-西江经济带农业生产倾向度下游区的得分呈现波动下降的变化趋势。2010~2015年间珠江-西江经济带城市农业生产职能规模下游区的得分呈现先上升后下降的发展趋势，变化幅度较小。2010~2015年间珠江-西江经济带城市农业生产职能地位下游区的得分先下降后上升的发展趋势。

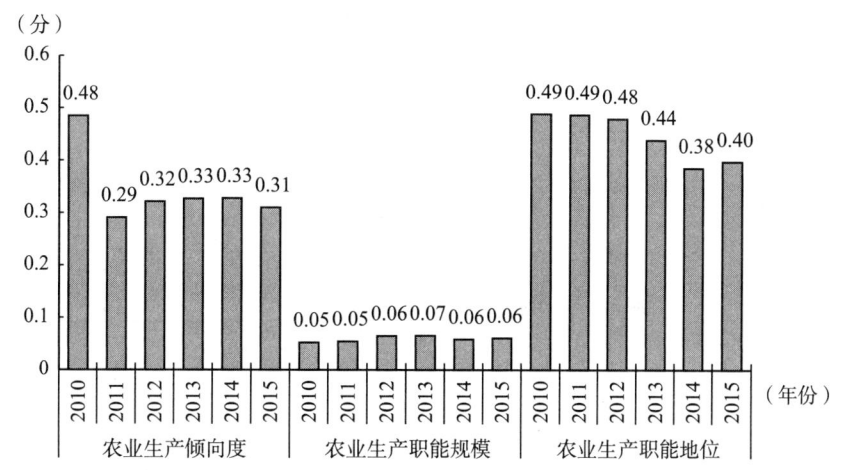

图1-90 珠江-西江经济带城市农业产出下游区各三级指标的得分比较情况3

从图1-91对2010~2011年间珠江-西江经济带城市农业产出的跨区段变化进行分析，可以看到在2010~2011年间有6个城市的农业产出在珠江-西江经济带的位次发生大幅度变动。其中广州市、肇庆市由上游区下降到中游区，百色市由中游区下降到下游区；南宁市、来宾市由中游区上升到上游区，柳州市由下游区上升到中游区。

图1-91 2010~2011年珠江-西江经济带城市农业产出大幅度变动情况

从图1-92对2011~2012年间珠江-西江经济带城市农业产出的跨区段变化进行分析，可以看到在2011~2012年间有4个城市的农业产出在珠江-西江经济带的位次发生大幅度变动。其中广州市、云浮市由中游区下降到下游区；贵港市、百色市由下游区上升到中游区。

图1-92 2011~2012年珠江-西江经济带城市农业产出大幅度变动情况

从图1-93对2012~2013年间珠江-西江经济带城市农业产出的跨区段变化进行分析，可以看到在2012~2013年间有2个城市的农业产出在珠江-西江经济带的位次发生大幅度变动。其中柳州市从中游区下降到下游区；广州市从下游区上升到中游区。

图1-93 2012~2013年珠江-西江经济带城市农业产出大幅度变动情况

从图1-94对2013~2014年间珠江-西江经济带城市农业产出的跨区段变化进行分析，可以看到在2013~2014年间有4个城市的农业产出在珠江-西江经济带的位次发生大幅度变动。其中贵港市、佛山市由中游区下降到下游区；柳州市、云浮市从下游区上升到中游区。

图1-94 2013~2014年珠江-西江经济带城市农业产出大幅度变动情况

从图1-95对2014~2015年间珠江-西江经济带城市农业产出的跨区段变化进行分析，可以看到在2014~2015年间有4个城市的农业产出在珠江-西江经济带的位次发生大幅度变动。其中百色市、云浮市从中游区下降到下游区；贵港市、佛山市从下游区上升到中游区。

	2014年	2015年	
上游区	崇左、南宁、来宾	崇左、南宁、来宾	上游区
中游区	肇庆、柳州、广州、百色、云浮	广州、肇庆、柳州、佛山、贵港	中游区
下游区	贵港、佛山、梧州	百色、云浮、梧州	下游区

图1-95　2014~2015年珠江-西江经济带城市农业产出大幅度变动情况

农业产出的跨区段变化进行分析，可以看到在2010~2015年间有8个城市的农业产出在珠江-西江经济带的位次发生大幅度变动。其中肇庆市、广州市由上游区下降到中游区，百色市、云浮市从中游区下降到下游区。南宁市、来宾市由中游区上升到上游区，贵港市、柳州市由下游区上升到中游区。

	2010年	2015年	
上游区	崇左、广州、肇庆	崇左、南宁、来宾	上游区
中游区	南宁、云浮、来宾、佛山、百色	广州、肇庆、柳州、佛山、贵港	中游区
下游区	贵港、柳州、梧州	百色、云浮、梧州	下游区

图1-96　2010~2015年珠江-西江经济带城市农业产出大幅度变动情况

第二章 南宁市农业生产发展水平综合评估

一、南宁市农业结构竞争力综合评估与比较

（一）南宁市农业结构竞争力评估指标变化趋势评析

通过对客观性直接可测量指标的简单测算得到指标体系第三层要素层指标，在评价过程中研究所使用的数据为国家现行统计体系中公开发布的指标数据，主要来自《中国城市统计年鉴（2011～2016）》《中国区域经济年鉴（2011～2014）》《广西统计年鉴（2011～2016）》《广东统计年鉴（2011～2016）》以及各城市的各年度国民经济发展统计公报数。对南宁市、柳州市、梧州市、贵港市、百色市、来宾市、崇左市、广州市、佛山市、肇庆市、云浮市11个城市的25个三级指标进行细致分析，定量研究后对每个城市的三级指标进行无量纲化处理，使取值范围确定在0～100，并绘制相应的折线图，方便更加了解其趋势变动情况。

1. 第一产业比重

根据图2-1分析可知，2010～2015年南宁市第一产业比重总体上呈现波动下降的状态。如图2-1所示，南宁市第一产业比重指标处于先上升后下降的状态，2011年此指标数值最高，为44.527，2015年下降至34.042。分析这种变化趋势，可以得出南宁第一产业发展处于劣势，城市的发展活力较低。

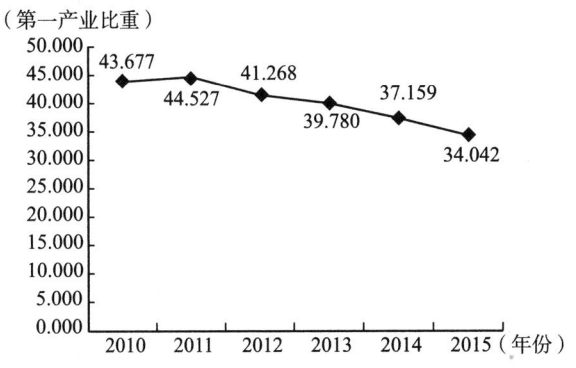

图2-1 2010～2015年南宁市第一产业比重变化趋势

2. 第一产业投资强度

根据图2-2分析可知，2010～2015年南宁市的第一产业投资强度总体上呈现持续上升型的状态。处于持续上升型的指标，不仅意味着南宁市在各项指标数据上的不断增长，更意味着南宁市在该项指标以及第一产业投资强度整体上的竞争力优势不断扩大。南宁市的第一产业投资强度指标不断提高，2015年达到18.899，相较于2010年上升10个单位左右；说明第一产业投资强度增大，南宁市财政发展对第一产业资金、技术、物质等方面的投资增多。

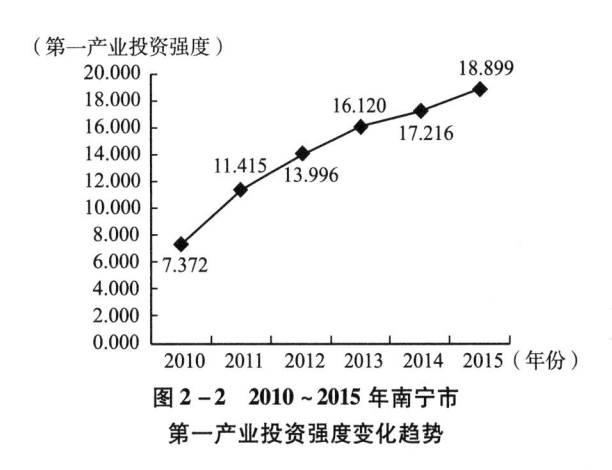

图2-2 2010～2015年南宁市第一产业投资强度变化趋势

3. 第一产业不协调度

根据图2-3分析可知，2010～2015年南宁市第一产业不协调度指标总体上呈现波动下降型的状态。这种状态表现为在2010～2015年间城市在该项指标上总体呈现下降趋势，但在期间存在上下波动的情况，并非连续性下降状态。这就意味着在评估的时间段内，虽然指标数据存在较大的波动，但是其评价末期数据值低于评价初期数据值。南宁市的第一产业不协调度度末期低于初期的数据，降低1个单位左右，并且2011～2012年间存在明显下降的变化；这说明南宁市第一产业不协调度情况处于不太稳定的下降状态。

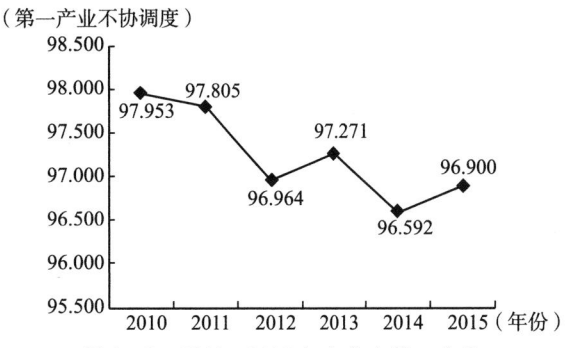

图2-3 2010～2015年南宁市第一产业不协调度变化趋势

4. 第一产业贡献率

根据图 2-4 分析可知，2010~2015 年南宁市第一产业贡献率总体上呈现波动保持型的状态。波动保持型指标意味着城市在该项指标上虽然呈现波动状态，在评价末期和评价初期的数值基本保持一致，即使南宁市第一产业贡献率存在过最低值，但南宁市在第一产业贡献率上总体表现相对平稳，说明南宁市的产业发展活力较平稳。

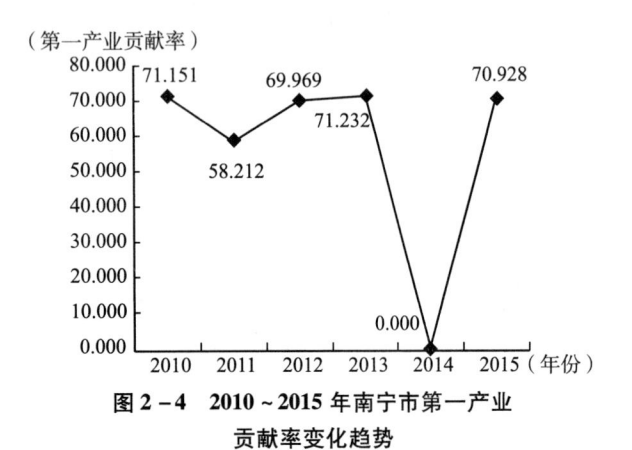

(第一产业贡献率)

图 2-4　2010~2015 年南宁市第一产业贡献率变化趋势

5. 第一产业弧弹性

根据图 2-5 分析可知，2010~2015 年南宁市第一产业弧弹性指数总体上呈现波动保持型的状态。波动保持型指标意味着城市在该项指标上虽然呈现波动状态，在评价末期和评价初期的数值基本保持一致，其保持在 83.180~85.033。南宁市第一产业弧弹性虽然有过波动下降趋势，但下降趋势不大；这说明南宁市在第一产业弧弹性这个指标上表现的相对稳定，体现南宁市的第一产业经济发展变化增长速率慢于其经济的变化增长速率，城市未呈现出第一产业的扩张发展趋势。

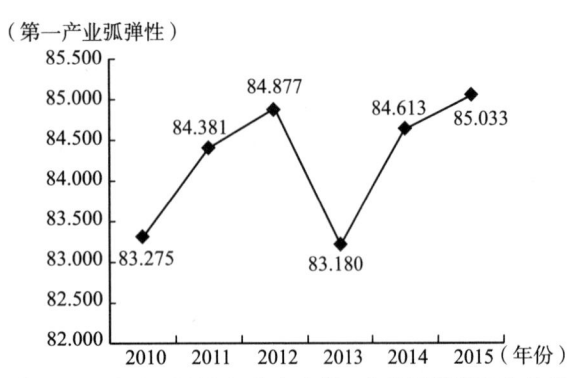

(第一产业弧弹性)

图 2-5　2010~2015 年南宁市第一产业弧弹性变化趋势

6. 第一产业结构偏离系数

根据图 2-6 分析可知，2010~2015 年南宁市第一产业结构偏离系数总体上呈现波动下降型的状态。这种状态表现为在 2010~2015 年间城市在该项指标上总体呈现下降趋势，但在期间存在上下波动的情况，并非连续性下降状态。这就意味着在评估的时间段内，虽然指标数据存在较大的波动化，但是其评价末期数据值低于评价初期数据值。南宁市的第一产业结构偏离系数末期低于初期的数据，降低 1 个单位左右，并且在 2010~2012 年间存在明显下降的变化；这说明南宁市第一产业结构偏离系数处于不太稳定的下降状态。

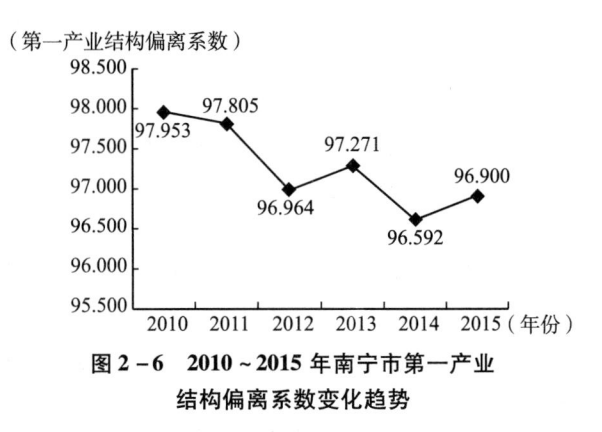

(第一产业结构偏离系数)

图 2-6　2010~2015 年南宁市第一产业结构偏离系数变化趋势

7. 第一产业区位商

根据图 2-7 分析可知，2010~2015 年南宁市第一产业区位商总体上呈现波动保持型的状态。波动保持型指标意味着城市在该项指标上虽然呈现波动状态，在评价末期和评价初期的数值基本保持一致，该图可知南宁市第一产业区位商保持在 10.998~15.041。即使南宁市第一产业区位商存在过最低值，其数值为 10.998，但南宁市在第一产业区位商上总体表现的也是相对平稳，说明南宁市的第一产业发展活力比较稳定。

(第一产业区位商)

图 2-7　2010~2015 年南宁市第一产业区位商变化趋势

8. 第一产业劳动产出率

根据图 2-8 分析可知，2010~2015 年南宁市的第一产业劳动产出率总体上呈现持续上升型的状态。处于持续上升型的指标，不仅意味着城市在各项指标数据上的不断增长，更意味着城市在该项指标以及第一产业劳动产出率整体上的竞争力优势不断扩大。通过图 2-8 可以看出，南宁市的第一产业劳动产出率指标不断提高，在 2015 年达到 3.138，相较于 2010 年上升 2 个单位左右；说明南宁市第一产业劳动产出率增大，第一产业经济发展水平提高，第一产业对城市经济发展的贡献也增大。

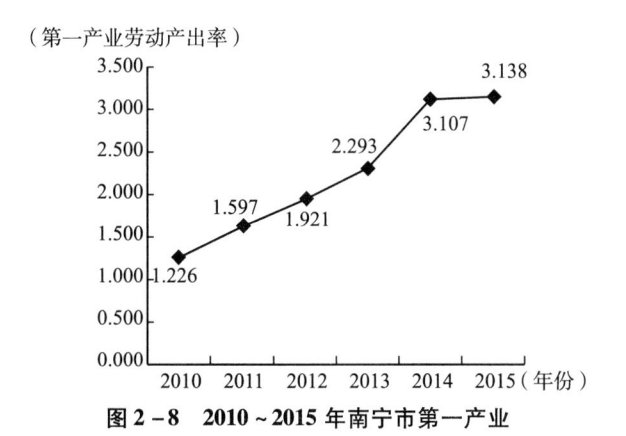

（第一产业劳动产出率）

图2-8 2010~2015年南宁市第一产业劳动产出率变化趋势

（二）南宁市农业结构竞争力评估结果

表2-1对2010~2012年间南宁市农业结构及各三级指标的得分、排名、优劣度进行分析，可以看到在2010~2012年间，南宁市农业结构的排名处于珠江-西江经济带优势地位，且2010年其农业结构竞争力排名处于经济带第4名，2011年其农业结构竞争力排名降至经济带第7名，2012年其农业结构竞争力排名升至经济带第5名，其农业结构竞争力处于中游区，发展较为波动。对南宁市的农业结构竞争力得分情况进行分析，发现南宁市的农业结构综合得分呈持续下降趋势，说明城市的农业结构发展较于珠江-西江经济带其他城市处于较低水平。

表2-1　　　　2010~2012年南宁市农业结构各级指标的得分、排名及优劣度分析

指标	2010年			2011年			2012年		
	得分	排名	优劣度	得分	排名	优劣度	得分	排名	优劣度
农业结构	23.193	4	优势	22.837	7	中势	22.576	5	优势
第一产业比重	1.833	8	中势	1.874	7	中势	1.667	7	中势
第一产业投资强度	0.228	7	中势	0.332	5	优势	0.404	7	中势
第一产业不协调度	6.520	4	优势	6.333	4	优势	5.937	5	优势
第一产业贡献率	3.358	3	优势	2.811	10	劣势	3.261	9	劣势
第一产业弧弹性	4.356	5	优势	4.732	6	中势	4.963	6	中势
第一产业结构偏离系数	6.520	4	优势	6.333	4	优势	5.937	5	优势
第一产业区位商	0.345	4	优势	0.380	4	优势	0.354	5	优势
第一产业劳动产出率	0.032	8	中势	0.043	8	中势	0.053	8	中势

对南宁市农业结构的三级指标进行分析，其中第一产业比重的排名呈现波动上升的发展趋势，再对南宁市的第一产业比重的得分情况进行分析，发现南宁市的第一产业比重的得分呈现波动下降的发展趋势，说明南宁市第一产业比重减小，其他产业比重加大。

其中第一产业投资强度的排名呈现波动保持的发展趋势，再对南宁市的第一产业投资强度的得分情况进行分析，发现南宁市的第一产业投资强度的得分持续上升，整体上得分比较高，说明南宁市的第一产业投资强度不断提升。

其中第一产业不协调度的排名呈现波动下降的发展趋势，再对南宁市的第一产业不协调度的得分情况进行分析，发现南宁市第一产业不协调指数的得分持续下降，说明南宁市第一产业在城市中的发展结构较为完善，第一产业对城市经济发展起促进作用。

其中第一产业贡献率的排名呈现波动下降的发展趋势，再对南宁市第一产业贡献率的得分情况进行分析，发现南宁市的第一产业贡献率的得分处于先降后升的发展趋势，说明在2010~2012年间南宁市第一产业所提供的就业机会较少、劳动力需求程度较低，产业发展活力较弱。

其中第一产业弧弹性的排名呈波动下降的发展趋势，

再对南宁市的第一产业弧弹性得分情况进行分析，发现南宁市的第一产业弧弹性的得分处于持续上升的发展趋势，但南宁市第一产业经济发展变化增长速率慢于其经济的变化增长速率，城市呈现出第一产业的收缩发展趋势。

其中第一产业结构偏离系数的排名呈现波动下降的发展趋势，再对南宁市的第一产业结构偏离系数的得分情况进行分析，发现南宁市的第一产业结构偏离系数的得分处于持续下降的趋势，说明城市的第一产业结构不协调程度较低，城市的劳动生产率上升。

其中第一产业区位商呈现波动下降的发展趋势，再对南宁市的第一产业区位商的得分情况进行分析，发现南宁市的第一产业区位商的得分处于波动上升的趋势，说明城市的第一产业就业程度较高，但城市的农业就业结构、产业结构具备优势不明显。

其中第一产业劳动产出率的排名呈现持续保持的发展趋势，再对南宁市的第一产业劳动产出率的得分情况进行分析，发现南宁市的第一产业劳动产出率的得分持续上升的发展趋势，整体来说南宁市的第一产业经济发展水平不断提升。

表2-2对2013~2015年间南宁市农业结构及各三级指

标的得分、排名、优劣度进行分析,可以看到 2013~2015 年间,南宁市农业结构的排名处于优势,在 2013 年其农业结构排名处于珠江-西江经济带第 4 名,2014 年其农业结构排名处于珠江-西江经济带第 10 名,2015 年其农业结构排名处于珠江-西江经济带第 5 名,说明城市的农业结构发展的稳定性较低。对南宁市的农业结构得分情况进行分析,发现南宁市的农业结构综合得分呈现先降后升趋势,整体上呈波动上升趋势,说明城市的农业结构发展水平有所提高。总的来说,2013~2015 年南宁市农业结构发展水平在珠江-西江经济带中游和下游之间波动,在经济带中发展潜力较大。

表 2-2 2013~2015 年南宁市农业结构各级指标的得分、排名及优劣度分析

指标	2013 年 得分	2013 年 排名	2013 年 优劣度	2014 年 得分	2014 年 排名	2014 年 优劣度	2015 年 得分	2015 年 排名	2015 年 优劣度
农业结构	21.719	4	优势	18.815	10	劣势	21.752	5	优势
第一产业比重	1.589	7	中势	1.412	7	中势	1.302	8	中势
第一产业投资强度	0.452	6	中势	0.483	4	优势	0.535	5	优势
第一产业不协调度	5.703	3	优势	5.802	4	优势	5.599	3	优势
第一产业贡献率	3.351	5	优势	0.000	11	劣势	3.366	5	优势
第一产业弧弹性	4.376	6	中势	4.842	6	中势	4.919	5	优势
第一产业结构偏离系数	5.703	3	优势	5.802	4	优势	5.599	3	优势
第一产业区位商	0.474	4	优势	0.376	4	优势	0.328	4	优势
第一产业劳动产出率	0.071	9	劣势	0.099	9	劣势	0.104	9	劣势

对南宁市农业结构的三级指标进行分析,其中第一产业比重的排名呈现波动下降的发展趋势,再对南宁市的第一产业比重的得分情况进行分析,发现南宁市的第一产业比重的得分持续下降,说明南宁市第一产业比重持续减少。

其中第一产业投资强度的排名呈现波动上升的发展趋势,再对南宁市的第一产业投资强度的得分情况进行分析,发现南宁市的第一产业投资强度的得分持续上升,说明南宁市的第一产业发展具有优势,城市活力较强。

其中第一产业不协调度的排名呈现波动保持的发展趋势,再对南宁市的第一产业不协调度的得分情况进行分析,发现南宁市的第一产业不协调指数的得分波动下降,说明南宁市第一产业在城市中的发展结构发展较平衡。

其中第一产业贡献率的排名呈现波动保持的发展趋势,再对南宁市第一产业贡献率的得分情况进行分析,发现南宁市的第一产业贡献率的得分处于先降后升的发展趋势,说明在 2013~2015 年间南宁市第一产业所提供的就业机会较多、劳动力需求程度较高,产业发展活力较强。

其中第一产业弧弹性的排名呈现波动上升的发展趋势,再对南宁市的第一产业弧弹性得分情况进行分析,发现南宁市的第一产业弧弹性的得分处于持续上升的发展趋势,说明南宁市第一产业经济发展变化增长速率快于其经济的变化增长速率,城市呈现出第一产业的扩张发展趋势。

其中第一产业结构偏离系数的排名呈现波动保持的发展趋势,再对南宁市的第一产业结构偏离系数的得分情况进行分析,发现南宁市的第一产业结构偏离系数的得分处于波动下降的趋势,说明城市的就业结构、产业结构的协调性、稳定性较低。

其中第一产业区位商呈现稳定保持的发展趋势,再对南宁市的第一产业区位商的得分情况进行分析,发现南宁市的第一产业区位商的得分处于持续下降的趋势,说明城市的第一产业就业程度降低,但城市的农业就业结构、产业结构仍具备优势。

其中产业劳动产出率的排名呈现持续保持的发展趋势,再对南宁市的第一产业劳动产出率的得分情况进行分析,发现南宁市的第一产业劳动产出率的得分持续上升的发展趋势,但南宁市的第一产业经济发展水平较低,第一产业对城市经济发展的贡献减小。

对 2010~2015 年间南宁市农业结构及各三级指标的得分、排名和优劣度进行分析。2010~2015 年南宁市农业结构的综合得分排名呈现波动下降的发展趋势。2010 年南宁市农业结构综合得分排名排在珠江-西江经济带第 4 名,2011 年下降至第 7 名,2012~2013 年南宁市农业结构的综合得分上升至经济带第 5 名后又上升至第 4 名,2014 年下降至第 10 名,2015 年南宁市农业结构的综合得分上升至第 5 名。一方面说明南宁市的农业结构的发展较之于珠江-西江经济带的其他城市具备一定的竞争力;另一方面说明南宁市在农业结构方面的发展存在不稳定现象,稳定性有待提升。对南宁市的农业结构得分情况进行分析,发现 2010~2014 年南宁市农业结构得分持续下降,2015 年得分有所上升,整体上南宁市的农业结构得分呈现波动下降趋势。

从表 2-3 来看,在 8 个基础指标中,指标的优劣度结构为 0.0:75.0:12.5:12.5。

表 2-3　　　　　　　　　　　2015 年南宁市农业结构指标的优劣度结构

二级指标	三级指标数	强势指标 个数	比重（%）	优势指标 个数	比重（%）	中势指标 个数	比重（%）	劣势指标 个数	比重（%）	优劣度
农业结构	8	0	0.000	6	75.000	1	12.500	1	12.500	优势

（三）南宁市农业结构竞争力比较分析

图 2-9 和图 2-10 将 2010～2015 年南宁市农业结构竞争力与珠江-西江经济带最高水平和平均水平进行比较。从农业结构竞争力的要素得分比较来看，由图 2-9 可知，2010 年，南宁市第一产业比重得分比最高分低 2.332 分，比平均分低 0.330 分；2011 年，第一产业比重得分比最高分低 2.334 分，比平均分低 0.329 分；2012 年，第一产业比重得分比最高分低 2.010 分，比平均分低 0.353 分；2013 年，第一产业比重得分比最高分低 1.924 分，比平均分低 0.364 分；2014 年，第一产业比重得分比最高分低 1.678 分，比平均分低 0.409 分；2015 年，第一产业比重得分比最高分低 1.847 分，比平均分低 0.409 分。这说明整体上南宁市第一产业比重得分与珠江-西江经济带最高分的差距有缩小趋势，与珠江-西江经济带平均分的差距逐渐增大。

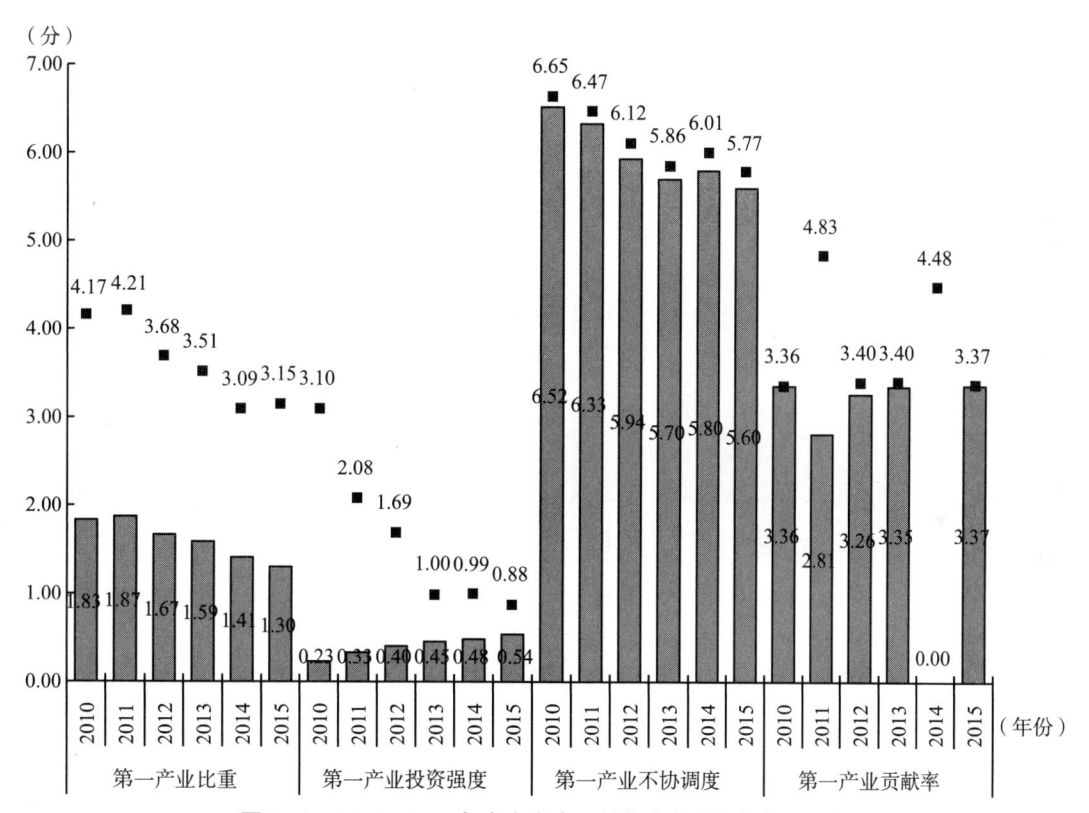

图 2-9　2010～2015 年南宁市农业结构竞争力指标得分比较

注：■为最高分。下同。

2010 年，南宁市第一产业投资强度得分比最高分低 2.870 分，比平均分低 0.326 分；2011 年，第一产业投资强度得分比最高分低 1.748 分，比平均分低 0.220 分；2012 年，第一产业投资强度得分比最高分低 1.286 分，比平均分低 0.164 分；2013 年，第一产业投资强度得分比最高分低 0.546 分，比平均分低 0.029 分；2014 年，第一产业投资强度得分比最高分低 0.508 分，比平均分高 0.029 分；2015 年，第一产业投资强度得分比最高分低 0.343 分，比平均分高 0.065 分。这说明整体上南宁市第一产业投资强度得分与珠江-西江经济带最高分的差距有缩小趋势，与珠江-西江经济带平均分的差距逐渐减小。

2010 年，南宁市第一产业不协调度得分比最高分低 0.125 分，比平均分高 0.338 分；2011 年，第一产业不协调度得分比最高分低 0.134 分，比平均分高 0.388 分；2012 年，第一产业不协调度得分比最高分低 0.179 分，比平均分高 0.585 分；2013 年，第一产业不协调度得分比最高分低 0.156 分，比平均分高 1.029 分；2014 年，第一产业不协调度得分比最高分低 0.205 分，比平均分高 0.898 分；2015 年，第一产业不协调度得分比最高分低 0.176 分，比平均分高 1.038 分。这说明整体上南宁市第一产业不协调度得分与珠江-西江经济带最高分的差距波动增加，与珠江-西江经济带平均分的差距波动增加。

2010 年，南宁市第一产业贡献率得分比最高分低 0.004 分，比平均分高 0.004 分；2011 年，第一产业贡献率得分比最高分低 2.018 分,比平均分低 0.657 分;2012 年,第一产业贡献率得分比最高分低 0.137 分,比平均分低 0.041 分;2013 年,第一产业贡献率得分比最高分低 0.047 分,比平均分低 0.005 分;2014 年,第一产业贡献率得分比最高分低 4.478 分,比平均分低 2.810 分;2015 年,第一产业贡献率得分比最高分低 0.003 分,比平均分高 0.011 分。这说明整体上南宁市第一产业贡献率得分与珠江-西江经济带最高分的差距持续增加,与珠江-西江经济带平均分的差距波动增加。

由图 2-10 可知,2010 年,南宁市第一产业弧弹性得分比最高分低 0.072 分,比平均分高 0.300 分;2011 年,第一产业弧弹性得分比最高分低 0.033 分,比平均分高 0.005 分;2012 年,第一产业弧弹性得分比最高分低 0.884 分,比平均分低 0.098 分;2013 年,第一产业弧弹性得分比最高分低 0.116 分,比平均分高 0.398 分;2014 年,第一产业弧弹性得分比最高分低 0.142 分,比平均分低 0.004 分;2015 年,第一产业弧弹性得分比最高分低 0.837 分,比平均分高 0.145 分。这说明整体上南宁市第一产业弧弹性得分与珠江-西江经济带最高分的差距逐渐增加,与珠江-西江经济带平均分的差距波动下降。

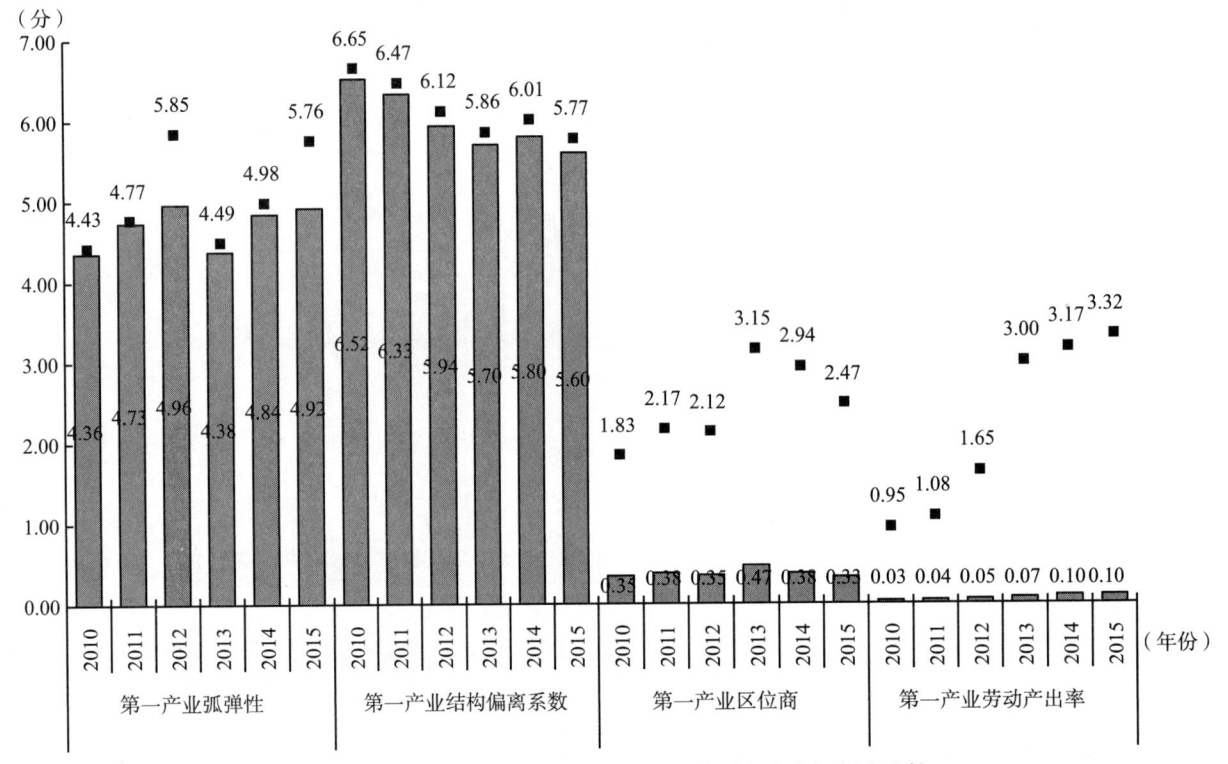

图 2-10 2010~2015 年南宁市农业结构竞争力指标得分比较

2010 年,南宁市第一产业结构偏离系数得分比最高分低 0.125 分,比平均分高 0.338 分;2011 年,第一产业结构偏离系数得分比最高分低 0.134 分,比平均分高 0.388 分;2012 年,第一产业结构偏离系数得分比最高分低 0.179 分,比平均分高 0.585 分;2013 年,第一产业结构偏离系数得分比最高分低 0.156 分,比平均分高 1.029 分;2014 年,第一产业结构偏离系数得分比最高分低 0.205 分,比平均分高 0.898 分;2015 年,第一产业结构偏离系数得分比最高分低 0.176 分,比平均分高 1.038 分。这说明整体上南宁市第一产业结构偏离系数得分与珠江-西江经济带最高分的差距波动扩大,与珠江-西江经济带平均分的差距波动减小。

2010 年,南宁市第一产业区位商得分比最高分低 1.488 分,比平均分低 0.089 分;2011 年,第一产业区位商得分比最高分低 1.785 分,比平均分低 0.106 分;2012 年,第一产业区位商得分比最高分低 1.767 分,比平均分低 0.135 分;2013 年,第一产业区位商得分比最高分低 2.678 分,比平均分低 0.144 分;2014 年,第一产业区位商得分比最高分低 2.562 分,比平均分低 0.217 分;2015 年,第一产业区位商得分比最高分低 2.139 分,比平均分低 0.154 分。这说明整体上南宁市第一产业区位商得分与珠江-西江经济带最高分的差距波动扩大,与珠江-西江经济带平均分的差距呈波动增加。

2010 年,南宁市第一产业劳动产出率得分比最高分低 0.917 分,比平均分低 0.187 分;2011 年,第一产业劳动产出率得分比最高分低 1.041 分,比平均分低 0.248 分;2012 年,第一产业劳动产出率得分比最高分低 1.595 分,比平均分低 0.306 分;2013 年,第一产业劳动产出率得分比最高分低 2.932 分,比平均分低 0.569 分;2014 年,第一产业劳动产出率得分比最高分低 3.076 分,比平均分低 0.551 分;2015 年,第一产业劳动产出率得分比最高分低 3.219 分,比平均分低 0.747 分。这说明整体上南宁市第一产业劳动产出率得分与珠江-西江经济带最高分的差距有扩大趋势,与珠江-西江经济带平均分的差距逐渐增大。

二、南宁市农业发展水平综合评估与比较

(一) 南宁市农业发展水平评估指标变化趋势评析

1. 第一产业扩张弹性系数

根据图2-11分析可知，2010~2015年南宁市的第一产业扩张弹性系数总体上呈现波动上升型的状态。这一类型的指标为在2010~2015年间城市存在一定的波动变化，总体趋势为上升趋势，但在个别年份出现下降的情况，指标并非连续性上升状态。南宁市的第一产业扩张弹性系数指标提高，2015年达到72.084；说明南宁市在第一产业扩张方面有所发展。

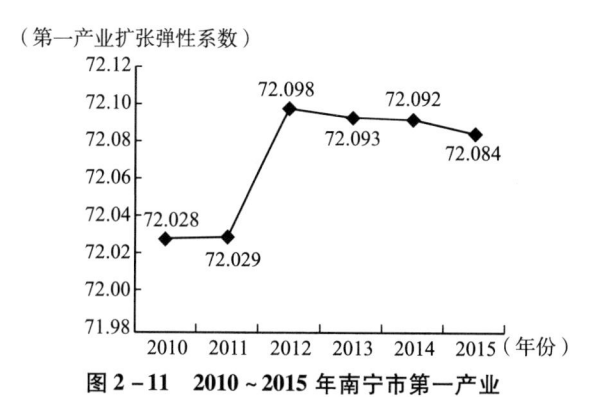

图2-11 2010~2015年南宁市第一产业扩张弹性系数变化趋势

2. 农业强度

根据图2-12分析可知，2010~2015年南宁市农业强度总体上呈现波动下降型的状态。这种状态表现为在2010~2015年间城市在该项指标上总体呈现下降趋势，但在某一期间存在上下波动的情况，并非连续性下降状态，如图2-12所示，南宁市农业强度指标处于波动下降的状态，2011年此指标数值最高，是41.409，2010~2014年间属于波动下降的过程，2014年以后急剧下降，2015年，下降至38.311。分析这种变化趋势，可以得出南宁市农业产业发展处于劣势，城市的发展活力较低。

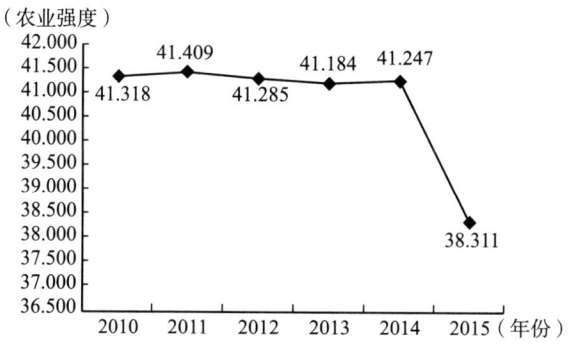

图2-12 2010~2015年南宁市农业强度变化趋势

3. 耕地密度

根据图2-13分析可知，2010~2015年南宁市的耕地密度总体上呈现波动上升型的状态。这一类型的指标为在2010~2015年间城市存在一定的波动变化，总体趋势为上升趋势，但在个别年份出现下降的情况，指标并非连续性上升状态。南宁市的耕地密度指标提高，2015年达到17.191，相较于2010年上升1个单位左右，说明南宁市在耕地密度方面发展较快。

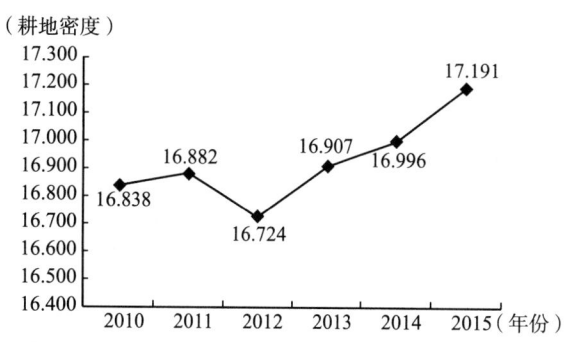

图2-13 2010~2015年南宁市耕地密度变化趋势

4. 农业指标动态变化

根据图2-14分析可知，2010~2015年南宁市农业指标动态变化指数总体上呈现波动下降型的状态。这种状态表现为在2010~2015年间城市在该项指标上总体呈现下降趋势，但在期间存在上下波动的情况，并非连续性下降状态。这就意味着在评估的时间段内，虽然指标数据存在较大的波动化，但是其评价末期数据值低于评价初期数据值。南宁市的农业指标动态变化指数末期低于初期的数据，降低1个单位左右，并且在2010~2012年间存在明显下降的变化，这说明南宁市农业指标动态变化情况处于较不稳定的下降状态。

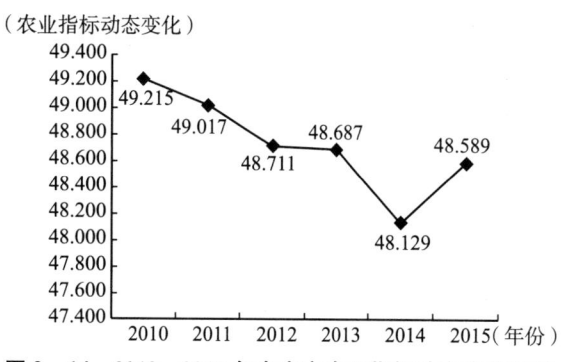

图2-14 2010~2015年南宁市农业指标动态变化趋势

5. 农业土地扩张强度

根据图2-15分析可知，2010~2015年南宁市农业土地扩张强度总体上呈现波动下降型的状态。这种状态表现为在2010~2015年间城市在该项指标上总体呈现下降趋势，但在期间存在上下波动的情况，并非连续性下降状态。这就意味着在评估的时间段内，虽然指标数据存在较大的

波动,但是其评价末期数据值低于评价初期数据值。南宁市的农业土地扩张强度末期低于初期的数据,降低7个单位左右,在2010~2012年间存在明显下降的变化;这说明南宁市土地扩张情况处于较不稳定的下降状态。

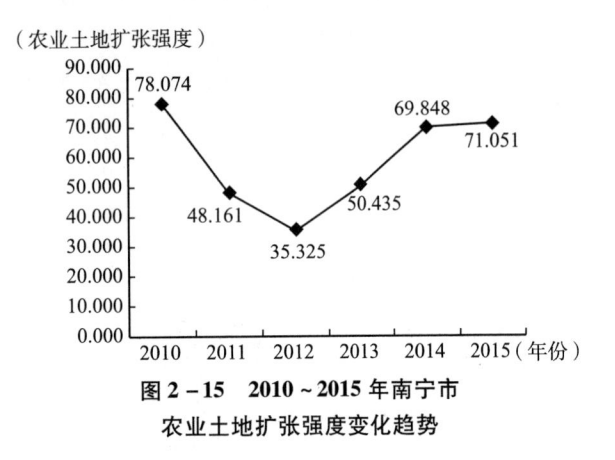

图2-15 2010~2015年南宁市农业土地扩张强度变化趋势

6. 农业蔓延指数

根据图2-16分析可知,2010~2015年南宁市农业蔓延指数总体上呈现波动上升型的状态。这一类型的指标为在2010~2015年间城市存在一定的波动变化,总体趋势上为上升趋势,但在个别年份出现下降的情况,指标并非连续性上升状态。波动上升型指标意味着在评价的时间段内,虽然指标数据存在较大的波动变化,但是其评价末期数据值高于评价初期数据值。由图可以看出该三级指标在2010~2015年存在较大的波动变化,在2010~2012年,该指标直线上升,达到最大值15.754,在2012~2015年又呈现下降状态,最终稳定在6.032。这反映出南宁市的农业蔓延情况虽然处于上升的阶段,但是个别年份又会出现波动幅度较大的问题,所以南宁市在经济快速发展的同时也要注重城市用地面积和人口数量之间的关系问题。

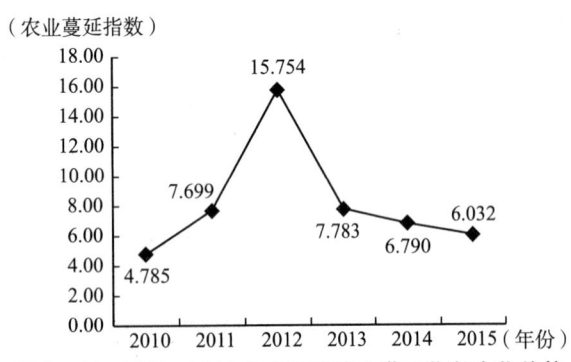

图2-16 2010~2015年南宁市农业蔓延指数变化趋势

7. 农业指标相对增长率

根据图2-17分析可知,2010~2015年南宁市农业指标相对增长率总体上呈现波动上升型的状态。这一类型的指标为在2010~2015年间城市存在一定的波动变化,总体趋势为上升趋势,但在个别年份出现下降的情况,指标并非连续性上升状态。波动上升型指标意味着在评价的时间段内,虽然指标数据存在较大的波动变化,但是其评价末期数据值高于评价初期数据值。南宁市在2014~2015年虽然出现下降的状况,2014年是84.523,但是总体上还是呈现上升的态势,最终稳定在21.955。南宁市的农业相对增长率波动增高;说明南宁市的粮食产量增长速率有所加快,呈现出地区农业集聚能力及活力的不断扩大趋势。

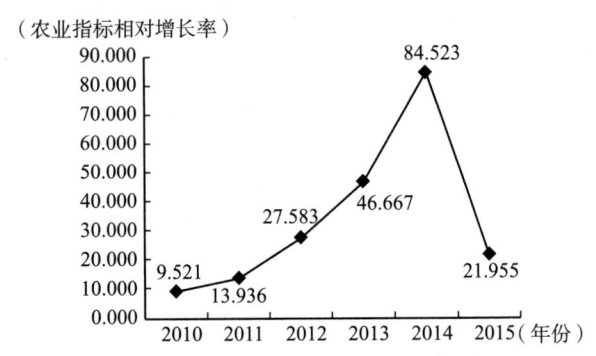

图2-17 2010~2015年南宁市农业指标相对增长率变化趋势

8. 农业指标绝对增量加权指数

根据图2-18分析可知,2010~2015年南宁市农业指标绝对增量加权指数总体上呈现波动保持型的状态。波动保持型指标意味着城市在该项指标上虽然呈现波动状态,在评价末期和评价初期的数值基本保持一致,该图可知南宁市绝对增量加权指数保持在78.757~83.628。即使南宁市绝对增量加权指数存在过最低值,其数值为78.757,但南宁市在绝对增量加权指数上总体表现的也相对平稳;说明南宁市在农业发展方面的活力比较稳定。

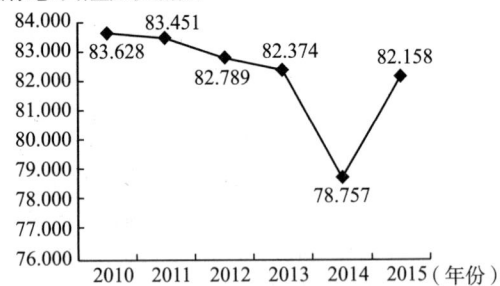

图2-18 2010~2015年南宁市农业指标绝对增量加权指数变化趋势

(二) 南宁市农业发展水平评估结果

根据表2-4,对2010~2012年间南宁市农业发展及各三级指标的得分、排名、优劣度进行分析,可以看到在2010~2012年间,南宁市农业发展的综合排名处于优势的地位,2010~2012年其经济发展排名波动下降,2010年其经济发展排名处于珠江-西江经济带中第2名位置,2011~2012年其经济发展排名降至珠江-西江经济带中第3名位置,说明南宁市的农业发展领先于珠江-西江经济带的其他城市。对南宁市的农业发展得分情况进行分析,发现南宁的农业发展综合得分呈现波动下降的发展趋势,说明城市的农业发展减缓。总的来说,2010~2012年南宁市农业发展在珠江-西江经济带处于优势地位,发展水平与经济带其他城市相比较高。

表2-4　　　　2010~2012年南宁市农业发展各级指标的得分、排名及优劣度分析

指标	2010年			2011年			2012年		
	得分	排名	优劣度	得分	排名	优劣度	得分	排名	优劣度
农业发展	17.319	2	强势	16.399	3	优势	16.913	3	优势
第一产业扩张弹性系数	3.556	4	优势	3.443	4	优势	3.331	3	优势
农业强度	1.305	2	强势	1.292	2	强势	1.288	2	强势
耕地密度	0.519	3	优势	0.515	3	优势	0.512	3	优势
农业指标动态变化	1.720	4	优势	1.788	6	中势	1.779	7	中势
农业土地扩张强度	5.487	1	强势	4.207	3	优势	4.177	9	劣势
农业蔓延指数	0.123	8	中势	0.199	3	优势	0.409	2	强势
农业指标相对增长率	0.269	11	劣势	0.393	11	劣势	0.806	2	强势
农业指标绝对增量加权指数	4.339	2	强势	4.563	4	优势	4.612	7	中势

其中第一产业扩张弹性系数的排名呈现波动上升的发展趋势,再对南宁市的第一产业扩张弹性系数的得分情况进行分析,发现南宁市的第一产业扩张弹性系数的得分呈持续下降的趋势,说明在2010~2012年间南宁市的耕地面积扩张幅度变大,但城镇耕地面积的增加并未导致城市的过度拥挤及承载力压力问题的出现。

其中农业强度的排名呈现持续保持的发展趋势,再对南宁市的农业强度的得分情况进行分析,发现南宁市的农业强度的得分呈持续下降的趋势,说明在2010~2012年间南宁市的粮食作物播种面积减少。

其中耕地密度的排名呈现持续保持的发展趋势,再对南宁市的耕地密度的得分情况进行分析,发现南宁市耕地密度的得分持续下降,说明南宁市的人力资源减少,城市的农业生产效率降低。

其中农业指标动态变化的排名呈现持续下降的发展趋势,再对南宁市农业指标动态变化的得分情况进行分析,发现南宁市的农业指标动态变化的得分处于波动上升的趋势,说明在2010~2012年间南宁市的粮食作物播种面积增加。

其中农业土地扩张强度的排名呈现持续下降的发展趋势,再对南宁市的农业土地扩张强度的得分情况进行分析,发现南宁市的农业土地扩张强度的得分呈现持续下降的趋势,说明城市的农业土地面积增长速率较慢,呈现出农业生产集聚能力及活力的不断减弱。

其中农业蔓延指数的排名呈现持续上升的发展趋势,再对南宁市的农业蔓延指数的得分情况进行分析,发现南宁市农业蔓延指数的得分持续上升,农业蔓延指数小于1,说明城市的粮食总产量的增长慢于非农业人口的增长水平,农业的发展没有呈现出蔓延的趋势。

其中农业指标相对增长率的排名呈现波动上升的发展趋势,再对南宁市的农业指标相对增长率的得分情况进行分析,发现南宁市农业指标相对增长率的得分持续上升,说明城市的粮食产量增长速率加快,呈现出地区农业集聚能力及活力的不断增强。

其中农业指标绝对增量加权指数的排名呈现持续下降的发展趋势,再对南宁市农业指标绝对增量加权指数的得分情况进行分析,发现南宁市的农业指标绝对增量加权指数的得分处于持续上升的趋势,城市的粮食产量集中度提高。

根据表2-5,对2013~2015年间南宁市农业发展及各三级指标的得分、排名、优劣度进行分析,可以看到在2013~2015年间,南宁市农业发展的综合排名处于优势的状态,2013~2015年其农业发展排名波动保持,2013年其排名处于珠江-西江经济带第5名,2014年其排名处于珠江-西江经济带第1名,2015年其排名降至珠江-西江经济带第5名,说明南宁市的农业发展较领先于珠江-西江经济带的其他城市。对南宁市的农业发展得分情况进行分析,发现南宁市的农业发展综合得分呈现波动下降的发展趋势,说明城市的农业发展水平降低。总的来说,2013~2015年南宁市农业发展水平在珠江-西江经济带处于优势地位,发展水平与经济带其他城市相比较高。

表2-5　　　　2013~2015年南宁市农业发展各级指标的得分、排名及优劣度分析

指标	2013年			2014年			2015年		
	得分	排名	优劣度	得分	排名	优劣度	得分	排名	优劣度
农业发展	17.550	5	优势	18.619	1	强势	16.937	5	优势
第一产业扩张弹性系数	3.381	3	优势	3.409	2	强势	3.430	3	优势

续表

指标	2013年 得分	排名	优劣度	2014年 得分	排名	优劣度	2015年 得分	排名	优劣度
农业强度	1.286	2	强势	1.303	2	强势	1.197	2	强势
耕地密度	0.517	3	优势	0.525	3	优势	0.533	3	优势
农业指标动态变化	1.784	6	中势	1.763	8	中势	2.145	7	中势
农业土地扩张强度	4.266	3	优势	4.272	1	强势	4.331	1	强势
农业蔓延指数	0.235	5	优势	0.181	6	中势	0.158	4	优势
农业指标相对增长率	1.461	2	强势	3.170	2	强势	0.641	3	优势
农业指标绝对增量加权指数	4.621	6	中势	3.997	7	中势	4.502	4	优势

其中第一产业扩张弹性系数的排名呈波动保持的发展趋势，再对南宁市的第一产业扩张弹性系数的得分情况进行分析，发现南宁市的第一产业扩张弹性系数的得分持续上升的趋势，说明在2013~2015年间南宁市的耕地面积扩张幅度减小，城市城镇化与城市面积之间呈现协调发展的关系，城镇耕地面积的增加并未导致城市的过渡拥挤及承载力压力问题的出现。

其中农业强度的排名呈现持续保持的发展趋势，再对南宁市的农业强度的得分情况进行分析，发现南宁市的农业强度的得分呈波动下降的趋势，但农业强度超过1，说明在2013~2015年间南宁市的粮食作物播种面积高于地区的平均水平。

其中耕地密度的排名呈现持续保持的发展趋势，再对南宁市的耕地密度的得分情况进行分析，发现南宁市耕地密度的得分持续上升，说明南宁市的人力资源较多，城市的农业生产效率较高，农业生产成本减少。

其中农业指标动态变化的排名呈现波动下降的发展趋势，再对南宁市农业指标动态变化的得分情况进行分析，发现南宁市的农业指标动态变化的得分呈现波动上升的趋势，说明在2013~2015年间南宁市的粮食作物播种面积增多，对应呈现出地区经济活力加强。

其中农业土地扩张强度的排名呈现波动上升的发展趋势，再对南宁市的农业土地扩张强度的得分情况进行分析，发现南宁市的农业土地扩张强度的得分呈现持续上升的趋势，说明城市的农业土地面积增长速率加快，呈现出农业生产集聚能力及活力的不断增强。

其中农业蔓延指数的排名呈现波动上升的发展趋势，再对南宁市的农业蔓延指数的得分情况进行分析，发现南宁市农业蔓延指数的得分持续下降，说明城市的粮食总产量的增长慢于非农业人口的增长水平，农业的发展未呈现出蔓延的趋势。

其中农业指标相对增长率的排名呈现波动下降的发展趋势，再对南宁市的农业指标相对增长率的得分情况进行分析，发现南宁市农业指标相对增长率的得分先升后降，说明城市的粮食产量增长速率放缓，呈现出地区农业集聚能力及活力的不断减弱。

其中农业指标绝对增量加权指数的排名呈现波动上升的发展趋势，再对南宁市农业指标绝对增量加权指数的得分情况进行分析，发现南宁市的农业指标绝对增量加权指数的得分呈现先降后升的趋势，城市的粮食产量集中度较低，城市粮食产量变化增长较慢。

对2010~2015年间南宁市农业发展及各三级指标的得分、排名和优劣度进行分析。2010~2015年南宁市农业发展的综合得分排名呈现波动下降的发展趋势。2010年南宁市农业发展综合得分排名处于珠江－西江经济带第2名，2011~2012年下降至经济带第3名，2013年下降至第5名，2014年农业发展综合得分上升至经济带第1名，2015年其排名降至珠江－西江经济带第5名。一方面说明南宁市的农业发展在珠江－西江经济带上游和中游波动，其农业发展也在经济带强势地位和优势地位之间波动，与经济带其他城市相比，发展水平较高；另一方面说明南宁市农业发展综合得分上升和下降的幅度较大，在农业发展方面存在不稳定现象，稳定性有待提高。对南宁市的农业发展得分情况进行分析，发现2010~2011年南宁市的农业发展综合得分下降，在2012~2014年得分持续上升，在2015年农业发展综合得分有所下降，整体上南宁市农业发展综合得分呈现波动下降的发展趋势，说明南宁市的农业发展水平有所降低。

从表2－6来看，在8个基础指标中，指标的优劣度结构为25.0∶62.5∶12.5∶0.0。

表2－6　　　　　　　　　　　2015年南宁市农业发展指标的优劣度结构

二级指标	三级指标数	强势指标 个数	比重（%）	优势指标 个数	比重（%）	中势指标 个数	比重（%）	劣势指标 个数	比重（%）	优劣度
农业发展	8	2	25.000	5	62.500	1	12.500	0	0.000	优势

（三）南宁市农业发展水平比较分析

图2-19和图2-20将2010~2015年南宁市农业发展与珠江-西江经济带最高水平和平均水平进行比较。从农业发展的要素得分比较来看，由图2-19可知，2010年，南宁市第一产业扩张弹性系数得分比最高分低1.381分，比平均分低0.044分；2011年，第一产业扩张弹性系数得分比最高分低0.410分，比平均分低0.038分；2012年，第一产业扩张弹性系数得分比最高分低0.838分，比平均分高0.259分；2013年，第一产业扩张弹性系数得分比最高分低0.026分，比平均分高0.048分；2014年，第一产业扩张弹性系数得分比最高分低0.005分，比平均分高0.054分；2015年，第一产业扩张弹性系数得分比最高分低0.027分，比平均分高0.058分。这说明整体上南宁市第一产业扩张弹性系数得分与珠江-西江经济带最高分的差距有缩小趋势，与珠江-西江经济带平均分的差距逐渐增大。

2010年，南宁市农业强度得分比最高分低1.853分，比平均分高0.663分；2011年，农业强度得分比最高分低1.818分，比平均分高0.658分；2012年，农业强度得分比最高分低1.810分，比平均分高0.654分；2013年，农业强度得分比最高分低1.796分，比平均分高0.651分；2014年，农业强度得分比最高分低1.830分，比平均分高0.661分；2015年，农业强度得分比最高分低1.738分，比平均分高0.562分。这说明整体上南宁市农业强度得分与珠江-西江经济带最高分的差距有缩小趋势，与珠江-西江经济带平均分的差距逐渐减小。

2010年，南宁市耕地密度得分比最高分低2.551分，比平均分低0.023分；2011年，耕地密度得分比最高分低2.529分，比平均分低0.021分；2012年，耕地密度得分比最高分低2.548分，比平均分低0.025分；2013年，耕地密度得分比最高分低2.517分，比平均分低0.019分；2014年，耕地密度得分比最高分低2.535分，比平均分低0.016分；2015年，耕地密度得分比最高分低2.522分，比平均分低0.009分。这说明整体上南宁市耕地密度得分与珠江-西江经济带最高分的差距波动增加，与珠江-西江经济带平均分的差距波动缩小。

2010年，南宁市农业指标动态变化得分比最高分低0.098分，比平均分高0.272分；2011年，农业指标动态变化得分比最高分低0.022分，比平均分高0.002分；2012年，农业指标动态变化得分比最高分低0.057分，比平均分低0.010分；2013年，农业指标动态变化得分比最高分低0.094分，比平均分低0.011分；2014年，农业指标动态变化得分比最高分低0.064分，比平均分高0.006分；2015年，农业指标动态变化得分比最高分低2.269分，比平均分低0.426分。这说明整体上南宁市农业指标动态变化得分与珠江-西江经济带最高分的差距持续增加，与珠江-西江经济带平均分的差距波动增加。

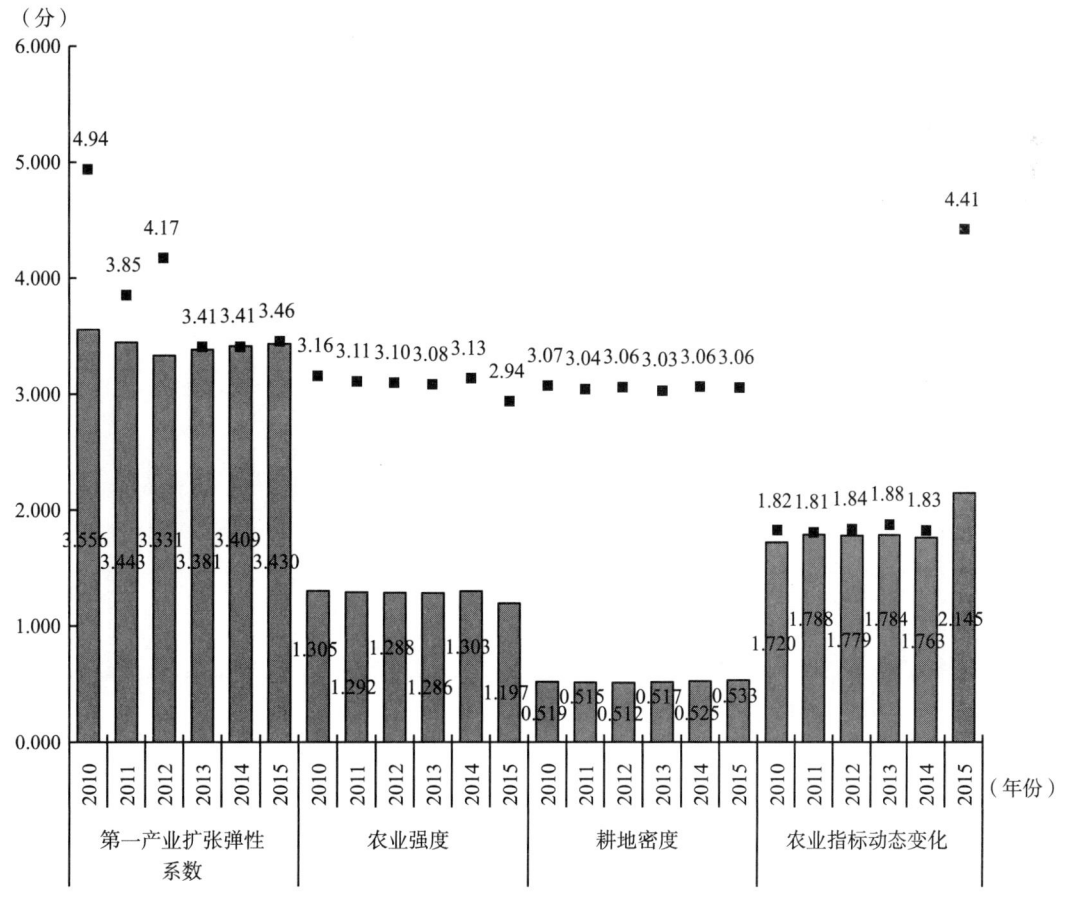

图2-19 2010~2015年南宁市农业发展指标得分比较

由图 2-20 可知，2010 年，南宁市农业土地扩张强度得分与最高分不存在差距，比平均分高 1.274 分；2011 年，农业土地扩张强度得分比最高分低 0.088 分，比平均分高 0.016 分；2012 年，农业土地扩张强度得分比最高分低 0.104 分，与平均分不存在差距；2013 年，农业土地扩张强度得分比最高分低 0.045 分，比平均分高 0.070 分；2014 年，农业土地扩张强度得分与最高分不存在差距，比平均分高 0.039 分；2015 年，农业土地扩张强度得分与最高分不存在差距，比平均分高 0.078 分。这说明整体上南宁市农业土地扩张强度得分与珠江-西江经济带最高分的差距波动缩小，与珠江-西江经济带平均分的差距波动下降。

2010 年，南宁市农业蔓延指数得分比最高分低 0.062 分，比平均分低 0.011 分；2011 年，农业蔓延指数得分比最高分低 0.038 分，比平均分高 0.013 分；2012 年，农业蔓延指数得分比最高分低 0.006 分，比平均分高 0.209 分；2013 年，农业蔓延指数得分比最高分低 2.787 分，比平均分低 0.225 分；2014 年，农业蔓延指数得分比最高分低 0.742 分，比平均分低 0.058 分；2015 年，农业蔓延指数得分比最高分低 0.174 分，比平均分低 0.009 分。这说明整体上南宁市农业蔓延指数得分与珠江-西江经济带最高分的差距波动扩大，与珠江-西江经济带平均分的差距波动减小。

2010 年，南宁市农业指标相对增长率得分比最高分低 0.610 分，比平均分低 0.231 分；2011 年，农业指标相对增长率得分比最高分低 0.385 分，比平均分低 0.146 分；2012 年，农业指标相对增长率得分比最高分低 0.036 分，比平均分高 0.113 分；2013 年，农业指标相对增长率得分比最高分低 0.025 分，比平均分高 0.486 分；2014 年，农业指标相对增长率得分比最高分低 0.580 分，比平均分高 1.692 分；2015 年，农业指标相对增长率得分比最高分低 0.080 分，比平均分高 0.024 分。这说明整体上南宁市农业指标相对增长率得分与珠江-西江经济带最高分的差距波动缩小，与珠江-西江经济带平均分的差距逐渐减小。

2010 年，南宁市农业指标绝对增量加权指数得分比最高分低 0.080 分，比平均分高 0.485 分；2011 年，农业指标绝对增量加权指数得分比最高分低 0.091 分，比平均分高 0.047 分；2012 年，农业指标绝对增量加权指数得分比最高分低 0.419 分，比平均分低 0.049 分；2013 年，农业指标绝对增量加权指数得分比最高分低 0.989 分，比平均分低 0.051 分；2014 年，农业指标绝对增量加权指数得分比最高分低 0.197 分，比平均分高 0.177 分；2015 年，农业指标绝对增量加权指数得分比最高分低 0.155 分，比平均分高 0.048 分。这说明整体上南宁市农业指标绝对增量加权指数得分与珠江-西江经济带最高分的差距有扩大趋势，与珠江-西江经济带平均分的差距逐渐缩小。

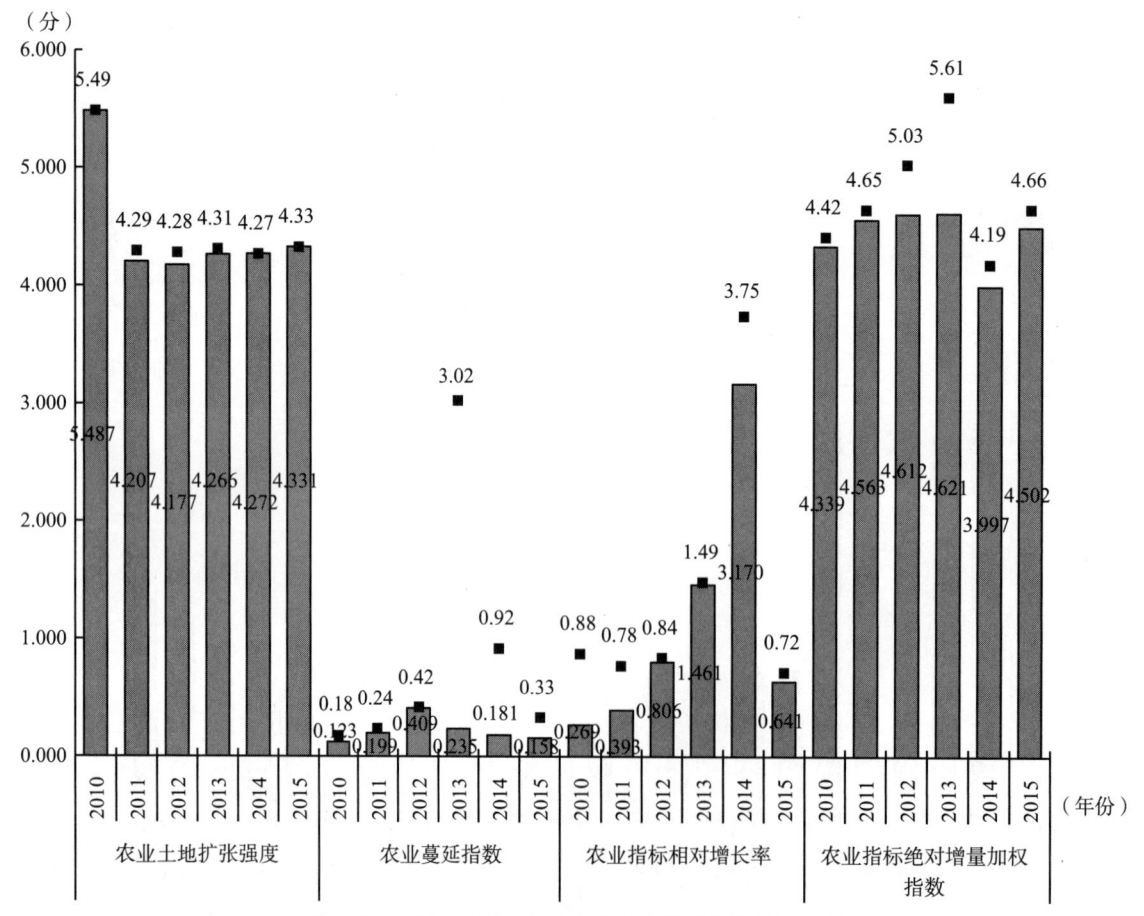

图 2-20　2010~2015 年南宁市农业发展指标得分比较

三、南宁市农业产出水平综合评估与比较

(一) 南宁市农业产出水平评估指标变化趋势评析

1. 食物生态足迹

根据图2-21分析可知,2010~2015年南宁市的食物生态足迹指标总体上呈现持续上升型的状态。处于持续上升型的指标,不仅意味着城市在各项指标数据上的不断增长,更意味着城市在该项指标上的竞争力优势不断扩大。南宁市的食物生态足迹指标不断提高,2015年达到100.000,相较于2010年上升12个单位左右;说明南宁市的发展水平提高,城市规模增大,城市居民对各类食物需求也有所提高。

(食物生态足迹)

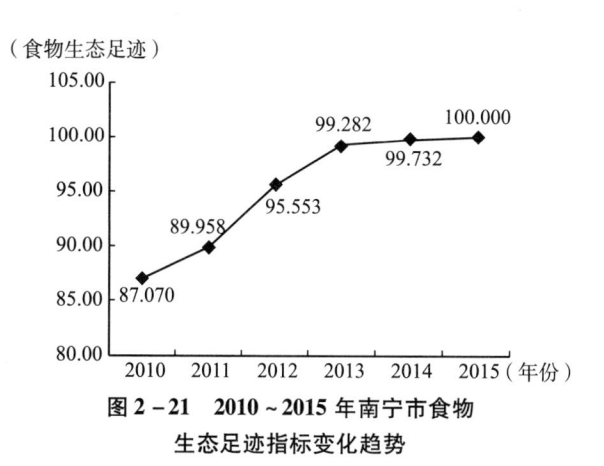

图2-21 2010~2015年南宁市食物生态足迹指标变化趋势

2. 人均食物生态足迹

根据图2-22分析可知,2010~2015年南宁市的人均食物生态足迹总体上呈现波动上升型的状态。处于波动上升型的指标,意味着在评价的时间段内,虽然指标数据存在较大的波动变化,但在评估末期的数据值高于评价初期数据值。通过折线图可以看出,南宁市的人均食物生态足迹指标提高,2015年达到77.982,相较于2010年上升7个单位左右;说明南宁市的发展水平提高,城市规模增大,城市居民对各类食物需求也有所提高。

(人均食物生态足迹)

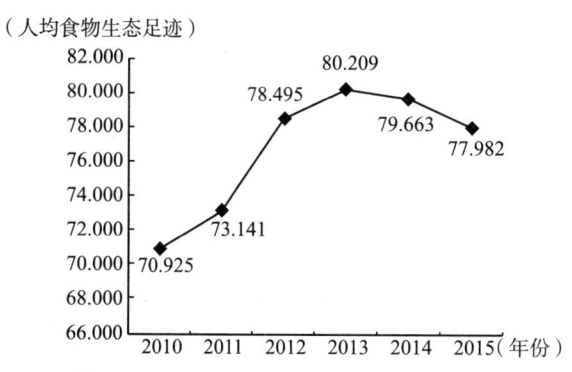

图2-22 2010~2015年南宁市人均食物生态足迹变化趋势

3. 农业生产比重增量

根据图2-23分析可知,2010~2015年南宁市农业生产比重增量总体上呈现波动上升型的状态。这一类型的指标为在2010~2015年间城市存在一定的波动变化,总体趋势上为上升趋势,但在个别年份出现下降的情况,指标并非连续性上升状态。波动上升型指标意味着在评价的时间段内,虽然指标数据存在较大的波动变化,但是其评价末期数据值高于评价初期数据值。南宁市在2013~2015年虽然出现下降的状况,2013年是90.680,但是总体上还是呈现上升的态势,最终稳定在33.679,说明南宁市在农业生产比重增量方面发展波动较大。

(农业生产比重增量)

图2-23 2010~2015年南宁市农业生产比重增量变化趋势

4. 农业生产平均增长指数

根据图2-24分析可知,2010~2015年南宁市农业生产平均增长指数总体上呈现波动上升型的状态。这一类型的指标为在2010~2015年间城市存在一定的波动变化,总体趋势上为上升趋势,但在个别年份出现下降的情况,指标并非连续性上升状态。波动上升型指标意味着在评价的时间段内,虽然指标数据存在较大的波动变化,但是其评价末期数据值高于评价初期数据值。南宁市在2013~2015年虽然出现下降的状况,2013年是68.111,但是总体上还是呈现上升的态势,最终稳定在27.246,说明南宁市在农业生产平均增长方面发展波动较大。

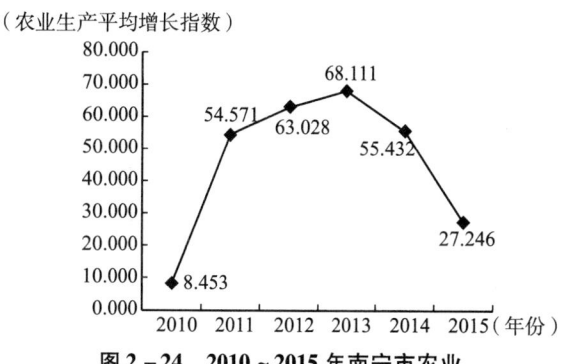

(农业生产平均增长指数)

图2-24 2010~2015年南宁市农业生产平均增长指数变化趋势

5. 农业枢纽度

根据图2-25分析可知，2010~2015年南宁市的农业枢纽度总体上呈现持续下降型的状态。处于持续下降型的指标，意味着城市在该项指标上不断处在劣势状态，并且这一状况并未得到改善。南宁市农业枢纽度指标处于不断下降的状态中，2010年此指标数值最高，是17.971，到2015年时，下降至8.982，说明南宁市的农业枢纽度下降，城市的农业发展有所减弱。

图2-25 2010~2015年南宁市农业枢纽度变化趋势

6. 农业生产流强度

根据图2-26分析可知，2010~2015年南宁市的农业生产流强度总体上呈现波动上升型的状态。处于波动上升型指标为在2010~2015年间城市存在一定的波动变化，总体趋势为上升趋势，但在个别年份出现下降的情况，指标并非连续性上升状态。南宁市的农业生产流强度指标不断提高，在2015年达到23.772，相较于2010年上升10个单位左右；说明南宁市的农业生产流强度增强，城市之间发生的经济集聚和扩散所产生的农业生产要素流动强度增强，城市经济影响力也有所增强。

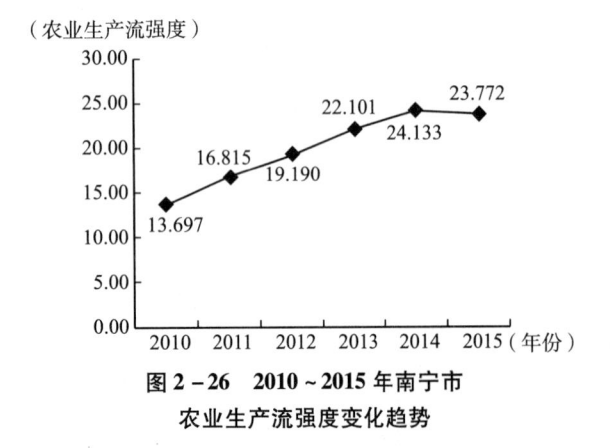

图2-26 2010~2015年南宁市农业生产流强度变化趋势

7. 农业生产倾向度

根据图2-27分析可知，2010~2015年南宁市的农业生产倾向度总体上呈现波动下降型的状态。处于波动下降型的指标，这种状态表现为在2010~2015年间城市在该项指标上总体呈现下降趋势，但在期间存在上下波动的情况，并非连续性下降状态。南宁市农业生产倾向度指标处于下降的状态中，2013年此指标数值最高，是55.484，2010~2013年间属于波动上升的过程，2013年以后急剧下降，2015年，下降至46.776；说明南宁市农业生产倾向度下降，城市的总功能量的外向强度减弱。

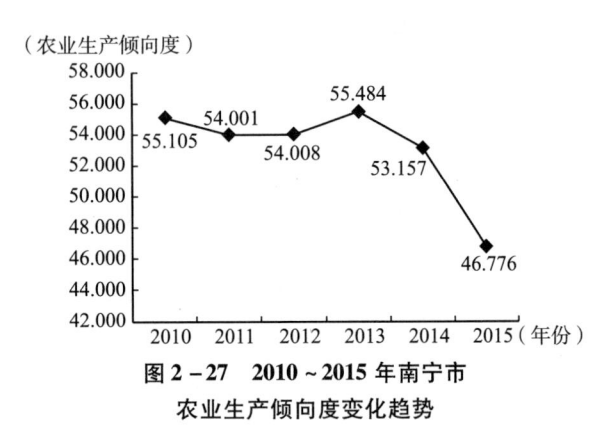

图2-27 2010~2015年南宁市农业生产倾向度变化趋势

8. 农业生产职能规模

根据图2-28分析可知，2010~2015年南宁市农业生产职能规模总体上呈现波动保持型的状态。波动保持型指标意味着城市在该项指标上虽然呈现波动状态，在评价末期和评价初期的数值基本保持一致，该图可知南宁市农业生产职能规模保持在24.592~32.240。即使南宁市农业生产职能规模存在过最低值，其数值为24.592，说明南宁市在农业生产职能规模上总体表现相对平稳。

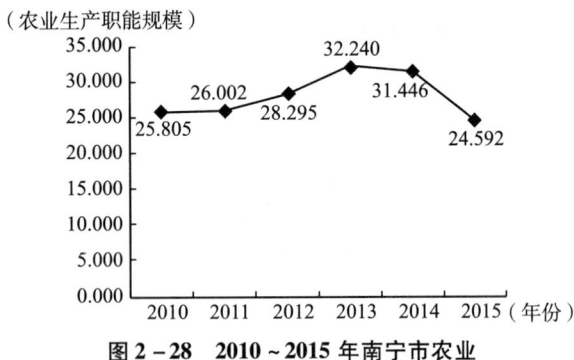

图2-28 2010~2015年南宁市农业生产职能规模变化趋势

9. 农业生产职能地位

根据图2-29分析可知，2010~2015年南宁市农业生产职能地位总体上呈现波动下降型的状态。这种状态表现为在2010~2015年间城市在该项指标上总体呈现下降趋势，但在期间存在上下波动的情况，并非连续性下降状态。这就意味着在评估的时间段内，虽然指标数据存在较大的波动化，但是其评价末期数据值低于评价初期数据值。南宁市的农业生产职能地位末期低于初期的数据，降低5个单位左右，并且在2014~2015年间存在明显下降的变化；这说明南宁市农业发展处于不太稳定的下降状态。

（农业生产职能地位）

图 2-29　2010~2015 年南宁市农业生产职能地位变化趋势

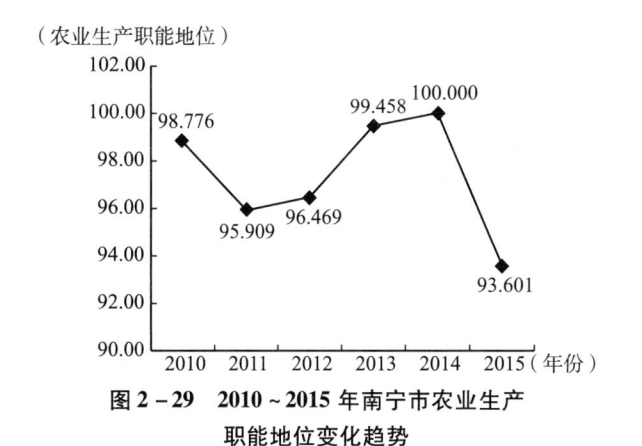

数据点：2010年 98.776；2011年 95.909；2012年 96.469；2013年 99.458；2014年 100.000；2015年 93.601

（二）南宁市农业产出水平评估结果

根据表 2-7，对 2010~2012 年间南宁市农业产出及各三级指标的得分、排名、优劣度进行分析，可以看到在 2010~2012 年间，南宁市农业产出的综合排名持续上升，2012 年处于强势地位，2010 年其农业产出排名处于经济带第 4 名，2011 年其农业产出排名处于经济带第 2 名，2012 年其农业产出排名处于经济带第 1 名，处于珠江－西江经济带上游区，说明城市的农业产出的发展领先于珠江－西江经济带的其他城市。对南宁市的农业产出得分情况进行分析，发现南宁市的农业产出综合得分呈现持续上升的发展趋势，说明南宁市的农业产出活力处于上升状态，发展较快。

表 2-7　2010~2012 年南宁市农业产出各级指标的得分、排名及优劣度分析

指标	2010 年 得分	排名	优劣度	2011 年 得分	排名	优劣度	2012 年 得分	排名	优劣度
农业产出	14.141	4	优势	18.678	2	强势	20.679	1	强势
食物生态足迹	2.791	1	强势	2.880	1	强势	3.159	1	强势
人均食物生态足迹	3.026	4	优势	3.081	4	优势	3.449	4	优势
农业生产比重增量	0.000	11	劣势	3.030	8	中势	3.732	3	优势
农业生产平均增长指数	0.328	10	劣势	2.141	7	中势	2.666	5	优势
农业枢纽度	0.739	8	中势	0.516	8	中势	0.432	8	中势
农业生产流强度	0.402	3	优势	0.478	3	优势	0.556	3	优势
农业生产倾向度	2.242	5	优势	2.091	5	优势	2.126	5	优势
农业生产职能规模	0.766	3	优势	0.772	3	优势	0.862	3	优势
农业生产职能地位	3.847	1	强势	3.688	1	强势	3.696	1	强势

其中食物生态足迹的排名呈现持续保持的发展趋势，再对南宁市食物生态足迹的得分情况进行分析，发现南宁市的食物生态足迹得分处于持续上升的发展趋势，说明在 2010~2012 年间南宁市的发展水平上升，城市规模存在扩大趋势，城市居民对各类食物需求增强。

其中人均食物生态足迹的排名呈现持续保持的发展趋势，再对南宁市的人均食物生态足迹得分情况进行分析，发现南宁市的人均食物生态足迹综合得分呈现持续上升的发展趋势，南宁市的居民对各类食物的人均需求较高。

其中农业生产比重增量的排名呈现持续上升的发展趋势，再对南宁市的农业生产比重增量的得分情况进行分析，发现南宁市的农业生产比重增量的得分处于持续上升的趋势，说明在 2010~2012 年间南宁市农业生产发展程度较高，城市整体粮食产量水平具备优势。

其中农业生产平均增长指数的排名呈现持续上升的发展趋势，对南宁市农业生产平均增长指数的得分情况进行分析，发现南宁市的农业生产平均增长指数得分处于持续上升的发展趋势，说明在 2010~2012 年间南宁市在评估时间段内的农业生产能力增强，整体城市农业生产水平趋于上升。

其中农业枢纽度的排名呈现持续保持的发展趋势，对南宁市的农业枢纽度得分情况进行分析，发现南宁市的农业枢纽度综合得分呈现持续下降的发展趋势，说明南宁市的农业发展缓慢，在经济社会发展中的地位较低。

其中农业生产流强度的排名呈现持续保持的发展趋势，再对南宁市的农业生产流强度得分情况进行分析，发现南宁市的农业生产流强度综合得分呈现持续上升的发展趋势，说明城市之间发生的经济集聚和扩散所产生的农业生产要素流动强度较强，城市经济影响力较大。

其中农业生产倾向度的排名呈现波动保持的发展趋势，再对南宁市的农业生产倾向度的得分情况进行分析，发现南宁市的农业生产倾向度的得分处于波动下降趋势，说明在 2010~2012 年间南宁市的总功能量的外向强度减弱。

其中农业生产职能规模的排名呈现持续保持的发展趋势，再对南宁市的农业生产职能规模得分情况进行分析，发现南宁市的农业生产职能规模综合得分呈现持续上升的发展趋势，说明南宁市的农业生产水平提高，城市所具备的农业生产能力较强。

其中农业生产职能地位的排名呈现持续保持的发展趋势，再对南宁市的农业生产职能地位得分情况进行分析，发现南宁市的农业生产职能地位综合得分呈现波动下降的发展

趋势,说明南宁市的农业生产能力在地区内有所降低,城市对农业人力资源的吸引集聚能力较强,城市发展具备农业发展及农业劳动力发展方面的潜力。

根据表2-8,对2013~2015年间南宁市农业产出及各三级指标的得分、排名、优劣度进行分析,可以看到在2013~2015年间,南宁市农业产出的综合排名处于强势状态,2013年其农业产出排名处于经济带第1名,2014~2015年其农业产出处于珠江-西江经济带第2名,说明该城市的农业产出的发展较为领先于珠江-西江经济带的其他城市。对南宁市的农业产出得分情况进行分析,发现南宁市的农业产出综合得分呈现持续下降的发展趋势,说明南宁市的农业产出活力处于下降状态。

表2-8 2013~2015年南宁市农业产出各级指标的得分、排名及优劣度分析

指标	2013年 得分	排名	优劣度	2014年 得分	排名	优劣度	2015年 得分	排名	优劣度
农业产出	21.950	1	强势	20.474	2	强势	16.638	2	强势
食物生态足迹	3.346	1	强势	3.379	1	强势	3.437	1	强势
人均食物生态足迹	3.502	3	优势	3.482	2	强势	3.414	3	优势
农业生产比重增量	4.402	1	强势	3.436	1	强势	1.418	11	劣势
农业生产平均增长指数	2.657	2	强势	2.016	4	优势	0.990	11	劣势
农业枢纽度	0.376	8	中势	0.316	8	中势	0.285	8	中势
农业生产流强度	0.666	3	优势	0.755	4	优势	0.770	3	优势
农业生产倾向度	2.166	4	优势	2.172	4	优势	1.860	6	中势
农业生产职能规模	0.997	3	优势	1.000	3	优势	0.789	3	优势
农业生产职能地位	3.839	1	强势	3.919	1	强势	3.676	2	强势

其中食物生态足迹的排名呈现持续保持的发展趋势,再对南宁市食物生态足迹的得分情况进行分析,发现南宁市的食物生态足迹得分处于持续上升的发展趋势,说明在2010~2012年间南宁市发展水平较高,城市规模较大,城市居民对各类食物需求较高。

其中人均食物生态足迹的排名呈现波动保持的发展趋势,再对南宁市的人均食物生态足迹得分情况进行分析,发现南宁市的人均食物生态足迹综合得分呈现持续下降的发展趋势,说明南宁市的居民对各类食物的人均需求下降。

其中农业生产比重增量的排名呈现波动下降的发展趋势,再对南宁市的农业生产比重增量的得分情况进行分析,发现南宁市的农业生产比重增量的得分持续下降的趋势,说明在2013~2015年间南宁市农业生产发展程度较低。

其中农业生产平均增长指数的排名呈现持续下降的发展趋势,再对南宁市农业生产平均增长指数的得分情况进行分析,发现南宁市的农业生产平均增长指数得分处于持续下降的发展趋势,说明在2013~2015年间南宁市在评估时间段内的农业生产能力减弱,城市整体农业生产水平下降。

其中农业枢纽度的排名呈现持续保持的发展趋势,再对南宁市的农业枢纽度得分情况进行分析,发现南宁市的农业枢纽度综合得分呈现持续下降的发展趋势,说明南宁市的农业发展缓慢,其在经济社会发展中的地位较低。

其中农业生产流强度的排名呈现波动保持的发展趋势,再对南宁市的农业生产流强度得分情况进行分析,发现南宁市的农业生产流强度综合得分呈现持续上升的发展趋势,说明城市之间发生的经济集聚和扩散所产生的农业生产要素流动强度较强,城市经济影响力较大。

其中农业生产倾向度的排名呈现波动下降的发展趋势,再对南宁市的农业生产倾向度的得分情况进行分析,发现南宁市的农业生产倾向度的得分波动下降的趋势,说明在2013~2015年间南宁市的总功能量的外向强度较弱。

其中农业生产职能规模的排名呈现持续保持的发展趋势,再对南宁市的农业生产职能规模得分情况进行分析,发现南宁市的农业生产职能规模综合得分呈现波动下降的发展趋势,说明南宁市的农业生产水平降低。

其中农业生产职能地位的排名呈现波动下降的发展趋势,再对南宁市的农业生产职能地位得分情况进行分析,发现南宁市的农业生产职能地位综合得分呈现先升后降的发展趋势,说明南宁市的农业生产能力有所下降,但仍在地区内具备优势,城市对农业人力资源的吸引集聚能力较强,城市发展具备农业发展及农业劳动力发展方面的潜力。

对2010~2015年间南宁市农业产出及各三级指标的得分、排名和优劣度进行分析。2010~2015年南宁市农业产出的综合得分排名呈现波动下降的发展趋势。2010年南宁市农业产出综合得分排名处于珠江-西江经济带第4名,2011年上升至第2名,2012年上升至经济带第1名,2013年其农业产出排名处于经济带第1名,2014~2015年其农业产出处于珠江-西江经济带第2名;说明南宁市的农业产出从珠江-西江经济带优势地位上升至强势地位,发展水平与经济带其他城市相比较高,也说明南宁市在农业产出方面发展出现波动,稳定性有待提高。对南宁市的农业产出得分情况进行分析,发现2010~2013年南宁市的农业产出综合得分持续上升,2014~2015年得分有所下降,整

体上南宁市的农业产出综合得分呈现波动上升的发展趋势,说明南宁市的农业产出活力处于上升状态。

从表2-9来看,在9个基础指标中,指标的优劣度结构为22.2:33.3:22.2:22.2。

表2-9　　　　　　　　　　　2015年南宁市农业产出的优劣度结构

二级指标	三级指标数	强势指标		优势指标		中势指标		劣势指标		优劣度
		个数	比重（%）	个数	比重（%）	个数	比重（%）	个数	比重（%）	
农业产出	9	2	22.222	3	33.333	2	22.222	2	22.222	强势

(三) 南宁市农业产出水平比较分析

图2-30和图2-31将2010~2015年南宁市农业产出与珠江-西江经济带最高水平和平均水平进行比较。从农业产出的要素得分比较来看,由图2-30可知,2010年,南宁市食物生态足迹得分与最高分不存在差距,比平均分高1.939分;2011年,食物生态足迹得分与最高分不存在差距,比平均分高2.009分;2012年,食物生态足迹得分与最高分不存在差距,比平均分高2.183分;2013年,食物生态足迹得分与最高分不存在差距,比平均分高2.324分;2014年,食物生态足迹得分与最高分不存在差距,比平均分高2.383分;2015年,食物生态足迹得分与最高分不存在差距,比平均分高2.391分。这说明整体上南宁市食物生态足迹得分与珠江-西江经济带最高分不存在差距,与珠江-西江经济带平均分的差距逐渐增大。

2010年,南宁市人均食物生态足迹得分比最高分低1.143分,比平均分高0.699分;2011年,人均食物生态足迹得分比最高分低0.963分,比平均分高0.757分;2012年,人均食物生态足迹得分比最高分低0.945分,比平均分高0.880分;2013年,人均食物生态足迹得分比最高分低0.747分,比平均分高0.935分;2014年,人均食物生态足迹得分比最高分低0.858分,比平均分高0.978分;2015年,人均食物生态足迹得分比最高分低0.813分,比平均分高0.910分。这说明整体上南宁市人均食物生态足迹得分与珠江-西江经济带最高分的差距有缩小趋势,与珠江-西江经济带平均分的差距逐渐增大。

2010年,南宁市农业生产比重增量得分比最高分低2.889分,比平均分低1.899分;2011年,农业生产比重增量得分比最高分低1.610分,比平均分低0.288分;2012年,农业生产比重增量得分比最高分低1.127分,比平均分高0.275分;2013年,农业生产比重增量得分与最高分不存在差距,比平均分高0.871分;2014年,农业生产比重增量得分与最高分不存在差距,比平均分高0.490分;2015年,农业生产比重增量得分比最高分低1.547分,比平均分低1.055分。这说明整体上南宁市农业生产比重增量得分与珠江-西江经济带最高分的差距波动缩小,与珠江-西江经济带平均分的差距波动缩小。

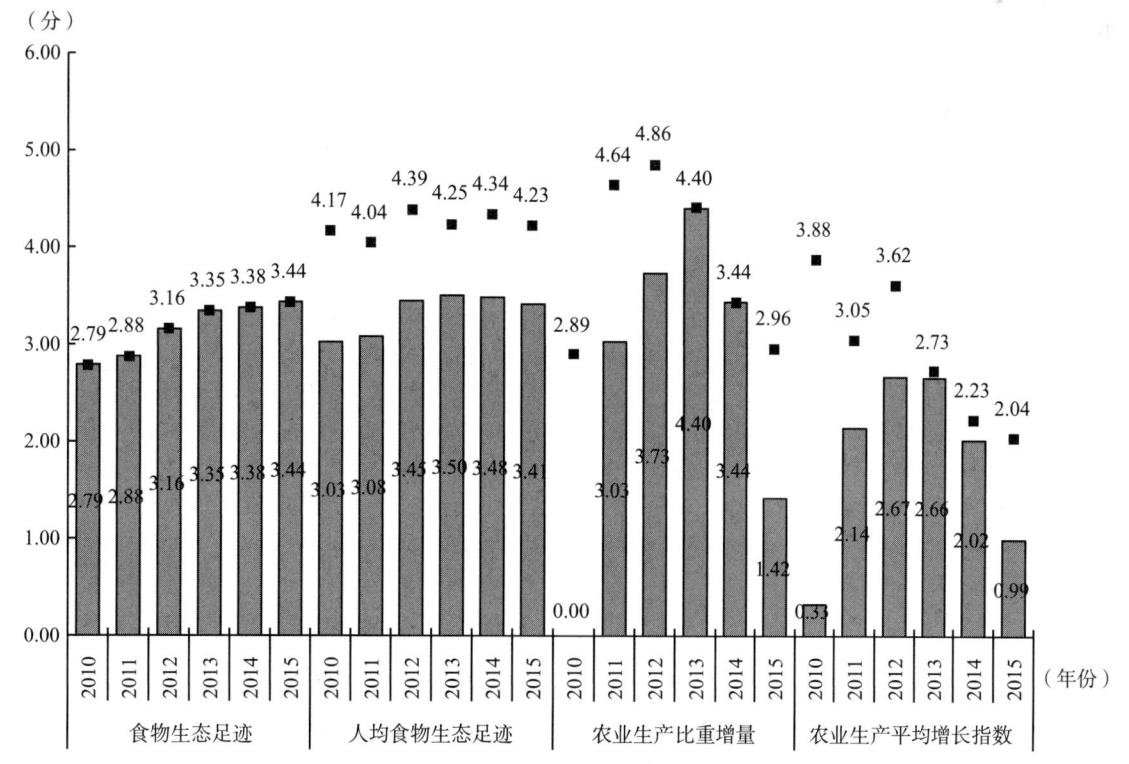

图2-30　2010~2015年南宁市农业产出指标得分比较1

2010年，南宁市农业生产平均增长指数得分比最高分低3.548分，比平均分低1.357分；2011年，农业生产平均增长指数得分比最高分低0.909分，比平均分高0.066分；2012年，农业生产平均增长指数得分比最高分低0.950分，比平均分高0.098分；2013年，农业生产平均增长指数得分比最高分低0.069分，比平均分高0.550分；2014年，农业生产平均增长指数得分比最高分低0.210分，比平均分高0.359分；2015年，农业生产平均增长指数得分比最高分低1.048分，比平均分低0.674分。这说明整体上南宁市农业生产平均增长指数得分与珠江-西江经济带最高分的差距逐渐缩小，与珠江-西江经济带平均分的差距波动减少。

由图2-31可知，2010年，南宁市农业枢纽度得分比最高分低3.375分，比平均分低1.188分；2011年，农业枢纽度得分比最高分低2.451分，比平均分低0.864分；2012年，农业枢纽度得分比最高分低2.251分，比平均分低0.764分；2013年，农业枢纽度得分比最高分低2.283分，比平均分低0.702分；2014年，农业枢纽度得分比最高分低1.999分，比平均分低0.610分；2015年，农业枢纽度得分比最高分低1.953分，比平均分低0581。这说明整体上南宁市农业枢纽度得分与珠江-西江经济带最高分的差距波动缩小，与珠江-西江经济带平均分的差距波动下降。

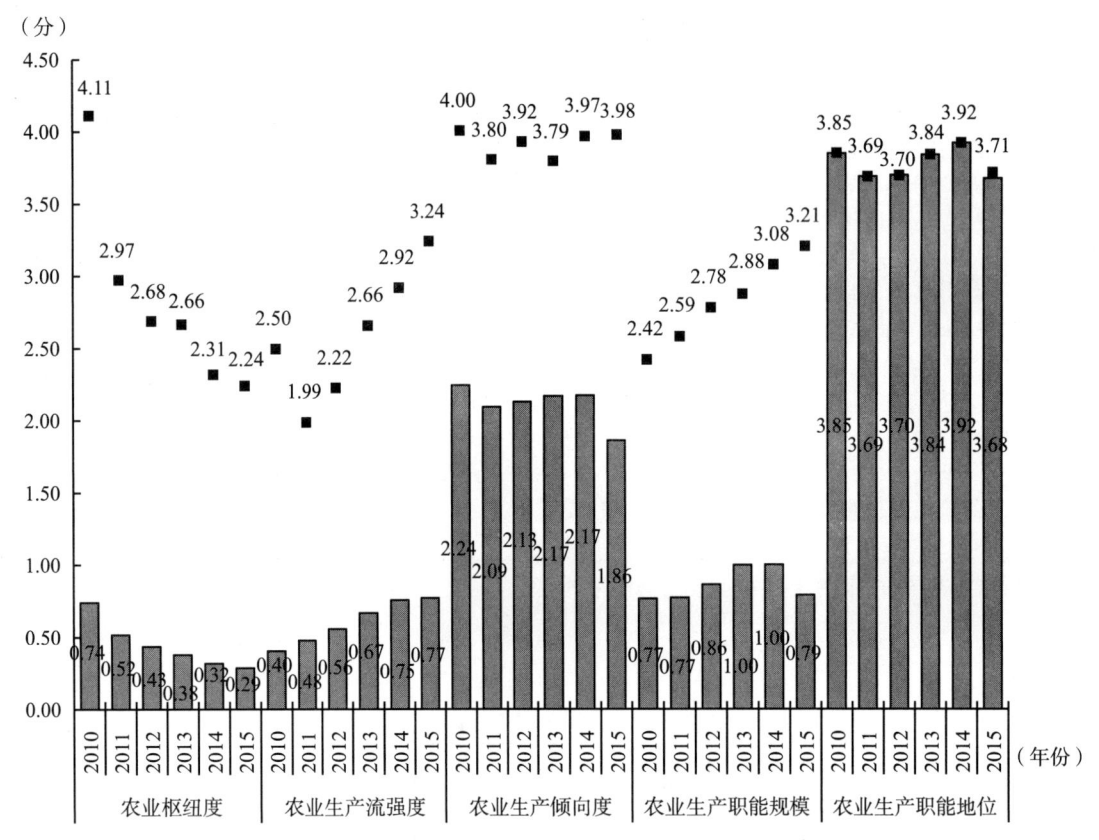

图2-31　2010~2015年南宁市农业产出指标得分比较2

2010年，南宁市农业生产流强度得分比最高分低2.096分，比平均分低0.052分；2011年，农业生产流强度得分比最高分低1.512分，比平均分高0.041分；2012年，农业生产流强度得分比最高分低1.669分，比平均分高0.071分；2013年，农业生产流强度得分比最高分低1.993分，比平均分高0.104分；2014年，农业生产流强度得分比最高分低2.163分，比平均分高0.113分；2015年，农业生产流强度得分比最高分低2.468分，比平均分高0.081分。这说明整体上南宁市农业生产流强度得分与珠江-西江经济带最高分的差距波动扩大，与珠江-西江经济带平均分的差距波动增加。

2010年，南宁市农业生产倾向度得分比最高分低1.761分，比平均分高0.239分；2011年，农业生产倾向度得分比最高分低1.709分，比平均分高0.361分；2012年，

农业生产倾向度得分比最高分低1.798分，比平均分高0.325分；2013年，农业生产倾向度得分比最高分低1.621分，比平均分高0.398分；2014年，农业生产倾向度得分比最高分低1.797分，比平均分高0.269分；2015年，农业生产倾向度得分比最高分低2.116分，比平均分高0.087分。这说明整体上南宁市农业生产倾向度得分与最高分的差距波动扩大，与平均分的差距逐渐减小。

2010年，南宁市农业生产职能规模得分比最高分低1.658分，比平均分高0.224分；2011年，农业生产职能规模得分比最高分低1.815分，比平均分高0.228分；2012年，农业生产职能规模得分比最高分低1.920分，比平均分高0.250分；2013年，农业生产职能规模得分比最高分低1.879分，比平均分高0.347分；2014年，农业生产职能规模得分比最高分低2.077分，比平均分高0.303分；

2015年，农业生产职能规模得分比最高分低2.419分，比平均分高0.119分。这说明整体上南宁市农业生产职能规模得分与珠江-西江经济带最高分的差距有扩大趋势，与珠江-西江经济带平均分的差距逐渐缩小。

2010年，南宁市农业生产职能地位得分与最高分不存在差距，比平均分高2.150分；2011年，农业生产职能地位得分与最高分不存在差距，比平均分高2.013分；2012年，农业生产职能地位得分与最高分不存在差距，比平均分高2.027分；2013年，农业生产职能地位得分与最高分不存在差距，比平均分高2.157分；2014年，农业生产职能地位得分与最高分不存在差距，比平均分高2.212分；2015年，农业生产职能地位得分比最高分低0.038分，比平均分高1.965分。这说明整体上南宁市农业生产职能地位得分与珠江-西江经济带最高分的差距有扩大趋势，与珠江-西江经济带平均分的差距逐渐缩小。

四、南宁市农业生产发展水平综合评估与比较评述

从对南宁市农业发展水平评估及其三个二级指标在珠江-西江经济带的排名变化和指标结构的综合分析来看，2010~2015年间，农业生产板块中上升指标的数量大于下降指标的数量，上升的动力大于下降的拉力，使得2015年南宁市农业发展水平的排名呈波动上升，在珠江-西江经济带中农业发展水平位居第2名。

（一）南宁市农业生产发展水平概要分析

南宁市农业发展水平在珠江-西江经济带所处的位置及变化如表2-10所示，3个二级指标的得分和排名变化如表2-11所示。

表2-10　　　　　2010~2015年南宁市农业生产一级指标比较

项目	2010年	2011年	2012年	2013年	2014年	2015年
排名	3	2	3	2	2	2
所属区位	上游	上游	上游	上游	上游	上游
得分	54.652	57.913	60.168	61.220	57.907	55.327
经济带最高分	64.061	66.285	62.112	64.361	61.849	62.336
经济带平均分	51.465	53.838	53.598	51.944	50.910	50.770
与最高分的差距	-9.409	-8.372	-1.944	-3.141	-3.941	-7.009
与平均分的差距	3.186	4.076	6.570	9.276	6.997	4.558
优劣度	优势	强势	优势	强势	强势	强势
波动趋势	—	上升	下降	上升	持续	持续

表2-11　　　　　2010~2015年南宁市农业生产二级指标比较

年份	农业结构 得分	农业结构 排名	农业发展 得分	农业发展 排名	农业产出 得分	农业产出 排名
2010	23.193	4	17.319	2	14.141	4
2011	22.837	7	16.399	3	18.678	2
2012	22.576	5	16.913	3	20.679	1
2013	21.719	4	17.550	5	21.950	2
2014	18.815	10	18.619	1	20.474	2
2015	21.752	5	16.937	5	16.638	2
得分变化	-1.440	—	-0.382	—	2.497	—
排名变化	—	-1	—	-3	—	2
优劣度	优势	优势	强势	强势	强势	强势

（1）从指标排名变化趋势看，2015年南宁市农业发展水平评估排名在珠江-西江经济带处于第2名，表明其在珠江-西江经济带处于强势地位，与2010年相比，排名上升1名。总的来看，评价期内南宁市农业发展水平呈现波动上升趋势。

在三个二级指标中，其中1个指标排名处于上升趋势，为农业产出；2个指标排名处于下降趋势，为农业结构和农业发展，这是南宁市农业发展水平保持稳定上升的动力所在。受指标排名升降的综合影响，评价期内南宁市农业生产的综合排名呈波动上升，在珠江-西江经济带城市排名第2名。

（2）从指标所处区位来看，2015年南宁市农业发展水平处在上游区，其中，农业发展指标和农业产出指标为强势指标，农业结构为优势指标。

（3）从指标得分来看，2015年南宁市农业生产得分为55.327分，比珠江-西江经济带最高分低7.009分，比平

均分高4.558分；与2010年相比，南宁市农业发展水平得分上升0.675分，与平均分的差距趋于扩大。

2015年，南宁市农业发展水平二级指标的得分均高于16分，与2010年相比，得分上升最多的为农业产出，上升2.497分；得分下降最多的为农业结构，下降1.440分。

（二）南宁市农业生产发展水平评估指标动态变化分析

2010~2015年南宁市农业发展水平评估各级指标的动态变化及其结构，如图2-32和表2-12所示。

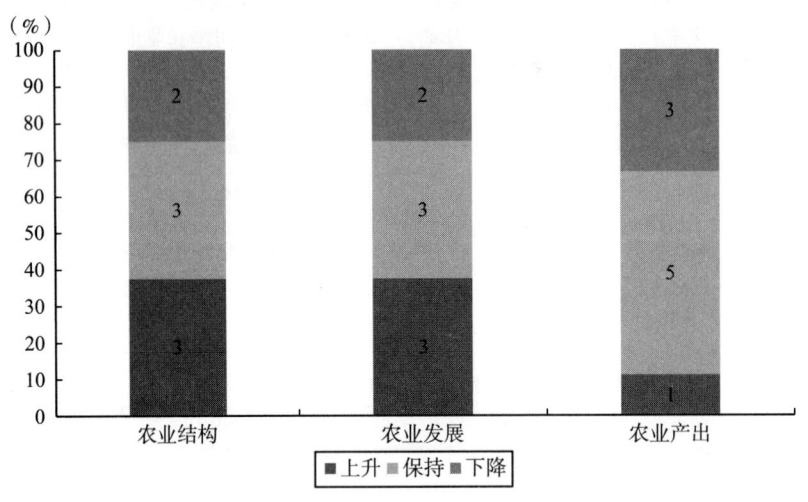

图2-32 2010~2015年南宁市农业发展水平动态变化结构

表2-12　　2010~2015年南宁市农业生产各级指标排名变化态势比较

二级指标	三级指标数	上升指标 个数	上升指标 比重（%）	保持指标 个数	保持指标 比重（%）	下降指标 个数	下降指标 比重（%）
农业结构	8	3	37.500	3	37.500	2	25.000
农业发展	8	3	37.500	3	37.500	2	25.000
农业产出	9	1	11.111	5	55.556	3	33.333
合计	25	7	28.000	11	44.000	7	28.000

从图2-32可以看出，南宁市农业发展水平评估的三级指标中上升指标的比例等于下降指标，表明上升指标未居于主导地位。表2-12中的数据说明，南宁市农业发展水平评估的25个三级指标中，上升的指标有7个，占指标总数的28.000%；保持的指标有11个，占指标总数的44.000%；下降的指标有7个，占指标总数的28.000%。由于上升指标的数量等于下降指标的数量，且受变动幅度与外部因素的综合影响，评价期内南宁市农业生产排名呈现波动上升趋势，在珠江-西江经济带城市居第2名。

（三）南宁市农业生产发展水平评估指标变化动因分析

2015年南宁市农业生产板块各级指标的优劣势变化及其结构，如图2-33和表2-13所示。

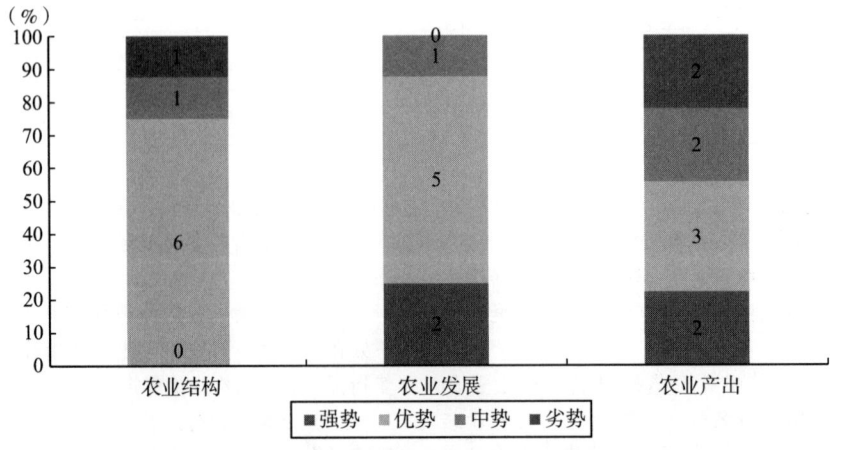

图2-33 2015年南宁市农业生产优劣度结构

表 2-13　　　　　　　　　　2015 年南宁市农业生产各级指标优劣度比较

二级指标	三级指标数	强势指标 个数	强势指标 比重（%）	优势指标 个数	优势指标 比重（%）	中势指标 个数	中势指标 比重（%）	劣势指标 个数	劣势指标 比重（%）	优劣度
农业结构	8	0	0.000	6	75.000	1	12.500	1	12.500	优势
农业发展	8	2	25.000	5	62.500	1	12.500	0	0.000	优势
农业产出	9	2	22.222	3	33.333	2	22.222	2	22.222	强势
合计	25	4	16.000	14	56.000	4	16.000	3	12.000	强势

从图 2-33 可以看出，2015 年南宁市农业发展水平评估的三级指标中强势和优势指标的比例大于劣势指标的比例，表明强势和优势指标居于主导地位。表 2-13 中的数据说明，2015 年南宁市农业生产的 25 个三级指标中，强势指标有 4 个，占指标总数的 16.000%；优势指标为 14 个，占指标总数的 56.000%；中势指标 4 个，占指标总数的 16.000%；劣势指标为 3 个，占指标总数的 12.000%；强势指标和优势指标之和占指标总数的 72.000%，数量与比重均大于劣势指标。从二级指标来看，其中，农业结构不存在强势指标；优势指标 6 个，占指标总数的 75.000%；中势指标 1 个，占指标总数的 12.500%；劣势指标为 1 个，占指标总数的 12.500%；强势指标和优势指标之和占指标总数的 75.000%，说明农业结构的强、优势指标居于主导地位。农业发展的强势指标有 2 个，占指标总数的 25.000%；优势指标为 5 个，占指标总数的 62.500%；中势指标 1 个，占指标总数的 12.500%；不存在劣势指标；强势指标和优势指标之和占指标总数的 87.500%，说明农业发展的强、优势指标处于主导地位。农业产出的强势指标有 2 个，占指标总数的 22.222%；优势指标为 3 个，占指标总数的 33.333%；中势指标 2 个，占指标总数的 22.222%；劣势指标为 2 个，占指标总数的 22.222%；强势指标和优势指标之和占指标总数的 55.555%，说明农业产出的强、优势指标处于有利地位。由于强、优势指标比重较大，南宁市农业发展水平处于强势地位，在珠江－西江经济带城市居第 2 名，处于上游区。

为进一步明确影响南宁市农业生产变化的具体因素，以便于对相关指标进行深入分析，为提升南宁市农业生产水平提供决策参考，在表 2-14 中列出农业生产指标体系中直接影响南宁市农业发展水平升降的强势指标、优势指标和劣势指标。

表 2-14　　　　　　　　　　2015 年南宁市农业生产三级指标优劣度统计

指标	强势指标	优势指标	中势指标	劣势指标
农业结构（8 个）	（0 个）	第一产业投资强度、第一产业不协调度、第一产业贡献率、第一产业弧弹性、第一产业结构偏离系数、第一产业区位商（6 个）	第一产业比重（1 个）	第一产业劳动产出率（1 个）
农业发展（8 个）	农业强度、农业土地扩张强度（2 个）	第一产业扩张弹性系数、耕地密度、农业蔓延指数、农业指标相对增长率、农业指标绝对增量加权指数（5 个）	农业指标动态变化（1 个）	（0 个）
农业产出（9 个）	食物生态足迹、农业生产职能地位（2 个）	人均食物生态足迹、农业生产流强度、农业生产职能规模（3 个）	农业枢纽度、农业生产倾向度（2 个）	农业生产比重增量、农业生产平均增长指数（2 个）

第三章 柳州市农业生产发展水平综合评估

一、柳州市农业结构竞争力综合评估与比较

(一) 柳州市农业结构竞争力评估指标变化趋势评析

1. 第一产业比重

根据图 3-1 分析可知, 2010~2015 年柳州市第一产业比重总体上呈现波动下降型的状态。处于波动下降型的指标, 这一类的指标为 2010~2015 年间城市在该项指标上总体呈现下降趋势, 但在评估期间存在上下波动的情况, 指标并非连续性下降状态。波动下降型指标意味着在评估期间, 虽然指标数据存在较大波动变化, 但是其评价末期数据值低于评价初期数据值。如图所示, 柳州市第一产业比重指标处于波动下降的状态中, 2011 年此指标数值最高, 是 26.036, 2015 年下降至 21.537。分析这种变化趋势, 可以得出柳州市第一产业发展的水平处于劣势, 城市的发展活力较低。

图 3-1 2010~2015 年柳州市第一产业比重变化趋势

2. 第一产业投资强度

根据图 3-2 分析可知, 2010~2015 年柳州市的第一产业投资强度总体上呈现波动上升型的状态。处于波动上升型的指标, 这一类型的指标为 2010~2015 年间城市在该项指标上存在较多波动变化, 总体趋势为上升趋势, 但在个别年份出现下降的情况, 指标并非连续性上升。波动上升型指标意味着在评估期间, 虽然指标数据存在较大波动变化, 但是其评价末期数据值高于评价初期数据值。通过折线图可以看出, 柳州市的投资强度指标数值提高, 2015 年达到了 15.841, 相较于 2010 年上升 12 个单位左右; 说明第一产业投资强度增大, 柳州市财政发展对第一产业资金、技术、物质等方面的投资增多。

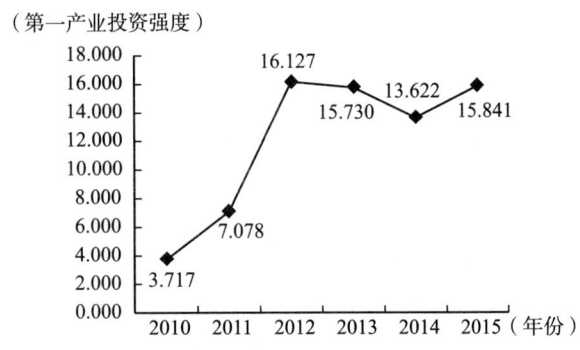

图 3-2 2010~2015 年柳州市第一产业投资强度变化趋势

3. 第一产业不协调度

根据图 3-3 分析可知, 2010~2015 年柳州市第一产业不协调度总体上呈现波动下降型的状态。处于波动下降型的指标, 这一类的指标为 2010~2015 年间城市在该项指标上总体呈现下降趋势, 但在评估期间存在上下波动的情况, 指标并非连续性下降状态。波动下降型指标意味着在评估期间, 虽然指标数据存在较大波动变化, 但是其评价末期数据值低于评价初期数据值。如图 3-3 所示, 柳州市第一产业不协调度指标处于下降的状态中, 2010 年此指标数值最高, 是 99.092, 2015 年下降至 96.006; 说明柳州市第一产业不协调度减小, 城市第一产业在城市中的发展结构良好, 第一产业对城市经济发展起促进作用。

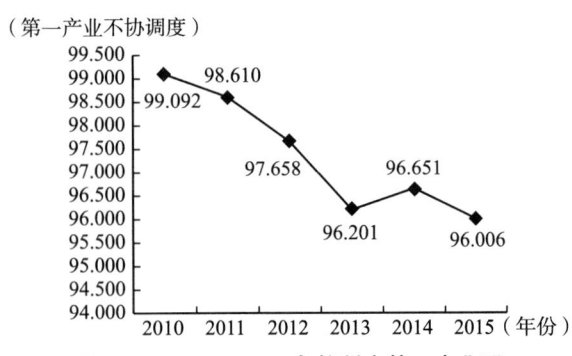

图 3-3 2010~2015 年柳州市第一产业不协调度变化趋势

4. 第一产业贡献率

根据图 3-4 分析可知, 2010~2015 年柳州市第一产业贡献率总体上呈现波动保持型的状态。波动保持型指标意味着城市在该项指标上虽然呈现波动状态, 在评价末期和评价初期的数值基本保持一致, 该图可知柳州第一产业

贡献率保持在 68.709～75.623。即使柳州市第一产业贡献率存在过最低值，其数值为 68.709，但柳州市在第一产业贡献率上总体表现的也是相对平稳；说明柳州市第一产业的发展活力较稳定。

（第一产业贡献率）

图 3-4　2010～2015 年柳州市第一产业贡献率变化趋势

5. 第一产业弧弹性

根据图 3-5 分析可知，2010～2015 年柳州市第一产业弧弹性总体上呈现波动上升型的状态。这一类型的指标为在 2010～2015 年间城市存在一定的波动变化，总体趋势为上升趋势，但在个别年份出现下降的情况，指标并非连续性上升状态。波动上升型指标意味着在评价的时间段内，虽然指标数据存在较大的波动变化，但是其评价末期数据值高于评价初期数据值。柳州市在 2011～2013 年虽然出现下降的状况，2013 年是 82.540，但是总体上还是呈现上升的态势，最终稳定在 86.381，说明柳州市的第一产业弧弹性有所增大，体现柳州的第一产业经济发展变化增长速率快于其经济的变化增长速率，城市呈现出第一产业的扩张发展趋势。

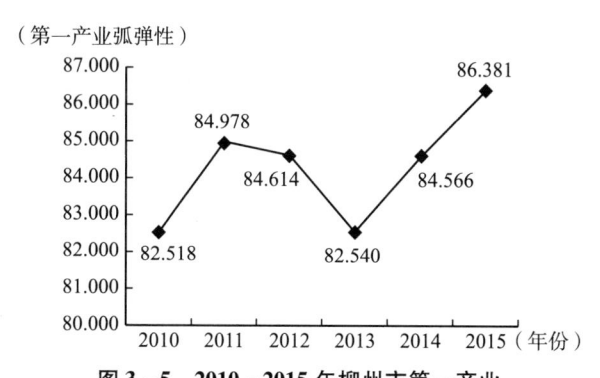

（第一产业弧弹性）

图 3-5　2010～2015 年柳州市第一产业弧弹性变化趋势

6. 第一产业结构偏离系数

根据图 3-6 分析可知，2010～2015 年柳州市第一产业结构偏离系数总体上呈现波动下降型的状态。处于波动下降型的指标，这一类的指标为 2010～2015 年间城市在该项指标上总体呈现下降趋势，但在评估期间存在上下波动的情况，指标并非连续性下降状态。波动下降型指标意味着在评估期间，虽然指标数据存在较大波动变化，但是其评价末期数据值低于评价初期数据值。柳州市第一产业结构偏离系数指标处于下降的状态中，2010 年此指标数值最高，是 99.092，2015 年下降至 96.006；说明柳州市的第一产业结构偏离系数减小，第一产业结构协调程度提高，城市的劳动生产率也在提高。

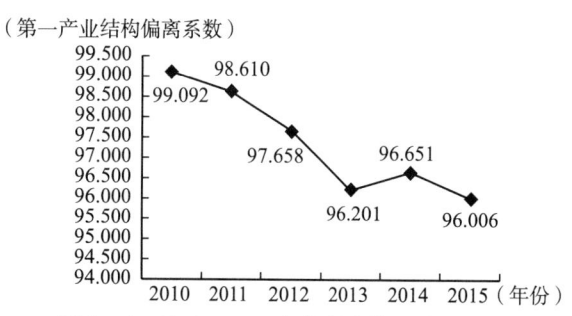

（第一产业结构偏离系数）

图 3-6　2010～2015 年柳州市第一产业结构偏离系数变化趋势

7. 第一产业区位商

根据图 3-7 分析可知，2010～2015 年柳州市第一产业区位商总体上呈现持续下降型的状态。处于持续下降型的指标，意味着城市在该项指标上不断处在劣势状态，并且这一状况并未得到改善。如图所示，柳州市第一产业区位商指标处于不断下降的状态中，2010 年此指标数值最高，是 11.562，到 2015 年时，下降至 6.087，说明柳州市的第一产业区位商减小，城市的第一产业的发展水平有所下降。

（第一产业区位商）

图 3-7　2010～2015 年柳州市第一产业区位商变化趋势

8. 第一产业劳动产出率

根据图 3-8 分析可知，2010～2015 年柳州市的第一产业劳动产出率总体上呈现持续上升型的状态。处于持续上升型的指标，不仅意味着城市在各项指标数据上的不断增长，更意味着城市在该项指标以及第一产业劳动产出率整体上的竞争力优势不断扩大。通过折线图可以看出，柳州市的第一产业劳动产出率指标不断提高，在 2015 年达到了 4.258，相较于 2010 年上升 4 个单位左右，说明柳州市第一产业劳动产出率增大，第一产业经济发展水平提高，第一产业对城市经济发展的贡献也在增大。

(第一产业劳动产出率)

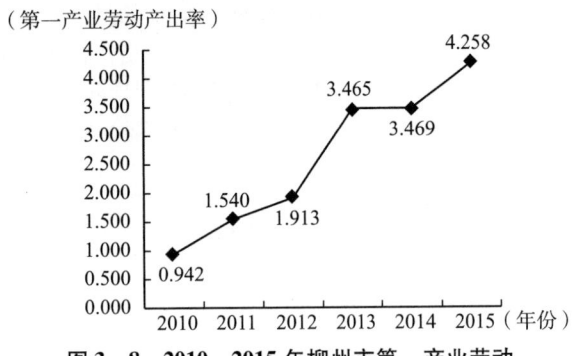

图 3-8 2010~2015 年柳州市第一产业劳动产出率变化趋势

三级指标的得分、排名、优劣度进行分析,可以看到在 2010~2012 年间,柳州市农业结构的排名处于珠江-西江经济带中势地位,且 2010 年其农业结构竞争力排名处于经济带第 8 名,2011 年其农业结构竞争力排名升至经济带第 6 名,2012 年其农业结构竞争力排名降至经济带第 7 名,其农业结构竞争力处于中游区,发展较为波动。对柳州市的农业结构竞争力得分情况进行分析,发现柳州市的农业结构综合得分呈先升后降趋势,说明城市的农业结构发展较于珠江-西江经济带其他城市处于较低水平。总的来说,2010~2012 年柳州市农业结构发展处于珠江-西江经济带中游,在经济带中上升空间较大。

对柳州市农业结构的三级指标进行分析,其中第一产业比重的排名呈现持续保持的发展趋势,再对柳州市的第一产业比重的得分情况进行分析,发现柳州市的第一产业比重的得分呈现波动下降的发展趋势,说明柳州市第一产业比重持续减小,其他产业比重加大。

(二)柳州市农业结构竞争力评估结果

根据表 3-1,对 2010~2012 年间柳州市农业结构及各

表 3-1　2010~2012 年柳州市农业结构各级指标的得分、排名及优劣度分析

指标	2010 年 得分	排名	优劣度	2011 年 得分	排名	优劣度	2012 年 得分	排名	优劣度
农业结构	22.382	8	中势	22.841	6	中势	21.962	7	中势
第一产业比重	1.051	9	劣势	1.096	9	劣势	0.980	9	劣势
第一产业投资强度	0.115	9	劣势	0.206	9	劣势	0.465	5	优势
第一产业不协调度	6.595	3	优势	6.385	3	优势	5.979	3	优势
第一产业贡献率	3.354	5	中势	3.651	2	强势	3.289	7	中势
第一产业弧弹性	4.317	6	中势	4.766	1	强势	4.948	8	中势
第一产业结构偏离系数	6.595	3	优势	6.385	3	优势	5.979	3	优势
第一产业区位商	0.329	5	优势	0.312	5	优势	0.268	6	中势
第一产业劳动产出率	0.025	9	劣势	0.041	9	劣势	0.053	9	劣势

其中第一产业投资强度的排名呈现波动上升的发展趋势,再对柳州市的第一产业投资强度的得分情况进行分析,发现柳州市的第一产业投资强度的得分持续上升,整体上得分比较高,说明柳州市的第一产业发展具有一定优势,城市活力较强。

其中第一产业不协调度的排名呈现持续保持的发展趋势,再对柳州市的第一产业不协调度的得分情况进行分析,发现柳州市第一产业不协调度指数的得分持续下降,说明柳州市第一产业在城市中的发展结构有所完善,但在珠江-西江经济带中不协调度仍处于较高水平。

其中第一产业贡献率的排名呈现波动下降的发展趋势,再对柳州市第一产业贡献率的得分情况进行分析,发现柳州市的第一产业贡献率的得分处于先升后降的发展趋势,说明在 2010~2012 年间柳州市第一产业所提供的就业机会较少、劳动力需求程度较低,产业发展活力较弱。

其中第一产业弧弹性的排名呈现波动下降的发展趋势,再对柳州市的第一产业弧弹性得分情况进行分析,发现柳州市的第一产业弧弹性的得分处于持续上升的发展趋势,但柳州市第一产业经济发展变化增长速率快于其经济的变化增长速率。

其中第一产业结构偏离系数的排名呈现持续保持的发展趋势,再对柳州市的第一产业结构偏离系数的得分情况进行分析,发现柳州市的第一产业结构偏离系数的得分处于持续下降的趋势,说明城市的第一产业就业结构不协调程度较低,城市的劳动生产率上升。

其中第一产业区位商呈现波动下降的发展趋势,再对柳州市的第一产业区位商的得分情况进行分析,发现柳州市的第一产业区位商的得分处于持续下降的趋势,说明城市的第一产业就业程度降低。

其中第一产业劳动产出率的排名呈现持续保持的发展趋势,再对柳州市的第一产业劳动产出率的得分情况进行分析,发现柳州市的第一产业劳动产出率的得分呈现持续上升的发展趋势,整体来说柳州市的第一产业经济发展水平有所提高。

根据表 3-2,对 2013~2015 年间柳州市农业结构及各三级指标的得分、排名、优劣度进行分析,可以看到在 2013~2015 年间,柳州市农业结构的排名处于中势,在 2013 年其农业结构排名处于珠江-西江经济带第 7 名,2014 年其农业结构排名处于珠江-西江经济带第 5 名,2015 年其农业结构排名处于珠江-西江经济带第 6 名,说明城市的农业结

构发展的稳定性较低。对柳州市的农业结构得分情况进行分析，发现柳州市的农业结构综合得分呈现波动上升趋势，说明城市的农业结构发展水平有所提高。总的来说，2013～2015年柳州市农业结构发展处于珠江－西江经济带中游。

表3－2　　　　　2013～2015年柳州市农业结构各级指标的得分、排名及优劣度分析

指标	2013年 得分	排名	优劣度	2014年 得分	排名	优劣度	2015年 得分	排名	优劣度
农业结构	20.732	7	中势	21.082	5	优势	21.039	6	中势
第一产业比重	0.944	9	劣势	0.789	9	劣势	0.824	9	劣势
第一产业投资强度	0.441	7	中势	0.383	8	中势	0.449	7	中势
第一产业不协调度	5.640	4	优势	5.805	3	优势	5.547	4	优势
第一产业贡献率	3.380	2	强势	3.120	6	中势	3.352	8	中势
第一产业弧弹性	4.342	7	中势	4.839	7	中势	4.997	4	优势
第一产业结构偏离系数	5.640	4	优势	5.805	3	优势	5.547	4	优势
第一产业区位商	0.236	5	优势	0.231	6	中势	0.182	5	优势
第一产业劳动产出率	0.108	8	中势	0.110	8	中势	0.142	8	中势

对柳州市农业结构的三级指标进行分析，其中第一产业比重的排名呈现持续保持的发展趋势，再对柳州市的第一产业比重的得分情况进行分析，发现柳州市的第一产业比重的得分波动下降，说明柳州市第一产业比重持续减小，被其他产业所替代。

其中第一产业投资强度的排名呈现波动保持的发展趋势，再对柳州市的第一产业投资强度的得分情况进行分析，发现柳州市的第一产业投资强度的得分先降后升，说明柳州市的第一产业投资强度有所提高。

其中第一产业不协调度的排名呈现波动保持的发展趋势，再对柳州市的第一产业不协调度的得分情况进行分析，发现柳州市的第一产业不协调度指数的得分波动下降，说明柳州市第一产业在城市中的发展结构有所完善，但在珠江－西江经济带中不协调度仍处于较高水平。

其中第一产业贡献率的排名呈现持续下降的发展趋势，再对柳州市第一产业贡献率的得分情况进行分析，发现柳州市的第一产业贡献率的得分处于先降后升的发展趋势，说明在2013～2015年间柳州市第一产业所提供的就业机会较少、劳动力需求程度低，产业发展活力弱。

其中第一产业弧弹性的排名呈现波动上升的发展趋势，再对柳州市的第一产业弧弹性得分情况进行分析，发现柳州市的第一产业弧弹性的得分处于持续上升的发展趋势，说明柳州市第一产业经济发展变化增长速率快于其经济的变化增长速率，城市呈现出第一产业的扩张发展趋势。

其中第一产业结构偏离系数的排名呈现波动保持的发展趋势，再对柳州市的第一产业结构偏离系数的得分情况进行分析，发现柳州市的第一产业结构偏离系数的得分处于波动下降的趋势，说明城市的就业结构、产业结构的协调性、稳定性较高，但偏离系数在珠江－西江经济带中仍处于较高水平。

其中第一产业区位商呈现波动保持的发展趋势，再对柳州市的第一产业区位商的得分情况进行分析，发现柳州市的第一产业区位商的得分处于持续下降的趋势，说明城市的第一产业就业程度降低。

其中第一产业劳动产出率的排名呈现持续保持的发展趋势，再对柳州市的第一产业劳动产出率的得分情况进行分析，发现柳州市的第一产业劳动产出率的得分呈现持续上升的发展趋势，说明柳州市的第一产业经济发展水平有所提高，第一产业对城市经济发展的贡献加大。

对2010～2015年间柳州市农业结构及各三级指标的得分、排名和优劣度进行分析。2010～2015年柳州市农业结构的综合得分排名呈现波动上升的发展趋势。2010年柳州市农业结构综合得分排名排在珠江－西江经济带第8名，2011年上升至第6名，2012～2013年柳州市农业结构的综合得分下降至经济带第5名又上升至第7名，2014年上升至第5名，2015年柳州市农业结构的综合得分下降至第6名。一方面说明柳州市农业结构的综合得分排名始终处于珠江－西江经济带中游，其农业结构竞争力在经济带中劣势地位和优势地位之间波动，柳州市的农业结构的发展较之于珠江－西江经济带的其他城市具备一定的竞争力；另一方面说明柳州市在农业结构方面的发展存在不稳定现象，稳定性有待提升。对柳州市的农业结构得分情况进行分析，发现2010～2015年柳州市农业结构得分频繁升降，整体上柳州市的农业结构得分呈现波动下降趋势。

从表3－3来看，在8个基础指标中，指标的优劣度结构为0.0∶50.0∶37.5∶12.5。

表3－3　　　　　2015年柳州市农业结构指标的优劣度结构

二级指标	三级指标数	强势指标 个数	比重（%）	优势指标 个数	比重（%）	中势指标 个数	比重（%）	劣势指标 个数	比重（%）	优劣度
农业结构	8	0	0.000	4	50.000	3	37.500	1	12.500	中势

（三）柳州市农业结构竞争力比较分析

图 3-9 和图 3-10 将 2010~2015 年柳州市农业结构竞争力与珠江-西江经济带最高水平和平均水平进行比较。从农业结构竞争力的要素得分比较来看，由图 3-9 可知，2010 年，柳州市第一产业比重得分比最高分低 3.114 分，比平均分低 1.112 分；2011 年，第一产业比重得分比最高分低 3.112 分，比平均分低 1.107 分；2012 年，第一产业比重得分比最高分低 2.697 分，比平均分低 1.040 分；2013 年，第一产业比重得分比最高分低 2.569 分，比平均分低 1.009 分；2014 年，第一产业比重得分比最高分低 2.301 分，比平均分低 0.918 分；2015 年，第一产业比重得分比最高分低 2.325 分，比平均分低 0.887 分。这说明整体上柳州市第一产业比重得分与珠江-西江经济带最高分的差距有缩小趋势，与珠江-西江经济带平均分的差距逐渐减小。

2010 年，柳州市第一产业投资强度得分比最高分低 2.984 分，比平均分低 0.439 分；2011 年，第一产业投资强度得分比最高分低 1.874 分，比平均分低 0.346 分；2012 年，第一产业投资强度得分比最高分低 1.225 分，比平均分低 0.103 分；2013 年，第一产业投资强度得分比最高分低 0.557 分，比平均分低 0.040 分；2014 年，第一产业投资强度得分比最高分低 0.609 分，比平均分低 0.072 分；2015 年，第一产业投资强度得分比最高分低 0.430 分，比平均分低 0.021 分。这说明整体上柳州市第一产业投资强度得分与珠江-西江经济带最高分的差距有缩小趋势，与珠江-西江经济带平均分的差距逐渐减小。

2010 年，柳州市第一产业不协调度得分比最高分低 0.050 分，比平均分高 0.413 分；2011 年，第一产业不协调度得分比最高分低 0.082 分，比平均分高 0.440 分；2012 年，第一产业不协调度得分比最高分低 0.136 分，比平均分高 0.628 分；2013 年，第一产业不协调度得分比最高分低 0.219 分，比平均分高 0.966 分；2014 年，第一产业不协调度得分比最高分低 0.201 分，比平均分高 0.901 分；2015 年，第一产业不协调度得分比最高分低 0.228 分，比平均分高 0.986 分。这说明整体上柳州市第一产业不协调度得分与珠江-西江经济带最高分的差距波动增加，与珠江-西江经济带平均分的差距波动增加。

2010 年，柳州市第一产业贡献率得分比最高分低 0.008 分，与平均分不存在差距；2011 年，第一产业贡献率得分比最高分低 1.177 分，比平均分高 0.183 分；2012 年，第一产业贡献率得分比最高分低 0.108 分，比平均分低 0.012 分；2013 年，第一产业贡献率得分比最高分低 0.018 分，比平均分高 0.024 分；2014 年，第一产业贡献率得分比最高分低 1.358 分，比平均分高 0.310 分；2015 年，第一产业贡献率得分比最高分低 0.016 分，比平均分低 0.002 分。这说明整体上柳州市第一产业贡献率得分与珠江-西江经济带最高分的差距持续增加，与珠江-西江经济带平均分的差距波动增加。

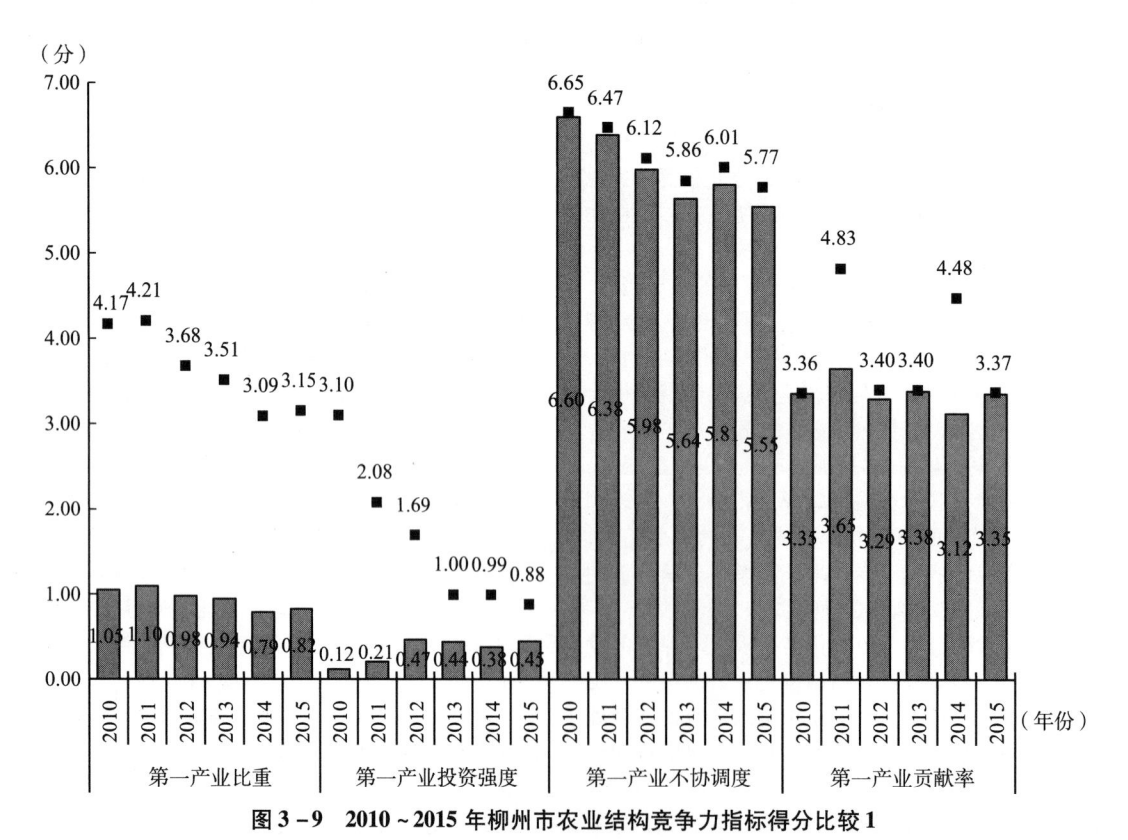

图 3-9　2010~2015 年柳州市农业结构竞争力指标得分比较 1

由图 3-10 可知，2010 年，柳州市第一产业弧弹性得分比最高分低 0.111 分，比平均分高 0.260 分；2011 年，第一产业弧弹性得分与最高分不存在差距，比平均分高 0.038 分；2012 年，第一产业弧弹性得分比最高分低 0.900 分，比平均分低 0.113 分；2013 年，第一产业弧弹性得分比最高分低 0.150 分，比平均分高 0.365 分；2014 年，第一产业弧弹性得分比最高分低 0.145 分，比平均分低 0.007 分；2015 年，第一产业弧弹性得分比最高分低 0.759 分，比平均分高 0.223 分。这说明整体上柳州市第一产业弧弹性得分与珠江－西江经济带最高分的差距逐渐增加，与珠江－西江经济带平均分的差距波动下降。

2010 年，柳州市第一产业结构偏离系数得分比最高分低 0.050 分，比平均分高 0.413 分；2011 年，第一产业结构偏离系数得分比最高分低 0.082 分，比平均分高 0.440 分；2012 年，第一产业结构偏离系数得分比最高分低 0.136 分，比平均分高 0.628 分；2013 年，第一产业结构偏离系数得分比最高分低 0.219 分，比平均分高 0.966 分；2014 年，第一产业结构偏离系数得分比最高分低 0.201 分，比平均分高 0.901 分；2015 年，第一产业结构偏离系数得分比最高分低 0.228 分，比平均分高 0.986 分。这说明整体上柳州市第一产业结构偏离系数得分与珠江－西江经济带最高分的差距波动扩大，与珠江－西江经济带平均分的差距逐渐增大。

2010 年，柳州市第一产业区位商得分比最高分低 1.505 分，比平均分低 0.106 分；2011 年，第一产业区位商得分比最高分低 1.853 分，比平均分低 0.174 分；2012 年，第一产业区位商得分比最高分低 1.853 分，比平均分低 0.221 分；2013 年，第一产业区位商得分比最高分低 2.916 分，比平均分低 0.382 分；2014 年，第一产业区位商得分比最高分低 2.707 分，比平均分低 0.362 分；2015 年，第一产业区位商得分比最高分低 2.286 分，比平均分低 0.300 分。这说明整体上柳州市第一产业区位商得分与珠江－西江经济带最高分的差距波动扩大，与珠江－西江经济带平均分的差距呈波动增加。

2010 年，柳州市第一产业劳动产出率得分比最高分低 0.924 分，比平均分低 0.195 分；2011 年，第一产业劳动产出率得分比最高分低 1.043 分，比平均分低 0.249 分；2012 年，第一产业劳动产出率得分比最高分低 1.596 分，比平均分低 0.306 分；2013 年，第一产业劳动产出率得分比最高分低 2.896 分，比平均分低 0.533 分；2014 年，第一产业劳动产出率得分比最高分低 3.064 分，比平均分低 0.539 分；2015 年，第一产业劳动产出率得分比最高分低 3.182 分，比平均分低 0.710 分。这说明整体上柳州市第一产业劳动产出率得分与珠江－西江经济带最高分的差距有扩大趋势，与珠江－西江经济带平均分的差距逐渐增大。

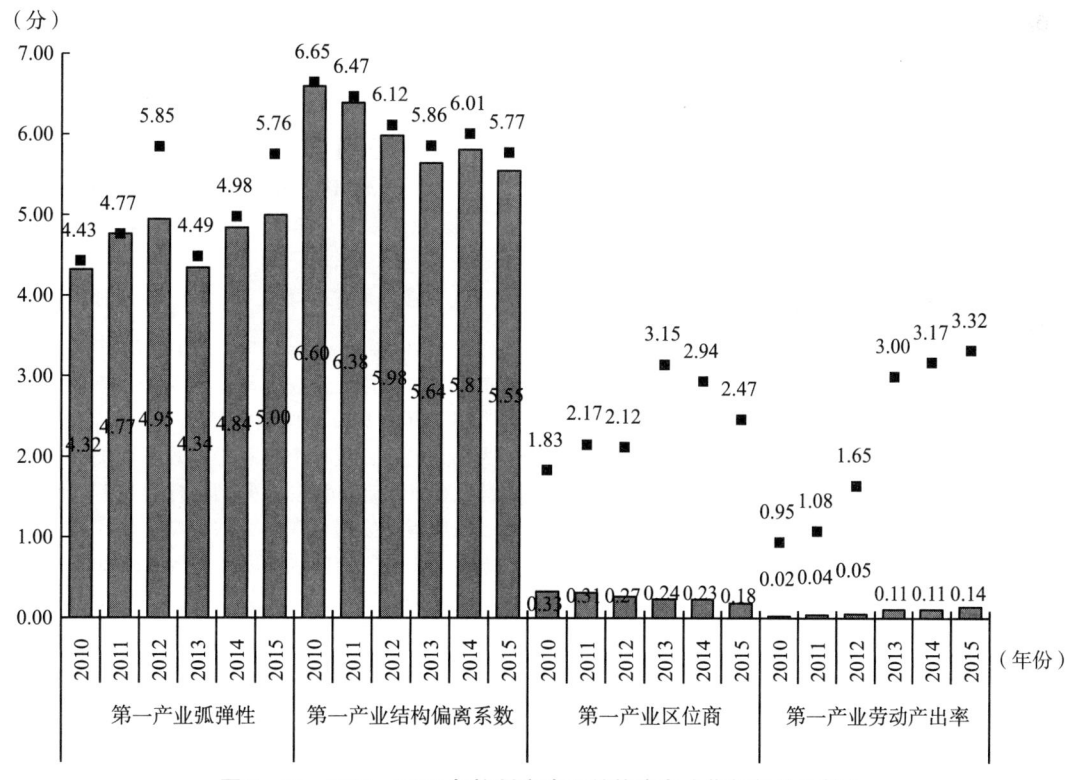

图 3－10　2010～2015 年柳州市农业结构竞争力指标得分比较 2

二、柳州市农业发展水平综合评估与比较

（一）柳州市农业发展水平评估指标变化趋势评析

1. 第一产业扩张弹性系数

根据图 3－11 分析可知，2010～2015 年柳州市第一产业扩张弹性系数总体上呈现波动保持型的状态。波动保持型指标意味着城市在该项指标上虽然呈现波动状态，在评价末期和评价初期的数值基本保持一致，该图可知柳州市第一产业扩张弹性系数保持在 72.000～72.913。即使柳州市第一产业扩张弹性系数存在过最低值，其数值为 72.000，但柳州市在第一产业扩张弹性系数上总体表现的也是相对平稳；说明柳州市在第一产业扩展方面的发展比较稳定。

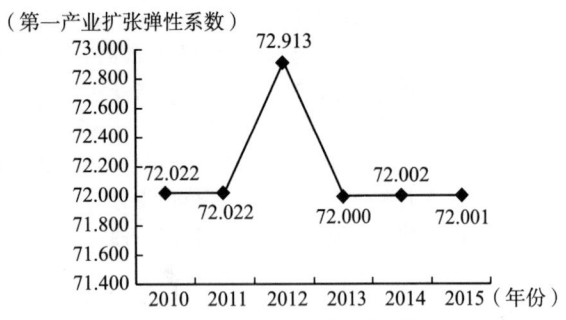

(第一产业扩张弹性系数)

图3-11 2010~2015年柳州市第一产业扩张弹性系数变化趋势

2. 农业强度

根据图3-12分析可知，2010~2015年柳州市农业强度总体上呈现波动保持型的状态。波动保持型指标意味着城市在该项指标上虽然呈现波动状态，在评价末期和评价初期的数值基本保持一致，该图可知柳州市农业强度保持在6.354~6.918。即使柳州市农业强度存在过最低值，其数值为6.354，但柳州市在农业强度上总体表现的也是相对平稳，说明柳州市在农业方面的发展比较稳定。

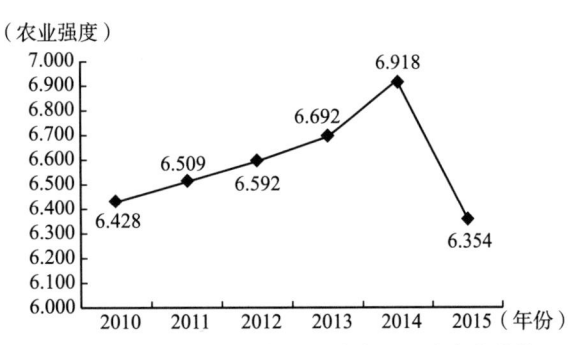

(农业强度)

图3-12 2010~2015年柳州市农业强度变化趋势

3. 耕地密度

根据图3-13分析可知，2010~2015年柳州市耕地密度总体上呈现波动下降型的状态。这种状态表现为在2010~2015年间城市在该项指标上总体呈现下降趋势，但在期间存在上下波动的情况，并非连续性下降状态。这就意味着在评估的时间段内，虽然指标数据存在较大的波动化，但是其评价末期数据值低于评价初期数据值。柳州市的

(耕地密度)

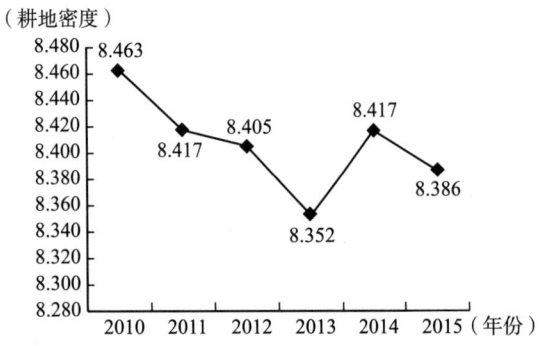

图3-13 2010~2015年柳州市耕地密度变化趋势

耕地密度末期低于初期的数据，并且在2010~2013年间存在明显下降的变化，这说明柳州市耕地情况处于不太稳定的下降状态。

4. 农业指标动态变化

根据图3-14分析可知，2010~2015年柳州市的农业指标总体上呈现波动上升的状态。这一类型的指标为2010~2015年间城市在该项指标上存在较多波动变化，总体趋势为上升趋势，但在个别年份出现下降的情况，指标并非连续性上升。波动上升型指标意味着在评估期间，虽然指标数据存在较大波动变化，但是其评价末期数据值高于评价初期数据值。柳州市的农业指标不断提高，2015年达到51.463，相较于2010年上升4个单位左右，说明柳州市的农业整体发展水平较高。

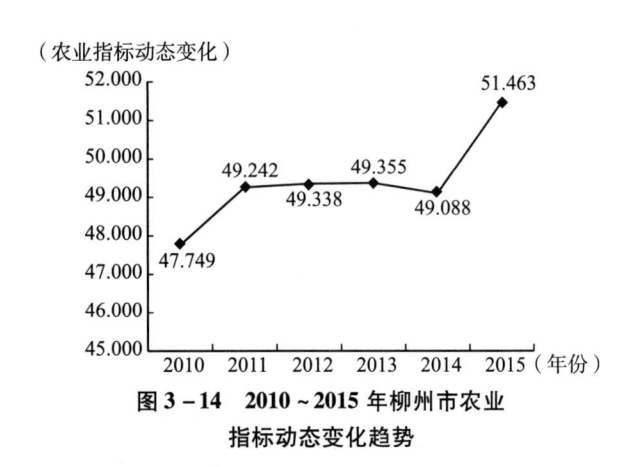

(农业指标动态变化)

图3-14 2010~2015年柳州市农业指标动态变化趋势

5. 农业土地扩张强度

根据图3-15分析可知，2010~2015年柳州市农业土地扩张强度总体上呈现波动上升型的状态。这一类型的指标为在2010~2015年间城市存在一定的波动变化，总体趋势为上升趋势，但在个别年份出现下降的情况，指标并非连续性上升状态。波动上升型指标意味着在评价的时间段内，虽然指标数据存在较大的波动变化，但是其评价末期数据值高于评价初期数据值。柳州市在2013~2015年虽然出现下降的状况，但是总体上还是呈现上升的态势，最终稳定在54.955，说明柳州市在农业土地扩张发展方面有所发展。

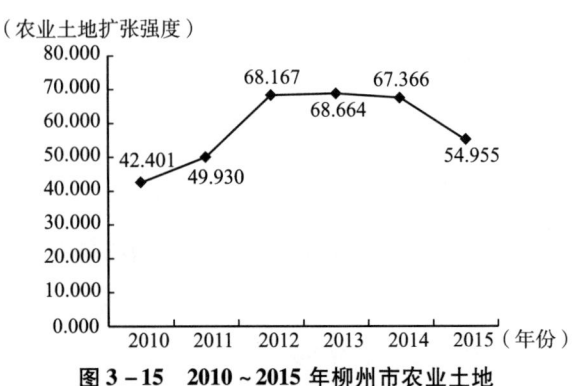

(农业土地扩张强度)

图3-15 2010~2015年柳州市农业土地扩张强度变化趋势

6. 农业蔓延指数

根据图3-16分析可知，2010~2015年柳州市农业蔓延指数总体上呈现波动上升型的状态。这一类型的指标为2010~2015年间城市存在一定的波动变化，总体趋势为上升趋势，但在个别年份出现下降的情况，指标并非连续性上升状态。波动上升型指标意味着在评价的时间段内，虽然指标数据存在较大的波动变化，但是其评价末期数据值高于评价初期数据值。可以看出该三级指标在2010~2015年存在较大的波动变化，2012~2013年，该指标直线上升，达到最大值100.000，2013~2014年又呈现下降状态，最终稳定在5.806。这反映出柳州市的农业蔓延情况虽然处于上升的阶段，但是个别年份又会出现波动幅度较大的问题，所以柳州市在经济快速发展的同时将注重城市用地面积和人口数量之间的关系问题。

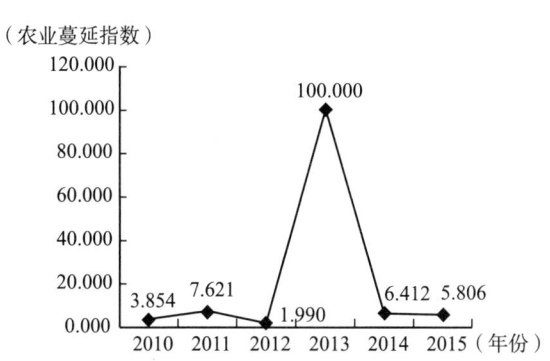

图3-16 2010~2015年柳州市农业蔓延指数变化趋势

7. 农业指标相对增长率

根据图3-17分析可知，2010~2015年柳州市农业指标相对增长率总体上呈现波动上升型的状态。这一类型的指标为在2010~2015年间城市存在一定的波动变化，总体趋势为上升趋势，但在个别年份出现下降的情况，指标并非连续性上升状态。波动上升型指标意味着在评价的时间段内，虽然指标数据存在较大的波动变化，但是其评价末期数据值高于评价初期数据值。柳州市在2014~2015年虽然出现下降的状况，2014年是43.706，但是总体上还是呈现上升的态势，最终稳定在20.937。柳州市的农业相对增长率波动增高；说明柳州市的粮食产量增长速率有所加快，呈现出地区农业集聚能力及活力的不断提升。

8. 农业指标绝对增量加权指数

根据图3-18分析可知，2010~2015年柳州市绝对增量加权指数总体上呈现波动保持型的状态。波动保持型指标意味着城市在该项指标上虽然呈现波动状态，在评价末期和评价初期的数值基本保持一致，该图可知柳州市农业指标绝对增量加权指数保持在75.054~83.550。即使柳州市绝对增量加权指数存在过最低值，其数值为75.054，但柳州市在农业指标绝对增量加权指数上总体表现也是相对平稳；说明柳州市在促进农业增长方面的发展水平比较稳定。

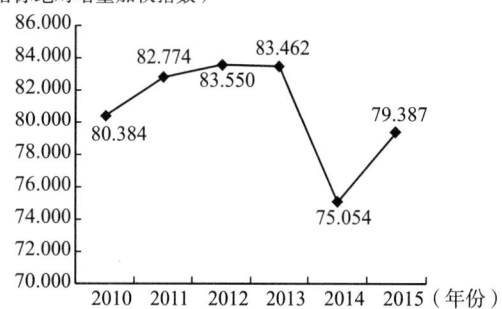

图3-18 2010~2015年柳州市农业指标绝对增量加权指数变化趋势

（二）柳州市农业发展水平评估结果

根据表3-4，对2010~2012年间柳州市农业发展及各三级指标的得分、排名、优劣度进行分析，可以看到在2010~2012年间，柳州市农业发展的综合排名处于劣势的地位，2010~2012年其经济发展排名波动下降，2010年其经济发展排名处于珠江-西江经济带中第6名位置，2011~2012年其经济发展排名降至珠江-西江经济带中第9名位置，说明柳州市的农业发展落后于珠江-西江经济带的其他城市。对柳州市的农业发展得分情况进行分析，发现柳州市的农业发展综合得分呈现波动上升的发展趋势，说明城市的农业发展有所提高。总的来说，2010~2012年柳州市农业发展水平在珠江-西江经济带处于劣势地位，发展水平与经济带其他城市相比较低。

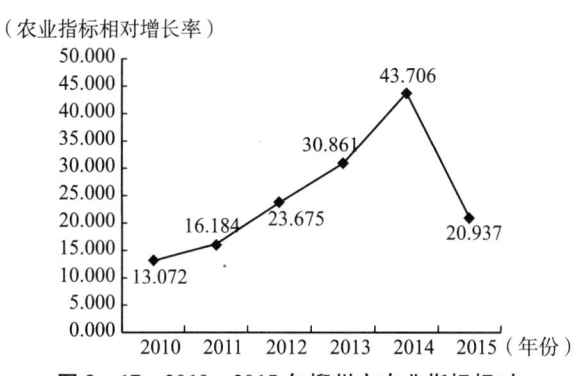

图3-17 2010~2015年柳州市农业指标相对增长率变化趋势

表 3-4　　2010~2012 年柳州市农业发展各级指标的得分、排名及优劣度分析

指标	2010年 得分	排名	优劣度	2011年 得分	排名	优劣度	2012年 得分	排名	优劣度
农业发展	15.135	6	中势	15.053	9	劣势	15.208	9	劣势
第一产业扩张弹性系数	3.556	5	优势	3.442	5	优势	3.369	2	强势
农业强度	0.203	8	中势	0.203	8	中势	0.206	8	中势
耕地密度	0.261	6	中势	0.257	6	中势	0.257	6	中势
农业指标动态变化	1.669	8	中势	1.796	4	优势	1.802	4	优势
农业土地扩张强度	4.807	3	优势	4.176	9	劣势	4.177	8	中势
农业蔓延指数	0.099	10	劣势	0.197	5	优势	0.052	9	劣势
农业指标相对增长率	0.369	10	劣势	0.456	10	劣势	0.692	5	优势
农业指标绝对增量加权指数	4.171	9	劣势	4.526	5	优势	4.654	6	中势

其中第一产业扩张弹性系数的排名呈现波动上升的发展趋势，再对柳州市的第一产业扩张弹性系数的得分情况进行分析，发现柳州市的第一产业扩张弹性系数的得分呈持续下降的趋势，说明在 2010~2012 年间柳州市的耕地面积扩张幅度变大，城市城镇化与城市面积之间呈现不协调发展的关系，城镇耕地面积的增加易导致城市的过度拥挤及承载力压力问题的出现。

其中农业强度的排名呈现持续保持的发展趋势，再对柳州市的农业强度的得分情况进行分析，发现柳州市的农业强度的得分呈波动上升的趋势，说明在 2010~2012 年间柳州市的粮食作物播种面积有所增加。

其中耕地密度的排名呈现持续保持的发展趋势，再对柳州市的耕地密度的得分情况进行分析，发现柳州市耕地密度的得分波动下降，说明柳州市的人力资源减少，城市的农业生产效率降低，农业生产成本增加。

其中农业指标动态变化的排名呈现波动上升的发展趋势，再对柳州市农业指标动态变化的得分情况进行分析，发现柳州市的农业指标动态变化的得分处于持续上升的趋势，说明在 2010~2012 年间柳州市的粮食作物播种面积有所增加，对应呈现出地区经济活力增强，城市规模也有所扩大。

其中农业土地扩张强度的排名呈现波动下降的发展趋势，再对柳州市的农业土地扩张强度的得分情况进行分析，发现柳州市的农业土地扩张强度的得分波动下降的趋势，说明城市的农业土地面积增长速率较慢，呈现出农业生产集聚能力及活力的不断减弱。

其中农业蔓延指数的排名呈现波动上升的发展趋势，再对柳州市的农业蔓延指数的得分情况进行分析，发现柳州市农业蔓延指数的得分波动下降，农业蔓延指数小于 1，说明城市的粮食总产量的增长慢于非农业人口的增长水平，农业的发展未呈现出蔓延的趋势。

其中农业指标相对增长率的排名呈现波动上升的发展趋势，再对柳州市的农业指标相对增长率的得分情况进行分析，发现柳州市农业指标相对增长率的得分持续上升，说明城市的粮食产量增长速率加快，呈现出地区农业集聚能力及活力的不断增强。

其中农业指标绝对增量加权指数的排名呈现波动上升的发展趋势，再对柳州市农业指标绝对增量加权指数的得分情况进行分析，发现柳州市的农业指标绝对增量加权指数的得分处于持续上升的趋势，但城市的粮食产量集中度提高，城市粮食产量变化增长趋向于高速型发展。

根据表 3-5，对 2013~2015 年间柳州市农业发展及各三级指标的得分、排名、优劣度进行分析，可以看到在 2013~2015 年间，柳州市农业发展的综合排名处于劣势的状态，2013~2015 年其农业发展排名持续下降，2013 年其排名处于珠江-西江经济带第 1 名，2014 年其排名处于珠江-西江经济带第 6 名，2015 年其排名降至珠江-西江经济带第 9 名，说明柳州市的农业发展较落后于珠江-西江经济带的其他城市。对柳州市的农业发展得分情况进行分析，发现柳州市的农业发展综合得分呈现持续下降的发展趋势，说明城市的农业发展水平降低。总的来说，2013~2015 年柳州市农业发展水平从珠江-西江经济带强势地位下降至劣势地位，发展水平在经济带中处于下降的状态。

表 3-5　　2013~2015 年柳州市农业发展各级指标的得分、排名及优劣度分析

指标	2013年 得分	排名	优劣度	2014年 得分	排名	优劣度	2015年 得分	排名	优劣度
农业发展	18.504	1	强势	15.563	6	中势	15.525	9	劣势
第一产业扩张弹性系数	3.377	8	中势	3.405	7	中势	3.426	8	中势
农业强度	0.209	8	中势	0.218	8	中势	0.198	7	中势
耕地密度	0.256	6	中势	0.260	6	中势	0.260	6	中势
农业指标动态变化	1.808	5	优势	1.798	2	强势	2.272	3	优势
农业土地扩张强度	4.185	9	劣势	4.263	2	强势	4.256	9	劣势

续表

指标	2013年 得分	排名	优劣度	2014年 得分	排名	优劣度	2015年 得分	排名	优劣度
农业蔓延指数	3.022	1	强势	0.171	8	中势	0.152	8	中势
农业指标相对增长率	0.966	5	优势	1.639	4	优势	0.611	8	中势
农业指标绝对增量加权指数	4.682	5	优势	3.809	8	中势	4.350	10	劣势

其中第一产业扩张弹性系数的排名呈波动保持的发展趋势，再对柳州市的第一产业扩张弹性系数的得分情况进行分析，发现柳州市的第一产业扩张弹性系数的得分呈现持续上升的趋势，说明在2013~2015年间柳州市的耕地面积扩张幅度变小，城市城镇化与城市面积之间呈现协调发展的关系，城镇耕地面积的增加未导致城市的过度拥挤及承载力压力问题的出现。

其中农业强度的排名呈现波动上升的发展趋势，再对柳州市的农业强度的得分情况进行分析，发现柳州市的农业强度的得分呈波动下降的趋势，说明在2013~2015年间柳州市的粮食作物播种面积低于地区的平均水平，活力趋于减弱。

其中耕地密度的排名呈现持续保持的发展趋势，再对柳州市的耕地密度的得分情况进行分析，发现柳州市耕地密度的得分波动上升，说明柳州市的人力资源增加，城市的农业生产效率提高，农业生产成本减少。

其中农业指标动态变化的排名呈波动上升的发展趋势，再对柳州市的农业指标动态变化的得分情况进行分析，发现柳州市的农业指标动态变化的得分呈现波动上升的趋势，说明在2013~2015年间柳州市的粮食作物播种面积增多，对应呈现出地区经济活力加强，城市规模也有所扩大。

其中农业土地扩张强度的排名呈波动保持的发展趋势，再对柳州市的农业土地扩张强度的得分情况进行分析，发现柳州市的农业土地扩张强度的得分呈现波动上升的趋势，说明城市的农业土地面积增长速率较快，呈现出农业生产集聚能力及活力的不断增强。

其中农业蔓延指数的排名呈现波动下降的发展趋势，再对柳州市的农业蔓延指数的得分情况进行分析，发现柳州市农业蔓延指数的得分持续下降，说明城市的粮食总产量的增长慢于非农业人口的增长水平，农业的发展未呈现出蔓延的趋势。

其中农业指标相对增长率的排名呈现波动下降的发展趋势，再对柳州市的农业指标相对增长率的得分情况进行分析，发现柳州市农业指标相对增长率的得分先升后降，说明城市的粮食产量增长速率放缓，呈现出地区农业集聚能力及活力的不断减弱。

其中农业指标绝对增量加权指数的排名呈现波动下降的发展趋势，再对柳州市农业指标绝对增量加权指数的得分情况进行分析，发现柳州市的农业指标绝对增量加权指数的得分呈现先降后升的趋势，但整体趋于下降，城市的粮食产量集中度较低，城市粮食产量变化增长较慢。

对2010~2015年间柳州市农业发展及各三级指标的得分、排名和优劣度进行分析。2010~2015年柳州市农业发展的综合得分排名呈现波动下降的发展趋势。2010年柳州市农业发展综合得分排名处于珠江-西江经济带第9名，2011~2012年下降至经济带第9名，2013年上升至第1名，2014年农业发展综合得分下降至经济带第6名，2015年其排名降至珠江-西江经济带第9名。一方面说明柳州市的农业发展在珠江-西江经济带上游、中游、下游波动，其农业发展从经济带中势地位下降至劣势地位，与经济带其他城市相比，发展水平较低；另一方面说明柳州市农业发展综合得分上升和下降的幅度较大，在农业发展方面存在不稳定现象，稳定性有待提高。对柳州市的农业发展得分情况进行分析，发现2010~2011年柳州市的农业发展综合得分下降，在2012年得分有所上升，在2013~2015年农业发展综合得分持续下降，整体上柳州市农业发展综合得分呈现波动上升的发展趋势，说明柳州市的农业发展水平有所提升。

从表3-6来看，在8个基础指标中，指标的优劣度结构为0.0:12.5:62.5:25.0。

表3-6　　　　　　　　　　2015年柳州市农业发展指标的优劣度结构

二级指标	三级指标数	强势指标 个数	比重(%)	优势指标 个数	比重(%)	中势指标 个数	比重(%)	劣势指标 个数	比重(%)	优劣度
农业发展	8	0	0.000	1	12.500	5	62.500	2	25.000	劣势

（三）柳州市农业发展水平比较分析

图3-19和图3-20将2010~2015年柳州市农业发展与珠江-西江经济带最高水平和平均水平进行比较。从农业发展的要素得分比较来看，由图3-19可知，2010年，柳州市第一产业扩张弹性系数得分比最高分低1.381分，比平均分低0.045分；2011年，第一产业扩张弹性系数得分比最高分低0.411分，比平均分低0.038分；2012年，第一产业扩张弹性系数得分比最高分低0.800分，比平均分高0.297分；2013年，第一产业扩张弹性系数得分比最高分低0.030分，比平均分高0.044分；2014年，第一产业扩张弹性系数得分比最高分低0.009分，比平均分高

0.049分;2015年,第一产业扩张弹性系数得分比最高分低0.031分,比平均分高0.054分。这说明整体上柳州市第一产业扩张弹性系数得分与珠江－西江经济带最高分的差距有缩小趋势,与珠江－西江经济带平均分的差距逐渐增大。

2010年,柳州市农业强度得分比最高分低2.955分,比平均分低0.438分;2011年,农业强度得分比最高分低2.906分,比平均分低0.431分;2012年,农业强度得分比最高分低2.892分,比平均分低0.428分;2013年,农业强度得分比最高分低2.872分,比平均分低0.425分;2014年,农业强度得分比最高分低2.914分,比平均分低0.423分;2015年,农业强度得分比最高分低2.737分,比平均分低0.436分。这说明整体上柳州市农业强度得分与珠江－西江经济带最高分的差距有缩小趋势,与珠江－西江经济带平均分的差距逐渐减小。

2010年,柳州市耕地密度得分比最高分低2.810分,比平均分低0.281分;2011年,耕地密度得分比最高分低2.788分,比平均分低0.280分;2012年,耕地密度得分比最高分低2.803分,比平均分低0.280分;2013年,耕地密度得分比最高分低2.779分,比平均分低0.281分;2014年,耕地密度得分比珠江－西江经济带最高分低2.800分,比平均分低0.281分;2015年,耕地密度得分比最高分低2.795分,比平均分低0.282分。这说明整体上柳州市耕地密度得分与珠江－西江经济带最高分的差距波动缩小,与珠江－西江经济带平均分的差距波动增加。

2010年,柳州市农业指标动态变化得分比最高分低0.149分,比平均分高0.221分;2011年,农业指标动态变化得分比最高分低0.014分,比平均分高0.010分;2012年,农业指标动态变化得分比最高分低0.034分,比平均分高0.013分;2013年,农业指标动态变化得分比最高分低0.069分,比平均分高0.013分;2014年,农业指标动态变化得分比最高分低0.029分,比平均分高0.041分;2015年,农业指标动态变化得分比最高分低2.143分,比平均分低0.299分。这说明整体上柳州市农业指标动态变化得分与珠江－西江经济带最高分的差距持续增加,与珠江－西江经济带平均分的差距波动增加。

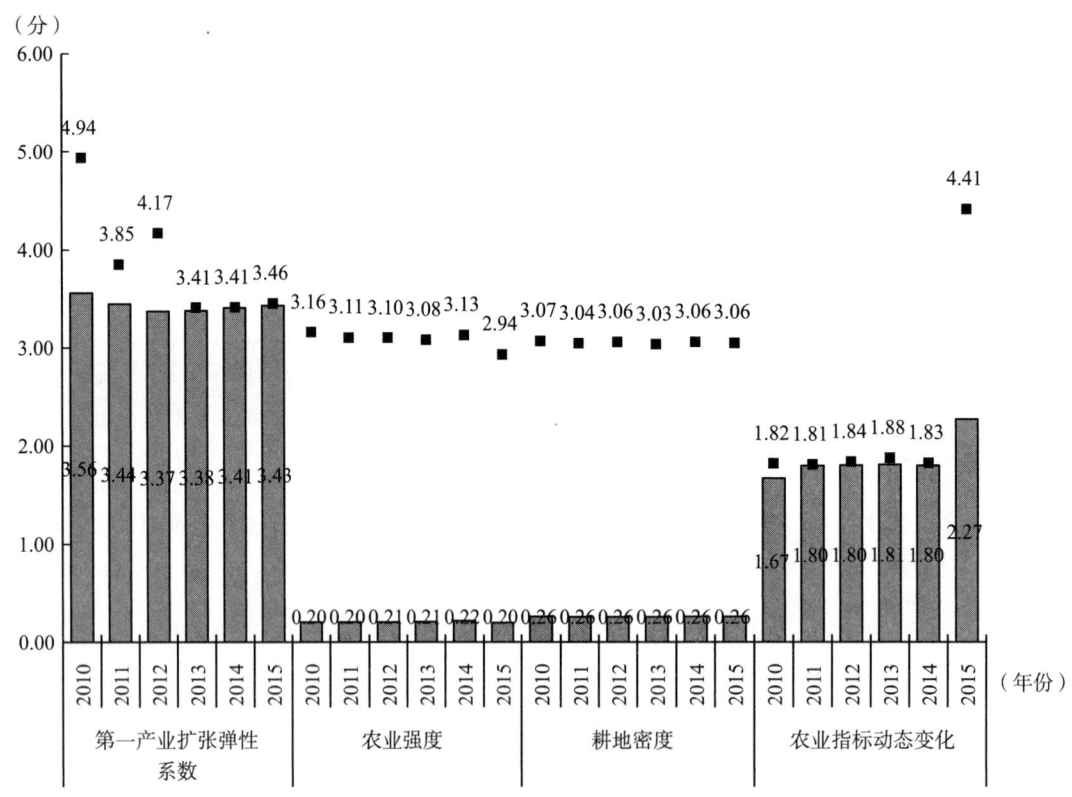

图3－19 2010～2015年柳州市农业发展指标得分比较1

由图2－20可知,2010年,柳州市农业土地扩张强度得分比最高分低0.680分,比平均分高0.594分;2011年,农业土地扩张强度得分比最高分低0.119分,比平均分低0.015分;2012年,农业土地扩张强度得分比最高分低0.104分,与平均分不存在差距;2013年,农业土地扩张强度得分比最高分低0.126分,比平均分低0.011分;2014年,农业土地扩张强度得分比最高分低0.008分,比平均分高0.030分;2015年,农业土地扩张强度得分比最高分低0.075分,比平均分高0.003分。这说明整体上柳州市农业土地扩张强度得分与珠江－西江经济带最高分的差距波动缩小,与珠江－西江经济带平均分的差距波动下降。

2010年,柳州市农业蔓延指数得分比最高分低0.086分,比平均分低0.035分;2011年,农业蔓延指数得分比最高分低0.040分,比平均分高0.011分;2012年,农业蔓延指数得分比最高分低0.363分,比平均分低0.149分;2013年,农业蔓延指数得分与最高分不存在差距,比平均分高 2.562 分；2014 年，农业蔓延指数得分比最高分低 0.752 分，比平均分低 0.068 分；2015 年，农业蔓延指数得分比珠江－西江经济带最高分低 0.180 分，比平均分低 0.015 分。这说明整体上柳州市农业蔓延指数得分与珠江－西江经济带最高分的差距波动扩大，与珠江－西江经济带平均分的差距波动减小。

2010 年，柳州市农业指标相对增长率得分比最高分低 0.510 分，比平均分低 0.131 分；2011 年，农业指标相对增长率得分比最高分低 0.322 分，比平均分低 0.083 分；2012 年，农业指标相对增长率得分比最高分低 0.150 分，比平均分低 0.001 分；2013 年，农业指标相对增长率得分比最高分低 0.520 分，比平均分低 0.009 分；2014 年，农业指标相对增长率得分比最高分低 2.111 分，比平均分高 0.161 分；2015 年，农业指标相对增长率得分比最高分低 0.110 分，比平均分低 0.006 分。这说明整体上柳州市农业指标相对增长率得分与珠江－西江经济带最高分的差距波动缩小，与珠江－西江经济带平均分的差距逐渐减小。

2010 年，柳州市农业指标绝对增量加权指数得分比最高分低 0.248 分，比平均分高 0.316 分；2011 年，农业指标绝对增量加权指数得分比最高分低 0.128 分，比平均分高 0.010 分；2012 年，农业指标绝对增量加权指数得分比最高分低 0.376 分，比平均分低 0.007 分；2013 年，农业指标绝对增量加权指数得分比最高分低 0.928 分，比平均分高 0.010 分；2014 年，农业指标绝对增量加权指数得分比最高分低 0.385 分，比平均分低 0.011 分；2015 年，农业指标绝对增量加权指数得分比最高分低 0.307 分，比平均分低 0.104 分。这说明整体上柳州市农业指标绝对增量加权指数得分与珠江－西江经济带最高分的差距有扩大趋势，与珠江－西江经济带平均分的差距逐渐缩小。

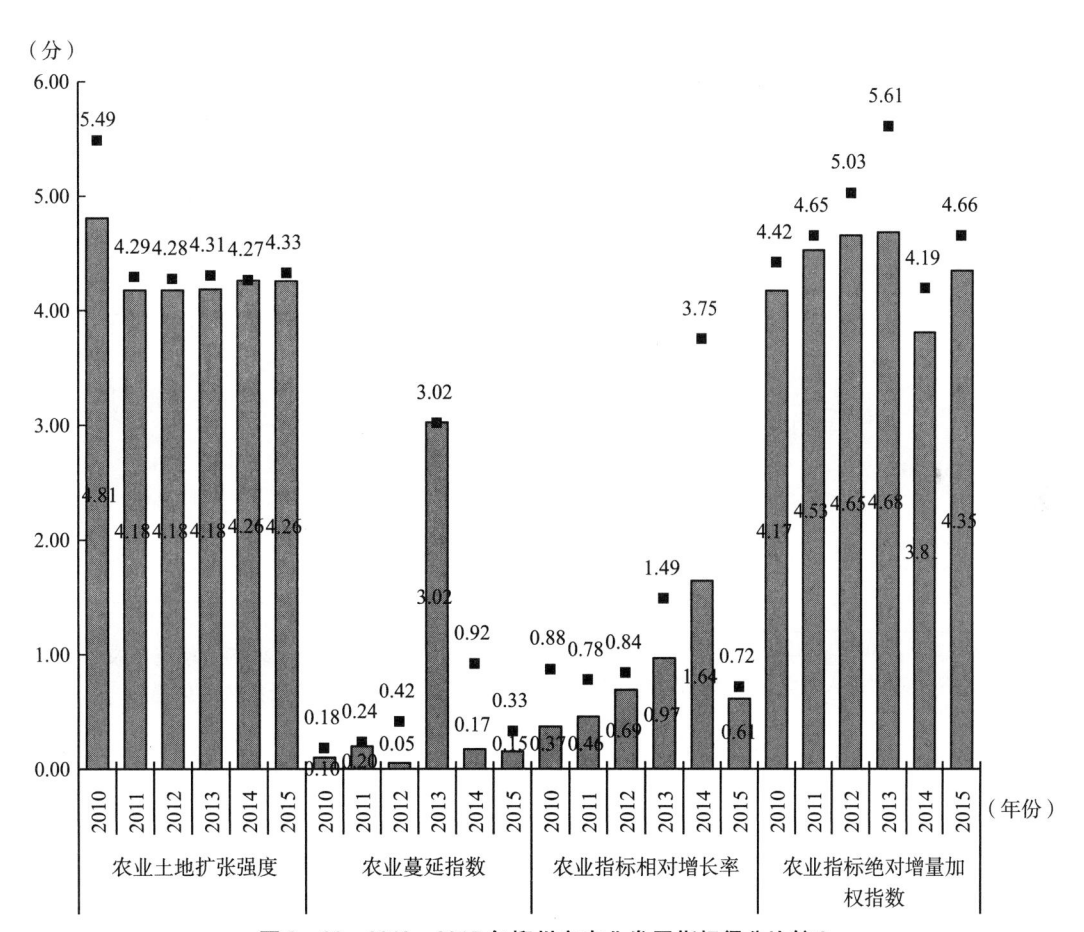

图 3－20 2010～2015 年柳州市农业发展指标得分比较 2

三、柳州市农业产出水平综合评估与比较

（一）柳州市农业产出水平评估指标变化趋势评析

1. 食物生态足迹

根据图 3－21 分析可知，2010～2015 年柳州市的食物生态足迹指标总体上呈现持续上升型的状态。处于持续上升型的指标，不仅意味着城市在各项指标数据上的不断增长，更意味着城市在该项指标上的竞争力优势不断扩大。柳州市的食物生态足迹指标不断提高，2015 年达到 13.055，相较于 2010 年上升 6 个单位左右；说明柳州市的经济社会发展水平提高，城市规模增大，城市居民对各类食物需求也在提高。

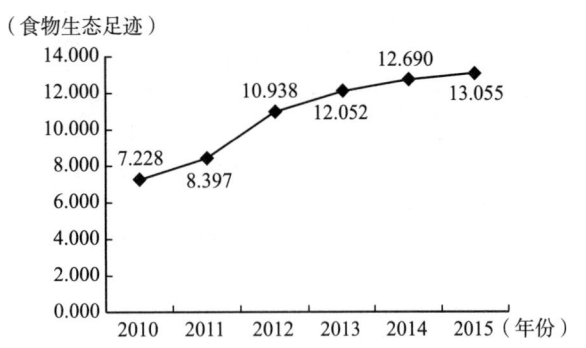

图 3-21 2010~2015 年柳州市食物生态足迹指标变化趋势

2. 人均食物生态足迹

根据图 3-22 分析可知，2010~2015 年柳州市的人均食物生态足迹总体上呈现波动上升型的状态。这一类型的指标为 2010~2015 年间城市在该项指标上存在较多波动变化，总体趋势为上升趋势，但在个别年份出现下降的情况，指标并非连续性上升。波动上升型指标意味着在评估期间，虽然指标数据存在较大波动变化，但是其评价末期数据值高于评价初期数据值。柳州市的人均食物生态足迹指标提高，2015 年达到 38.707，相较于 2010 年上升 9 个单位左右；说明柳州市的发展水平提高，城市规模增大，城市居民对各类食物需求也有所提高。

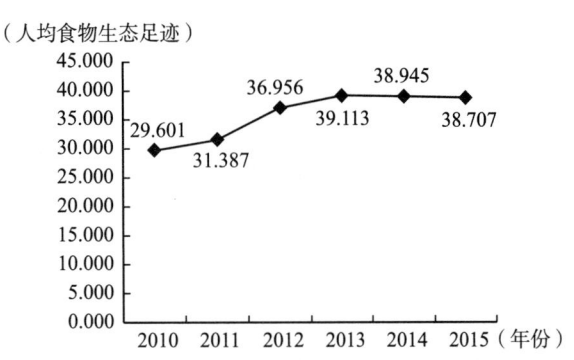

图 3-22 2010~2015 年柳州市人均食物生态足迹变化趋势

3. 农业生产比重增量

根据图 3-23 分析可知，2010~2015 年柳州市农业生产比重增量总体上呈现波动上升型的状态。这一类型的指标为在 2010~2015 年间城市存在一定的波动变化，总体趋势为上升趋势，但在个别年份出现下降的情况，指标并非连续性上升状态。波动上升型指标意味着在评价的时间段内，虽然指标数据存在较大的波动变化，但是其评价末期数据值高于评价初期数据值。柳州市在 2012~2014 年虽然出现下降的状况，2014 年是 52.826，但是总体上还是呈现上升的态势，最终稳定在 64.061；说明柳州市的农业生产比重增量提高，城市农业生产发展程度提高，城市整体粮食产量水平具备一定的优势。

4. 农业生产平均增长指数

根据图 3-24 分析可知，2010~2015 年柳州市农业生产平均增长指数总体上呈现波动上升型的状态。这一类型的指标为 2010~2015 年间城市存在一定的波动变化，总体趋势上为上升趋势，但在个别年份出现下降的情况，指标并非连续性上升状态。波动上升型指标意味着在评价的时间段内，虽然指标数据存在较大的波动变化，但是其评价末期数据值高于评价初期数据值。柳州市在 2012~2013 年虽然出现下降的状况，2013 年是 39.362，但是总体上还是呈现上升的态势，最终稳定在 49.773；说明柳州市的农业生产平均增长指数增高，城市在评估时间段内的农业生产能力增强，整体城市农业生产水平得以提升。

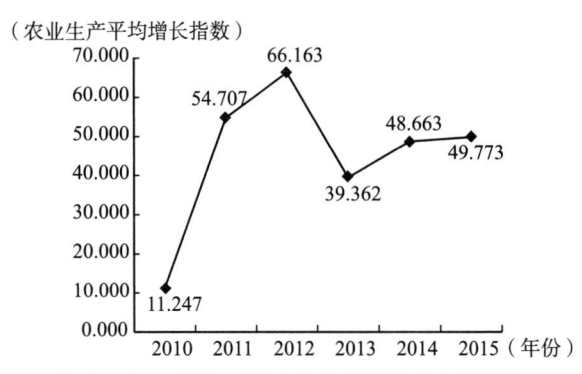

图 3-24 2010~2015 年柳州市农业生产平均增长指数变化趋势

5. 农业枢纽度

根据图 3-25 分析可知，2010~2015 年柳州市农业枢纽度总体上呈现持续下降型的状态。处于持续下降型的指标，

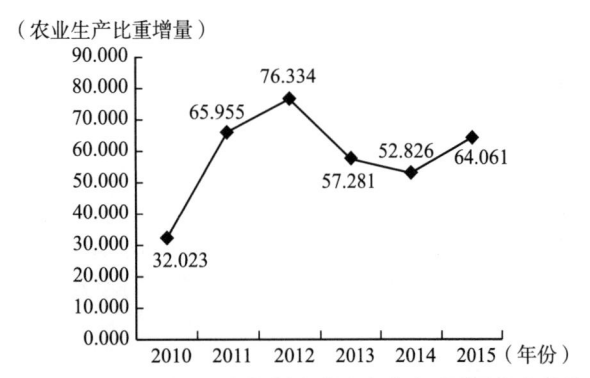

图 3-23 2010~2015 年柳州市农业生产比重增量变化趋势

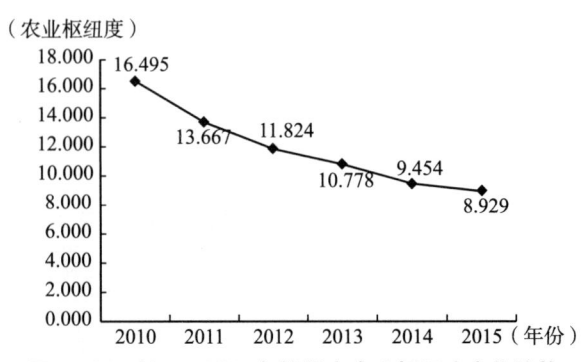

图 3-25 2010~2015 年柳州市农业枢纽度变化趋势

意味着城市在该项指标上不断处在劣势状态,并且这一状况并未得到改善。如图所示,柳州市农业枢纽度指标处于不断下降的状态中,2010年此指标数值最高,是16.495,2015年下降至8.929。这说明柳州市的农业枢纽度下降,城市的农业发展势头有所减弱。

6. 农业生产流强度

根据图3-26分析可知,2010~2015年柳州市的农业生产流强度总体上呈现波动上升型的状态。这一类型的指标为2010~2015年间城市在该项指标上存在较多波动变化,总体趋势为上升趋势,但在个别年份出现下降的情况,指标并非连续性上升。波动上升型指标意味着在评估期间,虽然指标数据存在较大波动变化,但是其评价末期数据值高于评价初期数据值。柳州市的农业生产流强度指标提高,2015年达到21.740,相较于2010年上升10个单位左右,说明柳州市的农业生产流强度增强,城市之间发生的经济集聚和扩散所产生的农业生产要素流动强度增强,城市经济影响力也增强。

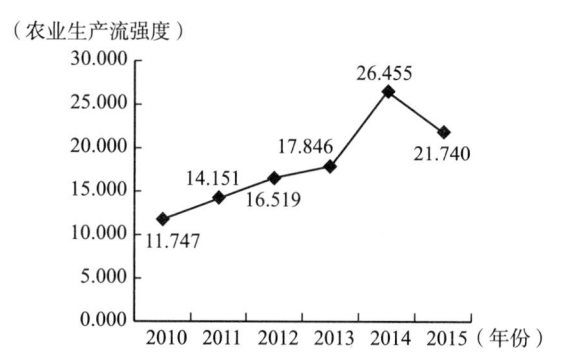

图3-26 2010~2015年柳州市农业生产流强度变化趋势

7. 农业生产倾向度

根据图3-27分析可知,2010~2015年柳州市农业生产倾向度总体上呈现波动保持型的状态。波动保持型指标意味着城市在该项指标上虽然呈现波动状态,在评价末期和评价初期的数值基本保持一致,柳州市农业生产倾向度保持在65.723~92.639。即使柳州市农业生产倾向度存在过最低值,其数值为65.723,说明柳州市在农业生产倾向度上总体表现相对平稳。

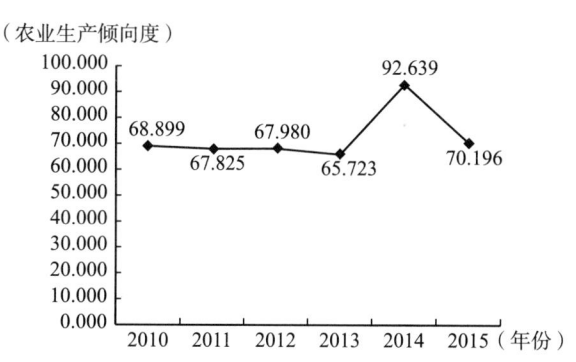

图3-27 2010~2015年柳州市农业生产倾向度变化趋势

8. 农业生产职能规模

根据图3-28分析可知,2010~2015年柳州市农业生产职能规模总体上呈现波动保持型的状态。波动保持型指标意味着城市在该项指标上虽然呈现波动状态,在评价末期和评价初期的数值基本保持一致,柳州市农业生产职能规模数值保持在19.910~30.839。即使柳州市农业生产职能规模存在过最低值,其数值为19.910,但柳州市在农业生产职能规模上总体表现相对平稳。

图3-28 2010~2015年柳州市农业生产职能规模变化趋势

9. 农业生产职能地位

根据图3-29分析可知,2010~2015年柳州市农业生产职能地位总体上呈现波动保持型的状态。波动保持型指标意味着城市在该项指标上虽然呈现波动状态,在评价末期和评价初期的数值基本保持一致,柳州市农业生产职能地位保持在42.022~43.942。即使柳州市农业生产职能地位存在过最低值,其数值为42.022,但柳州市在农业生产职能地位上总体表现相对平稳。

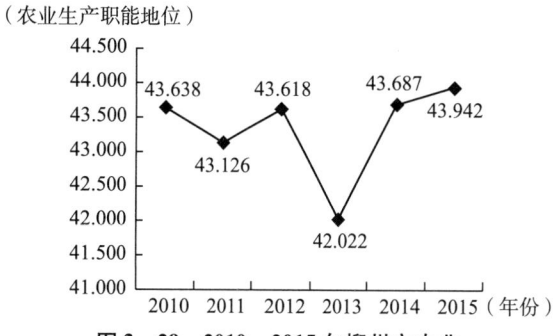

图3-29 2010~2015年柳州市农业生产职能地位变化趋势

(二)柳州市农业产出水平评估结果

根据表3-7,对2010~2012年间柳州市农业产出及各三级指标的得分、排名、优劣度进行分析,可以看到在2010~2012年间,柳州市农业产出的综合排名持续上升,2012年处于中势地位,2010年其农业产出排名处于经济带第10名,2011年其农业产出排名处于经济带第8名,2012

年其农业产出排名处于经济带第6名,处于珠江-西江经济带中游区,说明城市的农业产出的发展落后于珠江-西江经济带的其他城市。对柳州市的农业产出得分情况进行分析,发现柳州市的农业产出综合得分呈现持续上升的发展趋势,说明柳州市的农业产出活力处于上升状态,但发展较慢。总的来说,2010~2012年柳州市农业产出发展水平在珠江-西江经济带中处于中势地位,在经济带中具有较大的上升空间。

表3-7　　　　2010~2012年柳州市农业产出各级指标的得分、排名及优劣度分析

指标	2010年			2011年			2012年		
	得分	排名	优劣度	得分	排名	优劣度	得分	排名	优劣度
农业产出	9.289	10	劣势	12.669	8	中势	14.397	6	中势
食物生态足迹	0.232	8	中势	0.269	8	中势	0.362	8	中势
人均食物生态足迹	1.263	9	劣势	1.322	9	劣势	1.624	9	劣势
农业生产比重增量	1.242	9	劣势	3.161	7	中势	3.710	4	优势
农业生产平均增长指数	0.436	9	劣势	2.147	6	中势	2.799	4	优势
农业枢纽度	0.679	9	劣势	0.487	9	劣势	0.402	9	劣势
农业生产流强度	0.345	4	优势	0.402	4	优势	0.479	4	优势
农业生产倾向度	2.803	3	优势	2.626	3	优势	2.676	3	优势
农业生产职能规模	0.591	4	优势	0.597	4	优势	0.675	4	优势
农业生产职能地位	1.699	5	优势	1.658	5	优势	1.671	5	优势

其中食物生态足迹的排名呈现持续保持的发展趋势,再对柳州市食物生态足迹的得分情况进行分析,发现柳州市的食物生态足迹得分处于持续上升的发展趋势,说明在2010~2012年间柳州市的发展水平上升,城市规模存在扩大趋势,城市居民对各类食物需求增强。

其中人均食物生态足迹的排名呈现持续保持的发展趋势,再对柳州市的人均食物生态足迹得分情况进行分析,发现柳州市的人均食物生态足迹综合得分呈现持续上升的发展趋势,但柳州市的居民对各类食物的人均需求增强。

其中农业生产比重增量的排名呈现波动上升的发展趋势,再对柳州市的农业生产比重增量的得分情况进行分析,发现柳州市的农业生产比重增量的得分处于持续上升的趋势,说明在2010~2012年间柳州市农业生产发展程度较高。

其中农业生产平均增长指数的排名呈现持续上升的发展趋势,再对柳州市农业生产平均增长指数的得分情况进行分析,发现柳州市的农业生产平均增长指数得分处于持续上升的发展趋势,说明在2010~2012年间柳州市在评估时间段内的农业生产能力增强,整体城市农业水平趋于上升。

其中农业枢纽度的排名呈现持续保持的发展趋势,再对柳州市的农业枢纽度得分情况进行分析,发现柳州市的农业枢纽度综合得分呈现持续下降的发展趋势,说明柳州市的农业发展缓慢,在经济社会发展中的地位较低。

其中农业生产流强度的排名呈现持续保持的发展趋势,再对柳州市的农业生产流强度得分情况进行分析,发现柳州市的农业生产流强度综合得分呈现持续上升的发展趋势,说明城市之间发生的经济集聚和扩散所产生的农业生产要素流动强度较强,城市经济影响力较大。

其中农业生产倾向度的排名呈现持续保持的发展趋势,再对柳州市的农业生产倾向度的得分情况进行分析,发现柳州市的农业生产倾向度的得分处于波动下降趋势,说明在2010~2012年间柳州市的总功能量的外向强度降低。

其中农业生产职能规模的排名呈现持续保持的发展趋势,再对柳州市的农业生产职能规模得分情况进行分析,发现柳州市的农业生产职能规模综合得分呈现持续上升的发展趋势,说明柳州市的农业生产水平提高,城市所具备的农业生产能力较强。

其中农业生产职能地位的排名呈现持续保持的发展趋势,再对柳州市的农业生产职能地位得分情况进行分析,发现柳州市的农业生产职能地位综合得分呈现波动下降的发展趋势,说明柳州市对农业人力资源的吸引集聚能力降低,但仍在珠江-西江经济带城市发展中具备农业发展及农业劳动力发展的潜力。

根据表3-8,对2013~2015年间柳州市农业产出及各三级指标的得分、排名、优劣度进行分析,可以看到2013~2015年间,柳州市农业产出的综合排名处于中势状态,2013年其农业产出排名处于经济带第9名,2014年其农业产出排名处于经济带第5名,2015年其农业产出处于珠江-西江经济带第6名,说明城市的农业产出的发展较为落后于珠江-西江经济带的其他城市。对柳州市的农业产出得分情况进行分析,发现柳州市的农业产出综合得分呈现波动上升的发展趋势,说明柳州市的农业产出活力处于上升状态。总的来说,2013~2015年柳州市农业产出发展水平在珠江-西江经济带中处于中势地位。

表 3-8　　2013~2015 年柳州市农业产出各级指标的得分、排名及优劣度分析

指标	2013 年 得分	排名	优劣度	2014 年 得分	排名	优劣度	2015 年 得分	排名	优劣度
农业产出	12.173	9	劣势	13.874	5	优势	12.900	6	中势
食物生态足迹	0.406	8	中势	0.430	8	中势	0.449	8	中势
人均食物生态足迹	1.707	9	劣势	1.702	9	劣势	1.694	9	劣势
农业生产比重增量	2.781	11	劣势	2.364	11	劣势	2.697	7	中势
农业生产平均增长指数	1.535	10	劣势	1.769	7	中势	1.808	5	优势
农业枢纽度	0.358	9	劣势	0.303	9	劣势	0.284	9	劣势
农业生产流强度	0.538	4	优势	0.827	3	优势	0.704	4	优势
农业生产倾向度	2.566	3	优势	3.785	2	强势	2.791	3	优势
农业生产职能规模	0.659	4	优势	0.981	4	优势	0.747	4	优势
农业生产职能地位	1.622	5	优势	1.712	5	优势	1.726	5	优势

其中食物生态足迹的排名呈现持续保持的发展趋势，再对柳州市食物生态足迹的得分情况进行分析，发现柳州市的食物生态足迹得分处于持续上升的发展趋势，说明在 2010~2012 年间柳州市发展水平提高，城市规模扩大，城市居民对各类食物需求增加。

其中人均食物生态足迹的排名呈现持续保持的发展趋势，再对柳州市的人均食物生态足迹得分情况进行分析，发现柳州市的人均食物生态足迹综合得分呈现持续下降的发展趋势，说明柳州市的居民对各类食物的人均需求下降。

其中农业生产比重增量的排名呈现波动上升的发展趋势，再对柳州市的农业生产比重增量的得分情况进行分析，发现柳州市的农业生产比重增量的得分呈现波动下降的趋势，说明在 2010~2012 年间柳州市农业生产发展程度降低。

其中农业生产平均增长指数的排名呈现持续上升的发展趋势，再对柳州市农业生产平均增长指数的得分情况进行分析，发现柳州市的农业生产平均增长指数得分处于持续上升的发展趋势，说明在 2013~2015 年间柳州市在评估时间段内的农业生产能力增强，整体城市农业生产水平上升。

其中农业枢纽度的排名呈现持续保持的发展趋势，再对柳州市的农业枢纽度得分情况进行分析，发现柳州市的农业枢纽度综合得分呈现持续下降的发展趋势，说明柳州市的农业发展缓慢，其在经济社会发展中的地位较低。

其中农业生产流强度的排名呈现波动保持的发展趋势，再对柳州市的农业生产流强度得分情况进行分析，发现柳州市的农业生产流强度综合得分呈现波动上升的发展趋势，说明城市之间发生的经济集聚和扩散所产生的农业生产要素流动强度较强，城市经济影响力较大。

其中农业生产倾向度的排名呈现波动保持的发展趋势，再对柳州市的农业生产倾向度的得分情况进行分析，发现柳州市的农业生产倾向度的得分呈现先升后降的趋势，总体量上升趋势说明在 2010~2012 年间柳州市的总功能量的外向强度较强。

其中农业生产职能规模的排名呈现持续保持的发展趋势，再对柳州市的农业生产职能规模得分情况进行分析，发现柳州市的农业生产职能规模综合得分呈现持续上升的发展趋势，说明柳州市的农业生产水平较高，城市所具备的农业生产能力较强。

其中农业生产职能地位的排名呈现波动保持的发展趋势，再对柳州市的农业生产职能地位得分情况进行分析，发现柳州市的农业生产职能地位综合得分呈现持续上升的发展趋势，说明柳州市的农业生产能力在地区内的水平具备优势，城市对农业人力资源的吸引集聚能力较强，城市发展具备农业发展及农业劳动力发展的潜力。

对 2010~2015 年间柳州市农业产出及各三级指标的得分、排名和优劣度进行分析。2010~2015 年柳州市农业产出的综合得分排名呈现波动上升的发展趋势。2010 年柳州市农业产出综合得分排名处于珠江-西江经济带第 10 名，2011 年上升至第 8 名，2012 年上升至经济带第 6 名，2013 年其农业产出排名下降至经济带第 9 名，2014 年其农业产出上升至珠江-西江经济带第 5 名；2015 年下降至第 6 名。一方面说明柳州市的农业产出从珠江-西江经济带劣势地位上升至中势地位，发展水平与经济带其他城市相比提高较快；另一方面说明柳州市在农业产出方面发展出现波动，稳定性有待提高。对柳州市的农业产出得分情况进行分析，发现 2010~2012 年柳州市的农业产出综合得分持续上升，2013~2015 年得分波动上升，整体上柳州市的农业产出综合得分呈现波动上升的发展趋势，说明柳州市的农业产出活力处于上升状态，在珠江-西江经济带中处于中游。

从表 3-9 来看，在 9 个基础指标中，指标的优劣度结构为 0.0∶55.5∶22.2∶22.2。

表 3-9　　2015 年柳州市农业产出的优劣度结构

二级指标	三级指标数	强势指标 个数	比重（%）	优势指标 个数	比重（%）	中势指标 个数	比重（%）	劣势指标 个数	比重（%）	优劣度
农业产出	9	0	0.000	5	55.555	2	22.222	2	22.222	中势

(三) 柳州市农业产出水平比较分析

图 3-30 和图 3-31 将 2010~2015 年柳州市农业产出与珠江-西江经济带最高水平和平均水平进行比较。从农业产出的要素得分比较来看，由图 3-30 可知，2010 年，柳州市食物生态足迹得分比最高分低 2.770 分，比平均分低 0.830 分；2011 年，食物生态足迹得分比最高分低 2.855 分，比平均分低 0.845 分；2012 年，食物生态足迹得分比最高分低 3.131 分，比平均分低 0.948 分；2013 年，食物生态足迹得分比最高分低 3.299 分，比平均分低 0.975 分；2014 年，食物生态足迹得分比最高分低 3.321 分，比平均分低 0.938 分；2015 年，食物生态足迹得分比最高分低 3.385 分，比平均分低 0.994 分。这说明整体上柳州市食物生态足迹得分与珠江-西江经济带最高分的差距逐渐增大，与珠江-西江经济带平均分的差距逐渐增大。

2010 年，柳州市人均食物生态足迹得分比最高分低 3.446 分，比平均分低 1.604 分；2011 年，人均食物生态足迹得分比最高分低 3.952 分，比平均分低 2.232 分；2012 年，人均食物生态足迹得分比最高分低 4.295 分，比平均分低 2.471 分；2013 年，人均食物生态足迹得分比最高分低 4.108 分，比平均分低 2.426 分；2014 年，人均食物生态足迹得分比最高分低 4.200 分，比平均分低 2.364 分；2015 年，人均食物生态足迹得分比最高分低 4.090 分，比平均分低 2.367 分。这说明整体上柳州市人均食物生态足迹得分与珠江-西江经济带最高分的差距有扩大趋势，与珠江-西江经济带平均分的差距逐渐增大。

2010 年，柳州市农业生产比重增量得分比最高分低 2.133 分，比平均分低 1.143 分；2011 年，农业生产比重增量得分比最高分低 3.925 分，比平均分低 2.603 分；2012 年，农业生产比重增量得分比最高分低 4.213 分，比平均分低 2.811 分；2013 年，农业生产比重增量得分比最高分低 3.915 分，比平均分低 3.044 分；2014 年，农业生产比重增量得分比最高分低 2.927 分，比平均分低 2.437 分；2015 年，农业生产比重增量得分比最高分低 2.430 分，比平均分低 1.939 分。这说明整体上柳州市农业生产比重增量得分与珠江-西江经济带最高分的差距波动扩大，与珠江-西江经济带平均分的差距波动增加。

2010 年，柳州市农业生产平均增长指数得分比最高分低 3.366 分，比平均分低 1.176 分；2011 年，农业生产平均增长指数得分比最高分低 2.592 分，比平均分低 1.617 分；2012 年，农业生产平均增长指数得分比最高分低 3.155 分，比平均分低 2.107 分；2013 年，农业生产平均增长指数得分比最高分低 2.285 分，比平均分低 1.666 分；2014 年，农业生产平均增长指数得分比最高分低 1.785 分，比平均分低 1.216 分；2015 年，农业生产平均增长指数得分比最高分低 1.094 分，比平均分低 0.720 分。这说明整体上柳州市农业生产平均增长指数得分与珠江-西江经济带最高分的差距逐渐缩小，与珠江-西江经济带平均分的差距波动增大。

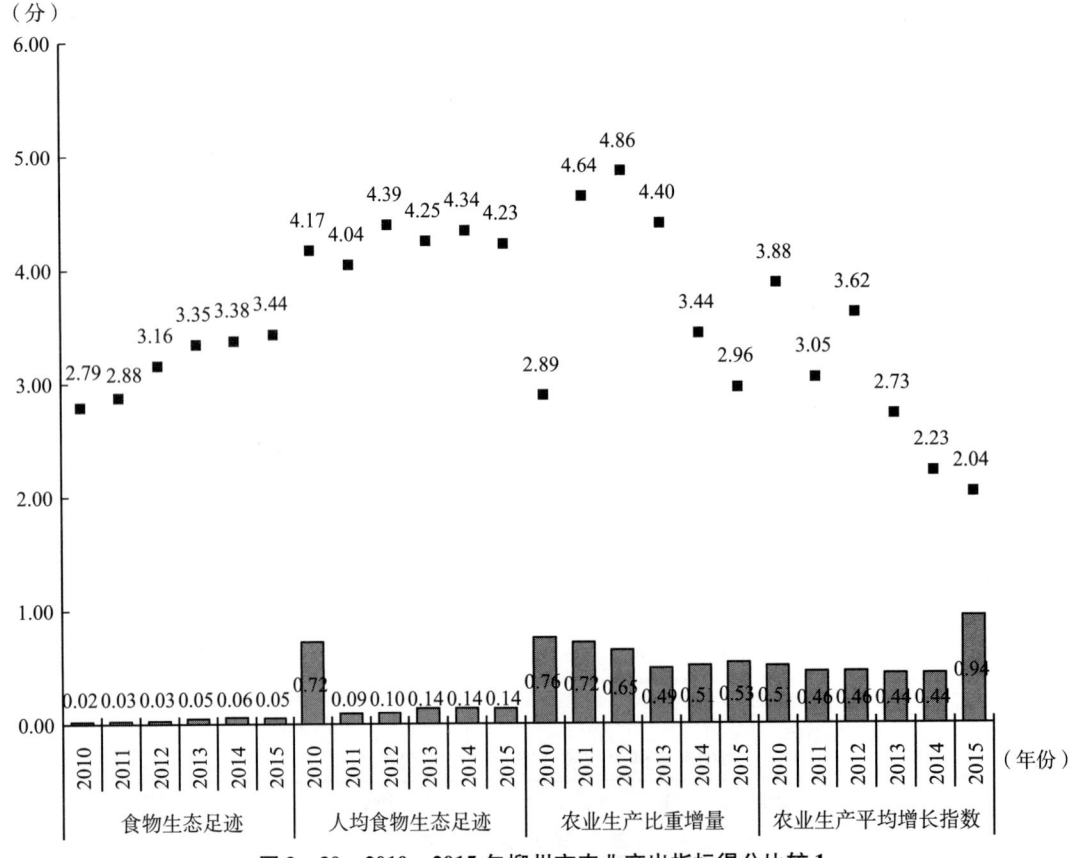

图 3-30　2010~2015 年柳州市农业产出指标得分比较 1

由图 3-31 可知，2010 年，柳州市农业枢纽度得分比最高分低 1.769 分，比平均分高 0.419 分；2011 年，农业枢纽度得分比最高分低 1.612 分，比平均分低 0.025 分；2012 年，农业枢纽度得分比最高分低 1.674 分，比平均分低 0.186 分；2013 年，农业枢纽度得分比最高分低 1.144 分，比平均分高 0.437 分；2014 年，农业枢纽度得分比最高分低 0.122 分，比平均分高 1.266 分；2015 年，农业枢纽度得分比最高分低 0.004 分，比平均分高 1.367 分。这说明整体上柳州市农业枢纽度得分与珠江-西江经济带最高分的差距波动缩小，与珠江-西江经济带平均分的差距波动下降。

2010 年，柳州市农业生产流强度得分比最高分低 1.624 分，比平均分高 0.420 分；2011 年，农业生产流强度得分比最高分低 0.152 分，比平均分高 1.705 分；2012 年，农业生产流强度得分比最高分低 0.461 分，比平均分高 2.200 分；2013 年，农业生产流强度得分比最高分低 0.679 分，比平均分高 1.418 分；2014 年，农业生产流强度得分比最高分低 1.828 分，比平均分高 0.448 分；2015 年，农业生产流强度得分比最高分低 2.226 分，比平均分高 0.323 分。这说明整体上柳州市农业生产流强度得分与珠江-西江经济带城市中最高分的差距波动扩大，与珠江-西江经济带平均分的差距波动减小。

2010 年，柳州市农业生产倾向度得分比最高分低 3.643 分，比平均分低 1.643 分；2011 年，农业生产倾向度得分比最高分低 3.430 分，比平均分低 1.360 分；2012 年，农业生产倾向度得分比最高分低 3.542 分，比平均分低 1.419 分；2013 年，农业生产倾向度得分比最高分低 3.389 分，比平均分低 1.370 分；2014 年，农业生产倾向度得分比最高分低 3.552 分，比平均分低 1.486 分；2015 年，农业生产倾向度得分比最高分低 3.556 分，比平均分低 1.353 分。这说明整体上柳州市农业生产倾向度得分与珠江-西江经济带最高分的差距波动缩小，与珠江-西江经济带平均分的差距逐渐减小。

2010 年，柳州市农业生产职能规模得分比最高分低 1.710 分，比平均分高 3.592 分；2011 年，农业生产职能规模得分比最高分低 0.197 分，比平均分高 2.239 分；2012 年，农业生产职能规模得分比最高分低 0.928 分，比平均分高 1.242 分；2013 年，农业生产职能规模得分比最高分低 1.486 分，比平均分高 0.740 分；2014 年，农业生产职能规模得分比最高分低 1.097 分，比平均分高 1.282 分；2015 年，农业生产职能规模得分比最高分低 1.043 分，比平均分高 1.496 分。这说明整体上柳州市农业生产职能规模得分与珠江-西江经济带最高分的差距有缩小趋势，与珠江-西江经济带平均分的差距逐渐缩小。

2010 年，柳州市农业生产职能地位得分比最高分低 3.228 分，比平均分低 1.078 分；2011 年，农业生产职能地位得分比最高分低 2.881 分，比平均分低 0.868 分；2012 年，农业生产职能地位得分比最高分低 3.206 分，比平均分低 1.179 分；2013 年，农业生产职能地位得分比最高分低 3.382 分，比平均分低 1.225 分；2014 年，农业生产职能地位得分比最高分低 3.339 分，比平均分低 1.128 分；2015 年，农业生产职能地位得分比最高分低 3.291 分，比平均分低 1.287 分。这说明整体上柳州市农业生产职能地位得分与珠江-西江经济带最高分的差距有扩大趋势，与珠江-西江经济带平均分的差距逐渐增大。

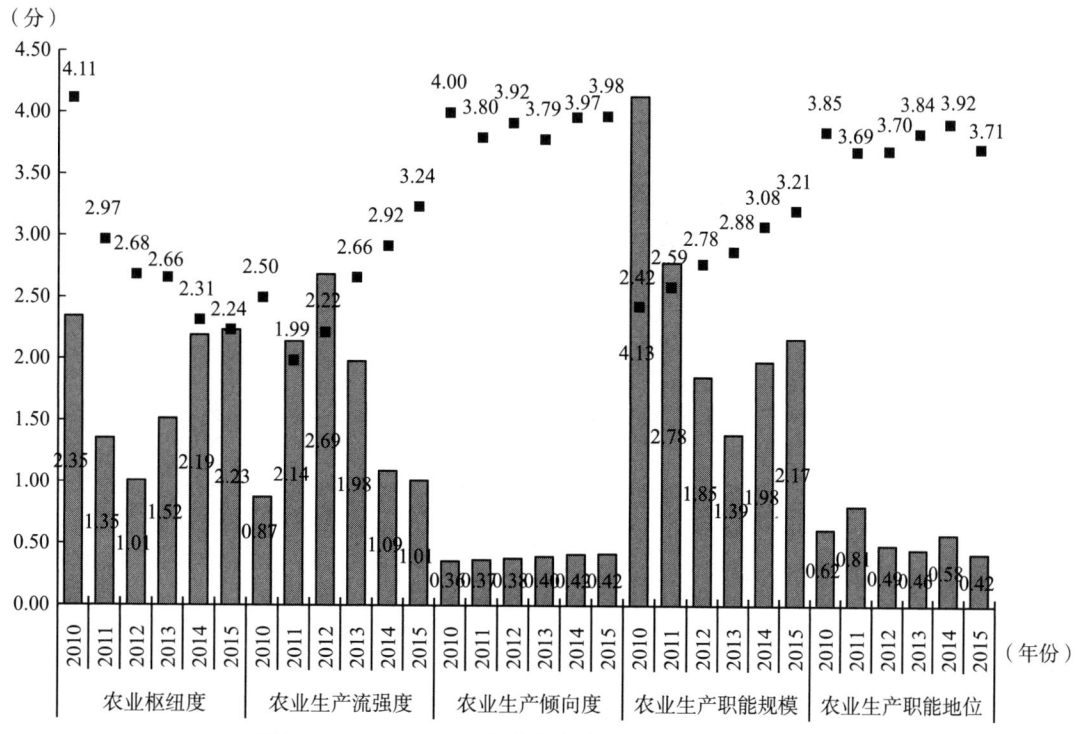

图 3-31　2010~2015 年柳州市农业产出指标得分比较 2

四、柳州市农业生产发展水平综合评估与比较评述

(一) 柳州市农业生产发展水平概要分析

柳州市农业发展水平在珠江-西江经济带所处的位置及变化如表3-10所示，3个二级指标的得分和排名变化如表3-11所示。

(1) 从指标排名变化趋势来看，2015年柳州市农业发展水平评估排名在珠江-西江经济带处于第8名，表明其在珠江-西江经济带处于中势地位，与2010年相比，排名上升2名。总的来看，评价期内柳州市农业发展水平呈现波动上升趋势。

表3-10　　2010~2015年柳州市农业生产一级指标比较

项目	2010年	2011年	2012年	2013年	2014年	2015年
排名	10	8	6	6	7	8
所属区位	下游	中游	中游	中游	中游	中游
得分	46.806	50.563	51.567	51.409	50.519	49.464
经济带最高分	64.061	66.285	62.112	64.361	61.849	62.336
经济带平均分	51.465	53.838	53.598	51.944	50.910	50.770
与最高分的差距	-17.255	-15.722	-10.545	-12.952	-11.330	-12.872
与平均分的差距	-4.660	-3.274	-2.031	-0.535	-0.391	-1.305
优劣度	劣势	中势	中势	中势	中势	中势
波动趋势	—	上升	上升	持续	下降	下降

表3-11　　2010~2015年柳州市农业生产二级指标比较

年份	农业结构 得分	农业结构 排名	农业发展 得分	农业发展 排名	农业产出 得分	农业产出 排名
2010	22.382	8	15.135	6	9.289	10
2011	22.841	6	15.053	9	12.669	8
2012	21.962	7	15.208	9	14.397	6
2013	20.732	7	18.504	1	12.173	9
2014	21.082	5	15.563	6	13.874	5
2015	21.039	6	15.525	9	12.900	6
得分变化	-0.032	—	0.391	—	3.610	—
排名变化	—	2	—	-3	—	4
优劣度	中势	中势	优势	优势	中势	中势

在三个二级指标中，其中2个指标排名处于上升趋势，为农业结构和农业产出；1个指标排名处于下降趋势，为农业发展，这是柳州市农业发展水平保持稳定上升的动力所在。受指标排名升降的综合影响，评价期内柳州市农业生产的综合排名呈波动上升，在珠江-西江经济带城市中排名第8名。

(2) 从指标所处区位来看，2015年柳州市农业发展水平处在中游区。其中，农业发展指标为优势指标，农业结构和农业产出为中势指标。

(3) 从指标得分来看，2015年柳州市农业生产得分为49.464分，比最高分低12.872分，比平均分低1.305分；与2010年相比，柳州市农业发展水平得分上升2.658分，与珠江-西江经济带平均分的差距趋于缩小。

2015年，柳州市农业发展水平二级指标的得分均高于12分，与2010年相比，得分上升最多的为农业产出，上升3.610分；得分下降最多的为农业结构，下降0.032分。

(二) 柳州市农业生产发展水平评估指标动态变化分析

2010~2015年柳州市农业发展水平评估各级指标的动态变化及其结构，如图3-32和表3-12所示。

从图3-32可以看出，柳州市农业发展水平评估的三级指标中上升指标的比例大于下降指标，表明上升指标居于主导地位。表3-12中的数据表明，柳州市农业发展水平评估的25个三级指标中，上升的指标有9个，占指标总数的36.000%；保持的指标有10个，占指标总数的40.000%；下降的指标有6个，占指标总数的24.000%。由于上升指标的数量大于下降指标的数量，且受变动幅度与外部因素的综合影响，评价期内柳州市农业生产排名呈现波动上升趋势，在珠江-西江经济带城市中居第8名。

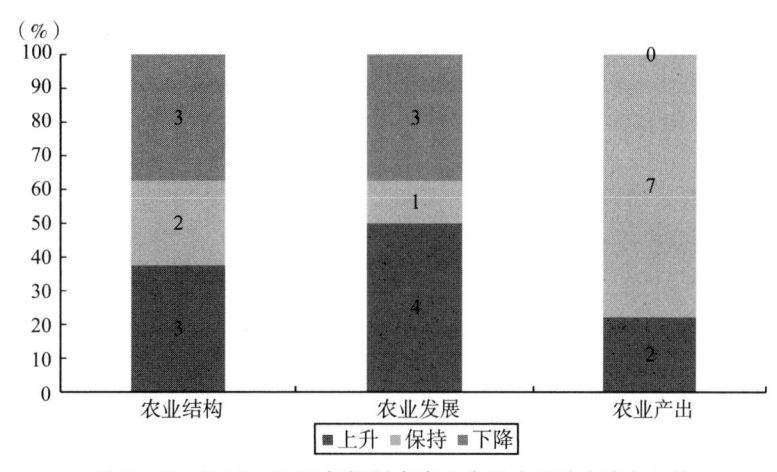

图 3-32 2010~2015 年柳州市农业发展水平动态变化结构

表 3-12　　　　　　　　2010~2015 年柳州市农业生产各级指标排名变化态势比较

二级指标	三级指标数	上升指标 个数	上升指标 比重（%）	保持指标 个数	保持指标 比重（%）	下降指标 个数	下降指标 比重（%）
农业结构	8	3	37.500	2	25.000	3	37.500
农业发展	8	4	50.000	1	12.500	3	37.500
农业产出	9	2	22.222	7	77.778	0	0.000
合计	25	9	36.000	10	40.000	6	24.000

（三）柳州市农业生产发展水平评估指标变化动因分析

2015 年柳州市农业生产板块各级指标的优劣势变化及其结构，如图 3-33 和表 3-13 所示。

从图 3-33 可以看出，2015 年柳州市农业发展水平评估的三级指标中优势指标的比例大于劣势指标的比例，表明优势指标居于主导地位。表 3-13 中的数据说明，2015 年柳州市农业生产的 25 个三级指标中，不存在强势指标；优势指标为 10 个，占指标总数的 40.000%；中势指标 10 个，占指标总数的 40.000%；劣势指标为 5 个，占指标总数的 20.000%；强势指标和优势指标之和占指标总数的 40.000%，数量与比重均大于劣势指标。从二级指标来看，其中农业结构不存在强势指标；优势指标 4 个，占指标总数的 50.000%；中势指标 3 个，占指标总数的 37.500%；劣势指标为 1 个，占指标总数的 12.500%；强势指标和优势指标之和占指标总数的 50.000%，说明农业结构的强、优势指标居于主导地位。农业发展不存在强势指标；优势指标为 1 个，占指标总数的 12.500%；中势指标 5 个，占指标总数的 62.500%；劣势指标 2 个；强势指标和优势指标之和占指标总数的 12.500%，说明农业发展的强、优势指标未处于主导地位。农业产出不存在强势指标；优势指标为 5 个，占指标总数的 55.556%；中势指标 2 个，占指标总数的 22.222%；劣势指标为 2 个，占指标总数的 22.222%；强势指标和优势指标之和占指标总数的 55.556%，说明农业产出的强、优势指标处于有利地位。由于强、优势指标比重较大，柳州市农业发展水平处于中势地位，在珠江－西江经济带城市中居第 8 名，处于中游区。

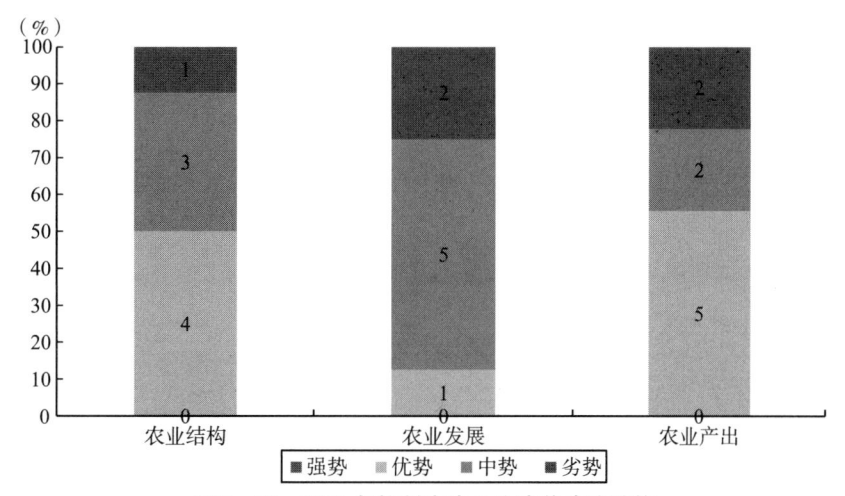

图 3-33 2015 年柳州市农业生产优劣度结构

表 3-13　　　　　　　　　　2015年柳州市农业生产各级指标优劣度比较

二级指标	三级指标数	强势指标 个数	强势指标 比重（%）	优势指标 个数	优势指标 比重（%）	中势指标 个数	中势指标 比重（%）	劣势指标 个数	劣势指标 比重（%）	优劣度
农业结构	8	0	0.000	4	50.000	3	37.500	1	12.500	中势
农业发展	8	0	0.000	1	12.500	5	62.500	2	25.000	劣势
农业产出	9	0	0.000	5	55.556	2	22.222	2	22.222	中势
合计	25	0	0.000	10	40.000	10	40.000	5	20.000	中势

为进一步明确影响柳州市农业生产变化的具体因素，以便于对相关指标进行深入分析，为提升柳州市农业生产水平提供决策参考，在表3-14中列出农业生产指标体系中直接影响柳州市农业发展水平升降的强势指标、优势指标和劣势指标。

表 3-14　　　　　　　　　　2015年柳州市农业生产三级指标优劣度统计

指标	强势指标	优势指标	中势指标	劣势指标
农业结构（8个）	（0个）	第一产业不协调度、第一产业弧弹性、第一产业结构偏离系数、第一产业区位商（4个）	第一产业投资强度、第一产业贡献率、第一产业劳动产出率（3个）	第一产业比重（1个）
农业发展（8个）	（0个）	农业指标动态变化（1个）	第一产业扩张弹性系数、农业强度、耕地密度、农业蔓延指数、农业指标相对增长率（5个）	农业土地扩张强度、农业指标绝对增量加权指数（2个）
农业产出（9个）	（0个）	农业生产平均增长指数、农业生产流强度、农业生产倾向度、农业生产职能规模、农业生产职能地位（5个）	食物生态足迹、农业生产比重增量（2个）	人均食物生态足迹、农业枢纽度（2个）

第四章 梧州市农业生产发展水平综合评估

一、梧州市农业结构竞争力综合评估与比较

(一) 梧州市农业结构竞争力评估指标变化趋势评析

1. 第一产业比重

根据图4-1分析可知,2010~2015年梧州市的第一产业比重总体上呈现波动下降型的状态。这一类的指标为2010~2015年间城市在该项指标上总体呈现下降趋势,但在评估期间存在上下波动的情况,指标并非连续性下降状态。波动下降型指标意味着在评估期间,虽然指标数据存在较大波动变化,但是其评价末期数据值低于评价初期数据值。如图4-1所示,梧州市农业强度指标处于下降的状态中,2010年此指标数值最高,是44.456,2015年下降至35.778。分析这种变化趋势,可以得出梧州市第一产业发展的水平处于劣势,城市的发展活力较低。

图4-1 2010~2015年梧州市第一产业比重变化趋势

2. 第一产业投资强度

根据图4-2分析可知,2010~2015年梧州市的第一产业投资强度总体上呈现波动上升型的状态。这一类型的指标为2010~2015年间城市在该项指标上存在较多波动变化,总体趋势为上升趋势,但在个别年份出现下降的情况,指标并非连续性上升。波动上升型指标意味着在评估期间,虽然指标数据存在较大波动变化,但是其评价末期数据值高于评价初期数据值。梧州市的第一产业投资强度指标不断提高,2015年达到18.827,相较于2010年上升10个单位左右;说明第一产业投资强度增大,梧州市财政发展对第一产业资金、技术、物质等方面的投资增多。

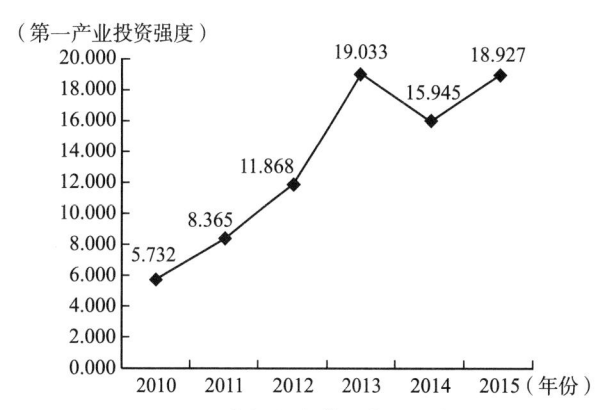

图4-2 2010~2015年梧州市第一产业投资强度变化趋势

3. 第一产业不协调度

根据图4-3分析可知,2010~2015年梧州市的第一产业不协调度总体上呈现波动下降型的状态。这一类的指标为2010~2015年间城市在该项指标上总体呈现下降趋势,但在评估期间存在上下波动的情况,指标并非连续性下降状态。波动下降型指标意味着在评估期间,虽然指标数据存在较大波动变化,但是其评价末期数据值低于评价初期数据值。梧州市第一产业协调度指数指标处于下降的状态中,2012年此指标数值最高,是96.932,2015下降至70.622。这说明梧州市第一产业不协调度减小,城市第一产业在该城市中的发展结构良好,第一产业对城市经济发展起促进作用。

图4-3 2010~2015年梧州市第一产业不协调度变化趋势

4. 第一产业贡献率

根据图4-4分析可知,2010~2015年梧州市第一产业贡献率总体上呈现波动保持型的状态。波动保持型指标意味着城市在该项指标上虽然呈现波动状态,在评价末期和评价初期的数值基本保持一致,该图可知梧州市第一产业

贡献率保持在 58.533~72.901。即使梧州市第一产业贡献率存在过最低值，其数值为 58.533，但梧州市在第一产业贡献率上总体表现的也是相对平稳，说明梧州市逐渐呈现出第一产业的稳定发展趋势。

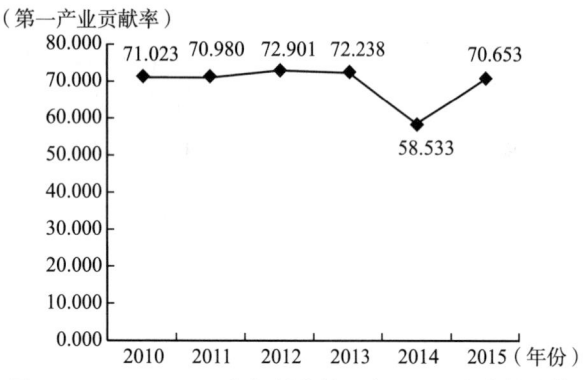

图 4-4　2010~2015 年梧州市第一产业贡献率变化趋势

5. 第一产业弧弹性

根据图 4-5 分析可知，2010~2015 年梧州市第一产业弧弹性总体上呈现波动上升型的状态。这一类型的指标为在 2010~2015 年间城市存在一定的波动变化，总体趋势为上升趋势，但在个别年份出现下降的情况，指标并非连续性上升状态。波动上升型指标意味着在评价的时间段内，虽然指标数据存在较大的波动变化，但是其评价末期数据值高于评价初期数据值。梧州市在 2014~2015 年虽然出现下降的状况，但是总体上还是呈现上升的态势，最终稳定在 83.296。体现梧州市的第一产业经济发展变化增长速率快于其经济的变化增长速率，城市呈现出第一产业的扩张发展趋势。

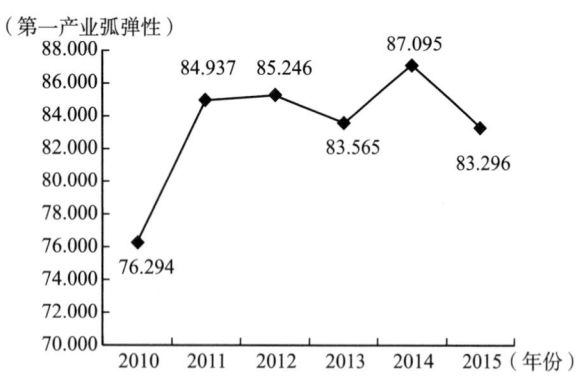

图 4-5　2010~2015 年梧州市第一产业弧弹性变化趋势

6. 第一产业结构偏离系数

根据图 4-6 分析可知，2010~2015 年梧州市的第一产业结构偏离系数总体上呈现波动下降型的状态。这一类的指标为 2010~2015 年间城市在该项指标上总体呈现下降趋势，但在评估期间存在上下波动的情况，指标并非连续性下降状态。波动下降型指标意味着在评估期间，虽然指标数据存在较大波动变化，但是其评价末期数据值低于评价初期数据值。梧州市第一产业结构偏离系数指标处于下降的状态中，2012 年此指标数值最高，是 96.932，2015 年下降至 70.622，

说明梧州市的第一产业结构偏离系数减小，第一产业产业结构协调程度提高，城市的劳动生产率也有所提高。

图 4-6　2010~2015 年梧州市第一产业结构偏离系数变化趋势

7. 第一产业区位商

根据图 4-7 分析可知，2010~2015 年梧州市第一产业区位商总体上呈现波动下降型的状态。这种状态表现为在 2010~2015 年间城市在该项指标上总体呈现下降趋势，但在期间存在上下波动的情况，并非连续性下降状态。这就意味着在评估的时间段内，虽然指标数据存在较大的波动化，但是其评价末期数据值低于评价初期数据值。梧州市的第一产业区位商末期低于初期的数据，降低 2 个单位左右，并且在 2014~2015 年间存在明显下降的变化。这说明梧州市农业生产情况处于不太稳定的下降状态。

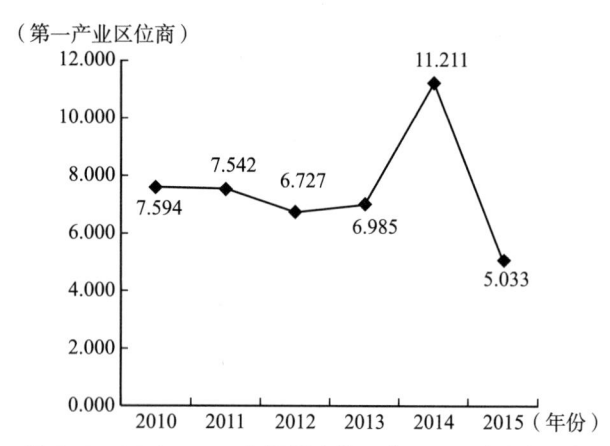

图 4-7　2010~2015 年梧州市第一产业区位商变化趋势

8. 第一产业劳动产出率

根据图 4-8 分析可知，2010~2015 年梧州市的第一产业劳动产出率总体上呈现波动上升型的状态。这一类型的指标为 2010~2015 年间城市在该项指标上存在较多波动变化，总体趋势为上升趋势，但在个别年份出现下降的情况，指标并非连续性上升。波动上升型指标意味着在评估期间，虽然指标数据存在较大波动变化，但是其评价末期数据值高于评价初期数据值。梧州市的第一产业劳动产出率指标提高，2015 年达到 44.662，相较于 2010 年上升 40 个单位左右，说

明梧州市第一产业劳动产出率增大，第一产业经济发展水平提高，第一产业对城市经济发展的贡献也有所增大。

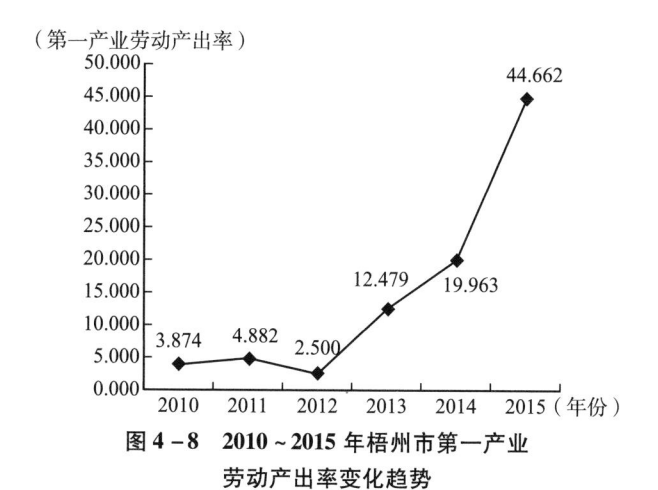

图 4-8　2010~2015 年梧州市第一产业劳动产出率变化趋势

（二）梧州市农业结构竞争力评估结果

根据表 4-1，对 2010~2012 年间梧州市农业结构及各三级指标的得分、排名、优劣度进行分析，可以看到在 2010~2012 年间，梧州市农业结构的排名处于珠江-西江经济带优势地位，且 2010 年其农业结构竞争力排名处于经济带第 7 名，2011 年其农业结构竞争力排名升至经济带第 5 名，2012 年其农业结构竞争力排名升至经济带第 4 名，其农业结构竞争力处于中游区，发展较为波动。对梧州市的农业结构竞争力得分情况进行分析，发现梧州市的农业结构综合得分呈先升后降趋势，说明城市的农业结构发展较于珠江-西江经济带其他城市处于较高水平。总的来说，2010~2013 年梧州市农业结构发展在珠江-西江经济带中游，在经济带中发展潜力较大。

表 4-1　2010~2012 年梧州市农业结构各级指标的得分、排名及优劣度分析

指标	2010年 得分	排名	优劣度	2011年 得分	排名	优劣度	2012年 得分	排名	优劣度
农业结构	22.550	7	中势	23.103	5	优势	22.782	4	优势
第一产业比重	1.866	7	中势	1.769	8	中势	1.623	8	中势
第一产业投资强度	0.178	8	中势	0.243	8	中势	0.342	9	劣势
第一产业不协调度	6.414	7	中势	6.253	6	中势	5.935	6	中势
第一产业贡献率	3.352	7	中势	3.427	6	中势	3.398	1	强势
第一产业弧弹性	3.991	9	劣势	4.764	2	强势	4.985	4	优势
第一产业结构偏离系数	6.414	7	中势	6.253	6	中势	5.935	6	中势
第一产业区位商	0.232	6	中势	0.263	6	中势	0.495	3	优势
第一产业劳动产出率	0.103	5	优势	0.131	6	中势	0.069	7	中势

对梧州市农业结构的三级指标进行分析，其中第一产业比重的排名呈现波动下降的发展趋势，再对梧州市的第一产业比重的得分情况进行分析，发现梧州市的第一产业比重的得分呈现持续下降的发展趋势，说明梧州市第一产业比重持续减小，其他产业比重加大。

其中第一产业投资强度的排名呈现波动下降的发展趋势，再对梧州市的第一产业投资强度的得分情况进行分析，发现梧州市的第一产业投资强度的得分持续上升，整体上得分比较高，但梧州市的第一产业发展不具有一定优势，城市活力较弱。

其中第一产业不协调度的排名呈现波动上升的发展趋势，再对梧州市的第一产业不协调度的得分情况进行分析，发现梧州市第一产业不协调度指数的得分持续下降，说明梧州市第一产业在城市中的发展结构有所完善，第一产业对城市经济发展起促进作用。

其中第一产业贡献率的排名呈现持续上升的发展趋势，再对梧州市第一产业贡献率的得分情况进行分析，发现梧州市的第一产业贡献率的得分处于波动保持的发展趋势，说明在 2010~2012 年间梧州市第一产业所提供的就业机会、劳动力需求程度较高，产业发展活力增强。

其中第一产业弧弹性的排名呈波动上升的发展趋势，再对梧州市的第一产业弧弹性得分情况进行分析，发现梧州市的第一产业弧弹性的得分处于持续上升的发展趋势，梧州市第一产业经济发展变化增长速率快于其经济的变化增长速率，城市呈现出第一产业的扩张发展趋势。

其中第一产业结构偏离系数的排名呈现波动上升的发展趋势，再对梧州市的第一产业结构偏离系数的得分情况进行分析，发现梧州市的第一产业结构偏离系数的得分处于持续下降的趋势，说明城市的第一产业就业结构不协调程度降低，城市的劳动生产率提高，但偏离系数在珠江-西江经济带中仍处于中等水平。

其中第一产业区位商呈现波动上升的发展趋势，再对梧州市的第一产业区位商的得分情况进行分析，发现梧州市的第一产业区位商的得分处于持续上升的趋势，说明城市的第一产业就业程度较高。

其中第一产业劳动产出率的排名呈现持续下降的发展趋势，再对梧州市的第一产业劳动产出率的得分情况进行分析，发现梧州市的第一产业劳动产出率的得分呈现波动下降的发展趋势，整体来说梧州市的第一产业经济发展水平较低，第一产业对城市经济发展的贡献较少。

根据表4-2，对2013~2015年间梧州市农业结构及各三级指标的得分、排名、优劣度进行分析，可以看到2013~2015年间，梧州市农业结构的排名处于中势，在2013年其农业结构排名处于珠江-西江经济带第5名，2014年其农业结构排名处于珠江-西江经济带第6名，2015年其农业结构排名处于珠江-西江经济带第8名，说明城市的农业结构发展的稳定性较低。对梧州市的农业结构得分情况进行分析，发现梧州市的农业结构综合得分呈现持续下降趋势，说明城市的农业结构发展整体上较于珠江-西江经济带其他城市较低。总的来说，2013~2015年梧州市农业结构发展处于珠江-西江经济带中游。

表4-2　2013~2015年梧州市农业结构各级指标的得分、排名及优劣度分析

指标	2013年 得分	排名	优劣度	2014年 得分	排名	优劣度	2015年 得分	排名	优劣度
农业结构	21.054	5	优势	20.650	6	中势	19.768	8	中势
第一产业比重	1.468	8	中势	1.343	8	中势	1.369	7	中势
第一产业投资强度	0.534	5	优势	0.448	6	中势	0.536	4	优势
第一产业不协调度	5.349	6	中势	5.234	8	中势	4.081	8	中势
第一产业贡献率	3.398	1	强势	2.658	8	中势	3.353	7	中势
第一产业弧弹性	4.396	5	优势	4.984	1	强势	4.818	10	劣势
第一产业结构偏离系数	5.349	6	中势	5.234	8	中势	4.081	8	中势
第一产业区位商	0.170	7	中势	0.116	7	中势	0.046	9	劣势
第一产业劳动产出率	0.389	6	中势	0.634	4	优势	1.485	2	强势

对梧州市农业结构的三级指标进行分析，其中第一产业比重的排名呈现波动上升的发展趋势，再对梧州市的第一产业比重的得分情况进行分析，发现梧州市的第一产业比重的得分波动下降，说明梧州市第一产业比重持续减小，被其他产业所替代。

其中第一产业投资强度的排名呈现波动上升的发展趋势，再对梧州市的第一产业投资强度的得分情况进行分析，发现梧州市的第一产业投资强度的得分先降后升，说明梧州市的第一产业发展具有优势，城市活力较强。

其中第一产业不协调度的排名呈现波动下降的发展趋势，再对梧州市的第一产业不协调度的得分情况进行分析，发现梧州市的第一产业不协调度指数的得分持续下降，说明梧州市第一产业在城市中的发展结构较为完善。

其中第一产业贡献率的排名呈现波动下降的发展趋势，再对梧州市第一产业贡献率的得分情况进行分析，发现梧州市的第一产业贡献率的得分处于先降后升的发展趋势，说明在2013~2015年间梧州市第一产业所提供的就业机会较少、劳动力需求程度低，产业发展活力降低。

其中第一产业弧弹性的排名呈现波动下降的发展趋势，再对梧州市的第一产业弧弹性得分情况进行分析，发现梧州市的第一产业弧弹性的得分处于波动上升的发展趋势，说明梧州市第一产业经济发展变化增长速率快于其经济的变化增长速率，城市呈现出第一产业的扩张发展趋势。

其中第一产业结构偏离系数的排名呈现波动下降的发展趋势，再对梧州市的第一产业结构偏离系数的得分情况进行分析，发现梧州市的第一产业结构偏离系数的得分处于持续下降的趋势，说明城市的就业结构、产业结构的协调性、稳定性有所提高。

其中第一产业区位商呈现波动下降的发展趋势，再对梧州市的第一产业区位商的得分情况进行分析，发现梧州市的第一产业区位商的得分处于持续下降的趋势，说明城市的第一产业就业程度较低。

其中第一产业劳动产出率的排名呈现持续上升的发展趋势，再对梧州市的第一产业劳动产出率的得分情况进行分析，发现梧州市的第一产业劳动产出率的得分呈现持续上升的发展趋势，说明梧州市的第一产业经济发展水平较高，第一产业对城市经济发展的贡献增大。

对2010~2015年间梧州市农业结构及各三级指标的得分、排名和优劣度进行分析。2010~2015年梧州市农业结构的综合得分排名呈现波动下降的发展趋势。2010年梧州市农业结构综合得分排名排在珠江-西江经济带第7名，2011年上升至第5名，2012年上升至经济带第4名，2013~2014年梧州市农业结构的综合得分下降至经济带第5名又下降至第6名，2015年梧州市农业结构的综合得分下降至第8名。一方面说明梧州市农业结构的综合得分排名始终处于珠江-西江经济带中游，梧州市的农业结构的发展较之于珠江-西江经济带的其他城市具备一定的竞争力，在经济带中具备较大的发展潜力；另一方面说明梧州市在农业结构方面的发展存在不稳定现象，稳定性有待提升。对梧州市的农业结构得分情况进行分析，发现2010~2011年梧州市农业结构得分上升，2012~2015年得分持续下降，整体上梧州市的农业结构得分呈现波动下降趋势。

从表4-3来看，在8个基础指标中，指标的优劣度结构为12.5∶12.5∶50.0∶25.0。

表4-3　　　　　　　　　　2015年梧州市农业结构指标的优劣度结构

二级指标	三级指标数	强势指标		优势指标		中势指标		劣势指标		优劣度
		个数	比重（%）	个数	比重（%）	个数	比重（%）	个数	比重（%）	
农业结构	8	1	12.500	1	12.500	4	50.000	2	25.000	中势

（三）梧州市农业结构竞争力比较分析

图4-9和图4-10将2010~2015年梧州市农业结构竞争力与珠江-西江经济带最高水平和平均水平进行比较。从农业结构竞争力的要素得分比较来看，由图4-9可知，2010年，梧州市第一产业比重得分比最高分低2.300分，比平均分低0.298分；2011年，第一产业比重得分比最高分低2.439分，比平均分低0.434分；2012年，第一产业比重得分比最高分低2.055分，比平均分低0.398分；2013年，第一产业比重得分比最高分低2.044分，比平均分低0.484分；2014年，第一产业比重得分比最高分低1.747分，比平均分低0.363分；2015年，第一产业比重得分比最高分低1.780分，比珠江-西江经济带平均分低0.342分。这说明整体上梧州市第一产业比重得分与珠江-西江经济带最高分的差距有缩小趋势，与珠江-西江经济带平均分的差距逐渐扩大。

2010年，梧州市第一产业投资强度得分比最高分低2.921分，比平均分低0.377分；2011年，第一产业投资强度得分比最高分低1.837分，比平均分低0.309分；2012年，第一产业投资强度得分比最高分低1.348分，比平均分低0.226分；2013年，第一产业投资强度得分比最高分低0.465分，比平均分高0.052分；2014年，第一产业投资强度得分比最高分低0.544分，比平均分低0.007分；2015年，第一产业投资强度得分比最高分低0.343分，比平均分高0.066分。这说明整体上梧州市第一产业投资强度得分与珠江-西江经济带最高分的差距有缩小趋势，与珠江-西江经济带平均分的差距逐渐减小。

2010年，梧州市第一产业不协调度得分比最高分低0.231分，比平均分高0.232分；2011年，第一产业不协调度得分比最高分低0.214分，比平均分高0.308分；2012年，第一产业不协调度得分比最高分低0.181分，比平均分高0.583分；2013年，第一产业不协调度得分比最高分低0.510分，比平均分高0.675分；2014年，第一产业不协调度得分比最高分低0.772分，比平均分高0.330分；2015年，第一产业不协调度得分比最高分低1.694分，比平均分低0.480分。这说明整体上梧州市第一产业不协调度得分与珠江-西江经济带最高分的差距波动增加，与珠江-西江经济带平均分的差距波动增加。

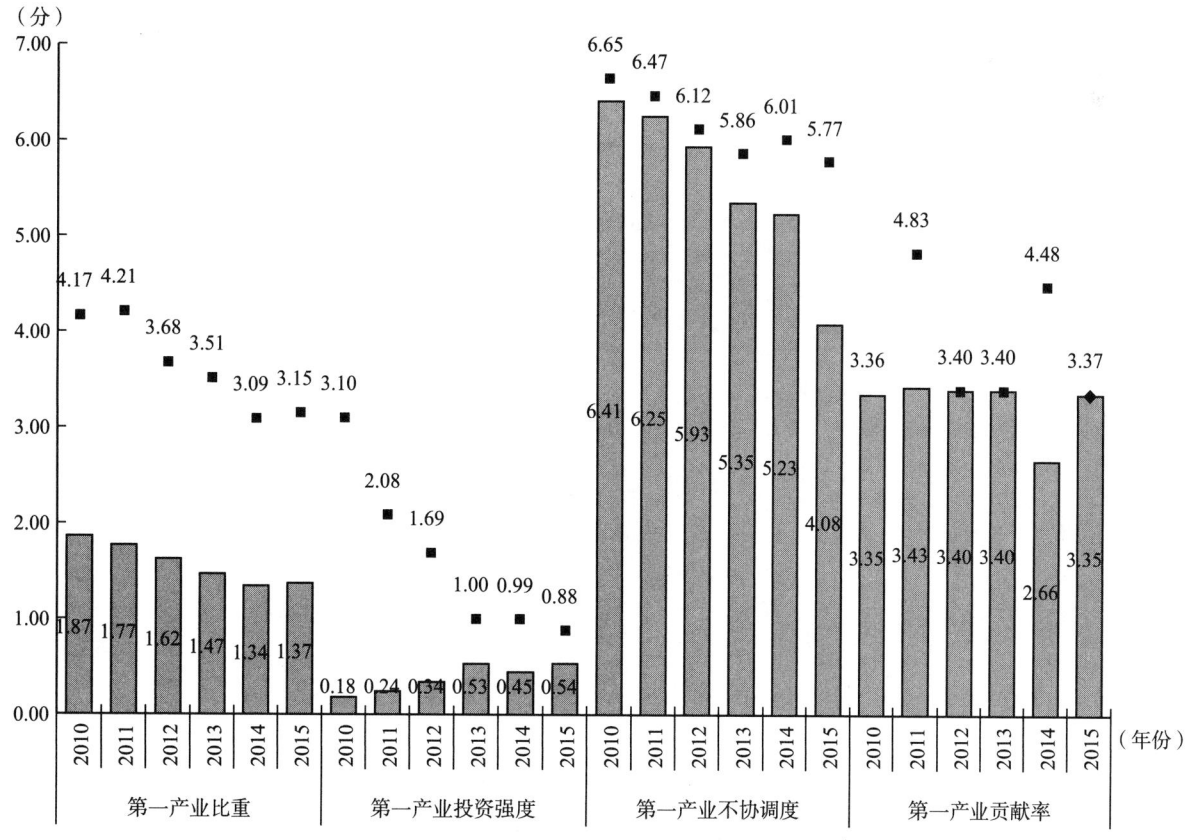

图4-9　2010~2015年梧州市农业结构竞争力指标得分比较1

2010年，梧州市第一产业贡献率得分比最高分低0.010分，比平均分低0.002分；2011年，第一产业贡献率得分比最高分低1.401分，比平均分低0.041分；2012年，第一产业贡献率得分与最高分不存在差距，比平均分高0.096分；2013年，第一产业贡献率得分与最高分不存在差距，比平均分高0.042分；2014年，第一产业贡献率得分比最高分低1.820分，比平均分低0.152分；2015年，第一产业贡献率得分比最高分低0.016分，比平均分低0.002分。这说明整体上梧州市第一产业贡献率得分与珠江-西江经济带最高分的差距持续增加，与珠江-西江经济带平均分的差距波动保持。

由图4-10可知，2010年，梧州市第一产业弧弹性得分比最高分低0.437分，比平均分低0.065分；2011年，第一产业弧弹性得分比最高分低0.002分，比平均分高0.036分；2012年，第一产业弧弹性得分比最高分低0.863分，比平均分低0.076分；2013年，第一产业弧弹性得分比最高分低0.096分，比平均分高0.418分；2014年，第一产业弧弹性得分与最高分不存在差距，比平均分高0.138分；2015年，第一产业弧弹性得分比最高分低0.937分，比平均分高0.045分。这说明整体上梧州市第一产业弧弹性得分与珠江-西江经济带最高分的差距逐渐增加，与珠江-西江经济带平均分的差距波动下降。

2010年，梧州市第一产业结构偏离系数得分比最高分低0.231分，比平均分高0.232分；2011年，第一产业结构偏离系数得分比最高分低0.214分，比平均分高0.308分；2012年，第一产业结构偏离系数得分比最高分低0.181分，比平均分高0.583分；2013年，第一产业结构偏离系数得分比最高分低0.510分，比平均分高0.675分；2014年，第一产业结构偏离系数得分比最高分低0.772分，比平均分高0.330分；2015年，第一产业结构偏离系数得分比最高分低1.694分，比平均分低0.480分。这说明整体上梧州市第一产业结构偏离系数得分与珠江-西江经济带最高分的差距波动扩大，与珠江-西江经济带平均分的差距逐渐增大。

2010年，梧州市第一产业区位商得分比最高分低1.601分，比平均分低0.202分；2011年，第一产业区位商得分比最高分低1.902分，比平均分低0.223分；2012年，第一产业区位商得分比最高分低1.625分，比平均分高0.007分；2013年，第一产业区位商得分比最高分低2.982分，比平均分低0.448分；2014年，第一产业区位商得分比最高分低2.822分，比平均分低0.478分；2015年，第一产业区位商得分比最高分低2.421分，比平均分低0.436分。这说明整体上梧州市第一产业区位商得分与珠江-西江经济带最高分的差距波动扩大，与珠江-西江经济带平均分的差距呈波动增加。

2010年，梧州市第一产业劳动产出率得分比最高分低0.846分，比平均分低0.117分；2011年，第一产业劳动产出率得分比最高分低0.953分，比平均分低0.160分；2012年，第一产业劳动产出率得分比最高分低1.579分，比珠江-西江经济带平均分低0.290分；2013年，第一产业劳动产出率得分比最高分低2.615分，比平均分低0.252分；2014年，第一产业劳动产出率得分比最高分低2.541分，比平均分低0.016分；2015年，第一产业劳动产出率得分比最高分低1.838分，比平均分高0.633分。这说明整体上梧州市第一产业劳动产出率得分与珠江-西江经济带最高分的差距有扩大趋势，与珠江-西江经济带平均分的差距逐渐增大。

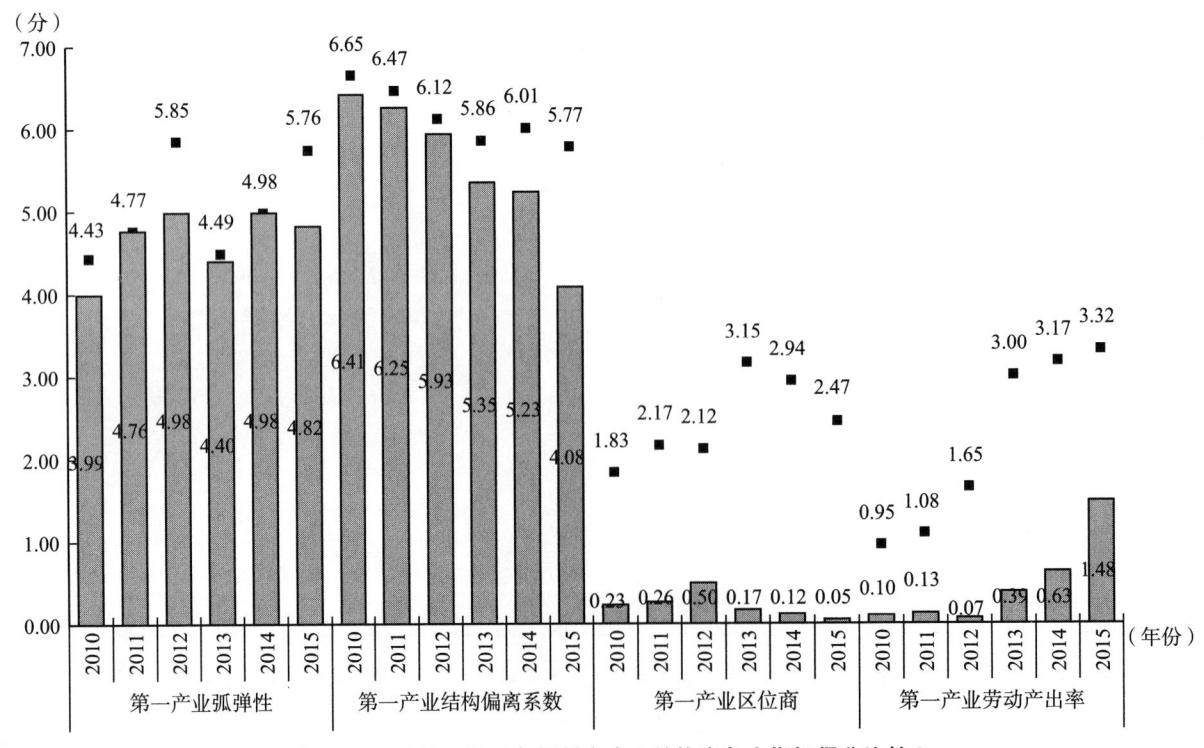

图4-10 2010~2015年梧州市农业结构竞争力指标得分比较2

二、梧州市农业发展水平综合评估与比较

（一）梧州市农业发展水平评估指标变化趋势评析

1. 第一产业扩张弹性系数

根据图4-11分析可知，2010~2015年梧州市的第一产业扩张弹性系数总体上呈现波动上升型的状态。这一类型的指标为2010~2015年间城市在该项指标上存在较多波动变化，总体趋势为上升趋势，但在个别年份出现下降的情况，指标并非连续性上升。波动上升型指标意味着在评估期间，虽然指标数据存在较大波动变化，但是其评价末期数据值高于评价初期数据值。通过折线图可以看出，梧州市的第一产业扩张弹性系数指标不断提高，在2015年达到69.235；说明梧州市的第一产业扩张弹性系数处于不太稳定的上升状态。

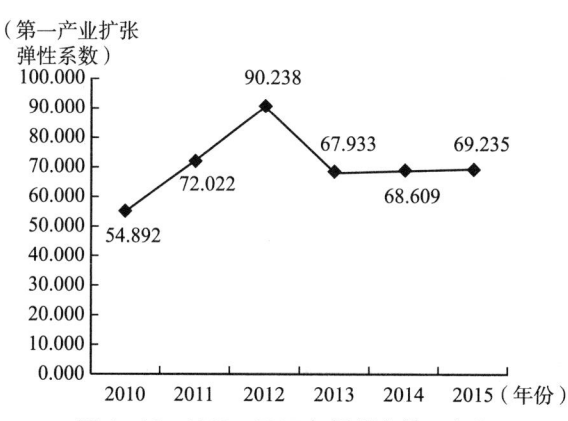

图4-11 2010~2015年梧州市第一产业扩张弹性系数变化趋势

2. 农业强度

根据图4-12分析可知，2010~2015年梧州市的农业强度总体上呈现波动下降型的状态。这一类的指标为2010~2015年间城市在该项指标上总体呈现下降趋势，但在评估期间存在上下波动的情况，指标并非连续性下降状态。波动下降型指标意味着在评估期间，虽然指标数据存在较大波动变化，但是其评价末期数据值低于评价初期数据值。如图所示，梧州市农业强度指标处于下降的状态中，2011年此指标数值最高，是5.520，2015年下降至4.217。分析

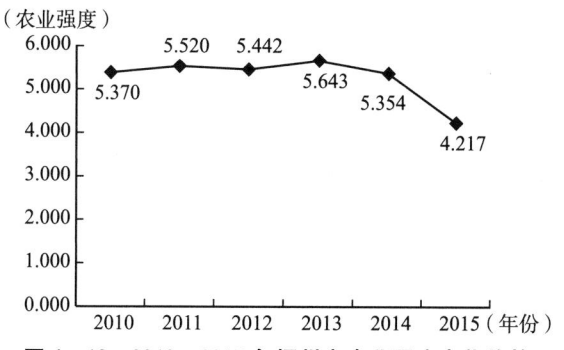

图4-12 2010~2015年梧州市农业强度变化趋势

这种变化趋势，可以得出梧州市农业产业发展的水平处于劣势，城市的发展活力较低。

3. 耕地密度

根据图4-13分析可知，2010~2015年梧州市耕地密度总体上呈现波动保持型的状态。波动保持型指标意味着城市在该项指标上虽然呈现波动状态，在评价末期和评价初期的数值基本保持一致，该图可知梧州市耕地密度保持在4.411~4.435。即使梧州市耕地密度存在过最低值，其数值为4.411，但梧州市在耕地密度上总体表现的也是相对平稳，说明梧州市在耕地密度方面的发展比较稳定。

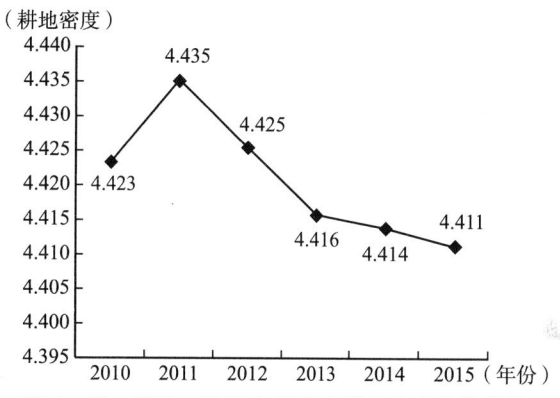

图4-13 2010~2015年梧州市耕地密度变化趋势

4. 农业指标动态变化

根据图4-14分析可知，2010~2015年梧州市农业指标动态变化指数总体上呈现波动下降型的状态。这种状态表现为在2010~2015年间城市在该项指标上总体呈现下降趋势，但在期间存在上下波动的情况，并非连续性下降状态。这就意味着在评估的时间段内，虽然指标数据存在较大的波动化，但是其评价末期数据值低于评价初期数据值。梧州市的农业指标动态变化指数末期低于初期的数据，降低1个单位左右，并且在2013~2014年间存在明显下降的变化，这说明梧州市农业指标动态变化情况处于不太稳定的下降状态。

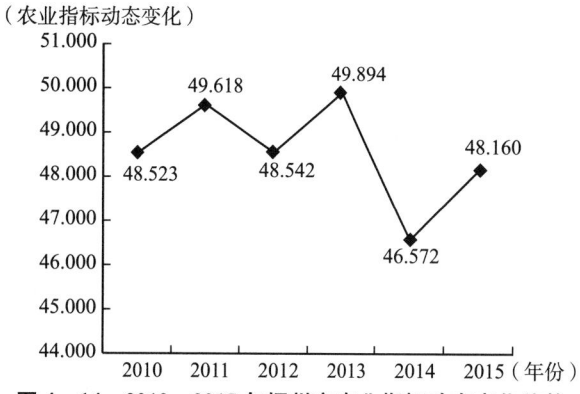

图4-14 2010~2015年梧州市农业指标动态变化趋势

5. 农业土地扩张强度

根据图4-15分析可知，2010~2015年梧州市农业土

地扩张强度总体上呈现波动下降型的状态。这种状态表现为在 2010~2015 年间城市在该项指标上总体呈现下降趋势，但在期间存在上下波动的情况，并非连续性下降状态。这就意味着在评估的时间段内，虽然指标数据存在较大的波动化，但是其评价末期数据值低于评价初期数据值。梧州市的农业土地扩张强度末期低于初期的数据，降低 10 个单位左右，在 2011~2013 年间存在明显下降的变化，这说明梧州市土地扩张情况处于不太稳定的下降状态。

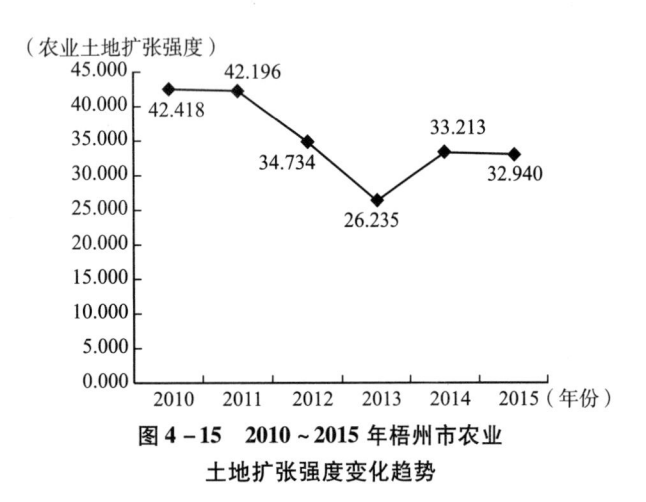

（农业土地扩张强度）

图 4-15　2010~2015 年梧州市农业土地扩张强度变化趋势

6. 农业蔓延指数

根据图 4-16 分析可知，2010~2015 年梧州市农业蔓延指数总体上呈现波动保持型的状态。波动保持型指标意味着城市在该项指标上虽然呈现波动状态，在评价末期和评价初期的数值基本保持一致，该图可知梧州市农业蔓延指数保持在 4.798~7.656。即使梧州市农业蔓延指数存在过最低值，其数值为 4.798，但梧州市在农业蔓延指数上总体表现的也是相对平稳，说明梧州市在农业蔓延方面的发展比较稳定。

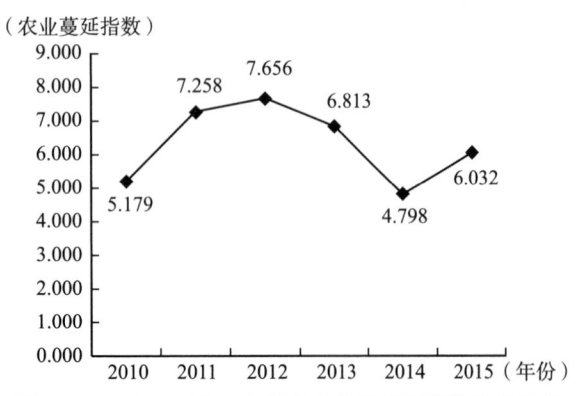

（农业蔓延指数）

图 4-16　2010~2015 年梧州市农业蔓延指数变化趋势

7. 农业指标相对增长率

根据图 4-17 分析可知，2010~2015 年梧州市农业指标相对增长率总体上呈现波动上升型的状态。这一类型的指标为在 2010~2015 年间城市存在一定的波动变化，总体趋势为上升趋势，但在个别年份出现下降的情况，指标并非连续性上升状态。波动上升型指标意味着在评价的时间段内，虽然指标数据存在较大的波动变化，但是其评价末期数据值高于评价初期数据值。梧州市在 2014~2015 年虽然出现下降的状况，但是总体上还是呈现上升的态势，最终稳定在 21.660。梧州市的农业相对增长率波动增高，说明梧州市的粮食产量增长速率有所加快，呈现出地区农业集聚能力及活力的不断提升。

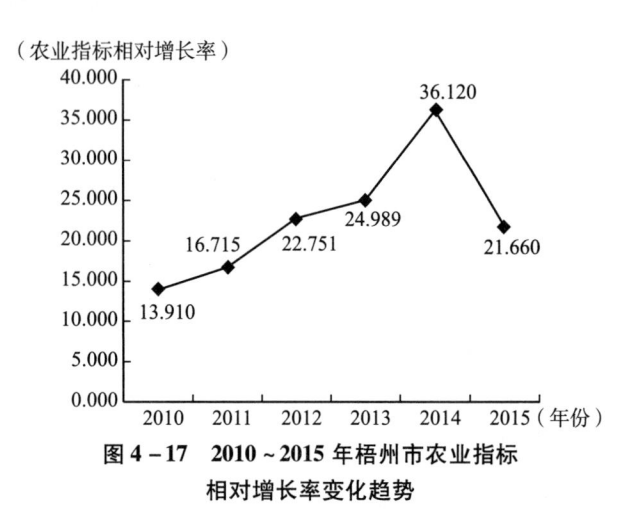

（农业指标相对增长率）

图 4-17　2010~2015 年梧州市农业指标相对增长率变化趋势

8. 农业指标绝对增量加权指数

根据图 4-18 分析可知，2010~2015 年梧州市农业指标绝对增量加权指数总体上呈现波动保持型的状态。波动保持型指标意味着城市在该项指标上虽然呈现波动状态，在评价末期和评价初期的数值基本保持一致，该图可知梧州市绝对增量加权指数保持在 70.357~86.178。即使梧州市绝对增量加权指数存在过最低值，其数值为 70.357，但梧州市在绝对增量加权指数上总体表现也是相对平稳；说明梧州市在农业方面的发展比较稳定。

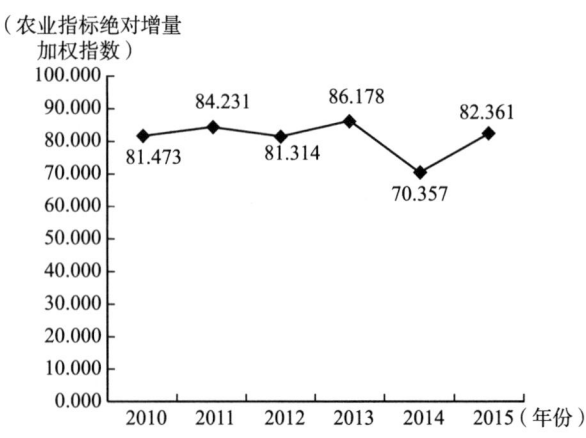

（农业指标绝对增量加权指数）

图 4-18　2010~2015 年梧州市农业指标绝对增量加权指数变化趋势

（二）梧州市农业发展水平评估结果

根据表 4-4，对 2010~2012 年间梧州市农业发展及各三级指标的得分、排名、优劣度进行分析，可以看到在

2010~2012年间，梧州市农业发展的综合排名升至优势的地位，2010~2012年其经济发展排名波动上升，2010年其经济发展排名处于珠江-西江经济带中第8名位置，2011年其经济发展排名处于第10名位置，2012年其经济发展排名升至第5名位置，说明梧州市的农业发展领先于珠江-西江经济带的其他城市。对梧州市的农业发展得分情况进行分析，发现梧州市的农业发展综合得分呈现持续上升的发展趋势，说明城市的农业发展较为迅速。总的来说，2010~2012年梧州市农业发展水平在珠江-西江经济带中游和下游之间波动，在经济带中具备较大的发展潜力。

表4-4　　　　2010~2012年梧州市农业发展各级指标的得分、排名及优劣度分析

指标	2010年			2011年			2012年		
	得分	排名	优劣度	得分	排名	优劣度	得分	排名	优劣度
农业发展	13.844	8	中势	15.015	10	劣势	15.827	5	优势
第一产业扩张弹性系数	2.710	11	劣势	3.442	5	优势	4.169	1	强势
农业强度	0.170	9	劣势	0.172	9	劣势	0.170	9	劣势
耕地密度	0.136	8	中势	0.135	8	中势	0.135	7	中势
农业指标动态变化	1.696	6	中势	1.810	1	强势	1.773	10	劣势
农业土地扩张强度	4.379	6	中势	4.191	6	中势	4.187	3	优势
农业蔓延指数	0.133	7	中势	0.187	6	中势	0.199	5	优势
农业指标相对增长率	0.392	7	中势	0.471	7	中势	0.665	7	中势
农业指标绝对增量加权指数	4.227	4	优势	4.606	2	强势	4.529	10	劣势

其中第一产业扩张弹性系数的排名呈现持续上升的发展趋势，再对梧州市的第一产业扩张弹性系数的得分情况进行分析，发现梧州市的第一产业扩张弹性系数的得分呈持续上升的趋势，说明在2010~2012年间梧州市的耕地面积扩张幅度变小，城市城镇化与城市面积之间呈现协调发展的关系，城镇耕地面积未导致城市的过度拥挤及承载力压力问题的出现。

其中农业强度的排名呈现持续保持的发展趋势，再对梧州市的农业强度的得分情况进行分析，发现梧州市的农业强度的得分呈波动保持的趋势，说明在2010~2012年间梧州市的粮食作物播种面积不具备优势，活力不断减弱。

其中耕地密度的排名呈现波动上升的发展趋势，再对梧州市的耕地密度的得分情况进行分析，发现梧州市耕地密度的得分波动下降，说明梧州市的人力资源减少，城市的农业生产效率降低，农业生产成本有所提高。

其中农业指标动态变化的排名呈现波动下降的发展趋势，再对梧州市的农业指标动态变化的得分情况进行分析，发现梧州市的农业指标动态变化的得分处于波动上升的趋势，说明在2010~2012年间梧州市的粮食作物播种面积有所增加。

其中农业土地扩张强度的排名呈现波动上升的发展趋势，再对梧州市的农业土地扩张强度的得分情况进行分析，发现梧州市的农业土地扩张强度的得分持续下降的趋势，说明城市的农业土地面积增长速率较慢，呈现出农业生产集聚能力及活力的不断增强。

其中农业蔓延指数的排名呈现持续上升的发展趋势，再对梧州市的农业蔓延指数的得分情况进行分析，发现梧州市农业蔓延指数的得分持续上升，农业蔓延指数小于1，说明城市的粮食总产量的增长慢于非农业人口的增长水平，农业的发展未呈现出蔓延的趋势。

其中农业指标相对增长率的排名呈现持续保持的发展趋势，再对梧州市的农业指标相对增长率的得分情况进行分析，发现梧州市的农业指标相对增长率的得分持续上升，说明城市的粮食产量增长速率加快，呈现出地区农业集聚能力及活力的不断增强。

其中农业指标绝对增量加权指数的排名呈现波动下降的发展趋势，再对梧州市农业指标绝对增量加权指数的得分情况进行分析，发现梧州市的农业指标绝对增量加权指数的得分处于波动上升的趋势，但城市的粮食产量集中度增强。

根据表4-5，对2013~2015年间梧州市农业发展及各三级指标的得分、排名、优劣度进行分析，可以看到在2013~2015年间，梧州市农业发展的综合排名处于劣势的状态，2013~2015年其农业发展排名波动下降，2013~2014年其排名处于珠江-西江经济带第9名，2015年其排名降至第11名，说明梧州市的农业发展较落后于珠江-西江经济带的其他城市。对梧州市的农业发展得分情况进行分析，发现梧州市的农业发展综合得分呈现先降后升的发展趋势，说明城市的农业发展水平较低。总的来说，2013~2015年梧州市农业发展水平处于珠江-西江经济带劣势地位，发展水平落后于经济带其他城市。

表4-5　　　　2013~2015年梧州市农业发展各级指标的得分、排名及优劣度分析

指标	2013年			2014年			2015年		
	得分	排名	优劣度	得分	排名	优劣度	得分	排名	优劣度
农业发展	15.347	9	劣势	14.549	9	劣势	15.258	11	劣势

续表

指标	2013年 得分	排名	优劣度	2014年 得分	排名	优劣度	2015年 得分	排名	优劣度
第一产业扩张弹性系数	3.186	10	劣势	3.245	9	劣势	3.294	9	劣势
农业强度	0.176	9	劣势	0.169	9	劣势	0.132	10	劣势
耕地密度	0.135	7	中势	0.136	7	中势	0.137	7	中势
农业指标动态变化	1.828	3	优势	1.706	9	劣势	2.126	9	劣势
农业土地扩张强度	4.200	7	中势	4.240	6	中势	4.265	6	中势
农业蔓延指数	0.206	6	中势	0.128	10	劣势	0.158	5	优势
农业指标相对增长率	0.782	9	劣势	1.355	7	中势	0.633	4	优势
农业指标绝对增量加权指数	4.834	3	优势	3.571	9	劣势	4.513	2	强势

其中第一产业扩张弹性系数的排名呈波动上升的发展趋势，再对梧州市的第一产业扩张弹性系数的得分情况进行分析，发现梧州市的第一产业扩张弹性系数的得分呈现持续上升的趋势，说明在2013~2015年间梧州市的耕地面积扩张幅度变小，城市城镇化与城市面积之间呈现协调发展的关系，城镇耕地面积未导致城市的过度拥挤及承载力压力问题的出现。

其中农业强度的排名呈现波动下降的发展趋势，再对梧州市的农业强度的得分情况进行分析，发现梧州市的农业强度的得分呈持续下降的趋势，说明在2013~2015年间梧州市的粮食作物播种面积低于地区的平均水平，活力趋于减弱。

其中耕地密度的排名呈现持续保持的发展趋势，再对梧州市的耕地密度的得分情况进行分析，发现梧州市耕地密度的得分持续增加，说明梧州市的人力资源增加，城市的农业生产效率提高，农业生产成本降低。

其中农业指标动态变化的排名呈现波动下降的发展趋势，再对梧州市农业指标动态变化的得分情况进行分析，发现梧州市的农业指标动态变化的得分呈现波动上升的趋势，说明在2013~2015年间梧州市的粮食作物播种面积增加，城市规模也有所缩减。

其中农业土地扩张强度的排名呈现波动上升的发展趋势，再对梧州市的农业土地扩张强度的得分情况进行分析，发现梧州市的农业土地扩张强度的得分呈现持续上升的趋势，说明城市的农业土地面积增长速率较快，呈现出农业生产集聚能力及活力的不断增强。

其中农业蔓延指数的排名呈现波动上升的发展趋势，再对梧州市的农业蔓延指数的得分情况进行分析，发现梧州市农业蔓延指数的得分先升后降，农业蔓延指数小于1，说明城市的粮食总产量的增长慢于非农业人口的增长水平，农业的发展未呈现出蔓延的趋势。

其中农业指标相对增长率的排名呈现持续上升的发展趋势，再对梧州市的农业指标相对增长率的得分情况进行分析，发现梧州市农业指标相对增长率的得分先升后降，说明城市的粮食产量增长速率放缓，呈现出地区农业集聚能力及活力的不断增强。

其中农业指标绝对增量加权指数的排名呈现波动上升的发展趋势，再对梧州市农业指标绝对增量加权指数的得分情况进行分析，发现梧州市的农业指标绝对增量加权指数的得分先降后升的趋势，但整体趋于下降，城市的粮食产量集中度降低，城市粮食产量变化增长减缓。

对2010~2015年间梧州市农业发展及各三级指标的得分、排名和优劣度进行分析。2010~2015年梧州市农业发展的综合得分排名呈现波动下降的发展趋势。2010年梧州市农业发展综合得分排名处于珠江-西江经济带第8名，2011年下降至第10名，2012年上升至经济带第5名，2013~2014年下降至第9名，2015年其排名降至第11名。一方面说明梧州市的农业发展在珠江-西江经济带中游和下游波动，其农业发展从经济带中势地位下降至劣势地位，与经济带其他城市相比，发展水平较低；另一方面说明梧州市农业发展综合得分上升和下降的幅度较大，在农业发展方面存在不稳定现象，稳定性有待提高。对梧州市的农业发展得分情况进行分析，发现2010~2012年梧州市的农业发展综合得分持续上升，2013~2015年农业发展综合得分波动下降，整体上梧州市农业发展综合得分呈现波动上升的发展趋势，说明梧州市的农业发展水平有所提升。

从表4-6来看，在8个基础指标中，指标的优劣度结构为12.5:25.0:25.0:37.5。

表4-6　　　　　　　　2015年梧州市农业发展指标的优劣度结构

二级指标	三级指标数	强势指标 个数	比重（%）	优势指标 个数	比重（%）	中势指标 个数	比重（%）	劣势指标 个数	比重（%）	优劣度
农业发展	8	1	12.500	2	25.000	2	25.000	3	37.500	劣势

(三) 梧州市农业发展水平比较分析

图 4-19 和图 4-20 将 2010~2015 年梧州市农业发展与珠江-西江经济带最高水平和平均水平进行比较。从农业发展的要素得分比较来看，由图 4-19 可知，2010 年，梧州市第一产业扩张弹性系数得分比最高分低 2.227 分，比平均分低 0.890 分；2011 年，第一产业扩张弹性系数得分比最高分低 0.411 分，比平均分低 0.038 分；2012 年，第一产业扩张弹性系数得分与最高分不存在差距，比平均分高 1.098 分；2013 年，第一产业扩张弹性系数得分比最高分低 0.221 分，比平均分低 0.147 分；2014 年，第一产业扩张弹性系数得分比最高分低 0.170 分，比平均分低 0.111 分；2015 年，第一产业扩张弹性系数得分比最高分低 0.162 分，比平均分低 0.077 分。这说明整体上梧州市第一产业扩张弹性系数得分与珠江-西江经济带最高分的差距有缩小趋势，与珠江-西江经济带平均分的差距逐渐减小。

2010 年，梧州市农业强度得分比最高分低 2.988 分，比平均分低 0.472 分；2011 年，农业强度得分比最高分低 2.937 分，比平均分低 0.461 分；2012 年，农业强度得分比最高分低 2.928 分，比平均分低 0.464 分；2013 年，农业强度得分比最高分低 2.905 分，比平均分低 0.458 分；2014 年，农业强度得分比最高分低 2.964 分，比平均分低 0.472 分；2015 年，农业强度得分比最高分低 2.803 分，比平均分低 0.503 分。这说明整体上梧州市农业强度得分与珠江-西江经济带最高分的差距有缩小趋势，与珠江-西江经济带平均分的差距逐渐扩大。

2010 年，梧州市耕地密度得分比最高分低 2.934 分，比平均分低 0.406 分；2011 年，耕地密度得分比最高分低 2.910 分，比平均分低 0.401 分；2012 年，耕地密度得分比最高分低 2.924 分，比平均分低 0.420 分；2013 年，耕地密度得分比最高分低 2.899 分，比平均分低 0.401 分；2014 年，耕地密度得分比最高分低 2.924 分，比平均分低 0.405 分；2015 年，耕地密度得分比最高分低 2.919 分，比平均分低 0.405 分。这说明整体上梧州市耕地密度得分与珠江-西江经济带最高分的差距波动缩小，与珠江-西江经济带平均分的差距波动增加。

2010 年，梧州市农业指标动态变化得分比最高分低 0.122 分，比平均分高 0.248 分；2011 年，农业指标动态变化得分与最高分不存在差距，比平均分高 0.024 分；2012 年，农业指标动态变化得分比最高分低 0.063 分，比平均分低 0.017 分；2013 年，农业指标动态变化得分比最高分低 0.050 分，比平均分高 0.033 分；2014 年，农业指标动态变化得分比最高分低 0.121 分，比平均分低 0.051 分；2015 年，农业指标动态变化得分比最高分低 2.288 分，比平均分低 0.445 分。这说明整体上梧州市农业指标动态变化得分与珠江-西江经济带最高分的差距持续增加，与珠江-西江经济带平均分的差距波动增加。

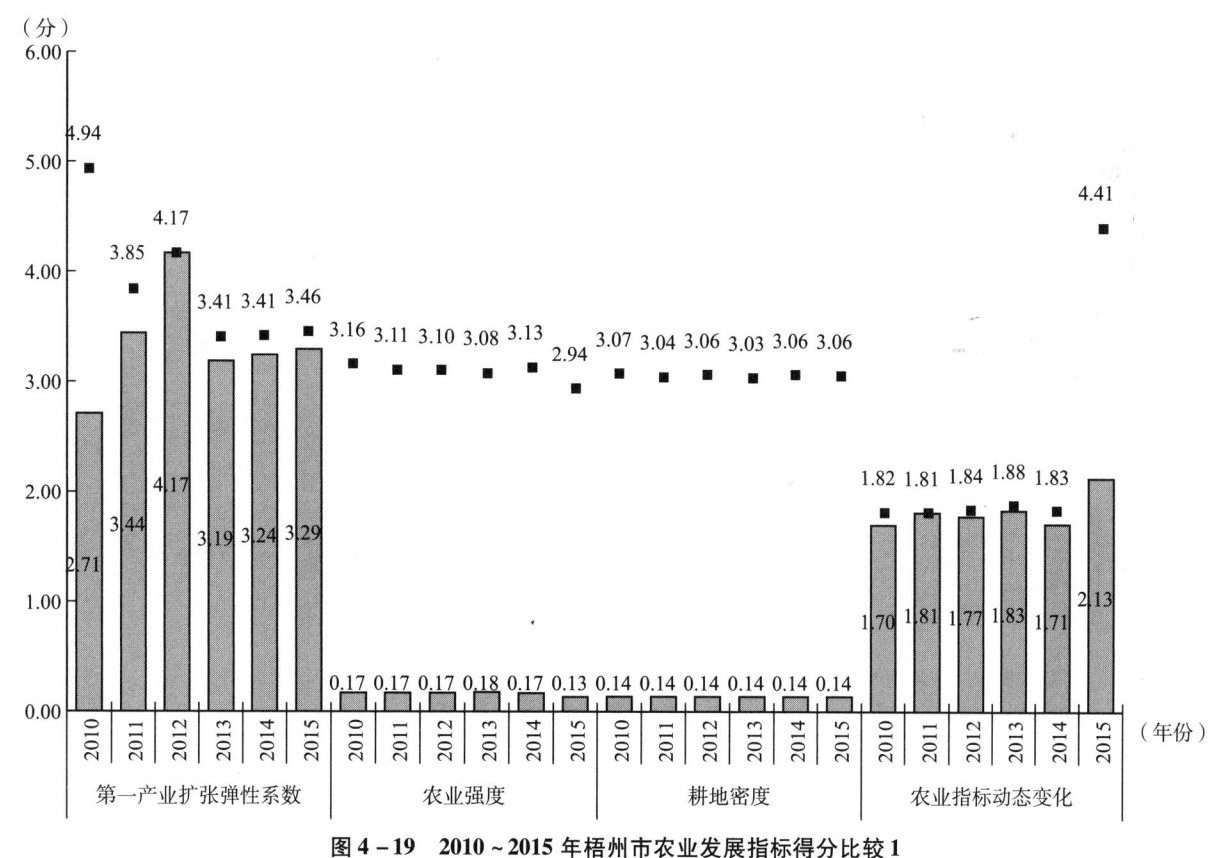

图 4-19 2010~2015 年梧州市农业发展指标得分比较 1

由图 4-20 可知，2010 年，梧州市农业土地扩张强度得分比最高分低 1.108 分，比平均分高 0.166 分；2011 年，农业土地扩张强度得分比最高分低 0.103 分，比平均分高 0.001 分；2012 年，农业土地扩张强度得分比最高分低 0.094 分，比平均分高 0.010 分；2013 年，农业土地扩张强度得分比最高分低 0.111 分，比平均分高 0.004 分；2014 年，农业土地扩张强度得分比最高分低 0.031 分，比平均分高 0.007 分；2015 年，农业土地扩张强度得分比最高分低 0.066 分，比平均分高 0.013 分。这说明整体上梧州市农业土地扩张强度得分与珠江－西江经济带最高分的差距波动缩小，与珠江－西江经济带平均分的差距波动下降。

2010 年，梧州市农业蔓延指数得分比最高分低 0.051 分，比平均分低 0.001 分；2011 年，农业蔓延指数得分比最高分低 0.049 分，比平均分高 0.002 分；2012 年，农业蔓延指数得分比最高分低 0.216 分，比平均分低 0.002 分；2013 年，农业蔓延指数得分比最高分低 2.816 分，比平均分低 0.254 分；2014 年，农业蔓延指数得分比最高分低 0.795 分，比平均分低 0.111 分；2015 年，农业蔓延指数得分比最高分低 0.174 分，比平均分低 0.009 分。这说明整体上梧州市农业蔓延指数得分与珠江－西江经济带最高分的差距波动扩大，与珠江－西江经济带平均分的差距波动增加。

2010 年，梧州市农业指标相对增长率得分比最高分低 0.486 分，比平均分低 0.108 分；2011 年，农业指标相对增长率得分比最高分低 0.307 分，比平均分低 0.068 分；2012 年，农业指标相对增长率得分比最高分低 0.177 分，比平均分低 0.028 分；2013 年，农业指标相对增长率得分比最高分低 0.704 分，比平均分低 0.193 分；2014 年，农业指标相对增长率得分比最高分低 2.396 分，比平均分低 0.123 分；2015 年，农业指标相对增长率得分比最高分低 0.088 分，比平均分高 0.016 分。这说明整体上梧州市农业指标相对增长率得分与珠江－西江经济带最高分的差距波动缩小，与珠江－西江经济带平均分的差距逐渐减小。

2010 年，梧州市农业指标绝对增量加权指数得分比最高分低 0.192 分，比平均分高 0.373 分；2011 年，农业指标绝对增量加权指数得分比最高分低 0.048 分，比平均分高 0.090 分；2012 年，农业指标绝对增量加权指数得分比最高分低 0.501 分，比平均分低 0.131 分；2013 年，农业指标绝对增量加权指数得分比最高分低 0.775 分，比平均分高 0.163 分；2014 年，农业指标绝对增量加权指数得分比最高分低 0.624 分，比平均分低 0.250 分；2015 年，农业指标绝对增量加权指数得分比最高分低 0.144 分，比平均分高 0.059 分。这说明整体上梧州市农业指标绝对增量加权指数得分与珠江－西江经济带最高分的差距有缩小趋势，与珠江－西江经济带平均分的差距逐渐缩小。

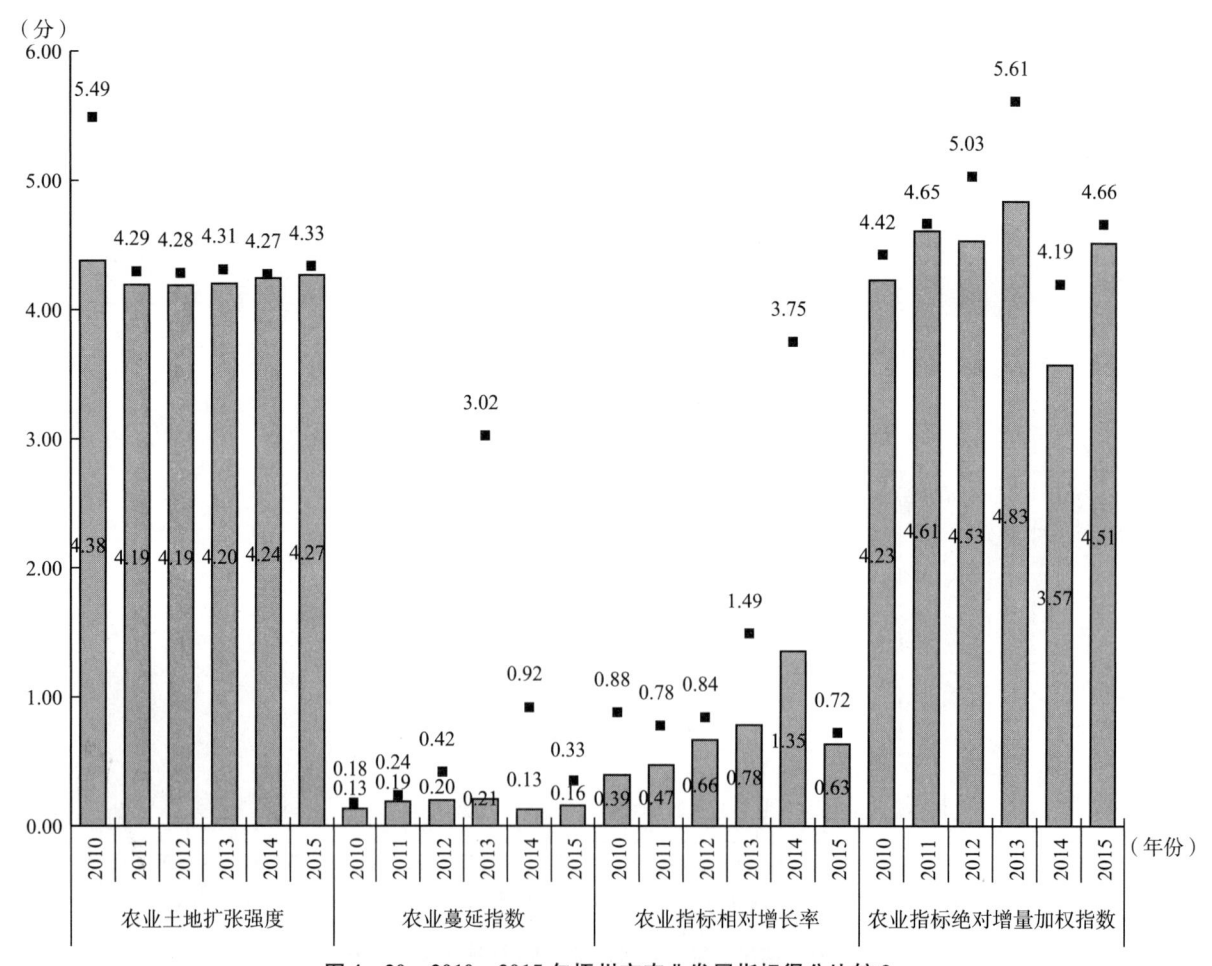

图 4-20　2010～2015 年梧州市农业发展指标得分比较 2

三、梧州市农业产出水平综合评估与比较

(一) 梧州市农业产出水平评估指标变化趋势评析

1. 食物生态足迹

根据图4-21分析可知，2010~2015年梧州市食物生态足迹指标总体上呈现波动上升型的状态。这一类型的指标为在2010~2015年间城市存在一定的波动变化，总体趋势上为上升趋势，但在个别年份间出现下降的情况，指标并非连续性上升状态。波动上升型指标意味着在评价的时间段内，虽然指标数据存在较大的波动变化，但是其评价末期数据值高于评价初期数据值。梧州市在2013~2014年虽然出现下降的状况，但是总体上还是呈现上升的态势，最终稳定在4.536，说明梧州市的经济社会发展水平提高，城市规模增大，城市居民对各类食物需求也有所提高。

(食物生态足迹)

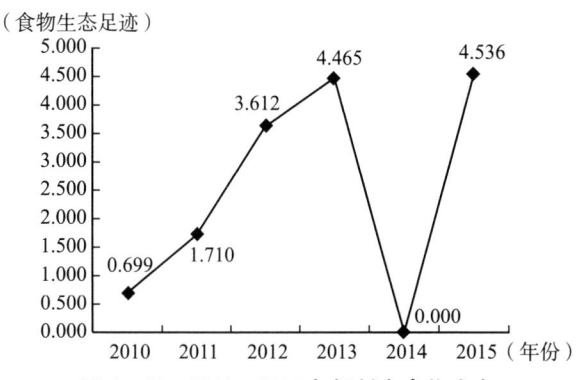

年份	值
2010	0.699
2011	1.710
2012	3.612
2013	4.465
2014	0.000
2015	4.536

图4-21 2010~2015年梧州市食物生态足迹指标变化趋势

2. 人均食物生态足迹

根据图4-22分析可知，2010~2015年梧州市的人均食物生态足迹总体上呈现波动上升型的状态。这一类型的指标为2010~2015年间城市在该项指标上存在较多波动变化，总体趋势为上升趋势，但在个别年份出现下降的情况，指标并非连续性上升。波动上升型指标意味着在评估期间，虽然指标数据存在较大波动变化，但是其评价末期数据值高于评价初期数据值。梧州市的人均食物生态足迹指标提高，2015年达到31.138，相较于2010年上升4个单位左右；说明梧州市的发展水平提高，城市规模增大，城市居民对各类食物需求也有所提高。

3. 农业生产比重增量

根据图4-23分析可知，2010~2015年梧州市农业生产比重增量总体上呈现波动上升型的状态。这一类型的指标为2010~2015年间城市存在一定的波动变化，总体趋势上为上升趋势，但在个别年份出现下降的情况，指标并非连续性上升状态。波动上升型指标意味着在评价的时间段内，虽然指标数据存在较大的波动变化，但是其评价末期数据值高于评价初期数据值。梧州市在2011~2012年虽然出现下降的状况，2012年是68.811，但是总体上还是呈现上升的态势，最终稳定在70.416，说明梧州市的农业生产比重增量提高，城市农业生产发展程度提高，城市整体粮食产量水平具备一定的优势。

(农业生产比重增量)

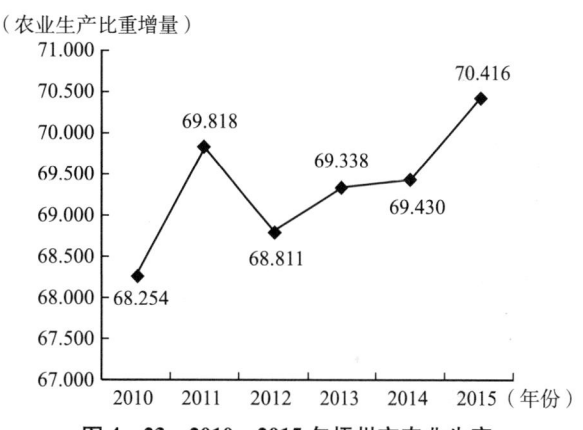

年份	值
2010	68.254
2011	69.818
2012	68.811
2013	69.338
2014	69.430
2015	70.416

图4-23 2010~2015年梧州市农业生产比重增量变化趋势

4. 农业生产平均增长指数

根据图4-24分析可知，2010~2015年梧州市农业生产平均增长指数总体上呈现波动上升型的状态。这一类型

(人均食物生态足迹)

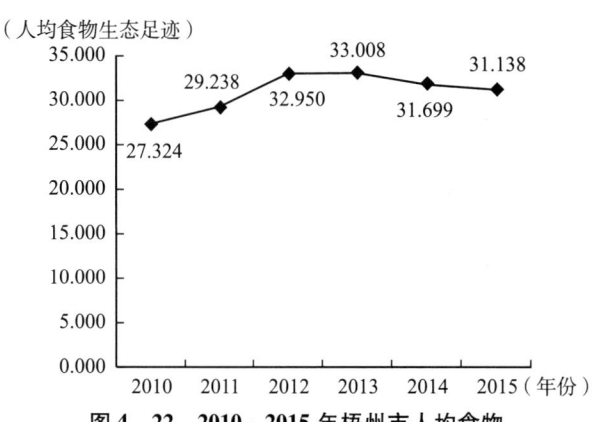

年份	值
2010	27.324
2011	29.238
2012	32.950
2013	33.008
2014	31.699
2015	31.138

图4-22 2010~2015年梧州市人均食物生态足迹变化趋势

(农业生产平均增长指数)

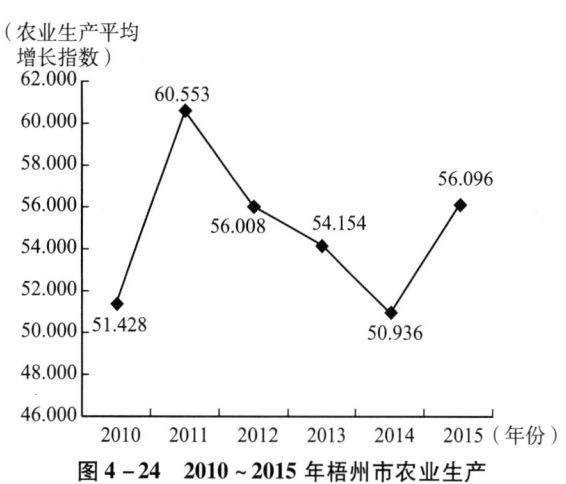

年份	值
2010	51.428
2011	60.553
2012	56.008
2013	54.154
2014	50.936
2015	56.096

图4-24 2010~2015年梧州市农业生产平均增长指数变化趋势

的指标为在2010~2015年间城市存在一定的波动变化，总体趋势上为上升趋势，但在个别年份出现下降的情况，指标并非连续性上升状态。波动上升型指标意味着在评价的时间段内，虽然指标数据存在较大的波动变化，但是其评价末期数据值高于评价初期数据值。梧州市在2011~2014年虽然出现下降的状况，2014年是50.936，但是总体上还是呈现上升的态势，最终稳定在56.096，说明梧州市的农业生产平均增长指数增高，城市在评估时间段内的农业生产能力增强，整体城市农业生产水平得以提升。

5. 农业枢纽度

根据图4-25分析可知，2010~2015年梧州市农业枢纽度总体上呈现持续下降型的状态。处于持续下降型的指标，意味着城市在该项指标上不断处在劣势状态，并且这一状况并未得到改善。如图所示，梧州市农业枢纽度指标处于不断下降的状态中，2010年此指标数值最高，是46.889，到2015年时，下降至24.158，说明梧州市的农业枢纽度下降，城市的农业发展势头有所减弱。

图4-25 2010~2015年梧州市农业枢纽度变化趋势

6. 农业生产流强度

根据图4-26分析可知，2010~2015年梧州市的农业生产流强度总体上呈现波动上升型的状态。这一类型的指标为2010~2015年间城市在该项指标上存在较多波动变化，总体趋势为上升趋势，但在个别年份出现下降的情况，指标并非连续性上升。波动上升型指标意味着在评估期间，虽然指标数据存在较大波动变化，但是其评价末期数据值高于评价初期数据值。梧州市的农业生产流强度指标提高，2015年达到1.095，相较于2010年上升1个单位左右；说明梧州市的农业生产流强度增强，城市之间发生的经济集聚和扩散所产生的农业生产要素流动强度增强，城市经济影响力也有所增强。

7. 农业生产倾向度

根据图4-27分析可知，2010~2015年梧州市农业生产倾向度总体上呈现波动上升型的状态。这一类型的指标为在2010~2015年间城市存在一定的波动变化，总体趋势上为上升趋势，但在个别年份出现下降的情况，指标并非连续性上升状态。波动上升型指标意味着在评价的时间段内，

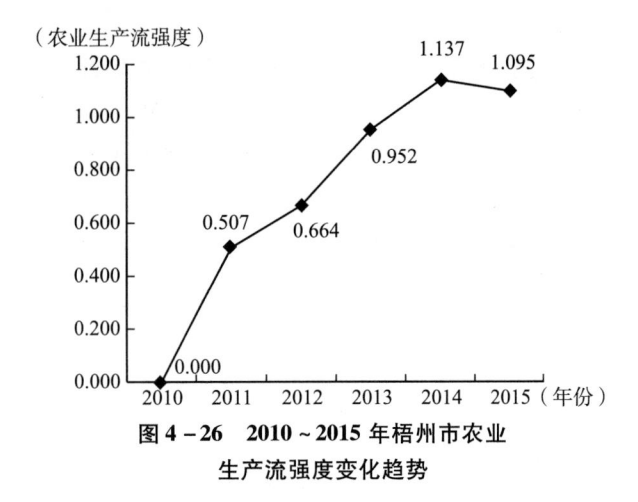

图4-26 2010~2015年梧州市农业生产流强度变化趋势

虽然指标数据存在较大的波动变化，但是其评价末期数据值高于评价初期数据值。梧州市在2011~2013年虽然出现下降的状况，2013年是1.075，但是总体上还是呈现上升的态势，最终稳定在0.723；说明梧州市倾向度提高，城市的总功能量的外向强度增强。

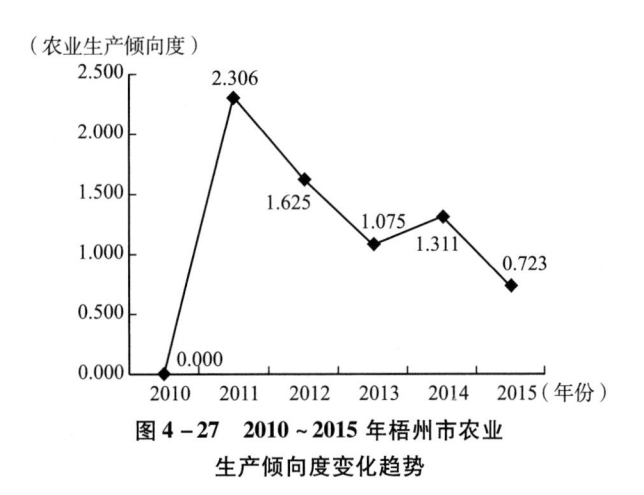

图4-27 2010~2015年梧州市农业生产倾向度变化趋势

8. 农业生产职能规模

根据图4-28分析可知，2010~2015年梧州市的农业生产职能规模总体上呈现持续上升型的状态。处于持续上升型的指标，不仅意味着城市在各项指标数据上的不断增

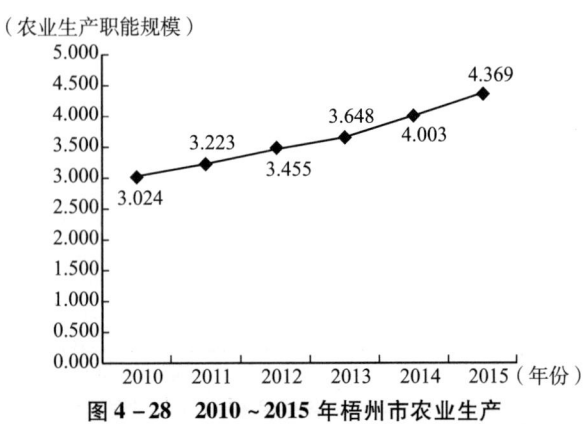

图4-28 2010~2015年梧州市农业生产职能规模变化趋势

长,更意味着城市在该项指标上的竞争力优势不断扩大。梧州市的农业生产职能规模指标不断提高,2015年达到4.369,相较于2010年上升1个单位左右;说明梧州的农业生产职能规模增强,城市的农业生产水平提高,城市所具备的农业生产能力提高。

9. 农业生产职能地位

根据图4-29分析可知,梧州市2010~2015年的农业生产职能地位总体上呈现持续上升型的状态。处于持续上升型的指标,不仅意味着城市在各项指标数据上的不断增长,更意味着城市在该项指标上的竞争力优势不断扩大。梧州市的农业生产职能地位指标提高,2015年达到22.493,相较于2010年上升5个单位左右;说明梧州农业生产职能地位增强,城市的农业生产能力在地区内的水平更具备优势,城市对农业人力资源的吸引集聚能力扩大,城市发展具备农业发展及农业劳动力发展的潜力。

(二) 梧州市农业产出水平评估结果

根据表4-7,对2010~2012年间梧州市农业产出及各三级指标的得分、排名、优劣度进行分析,可以看到在2010~2012年间,梧州市农业产出的综合排名持续保持,2012年处于劣势地位,2010~2012年其农业产出排名处于经济带第11名,处于珠江-西江经济带下游区,说明城市的农业产出的发展落后于珠江-西江经济带的其他城市。对梧州市的农业产出得分情况进行分析,发现梧州市的农业产出综合得分呈现持续上升的发展趋势,说明梧州市的农业产出活力处于上升状态,但发展较慢。总的来说,2010~2012年梧州市农业产出发展水平在珠江-西江经济带中处于劣势地位,发展水平与经济带其他城市相比较低,发展水平有待进一步提高。

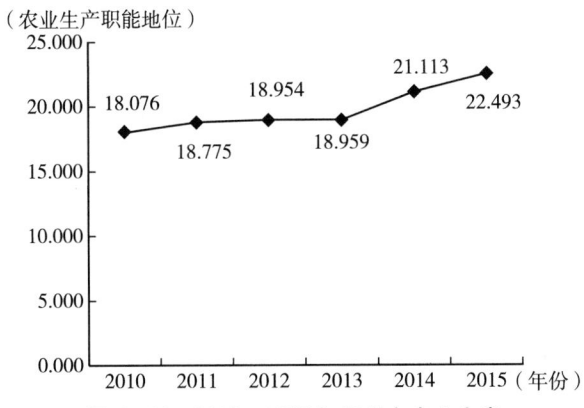

图4-29 2010~2015年梧州市农业生产职能地位变化趋势

表4-7   2010~2012年梧州市农业产出各级指标的得分、排名及优劣度分析

指标	2010年 得分	排名	优劣度	2011年 得分	排名	优劣度	2012年 得分	排名	优劣度
农业产出	8.552	11	劣势	9.246	11	劣势	9.297	11	劣势
食物生态足迹	0.022	10	劣势	0.055	10	劣势	0.119	10	劣势
人均食物生态足迹	1.166	10	劣势	1.232	10	劣势	1.448	10	劣势
农业生产比重增量	2.647	3	优势	3.346	4	优势	3.344	8	中势
农业生产平均增长指数	1.993	4	优势	2.376	5	优势	2.369	7	中势
农业枢纽度	1.929	6	中势	1.317	6	中势	1.102	6	中势
农业生产流强度	0.000	11	劣势	0.014	11	劣势	0.019	11	劣势
农业生产倾向度	0.000	11	劣势	0.089	11	劣势	0.064	11	劣势
农业生产职能规模	0.090	9	劣势	0.096	8	中势	0.105	7	中势
农业生产职能地位	0.704	10	劣势	0.722	10	劣势	0.726	9	劣势

其中食物生态足迹的排名呈现持续保持的发展趋势,再对梧州市食物生态足迹的得分情况进行分析,发现梧州市的食物生态足迹得分处于持续上升的发展趋势,说明在2010~2012年间梧州市的发展水平上升,城市规模存在扩大趋势,城市居民对各类食物需求增强。

其中人均食物生态足迹的排名呈现持续保持的发展趋势,再对梧州市的人均食物生态足迹得分情况进行分析,发现梧州市的人均食物生态足迹综合得分呈现持续上升的发展趋势,说明梧州市的居民对各类食物的人均需求增加。

其中农业生产比重增量的排名呈现持续下降的发展趋势,再对梧州市的农业生产比重增量的得分情况进行分析,发现梧州市的农业生产比重增量得分处于波动上升的趋势,说明在2010~2012年间梧州市农业生产发展程度提高。

其中农业生产平均增长指数的排名呈现持续下降的发展趋势,再对梧州市农业生产平均增长指数的得分情况进行分析,发现梧州市的农业生产平均增长指数得分处于波动上升的发展趋势,说明在2010~2012年间梧州市在评估时间段内的农业生产能力增强,但整体城市农业生产水平在珠江-西江经济带中趋于下降。

其中农业枢纽度的排名呈现持续保持的发展趋势,再对梧州市的农业枢纽度得分情况进行分析,发现梧州市的农业枢纽度综合得分呈现持续下降的发展趋势,说明梧州市的农业发展缓慢,在经济社会发展中的地位较低。

其中农业生产流强度的排名呈现持续保持的发展趋势,再对梧州市的农业生产流强度得分情况进行分析,发现梧州市的农业生产流强度综合得分呈现持续上升的发展趋势，城市之间发生的经济集聚和扩散所产生的农业生产要素流动强度增强，城市经济影响力较弱。

其中农业生产倾向度的排名呈现持续保持的发展趋势，再对梧州市的农业生产倾向度的得分情况进行分析，发现梧州市的农业生产倾向度的得分处于波动上升趋势，说明在 2010～2012 年间梧州市的总功能量的外向强度增强。

其中农业生产职能规模的排名呈现持续上升的发展趋势，再对梧州市的农业生产职能规模得分情况进行分析，发现梧州市的农业生产职能规模综合得分呈现持续上升的发展趋势，说明梧州市的农业生产水平提高，但城市所具备的农业生产优势不明显。

其中农业生产职能地位的排名呈现波动上升的发展趋势，再对梧州市的农业生产职能地位得分情况进行分析，发现梧州市的农业生产职能地位综合得分呈现持续上升的发展趋势，说明梧州市对农业人力资源的吸引集聚能力增强。

根据表 4-8，对 2013～2015 年间梧州市农业产出及各三级指标的得分、排名、优劣度进行分析，可以看到在 2013～2015 年间，梧州市农业产出的综合排名处于劣势状态，其农业产出排名处于持续保持的发展趋势，2013～2015 年其农业产出排名处于经济带第 11 名，其农业产出处于珠江-西江经济带下游区，说明城市的农业产出的发展较为落后于珠江-西江经济带的其他城市。对梧州市的农业产出得分情况进行分析，发现梧州市的农业产出综合得分呈现波动下降的发展趋势，说明梧州市的农业产出活力处于下降状态。总的来说，2013～2015 年梧州市农业产出发展水平在珠江-西江经济带中处于劣势地位，与经济带其他城市相比发展水平较低，发展水平有待进一步提升。

表 4-8　　　　2013～2015 年梧州市农业产出各级指标的得分、排名及优劣度分析

指标	2013 年			2014 年			2015 年		
	得分	排名	优劣度	得分	排名	优劣度	得分	排名	优劣度
农业产出	8.899	11	劣势	8.179	11	劣势	8.377	11	劣势
食物生态足迹	0.150	10	劣势	0.000	11	劣势	0.156	11	劣势
人均食物生态足迹	1.441	10	劣势	1.386	10	劣势	1.363	10	劣势
农业生产比重增量	3.366	7	中势	3.107	5	优势	2.965	1	强势
农业生产平均增长指数	2.112	6	中势	1.852	5	优势	2.038	1	强势
农业枢纽度	0.914	6	中势	0.791	6	中势	0.767	6	中势
农业生产流强度	0.029	11	劣势	0.036	11	劣势	0.035	11	劣势
农业生产倾向度	0.042	11	劣势	0.054	11	劣势	0.029	11	劣势
农业生产职能规模	0.113	7	中势	0.127	7	中势	0.140	7	中势
农业生产职能地位	0.732	9	劣势	0.827	8	中势	0.883	8	中势

其中食物生态足迹的排名呈现波动下降的发展趋势，再对梧州市食物生态足迹的得分情况进行分析，发现梧州市的食物生态足迹得分处于先降后升的发展趋势，说明在 2010～2012 年间梧州市发展水平有所提高。

其中人均食物生态足迹的排名呈现持续保持的发展趋势，再对梧州市的人均食物生态足迹得分情况进行分析，发现梧州市的人均食物生态足迹综合得分呈现持续下降的发展趋势，说明梧州市的居民对各类食物的人均需求下降。

其中农业生产比重增量的排名呈现持续上升的发展趋势，再对梧州市的农业生产比重增量的得分情况进行分析，发现梧州市的农业生产比重增量的得分呈现持续下降的趋势，说明在 2010～2012 年间梧州市农业生产发展程度降低。

其中农业生产平均增长指数的排名呈现持续上升的发展趋势，再对梧州市农业生产平均增长指数的得分情况进行分析，发现梧州市的农业生产平均增长指数得分处于先降后升的发展趋势，说明在 2013～2015 年间梧州市在评估时间段内的农业生产能力降低。

其中农业枢纽度的排名呈现持续保持的发展趋势，再对梧州市的农业枢纽度得分情况进行分析，发现梧州市的农业枢纽度综合得分呈现持续下降的发展趋势，说明梧州市的农业发展缓慢。

其中农业生产流强度的排名呈现持续保持的发展趋势，再对梧州市的农业生产流强度得分情况进行分析，发现梧州市的农业生产流强度综合得分呈现波动上升的发展趋势，说明城市之间发生的经济集聚和扩散所产生的农业生产要素流动强度增强，城市经济影响力增大。

其中农业生产倾向度的排名呈现持续保持的发展趋势，再对梧州市的农业生产倾向度的得分情况进行分析，发现梧州市的农业生产倾向度的得分呈现先升后降的趋势，说明在 2010～2012 年间梧州市的总功能量的外向强度较弱。

其中农业生产职能规模的排名呈现持续保持的发展趋势，再对梧州市的农业生产职能规模得分情况进行分析，发现梧州市的农业生产职能规模综合得分呈现持续上升的发展趋势，梧州市的农业生产水平提高，城市所具备的农业生产能力提高。

其中农业生产职能地位的排名呈现波动上升的发展趋势，再对梧州市的农业生产职能地位得分情况进行分析，发现梧州市的农业生产职能地位综合得分呈现波动上升的

发展趋势，说明梧州市对农业人力资源的吸引集聚能力增强。

从表4-9来看，在9个基础指标中，指标的优劣度结构为22.2:0.0:33.3:44.4。

表4-9　　　　　　　　　　　　2015年梧州市农业产出的优劣度结构

二级指标	三级指标数	强势指标		优势指标		中势指标		劣势指标		优劣度
		个数	比重（%）	个数	比重（%）	个数	比重（%）	个数	比重（%）	
农业产出	9	2	22.222	0	0.000	3	33.333	4	44.444	劣势

（三）梧州市农业产出水平比较分析

图4-30和图4-31将2010~2015年梧州市农业产出与珠江-西江经济带最高水平和平均水平进行比较。从农业产出的要素得分比较来看，由图4-30可知，2010年，梧州市食物生态足迹得分比最高分低2.768分，比平均分低0.829分；2011年，食物生态足迹得分比最高分低2.825分，比平均分低0.816分；2012年，食物生态足迹得分比最高分低3.040分，比平均分低0.856分；2013年，食物生态足迹得分比最高分低3.195分，比平均分低0.872分；2014年，食物生态足迹得分比最高分低3.379分，比平均分低0.996分；2015年，食物生态足迹得分比最高分低3.281分，比平均分低0.890分。这说明整体上梧州市食物生态足迹得分与珠江-西江经济带最高分的差距逐渐增大，与珠江-西江经济带平均分的差距逐渐增大。

2010年，梧州市人均食物生态足迹得分比最高分低3.003分，比平均分低1.161分；2011年，人均食物生态足迹得分比最高分低2.812分，比平均分低1.092分；2012年，人均食物生态足迹得分比最高分低2.946分，比平均分低1.121分；2013年，人均食物生态足迹得分比最高分低2.808分，比平均分低1.126分；2014年，人均食物生态足迹得分比最高分低2.955分，比平均分低1.118分；2015年，人均食物生态足迹得分比最高分低2.863分，比平均分低1.141分。这说明整体上梧州市人均食物生态足迹得分与珠江-西江经济带最高分的差距有缩小趋势，与珠江-西江经济带平均分的差距逐渐减小。

2010年，梧州市农业生产比重增量得分比最高分低0.242分，比平均分高0.748分；2011年，农业生产比重增量得分比最高分低1.294分，比平均分高0.028分；2012年，农业生产比重增量得分比最高分低1.516分，比平均分低0.114分；2013年，农业生产比重增量得分比最高分低1.036分，比平均分低0.165分；2014年，农业生产比重增量得分比最高分低0.330分，比平均分高0.161分；2015年，农业生产比重增量得分与最高分不存在差距，比平均分高0.491分。这说明整体上梧州市农业生产比重增量

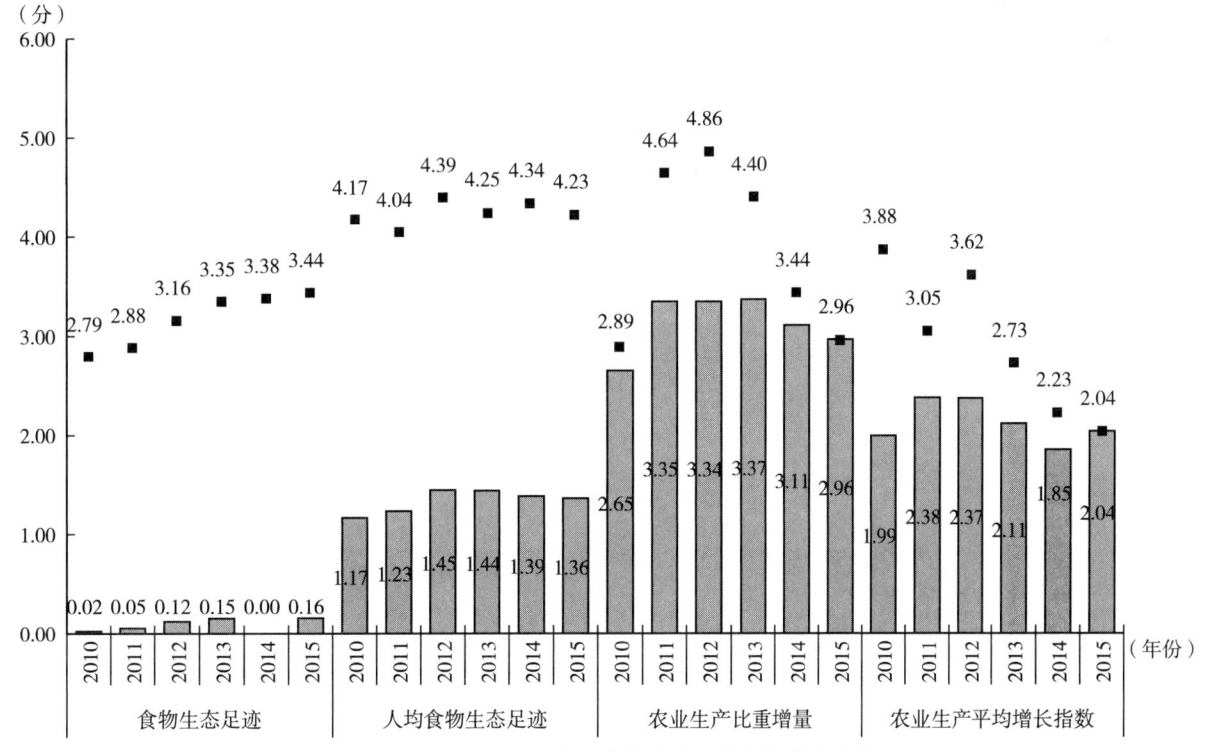

图4-30　2010~2015年梧州市农业产出指标得分比较1

得分与珠江-西江经济带最高分的差距波动缩小，与珠江-西江经济带平均分的差距波动减小。

2010年，梧州市农业生产平均增长指数得分比最高分低1.882分，比平均分高0.308分；2011年，农业生产平均增长指数得分比最高分低0.674分，比平均分高0.301分；2012年，农业生产平均增长指数得分比最高分低1.247分，比平均分低0.199分；2013年，农业生产平均增长指数得分比最高分低0.614分，比平均分高0.006分；2014年，农业生产平均增长指数得分比最高分低0.374分，比平均分低0.195分；2015年，农业生产平均增长指数得分与最高分不存在差距，比平均分高0.374分。这说明整体上梧州市农业生产平均增长指数得分与珠江-西江经济带最高分的差距逐渐缩小，与珠江-西江经济带平均分的差距波动增大。

由图4-31可知，2010年，梧州市农业枢纽度得分比最高分低2.185分，比平均分高0.002分；2011年，农业枢纽度得分比最高分低1.651分，比平均分低0.064分；2012年，农业枢纽度得分比最高分低1.582分，比平均分低0.095分；2013年，农业枢纽度得分比最高分低1.746分，比平均分低0.165分；2014年，农业枢纽度得分比最高分低1.523分，比平均分低0.135分；2015年，农业枢纽度得分比最高分低1.471分，比平均分低0.099分。这说明整体上梧州市农业枢纽度得分与珠江-西江经济带最高分的差距波动缩小，与珠江-西江经济带平均分的差距波动上升。

2010年，梧州市农业生产流强度得分比最高分低2.498分，比平均分低0.454分；2011年，农业生产流强度得分比最高分低1.975分，比平均分低0.422分；2012年，农业生产流强度得分比最高分低2.205分，比平均分低0.466分；2013年，农业生产流强度得分比最高分低2.630分，比平均分低0.533分；2014年，农业生产流强度得分比最高分低2.882分，比平均分低0.606分；2015年，农业生产流强度得分比最高分低3.202分，比平均分低0.653分。这说明整体上梧州市农业生产流强度得分与珠江-西江经济带最高分的差距波动扩大，与珠江-西江经济带平均分的差距波动增大。

2010年，梧州市农业生产倾向度得分比最高分低4.003分，比平均分低2.003分；2011年，农业生产倾向度得分比最高分低3.711分，比平均分低1.640分；2012年，农业生产倾向度得分比最高分低3.860分，比平均分低1.737分；2013年，农业生产倾向度得分比最高分低3.745分，比平均分低1.726分；2014年，农业生产倾向度得分比最高分低3.915分，比平均分低1.849分；2015年，农业生产倾向度得分比最高分低3.947分，比平均分低1.745分。这说明整体上梧州市农业生产倾向度得分与珠江-西江经济带最高分的差距波动缩小，与珠江-西江经济带平均分的差距逐渐减小。

2010年，梧州市农业生产职能规模得分比最高分低2.334分，比平均分低0.452分；2011年，农业生产职能规模得分比最高分低2.492分，比平均分低0.449分；2012年，农业生产职能规模得分比最高分低2.677分，比平均分低0.507分；2013年，农业生产职能规模得分比最高分低2.763分，比平均分低0.537分；2014年，农业生产职能规模得分比最高分低2.950分，比平均分低0.570分；

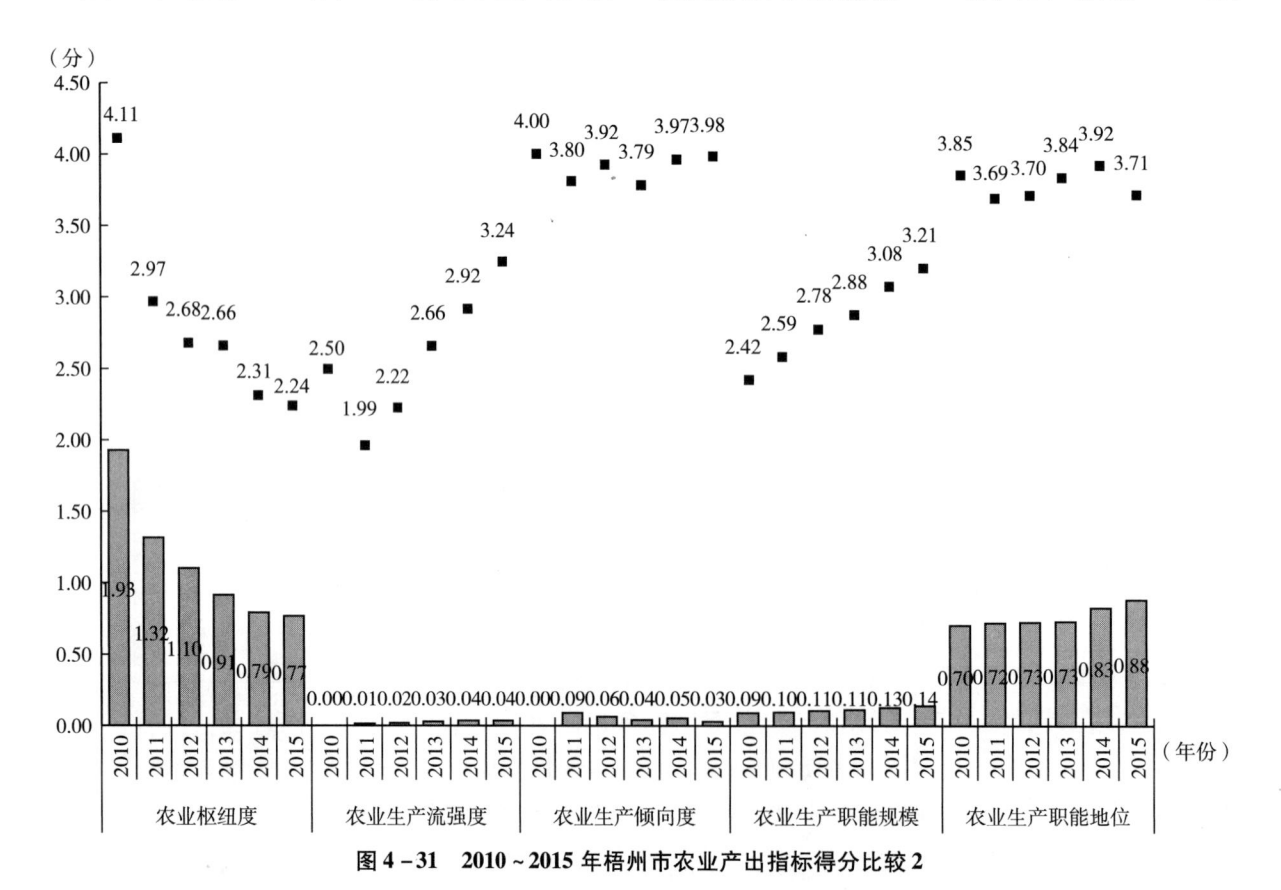

图4-31 2010~2015年梧州市农业产出指标得分比较2

2015年，农业生产职能规模得分比最高分低3.068分，比平均分低0.530分。这说明整体上梧州市农业生产职能规模得分与珠江－西江经济带最高分的差距有扩大趋势，与珠江－西江经济带平均分的差距逐渐增大。

2010年，梧州市农业生产职能地位得分比最高分低3.143分，比平均分低0.993分；2011年，农业生产职能地位得分比最高分低2.966分，比平均分低0.953分；2012年，农业生产职能地位得分比最高分低2.970分，比平均分低0.943分；2013年，农业生产职能地位得分比最高分低3.107分，比平均分低0.950分；2014年，农业生产职能地位得分比最高分低3.091分，比平均分低0.880分；2015年，农业生产职能地位得分比最高分低2.831分，比平均分低0.828分。这说明整体上梧州市农业生产职能地位得分与珠江－西江经济带最高分的差距有缩小趋势，与珠江－西江经济带平均分的差距逐渐减小。

四、梧州市农业生产发展水平综合评估与比较评述

从对梧州市农业发展水平评估及其三个二级指标在珠江－西江经济带的排名变化和指标结构的综合分析来看，2010～2015年间，农业生产板块中上升指标的数量等于下降指标的数量，上升的动力等于下降的拉力，使得2015年梧州市农业发展水平的排名呈波动保持趋势，在珠江－西江经济带城市中农业发展水平位居第11名。

（一）梧州市农业生产发展水平概要分析

梧州市农业发展水平在珠江－西江经济带所处的位置及变化如表4－10所示，3个二级指标的得分和排名变化如表4－11所示。

表4－10　2010～2015年梧州市农业生产一级指标比较

项目	2010年	2011年	2012年	2013年	2014年	2015年
排名	11	11	10	10	10	11
所属区位	下游	下游	下游	下游	下游	下游
得分	44.946	47.364	47.906	45.300	43.379	43.402
经济带最高分	64.061	66.285	62.112	64.361	61.849	62.336
经济带平均分	51.465	53.838	53.598	51.944	50.910	50.770
与最高分的差距	-19.115	-18.920	-14.206	-19.061	-18.470	-18.934
与平均分的差距	-6.519	-6.473	-5.693	-6.644	-7.531	-7.367
优劣度	劣势	劣势	劣势	劣势	劣势	劣势
波动趋势	—	持续	上升	持续	持续	下降

表4－11　2010～2015年梧州市农业生产二级指标比较表

年份	农业结构 得分	农业结构 排名	农业发展 得分	农业发展 排名	农业产出 得分	农业产出 排名
2010	22.550	7	13.844	8	8.552	11
2011	23.103	5	15.015	10	9.246	11
2012	22.782	4	15.827	5	9.297	11
2013	21.054	5	15.347	9	8.899	11
2014	20.650	6	14.549	9	8.179	11
2015	19.768	8	15.258	11	8.377	11
得分变化	-2.783	—	1.413	—	-0.175	—
排名变化	—	-1	—	-3	—	0
优劣度	中势	中势	劣势	劣势	劣势	劣势

（1）从指标排名变化趋势来看，2015年梧州市农业发展水平评估排名在珠江－西江经济带处于第11名，表明其处于劣势地位，与2010年相比，排名保持不变。总的来看，评价期内梧州市农业发展水平呈现波动下降趋势。

在三个二级指标中，其中1个指标排名处于稳定保持的趋势，为农业产出；2个指标排名处于下降趋势，为农业结构和农业发展，这是梧州市农业发展水平保持稳定的原因所在。受指标排名升降的综合影响，评价期内梧州市农业生产的综合排名呈波动保持，在珠江－西江经济带城市中排名第11名。

（2）从指标所处区位来看，2015年梧州市农业发展水平处在下游区，其中，农业发展指标和农业产出指标为劣势指标，农业结构为中势指标。

（3）从指标得分来看，2015年梧州市农业生产得分为43.402分，比珠江－西江经济带最高分低18.934分，比平均分低7.367分；与2010年相比，梧州市农业发展水平得

分下降 1.544 分，与平均分的差距趋于扩大。

2015 年，梧州市农业发展水平二级指标的得分均高于 8 分，与 2010 年相比，得分上升最多的为农业发展，上升 1.413 分；得分下降最多的为农业结构，下降 2.783 分。

（二）梧州市农业生产发展水平评估指标动态变化分析

2010~2015 年梧州市农业发展水平评估各级指标的动态变化及其结构，如图 4-32 和表 4-12 所示。

从图 4-32 可以看出，梧州市农业发展水平评估的三级指标中上升指标的比例大于下降指标，表明上升指标居于主导地位。表 4-12 中的数据表明，梧州市农业发展水平评估的 25 个三级指标中，上升的指标有 11 个，占指标总数的 44.000%；保持的指标有 7 个，占指标总数的 28.000%；下降的指标有 7 个，占指标总数的 28.000%。由于上升指标的数量大于下降指标的数量，且受变动幅度与外部因素的综合影响，评价期内梧州市农业生产排名呈现波动保持趋势，在珠江-西江经济带城市中居第 11 名。

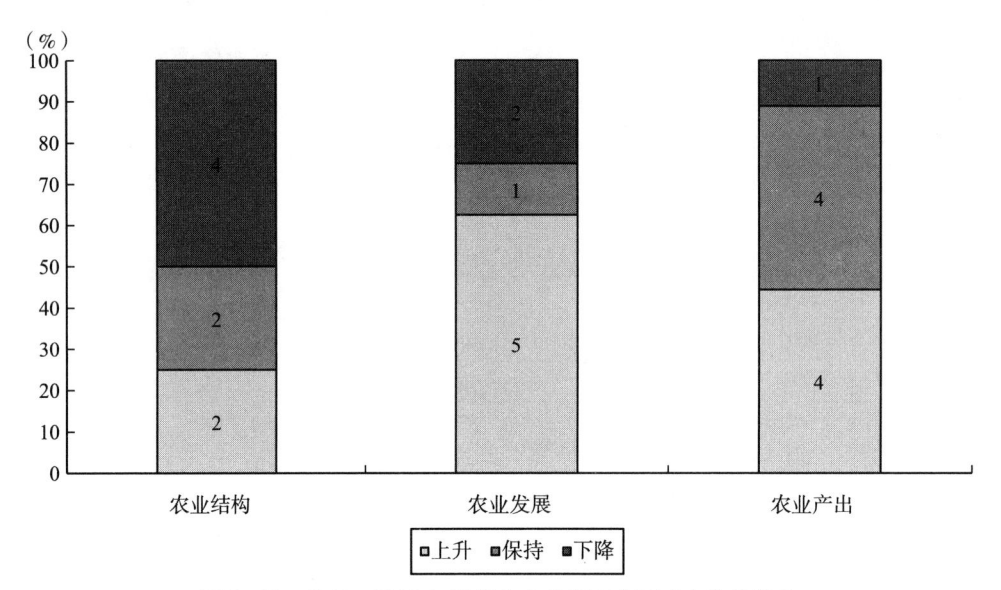

图 4-32 2010~2015 年梧州市农业发展水平动态变化结构

表 4-12　　2010~2015 年梧州市农业生产各级指标排名变化态势比较

二级指标	三级指标数	上升指标 个数	上升指标 比重（%）	保持指标 个数	保持指标 比重（%）	下降指标 个数	下降指标 比重（%）
农业结构	8	2	25.000	2	25.000	4	50.000
农业发展	8	5	62.500	1	12.500	2	25.000
农业产出	9	4	44.444	4	44.444	1	11.111
合计	25	11	44.000	7	28.000	7	28.000

（三）梧州市农业生产发展水平评估指标变化动因分析

2015 年梧州市农业生产板块各级指标的优劣势变化及其结构，如图 4-33 和表 4-13 所示。

从图 4-33 可以看出，2015 年梧州市农业发展水平评估的三级指标中强势和优势指标的比例小于劣势指标的比例，表明强势和优势指标未居于主导地位。表 4-13 中的数据说明，2015 年梧州市农业生产的 25 个三级指标中，强势指标有 4 个，占指标总数的 16.000%；优势指标为 3 个，占指标总数的 12.000%；中势指标 9 个，占指标总数的 36.000%；劣势指标为 9 个，占指标总数的 36.000%；强势指标和优势指标之和占指标总数的 28.000%，数量与比重均小于劣势指标。从二级指标来看，其中，农业结构的强势指标 1 个，占指标总数的 12.500%；优势指标 1 个，占指标总数的 12.500%；中势指标 4 个，占指标总数的 50.000%；劣势指标为 2 个，占指标总数的 25.000%；强势指标和优势指标之和占指标总数的 25.000%，说明农业结构的强、优势指标未居于主导地位。农业发展的强势指标有 1 个，占指标总数的 12.500%；优势指标为 2 个，占指标总数的 25.000%；中势指标 2 个，占指标总数的 25.000%；劣势指标 3 个，占指标总数的 37.500%；强势指标和优势指标之和占指标总数的 37.500%，说明农业发展的强、优势指标未处于主导地位。农业产出的强势指标有 2 个，占指标总数的 22.222%；不存在优势指标；中势指标 3 个，占指标总数的 33.333%；劣势指标为 4 个，占指标总数的 44.444%；强势指标和优势指标之和占指标总数的 22.222%，说明农业产出的强、优势指标未处于有利地位。由于强、优势指标比重较小，梧州市农业发展水平处于劣势地位，在珠江-西江经济带城市中居第 11 名，处于下游区。

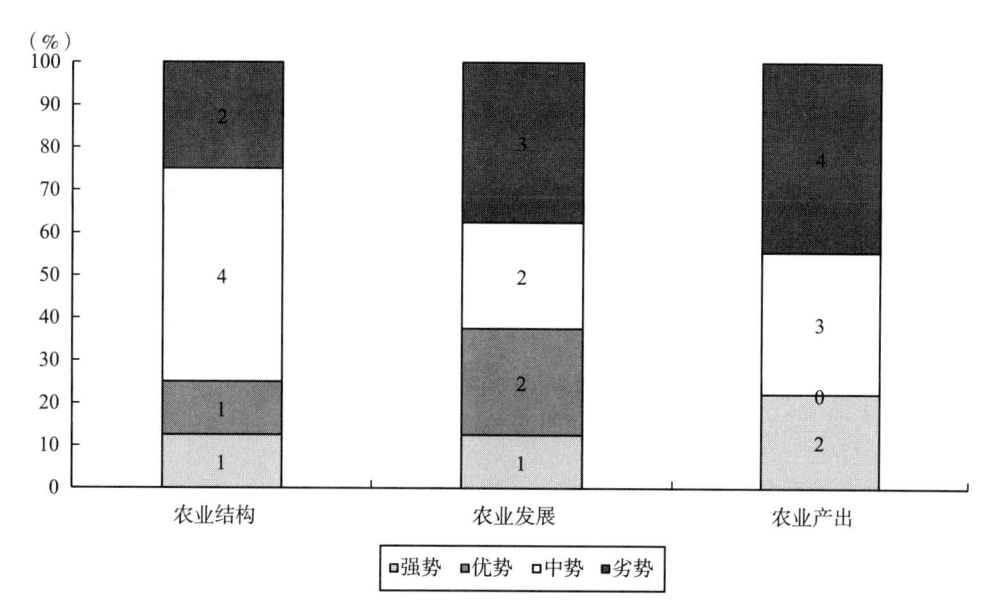

图 4-33 2015 年梧州市农业生产优劣度结构

表 4-13 2015 年梧州市农业生产各级指标优劣度比较

二级指标	三级指标数	强势指标 个数	比重（%）	优势指标 个数	比重（%）	中势指标 个数	比重（%）	劣势指标 个数	比重（%）	优劣度
农业结构	8	1	12.500	1	12.500	4	50.000	2	25.000	中势
农业发展	8	1	12.500	2	25.000	2	25.000	3	37.500	劣势
农业产出	9	2	22.222	0	0.000	3	33.333	4	44.444	劣势
合计	25	4	16.000	3	12.000	9	36.000	9	36.000	劣势

为进一步明确影响梧州市农业生产变化的具体因素，以便于对相关指标进行深入分析，为提升梧州市农业生产水平提供决策参考，在表 4-14 中列出农业生产指标体系中直接影响梧州市农业发展水平升降的强势指标、优势指标和劣势指标。

表 4-14 2015 年梧州市农业生产三级指标优劣度统计

指标	强势指标	优势指标	中势指标	劣势指标
农业结构（8个）	第一产业劳动产出率（1个）	第一产业投资强度（1个）	第一产业比重、第一产业不协调度、第一产业贡献率、第一产业结构偏离系数（4个）	第一产业弧弹性、第一产业区位商（2个）
农业发展（8个）	农业指标绝对增量加权指数（1个）	农业蔓延指数、农业指标相对增长率（2个）	耕地密度、农业土地扩张强度（2个）	第一产业扩张弹性系数、农业强度、农业指标动态变化（3个）
农业产出（9个）	农业生产比重增量、农业生产平均增长指数（2个）	（0个）	农业枢纽度、农业生产职能规模、农业生产职能地位（3个）	食物生态足迹、人均食物生态足迹、农业生产流强度、农业生产倾向度（4个）

第五章 贵港市农业生产发展水平综合评估

一、贵港市农业结构竞争力综合评估与比较

(一) 贵港市农业结构竞争力评估指标变化趋势评析

1. 第一产业比重

根据图5-1分析可知，2010~2015年贵港市第一产业比重总体上呈现波动保持型的状态。波动保持型指标意味着城市在该项指标上虽然呈现波动状态，在评价末期和评价初期的数值基本保持一致，该图可知贵港市第一产业比重保持在65.852~73.503。即使贵港市第一产业比重存在过最低值，其数值为65.852，但贵港市在第一产业比重上总体表现的也是相对平稳，说明该地区人口集聚能力及活力持续又稳定。

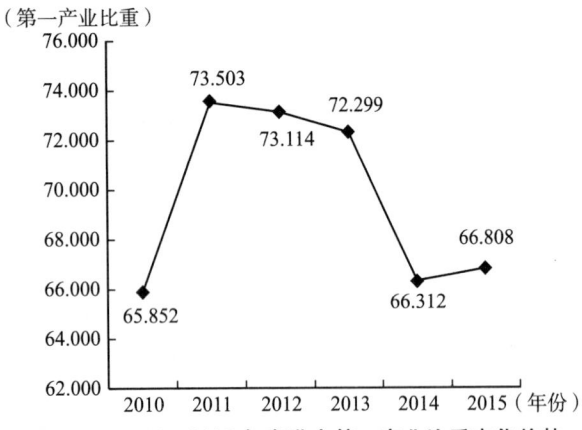

图5-1 2010~2015年贵港市第一产业比重变化趋势

2. 第一产业投资强度

根据图5-2分析可知，2010~2015年贵港市的第一产业投资强度总体上呈现持续上升型的状态。处于持续上升型的指标，不仅意味着城市在各项指标数据上的不断增长，更意味着城市在该项指标上的竞争力优势不断扩大。贵港市的第一产业扩张弹性系数指标数值不断提高，2015年达到13.955，相较于2010年上升3个单位左右，说明第一产业投资强度增大，贵港市财政发展对第一产业资金、技术、物质等方面的投资增多。

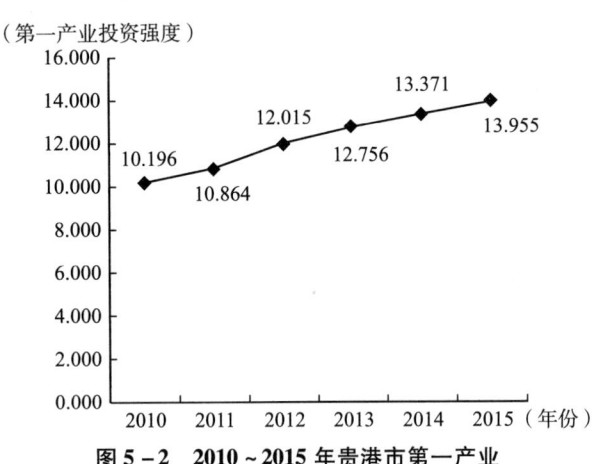

图5-2 2010~2015年贵港市第一产业投资强度变化趋势

3. 第一产业不协调度

根据图5-3分析可知，2010~2015年贵港市第一产业不协调度总体上呈现波动下降型的状态。这种状态表现为2010~2015年间城市在该项指标上总体呈现下降趋势，但在期间存在上下波动的情况，并非连续性下降状态。这就意味着在评估的时间段内，虽然指标数据存在较大的波动化，但是其评价末期数据值低于评价初期数据值。贵港市的第一产业协调度末期低于初期的数据，降低10个单位左右，在2010~2012年间存在明显下降的变化，这说明贵港市第一产业不协调度情况处于不太稳定的下降状态。

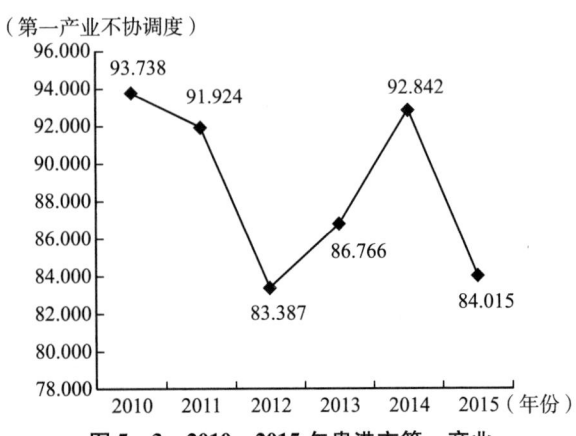

图5-3 2010~2015年贵港市第一产业不协调度变化趋势

4. 第一产业贡献率

根据图 5-4 分析可知，2010~2015 年贵港市第一产业贡献率总体上呈现波动保持型的状态。波动保持型指标意味着城市在该项指标上虽然呈现波动状态，在评价末期和评价初期的数值基本保持一致，该图可知贵港市第一产业贡献率保持在 70.087~98.613。即使贵港市第一产业贡献率存在过最低值，其数值为 70.087，但贵港市在第一产业贡献率上总体表现的也是相对平稳，说明贵港市的第一产业发展活力较稳定。

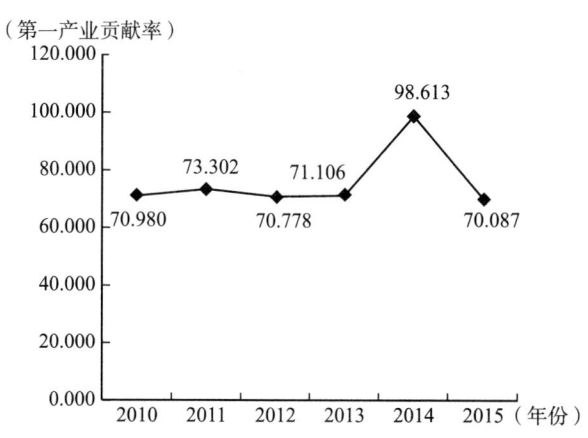

图 5-4 2010~2015 年贵港市第一产业贡献率变化趋势

5. 第一产业弧弹性

根据图 5-5 分析可知，2010~2015 年贵港市第一产业弧弹性总体上呈现波动上升型的状态。这一类型的指标为在 2010~2015 年间城市存在一定的波动变化，总体趋势为上升趋势，但在个别年份出现下降的情况，指标并非连续性上升状态。波动上升型指标意味着在评价的时间段内，虽然指标数据存在较大的波动变化，但是其评价末期数据值高于评价初期数据值。贵港市在 2012~2013 年虽然出现下降的状况，2013 年是 82.526，但是总体上还是呈现上升的态势，最终稳定在 88.453，说明贵港市的第一产业弧弹性有所增大，体现贵港的第一产业经济发展变化增长速率快于其经济的变化增长速率，城市呈现出第一产业的扩张发展趋势。

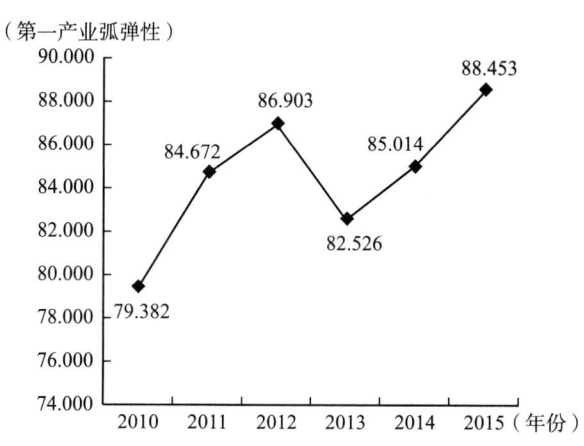

图 5-5 2010~2015 年贵港市第一产业弧弹性变化趋势

6. 第一产业结构偏离系数

根据图 5-6 分析可知，2010~2015 年贵港市第一产业结构偏离系数总体上呈现波动下降型的状态。这种状态表现为在 2010~2015 年间城市在该项指标上总体呈下降趋势，但在期间存在上下波动的情况，并非连续性下降状态。这就意味着在评估的时间段内，虽然指标数据存在较大的波动化，但是其评价末期数据值低于评价初期数据值。贵港市的第一产业结构偏离系数末期低于初期的数据，降低 10 个单位左右，并且在 2010~2012 年间存在明显下降的变化，这说明贵港市农业发展情况处于不太稳定的下降状态。

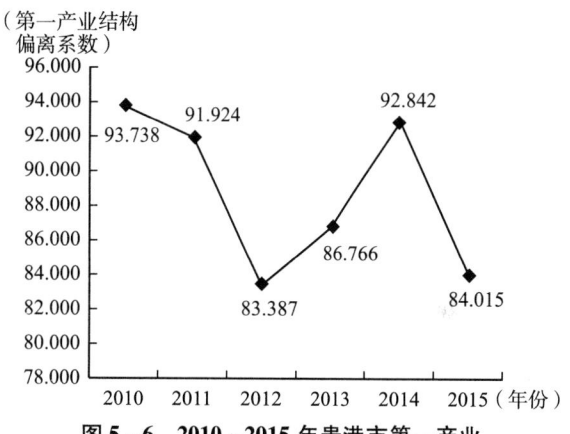

图 5-6 2010~2015 年贵港市第一产业结构偏离系数变化趋势

7. 第一产业区位商

根据图 5-7 分析可知，2010~2015 年贵港市第一产业区位商总体上呈现波动保持型的状态。波动保持型指标意味着城市在该项指标上虽然呈现波动状态，在评价末期和评价初期的数值基本保持一致，该图可知贵港市第一产业区位商保持在 10.998~15.041。即使贵港市第一产业区位商存在过最低值，其数值为 10.998，但贵港市在第一产业区位商上总体表现的也是相对平稳，说明贵港市的第一产业发展活力比较稳定。

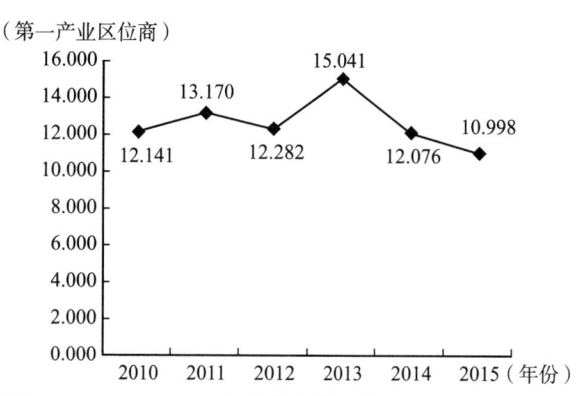

图 5-7 2010~2015 年贵港市第一产业区位商变化趋势

8. 第一产业劳动产出率

根据图 5-8 分析可知，2010~2015 年贵港市第一产业劳动产出率总体上呈现波动上升型的状态。这一类型的指标为在2010~2015年间城市存在一定的波动变化，总体趋势为上升趋势，但在个别年份出现下降的情况，指标并非连续性上升状态。波动上升型指标意味着在评价的时间段内，虽然指标数据存在较大的波动变化，但是其评价末期数据值高于评价初期数据值。贵港市在2013~2014年虽然出现下降的状况，2014年是8.858，但是总体上还是呈现上升的态势，最终稳定在20.575，说明贵港市第一产业劳动产出率增大，第一产业经济发展水平提高，第一产业对城市经济发展的贡献也增大。

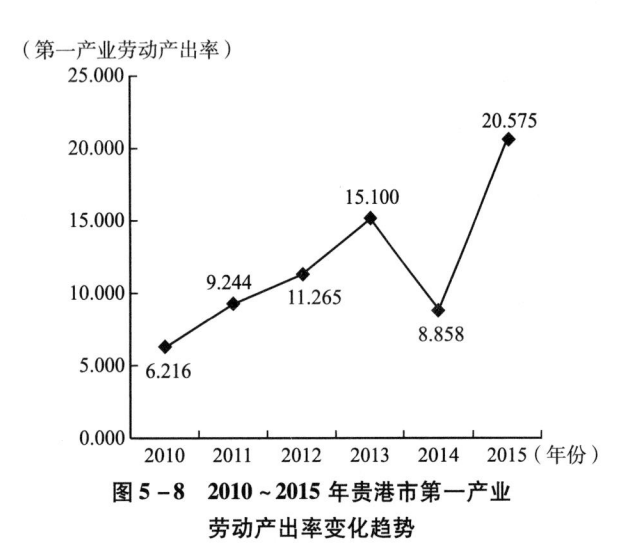

图5-8 2010~2015年贵港市第一产业劳动产出率变化趋势

（二）贵港市农业结构竞争力评估结果

根据表5-1，对2010~2012年间贵港市农业结构及各三级指标的得分、排名、优劣度进行分析，可以看到在2010~2012年间，贵港市农业结构的排名处于珠江-西江经济带优势位置，且2010年其农业结构竞争力排名处于第3名，2011年其农业结构竞争力排名降至第4名，2012年其农业结构竞争力排名降至第6名，其农业结构竞争力处于中游区，发展较为波动。对贵港市的农业结构竞争力得分情况进行分析，发现贵港市的农业结构综合得分呈持续下降趋势，说明城市的农业结构发展较于珠江-西江经济带其他城市处于较高水平。总的来说，2010~2012年梧州市农业结构发展处于珠江-西江经济带中游，在经济带中发展潜力较大。

对贵港市农业结构的三级指标进行分析，其中第一产业比重的排名呈现持续保持的发展趋势，再对贵港市的第一产业比重的得分情况进行分析，发现贵港市的第一产业比重的得分呈现先上升后下降的发展趋势，说明贵港市第一产业比重持续减小，其他产业比重加大。

其中第一产业投资强度的排名呈现持续下降的发展趋势，再对贵港市的第一产业投资强度的得分情况进行分析，发现贵港市的第一产业投资强度的得分先保持后上升，整体上得分比较高，说明贵港市的第一产业发展具有一定优势，城市活力较强。

表5-1 2010~2012年贵港市农业结构各级指标的得分、排名及优劣度分析

指标	2010年 得分	2010年 排名	2010年 优劣度	2011年 得分	2011年 排名	2011年 优劣度	2012年 得分	2012年 排名	2012年 优劣度
农业结构	23.441	3	优势	24.065	4	优势	22.396	6	中势
第一产业比重	2.763	4	优势	3.093	4	优势	2.953	4	优势
第一产业投资强度	0.316	5	优势	0.316	6	中势	0.347	8	中势
第一产业不协调度	6.239	8	中势	5.952	8	中势	5.106	8	中势
第一产业贡献率	3.350	9	劣势	3.539	4	优势	3.299	6	中势
第一产业弧弹性	4.153	8	中势	4.749	4	优势	5.082	3	优势
第一产业结构偏离系数	6.239	8	中势	5.952	8	中势	5.106	8	中势
第一产业区位商	0.216	7	中势	0.218	7	中势	0.194	7	中势
第一产业劳动产出率	0.165	4	优势	0.247	4	优势	0.310	4	优势

其中第一产业不协调度的排名呈现持续保持的发展趋势，再对贵港市的第一产业不协调度的得分情况进行分析，发现贵港市第一产业不协调度指数的得分持续下降，说明贵港市第一产业在城市中的发展结构有待完善，第一产业对城市经济发展起促进作用较小。

其中第一产业贡献率的排名呈现波动上升的发展趋势，再对贵港市第一产业贡献率的得分情况进行分析，发现贵港市第一产业贡献率的得分处于先升后降的发展趋势，说明在2010~2012年间贵港市第一产业所提供的就业机会较少、劳动力需求程度较低，但产业发展活力增强。

其中第一产业弧弹性的排名呈持续上升的发展趋势，再对贵港市的第一产业弧弹性得分情况进行分析，发现贵港市的第一产业弧弹性的得分处于持续上升的发展趋势，贵港市第一产业经济发展变化增长速率快于其经济的变化增长速率，城市呈现出第一产业的扩张发展趋势。

其中第一产业结构偏离系数的排名呈现持续保持的发展趋势，再对贵港市的第一产业结构偏离系数的得分情况进行分析，发现贵港市的第一产业结构偏离系数的得分处于持续下降的趋势，说明城市的第一产业就业结构不协调程度提高，城市的劳动生产率降低。

其中第一产业区位商呈现持续保持的发展趋势，再对贵港市的第一产业区位商的得分情况进行分析，发现贵港市的第一产业区位商的得分处于波动下降的趋势，说明城市的第一产业就业程度较低。

其中第一产业劳动产出率的排名呈现持续保持的发展趋势，再对贵港市的第一产业劳动产出率的得分情况进行分析，发现贵港市的第一产业劳动产出率的得分持续上升的发展趋势，整体来说贵港市的第一产业经济发展水平较高，第一产业对城市经济发展的贡献较多。

根据表5-2，对2013~2015年间贵港市农业结构及各三级指标的得分、排名、优劣度进行分析，可以看到2013~2015年间，贵港市农业结构的排名处于优势，在2013~2014年其农业结构排名处于珠江-西江经济带第3名，2015年其农业结构排名处于第4名，说明城市的农业结构的发展的稳定性较高。对贵港市的农业结构得分情况进行分析，发现贵港市的农业结构综合得分呈现先上升后下降趋势，说明城市的农业结构发展整体上较于珠江-西江经济带其他城市较高。总的来说，2013~2015年贵港市农业结构发展在珠江-西江经济带中处于优势地位，与经济带其他城市相比发展水平较高。

表5-2　　　　2013~2015年贵港市农业结构各级指标的得分、排名及优劣度分析

指标	2013年			2014年			2015年		
	得分	排名	优劣度	得分	排名	优劣度	得分	排名	优劣度
农业结构	21.797	3	优势	24.021	3	优势	21.936	4	优势
第一产业比重	2.887	4	优势	2.519	4	优势	2.556	4	优势
第一产业投资强度	0.358	9	劣势	0.375	9	劣势	0.395	9	劣势
第一产业不协调度	5.087	8	中势	5.576	6	中势	4.854	7	中势
第一产业贡献率	3.345	7	中势	4.478	1	强势	3.326	10	劣势
第一产业弧弹性	4.341	8	中势	4.864	2	强势	5.116	3	优势
第一产业结构偏离系数	5.087	8	中势	5.576	6	中势	4.854	7	中势
第一产业区位商	0.220	6	中势	0.350	5	优势	0.150	6	中势
第一产业劳动产出率	0.471	4	优势	0.281	6	中势	0.684	6	中势

对贵港市农业结构的三级指标进行分析，其中第一产业比重的排名呈现持续保持的发展趋势，再对贵港市的第一产业比重的得分情况进行分析，发现贵港市的第一产业比重的得分波动下降，说明贵港市第一产业比重持续减小，被其他产业所替代。

其中第一产业投资强度的排名呈现持续保持的发展趋势，再对贵港市的第一产业投资强度的得分情况进行分析，发现贵港市的第一产业投资强度的得分持续上升，城市活力较弱。

其中第一产业不协调度的排名呈现波动上升的发展趋势，再对贵港市的第一产业不协调度的得分情况进行分析，发现贵港市的第一产业不协调度指数的得分先上升后下降，但整体上是下降的，说明贵港市第一产业在城市中的发展结构发展较慢。

其中第一产业贡献率的排名呈现波动下降的发展趋势，再对贵港市第一产业贡献率的得分情况进行分析，发现贵港市的第一产业贡献率的得分处于先升后降的发展趋势，但整体上是下降的，说明在2013~2015年间贵港市第一产业所提供的就业机会较少、劳动力需求程度低，产业发展活力弱。

其中第一产业弧弹性的排名呈现波动上升的发展趋势，再对贵港市的第一产业弧弹性得分情况进行分析，发现贵港市的第一产业弧弹性的得分处于持续上升的发展趋势，说明贵港市第一产业经济发展变化增长速率快于其经济的变化增长速率，城市呈现出第一产业的扩张发展趋势。

其中第一产业结构偏离系数的排名呈现波动上升的发展趋势，再对贵港市的第一产业结构偏离系数的得分情况进行分析，发现贵港市的第一产业结构偏离系数的得分处于先上升后下降的趋势，说明城市的就业结构、产业结构的协调性、稳定性较低。

其中第一产业区位商呈现波动保持的发展趋势，再对贵港市的第一产业区位商的得分情况进行分析，发现贵港市的第一产业区位商的得分处于先升后降的趋势，说明城市的第一产业就业程度较低。

其中第一产业劳动产出率的排名呈现波动下降的发展趋势，再对贵港市的第一产业劳动产出率的得分情况进行分析，发现贵港市的第一产业劳动产出率的得分先降后升的发展趋势，说明贵港市的第一产业经济发展水平较低，第一产业对城市经济发展的贡献也降低。

对2010~2015年间贵港市农业结构及各三级指标的得分、排名和优劣度进行分析。2010~2015年贵港市农业结构的综合得分排名呈现波动下降的发展趋势。2010年贵港市农业结构综合得分排名排在珠江-西江经济带第3名，2011年下降至第4名，2012年下降至第6名，2013~2014年贵港市农业结构的综合得分上升至第3名，2015年贵港市农业结构的综合得分下降至第4名。一方面说明贵港市农业结构的综合得分排名在珠江-西江经济带中游和上游波动，贵港市的农业结构的发展较之于珠江-西江经济带的其他城市具备较大的竞争力；另一方面说明贵港市在农业结构方面的发展存在不稳定现象，稳定性有待提升。对贵港市的农业结构得分情况进行分析，发现2010~2015年贵港市农业结构得分频繁升降，整体上贵港市的农业结构

得分呈现波动下降趋势，说明贵港市农业结构在经济带中所具备的竞争力有所减小，在经济带中仍存在着上升空间。

从表5-3来看，在8个基础指标中，指标的优劣度结构为0.0:25.0:50.0:25.0。

表5-3　　2015年贵港市农业结构指标的优劣度结构

二级指标	三级指标数	强势指标 个数	比重（%）	优势指标 个数	比重（%）	中势指标 个数	比重（%）	劣势指标 个数	比重（%）	优劣度
农业结构	8	0	0.000	2	25.000	4	50.000	2	25.000	优势

（三）贵港市农业结构竞争力比较分析

图5-9和图5-10将2010~2015年贵港市农业结构竞争力与珠江-西江经济带最高水平和平均水平进行比较。从农业结构竞争力的要素得分比较来看，由图5-9可知，2010年，贵港市第一产业比重得分比最高分低1.402分，比平均分高0.600分；2011年，第一产业比重得分比最高分低1.115分，比平均分高0.890分；2012年，第一产业比重得分比最高分低0.724分，比平均分高0.933分；2013年，第一产业比重得分比最高分低0.625分，比平均分高0.934分；2014年，第一产业比重得分比最高分低0.571分，比平均分高0.813分；2015年，第一产业比重得分比最高分低0.593分，比平均分高0.845分。这说明整体上贵港市第一产业比重得分与珠江-西江经济带最高分的差距有缩小趋势，与珠江-西江经济带平均分的差距逐渐扩大。

2010年，贵港市第一产业投资强度得分比最高分低2.783分，比平均分低0.238分；2011年，第一产业投资强度得分比最高分低1.764分，比平均分低0.236分；2012年，第一产业投资强度得分比最高分低1.343分，比平均分低0.221分；2013年，第一产业投资强度得分比最高分低0.641分，比平均分低0.124分；2014年，第一产业投资强度得分比最高分低0.616分，比平均分低0.079分；2015年，第一产业投资强度得分比最高分低0.483分，比平均分低0.075分。这说明整体上贵港市第一产业投资强度得分与珠江-西江经济带最高分的差距有缩小趋势，与珠江-西江经济带平均分的差距逐渐减小。

2010年，贵港市第一产业不协调度得分比最高分低0.406分，比平均分高0.057分；2011年，第一产业不协调度得分比最高分低0.515分，比平均分高0.007分；2012年，第一产业不协调度得分比最高分低1.010分，比平均分低0.246分；2013年，第一产业不协调度得分比最高分低0.772分，比平均分高0.413分；2014年，第一产业不协调度得分比最高分低0.430分，比平均分高0.672分；2015年，第一产业不协调度得分比最高分低0.920分，比平均分高0.293分。这说明整体上贵港市第一产业不协调度得分与珠江-西江经济带最高分的差距波动增加，与珠江-西江经济带平均分的差距波动增加。

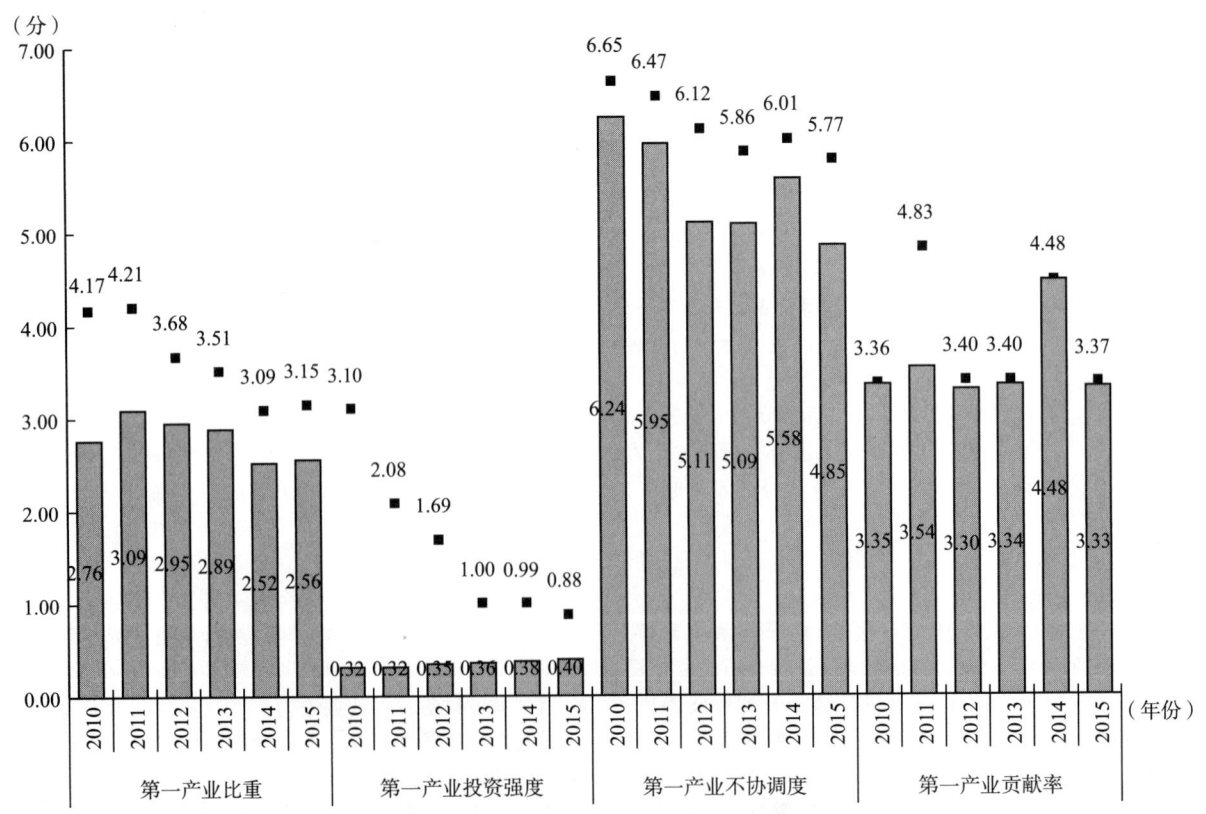

图5-9　2010~2015年贵港市农业结构竞争力指标得分比较1

2010年，贵港市第一产业贡献率得分比最高分低0.012分，比平均分低0.004分；2011年，第一产业贡献率得分比最高分低1.289分，比平均分高0.071分；2012年，第一产业贡献率得分比最高分低0.099分，比平均分低0.003分；2013年，第一产业贡献率得分比最高分低0.053分，比平均分低0.011分；2014年，第一产业贡献率得分与最高分不存在差距，比平均分高1.668分；2015年，第一产业贡献率得分比最高分低0.042分，比平均分低0.029分。这说明整体上贵港市第一产业贡献率得分与珠江-西江经济带最高分的差距持续增加，与珠江-西江经济带平均分的差距逐渐增加。

由图5-10可知，2010年，贵港市第一产业弧弹性得分比最高分低0.275分，比平均高0.096分；2011年，第一产业弧弹性得分比最高分低0.017分，比平均分高0.021分；2012年，第一产业弧弹性得分比最高分低0.766分，比平均分高0.021分；2013年，第一产业弧弹性得分比最高分低0.151分，比平均分高0.364分；2014年，第一产业弧弹性得分比最高分低0.119分，比平均分高0.019分；2015年，第一产业弧弹性得分比最高分低0.639分，比平均分高0.343分。这说明整体上贵港市第一产业弧弹性得分与珠江-西江经济带最高分的差距逐渐增加，与珠江-西江经济带平均分的差距波动上升。

2010年，贵港市第一产业结构偏离系数得分比最高分低0.406分，比平均分高0.057分；2011年，第一产业结构偏离系数得分比最高分低0.515分，比平均分高0.007分；2012年，第一产业结构偏离系数得分比最高分低1.010分，比平均分低0.246分；2013年，第一产业结构偏离系数得分比最高分低0.772分，比平均分高0.413分；2014年，第一产业结构偏离系数得分比最高分低0.430分，比平均分高0.672分；2015年，第一产业结构偏离系数得分比最高分低0.920分，比平均分高0.293分。这说明整体上贵港市第一产业结构偏离系数得分与珠江-西江经济带最高分的差距波动扩大，与珠江-西江经济带平均分的差距逐渐增大。

2010年，贵港市第一产业区位商得分比最高分低1.618分，比平均分低0.218分；2011年，第一产业区位商得分比最高分低1.948分，比平均分低0.269分；2012年，第一产业区位商得分比最高分低1.927分，比平均分低0.295分；2013年，第一产业区位商得分比最高分低2.932分，比平均分低0.398分；2014年，第一产业区位商得分比最高分低2.589分，比平均分低0.244分；2015年，第一产业区位商得分比最高分低2.317分，比平均分低0.332分。这说明整体上贵港市第一产业区位商得分与珠江-西江经济带最高分的差距波动扩大，与珠江-西江经济带平均分的差距波动增加。

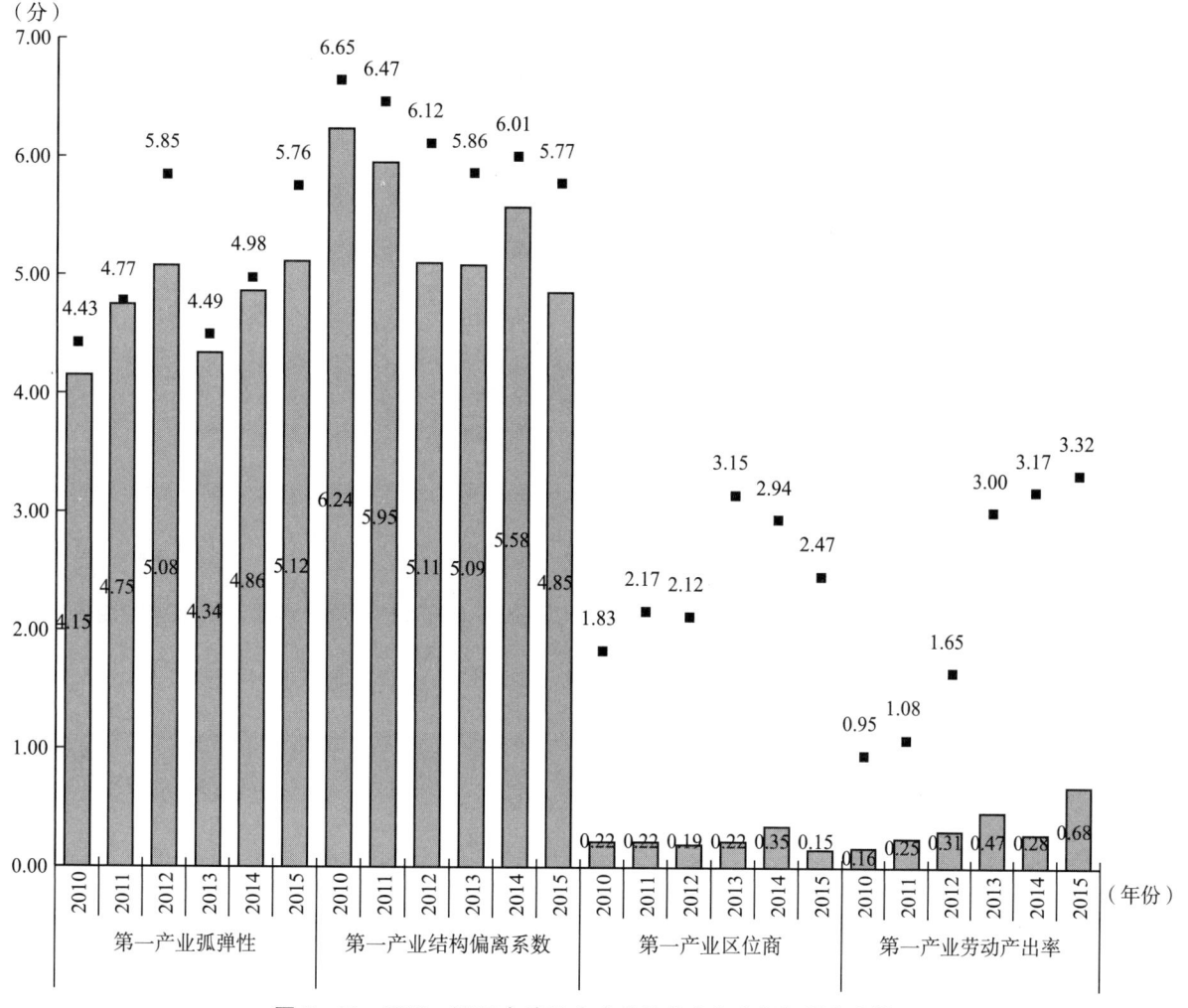

图5-10 2010~2015年贵港市农业结构竞争力指标得分比较2

2010年，贵港市第一产业劳动产出率得分比最高分低0.784分，比平均分低0.055分；2011年，第一产业劳动产出率得分比最高分低0.837分，比平均分低0.043分；2012年，第一产业劳动产出率得分比最高分低1.338分，比平均分低0.049分；2013年，第一产业劳动产出率得分比最高分低2.533分，比平均分低0.170分；2014年，第一产业劳动产出率得分比最高分低2.893分，比平均分低0.368分；2015年，第一产业劳动产出率得分比最高分低2.639分，比平均分低0.167分。这说明整体上贵港市第一产业劳动产出率得分与珠江-西江经济带最高分的差距有扩大趋势，与珠江-西江经济带平均分的差距逐渐增大。

二、贵港市农业发展水平综合评估与比较

（一）贵港市农业发展水平评估指标变化趋势评析

1. 第一产业扩张弹性系数

根据图5-11分析可知，2010~2015年贵港市第一产业扩张弹性系数总体上呈现波动保持型的状态。波动保持型指标意味着城市在该项指标上虽然呈现波动状态，在评价末期和评价初期的数值基本保持一致，该图可知贵港市第一产业扩张弹性系数保持在72.022~72.090。即使贵港市第一产业扩张弹性系数存在过最低值，其数值为72.022；说明贵港市在第一产业扩张弹性系数上总体表现相对平稳。

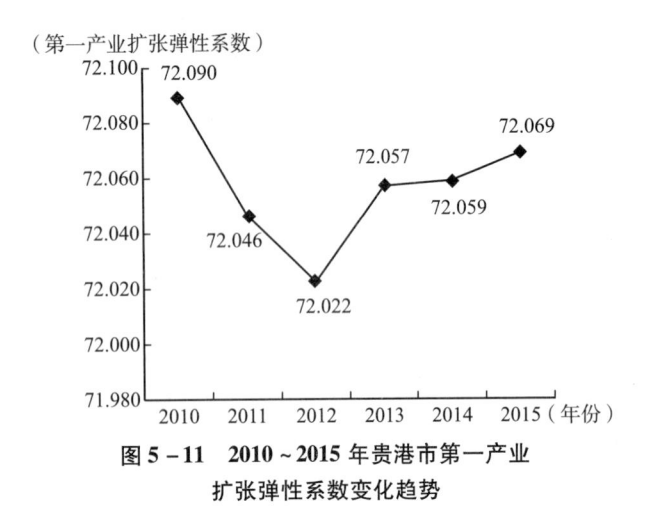

图5-11 2010~2015年贵港市第一产业扩张弹性系数变化趋势

2. 农业强度

根据图5-12分析可知，2010~2015年贵港市农业强度总体上呈现波动下降型的状态。这种状态表现为在2010~2015年间城市在该项指标上总体呈现下降趋势，但在期间存在上下波动的情况，并非连续性下降状态。这就意味着在评估的时间段内，虽然指标数据存在较大的波动化，但是其评价末期数据值低于评价初期数据值。贵港市的农业强度末期低于初期的数据，降低1个单位左右，并且在2013~2015年间存在明显下降的变化。这说明贵港市农业生产情况处于不太稳定的下降状态。

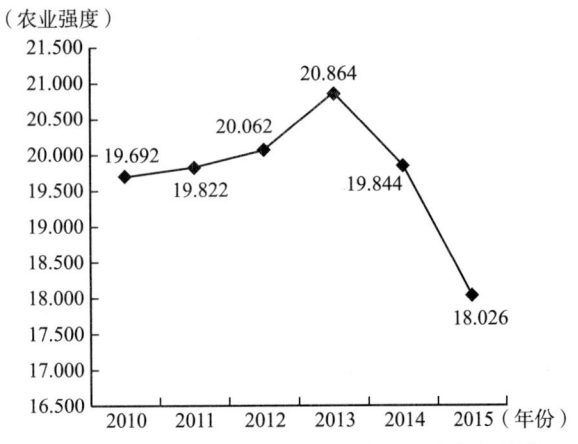

图5-12 2010~2015年贵港市农业强度变化趋势

3. 耕地密度

根据图5-13分析可知，2010~2015年贵港市耕地密度总体上呈现波动保持型的状态。波动保持型指标意味着城市在该项指标上虽然呈现波动状态，在评价末期和评价初期的数值基本保持一致，该图可知贵港市耕地密度保持在18.999~19.396。即使贵港市耕地密度存在过最低值，其数值为18.999；说明贵港市在耕地密度上总体表现相对平稳。

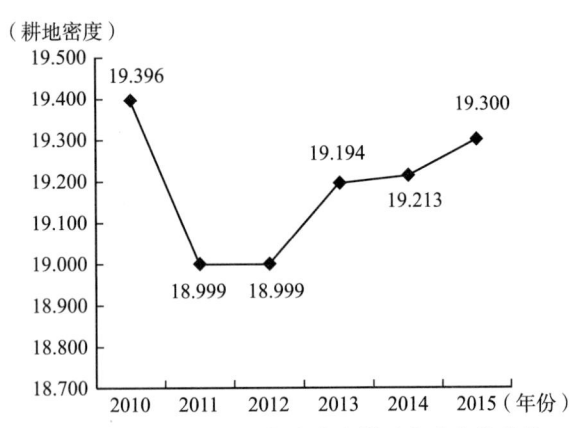

图5-13 2010~2015年贵港市耕地密度变化趋势

4. 农业指标动态变化

根据图5-14分析可知，2010~2015年贵港市农业指标总体上呈现波动保持型的状态。波动保持型指标意味着城市在该项指标上虽然呈现波动状态，在评价末期和评价初期的数值基本保持一致，该图可知贵港市农业指标保持在45.087~51.248。即使贵港市农业指标存在过最低值，其数值为45.087，说明贵港市在农业指标上总体表现相对平稳。

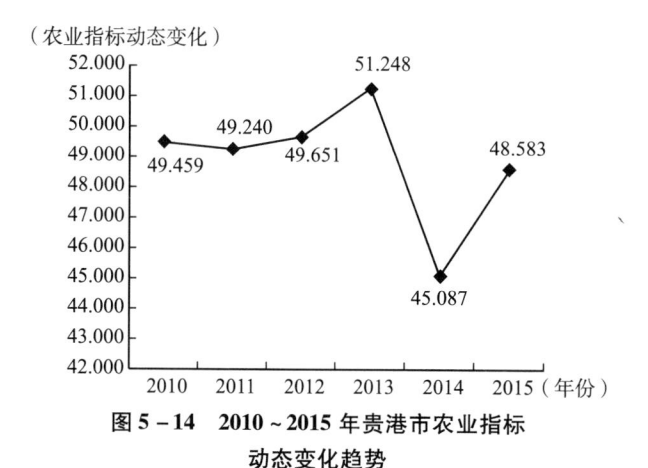

第五章 贵港市农业生产发展水平综合评估

(农业指标动态变化)

图 5-14 2010~2015 年贵港市农业指标
动态变化趋势

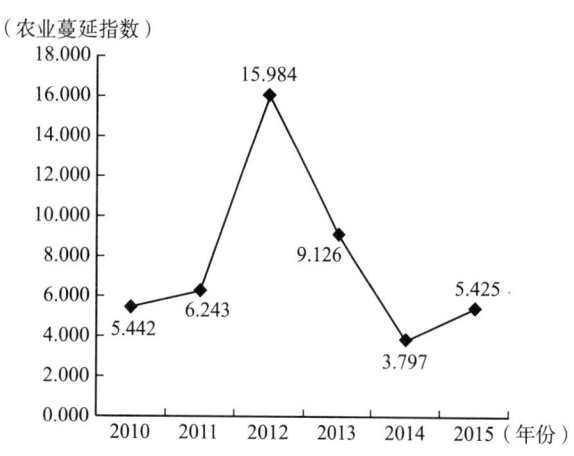

图 5-16 2010~2015 年贵港市农业蔓延指数变化趋势

5. 农业土地扩张强度

根据图 5-15 分析可知，2010~2015 年贵港市土地扩张强度总体上呈现波动上升型的状态。这一类型的指标为在 2010~2015 年间城市存在一定的波动变化，总体趋势为上升趋势，但在个别年份出现下降的情况，指标并非连续性上升状态。波动上升型指标意味着在评价的时间段内，虽然指标数据存在较大的波动变化，但是其评价末期数据值高于评价初期数据值。贵港市在 2011~2012 年虽然出现下降的状况，2012 年是 2.792，但是总体上还是呈现上升的态势，最终稳定在 24.012，说明贵港市在土地扩张发展方面有一定的发展。

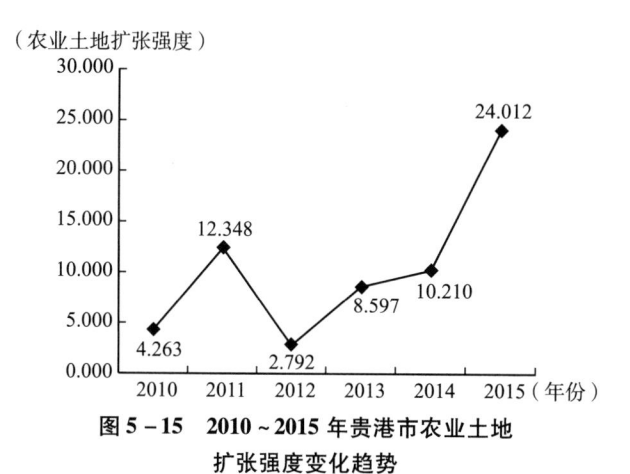

7. 农业指标相对增长率

根据图 5-17 分析可知，2010~2015 年贵港市农业指标相对增长率总体上呈现波动上升型的状态。这一类型的指标为在 2010~2015 年间城市存在一定的波动变化，总体趋势为上升趋势，但在个别年份出现下降的情况，指标并非连续性上升状态。波动上升型指标意味着在评价的时间段内，虽然指标数据存在较大的波动变化，但是其评价末期数据值高于评价初期数据值。贵港市在 2014~2015 年虽然出现下降的状况，2014 年是 100.000，但是总体上还是呈现上升的态势，最终稳定在 17.991。贵港市的农业相对增长率波动增高；说明贵港市的粮食产量增长速率有所加快，呈现出地区农业集聚能力及活力的不断提升。

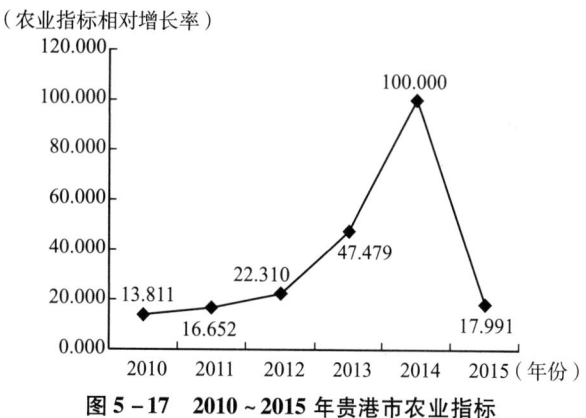

(农业土地扩张强度)

图 5-15 2010~2015 年贵港市农业土地
扩张强度变化趋势

图 5-17 2010~2015 年贵港市农业指标
相对增长率变化趋势

6. 农业蔓延指数

根据图 5-16 分析可知，2010~2015 年贵港市农业蔓延总体上呈现波动保持型的状态。波动保持型指标意味着城市在该项指标上虽然呈现波动状态，在评价末期和评价初期的数值基本保持一致，该图可知贵港市农业蔓延保持在 3.797~15.984。即使贵港市农业蔓延存在过最低值，其数值为 3.797；说明贵港市在农业蔓延上总体表现相对平稳。

8. 农业指标绝对增量加权指数

根据图 5-18 分析可知，2010~2015 年贵港市绝对增量加权指数总体上呈现波动保持型的状态。波动保持型指标意味着城市在该项指标上虽然呈现波动状态，在评价末期和评价初期的数值基本保持一致，该图可知贵港市绝对增量加权指数保持在 46.529~100.000。即使贵港市绝对增量加权指数存在过最低值，其数值为 46.529，说明贵港市在绝对增量加权指数上总体表现相对平稳。

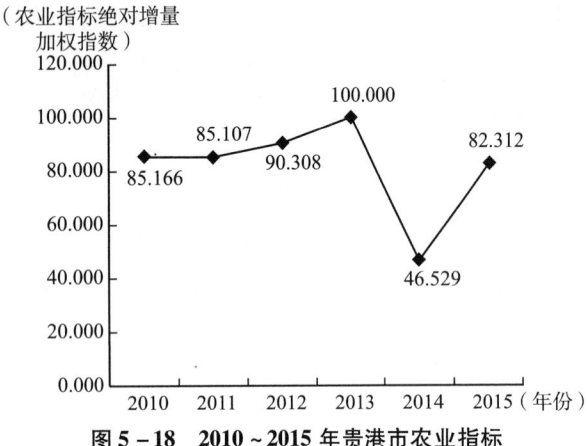

图 5-18 2010～2015 年贵港市农业指标绝对增量加权指数变化趋势

（二）贵港市农业发展水平评估结果

根据表 5-4，对 2010～2012 年间贵港市农业发展及各三级指标的得分、排名、优劣度进行分析，可以看到 2010～2012 年间，贵港市农业发展的综合排名处于优势的地位，其经济发展排名稳定保持，排名一直处于珠江-西江经济带中第 4 名位置，说明贵港市的农业发展领先于珠江-西江经济带的其他城市。对贵港市的农业发展得分情况进行分析，发现贵港市的农业发展综合得分呈现波动上升的发展趋势，说明城市的农业发展较为缓慢。总的来说，2010～2012 年贵港市农业发展水平在珠江-西江经济带处于优势地位，在经济带中具备较大的竞争优势。

表 5-4　2010～2012 年贵港市农业发展各级指标的得分、排名及优劣度分析

指标	2010 年 得分	排名	优劣度	2011 年 得分	排名	优劣度	2012 年 得分	排名	优劣度
农业发展	15.756	4	优势	15.777	4	优势	16.632	4	优势
第一产业扩张弹性系数	3.559	3	优势	3.444	3	优势	3.328	5	优势
农业强度	0.622	4	优势	0.618	4	优势	0.626	4	优势
耕地密度	0.598	2	强势	0.580	2	强势	0.581	2	强势
农业指标动态变化	1.729	3	优势	1.796	5	优势	1.813	2	强势
农业土地扩张强度	4.299	10	劣势	4.055	11	劣势	4.186	5	优势
农业蔓延指数	0.140	5	优势	0.161	10	劣势	0.415	1	强势
农业指标相对增长率	0.390	8	中势	0.469	8	中势	0.652	8	中势
农业指标绝对增量加权指数	4.419	1	强势	4.654	1	强势	5.030	1	强势

其中第一产业扩张弹性系数的排名呈现波动下降的发展趋势，再对贵港市的第一产业扩张弹性系数的得分情况进行分析，发现贵港市的第一产业扩张弹性系数的得分呈持续下降的趋势，说明在 2010～2012 年间贵港市的耕地面积扩张幅度变小，城市城镇化与城市面积之间呈现不协调发展的关系，城镇耕地面积的增加导致城市的过度拥挤及承载力压力问题的出现。

其中农业强度的排名呈现持续保持的发展趋势，再对贵港市的农业强度的得分情况进行分析，发现贵港市的农业强度的得分呈波动保持的趋势，说明在 2010～2012 年间贵港市的粮食作物播种面积有所增加。

其中耕地密度的排名呈现持续保持的发展趋势，再对贵港市的耕地密度的得分情况进行分析，发现贵港市耕地密度的得分波动保持，说明贵港市的人力资源有所发展，城市的农业生产效率有所提高，农业生产成本有所降低。

其中农业指标动态变化的排名呈现波动上升的发展趋势，再对贵港市农业指标动态变化的得分情况进行分析，发现贵港市的农业指标动态变化的得分处于持续上升的趋势，说明在 2010～2012 年间贵港市的粮食作物播种面积有所增加，对应呈现出地区经济活力增强，城市规模也有所扩大。

其中农业土地扩张强度的排名呈现波动上升的发展趋势，再对贵港市农业土地扩张强度的得分情况进行分析，发现贵港市的农业土地扩张强度的得分波动下降的趋势，说明城市的农业土地面积增长速率较慢，呈现出农业生产集聚能力及活力的不断减弱。

其中农业蔓延指数的排名呈现波动上升的发展趋势，再对贵港市的农业蔓延指数的得分情况进行分析，发现贵港市农业蔓延指数的得分持续上升，农业蔓延指数小于 1，说明城市的粮食总产量的增长慢于非农业人口的增长水平，农业的发展未呈现出蔓延的趋势。

其中农业指标相对增长率的排名呈现持续保持的发展趋势，再对贵港市的农业指标相对增长率的得分情况进行分析，发现贵港市农业指标相对增长率的得分持续上升，说明城市的粮食产量增长速率加快，呈现出地区农业集聚能力及活力的不断增强。

其中农业指标绝对增量加权指数的排名呈现持续保持的发展趋势，再对贵港市农业指标绝对增量加权指数的得分情况进行分析，发现贵港市的农业指标绝对增量加权指数的得分处于持续上升的趋势，说明城市的粮食产量集中度高，城市粮食产量变化增长趋向于高速型发展。

根据表 5-5，对 2013～2015 年间贵港市农业发展及各三级指标的得分、排名、优劣度进行分析，可以看到 2013～2015 年间，贵港市农业发展的综合排名处于中势的状态，其农业发展排名波动下降，2013 年其农业发展处于珠江-西江经济带第 2 名，2014 年其排名降至第 5 名，

2015年其排名降至第6名，说明贵港市的农业发展较落后于珠江-西江经济带的其他城市。对贵港市的农业发展得分情况进行分析，发现贵港市的农业发展综合得分呈现持续下降的发展趋势，说明城市的农业发展水平较低。总的来说，2013~2015年贵港市农村发展水平从珠江-西江经济带强势地位下降至中势地位，发展水平有所下降，整体水平在经济带中仍具有一定的竞争力。

表5-5　　　　2013~2015年贵港市农业发展各级指标的得分、排名及优劣度分析

指标	2013年 得分	排名	优劣度	2014年 得分	排名	优劣度	2015年 得分	排名	优劣度
农业发展	18.137	2	强势	16.739	5	优势	16.210	6	中势
第一产业扩张弹性系数	3.379	4	优势	3.408	3	优势	3.429	4	优势
农业强度	0.651	3	优势	0.627	4	优势	0.563	5	优势
耕地密度	0.587	2	强势	0.593	2	强势	0.599	2	强势
农业指标动态变化	1.878	1	强势	1.651	11	劣势	2.145	8	中势
农业土地扩张强度	4.270	2	强势	4.247	3	优势	4.297	2	强势
农业蔓延指数	0.276	4	优势	0.101	11	劣势	0.142	10	劣势
农业指标相对增长率	1.486	1	强势	3.750	1	强势	0.525	11	劣势
农业指标绝对增量加权指数	5.609	1	强势	2.361	11	劣势	4.510	3	优势

其中第一产业扩张弹性系数的排名呈波动保持的发展趋势，再对贵港市的第一产业扩张弹性系数的得分情况进行分析，发现贵港市的第一产业扩张弹性系数的得分呈现波动上升的趋势，说明在2013~2015年间贵港市的耕地面积扩张幅度变小，城市城镇化与城市面积之间呈现协调发展的关系，城镇耕地面积的增加缓解城市的过度拥挤及承载力压力问题的出现。

其中农业强度的排名呈现持续下降的发展趋势，再对贵港市的农业强度的得分情况进行分析，发现贵港市的农业强度的得分呈持续下降的趋势，说明在2013~2015年间贵港市的粮食作物播种面积高于地区的平均水平，但活力趋于减弱。

其中耕地密度的排名呈现持续保持的发展趋势，再对贵港市的耕地密度的得分情况进行分析，发现贵港市耕地密度的得分波动上升，说明贵港市的人力资源较多，城市的农业生产效率较高，农业生产成本减少。

其中农业指标动态变化的排名呈现波动下降的发展趋势，再对贵港市农业指标动态变化的得分情况进行分析，发现贵港市的农业指标动态变化的得分呈现波动上升的趋势，说明在2013~2015年间贵港市的粮食作物播种面积减少，对应呈现出地区经济活力降低，城市规模也有所缩减。

其中农业土地扩张强度的排名呈现波动保持的发展趋势，再对贵港市的农业土地扩张强度的得分情况进行分析，发现贵港市的农业土地扩张强度的得分波动保持的趋势，说明城市的农业土地面积增长速率较快，呈现出农业生产集聚能力及活力的不断增强。

其中农业蔓延指数的排名呈现波动下降的发展趋势，再对贵港市的农业蔓延指数的得分情况进行分析，发现贵港市农业蔓延指数的得分先降后升，农业蔓延指数小于1，说明城市的粮食总产量的增长慢于非农业人口的增长水平，农业的发展未呈现出蔓延的趋势。

其中农业指标相对增长率的排名呈现波动下降的发展趋势，再对贵港市的农业指标相对增长率的得分情况进行分析，发现贵港市农业指标相对增长率的得分先升后降，但整体上是下降的，但城市的粮食产量增长速率放缓，呈现出地区农业集聚能力及活力的不断减弱。

其中农业指标绝对增量加权指数的排名呈现波动下降的发展趋势，再对贵港市农业指标绝对增量加权指数的得分情况进行分析，发现贵港市的农业指标绝对增量加权指数的得分先降后升的趋势，但整体趋于下降，城市的粮食产量集中度较低，城市粮食产量变化增长缓慢。

对2010~2015年间贵港市农业发展及各三级指标的得分、排名和优劣度进行分析。2010~2015年贵港市农业发展的综合得分排名呈现波动下降的发展趋势。2010~2012年贵港市农业发展综合得分排名一直处于珠江-西江经济带4名，2013年上升至第2名，2014年下降至第5名，2015年其排名降至第6名。一方面说明贵港市的农业发展在珠江-西江经济带上游和中游波动，其农业发展从经济带优势地位下降至中势地位，与经济带其他城市相比，发展水平较高；另一方面说明贵港市农业发展综合得分上升和下降的幅度较大，在农业发展方面存在不稳定现象，稳定性有待提高。对贵港市的农业发展得分情况进行分析，发现2010~2013年贵港市的农业发展综合得分持续上升，2014~2015年农业发展综合得分持续下降，整体上贵港市农业发展综合得分呈现波动上升的发展趋势，说明贵港市的农业发展水平有所提升。

从表5-6来看，在8个基础指标中，指标的优劣度结构为25.0:37.5:12.5:25.0。

表 5-6　　2015 年贵港市农业发展指标的优劣度结构

二级指标	三级指标数	强势指标 个数	强势指标 比重（%）	优势指标 个数	优势指标 比重（%）	中势指标 个数	中势指标 比重（%）	劣势指标 个数	劣势指标 比重（%）	优劣度
农业发展	8	2	25.000	3	37.500	1	12.500	2	25.000	中势

（三）贵港市农业发展水平比较分析

图 5-19 和图 5-20 将 2010~2015 年贵港市农业发展与珠江-西江经济带最高水平和平均水平进行比较。从农业发展的要素得分比较来看，由图 5-19 可知，2010 年，贵港市第一产业扩张弹性系数得分比最高分低 1.378 分，比平均分低 0.041 分；2011 年，第一产业扩张弹性系数得分比最高分低 0.409 分，比平均分低 0.037 分；2012 年，第一产业扩张弹性系数得分比最高分低 0.842 分，比平均分高 0.256 分；2013 年，第一产业扩张弹性系数得分比最高分低 0.028 分，比平均分高 0.047 分；2014 年，第一产业扩张弹性系数得分比最高分低 0.007 分，比平均分高 0.052 分；2015 年，第一产业扩张弹性系数得分比最高分低 0.028 分，比平均分高 0.058 分。这说明整体上贵港市第一产业扩张弹性系数得分与珠江-西江经济带最高分的差距有缩小趋势，与珠江-西江经济带平均分的差距逐渐增大。

2010 年，贵港市农业强度得分比最高分低 2.536 分，比平均分低 0.020 分；2011 年，农业强度得分比最高分低 2.491 分，比平均分低 0.015 分；2012 年，农业强度得分比最高分低 2.472 分，比平均分低 0.008 分；2013 年，农业强度得分比最高分低 2.430 分，比平均分高 0.017 分；2014 年，农业强度得分比最高分低 2.506 分，比平均分低 0.015 分；2015 年，农业强度得分比最高分低 2.372 分，比平均分低 0.071 分。这说明整体上贵港市农业强度得分与珠江-西江经济带最高分的差距有缩小趋势，与珠江-西江经济带平均分的差距逐渐扩大。

2010 年，贵港市耕地密度得分比最高分低 2.473 分，比平均分高 0.056 分；2011 年，耕地密度得分比最高分低 2.465 分，比平均分高 0.043 分；2012 年，耕地密度得分比最高分低 2.478 分，比平均分高 0.044 分；2013 年，耕地密度得分比最高分低 2.447 分，比平均分高 0.051 分；2014 年，耕地密度得分比最高分低 2.467 分，比平均分高 0.052 分；2015 年，耕地密度得分比最高分低 2.457 分，比平均分高 0.057 分。这说明整体上贵港市耕地密度得分与珠江-西江经济带最高分的差距波动缩小，与珠江-西江经济带平均分的差距波动增加。

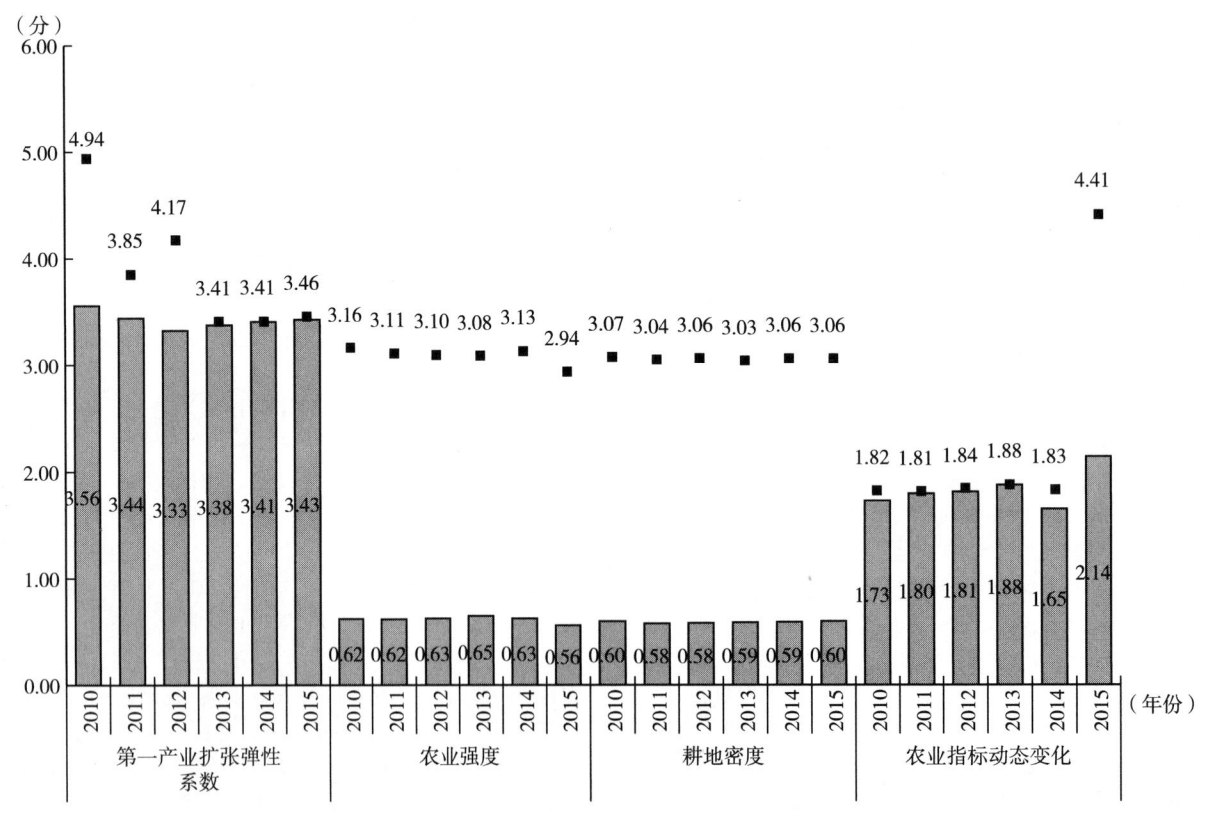

图 5-19　2010~2015 年贵港市农业发展指标得分比较 1

2010 年，贵港市农业指标动态变化得分比最高分低 0.089 分，比平均分高 0.281 分；2011 年，农业指标动态变化得分比最高分低 0.014 分，比平均分高 0.010 分；2012 年，农业指标动态变化得分比最高分低 0.023 分，比平均分高 0.024 分；2013 年，农业指标动态变化得分与最高分不存在差距，比平均分高 0.082 分；2014 年，农业指标动态变化得分比最高分低 0.175 分，比平均分低 0.105 分；2015 年，农业指标动态变化得分比最高分低 2.270 分，比平均分低 0.426 分。这说明整体上贵港市农业指标动态变化得分与珠江-西江经济带最高分的差距持续增加，与珠江-西江经济带平均分的差距波动增加。

由图 5-20 知，2010 年，贵港市农业土地扩张强度得分比最高分低 1.188 分，比平均分高 0.086 分；2011 年，农业土地扩张强度得分比最高分低 0.239 分，比平均分低 0.136 分；2012 年，农业土地扩张强度得分比最高分低 0.095 分，比平均分高 0.009 分；2013 年，农业土地扩张强度得分比最高分低 0.041 分，比平均分低 0.074 分；2014 年，农业土地扩张强度得分比最高分低 0.024 分，比平均分高 0.014 分；2015 年，农业土地扩张强度得分比最高分低 0.034 分，比平均分高 0.044 分。这说明整体上贵港市农业土地扩张强度得分与珠江-西江经济带最高分的差距波动缩小，与珠江-西江经济带平均分的差距波动下降。

2010 年，贵港市农业蔓延指数得分比最高分低 0.045 分，比平均分高 0.006 分；2011 年，农业蔓延指数得分比最高分低 0.075 分，比平均分低 0.024 分；2012 年，农业蔓延指数得分与最高分不存在差距，比平均分高 0.215 分；2013 年，农业蔓延指数得分比最高分低 2.746 分，比平均分低 0.185 分；2014 年，农业蔓延指数得分比最高分低 0.821 分，比平均分低 0.138 分；2015 年，农业蔓延指数得分比最高分低 0.189 分，比平均分低 0.025 分。这说明整体上贵港市农业蔓延指数得分与珠江-西江经济带最高分的差距波动扩大，与珠江-西江经济带平均分的差距波动增加。

2010 年，贵港市农业指标相对增长率得分比最高分低 0.489 分，比平均分低 0.110 分；2011 年，农业指标相对增长率得分比最高分低 0.309 分，比平均分低 0.070 分；2012 年，农业指标相对增长率得分比最高分低 0.190 分，比平均分低 0.041 分；2013 年，农业指标相对增长率得分与最高分不存在差距，比平均分高 0.511 分；2014 年，农业指标相对增长率得分与最高分不存在差距，比平均分高 2.273 分；2015 年，农业指标相对增长率得分比最高分低 0.196 分，比平均分低 0.092 分。这说明整体上贵港市农业指标相对增长率得分与珠江-西江经济带最高分的差距波动缩小，与珠江-西江经济带平均分的差距逐渐减小。

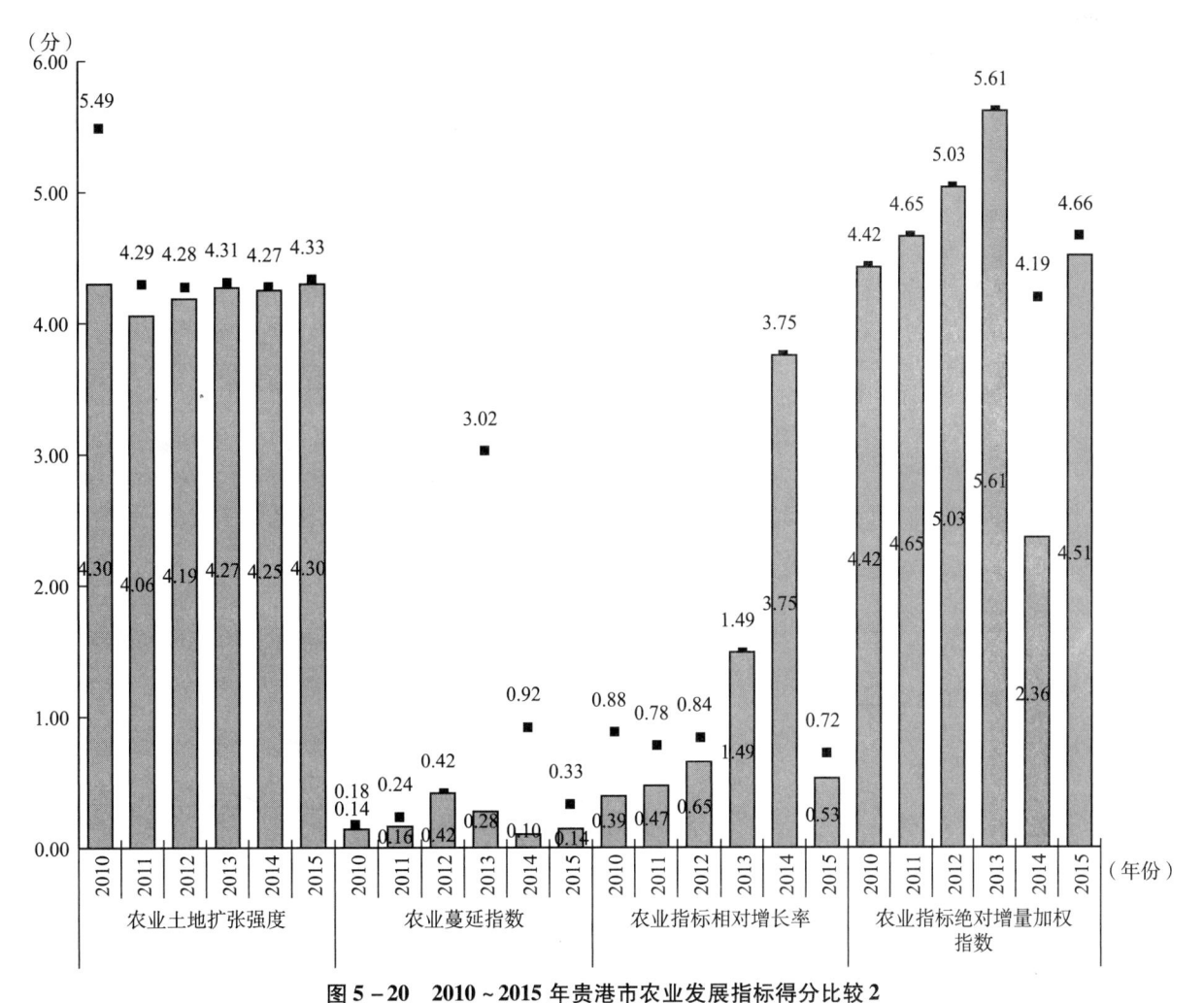

图 5-20　2010~2015 年贵港市农业发展指标得分比较 2

2010 年，贵港市农业指标绝对增量加权指数得分与最高分不存在差距，比平均分高 0.564 分；2011 年，农业指标绝对增量加权指数得分与最高分不存在差距,比平均分高 0.138 分;2012 年,农业指标绝对增量加权指数得分与最高分不存在差距,比平均分高 0.370 分;2013 年,农业指标绝对增量加权指数得分与最高分不存在差距,比平均分高 0.938 分;2014 年,农业指标绝对增量加权指数得分比最高分低 1.833 分,比平均分低 1.459 分;2015 年,农业指标绝对增量加权指数得分比最高分低 0.147 分,比平均分高 0.057 分。这说明整体上贵港市农业指标绝对增量加权指数得分与珠江-西江经济带最高分的差距有扩大趋势,与珠江-西江经济带平均分的差距逐渐缩小。

三、贵港市农业产出水平综合评估与比较

(一)贵港市农业产出水平评估指标变化趋势评析

1. 食物生态足迹

根据图 5-21 分析可知,2010~2015 年贵港市的食物生态足迹指标总体上呈现持续上升型的状态。处于持续上升型的指标,不仅意味着城市在各项指标数据上的不断增长,更意味着城市在该项指标上的竞争力优势不断扩大。贵港市的食物生态足迹指标不断提高,在 2015 年达到 44.022,相较于 2010 年上升 10 个单位左右;说明贵港市的经济社会发展水平提高,城市规模增大,城市居民对各类食物需求也有所提高。

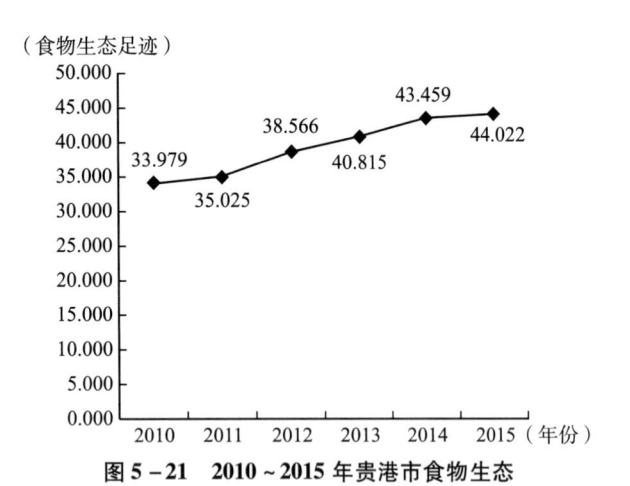

图 5-21 2010~2015 年贵港市食物生态足迹指标变化趋势

2. 人均食物生态足迹

根据图 5-22 分析可知,2010~2015 年贵港市的人均食物生态足迹总体上呈现持续上升型的状态。处于持续上升型的指标,不仅意味着城市在各项指标数据上的不断增长,更意味着城市在该项指标上的竞争力优势不断扩大。通过折线图可以看出,贵港市的人均食物生态足迹指标不断提高,2015 年达到 50.667,相较于 2010 年上升 10 个单位左右,说明贵港市的发展水平提高,城市规模增大,城市居民对各类食物需求也有所提高。

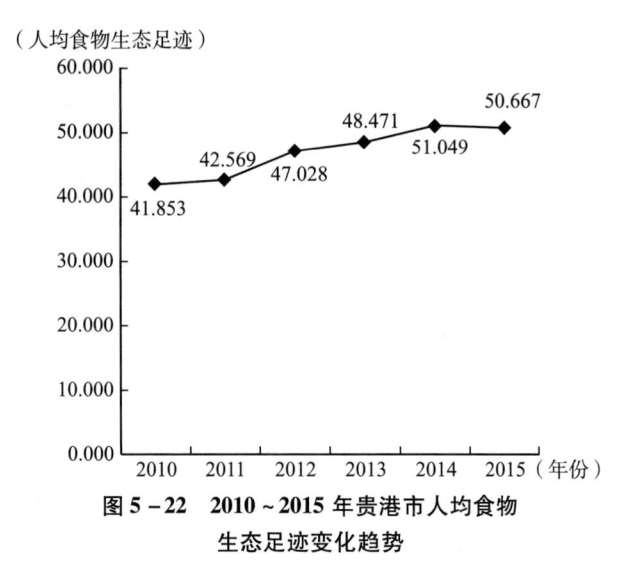

图 5-22 2010~2015 年贵港市人均食物生态足迹变化趋势

3. 农业生产比重增量

根据图 5-23 分析可知,2010~2015 年贵港市农业生产比重增量总体上呈现波动下降型的状态。这种状态表现为 2010~2015 年间城市在该项指标上总体呈现下降趋势,但在期间存在上下波动的情况,并非连续性下降状态。这就意味着在评估的时间段内,虽然指标数据存在较大的波动化,但是其评价末期数据值低于评价初期数据值。贵港市的农业生产比重增量末期低于初期的数据,降低 5 个单位左右,并且在 2010~2011 年间存在明显下降的变化。

图 5-23 2010~2015 年贵港市农业生产比重增量变化趋势

4. 农业生产平均增长指数

根据图 5-24 分析可知,2010~2015 年贵港市农业生产平均增长指数总体上呈现波动上升型的状态。这一类型的指标为 2010~2015 年间城市存在一定的波动变化,总体趋势为上升趋势,但在个别年份出现下降的情况,指标并非连续性上升状态。波动上升型指标意味着在评价的时间段内,虽然指标数据存在较大的波动变化,但是其评价末期数据值高于评价初期数据值。贵港市在 2012~2014 年虽然出现下降的状况,2014 年是 39.060,但是总体上还是呈现上升的态势,最终稳定在 50.955,说明贵港市的农业生

产平均增长指数增高，城市在评估时间段内的农业生产能力增强，整体城市农业生产水平得以提升。

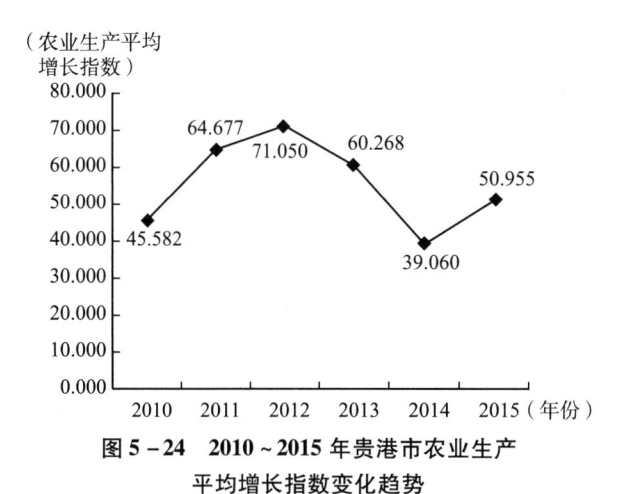

图 5-24 2010~2015 年贵港市农业生产平均增长指数变化趋势

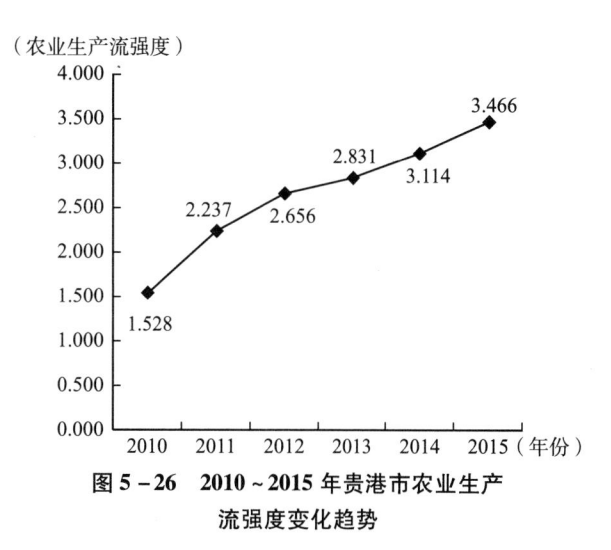

图 5-26 2010~2015 年贵港市农业生产流强度变化趋势

5. 农业枢纽度

根据图 5-25 分析可知，2010~2015 年贵港市的农业枢纽度总体上呈现持续下降型的状态。处于持续下降型的指标，意味着城市在该项指标上不断处于劣势状态，并且这一状况并未得到改善。如图所示，贵港市农业枢纽度指标处于不断下降的状态中，2010 年此指标数值最高，是59.680，2015 年下降至36.402，说明贵港市的农业枢纽度下降，城市的农业发展势头有所减弱。

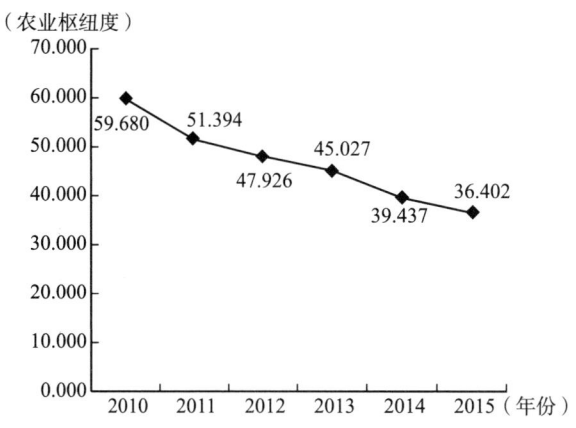

7. 农业生产倾向度

根据图 5-27 分析可知，2010~2015 年贵港市的农业生产倾向度总体上呈现持续上升型的状态。这一类型的指标为 2010~2015 年间城市在该项指标上存在较多波动变化，总体趋势为上升趋势，但在个别年份出现下降的情况，指标并非连续性上升。波动上升型指标意味着在评估期间，虽然指标数据存在较大波动变化，但是其评价末期数据值高于评价初期数据值。通过折线图可以看出，贵港市的农业生产倾向度指标不断提高，2015 年达到 29.488，相较于 2010 年上升 4 个单位左右，说明贵港市倾向度提高，城市的总功能量的外向强度增强。

图 5-25 2010~2015 年贵港市农业枢纽度变化趋势

6. 农业生产流强度

根据图 5-26 分析可知，2010~2015 年贵港市的农业生产流强度总体上呈现持续上升型的状态。处于持续上升型的指标，不仅意味着城市在各项指标数据上的不断增长，更意味着城市在该项指标上的竞争力优势不断扩大。通过折线图可以看出，贵港市的农业生产流强度指标不断提高，2015 年达到 3.466，相较于 2010 年上升 2 个单位左右；说明贵港市的农业生产流强度增强，城市之间发生的经济集聚和扩散所产生的农业生产要素流动强度增强，城市经济影响力也增强。

图 5-27 2010~2015 年贵港市农业生产倾向度变化趋势

8. 农业生产职能规模

根据图 5-28 分析可知，2010~2015 年贵港市农业生产职能规模总体上呈现波动保持型的状态。波动保持型指标意味着城市在该项指标上虽然呈现波动状态，在评价末期和评价初期的数值基本保持一致，该图可知贵港市农业生产职能规模保持在 2.245~3.312。即使贵港市农业生产职能规模存在过最低值，其数值为 2.245，但贵港市在农业生产职能规模上总体表现的也是相对平稳，说明贵港的农业生产职能规模增强，城市的农业生产水平提高，城市所具备的农业生产能力提高。

图 5-28 2010~2015 年贵港市农业生产职能规模变化趋势

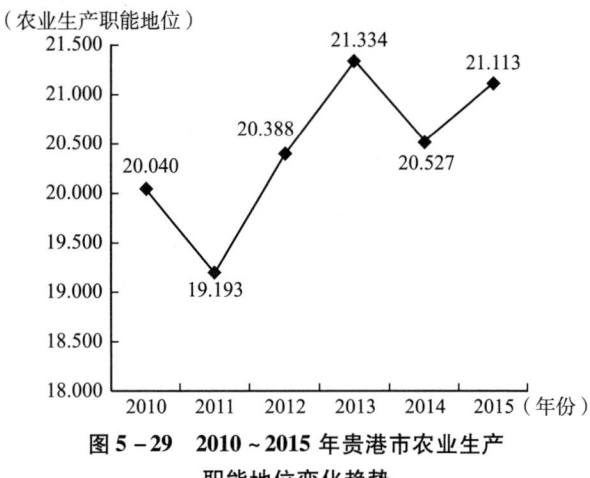

图 5-29 2010~2015 年贵港市农业生产职能地位变化趋势

9. 农业生产职能地位

根据图 5-29 分析可知,2010~2015 年贵港市农业生产职能地位总体上呈现波动上升型的状态。这一类型的指标为 2010~2015 年间城市存在一定的波动变化,总体趋势上为上升趋势,但在个别年份出现下降的情况,指标并非连续性上升状态。波动上升型指标意味着在评价的时间段内,虽然指标数据存在较大的波动变化,但是其评价末期数据值高于评价初期数据值。贵港市在 2013~2014 年虽然出现下降的状况,2014 年是 20.527,但是总体上还是呈现上升的态势,最终稳定在 21.113,说明贵港农业生产职能地位增强,城市的农业生产能力在地区内的水平更具备优势,城市对农业人力资源的吸引集聚能力扩大,城市发展具备农业发展及农业劳动力发展的潜力。

(二) 贵港市农业产出水平评估结果

根据表 5-7,对 2010~2012 年间贵港市农业产出及各三级指标的得分、排名、优劣度进行分析,可以看到 2010~2012 年间,贵港市农业产出的综合排名波动上升,2012 年处于中势地位,2010~2011 年其农业产出排名处于经济带第 9 名,2012 年升至第 7 名位置,处于珠江-西江经济带中游区,说明城市的农业产出的发展落后于珠江-西江经济带的其他城市。对贵港市的农业产出得分情况进行分析,发现贵港市的农业产出综合得分呈现持续上升的发展趋势,说明贵港市的农业产出活力处于上升状态,但发展较慢。总的来说,2010~2012 年贵港市农业产出发展水平在珠江-西江经济带中处于劣势地位,发展水平与经济带其他城市相比较低,发展水平有待进一步提高。

表 5-7　2010~2012 年贵港市农业产出各级指标的得分、排名及优劣度分析

指标	2010 年 得分	排名	优劣度	2011 年 得分	排名	优劣度	2012 年 得分	排名	优劣度
农业产出	11.932	9	劣势	12.318	9	劣势	13.836	7	中势
食物生态足迹	1.089	5	优势	1.121	4	优势	1.275	3	优势
人均食物生态足迹	1.786	7	中势	1.793	8	中势	2.066	7	中势
农业生产比重增量	2.889	1	强势	2.999	9	劣势	3.646	5	优势
农业生产平均增长指数	1.766	7	中势	2.538	4	优势	3.005	3	优势
农业枢纽度	2.455	5	优势	1.830	5	优势	1.631	5	优势
农业生产流强度	0.045	9	劣势	0.064	8	中势	0.077	9	劣势
农业生产倾向度	1.054	9	劣势	1.156	8	中势	1.256	8	中势
农业生产职能规模	0.067	10	劣势	0.079	10	劣势	0.098	8	中势
农业生产职能地位	0.780	8	中势	0.738	9	劣势	0.781	8	中势

其中食物生态足迹的排名呈现持续上升的发展趋势,再对贵港市食物生态足迹的得分情况进行分析,发现贵港市的食物生态足迹得分处于持续上升的发展趋势,说明在 2010~2012 年间贵港市的发展水平高,城市规模大,城市居民对各类食物需求增强。

其中人均食物生态足迹的排名呈现波动保持的发展趋势,再对贵港市的人均食物生态足迹得分情况进行分析,发现贵港市的人均食物生态足迹综合得分呈现持续上升的发展趋势,说明贵港市的居民对各类食物的人均需求较高。

其中农业生产比重增量的排名呈现波动下降的发展趋势,再对贵港市的农业生产比重增量的得分情况进行分析,发现贵港市的农业生产比重增量的得分处于持续上升的趋

势，说明在2010~2012年间贵港市农业生产发展程度较高。

其中农业生产平均增长指数的排名呈现持续上升的发展趋势，再对贵港市农业生产平均增长指数的得分情况进行分析，发现贵港市的农业生产平均增长指数得分处于持续上升的发展趋势，说明在2010~2012年间贵港市在评估时间段内的农业生产能力增强，整体城市农业生产水平上升。

其中农业枢纽度的排名呈现持续保持的发展趋势，再对贵港市的农业枢纽度得分情况进行分析，发现贵港市的农业枢纽度综合得分呈持续下降的发展趋势，说明贵港市的农业发展缓慢，但在经济社会发展中的地位较高。

其中农业生产流强度的排名呈现波动保持的发展趋势，再对贵港市的农业生产流强度得分情况进行分析，发现贵港市的农业生产流强度综合得分呈现持续上升的发展趋势，但城市之间发生的经济集聚和扩散所产生的农业生产要素流动强度较弱，城市经济影响力较弱。

其中农业生产倾向度的排名呈现波动上升的发展趋势，再对贵港市的农业生产倾向度的得分情况进行分析，发现贵港市的农业生产倾向度的得分处于持续上升趋势，说明2010~2012年间贵港市的总功能量的外向强度增强。

其中农业生产职能规模的排名呈现波动上升的发展趋势，再对贵港市的农业生产职能规模得分情况进行分析，发现贵港市的农业生产职能规模综合得分呈现持续上升的发展趋势，说明贵港市的农业生产水平提高，但城市所具备的农业生产能力较弱。

其中农业生产职能地位的排名呈现波动保持的发展趋势，再对贵港市的农业生产职能地位得分情况进行分析，发现贵港市的农业生产职能地位综合得分呈现波动保持的发展趋势，说明贵港市的农业生产能力在地区内的水平不具备一定的优势，城市对农业人力资源的吸引集聚能力较弱，但城市发展具备农业发展及农业劳动力发展的潜力。

根据表5-8，对2013~2015年间贵港市农业产出及各三级指标的得分、排名、优劣度进行分析，可以看到2013~2015年间，贵港市农业产出的综合排名处于中势状态，其农业产出排名处于下降趋势，2013年其农业产出排名处于经济带第7名，2014年其农业产出排名降至第9名，2015年其农业产出排名升至第8名，其农业产出处于珠江-西江经济带下游区，说明城市的农业产出的发展较为落后于珠江-西江经济带的其他城市。对贵港市的农业产出得分情况进行分析，发现贵港市的农业产出综合得分呈现波动下降的发展趋势，说明贵港市农业产出活力处于下降状态。总的来说，2013~2015年贵港市农业产出发展水平在珠江-西江经济带中处于中势地位，与经济带其他城市相比发展水平较低，发展水平有待进一步提升。

表5-8　　　　　　2013~2015年贵港市农业产出各级指标的得分、排名及优劣度分析

指标	2013年 得分	排名	优劣度	2014年 得分	排名	优劣度	2015年 得分	排名	优劣度
农业产出	13.008	7	中势	11.467	9	劣势	11.854	8	中势
食物生态足迹	1.375	3	优势	1.472	3	优势	1.513	3	优势
人均食物生态足迹	2.116	7	中势	2.232	7	中势	2.218	7	中势
农业生产比重增量	3.497	5	优势	2.885	7	中势	2.901	4	优势
农业生产平均增长指数	2.351	3	优势	1.420	9	劣势	1.851	4	优势
农业枢纽度	1.495	5	优势	1.265	5	优势	1.156	5	优势
农业生产流强度	0.085	9	劣势	0.097	9	劣势	0.112	9	劣势
农业生产倾向度	1.163	8	中势	1.191	8	中势	1.172	8	中势
农业生产职能规模	0.102	8	中势	0.100	9	劣势	0.101	9	劣势
农业生产职能地位	0.823	8	中势	0.804	9	劣势	0.829	9	劣势

其中食物生态足迹的排名呈现持续保持的发展趋势，再对贵港市食物生态足迹的得分情况进行分析，发现贵港市的食物生态足迹得分处于持续上升的发展趋势，说明在2010~2012年间贵港市发展水平高，城市规模扩大，城市居民对各类食物需求较高。

其中人均食物生态足迹的排名呈现持续保持的发展趋势，再对贵港市的人均食物生态足迹得分情况进行分析，发现贵港市的人均食物生态足迹综合得分呈现波动上升的发展趋势，说明贵港市的居民对各类食物的人均需求上升。

其中农业生产比重增量的排名呈现波动上升的发展趋势，再对贵港市的农业生产比重增量的得分情况进行分析，发现贵港市的农业生产比重增量的得分呈现波动下降的趋势，说明在2010~2012年间贵港市农业生产发展程度降低，但城市整体粮食产量水平具备一定的优势。

其中农业生产平均增长指数的排名呈现波动下降的发展趋势，再对贵港市的农业生产平均增长指数的得分情况进行分析，发现贵港市的农业生产平均增长指数得分处于先降后升的发展趋势，说明在2013~2015年间贵港市在评估时间段内的农业生产能力降低，整体城市农业生产水平下降。

其中农业枢纽度的排名呈现持续保持的发展趋势，再对贵港市的农业枢纽度得分情况进行分析，发现贵港市的

农业枢纽度综合得分呈现持续下降的发展趋势，说明贵港市的农业发展缓慢，但其在经济社会发展中的地位较高。

其中农业生产流强度的排名呈现持续保持的发展趋势，再对贵港市的农业生产流强度得分情况进行分析，发现贵港市的农业生产流强度综合得分呈现持续上升的发展趋势，说明城市之间发生的经济集聚和扩散所产生的农业生产要素流动强度较弱，城市经济影响力较小。

其中农业生产倾向度的排名呈现持续保持的发展趋势，再对贵港市的农业生产倾向度的得分情况进行分析，发现贵港市的农业生产倾向度的得分波动上升的趋势，说明在2010~2012年间贵港市的总功能量的外向强度增强。

其中农业生产职能规模的排名呈现波动下降的发展趋势，再对贵港市的农业生产职能规模得分情况进行分析，发现贵港市的农业生产职能规模综合得分呈现波动保持的发展趋势，说明贵港市的农业生产水平较低，城市所具备的农业生产能力较弱。

其中农业生产职能地位的排名呈现波动下降的发展趋势，再对贵港市的农业生产职能地位得分情况进行分析，发现贵港市的农业生产职能地位综合得分呈现波动保持的发展趋势，说明贵港市的农业生产能力在地区内的水平不具备优势，城市对农业人力资源的吸引集聚能力较弱，城市发展不具备农业发展及农业劳动力发展的潜力。

对2010~2015年间贵港市农业产出及各三级指标的得分、排名和优劣度进行分析。2010~2015年贵港市农业产出的综合得分排名呈现波动保持的发展趋势。2010~2011年贵港市农业产出综合得分排名始终处于珠江-西江经济带第9名，2012~2013年上升至第7名，2014年下降至第9名，2015年农业产出的综合得分上升至第8名。一方面说明贵港市的农业产出处于珠江-西江经济带劣势地位，发展水平与经济带其他城市相比较低，在经济带中所具备的竞争力较小；另一方面说明贵港市在农业产出方面的发展比较稳定，但也体现贵港市在农业产出方面缺乏一定的发展活力。对贵港市的农业产出得分情况进行分析，发现2010~2012年贵港市的农业产出综合得分持续上升，2013~2015年得分波动下降，整体上贵港市的农业产出综合得分呈现波动下降的发展趋势，说明贵港市的农业产出活力处于下降状态，在珠江-西江经济带中处于下游。

从表5-9来看，在9个基础指标中，指标的优劣度结构为0.0:44.4:22.2:33.3。

表5-9　2015年贵港市农业产出的优劣度结构

二级指标	三级指标数	强势指标 个数	比重（%）	优势指标 个数	比重（%）	中势指标 个数	比重（%）	劣势指标 个数	比重（%）	优劣度
农业产出	9	0	0.000	4	44.444	2	22.222	3	33.333	中势

（三）贵港市农业产出水平比较分析

图5-30和图5-31将2010~2015年贵港市农业产出与珠江-西江经济带最高水平和平均水平进行比较。从农业产出的要素得分比较来看，由图5-30可知，2010年，贵港市食物生态足迹得分比最高分低1.702分，比平均分高0.237分；2011年，食物生态足迹得分比最高分低1.759分，比平均分高0.251分；2012年，食物生态足迹得分比最高分低1.884分，比平均分高0.299分；2013年，食物生态足迹得分比最高分低1.970分，比平均分高0.353分；2014年，食物生态足迹得分比最高分低1.906分，比平均分高0.477分；2015年，食物生态足迹得分比最高分低1.924分，比平均分高0.467分。这说明整体上贵港市食物生态足迹得分与珠江-西江经济带最高分的差距逐渐增大，与珠江-西江经济带平均分的差距逐渐增大。

2010年，贵港市人均食物生态足迹得分比最高分低2.383分，比平均分低0.541分；2011年，人均食物生态足迹得分比最高分低2.250分，比平均分低0.531分；2012年，人均食物生态足迹得分比最高分低2.327分，比平均分低0.503分；2013年，人均食物生态足迹得分比最高分低2.133分，比平均分低0.451分；2014年，人均食物生态足迹得分比最高分低2.109分，比平均分低0.273分；2015年，人均食物生态足迹得分比最高分低2.008分，比平均分低0.286分。这说明整体上贵港市人均食物生态足迹得分与珠江-西江经济带最高分的差距有缩小趋势，与珠江-西江经济带平均分的差距逐渐减小。

2010年，贵港市农业生产比重增量得分与最高分不存在差距，比平均分高0.990分；2011年，农业生产比重增量得分比最高分低1.641分，比平均分低0.319分；2012年，农业生产比重增量得分比最高分低1.213分，比平均分高0.189分；2013年，农业生产比重增量得分比最高分低0.906分，比平均分低0.034分；2014年，农业生产比重增量得分比最高分低0.551分，比平均分低0.061分；2015年，农业生产比重增量得分比最高分低0.064分，比平均分高0.428分。这说明整体上贵港市农业生产比重增量得分与珠江-西江经济带最高分的差距波动扩大，与珠江-西江经济带平均分的差距波动减小。

2010年，贵港市农业生产平均增长指数得分比最高分低2.109分，比平均分高0.082分；2011年，农业生产平均增长指数得分比最高分低0.512分，比平均分高0.463分；2012年，农业生产平均增长指数得分比最高分低0.611分，比平均分高0.438分；2013年，农业生产平均增长指数得分比最高分低0.375分，比平均分高0.244分；2014年，农业生产平均增长指数得分比最高分低0.805分，比平均分低0.236分；2015年，农业生产平均增长指数得分比最高分低0.187分，比平均分高0.187分。这说明整体上贵港市农业生产平均增长指数得分与珠江-西江经济带最高分的差距逐渐缩小，与珠江-西江经济带平均分的差距波动增大。

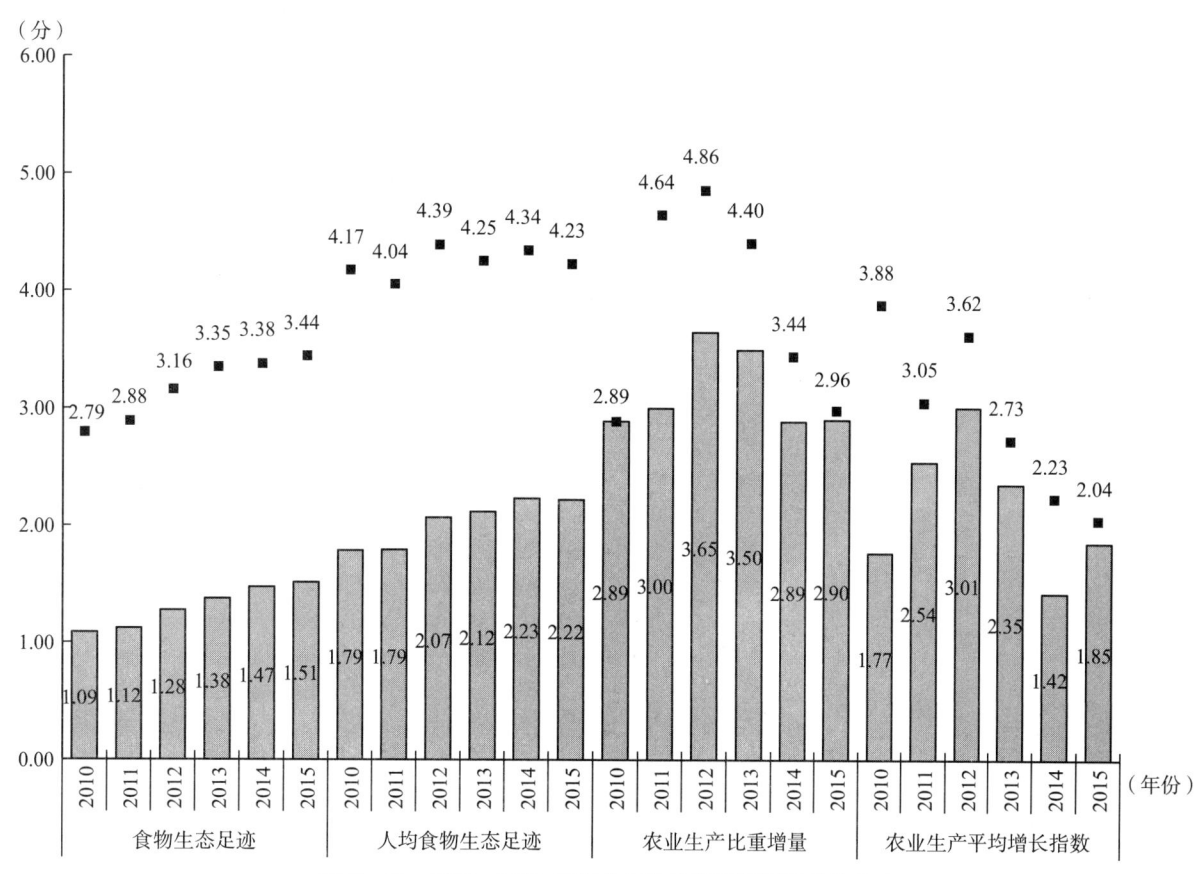

图 5-30 2010~2015 年贵港市农业产出指标得分比较 1

由图 5-31 可知，2010 年，贵港市农业枢纽度得分比最高分低 1.659 分，比平均分高 0.528 分；2011 年，农业枢纽度得分比最高分低 1.137 分，比平均分高 0.450 分；2012 年，农业枢纽度得分比最高分低 1.053 分，比平均分高 0.435 分；2013 年，农业枢纽度得分比最高分低 1.165 分，比平均分高 0.416 分；2014 年，农业枢纽度得分比最高分低 1.050 分，比平均分高 0.339 分；2015 年，农业枢纽度得分比最高分低 1.082 分，比平均分高 0.290 分。这说明整体上贵港市农业枢纽度得分与珠江-西江经济带最高分的差距波动缩小，与珠江-西江经济带平均分的差距逐渐减小。

2010 年，贵港市农业生产流强度得分比最高分低 2.453 分，比平均分低 0.409 分；2011 年，农业生产流强度得分比最高分低 1.926 分，比平均分低 0.373 分；2012 年，农业生产流强度得分比最高分低 2.148 分，比平均分低 0.408 分；2013 年，农业生产流强度得分比最高分低 2.573 分，比平均分低 0.476 分；2014 年，农业生产流强度得分比最高分低 2.821 分，比平均分低 0.545 分；2015 年，农业生产流强度得分比最高分低 3.125 分，比平均分低 0.576 分。这说明整体上贵港市农业生产流强度得分与珠江-西江经济带最高分的差距波动扩大，与珠江-西江经济带平均分的差距波动增大。

2010 年，贵港市农业生产倾向度得分比最高分低 2.949 分，比平均分低 0.949 分；2011 年，农业生产倾向度得分比最高分低 2.644 分，比平均分低 0.573 分；2012 年，农业生产倾向度得分比最高分低 2.668 分，比平均分低 0.545 分；2013 年，农业生产倾向度得分比最高分低 2.624 分，比平均分低 0.605 分；2014 年，农业生产倾向度得分比最高分低 2.778 分，比平均分低 0.712 分；2015 年，农业生产倾向度得分比最高分低 2.804 分，比平均分低 0.601 分。这说明整体上贵港市农业生产倾向度得分与珠江-西江经济带最高分的差距波动缩小，与珠江-西江经济带平均分的差距逐渐减小。

2010 年，贵港市农业生产职能规模得分比最高分低 2.357 分，比平均分低 0.475 分；2011 年，农业生产职能规模得分比最高分低 2.509 分，比平均分低 0.466 分；2012 年，农业生产职能规模得分比最高分低 2.683 分，比平均分低 0.514 分；2013 年，农业生产职能规模得分比最高分低 2.774 分，比平均分低 0.547 分；2014 年，农业生产职能规模得分比最高分低 2.977 分，比平均分低 0.597 分；2015 年，农业生产职能规模得分比最高分低 3.107 分，比平均分低 0.569 分。这说明整体上贵港市农业生产职能规模得分与珠江-西江经济带最高分的差距有扩大趋势，与珠江-西江经济带平均分的差距逐渐增大。

2010 年，贵港市农业生产职能地位得分比最高分低 3.066 分，比平均分低 0.916 分；2011 年，农业生产职能地位得分比最高分低 2.950 分，比平均分低 0.937 分；2012 年，农业生产职能地位得分比最高分低 2.915 分，比平均分低 0.888 分；2013 年，农业生产职能地位得分比最高分低 3.015 分，比平均分低 0.858 分；2014 年，农业生产职能地位得分比最高分低 3.114 分，比平均分低 0.903 分；2015 年，农业生产职能地位得分比最高分低 2.885 分，比平均分低0.882分。这说明整体上贵港市农业生产职能地位得分与珠江-西江经济带最高分的差距有缩小趋势,与珠江-西江经济带平均分的差距逐渐减小。

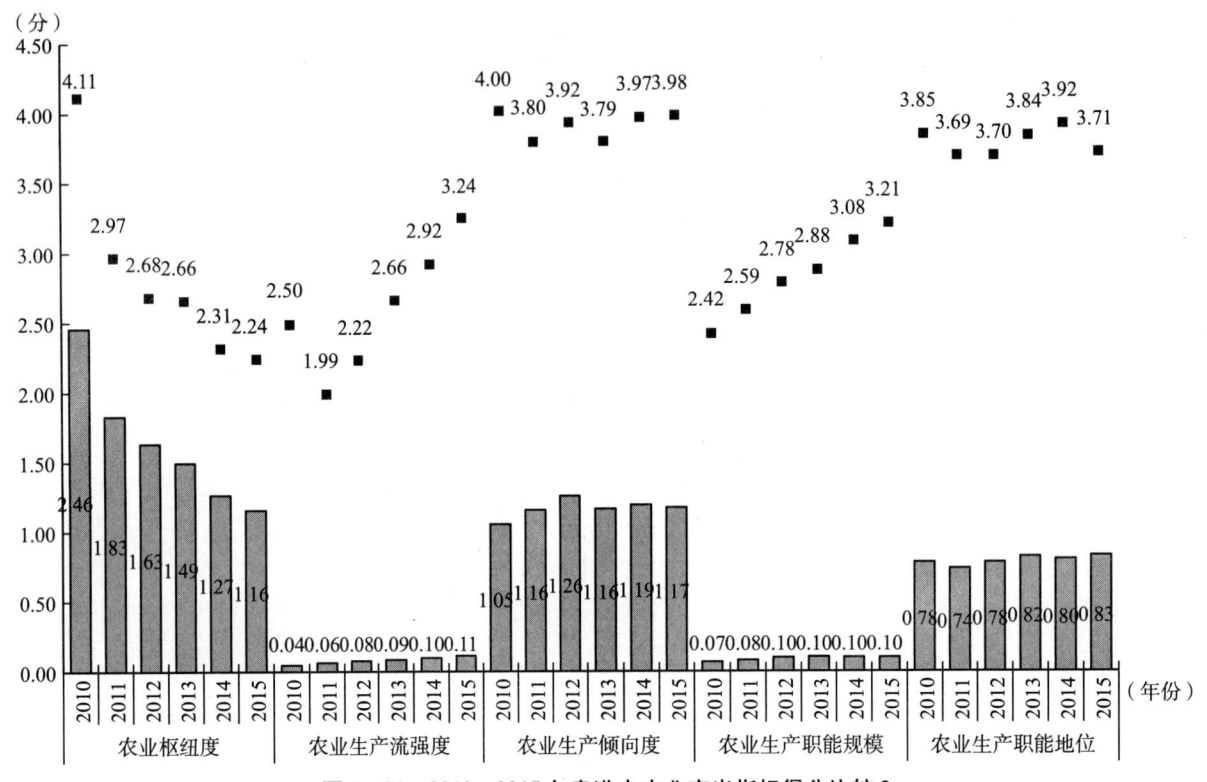

图5-31　2010~2015年贵港市农业产出指标得分比较2

四、贵港市农业生产发展水平综合评估与比较评述

从对贵港市农业发展水平评估及其三个二级指标在珠江-西江经济带的排名变化和指标结构的综合分析来看,2010~2015年间,农业生产板块中上升指标的数量等于下降指标的数量,上升的动力等于下降的拉力,使得2015年贵港市农业发展水平的排名呈波动下降,在珠江-西江经济带城市中农业发展水平位居第7名。

(一)贵港市农业生产发展水平概要分析

贵港市农业发展水平在珠江-西江经济带所处的位置及变化如表5-10所示,3个二级指标的得分和排名变化如表5-11所示。

表5-10　　　　2010~2015年贵港市农业生产一级指标比较

项目	2010年	2011年	2012年	2013年	2014年	2015年
排名	5	7	5	5	4	7
所属区位	中游	中游	中游	中游	中游	中游
得分	51.129	52.161	52.864	52.942	52.227	50.001
经济带最高分	64.061	66.285	62.112	64.361	61.849	62.336
经济带平均分	51.465	53.838	53.598	51.944	50.910	50.770
与最高分的差距	-12.932	-14.124	-9.248	-11.419	-9.622	-12.335
与平均分的差距	-0.336	-1.677	-0.734	0.998	1.317	-0.769
优劣度	优势	中势	优势	优势	优势	中势
波动趋势	—	下降	上升	持续	上升	下降

表 5-11　　　　　　　　　　2010~2015 年贵港市农业生产二级指标比较

年份	农业结构 得分	农业结构 排名	农业发展 得分	农业发展 排名	农业产出 得分	农业产出 排名
2010	23.441	3	15.756	4	11.932	9
2011	24.065	4	15.777	4	12.318	9
2012	22.396	6	16.632	4	13.836	7
2013	21.797	3	18.137	2	13.008	7
2014	24.021	3	16.739	5	11.467	9
2015	21.936	4	16.210	6	11.854	8
得分变化	-1.505	—	0.454	—	-0.078	—
排名变化	—	-1	—	-2	—	1
优劣度	优势	优势	优势	优势	劣势	劣势

(1) 从指标排名变化趋势看，2015 年贵港市农业发展水平评估排名在珠江-西江经济带处于第 7 名，表明其在珠江-西江经济带处于中势地位，与 2010 年相比，排名下降 2 名。总的来看，评价期内贵港市农业发展水平呈现波动下降趋势。

在三个二级指标中，其中 1 个指标排名处于上升趋势，为农业产出；2 个指标排名处于下降趋势，为农业结构和农业发展，这是贵港市农业发展水平保持波动下降的原因所在。受指标排名升降的综合影响，评价期内贵港市农业生产的综合排名呈波动下降，在珠江-西江经济带城市中排名第 7 名。

(2) 从指标所处区位来看，2015 年贵港市农业发展水平处在中游区，其中，农业结构指标和农业发展指标为优势指标，农业产出为劣势指标。

(3) 从指标得分来看，2015 年贵港市农业生产得分为 50.001 分，比珠江-西江经济带最高分低 12.335 分，比平均分低 0.769 分；与 2010 年相比，贵港市农业发展水平得分下降 1.128 分，与珠江-西江经济带平均分的差距趋于扩大。

2015 年，贵港市农业发展水平二级指标的得分均高于 11 分，与 2010 年相比，得分上升最多的为农业发展，上升 0.454 分；得分下降最多的为农业结构，下降 1.505 分。

（二）贵港市农业生产发展水平评估指标动态变化分析

2010~2015 年贵港市农业发展水平评估各级指标的动态变化及其结构，如图 5-32 和表 5-12 所示。

从图 5-32 可以看出，贵港市农业发展水平评估的三级指标中上升指标的比例小于下降指标，表明上升指标未居于主导地位。表 5-12 中的数据说明，贵港市农业发展水平评估的 25 个三级指标中，上升的指标有 9 个，占指标总数的 36.000%；保持的指标有 5 个，占指标总数的 20.000%；下降的指标有 11 个，占指标总数的 44.000%。由于上升指标的数量小于下降指标的数量，且受变动幅度与外部因素的综合影响，评价期内贵港市农业生产排名呈现波动下降趋势，在珠江-西江经济带城市中居第 7 名。

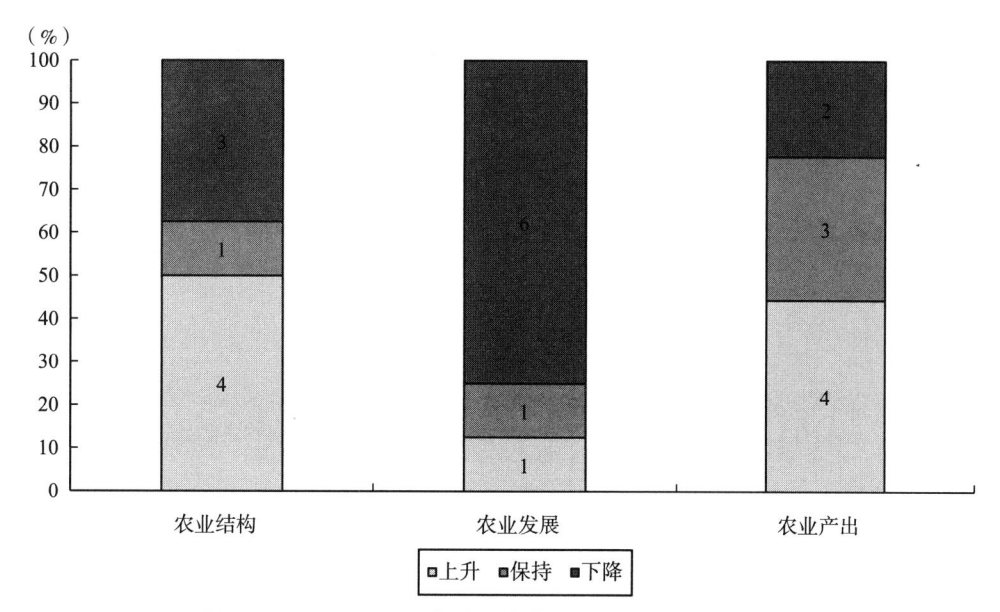

图 5-32　2010~2015 年贵港市农业发展水平动态变化结构

表5-12　　　　　　2010~2015年贵港市农业生产各级指标排名变化态势比较

二级指标	三级指标数	上升指标		保持指标		下降指标	
		个数	比重（%）	个数	比重（%）	个数	比重（%）
农业结构	8	4	50.000	1	12.500	3	37.500
农业发展	8	1	12.500	1	12.500	6	75.000
农业产出	9	4	44.444	3	33.333	2	22.222
合计	25	9	36.000	5	20.000	11	44.000

（三）贵港市农业生产发展水平评估指标变化动因分析

2015年贵港市农业生产板块各级指标的优劣势变化及其结构，如图5-33和表5-13所示。

从图5-33可以看出，2015年贵港市农业发展水平评估的三级指标中强势和优势指标的比例大于劣势指标的比例，表明强势和优势指标居于主导地位。表5-13中的数据说明，2015年贵港市农业生产的25个三级指标中，强势指标有2个，占指标总数的8.000%；优势指标9个，占指标总数的36.000%；中势指标7个，占指标总数的28.000%；劣势指标为7个，占指标总数的28.000%；强势指标和优势指标之和占指标总数的44.000%，数量与比重均大于劣势指标。从二级指标来看，其中，农业结构不存在强势指标；优势指标2个，占指标总数的25.000%；中势指标4个，占指标总数的50.000%；劣势指标为2个，占指标总数的25.000%；强势指标和优势指标之和占指标总数的25.000%，说明农业结构的强、优势指标未居于主导地位。农业发展的强势指标有2个，占指标总数的25.000%；优势指标为3个，占指标总数的37.500%；中势指标1个，占指标总数的12.500%；劣势指标2个，占指标总数的25.000%；强势指标和优势指标之和占指标总数的62.500%，说明农业发展的强、优势指标处于主导地位。农业产出不存在强势指标；优势指标为4个，占指标总数的44.444%；中势指标2个，占指标总数的22.222%；劣势指标为3个，占指标总数的33.333%；强势指标和优势指标之和占指标总数的44.444%，说明农业产出的强、优势指标处于有利地位。由于强、优势指标比重较大，贵港市农业发展水平处于中势地位，在珠江-西江经济带城市中居第7名，处于中游区。

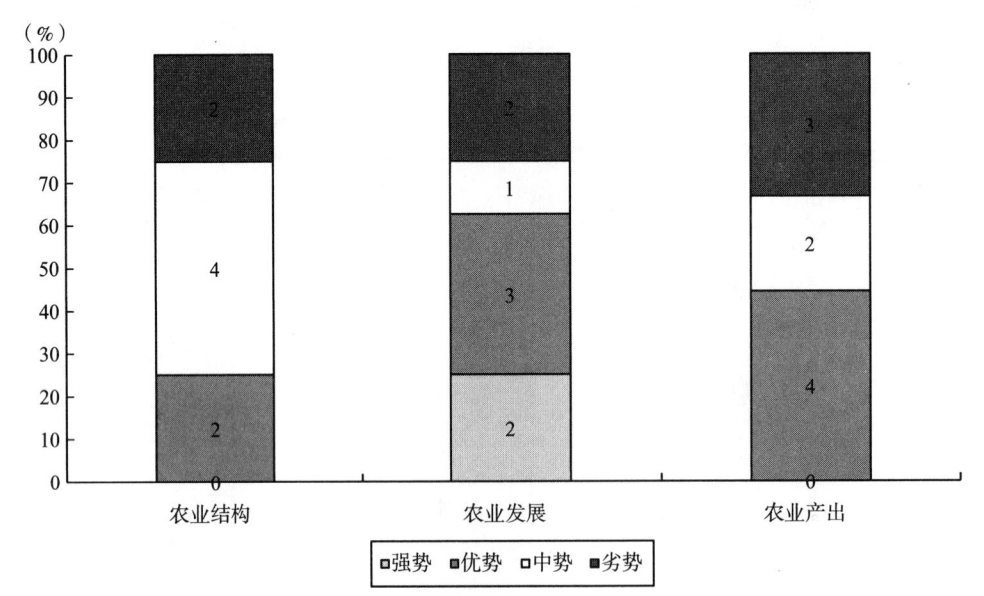

图5-33　2015年贵港市农业生产优劣度结构

表5-13　　　　　　2015年贵港市农业生产各级指标优劣度比较

二级指标	三级指标数	强势指标		优势指标		中势指标		劣势指标		优劣度
		个数	比重（%）	个数	比重（%）	个数	比重（%）	个数	比重（%）	
农业结构	8	0	0.000	2	25.000	4	50.000	2	25.000	优势
农业发展	8	2	25.000	3	37.500	1	12.500	2	25.000	中势
农业产出	9	0	0.000	4	44.444	2	22.222	3	33.333	中势
合计	25	2	8.000	9	36.000	7	28.000	7	28.000	中势

为进一步明确影响贵港市农业生产变化的具体因素，以便于对相关指标进行深入分析，为提升贵港市农业生产水平提供决策参考，在表5-14中列出农业生产指标体系中直接影响贵港市农业发展水平升降的强势指标、优势指标和劣势指标。

表5-14　　　　　　　　　　　2015年贵港市农业生产三级指标优劣度统计

指标	强势指标	优势指标	中势指标	劣势指标
农业结构（8个）	（0个）	第一产业比重、第一产业弧弹性（2个）	第一产业不协调度、第一产业结构偏离系数、第一产业区位商、第一产业劳动产出率（4个）	第一产业投资强度、第一产业贡献率（2个）
农业发展（8个）	耕地密度、农业土地扩张强度（2个）	第一产业扩张弹性系数、农业强度、农业指标绝对增量加权指数（3个）	农业指标动态变化（1个）	农业蔓延指数、农业指标相对增长率（2个）
农业产出（9个）	（0个）	食物生态足迹、农业生产比重增量、农业生产平均增长指数、农业枢纽度（4个）	人均食物生态足迹、农业生产倾向度（2个）	农业生产流强度、农业生产职能规模、农业生产职能地位（3个）

第六章 百色市农业生产发展水平综合评估

一、百色市农业结构竞争力综合评估与比较

(一) 百色市农业结构竞争力评估指标变化趋势评析

1. 第一产业比重

根据图6-1分析可知，2010~2015年百色市第一产业比重总体上呈现持续下降型的状态。处于持续下降型的指标，意味着城市在该项指标上不断处在劣势状态，并且这一状况并未得到改善。如图6-1所示，百色市第一产业比重指标处于不断下降的状态中，2011年此指标数值最高，是63.337，2015下降至56.748。分析这种变化趋势，可以得出百色市第一产业发展处于劣势，城市的发展活力较低。

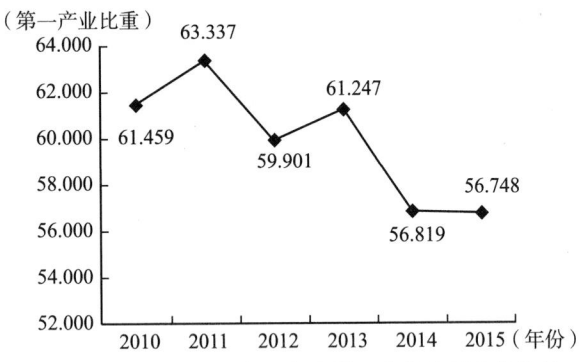

图6-1 2010~2015年百色市第一产业比重变化趋势

2. 第一产业投资强度

根据图6-2分析可知，2010~2015年百色市第一产业投资强度总体上呈现波动上升型的状态。这一类型的指标为在2010~2015年间城市存在一定的波动变化，总体趋势上为上升趋势，但在个别年份出现下降的情况，指标并非连续性上升状态。波动上升型指标意味着在评价的时间段内，虽然指标数据存在较大的波动变化，但是其评价末期数据值高于评价初期数据值。百色市在2011~2015年虽然出现下降的状况，2011年是45.852，但是总体上还是呈现上升的态势，最终稳定在31.018；说明第一产业投资强度增大，百色市财政发展对第一产业资金、技术、物质等方面的投资增多。

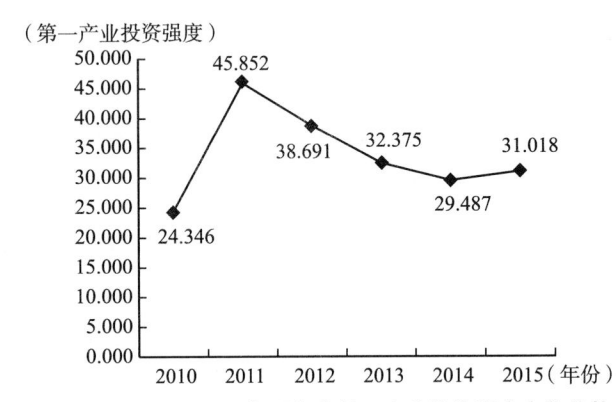

图6-2 2010~2015年百色市第一产业投资强度变化趋势

3. 第一产业不协调度

根据图6-3分析可知，2010~2015年百色市的第一产业不协调度总体上呈现持续下降型的状态。处于持续下降型的指标，意味着城市在该项指标上不断处在劣势状态，并且这一状况并未得到改善。如图所示，百色市第一产业不协调度指标处于不断下降的状态中，2010年此指标数值最高，是97.536，2015年下降至95.009；说明百色市第一产业不协调度减小，城市第一产业在城市中的发展结构良好，第一产业对城市经济发展起促进作用。

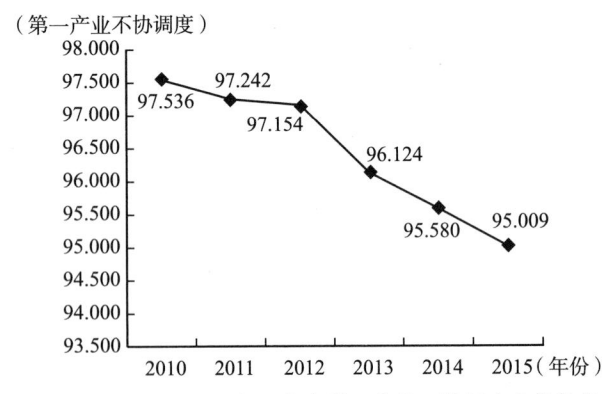

图6-3 2010~2015年百色市第一产业不协调度变化趋势

4. 第一产业贡献率

根据图6-4分析可知，2010~2015年百色市第一产业贡献率总体上呈现波动保持型的状态。波动保持型指标意味着城市在该项指标上虽然呈现波动状态，在评价末期和评价初期的数值基本保持一致，该图可知百色市第一产业贡献率保持在49.229~72.141。即使百色市第一产业贡献率存在过最低值，其数值为49.229，但百色市在第一产业

贡献率上总体表现的也是相对平稳;说明百色市第一产业的发展活力较稳定。

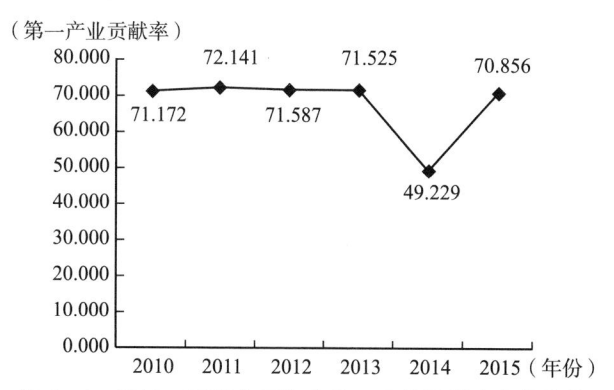

图 6-4 2010~2015 年百色市第一产业贡献率变化趋势

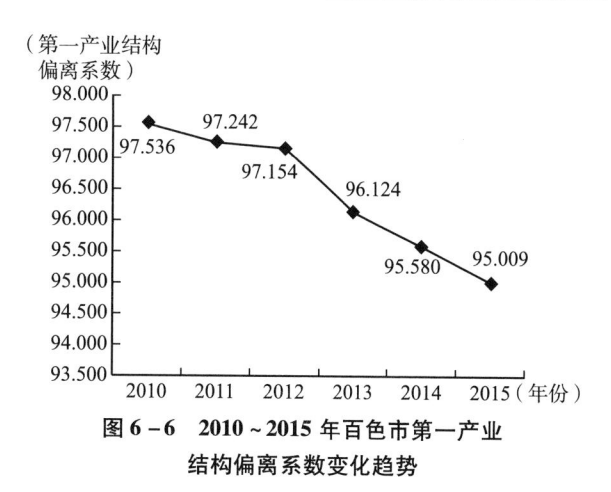

图 6-6 2010~2015 年百色市第一产业结构偏离系数变化趋势

5. 第一产业弧弹性

根据图 6-5 分析可知,2010~2015 年百色市的第一产业弧弹性总体上呈现波动上升型的状态。这一类型的指标为 2010~2015 年间城市在该项指标上存在较多波动变化,总体趋势为上升趋势,但在个别年份出现下降的情况,指标并非连续性上升。波动上升型指标意味着在评估期间,虽然指标数据存在较大波动变化,但是其评价末期数据值高于评价初期数据值。百色市的第一产业弧弹性指标不断提高,2015 年达到 92.133,相较于 2010 年上升 37 个单位左右,说明百色市的第一产业弧弹性不断增大,体现百色市的第一产业经济发展变化增长速率快于其经济的变化增长速率,城市呈现出第一产业的扩张发展趋势。

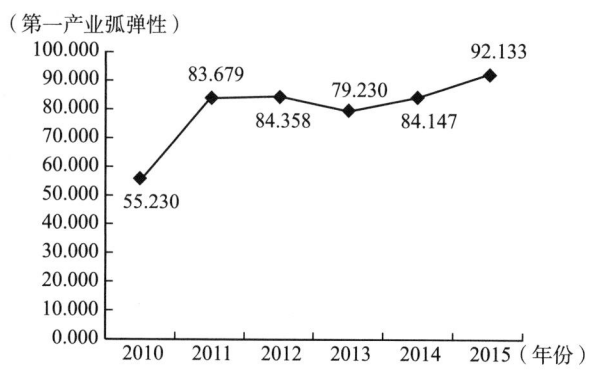

7. 第一产业区位商

根据图 6-7 分析可知,2010~2015 年百色市第一产业区位商总体上呈现波动保持型的状态。波动保持型指标意味着城市在该项指标上虽然呈现波动状态,在评价末期和评价初期的数值基本保持一致,该图可知百色市第一产业区位商保持在 12.111~17.270。即使百色市第一产业区位商存在过最低值,其数值为 12.111,但百色市在第一产业区位商上总体表现也是相对平稳;说明百色市的第一产业发展活力比较稳定。

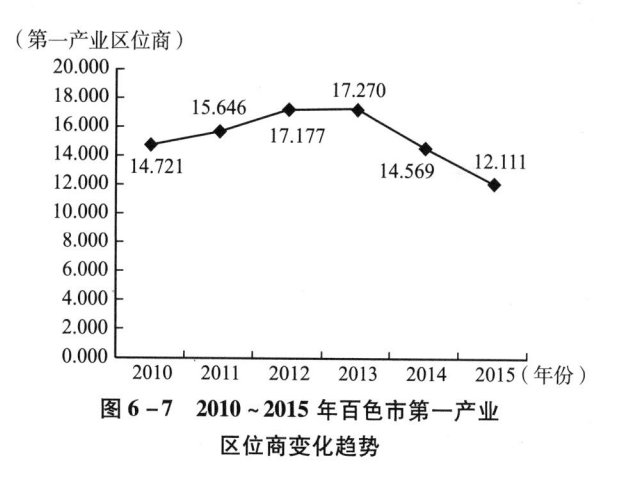

图 6-5 2010~2015 年百色市第一产业弧弹性变化趋势

图 6-7 2010~2015 年百色市第一产业区位商变化趋势

6. 第一产业结构偏离系数

根据图 6-6 分析可知,2010~2015 年百色市的第一产业结构偏离系数总体上呈现持续下降型的状态。处于持续下降型的指标,意味着城市在该项指标上不断处于劣势状态,并且这一状况并未得到改善。如图 6-6 所示,百色市第一产业结构偏离系数指标处于不断下降的状态中,2010 年此指标数值最高,是 97.536,2015 年下降至 95.009;说明百色市的第一产业结构偏离系数减小,第一产业结构协调程度提高,城市的劳动生产率也在提高。

8. 第一产业劳动产出率

根据图 6-8 分析可知,2010~2015 年百色市的第一产业劳动产出率总体上呈现持续上升型的状态。处于持续上升型的指标,不仅意味着城市在各项指标数据上的不断增长,更意味着城市在该项指标以及劳动产出率整体上的竞争力优势不断扩大。百色市的第一产业劳动产出率指标不断提高,2015 年达到 6.562,相较于 2010 年上升 5 个单位左右,说明百色市第一产业劳动产出率增大,第一产业经济发展水平提高,第一产业对城市经济发展的贡献也在增大。

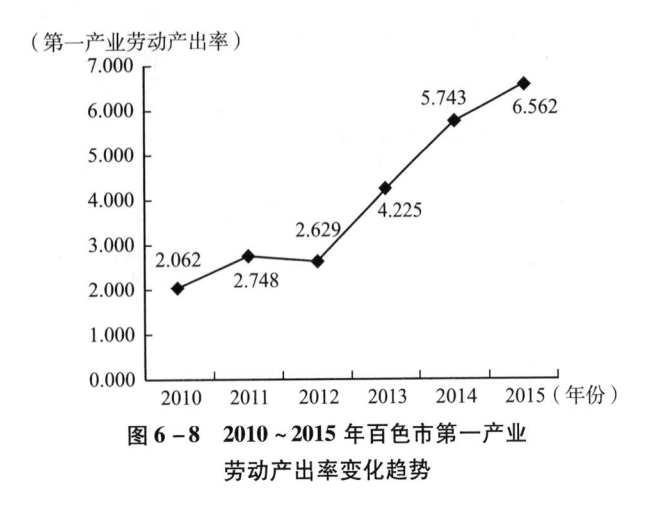

(二)百色市农业结构竞争力评估结果

根据表6-1,对2010~2012年间百色市农业结构及各三级指标的得分、排名、优劣度进行分析,可以看到在2010~2012年间,百色市农业结构的排名处于珠江-西江经济带优势位置,且2010年其农业结构竞争力排名处于经济带第5名,2011~2012年其农业结构竞争力排名升至经济带第3名,其农业结构竞争力处于上游区,发展较为稳定。对百色市的农业结构竞争力得分情况进行分析,发现百色市的农业结构综合得分呈先升后降趋势,说明城市的农业结构发展较于珠江-西江经济带其他城市处于较高水平。总的来说,2010~2012年百色市农业结构发展处于珠江-西江经济带优势地位,发展水平与经济带其他城市相比较高。

图6-8 2010~2015年百色市第一产业劳动产出率变化趋势

表6-1 2010~2012年百色市农业结构各级指标的得分、排名及优劣度分析

指标	2010年 得分	排名	优劣度	2011年 得分	排名	优劣度	2012年 得分	排名	优劣度
农业结构	23.039	5	优势	25.293	3	优势	24.269	3	优势
第一产业比重	2.579	5	优势	2.665	5	优势	2.420	5	优势
第一产业投资强度	0.754	2	强势	1.335	2	强势	1.116	2	强势
第一产业不协调度	6.492	5	优势	6.296	5	优势	5.949	4	优势
第一产业贡献率	3.359	2	强势	3.483	5	优势	3.337	2	强势
第一产业弧弹性	2.889	11	劣势	4.693	10	劣势	4.933	9	劣势
第一产业结构偏离系数	6.492	5	优势	6.296	5	优势	5.949	4	优势
第一产业区位商	0.418	3	优势	0.452	3	优势	0.495	4	优势
第一产业劳动产出率	0.055	7	中势	0.073	7	中势	0.072	6	中势

对百色市农业结构的三级指标进行分析,其中第一产业比重的排名呈现持续保持的发展趋势,再对百色市的第一产业比重的得分情况进行分析,发现百色市的第一产业比重的得分呈现先上升后下降的发展趋势,说明百色市第一产业比重持续减小,其他产业比重加大。

其中第一产业投资强度的排名呈现持续保持的发展趋势,再对百色市的第一产业投资强度的得分情况进行分析,发现百色市的第一产业投资强度的得分波动上升,整体上得分比较高,说明百色市的第一产业发展具有一定优势,城市活力较强。

其中第一产业不协调度的排名呈现波动上升的发展趋势,再对百色市的第一产业不协调度的得分情况进行分析,发现百色市第一产业不协调度指数的得分持续下降,说明百色市第一产业在城市中的发展结构良好,第一产业对城市经济发展起促进作用。

其中第一产业贡献率的排名呈现波动保持的发展趋势,再对百色市第一产业贡献率的得分情况进行分析,发现百色市的第一产业贡献率的得分处于波动保持的发展趋势,说明在2010~2012年间百色市第一产业所提供的就业机会较少、劳动力需求程度较高,产业发展活力增强。

其中第一产业弧弹性的排名呈持续上升的发展趋势,再对百色市的第一产业弧弹性得分情况进行分析,发现百色市的第一产业弧弹性的得分处于持续上升的发展趋势,

但百色市第一产业经济发展变化增长速率慢于其经济的变化增长速率,城市呈现出第一产业的扩张发展趋势。

其中第一产业结构偏离系数的排名呈现波动上升的发展趋势,再对百色市的第一产业结构偏离系数的得分情况进行分析,发现百色市的第一产业结构偏离系数的得分处于持续下降的趋势。

其中第一产业区位商呈现波动下降的发展趋势,再对百色市的第一产业区位商的得分情况进行分析,发现百色市的第一产业区位商的得分处于波动上升的趋势,说明城市的第一产业就业程度较高。

其中第一产业劳动产出率的排名呈现波动上升的发展趋势,再对百色市的第一产业劳动产出率的得分情况进行分析,发现百色市的第一产业劳动产出率的得分波动上升的发展趋势,但整体来说百色市的第一产业经济发展水平较低,第一产业对城市经济发展的贡献较少。

根据表6-2,对2013~2015年间百色市农业结构及各三级指标的得分、排名、优劣度进行分析,可以看到在2013~2015年间,百色市农业结构的排名处于强势,在2013年、2015年其农业结构排名处于珠江-西江经济带第2名,2014年其农业结构排名处于珠江-西江经济带第4名,说明城市的农业结构发展的稳定性较高。对百色市的农业结构得分情况进行分析,发现百色市的农业结构综合得分呈现波动上升趋势,说明城市的

农业结构发展整体上较于珠江－西江经济带其他城市较高。总的来说，2013～2015年百色市农业结构发展处于珠江－西江经济带强势地位，发展水平与经济带其他城市相比较高。

表6-2 2013～2015年百色市农业结构各级指标的得分、排名及优劣度分析

指标	2013年 得分	排名	优劣度	2014年 得分	排名	优劣度	2015年 得分	排名	优劣度
农业结构	22.834	2	强势	22.155	4	优势	23.300	2	强势
第一产业比重	2.446	5	优势	2.159	5	优势	2.171	5	优势
第一产业投资强度	0.907	2	强势	0.828	2	强势	0.879	1	强势
第一产业不协调度	5.636	5	优势	5.741	5	优势	5.490	5	优势
第一产业贡献率	3.365	4	优势	2.236	9	劣势	3.362	6	中势
第一产业弧弹性	4.168	10	劣势	4.815	10	劣势	5.329	2	强势
第一产业结构偏离系数	5.636	5	优势	5.741	5	优势	5.490	5	优势
第一产业区位商	0.544	3	优势	0.454	3	优势	0.362	3	优势
第一产业劳动产出率	0.132	7	中势	0.182	7	中势	0.218	7	中势

对百色市农业结构的三级指标进行分析，其中第一产业比重的排名呈现持续保持的发展趋势，再对百色市的第一产业比重的得分情况进行分析，发现百色市的第一产业比重的得分波动下降，说明百色市第一产业比重持续减小，被其他产业所替代。

其中第一产业投资强度的排名呈现波动上升的发展趋势，再对百色市的第一产业投资强度的得分情况进行分析，发现百色市的第一产业投资强度的得分波动下降，但百色市的第一产业发展具有优势，城市活力较强。

其中第一产业不协调度的排名呈现持续保持的发展趋势，再对百色市的第一产业不协调度的得分情况进行分析，发现百色市的第一产业不协调度指数的得分先上升后下降，但整体上是下降的，但百色市第一产业在城市中的发展结构有所完善。

其中第一产业贡献率的排名呈现波动下降的发展趋势，再对百色市的第一产业贡献率的得分情况进行分析，发现百色市的第一产业贡献率的得分处于先降后升的发展趋势，但整体上是下降的，说明在2013～2015年间百色市第一产业所提供的就业机会较少、劳动力需求程度低，产业发展活力弱。

其中第一产业弧弹性的排名呈现波动上升的发展趋势，再对百色市的第一产业弧弹性得分情况进行分析，发现百色市的第一产业弧弹性的得分处于持续上升的发展趋势，说明百色市第一产业经济发展变化增长速率快于其经济的变化增长速率，城市呈现出第一产业的扩张发展趋势。

其中第一产业结构偏离系数的排名呈现持续保持的发展趋势，再对百色市的第一产业结构偏离系数的得分情况进行分析，发现百色市的第一产业结构偏离系数的得分处于先上升后下降的趋势，说明城市的就业结构、产业结构的协调性、稳定性较好。

其中第一产业区位商呈现持续保持的发展趋势，再对百色市的第一产业区位商的得分情况进行分析，发现百色市的第一产业区位商的得分处于持续下降的趋势，但城市的第一产业就业程度较高。

其中第一产业劳动产出率的排名呈现持续保持的发展趋势，再对百色市的第一产业劳动产出率的得分情况进行分析，发现百色市的第一产业劳动产出率的得分呈现上升的发展趋势，说明百色市的第一产业经济发展水平较低，第一产业对城市经济发展的贡献也降低。

对2010～2015年间百色市农业结构及各三级指标的得分、排名和优劣度进行分析。2010～2015年百色市农业结构的综合得分排名呈现波动上升的发展趋势。2010年百色市农业结构综合得分排名排在珠江－西江经济带第5名，2011～2012年上升经济带第3名，2013年百色市农业结构的综合得分上升至经济带第2名，2014年下降至第4名，2015年百色市农业结构的综合得分上升至第2名。一方面说明百色市农业结构的综合得分排名在珠江－西江经济带中游和上游波动，百色市的农业结构的发展较之于珠江－西江经济带的其他城市具备较大的竞争力；另一方面说明百色市在农业结构方面的发展存在不稳定现象，稳定性有待提升。对百色市的农业结构得分情况进行分析，发现2010～2011年百色市农业结构得分上升，2012～2014年得分持续下降，2015年得分上升，整体上百色市的农业结构得分呈现波动上升趋势。

从表6-3来看，在8个基础指标中，指标的优劣度结构为25.0∶50.0∶25.0∶0.0。

表6-3 2015年百色市农业结构指标的优劣度结构

二级指标	三级指标数	强势指标 个数	比重（%）	优势指标 个数	比重（%）	中势指标 个数	比重（%）	劣势指标 个数	比重（%）	优劣度
农业结构	8	2	25.000	4	50.000	2	25.000	0	0.000	强势

(三) 百色市农业结构竞争力比较分析

图 6-9 和图 6-10 将 2010~2015 年百色市农业结构竞争力与珠江-西江经济带最高水平和平均水平进行比较。从农业结构竞争力的要素得分比较来看，由图 6-9 可知，2010 年，百色市第一产业比重得分比最高分低 1.586 分，比平均分高 0.416 分；2011 年，第一产业比重得分比最高分低 1.543 分，比平均分高 0.462 分；2012 年，第一产业比重得分比最高分低 1.258 分，比平均分高 0.399 分；2013 年，第一产业比重得分比最高分低 1.067 分，比平均分高 0.493 分；2014 年，第一产业比重得分比最高分低 0.931 分，比平均分高 0.452 分；2015 年，第一产业比重得分比最高分低 0.978 分，比平均分高 0.460 分。这说明整体上百色市第一产业比重得分与珠江-西江经济带最高分的差距有缩小趋势，与珠江-西江经济带平均分的差距逐渐扩大。

2010 年，百色市第一产业投资强度得分比最高分低 2.344 分，比平均分高 0.200 分；2011 年，第一产业投资强度得分比最高分低 0.746 分，比平均分高 0.782 分；2012 年，第一产业投资强度得分比最高分低 0.574 分，比平均分高 0.548 分；2013 年，第一产业投资强度得分比最高分低 0.091 分，比平均分高 0.426 分；2014 年，第一产业投资强度得分比最高分低 0.163 分，比平均分高 0.373 分；2015 年，第一产业投资强度得分与最高分不存在差距，比平均分高 0.409 分。这说明整体上百色市第一产业投资强度得分与珠江-西江经济带最高分的差距有缩小趋势，与珠江-西江经济带平均分的差距逐渐增大。

2010 年，百色市第一产业不协调度得分比最高分低 0.153 分，比平均分高 0.310 分；2011 年，第一产业不协调度得分比最高分低 0.171 分，比平均分高 0.352 分；2012 年，第一产业不协调度得分比最高分低 0.167 分，比平均分高 0.597 分；2013 年，第一产业不协调度得分比最高分低 0.223 分，比平均分高 0.962 分；2014 年，第一产业不协调度得分比最高分低 0.265 分，比平均分高 0.837 分；2015 年，第一产业不协调度得分比最高分低 0.285 分，比平均分高 0.929 分。这说明整体上百色市第一产业不协调度得分与珠江-西江经济带最高分的差距波动增加，与珠江-西江经济带平均分的差距波动增加。

2010 年，百色市第一产业贡献率得分比最高分低 0.003 分，比平均分高 0.005 分；2011 年，第一产业贡献率得分比最高分低 1.345 分，比平均分高 0.015 分；2012 年，第一产业贡献率得分比最高分低 0.061 分，比平均分高 0.035 分；2013 年，第一产业贡献率得分比最高分低 0.034 分，比平均分高 0.008 分；2014 年，第一产业贡献率得分比最高分低 2.243 分，比平均分低 0.574 分；2015 年，第一产业贡献率得分比最高分低 0.006 分，比平均分高 0.008 分。这说明整体上百色市第一产业贡献率得分与珠江-西江经济带最高分的差距持续增加，与珠江-西江经济带平均分的差距逐渐增加。

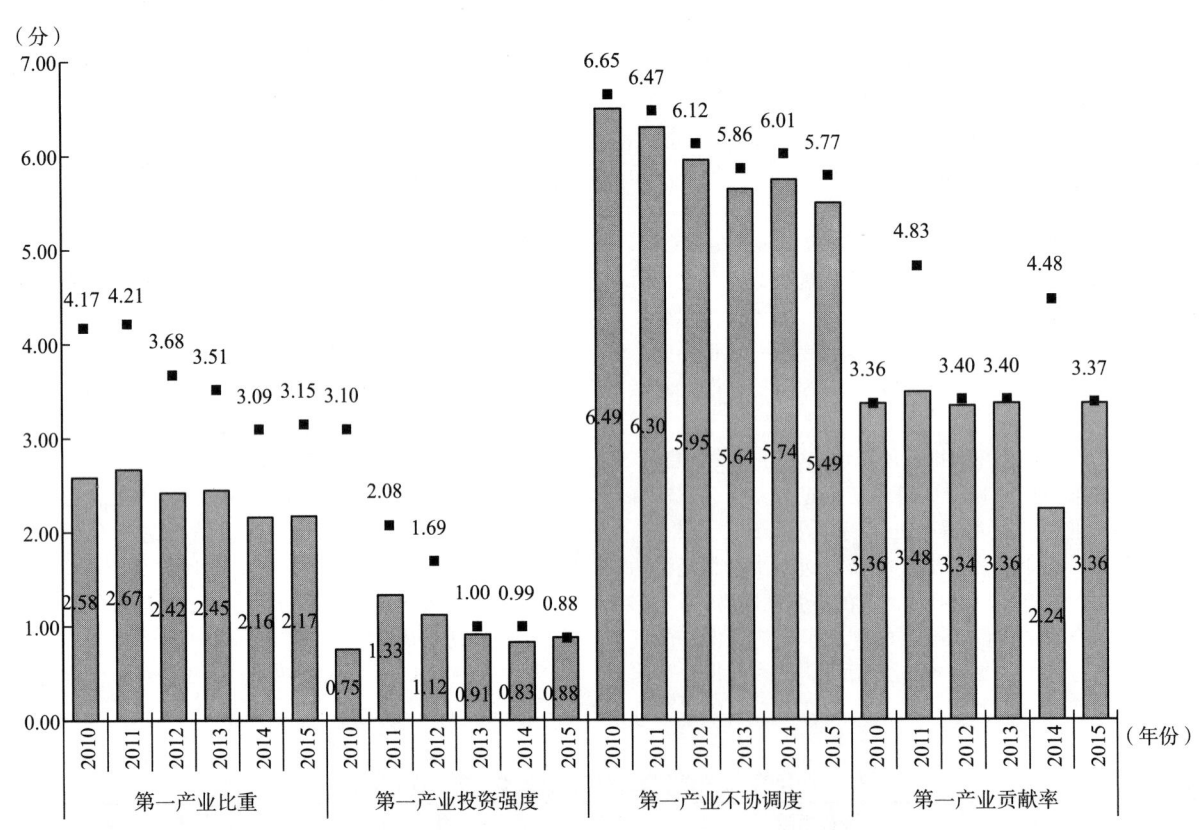

图 6-9　2010~2015 年百色市农业结构竞争力指标得分比较 1

由图6-10可知，2010年，百色市第一产业弧弹性得分比最高分低1.539分，比平均低1.167分；2011年，第一产业弧弹性得分比最高分低0.073分，比平均分低0.035分；2012年，第一产业弧弹性得分比最高分低0.915分，比平均分低0.128分；2013年，第一产业弧弹性得分比最高分低0.324分，比平均分高0.190分；2014年，第一产业弧弹性得分比最高分低0.169分，比平均分低0.031分；2015年，第一产业弧弹性得分比最高分低0.426分，比平均分高0.556分。这说明整体上百色市第一产业弧弹性得分与珠江-西江经济带最高分的差距逐渐减小，与珠江-西江经济带平均分的差距逐渐减小。

2010年，百色市第一产业结构偏离系数得分比最高分低0.153分，比平均分高0.310分；2011年，第一产业结构偏离系数得分比最高分低0.171分，比平均分高0.352分；2012年，第一产业结构偏离系数得分比最高分低0.167分，比平均分高0.597分；2013年，第一产业结构偏离系数得分比最高分低0.223分，比平均分高0.962分；2014年，第一产业结构偏离系数得分比最高分低0.265分，比平均分高0.837分；2015年，第一产业结构偏离系数得分比最高分低0.285分，比平均分高0.929分。这说明整体上百色市第一产业结构偏离系数得分与珠江-西江经济带最高分的差距波动扩大，与珠江-西江经济带平均分的差距逐渐增大。

2010年，百色市第一产业区位商得分比最高分低1.415分，比平均分低0.016分；2011年，第一产业区位商得分比最高分低1.714分，比平均分低0.035分；2012年，第一产业区位商得分比最高分低1.626分，比平均分高0.006分；2013年，第一产业区位商得分比最高分低2.608分，比平均分低0.074分；2014年，第一产业区位商得分比最高分低2.484分，比平均分低0.140分；2015年，第一产业区位商得分比最高分低2.106分，比平均分低0.120分。这说明整体上百色市第一产业区位商得分与珠江-西江经济带最高分的差距波动扩大，与珠江-西江经济带平均分的差距呈波动增加。

2010年，百色市第一产业劳动产出率得分比最高分低0.894分，比平均分低0.165分；2011年，第一产业劳动产出率得分比最高分低1.010分，比平均分低0.217分；2012年，第一产业劳动产出率得分比最高分低1.576分，比平均分低0.286分；2013年，第一产业劳动产出率得分比最高分低2.872分，比平均分低0.509分；2014年，第一产业劳动产出率得分比最高分低2.992分，比平均分低0.467分；2015年，第一产业劳动产出率得分比最高分低3.105分，比平均分低0.633分。这说明整体上百色市第一产业劳动产出率得分与珠江-西江经济带最高分的差距有扩大趋势，与珠江-西江经济带平均分的差距逐渐增大。

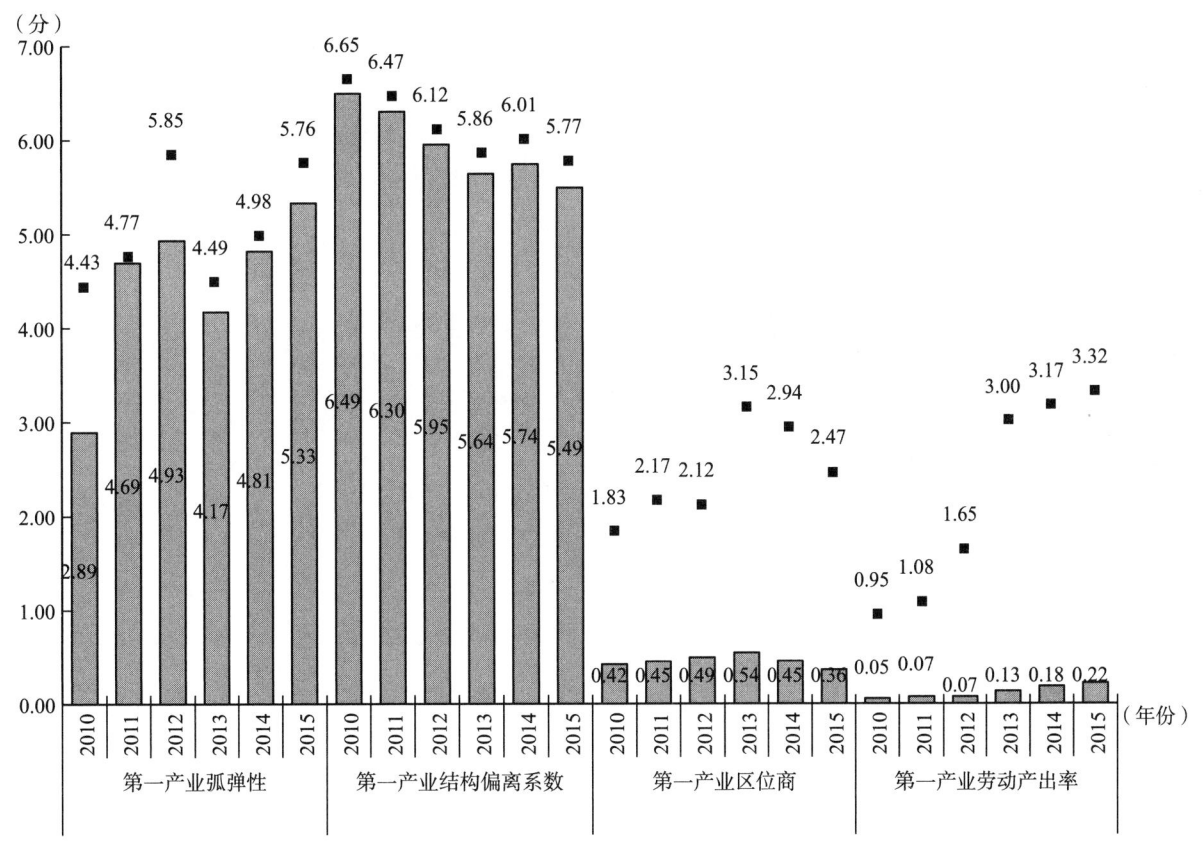

图6-10 2010~2015年百色市农业结构竞争力指标得分比较2

二、百色市农业发展水平综合评估与比较

(一) 百色市农业发展水平评估指标变化趋势评析

1. 第一产业扩张弹性系数

根据图6-11分析可知,2010~2015年百色市第一产业扩张弹性系数总体上呈现持续上升型的状态。处于持续上升型的指标,不仅意味着城市在各项指标数据上的不断增长,更意味着城市在该项指标上的竞争力优势不断扩大。通过折线图可以看出,百色市的第一产业扩张弹性系数指标不断提高,2015年达到72.021;说明百色市在第一产业扩张弹性系数上总体表现相对平稳。

图6-11 2010~2015年百色市第一产业扩张弹性系数变化趋势

2. 农业强度

根据图6-12分析可知,2010~2015年百色市的农业强度总体上呈现波动下降型的状态。处于持续下降型的指标,意味着城市在该项指标上不断处于劣势状态,并且这一状况并未得到改善。如图6-12所示,百色市农业强度指标处于不断下降的状态中,2012年此指标数值最高,是20.298,2010~2014年间属于波动上升的过程,2014年以后急剧下降,2015年下降至18.033。分析这种变化趋势,可以得出百色市农业产业发展处于劣势,城市的发展活力较低。

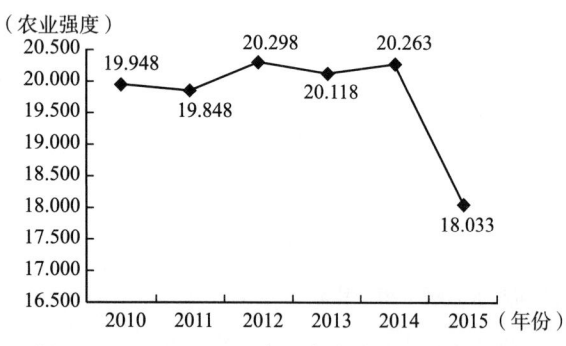

图6-12 2010~2015年百色市农业强度变化趋势

3. 耕地密度

根据图6-13分析可知,2010~2015年百色市耕地密度总体上呈现波动上升型的状态。处于持续上升型的指标,不仅意味着城市在各项指标数据上的不断增长,更意味着城市在该项指标上的竞争力优势不断扩大。通过折线图可以看出,百色市的耕地密度指标不断提高,在2015年达到3.701,相较于2010年上升1个单位左右;说明百色市在耕地密度上总体表现相对平稳。

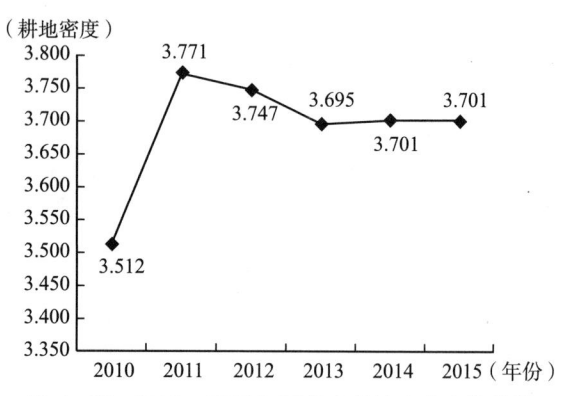

图6-13 2010~2015年百色市耕地密度变化趋势

4. 农业指标动态变化

根据图6-14分析可知,2010~2015年百色市农业指标动态变化总体上呈现波动保持型的状态。波动保持型指标意味着城市在该项指标上虽然呈现波动状态,在评价末期和评价初期的数值基本保持一致,该图可知百色市农业指标动态变化保持在47.375~50.278。即使百色市农业指标动态变化存在过最低值,其数值为47.375;说明百色市在农业指标动态变化上总体表现相对平稳。

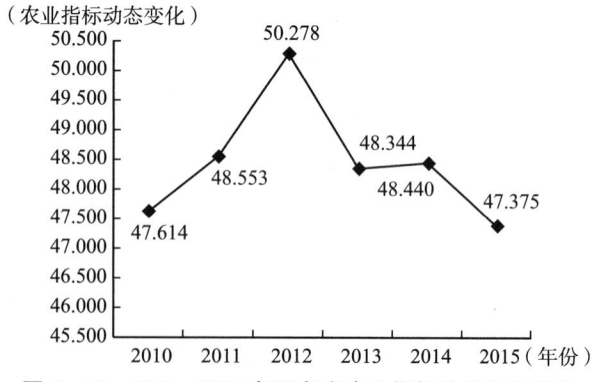

图6-14 2010~2015年百色市农业指标动态变化趋势

5. 农业土地扩张强度

根据图6-15分析可知,2010~2015年百色市农业土地扩张强度总体上呈现波动上升型的状态。这一类型的指标为在2010~2015年间城市存在一定的波动变化,总体趋势上为上升趋势,但在个别年份出现下降的情况,指标并非连续性上升状态。波动上升型指标意味着在评价的时间

段内，虽然指标数据存在较大的波动变化，但是其评价末期数据值高于评价初期数据值。百色市在 2010～2011 年虽然出现下降的状况，2011 年是 2.347，但是总体上还是呈现上升的态势，最终稳定在 49.987；说明百色市在土地扩张方面发展波动较大。

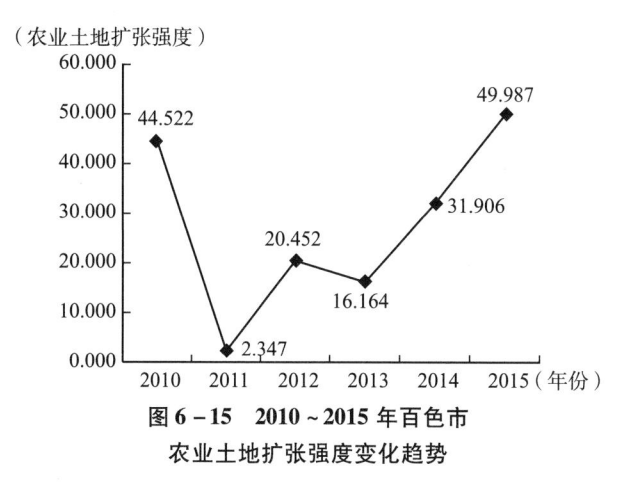

（农业土地扩张强度）

图 6-15　2010～2015 年百色市农业土地扩张强度变化趋势

6. 农业蔓延指数

根据图 6-16 分析可知，2010～2015 年百色市农业蔓延指数总体上呈现波动下降型的状态。这种状态表现为在 2010～2015 年间城市在该项指标上总体呈现下降趋势，但在期间存在上下波动的情况，并非连续性下降状态。这就意味着在评估的时间段内，虽然指标数据存在较大的波动化，但是其评价末期数据值低于评价初期数据值。百色市的农业蔓延指数末期低于初期的数据，降低 3 个单位左右，并且在 2014～2015 年间存在明显下降的变化。这说明百色市农业蔓延情况处于不太稳定的下降状态。

（农业蔓延指数）

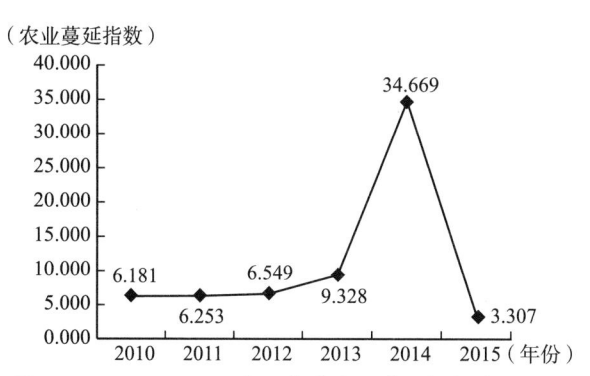

图 6-16　2010～2015 年百色市农业蔓延指数变化趋势

7. 农业指标相对增长率

根据图 6-17 分析可知，2010～2015 年百色市农业指标相对增长率总体上呈现波动下降型的状态。这种状态表现为在 2010～2015 年间城市在该项指标上总体呈现下降趋势，但在期间存在上下波动的情况，并非连续性下降状态。这就意味着在评估的时间段内，虽然指标数据存在较大的波动化，但是其评价末期数据值低于评价初期数据值。百色市的农业指标相对增长率末期低于初期的数据，降低 1

个单位左右，并且在 2014～2015 年间存在明显下降的变化。这说明百色市农业增长情况处于不太稳定的下降状态。

（农业指标相对增长率）

图 6-17　2010～2015 年百色市农业指标相对增长率变化趋势

8. 农业指标绝对增量加权指数

根据图 6-18 分析可知，2010～2015 年百色市绝对增量加权指数总体上呈现波动保持型的状态。波动保持型指标意味着城市在该项指标上虽然呈现波动状态，在评价末期和评价初期的数值基本保持一致，该图可知百色市绝对增量加权指数保持在 78.567～85.276。即使百色市绝对增量加权指数存在过最低值，其数值为 78.567；说明百色市在绝对增量加权指数上总体表现相对平稳。

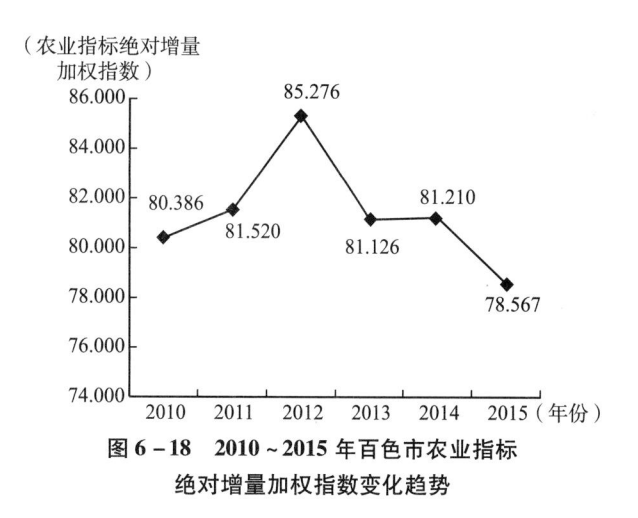

（农业指标绝对增量加权指数）

图 6-18　2010～2015 年百色市农业指标绝对增量加权指数变化趋势

（二）百色市农业发展水平评估结果

根据表 6-4，对 2010～2012 年间百色市农业发展及各三级指标的得分、排名、优劣度进行分析，可以看到在 2010～2012 年间，百色市农业发展的综合排名处于中势的地位，2010～2012 年其经济发展排名波动下降，2010 年其经济发展排名是第 5 名，到 2011 年降至珠江-西江经济带中第 7 名位置，2012 年又升至第 6 名，说明百色市的农业发展落后于珠江-西江经济带的其他城市。对百色市的农业发展得分情况进行分析，发现百色市的农业发展综合得分呈现持续下降的发展趋势，说明城市的农业发展较为缓慢。总的来说，2010~2012年百色市农业发展在珠江-西江经济带处于中势地位，在经济带中具备较大的上升空间。

表6-4　　2010~2012年百色市农业发展各级指标的得分、排名及优劣度分析

指标	2010年 得分	排名	优劣度	2011年 得分	排名	优劣度	2012年 得分	排名	优劣度
农业发展	15.161	5	优势	15.419	7	中势	15.656	6	中势
第一产业扩张弹性系数	3.498	10	劣势	3.442	5	优势	3.328	5	优势
农业强度	0.630	3	优势	0.619	3	优势	0.633	3	优势
耕地密度	0.108	10	劣势	0.115	10	劣势	0.115	10	劣势
农业指标动态变化	1.664	9	劣势	1.771	9	劣势	1.836	1	强势
农业土地扩张强度	4.401	4	优势	4.294	1	强势	4.178	7	中势
农业蔓延指数	0.159	3	优势	0.161	9	劣势	0.170	6	中势
农业指标相对增长率	0.530	6	中势	0.558	6	中势	0.646	9	劣势
农业指标绝对增量加权指数	4.171	8	中势	4.457	7	中势	4.750	2	强势

其中第一产业扩张弹性系数的排名呈现持续上升的发展趋势，再对百色市的第一产业扩张弹性系数的得分情况进行分析，发现百色市的第一产业扩张弹性系数的得分呈持续下降的趋势，说明在2010~2012年间百色市的耕地面积扩张幅度变大，城市城镇化与城市面积之间呈现协调发展的关系，城镇耕地面积的增加缓解城市的过度拥挤及承载力压力问题的出现。

其中农业强度的排名呈现持续保持的发展趋势，再对百色市的农业强度的得分情况进行分析，发现百色市的农业强度的得分呈波动保持的趋势，说明在2010~2012年间百色市的粮食作物播种面积具备优势，活力不断增强。

其中耕地密度的排名呈现持续保持的发展趋势，再对百色市的耕地密度的得分情况进行分析，发现百色市耕地密度的得分波动上升，说明百色市的农业生产效率有所提高，农业生产成本有所降低。

其中农业指标动态变化的排名呈现波动上升的发展趋势，再对百色市农业指标动态变化的得分情况进行分析，发现百色市的农业指标动态变化的得分处于持续上升的趋势，说明在2010~2012年间百色市的粮食作物播种面积有所增加，对应呈现出地区经济活力增强，城市规模也有所扩大。

其中农业土地扩张强度的排名呈现波动下降的发展趋势，再对百色市的农业土地扩张强度的得分情况进行分析，发现百色市的农业土地扩张强度的得分持续下降的趋势，说明城市的农业土地面积增长速率较弱，呈现出农业生产集聚能力及活力的不断减弱。

其中农业蔓延指数的排名呈现波动下降的发展趋势，再对百色市的农业蔓延指数的得分情况进行分析，发现百色市农业蔓延指数的得分持续上升，农业蔓延指数小于1，说明城市的粮食总产量的增长慢于非农业人口的增长水平，农业的发展未呈现出蔓延的趋势。

其中农业指标相对增长率的排名呈现波动下降的发展趋势，再对百色市的农业指标相对增长率的得分情况进行分析，发现百色市农业指标相对增长率的得分持续上升，但城市的粮食产量增长速率放缓，呈现出地区农业集聚能力及活力的不断减弱。

其中农业指标绝对增量加权指数的排名呈现持续上升的发展趋势，再对百色市农业指标绝对增量加权指数的得分情况进行分析，发现百色市的农业指标绝对增量加权指数的得分处于持续上升的趋势，说明城市的粮食产量集中度高，城市粮食产量变化增长趋向于高速型发展。

根据表6-5，对2013~2015年间百色市农业发展及各三级指标的得分、排名、优劣度进行分析，可以看到在2013~2015年间，百色市农业发展的综合排名处于劣势的状态，在2013~2015年其农业发展排名波动下降，2013年其农业发展处于珠江-西江经济带第7名，2014年其排名升至第4名，2015年其排名降至第10名，说明百色市的农业发展较落后于珠江-西江经济带的其他城市。对百色市的农业发展综合得分情况进行分析，发现百色市的农业发展综合得分呈现波动下降的发展趋势，说明城市的农业发展水平较低。总的来说，2013~2015年百色市农村发展从珠江-西江经济带中势地位下降至劣势地位，在经济带中具备较大的上升空间。

表6-5　　2013~2015年百色市农业发展各级指标的得分、排名及优劣度分析

指标	2013年 得分	排名	优劣度	2014年 得分	排名	优劣度	2015年 得分	排名	优劣度
农业发展	16.080	7	中势	17.182	4	优势	15.380	10	劣势
第一产业扩张弹性系数	3.378	5	优势	3.406	4	优势	3.427	7	中势
农业强度	0.628	4	优势	0.640	3	优势	0.563	4	优势
耕地密度	0.113	10	劣势	0.114	10	劣势	0.115	10	劣势

续表

指标	2013年 得分	排名	优劣度	2014年 得分	排名	优劣度	2015年 得分	排名	优劣度
农业指标动态变化	1.771	8	中势	1.774	6	中势	2.091	11	劣势
农业土地扩张强度	4.185	8	中势	4.243	5	优势	4.266	5	优势
农业蔓延指数	0.282	3	优势	0.922	1	强势	0.087	11	劣势
农业指标相对增长率	1.173	3	优势	1.961	3	优势	0.525	10	劣势
农业指标绝对增量加权指数	4.551	8	中势	4.121	4	优势	4.305	11	劣势

其中第一产业扩张弹性系数的排名呈波动下降的发展趋势，再对百色市的第一产业扩张弹性系数的得分情况进行分析，发现百色市的第一产业扩张弹性系数的得分呈现波动上升的趋势，说明在2013～2015年间百色市的耕地面积扩张幅度变小，但城市城镇化与城市面积之间呈现不协调发展的关系，城镇耕地面积的增加导致城市的过度拥挤及承载力压力问题的出现。

其中农业强度的排名呈现波动保持的发展趋势，再对百色市的农业强度的得分情况进行分析，发现百色市的农业强度的得分呈波动下降的趋势，说明在2013～2015年间百色市的粮食作物播种面积低于地区的平均水平，活力趋于减弱。

其中耕地密度的排名呈现持续保持的发展趋势，再对百色市的耕地密度的得分情况进行分析，发现百色市耕地密度的得分持续上升，说明百色市的人力资源较少，城市的农业生产效率较低，农业生产成本增加。

其中农业指标动态变化的排名呈现波动下降的发展趋势，再对百色市农业指标动态变化的得分情况进行分析，发现百色市的农业指标动态变化的得分呈现持续上升的趋势，说明在2013～2015年间百色市的粮食作物播种面积减少，对应呈现出地区经济活力降低，城市规模也有所缩减。

其中农业土地扩张强度的排名呈现波动上升的发展趋势，再对百色市的农业土地扩张强度的得分情况进行分析，发现百色市的农业土地扩张强度的得分呈现波动保持的趋势，说明城市的农业土地面积增长速率较快，呈现出农业生产集聚能力及活力的不断增强。

其中农业蔓延指数的排名呈现波动下降的发展趋势，再对百色市的农业蔓延指数的得分情况进行分析，发现百色市农业蔓延指数的得分先升后降，农业蔓延指数小于1，说明城市的粮食总产量的增长慢于非农业人口的增长水平，农业的发展未呈现出蔓延的趋势。

其中农业指标相对增长率的排名呈现波动下降的发展趋势，再对百色市的农业指标相对增长率的得分情况进行分析，发现百色市农业指标相对增长率的得分先升后降，但整体上是下降的，但城市的粮食产量增长速率放缓，呈现出地区农业集聚能力及活力的不断减弱。

其中农业指标绝对增量加权指数的排名呈现波动下降的发展趋势，再对百色市农业指标绝对增量加权指数的得分情况进行分析，发现百色市的农业指标绝对增量加权指数的得分呈现波动下降的趋势，城市的粮食产量集中度较低，城市粮食产量变化增长缓慢。

对2010～2015年间百色市农业发展及各三级指标的得分、排名和优劣度进行分析。2010～2015年百色市农业发展的综合得分排名呈现波动下降的发展趋势。2010年百色市农业发展综合得分排名处于珠江－西江经济带第5名，2011年下降至第7名，2012年上升至经济带第6名，2013年下降至经济带第7名，2014年上升至第4名，2015年其排名降至珠江－西江经济带第10名。一方面说明百色市的农业发展在珠江－西江经济带中游和下游波动，其农业发展从经济带优势地位下降至劣势地位，与经济带其他城市相比发展水平较低；另一方面说明百色市农业发展综合得分上升和下降的幅度较大，在农业发展方面存在不稳定现象，稳定性有待提高。对百色市的农业发展得分情况进行分析，发现2010～2014年百色市的农业发展综合得分持续上升，2015年农业发展综合得分有所下降，整体上百色市农业发展综合得分呈现波动上升的发展趋势，说明百色市的农业发展水平有所提升。

从表6-6来看，在8个基础指标中，指标的优劣度结构为0.0∶25.0∶12.5∶62.5。

表6-6　　　　　　　　　　　2015年百色市农业发展指标的优劣度结构

二级指标	三级指标数	强势指标 个数	比重(%)	优势指标 个数	比重(%)	中势指标 个数	比重(%)	劣势指标 个数	比重(%)	优劣度
农业发展	8	0	0.000	2	25.000	1	12.500	5	62.500	劣势

(三) 百色市农业发展水平比较分析

图6-19和图6-20将2010～2015年百色市农业发展与珠江－西江经济带最高水平和平均水平进行比较。从农业发展的要素得分比较来看，由图6-19可知，2010年，百色市第一产业扩张弹性系数得分比最高分低1.439分，比平均分低0.103分；2011年，第一产业扩张弹性系数得分比最高分低0.411分，比平均分低0.038分；2012年，第一产业扩张弹性系数得分比最高分低0.842分，比平均分高0.256分；2013年，第一产业扩张弹性系数得分比最高分低0.029分，比平均分高0.045分；2014年，第一产业扩张弹性系数得分比最高分低0.008分，比平均分高

0.050分；2015年，第一产业扩张弹性系数得分比最高分低0.030分，比平均分高0.055分。这说明整体上百色市第一产业扩张弹性系数得分与珠江-西江经济带最高分的差距有缩小趋势，与珠江-西江经济带平均分的差距逐渐减小。

2010年，百色市农业强度得分比最高分低2.528分，比平均分低0.012分；2011年，农业强度得分比最高分低2.490分，比平均分低0.015分；2012年，农业强度得分比最高分低2.464分，比平均分低0.001分；2013年，农业强度得分比最高分低2.453分，比平均分低0.006分；2014年，农业强度得分比最高分低2.493分，比平均分低0.002分；2015年，农业强度得分比最高分低2.372分，比平均分低0.071分。这说明整体上百色市农业强度得分与珠江-西江经济带最高分的差距有缩小趋势，与珠江-西江经济带平均分的差距逐渐扩大。

2010年，百色市耕地密度得分比最高分低2.963分，比平均分低0.434分；2011年，耕地密度得分比最高分低2.930分，比平均分低0.422分；2012年，耕地密度得分比最高分低2.945分，比平均分低0.422分；2013年，耕地密度得分比最高分低2.921分，比平均分低0.424分；2014年，耕地密度得分比最高分低2.946分，比平均分低0.427分；2015年，耕地密度得分比最高分低2.941分，比平均分低0.427分。这说明整体上百色市耕地密度得分与珠江-西江经济带最高分的差距波动缩小，与珠江-西江经济带平均分的差距波动减小。

2010年，百色市农业指标动态变化得分比最高分低0.153分，比平均分高0.216分；2011年，农业指标动态变化得分比最高分低0.039分，比平均分低0.015分；2012年，农业指标动态变化得分与最高分不存在差距，比平均分高0.047分；2013年，农业指标动态变化得分比最高分低0.106分，比平均分低0.024分；2014年，农业指标动态变化得分比最高分低0.052分，比平均分高0.017分；2015年，农业指标动态变化得分比最高分低2.323分，比平均分低0.479分。这说明整体上百色市农业指标动态变化得分与珠江-西江经济带最高分的差距持续增加，与珠江-西江经济带平均分的差距波动增加。

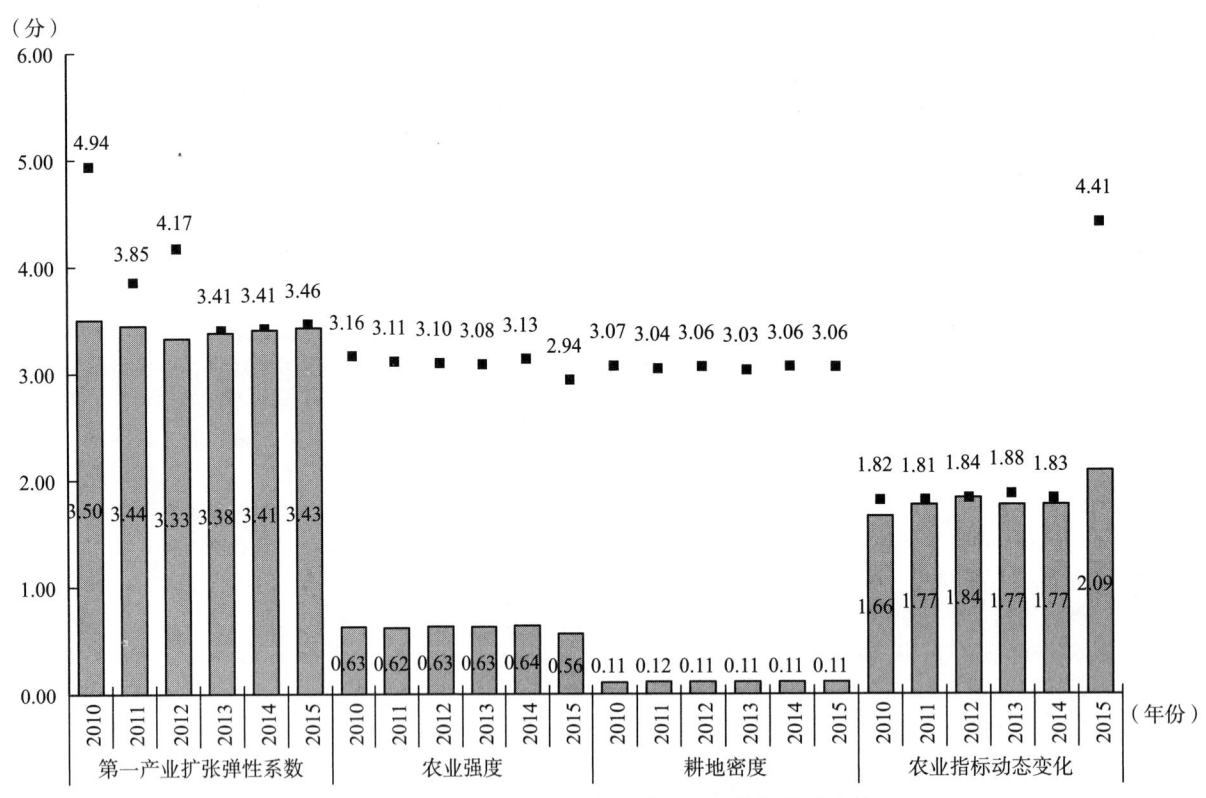

图6-19 2010~2015年百色市农业发展指标得分比较1

由图6-20可知，2010年，百色市农业土地扩张强度得分比最高分低1.086分，比平均分高0.187分；2011年，农业土地扩张强度得分与最高分不存在差距，比平均分高0.104分；2012年，农业土地扩张强度得分比最高分低0.103分，比平均分高0.001分；2013年，农业土地扩张强度得分比最高分低0.126分，比平均分低0.011分；2014年，农业土地扩张强度得分比最高分低0.029分，比平均分高0.010分；2015年，农业土地扩张强度得分比最高分低0.065分，比平均分高0.013分。这说明整体上百色市农业土地扩张强度得分与珠江-西江经济带最高分的差距波动缩小，与珠江-西江经济带平均分的差距波动下降。

2010年，百色市农业蔓延指数得分比最高分低0.026分，比平均分高0.025分；2011年，农业蔓延指数得分比最高分低0.075分，比平均分低0.024分；2012年，农业蔓延指数得分比最高分低0.245分，比平均分低0.030分；2013年，农业蔓延指数得分比最高分低2.740分，比平均分低0.178分；2014年，农业蔓延指数得分与最高分不存在差距，比平均分高0.683分；2015年，农业蔓延指数得分比最高分低 0.245 分，比平均分低 0.080 分。这说明整体上百色市农业蔓延指数得分与珠江－西江经济带最高分的差距波动扩大，与珠江－西江经济带平均分的差距波动增加。

2010 年，百色市农业指标相对增长率得分比最高分低 0.348 分，比平均分高 0.030 分；2011 年，农业指标相对增长率得分比最高分低 0.220 分，比平均分高 0.019 分；2012 年，农业指标相对增长率得分比最高分低 0.195 分，比平均分低 0.047 分；2013 年，农业指标相对增长率得分比最高分低 0.314 分，比平均分高 0.197 分；2014 年，农业指标相对增长率得分比最高分低 1.790 分，比平均分高 0.483 分；2015 年，农业指标相对增长率得分比最高分低 0.196 分，比平均分低 0.092 分。这说明整体上百色市农业指标相对增长率得分与珠江－西江经济带最高分的差距波动缩小，与珠江－西江经济带平均分的差距逐渐增大。

2010 年，百色市农业指标绝对增量加权指数得分比最高分低 0.248 分，比平均分高 0.316 分；2011 年，农业指标绝对增量加权指数得分比最高分低 0.196 分，比平均分低 0.058 分；2012 年，农业指标绝对增量加权指数得分比最高分低 0.280 分，比平均分高 0.090 分；2013 年，农业指标绝对增量加权指数得分比最高分低 1.059 分，比平均分低 0.121 分；2014 年，农业指标绝对增量加权指数得分比最高分低 0.073 分，比平均分高 0.301 分；2015 年，农业指标绝对增量加权指数得分比最高分低 0.352 分，比平均分低 0.149 分。这说明整体上百色市农业指标绝对增量加权指数得分与珠江－西江经济带最高分的差距有扩大趋势，与珠江－西江经济带平均分的差距逐渐缩小。

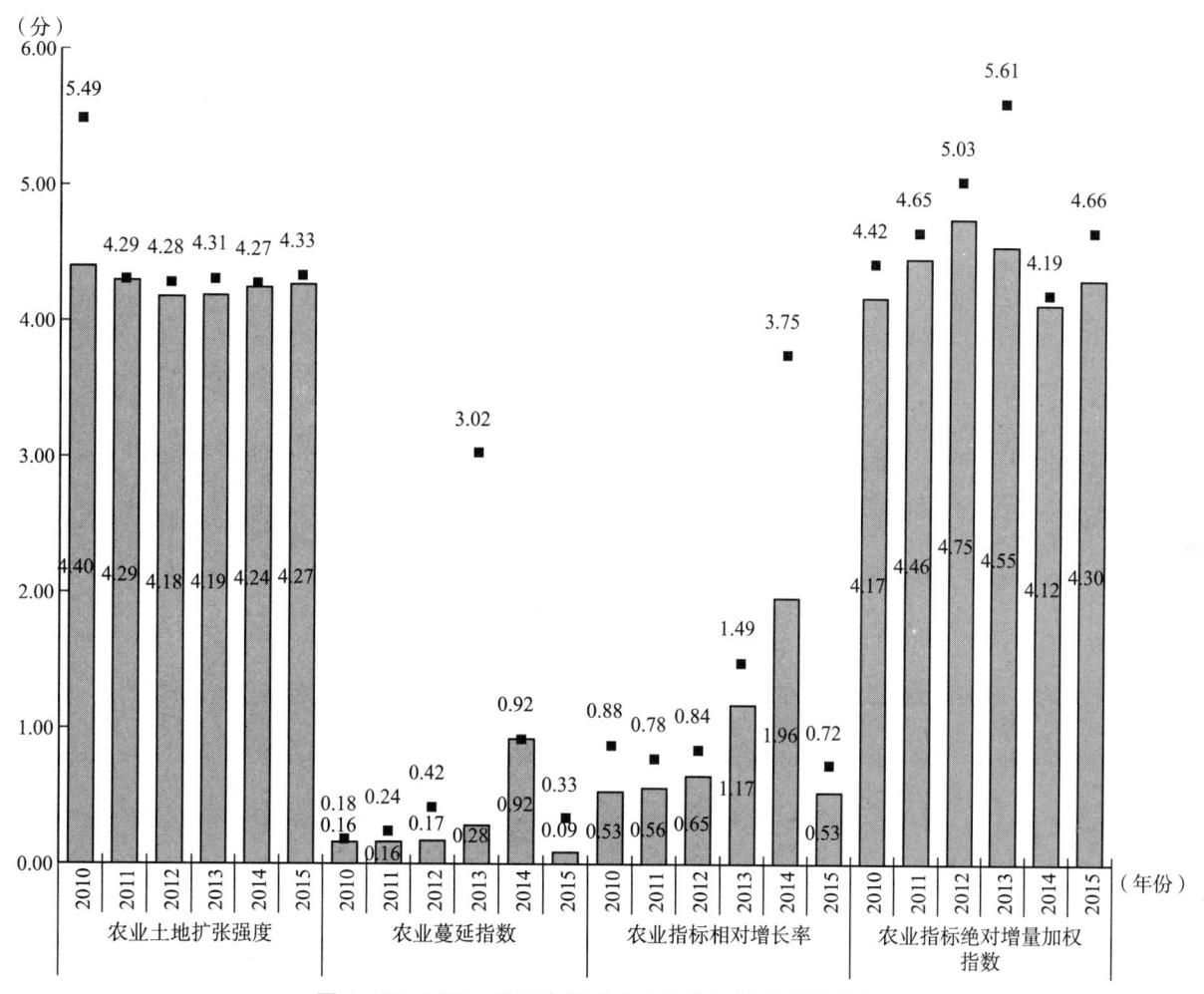

图 6－20　2010~2015 年百色市农业发展指标得分比较 2

三、百色市农业产出水平综合评估与比较

（一）百色市农业产出水平评估指标变化趋势评析

1. 食物生态足迹

根据图 6－21 分析可知，2010~2015 年百色市的食物生态足迹指标总体上呈现持续上升型的状态。处于持续上升型的指标，不仅意味着城市在各项指标数据上的不断增长，更意味着城市在该项指标上的竞争力优势不断扩大。百色市的食物生态足迹指标不断提高，2015 年达到 22.866，相较于 2010 年上升 7 个单位左右；说明百色市的发展水平提高，城市规模增大，城市居民对各类食物需求也在提高。

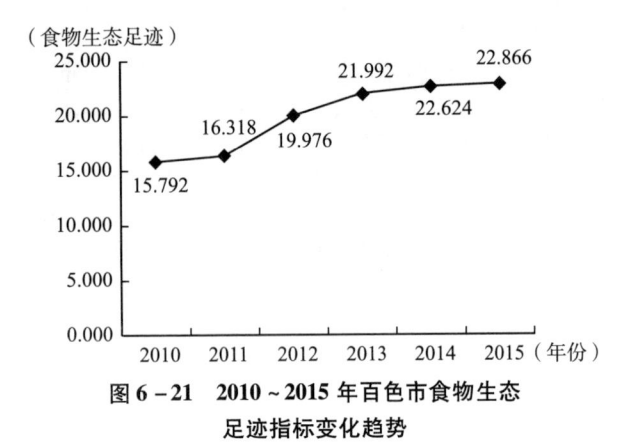

(食物生态足迹)

图6-21 2010～2015年百色市食物生态足迹指标变化趋势

2. 人均食物生态足迹

根据图6-22分析可知，2010～2015年百色市的人均食物生态足迹总体上呈现持续上升型的状态。处于持续上升型的指标，不仅意味着城市在各项指标数据上的不断增长，更意味着城市在该项指标上的竞争力优势不断扩大。百色市的人均食物生态足迹指标不断提高，2015年达到48.707，相较于2010年上升10个单位左右；说明百色市的发展水平提高，城市规模增大，城市居民对各类食物的需求也在提高。

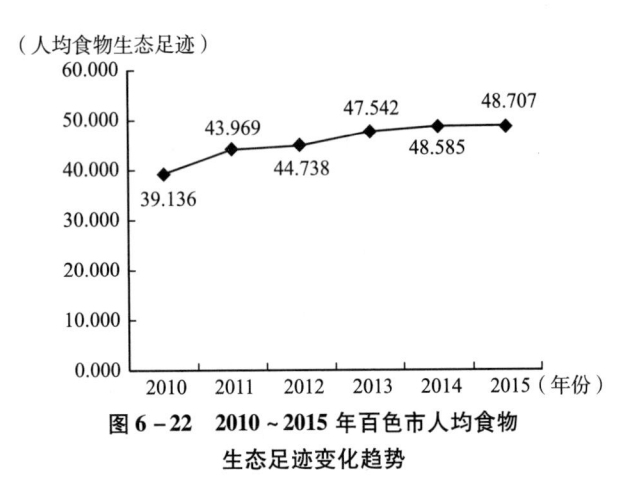

(人均食物生态足迹)

图6-22 2010～2015年百色市人均食物生态足迹变化趋势

3. 农业生产比重增量

根据图6-23分析可知，2010～2015年百色市农业生产比重增量总体上呈现波动下降型的状态。这种状态表现为在2010～2015年间城市在该项指标上总体呈现下降趋势，但在期间存在上下波动的情况，并非连续性下降状态。这就意味着在评估的时间段内，虽然指标数据存在较大的波动化，但是其评价末期数据值低于评价初期数据值。百色市的农业生产比重增量末期低于初期的数据，降低5个单位左右，并且在2012～2015年间存在明显下降的变化；这说明百色市农业生产情况处于不太稳定的下降状态。

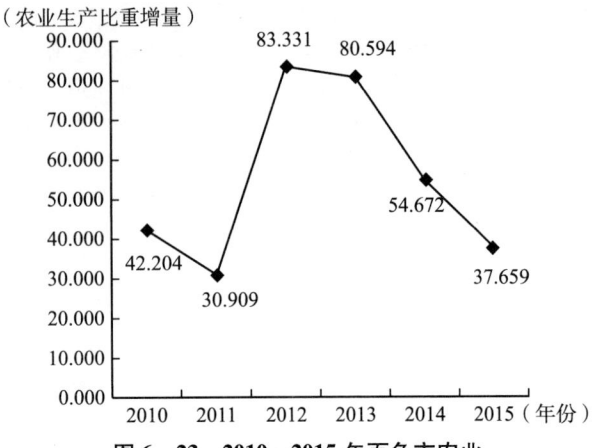

(农业生产比重增量)

图6-23 2010～2015年百色市农业生产比重增量变化趋势

4. 农业生产平均增长指数

根据图6-24分析可知，2010～2015年百色市农业生产平均增长指数总体上呈现波动上升型的状态。这一类型的指标为在2010～2015年间城市存在一定的波动变化，总体趋势上为上升趋势，但在个别年份出现下降的情况，指标并非连续性上升状态。波动上升型指标意味着在评价的时间段内，虽然指标数据存在较大的波动变化，但是其评价末期数据值高于评价初期数据值。百色市在2012～2014年虽然出现下降的状况，2014年是28.631，但是总体上还是呈现上升的态势，最终稳定在39.275；说明百色市的农业生产平均增长指数增高，城市在评估时间段内的农业生产能力增强，整体城市农业生产水平得以提升。

(农业生产平均增长指数)

图6-24 2010～2015年百色市农业生产平均增长指数变化趋势

5. 农业枢纽度

根据图6-25分析可知，2010～2015年百色市的农业枢纽度总体上呈现持续下降型的状态。处于持续下降型的指标，意味着城市在该项指标上不断处在劣势状态，并且这一状况并未得到改善。如图所示，百色市农业枢纽度指标处于不断下降的状态中，2010 年此指标数值最高，是 69.083，2015 年下降至 38.375；说明百色市的农业枢纽度下降，城市的农业发展势头有所减弱。

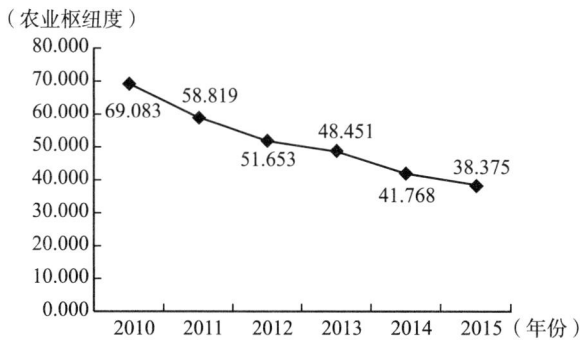

图 6-25 2010~2015 年百色市农业枢纽度变化趋势

6. 农业生产流强度

根据图 6-26 分析可知，2010~2015 年百色市的农业生产流强度总体上呈现持续上升型的状态。处于持续上升型的指标，不仅意味着城市在各项指标数据上的不断增长，更意味着城市在该项指标上的竞争力优势不断扩大。通过折线图可以看出，百色市的农业生产流强度指标不断提高，2015 年达到 6.923，相较于 2010 年上升 3 个单位左右；说明百色市的农业生产流强度增强，城市之间发生的经济集聚和扩散所产生的农业生产要素流动强度增强，城市经济影响力也增强。

图 6-26 2010~2015 年百色市农业生产流强度变化趋势

7. 农业生产倾向度

根据图 6-27 分析可知，2010~2015 年百色市农业生产倾向度总体上呈现波动保持型的状态。波动保持型指标意味着城市在该项指标上虽然呈现波动状态，在评价末期和评价初期的数值基本保持一致，该图可知百色市农业生产倾向度保持在 48.909~59.231。即使百色市农业生产倾向度存在过最低值，其数值为 48.909；说明百色市在农业生产倾向度上总体表现相对平稳。

图 6-27 2010~2015 年百色市农业生产倾向度变化趋势

8. 农业生产职能规模

根据图 6-28 分析可知，2010~2015 年百色市农业生产职能规模总体上呈现波动保持型的状态。波动保持型指标意味着城市在该项指标上虽然呈现波动状态，在评价末期和评价初期的数值基本保持一致，该图可知百色市农业生产职能规模保持在 10.197~14.183。即使百色市农业生产职能规模存在过最低值，其数值为 10.197；说明百色市在农业生产职能规模上总体表现相对平稳。

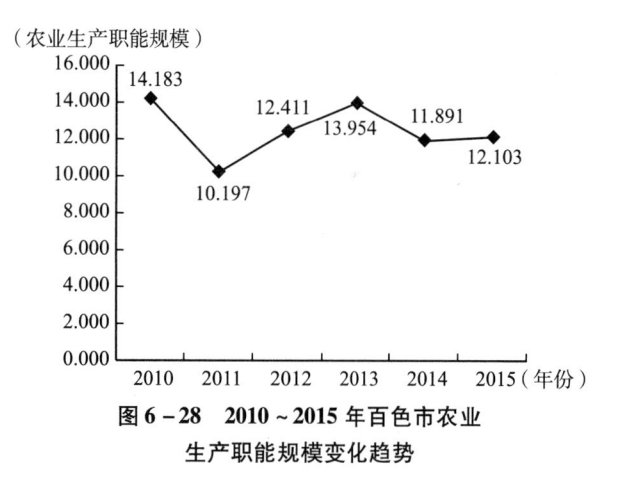

图 6-28 2010~2015 年百色市农业生产职能规模变化趋势

9. 农业生产职能地位

根据图 6-29 分析可知，2010~2015 年百色市农业生产职能地位总体上呈现波动下降型的状态。这种状态表现为在 2010~2015 年间城市在该项指标上总体呈现下降趋势，但在期间存在上下波动的情况，并非连续性下降状态。这就意味着在评估的时间段内，虽然指标数据存在较大的波动化，但是其评价末期数据值低于评价初期数据值。百色市的农业生产职能地位末期低于初期的数据，降低 7 个单位左右，并且在 2014~2015 年间存在明显下降的变化；说明百色市农业发展情况处于不太稳定的下降状态。

（二）百色市农业产出水平评估结果

根据表6-7，对2010~2012年间百色市农业产出及各三级指标的得分、排名、优劣度进行分析，可以看到2010~2012年间，百色市农业产出的综合排名波动上升，2012年处于优势地位，2010年其农业产出排名处于经济带第8名，2011年其农业产出排名处于经济带第10名，2012年升至第4名位置，处于珠江-西江经济带中游区，说明城市的农业产出的发展领先于珠江-西江经济带的其他城市。对百色市的农业产出得分情况进行分析，发现百色市的农业产出综合得分呈先降后升的发展趋势，说明百色市的农业产出活力处于上升状态。总的来说，2010~2012年百色市农业产出发展水平从珠江-西江经济带中势地位上升至优势地位，发展水平与经济带其他城市相比较高，在经济带中具备较大的发展潜力。

图6-29 2010~2015年百色市农业生产职能地位变化趋势

表6-7 2010~2012年百色市农业产出各级指标的得分、排名及优劣度分析

指标	2010年			2011年			2012年		
	得分	排名	优劣度	得分	排名	优劣度	得分	排名	优劣度
农业产出	12.028	8	中势	9.695	10	劣势	15.876	4	优势
食物生态足迹	0.506	7	中势	0.522	7	中势	0.660	6	中势
人均食物生态足迹	1.670	8	中势	1.852	7	中势	1.965	8	中势
农业生产比重增量	1.637	8	中势	1.481	11	劣势	4.050	2	强势
农业生产平均增长指数	0.759	8	中势	0.000	11	劣势	3.309	2	强势
农业枢纽度	2.842	4	优势	2.095	4	优势	1.758	4	优势
农业生产流强度	0.110	7	中势	0.110	7	中势	0.145	7	中势
农业生产倾向度	2.410	4	优势	1.943	5	优势	2.142	4	优势
农业生产职能规模	0.421	5	优势	0.303	5	优势	0.378	5	优势
农业生产职能地位	1.673	6	中势	1.387	6	中势	1.469	6	中势

其中食物生态足迹的排名呈现波动上升的发展趋势，再对百色市食物生态足迹的得分情况进行分析，发现百色市的食物生态足迹得分处于持续上升的发展趋势，说明在2010~2012年间百色市的城市规模小，城市居民对各类食物需求减弱。

其中人均食物生态足迹的排名呈现波动保持的发展趋势，再对百色市的人均食物生态足迹得分情况进行分析，发现百色市的人均食物生态足迹综合得分呈现持续上升的发展趋势，说明百色市的居民对各类食物的人均需求较高。

其中农业生产比重增量的排名呈现波动上升的发展趋势，再对百色市的农业生产比重增量的得分情况进行分析，发现百色市的农业生产比重增量的得分处于波动上升的趋势，说明在2010~2012年间百色市农业生产发展程度较高。

其中农业生产平均增长指数的排名呈现波动上升的发展趋势，再对百色市农业生产平均增长指数的得分情况进行分析，发现百色市农业生产平均增长指数得分处于波动上升的发展趋势，说明在2010~2012年间百色市在评估时间段内的农业生产能力增强，整体城市农业生产水平上升。

其中农业枢纽度的排名呈现持续保持的发展趋势，再对百色市的农业枢纽度得分情况进行分析，发现百色市的农业枢纽度综合得分呈现持续下降的发展趋势，说明百色市的农业发展缓慢，但在经济社会发展中的地位较高。

其中农业生产流强度的排名呈现持续保持的发展趋势，再对百色市的农业生产流强度得分情况进行分析，发现百色市的农业生产流强度综合得分呈现波动上升的发展趋势，但城市之间发生的经济集聚和扩散所产生的农业生产要素流动强度较弱，城市经济影响力较弱。

其中农业生产倾向度的排名呈现波动保持的发展趋势，再对百色市的农业生产倾向度的得分情况进行分析，发现百色市的农业生产倾向度的得分处于先降后升趋势，说明在2010~2012年间百色市的总功能量的外向强度增强。

其中农业生产职能规模的排名呈现持续保持的发展趋势，再对百色市的农业生产职能规模得分情况进行分析，发现百色市的农业生产职能规模综合得分呈现波动下降的发展趋势，说明百色市的农业生产水平降低，城市所具备的农业生产能力减弱。

其中农业生产职能地位的排名呈现持续保持的发展趋势，再对百色市的农业生产职能地位得分情况进行分析，发现百色市的农业生产职能地位综合得分呈现波动下降的发展趋势，说明百色市的农业生产能力在地区内具备一定

的优势，城市对农业人力资源的吸引集聚能力增强，城市发展具备农业发展及农业劳动力发展的潜力。

根据表6-8，对2013~2015年间百色市农业产出及各三级指标的得分、排名、优劣度进行分析，可以看到在2013~2015年间，百色市农业产出的综合排名处于劣势状态，在2013~2015年其农业产出排名处于下降趋势，2013年其农业产出排名处于经济带第4名，2014年其农业产出排名降至第7名，2015年其农业产出排名降至第9名，其农业产出处于珠江-西江经济带下游区，说明城市的农业产出的发展较为落后于珠江-西江经济带的其他城市。对百色市的农业产出得分情况进行分析，发现百色市的农业产出综合得分呈现持续下降的发展趋势，说明百色市的农业产出活力处于下降状态。总的来说，2013~2015年百色市农业产出发展水平从珠江-西江经济带优势地位下降至劣势地位，与经济带其他城市相比发展水平较低，发展水平有待进一步提升。

表6-8　　　　2013~2015年百色市农业产出各级指标的得分、排名及优劣度分析

指标	2013年			2014年			2015年		
	得分	排名	优劣度	得分	排名	优劣度	得分	排名	优劣度
农业产出	15.382	4	优势	11.816	7	中势	11.364	9	劣势
食物生态足迹	0.741	6	中势	0.766	6	中势	0.786	6	中势
人均食物生态足迹	2.075	8	中势	2.124	8	中势	2.132	8	中势
农业生产比重增量	3.913	3	优势	2.446	10	劣势	1.586	10	劣势
农业生产平均增长指数	2.726	1	强势	1.041	10	劣势	1.427	9	劣势
农业枢纽度	1.608	4	优势	1.340	4	优势	1.219	4	优势
农业生产流强度	0.163	6	中势	0.180	6	中势	0.224	6	中势
农业生产倾向度	2.125	5	优势	1.998	5	优势	2.190	4	优势
农业生产职能规模	0.432	5	优势	0.378	5	优势	0.388	5	优势
农业生产职能地位	1.598	6	中势	1.542	6	中势	1.413	6	中势

其中食物生态足迹的排名呈现持续保持的发展趋势，再对百色市食物生态足迹的得分情况进行分析，发现百色市的食物生态足迹得分处于持续上升的发展趋势，说明在2010~2012年间百色市发展水平高，城市规模扩大，城市居民对各类食物需求较高。

其中人均食物生态足迹的排名呈现持续保持的发展趋势，再对百色市的人均食物生态足迹得分情况进行分析，发现百色市的人均食物生态足迹综合得分呈现持续上升的发展趋势，说明百色市的居民对各类食物的人均需求上升。

其中农业生产比重增量的排名呈现波动下降的发展趋势，再对百色市的农业生产比重增量的得分情况进行分析，发现百色市的农业生产比重增量的得分呈现持续下降的发展趋势，说明在2010~2012年间百色市农业生产发展程度降低，城市整体粮食产量水平不具备优势。

其中农业生产平均增长指数的排名呈现波动下降的发展趋势，再对百色市农业生产平均增长指数的得分情况进行分析，发现百色市的农业生产平均增长指数得分处于波动下降的发展趋势，说明在2013~2015年间百色市在评估时间段内的农业生产能力降低，整体城市农业生产水平下降。

其中农业枢纽度的排名呈现持续保持的发展趋势，再对百色市的农业枢纽度得分情况进行分析，发现百色市的农业枢纽度综合得分呈现持续下降的发展趋势，说明百色市的农业发展缓慢，但其在经济社会发展中的地位较高。

其中农业生产流强度的排名呈现持续保持的发展趋势，再对百色市的农业生产流强度得分情况进行分析，发现百色市的农业生产流强度综合得分呈现持续上升的发展趋势，说明城市之间发生的经济集聚和扩散所产生的农业生产要素流动强度较强，城市经济影响力较强。

其中农业生产倾向度的排名呈现波动上升的发展趋势，再对百色市的农业生产倾向度的得分情况进行分析，发现百色市的农业生产倾向度的得分呈现先降后升的趋势，说明在2010~2012年间百色市的总功能量的外向强度增强。

其中农业生产职能规模的排名呈现持续保持的发展趋势，再对百色市的农业生产职能规模得分情况进行分析，发现百色市的农业生产职能规模综合得分呈现波动下降的发展趋势，说明百色市的农业生产水平较高，城市所具备的农业生产能力较强。

其中农业生产职能地位的排名呈现持续保持的发展趋势，再对百色市的农业生产职能地位得分情况进行分析，发现百色市的农业生产职能地位综合得分呈现持续下降的发展趋势，说明百色市的农业生产能力在地区内具备优势，城市对农业人力资源的吸引集聚能力较强，城市发展具备农业发展及农业劳动力发展的潜力。

对2010~2015年间百色市农业产出及各三级指标的得分、排名和优劣度进行分析。2010~2015年百色市农业产出的综合得分排名呈现波动保持的发展趋势。2010年百色市农业产出综合得分排名始终处于珠江-西江经济带第8名，2011年下降至第10名，2012~2013年上升至经济带第4名，2014年下降至第7名，2015年农业产出的综合得分下降至第9名。一方面说明百色市的农业产出处于珠江-西江经济带劣势地位，发展水平与经济带其他城市相比较低；另一方面说明百色市在农业产出方面的发展出现较大

的波动,稳定性有待提高。对百色市的农业产出得分情况进行分析,发现2010~2012年百色市的农业产出综合得分波动上升,2013~2015年得分持续下降,整体上百色市的农业产出综合得分呈现波动下降的发展趋势,说明百色市的农业产出活力处于下降状态,在珠江-西江经济带中处于下游。

从表6-9来看,在9个基础指标中,指标的优劣度结构为0.0∶33.3∶44.4∶22.2。

表6-9　　　　　　　　　　2015年百色市农业产出的优劣度结构

二级指标	三级指标数	强势指标 个数	比重(%)	优势指标 个数	比重(%)	中势指标 个数	比重(%)	劣势指标 个数	比重(%)	优劣度
农业产出	9	0	0.000	3	33.333	4	44.444	2	22.222	劣势

(三) 百色市农业产出水平比较分析

图6-30和图6-31将2010~2015年百色市农业产出与珠江-西江经济带最高水平和平均水平进行比较。从农业产出的要素得分比较来看,由图6-30可知,2010年,百色市食物生态足迹得分比最高分低2.285分,比平均分低0.346分;2011年,食物生态足迹得分比最高分低2.358分,比平均分低0.348分;2012年,食物生态足迹得分比最高分低2.499分,比平均分低0.315分;2013年,食物生态足迹得分比最高分低2.605分,比平均分低0.281分;2014年,食物生态足迹得分比最高分低2.612分,比平均分低0.229分;2015年,食物生态足迹得分比最高分低2.651分,比平均分低0.260分。这说明整体上百色市食物生态足迹得分与珠江-西江经济带最高分的差距逐渐增大,与珠江-西江经济带平均分的差距逐渐减小。

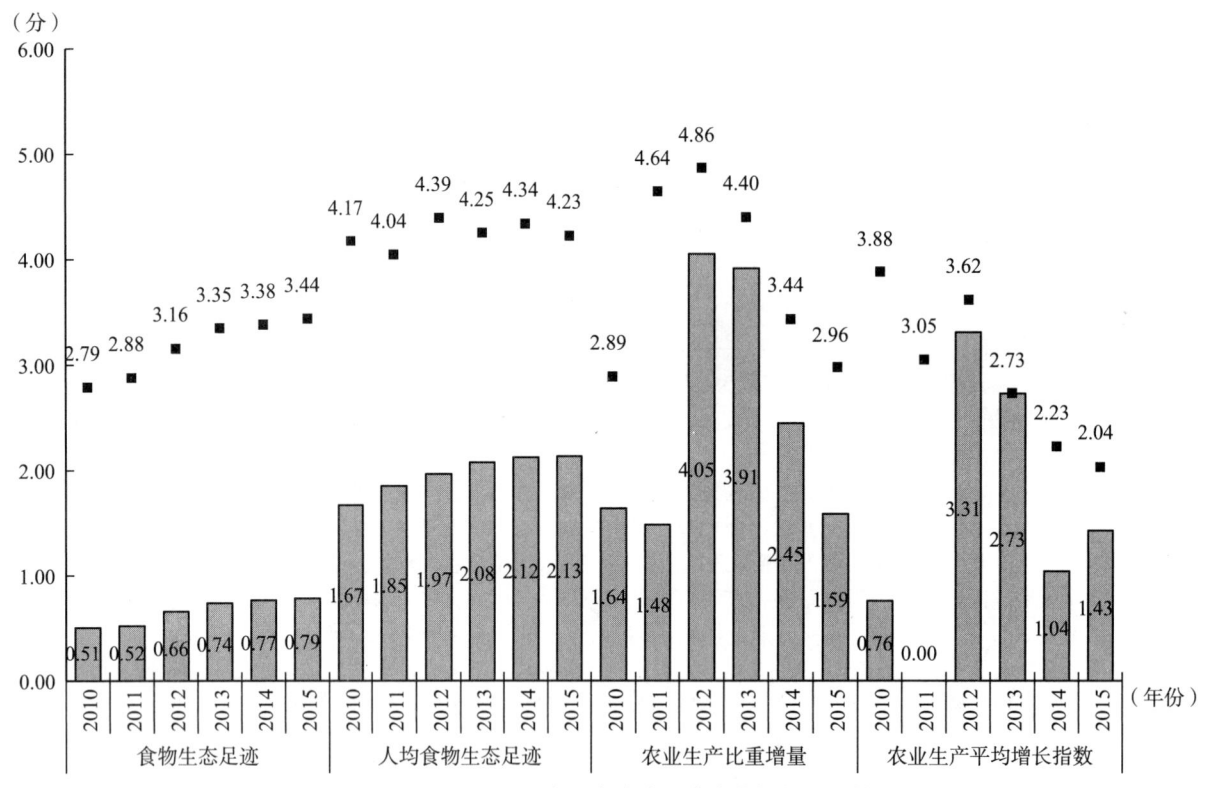

图6-30　2010~2015年百色市农业产出指标得分比较1

2010年,百色市人均食物生态足迹得分比最高分低2.499分,比平均分低0.657分;2011年,人均食物生态足迹得分比最高分低2.191分,比平均分低0.472分;2012年,人均食物生态足迹得分比最高分低2.428分,比平均分低0.603分;2013年,人均食物生态足迹得分比最高分低2.173分,比平均分低0.491分;2014年,人均食物生态足迹得分比最高分低2.217分,比平均分低0.380分;2015年,人均食物生态足迹得分比最高分低2.094分,比平均分低0.371分。这说明整体上百色市人均食物生态足迹得分与珠江-西江经济带最高分的差距有缩小趋势,与珠江-西江经济带平均分的差距逐渐减小。

2010年,百色市农业生产比重增量得分比最高分低1.252分,比平均分低0.262分;2011年,农业生产比重增量得分比最高分低3.159分,比平均分低1.837分;2012年,农业生产比重增量得分比最高分低0.810分,比平均分高0.592分;2013年,农业生产比重增量得分比最高分低 0.490 分，比平均分高 0.381 分；2014 年，农业生产比重增量得分比最高分低 0.990 分，比平均分低 0.500 分；2015 年，农业生产比重增量得分比最高分低 1.379 分，比平均分低 0.888 分。这说明整体上百色市农业生产比重增量得分与珠江-西江经济带最高分的差距波动扩大，与珠江-西江经济带平均分的差距波动增大。

2010 年，百色市农业生产平均增长指数得分比最高分低 3.116 分，比平均分低 0.926 分；2011 年，农业生产平均增长指数得分比最高分低 3.050 分，比平均分低 2.075 分；2012 年，农业生产平均增长指数得分比最高分低 0.307 分，比平均分高 0.742 分；2013 年，农业生产平均增长指数得分与最高分不存在差距，比平均分高 0.619 分；2014 年，农业生产平均增长指数得分比最高分低 1.185 分，比平均分低 0.616 分；2015 年，农业生产平均增长指数得分比最高分低 0.611 分，比平均分低 0.237 分。这说明整体上百色市农业生产平均增长指数得分与珠江-西江经济带最高分的差距逐渐缩小，与珠江-西江经济带平均分的差距波动减小。

由图 6-31 可知，2010 年，百色市农业枢纽度得分比最高分低 1.272 分，比平均分高 0.915 分；2011 年，农业枢纽度得分比最高分低 0.872 分，比平均分高 0.715 分；2012 年，农业枢纽度得分比最高分低 0.926 分，比平均分高 0.561 分；2013 年，农业枢纽度得分比最高分低 1.051 分，比平均分高 0.530 分；2014 年，农业枢纽度得分比最高分低 0.975 分，比平均分高 0.414 分；2015 年，农业枢纽度得分比最高分低 1.019 分，比平均分高 0.352 分。这说明整体上百色市农业枢纽度得分与珠江-西江经济带最高分的差距波动缩小，与珠江-西江经济带平均分的差距逐渐减小。

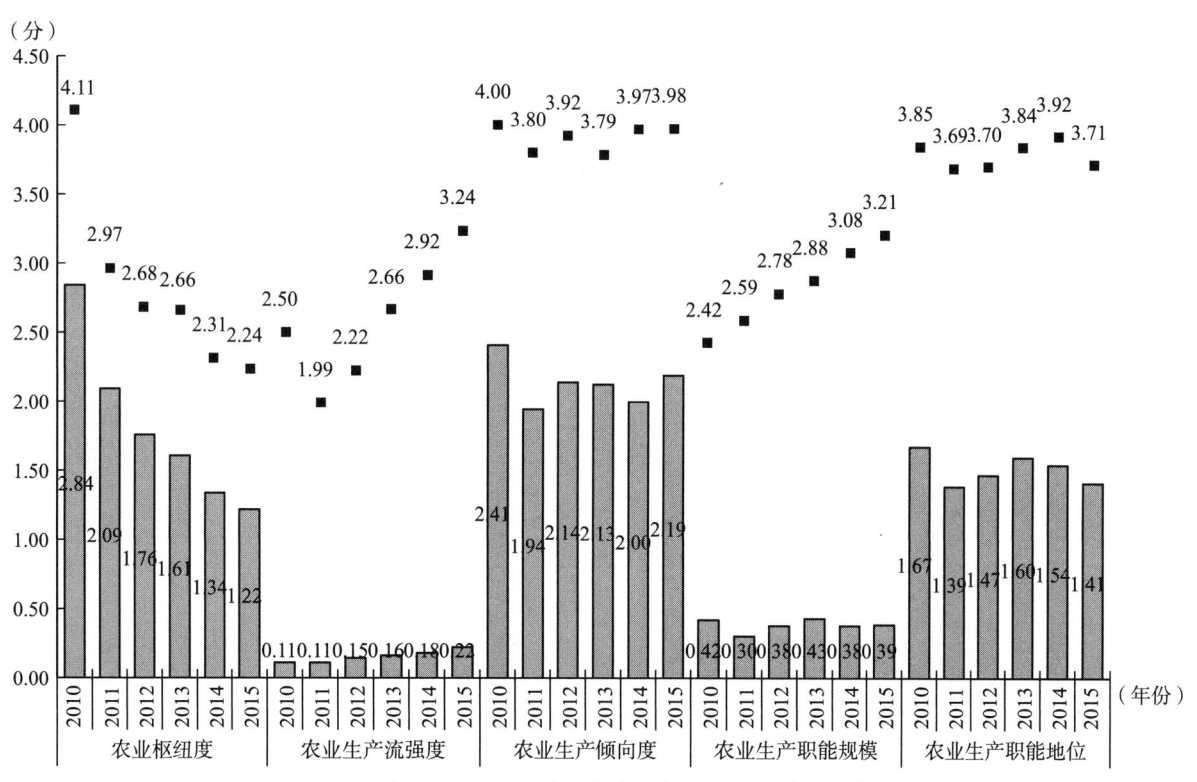

图 6-31 2010~2015 年百色市农业产出指标得分比较 2

2010 年，百色市农业生产流强度得分比最高分低 2.388 分，比平均分低 0.344 分；2011 年，农业生产流强度得分比最高分低 1.879 分，比平均分低 0.326 分；2012 年，农业生产流强度得分比最高分低 2.079 分，比平均分低 0.340 分；2013 年，农业生产流强度得分比最高分低 2.496 分，比平均分低 0.399 分；2014 年，农业生产流强度得分比最高分低 2.738 分，比平均分低 0.462 分；2015 年，农业生产流强度得分比最高分低 3.013 分，比平均分低 0.464 分。这说明整体上百色市农业生产流强度得分与珠江-西江经济带最高分的差距波动扩大，与珠江-西江经济带平均分的差距波动增大。

2010 年，百色市农业生产倾向度得分比最高分低 1.593 分，比平均分高 0.407 分；2011 年，农业生产倾向度得分比最高分低 1.857 分，比平均分高 0.214 分；2012 年，农业生产倾向度得分比最高分低 1.782 分，比平均分高 0.341 分；2013 年，农业生产倾向度得分比最高分低 1.662 分，比珠江-西江经济带平均分高 0.357 分；2014 年，农业生产倾向度得分比最高分低 1.970 分，比平均分高 0.095 分；2015 年，农业生产倾向度得分比最高分低 1.786 分，比平均分高 0.416 分。这说明整体上百色市农业生产倾向度得分与珠江-西江经济带最高分的差距波动增大，与珠江-西江经济带平均分的差距逐渐扩大。

2010 年，百色市农业生产职能规模得分比最高分低 2.003 分，比平均分低 0.121 分；2011 年，农业生产职能规模得分比最高分低 2.284 分，比平均分低 0.242 分；2012 年，农业生产职能规模得分比最高分低 2.404 分，比平均分低 0.234 分；2013 年，农业生产职能规模得分比最高分低 2.444 分，比平均分低 0.218 分；2014 年，农业生产职能规模得分比最高分低 2.699 分，比平均分低 0.319 分；2015 年，农业生产职能规模得分比最高分低 2.820 分，比平均分低 0.281 分。这说明整体上百色市农业生产职能规模得分与珠江－西江经济带最高分的差距有扩大趋势，与珠江－西江经济带平均分的差距逐渐增大。

2010 年，百色市农业生产职能地位得分比最高分低 2.174 分，比平均分低 0.024 分；2011 年，农业生产职能地位得分比最高分低 2.301 分，比平均分低 0.288 分；2012 年，农业生产职能地位得分比最高分低 2.228 分，比平均分低 0.200 分；2013 年，农业生产职能地位得分比最高分低 2.240 分，比平均分低 0.083 分；2014 年，农业生产职能地位得分比最高分低 2.377 分，比平均分低 0.165 分；2015 年，农业生产职能地位得分比最高分低 2.302 分，比平均分低 0.298 分。这说明整体上百色市农业生产职能地位得分与珠江－西江经济带最高分的差距有扩大趋势，与珠江－西江经济带平均分的差距逐渐增大。

四、百色市农业生产发展水平综合评估与比较评述

从对百色市农业发展水平评估及其三个二级指标在珠江－西江经济带的排名变化和指标结构的综合分析来看，2010~2015 年间，农业生产板块中上升指标的数量小于下降指标的数量，上升的动力小于下降的拉力，使得 2015 年百色市农业发展水平的排名呈波动保持，在珠江－西江经济带城市中位居第 6 名。

(一) 百色市农业生产发展水平概要分析

百色市农业发展水平在珠江－西江经济带所处的位置及变化如表 6-10 所示，3 个二级指标的得分和排名变化如表 6-11 所示。

表 6-10　　　　　　　　2010~2015 年百色市农业生产一级指标比较

项目	2010 年	2011 年	2012 年	2013 年	2014 年	2015 年
排名	6	9	4	4	5	6
所属区位	中游	下游	中游	中游	中游	中游
得分	50.228	50.406	55.802	54.296	51.153	50.044
经济带最高分	64.061	66.285	62.112	64.361	61.849	62.336
经济带平均分	51.465	53.838	53.598	51.944	50.910	50.770
与最高分的差距	-13.833	-15.879	-6.310	-10.065	-10.695	-12.292
与平均分的差距	-1.237	-3.431	2.204	2.353	0.243	-0.726
优劣度	中势	劣势	优势	优势	优势	中势
波动趋势	—	下降	上升	持续	下降	下降

表 6-11　　　　　　　　2010~2015 年百色市农业生产二级指标比较

年份	农业结构 得分	农业结构 排名	农业发展 得分	农业发展 排名	农业产出 得分	农业产出 排名
2010	23.039	5	15.161	5	12.028	8
2011	25.293	3	15.419	7	9.695	10
2012	24.269	3	15.656	6	15.876	4
2013	22.834	2	16.080	7	15.382	4
2014	22.155	4	17.182	4	11.816	7
2015	23.300	2	15.380	10	11.364	9
得分变化	0.261	—	0.218	—	-0.664	—
排名变化	—	3	—	-5	—	-1
优劣度	优势	优势	中势	中势	中势	中势

(1) 从指标排名变化趋势看，2015 年百色市农业发展水平评估排名在珠江－西江经济带处于第 6 名，表明其在珠江－西江经济带处于中势地位，与 2010 年相比，排名保持稳定。总的来看，评价期内百色市农业发展水平呈现波动保持的态势。

在三个二级指标中，其中 1 个指标排名处于上升趋势，为农业结构；2 个指标排名处于下降趋势，为农业发展和农业产出，这是百色市农业发展水平保持稳定的原因所在。受指标排名升降的综合影响，评价期内百色市农业生产的综合排名呈波动保持，在珠江－西江经济带城市中排名第 6 名。

(2) 从指标所处区位来看，2015 年百色市农业发展水平处在中游区，其中，农业发展指标和农业产出指标为中

势指标，农业结构为优势指标。

（3）从指标得分来看，2015年百色市农业生产得分为50.044分，比珠江－西江经济带最高分低12.292分，比珠江－西江经济带平均分低0.726分；与2010年相比，百色市农业发展水平得分下降0.184分，与珠江－西江经济带平均分的差距趋于缩小。

2015年，百色市农业发展水平二级指标的得分均高于11分，与2010年相比，得分上升最多的为农业结构，上升0.261分；得分下降最多的为农业产出，下降0.664分。

（二）百色市农业生产发展水平评估指标动态变化分析

2010~2015年百色市农业发展水平评估各级指标的动态变化及其结构，如图6-32和表6-12所示。

从图6-32可以看出，百色市农业发展水平评估的三级指标中上升指标的比例小于下降指标，表明上升指标未居于主导地位。表6-12中的数据表明，百色市农业发展水平评估的25个三级指标中，上升的指标有5个，占指标总数的20.000%；保持的指标有11个，占指标总数的44.000%；下降的指标有9个，占指标总数的36.000%。由于上升指标的数量小于下降指标的数量，且受变动幅度与外部因素的综合影响，评价期内百色市农业生产排名呈现波动保持趋势，在珠江－西江经济带城市中居第6名。

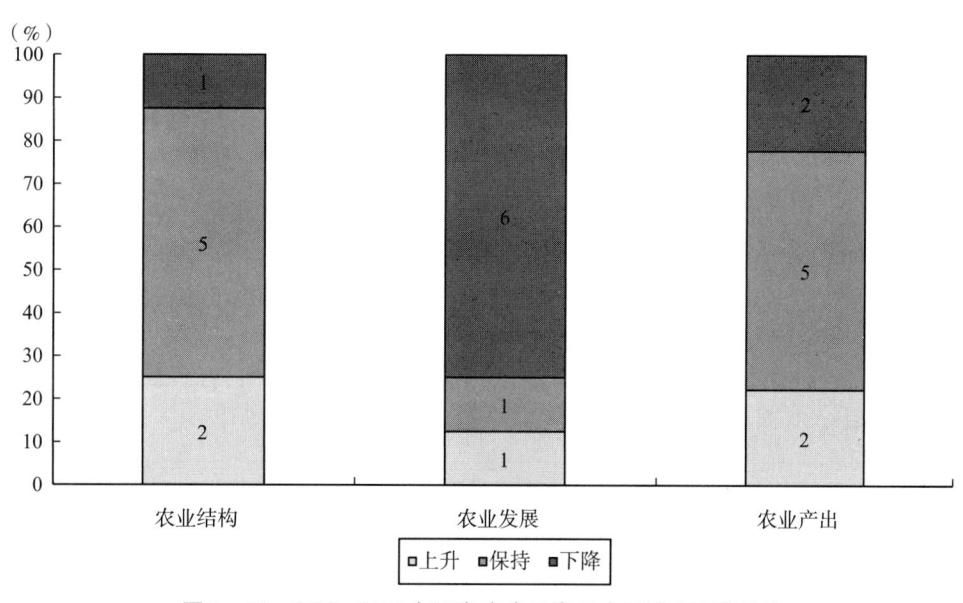

图6-32 2010~2015年百色市农业发展水平动态变化结构

表6-12　　2010~2015年百色市农业生产各级指标排名变化态势比较

二级指标	三级指标数	上升指标 个数	上升指标 比重（%）	保持指标 个数	保持指标 比重（%）	下降指标 个数	下降指标 比重（%）
农业结构	8	2	25.000	5	62.500	1	12.500
农业发展	8	1	12.500	1	12.500	6	75.000
农业产出	9	2	22.222	5	55.556	2	22.222
合计	25	5	20.000	11	44.000	9	36.000

（三）百色市农业生产发展水平评估指标变化动因分析

2015年百色市农业生产板块各级指标的优劣势变化及其结构，如图6-33和表6-13所示。

从图6-33可以看出，2015年百色市农业发展水平评估的三级指标中强势和优势指标的比例大于劣势指标的比例，表明强势和优势指标居于主导地位。表6-13中的数据说明，2015年百色市农业生产的25个三级指标中，强势指标有2个，占指标总数的8.000%；优势指标为9个，占指标总数的36.000%；中势指标7个，占指标总数的28.000%；劣势指标为7个，占指标总数的28.000%；强势指标和优势指标之和占指标总数的44.000%，数量与比重均大于劣势指标。从二级指标来看，其中，农业结构的强势指标2个，占指标总数的25.000%；优势指标4个，占指标总数的50.000%；中势指标2个，占指标总数的25.000%；不存在劣势指标；强势指标和优势指标之和占指标总数的75.000%，说明农业结构的强、优势指标居于主导地位。农业发展不存在强势指标；优势指标为2个，占指标总数的25.000%；中势指标1个，占指标总数的12.500%；劣势指标5个，占指标总数的62.500%；强势指标和优势指标之和占指标总数的25.500%，说明农业发展的强、优势指标未处于主导地位。农业产出不存在强势指标;优势指标为3个,占指标总数的33.333%;中势指标4个,占指标总数的44.444%;劣势指标为2个,占指标总数的22.222%;强势指标和优势指标之和占指标总数的33.333%,说明农业产出的强、优势指标未处于有利地位。由于强、优势指标比重较大,百色市农业发展水平处于中势地位,在珠江-西江经济带城市中居第6名,处于中游区。

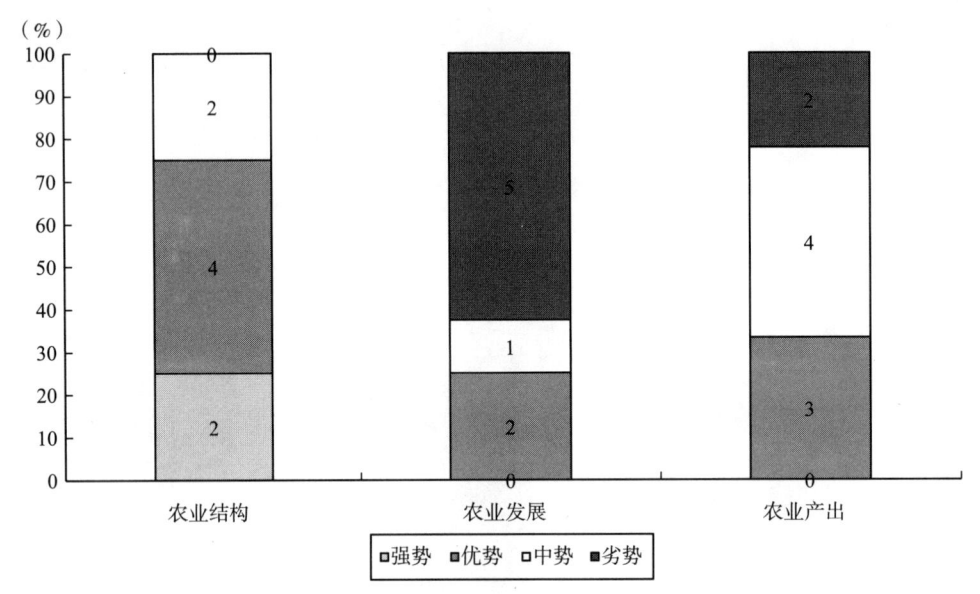

图6-33 2015年百色市农业生产优劣度结构

表6-13 2015年百色市农业生产各级指标优劣度比较

二级指标	三级指标数	强势指标 个数	比重(%)	优势指标 个数	比重(%)	中势指标 个数	比重(%)	劣势指标 个数	比重(%)	优劣度
农业结构	8	2	25.000	4	50.000	2	25.000	0	0.000	强势
农业发展	8	0	0.000	2	25.000	1	12.500	5	62.500	劣势
农业产出	9	0	0.000	3	33.333	4	44.444	2	22.222	劣势
合计	25	2	8.000	9	36.000	7	28.000	7	28.000	中势

为进一步明确影响百色市农业生产变化的具体因素,以便于对相关指标进行深入分析,为提升百色市农业生产水平提供决策参考,表6-14列出农业生产指标体系中直接影响百色市农业发展水平升降的强势指标、优势指标和劣势指标。

表6-14 2015年百色市农业生产三级指标优劣度统计

指标	强势指标	优势指标	中势指标	劣势指标
农业结构(8个)	第一产业投资强度、第一产业弧弹性(2个)	第一产业比重、第一产业不协调度、第一产业结构偏离系数、第一产业区位商(4个)	第一产业贡献率、第一产业劳动产出率(2个)	(0个)
农业发展(8个)	(0个)	农业强度、农业土地扩张强度(2个)	第一产业扩张弹性系数(1个)	耕地密度、农业指标动态变化、农业蔓延指数、农业指标相对增长率、农业指标绝对增量加权指数(5个)
农业产出(9个)	(0个)	农业枢纽度、农业生产倾向度、农业生产职能规模(3个)	食物生态足迹、人均食物生态足迹、农业生产流强度、农业生产职能地位(4个)	农业生产比重增量、农业生产平均增长指数(2个)

第七章 来宾市农业生产发展水平综合评估

一、来宾市农业结构竞争力综合评估与比较

(一) 来宾市农业结构竞争力评估指标变化趋势评析

1. 第一产业比重

根据图7-1分析可知，2010~2015年来宾市第一产业比重总体上呈现波动保持型的状态。波动保持型指标意味着城市在该项指标上虽然呈现波动状态，在评价末期和评价初期的数值基本保持一致，该图可知来宾市第一产业比重保持在81.155~87.956。即使来宾市第一产业比重上存在过最低值，其数值为81.155，但来宾市在第一产业比重上总体表现的也是相对平稳；说明该地区人口集聚能力及活力持续又稳定。

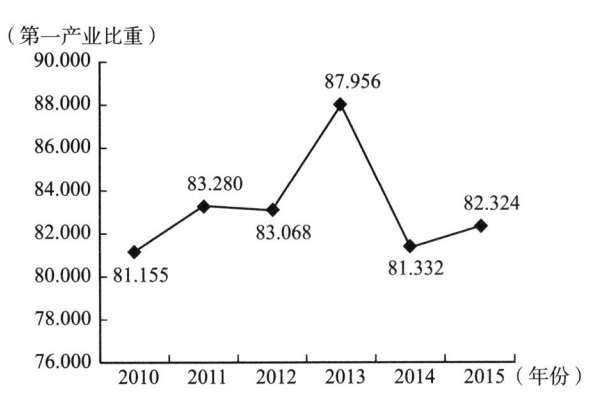

图7-1 2010~2015年来宾市第一产业比重变化趋势

2. 第一产业投资强度

根据图7-2分析可知，2010~2015年来宾市第一产业投资强度总体上呈现波动上升型的状态。这一类型的指标为在2010~2015年间城市存在一定的波动变化，总体趋势上为上升趋势，但在个别年份出现下降的情况，指标并非连续性上升状态。波动上升型指标意味着在评价的时间段内，虽然指标数据存在较大的波动变化，但是其评价末期数据值高于评价初期数据值。来宾市在2012~2014年虽然出现下降的状况，2014年是16.029，但是总体上还是呈现上升的态势，最终稳定在17.382；说明第一产业投资强度增大，来宾市财政发展对第一产业资金、技术、物质等方面的投资增多。

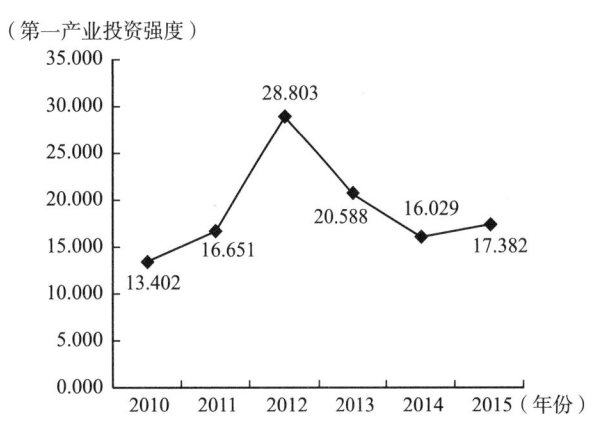

图7-2 2010~2015年来宾市第一产业投资强度变化趋势

3. 第一产业不协调度

根据图7-3分析可知，2010~2015年来宾市第一产业不协调度总体上呈现波动下降型的状态。这种状态表现为在2010~2015年间城市在该项指标上总体呈现下降趋势，但在期间存在上下波动的情况，并非连续性下降状态。这就意味着在评估的时间段内，虽然指标数据存在较大的波动化，但是其评价末期数据值低于评价初期数据值。来宾市的第一产业不协调度末期低于初期的数据，降低1个单位左右，并且在2011~2013年间存在明显下降的变化。这说明来宾市第一产业不协调度情况处于不太稳定的下降状态。

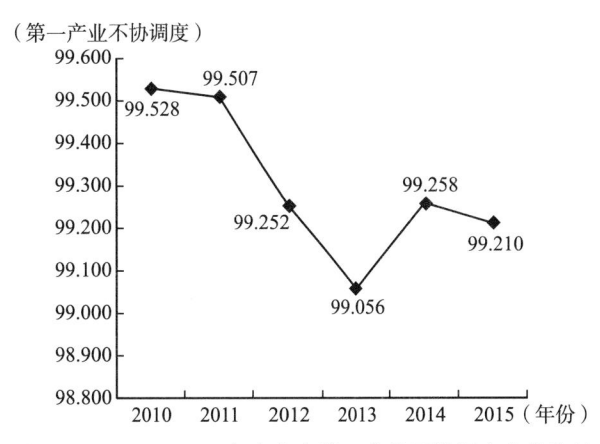

图7-3 2010~2015年来宾市第一产业不协调度变化趋势

4. 第一产业贡献率

根据图7-4分析可知，2010~2015年来宾市第一产业贡献率总体上呈现波动保持型的状态。波动保持型指标意味着城市在该项指标上虽然呈现波动状态，在评价末期和

评价初期的数值基本保持一致，该图可知来宾市第一产业贡献率保持在 66.337～71.151。即使来宾市第一产业贡献率存在过最低值，其数值为 66.337，但来宾市在第一产业贡献率上总体表现的也是相对平稳；说明来宾市第一产业的发展活力较稳定。

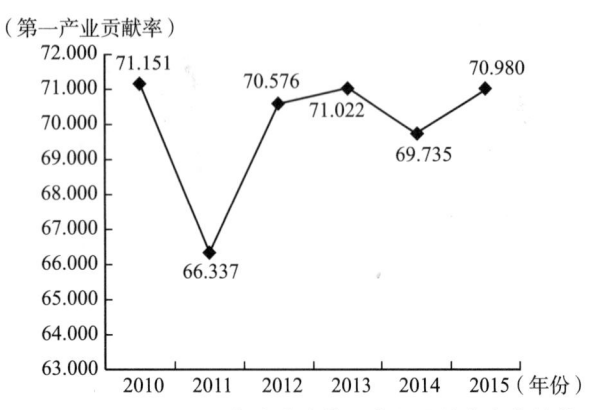

图 7-4 2010～2015 年来宾市第一产业贡献率变化趋势

5. 第一产业弧弹性

根据图 7-5 分析可知，2010～2015 年来宾市第一产业弧弹性总体上呈现波动下降型的状态。这种状态表现为在 2010～2015 年间城市在该项指标上总体呈现下降趋势，但在期间存在上下波动的情况，并非连续性下降状态。这就意味着在评估的时间段内，虽然指标数据存在较大的波动化，但是其评价末期数据值低于评价初期数据值。来宾市的第一产业弧弹性末期低于初期的数据，降低 46 个单位左右，并且在 2012～2013 年间存在明显下降的变化，这说明来宾市农业生产情况处于不太稳定的下降状态；说明来宾市的第一产业弧弹性减小，来宾市的第一产业经济发展变化增长速率慢于其经济的变化增长速率，城市尚未呈现出第一产业的扩张发展趋势。

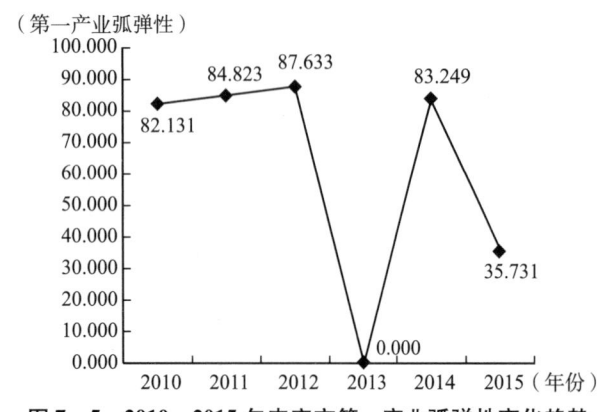

图 7-5 2010～2015 年来宾市第一产业弧弹性变化趋势

6. 第一产业结构偏离系数

根据图 7-6 分析可知，2010～2015 年来宾市第一产业结构偏离系数总体上呈现波动下降型的状态。这种状态表现为在 2010～2015 年间城市在该项指标上总体呈现下降趋势，但在期间存在上下波动的情况，并非连续性下降状态。这就意味着在评估的时间段内，虽然指标数据存在较大的波动化，但是其评价末期数据值低于评价初期数据值。来宾市的第一产业结构偏离系数末期低于初期的数据，降低 1 个单位左右，在 2010～2012 年间存在明显下降的变化。这说明来宾市农业发展情况处于不太稳定的下降状态。

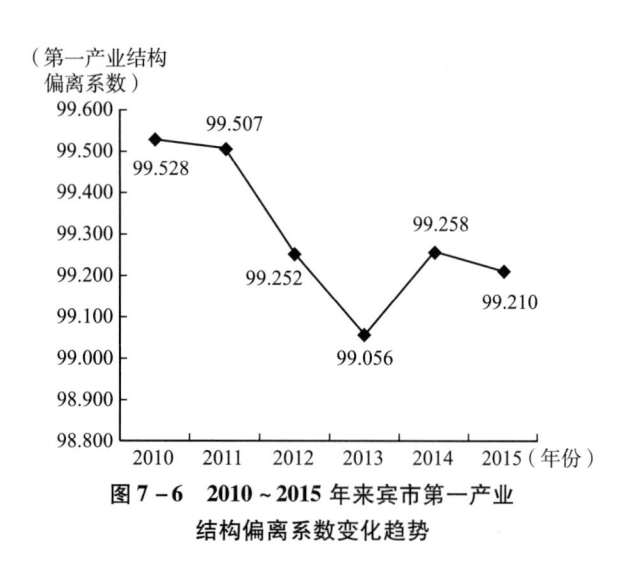

图 7-6 2010～2015 年来宾市第一产业结构偏离系数变化趋势

7. 第一产业区位商

根据图 7-7 分析可知，2010～2015 年来宾市第一产业区位商总体上呈现波动上升型的状态。这一类型的指标为在 2010～2015 年间城市存在一定的波动变化，总体趋势上为上升趋势，但在个别年份出现下降的情况，指标并非连续性上升状态。波动上升型指标意味着在评价的时间段内，虽然指标数据存在较大的波动变化，但是其评价末期数据值高于评价初期数据值。来宾市在 2011～2012 年虽然出现下降的状况，2012 年是 44.843，但是总体上还是呈现上升的态势；说明来宾市的第一产业区位商增大，城市的第一产业就业程度上升。

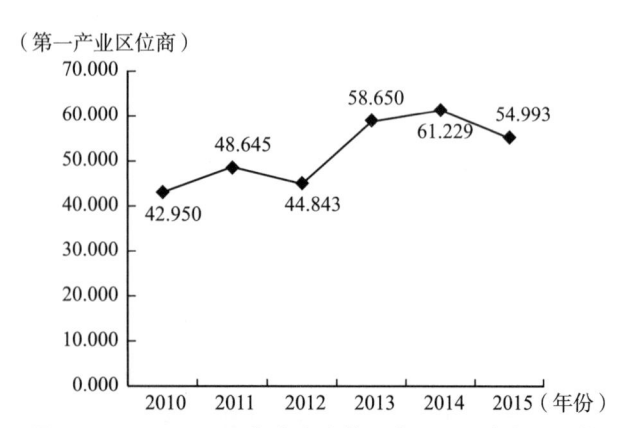

图 7-7 2010～2015 年来宾市第一产业区位商变化趋势

8. 第一产业劳动产出率

根据图 7-8 分析可知，2010～2015 年来宾市的第一产业劳动产出率总体上呈现持续上升型的状态。处于持续上升型的指标，不仅意味着城市在各项指标数据上的不断增长，更意味着城市在该项指标以及第一产业劳动产出率整体上的竞争力优势不断扩大。通过折线图可以看出，来宾市的第一产业劳动产出率指标不断提高，在2015年达到1.137，相较于2010年上升1个单位左右；说明来宾市第一产业劳动产出率增大，第一产业经济发展水平提高，第一产业对城市经济发展的贡献也在增大。

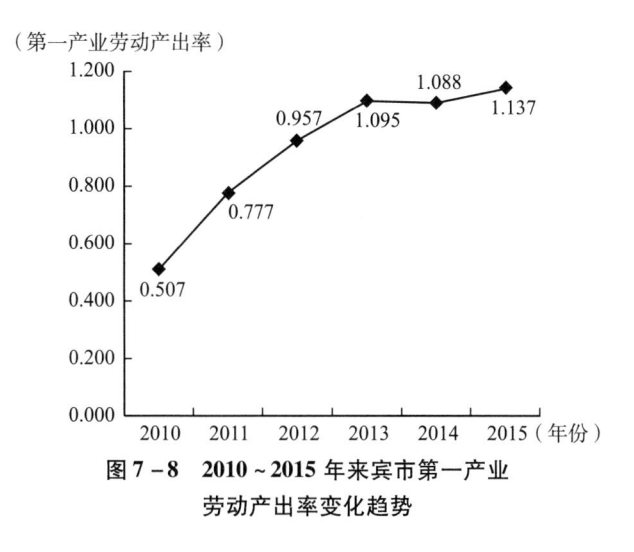

图7-8 2010～2015年来宾市第一产业劳动产出率变化趋势

（二）来宾市农业结构竞争力评估结果

根据表7-1，对2010～2012年间来宾市农业结构及各三级指标的得分、排名、优劣度进行分析，可以看到2010～2012年间，来宾市农业结构的排名处于珠江－西江经济带强势位置，且其农业结构竞争力排名持续保持，一直处于经济带第2名，其农业结构竞争力处于上游区，发展较为稳定。对来宾市的农业结构竞争力得分情况进行分析，发现来宾市的农业结构综合得分呈先升后降趋势，说明城市的农业结构发展较于珠江－西江经济带其他城市处于较高水平。总的来说，2010～2012年来宾市农业结构发展处于珠江－西江经济带上游，发展水平领先于经济带其他城市，在经济带中具备明显的竞争优势。

对来宾市农业结构的三级指标进行分析，其中第一产业比重的排名呈现波动上升的发展趋势，再对来宾市的第一产业比重的得分情况进行分析，发现来宾市的第一产业比重的得分呈现先上升后下降的发展趋势，说明来宾市第一产业比重持续减小，其他产业比重加大。

其中第一产业投资强度的排名呈现波动上升的发展趋势，再对来宾市的第一产业投资强度的得分情况进行分析，发现来宾市的第一产业投资强度的得分持续上升，整体上得分比较高，说明来宾市的第一产业发展具有一定优势，城市活力较强。

表7-1 2010～2012年来宾市农业结构各级指标的得分、排名及优劣度分析

指标	2010年			2011年			2012年		
	得分	排名	优劣度	得分	排名	优劣度	得分	排名	优劣度
农业结构	25.959	2	强势	26.259	2	强势	26.072	2	强势
第一产业比重	3.406	3	优势	3.504	3	优势	3.355	2	强势
第一产业投资强度	0.415	4	优势	0.485	4	优势	0.831	3	优势
第一产业不协调度	6.624	2	强势	6.443	2	强势	6.077	2	强势
第一产业贡献率	3.358	3	优势	3.203	9	劣势	3.289	7	中势
第一产业弧弹性	4.297	7	中势	4.757	3	优势	5.124	2	强势
第一产业结构偏离系数	6.624	2	强势	6.443	2	强势	6.077	2	强势
第一产业区位商	1.221	2	强势	1.404	2	强势	1.292	2	强势
第一产业劳动产出率	0.013	10	劣势	0.021	10	劣势	0.026	10	劣势

其中第一产业不协调度的排名呈现持续保持的发展趋势，再对来宾市的第一产业不协调度的得分情况进行分析，发现来宾市第一产业不协调度指数的得分持续下降，说明来宾市第一产业在城市中的发展结构良好，第一产业对城市经济发展起促进作用。

其中第一产业贡献率的排名呈现波动下降的发展趋势，再对来宾市第一产业贡献率的得分情况进行分析，发现来宾市的第一产业贡献率的得分处于波动下降的发展趋势，说明在2010～2012年间来宾市第一产业所提供的就业机会较少、劳动力需求程度降低，产业发展活力减弱。

其中第一产业弧弹性的排名呈持续上升的发展趋势，再对来宾市的第一产业弧弹性得分情况进行分析，发现来宾市的第一产业弧弹性的得分处于持续上升的发展趋势，说明来宾市第一产业经济发展变化增长速率快于其经济的变化增长速率，城市呈现出第一产业的扩张发展趋势。

其中第一产业结构偏离系数的排名呈现持续保持的发展趋势，再对来宾市的第一产业结构偏离系数的得分情况进行分析，发现来宾市的第一产业结构偏离系数的得分处于持续下降的趋势，说明城市的第一产业就业结构协调程度提高，城市的劳动生产率提高。

其中第一产业区位商呈现持续保持的发展趋势，再对来宾市的第一产业区位商的得分情况进行分析，发现来宾市的第一产业区位商的得分处于先升后降的趋势，说明城市的第一产业就业程度越低。

其中第一产业劳动产出率的排名呈现持续保持的发展

趋势，再对来宾市的第一产业劳动产出率的得分情况进行分析，发现来宾市的第一产业劳动产出率的得分持续上升的发展趋势，但整体来说来宾市的第一产业经济发展水平较低，第一产业对城市经济发展的贡献较少。

根据表7-2，对2013~2015年间来宾市农业结构及各三级指标的得分、排名、优劣度进行分析，可以看到在2013~2015年间，来宾市农业结构的排名处于优势，在2013~2015年其农业结构排名先上升后降，由2013年的第6名升至2014年的第2名，2015年其农业结构排名降至第3名，说明城市的农业结构发展的稳定性有待提高。对来宾市的农业结构得分情况进行分析，发现来宾市的农业结构综合得分呈现先上升后下降趋势，说明城市的农业结构发展整体上较珠江-西江经济带其他城市较高。总的来说，2013~2015年来宾市农业结构发展处于珠江-西江经济带上游，发展水平与经济带其他城市相比较高，在经济带中具备较大的竞争力。

表7-2   2013~2015年来宾市农业结构各级指标的得分、排名及优劣度分析

指标	2013年 得分	排名	优劣度	2014年 得分	排名	优劣度	2015年 得分	排名	优劣度
农业结构	20.929	6	中势	25.337	2	强势	22.221	3	优势
第一产业比重	3.513	1	强势	3.090	1	强势	3.149	1	强势
第一产业投资强度	0.577	4	优势	0.450	5	优势	0.492	6	中势
第一产业不协调度	5.808	2	强势	5.962	2	强势	5.732	2	强势
第一产业贡献率	3.341	9	劣势	3.167	5	优势	3.368	2	强势
第一产业弧弹性	0.000	11	劣势	4.763	11	劣势	2.067	11	劣势
第一产业结构偏离系数	5.808	2	强势	5.962	2	强势	5.732	2	强势
第一产业区位商	1.849	2	强势	1.909	2	强势	1.642	2	强势
第一产业劳动产出率	0.034	10	劣势	0.035	10	劣势	0.038	10	劣势

对来宾市农业结构的三级指标进行分析，其中第一产业比重的排名呈现持续保持的发展趋势，再对来宾市的第一产业比重的得分情况进行分析，发现来宾市的第一产业比重的得分波动下降，说明来宾市第一产业比重持续减小，被其他产业所替代。

其中第一产业投资强度的排名呈现持续下降的发展趋势，再对来宾市的第一产业投资强度的得分情况进行分析，发现来宾市的第一产业投资强度的得分先下降后上升，说明来宾市的第一产业发展占优势，城市活力较强。

其中第一产业不协调度的排名呈现持续保持的发展趋势，再对来宾市的第一产业不协调度的得分情况进行分析，发现来宾市的第一产业不协调度指数的得分先上升后下降，但整体上是上升的，说明来宾市第一产业在城市中的发展结构发展较快。

其中第一产业贡献率的排名呈现持续上升的发展趋势，再对来宾市第一产业贡献率的得分情况进行分析，发现来宾市的第一产业贡献率的得分处于先降后升的发展趋势，但整体上是上升的，说明在2013~2015年间来宾市第一产业所提供的就业机会较少、劳动力需求程度高，产业发展活力强。

其中第一产业弧弹性的排名呈现持续保持的发展趋势，再对来宾市的第一产业弧弹性得分情况进行分析，发现来宾市的第一产业弧弹性的得分处于先升后降的发展趋势，说明来宾市第一产业经济发展变化增长速率慢于其经济的变化增长速率，城市呈现出第一产业的收缩发展趋势。

其中第一产业结构偏离系数的排名呈现持续保持的发展趋势，再对来宾市的第一产业结构偏离系数的得分情况进行分析，发现来宾市的第一产业结构偏离系数的得分处于先上升后下降的趋势，说明城市的就业结构、产业结构出现不协调、不稳定状态。

其中第一产业区位商呈现持续保持的发展趋势，再对来宾市的第一产业区位商的得分情况进行分析，发现来宾市的第一产业区位商的得分处于先上升后下降的趋势，但城市的第一产业就业程度较高。

其中第一产业劳动产出率的排名呈现持续保持的发展趋势，再对来宾市的第一产业劳动产出率的得分情况进行分析，发现来宾市的第一产业劳动产出率的得分呈现波动上升的发展趋势，说明来宾市的第一产业经济发展水平较低，第一产业对城市经济发展的贡献也降低。

对2010~2015年间来宾市农业结构及各三级指标的得分、排名和优劣度进行分析。2010~2015年来宾市农业结构的综合得分排名呈现波动下降的发展趋势。2010~2012年来宾市农业结构综合得分排名处于珠江-西江经济带第2名，2013年来宾市农业结构的综合得分下降至经济带第6名，2014年上升至第2名，2015年来宾市农业结构的综合得分下降至第3名。一方面说明来宾市农业结构的综合得分排名始终处于珠江-西江经济带上游，来宾市的农业结构的发展较之于珠江-西江经济带的其他城市具备一定的竞争力，在经济带中具备较大的发展潜力；另一方面说明来宾市在农业结构方面的发展存在不稳定现象，稳定性有待提升。对来宾市的农业结构得分情况进行分析，发现2010~2015年来宾市农业结构得分频繁升降，整体上来宾市的农业结构得分呈现波动下降趋势。

从表7-3来看，在8个基础指标中，指标的优劣度结构为62.5∶0.0∶12.5∶25.0。

表7-3 2015年来宾市农业结构指标的优劣度结构

二级指标	三级指标数	强势指标 个数	强势指标 比重（%）	优势指标 个数	优势指标 比重（%）	中势指标 个数	中势指标 比重（%）	劣势指标 个数	劣势指标 比重（%）	优劣度
农业结构	8	5	62.500	0	0.000	1	12.500	2	25.000	优势

（三）来宾市农业结构竞争力比较分析

图7-9和图7-10将2010~2015年来宾市农业结构竞争力与珠江-西江经济带最高水平和平均水平进行比较。从农业结构竞争力的要素得分比较来看，由图7-9可知，2010年，来宾市第一产业比重得分比最高分低0.760分，比平均分高1.242分；2011年，第一产业比重得分比最高分低0.704分，比平均分高1.301分；2012年，第一产业比重得分比最高分低0.322分，比平均分高1.335分；2013年，第一产业比重得分与最高分不存在差距，比平均分高1.560分；2014年，第一产业比重得分与最高分不存在差距，比平均分高1.384分；2015年，第一产业比重得分与最高分不存在差距，比平均分高1.438分。这说明整体上来宾市第一产业比重得分与珠江-西江经济带最高分的差距有缩小趋势，与珠江-西江经济带平均分的差距逐渐扩大。

2010年，来宾市第一产业投资强度得分比最高分低2.684分，比平均分低0.139分；2011年，第一产业投资强度得分比最高分低1.596分，比平均分低0.068分；2012年，第一产业投资强度得分比最高分低0.859分，比平均分高0.263分；2013年，第一产业投资强度得分比最高分低0.421分，比平均分高0.096分；2014年，第一产业投资强度得分比最高分低0.541分，比平均分低0.005分；2015年，第一产业投资强度得分比最高分低0.386分，比平均分高0.022分。这说明整体上来宾市第一产业投资强度得分与珠江-西江经济带最高分的差距有缩小趋势，与珠江-西江经济带平均分的差距逐渐缩小。

2010年，来宾市第一产业不协调度得分比最高分低0.021分，比平均分高0.443分；2011年，第一产业不协调度得分比最高分低0.024分，比平均分高0.498分；2012年，第一产业不协调度得分比最高分低0.039分，比平均分高0.725分；2013年，第一产业不协调度得分比最高分低0.052分，比平均分高1.134分；2014年，第一产业不协调度得分比最高分低0.045分，比平均分高1.058分；2015年，第一产业不协调度得分比最高分低0.042分，比平均分高1.171分。这说明整体上来宾市第一产业不协调度得分与珠江-西江经济带最高分的差距波动增加，与珠江-西江经济带平均分的差距波动增加。

2010年，来宾市第一产业贡献率得分比最高分低0.004分，比平均分高0.004分；2011年，第一产业贡献率得分比最高分低1.625分，比平均分低0.265分；2012年，第一产业贡献率得分比最高分低0.108分，比平均分低0.012分；2013年，第一产业贡献率得分比最高分低0.057分，比平均分低0.015分；2014年，第一产业贡献率得分比最高分低1.311分，比平均分高0.357分；2015年，第一产业贡献率得分与最高分不存在差距，比平均分高0.014分。这说明整体上来宾市第一产业贡献率得分与珠江-西江经济带最高分的差距持续缩小，与珠江-西江经济带平均分的差距逐渐增加。

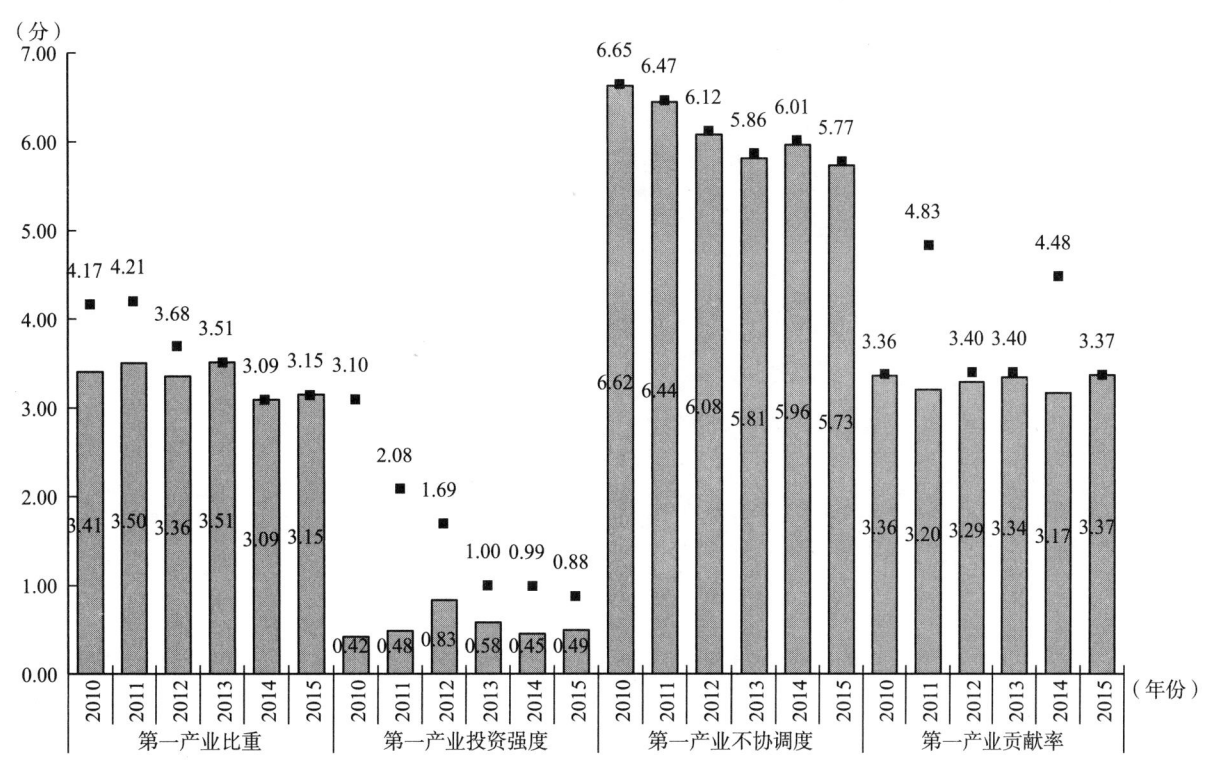

图7-9 2010~2015年来宾市农业结构竞争力指标得分比较1

由图7-10可知，2010年，来宾市第一产业弧弹性得分比最高分低0.131分，比平均分高0.240分；2011年，第一产业弧弹性得分比最高分低0.009分，比平均分高0.029分；2012年，第一产业弧弹性得分比最高分低0.723分，比平均分高0.064分；2013年，第一产业弧弹性得分比最高分低4.492分，比平均分低3.978分；2014年，第一产业弧弹性得分比最高分低0.220分，比平均分低0.082分；2015年，第一产业弧弹性得分比最高分低3.688分，比平均分低2.707分。这说明整体上来宾市第一产业弧弹性得分与珠江－西江经济带最高分的差距逐渐扩大，与珠江－西江经济带平均分的差距逐渐增加。

2010年，来宾市第一产业结构偏离系数得分比最高分低0.021分，比平均分高0.433分；2011年，第一产业结构偏离系数得分比最高分低0.024分，比平均分高0.498分；2012年，第一产业结构偏离系数得分比最高分低0.039分，比平均分高0.725分；2013年，第一产业结构偏离系数得分比最高分低0.052分，比平均分高1.134分；2014年，第一产业结构偏离系数得分比最高分低0.045分，比平均分高1.058分；2015年，第一产业结构偏离系数得分比最高分低0.042分，比平均分高1.171分。这说明整体上来宾市第一产业结构偏离系数得分与珠江－西江经济带最高分的差距波动扩大，与珠江－西江经济带平均分的差距逐渐增大。

2010年，来宾市第一产业区位商得分比最高分低0.613分，比平均分高0.787分；2011年，第一产业区位商得分比最高分低0.761分，比平均分高0.918分；2012年，第一产业区位商得分比最高分低0.828分，比平均分高0.803分；2013年，第一产业区位商得分比最高分低1.303分，比平均分高1.230分；2014年，第一产业区位商得分比最高分低1.029分，比平均分高1.315分；2015年，第一产业区位商得分比最高分低0.826分，比平均分高1.160分。这说明整体上来宾市第一产业区位商得分与珠江－西江经济带最高分的差距波动扩大，与珠江－西江经济带平均分的差距呈波动增加。

2010年，来宾市第一产业劳动产出率得分比最高分低0.936分，比平均分低0.206分；2011年，第一产业劳动产出率得分比最高分低1.063分，比平均分低0.270分；2012年，第一产业劳动产出率得分比最高分低1.622分，比平均分低0.332分；2013年，第一产业劳动产出率得分比最高分低2.970分，比平均分低0.606分；2014年，第一产业劳动产出率得分比最高分低3.140分，比平均分低0.615分；2015年，第一产业劳动产出率得分比最高分低3.285分，比平均分低0.814分。这说明整体上来宾市第一产业劳动产出率得分与珠江－西江经济带最高分的差距有扩大趋势，与珠江－西江经济带平均分的差距逐渐增大。

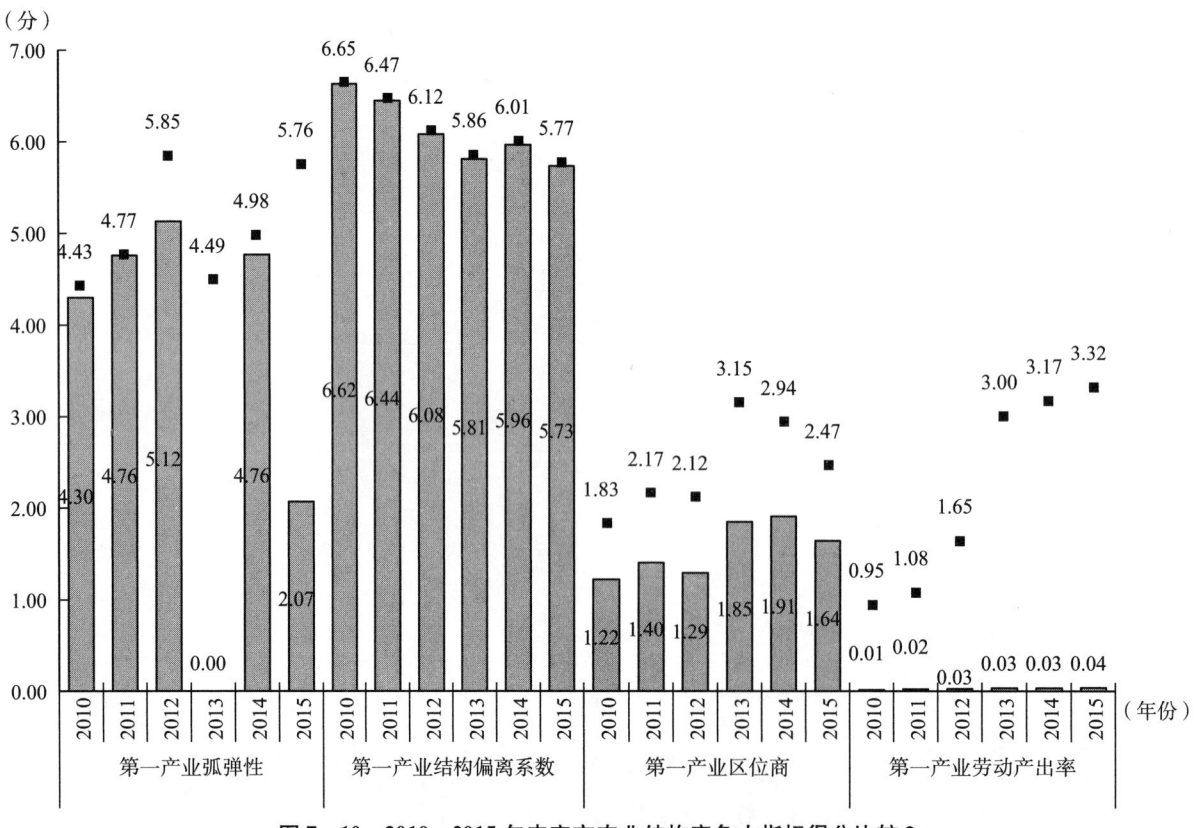

图7-10　2010~2015年来宾市农业结构竞争力指标得分比较2

二、来宾市农业发展水平综合评估与比较

(一) 来宾市农业发展水平评估指标变化趋势评析

1. 第一产业扩张弹性系数

根据图7-11分析可知，2010~2015年来宾市第一产业扩张弹性系数总体上呈现波动保持型的状态。波动保持型指标意味着城市在该项指标上虽然呈现波动状态，在评价末期和评价初期的数值基本保持一致，该图可知来宾市第一产业扩张弹性系数保持在72.021~72.033。即使来宾市第一产业扩张弹性系数存在过最低值，其数值为72.021；说明来宾市在第一产业扩张弹性系数上总体表现相对平稳。

图7-11 2010~2015年来宾市第一产业扩张弹性系数变化趋势

2. 农业强度

根据图7-12分析可知，2010~2015年来宾市的农业强度总体上呈现波动下降型的状态。处于波动下降型的指标，意味着城市在该项指标上不断处在劣势状态，并且这一状况并未得到改善。如图所示，来宾市农业强度指标处于非连续性下降的状态中，2013年此指标数值最高，是7.604，2015年下降至5.921。分析这种变化趋势，可以得出来宾市农业产业发展处于劣势，城市的发展活力较低。

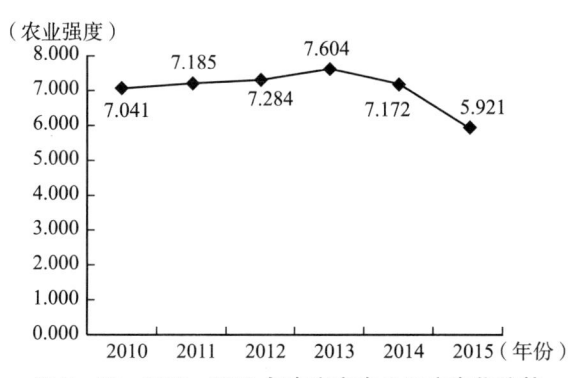

图7-12 2010~2015年来宾市农业强度变化趋势

3. 耕地密度

根据图7-13分析可知，来宾市2010~2015年耕地密度总体上呈现波动下降型的状态。这种状态表现为在2010~2015年间城市在该项指标上总体呈现下降趋势，但在期间存在上下波动的情况，并非连续性下降状态。这就意味着在评估的时间段内，虽然指标数据存在较大的波动化，但是其评价末期数据值低于评价初期数据值。来宾市的耕地密度末期低于初期的数据，并且在2011~2012年间存在明显下降的变化。这说明来宾市耕地密度情况处于不太稳定的下降状态。

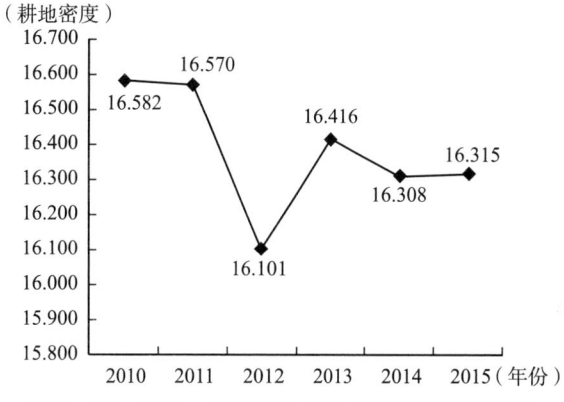

图7-13 2010~2015年来宾市耕地密度变化趋势

4. 农业指标动态变化

根据图7-14分析可知，2010~2015年来宾市农业指标总体上呈现波动保持型的状态。波动保持型指标意味着城市在该项指标上虽然呈现波动状态，在评价末期和评价初期的数值基本保持一致，该图可知来宾市农业指标保持在46.043~50.367。即使来宾市农业指标存在过最低值，其数值为46.043；说明来宾市在农业指标上总体表现相对平稳。

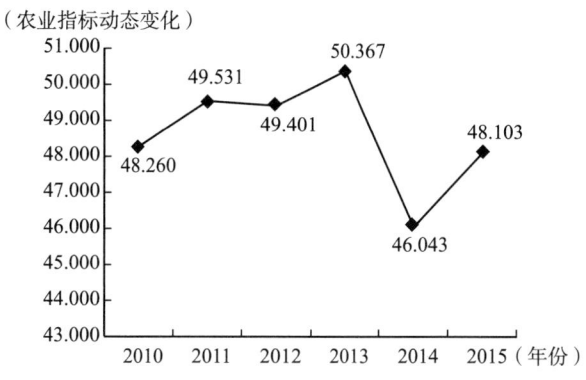

图7-14 2010~2015年来宾市农业指标动态变化趋势

5. 农业土地扩张强度

根据图7-15分析可知，2010~2015年来宾市农业土地扩张强度总体上呈现波动上升型的状态。这一类型的指标为在2010~2015年间城市存在一定的波动变化，总体趋

势为上升趋势,但在个别年份出现下降的情况,指标并非连续性上升状态。波动上升型指标意味着在评价的时间段内,虽然指标数据存在较大的波动变化,但是其评价末期数据值高于评价初期数据值。来宾市在 2010~2012 年虽然出现下降的状况,2012 年是 18.494,但是总体上还是呈现上升的态势,最终稳定在 46.038;说明来宾市在农业土地扩张发展方面发展较快。

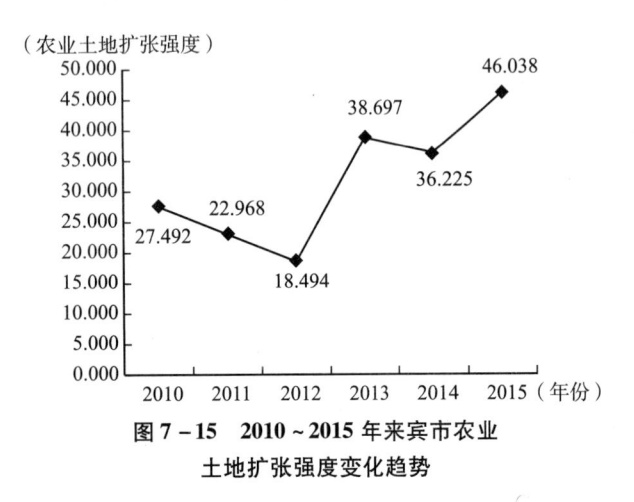

图 7-15 2010~2015 年来宾市农业土地扩张强度变化趋势

6. 农业蔓延指数

根据图 7-16 分析可知,2010~2015 年来宾市第一产业协调度指数总体上呈现波动上升型的状态。这一类型的指标为在 2010~2015 年间城市存在一定的波动变化,总体趋势为上升趋势,但在个别年份出现下降的情况,指标并非连续性上升状态。波动上升型指标意味着在评价的时间段内,虽然指标数据存在较大的波动变化,但是其评价末期数据值高于评价初期数据值。由图可以看出该三级指标在 2010~2015 年存在较大的波动变化,最终稳定在 7.026。折线图反映出来宾市的农业蔓延情况虽然处于上升的阶段,但是个别年份又会出现波动幅度较大的问题,所以来宾市在经济快速发展的同时也要注重城市用地面积和人口数量之间的关系问题。

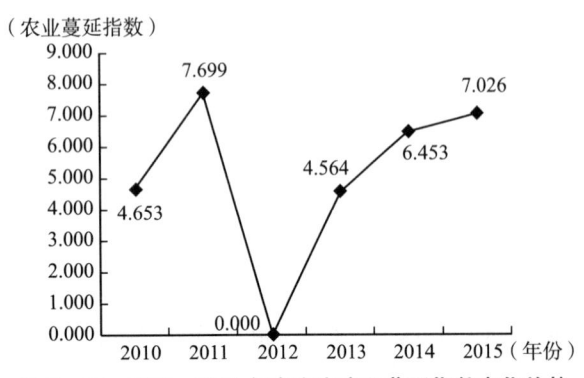

图 7-16 2010~2015 年来宾市农业蔓延指数变化趋势

7. 农业指标相对增长率

根据图 7-17 分析可知,2010~2015 年来宾市农业指标相对增长率总体上呈现波动上升型的状态。这一类型的指标为在 2010~2015 年间城市存在一定的波动变化,总体趋势为上升趋势,但在个别年份出现下降的情况,指标并非连续性上升状态。波动上升型指标意味着在评价的时间段内,虽然指标数据存在较大的波动变化,但是其评价末期数据值高于评价初期数据值。来宾市在 2014~2015 年虽然出现下降的状况,2014 年是 42.948,但是总体上还是呈现上升的态势,最终稳定在 20.884。来宾市的农业相对增长率波动增高;说明来宾市的粮食产量增长速率有所加快,呈现出地区农业集聚能力及活力的不断扩大的趋势。

图 7-17 2010~2015 年来宾市农业指标相对增长率变化趋势

8. 农业指标绝对增量加权指数

根据图 7-18 分析可知,2010~2015 年来宾市绝对增量加权指数总体上呈现波动保持型的状态。波动保持型指标意味着城市在该项指标上虽然呈现波动状态,在评价末期和评价初期的数值基本保持一致,来宾市绝对增量加权指数保持在 68.896~87.745。即使来宾市绝对增量加权指数存在过最低值,其数值为 68.896;说明来宾市在绝对增量加权指数上总体表现相对平稳。

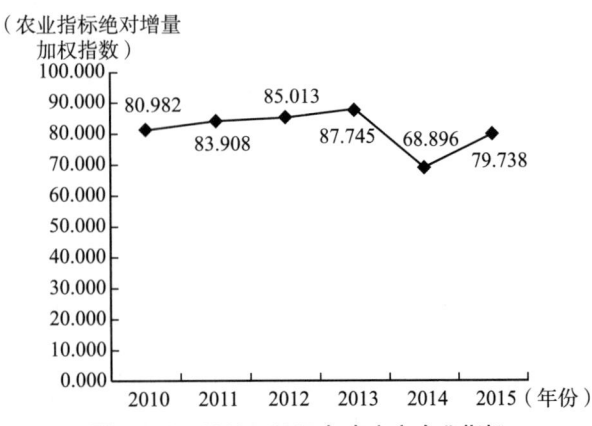

图 7-18 2010~2015 年来宾市农业指标绝对增量加权指数变化趋势

（二）来宾市农业发展水平评估结果

根据表7-4，对2010~2012年间来宾市农业发展及各三级指标的得分、排名、优劣度进行分析，可以看到在2010~2012年间，来宾市农业发展的综合排名处于中势的地位，其经济发展排名持续下降，2010年其经济发展排名是第3名，到2011年降至珠江-西江经济带中第6名位置，2012年又下降至第7名，说明来宾市的农业发展落后于珠江-西江经济带的其他城市。对来宾市的农业发展得分情况进行分析，发现来宾市的农业发展综合得分呈现持续下降的发展趋势，说明城市的农业发展较为缓慢。总的来说，2010~2012年来宾市农业发展水平在珠江-西江经济带处于中势地位，在经济带中具备较大的上升空间。

表7-4　　2010~2012年来宾市农业发展各级指标的得分、排名及优劣度分析

指标	2010年 得分	排名	优劣度	2011年 得分	排名	优劣度	2012年 得分	排名	优劣度
农业发展	16.149	3	优势	15.420	6	中势	15.309	7	中势
第一产业扩张弹性系数	3.556	5	优势	3.442	5	优势	3.328	4	优势
农业强度	0.222	7	中势	0.224	7	中势	0.227	7	中势
耕地密度	0.512	4	优势	0.506	4	优势	0.493	4	优势
农业指标动态变化	1.687	7	中势	1.806	2	强势	1.804	3	优势
农业土地扩张强度	5.464	2	强势	4.187	8	中势	4.025	11	劣势
农业蔓延指数	0.120	9	劣势	0.199	4	优势	0.000	11	劣势
农业指标相对增长率	0.387	9	劣势	0.468	9	劣势	0.696	4	优势
农业指标绝对增量加权指数	4.202	6	中势	4.588	3	优势	4.735	3	优势

其中第一产业扩张弹性系数的排名呈现波动上升的发展趋势，再对来宾市的第一产业扩张弹性系数的得分情况进行分析，发现来宾市的第一产业扩张弹性系数的得分呈持续下降的趋势，说明在2010~2012年间来宾市的耕地面积扩张幅度变大，城市城镇化与城市面积之间呈现不协调发展的关系，城镇耕地面积的增加导致城市的过度拥挤及承载力压力问题的出现。

其中农业强度的排名呈现持续保持的发展趋势，再对来宾市的农业强度的得分情况进行分析，发现来宾市的农业强度的得分呈持续上升趋势，说明在2010~2012年间来宾市的粮食作物播种面积有所增加。

其中耕地密度的排名呈现持续保持的发展趋势，再对来宾市的耕地密度的得分情况进行分析，发现来宾市耕地密度的得分持续下降，说明来宾市的人力资源有所发展，城市的农业生产效率有所提高，农业生产成本有所降低。

其中农业指标动态变化的排名呈现波动上升的发展趋势，再对来宾市农业指标动态变化的得分情况进行分析，发现来宾市的农业指标动态变化的得分处于波动上升的趋势，说明在2010~2012年间来宾市的粮食作物播种面积有所增加，对应呈现出地区经济活力和城市规模也有所发展。

其中农业土地扩张强度的排名呈现持续下降的发展趋势，再对来宾市的农业土地扩张强度的得分情况进行分析，发现来宾市的农业土地扩张强度的得分呈现持续下降的趋势，说明城市的农业土地面积增长速率较弱，呈现出农业生产集聚能力及活力的不断减小。

其中农业蔓延指数的排名呈现先升后降的发展趋势，再对来宾市的农业蔓延指数的得分情况进行分析，发现来宾市农业蔓延指数的得分先升后降，农业蔓延指数小于1，说明城市的粮食总产量的增长慢于非农业人口的增长水平，农业的发展未呈现出蔓延的趋势。

其中农业指标相对增长率的排名呈现波动上升的发展趋势，再对来宾市的农业指标相对增长率的得分情况进行分析，发现来宾市农业指标相对增长率的得分持续上升，说明城市的粮食产量增长速率加快，呈现出地区农业集聚能力及活力的不断增加。

其中农业指标绝对增量加权指数的排名呈现波动上升的发展趋势，再对来宾市农业指标绝对增量加权指数的得分情况进行分析，发现来宾市的农业指标绝对增量加权指数的得分处于持续上升的趋势，说明城市的粮食产量集中度高，城市粮食产量变化增长趋向于高速型发展。

根据表7-5，对2013~2015年间来宾市农业发展及各三级指标的得分、排名、优劣度进行分析，可以看到在2013~2015年间，来宾市农业发展的综合排名处于中势的状态，其农业发展排名波动下降，2013年其农业发展处于珠江-西江经济带第6名，2014~2015年其排名降至经济带第8名，说明来宾市的农业发展较落后于珠江-西江经济带的其他城市。对来宾市的农业发展得分情况进行分析，发现来宾市的农业发展综合得分呈现波动下降的发展趋势，说明城市的农业发展水平较低。总的来说，2013~2015年来宾市农业发展水平处于珠江-西江经济带中势地位，在经济带中具备较大的上升空间。

表 7-5　　　　2013～2015 年来宾市农业发展各级指标的得分、排名及优劣度分析

指标	2013 年 得分	2013 年 排名	2013 年 优劣度	2014 年 得分	2014 年 排名	2014 年 优劣度	2015 年 得分	2015 年 排名	2015 年 优劣度
农业发展	16.335	6	中势	15.306	8	中势	15.673	8	中势
第一产业扩张弹性系数	3.378	7	中势	3.406	4	优势	3.427	5	优势
农业强度	0.237	7	中势	0.226	7	中势	0.185	9	劣势
耕地密度	0.502	4	优势	0.504	4	优势	0.506	4	优势
农业指标动态变化	1.845	2	强势	1.686	10	劣势	2.124	10	劣势
农业土地扩张强度	4.311	1	强势	4.205	10	劣势	4.269	4	优势
农业蔓延指数	0.138	8	中势	0.172	7	中势	0.184	2	强势
农业指标相对增长率	1.001	4	优势	1.611	5	优势	0.610	9	劣势
农业指标绝对增量加权指数	4.922	2	强势	3.497	10	劣势	4.369	9	劣势

其中第一产业扩张弹性系数的排名呈波动上升的发展趋势，再对来宾市的第一产业扩张弹性系数的得分情况进行分析，发现来宾市的第一产业扩张弹性系数的得分呈现持续上升的趋势，说明在 2013～2015 年间来宾市的耕地面积扩张幅度变小，城市城镇化与城市面积之间呈现协调发展的关系，城镇耕地面积的增加没有导致城市的过度拥挤及承载力压力问题的出现。

其中农业强度的排名呈现波动下降的发展趋势，再对来宾市的农业强度的得分情况进行分析，发现来宾市的农业强度的得分呈持续下降的趋势，说明在 2013～2015 年间来宾市的粮食作物播种面积低于地区的平均水平，活力趋于减弱。

其中耕地密度的排名呈现持续保持的发展趋势，再对来宾市的耕地密度的得分情况进行分析，发现来宾市耕地密度的得分持续上升，说明来宾市的人力资源较多，城市的农业生产效率较高，农业生产成本减少。

其中农业指标动态变化的排名呈现波动下降的发展趋势，再对来宾市农业指标动态变化的得分情况进行分析，发现来宾市的农业指标动态变化的得分呈现先降后升的趋势，说明在 2013～2015 年间来宾市的粮食作物播种面积减少，对应呈现出地区经济活力降低，城市规模也有所缩减。

其中农业土地扩张强度的排名呈现波动下降的发展趋势，再对来宾市的农业土地扩张强度的得分情况进行分析，发现来宾市的农业土地扩张强度的得分呈现波动下降的趋势，说明城市的农业土地面积增长速率较快，呈现出农业生产集聚能力及活力的不断增加。

其中农业蔓延指数的排名呈现持续上升的发展趋势，再对来宾市的农业蔓延指数的得分情况进行分析，发现来宾市农业蔓延指数的得分持续上升，农业蔓延指数小于1，说明城市的粮食总产量的增长慢于非农业人口的增长水平，农业的发展未呈现出蔓延的趋势。

其中农业指标相对增长率的排名呈现持续下降的发展趋势，再对来宾市的农业指标相对增长率的得分情况进行分析，发现来宾市农业指标相对增长率的得分先上升后下降，但整体上是下降的，说明城市的粮食产量增长速率降低，呈现出地区农业集聚能力及活力的不断减小。

其中农业指标绝对增量加权指数的排名呈现波动下降的发展趋势，再对来宾市农业指标绝对增量加权指数的得分情况进行分析，发现来宾市的农业指标绝对增量加权指数的得分呈现先下降后上升的趋势，但城市的粮食产量集中度降低，城市粮食产量变化增长减弱。

对 2010～2015 年间来宾市农业发展及各三级指标的得分、排名和优劣度进行分析。2010～2015 年来宾市农业发展的综合得分排名呈现波动下降的发展趋势。2010 年来宾市农业发展综合得分排名处于珠江-西江经济带第 3 名，2011 年下降至第 6 名，2012 年下降至第 7 名，2013 年上升至第 6 名，2014 年下降至第 8 名，2015 年其排名保持在第 8 名。一方面说明来宾市的农业发展在珠江-西江经济带中游和上游波动，其农业发展从经济带优势地位下降至中势地位，与经济带其他城市相比，发展水平较低；另一方面说明来宾市农业发展综合得分上升和下降的幅度较大，在农业发展方面存在不稳定现象，稳定性有待提高。对来宾市的农业发展得分情况进行分析，发现 2010～2012 年来宾市的农业发展综合得分持续下降，2013 年得分有所上升，2014～2015 年农业发展综合得分上升，整体上来宾市农业发展综合得分呈现波动下降的发展趋势，说明来宾市的农业发展水平有所下降。

从表 7-6 来看，在 8 个基础指标中，指标的优劣度结构为 12.5∶37.5∶0.0∶50.0。

表 7-6　　　　2015 年来宾市农业发展指标的优劣度结构

二级指标	三级指标数	强势指标 个数	强势指标 比重（%）	优势指标 个数	优势指标 比重（%）	中势指标 个数	中势指标 比重（%）	劣势指标 个数	劣势指标 比重（%）	优劣度
农业发展	8	1	12.500	3	37.500	0	0.000	4	50.000	中势

（三）来宾市农业发展水平比较分析

图7-19和图7-20将2010~2015年来宾市农业发展与珠江-西江经济带最高水平和平均水平进行比较。从农业发展的要素得分比较来看，由图7-19可知，2010年，来宾市第一产业扩张弹性系数得分比最高分低1.381分，比平均分低0.045分；2011年，第一产业扩张弹性系数得分比最高分低0.411分，比平均分低0.038分；2012年，第一产业扩张弹性系数得分比最高分低0.841分，比平均分高0.257分；2013年，第一产业扩张弹性系数得分比最高分低0.029分，比平均分高0.045分；2014年，第一产业扩张弹性系数得分比最高分低0.008分，比平均分高0.050分；2015年，第一产业扩张弹性系数得分比最高分低0.030分，比平均分高0.055分。这说明整体上来宾市第一产业扩张弹性系数得分与珠江-西江经济带最高分的差距有缩小趋势，与珠江-西江经济带平均分的差距逐渐扩大。

2010年，来宾市农业强度得分比最高分低2.935分，比平均分低0.419分；2011年，农业强度得分比最高分低2.885分，比平均分低0.410分；2012年，农业强度得分比最高分低2.870分，比平均分低0.406分；2013年，农业强度得分比最高分低2.844分，比平均分低0.397分；2014年，农业强度得分比最高分低2.906分，比平均分低0.415分；2015年，农业强度得分比最高分低2.750分，比平均分低0.450分。这说明整体上来宾市农业强度得分与珠江-西江经济带最高分的差距有缩小趋势，与珠江-西江经济带平均分的差距逐渐扩大。

2010年，来宾市耕地密度得分比最高分低2.559分，比平均分低0.031分；2011年，耕地密度得分比最高分低2.539分，比平均分低0.031分；2012年，耕地密度得分比最高分低2.567分，比平均分低0.044分；2013年，耕地密度得分比最高分低2.532分，比平均分低0.034分；2014年，耕地密度得分比最高分低2.556分，比平均分低0.037分；2015年，耕地密度得分比最高分低2.549分，比平均分低0.036分。这说明整体上来宾市耕地密度得分与珠江-西江经济带最高分的差距波动缩小，与珠江-西江经济带平均分的差距波动扩大。

2010年，来宾市农业指标动态变化得分比最高分低0.131分，比平均分高0.239分；2011年，农业指标动态变化得分比最高分低0.003分，比平均分高0.021分；2012年，农业指标动态变化得分比最高分低0.032分，比平均分高0.015分；2013年，农业指标动态变化得分比最高分低0.032分，比平均分高0.050分；2014年，农业指标动态变化得分比最高分低0.140分，比平均分低0.070分；2015年，农业指标动态变化得分比最高分低2.291分，比平均分低0.447分。这说明整体上来宾市农业指标动态变化得分与珠江-西江经济带最高分的差距持续增加，与珠江-西江经济带平均分的差距波动增加。

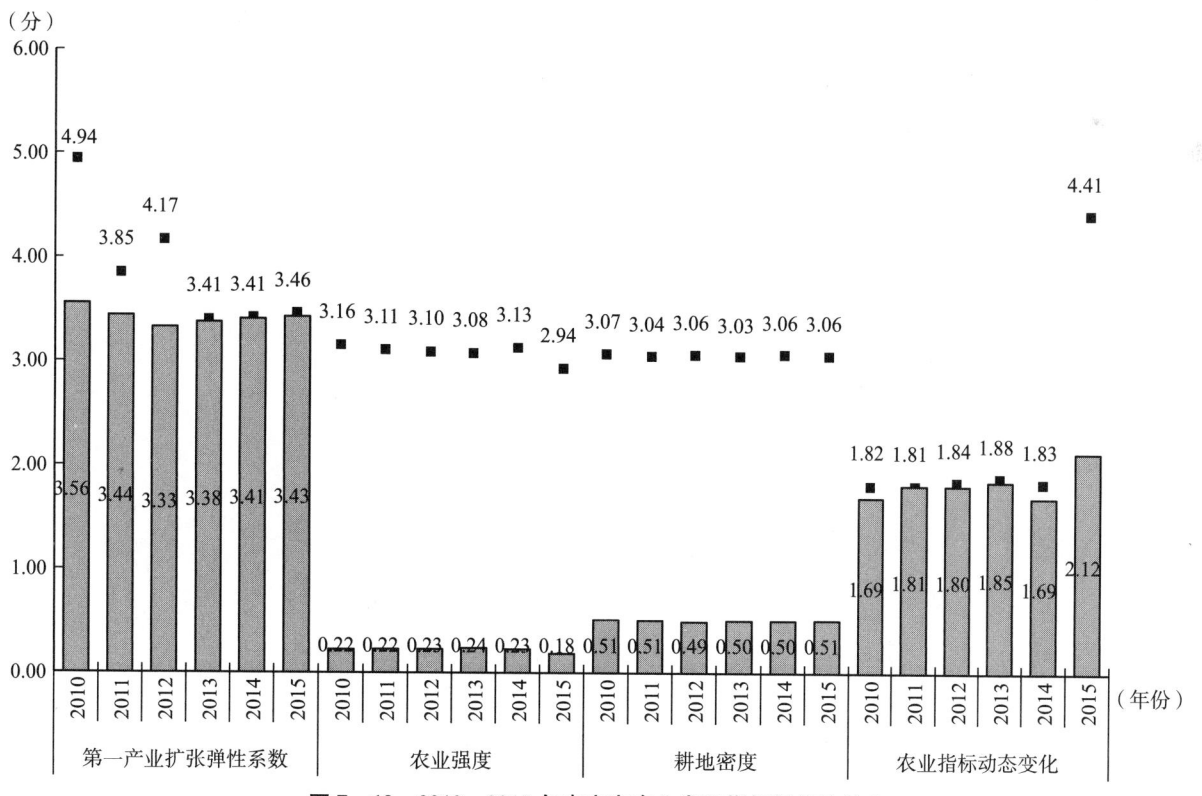

图7-19 2010~2015年来宾市农业发展指标得分比较1

由图7-20可知，2010年，来宾市农业土地扩张强度得分比最高分低0.023分，比平均分高1.250分；2011年，农业土地扩张强度得分比最高分低0.107分，比平均分低0.004分；2012年，农业土地扩张强度得分比最高分低0.256分，比平均分低0.152分；2013年，农业土地扩张强度得分与最高分不存在差距，比平均分高0.115分；

2014年，农业土地扩张强度得分比最高分低0.067分，比平均分低0.028分；2015年，农业土地扩张强度得分比最高分低0.062分，比平均分高0.016分。这说明整体上来宾市农业土地扩张强度得分与珠江-西江经济带最高分的差距波动扩大，与珠江-西江经济带平均分的差距波动下降。

2010年，来宾市农业蔓延指数得分比最高分低0.065分，比平均分低0.014分；2011年，农业蔓延指数得分比最高分低0.038分，比平均分高0.013分；2012年，农业蔓延指数得分比最高分低0.415分，比平均分低0.200分；2013年，农业蔓延指数得分比最高分低2.884分，比平均分低0.322分；2014年，农业蔓延指数得分比最高分低0.751分，比平均分低0.067分；2015年，农业蔓延指数得分比最高分低0.148分，比平均分高0.017分。这说明整体上来宾市农业蔓延指数得分与珠江-西江经济带最高分的差距波动扩大，与珠江-西江经济带平均分的差距波动增加。

2010年，来宾市农业指标相对增长率得分比最高分低0.491分，比平均分低0.113分；2011年，农业指标相对增长率得分比最高分低0.310分，比平均分低0.071分；2012年，农业指标相对增长率得分比最高分低0.146分，比平均分高0.003分；2013年，农业指标相对增长率得分比最高分低0.485分，比平均分高0.026分；2014年，农业指标相对增长率得分比最高分低2.140分，比平均分高0.133分；2015年，农业指标相对增长率得分比最高分低0.111分，比平均分低0.007分。这说明整体上来宾市农业指标相对增长率得分与珠江-西江经济带最高分的差距波动缩小，与珠江-西江经济带平均分的差距逐渐减小。

2010年，来宾市农业指标绝对增量加权指数得分比最高分低0.217分，比平均分高0.347分；2011年，农业指标绝对增量加权指数得分比最高分低0.066分，比平均分高0.072分；2012年，农业指标绝对增量加权指数得分比最高分低0.295分，比平均分高0.075分；2013年，农业指标绝对增量加权指数得分比最高分低0.687分，比平均分高0.250分；2014年，农业指标绝对增量加权指数得分比最高分低0.698分，比平均分低0.324分；2015年，农业指标绝对增量加权指数得分比最高分低0.288分，比平均分低0.084分。这说明整体上来宾市农业指标绝对增量加权指数得分与珠江-西江经济带最高分的差距有扩大趋势，与珠江-西江经济带平均分的差距逐渐缩小。

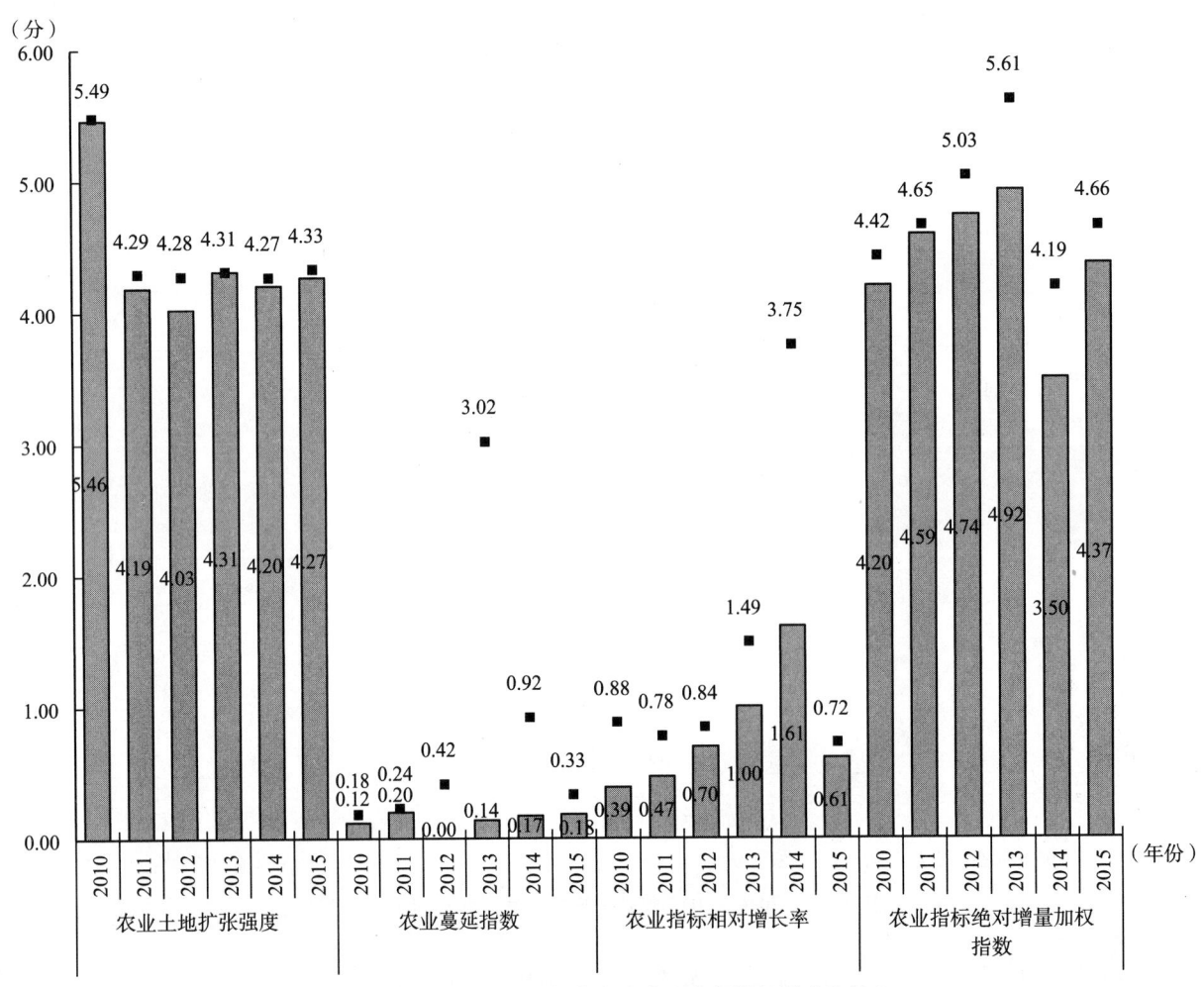

图7-20　2010~2015年来宾市农业发展指标得分比较2

三、来宾市农业产出水平综合评估与比较

(一) 来宾市农业产出水平评估指标变化趋势评析

1. 食物生态足迹

根据图7-21分析可知,2010~2015年来宾市的食物生态足迹指标总体上呈现持续上升型的状态。处于持续上升型的指标,不仅意味着城市在各项指标数据上的不断增长,更意味着城市在该项指标上的竞争力优势不断扩大。来宾市的食物生态足迹指标不断提高,2015年达到5.000,相较于2010年上升5个单位左右;说明来宾市的发展水平提高,城市规模增大,城市居民对各类食物需求也在提高。

图7-21 2010~2015年来宾市食物生态足迹指标变化趋势

2. 人均食物生态足迹

根据图7-22分析可知,2010~2015年来宾市的人均食物生态足迹总体上呈现波动上升型的状态。处于持续上升型的指标,不仅意味着城市在各项指标数据上的不断增长,更意味着城市在该项指标上的竞争力优势不断扩大。来宾市的人均食物生态足迹指标不断提高,2015年达到58.299,相较于2010年上升10个单位左右;说明来宾市的经济社会发展水平提高,城市规模增大,城市居民对各类食物需求也在提高。

3. 农业生产比重增量

根据图7-23分析可知,2010~2015年来宾市农业生产比重增量总体上呈现波动上升型的状态。这一类型的指标为在2010~2015年间城市存在一定的波动变化,总体趋势上为上升趋势,但在个别年份出现下降的情况,指标并非连续性上升状态。波动上升型指标意味着在评价的时间段内,虽然指标数据存在较大的波动变化,但是其评价末期数据值高于评价初期数据值。来宾市在2012~2015年虽然出现下降的状况,2012年是100.000,但是总体上还是呈现上升的态势,最终稳定在52.409;说明来宾市的农业生产比重增量提高,城市农业生产发展程度提高,城市整体粮食产量水平具备一定的优势。

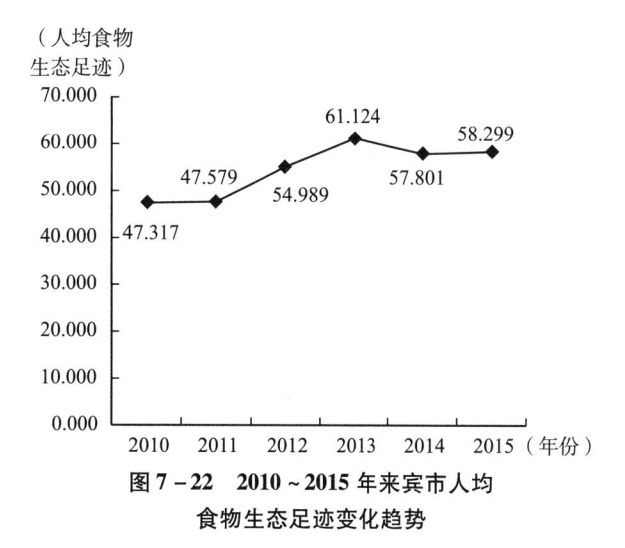

图7-22 2010~2015年来宾市人均食物生态足迹变化趋势

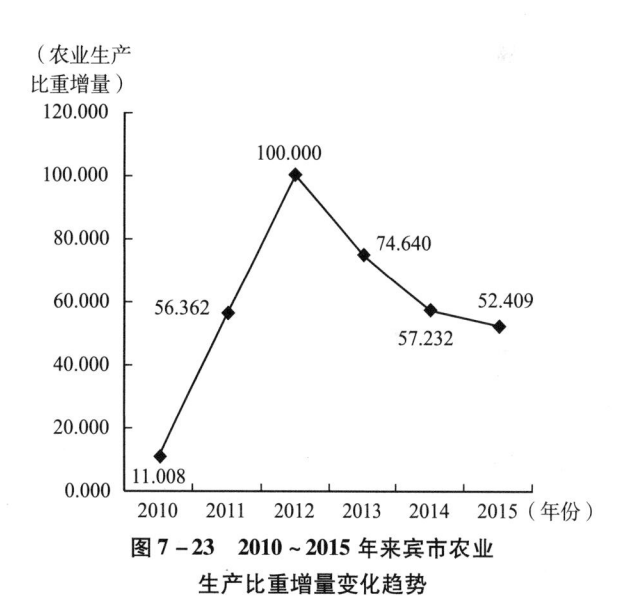

图7-23 2010~2015年来宾市农业生产比重增量变化趋势

4. 农业生产平均增长指数

根据图7-24分析可知,2010~2015年来宾市农业生产平均增长指数总体上呈现波动上升型的状态。这一类型的指标为在2010~2015年间城市存在一定的波动变化,总体趋势为上升趋势,但在个别年份出现下降的情况,指标并非连续性上升状态。波动上升型指标意味着在评价的时间段内,虽然指标数据存在较大的波动变化,但是其评价末期数据值高于评价初期数据值。来宾市在2012~2015年虽然出现下降的状况,2012年是85.484,但是总体上还是呈现上升的态势,最终稳定在35.581;说明来宾市的农业生产平均增长指数增高,城市在评估时间段内的农业生产能力增强,整体城市农业生产水平得以提升。

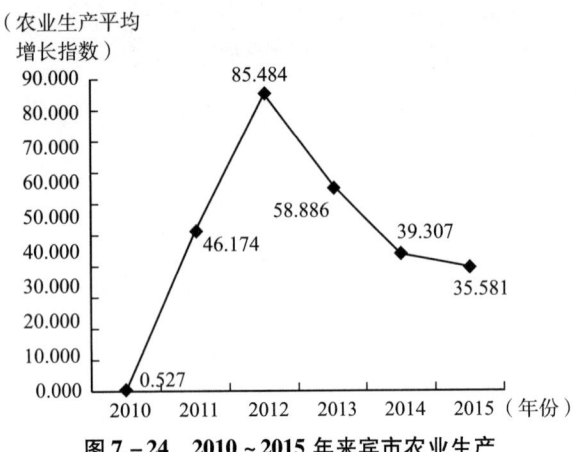

图 7-24 2010~2015 年来宾市农业生产平均增长指数变化趋势

5. 农业枢纽度

根据图 7-25 分析可知，2010~2015 年来宾市的农业枢纽度总体上呈现波动下降型的状态。处于持续下降型的指标，意味着城市在该项指标上不断处在劣势状态，并且这一状况并未得到改善。来宾市农业枢纽度指标处于非连续性下降的状态中，2010 年此指标数值最高，是 100.000，2015 年下降至 70.459；说明来宾市的农业枢纽度下降，城市的农业发展势头有所减弱。

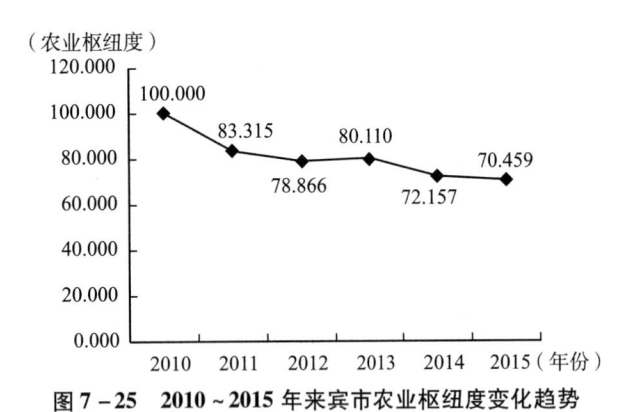

图 7-25 2010~2015 年来宾市农业枢纽度变化趋势

6. 农业生产流强度

根据图 7-26 分析可知，2010~2015 年来宾市的农业生产流强度总体上呈现持续上升型的状态。处于持续上升型的指标，不仅意味着城市在各项指标数据上的不断增长，更意味着城市在该项指标上的竞争力优势不断扩大。来宾市的农业生产流强度指标不断提高，2015 年达到 5.453，相较于 2010 年上升 2 个单位左右；说明来宾市的农业生产流强度增强，城市之间发生的经济集聚和扩散所产生的农业生产要素流动强度增强，城市经济影响力也增强。

7. 农业生产倾向度

根据图 7-27 分析可知，2010~2015 年来宾市农业生产倾向度总体上呈现波动保持型的状态。波动保持型指标意味着城市在该项指标上虽然呈现波动状态，在评价末期和评价初期的数值基本保持一致，该图可知来宾市农业生产倾向度保持在 86.829~88.743。来宾市农业生产倾向度存在过最大值，其数值为 88.829；说明来宾市在农业生产倾向度上总体表现相对平稳。

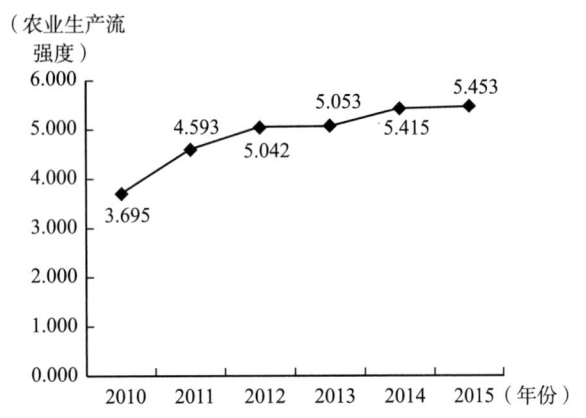

图 7-26 2010~2015 年来宾市农业生产流强度变化趋势

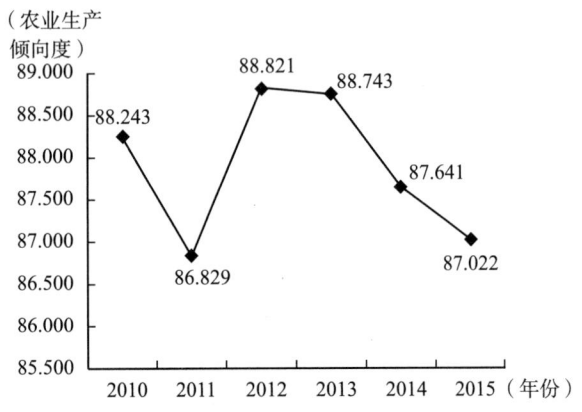

图 7-27 2010~2015 年来宾市农业生产倾向度变化趋势

8. 农业生产职能规模

根据图 7-28 分析可知，2010~2015 年来宾市的农业生产职能规模总体上呈现波动上升型的状态。处于持续上升型的指标，不仅意味着城市在各项指标数据上的不断增长，更意味着城市在该项指标上的竞争力优势不断扩大。来宾市的农业生产职能规模指标不断提高，2015 年达到 44.564，相较于 2010 年上升 8 个单位左右；说明来宾市的农业生产职能规模增强，城市的农业生产水平提高，城市所具备的农业生产能力提高。

9. 农业生产职能地位

根据图 7-29 分析可知，2010~2015 年来宾市的农业生产职能地位总体上呈现波动上升型的状态。处于持续上升型的指标，不仅意味着城市在各项指标数据上的不断增长，更意味着城市在该项指标上的竞争力优势不断扩大。通过折线图可以看出，来宾市的农业生产职能地位指标不断提高，2015 年达到 53.542，相较于 2010 年上升 2 个单位左右；说明来宾市农业生产职能地位增强，城市的农业生产能力在地区内更具备优势，城市对农业人力资源的吸引集聚能力扩大，城市发展具备农业发展及农业劳动力发展的潜力较大。

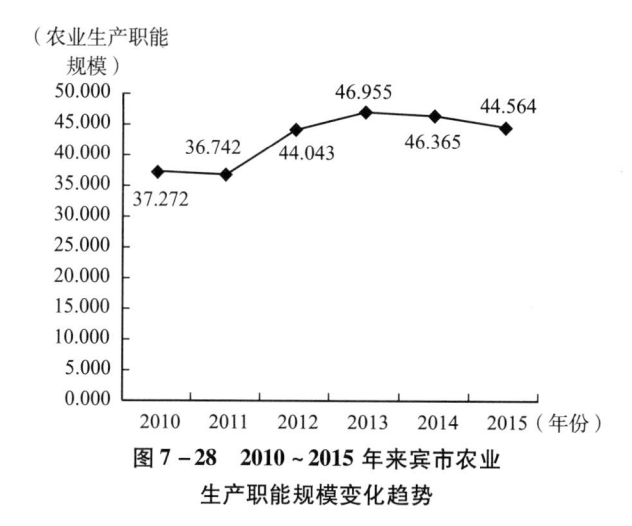

图7-28 2010~2015年来宾市农业生产职能规模变化趋势

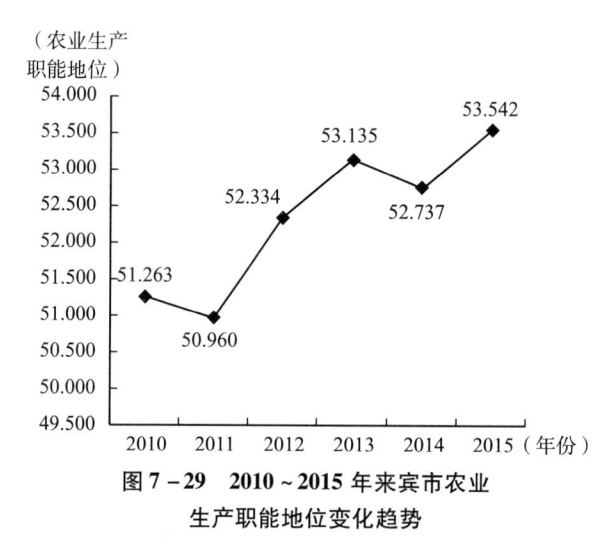

图7-29 2010~2015年来宾市农业生产职能地位变化趋势

（二）来宾市农业产出水平评估结果

根据表7-7，对2010~2012年间来宾市农业产出及各三级指标的得分、排名、优劣度进行分析，可以看到在2010~2012年间，来宾市农业产出的综合排名波动上升，2012年处于强势地位，其农业产出排名在珠江-西江经济带中保持上升，2010年其农业产出排名是第6名，到2011年该排名上升至第3名，2012年升至第2名，处于珠江-西江经济带上游区，说明城市的农业产出的发展领先于珠江-西江经济带的其他城市。对来宾市的农业产出得分情况进行分析，发现来宾市的农业产出综合得分呈现持续上升的发展趋势，说明来宾市的农业产出活力处于上升状态。总的来说，2010~2012年来宾市农业产出发展水平从珠江-西江经济带中势地位上升至强势地位，在经济带中具有较大的发展潜力。

其中食物生态足迹的排名呈现持续保持的发展趋势，再对来宾市食物生态足迹的得分情况进行分析，发现来宾市的食物生态足迹得分处于持续上升的发展趋势，说明在2010~2012年间来宾市的发展水平低，城市规模小，城市居民对各类食物需求减弱。

其中人均食物生态足迹的排名呈现持续保持的发展趋势，再对来宾市的人均食物生态足迹得分情况进行分析，发现来宾市的人均食物生态足迹综合得分呈现波动上升的发展趋势，说明来宾市的居民对各类食物的人均需求较高。

其中农业生产比重增量的排名呈现波动上升的发展趋势，再对来宾市的农业生产比重增量的得分情况进行分析，发现来宾市的农业生产比重增量的得分处于持续上升的趋势，说明在2010~2012年间来宾市农业生产发展程度增高。

表7-7 2010~2012年来宾市农业产出各级指标的得分、排名及优劣度分析

指标	2010年 得分	排名	优劣度	2011年 得分	排名	优劣度	2012年 得分	排名	优劣度
农业产出	13.387	6	中势	16.043	3	优势	20.663	2	强势
食物生态足迹	0.006	11	劣势	0.016	11	劣势	0.097	11	劣势
人均食物生态足迹	2.019	6	中势	2.004	6	中势	2.416	6	中势
农业生产比重增量	0.427	10	劣势	2.701	10	劣势	4.860	1	强势
农业生产平均增长指数	0.020	11	劣势	1.812	9	劣势	3.616	1	强势
农业枢纽度	4.114	1	强势	2.967	1	强势	2.684	1	强势
农业生产流强度	0.108	8	中势	0.130	6	中势	0.146	6	中势
农业生产倾向度	3.590	2	强势	3.362	2	强势	3.497	2	强势
农业生产职能规模	1.106	2	强势	1.091	2	强势	1.342	2	强势
农业生产职能地位	1.996	4	优势	1.960	4	优势	2.005	4	优势

其中农业生产平均增长指数的排名呈现持续上升的发展趋势，再对来宾市农业生产平均增长指数的得分情况进行分析，发现来宾市的农业生产平均增长指数得分处于持续上升的发展趋势，说明在2010~2012年间来宾市在评估时间段内的农业生产能力提升，整体城市农业生产水平上升。

其中农业枢纽度的排名呈现持续保持的发展趋势，再对来宾市的农业枢纽度得分情况进行分析，发现来宾市的农业枢纽度综合得分呈现持续下降的发展趋势，说明来宾市的农业发展缓慢，但在经济社会发展中的地位较高。

其中农业生产流强度的排名呈现波动上升的发展趋势，再对来宾市的农业生产流强度得分情况进行分析，发现来宾市的农业生产流强度综合得分呈现持续上升的发展趋势，但城市之间发生的经济集聚和扩散所产生的农业生产要素流动强度较弱，城市经济影响力较弱。

其中农业生产倾向度的排名呈现持续保持的发展趋势，再对来宾市的农业生产倾向度的得分情况进行分析，发现来宾市的农业生产倾向度的得分呈现先上升后下降的趋势，但整体上是下降的，说明在2010~2012年间来宾市的总功能量的外向强度减弱。

其中农业生产职能规模的排名呈现持续保持的发展趋势，再对来宾市的农业生产职能规模得分情况进行分析，发现来宾市的农业生产职能规模综合得分呈现波动上升的发展趋势，说明来宾市的农业生产水平提高，城市所具备的农业生产能力增强。

其中农业生产职能地位的排名呈现持续保持的发展趋势，再对来宾市的农业生产职能地位得分情况进行分析，发现来宾市的农业生产职能地位综合得分呈现先下降后上升的发展趋势，说明来宾市的农业生产能力在地区内所具备优势增强，城市对农业人力资源的吸引集聚能力增强，城市发展具备农业发展及农业劳动力发展的潜力。

根据表7-8，对2013~2015年间来宾市农业产出及各三级指标的得分、排名、优劣度进行分析，可以看到在2013~2015年间，来宾市农业产出的综合排名处于优势状态，其农业产出排名优势持续保持，2013~2015年其农业产出排名一直处于经济带第3名，其农业产出处于珠江-西江经济带上游区，说明城市的农业产出的发展较为领先于珠江-西江经济带的其他城市。对来宾市的农业产出得分情况进行分析，发现来宾市的农业产出综合得分呈现持续下降的发展趋势，说明来宾市的农业产出活力处于下降状态。总的来说，2013~2015年来宾市农业产出发展水平在珠江-西江经济带中处于优势地位，发展水平与经济带其他城市相比较高，在经济带中具备较大的竞争力。

表7-8　2013~2015年来宾市农业产出各级指标的得分、排名及优劣度分析

指标	2013年 得分	2013年 排名	2013年 优劣度	2014年 得分	2014年 排名	2014年 优劣度	2015年 得分	2015年 排名	2015年 优劣度
农业产出	18.516	3	优势	16.289	3	优势	15.630	3	优势
食物生态足迹	0.147	11	劣势	0.166	10	劣势	0.172	10	劣势
人均食物生态足迹	2.668	6	中势	2.527	6	中势	2.552	6	中势
农业生产比重增量	3.624	4	优势	2.561	9	劣势	2.207	8	中势
农业生产平均增长指数	2.297	4	优势	1.429	8	中势	1.293	10	劣势
农业枢纽度	2.659	1	强势	2.315	1	强势	2.238	1	强势
农业生产流强度	0.152	7	中势	0.169	7	中势	0.177	7	中势
农业生产倾向度	3.465	2	强势	3.581	3	优势	3.460	2	强势
农业生产职能规模	1.452	2	强势	1.474	2	强势	1.430	2	强势
农业生产职能地位	2.051	4	优势	2.067	4	优势	2.103	4	优势

其中食物生态足迹的排名呈现持续上升的发展趋势，再对来宾市食物生态足迹的得分情况进行分析，发现来宾市的食物生态足迹得分处于持续上升的发展趋势，但在2010~2012年间来宾市发展水平较低，城市规模小，城市居民对各类食物需求降低。

其中人均食物生态足迹的排名呈现持续保持的发展趋势，再对来宾市的人均食物生态足迹得分情况进行分析，发现来宾市的人均食物生态足迹综合得分呈现波动下降的发展趋势，说明来宾市的居民对各类食物的人均需求降低。

其中农业生产比重增量的排名呈现波动下降的发展趋势，再对来宾市的农业生产比重增量的得分情况进行分析，发现来宾市的农业生产比重增量的得分持续下降的趋势，说明在2010~2012年间来宾市农业生产发展程度降低。

其中农业生产平均增长指数的排名呈现持续下降的发展趋势，再对来宾市农业生产平均增长指数的得分情况进行分析，发现来宾市的农业生产平均增长指数得分处于持续下降的发展趋势，说明在2013~2015年间来宾市在评估时间段内的农业生产能力降低，整体城市农业生产水平下降。

其中农业枢纽度的排名呈现持续保持的发展趋势，再对来宾市的农业枢纽度得分情况进行分析，发现来宾市的农业枢纽度综合得分呈现波动下降的发展趋势，说明来宾市的农业发展缓慢，但其在经济社会发展中的地位较高。

其中农业生产流强度的排名呈现持续保持的发展趋势，再对来宾市的农业生产流强度得分情况进行分析，发现来宾市的农业生产流强度综合得分呈现持续上升的发展趋势，说明城市之间发生的经济集聚和扩散所产生的农业生产要素流动强度较强，城市经济影响力较强。

其中农业生产倾向度的排名呈现波动保持的发展趋势，再对来宾市的农业生产倾向度的得分情况进行分析，发现来宾市的农业生产倾向度的得分呈现波动保持的趋势，说明在2010~2012年间来宾市的总功能量的外向强度增强。

其中农业生产职能规模的排名呈现持续保持的发展趋势，再对来宾市的农业生产职能规模得分情况进行分析，发现来宾市的农业生产职能规模综合得分呈现波动下降的发展趋势，说明来宾市的农业生产水平较高，城市所具备的农业生产能力较强。

其中农业生产职能地位的排名呈现持续保持的发展趋势，再对来宾市的农业生产职能地位得分情况进行分析，发现来宾市的农业生产职能地位综合得分呈现波动上升的发展趋势，说明来宾市的农业生产能力在地区内具备优势，城市对农业人力资源的吸引集聚能力较强，城市发展具备农业发展及农业劳动力发展的潜力。

对2010~2015年间来宾市农业产出及各三级指标的得

分、排名和优劣度进行分析。2010~2015年来宾市农业产出的综合得分排名呈现波动上升的发展趋势。2010年来宾市农业产出综合得分排名处于珠江-西江经济带第6名，2011年上升至第3名，2012年上升至第2名，2013年其农业产出排名下降至第3名，其后在2014~2015年其农业产出保持在珠江-西江经济带第3名。一方面说明来宾市的农业产出从珠江-西江经济带中势地位上升至优势地位，发展水平与经济带其他城市相比提高较快；另一方面说明来宾市在农业产出方面发展出现波动，稳定性有待提高。

对来宾市的农业产出得分情况进行分析，发现2010~2012年来宾市的农业产出综合得分持续上升，2013~2015年得分波动上升，整体上来宾市的农业产出综合得分呈现波动上升的发展趋势，说明来宾市的农业产出活力处于上升状态，在珠江-西江经济带中处于上游。

从表7-9来看，在9个基础指标中，指标的优劣度结构为33.3∶11.1∶33.3∶22.2。由于强势指标和优势指标所占的比重大于劣势指标的比重，从整体来看，农业产出处于优势地位。

表7-9　　　　　　　　　　　　　2015年来宾市农业产出的优劣度结构

二级指标	三级指标数	强势指标		优势指标		中势指标		劣势指标		优劣度
		个数	比重（%）	个数	比重（%）	个数	比重（%）	个数	比重（%）	
农业产出	9	3	33.333	1	11.111	3	33.333	2	22.222	优势

（三）来宾市农业产出水平比较分析

图7-30和图7-31将2010~2015年来宾市农业产出与珠江-西江经济带最高水平和平均水平进行比较。从农业产出的要素得分比较来看，由图7-30可知，2010年，来宾市食物生态足迹得分比珠江-西江经济带最高分低2.785分，比平均分低0.846分；2011年，食物生态足迹得分比最高分低2.864分，比平均分低0.855分；2012年，

食物生态足迹得分比最高分低3.062分，比平均分低0.879分；2013年，食物生态足迹得分比最高分低3.198分，比平均分低0.875分；2014年，食物生态足迹得分比最高分低3.213分，比平均分低0.829分；2015年，食物生态足迹得分比最高分低3.265分，比平均分低0.874分。这说明整体上来宾市食物生态足迹得分与珠江-西江经济带最高分的差距逐渐增大，与珠江-西江经济带平均分的差距逐渐增大。

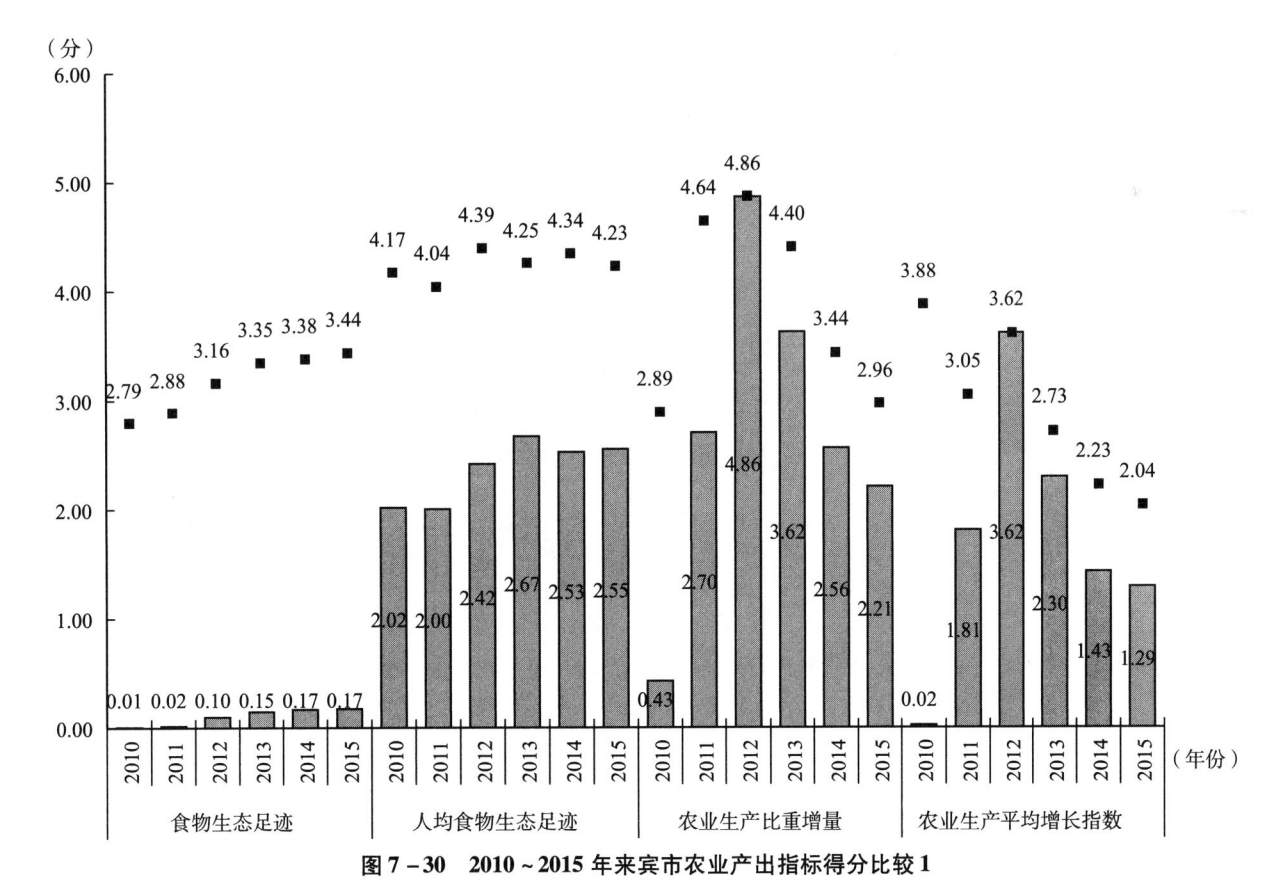

图7-30　2010~2015年来宾市农业产出指标得分比较1

2010年，来宾市人均食物生态足迹得分比最高分低2.150分，比平均分低0.308分；2011年，人均食物生态足迹得分比最高分低2.039分，比平均分低0.320分；2012

年，人均食物生态足迹得分比最高分低1.977分，比平均分低0.153分；2013年，人均食物生态足迹得分比最高分低1.581分，比平均分高0.102分；2014年，人均食物生

态足迹得分比最高分低 1.814 分，比平均分高 0.023 分；2015 年，人均食物生态足迹得分比最高分低 1.674 分，比平均分高 0.048 分。这说明整体上来宾市人均食物生态足迹得分与珠江-西江经济带最高分的差距有缩小趋势，与珠江-西江经济带平均分的差距逐渐减小。

2010 年，来宾市农业生产比重增量得分比最高分低 2.462 分，比平均分低 1.472 分；2011 年，农业生产比重增量得分比最高分低 1.939 分，比平均分低 0.617 分；2012 年，农业生产比重增量得分与最高分不存在差距，比平均分高 1.402 分；2013 年，农业生产比重增量得分比最高分低 0.779 分，比平均分高 0.092 分；2014 年，农业生产比重增量得分比最高分低 0.875 分，比平均分低 0.385 分；2015 年，农业生产比重增量得分比最高分低 0.758 分，比平均分低 0.267 分。这说明整体上来宾市农业生产比重增量得分与珠江-西江经济带最高分的差距波动缩小，与珠江-西江经济带平均分的差距波动减小。

2010 年，来宾市农业生产平均增长指数得分比最高分低 3.855 分，比平均分低 1.664 分；2011 年，农业生产平均增长指数得分比最高分低 1.238 分，比平均分低 0.263 分；2012 年，农业生产平均增长指数得分与最高分不存在差距，比平均分高 1.048 分；2013 年，农业生产平均增长指数得分比最高分低 0.429 分，比平均分高 0.190 分；2014 年，农业生产平均增长指数得分比最高分低 0.796 分，比平均分低 0.227 分；2015 年，农业生产平均增长指数得分比最高分低 0.745 分，比平均分低 0.371 分。这说明整体上来宾市农业生产平均增长指数得分与珠江-西江经济带最高分的差距逐渐缩小，与珠江-西江经济带平均分的差距波动减小。

由图 7-31 可知，2010 年，来宾市农业枢纽度得分与珠江-西江经济带最高分不存在差距，比平均分高 2.187 分；2011 年，农业枢纽度得分与最高分不存在差距，比平均分高 1.587 分；2012 年，农业枢纽度得分与最高分不存在差距，比平均分高 1.487 分；2013 年，农业枢纽度得分与最高分不存在差距，比平均分高 1.581 分；2014 年，农业枢纽度得分与最高分不存在差距，比平均分高 1.388 分；2015 年，农业枢纽度得分与最高分不存在差距，比平均分高 1.371 分。这说明整体上来宾市农业枢纽度得分与珠江-西江经济带最高分不存在差距，与珠江-西江经济带平均分的差距逐渐减小。

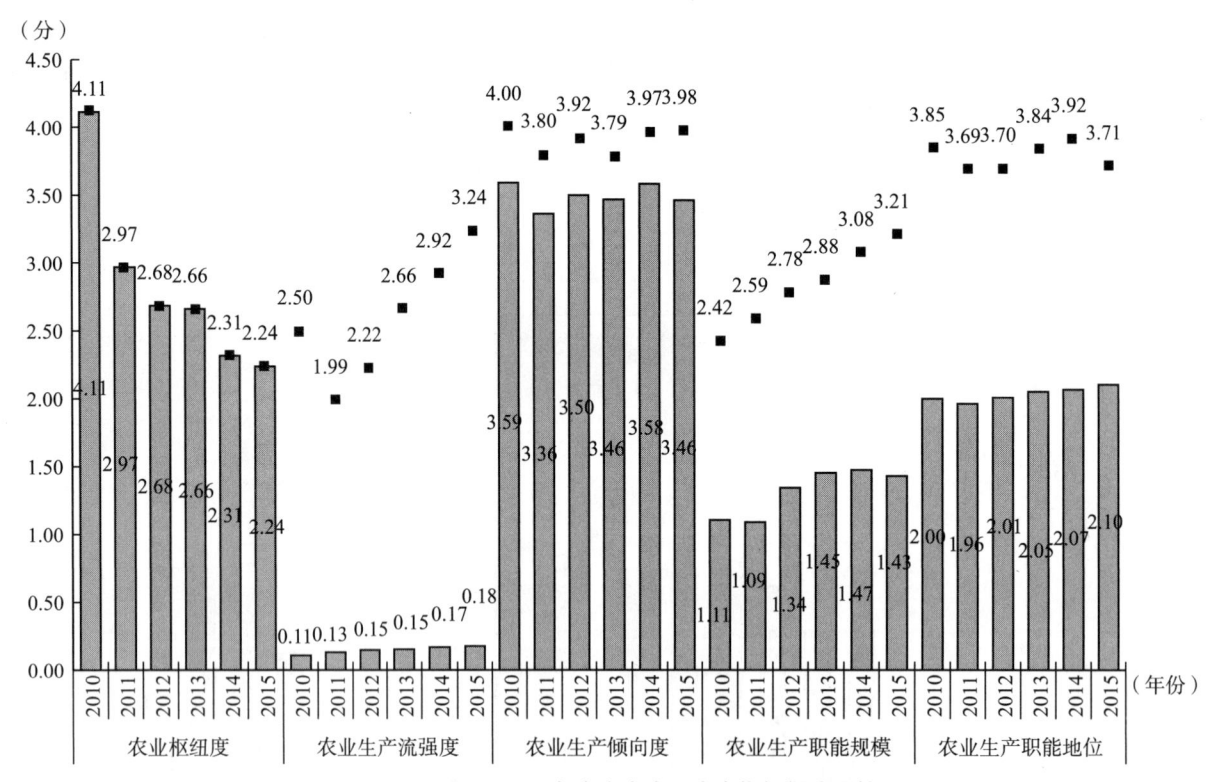

图 7-31 2010~2015 年来宾市农业产出指标得分比较 2

2010 年，来宾市农业生产流强度得分比最高分低 2.389 分，比平均分低 0.345 分；2011 年，农业生产流强度得分比最高分低 1.859 分，比平均分低 0.306 分；2012 年，农业生产流强度得分比最高分低 2.078 分，比平均分低 0.339 分；2013 年，农业生产流强度得分比最高分低 2.506 分，比平均分低 0.409 分；2014 年，农业生产流强度得分比最高分低 2.749 分，比平均分低 0.473 分；2015 年，农业生产流强度得分比最高分低 3.061 分，比平均分低 0.512 分。这说明整体上来宾市农业生产流强度得分与珠江-西江经济带最高分的差距波动扩大，与珠江-西江经济带平均分的差距波动增大。

2010 年，来宾市农业生产倾向度得分比最高分低 0.413 分，比平均分高 1.587 分；2011 年，农业生产倾向度得分比最高分低 0.438 分，比平均分高 1.632 分；2012 年，农业生产倾向度得分比最高分低 0.427 分，比平均分高 1.696 分；2013 年，农业生产倾向度得分比最高分低 0.322 分，比平均分高1.696分；2014年，农业生产倾向度得分比最高分低0.388分，比平均分高1.678分；2015年，农业生产倾向度得分比最高分低0.516分，比平均分高1.687分。这说明整体上来宾市农业生产倾向度得分与珠江-西江经济带最高分的差距波动增大，与珠江-西江经济带平均分的差距逐渐扩大。

2010年，来宾市农业生产职能规模得分比最高分低1.317分，比平均分高0.564分；2011年，农业生产职能规模得分比最高分低1.496分，比平均分高0.546分；2012年，农业生产职能规模得分比最高分低1.440分，比平均分高0.729分；2013年，农业生产职能规模得分比最高分低1.424分，比平均分高0.802分；2014年，农业生产职能规模得分比最高分低1.603分，比平均分高0.777分；2015年，农业生产职能规模得分比最高分低1.778分，比平均分高0.760分。这说明整体上来宾市农业生产职能规模得分与珠江-西江经济带最高分的差距有扩大趋势，与珠江-西江经济带平均分的差距逐渐增大。

2010年，来宾市农业生产职能地位得分比最高分低1.850分，比平均分高0.300分；2011年，农业生产职能地位得分比最高分低1.728分，比平均分高0.284分；2012年，农业生产职能地位得分比最高分低1.691分，比平均分高0.336分；2013年，农业生产职能地位得分比最高分低1.788分，比平均分高0.369分；2014年，农业生产职能地位得分比最高分低1.852分，比平均分高0.359分；2015年，农业生产职能地位得分比最高分低1.612分，比平均分高0.392分。这说明整体上来宾市农业生产职能地位得分与珠江-西江经济带最高分的差距有缩小趋势，与珠江-西江经济带平均分的差距逐渐增大。

四、来宾市农业生产发展水平综合评估与比较评述

从对来宾市农业发展水平评估及其三个二级指标在珠江-西江经济带的排名变化和指标结构的综合分析来看，2010~2015年间，农业生产板块中上升指标的数量小于下降指标的数量，上升的动力小于下降的拉力，使得2015年来宾市农业发展水平的排名呈波动下降，在珠江-西江经济带城市位居第3名。

（一）来宾市农业生产发展水平概要分析

来宾市农业发展水平在珠江-西江经济带所处的位置及变化如表7-10所示，3个二级指标的得分和排名变化如表7-11所示。

表7-10　　　2010~2015年来宾市农业生产一级指标比较

项目	2010年	2011年	2012年	2013年	2014年	2015年
排名	2	3	2	3	3	3
所属区位	上游	上游	上游	上游	上游	上游
得分	55.496	57.723	62.044	55.780	56.932	53.525
经济带最高分	64.061	66.285	62.112	64.361	61.849	62.336
经济带平均分	51.465	53.838	53.598	51.944	50.910	50.770
与最高分的差距	-8.565	-8.562	-0.068	-8.581	-4.917	-8.812
与平均分的差距	4.030	3.885	8.445	3.836	6.022	2.755
优劣度	强势	优势	强势	优势	优势	优势
波动趋势	—	下降	上升	下降	持续	持续

表7-11　　　2010~2015年来宾市农业生产二级指标比较

年份	农业结构 得分	农业结构 排名	农业发展 得分	农业发展 排名	农业产出 得分	农业产出 排名
2010	25.959	2	16.149	3	13.387	6
2011	26.259	2	15.420	6	16.043	3
2012	26.072	2	15.309	7	20.663	2
2013	20.929	6	16.335	6	18.516	3
2014	25.337	2	15.306	8	16.289	3
2015	22.221	3	15.673	8	15.630	3
得分变化	-3.738	—	-0.476	—	2.243	—
排名变化	—	-1	—	-5	—	3
优劣度	强势	强势	中势	中势	优势	优势

（1）从指标排名变化趋势看，2015年来宾市农业发展水平评估排名在珠江-西江经济带处于第3名，表明其在珠江-西江经济带处于优势地位，与2010年相比，排名下降1名。总的来看，评价期内来宾市农业发展水平呈现波动下降。

在三个二级指标中,其中1个指标排名处于上升趋势,为农业产出;2个指标排名处于下降趋势,为农业结构和农业发展,这是来宾市农业发展水平处于下降的原因所在。受指标排名升降的综合影响,评价期内来宾市农业生产的综合排名呈波动下降,在珠江-西江经济带城市中排名第3名。

(2)从指标所处区位来看,2015年来宾市农业发展水平处在上游区,其中,农业发展指标为中势指标,农业产出指标为优势指标,农业结构为强势指标。

(3)从指标得分来看,2015年来宾市农业生产得分为53.525分,比珠江-西江经济带最高分低8.812分,比平均分高2.755分;与2010年相比,来宾市农业发展水平得分下降1.971分,与珠江-西江经济带平均分的差距趋于缩小。

2015年,来宾市农业发展水平二级指标的得分均高于15分,与2010年相比,得分上升最多的为农业产出,上升2.243分;得分下降最多的为农业结构,下降3.738分。

(二)来宾市农业生产发展水平评估指标动态变化分析

2010~2015年来宾市农业发展水平评估各级指标的动态变化及其结构,如图7-32和表7-12所示。

从图7-32可以看出,来宾市农业发展水平评估的三级指标中上升指标的比例大于下降指标,表明上升指标居于主导地位。表7-12中的数据表明,来宾市农业发展水平评估的25个三级指标中,上升的指标有7个,占指标总数的28.000%;保持的指标有12个,占指标总数的48.000%;下降的指标有6个,占指标总数的24.000%。由于上升指标的数量大于下降指标的数量,且受变动幅度与外部因素的综合影响,评价期内来宾市农业生产排名呈现波动下降,在珠江-西江经济带城市中居第3名。

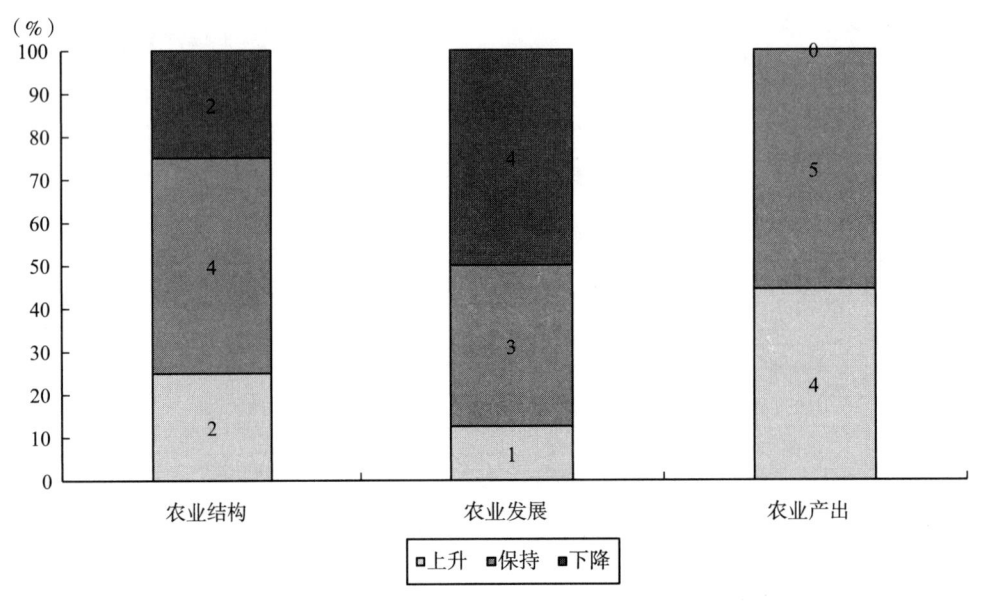

图7-32　2010~2015年来宾市农业发展水平动态变化结构

表7-12　2010~2015年来宾市农业生产各级指标排名变化态势比较

二级指标	三级指标数	上升指标 个数	上升指标 比重(%)	保持指标 个数	保持指标 比重(%)	下降指标 个数	下降指标 比重(%)
农业结构	8	2	25.000	4	50.000	2	25.000
农业发展	8	1	12.500	3	37.500	4	50.000
农业产出	9	4	44.444	5	55.556	0	0.000
合计	25	7	28.000	12	48.000	6	24.000

(三)来宾市农业生产发展水平评估指标变化动因分析

2015年来宾市农业生产板块各级指标的优劣势变化及其结构,如图7-33和表7-13所示。

从图7-33可以看出,2015年来宾市农业发展水平评估的三级指标中强势和优势指标的比例大于劣势指标的比例,表明强势和优势指标居于主导地位。表7-13中的数据说明,2015年来宾市农业生产的25个三级指标中,强势指标有9个,占指标总数的36.000%;优势指标为4个,占指标总数的16.000%;中势指标4个,占指标总数的16.000%;劣势指标为8个,占指标总数的32.000%;强势指标和优势指标之和占指标总数的52.000%,数量与比重均大于劣势指标。从二级指标来看,其中,农业结构强势指标5个,占指标总数的62.500%;不存在优势指标;中势指标1个,占指标总数的12.500%;劣势指标为2个,占指标总数的25.000%;强势指标和优势指标之和占指标总数的62.500%,说明农业结构的强、优势指标居于主导地位。农业发展的强势指标有 1 个,占指标总数的 12.500%;优势指标为 3 个,占指标总数的 37.500%;不存在中势指标;劣势指标 4 个,占指标总数的 50.000%;强势指标和优势指标之和占指标总数的 50.000%,说明农业发展的强、优势指标未处于主导地位。农业产出的强势指标有 3 个,占指标总数的 33.333%;优势指标为 1 个,占指标总数的 11.111%;中势指标 3 个,占指标总数的 33.333%;劣势指标为 2 个,占指标总数的 22.222%;强势指标和优势指标之和占指标总数的 44.444%,说明农业产出的强、优势指标处于有利地位。由于强、优势指标比重较大,来宾市农业发展水平处于优势地位,在珠江 - 西江经济带城市中居第 3 名,处于上游区。

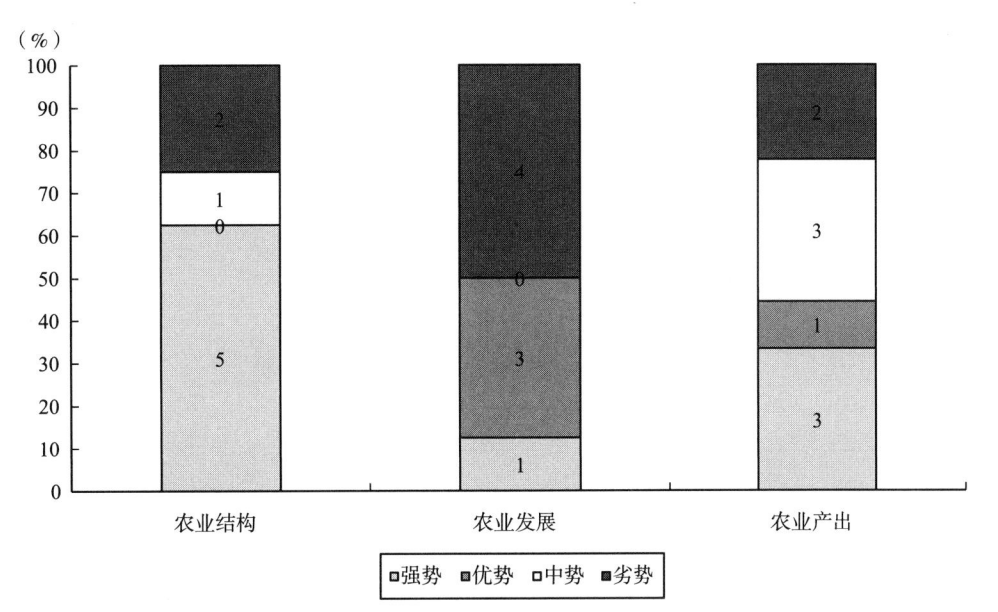

图 7 - 33 2015 年来宾市农业生产优劣度结构

表 7 - 13 2015 年来宾市农业生产各级指标优劣度比较

二级指标	三级指标数	强势指标 个数	强势指标 比重(%)	优势指标 个数	优势指标 比重(%)	中势指标 个数	中势指标 比重(%)	劣势指标 个数	劣势指标 比重(%)	优劣度
农业结构	8	5	62.500	0	0.000	1	12.500	2	25.000	优势
农业发展	8	1	12.500	3	37.500	0	0.000	4	50.000	中势
农业产出	9	3	33.333	1	11.111	3	33.333	2	22.222	优势
合计	25	9	36.000	4	16.000	4	16.000	8	32.000	优势

为进一步明确影响来宾市农业生产变化的具体因素,以便于对相关指标进行深入分析,为提升来宾市农业生产水平提供决策参考,表 7 - 14 列出农业生产指标体系中直接影响来宾市农业发展水平升降的强势指标、优势指标和劣势指标。

表 7 - 14 2015 年来宾市农业生产三级指标优劣度统计

指标	强势指标	优势指标	中势指标	劣势指标
农业结构 (8个)	第一产业比重、第一产业不协调度、第一产业贡献率、第一产业结构偏离系数、第一产业区位商(5个)	(0个)	第一产业投资强度(1个)	第一产业弧弹性、第一产业劳动产出率(2个)
农业发展 (8个)	农业蔓延指数(1个)	第一产业扩张弹性系数、耕地密度、农业土地扩张强度(3个)	(0个)	农业强度、农业指标动态变化、农业指标相对增长率、农业指标绝对增量加权指数(4个)
农业产出 (9个)	农业枢纽度、农业生产倾向度、农业生产职能规模(3个)	农业生产职能地位(1个)	人均食物生态足迹、农业生产比重增量、农业生产流强度(3个)	食物生态足迹、农业生产平均增长指数(2个)

第八章 崇左市农业生产发展水平综合评估

一、崇左市农业结构竞争力综合评估与比较

（一）崇左市农业结构竞争力评估指标变化趋势评析

1. 第一产业比重

根据图 8-1 分析可知，2010~2015 年崇左市的第一产业比重总体上呈现波动下降型的状态。这一类的指标为 2010~2015 年间城市在该项指标上总体呈现下降趋势，但在评估期间存在上下波动的情况，指标并非连续性下降状态。波动下降型指标意味着在评估期间，虽然指标数据存在较大波动变化，但是其评价末期数据值低于评价初期数据值。如图 8-1 所示，崇左市第一产业比重指标处于下降的状态中，2010 年此指标数值，是 99.256，2015 年下降至 76.125。分析这种变化趋势，可以得出崇左市第一产业发展处于劣势，城市的发展活力较低。

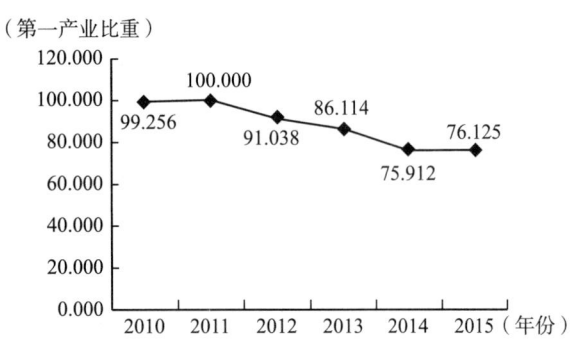

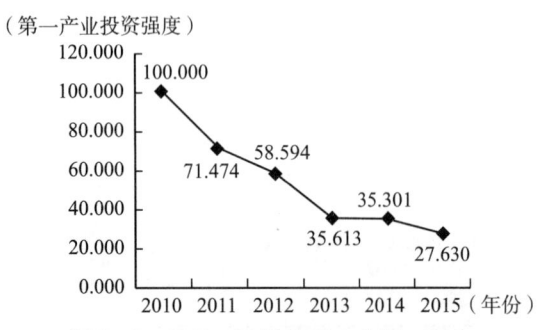

图 8-1 2010~2015 年崇左市第一产业比重变化趋势

2. 第一产业投资强度

根据图 8-2 分析可知，2010~2015 年崇左市的第一产业扩张弹性系数总体上呈现持续下降型的状态。处于持续下降型的指标，意味着城市在该项指标上不断处在劣势状态，并且这一状况并未得到改善。如图 8-2 所示，崇左市第一产业投资强度指标处于不断下降的状态中，2010 年此指标数值最高，是 100.000，2015 年下降至 27.630；说明第一产业投资强度减小，崇左市财政发展对第一产业资金、技术、物质等方面的投资减少。

3. 第一产业不协调度

根据图 8-3 分析可知，2010~2015 年崇左市第一产业协调度总体上呈现波动上升型的状态。波动保持型指标意味着城市在该项指标上虽然呈现波动状态，在评价末期和评价初期的数值基本保持一致，该图可知崇左市第一产业协调度保持在 99.837~100.000。即使崇左市第一产业协调度存在过最低值，其数值为 99.837；说明崇左市第一产业不协调度增大，城市第一产业在城市中的发展结构不尽合理。

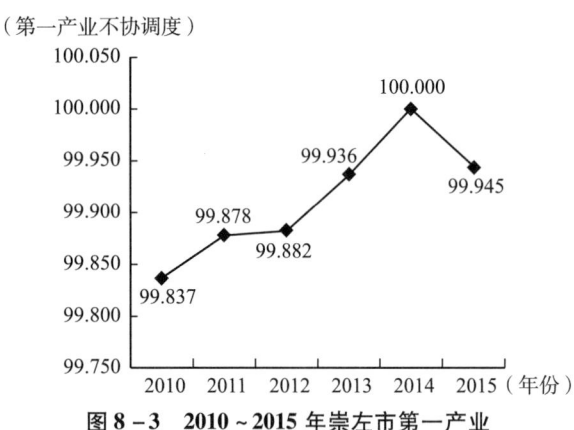

图 8-3 2010~2015 年崇左市第一产业不协调度变化趋势

4. 第一产业贡献率

根据图 8-4 分析可知，2010~2015 年崇左市第一产业贡献率总体上呈现波动保持型的状态。波动保持型指标意味着城市在该项指标上虽然呈现波动状态，在评价末期和评价初期的数值基本保持一致，该图可知崇左市第一产业贡献率保持在 39.427~71.044。即使崇左市第一产业贡献率存在过最低值，其数值为 39.427，但崇左市在第一产业贡献率上总体表现的也是相对平稳；说明崇左市第一产业的发展活力较稳定。

图 8-2 2010~2015 年崇左市第一产业投资强度变化趋势

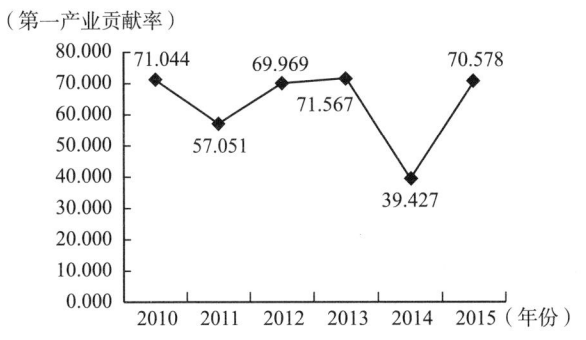

(第一产业贡献率)

图 8-4 2010~2015 年崇左市第一产业贡献率变化趋势

5. 第一产业弧弹性

根据图 8-5 分析可知，2010~2015 年崇左市的第一产业弧弹性总体上呈现波动上升型的状态。这一类型的指标为2010~2015 年间城市在该项指标上存在较多波动变化，总体趋势为上升趋势，但在个别年份出现下降的情况，指标并非连续性上升。波动上升型指标意味着在评估期间，虽然指标数据存在较大波动变化，但是其评价末期数据值高于评价初期数据值。通过折线图可以看出，崇左市的第一产业弧弹性指标提高，2015 年达到 99.495，相较于 2010 年上升 40 个单位左右；说明崇左市的第一产业弧弹性不断增大，体现崇左市的第一产业经济发展变化增长速率快于其经济的变化增长速率，城市呈现出第一产业的扩张发展趋势。

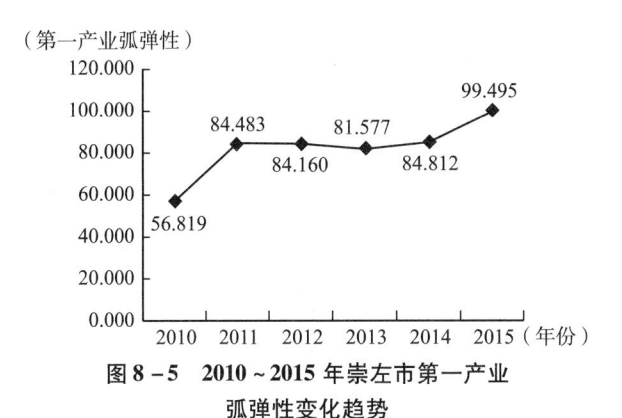

(第一产业弧弹性)

图 8-5 2010~2015 年崇左市第一产业弧弹性变化趋势

6. 第一产业结构偏离系数

根据图 8-6 分析可知，2010~2015 年崇左市第一产业结构偏离系数总体上呈现波动保持型的状态。波动保持型指标意味着城市在该项指标上虽然呈现波动状态，在评价末期和评价初期的数值基本保持一致，该图可知崇左市第一产业结构偏离系数保持在 99.837~100.000。即使崇左市第一产业结构偏离系数存在过最低值，其数值为 99.837，但崇左市在第一产业结构偏离系数上总体表现的也是相对平稳；说明崇左市的第一产业结构偏离系数有所增大，第一产业产业结构协调程度下降，城市的劳动生产率也有所下降。

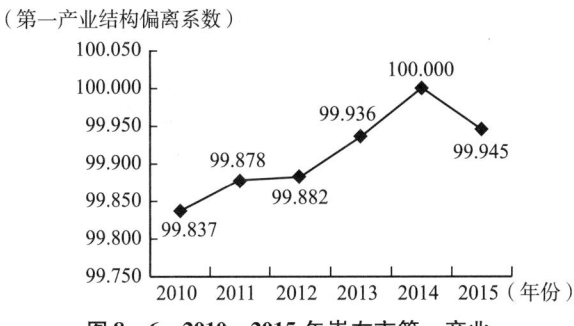

7. 第一产业区位商

根据图 8-7 分析可知，2010~2015 年崇左市第一产业区位商总体上呈现波动保持型的状态。波动保持型指标意味着城市在该项指标上虽然呈现波动状态，在评价末期和评价初期的数值基本保持一致，该图可知崇左市第一产业区位商保持在 64.504~100.000。即使崇左市第一产业区位商存在过最低值，其数值为 64.504，但崇左市在第一产业区位商上总体表现的也是相对平稳；说明崇左市的第一产业发展活力比较稳定。

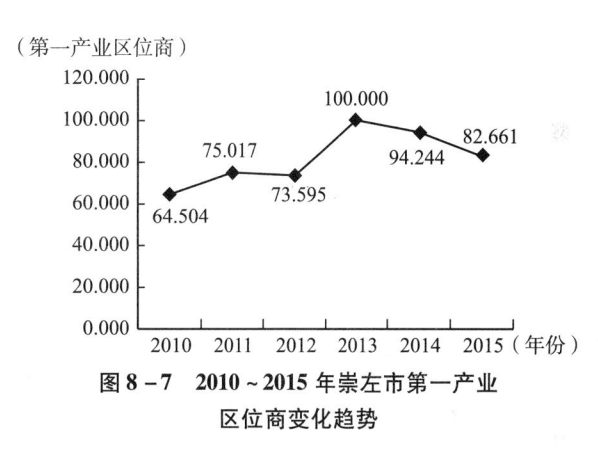

(第一产业区位商)

图 8-7 2010~2015 年崇左市第一产业区位商变化趋势

8. 第一产业劳动产出率

根据图 8-8 分析可知，2010~2015 年崇左市的第一产业劳动产出率总体上呈现持续上升型的状态。处于持续上升型的指标，不仅意味着城市在各项指标数据上的不断增长，更意味着城市在该项指标以及第一产业劳动产出率整体上的竞争力优势不断扩大。崇左市的第一产业劳动产出率指标不断提高，2015 年达到 0.629；说明崇左市第一产业劳动产出率增大，第一产业经济发展水平提高，第一产业对城市经济发展的贡献也增大。

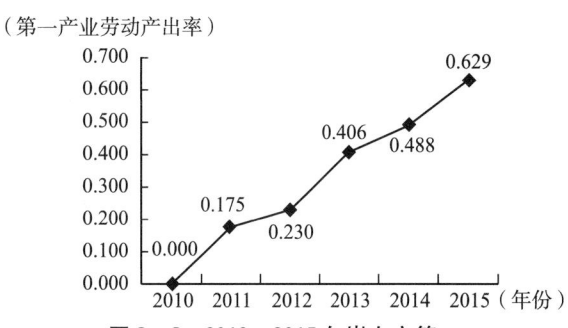

(第一产业结构偏离系数)

图 8-6 2010~2015 年崇左市第一产业结构偏离系数变化趋势

(第一产业劳动产出率)

图 8-8 2010~2015 年崇左市第一产业劳动产出率变化趋势

(二) 崇左市农业结构竞争力评估结果

根据表8-1，对2010~2012年间崇左市农业结构及各三级指标的得分、排名、优劣度进行分析，可以看到在2010~2012年间，崇左市农业结构的排名处于珠江-西江经济带强势位置，且其农业结构竞争力排名持续保持，一直处于经济带第1名，其农业结构竞争力处于上游区，发展较为稳定。对崇左市的农业结构竞争力得分情况进行分析，发现崇左市的农业结构综合得分呈先升后降趋势，说明城市的农业结构发展较于珠江-西江经济带其他城市处于较高水平。总的来说，2010~2012年崇左市农业结构发展处于珠江-西江经济带强势地位，发展水平领先于经济带其他城市，在经济带中具备明显的竞争优势。

对崇左市农业结构的三级指标进行分析，其中第一产业比重的排名呈现持续保持的发展趋势，再对崇左市的第一产业比重的得分情况进行分析，发现崇左市的第一产业比重的得分呈现先上升后下降的发展趋势，说明崇左市第一产业比重持续减小。

其中第一产业投资强度的排名呈现持续保持的发展趋势，再对崇左市的第一产业投资强度的得分情况进行分析，发现崇左市的第一产业投资强度的得分持续下降，说明崇左市的第一产业投资水平降低，但仍具有一定优势，城市活力较强。

其中第一产业不协调度的排名呈现持续保持的发展趋势，再对崇左市的第一产业不协调度的得分情况进行分析，发现崇左市第一产业不协调度指数的得分持续下降，说明崇左市第一产业在城市中的发展结构良好，但不协调度仍在珠江-西江经济带中处于较高水平。

其中第一产业贡献率的排名呈现波动下降的发展趋势，再对崇左市第一产业贡献率的得分情况进行分析，发现崇左市的第一产业贡献率的得分处于先降后升的发展趋势，说明在2010~2012年间崇左市第一产业所提供的就业机会较少、劳动力需求程度降低，产业发展活力减弱。

其中第一产业弧弹性的排名呈波动下降的发展趋势，再对崇左市的第一产业弧弹性得分情况进行分析，发现崇左市的第一产业弧弹性的得分处于持续上升的发展趋势，说明崇左市第一产业经济发展变化增长速率快于其经济的变化增长速率，城市呈现出第一产业的扩张发展趋势。

其中第一产业结构偏离系数的排名呈现持续保持的发展趋势，再对崇左市的第一产业结构偏离系数的得分情况进行分析，发现崇左市的第一产业结构偏离系数的得分处于持续下降的趋势，说明城市的第一产业就业结构协调程度提高，城市的劳动生产率提高。

其中第一产业区位商呈现持续保持的发展趋势，再对崇左市的第一产业区位商的得分情况进行分析，发现崇左市的第一产业区位商的得分处于波动上升的趋势，说明城市的第一产业就业程度较高。

其中第一产业劳动产出率的排名呈现持续保持的发展趋势，再对崇左市的第一产业劳动产出率的得分情况进行分析，发现崇左市的第一产业劳动产出率的得分呈现持续上升的发展趋势，说明崇左市的第一产业经济发展水平提高，第一产业对城市经济发展的贡献增加。

表8-1　　2010~2012年崇左市农业结构各级指标的得分、排名及优劣度分析

指标	2010年 得分	排名	优劣度	2011年 得分	排名	优劣度	2012年 得分	排名	优劣度
农业结构	28.713	1	强势	28.884	1	强势	27.908	1	强势
第一产业比重	4.165	1	强势	4.208	1	强势	3.677	1	强势
第一产业投资强度	3.099	1	强势	2.080	1	强势	1.690	1	强势
第一产业不协调度	6.645	1	强势	6.467	1	强势	6.116	1	强势
第一产业贡献率	3.353	6	中势	2.755	11	劣势	3.261	9	劣势
第一产业弧弹性	2.972	10	劣势	4.738	5	优势	4.921	11	劣势
第一产业结构偏离系数	6.645	1	强势	6.467	1	强势	6.116	1	强势
第一产业区位商	1.834	1	强势	2.165	1	强势	2.121	1	强势
第一产业劳动产出率	0.000	11	劣势	0.005	11	劣势	0.006	11	劣势

根据表8-2，对2013~2015年间崇左市农业结构及各三级指标的得分、排名、优劣度进行分析，可以看到在2013~2015年间，崇左市农业结构的排名处于强势，其农业结构排名一直保持在珠江-西江经济带第1名，说明城市的农业结构发展的稳定性较高。对崇左市的农业结构得分情况进行分析，发现崇左市的农业结构综合得分呈现先降后升趋势，说明城市的农业结构发展整体上较珠江-西江经济带其他城市较高。总的来说，2013~2015年崇左市农业结构发展处于珠江-西江经济带强势地位，在经济带中具备明显的竞争优势。

对崇左市农业结构的三级指标进行分析，其中第一产业比重的排名呈现持续保持的发展趋势，再对崇左市的第一产业比重的得分情况进行分析，发现崇左市的第一产业比重的得分波动下降，说明崇左市第一产业比重持续减小，被其他产业所替代。

其中第一产业投资强度的排名呈现波动下降的发展趋势，再对崇左市的第一产业投资强度的得分情况进行分析，发现崇左市的第一产业投资强度的得分持续下降，但崇左市的第一产业投资水平降低，但仍具有优势，城市活力较强。

其中第一产业不协调度的排名呈现持续保持的发展趋

势,再对崇左市的第一产业不协调度的得分情况进行分析,发现崇左市的第一产业不协调度指数的得分先上升后下降,但整体上是下降的,说明崇左市第一产业在城市中的发展结构良好,但不协调度仍在珠江-西江经济带中处于较高水平。

其中第一产业贡献率的排名呈现波动下降的发展趋势,再对崇左市第一产业贡献率的得分情况进行分析,发现崇左市的第一产业贡献率的得分处于先降后升的发展趋势,但整体上是下降的,说明在2013~2015年间崇左市第一产业所提供的就业机会较少、劳动力需求程度低,产业发展活力弱。

其中第一产业弧弹性的排名呈现持续上升的发展趋势,再对崇左市的第一产业弧弹性得分情况进行分析,发现崇左市的第一产业弧弹性的得分处于持续上升的发展趋势,说明崇左市第一产业经济发展变化增长速率快于其经济的变化增长速率,城市呈现出第一产业的扩张发展趋势。

其中第一产业结构偏离系数的排名呈现持续保持的发展趋势,再对崇左市的第一产业结构偏离系数的得分情况进行分析,发现崇左市的第一产业结构偏离系数的得分处于先上升后下降的趋势,说明城市的就业结构、产业结构的协调性、稳定性较好。

其中第一产业区位商呈现持续保持的发展趋势,再对崇左市的第一产业区位商的得分情况进行分析,发现崇左市的第一产业区位商的得分处于持续下降的趋势,城市的第一产业就业程度降低。

其中第一产业劳动产出率的排名呈现持续保持的发展趋势,再对崇左市的第一产业劳动产出率的得分情况进行分析,发现崇左市的第一产业劳动产出率的得分持续上升的发展趋势,说明崇左市的第一产业经济发展水平提高。

表8-2　　2013~2015年崇左市农业结构各级指标的得分、排名及优劣度分析

指标	2013年			2014年			2015年		
	得分	排名	优劣度	得分	排名	优劣度	得分	排名	优劣度
农业结构	26.979	1	强势	25.485	1	强势	26.837	1	强势
第一产业比重	3.439	2	强势	2.884	2	强势	2.912	2	强势
第一产业投资强度	0.998	1	强势	0.991	1	强势	0.783	2	强势
第一产业不协调度	5.859	1	强势	6.006	1	强势	5.775	1	强势
第一产业贡献率	3.367	3	优势	1.790	10	劣势	3.349	9	劣势
第一产业弧弹性	4.292	9	劣势	4.853	3	优势	5.755	1	强势
第一产业结构偏离系数	5.859	1	强势	6.006	1	强势	5.775	1	强势
第一产业区位商	3.152	1	强势	2.938	1	强势	2.468	1	强势
第一产业劳动产出率	0.013	11	劣势	0.015	11	劣势	0.021	11	劣势

对2010~2015年间崇左市农业结构及各三级指标的得分、排名和优劣度进行分析。2010~2015年崇左市农业结构的综合得分排名呈现持续保持的发展趋势。崇左市农业结构综合得分排名始终处于珠江-西江经济带第1名。一方面说明2010~2015年间崇左市农业结构的综合得分排名始终处于珠江-西江经济带上游,崇左市农业结构竞争力始终处于经济带强势地位,崇左市的农业结构的发展较之于珠江-西江经济带的其他城市具备明显的竞争优势;另一方面说明崇左市在农业结构方面的发展未出现较大的波动,稳定性较好,同时也体现崇左市在农业结构方面的发展具备较大的活力,发展比较成熟。对崇左市的农业结构得分情况进行分析,发现2010~2011年崇左市农业结构得分上升,2012~2014年得分持续下降,2015年得分有所上升,整体上崇左市的农业结构得分呈现波动下降趋势。

从表8-3来看,在8个基础指标中,指标的优劣度结构为75.0∶0.0∶0.0∶25.0。

表8-3　　2015年崇左市农业结构指标的优劣度结构

二级指标	三级指标数	强势指标		优势指标		中势指标		劣势指标		优劣度
		个数	比重(%)	个数	比重(%)	个数	比重(%)	个数	比重(%)	
农业结构	8	6	75.000	0	0.000	0	0.000	2	25.000	强势

(三)崇左市农业结构竞争力比较分析

图8-9和图8-10将2010~2015年崇左市农业结构竞争力与珠江-西江经济带最高水平和平均水平进行比较。从农业结构竞争力的要素得分比较来看,由图8-9可知,2010年,崇左市第一产业比重得分与珠江-西江经济带最高分不存在差距,比平均分高2.002分;2011年,第一产业比重得分与最高分不存在差距,比平均分高2.005分;2012年,第一产业比重得分与最高分不存在差距,比平均分高1.657分;2013年,第一产业比重得分比最高分低

0.074 分，比平均分高 1.486 分；2014 年，第一产业比重得分比最高分低 0.206 分，比平均分高 1.178 分；2015 年，第一产业比重得分比最高分低 0.237 分，比平均分高 1.201 分。这说明整体上崇左市第一产业比重得分与珠江-西江经济带最高分的差距有扩大趋势，与珠江-西江经济带平均分的差距逐渐缩小。

2010 年，崇左市第一产业投资强度得分与最高分不存在差距，比平均分高 2.545 分；2011 年，第一产业投资强度得分与最高分不存在差距，比平均分高 1.528 分；2012 年，第一产业投资强度得分与最高分不存在差距，比平均分高 1.122 分；2013 年，第一产业投资强度得分与最高分不存在差距，比平均分高 0.517 分；2014 年，第一产业投资强度得分与最高分不存在差距，比平均分高 0.536 分；2015 年，第一产业投资强度得分比最高分低 0.096 分，比平均分高 0.313 分。这说明整体上崇左市第一产业投资强度得分与珠江-西江经济带最高分的差距有扩大趋势，与珠江-西江经济带平均分的差距逐渐减小。

2010 年，崇左市第一产业不协调度得分与最高分不存在差距，比平均分高 0.463 分；2011 年，第一产业不协调度得分与最高分不存在差距，比平均分高 0.522 分；2012 年，第一产业不协调度得分与最高分不存在差距，比平均分低 0.764 分；2013 年，第一产业不协调度得分与最高分不存在差距，比平均分高 1.185 分；2014 年，第一产业不协调度得分与最高分不存在差距，比平均分高 1.102；2015 年，第一产业不协调度得分与最高分不存在差距，比平均分高 1.214 分。这说明整体上崇左市第一产业不协调度得分与珠江-西江经济带最高分不存在差距，与珠江-西江经济带平均分的差距波动增加。

2010 年，崇左市第一产业贡献率得分比最高分低 0.009 分，比平均分低 0.001 分；2011 年，第一产业贡献率得分比最高分低 2.074 分，比平均分低 0.713 分；2012 年，第一产业贡献率得分比最高分低 0.137 分，比平均分低 0.041 分；2013 年，第一产业贡献率得分比最高分低 0.032 分，比平均分高 0.010 分；2014 年，第一产业贡献率得分比最高分低 2.688 分，比平均分低 1.019 分；2015 年，第一产业贡献率得分比最高分低 0.019 分，比平均分低 0.006 分。这说明整体上崇左市第一产业贡献率得分与珠江-西江经济带最高分的差距持续增加，与珠江-西江经济带平均分的差距逐渐增加。

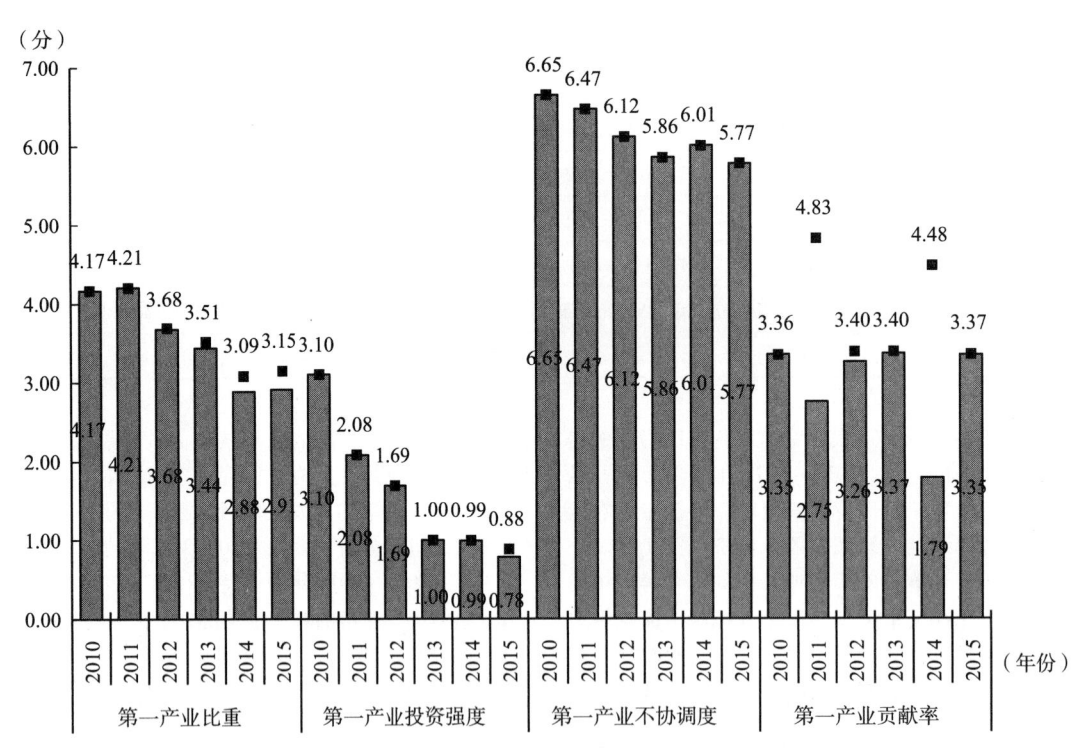

图 8-9　2010~2015 年崇左市农业结构竞争力指标得分比较 1

由图 8-10 可知，2010 年，崇左市第一产业弧弹性得分比最高分低 1.456 分，比平均低 1.084 分；2011 年，第一产业弧弹性得分比最高分低 0.028 分，比平均分高 0.010 分；2012 年，第一产业弧弹性得分比最高分低 0.926 分，比平均分低 0.140 分；2013 年，第一产业弧弹性得分比最高分低 0.201 分，比平均分高 0.314 分；2014 年，第一产业弧弹性得分比最高分低 0.131 分，比平均分高 0.007 分；2015 年，第一产业弧弹性得分与最高分不存在差距，比平均分高 0.982 分。这说明整体上崇左市第一产业弧弹性得分与珠江-西江经济带最高分的差距逐渐缩小，与珠江-西江经济带平均分的差距波动下降。

2010 年，崇左市第一产业结构偏离系数得分与最高分不存在差距，比平均分高 0.463 分；2011 年，第一产业结构偏离系数得分与最高分不存在差距，比平均分高 0.522 分；2012 年，第一产业结构偏离系数得分与最高分不存在差距，比平均分低 0.764 分；2013 年，第一产业结构偏离系数得分与最高分不存在差距,比平均分高1.185分;2014年,第一产业结构偏离系数得分与最高分不存在差距,比平均分高1.102分;2015年,第一产业结构偏离系数得分与最高分不存在差距,比平均分高1.214分。这说明整体上崇左市第一产业结构偏离系数得分与珠江-西江经济带最高分不存在差距,与珠江-西江经济带平均分的差距逐渐增大。

2010年,崇左市第一产业区位商得分与最高分不存在差距,比平均分高1.399分;2011年,第一产业区位商得分与最高分不存在差距,比平均分高1.679分;2012年,第一产业区位商得分与最高分不存在差距,比平均分高1.632分;2013年,第一产业区位商得分与最高分不存在差距,比平均分低2.534分;2014年,第一产业区位商得分与最高分不存在差距,比平均分高2.344分;2015年,第一产业区位商得分与最高分不存在差距,比平均分高1.986分。这说明整体上崇左市第一产业区位商得分与珠江-西江经济带最高分不存在差距,与珠江-西江经济带平均分的差距呈波动增加。

2010年,崇左市第一产业劳动产出率得分比最高分低0.949分,比平均分低0.220分;2011年,第一产业劳动产出率得分比最高分低1.079分,比平均分低0.286分;2012年,第一产业劳动产出率得分比最高分低1.642分,比平均分低0.352分;2013年,第一产业劳动产出率得分比最高分低2.991分,比平均分低0.628分;2014年,第一产业劳动产出率得分比最高分低3.159分,比平均分低0.634分;2015年,第一产业劳动产出率得分比最高分低3.302分,比平均分低0.831分。这说明整体上崇左市第一产业劳动产出率得分与珠江-西江经济带最高分的差距有扩大趋势,与珠江-西江经济带平均分的差距逐渐增大。

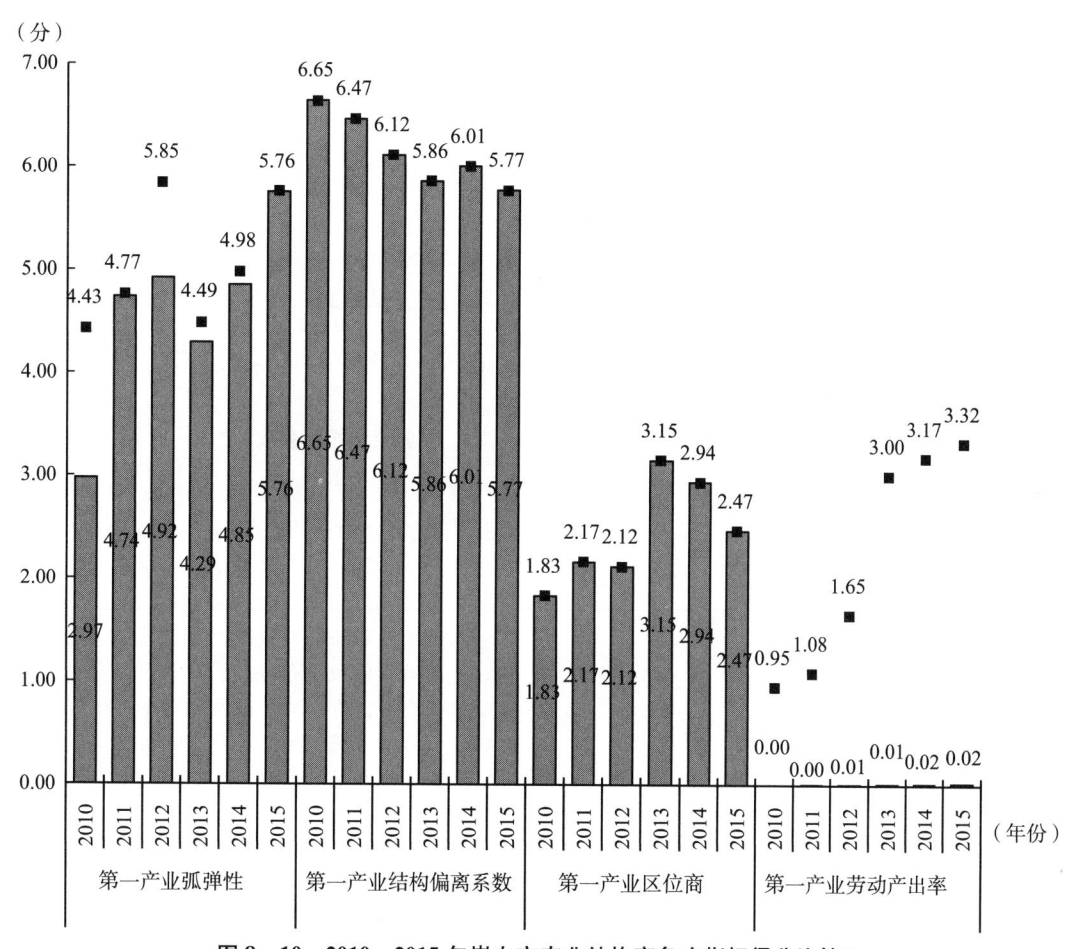

图8-10 2010~2015年崇左市农业结构竞争力指标得分比较2

二、崇左市农业发展水平综合评估与比较

(一)崇左市农业发展水平评估指标变化趋势评析

1. 第一产业扩张弹性系数

根据图8-11分析可知,2010~2015年崇左市的第一产业扩张弹性系数总体上呈现持续下降型的状态。处于持续下降型的指标,意味着城市在该项指标上不断处在劣势状态,并且这一状况并未得到改善。如图所示,崇左市第一产业扩张弹性系数指标处于不断下降的状态中,2010年此指标数值最高,是72.022,2010~2012年间属于持续保持的过程,2012年以后急剧下降,2015年下降至67.138。分析这种变化趋势,可以得出崇左市城镇化发展处于劣势,潜在向城市进行转移的人口数不断下降,城市的发展活力较低。

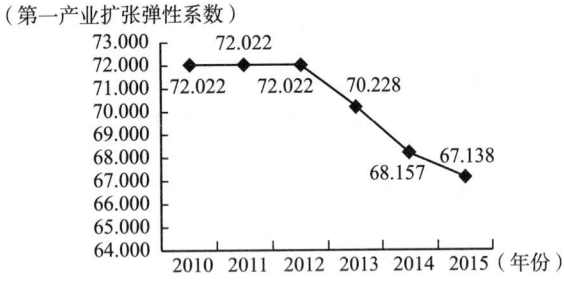

图 8-11 2010~2015年崇左市第一产业扩张弹性系数变化趋势

2. 农业强度

根据图 8-12 分析可知，2010~2015 年崇左市农业强度总体上呈现波动下降型的状态。这种状态表现为在 2010~2015 年间城市在该项指标上总体呈现下降趋势，但在期间存在上下波动的情况，并非连续性下降状态。这就意味着在评估的时间段内，虽然指标数据存在较大的波动，但是其评价末期数据值低于评价初期数据值。崇左市的农业强度末期低于初期的数据，并且在 2014~2015 年间存在明显下降的变化。这说明崇左市农业生产情况处于不太稳定的下降状态。

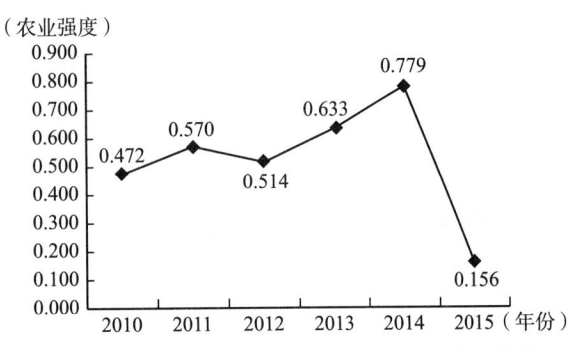

图 8-12 2010~2015年崇左市农业强度变化趋势

3. 耕地密度

根据图 8-13 分析可知，2010~2015 年崇左市的耕地密度总体上呈现波动上升型的状态。这一类型的指标为 2010~2015 年间城市在该项指标上存在较多波动变化，总体趋势为上升趋势，但在个别年份出现下降的情况，指标并非连续性上升。波动上升型指标意味着在评估期间，虽然指标数据存在较大波动变化，但是其评价末期数据值高于评价初期数据值。通过折线图可以看出，崇左市的耕地密度指标不断提高，2015 年达到 16.136，相较于 2010 年上升 1 个单位左右；说明崇左市在耕地密度方面的发展稳定。

4. 农业指标动态变化

根据图 8-14 分析可知，2010~2015 年崇左市农业指标动态变化总体上呈现波动保持型的状态。波动保持型指标意味着城市在该项指标上虽然呈现波动状态，在评价末期和评价初期的数值基本保持一致，该图可知崇左市农业指标保持在 48.563~50.200。即使崇左市农业指标存在过最低值，其数值为 48.563；说明崇左市在农业指标上总体表现相对平稳。

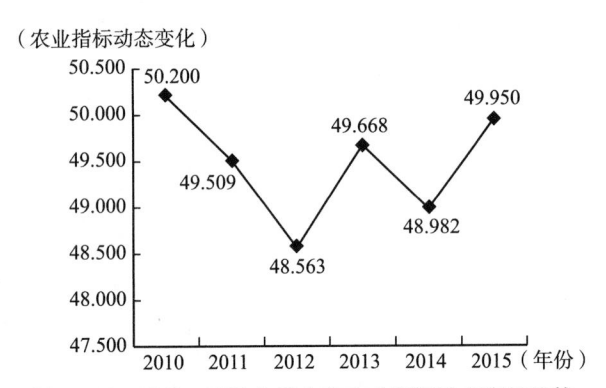

图 8-14 2010~2015年崇左市农业指标动态变化趋势

5. 农业土地扩张强度

根据图 8-15 分析可知，2010~2015 年崇左市农业土地扩张强度总体上呈现波动上升型的状态。这一类型的指标为在 2010~2015 年间城市存在一定的波动变化，总体趋势上为上升趋势，但在个别年份出现下降的情况，指标并非连续性上升状态。波动上升型指标意味着在评价的时间段内，虽然指标数据存在较大的波动变化，但是其评价末期数据值高于评价初期数据值。崇左市在 2013~2015 年虽然出现下降的状况，2013 年是 100.000，但是总体上还是呈现上升的态势，最终稳定在 97.856；说明崇左市在农业土地扩张方面发展较快。

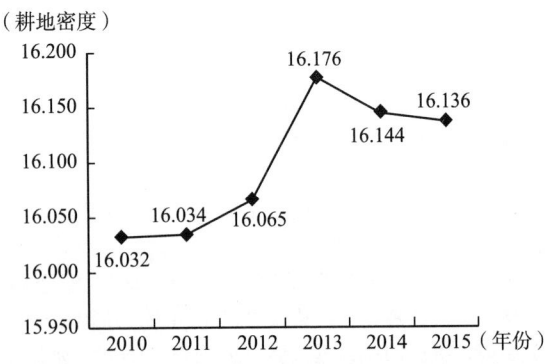

图 8-13 2010~2015年崇左市耕地密度变化趋势

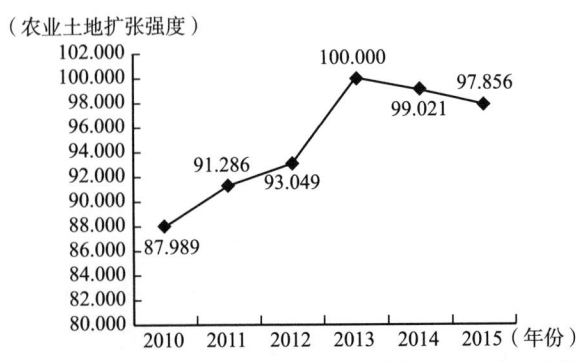

图 8-15 2010~2015年崇左市农业土地扩张强度变化趋势

6. 农业蔓延指数

根据图 8-16 分析可知，2010~2015 年崇左市农业蔓延指数总体上呈现波动上升型的状态。这一类型的指标为在 2010~2015 年间城市存在一定的波动变化，总体趋势上为上升趋势，但在个别年份出现下降的情况，指标并非连续性上升状态。波动上升型指标意味着在评价的时间段内，虽然指标数据存在较大的波动变化，但是其评价末期数据值高于评价初期数据值。可以看出该三级指标在 2010~2015 年存在较大的波动变化，最终稳定在 12.656；折线图反映出崇左市的农业蔓延情况虽然处于上升的阶段，但是个别年份又会出现波动幅度较大的问题，所以崇左市在经济快速发展的同时将注重城市用地面积和人口数量之间的关系问题。

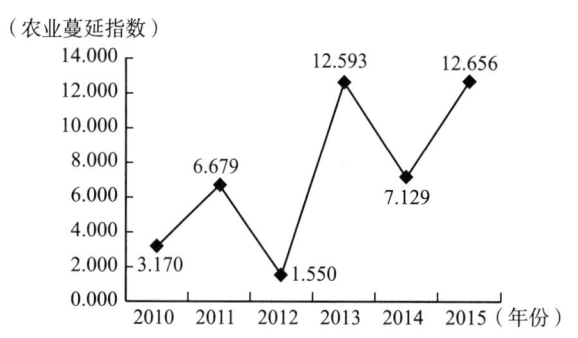

图 8-16 2010~2015 年崇左市农业蔓延指数变化趋势

7. 农业指标相对增长率

根据图 8-17 分析可知，2010~2015 年崇左市农业指标相对增长率总体上呈现波动上升型的状态。这一类型的指标为在 2010~2015 年间城市存在一定的波动变化，总体趋势上为上升趋势，但在个别年份出现下降的情况，指标并非连续性上升状态。波动上升型指标意味着在评价的时间段内，虽然指标数据存在较大的波动变化，但是其评价末期数据值高于评价初期数据值。崇左市在 2014~2015 年虽然出现下降的状况，2014 年是 37.030，但是总体上还是呈现上升的态势，最终稳定在 24.687。崇左市的农业相对增长率波动增高；说明崇左市的粮食产量增长速率有所加快，呈现出地区农业集聚能力及活力的不断扩大。

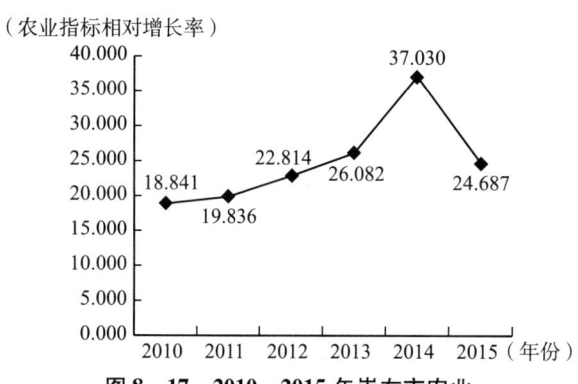

图 8-17 2010~2015 年崇左市农业指标相对增长率变化趋势

8. 农业指标绝对增量加权指数

根据图 8-18 分析可知，2010~2015 年崇左市农业指标绝对增量加权指数总体上呈现波动上升型的状态。这一类型的指标为在 2010~2015 年间城市存在一定的波动变化，总体趋势上为上升趋势，但在个别年份出现下降的情况，指标并非连续性上升状态。波动上升型指标意味着在评价的时间段内，虽然指标数据存在较大的波动变化，但是其评价末期数据值高于评价初期数据值。崇左市在 2010~2012 年虽然出现下降的状况，2012 年是 81.557，但是总体上还是呈现上升的态势，最终稳定在 84.987；说明崇左市在农业绝对增量方面有一定的发展。

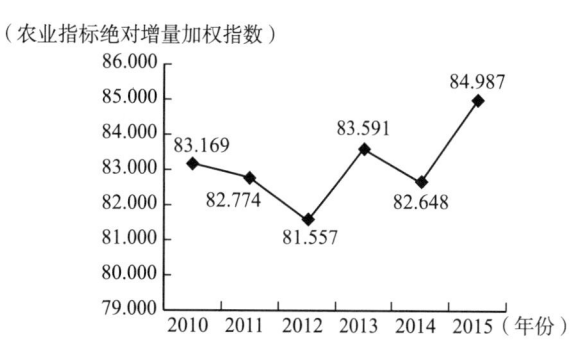

图 8-18 2010~2015 年崇左市农业指标绝对增量加权指数变化趋势

（二）崇左市农业发展水平评估结果

根据表 8-4，对 2010~2012 年间崇左市农业发展及各三级指标的得分、排名、优劣度进行分析，可以看到在 2010~2012 年间，崇左市农业发展的综合排名处于中势的地位，其经济发展排名持续下降，2010 年其经济发展排名是第 7 名，到 2011 年下降至第 8 名，2012 年又下降至第 10 名，说明崇左市的农业发展落后于珠江-西江经济带的其他城市。对崇左市的农业发展得分情况进行分析，发现崇左市的农业发展综合得分呈现波动下降的发展趋势，说明城市的农业发展较为缓慢。总的来说，2010~2012 年崇左市农业发展水平在珠江-西江经济带中游区和下游区波动，发展水平与经济带其他城市相比较低，发展水平有待进一步提升。

其中第一产业扩张弹性系数的排名呈现持续保持的发展趋势，再对崇左市的第一产业扩张弹性系数的得分情况进行分析，发现崇左市的第一产业扩张弹性系数的得分呈持续下降的趋势，说明在 2010~2012 年间崇左市的耕地面积扩张幅度变大，城市城镇化与城市面积之间呈现不协调发展的关系，城镇耕地面积的增加导致城市的过度拥挤及承载力压力问题的出现。

其中农业强度的排名呈现持续保持的发展趋势，再对崇左市的农业强度的得分情况进行分析，发现崇左市的农业强度的得分呈波动上升的趋势，说明在 2010~2012 年间崇左市的粮食作物播种面积有所增加，但活力较弱。

其中耕地密度的排名呈现持续保持的发展趋势，再对崇左市的耕地密度的得分情况进行分析，发现崇左市耕地密度的得分波动下降，说明崇左市的人力资源有所减少，城市的农业生产效率有所降低，农业生产成本有所提高。

其中农业指标动态变化的排名呈现持续下降的发展趋势，再对崇左市农业指标动态变化的得分情况进行分析，发现崇左市的农业指标动态变化的得分处于先升后降的趋势，说明在2010~2012年间崇左市的粮食作物播种面积有所增加。

其中农业土地扩张强度的排名呈现持续上升的发展趋势，再对崇左市的农业土地扩张强度的得分情况进行分析，发现崇左市的农业土地扩张强度的得分呈现波动下降的趋势，说明城市的农业土地面积增长速率较弱。

其中农业蔓延指数的排名呈现波动上升的发展趋势，再对崇左市的农业蔓延指数的得分情况进行分析，发现崇左市农业蔓延指数的得分先升后降，农业蔓延指数小于1，说明城市的粮食总产量的增长慢于非农业人口的增长水平，农业的发展未呈现出蔓延的趋势。

其中农业指标相对增长率的排名呈现波动下降的发展趋势，再对崇左市的农业指标相对增长率的得分情况进行分析，发现崇左市农业指标相对增长率的得分持续上升，说明城市的粮食产量增长速率加快，呈现出地区农业集聚能力及活力的不断增加。

其中农业指标绝对增量加权指数的排名呈现持续下降的发展趋势，再对崇左市农业指标绝对增量加权指数的得分情况进行分析，发现崇左市的农业指标绝对增量加权指数的得分处于持续上升的趋势，说明城市的粮食产量集中度较高。

表8-4　　2010~2012年崇左市农业发展各级指标的得分、排名及优劣度分析

项目	2010年			2011年			2012年		
	得分	排名	优劣度	得分	排名	优劣度	得分	排名	优劣度
农业发展	15.122	7	中势	15.205	8	中势	15.056	10	劣势
第一产业扩张弹性系数	3.556	5	优势	3.442	5	优势	3.328	5	优势
农业强度	0.015	10	劣势	0.018	10	劣势	0.016	10	劣势
耕地密度	0.495	5	优势	0.490	5	优势	0.492	5	优势
农业指标动态变化	1.755	2	强势	1.806	3	优势	1.774	9	劣势
农业土地扩张强度	4.374	9	劣势	4.192	5	优势	4.197	2	强势
农业蔓延指数	0.082	11	劣势	0.172	7	中势	0.040	10	劣势
农业指标相对增长率	0.532	4	优势	0.559	4	优势	0.667	6	中势
农业指标绝对增量加权指数	4.315	3	优势	4.526	6	中势	4.543	9	劣势

根据表8-5，对2013~2015年间崇左市农业发展及各三级指标的得分、排名、优劣度进行分析，可以看到在2013~2015年间，崇左市农业发展的综合排名处于中势的状态，其农业发展排名波动上升，2013年其农业发展处于珠江-西江经济带第8名，2014~2015年其排名升至第7名，说明崇左市的农业发展较落后于珠江-西江经济带的其他城市。对崇左市的农业发展得分情况进行分析，发现崇左市的农业发展综合得分呈现波动上升的发展趋势，说明城市的农业发展水平提高。总的来说，2013~2015年崇左市农业发展在珠江-西江经济带处于中势地位，发展水平与经济带其他城市相比较低，发展水平有待进一步提升。

其中第一产业扩张弹性系数的排名呈波动下降的发展趋势，再对崇左市的第一产业扩张弹性系数的得分情况进行分析，发现崇左市的第一产业扩张弹性系数的得分呈现持续下降的趋势，说明在2013~2015年间崇左市的耕地面积扩张幅度变大，城市城镇化与城市面积之间呈现不协调发展的关系。

其中农业强度的排名呈现波动下降的发展趋势，再对崇左市的农业强度的得分情况进行分析，发现崇左市的农业强度的得分呈波动下降的趋势，说明在2013~2015年间崇左市的粮食作物播种面积低于地区的平均水平，活力趋于减弱。

其中耕地密度的排名呈现持续保持的发展趋势，再对崇左市的耕地密度的得分情况进行分析，发现崇左市耕地密度的得分波动上升，说明崇左市的人力资源较多，城市的农业生产效率较高，农业生产成本减少。

其中农业指标动态变化的排名呈现波动保持的发展趋势，再对崇左市农业指标动态变化的得分情况进行分析，发现崇左市的农业指标动态变化的得分呈现波动上升的趋势，说明在2013~2015年间崇左市的粮食作物播种面积增多，对应呈现出地区经济活力增强，城市规模也有所扩大。

其中农业土地扩张强度的排名呈现波动下降的发展趋势，再对崇左市的农业土地扩张强度的得分情况进行分析，发现崇左市的农业土地扩张强度的得分呈现波动保持的趋势，说明城市的农业土地面积增长速率较慢，呈现出农业生产集聚能力及活力的不断减弱。

其中农业蔓延指数的排名呈现波动上升的发展趋势，再对崇左市的农业蔓延指数的得分情况进行分析，发现崇左市农业蔓延指数的得分波动下降，农业蔓延指数小于1，说明城市的粮食总产量的增长慢于非农业人口的增长水平，农业的发展未呈现出蔓延的趋势。

其中农业指标相对增长率的排名呈现持续上升的发展趋势，再对崇左市的农业指标相对增长率的得分情况进行分析，发现崇左市农业指标相对增长率的得分先升后降，但整体上是下降的，城市的粮食产量增长速率降低。

其中农业指标绝对增量加权指数的排名呈现波动上升

的发展趋势,再对崇左市农业指标绝对增量加权指数的得分情况进行分析,发现崇左市的农业指标绝对增量加权指数的得分呈现先下降后上升的趋势,城市的粮食产量集中度降低,城市粮食产量变化增长减弱。

表8-5 2013~2015年崇左市农业发展各级指标的得分、排名及优劣度分析

指标	2013年			2014年			2015年		
	得分	排名	优劣度	得分	排名	优劣度	得分	排名	优劣度
农业发展	15.732	8	中势	15.543	7	中势	15.878	7	中势
第一产业扩张弹性系数	3.294	9	劣势	3.223	10	劣势	3.195	10	劣势
农业强度	0.020	10	劣势	0.025	10	劣势	0.005	11	劣势
耕地密度	0.495	5	优势	0.499	5	优势	0.501	5	优势
农业指标动态变化	1.820	4	优势	1.794	3	优势	2.205	4	优势
农业土地扩张强度	4.218	5	优势	4.230	7	中势	4.264	7	中势
农业蔓延指数	0.381	2	强势	0.190	4	优势	0.332	1	强势
农业指标相对增长率	0.817	7	中势	1.389	6	中势	0.721	1	强势
农业指标绝对增量加权指数	4.689	4	优势	4.194	1	强势	4.657	1	强势

对2010~2015年间崇左市农业发展及各三级指标的得分、排名和优劣度进行分析。2010~2015年崇左市农业发展的综合得分排名呈现波动保持的发展趋势。2010年崇左市农业发展综合得分排名处于珠江-西江经济带第7名,2011年下降至第8名,2012年下降至第10名,2013年上升至第8名,2014年农业发展综合得分上升至第7名,2015年其排名保持在第7名。一方面说明崇左市的农业发展在珠江-西江经济带下游和中游波动,其农业发展也在经济带中势地位和劣势地位之间波动,与经济带其他城市相比,发展水平较低;另一方面说明崇左市农业发展综合得分上升和下降的幅度较大,在农业发展方面存在不稳定现象,稳定性有待提高。对崇左市的农业发展得分情况进行分析,发现2010~2015年崇左市的农业发展综合得分频繁升降,整体上崇左市农业发展综合得分呈现波动上升的发展趋势,说明崇左市的农业发展水平有所提升。

从表8-6来看,在8个基础指标中,指标的优劣度结构为37.5:25.0:12.5:25.0。

表8-6 2015年崇左市农业发展指标的优劣度结构

二级指标	三级指标数	强势指标		优势指标		中势指标		劣势指标		优劣度
		个数	比重(%)	个数	比重(%)	个数	比重(%)	个数	比重(%)	
农业发展	8	3	37.500	2	25.000	1	12.500	2	25.000	中势

(三)崇左市农业发展水平比较分析

图8-19和图8-20将2010~2015年崇左市农业发展与珠江-西江经济带最高水平和平均水平进行比较。从农业发展的要素得分比较来看,由图8-19可知,2010年,崇左市第一产业扩张弹性系数得分比珠江-西江经济带最高分低1.381分,比平均分低0.045分;2011年,第一产业扩张弹性系数得分比最高分低0.411分,比平均分低0.038分;2012年,第一产业扩张弹性系数得分比最高分低0.842分,比平均分高0.256分;2013年,第一产业扩张弹性系数得分比最高分低0.114分,比平均分低0.039分;2014年,第一产业扩张弹性系数得分比最高分低0.191分,比平均分低0.133分;2015年,第一产业扩张弹性系数得分比最高分低0.262分,比平均分低0.177分。这说明整体上崇左市第一产业扩张弹性系数得分与珠江-西江经济带最高分的差距有缩小趋势,与珠江-西江经济带平均分的差距逐渐增大。

2010年,崇左市农业强度得分比最高分低3.143分,比平均分低0.627分;2011年,农业强度得分比最高分低3.092分,比平均分低0.616分;2012年,农业强度得分比最高分低3.081分,比平均分低0.618分;2013年,农业强度得分比最高分低3.061分,比平均分低0.614分;2014年,农业强度得分比最高分低3.108分,比平均分低0.617分;2015年,农业强度得分比最高分低2.930分,比平均分低0.630分。这说明整体上崇左市农业强度得分与珠江-西江经济带最高分的差距有缩小趋势,与珠江-西江经济带平均分的差距逐渐扩大。

2010年,崇左市耕地密度得分比最高分低2.576分,比平均分低0.048分;2011年,耕地密度得分比最高分低2.555分,比平均分低0.047分;2012年,耕地密度得分比最高分低2.568分,比平均分低0.046分;2013年,耕地密度得分比最高分低2.540分,比平均分低0.042分;2014年,耕地密度得分比最高分低2.561分,比平均分低0.042分;2015年,耕地密度得分比最高分低2.555分,比平均分低0.042分。这说明整体上崇左市耕地密度得分与珠江-西江经济带最高分的差距波动缩小,与珠江-西江经济带平均分的差距波动缩小。

2010年,崇左市农业指标动态变化得分比最高分低

0.063 分，比平均分高 0.307 分；2011 年，农业指标动态变化得分比最高分低 0.004 分，比平均分高 0.020 分；2012 年，农业指标动态变化得分比最高分低 0.063 分，比平均分低 0.016 分；2013 年，农业指标动态变化得分比最高分低 0.058 分，比平均分高 0.024 分；2014 年，农业指标动态变化得分比最高分低 0.033 分，比平均分高 0.037 分；2015 年，农业指标动态变化得分比最高分低 2.209 分，比平均分低 0.366 分。这说明整体上崇左市农业指标动态变化得分与珠江-西江经济带最高分的差距持续增加，与珠江-西江经济带平均分的差距波动增加。

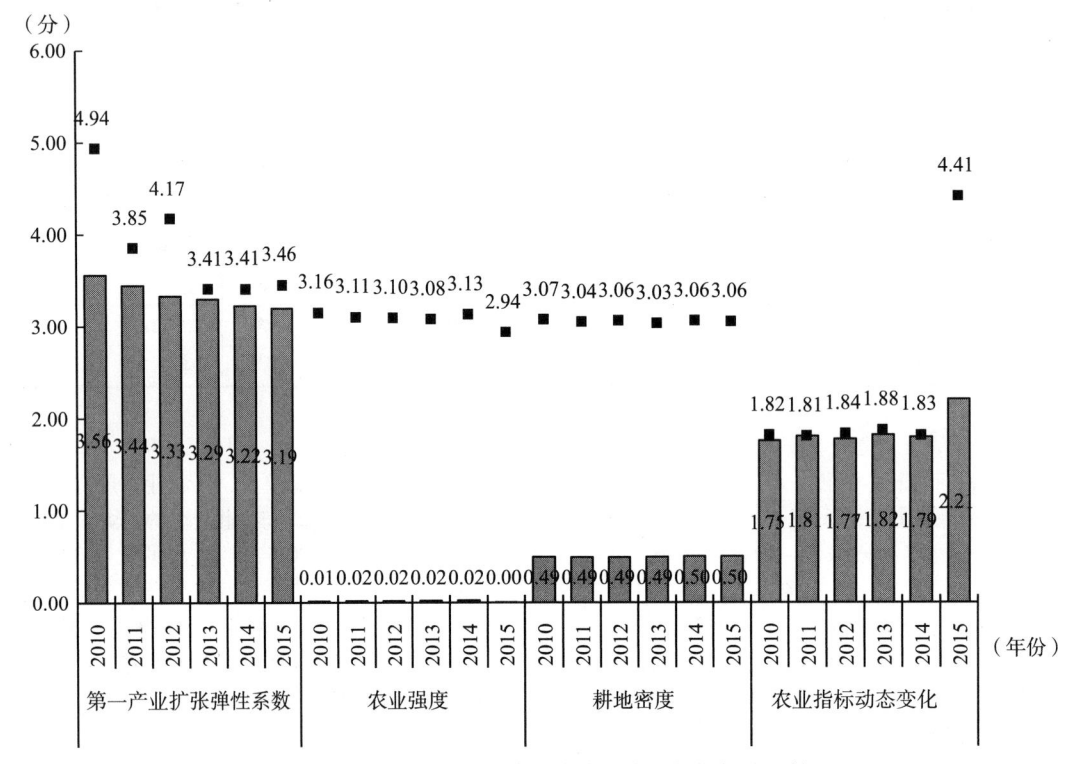

图 8-19 2010~2015 年崇左市农业发展指标得分比较 1

由图 8-20 可知，2010 年，崇左市农业土地扩张强度得分比最高分低 1.113 分，比平均分高 0.161 分；2011 年，农业土地扩张强度得分比最高分低 0.102 分，比平均分高 0.001 分；2012 年，农业土地扩张强度得分比最高分低 0.084 分，比平均分高 0.020 分；2013 年，农业土地扩张强度得分比最高分低 0.093 分，比平均分高 0.022 分；2014 年，农业土地扩张强度得分比最高分低 0.042 分，比平均分低 0.003 分；2015 年，农业土地扩张强度得分比最高分低 0.067 分，比平均分高 0.011 分。这说明整体上崇左市农业土地扩张强度得分与珠江-西江经济带最高分的差距波动缩小，与珠江-西江经济带平均分的差距波动下降。

2010 年，崇左市农业蔓延指数得分比最高分低 0.103 分，比平均分低 0.053 分；2011 年，农业蔓延指数得分比最高分低 0.064 分，比平均分低 0.013 分；2012 年，农业蔓延指数得分比最高分低 0.375 分，比平均分低 0.160 分；2013 年，农业蔓延指数得分比最高分低 2.641 分，比平均分低 0.080 分；2014 年，农业蔓延指数得分比最高分低 0.733 分，比平均分低 0.049 分；2015 年，农业蔓延指数得分与最高分不存在差距，比平均分高 0.165 分。这说明整体上崇左市农业蔓延指数得分与珠江-西江经济带最高分的差距波动缩小，与珠江-西江经济带平均分的差距波动增加。

2010 年，崇左市农业指标相对增长率得分比最高分低 0.347 分，比平均分高 0.032 分；2011 年，农业指标相对增长率得分比最高分低 0.219 分，比平均分高 0.020 分；2012 年，农业指标相对增长率得分比最高分低 0.175 分，比平均分低 0.026 分；2013 年，农业指标相对增长率得分比最高分低 0.670 分，比平均分低 0.159 分；2014 年，农业指标相对增长率得分比最高分低 2.361 分，比平均分低 0.089 分；2015 年，农业指标相对增长率得分与最高分不存在差距，比平均分高 0.104 分。这说明整体上崇左市农业指标相对增长率得分与珠江-西江经济带最高分的差距波动缩小，与珠江-西江经济带平均分的差距逐渐增大。

2010 年，崇左市农业指标绝对增量加权指数得分比最高分低 0.104 分，比平均分高 0.461 分；2011 年，农业指标绝对增量加权指数得分比最高分低 0.128 分，比平均分高 0.010 分；2012 年，农业指标绝对增量加权指数得分比最高分低 0.487 分，比平均分低 0.118 分；2013 年，农业指标绝对增量加权指数得分比最高分低 0.920 分，比平均分高 0.017 分；2014 年，农业指标绝对增量加权指数得分与最高分不存在差距，比平均分高 0.374 分；2015 年，农业指标绝对增量加权指数得分与最高分不存在差距，比平均分高 0.203 分。这说明整体上崇左市农业指标绝对增量加权指数得分与珠江-西江经济带最高分的差距有缩小趋势，与珠江-西江经济带平均分的差距逐渐缩小。

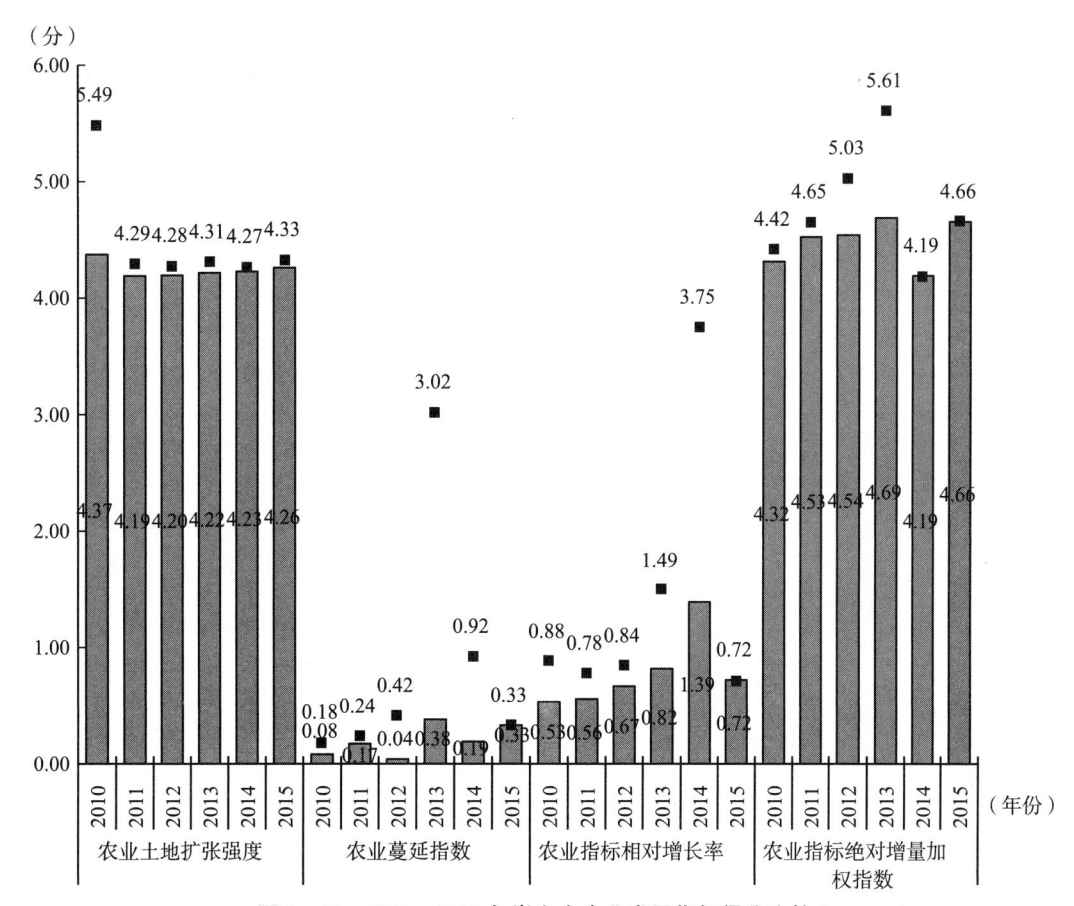

图 8-20 2010~2015年崇左市农业发展指标得分比较2

三、崇左市农业产出水平综合评估与比较

（一）崇左市农业产出水平评估指标变化趋势评析

1. 食物生态足迹

根据图 8-21 分析可知，2010~2015 年崇左市的食物生态足迹指标总体上呈现持续上升型的状态。处于持续上升型的指标，不仅意味着城市在各项指标数据上的不断增长，更意味着城市在该项指标上的竞争力优势不断扩大。通过折线图可以看出，崇左市的食物生态足迹指标不断提高，2015年达到8.673，相较于2010年上升5个单位左右；说明崇左市的经济社会发展水平提高，城市规模增大，城市居民对各类食物需求也在提高。

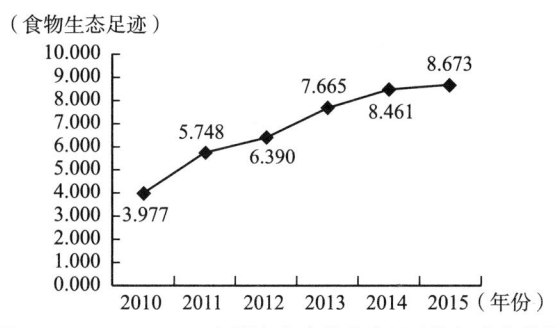

图 8-21 2010~2015年崇左市食物生态足迹指标变化趋势

2. 人均食物生态足迹

根据图 8-22 分析可知，2010~2015 年崇左市的人均食物生态足迹总体上呈现持续上升型的状态。处于持续上升型的指标，不仅意味着城市在各项指标数据上的不断增长，更意味着城市在该项指标上的竞争力优势不断扩大。通过折线图可以看出，崇左市的人均食物生态足迹指标不断提高，2015年达到76.958，相较于2010年上升10个单位左右；说明崇左市的发展水平提高，城市规模增大，城市居民对各类食物需求也在提高。

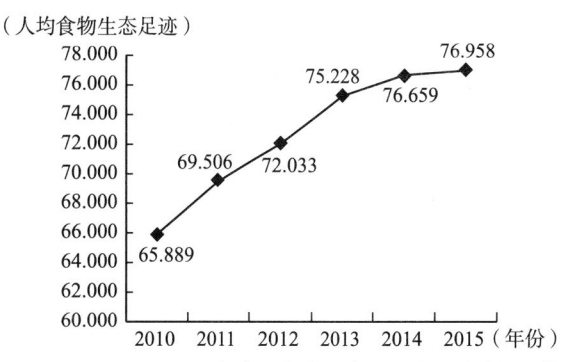

图 8-22 2010~2015年崇左市人均食物生态足迹变化趋势

3. 农业生产比重增量

根据图 8-23 分析可知，2010~2015 年崇左市农业生

产比重增量总体上呈现波动下降型的状态。这种状态表现为在 2010~2015 年间城市在该项指标上总体呈现下降趋势，但在期间存在上下波动的情况，并非连续性下降状态。这就意味着在评估的时间段内，虽然指标数据存在较大的波动化，但是其评价末期数据值低于评价初期数据值。崇左市的农业生产比重增量末期低于初期的数据，降低15个单位左右，并且在 2011~2012 年间存在明显下降的变化。这说明崇左市农业生产情况处于不太稳定的下降状态。

意味着城市在该项指标上的竞争力优势不断扩大。通过折线图可以看出，崇左市的农业枢纽度指标不断提高，2015年达到52.441，相较于2010年上升5个单位左右；说明崇左市的农业枢纽度提高，城市的农业发展势头持续上升。

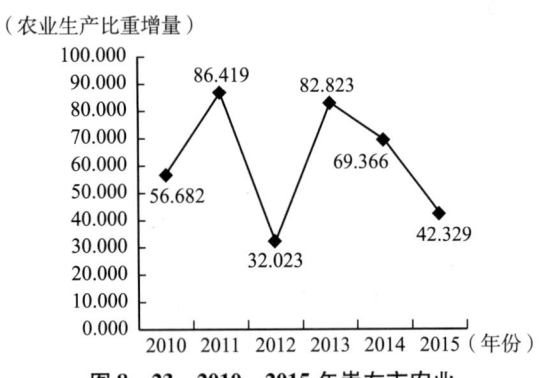

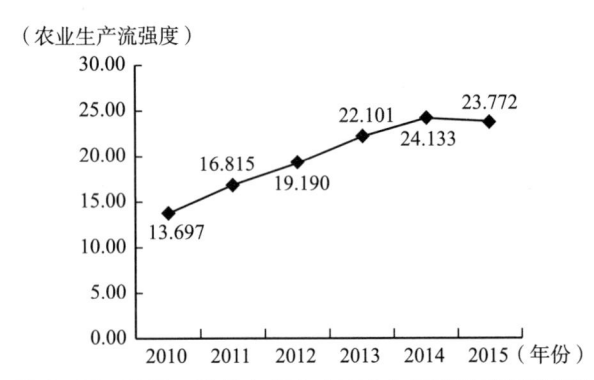

图 8-23　2010~2015 年崇左市农业生产比重增量变化趋势

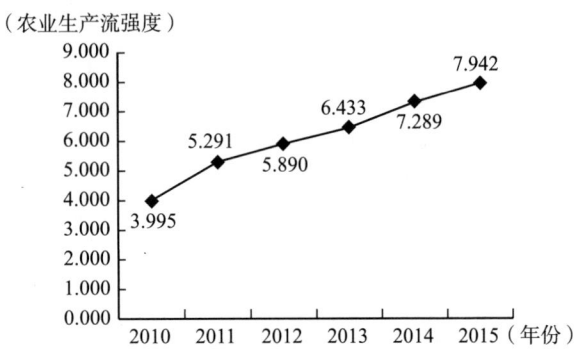

图 8-25　2010~2015 年崇左市农业枢纽度变化趋势

4. 农业生产平均增长指数

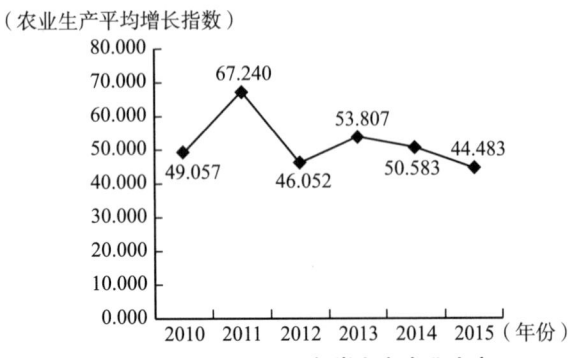

根据图 8-24 分析可知，2010~2015 年崇左市农业生产平均增长指数总体上呈现波动下降型的状态。这种状态表现为在 2010~2015 年间城市在该项指标上总体呈现下降趋势，但在期间存在上下波动的情况，并非连续性下降状态。这就意味着在评估的时间段内，虽然指标数据存在较大的波动化，但是其评价末期数据值低于评价初期数据值。崇左市的农业生产平均增长指数末期低于初期的数据，降低5个单位左右，并且在 2011~2012 年间存在明显下降的变化。这说明崇左市农业生产情况处于不太稳定的下降状态。

6. 农业生产流强度

根据图 8-26 分析可知，2010~2015 年崇左市的农业生产流强度总体上呈现波动上升型的状态。这一类型的指标为 2010~2015 年间城市在该项指标上存在较多波动变化，总体趋势为上升趋势，但在个别年份出现下降的情况，指标并非连续性上升。波动上升型指标意味着在评估期间，虽然指标数据存在较大波动变化，但是其评价末期数据值高于评价初期数据值。通过折线图可以看出，崇左市的农业生产流强度指标提高，2015年达到23.772，相较于2010年上升10个单位左右，说明崇左市的农业生产流强度增强，城市之间发生的经济集聚和扩散所产生的农业生产要素流动强度增强，城市经济影响力也增强。

图 8-24　2010~2015 年崇左市农业生产平均增长指数变化趋势

图 8-26　2010~2015 年崇左市农业生产流强度变化趋势

5. 农业枢纽度

根据图 8-25 分析可知，2010~2015 年崇左市的农业枢纽度总体上呈现持续上升型的状态。处于持续上升型的指标，不仅意味着城市在各项指标数据上的不断增长，更

7. 农业生产倾向度

根据图 8-27 分析可知，2010~2015 年崇左市农业生产倾向度总体上呈现波动保持型的状态。波动保持型指标意味着城市在该项指标上虽然呈现波动状态，在评价末期和评价初期的数值基本保持一致，该图可知崇左市农业生产倾向度保持在 96.997~100.000。即使崇左市农业生产倾向度存在过最低值，其数值为 96.997，但崇左市在农业生产倾向度上总体表现相对平稳。

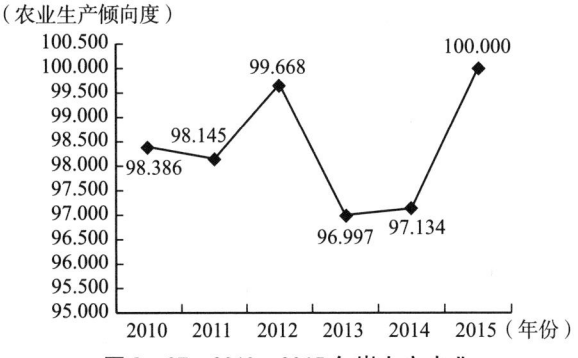

图8-27 2010~2015年崇左市农业生产倾向度变化趋势

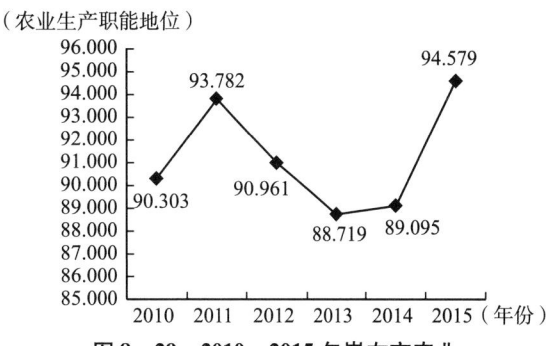

图8-29 2010~2015年崇左市农业生产职能地位变化趋势

8. 农业生产职能规模

根据图8-28分析可知，2010~2015年崇左市的农业生产职能规模总体上呈现持续上升型的状态。处于持续上升型的指标，不仅意味着城市在各项指标数据上的不断增长，更意味着城市在该项指标上的竞争力优势不断扩大。通过折线图可以看出，崇左市的农业生产职能规模指标不断提高，2015年达到100.000，相较于2010年上升20个单位左右；说明崇左市的农业生产职能规模增强，城市的农业生产水平提高，城市所具备的农业生产能力提高。

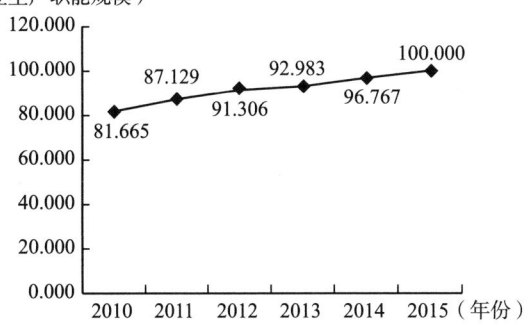

图8-28 2010~2015年崇左市农业生产职能规模变化趋势

9. 农业生产职能地位

根据图8-29分析可知，2010~2015年崇左市农业生产职能地位总体上呈现波动上升型的状态。这一类型的指标为在2010~2015年城市存在一定的波动变化，总体趋势上为上升趋势，但在个别年份出现下降的情况，指标并非连续性上升状态。波动上升型指标意味着在评价的时间段内，虽然指标数据存在较大的波动变化，但是其评价末期数据值高于评价初期数据值。崇左市在2011~2013年虽然出现下降的状况，2013年是88.719，但是总体上还是呈现上升的态势，最终稳定在94.579；说明崇左农业生产职能地位增强，城市的农业生产能力在地区内更具备优势，城市对农业人力资源的吸引集聚能力扩大，城市发展具备农业发展及农业劳动力发展的潜力。

（二）崇左市农业产出水平评估结果

根据表8-7，对2010~2012年间崇左市农业产出及各三级指标的得分、排名、优劣度进行分析，可以看到在2010~2012年间，崇左市农业产出的综合排名波动下降，2012年处于优势地位，2010~2011年其农业产出排名处于经济带第1名，2012年降至第3名位置，处于珠江-西江经济带上游区，说明城市的农业产出的发展领先于珠江-西江经济带的其他城市。对崇左市的农业产出得分情况进行分析，发现崇左市的农业产出综合得分呈现先升后降的发展趋势，说明崇左市的农业产出有所降低。总的来说，2010~2012年崇左市农业产出发展水平在珠江-西江经济带中处于强势地位，发展水平领先于经济带其他城市，在经济带中具备明显的竞争优势。

其中食物生态足迹的排名呈现持续保持的发展趋势，再对崇左市食物生态足迹的得分情况进行分析，发现崇左市的食物生态足迹得分处于持续上升的发展趋势，说明在2010~2012年间崇左市的发展水平提高，城市规模增大，城市居民对各类食物需求增加。

其中人均食物生态足迹的排名呈现持续保持的发展趋势，再对崇左市的人均食物生态足迹得分情况进行分析，发现崇左市的人均食物生态足迹综合得分呈现持续上升的发展趋势，说明崇左市的居民对各类食物的人均需求较高。

其中农业生产比重增量的排名呈现波动下降的发展趋势，再对崇左市的农业生产比重增量的得分情况进行分析，发现崇左市的农业生产比重增量的得分处于先升后降的趋势，说明在2010~2012年间崇左市农业生产发展程度降低。

其中农业生产平均增长指数的排名呈现波动下降的发展趋势，再对崇左市农业生产平均增长指数的得分情况进行分析，发现崇左市农业生产平均增长指数得分处于先升后降的发展趋势，说明在2010~2012年间崇左市在评估时间段内的农业生产能力增强。

其中农业枢纽度的排名呈现持续保持的发展趋势，再对崇左市的农业枢纽度得分情况进行分析，发现崇左市的农业枢纽度综合得分呈现持续下降的发展趋势，说明崇左市的农业发展缓慢。

其中农业生产流强度的排名呈现波动上升的发展趋势，再对崇左市的农业生产流强度得分情况进行分析，发现崇左市的农业生产流强度综合得分呈现持续上升的发展趋势，城市之间发生的经济集聚和扩散所产生的农业生产要素流动强度增强，城市经济影响力增加。

其中农业生产倾向度的排名呈现持续保持的发展趋势，再对崇左市的农业生产倾向度的得分情况进行分析，发现崇左市的农业生产倾向度的得分处于波动下降趋势，说明在2010~2012年间崇左市的总功能量的外向强度减弱。

其中农业生产职能规模的排名呈现持续保持的发展趋势，再对崇左市的农业生产职能规模得分情况进行分析，发现崇左市的农业生产职能规模综合得分呈现持续上升的发展趋势，说明崇左市的农业生产水平提高，城市所具备的农业生产能力增强。

其中农业生产职能地位的排名呈现持续保持的发展趋势，再对崇左市的农业生产职能地位得分情况进行分析，发现崇左市的农业生产职能地位综合得分呈现波动下降的发展趋势，说明崇左市对农业人力资源的吸引集聚能力降低。

表8-7　　　　2010~2012年崇左市农业产出各级指标的得分、排名及优劣度分析

指标	2010年 得分	排名	优劣度	2011年 得分	排名	优劣度	2012年 得分	排名	优劣度
农业产出	20.225	1	强势	22.196	1	强势	19.148	3	优势
食物生态足迹	0.127	9	劣势	0.184	9	劣势	0.211	9	劣势
人均食物生态足迹	2.811	5	优势	2.928	5	优势	3.165	5	优势
农业生产比重增量	2.199	6	中势	4.142	3	优势	1.556	11	劣势
农业生产平均增长指数	1.901	5	优势	2.638	2	强势	1.948	10	劣势
农业枢纽度	3.126	3	优势	2.160	3	优势	1.906	3	优势
农业生产流强度	0.117	6	中势	0.150	5	优势	0.171	5	优势
农业生产倾向度	4.003	1	强势	3.800	1	强势	3.924	1	强势
农业生产职能规模	2.424	1	强势	2.587	1	强势	2.782	1	强势
农业生产职能地位	3.517	2	强势	3.606	2	强势	3.485	2	强势

根据表8-8，对2013~2015年间崇左市农业产出及各三级指标的得分、排名、优劣度进行分析，可以看到在2013~2015年间，崇左市农业产出的综合排名处于强势状态，其农业产出排名处于上升趋势，2013年其农业产出排名处于第2名，2014~2015年其农业产出排名升至第1名，其农业产出处于珠江-西江经济带上游区，说明城市的农业产出的发展较为领先于珠江-西江经济带的其他城市。对崇左市的农业产出得分情况进行分析，发现崇左市的农业产出综合得分呈现持续下降的发展趋势，说明崇左市的农业产出活力处于下降状态。总的来说，2013~2015年崇左市农业产出发展水平在珠江-西江经济带中处于强势地位，发展水平领先于经济带其他城市，在经济带中具备明显的竞争优势。

其中食物生态足迹的排名呈现持续保持的发展趋势，再对崇左市食物生态足迹的得分情况进行分析，发现崇左市的食物生态足迹得分处于持续上升的发展趋势，但在2013~2015年间崇左市发展水平提高，城市规模扩大，城市居民对各类食物需求增加。

其中人均食物生态足迹的排名呈现持续保持的发展趋势，再对崇左市的人均食物生态足迹得分情况进行分析，发现崇左市的人均食物生态足迹综合得分呈现持续上升的发展趋势，说明崇左市的居民对各类食物的人均需求增加。

其中农业生产比重增量的排名呈现持续下降的发展趋势，再对崇左市的农业生产比重增量的得分情况进行分析，发现崇左市的农业生产比重增量的得分呈现持续下降的趋势，说明在2013~2015年间崇左市农业生产发展程度降低。

其中农业生产平均增长指数的排名呈现波动下降的发展趋势，再对崇左市农业生产平均增长指数的得分情况进行分析，发现崇左市农业生产平均增长指数得分处于持续下降的发展趋势，说明在2013~2015年间崇左市在评估时间段内的农业生产能力降低，整体城市农业生产水平下降。

其中农业枢纽度的排名呈现持续保持的发展趋势，再对崇左市的农业枢纽度得分情况进行分析，发现崇左市的农业枢纽度综合得分呈现持续下降的发展趋势，说明崇左市的农业发展缓慢。

其中农业生产流强度的排名呈现持续保持的发展趋势，再对崇左市的农业生产流强度得分情况进行分析，发现崇左市的农业生产流强度综合得分呈现持续上升的发展趋势，说明城市之间发生的经济集聚和扩散所产生的农业生产要素流动强度较强，城市经济影响力较强。

其中农业生产倾向度的排名呈现持续保持的发展趋势，再对崇左市的农业生产倾向度的得分情况进行分析，发现崇左市的农业生产倾向度的得分呈现持续上升的趋势，说明在2010~2012年间崇左市的总功能量的外向强度增强。

其中农业生产职能规模的排名呈现持续保持的发展趋势，再对崇左市的农业生产职能规模得分情况进行分析，发现崇左市的农业生产职能规模综合得分呈现波动上升的发展趋势，说明崇左市的农业生产水平较高，城市所具备的农业生产能力较强。

其中农业生产职能地位的排名呈现波动上升的发展趋势，再对崇左市的农业生产职能地位得分情况进行分析，发现崇左市的农业生产职能地位综合得分呈现持续上升的

发展趋势，说明崇左市的农业生产能力在地区内具备优势，城市对农业人力资源的吸引集聚能力较强，城市发展具备农业发展及农业劳动力发展的潜力。

对2010~2015年间崇左市农业产出及各三级指标的得分、排名和优劣度进行分析。2010~2015年崇左市农业产出的综合得分排名呈现波动保持的发展趋势。2010~2011崇左市农业产出综合得分排名处于珠江-西江经济带第1名，2012年下降至第3名，2013年其农业产出排名上升至第2名，2014年其农业产出上升至第1名，2015年保持在第1名。一方面说明崇左市的农业产出发展处于珠江-西江经济带的上游，崇左市的农业产出在珠江-西江经济带强势地位和优势地位之间波动，发展水平与经济带其他城市相比较高；另一方面说明崇左市在农业产出方面发展出现波动，稳定性有待提高。对崇左市的农业产出得分情况进行分析，发现2010~2015年崇左市的农业产出综合得分频繁升降，整体上崇左市的农业产出综合得分呈现波动下降的发展趋势，说明崇左市的农业产出活力处于下降状态，在珠江-西江经济带中存在上升的空间。

表8-8　　　　2013~2015年崇左市农业产出各级指标的得分、排名及优劣度分析

指标	2013年			2014年			2015年		
	得分	排名	优劣度	得分	排名	优劣度	得分	排名	优劣度
农业产出	21.650	2	强势	20.821	1	强势	19.621	1	强势
食物生态足迹	0.258	9	劣势	0.287	9	劣势	0.298	9	劣势
人均食物生态足迹	3.284	4	优势	3.351	4	优势	3.369	4	优势
农业生产比重增量	4.021	2	强势	3.104	6	中势	1.782	9	劣势
农业生产平均增长指数	2.099	7	中势	1.839	6	中势	1.616	8	中势
农业枢纽度	1.707	3	优势	1.475	3	优势	1.400	3	优势
农业生产流强度	0.194	5	优势	0.228	5	优势	0.257	5	优势
农业生产倾向度	3.787	1	强势	3.969	1	强势	3.976	1	强势
农业生产职能规模	2.876	1	强势	3.077	1	强势	3.208	1	强势
农业生产职能地位	3.424	2	强势	3.491	2	强势	3.715	1	强势

从表8-9来看，在9个基础指标中，指标的优劣度结构为30.0:30.0:10.0:20.0。由于强势指标和优势指标所占的比重大于劣势指标的比重，从整体来看，农业产出处于强势地位。

表8-9　　　　2015年崇左市农业产出的优劣度结构

二级指标	三级指标数	强势指标		优势指标		中势指标		劣势指标		优劣度
		个数	比重(%)	个数	比重(%)	个数	比重(%)	个数	比重(%)	
农业产出	9	3	30.000	3	30.000	1	10.000	2	20.000	强势

（三）崇左市农业产出水平比较分析

图8-30和图8-31将2010~2015年崇左市农业产出与珠江-西江经济带最高水平和平均水平进行比较。从农业产出的要素得分比较来看，由图8-30可知，2010年，崇左市食物生态足迹得分比最高分低2.663分，比平均分低0.724分；2011年，食物生态足迹得分比最高分低2.696分，比平均分低0.687分；2012年，食物生态足迹得分比最高分低2.948分，比平均分低0.765分；2013年，食物生态足迹得分比最高分低3.087分，比平均分低0.764分；2014年，食物生态足迹得分比最高分低3.092分，比平均分低0.709分；2015年，食物生态足迹得分比最高分低3.138分，比平均分低0.747分。这说明整体上崇左市食物生态足迹得分与珠江-西江经济带最高分的差距逐渐增大，与珠江-西江经济带平均分的差距逐渐增大。

2010年，崇左市人均食物生态足迹得分比最高分低1.358分，比平均分高0.485分；2011年，人均食物生态足迹得分比最高分低1.116分，比平均分高0.604分；2012年，人均食物生态足迹得分比最高分低1.229分，比平均分高0.596分；2013年，人均食物生态足迹得分比最高分低0.965分，比平均分高0.717分；2014年，人均食物生态足迹得分比最高分低0.989分，比平均分高0.847分；2015年，人均食物生态足迹得分比最高分低0.857分，比平均分高0.865分。这说明整体上崇左市人均食物生态足迹得分与珠江-西江经济带最高分的差距有缩小趋势，与珠江-西江经济带平均分的差距逐渐扩大。

2010年，崇左市农业生产比重增量得分比最高分低0.691分，比平均分高0.300分；2011年，农业生产比重增量得分比最高分低0.499分，比平均分高0.824分；2012年，农业生产比重增量得分比最高分低3.304分，比平均分低1.902分；2013年，农业生产比重增量得分比最高分低0.381分，比平均分高0.490分；2014年，农业生产比重增量得分比最高分低0.332分，比平均分高0.158分；2015年，农业生产比重增量得分比最高分低1.183分，比平均分低0.691分。这说明整体上崇左市农业生产比重增量得分与珠江-西江经济带最高分的差距波动扩大，与珠江-西江经济带平均分的差距波动扩大。

2010年，崇左市农业生产平均增长指数得分比最高分低

1.974 分，比平均分高 0.216 分；2011 年，农业生产平均增长指数得分比最高分低 0.411 分，比平均分高 0.563 分；2012 年，农业生产平均增长指数得分比最高分低 1.668 分，比平均分低 0.620 分；2013 年，农业生产平均增长指数得分比最高分低 0.627 分，比平均分低 0.008 分；2014 年，农业生产平均增长指数得分比最高分低 0.386 分，比平均分高 0.183 分；2015 年，农业生产平均增长指数得分比最高分低 0.422 分，比平均分低 0.048 分。这说明整体上崇左市农业生产平均增长指数得分与珠江－西江经济带最高分的差距逐渐缩小，与珠江－西江经济带平均分的差距波动减小。

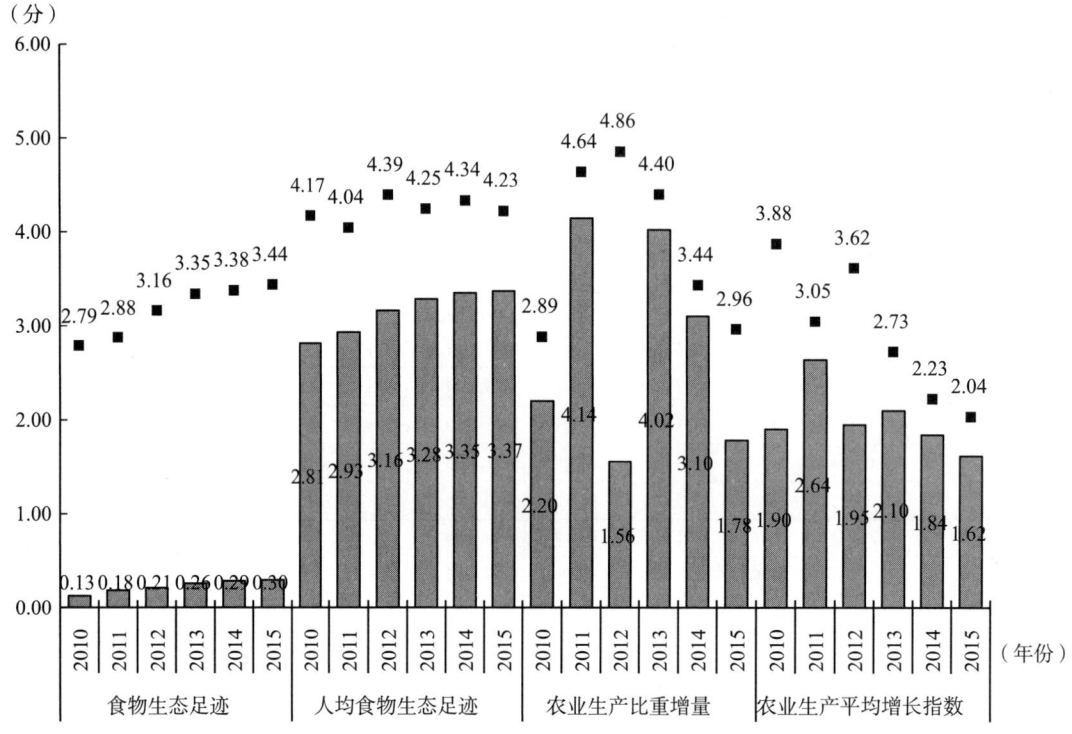

图 8-30　2010~2015 年崇左市农业产出指标得分比较 1

由图 8-31 可知，2010 年，崇左市农业枢纽度得分比最高分低 0.988 分，比平均分高 1.199 分；2011 年，农业枢纽度得分比最高分低 0.807 分，比平均分高 0.780 分；2012 年，农业枢纽度得分比最高分低 0.777 分，比平均分高 0.710 分；2013 年，农业枢纽度得分比最高分低 0.952 分，比平均分高 0.628 分；2014 年，农业枢纽度得分比最高分低 0.839 分，比平均分高 0.549 分；2015 年，农业枢纽度得分比最高分低 0.838 分，比平均分高 0.533 分。这说明整体上崇左市农业枢纽度得分与珠江－西江经济带最高分的差距波动缩小，与珠江－西江经济带平均分的差距逐渐减小。

2010 年，崇左市农业生产流强度得分比最高分低 2.380 分，比平均分低 0.336 分；2011 年，农业生产流强度得分比最高分低 1.839 分，比平均分低 0.286 分；2012 年，农业生产流强度得分比最高分低 2.054 分，比平均分低 0.315 分；2013 年，农业生产流强度得分比最高分低 2.465 分，比平均分低 0.368 分；2014 年，农业生产流强度得分比最高分低 2.690 分，比平均分低 0.414 分；2015 年，农业生产流强度得分比最高分低 2.980 分，比平均分低 0.431 分。这说明整体上崇左市农业生产流强度得分与珠江－西江经济带最高分的差距波动扩大，与珠江－西江经济带平均分的差距波动增大。

2010 年，崇左市农业生产倾向度得分与最高分不存在差距，比平均分高 2.000 分；2011 年，农业生产倾向度得分与最高分不存在差距，比平均分高 2.071 分；2012 年，农业生产倾向度得分与最高分不存在差距，比平均分高 2.123 分；2013 年，农业生产倾向度得分与最高分不存在差距，比平均分高 2.019 分；2014 年，农业生产倾向度得分与最高分不存在差距，比平均分高 2.066 分；2015 年，农业生产倾向度得分与最高分不存在差距，比平均分高 2.203 分。这说明整体上崇左市农业生产倾向度得分与珠江－西江经济带最高分的差距波动缩小，与珠江－西江经济带平均分的差距逐渐减小。

2010 年，崇左市农业生产职能规模得分与最高分不存在差距，比平均分高 1.882 分；2011 年，农业生产职能规模得分与最高分不存在差距，比平均分高 2.043 分；2012 年，农业生产职能规模得分与最高分不存在差距，比平均分高 2.169 分；2013 年，农业生产职能规模得分与最高分不存在差距，比平均分高 2.226 分；2014 年，农业生产职能规模得分与最高分不存在差距，比平均分高 2.380 分；2015 年，农业生产职能规模得分与最高分不存在差距，比平均分高 2.538 分。这说明整体上崇左市农业生产职能规模得分与珠江－西江经济带最高分不存在差距，与珠江－西江经济带平均分的差距逐渐增大。

2010 年，崇左市农业生产职能地位得分比最高分低 0.330 分，比平均分高 1.820 分；2011 年，农业生产职能地位得分比最高分低 0.082 分，比平均分高 1.931 分；2012年，农业生产职能地位得分比最高分低 0.211 分，比平均分高 1.816 分；2013 年，农业生产职能地位得分比最高分低 0.414 分，比平均分高 1.743 分；2014 年，农业生产职能地位得分比最高分低 0.427 分，比平均分高 1.784 分；2015 年，农业生产职能地位得分与最高分不存在差距，比平均分高 2.004 分。这说明整体上崇左市农业生产职能地位得分与珠江－西江经济带最高分的差距有缩小趋势，与珠江－西江经济带平均分的差距逐渐增大。

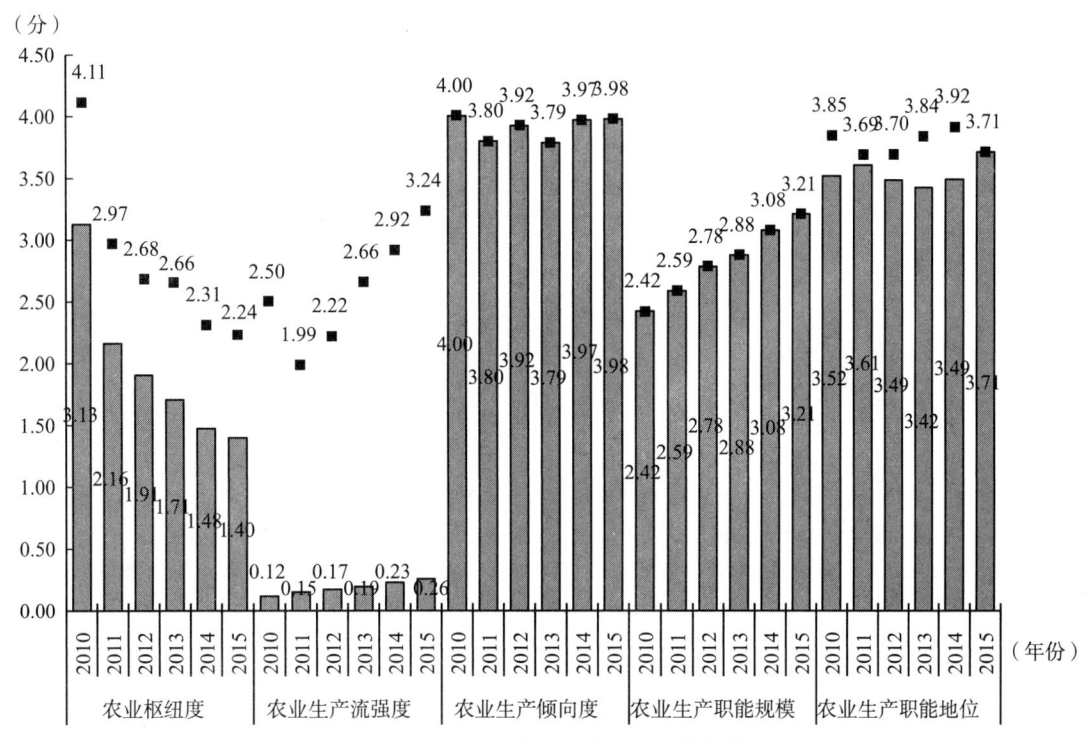

图 8-31 2010~2015 年崇左市农业产出指标得分比较 2

四、崇左市农业生产发展水平综合评估与比较评述

从对崇左市农业发展水平评估及其三个二级指标在珠江－西江经济带的排名变化和指标结构的综合分析来看，2010~2015 年间，农业生产板块中所有指标的波动趋势都处于持续状态，使得 2015 年崇左市农业发展水平的排名呈持续保持趋势，在珠江－西江经济带城市中位居第 1 名。

（一）崇左市农业生产发展水平概要分析

崇左市农业发展水平在珠江－西江经济带所处的位置及变化如表 8-10 所示，3 个二级指标的得分和排名变化如表 8-11 所示。

表 8-10　　　　　　　　2010~2015 年崇左市农业生产一级指标比较

项目	2010 年	2011 年	2012 年	2013 年	2014 年	2015 年
排名	1	1	1	1	1	1
所属区位	上游	上游	上游	上游	上游	上游
得分	64.061	66.285	62.112	64.361	61.849	62.336
经济带最高分	64.061	66.285	62.112	64.361	61.849	62.336
经济带平均分	51.465	53.838	53.598	51.944	50.910	50.770
与最高分的差距	0.000	0.000	0.000	0.000	0.000	0.000
与平均分的差距	12.595	12.447	8.513	12.417	10.939	11.567
优劣度	强势	强势	强势	强势	强势	强势
波动趋势	—	持续	持续	持续	持续	持续

表 8-11　　　　　　　　　　2010～2015 年崇左市农业生产二级指标比较

年份	农业结构 得分	排名	农业发展 得分	排名	农业产出 得分	排名
2010	28.713	1	15.122	7	20.225	1
2011	28.884	1	15.205	8	22.196	1
2012	27.908	1	15.056	10	19.148	3
2013	26.979	1	15.732	8	21.650	2
2014	25.485	1	15.543	7	20.821	1
2015	26.837	1	15.878	7	19.621	1
得分变化	-1.876	—	0.756	—	-0.604	—
排名变化	—	0	—	0	—	0
优劣度	强势	强势	中势	中势	强势	强势

（1）从指标排名变化趋势看，2015 年崇左市农业发展水平评估排名在珠江－西江经济带处于第 1 名，表明其在珠江－西江经济带处于强势地位，与 2010 年相比，排名稳定保持。总的来看，评价期内崇左市农业发展水平呈现持续保持趋势。

在三个二级指标中，其中 3 个指标排名处于稳定保持，为农业结构、农业发展和农业产出，这是崇左市农业发展水平保持稳定的动力所在。受指标排名升降的综合影响，评价期内崇左市农业生产的综合排名呈稳定保持，在珠江－西江经济带城市中排名第 1 名。

（2）从指标所处区位来看，2015 年崇左市农业发展水平处在上游区，其中，农业结构指标和农业产出指标为强势指标，农业发展为中势指标。

（3）从指标得分来看，2015 年崇左市农业生产得分为62.336 分，与珠江－西江经济带最高分不存在差距，比平均分高 11.567 分；与 2010 年相比，崇左市农业发展水平得分下降 1.725 分，与珠江－西江经济带平均分的差距趋于缩小。

2015 年，崇左市农业发展水平二级指标的得分均高于 15 分，与 2010 年相比，得分上升最多的为农业发展，上升 0.756 分；得分下降最多的为农业结构，下降 1.876 分。

（二）崇左市农业生产发展水平评估指标动态变化分析

2010～2015 年崇左市农业发展水平评估各级指标的动态变化及其结构，如图 8-32 和表 8-12 所示。

从图 8-32 可以看出，崇左市农业发展水平评估的三级指标中上升指标的比例等于下降指标，表明上升指标未居于主导地位。表 8-12 中的数据表明，崇左市农业发展水平评估的 25 个三级指标中，上升的指标有 8 个，占指标总数的 32.000%；保持的指标有 9 个，占指标总数的 36.000%；下降的指标有 8 个，占指标总数的 32.000%。由于上升指标的数量等于下降指标的数量，且受变动幅度与外部因素的综合影响，评价期内崇左市农业生产排名呈现稳定保持趋势，在珠江－西江经济带城市中居第 1 名。

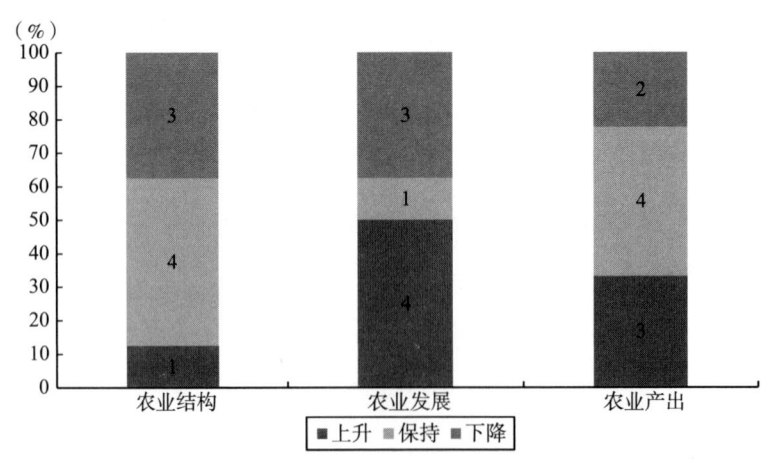

图 8-32　2010～2015 年崇左市农业发展水平动态变化结构

表 8-12　　　　　　　　　2010～2015 年崇左市农业生产各级指标排名变化态势比较

二级指标	三级指标数	上升指标 个数	比重（%）	保持指标 个数	比重（%）	下降指标 个数	比重（%）
农业结构	8	1	12.500	4	50.000	3	37.500
农业发展	8	4	50.000	1	12.500	3	37.500

续表

二级指标	三级指标数	上升指标 个数	上升指标 比重（%）	保持指标 个数	保持指标 比重（%）	下降指标 个数	下降指标 比重（%）
农业产出	9	3	33.333	4	44.444	2	22.222
合计	25	8	32.000	9	36.000	8	32.000

（三）崇左市农业生产发展水平评估指标变化动因分析

2015年崇左市农业生产板块各级指标的优劣势变化及其结构，如图8-33和表8-13所示。

从图8-33可以看出，2015年崇左市农业发展水平评估的三级指标中强势和优势指标的比例大于劣势指标的比例，表明强势和优势指标居于主导地位。表8-13中的数据说明，2015年崇左市农业生产的25个三级指标中，强势指标有12个，占指标总数的48.000%；优势指标为5个，占指标总数的20.000%；中势指标2个，占指标总数的8.000%；劣势指标6个，占指标总数的24.000%；强势指标和优势指标之和占指标总数的68.000%，数量与比重均大于劣势指标。从二级指标来看，其中，农业结构的强势指标6个，占指标总数的75.000%；不存在优势指标和中势指标；劣势指标为2个，占指标总数的25.000%；强势指标和优势指标之和占指标总数的75.000%，说明农业结构的强、优势指标居于主导地位。农业发展的强势指标有3个，占指标总数的37.500%；优势指标为2个，占指标总数的25.000%；中势指标1个，占指标总数的12.500%；劣势指标2个，占指标总数的25.000%；强势指标和优势指标之和占指标总数的62.500%，说明农业发展的强、优势指标处于主导地位。农业产出的强势指标有3个，占指标总数的33.333%；优势指标为3个，占指标总数的33.333%；中势指标1个，占指标总数的11.111%；劣势指标为2个，占指标总数的22.222%；强势指标和优势指标之和占指标总数的66.666%，说明农业产出的强、优势指标处于有利地位。由于强、优势指标比重较大，崇左市农业发展水平处于强势地位，在珠江-西江经济带城市中居第1名，处于上游区。

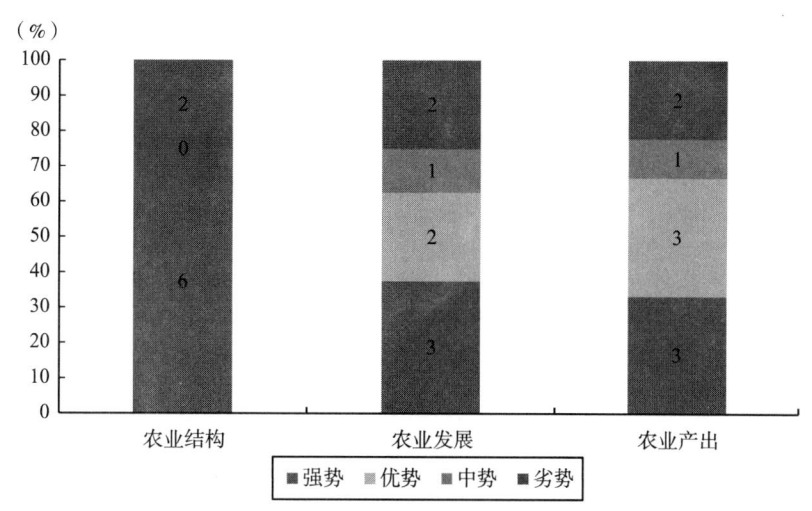

图8-33 2015年崇左市农业生产优劣度结构

表8-13　　　　　2015年崇左市农业生产各级指标优劣度比较

二级指标	三级指标数	强势指标 个数	强势指标 比重（%）	优势指标 个数	优势指标 比重（%）	中势指标 个数	中势指标 比重（%）	劣势指标 个数	劣势指标 比重（%）	优劣度
农业结构	8	6	75.000	0	0.000	0	0.000	2	25.000	强势
农业发展	8	3	37.500	2	25.000	1	12.500	2	25.000	中势
农业产出	9	3	33.333	3	33.333	1	11.111	2	22.222	强势
合计	25	12	48.000	5	20.000	2	8.000	6	24.000	强势

为进一步明确影响崇左市农业生产变化的具体因素，以便于对相关指标进行深入分析，为提升崇左市农业生产水平提供决策参考，表8-14列出农业生产指标体系中直接影响崇左市农业发展水平升降的强势指标、优势指标和劣势指标。

表8-14　　　　　　　　　　2015年崇左市农业生产三级指标优劣度统计

指标	强势指标	优势指标	中势指标	劣势指标
农业结构（8个）	第一产业比重、第一产业投资强度、第一产业不协调度、第一产业弧弹性、第一产业结构偏离系数、第一产业区位商（6个）	（0个）	（0个）	第一产业贡献率、第一产业劳动产出率（2个）
农业发展（8个）	农业蔓延指数、农业指标相对增长率、农业指标绝对增量加权指数（3个）	耕地密度、农业指标动态变化（2个）	农业土地扩张强度（1个）	第一产业扩张弹性系数、农业强度（2个）
农业产出（9个）	农业生产倾向度、农业生产职能规模、农业生产职能地位（3个）	人均食物生态足迹、农业枢纽度、农业生产流强度（3个）	农业生产平均增长指数（1个）	食物生态足迹、农业生产比重增量（2个）

第九章 广州市农业生产发展水平综合评估

一、广州市农业结构竞争力综合评估与比较

(一) 广州市农业结构竞争力评估指标变化趋势评析

1. 第一产业比重

根据图9-1分析可知,2010~2015年广州市的第一产业比重总体上呈现持续下降型的状态。处于持续下降型的指标,意味着城市在该项指标上不断处于劣势状态,并且这一状况并未得到改善。如图所示,广州市第一产业比重指标处于不断下降的状态中,2010年此指标数值最高,是1.771,到2015年时,下降至最低点。分析这种变化趋势,可以得出广州市第一产业发展处在结构调整与转型升级阶段。

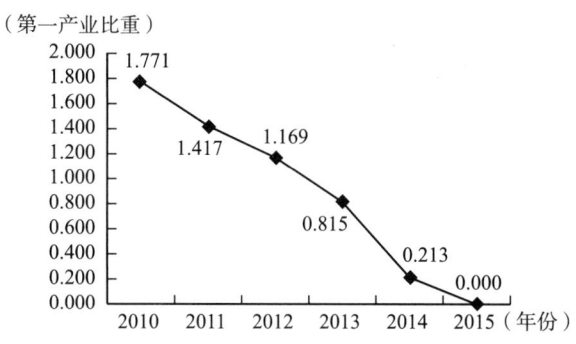

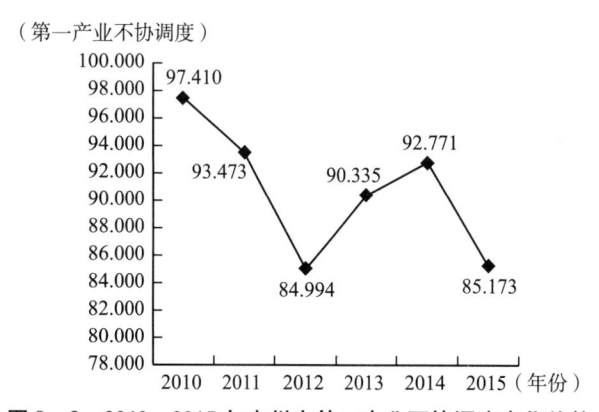

图9-1 2010~2015年广州市第一产业比重变化趋势

2. 第一产业投资强度

根据图9-2分析可知,2010~2015年广州市的第一产业投资强度总体上呈现波动上升型的状态。这一类型的指标为2010~2015年间城市在该项指标上存在较多波动变化,总体趋势为上升趋势,但在个别年份出现下降的情况,指标并非连续性上升。波动上升型指标意味着在评估期间,虽然指标数据存在较大波动变化,但是其评价末期数据值高于评价初期数据值。通过折线图可以看出,广州市的第一产业投资强度指标提高,在2015年达到1.006,相较于2010年上升1个单位左右;说明第一产业投资强度增大,广州市财政发展对第一产业资金、技术、物质等方面的投资增多。

3. 第一产业不协调度

根据图9-3分析可知,2010~2015年广州市第一产业不协调度指数总体上呈现波动下降型的状态。这种状态表现为在2010~2015年间城市在该项指标上总体呈现下降趋势,但在期间存在上下波动的情况,并非连续性下降状态。这就意味着在评估的时间段内,虽然指标数据存在较大的波动化,但是其评价末期数据值低于评价初期数据值。广州市的第一产业不协调度末期低于初期的数据,降低10个单位左右,并且在2010~2012年间存在明显下降的变化。这说明广州市第一产业不协调度情况处于不太稳定的下降状态。

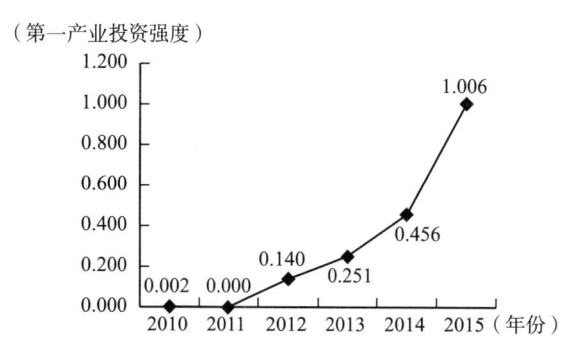

图9-2 2010~2015年广州市第一产业投资强度变化趋势

图9-3 2010~2015年广州市第一产业不协调度变化趋势

4. 第一产业贡献率

根据图9-4分析可知,2010~2015年广州市第一产业贡献率总体上呈现波动保持型的状态。波动保持型指标意味着城市在该项指标上虽然呈现波动状态,在评价末期和评价初期的数值基本保持一致,该图可知广州市第一产业贡献率保持在69.969~100.000。即使广州市第一产业贡献率存在过最低值,其数值为69.969,但广州市在第一产业贡献率上总体表现的也是相对平稳;说明广州市第一产业的发展活力较稳定。

波动，但是其评价末期数据值低于评价初期数据值。广州市的第一产业结构偏离系数末期低于初期的数据，降低12个单位左右，并且在2010～2012年间存在明显下降的变化。这说明广州市农业发展处于转型升级的关键阶段。

7. 第一产业区位商

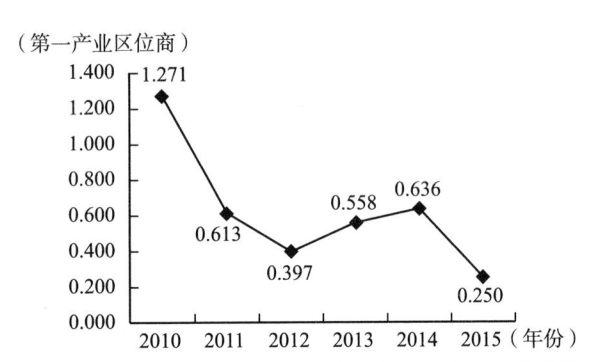

根据图9-7分析可知，2010～2015年广州市第一产业区位商总体上呈现波动保持型的状态。波动保持型指标意味着城市在该指标上虽然呈现波动状态，在评价末期和评价初期的数值基本保持一致，该图可知广州市第一产业区位商保持在0.250～1.271。即使广州市第一产业区位商存在过最低值，其数值为0.250，但广州市在第一产业区位商上总体表现也是相对平稳；说明该广州市的第一产业发展活力比较稳定。

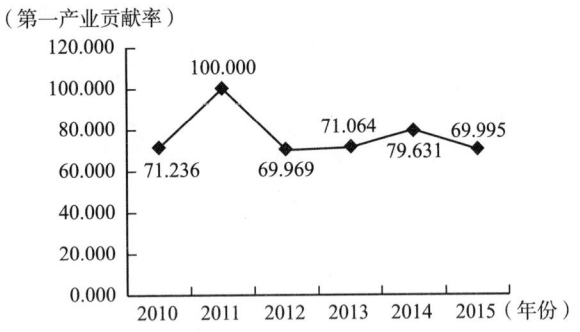

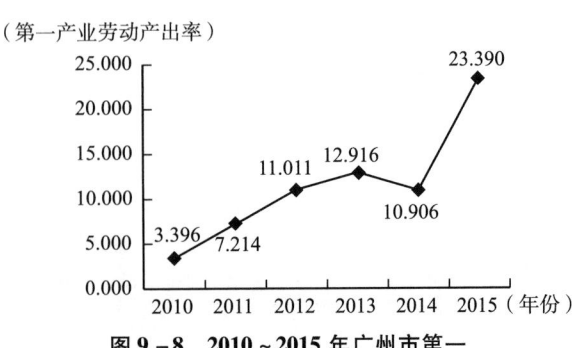

图9-4 2010～2015年广州市第一产业贡献率变化趋势

5. 第一产业弧弹性

根据图9-5分析可知，2010～2015年广州市第一产业弧弹性指数总体上呈现波动保持型的状态。波动保持型指标意味着城市在该项指标上虽然呈现波动状态，在评价末期和评价初期的数值基本保持一致，其保持在83.614～84.379。广州市第一产业弧弹性虽然有过波动下降趋势，但下降趋势不大。这说明广州市在第一产业弧弹性这个指标上表现相对稳定，城市未呈现出第一产业的扩张发展趋势。

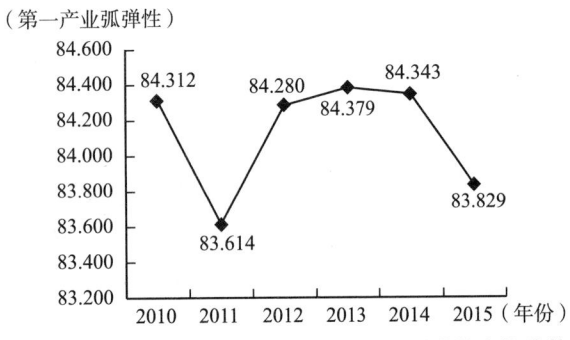

图9-5 2010～2015年广州市第一产业弧弹性变化趋势

6. 第一产业结构偏离系数

根据图9-6分析可知，2010～2015年广州市第一产业结构偏离系数总体上呈现波动下降型的状态。这种状态表现为在2010～2015年间城市在该项指标上总体呈现下降趋势，但在期间存在上下波动的情况，并非连续性下降状态。这就意味着在评估的时间段内，虽然指标数据存在较大的

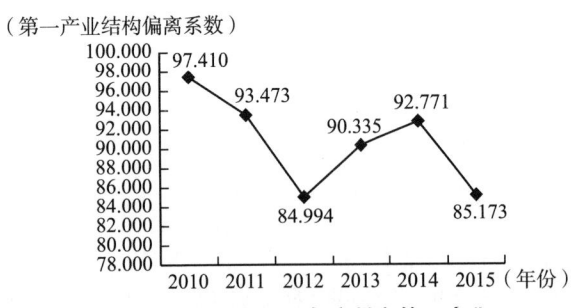

图9-6 2010～2015年广州市第一产业结构偏离系数变化趋势

图9-7 2010～2015年广州市第一产业区位商变化趋势

8. 第一产业劳动产出率

根据图9-8分析可知，2010～2015年广州市的第一产业劳动产出率总体上呈现波动上升型的状态。这一类型的指标为2010～2015年间城市在该项指标上存在较多波动变化，总体趋势为上升趋势，但在个别年份出现下降的情况，指标并非连续性上升。波动上升型指标意味着在评估期间，虽然指标数据存在较大波动变化，但是其评价末期数据值高于评价初期数据值。通过折线图可以看出，广州市的第一产业劳动产出率指标提高，在2015年达到23.390，相较于2010年上升20个单位左右；说明广州市第一产业劳动产出率增大，第一产业经济发展水平提高，第一产业对城市经济发展的贡献也在增大。

图9-8 2010～2015年广州市第一产业劳动产出率变化趋势

(二) 广州市农业结构竞争力评估结果

根据表9-1，对2010~2012年间广州市农业结构及各三级指标的得分、排名、优劣度进行分析，可以看到在2010~2011年间，广州市农业结构的排名一直处于珠江-西江经济带劣势位置，在2010年、2011年和2012年其农业结构竞争力排名先上升后下降，由2010年的第10名上升到2011年的第9名，然后到2012年下降到第11名，其农业结构竞争力一直处于下游区，发展停滞不前。对广州市的农业结构竞争力得分情况进行分析，发现广州市的农业结构综合得分呈现先上升后下降趋势，说明城市的农业结构发展整体上低于珠江-西江经济带其他城市。总的来说，2010~2012年广州市农业结构发展处于珠江-西江经济带下游，发展水平落后于经济带其他城市，在经济带中上升空间较大。

表9-1　　2010~2012年广州市农业结构各级指标的得分、排名及优劣度分析

指标	2010年			2011年			2012年		
	得分	排名	优劣度	得分	排名	优劣度	得分	排名	优劣度
农业结构	20.940	10	劣势	21.892	9	劣势	18.963	11	劣势
第一产业比重	0.074	11	劣势	0.060	11	劣势	0.047	11	劣势
第一产业投资强度	0.000	11	劣势	0.000	11	劣势	0.004	11	劣势
第一产业不协调度	6.484	6	中势	6.052	7	中势	5.204	7	中势
第一产业贡献率	3.362	1	强势	4.828	1	强势	3.261	9	劣势
第一产业弧弹性	4.411	2	强势	4.689	11	劣势	4.928	10	劣势
第一产业结构偏离系数	6.484	6	中势	6.052	7	中势	5.204	7	中势
第一产业区位商	0.036	10	劣势	0.018	10	劣势	0.011	10	劣势
第一产业劳动产出率	0.090	6	中势	0.193	5	优势	0.303	5	优势

对广州市农业结构的三级指标进行分析，其中第一产业比重的排名呈现持续保持的发展趋势，再对广州市的第一产业比重的得分情况进行分析，发现广州市的第一产业比重的得分持续下降，说明广州市第一产业比重持续减小。

其中第一产业投资强度的排名呈现持续保持的发展趋势，再对广州市的第一产业投资强度的得分情况进行分析，发现广州市的第一产业投资强度的得分先保持后上升，但整体上得分比较低，说明广州市的第一产业投资水平有所提高，但发展不占优势。

其中第一产业不协调度的排名呈现先下降后保持的发展趋势，再对广州市的第一产业不协调度的得分情况进行分析，发现广州市第一产业不协调度指数的得分持续下降，说明广州市第一产业在城市中的发展结构良好，第一产业对城市经济发展起促进作用。

其中第一产业贡献率的排名呈现先保持后下降的发展趋势，对广州市第一产业贡献率的得分情况进行分析，发现广州市的第一产业贡献率的得分处于先上升后下降的发展趋势，说明在2010~2012年间广州市第一产业所提供的就业机会较少、劳动力需求程度低，产业发展活力减弱。

其中第一产业弧弹性的排名呈现先下降后上升的发展趋势，再对广州市的第一产业弧弹性得分情况进行分析，发现广州市的第一产业弧弹性的得分处于持续上升的发展趋势，说明广州市第一产业经济发展变化增长速率快于其经济的变化增长速率。

其中第一产业结构偏离系数的排名呈现先下降后保持的发展趋势，再对广州市的第一产业结构偏离系数的得分情况进行分析，发现广州市的第一产业结构偏离系数的得分处于持续下降的趋势，说明城市的第一产业就业结构协调程度提高，城市的劳动生产率逐步提高。

其中第一产业区位商呈现持续保持的发展趋势，再对广州市的第一产业区位商的得分情况进行分析，发现广州市的第一产业区位商的得分处于持续下降的趋势，说明城市的第一产业就业程度越低。

其中第一产业劳动产出率的排名呈现先上升后保持的发展趋势，再对广州市的第一产业劳动产出率的得分情况进行分析，发现广州市的第一产业劳动产出率的得分持续上升的发展趋势，说明广州市的第一产业经济发展水平提高，第一产业对城市经济发展的贡献也增大。

根据表9-2，对2013~2015年间广州市农业结构及各三级指标的得分、排名、优劣度进行分析，可以看到在2013~2015年间，广州市农业结构的排名处于劣势，在2013年、2014年和2015年其农业结构排名先上升后下降，由2013年的第9名到2014年是上升到第8名，2015年其农业结构又下降到第10名，说明城市的农业结构发展的稳定性有待提高。对广州市的农业结构得分情况进行分析，发现广州市的农业结构综合得分呈现先上升后下降趋势，说明城市的农业结构发展整体上低于珠江-西江经济带其他城市。总的来说，2013~2015年广州市农业结构发展在珠江-西江经济带中游区和下游区波动。

表9-2　　　　2013~2015年广州市农业结构各级指标的得分、排名及优劣度分析

指标	2013年 得分	2013年 排名	2013年 优劣度	2014年 得分	2014年 排名	2014年 优劣度	2015年 得分	2015年 排名	2015年 优劣度
农业结构	18.835	9	劣势	19.973	8	中势	18.827	10	劣势
第一产业比重	0.033	11	劣势	0.008	11	劣势	0.000	11	劣势
第一产业投资强度	0.007	11	劣势	0.013	11	劣势	0.029	10	劣势
第一产业不协调度	5.296	7	中势	5.572	7	中势	4.921	6	中势
第一产业贡献率	3.343	8	中势	3.616	2	强势	3.321	11	劣势
第一产业弧弹性	4.439	4	优势	4.826	8	中势	4.849	8	中势
第一产业结构偏离系数	5.296	7	中势	5.572	7	中势	4.921	6	中势
第一产业区位商	0.018	10	劣势	0.020	10	劣势	0.007	10	劣势
第一产业劳动产出率	0.403	5	优势	0.346	5	优势	0.778	5	优势

对广州市农业结构的三级指标进行分析，其中第一产业比重的排名呈现持续保持的发展趋势，再对广州市的第一产业比重的得分情况进行分析，发现广州市的第一产业比重的得分持续下降，说明广州市第一产业比重持续减小，被其他产业所替代。

其中第一产业投资强度的排名呈现先保持后上升的发展趋势，再对广州市的第一产业投资强度的得分情况进行分析，发现广州市的第一产业投资强度的得分持续上升，但整体上得分比较低，说明广州市的第一产业发展不占优势。

其中第一产业不协调度的排名呈现先保持然后再上升的发展趋势，再对广州市的第一产业不协调度的得分情况进行分析，发现广州市的第一产业不协调指数的得分先上升后下降。

其中第一产业贡献率的排名呈现先上升后下降的发展趋势，再对广州市第一产业贡献率的得分情况进行分析，发现广州市的第一产业贡献率的得分处于先上升后下降的发展趋势，说明在2013~2015年间广州市第一产业所提供的就业机会较少、劳动力需求程度低。

其中第一产业弧弹性的排名呈现先下降后保持的发展趋势，再对广州市的第一产业弧弹性得分情况进行分析，发现广州市的第一产业弧弹性的得分处于持续上升的发展趋势，说明广州市第一产业经济发展变化增长速率快于其经济的变化增长速率。

其中第一产业结构偏离系数的排名呈现先保持后上升的发展趋势，再对广州市的第一产业结构偏离系数的得分情况进行分析，发现广州市的第一产业结构偏离系数的得分处于先上升后下降的趋势，说明城市的第一产业就业结构协调程度提高，城市的劳动生产率提高。

其中第一产业区位商呈现持续保持的发展趋势，再对广州市的第一产业区位商的得分情况进行分析，发现广州市的第一产业区位商的得分处于先上升后下降的趋势，说明城市的第一产业就业程度越低。

其中第一产业劳动产出率的排名呈现持续保持的发展趋势，再对广州市的第一产业劳动产出率的得分情况进行分析，发现广州市的第一产业劳动产出率的得分先下降后上升的发展趋势，说明广州市的第一产业经济发展水平提高，第一产业对城市经济发展的贡献也增大。

对2010~2015年间广州市农业结构及各三级指标的得分、排名和优劣度进行分析。2010~2015年广州市农业结构的综合得分排名呈现波动保持的发展趋势。2010年广州市农业结构综合得分排名排在珠江-西江经济带第10名，2011年上升至第9名，2012年下降至第11名，2013~2014年广州市农业结构的综合得分上升至珠江-西江经济带第9名又上升至第8名，2015年广州市农业结构的综合得分下降至第10名。一方面说明广州市农业结构的综合得分排名始终处于珠江-西江经济带下游，广州市的农业结构发展水平较之于珠江-西江经济带的其他城市较小；另一方面说明广州市在农业结构方面的发展存在不稳定现象，稳定性有待提升。对广州市的农业结构得分情况进行分析，发现2010~2015年广州市农业结构得分频繁升降，整体上广州市的农业结构得分呈现波动下降趋势。

从表9-3来看，在8个基础指标中，指标的优劣度结构为0.0:12.5:37.5:50.0。

表9-3　　　　2015年广州市农业结构指标的优劣度结构

二级指标	三级指标数	强势指标 个数	强势指标 比重（%）	优势指标 个数	优势指标 比重（%）	中势指标 个数	中势指标 比重（%）	劣势指标 个数	劣势指标 比重（%）	优劣度
农业结构	8	0	0.000	1	12.500	3	37.500	4	50.000	劣势

(三) 广州市农业结构竞争力比较分析

图 9-9、图 9-10 将 2010~2015 年广州市农业结构竞争力与珠江-西江经济带最高水平和平均水平进行比较。从农业结构竞争力的要素得分比较来看，由图 10-8 可知，2010 年，广州市第一产业比重得分比最高分低 4.091 分，比平均分低 2.089 分；2011 年，第一产业比重得分比最高分低 4.148 分，比平均分低 2.143 分；2012 年，第一产业比重得分比最高分低 3.630 分，比平均分低 1.973 分；2013 年，第一产业比重得分比最高分低 3.480 分，比平均分低 1.920 分；2014 年，第一产业比重得分比最高分低 3.082 分，比平均分低 1.698 分；2015 年，第一产业比重得分比最高分低 3.149 分，比平均分低 1.711 分。这说明整体上广州市第一产业比重得分与珠江-西江经济带最高分的差距呈现波动下降趋势，与珠江-西江经济带平均分的差距波动下降。

2010 年，广州市第一产业投资强度得分比最高分低 3.099 分，比平均分低 0.554 分；2011 年，第一产业投资强度得分比最高分低 2.080 分，比平均分低 0.552 分；2012 年，第一产业投资强度得分比最高分低 1.686 分，比平均分低 0.564 分；2013 年，第一产业投资强度得分比低 0.991 分，比平均分低 0.474 分；2014 年，第一产业投资强度得分比最高分低 0.978 分，比平均分低 0.442 分；2015 年，第一产业投资强度得分比最高分低 0.850 分，比平均分低 0.442 分。这说明整体上广州市第一产业投资强度得分与珠江-西江经济带最高分的差距持续减小，与珠江-西江经济带平均分的差距波动减小。

2010 年，广州市第一产业不协调度得分比最高分低 0.162 分，比平均分高 0.302 分；2011 年，第一产业不协调度得分比最高分低 0.415 分，比平均分高 0.108 分；2012 年，第一产业不协调度得分比最高分低 0.912 分，比平均分低 0.148 分；2013 年，第一产业不协调度得分比最高分低 0.563 分，比平均分高 0.622 分；2014 年，第一产业不协调度得分比最高分低 0.434 分，比平均分高 0.668 分；2015 年，第一产业不协调度得分比最高分低 0.854 分，比平均分高 0.360 分。这说明整体上广州市第一产业不协调度得分与珠江-西江经济带最高分的差距波动增加，与珠江-西江经济带平均分的差距波动增加。

2010 年，广州市第一产业贡献率得分与最高分不存在差异，比平均分高 0.008 分；2011 年，第一产业贡献率得分与最高分不存在差异，比平均分高 1.360 分；2012 年，第一产业贡献率得分比最高分低 0.137 分，比平均分低 0.041 分；2013 年，第一产业贡献率得分比最高分低 0.055 分，比平均分低 0.013 分；2014 年，第一产业贡献率得分比最高分低 0.862 分，比平均分高 0.806 分；2015 年，第一产业贡献率得分比最高分低 0.047 分，比平均分低 0.033 分。这说明整体上广州市第一产业贡献率得分与珠江-西江经济带最高分的差距有波动增加的趋势，与珠江-西江经济带平均分的差距波动增加。

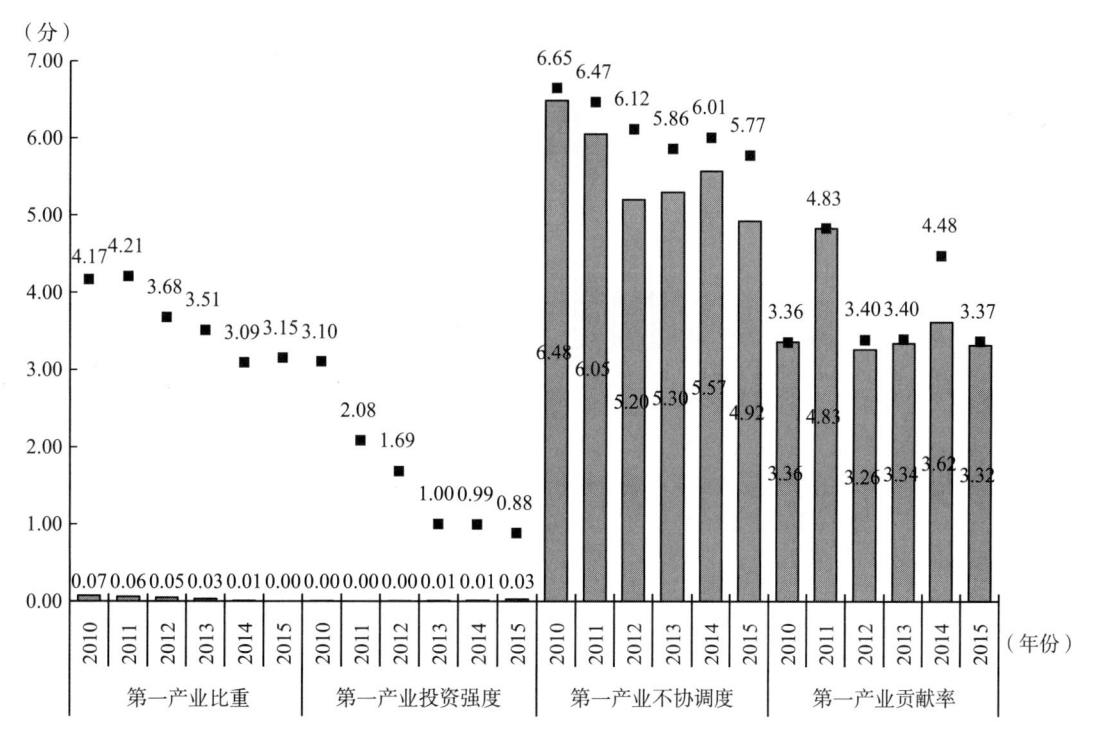

图 9-9　2010~2015 年广州市农业结构竞争力指标得分比较 1

由图 9-10 可知，2010 年，广州市第一产业弧弹性得分比最高分低 0.017 分，比平均分高 0.354 分；2011 年，第一产业弧弹性得分比最高分低 0.076 分，比平均分低 0.038 分；2012 年，第一产业弧弹性得分比最高分低 0.919 分，比平均分低 0.133 分；2013 年，第一产业弧弹性得分比最高分低 0.053 分，比平均分高 0.461 分；2014 年，第一产业弧弹性得分比最高分低 0.157 分，比平均分低 0.020 分；2015 年，第一产业弧弹性得分比最高分低 0.906 分，比平均分高 0.075 分。这说明整体上广州市第一产业弧弹性得分与珠江-西江经济带最高分的差距有持续增加趋势，与珠江－西江经济带平均分的差距有波动减小趋势。

2010年，广州市第一产业结构偏离系数得分比最高分低0.162分，比平均分高0.302分；2011年，第一产业结构偏离系数得分比最高分低0.415分，比平均分高0.108分；2012年，第一产业结构偏离系数得分比最高分低0.912分，比平均分低0.148分；2013年，第一产业结构偏离系数得分比最高分低0.563分，比平均分高0.622分；2014年，第一产业结构偏离系数得分比最高分低0.434分，比平均分高0.668分；2015年，第一产业结构偏离系数得分比最高分低0.854分，比平均分高0.360分。这说明整体上广州市第一产业结构偏离系数得分与珠江－西江经济带最高分的差距在波动增加，与珠江－西江经济带平均分的差距呈波动增加。

2010年，广州市第一产业区位商得分比最高分低1.797分，比平均分低0.398分；2011年，第一产业区位商得分比最高分低2.148分，比平均分低0.469分；2012年，第一产业区位商得分比最高分低2.109分，比平均分低0.477分；2013年，第一产业区位商得分比最高分低3.134分，比平均分低0.601分；2014年，第一产业区位商得分比最高分低2.918分，比平均分低0.574分；2015年，第一产业区位商得分比最高分低2.460分，比平均分低0.474分。这说明整体上广州市第一产业区位商得分与珠江－西江经济带最高分的差距在波动增加，与珠江－西江经济带平均分的差距呈波动增加。

2010年，广州市第一产业劳动产出率得分比最高分低0.859分，比平均分低0.130分；2011年，第一产业劳动产出率得分比最高分低0.891分，比平均分低0.098分；2012年，第一产业劳动产出率得分比最高分低1.345分，比平均分低0.056分；2013年，第一产业劳动产出率得分比最高分低2.601分，比平均分低0.238分；2014年，第一产业劳动产出率得分比最高分低2.828分，比平均分低0.303分；2015年，第一产业劳动产出率得分比最高分低2.546分，比平均分低0.074分。这说明整体上广州市第一产业劳动产出率得分与珠江－西江经济带最高分的差距波动增加，与珠江－西江经济带平均分的差距呈波动减小。

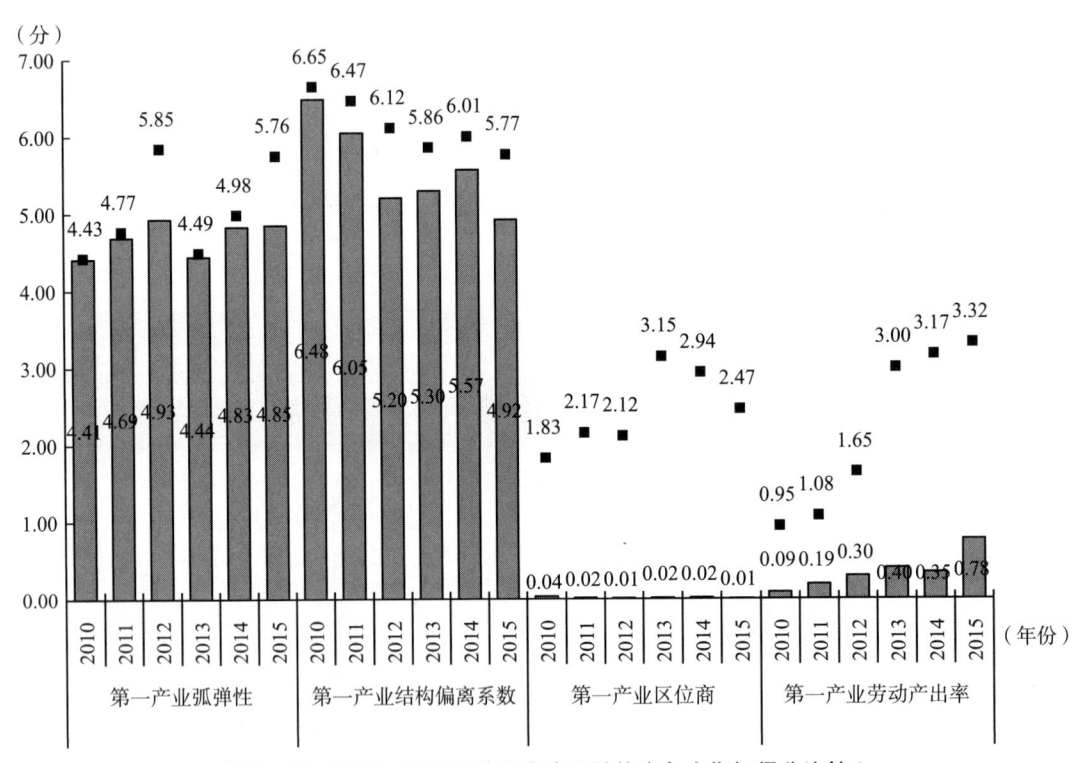

图9－10　2010～2015年广州市农业结构竞争力指标得分比较2

二、广州市农业发展水平综合评估与比较

（一）广州市农业发展水平评估指标变化趋势评析

1. 第一产业扩张弹性系数

根据图9－11分析可知，2010～2015年广州市的第一产业扩张弹性系数总体上呈现持续保持型的状态。处于持续保持型的指标，不仅意味着城市在各项指标数据上的持续稳定，更意味着城市在该项指标上的竞争力优势不断扩大。广州市的第一产业扩张弹性系数指标在2011～2015年均为72.022；说明广州市的经济社会整体发展水平较高，人力资源丰富，对外部资源的吸引力较强。

2. 农业强度

根据图9－12分析可知，2010～2015年广州市的农业强度总体上呈现波动下降型的状态。这一类的指标为2010～2015年间城市在该项指标上总体呈现下降趋势，但在评估期间存在上下波动的情况，指标并非连续性下降状态。波动下降型指标意味着在评估期间，虽然指标数据存在较大波动变化，但是其评价末期数据值低于评价初期数据值。

2010年此指标数值最高，是100.000，2010~2013年间属于平稳下降的过程，2014年以后急剧下降，2015年下降至93.965。分析这种变化趋势，可以得出广州市农业产业发展处于转型升级期。

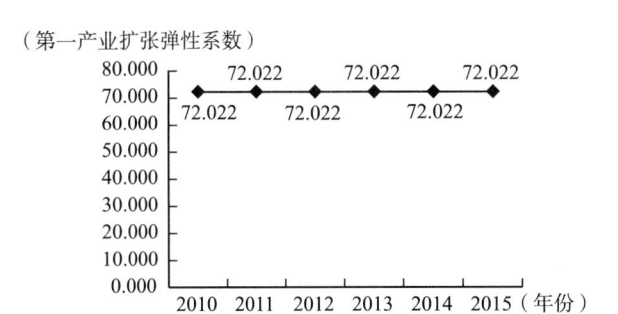

图 9-11 2010~2015年广州市第一产业扩张弹性系数变化趋势

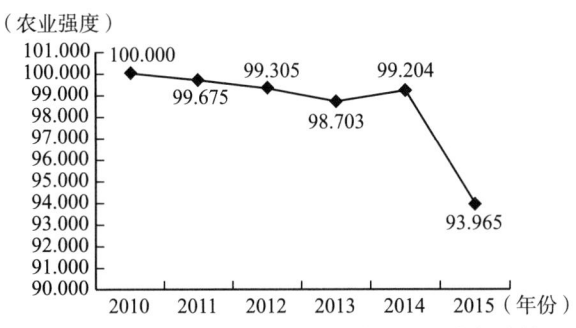

图 9-12 2010~2015年广州市农业强度变化趋势

3. 耕地密度

根据图 9-13 分析可知，2010~2015年广州市的耕地密度总体上呈现持续下降型的状态。处于持续下降型的指标，意味着城市在该项指标上不断处在劣势状态，并且这一状况并未得到改善。如图所示，广州市耕地密度指标处于不断下降的状态中，2010年此指标数值最高，是4.559，2015年下降至4.067。分析这种变化趋势，可以得出广州市城镇化发展的水平处于劣势，潜在向城市进行转移的人口数不断下降。

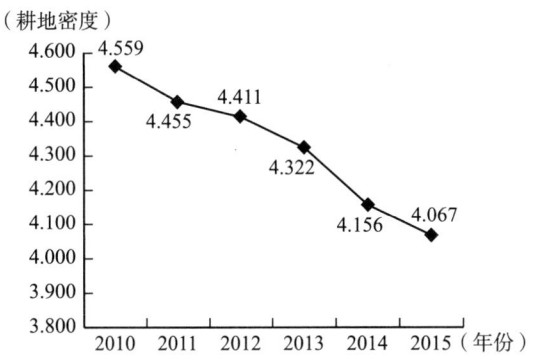

图 9-13 2010~2015年广州市耕地密度变化趋势

4. 农业指标动态变化

根据图 9-14 分析可知，2010~2015年广州市农业指标动态变化总体上呈现波动上升型的状态。这一类型的指标为在2010~2015年间城市存在一定的波动变化，总体趋势上为上升趋势，但在个别年份出现下降的情况，指标并非连续性上升状态。波动上升型指标意味着在评价的时间段内，虽然指标数据存在较大的波动变化，但是其评价末期数据值高于评价初期数据值。广州市在2012~2013年虽然出现下降的状况，2013年是48.329，但是总体上还是呈现上升的态势，最终稳定在49.286；说明广州市在农业指标方面的发展波动较大。

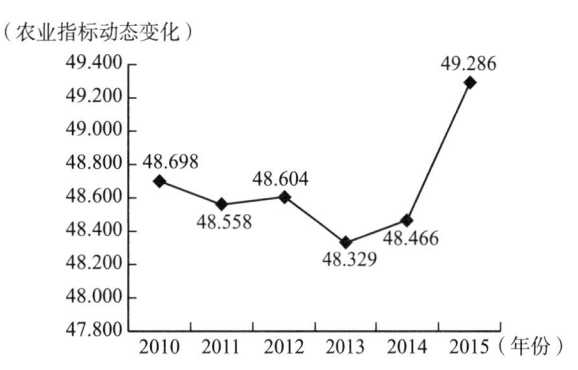

图 9-14 2010~2015年广州市农业指标动态变化趋势

5. 农业土地扩张强度

根据图 9-15 分析可知，2010~2015年广州市农业土地扩张强度总体上呈现波动上升型的状态。这一类型的指标为在2010~2015年间城市存在一定的波动变化，总体趋势上为上升趋势，但在个别年份出现下降的情况，指标并非连续性上升状态。波动上升型指标意味着在评价的时间段内，虽然指标数据存在较大的波动变化，但是其评价末期数据值高于评价初期数据值。广州市在2011~2013年虽然出现下降的状况，2013年降到最低点，但是总体上还是呈现上升的态势，最终稳定在11.968；说明广州市在农业土地扩张方面发展较快。

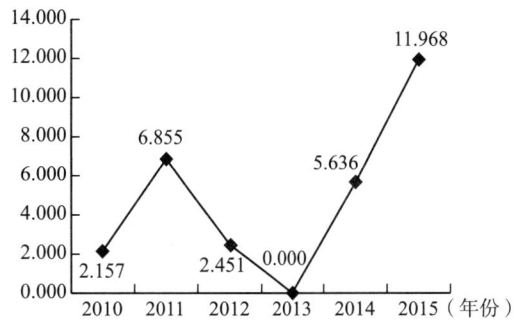

图 9-15 2010~2015年广州市农业土地扩张强度变化趋势

6. 农业蔓延指数

根据图 9-16 分析可知，2010~2015年广州市农业蔓延指数总体上呈现波动保持型的状态。波动保持型指标意味着城市在该项指标上虽然呈现波动状态，在评价末期和评价初期的数值基本保持一致，该图可知广州市农业蔓指数保持在4.176~8.290。即使广州市农业蔓延存在过最低值,其数值为4.176;说明广州市在农业蔓延上总体表现相对平稳。

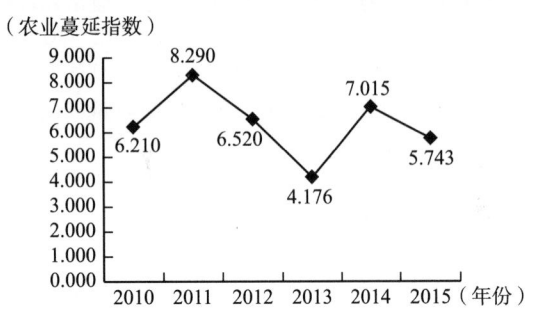

图9-16　2010~2015年广州市农业蔓延指数变化趋势

7. 农业指标相对增长率

根据图9-17分析可知,2010~2015年广州市农业指标相对增长率总体上呈现波动保持型的状态。波动保持型指标意味着城市在该项指标上虽然呈现波动状态,在评价末期和评价初期的数值基本保持一致,该图可知广州市农业指标相对增长率保持在10.840~24.642。即使广州市农业指标相对增长率存在过最低值,其数值为10.840,但广州市在农业指标相对增长率上总体表现的相对平稳;说明该地区农业发展活力比较稳定。

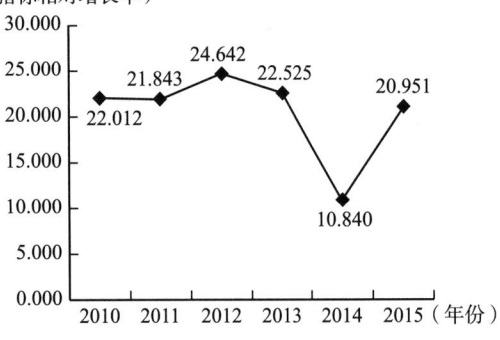

图9-17　2010~2015年广州市农业指标相对增长率变化趋势

8. 农业指标绝对增量加权指数

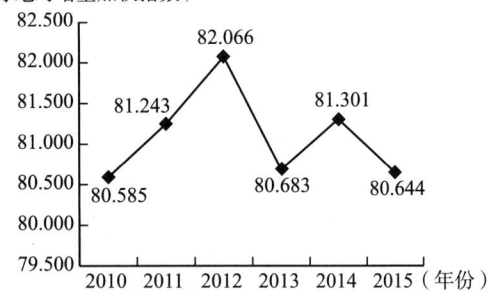

根据图9-18分析可知,2010~2015年广州市农业指标绝对增量加权指数总体上呈现波动保持型的状态。波动保持型指标意味着城市在该项指标上虽然呈现波动状态,在评价末期和评价初期的数值基本保持一致,该图可知广州市绝对增量加权指数保持在80.585~82.066。即使广州市绝对增量加权指数存在过最低值,其数值为80.585;说明广州市在绝对增量加权指数上总体表现相对平稳。

图9-18　2010~2015年广州市农业指标绝对增量加权指数变化趋势

(二)广州市农业发展水平评估结果

根据表9-4,对2010~2012年间广州市农业发展及各三级指标的得分、排名、优劣度进行分析,可以看到在2010~2012年间,广州市农业发展的综合排名始终保持强势的状态,在2010年、2011年和2012年其经济发展排名先下降后上升,2010年其经济发展排名为第1名,到2011年下降至珠江-西江经济带中第2名位置,2012年又上升至第1名,说明广州市的农业发展领先于珠江-西江经济带的其他城市。对广州市的农业发展得分情况进行分析,发现广州市的农业发展综合得分呈现先下降后上升的发展趋势,说明城市的农业发展实现结构优化与转型升级。总的来说,2010~2012年广州市农业发展在珠江-西江经济带处于强势地位,发展水平与经济带其他城市相比较高,在经济带中具备明显的竞争优势。

表9-4　　2010~2012年广州市农业发展各级指标的得分、排名及优劣度分析

指标	2010年 得分	排名	优劣度	2011年 得分	排名	优劣度	2012年 得分	排名	优劣度
农业发展	17.894	1	强势	17.886	2	强势	17.967	1	强势
第一产业扩张弹性系数	3.556	5	优势	3.442	5	优势	3.328	5	优势
农业强度	3.158	1	强势	3.109	1	强势	3.097	1	强势
耕地密度	0.141	7	中势	0.136	7	中势	0.135	8	中势
农业指标动态变化	1.702	5	优势	1.771	8	中势	1.775	8	中势
农业土地扩张强度	4.375	8	中势	4.156	10	劣势	4.171	10	劣势
农业蔓延指数	0.160	2	强势	0.214	2	强势	0.169	7	中势
农业指标相对增长率	0.621	2	强势	0.615	2	强势	0.720	3	优势
农业指标绝对增量加权指数	4.181	7	中势	4.442	9	劣势	4.571	8	中势

其中第一产业扩张弹性系数的排名呈现持续保持的发展趋势，再对广州市的第一产业扩张弹性系数的得分情况进行分析，发现广州市的第一产业扩张弹性系数的得分呈持续下降的趋势，说明在2010~2012年间广州市的耕地面积扩张幅度变大，城市城镇化与城市面积之间呈现不协调发展的关系，城镇耕地面积的增加导致城市的过度拥挤及承载力压力问题的出现。

其中农业强度的排名呈现持续保持的发展趋势，再对广州市的农业强度的得分情况进行分析，发现广州市的农业强度的得分呈持续下降的趋势，但农业强度大于1说明在2010~2012年间广州市的粮食作物播种面积要高于地区的平均水平。

其中耕地密度的排名呈现先保持后下降的发展趋势，再对广州市的耕地密度的得分情况进行分析，发现广州市耕地密度的得分持续下降，说明广州市的人力资源较少，农业生产成本增加。

其中农业指标动态变化的排名呈现先下降后保持的发展趋势，再对广州市农业指标动态变化的得分情况进行分析，发现广州市的农业指标动态变化的得分处于持续上升的趋势，说明在2010~2012年间广州市的粮食作物播种面积有所增加。

其中农业土地扩张强度的排名呈现先下降后保持的发展趋势，再对广州市的农业土地扩张强度的得分情况进行分析，发现广州市的农业土地扩张强度的得分先下降后上升的趋势，但整体上是下降的，说明城市的农业土地面积增长速率较慢，呈现出农业生产集聚能力及活力的不断减弱。

其中农业蔓延指数的排名呈现先保持后下降的发展趋势，对广州市的农业蔓延指数的得分情况进行分析，发现广州市农业蔓延指数的得分先上升后下降，农业蔓延指数小于1，说明城市的粮食总产量的增长慢于非农业人口的增长水平，农业的发展未呈现出蔓延的趋势。

其中农业指标相对增长率的排名呈现先保持后下降的发展趋势，再对广州市的农业指标相对增长率的得分情况进行分析，发现广州市农业指标相对增长率的得分先下降后上升，说明城市的粮食产量增长速率加快，呈现出地区农业集聚能力及活力的不断增强。

其中农业指标绝对增量加权指数的排名呈现先下降后上升的发展趋势，再对广州市农业指标绝对增量加权指数的得分情况进行分析，发现广州市的农业指标绝对增量加权指数的得分处于持续上升的趋势，说明城市的粮食产量集中度提高。

根据表9-5，对2013~2015年间广州市农业发展及各三级指标的得分、排名、优劣度进行分析，可以看到在2013~2015年间，广州市农业发展的综合排名处于强势的状态，在2013年、2014年和2015年其农业发展排名持续上升，2013年其农业发展处于珠江-西江经济带第4名，2014年其排名上升至第3名，2015年又上升至第2名，说明广州市的农业发展领先于珠江-西江经济带的其他城市。对广州市的农业发展得分情况进行分析，发现广州市的农业发展综合得分呈先下降后上升的发展趋势，说明城市的农业发展水平提高。总的来说，2013~2015年广州市农业发展水平在珠江-西江经济带处于优势地位，发展水平与经济带其他城市相比较高，在经济带中具备明显的竞争优势。

表9-5 2013~2015年广州市农业发展各级指标的得分、排名及优劣度分析

指标	2013年			2014年			2015年		
	得分	排名	优劣度	得分	排名	优劣度	得分	排名	优劣度
农业发展	17.892	4	优势	17.345	3	优势	18.080	2	强势
第一产业扩张弹性系数	3.378	5	优势	3.406	4	优势	3.427	5	优势
农业强度	3.081	1	强势	3.133	1	强势	2.935	1	强势
耕地密度	0.132	8	中势	0.128	8	中势	0.126	8	中势
农业指标动态变化	1.771	9	劣势	1.775	5	优势	2.176	5	优势
农业土地扩张强度	4.173	10	劣势	4.183	11	劣势	4.235	10	劣势
农业蔓延指数	0.126	9	劣势	0.187	5	优势	0.151	9	劣势
农业指标相对增长率	0.705	10	劣势	0.407	9	劣势	0.612	7	中势
农业指标绝对增量加权指数	4.526	9	劣势	4.126	3	优势	4.419	8	中势

其中第一产业扩张弹性系数的排名呈现先上升后下降的发展趋势，再对广州市的第一产业扩张弹性系数的得分情况进行分析，发现广州市的第一产业扩张弹性系数的得分呈持续上升的趋势，说明在2013~2015年间广州市的耕地面积扩张幅度变小，城市城镇化与城市面积之间呈现协调发展的关系，城镇耕地面积的增加未导致城市的过度拥挤及承载力压力问题的出现。

其中农业强度的排名呈现持续保持的发展趋势，再对广州市的农业强度的得分情况进行分析，发现广州市的农业强度的得分呈先上升后下降的趋势，但农业强度大于1说明在2013~2015年间广州市的粮食作物播种面积高于地区的平均水平。

其中耕地密度的排名呈现持续保持的发展趋势,再对广州市的耕地密度的得分情况进行分析,发现广州市耕地密度的得分持续下降,说明广州市的人力资源较少,农业生产成本增加。

其中农业指标动态变化的排名呈现先上升后保持的发展趋势,再对广州市农业指标动态变化的得分情况进行分析,发现广州市的农业指标动态变化的得分处于持续上升的趋势,说明在2013~2015年间广州市的粮食作物播种面积有所增加,对应呈现出地区经济活力有所发展。

其中农业土地扩张强度的排名呈现先下降后上升的发展趋势,再对广州市的农业土地扩张强度的得分情况进行分析,发现广州市的农业土地扩张强度的得分呈现持续上升的趋势,说明城市的农业土地面积增长速率较快。

其中农业蔓延指数的排名呈现先上升后下降的发展趋势,再对广州市的农业蔓延指数的得分情况进行分析,发现广州市农业蔓延指数的得分先上升后下降,农业蔓延指数小于1,说明城市的粮食总产量的增长慢于非农业人口的增长水平,农业的发展未呈现出蔓延的趋势。

其中农业指标相对增长率的排名呈现持续增长的发展趋势,再对广州市的农业指标相对增长率的得分情况进行分析,发现广州市农业指标相对增长率的得分先下降后上升,但整体上是下降的,说明城市的粮食产量增长速率放缓,呈现出地区农业集聚能力及活力的不断减弱。

其中农业指标绝对增量加权指数的排名呈现先上升后下降的发展趋势,再对广州市农业指标绝对增量加权指数的得分情况进行分析,发现广州市的农业指标绝对增量加权指数的得分呈现先下降后上升的趋势,但整体上是下降的,说明城市的粮食产量集中度降低,城市粮食产量变化增长较慢。

对2010~2015年间广州市农业发展及各三级指标的得分、排名和优劣度进行分析。2010~2015年广州市农业发展的综合得分排名呈现波动下降的发展趋势。2010年广州市农业发展综合得分排名处于珠江-西江经济带第1名,2011年下降至第2名,2012年上升至第1名,2013年下降至第4名,2014年农业发展综合得分上升至第3名,2015年其排名又上升至第2名。一方面说明广州市的农业发展在珠江-西江经济带上游和中游波动,其农业发展也在经济带强势地位和优势地位之间波动,与经济带其他城市相比,发展水平较高;另一方面说明广州市农业发展综合得分上升和下降的幅度较大,在农业发展方面存在不稳定现象,稳定性有待提高。对广州市的农业发展得分情况进行分析,发现2010~2015年广州市的农业发展综合得分频繁升降,整体上广州市农业发展综合得分呈现波动上升的发展趋势,说明广州市的农业发展水平有所提升。

从表9-6来看,在8个基础指标中,指标的优劣度结构为12.5:25.0:37.5:25.0。

表9-6　　　　　　　　　　2015年广州市农业发展指标的优劣度结构

二级指标	三级指标数	强势指标		优势指标		中势指标		劣势指标		优劣度
		个数	比重(%)	个数	比重(%)	个数	比重(%)	个数	比重(%)	
农业发展	8	1	12.500	2	25.000	3	37.500	2	25.000	强势

(三) 广州市农业发展水平比较分析

图9-19和图9-20将2010~2015年广州市农业发展与珠江-西江经济带最高水平和平均水平进行比较。从广州市农业发展的要素得分比较来看,由图9-19可知,2010年,广州市第一产业扩张弹性系数得分比珠江-西江经济带最高分低1.381分,比平均分低0.045分;2011年,第一产业扩张弹性系数得分比最高分低0.411分,比平均分低0.038分;2012年,第一产业扩张弹性系数得分比最高分低0.842分,比平均分高0.256分;2013年,第一产业扩张弹性系数得分比最高分低0.029分,比平均分高0.045分;2014年,第一产业扩张弹性系数得分比最高分低0.008分,比平均分高0.050分;2015年,第一产业扩张弹性系数得分比最高分低0.030分,比平均分高0.055分。这说明整体上广州市第一产业扩张弹性系数得分与珠江-西江经济带最高分的差距有减小趋势,与珠江-西江经济带平均分的差距也逐渐增大。

2010年,广州市农业强度得分与最高分不存在差异,比平均分高2.516分;2011年,农业强度得分与最高分不存在差异,比平均分高2.476分;2012年,农业强度得分与最高分不存在差异,比平均分高2.464分;2013年,农业强度得分与最高分不存在差异,比平均分高2.447分;2014年,农业强度得分与最高分不存在差异,比平均分高2.491分;2015年,农业强度得分与最高分不存在差异,比平均分高2.301分。这说明整体上广州市农业强度得分与珠江-西江经济带最高分不存在差异,与珠江-西江经济带平均分的差距也波动减小。

2010年,广州市耕地密度得分比最高分低2.930分,比平均分高0.402分;2011年,耕地密度得分比最高分低2.909分,比平均分高0.401分;2012年,耕地密度得分比最高分低2.925分,比平均分高0.402分;2013年,耕地密度得分比最高分低2.902分,比平均分高0.404分;2014年,耕地密度得分比最高分低2.932分,比平均分高0.413分;2015年,耕地密度得分比最高分低2.929分,比平均分高0.416分。这说明整体上广州市耕地密度得分与珠江-西江经济带最高分的差距波动下降,与珠江-西江经济带平均分的差距先减后增。

2010年,广州市农业指标动态变化得分比最高分低0.116分,比平均分高0.254分;2011年,农业指标动态变化得分比最高分低0.039分,比平均分低0.015分;2012年,农业指标动态变化得分比最高分低0.061分,比平均分低0.014分;2013年,农业指标动态变化得分比最高分低0.107分,比平均分低0.025分;2014年,农业指标动态变化得分比最高分低0.051分,比平均分高0.018分;

2015年，农业指标动态变化得分比最高分低2.239分，比平均分低0.395分。这说明整体上广州市农业指标动态变化得分与珠江-西江经济带最高分的差距波动上升，与珠江-西江经济带平均分的差距波动上升。

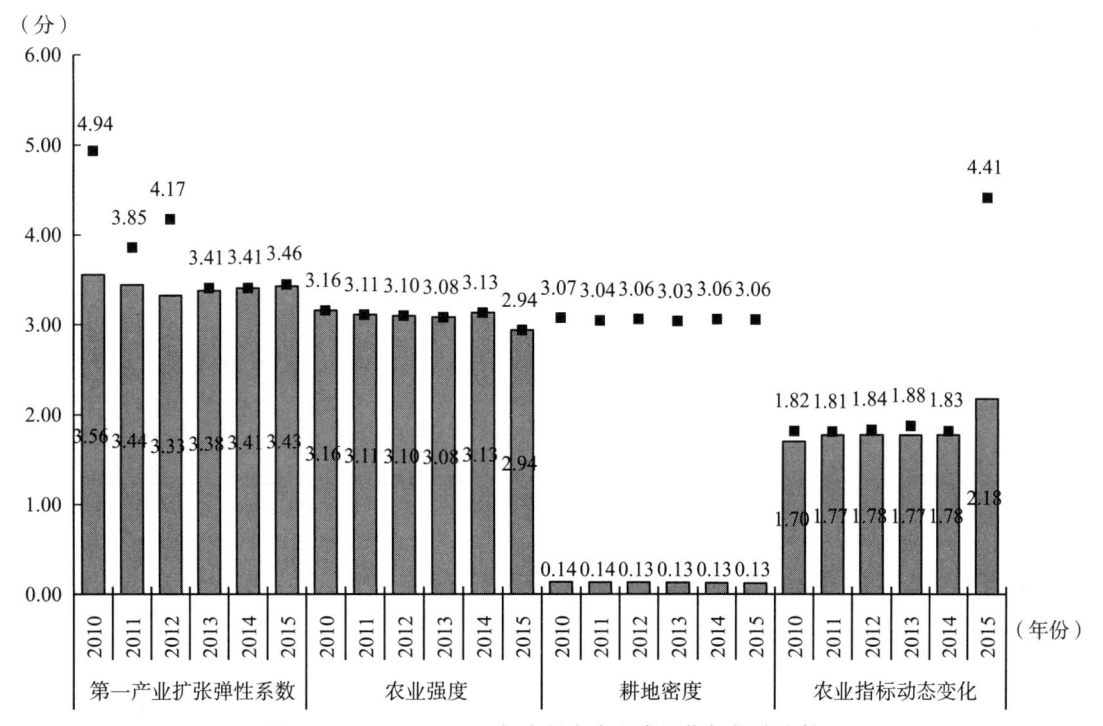

图9-19　2010～2015年广州市农业发展指标得分比较1

由图9-20可知，2010年，广州市农业土地扩张强度得分比最高分低1.112分，比平均分高0.162分；2011年，农业土地扩张强度得分比最高分低0.138分，比平均分低0.035分；2012年，农业土地扩张强度得分比最高分低0.110分，比平均分低0.006分；2013年，农业土地扩张强度得分比最高分低0.138分，比平均分低0.023分；2014年，农业土地扩张强度得分比最高分低0.088分，比平均分低0.050分；2015年，农业土地扩张强度得分比最高分低0.096分，比平均分低0.018分。这说明整体上广州市农业土地扩张强度得分与珠江-西江经济带最高分的差距波动减小，与珠江-西江经济带平均分的差距波动减小。

2010年，广州市农业蔓延指数得分比最高分低0.025分，比平均分高0.026分；2011年，农业蔓延指数得分比最高分低0.022分，比平均分高0.029分；2012年，农业蔓延指数得分比最高分低0.246分，比平均分高0.031分；2013年，农业蔓延指数得分比最高分低2.896分，比平均分高0.334分；2014年，农业蔓延指数得分比最高分低0.736分，比平均分高0.052分；2015年，农业蔓延指数得分比最高分低0.181分，比平均分高0.016分。这说明整体上广州市农业蔓延指数得分与珠江-西江经济带最高分的差距先升后降，与珠江-西江经济带平均分的差距呈波动下降。

2010年，广州市农业指标相对增长率得分比最高分低0.257分，比平均分高0.121分；2011年，农业指标相对增长率得分比最高分低0.163分，比平均分高0.077分；2012年，农业指标相对增长率得分比最高分低0.122分，比平均分高0.027分；2013年农业指标相对增长率得分比最高分低0.781分，比平均分低0.270分；2014年，农业指标相对增长率得分比最高分低3.344分，比平均分低1.071分；2015年，农业指标相对增长率得分比最高分低0.129分，比平均分低0.005分。这说明整体上广州市农业指标相对增长率得分与珠江-西江经济带最高分的差距波动减小，与珠江-西江经济带平均分的差距波动减小。

2010年，广州市农业指标绝对增量加权指数得分比最高分低0.238分，比平均分高0.327分；2011年，农业指标绝对增量加权指数得分比最高分低0.211分，比平均分低0.073分；2012年，农业指标绝对增量加权指数得分比最高分低0.459分，比平均分低0.089分；2013年农业指标绝对增量加权指数得分比最高分低1.084分，比平均分低0.146分；2014年，农业指标绝对增量加权指数得分比珠江-西江经济带最高分低0.068分，比平均分高0.306分；2015年，农业指标绝对增量加权指数得分比最高分低0.238分，比平均分低0.035分。这说明整体上广州市农业指标绝对增量加权指数得分与珠江-西江经济带最高分的差距波动保持，与珠江-西江经济带平均分的差距波动减小。

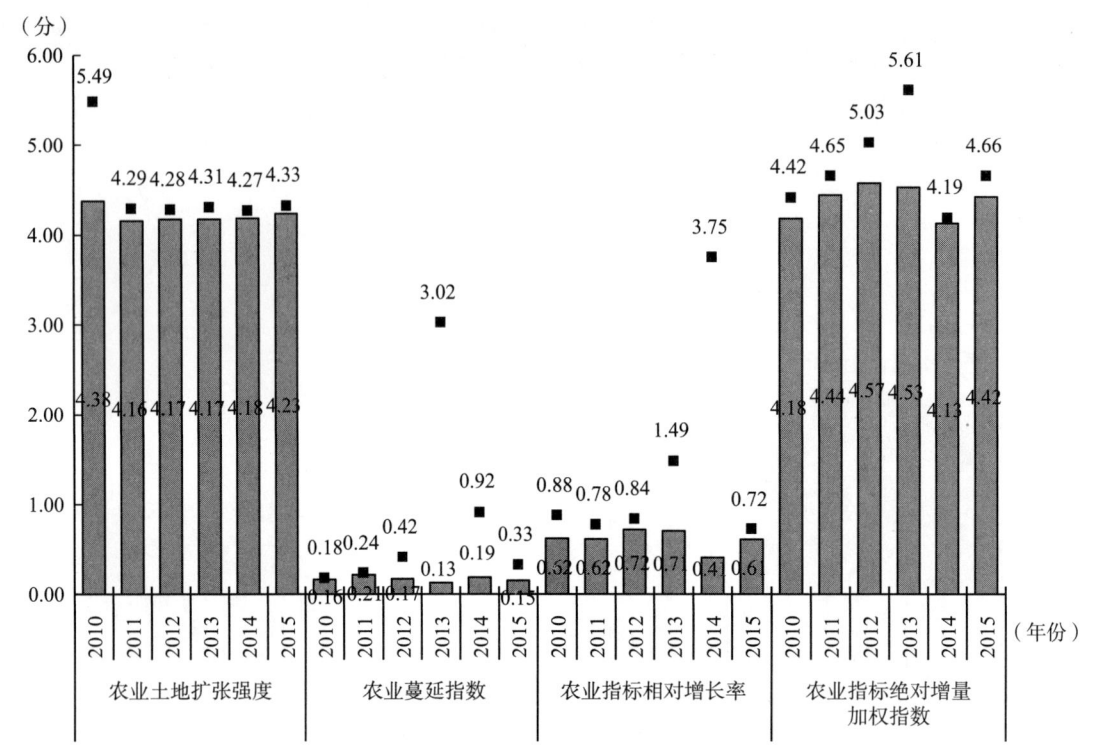

图 9－20 2010～2015 年广州市农业发展指标得分比较 2

三、广州市农业产出水平综合评估与比较

（一）广州市农业产出水平评估指标变化趋势评析

1. 食物生态足迹

根据图 9－21 分析可知，2010～2015 年广州市食物生态足迹指标总体上呈现波动保持型的状态。波动保持型指标意味着城市在该项指标上虽然呈现波动状态，在评价末期和评价初期的数值基本保持一致，该图可知广州市食物生态足迹指标保持在 28.819～39.972。即使广州市食物生态足迹指标存在过最低值，其数值为 28.819；说明广州市在食物生态足迹指标上总体表现相对平稳。

图 9－21 2010～2015 年广州市食物生态足迹指标变化趋势

2. 人均食物生态足迹

根据图 9－22 分析可知，2010～2015 年广州市人均食物生态足迹指数总体上呈现波动下降型的状态。这种状态表现为在 2010～2015 年间城市在该项指标上总体呈现下降趋势，但在期间存在上下波动的情况，并非连续性下降状态。这就意味着在评估的时间段内，虽然指标数据存在较大的波动，但是其评价末期数据值低于评价初期数据值。广州市的食物生态足迹指数末期低于初期的数据，降低 7 个单位左右，并且在 2013～2014 年间存在明显下降的变化。这说明广州市食物生态足迹情况处于不太稳定的下降状态。

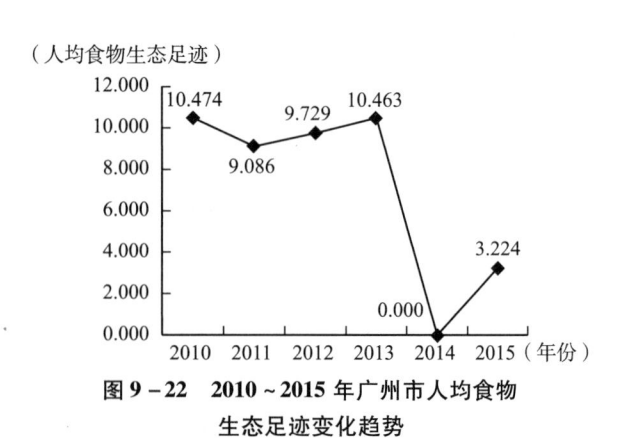

图 9－22 2010～2015 年广州市人均食物生态足迹变化趋势

3. 农业生产比重增量

根据图 9－23 分析可知，2010～2015 年广州市农业生产比重增量总体上呈现波动保持型的状态。波动保持型指标意味着城市在该项指标上虽然呈现波动状态，在评价末期和评价初期的数值基本保持一致，该图可知广州市农业生产比重保持在 64.597～96.823。即使广州市农业生产比

重存在过最低值，其数值为64.597；说明广州市在农业生产比重增量上总体表现相对平稳。

（农业生产比重增量）

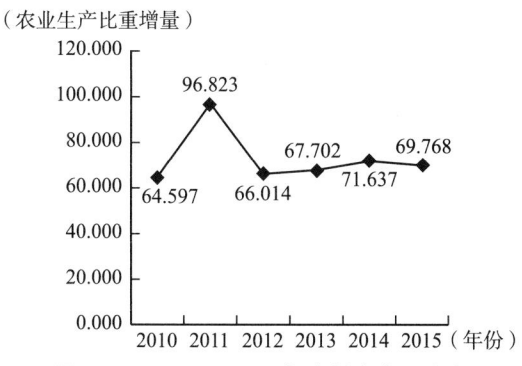

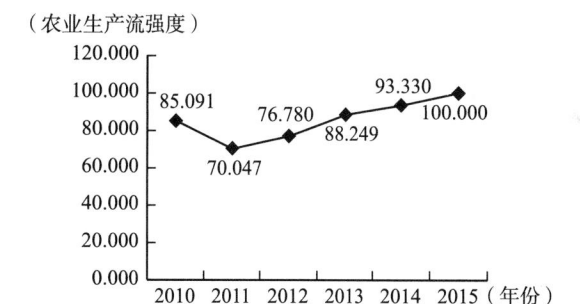

图9-23 2010~2015年广州市农业生产比重增量变化趋势

4. 农业生产平均增长指数

根据图9-24分析可知，2010~2015年广州市的农业生产平均增长指数总体上呈现波动下降型的状态。这一类的指标为2010~2015年间城市在该项指标上总体呈现下降趋势，但在评估期间存在上下波动的情况，指标并非连续性下降状态。波动下降型指标意味着在评估期间，虽然指标数据存在较大波动变化，但是其评价末期数据值低于评价初期数据值。如图所示，广州市农业生产平均增长指数指标处于下降的状态中，2010年此指标数值最高，是100.000，2015年下降至53.164；说明广州市的农业生产平均增长指数减小，城市在评估时间段内的农业生产能力下降，整体城市农业生产水平有所降低。

（农业生产平均增长指数）

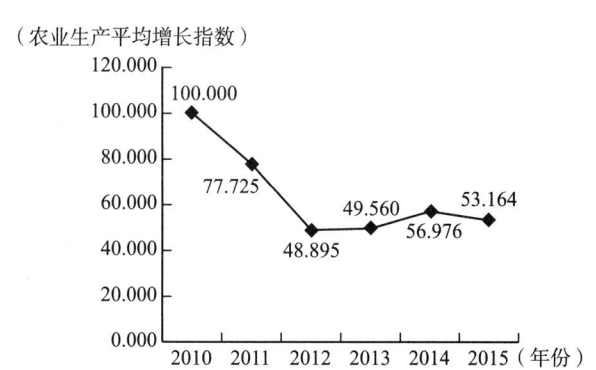

图9-24 2010~2015年广州市农业生产平均增长指数变化趋势

5. 农业枢纽度

根据图9-25分析可知，2010~2015年广州市的农业枢纽度总体上呈现持续下降型的状态。处于持续下降型的指标，意味着城市在该项指标上不断处在劣势状态，并且这一状况并未得到改善。如图所示，广州市农业枢纽度指标处于不断下降的状态中，2010年此指标数值最高，是0.229，2015年下降至0.021；说明广州市的农业枢纽度下降，城市的农业发展势头有所减弱。

（农业枢纽度）

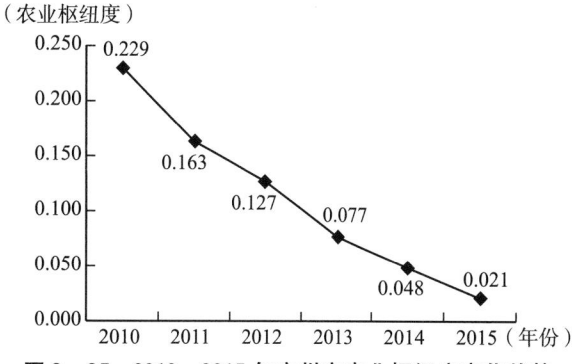

图9-25 2010~2015年广州市农业枢纽度变化趋势

6. 农业生产流强度

根据图9-26分析可知，2010~2015年广州市的农业生产流强度总体上呈现波动上升型的状态。这一类型的指标为2010~2015年间城市在该项指标上存在较多波动变化，总体趋势为上升趋势，但在个别年份出现下降的情况，指标并非连续性上升。波动上升型指标意味着在评估期间，虽然指标数据存在较大波动变化，但是其评价末期数据值高于评价初期数据值。通过折线图可以看出，广州市的农业生产流强度指标提高，在2015年达到100.000，相较于2010年上升15个单位左右；说明广州市的农业生产流强度增强，城市之间发生的经济集聚和扩散所产生的农业生产要素流动强度增强，城市经济影响力也增强。

（农业生产流强度）

图9-26 2010~2015年广州市农业生产流强度变化趋势

7. 农业生产倾向度

根据图9-27分析可知，2010~2015年广州市的农业生产倾向度总体上呈现持续下降型的状态。处于持续下降型的指标，意味着城市在该项指标上不断处在劣势状态，并且这一状况并未得到改善。如图所示，广州市农业生产倾向度指标处于不断下降的状态中，2010年此指标数值最高，是53.060，2015年下降至31.549；说明广州市倾向度下降，城市的总功能量的外向强度减弱。

8. 农业生产职能规模

根据图9-28分析可知，2010~2015年广州市的农业生产职能规模总体上呈现波动上升型的状态。这一类型的指标为2010~2015年间城市在该项指标上存在较多波动变化，总体趋势为上升趋势，但在个别年份出现下降的情况，指标并非连续性上升。波动上升型指标意味着在评估期间，虽然指标数据存在较大波动变化，但是其评价末期数据值高于评价初期数据值。通过折线图可以看出，广州市的农业生产职能规模指标提高，2015年达到11.523，相较于2010年上升1个单位左右；说明广州市的农业生产职能规模增强，城市的农业生产水平提高，城市所具备的农业生产能力提高。

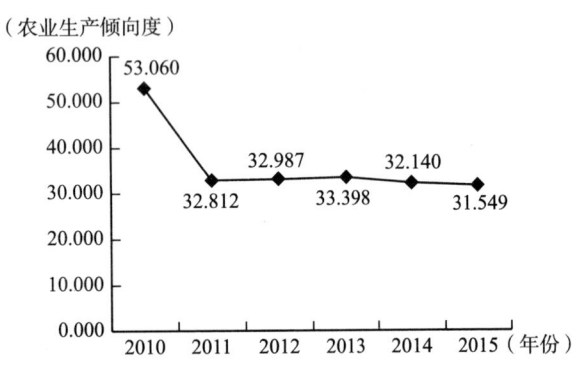

图 9-27　2010~2015年广州市农业生产倾向度变化趋势

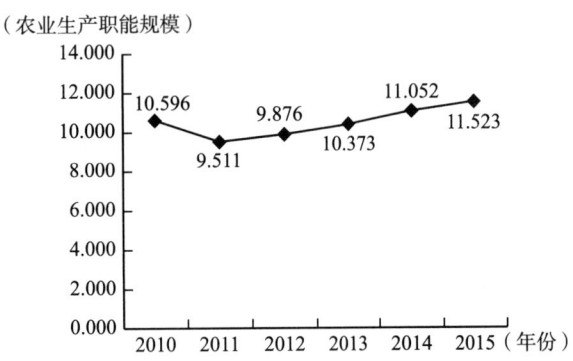

图 9-28　2010~2015年广州市农业生产职能规模变化趋势

9. 农业生产职能地位

根据图9-29分析可知，2010~2015年广州市农业生产职能地位总体上呈现波动上升型的状态。这一类型的指标为在2010~2015年间城市存在一定的波动变化，总体趋势上为上升趋势，但在个别年份出现下降的情况，指标并非连续性上升状态。波动上升型指标意味着在评价的时间段内，虽然指标数据存在较大的波动变化，但是其评价末期数据值高于评价初期数据值。广州市在2010~2013年虽然出现下降的状况，2013年是64.690，但是总体上还是呈现上升的态势，最终稳定在69.104；说明广州农业生产职能地位增强，城市的农业生产能力在地区内的水平更具备优势，城市对农业人力资源的吸引集聚能力扩大，城市发展具备农业发展及农业劳动力发展的潜力。

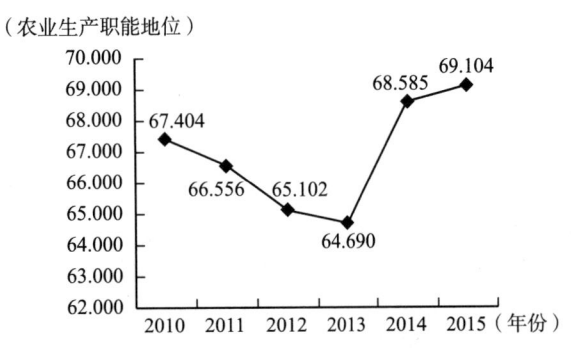

（二）广州市农业产出水平评估结果

根据表9-7，对2010~2012年间广州市农业产出及各三级指标的得分、排名、优劣度进行分析，可以看到在2010~2012年间，广州市农业产出的综合排名下降至劣势状态，在2010年、2011年、2012年其农业产出排名在珠江－西江经济带中持续下降，2010年其农业产出排名是第2位，到2011年该排名下降至第4名，2012年又下降至第9名，处于珠江－西江经济带下游区，说明城市的农业产出的发展要落后于珠江－西江经济带的其他城市。对广州市的农业产出得分情况进行分析，发现广州市的农业产出综合得分呈现持续下降的发展趋势，说明广州市的农业产出活力处于下降状态。总的来说，2010~2012年广州市农业产出发展从珠江－西江经济带强势地位下滑至劣势地位。

其中食物生态足迹的排名呈现先保持后下降的发展趋势，再对广州市食物生态足迹的得分情况进行分析，发现广州市的食物生态足迹得分处于先下降后上升的发展趋势，说明在2010~2012年间广州市的发展水平高，城市规模大，城市居民对各类食物需求也增强。

其中人均食物生态足迹的排名呈现持续保持的发展趋势，再对广州市的人均食物生态足迹得分情况进行分析，发现广州市的人均食物生态足迹综合得分呈现先下降后上升的发展趋势，但整体上是下降的，说明广州市的居民对各类食物的人均需求日益多元。

其中农业生产比重增量的排名呈现先上升后下降的发展趋势，再对广州市的农业生产比重增量的得分情况进行分析，发现广州市的农业生产比重增量的得分先上升后下降的趋势，说明在2010~2012年间广州市农业生产发展程度有所提高。

其中农业生产平均增长指数的排名呈现先保持后下降的发展趋势，再对广州市的农业生产平均增长指数的得分情况进行分析，发现广州市的农业生产平均增长指数得分处于持续下降的发展趋势，说明在2010~2012年间广州市在评估时间段内的农业生产能力有待提升。

其中农业枢纽度的排名呈现持续保持的发展趋势，再对广州市的农业枢纽度得分情况进行分析，发现广州市的农业枢纽度综合得分呈现持续下降的发展趋势，说明广州市的农业发展水平有待提升。

其中农业生产流强度的排名呈现持续保持的发展趋势，再对广州市的农业生产流强度得分情况进行分析，发现广州市的农业生产流强度综合得分呈现先下降后上升的发展趋势，说明城市之间发生的经济集聚和扩散所产生的农业生产要素流动强度降低。

其中农业生产倾向度的排名呈现先下降后保持的发展趋势，再对广州市的农业生产倾向度的得分情况进行分析，发现广州市的农业生产倾向度的得分先下降后上升的趋势，但整体上是下降的，说明在2010~2012年间广州市的总功能量的外向强度减弱。

图 9-29　2010~2015年广州市农业生产职能地位变化趋势

其中农业生产职能规模的排名呈现持续保持的发展趋势，再对广州市的农业生产职能规模得分情况进行分析，发现广州市的农业生产职能规模综合得分呈现先下降后上升的发展趋势，但整体上是下降的，说明广州市所具备的农业生产能力减弱。

其中农业生产职能地位的排名呈现持续保持的发展趋势，再对广州市的农业生产职能地位得分情况进行分析，发现广州市的农业生产职能地位综合得分呈现持续下降的发展趋势，说明广州市的农业生产能力在地区内的水平所具备优势减弱，城市对农业人力资源的吸引集聚能力减弱。

表9-7　2010~2012年广州市农业产出各级指标的得分、排名及优劣度分析

指标	2010年 得分	排名	优劣度	2011年 得分	排名	优劣度	2012年 得分	排名	优劣度
农业产出	15.637	2	强势	15.359	4	优势	13.290	9	劣势
食物生态足迹	1.204	3	优势	1.178	3	优势	1.264	4	优势
人均食物生态足迹	0.447	11	劣势	0.383	11	劣势	0.427	11	劣势
农业生产比重增量	2.506	5	优势	4.640	1	强势	3.208	10	劣势
农业生产平均增长指数	3.875	1	强势	3.050	1	强势	2.068	9	劣势
农业枢纽度	0.009	10	劣势	0.006	10	劣势	0.004	10	劣势
农业生产流强度	2.498	1	强势	1.990	1	强势	2.225	1	强势
农业生产倾向度	2.159	6	中势	1.270	7	中势	1.299	7	中势
农业生产职能规模	0.314	6	中势	0.282	6	中势	0.301	6	中势
农业生产职能地位	2.625	3	优势	2.559	3	优势	2.495	3	优势

根据表9-8，对2013~2015年间广州市农业产出及各三级指标的得分、排名、优劣度进行分析，可以看到在2013~2015年间，广州市农业产出的综合排名处于优势状态，在2013年、2014年、2015年其农业产出排名先保持后上升，2013~2014年其农业产出排名一直处于珠江-西江经济带第6名位置，2015年又上升至第4名，其农业产出处于珠江-西江经济带优势位置，说明城市的农业产出的发展较为领先于珠江-西江经济带的其他城市。对广州市的农业产出得分情况进行分析，发现广州市的农业产出综合得分呈现先下降后上升的发展趋势，说明广州市的农业产出水平降低。总的来说，2013~2015年广州市农业产出发展从珠江-西江经济带中势地位上升至优势地位，发展水平与经济带其他城市相比较高。

表9-8　2013~2015年广州市农业产出各级指标的得分、排名及优劣度分析

指标	2013年 得分	排名	优劣度	2014年 得分	排名	优劣度	2015年 得分	排名	优劣度
农业产出	13.806	6	中势	13.525	6	中势	13.738	4	优势
食物生态足迹	1.347	4	优势	0.976	5	优势	1.152	4	优势
人均食物生态足迹	0.457	11	劣势	0.000	11	劣势	0.141	11	劣势
农业生产比重增量	3.287	9	劣势	3.205	3	优势	2.937	3	优势
农业生产平均增长指数	1.933	9	劣势	2.072	3	优势	1.931	2	强势
农业枢纽度	0.003	10	劣势	0.002	10	劣势	0.001	10	劣势
农业生产流强度	2.659	1	强势	2.918	1	强势	3.237	1	强势
农业生产倾向度	1.304	7	中势	1.313	7	中势	1.254	7	中势
农业生产职能规模	0.321	6	中势	0.351	6	中势	0.370	6	中势
农业生产职能地位	2.497	3	优势	2.688	3	优势	2.714	3	优势

其中食物生态足迹的排名呈现先下降后上升的发展趋势，再对广州市食物生态足迹的得分情况进行分析，发现广州市的食物生态足迹得分处于先下降后上升的发展趋势，说明在2010~2012年间广州市的的发展水平降低，城市居民对各类食物需求也降低。

其中人均食物生态足迹的排名呈现持续保持的发展趋势，再对广州市的人均食物生态足迹得分情况进行分析，发现广州市的人均食物生态足迹综合得分呈现先下降后上升的发展趋势，但整体上是下降的，说明广州市的居民对各类食物的人均需求日益多元。

其中农业生产比重增量的排名呈现先上升后保持的发展趋势,再对广州市的农业生产比重增量的得分情况进行分析,发现广州市的农业生产比重增量的得分呈现持续下降的趋势,说明在2010~2012年间广州市农业生产发展程度降低。

其中农业生产平均增长指数的排名呈现持续上升的发展趋势,再对广州市农业生产平均增长指数的得分情况进行分析,发现广州市的农业生产平均增长指数得分处于先上升后下降的发展趋势,说明在2013~2015年间广州市在评估时间段内的农业生产能力降低。

其中农业枢纽度的排名呈现持续保持的发展趋势,再对广州市的农业枢纽度得分情况进行分析,发现广州市的农业枢纽度综合得分呈现持续下降的发展趋势,说明广州市的农业发展缓慢,在经济社会发展中的地位较低。

其中农业生产流强度的排名呈现持续保持的发展趋势,再对广州市的农业生产流强度得分情况进行分析,发现广州市的农业生产流强度综合得分呈现持续上升的发展趋势,说明城市之间发生的经济集聚和扩散所产生的农业生产要素流动强度较强,城市经济影响力较强。

其中农业生产倾向度的排名呈现持续保持的发展趋势,再对广州市的农业生产倾向度的得分情况进行分析,发现广州市的农业生产倾向度的得分呈现先上升后下降的趋势,说明在2010~2012年间广州市的总功能量的外向强度减弱。

其中农业生产职能规模的排名呈现持续保持的发展趋势,再对广州市的农业生产职能规模得分情况进行分析,发现广州市的农业生产职能规模综合得分呈现持续上升的发展趋势,说明广州市的农业生产水平较高,城市所具备的农业生产能力较强。

其中农业生产职能地位的排名呈现持续保持的发展趋势,再对广州市的农业生产职能地位得分情况进行分析,发现广州市的农业生产职能地位综合得分呈现持续上升的发展趋势,说明广州市的农业生产能力在地区内的水平具备优势,城市对农业人力资源的吸引集聚能力较强,城市发展具备农业发展及农业劳动力发展的潜力。

对2010~2015年间广州市农业产出及各三级指标的得分、排名和优劣度进行分析。2010~2015年广州市农业产出的综合得分排名呈现波动下降的发展趋势。2010年广州市农业产出综合得分排名处于珠江-西江经济带第2名,2011年下降至第4名,2012年下降至第9名,2013~2014年其农业产出排名上升至第6名,2015年其农业产出上升至第4名。一方面说明广州市的农业产出发展从珠江-西江经济带上游下降至中游,广州市的农业产出从珠江-西江经济带强势地位下降至优势地位,但总体上发展水平与经济带其他城市相比较高;另一方面说明广州市在农业产出方面发展出现波动,稳定性有待提高。对广州市的农业产出得分情况进行分析,发现2010~2012年广州市的农业产出综合得分持续上升,2013~2015年得分波动上升,整体上广州市的农业产出综合得分呈现波动下降的发展趋势,说明广州市的农业产出水平有所降低,在珠江-西江经济带中处于中游。

从表9-9看,在9个基础指标中,指标的优劣度结构为22.2:33.3:22.2:22.2。由于优势指标所占的比重大于强势、中势和劣势指标的比重,农业产出处于优势地位。

表9-9　　　　　　　　2015年广州市农业产出指标的优劣度结构

一级指标	二级指标	三级指标数	强势指标 个数	强势指标 比重(%)	优势指标 个数	优势指标 比重(%)	中势指标 个数	中势指标 比重(%)	劣势指标 个数	劣势指标 比重(%)	优劣度
农业生产	农业产出	9	2	22.222	3	33.333	2	22.222	2	22.222	优势

(三) 广州市农业产出水平比较分析

图9-30和图9-31将2010~2015年广州市农业产出与珠江-西江经济带最高水平和平均水平进行比较。从农业产出的整体得分比较来看,由图9-30可知,2010年,广州市食物生态足迹得分比最高分低1.587分,比平均分高0.352分;2011年,食物生态足迹得分比最高分低1.702分,比平均分高0.327分;2012年,食物生态足迹得分比最高分低1.896分,比平均分高0.288分;2013年食物生态足迹得分比最高分低1.999分,比平均分高0.325分;2014年,食物生态足迹得分比最高分低2.402分,比平均分高0.019分;2015年,食物生态足迹得分比最高分低2.285分,比平均分高0.106分。这说明整体上广州市食物生态足迹得分与珠江-西江经济带最高分的差距波动增加,与珠江-西江经济带平均分的差距波动减小。

2010年,广州市人均食物生态足迹得分比最高分低3.722分,比平均分低1.880分;2011年,人均食物生态足迹得分比最高分低3.661分,比平均分低1.941分;2012年,人均食物生态足迹得分比最高分低3.966分,比平均分低2.141分;2013年,人均食物生态足迹得分比最高分低3.792分,比平均分低2.110分;2014年,人均食物生态足迹得分比最高分低4.340分,比平均分低2.504分;2015年,人均食物生态足迹得分比最高分低4,085分,比平均分低2.362分。这说明整体上广州市人均食物生态足迹得分与珠江-西江经济带最高分的差距呈波动增加趋势,与珠江-西江经济带平均分的差距呈波动上升。

2010年,广州市农业生产比重增量得分比最高分低0.384分,比平均分高0.607分;2011年,农业生产比重增量得分与最高分不存在差异,比平均分高1.322分;2012年,农业生产比重增量得分比最高分低1.652分,比平均分低0.250分;2013年农业生产比重增量得分比最高分低1.116分,比平均分低0.244分;2014年,农业生产比重增量得分比最高分低0.231分,比平均分高0.260分;2015年,农业生产比重增量得分比最高分低0.027分,比平均分高0.464分。这说明整体上广州市农业生产比重增量得分与珠江-西江经济带最高分的差距波动减小,与珠江-

西江经济带平均分的差距波动减小。

2010年，广州市农业生产平均增长指数得分与最高分不存在差异，比平均分高2.190分；2011年，农业生产平均增长指数得分与最高分不存在差异，比平均分高0.975分；2012年，农业生产平均增长指数得分比最高分低1.549分，比平均分低0.499分；2013年，农业生产平均增长指数得分比最高分低0.793分，比平均分低0.174分；2014年，农业生产平均增长指数得分比最高分低0.154分，比平均分高0.415分；2015年，农业生产平均增长指数得分比最高分低0.107分，比平均分高0.267分。这说明整体上广州市农业生产平均增长指数得分与珠江－西江经济带最高分的差距波动上升，与珠江－西江经济带平均分的差距波动减小。

2010年，广州市农业枢纽度得分比最高分低4.105分，比平均分低1.918分；2011年，农业枢纽度得分比最高分低2.961分，比平均分低1.374分；2012年，农业枢纽度得分比最高分低2.679分，比平均分低1.192分；2013年，农业枢纽度得分比最高分低2.657分，比平均分低1.076分；2014年，农业枢纽度得分比最高分低2.313分，比平均分低0.925分；2015年，农业枢纽度得分比最高分低2.238分，比平均分低0.866分。这说明整体上广州市农业枢纽度得分与珠江－西江经济带最高分的差距持续减少，与珠江－西江经济带平均分的差距持续减小。

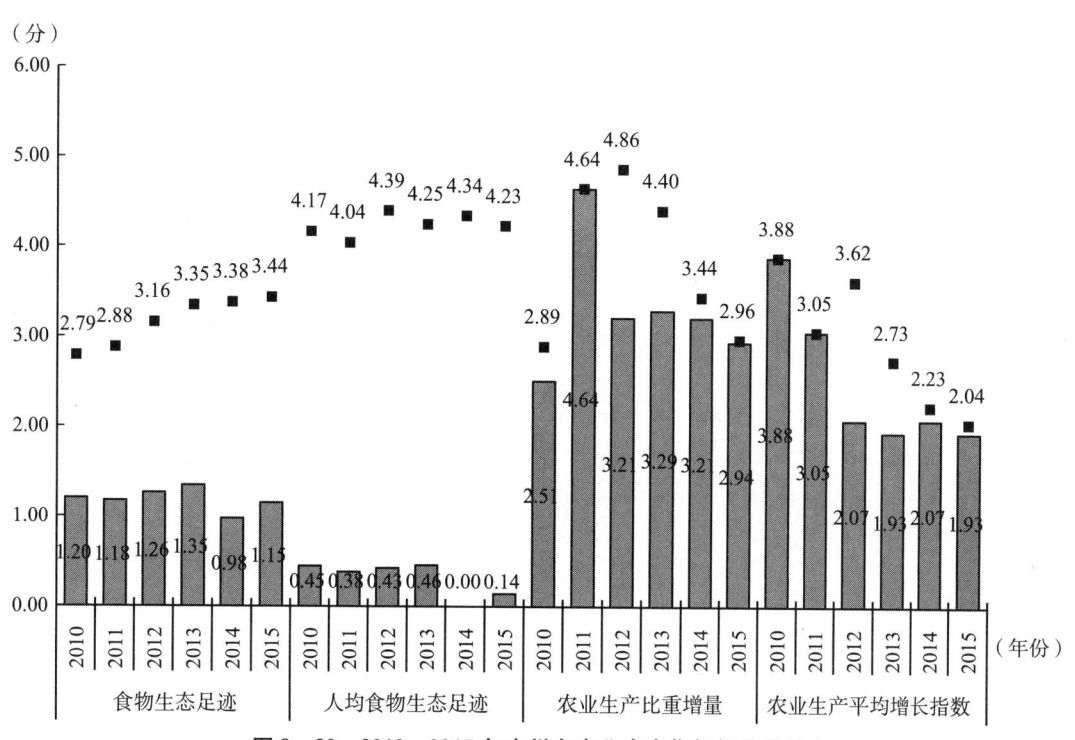

图9-30 2010~2015年广州市农业产出指标得分比较1

由图9-31可知，2010年，广州市农业生产流强度得分与最高分不存在差异，比平均分高2.044分；2011年，农业生产流强度得分与最高分不存在差异，比平均分高1.553分；2012年，农业生产流强度得分与最高分不存在差异，比平均分高1.739分；2013年，农业生产流强度得分与最高分不存在差异，比平均分高2.097分；2014年，农业生产流强度得分与最高分不存在差异，比平均分高2.276分；2015年，农业生产流强度得分与最高分不存在差异，比平均分高2.549分。这说明整体上广州市农业生产流强度得分与珠江－西江经济带最高分不存在差异，与珠江－西江经济带平均分的差距先减后增。

2010年，广州市农业生产倾向度得分比最高分低1.844分，比平均分高1.156分；2011年，农业生产倾向度得分比最高分低2.529分，比平均分低0.459分；2012年，农业生产倾向度得分比最高分低2.625分，比平均分低0.502分；2013年农业生产倾向度得分比最高分低2.483分，比平均分低0.464分；2014年，农业生产倾向度得分比最高分低2.655分，比平均分低0.590分；2015年，农业生产倾向度得分比最高分低2.722分，比平均分低0.519分。这说明整体上广州市农业生产倾向度得分与珠江－西江经济带最高分的差距波动增加，与珠江－西江经济带平均分的差距波动上升。

2010年，广州市农业生产职能规模得分比最高分低2.109分，比平均分低0.227分；2011年，农业生产职能规模得分比最高分低2.305分，比平均分低0.262分；2012年，农业生产职能规模得分比最高分低2.481分，比平均分低0.312分；2013年农业生产职能规模得分比最高分低2.555分，比平均分低0.329分；2014年，农业生产职能规模得分比最高分低2.726分，比平均分低0.346分；2015年，农业生产职能规模得分比最高分低2.838分，比平均分低0.300分。这说明整体上广州市农业生产职能规模得分与珠江－西江经济带最高分的差距持续增加，与珠江－西江经济带平均分的差距波动上升。

2010年，广州市农业生产职能地位得分比最高分低

1.222 分,比平均分高 0.928 分;2011 年,农业生产职能地位得分比最高分低 1.129 分,比平均分高 0.884 分;2012 年,农业生产职能地位得分比最高分低 1.202 分,比平均分高 0.825 分;2013 年,农业生产职能地位得分比最高分低 1.342 分,比平均分高 0.815 分;2014 年,农业生产职能地位得分比最高分低 1.231 分,比平均分高 0.980 分;2015 年,农业生产职能地位得分比最高分低 1.001 分,比平均分高 1.003 分。这说明整体上广州市农业生产职能地位得分与珠江-西江经济带最高分的差距波动减小,与珠江-西江经济带平均分的差距先减后增。

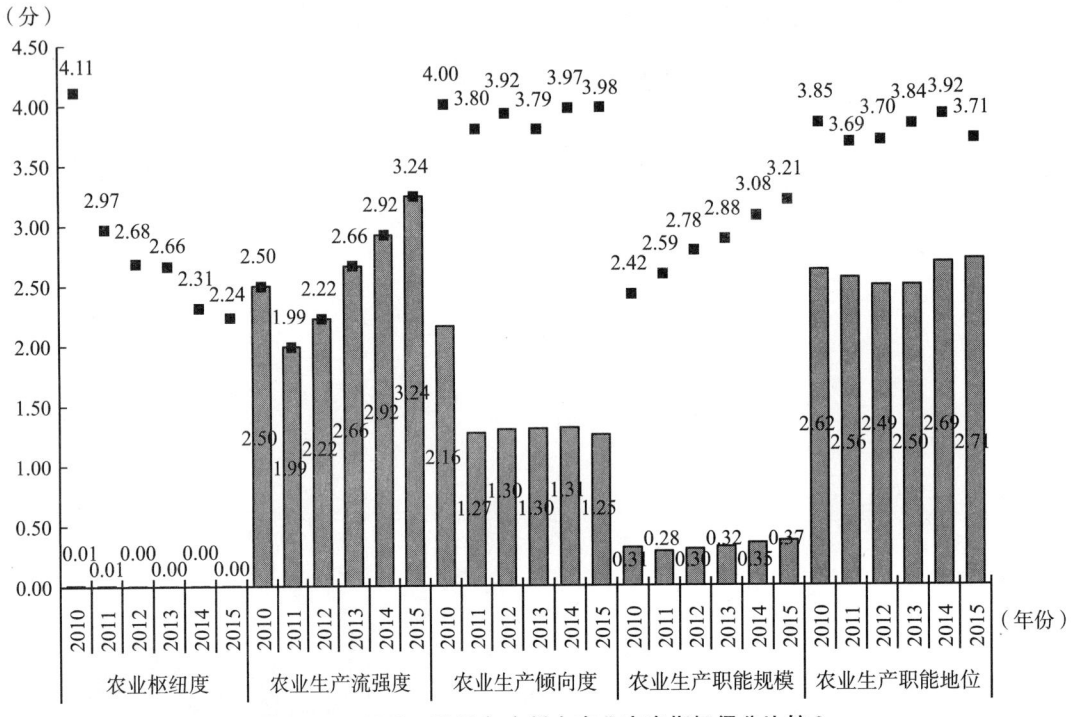

图 9-31 2010~2015 年广州市农业产出指标得分比较 2

四、广州市农业生产发展水平综合评估与比较评述

从对广州市农业发展水平评估及其三个二级指标在珠江-西江经济带的排名变化和指标结构的综合分析来看,2010~2015 年间,农业生产板块中上升指标的数量大于下降指标的数量,但上升的动力小于下降的拉力,使得 2015 年广州市农业发展水平的排名呈波动下降,在珠江-西江经济带城市居第 5 位。

(一)广州市农业生产发展水平概要分析

广州市农业发展水平在珠江-西江经济带所处的位置及变化如表 9-10 所示,3 个二级指标的得分和排名变化如表 9-11 所示。

表 9-10   2010~2015 年广州市农业生产一级指标比较

项目	2010 年	2011 年	2012 年	2013 年	2014 年	2015 年
排名	4	4	8	7	6	5
所属区位	中游	中游	中游	中游	中游	中游
得分	54.471	55.137	50.221	50.533	50.844	50.645
经济带最高分	64.061	66.285	62.112	64.361	61.849	62.336
经济带平均分	51.465	53.838	53.598	51.944	50.910	50.770
与最高分的差距	-9.590	-11.148	-11.891	-13.828	-11.005	-11.691
与平均分的差距	3.006	1.299	-3.377	-1.411	-0.067	-0.125
优劣度	优势	优势	中势	中势	中势	优势
波动趋势	—	持续	下降	上升	上升	上升

表9-11　　　　　　　　　　2010~2015年广州市农业生产二级指标比较

年份	农业结构 得分	农业结构 排名	农业发展 得分	农业发展 排名	农业产出 得分	农业产出 排名
2010	20.940	10	17.894	1	15.637	2
2011	21.892	9	17.886	2	15.359	4
2012	18.963	11	17.967	1	13.290	9
2013	18.835	9	17.892	4	13.806	6
2014	19.973	8	17.345	3	13.525	6
2015	18.827	10	18.080	2	13.738	4
得分变化	-2.114	—	0.186	—	-1.899	—
排名变化	—	0	—	-1	—	-2
优劣度	劣势	劣势	强势	强势	优势	优势

（1）从指标排名变化趋势看，2015年广州市农业发展水平评估排名在珠江-西江经济带处于第5位，表明其在珠江-西江经济带处于优势地位，与2010年相比，排名下降1名。总的来看，评价期内广州市农业发展水平呈现波动下降。

在三个二级指标中，其中1个指标排名处于稳定保持，为农业结构；2个指标排名处于下降趋势，为农业产出和农业发展，这是广州市农业发展水平波动下降的原因所在。受指标排名升降的综合影响，评价期内广州市农业生产的综合排名呈波动下降，在珠江-西江经济带城市中排名第5位。

（2）从指标所处区位来看，2015年广州市农业发展水平处在中游区，其中，农业发展指标为强势指标，农业产出为优势指标，农业结构为劣势指标。

（3）从指标得分来看，2015年广州市农业生产得分为50.645分，比珠江-西江经济带最高分低11.691分，比平均分低0.125分；与2010年相比，广州市农业发展水平得分下降3.826分，与珠江-西江经济带平均分的差距趋于缩小。

2015年，广州市农业发展水平二级指标的得分均高于13分，与2010年相比，得分上升最多的为农业发展，上升0.186分；得分下降最多的为农业结构，下降2.114分。

（二）广州市农业生产发展水平评估指标动态变化分析

2010~2015年广州市农业发展水平评估各级指标的动态变化及其结构，如图9-32和表9-12所示。

从图9-32可以看出，广州市农业发展水平评估的三级指标中上升指标的比例小于下降指标，表明上升指标未居于主导地位。表9-12中的数据表明，广州市农业发展水平评估的25个三级指标中，上升的指标有3个，占指标总数的12.000%；保持的指标有12个，占指标总数的48.000%；下降的指标有10个，占指标总数的40.000%。由于上升指标的数量小于下降指标的数量，且受变动幅度与外部因素的综合影响，评价期内广州市农业生产排名呈现波动下降，在珠江-西江经济带城市中居第5位。

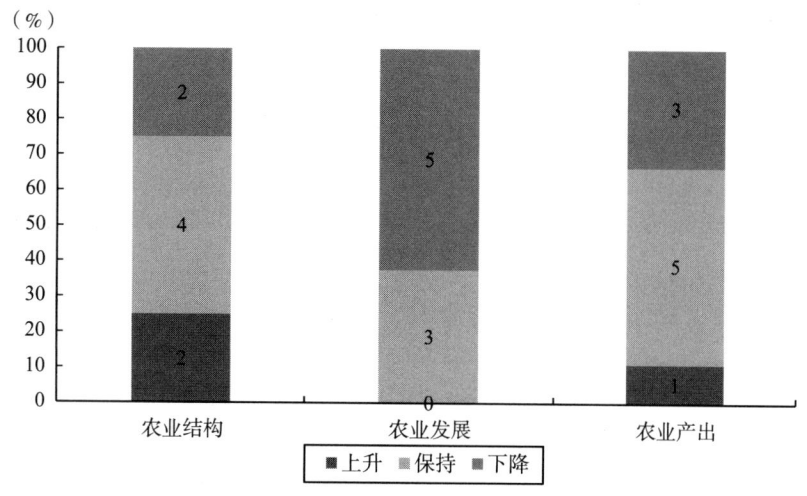

图9-32　2010~2015年广州市农业发展水平动态变化结构

表9-12　　　　　2010~2015年广州市农业生产各级指标排名变化态势比较

二级指标	三级指标数	上升指标 个数	上升指标 比重(%)	保持指标 个数	保持指标 比重(%)	下降指标 个数	下降指标 比重(%)
农业结构	8	2	25.000	4	50.000	2	25.000
农业发展	8	0	0.000	3	37.500	5	62.500
农业产出	9	1	11.111	5	55.556	3	33.333
合计	25	3	12.000	12	48.000	10	40.000

(三) 广州市农业生产发展水平评估指标变化动因分析

2015年广州市农业生产板块各级指标的优劣势变化及其结构,如图9-33和表9-13所示。

从图9-33可以看出,2015年广州市农业发展水平评估的三级指标中强势和优势指标的比例大于劣势指标的比例,表明强势和优势指标居于主导地位。表9-13中的数据说明,2015年广州市农业生产的25个三级指标中,强势指标有3个,占指标总数的12.000%;优势指标为6个,占指标总数的24.000%;中势指标8个,占指标总数的32.000%;劣势指标为8个,占指标总数的32.000%;强势指标和优势指标之和占指标总数的36.000%,数量与比重均大于劣势指标。从二级指标来看,其中,农业结构不存在强势指标;优势指标1个,占指标总数的12.500%;中势指标3个,占指标总数的37.500%;劣势指标为4个,占指标总数的50.000%;强势指标和优势指标之和占指标总数的12.500%,说明农业结构的强、优势指标未居于主导地位。农业发展的强势指标有1个,占指标总数的12.500%;优势指标为2个,占指标总数的25.000%;中势指标3个,占指标总数的37.500%;劣势指标2个,占指标总数的25.000%;强势指标和优势指标之和占指标总数的37.500%,说明农业发展的强、优势指标处于主导地位。农业产出的强势指标有2个,占指标总数的22.222%;优势指标为3个,占指标总数的33.333%;中势指标2个,占指标总数的22.222%;劣势指标为2个,占指标总数的22.222%;强势指标和优势指标之和占指标总数的55.555%,说明农业产出的强、优势指标处于有利地位。由于强、优势指标比重较大,广州市农业发展水平处于优势地位,在珠江-西江经济带城市中居第5位,处于中游区。

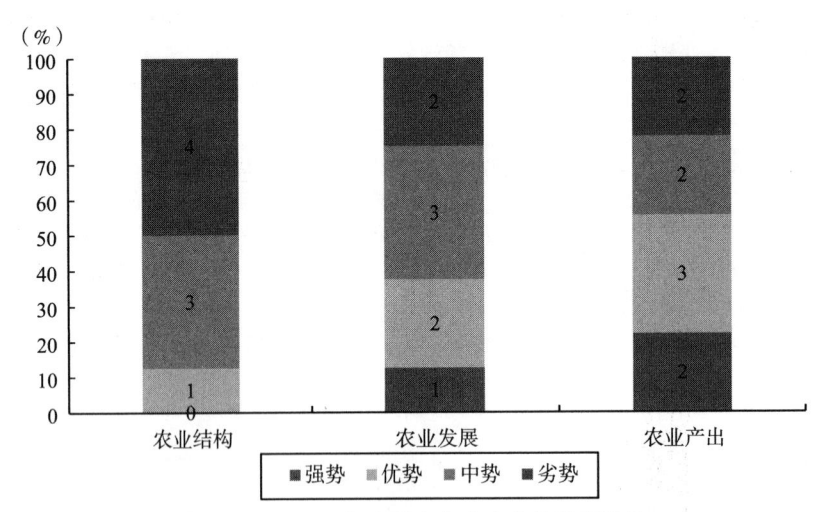

图9-33　2015年广州市农业生产优劣度结构

表9-13　　　　　2015年广州市农业生产各级指标优劣度比较

二级指标	三级指标数	强势指标 个数	强势指标 比重(%)	优势指标 个数	优势指标 比重(%)	中势指标 个数	中势指标 比重(%)	劣势指标 个数	劣势指标 比重(%)	优劣度
农业结构	8	0	0.000	1	12.500	3	37.500	4	50.000	劣势
农业发展	8	1	12.500	2	25.000	3	37.500	2	25.000	强势
农业产出	9	2	22.222	3	33.333	2	22.222	2	22.222	优势
合计	25	3	12.000	6	24.000	8	32.000	8	32.000	优势

为进一步明确影响广州市农业生产变化的具体因素,以便于对相关指标进行深入分析,为提升广州市农业生产水平提供决策参考,表9-13列出农业生产指标体系中直接影响广州市农业发展水平升降的强势指标、优势指标和劣势指标。

表 9-14　　　　　　　　　　　2015 年广州市农业生产三级指标优劣度统计

指标	强势指标	优势指标	中势指标	劣势指标
农业结构（8个）	（0个）	第一产业劳动产出率（1个）	第一产业不协调度、第一产业弧弹性、第一产业结构偏离系数（3个）	第一产业比重、第一产业投资强度、第一产业贡献率、第一产业区位商（4个）
农业发展（8个）	农业强度（1个）	第一产业扩张弹性系数、农业指标动态变化（2个）	耕地密度、农业指标相对增长率、农业指标绝对增量加权指数（3个）	农业土地扩张强度、农业蔓延指数（2个）
农业产出（9个）	农业生产平均增长指数、农业生产流强度（2个）	食物生态足迹、农业生产比重增量、农业生产职能地位（3个）	农业生产倾向度、农业生产职能规模（2个）	人均食物生态足迹、农业枢纽度（2个）

第十章 佛山市农业生产发展水平综合评估

一、佛山市农业结构竞争力综合评估与比较

(一) 佛山市农业结构竞争力评估指标变化趋势评析

1. 第一产业比重

根据图 10-1 分析可知，2010~2015 年佛山市的第一产业比重总体上呈现波动下降型的状态。这一类的指标为 2010~2015 年间城市在该项指标上总体呈现下降趋势，但在评估期间存在上下波动的情况，指标并非连续性下降状态。波动下降型指标意味着在评估期间，虽然指标数据存在较大波动变化，但是其评价末期数据值低于评价初期数据值。如图 10-1 所示，佛山市第一产业比重指标处于下降的状态中，2010 年此指标是 2.161，2015 年下降至 1.594。分析这种变化趋势，可以得出佛山市第一产业发展的水平处于劣势，城市的发展活力较低。

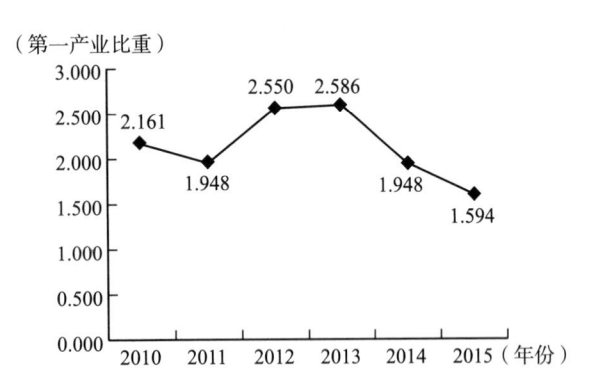

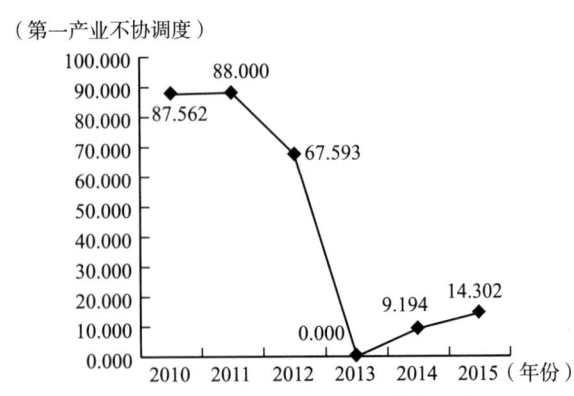

图 10-1 2010~2015 年佛山市第一产业比重变化趋势

2. 第一产业投资强度

根据图 10-2 分析可知，2010~2015 年佛山市第一产业投资强度总体上呈现波动上升型的状态。这一类型的指标为在 2010~2015 年间城市存在一定的波动变化，总体趋势上为上升趋势，但在个别年份出现下降的情况，指标并非连续性上升状态。波动上升型指标意味着在评价的时间段内，虽然指标数据存在较大的波动变化，但是其评价末期数据值高于评价初期数据值。佛山市在 2011~2012 年虽然出现下降的状况，但是总体上还是呈现上升的态势，最终稳定在 0.715；说明第一产业投资强度增大，佛山市财政发展对第一产业资金、技术、物质等方面的投资增多。

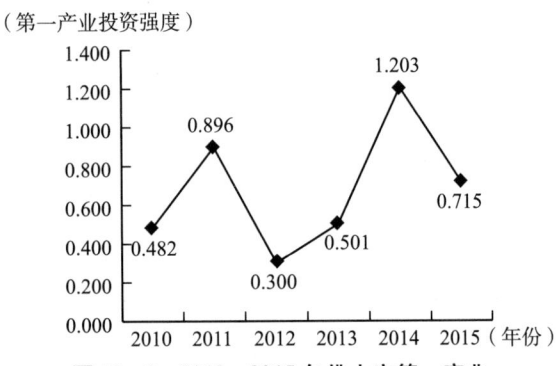

图 10-2 2010~2015 年佛山市第一产业投资强度变化趋势

3. 第一产业不协调度

根据图 10-3 分析可知，2010~2015 年佛山市第一产业不协调度指数总体上呈现波动下降型的状态。这种状态表现为在 2010~2015 年间城市在该项指标上总体呈现下降趋势，但在期间存在上下波动的情况，并非连续性下降状态。这就意味着在评估的时间段内，虽然指标数据存在较大的波动，但是其评价末期数据值低于评价初期数据值。佛山市的第一产业不协调度末期低于初期的数据，降低 73 个单位左右，在 2011~2013 年间存在明显下降的变化；这说明佛山市第一产业不协调度情况处于不太稳定的下降状态。

图 10-3 2010~2015 年佛山市第一产业不协调度变化趋势

4. 第一产业贡献率

根据图 10-4 分析可知，2010~2015 年佛山市第一产业贡献率总体上呈现波动保持型的状态。波动保持型指标意味着城市在该项指标上虽然呈现波动状态，在评价末期

和评价初期的数值基本保持一致,该图可知佛山市第一产业贡献率保持在 70.545~71.022。即使佛山市第一产业贡献率存在过最低值,其数值为 70.545,但佛山市在第一产业贡献率上总体表现得也是相对平稳;说明佛山市第一产业的发展活力较稳定。

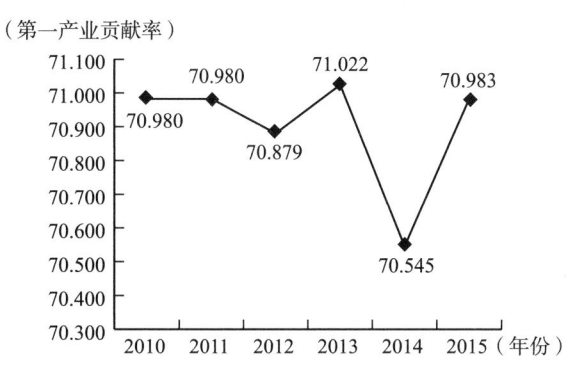

(第一产业贡献率)

图 10-4 2010~2015 年佛山市第一产业贡献率变化趋势

5. 第一产业弧弹性

根据图 10-5 分析可知,2010~2015 年佛山市第一产业弧弹性指数总体上呈现波动保持型的状态。波动保持型指标意味着城市在该项指标上虽然呈现波动状态,在评价末期和评价初期的数值基本保持一致,其保持在 83.972~100.000。佛山市第一产业弧弹性虽然有过波动下降趋势,但下降趋势不大。这说明佛山市在产业弧弹性这个指标上表现得相对稳定,城市未呈现出第一产业的扩张发展趋势。

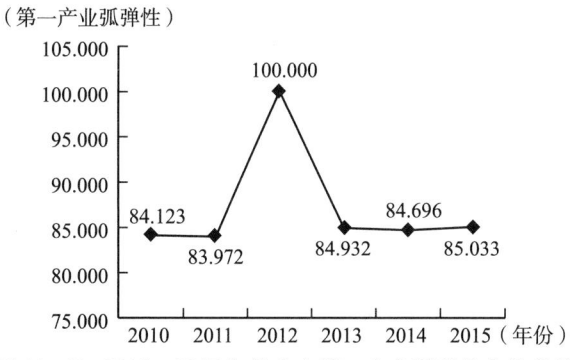

(第一产业弧弹性)

图 10-5 2010~2015 年佛山市第一产业弧弹性变化趋势

6. 第一产业结构偏离系数

根据图 10-6 分析可知,2010~2015 年佛山市第一产业结构偏离系数总体上呈现波动下降型的状态。这种状态表现为在 2010~2015 年间城市在该项指标上总体呈现下降趋势,但在期间存在上下波动的情况,并非连续性下降状态。这就意味着在评估的时间段内,虽然指标数据存在较大的波动,但是其评价末期数据值低于评价初期数据值。佛山市的第一产业结构偏离系数末期低于初期的数据,降低 73 个单位左右,并且在 2010~2013 年间存在明显下降的变化,这说明佛山市农业发展情况处于不太稳定的下降状态。

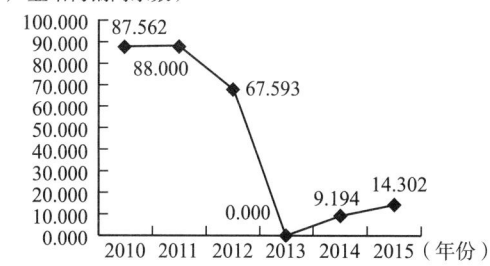

(第一产业结构偏离系数)

图 10-6 2010~2015 年佛山市第一产业结构偏离系数变化趋势

7. 第一产业区位商

根据图 10-7 分析可知,2010~2015 年佛山市的第一产业区位商总体上呈现持续下降型的状态。处于持续下降型的指标,意味着城市在该项指标上不断处在劣势状态,并且这一状况并未得到改善。如图所示,佛山市第一产业区位商指标处于不断下降的状态中,2010 年此指标数值最高,是 0.200,2015 年下降至最低点;说明佛山市的第一产业区位商减小,城市的第一产业就业程度下降。

(第一产业区位商)

图 10-7 2010~2015 年佛山市第一产业区位商变化趋势

8. 第一产业劳动产出率

根据图 10-8 分析可知,2010~2015 年佛山市的第一产业劳动产出率总体上呈现波动上升型的状态。这一类型的指标为 2010~2015 年间城市在该项指标上存在较多波动

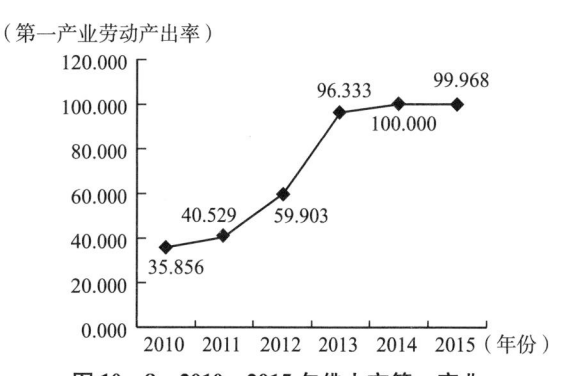

(第一产业劳动产出率)

图 10-8 2010~2015 年佛山市第一产业劳动产出率变化趋势

变化,总体趋势为上升趋势,但在个别年份出现下降的情况,指标并非连续性上升。波动上升型指标意味着在评估期间,虽然指标数据存在较大波动变化,但是其评价末期数据值高于评价初期数据值。通过折线图可以看出,佛山市的第一产业劳动产出率指标提高,2015年达到99.968,相较于2010年上升64个单位左右;说明佛山市第一产业劳动产出率增大,第一产业经济发展水平提高,第一产业对城市经济发展的贡献也增大。

(二) 佛山市农业结构竞争力评估结果

根据表10-1,对2010~2012年间佛山市农业结构及各三级指标的得分、排名、优劣度进行分析,可以看到在2010年佛山市农业结构的排名处于珠江-西江经济带第11名,2011年保持在第11名,2012年上升至第10名。说明佛山市农业结构一直处于珠江-西江经济带下游,发展水平较低。对佛山市的农业结构竞争力得分情况进行分析,发现佛山市的农业结构综合得分呈现先上升后下降趋势,说明城市的农业结构发展较低。总的来说,2010~2012年佛山市农业结构发展处于珠江-西江经济带劣势地位,发展水平落后于经济带其他城市,在经济带中上升空间较大。

表10-1 2010~2012年佛山市农业结构各级指标的得分、排名及优劣度分析

指标	2010年 得分	排名	优劣度	2011年 得分	排名	优劣度	2012年 得分	排名	优劣度
农业结构	20.467	11	劣势	20.728	11	劣势	19.190	10	劣势
第一产业比重	0.091	10	劣势	0.082	10	劣势	0.103	10	劣势
第一产业投资强度	0.015	10	劣势	0.026	10	劣势	0.009	10	劣势
第一产业不协调度	5.828	9	劣势	5.698	9	劣势	4.139	10	劣势
第一产业贡献率	3.350	9	劣势	3.427	6	中势	3.304	5	优势
第一产业弧弹性	4.401	4	优势	4.710	7	中势	5.848	1	强势
第一产业结构偏离系数	5.828	9	劣势	5.698	9	劣势	4.139	10	劣势
第一产业区位商	0.006	11	劣势	0.004	11	劣势	0.001	11	劣势
第一产业劳动产出率	0.949	1	强势	1.084	1	强势	1.648	1	强势

对佛山市农业结构的三级指标进行分析,其中第一产业比重的排名呈现持续保持的发展趋势,再对佛山市的第一产业比重的得分情况进行分析,发现佛山市的第一产业比重的得分波动上升,说明佛山市第一产业比重持续增加。

其中第一产业投资强度的排名呈现持续保持的发展趋势,再对佛山市的第一产业投资强度的得分情况进行分析,发现佛山市的第一产业投资强度的得分先上升后下降,整体上得分比较低,说明佛山市的第一产业发展不占优势,城市活力弱。

其中第一产业不协调度的排名呈现先保持后下降的发展趋势,再对佛山市的第一产业不协调度的得分情况进行分析,发现佛山市第一产业不协调度指数的得分持续下降,说明佛山市第一产业在城市中的发展结构良好,第一产业对城市经济发展起促进作用。

其中第一产业贡献率的排名呈现持续上升的发展趋势,再对佛山市第一产业贡献率的得分情况进行分析,发现佛山市的第一产业贡献率的得分处于先上升后下降的发展趋势,说明在2010~2012年间佛山市第一产业所提供的就业机会较少、劳动力需求程度有所降低。

其中第一产业弧弹性的排名呈现先下降后上升的发展趋势,再对佛山市的第一产业弧弹性得分情况进行分析,发现佛山市的第一产业弧弹性的得分处于持续上升的发展趋势,说明佛山市第一产业经济发展变化增长速率快于其经济的变化增长速率,城市呈现出第一产业的扩张发展趋势。

其中第一产业结构偏离系数的排名呈现先保持后下降的发展趋势,再对佛山市的第一产业结构偏离系数的得分情况进行分析,发现佛山市的第一产业结构偏离系数的得分处于持续下降的趋势,说明城市的第一产业就业结构协调程度提高,城市的劳动生产率提高。

其中第一产业区位商呈现持续保持的发展趋势,再对佛山市的第一产业区位商的得分情况进行分析,发现佛山市的第一产业区位商的得分处于持续下降的趋势,说明城市的第一产业就业程度越低。

其中第一产业劳动产出率的排名呈现持续保持的发展趋势,再对佛山市的第一产业劳动产出率的得分情况进行分析,发现佛山市的第一产业劳动产出率的得分呈现持续上升的发展趋势,说明佛山市的第一产业经济发展水平有所提高。

根据表10-2,对2013~2015年间佛山市农业结构及各三级指标的得分、排名、优劣度进行分析,可以看到2013~2015年间佛山市农业结构的排名始终处于珠江-西江经济带第11名。说明佛山市农业结构一直处于珠江-西江经济带下游。对佛山市的农业结构竞争力得分情况进行分析,发现佛山市的农业结构综合得分呈现持续上升趋势,说明城市的农业结构有所发展,有一定的发展潜力,但整体上低于珠江-西江经济带其他城市。总的来说,2013~2015年佛山市农业结构发展处于珠江-西江经济带劣势地位,发展水平落后于经济带其他城市。

表10-2　　　　　2013~2015年佛山市农业结构各级指标的得分、排名及优劣度分析

指标	2013年 得分	2013年 排名	2013年 优劣度	2014年 得分	2014年 排名	2014年 优劣度	2015年 得分	2015年 排名	2015年 优劣度
农业结构	10.930	11	劣势	12.437	11	劣势	13.344	11	劣势
第一产业比重	0.103	10	劣势	0.074	10	劣势	0.061	10	劣势
第一产业投资强度	0.014	10	劣势	0.034	10	劣势	0.020	11	劣势
第一产业不协调度	0.000	11	劣势	0.552	11	劣势	0.826	11	劣势
第一产业贡献率	3.341	9	劣势	3.204	4	优势	3.368	1	强势
第一产业弧弹性	4.468	2	强势	4.846	5	优势	4.919	6	中势
第一产业结构偏离系数	0.000	11	劣势	0.552	11	劣势	0.826	11	劣势
第一产业区位商	0.000	11	劣势	0.000	11	劣势	0.000	11	劣势
第一产业劳动产出率	3.004	1	强势	3.175	1	强势	3.323	1	强势

对佛山市农业结构的三级指标进行分析，其中第一产业比重的排名呈现持续保持的发展趋势，再对佛山市的第一产业比重的得分情况进行分析，发现佛山市的第一产业比重的得分持续下降，说明佛山市第一产业比重持续减小，被其他产业所替代。

其中第一产业投资强度的排名呈现先保持后下降的发展趋势，再对佛山市的第一产业投资强度的得分情况进行分析，发现佛山市的第一产业投资强度的得分先上升后下降，整体上得分比较低，说明佛山市的第一产业发展不占优势。

其中第一产业不协调度的排名呈现持续保持的发展趋势，再对佛山市的第一产业不协调度的得分情况进行分析，发现佛山市第一产业不协调度指数的得分持续上升，说明佛山市第一产业在城市中的发展结构水平有所下降，第一产业对城市经济发展的促进作用有所下降。

其中第一产业贡献率的排名呈现持续上升的发展趋势，再对佛山市第一产业贡献率的得分情况进行分析，发现佛山市的第一产业贡献率的得分处于先下降后上升的发展趋势，说明在2013~2015年间佛山市第一产业所提供的就业机会较少、劳动力需求程度有所提高，产业发展活力有所增强。

其中第一产业弧弹性的排名呈现持续下降的发展趋势，再对佛山市的第一产业弧弹性得分情况进行分析，发现佛山市的第一产业弧弹性的得分处于持续上升的发展趋势，说明佛山市第一产业经济发展变化增长速率快于其经济的变化增长速率。

其中第一产业结构偏离系数的排名呈现持续保持的发展趋势，再对佛山市的第一产业结构偏离系数的得分情况进行分析，发现佛山市的第一产业结构偏离系数的得分处于持续上升的趋势，说明城市的第一产业就业结构协调程度降低，城市的劳动生产率下降。

其中第一产业区位商呈现持续保持的发展趋势，再对佛山市的第一产业区位商的得分情况进行分析，发现佛山市的第一产业区位商的得分处于持续保持的趋势，说明城市的第一产业就业程度低。

其中第一产业劳动产出率的排名呈现持续保持的发展趋势，再对佛山市的第一产业劳动产出率的得分情况进行分析，发现佛山市的第一产业劳动产出率的得分呈现持续上升的发展趋势，说明佛山市的第一产业经济发展水平提高，第一产业对城市经济发展的贡献也增大。

对2010~2015年间佛山市农业结构及各三级指标的得分、排名和优劣度进行分析。2010~2015年佛山市农业结构的综合得分排名呈现波动保持的发展趋势。2010~2011年佛山市农业结构综合得分排名处于珠江-西江经济带第11名，2011年上升至第10名，2012年佛山市农业结构的综合得分下降至第11名，其后在2013~2015年佛山市农业结构的综合得分保持在第11名。一方面说明佛山市农业结构的综合得分排名始终处于珠江-西江经济带下游，其农业结构竞争力处于经济带劣势地位，佛山市的农业结构的发展水平较之于珠江-西江经济带的其他城市较低，发展水平有待进一步提高；另一方面说明佛山市在农业结构方面的发展波动较小，稳定性较好。对佛山市的农业结构得分情况进行分析，发现2010~2011年佛山市农业结构得分上升，2012~2015年得分持续下降，整体上佛山市的农业结构得分呈现波动下降趋势。

从农业结构基础指标的优劣度结构（见表10-3）来看，在8个基础指标中，指标的优劣度结构为25.0:0.0:12.5:62.5。

表10-3　　　　　　　　2015年佛山市农业结构指标的优劣度结构

二级指标	三级指标数	强势指标 个数	强势指标 比重(%)	优势指标 个数	优势指标 比重(%)	中势指标 个数	中势指标 比重(%)	劣势指标 个数	劣势指标 比重(%)	优劣度
农业结构	8	2	25.000	0	0.000	1	12.500	5	62.500	劣势

(三) 佛山市农业结构竞争力比较分析

图 10-9 和图 10-10 将 2010~2015 年佛山市农业结构竞争力与珠江-西江经济带最高水平和平均水平进行比较。从农业结构竞争力的要素得分比较来看，由图 10-9 可知，2010 年，佛山市第一产业比重得分比珠江-西江经济带最高分低 4.075 分，比平均分低 2.072 分；2011 年，第一产业比重得分比最高分低 4.126 分，比平均分低 2.121 分；2012 年，第一产业比重得分比最高分低 3.574 分，比平均分低 1.917 分；2013 年，第一产业比重得分比最高分低 3.409 分，比平均分低 1.850 分；2014 年，第一产业比重得分比最高分低 3.016 分，比平均分低 1.632 分；2015 年，第一产业比重得分比最高分低 3.088 分，比平均分低 1.650 分。这说明整体上佛山市第一产业比重得分与珠江-西江经济带最高分的差距先增大后缩小，与珠江-西江经济带平均分的差距波动减小。

2010 年，佛山市第一产业投资强度得分比最高分低 3.084 分，比平均分低 0.539 分；2011 年，第一产业投资强度得分比最高分低 2.054 分，比平均分低 0.526 分；2012 年，第一产业投资强度得分比最高分低 1.681 分，比平均分低 0.559 分；2013 年，第一产业投资强度得分比最高分低 0.984 分，比平均分低 0.467 分；2014 年，第一产业投资强度得分比最高分低 0.957 分，比平均分低 0.421 分；2015 年，第一产业投资强度得分比最高分低 0.859 分，比平均分低 0.450 分。说明整体上佛山市第一产业投资强度得分与珠江-西江经济带最高分的差距持续缩小，与珠江-西江经济带平均分的差距波动缩小，总体上低于平均分。

2010 年，佛山市第一产业不协调度得分比最高分低 0.817 分，比平均分低 0.354 分；2011 年，第一产业不协调度得分比最高分低 0.769 分，比平均分低 0.247 分；2012 年，第一产业不协调度得分比最高分低 1.977 分，比平均分低 1.213 分；2013 年，第一产业不协调度得分比最高分低 5.859 分，比平均分低 4.674 分；2014 年，第一产业不协调度得分比最高分低 5.454 分，比平均分低 4.352 分；2015 年，第一产业不协调度得分比最高分低 4.949 分，比平均分低 3.735 分。这说明整体上佛山市第一产业不协调度得分与珠江-西江经济带最高分的差距波动增大，与珠江-西江经济带平均分的差距波动增大，整体上低于平均分。

2010 年，佛山市第一产业贡献率得分比最高分低 0.012 分，比平均分低 0.004 分；2011 年，第一产业贡献率得分比低 1.401 分，比平均分低 0.041 分；2012 年，第一产业贡献率得分比最高分低 0.094 分，比平均分高 0.002 分；2013 年，第一产业贡献率得分比最高分低 0.057 分，比平均分低 0.015 分；2014 年，第一产业贡献率得分比最高分低 1.275 分，比平均分低 0.394 分；2015 年，第一产业贡献率得分与最高分不存在差距，比平均分高 0.014 分。这说明整体上佛山市第一产业贡献率得分与珠江-西江经济带最高分的差距波动增大，与珠江-西江经济带平均分的差距波动较大。

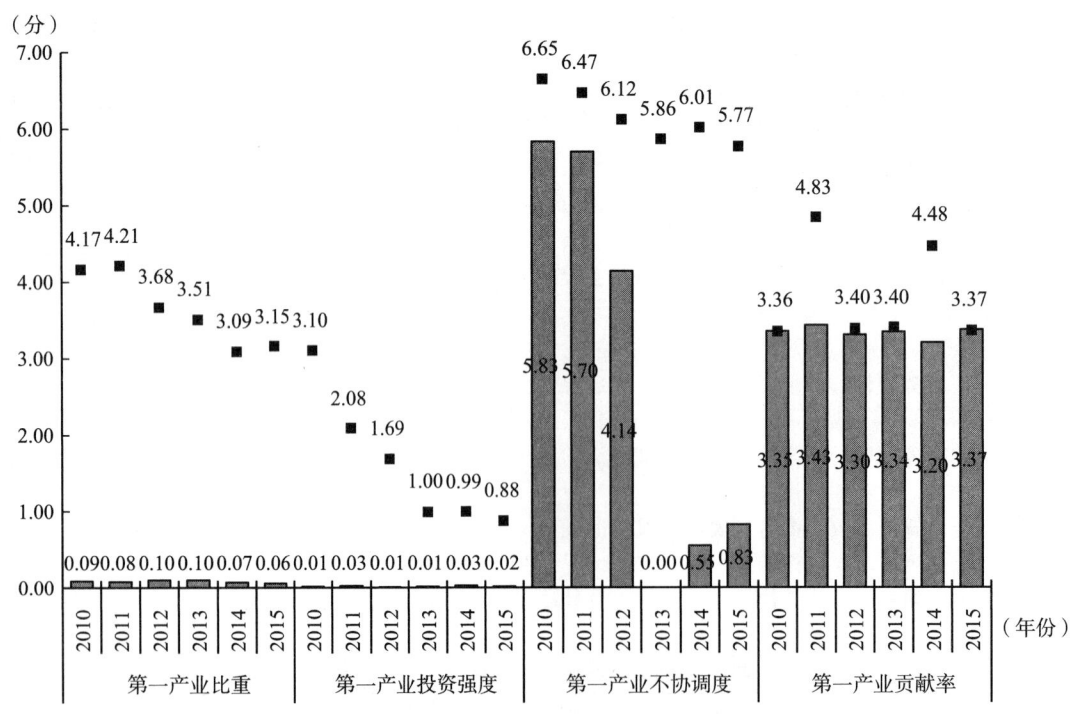

图 10-9　2010~2015 年佛山市农业结构竞争力指标得分比较 1

由图 10-10 可知，2010 年，佛山市产业多样化得分比最高分低 0.027 分，比平均分高 0.344 分；2011 年，产业多样化得分比最高分低 0.056 分，比平均分低 0.018 分；2012 年，产业多样化得分与最高分不存在差距，比平均分高 0.787 分；2013 年，产业多样化得分比最高分低 0.024 分，比平均分高 0.490 分；2014 年，产业多样化得分比最高分低 0.137 分，与平均分基本持平；2015 年，产业多样化得分比最高分低 0.837 分，比平均分高 0.145 分。这说明整体上佛山市产业多样化得分与珠江-西江经济带最高分的差距波动增大,与珠江-西江经济带平均分的差距持续波动。

2010年,佛山市第一产业结构偏离系数得分比最高分低0.817分,比平均分低0.354分;2011年,第一产业结构偏离系数得分比最高分低0.769分,比平均分低0.247分;2012年,第一产业结构偏离系数得分比最高分低1.977分,比平均分低1.213分;2013年,第一产业结构偏离系数得分比最高分低5.859分,比平均分低4.674分;2014年,第一产业结构偏离系数得分比最高分低5.454分,比平均分低4.352分;2015年,第一产业结构偏离系数得分比最高分低4.949分,比平均分低3.735分。这说明整体上佛山市第一产业结构偏离系数得分与珠江-西江经济带最高分的差距波动增大,与珠江-西江经济带平均分的差距呈波动增大的趋势。

2010年,佛山市第一产业区位商得分比最高分低1.828分,比平均分低0.429分;2011年,第一产业区位商得分比最高分低2.161分,比平均分低0.482分;2012年,第一产业区位商得分比最高分低2.119分,比平均分低0.488分;2013年,第一产业区位商得分比最高分低3.152分,比平均分低0.618分;2014年,第一产业区位商得分比最高分低2.938分,比平均分低0.594分;2015年,第一产业区位商得分比最高分低2.468分,比平均分低0.482分。这说明整体上佛山市第一产业区位商得分与珠江-西江经济带最高分的差距在波动增大,与珠江-西江经济带平均分的差距先增大后减小,整体低于平均分。

2010年,佛山市第一产业劳动产出率得分与最高分不存在差距,比平均分高0.729分;2011年,第一产业劳动产出率得分与最高分不存在差距,比平均分高0.793分;2012年,第一产业劳动产出率得分与最高分不存在差距,比平均分高1.290分;2013年,第一产业劳动产出率得分与最高分不存在差距,比平均分高2.363分;2014年,第一产业劳动产出率得分与最高分不存在差距,比平均分高2.525分;2015年,第一产业劳动产出率得分与最高分不存在差距,比平均分高2.472分。这说明整体上佛山市第一产业劳动产出率得分与珠江-西江经济带最高分不存在差距,与珠江-西江经济带平均分的差距先增大后减小。

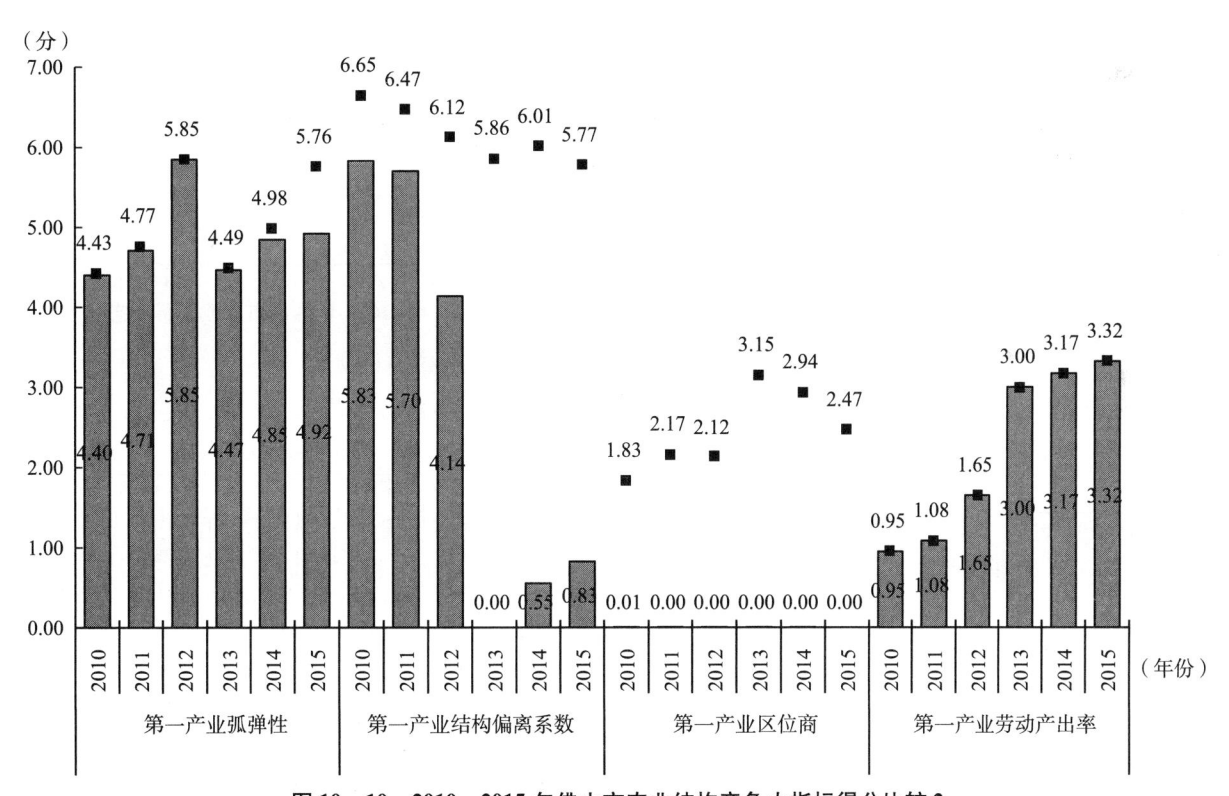

图10-10 2010~2015年佛山市农业结构竞争力指标得分比较2

二、佛山市农业发展水平综合评估与比较

(一)佛山市农业发展水平评估指标变化趋势评析

1. 第一产业扩张弹性系数

根据图10-11分析可知,2010~2015年佛山市第一产业扩张弹性系数总体上呈现波动保持型的状态。波动保持型指标意味着城市在该项指标上虽然呈现波动状态,在评价末期和评价初期的数值基本保持一致,该图可知佛山市第一产业扩张弹性系数保持在63.899~72.202。即使佛山市第一产业扩张弹性系数存在过最低值,其数值为63.899;说明佛山市在第一产业扩张弹性系数上总体表现相对平稳。

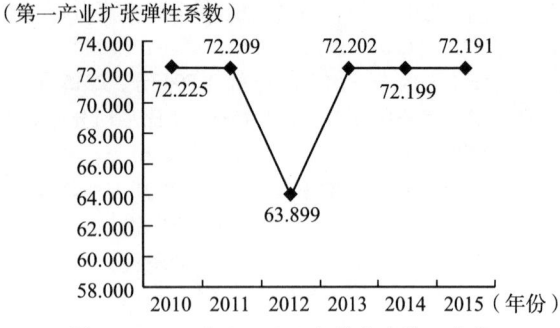

图 10-11　2010~2015 年佛山市第一产业扩张弹性系数变化趋势

2. 农业强度

根据图 10-12 分析可知，2010~2015 年佛山市的农业强度总体上呈现波动下降型的状态。这一类的指标为 2010~2015 年间城市在该项指标上总体呈现下降趋势，但在评估期间存在上下波动的情况，指标并非连续性下降状态。波动下降型指标意味着在评估期间，虽然指标数据存在较大波动变化，但是其评价末期数据值低于评价初期数据值。如图 10-12 所示，佛山市农业强度指标处于下降的状态中，2010 年此指标数值最高，是 11.804，2015 年下降至 10.526。分析这种变化趋势，可以得出佛山市农业产业发展的水平处于劣势。

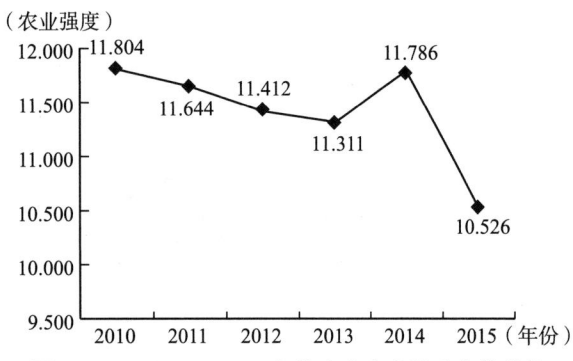

图 10-12　2010~2015 年佛山市农业强度变化趋势

3. 耕地密度

根据图 10-13 分析可知，2010~2015 年佛山市耕地密度总体上呈现波动下降型的状态。这种状态表现为在 2010~2015 年间城市在该项指标上总体呈现下降趋势，但在期间存在上下波动的情况，并非连续性下降状态。这就意味着在评估的时间段内，虽然指标数据存在较大的波动，但是其评价末期数据值低于评价初期数据值。佛山市的耕地密度末期低于初期的数据，降低 1 个单位左右，并且在 2012~2015 年间存在明显下降的变化，这说明佛山市耕地情况处于不太稳定的下降状态。

4. 农业指标动态变化

根据图 10-14 分析可知，2010~2015 年佛山市农业指标动态变化指数总体上呈现波动下降型的状态。这种状态表现为在 2010~2015 年间城市在该项指标上总体呈现下降趋势，但在期间存在上下波动的情况，并非连续性下降状态。这就意味着在评估的时间段内，虽然指标数据存在较大的波动，但是其评价末期数据值低于评价初期数据值。佛山市的农业指标动态变化指数末期低于初期的数据，降低 3 个单位左右，并且在 2010~2011 年间存在明显下降的变化，这说明佛山市农业指标动态变化情况处于不太稳定的下降状态。

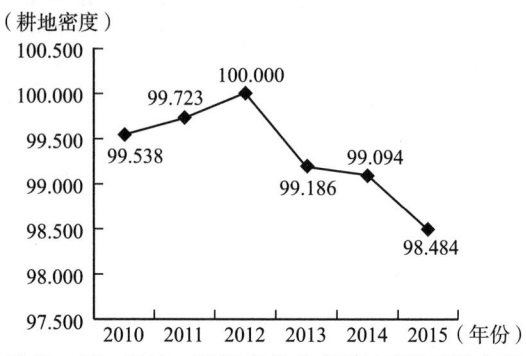

图 10-13　2010~2015 年佛山市耕地密度变化趋势

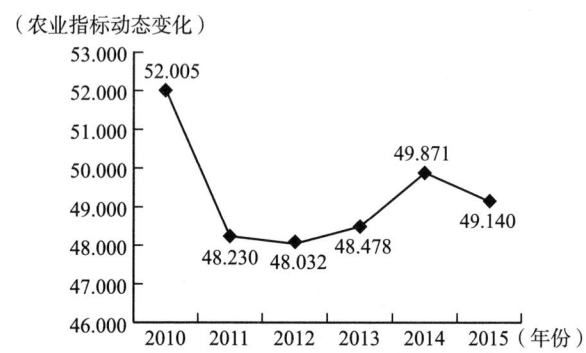

图 10-14　2010~2015 年佛山市农业指标动态变化趋势

5. 农业土地扩张强度

根据图 10-15 分析可知，2010~2015 年佛山市的农业土地扩张强度总体上呈现波动上升型的状态。这一类型的指标为 2010~2015 年间城市在该项指标上存在较多波动变化，总体趋势为上升趋势，但在个别年份出现下降的情况，指标并非连续性上升。波动上升型指标意味着在评估期间，虽然指标数据存在较大波动变化，但是其评价末期数据值高于评价初期数据值。通过折线图可以看出，佛山市的农业土地扩张强度指标提高，2015 年达到 39.041，相较于 2010 年上升 9 个单位左右；说明佛山市的农业整体发展水平较高。

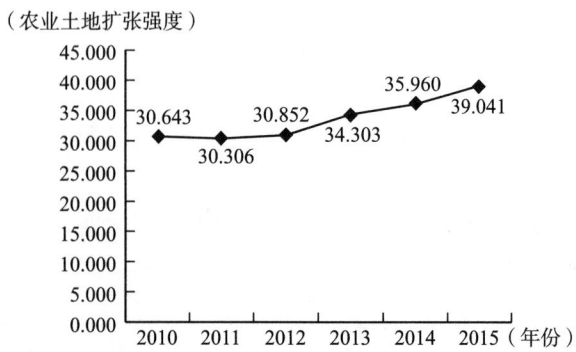

图 10-15　2010~2015 年佛山市农业土地扩张强度变化趋势

6. 农业蔓延指数

根据图 10-16 分析可知，2010~2015 年佛山市农业蔓延指数总体上呈现波动上升型的状态。这一类型的指标为在 2010~2015 年间城市存在一定的波动变化，总体趋势上为上升趋势，但在个别年份出现下降的情况，指标并非连续性上升状态。波动上升型指标意味着在评价的时间段内，虽然指标数据存在较大的波动变化，但是其评价末期数据值高于评价初期数据值。由图可以看出该三级指标在 2010~2015 年存在较大的波动变化，最终稳定在 5.823。佛山市的农业蔓延情况虽然处于上升的阶段，但是个别年份又会出现波动幅度较大的问题，所以佛山市在经济快速发展的同时将注重城市用地面积和人口数量之间的关系问题。

（农业蔓延指数）

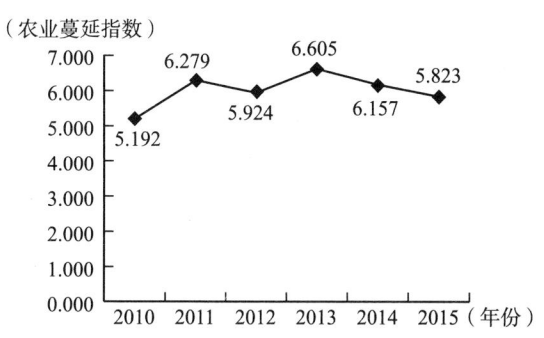

图 10-16　2010~2015 年佛山市农业蔓延指数变化趋势

7. 农业指标相对增长率

根据图 10-17 分析可知，2010~2015 年佛山市农业指标相对增长率总体上呈现波动上升型的状态。这一类型的指标为在 2010~2015 年间城市存在一定的波动变化，总体趋势上为上升趋势，但在个别年份出现下降的情况，指标并非连续性上升状态。波动上升型指标意味着在评价的时间段内，虽然指标数据存在较大的波动变化，但是其评价末期数据值高于评价初期数据值，最终稳定在 21.496。佛山市的农业相对增长率波动增高；说明佛山市的粮食产量增长速率有所加快，呈现出地区农业集聚能力及活力的不断提升。

（农业指标相对增长率）

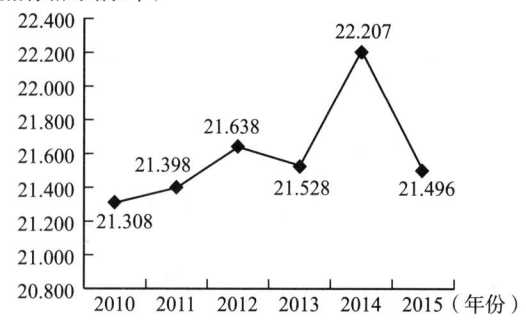

图 10-17　2010~2015 年佛山市农业指标相对增长率变化趋势

8. 农业指标绝对增量加权指数

根据图 10-18 分析可知，2010~2015 年佛山市绝对增量加权指数总体上呈现波动保持型的状态。波动保持型指标意味着城市在该项指标上虽然呈现波动状态，在评价末期和评价初期的数值基本保持一致，该图可知佛山市绝对增量加权指数保持在 80.323~81.333。即使佛山市绝对增量加权指数存在过最低值，其数值为 80.323；说明佛山市在绝对增量加权指数上总体表现相对平稳。

（农业指标绝对增量加权指数）

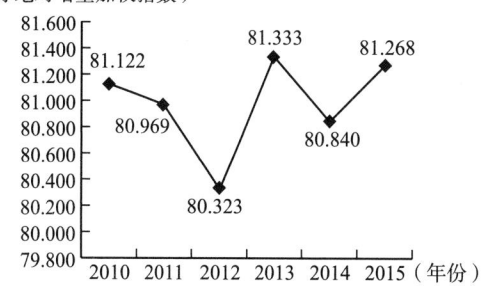

图 10-18　2010~2015 年佛山市农业指标绝对增量加权指数变化趋势

（二）佛山市农业发展水平评估结果

根据表 10-4，对 2010~2012 年间佛山市农业发展及各三级指标的得分、排名、优劣度进行分析，可以看到在 2010 年佛山市农业发展的综合排名处于珠江-西江经济带第 9 名，2011 年上升至第 1 名，2012 年下降至第 2 名。说明佛山市农业发展水平在珠江-西江经济带中从下游区上升至上游区，发展速度较快。对佛山市的农业发展得分情况进行分析，发现佛山市的农业发展综合得分呈现先上升后下降趋势，整体上呈上升趋势，说明城市的农业发展整体上高于珠江-西江经济带其他城市。总的来说，2010~2012 年佛山市农业发展从珠江-西江经济带下游上升至上游，发展水平与经济带其他城市相比较高。

对佛山市农业发展的三级指标进行分析，其中第一产业扩张弹性系数的排名呈现先保持后下降的发展趋势，再对佛山市的第一产业扩张弹性系数的得分情况进行分析，发现佛山市的第一产业扩张弹性系数的得分持续下降，说明佛山市的耕地面积扩张幅度增大，城市城镇化与城市面积之间呈现不协调发展的关系。

其中农业强度的排名呈现持续保持的发展趋势，再对佛山市的农业强度的得分情况进行分析，发现佛山市的农业强度的得分持续下降，说明佛山市的粮食作物播种面积所具备的优势在下降。

其中耕地密度的排名呈现持续保持的发展趋势，再对佛山市的耕地密度的得分情况进行分析，发现佛山市第一产业不协调指数的得分波动下降，说明佛山市的人力资源减少。

表 10-4　　2010~2012 年佛山市农业发展各级指标的得分、排名及优劣度分析

指标	2010 年 得分	排名	优劣度	2011 年 得分	排名	优劣度	2012 年 得分	排名	优劣度
农业发展	13.771	9	劣势	18.065	1	强势	17.664	2	强势
第一产业扩张弹性系数	3.566	2	强势	3.451	2	强势	2.952	10	劣势
农业强度	0.373	5	优势	0.363	5	优势	0.356	5	优势
耕地密度	3.071	1	强势	3.045	1	强势	3.060	1	强势
农业指标动态变化	1.818	1	强势	1.759	11	劣势	1.754	11	劣势
农业土地扩张强度	0.000	11	劣势	4.255	2	强势	4.281	1	强势
农业蔓延指数	0.134	6	中势	0.162	8	中势	0.154	8	中势
农业指标相对增长率	0.601	3	优势	0.603	3	优势	0.632	10	劣势
农业指标绝对增量加权指数	4.209	5	优势	4.427	11	劣势	4.474	11	劣势

其中农业指标动态变化的排名呈现先下降后保持的发展趋势，再对佛山市农业指标动态变化的得分情况进行分析，发现佛山市的农业指标动态变化的得分处于持续下降的发展趋势，说明在 2010~2012 年间佛山市的粮食作物播种面积增加持续减小，对应呈现出地区经济活力和城市规模的不断缩小。

其中农业土地扩张强度的排名呈现持续上升的发展趋势，再对佛山市的农业土地扩张强度得分情况进行分析，发现佛山市的农业土地扩张强度的得分先上升后下降，整体呈上升趋势，说明佛山市农业土地扩张强度在增大，城市的农业土地面积增长速率加快，呈现出农业生产集聚能力及活力在不断扩大。

其中农业蔓延指数的排名呈现先下降后保持的发展趋势，再对佛山市的农业蔓延指数的得分情况进行分析，发现佛山市的农业蔓延指数的得分先上升后下降，农业蔓延指数小于 1，说明城市的粮食总产量的增长慢于非农业人口的增长水平，农业的发展未呈现出明显蔓延的趋势。

其中农业指标相对增长率呈现先保持后下降的发展趋势，再对佛山市的农业指标相对增长率的得分情况进行分析，发现佛山市的农业指标相对增长率的得分处于持续上升的趋势，说明佛山市的总粮食产量相对增长率有所提升，城市的粮食产量增长速率加快。

其中农业指标绝对增量加权指数的排名呈现先下降后保持的发展趋势，再对佛山市的农业指标绝对增量加权指数的得分情况进行分析，发现佛山市的农业指标绝对增量加权指数的得分持续上升的发展趋势，说明佛山市的粮食产量绝对增量加权指数在增大，城市的粮食产量集中度在不断提高。

根据表 10-5，对 2013~2015 年间佛山市农业发展及各三级指标的得分、排名、优劣度进行分析，可以看到在 2013 年佛山市农业发展的综合排名处于珠江-西江经济带第 3 名，2014 年上升至第 2 名，2015 年又上升至第 1 名。说明佛山市农业发展水平在珠江-西江经济带中处于上游。对佛山市的农业发展得分情况进行分析，发现佛山市的农业发展综合得分呈现持续上升的趋势，说明城市的农业发展整体上高于珠江-西江经济带其他城市，在经济带中具备明显的竞争优势。总的来说，2013~2015 年佛山市农业发展水平处于珠江-西江经济带上游区，发展水平与经济带其他城市相比较高。

表 10-5　　2013~2015 年佛山市农业发展各级指标的得分、排名及优劣度分析

指标	2013 年 得分	排名	优劣度	2014 年 得分	排名	优劣度	2015 年 得分	排名	优劣度
农业发展	17.909	3	优势	17.982	2	强势	18.275	1	强势
第一产业扩张弹性系数	3.386	2	强势	3.415	1	强势	3.435	2	强势
农业强度	0.353	5	优势	0.372	5	优势	0.329	6	中势
耕地密度	3.034	1	强势	3.060	1	强势	3.055	1	强势
农业指标动态变化	1.776	7	中势	1.827	1	强势	2.169	6	中势
农业土地扩张强度	3.924	11	劣势	4.209	9	劣势	4.054	11	劣势
农业蔓延指数	0.200	7	中势	0.164	9	劣势	0.153	7	中势
农业指标相对增长率	0.674	11	劣势	0.833	8	中势	0.628	5	优势
农业指标绝对增量加权指数	4.562	7	中势	4.103	5	优势	4.453	6	中势

对佛山市农业发展的三级指标进行分析，其中第一产业扩张弹性系数的排名呈现先上升后下降的发展趋势，再对佛山市的第一产业扩张弹性系数的得分情况进行分析，发现佛山市的第一产业扩张弹性系数的得分持续上升，说明佛山市第一产业扩张弹性系数持续增大，城市的耕地面积扩张幅度减小，城市城镇化与城市面积之间呈现协调发

展的关系。

其中农业强度的排名呈现先保持后下降的发展趋势，再对佛山市的农业强度的得分情况进行分析，发现佛山市的农业强度的得分先上升后下降，整体上是下降趋势，说明佛山市的粮食作物播种面积所具备的优势在下降，城市活力有所减弱。

其中耕地密度的排名呈现持续保持的发展趋势，再对佛山市的耕地密度的得分情况进行分析，发现佛山市耕地密度的得分波动上升，说明佛山市的人力资源丰富，城市的农业生产效率较高。

其中农业指标动态变化的排名呈现先上升后下降的发展趋势，再对佛山市农业指标动态变化的得分情况进行分析，发现佛山市的农业指标动态变化的得分处于持续上升的发展趋势，说明在2013～2015年间佛山市的粮食作物播种面积增加持续增大，对应呈现出地区经济活力和城市规模的不断扩大。

其中农业土地扩张强度的排名呈现先上升后下降的发展趋势，再对佛山市农业土地扩张强度得分情况进行分析，发现佛山市的农业土地扩张强度的得分先上升后下降，整体呈上升趋势，说明佛山市农业土地扩张强度在增大，城市的农业土地面积增长速率加快。

其中农业蔓延指数的排名呈现先下降后上升的发展趋势，再对佛山市的农业蔓延指数的得分情况进行分析，发现佛山市的农业蔓延指数的得分持续下降，农业蔓延指数小于1，说明城市的粮食总产量的增长慢于非农业人口的增长水平，农业的发展未呈现出明显蔓延的趋势

其中农业指标相对增长率呈现持续上升的发展趋势，再对佛山市的农业指标相对增长率的得分情况进行分析，发现佛山市的农业指标相对增长率的得分先上升后下降，整体呈下降趋势，说明佛山市的总粮食产量相对增长率有所下降，城市的粮食产量增长速率变慢。

其中农业指标绝对增量加权指数的排名呈现先上升后下降的发展趋势，再对佛山市的农业指标绝对增量加权指数的得分情况进行分析，发现佛山市的农业指标绝对增量加权指数的得分波动下降，说明佛山市的粮食产量绝对增量加权指数在减小，城市的粮食产量集中度有所下降，城市粮食产量变化增长趋向于中低速型发展。

对2010～2015年间佛山市农业发展及各三级指标的得分、排名和优劣度进行分析。2010～2015年佛山市农业发展的综合得分排名呈现波动上升的发展趋势。2010年佛山市农业发展综合得分排名处于珠江－西江经济带第9名，2011年上升至第1名，2012年下降至第2名，2013年下降至第3名，2014年农业发展综合得分上升至第2名，2015年其排名又上升至第1名。一方面说明佛山市的农业发展从珠江－西江经济带下游区上升至上游区，其农业发展也从经济带劣势地位上升至强势地位，与经济带其他城市相比，发展水平较高；另一方面说明佛山市农业发展综合得分上升和下降的幅度较大，在农业发展方面存在不稳定现象，稳定性有待提高。对佛山市的农业发展得分情况进行分析，发现2010～2011年佛山市的农业发展综合得分上升，2012年得分有所下降，2013～2015年农业发展综合得分持续上升，整体上佛山市农业发展综合得分呈现波动上升的发展趋势，说明佛山市的农业发展水平有所提升。

从农业发展基础指标的优劣度结构来看，在8个基础指标中，指标的优劣结构为25.0:12.5:50.0:15.5。

表10-6　　　　　　　　　　2015年佛山市农业发展指标的优劣度结构

二级指标	三级指标数	强势指标		优势指标		中势指标		劣势指标		优劣度
		个数	比重（%）	个数	比重（%）	个数	比重（%）	个数	比重（%）	
农业发展	8	2	25.000	1	12.500	4	50.000	1	15.500	强势

（三）佛山市农业发展水平比较分析

图10-19和图10-20将2010～2015年佛山市农业发展与珠江－西江经济带最高水平和平均水平进行比较。从农业发展的要素得分比较来看，由图10-19可知，2010年，佛山市第一产业扩张弹性系数得分比最高分低1.371分，比平均分低0.035分；2011年，第一产业扩张弹性系数得分比最高分低0.402分，比平均分低0.029分；2012年，第一产业扩张弹性系数得分比最高分低1.217分，比平均分低0.119分；2013年，第一产业扩张弹性系数得分比最高分低0.021分，比平均分低0.054分；2014年，第一产业扩张弹性系数得分与最高分不存在差距，比平均分高0.059分；2015年，第一产业扩张弹性系数得分比最高分低0.022分，比平均分高0.063分。这说明整体上佛山市第一产业扩张弹性系数得分与珠江－西江经济带最高分的差距有波动减小趋势，与珠江－西江经济带平均分的差距先减小后增大。

2010年，佛山市农业强度得分比最高分低2.785分，比平均分低0.269分；2011年，农业强度得分比最高分低2.746分，比平均分低0.270分；2012年，农业强度得分比最高分低2.741分，比平均分低0.278分；2013年，农业强度得分比最高分低2.728分，比平均分低0.281分；2014年，农业强度得分比最高分低2.761分，比平均分低0.269分；2015年，农业强度得分比最高分低2.606分，比平均分低0.306分。这说明整体上佛山市农业强度得分与珠江－西江经济带最高分的差距波动缩小，与珠江－西江经济带平均分的差距波动增大，总体上低于平均分。

2010年，佛山市耕地密度得分与最高分不存在差距，比平均分高2.529分；2011年，耕地密度得分与最高分不存在差距，比平均分高2.508分；2012年，耕地密度得分与最高分不存在差距，比平均分高2.523分；2013年，耕地密度得分与最高分不存在差距，比平均分高2.498分；2014年，耕地密度得分与最高分不存在差距，比平均分高2.519分；2015年，耕地密度得分与最高分不存在差距，

比平均分高 2.513 分。这说明整体上佛山市耕地密度得分与最高分不存在差距，与珠江－西江经济带平均分的差距波动缩小，整体上高于平均分。

2010 年，佛山市农业指标动态变化得分与最高分不存在差距，比平均分高 0.370 分；2011 年，农业指标动态变化得分比最高分低 0.051 分，比平均分低 0.027 分；2012 年，农业指标动态变化得分比最高分低 0.082 分，比平均分低 0.035 分；2013 年，农业指标动态变化得分比最高分低 0.101 分，比平均分低 0.019 分；2014 年，农业指标动态变化得分与最高分不存在差距，比平均分低 0.070 分；2015 年，农业指标动态变化得分比最高分低 2.245 分，比平均分低 0.401 分。这说明整体上佛山市农业指标动态变化得分与珠江－西江经济带最高分的差距波动增大，与珠江－西江经济带平均分的差距先缩小后增大。

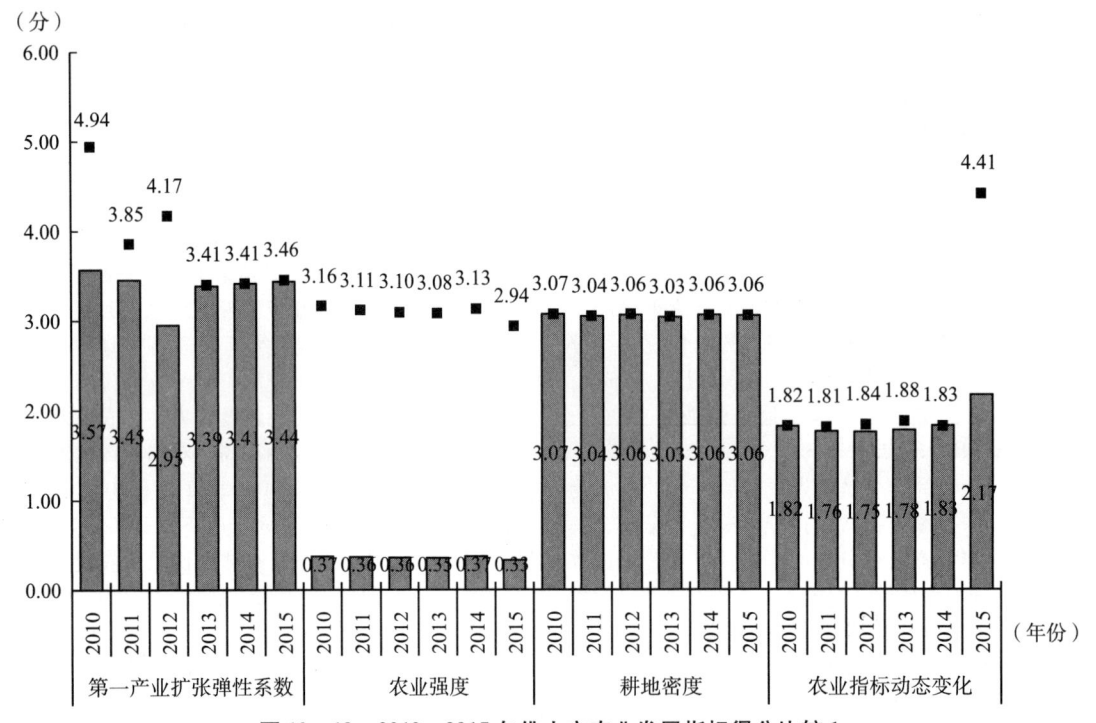

图 10-19　2010~2015 年佛山市农业发展指标得分比较 1

由图 10-20 可知，2010 年，佛山市农业土地扩张强度得分比最高分低 5.487 分，比平均分低 4.213 分；2011 年，农业土地扩张强度得分比最高分低 0.040 分，比平均分高 0.064 分；2012 年，农业土地扩张强度得分与最高分不存在差距，比平均分高 0.104 分；2013 年，农业土地扩张强度得分比最高分低 0.387 分，比平均分低 0.272 分；2014 年，农业土地扩张强度得分比最高分低 0.063 分，比平均分低 0.024 分；2015 年，农业土地扩张强度得分比最高分低 0.278 分，比平均分低 0.199 分。这说明整体上佛山市农业土地扩张强度得分与珠江－西江经济带最高分的差距波动缩小，与珠江－西江经济带平均分的差距波动减小。

2010 年，佛山市农业蔓延指数得分比最高分低 0.051 分，比平均分低 0.001 分；2011 年，农业蔓延指数得分比最高分低 0.074 分，比平均分低 0.023 分；2012 年，农业蔓延指数得分比最高分低 0.261 分，比平均分低 0.047 分；2013 年，农业蔓延指数得分比最高分低 2.822 分，比平均分低 0.261 分；2014 年，农业蔓延指数得分比最高分低 0.758 分，比平均分低 0.075 分；2015 年，农业蔓延指数得分比最高分低 0.179 分，比平均分低 0.014 分。这说明整体上佛山市农业蔓延指数得分与珠江－西江经济带最高分的差距先增大后缩小，与珠江－西江经济带平均分的差距先增大后缩小。

2010 年，佛山市农业指标相对增长率得分比最高分低 0.277 分，比平均分高 0.101 分；2011 年，农业指标相对增长率得分比最高分低 0.175 分，比平均分高 0.064 分；2012 年，农业指标相对增长率得分比最高分低 0.209 分，比平均分低 0.061 分；2013 年，农业指标相对增长率得分比最高分低 0.812 分，比平均分低 0.301 分；2014 年，农业指标相对增长率得分比最高分低 2.917 分，比平均分低 0.645 分；2015 年，农业指标相对增长率得分比最高分低 0.093 分，比平均分高 0.011 分。这说明整体上佛山市农业指标相对增长率得分与珠江－西江经济带最高分的差距先增大后减小，与珠江－西江经济带平均分的差距先缩小后增大。

2010 年，佛山市农业指标绝对增量加权指数得分比最高分低 0.210 分，比平均分高 0.355 分；2011 年，农业指标绝对增量加权指数得分与最高分低 0.226 分，比平均分低 0.088 分；2012 年，农业指标绝对增量加权指数得分比最高分低 0.556 分，比平均分低 0.186 分；2013 年，农业指标绝对增量加权指数得分比最高分低 1.407 分，比平均分低 0.109 分；2014 年，农业指标绝对增量加权指数得分比最高分低 0.092 分，比平均分高 0.282 分；2015 年，农业指标绝对增量加权指数得分比最高分低 0.204 分，比平均分低 0.001 分。这说明整体上佛山市农业指标绝对增量加权指数得分与珠江－西江经济带最高分的差距先增大后减小,与珠江-西江经济带平均分的差距呈波动下降的趋势。

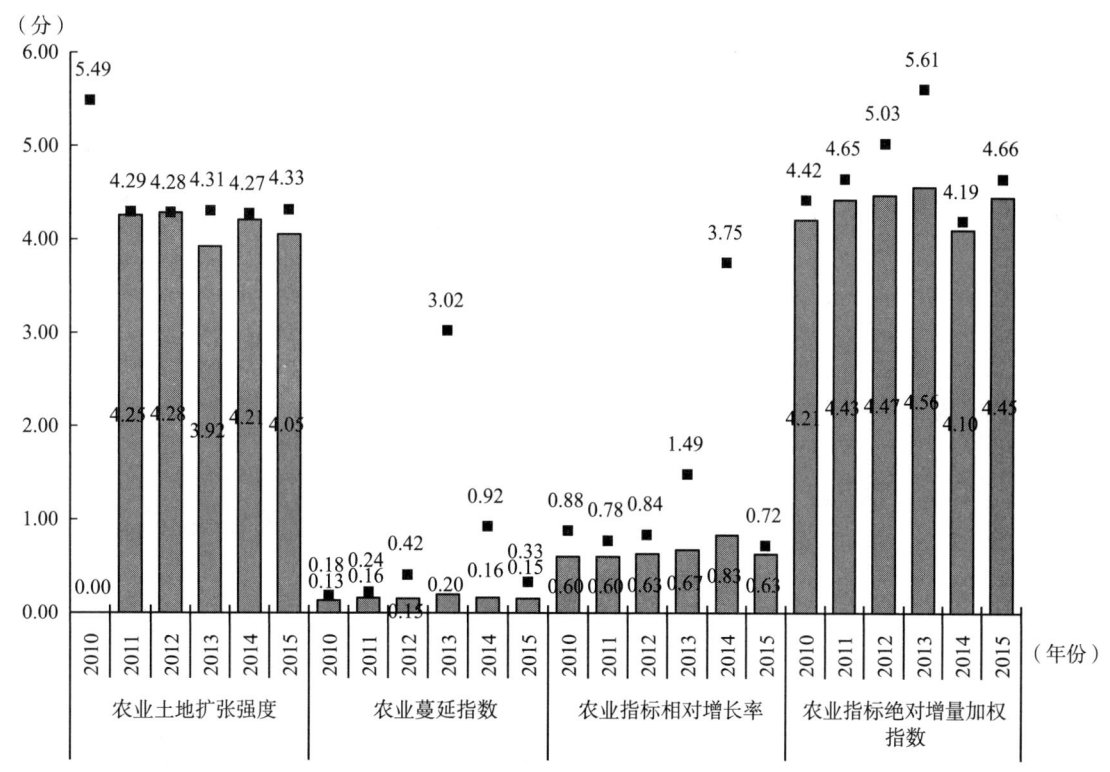

图 10-20 2010~2015 年佛山市农业发展指标得分比较 2

三、佛山市农业产出水平综合评估与比较

(一)佛山市农业产出水平评估指标变化趋势评析

1. 食物生态足迹

根据图 10-21 分析可知,2010~2015 年佛山市食物生态足迹指标总体上呈现持续下降型的状态。处于持续下降型的指标,意味着城市在该项指标上不断处在劣势状态,并且这一状况并未得到改善。如图所示,佛山市食物生态足迹指标处于不断下降的状态中,2010 年此指标数值最高,是 35.790,2015 年下降至 26.988;说明佛山市的经济社会发展水平有所下降,城市规模减小,城市居民对各类食物需求也有所降低。

2. 人均食物生态足迹

根据图 10-22 分析可知,2010~2015 年佛山市人均食物生态足迹总体上呈现持续下降型的状态。处于持续下降型的指标,意味着城市在该项指标上不断处在劣势状态,并且这一状况并未得到改善。如图 10-21 所示,佛山市食物生态足迹指标处于不断下降的状态中,2010 年此指标数值最高,是 86.170,2015 年下降至 63.017;说明佛山市的发展水平有所下降,城市规模减小,城市居民对各类食物需求也有所降低。

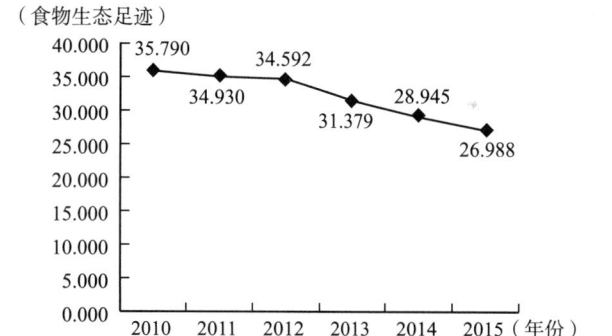

图 10-21 2010~2015 年佛山市食物生态足迹指标变化趋势

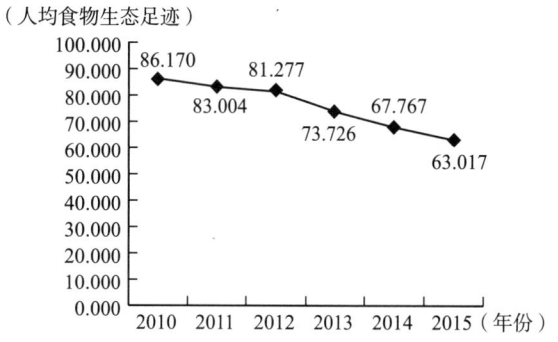

图 10-22 2010~2015 年佛山市人均食物生态足迹变化趋势

3. 农业生产比重增量

根据图10-23分析可知，2010~2015年佛山市农业生产比重增量总体上呈现波动上升型的状态。这一类型的指标为在2010~2015年间城市存在一定的波动变化，总体趋势上为上升趋势，但在个别年份出现下降的情况，指标并非连续性上升状态。波动上升型指标意味着在评价的时间段内，虽然指标数据存在较大的波动变化，但是其评价末期数据值高于评价初期数据值；说明佛山市在农业生产比重增量方面发展波动较大。

（农业生产比重增量）

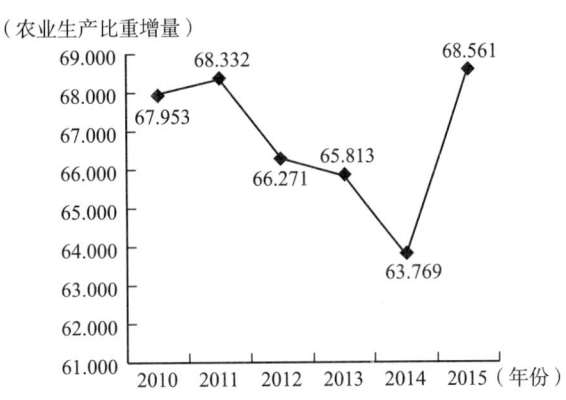

图10-23　2010~2015年佛山市农业生产比重增量变化趋势

4. 农业生产平均增长指数

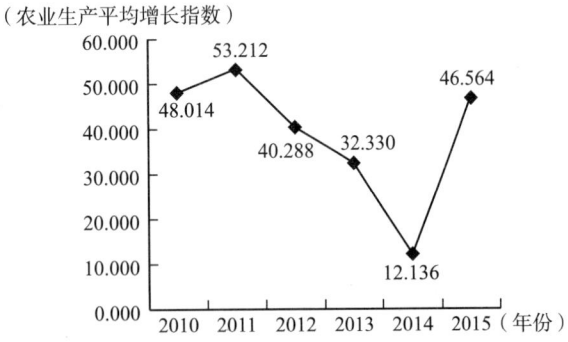

根据图10-24分析可知，2010~2015年佛山市农业生产平均增长指数总体上呈现波动下降型的状态。这种状态表现为在2010~2015年间城市在该项指标上总体呈现下降趋势，但在期间存在上下波动的情况，并非连续性下降状态。这就意味着在评估的时间段内，虽然指标数据存在较大的波动，但是其评价末期数据值低于评价初期数据值。佛山市的农业生产平均增长指数末期低于初期的数据，降低2个单位左右，并且在2011~2014年间存在明显下降的变化，这说明佛山市农业生产情况处于不太稳定的下降状态。

（农业生产平均增长指数）

图10-24　2010~2015年佛山市农业生产平均增长指数变化趋势

5. 农业枢纽度

根据图10-25分析可知，2010~2015年佛山市农业枢纽度总体上呈现持续下降型的状态。处于持续下降型的指标，意味着城市在该项指标上不断处在劣势状态，并且这一状况并未得到改善。如图所示，佛山市农业枢纽度指标处于不断下降的状态中，2010年此指标数值最高，是0.120，2015年下降至最低点；说明佛山市的农业枢纽度下降，城市的农业发展势头有所减弱。

（农业枢纽度）

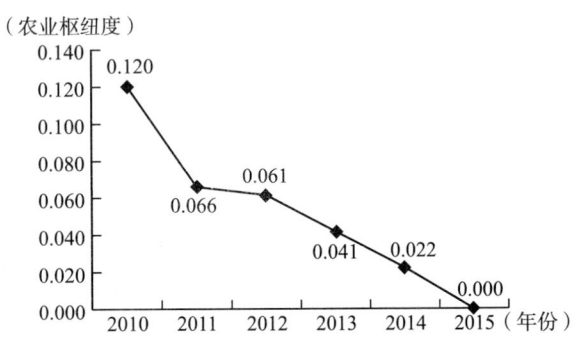

图10-25　2010~2015年佛山市农业枢纽度变化趋势

6. 农业生产流强度

根据图10-26分析可知，2010~2015年佛山市的农业生产流强度总体上呈现持续上升型的状态。处于持续上升型的指标，不仅意味着城市在各项指标数据上的不断增长，更意味着城市在该项指标上的竞争力优势不断扩大。通过折线图可以看出，佛山市的农业生产流强度指标不断提高，2015年达到57.671，相较于2010年上升15个单位左右；说明佛山市的农业生产流强度增强，城市之间发生的经济集聚和扩散所产生的农业生产要素流动强度增强，城市经济影响力也增强。

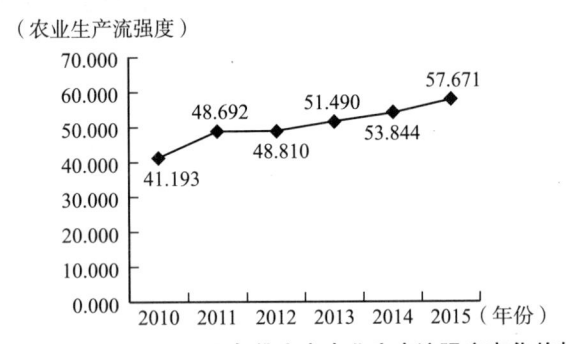

（农业生产流强度）

图10-26　2010~2015年佛山市农业生产流强度变化趋势

7. 农业生产倾向度

根据图10-27分析可知，2010~2015年佛山市农业生产倾向度总体上呈现波动下降型的状态。这一类的指标为2010~2015年间城市在该项指标上总体呈现下降趋势，但在评估期间存在上下波动的情况，指标并非连续性下降状态。波动下降型指标意味着在评估期间，虽然指标数据存在较大波动变化，但是其评价末期数据值低于评价初期数据值。如图10-27所示，佛山市农业生产倾向度指标处于下降的状态中，2010年此指标数值是48.382，2015年下降至47.107；说明佛山市农业生产倾向度下降，城市的总功能量的外向强度减弱。

(农业生产倾向度)

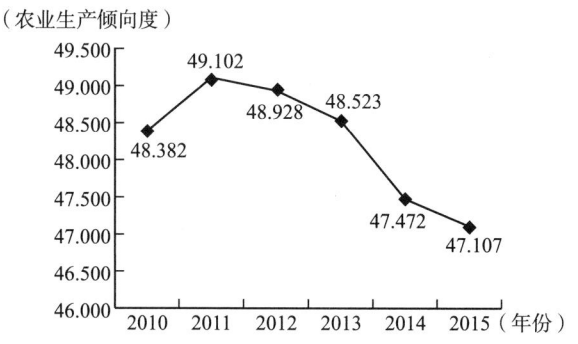

图 10-27 2010~2015 年佛山市农业生产倾向度变化趋势

8. 农业生产职能规模

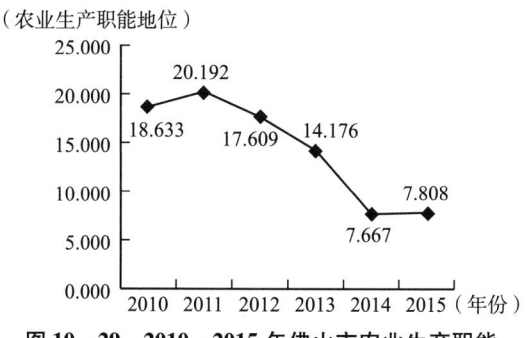

根据图 10-28 分析可知，2010~2015 年佛山市农业生产职能规模总体上呈现波动保持型的状态。波动保持型指标意味着城市在该项指标上虽然呈现波动状态，在评价末期和评价初期的数值基本保持一致，该图可知佛山市农业生产职能规模数值保持在 2.231~3.283。即使佛山市农业生产职能规模存在过最低值，其数值为 2.231，但佛山市在农业生产职能规模上总体表现得也是相对平稳；说明佛山市的农业生产职能规模有所减弱，城市的农业生产水平下降，城市所具备的农业生产能力有所下降。

(农业生产职能规模)

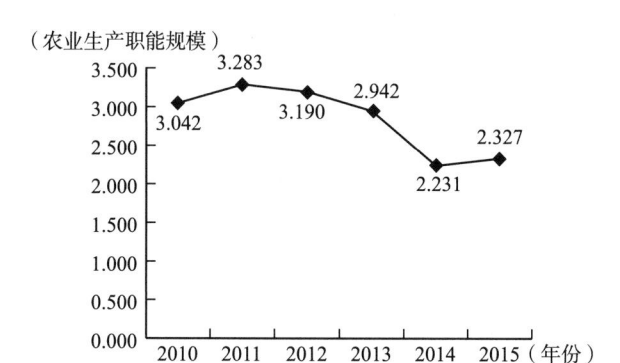

图 10-28 2010~2015 年佛山市农业生产职能规模变化趋势

9. 农业生产职能地位

根据图 10-29 分析可知，2010~2015 年佛山市农业生产职能地位总体上呈现波动下降型的状态。这种状态表现

(农业生产职能地位)

图 10-29 2010~2015 年佛山市农业生产职能地位变化趋势

为在 2010~2015 年间城市在该项指标上总体呈现下降趋势，但在期间存在上下波动的情况，并非连续性下降状态。这就意味着在评估的时间段内，虽然指标数据存在较大的波动，但是其评价末期数据值低于评价初期数据值。佛山市的农业生产职能地位末期低于初期的数据，降低 10 个单位左右，并且在 2011~2014 年间存在明显下降的变化，这说明佛山市农业发展情况处于不太稳定的下降状态。

（二）佛山市农业产出水平评估结果

根据表 10-7，对 2010~2012 年间佛山市农业产出得分、排名、优劣度进行分析。可以看到在 2010 年佛山市农业产出排名处在珠江-西江经济带第 7 名，2011 年上升至第 6 名，2012 年下降至第 8 名，其农业产出处在珠江-西江经济带中游区，说明佛山市农业产出的发展具有一定的潜力。对佛山市的农业产出得分情况进行分析，发现佛山市的农业产出综合得分呈现持续先上升后下降的发展趋势，佛山市的农业产出处于波动上升的状态，城市的农业产出活力在不断增强。总的来说，2010~2012 年佛山市农业产出发展水平处于珠江-西江经济带中势地位，发展水平与经济带其他城市相比较低，在经济带中具备较大的上升空间。

对佛山市农业产出的三级指标进行分析，再对佛山市的食物生态足迹的得分情况进行分析，发现佛山市的食物生态足迹得分先下降后上升，说明佛山市发展水平降低，城市规模减小，城市居民对各类食物需求也较强。

其中人均食物生态足迹的排名呈现先保持后下降的发展趋势，再对佛山市的人均食物生态足迹的得分情况进行分析，发现佛山市的人均食物生态足迹的得分呈现先下降后上升的趋势，整体呈下降趋势，说明佛山市的人均食物生态足迹有所减弱，城市居民对各类食物的人均需求也有所减弱。

其中农业生产比重增量的排名呈现持续下降的发展趋势，再对佛山市农业生产比重增量的得分情况进行分析，发现佛山市农业生产比重增量的得分呈现波动上升的趋势，说明佛山市农业生产发展程度有所提高。

其中农业生产平均增长指数的排名呈现持续下降的发展趋势，再对佛山市农业生产平均增长指数的得分情况进行分析，发现佛山市农业生产平均增长指数得分先上升后下降，说明在 2010~2012 年间佛山市的农业生产平均增长指数波动较大，城市在评估时间段内的农业生产能力有所减弱，整体城市农业生产水平在下降。

其中农业枢纽度的排名呈现持续保持的发展趋势。再对佛山市的农业枢纽度的得分情况进行分析，发现佛山市的农业枢纽度的得分呈现持续下降的发展趋势，说明佛山市的农业枢纽度在降低，城市的农业发展减弱。

其中农业生产流强度的排名呈现持续保持的发展趋势，再对佛山市的农业生产流强度的得分情况进行分析，发现佛山市的农业生产流强度的得分处于持续上升的状态，说明佛山市的农业生产流强度在逐渐增强，城市之间发生的经济集聚和扩散所产生的农业生产要素流动强度也在增强，城市经济影响力在扩大。

其中农业生产投资倾向度的排名呈现先上升后保持的

发展趋势,再对佛山市的农业生产投资倾向度的得分情况进行分析,发现佛山市的农业生产投资倾向度的得分呈现波动下降的趋势,说明佛山市的城市倾向度有所降低,城市的总功能量的外向强度在减弱。

其中农业生产职能规模的排名处于先上升后下降的发展趋势。再对佛山市的城市农业生产职能规模的得分情况进行分析,发现佛山市农业生产职能规模得分呈现波动上升的趋势,说明佛山市的农业生产水平在提高,城市所具备的农业生产能力在增强。

其中农业生产职能地位的排名在处于先上升后下降的发展趋势。再对佛山市的农业生产职能地位的得分情况进行分析,发现佛山市农业生产职能地位的得分波动下降,说明佛山市对农业人力资源的吸引集聚能力有缩小,城市发展具备农业发展及农业劳动力发展的潜力在增大。

表10-7　　　　2010~2012年佛山市农业产出各级指标的得分、排名及优劣度分析

指标	2010年 得分	排名	优劣度	2011年 得分	排名	优劣度	2012年 得分	排名	优劣度
农业产出	13.319	7	中势	14.138	6	中势	13.754	8	中势
食物生态足迹	1.147	4	优势	1.118	5	优势	1.144	5	优势
人均食物生态足迹	3.677	2	强势	3.497	2	强势	3.571	3	优势
农业生产比重增量	2.636	4	优势	3.275	5	优势	3.221	9	劣势
农业生产平均增长指数	1.861	6	中势	2.088	8	中势	1.704	11	劣势
农业枢纽度	0.005	11	劣势	0.002	11	劣势	0.002	11	劣势
农业生产流强度	1.209	2	强势	1.383	2	强势	1.414	2	强势
农业生产倾向度	1.968	7	中势	1.901	6	中势	1.926	6	中势
农业生产职能规模	0.090	8	中势	0.097	7	中势	0.097	9	劣势
农业生产职能地位	0.726	9	劣势	0.776	8	中势	0.675	10	劣势

根据表10-8,对2013~2015年间佛山市农业产出得分、排名、优劣度进行分析。可以看到在2013年佛山市农业产出排名处在珠江-西江经济带第8名,2014年下降至第10名,2015年上升至第7名,其农业产出处在珠江-西江经济带中下游区,说明佛山市农业产出的发展具有一定的潜力。对佛山市的农业产出得分情况进行分析,发现佛山市的农业产出综合得分先下降后上升,佛山市的农业产出处于波动下降的状态,城市的农业产出有所减弱。总的来说,2013~2015年佛山市农业产出发展水平处于珠江-西江经济带中势地位,发展水平与经济带其他城市相比较低。

表10-8　　　　2013~2015年佛山市农业产出各级指标的得分、排名及优劣度分析

指标	2013年 得分	排名	优劣度	2014年 得分	排名	优劣度	2015年 得分	排名	优劣度
农业产出	12.817	8	中势	11.233	10	劣势	12.386	7	中势
食物生态足迹	1.057	5	优势	0.981	4	优势	0.927	5	优势
人均食物生态足迹	3.218	5	优势	2.962	5	优势	2.759	5	优势
农业生产比重增量	3.195	10	劣势	2.853	8	中势	2.887	6	中势
农业生产平均增长指数	1.261	11	劣势	0.441	11	劣势	1.692	7	中势
农业枢纽度	0.001	11	劣势	0.001	11	劣势	0.000	11	劣势
农业生产流强度	1.551	2	强势	1.683	2	强势	1.867	2	强势
农业生产倾向度	1.895	6	中势	1.940	6	中势	1.873	5	优势
农业生产职能规模	0.091	10	劣势	0.071	10	劣势	0.075	10	劣势
农业生产职能地位	0.547	10	劣势	0.300	10	劣势	0.307	10	劣势

对佛山市农业产出的三级指标进行分析,再对佛山市的食物生态足迹的得分情况进行分析,发现佛山市的食物生态足迹得分持续下降,说明佛山市的食物生态足迹减弱,城市的发展水平有所下降,城市居民对各类食物的需求也在下降。

其中人均食物生态足迹的排名呈现持续保持的发展趋势,再对佛山市的人均食物生态足迹的得分情况进行分析,发现佛山市的人均食物生态足迹的得分呈现持续下降的趋势,说明佛山市的人均食物生态足迹在减弱,城市居民对各类食物的人均需求逐渐减弱。

其中农业生产比重增量的排名呈现持续上升的发展趋势，再对佛山市的农业生产比重增量的得分情况进行分析，发现佛山市农业生产比重增量的得分呈现先下降后上升的趋势，说明佛山市农业生产发展程度有所提高。

其中农业生产平均增长指数的排名呈现先保持后上升的发展趋势，再对佛山市农业生产平均增长指数的得分情况进行分析，发现佛山市的农业生产平均增长指数得分先下降后上升，说明在2013～2015年间佛山市的农业生产平均增长指数波动较大，城市在评估时间段内的农业生产能力有所提升，整体城市农业生产水平逐渐提高。

其中农业枢纽度的排名呈现持续保持的发展趋势。再对佛山市的农业枢纽度的得分情况进行分析，发现佛山市的农业枢纽度的得分呈现波动下降的发展趋势，说明佛山市的农业枢纽度在降低，城市的农业发展减弱。

其中农业生产流强度的排名呈现持续保持的发展趋势，再对佛山市的农业生产流强度的得分情况进行分析，发现佛山市的农业生产流强度的得分处于持续上升的状态，说明佛山市的农业生产流强度在逐渐增强，城市之间发生的经济集聚和扩散所产生的农业生产要素流动强度也在增强，城市经济影响力在扩大。

其中农业生产投资倾向度的排名呈现先保持后上升的发展趋势，再对佛山市的农业生产投资倾向度的得分情况进行分析，发现佛山市的农业生产投资倾向度的得分先上升后下降，说明佛山市的城市倾向度有所降低，城市的总功能量的外向强度在减弱。

其中农业生产职能规模的排名处于持续保持的发展趋势。再对佛山市的城市农业生产职能规模的得分情况进行分析，发现佛山市农业生产职能规模得分先下降后上升，整体呈下降趋势，说明佛山市的农业生产水平有所降低，城市所具备的农业生产能力在减弱。

其中农业生产职能地位的排名处于持续保持的发展趋势。再对佛山市的农业生产职能地位的得分情况进行分析，发现佛山市农业生产职能地位的得分波动下降，说明佛山市对农业人力资源的吸引集聚能力有所降低，城市发展具备农业发展及农业劳动力发展的潜力在减小。

对2010～2015年间佛山市农业产出及各三级指标的得分、排名和优劣度进行分析。2010～2015年佛山市农业产出的综合得分排名呈现波动保持的发展趋势。2010年佛山市农业产出综合得分排名处于珠江－西江经济带第7名，2011年上升至第6名，2012～2013年其农业产出排名下降至第8名，2014年下降至第10名，2015年上升至第7名。一方面说明佛山市的农业产出发展在珠江－西江经济带中游和下游波动，佛山市的农业产出在珠江－西江经济带中势地位和劣势地位之间波动，但总体上发展水平与经济带其他城市相比较低；另一方面说明佛山市在农业产出方面发展出现波动，稳定性有待提高。对佛山市的农业产出得分情况进行分析，发现2010～2011年的农业产出综合得分上升，2012～2014年得分持续下降，2015年得分有所上升，整体上佛山市的农业产出综合得分呈现波动下降的发展趋势，说明佛山市的农业产出活力处于下降状态，在珠江－西江经济带中处于中游。

从农业产出基础指标的优劣度结构（见表10－9）来看，在9个基础指标中，指标的优劣度结构为11.11∶33.33∶22.22∶33.33。由于中势指标比重大于强势、优势和劣势指标的比重，农业产出处于中势地位。

表10－9　　　　　　　　2015年佛山市农业产出指标的优劣度结构

二级指标	三级指标数	强势指标 个数	强势指标 比重（%）	优势指标 个数	优势指标 比重（%）	中势指标 个数	中势指标 比重（%）	劣势指标 个数	劣势指标 比重（%）	优劣度
农业产出	9	1	11.111	3	33.333	2	22.222	3	33.333	中势

（三）佛山市农业产出水平比较分析

图10－30和图10－31将2010～2015年佛山市农业产出与珠江－西江经济带最高水平和平均水平进行比较。从农业产出的要素得分比较来看，由图10－30可知，2010年，佛山市食物生态足迹得分比最高分低1.644分，比平均分高0.295分；2011年，食物生态足迹得分比最高分低1.762分，比平均分高0.248分；2012年，食物生态足迹得分比最高分低2.015分，比平均分高0.168分；2013年，食物生态足迹得分比最高分低2.288分，比平均分高0.035分；2014年，食物生态足迹得分比最高分低2.398分，比平均分低0.015分；2015年，食物生态足迹得分比最高分低2.509分，比平均分低0.118分。这说明整体上佛山市食物生态足迹得分与珠江－西江经济带最高分的差距有扩大趋势，与珠江－西江经济带平均分的差距在逐渐减小。

2010年，佛山市人均食物生态足迹得分比最高分低0.492分，比平均分高1.350分；2011年，人均食物生态足迹得分比最高分低0.547分，比平均分高1.173分；2012年，人均食物生态足迹得分比最高分低0.823分，比平均分高1.002分；2013年，人均食物生态足迹得分比最高分低1.030分，比平均分高0.652分；2014年，人均食物生态足迹得分比最高分低1.378分，比平均分高0.458分；2015年，人均食物生态足迹得分比最高分低1.468分，比平均分高0.255分。这说明整体上佛山市人均食物生态足迹得分与珠江－西江经济带最高分的差距持续增大，与珠江－西江经济带平均分的差距持续缩小。

2010年，佛山市农业生产比重增量得分比最高分低0.254分，比平均分高0.737分；2011年，农业生产比重增量得分比最高分低1.366分，比平均分低0.043分；2012

年，农业生产比重增量得分比最高分低 1.639 分，比平均分低 0.237 分；2013 年，农业生产比重增量得分比最高分低 1.207 分，比平均分低 0.336 分；2014 年，农业生产比重增量得分比最高分低 0.583 分，比平均分低 0.092 分；2015 年，农业生产比重增量得分比最高分低 0.078 分，比平均分高 0.413 分。这说明整体上佛山市农业生产比重增量得分与珠江-西江经济带最高分的差距波动增大，与珠江-西江经济带平均分的差距波动缩小。

2010 年，佛山市农业生产平均增长指数得分比最高分低 2.015 分，比平均分高 0.176 分；2011 年，农业生产平均增长指数得分比最高分低 0.962 分，比平均分高 0.013 分；2012 年，农业生产平均增长指数得分比最高分低 1.912 分，比平均分低 0.863 分；2013 年，农业生产平均增长指数得分比最高分低 1.465 分，比平均分低 0.846 分；2014 年，农业生产平均增长指数得分比最高分低 1.784 分，比平均分低 1.215 分；2015 年，农业生产平均增长指数得分比最高分低 0.346 分，比平均分高 0.028 分。这说明整体上佛山市农业生产平均增长指数得分与珠江-西江经济带最高分的差距呈波动缩小的趋势，与珠江-西江经济带平均分的差距在波动增大。

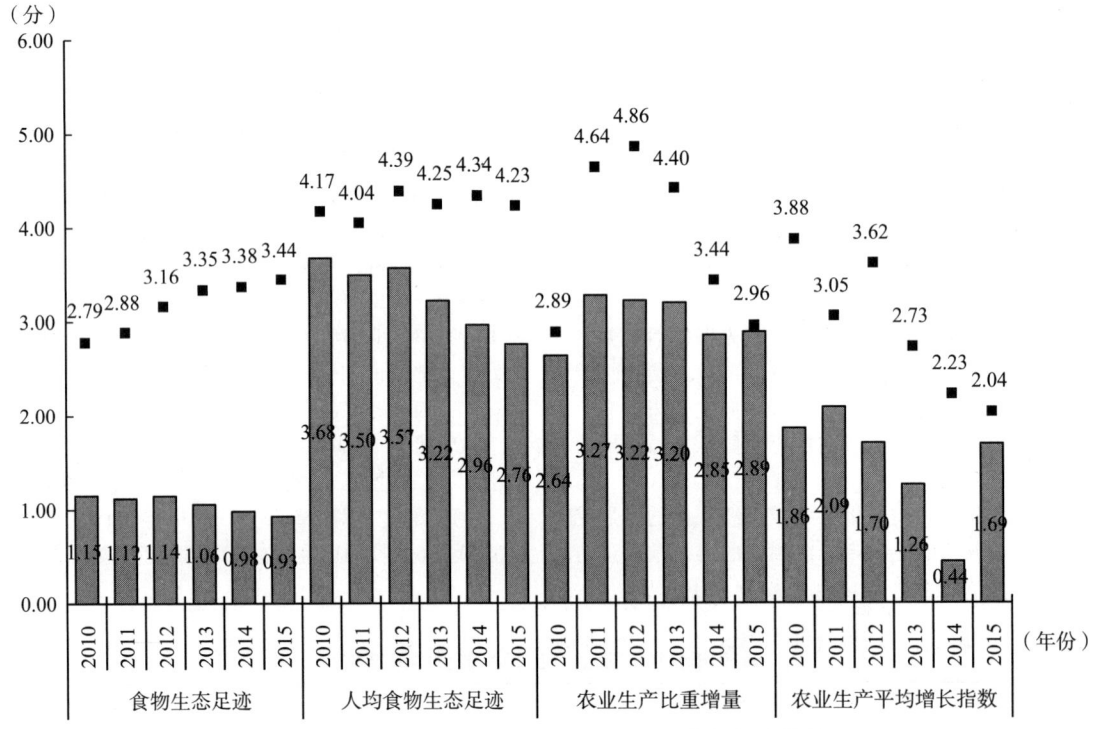

图 10-30　2010~2015 年佛山市农业产出指标得分比较 1

由图 10-31 可知，2010 年，佛山市农业枢纽度得分比最高分低 4.109 分，比平均分低 1.922 分；2011 年，农业枢纽度得分比最高分低 2.965 分，比平均分低 1.378 分；2012 年，农业枢纽度得分比最高分低 2.681 分，比平均分低 1.194 分；2013 年，农业枢纽度得分比最高分低 2.658 分，比平均分低 1.077 分；2014 年，农业枢纽度得分比最高分低 2.314 分，比平均分低 0.926 分；2015 年，农业枢纽度得分比最高分低 2.238 分，比平均分低 0.867 分。这说明整体上佛山市农业枢纽度得分与珠江-西江经济带最高分的差距逐渐缩小，与珠江-西江经济带平均分的差距逐渐缩小。

2010 年，佛山市农业生产流强度得分比最高分低 1.289 分，比平均分高 0.755 分；2011 年，农业生产流强度得分比最高分低 0.607 分，比平均分高 0.947 分；2012 年，农业生产流强度得分比最高分低 0.810 分，比平均分高 0.929 分；2013 年，农业生产流强度得分比最高分低 1.107 分，比平均分高 0.989 分；2014 年，农业生产流强度得分比最高分低 1.235 分，比平均分高 1.042 分；2015 年，农业生产流强度得分比最高分低 1.370 分，比平均分高 1.179 分。这说明整体上佛山市农业生产流强度得分与珠江-西江经济带最高分的差距先缩小后增大，与珠江-西江经济带平均分的差距波动增大。

2010 年，佛山市农业生产投资倾向度得分比最高分低 2.034 分，比平均分低 0.035 分；2011 年，农业生产投资倾向度得分比最高分低 1.899 分，比平均分高 0.172 分；2012 年，农业生产投资倾向度得分比最高分低 1.998 分，比平均分高 0.125 分；2013 年，农业生产投资倾向度得分比最高分低 1.893 分，比平均分高 0.126 分；2014 年，农业生产投资倾向度得分比最高分低 2.029 分，比平均分高 0.037 分；2015 年，农业生产投资倾向度得分比最高分低 2.103 分，比平均分高 0.100 分。这说明整体上佛山市农业生产投资倾向度得分与珠江-西江经济带最高分的差距有持续波动的趋势，与珠江-西江经济带平均分的差距有波动增大的趋势。

2010 年，佛山市农业生产职能规模得分比最高分低 2.333 分，比平均分低 0.452 分；2011 年，农业生产职能规模得分比最高分低 2.490 分，比平均分低 0.447 分；2012年，农业生产职能规模得分比最高分低 2.685 分，比平均分低 0.515 分；2013 年，农业生产职能规模得分比最高分低 2.785 分，比平均分低 0.559 分；2014 年，农业生产职能规模得分比最高分低 3.006 分，比平均分低 0.626 分；2015 年，农业生产职能规模得分比最高分低 3.133 分，比平均分低 0.595 分。这说明整体上佛山市农业生产职能规模得分与珠江 – 西江经济带最高分的差距在逐渐增大，与珠江 – 西江经济带平均分的差距波动增大，整体水平低于平均分。

2010 年，佛山市农业生产职能地位得分比最高分低 3.121 分，比平均分低 0.971 分；2011 年，农业生产职能地位得分比最高分低 2.912 分，比平均分低 0.899 分；2012 年，农业生产职能地位得分比最高分低 3.002 分，比平均分低 0.995 分；2013 年，农业生产职能地位得分比最高分低 3.291 分，比平均分低 1.134 分；2014 年，农业生产职能地位得分比最高分低 3.618 分，比平均分低 1.407 分；2015 年，农业生产职能地位得分比最高分低 3.408 分，比平均分低 1.404 分。这说明整体上佛山市农业生产职能地位得分与珠江 – 西江经济带最高分的差距波动增大，与珠江 – 西江经济带平均分的差距波动增大，整体水平低于平均分。

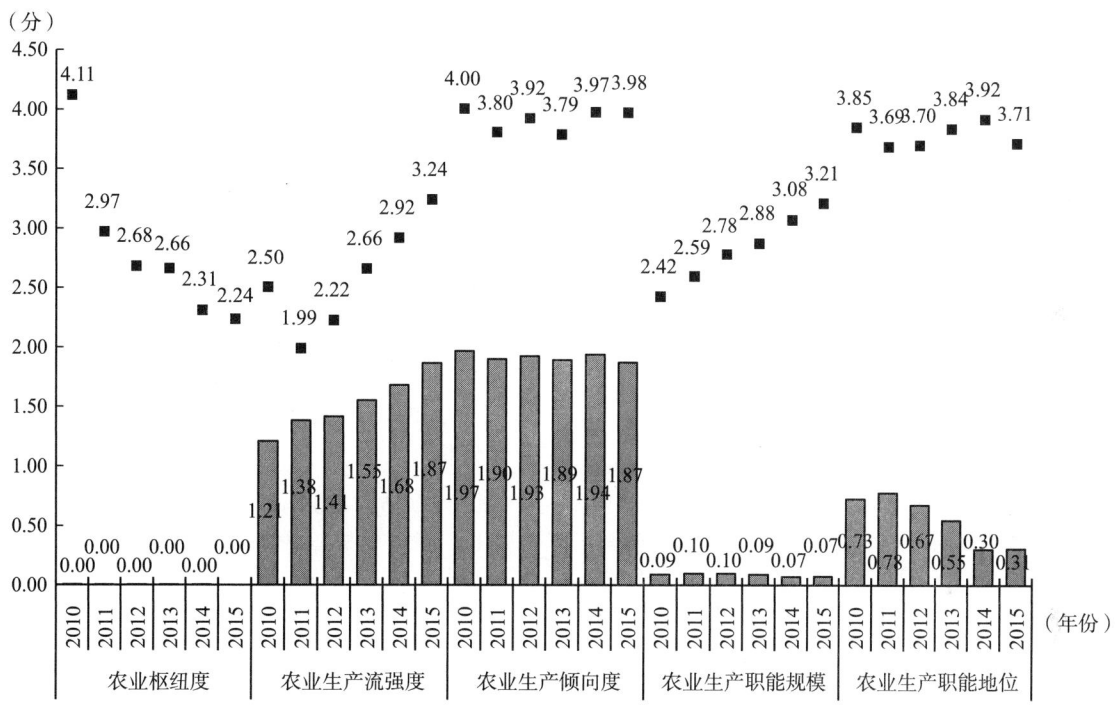

图 10 – 31　2010～2015 年佛山市农业产出指标得分比较 2

四、佛山市农业生产发展水平综合评估与比较评述

从对佛山市农业发展水平评估及其三个二级指标在珠江 – 西江经济带的排名变化和指标结构的综合分析来看，2010~2015 年间，农业生产板块中上升指标的数量等于下降指标的数量，但上升的动力小于下降的拉力，使得 2015 年佛山市农业发展水平的排名呈波动下降，在珠江 – 西江经济带城市居第 10 位。

（一）佛山市农业生产发展水平概要分析

佛山市农业发展水平在珠江 – 西江经济带所处的位置及变化如表 10 – 10 所示，3 个二级指标的得分和排名变化如表 10 – 11 所示。

表 10 – 10　　　　　　　2010~2015 年佛山市农业生产一级指标比较

项目	2010 年	2011 年	2012 年	2013 年	2014 年	2015 年
排名	9	5	7	11	11	10
所属区位	下游	中游	中游	下游	下游	下游
得分	47.557	52.932	50.607	41.657	41.651	44.005
经济带最高分	64.061	66.285	62.112	64.361	61.849	62.336
经济带平均分	51.465	53.838	53.598	51.944	50.910	50.770
与最高分的差距	-16.503	-13.353	-11.505	-22.704	-20.198	-18.331

续表

项目	2010年	2011年	2012年	2013年	2014年	2015年
与平均分的差距	-3.908	-0.906	-2.991	-10.287	-9.259	-6.765
优劣度	劣势	优势	中势	劣势	劣势	劣势
波动趋势	—	上升	下降	下降	持续	上升

表 10-11　　　　　　　　　　2010~2015 年佛山市农业生产二级指标比较

年份	农业结构 得分	农业结构 排名	农业发展 得分	农业发展 排名	农业产出 得分	农业产出 排名
2010	20.467	11	13.771	9	13.319	7
2011	20.728	11	18.065	1	14.138	6
2012	19.190	10	17.664	2	13.754	8
2013	10.930	11	17.909	3	12.817	8
2014	12.437	11	17.982	2	11.233	10
2015	13.344	11	18.275	1	12.386	7
得分变化	-7.123	—	4.504	—	-0.933	—
排名变化	—	0	—	8	—	0
优劣度	中势	中势	强势	强势	优势	优势

(1) 从指标排名变化趋势看，2015 年佛山市农业发展水平评估排名在珠江-西江经济带处于第 10 位，表明其在珠江-西江经济带处于劣势地位，与 2010 年相比，排名下降 1 名。总的来看，评价期内佛山市农业发展水平呈现波动下降。

在 3 个二级指标中，其中 1 个指标排名处于上升趋势，为农业发展；2 个指标排名处于稳定保持，为农业结构和农业产出，这是佛山市农业发展水平波动下降的原因所在。受指标排名升降的综合影响，评价期内佛山市农业生产的综合排名呈波动下降，在珠江-西江经济带城市中排名第 10 位。

(2) 从指标所处区位来看，2015 年佛山市农业发展水平处在下游区，其中，农业发展指标为强势指标，农业产出为优势指标，农业结构为中势指标。

(3) 从指标得分来看，2015 年佛山市农业生产得分为 44.005 分，比珠江-西江经济带最高分低 18.331 分，比平均分低 6.765 分；与 2010 年相比，佛山市农业发展水平得分下降 3.552 分，与珠江-西江经济带平均分的差距趋于扩大。

2015 年，佛山市农业发展水平二级指标的得分均高于 12 分，与 2010 年相比，得分上升最多的为农业发展，上升 4.504 分；得分下降最多的为农业结构，下降 7.123 分。

(二) 佛山市农业生产发展水平评估指标动态变化分析

2010~2015 年佛山市农业发展水平评估各级指标的动态变化及其结构，如图 10-32 和表 10-12 所示。

从图 10-32 可以看出，佛山市农业发展水平评估的三级指标中上升指标的比例小于下降指标，表明上升指标未居于主导地位。表 10-12 中的数据表明，佛山市农业发展水平评估的 25 个三级指标中，上升的指标有 2 个，占指标总数的 8.000%；保持的指标有 8 个，占指标总数的 32.000%；下降的指标有 15 个，占指标总数的 60.000%。由于上升指标的数量小于下降指标的数量，且受变动幅度与外部因素的综合影响，评价期内佛山市农业生产排名呈现波动下降趋势，在珠江-西江经济带城市中居第 10 位。

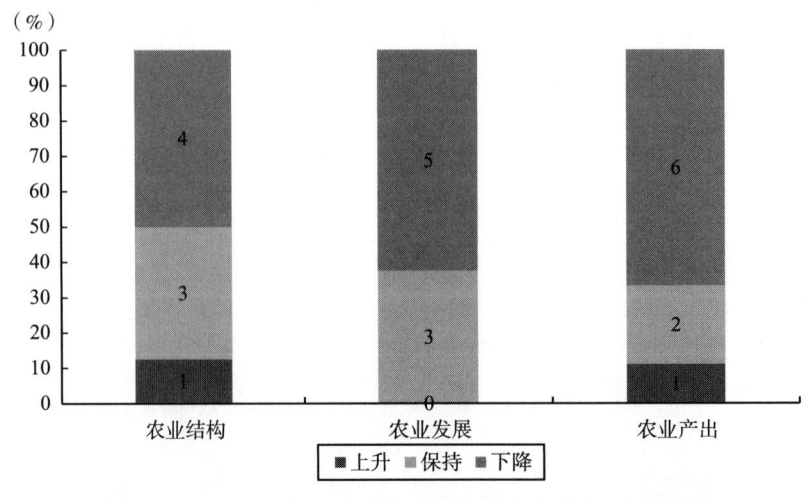

图 10-32　2010~2015 年佛山市农业发展水平动态变化结构

表10-12 2010~2015年佛山市农业生产各级指标排名变化态势比较

二级指标	三级指标数	上升指标 个数	比重（%）	保持指标 个数	比重（%）	下降指标 个数	比重（%）
农业结构	8	1	12.500	3	37.500	4	50.000
农业发展	8	0	0.000	3	37.500	5	62.500
农业产出	9	1	11.111	2	22.222	6	66.667
合计	25	2	8.000	8	32.000	15	60.000

（三）佛山市农业生产发展水平评估指标变化动因分析

2015年佛山市农业生产板块各级指标的优劣势变化及其结构，如图10-33和表10-13所示。

从图10-33可以看出，2015年佛山市农业发展水平评估的三级指标中强势和优势指标的比例等于劣势指标的比例，表明强势和优势指标未居于主导地位。表10-13中的数据说明，2015年佛山市农业生产的25个三级指标中，强势指标有5个，占指标总数的20.000%；优势指标为4个，占指标总数的16.000%；中势指标7个，占指标总数的28.000%；劣势指标为9个，占指标总数的36.000%；强势指标和优势指标之和占指标总数的36.000%，数量与比重均等于劣势指标。从二级指标来看，其中，农业结构的强势指标2个，占指标总数的25.000%；不存在优势指标；

中势指标1个，占指标总数的12.500%；劣势指标为5个，占指标总数的62.500%；强势指标和优势指标之和占指标总数的25.000%，说明农业结构的强、优势指标未居于主导地位。农业发展的强势指标有2个，占指标总数的25.000%；优势指标为1个，占指标总数的12.500%；中势指标4个，占指标总数的50.000%；劣势指标1个，占指标总数的12.500%；强势指标和优势指标之和占指标总数的37.500%，说明农业发展的强、优势指标处于主导地位。农业产出的强势指标有1个，占指标总数的11.111%；优势指标为3个，占指标总数的33.333%；中势指标2个，占指标总数的22.222%；劣势指标为3个，占指标总数的33.333%；强势指标和优势指标之和占指标总数的44.444%，说明农业产出的强、优势指标处于有利地位。由于强、优势指标比重较小，佛山市农业发展水平处于劣势地位，在珠江-西江经济带城市中居第10位，处于下游区。

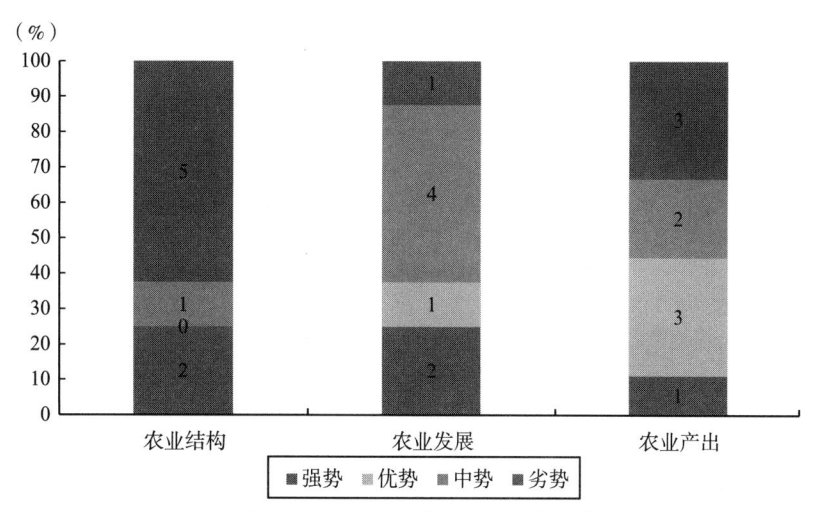

图10-33 2015年佛山市农业生产优劣度结构

表10-13 2015年佛山市农业生产各级指标优劣度比较

二级指标	三级指标数	强势指标 个数	比重（%）	优势指标 个数	比重（%）	中势指标 个数	比重（%）	劣势指标 个数	比重（%）	优劣度
农业结构	8	2	25.000	0	0.000	1	12.500	5	62.500	劣势
农业发展	8	2	25.000	1	12.500	4	50.000	1	12.500	强势
农业产出	9	1	11.111	3	33.333	2	22.222	3	33.333	中势
合计	25	5	20.000	4	16.000	7	28.000	9	36.000	劣势

为进一步明确影响佛山市农业生产变化的具体因素，以便于对相关指标进行深入分析，为提升佛山市农业生产水平提供决策参考，表10-14列出农业生产指标体系中直接影响佛山市农业发展水平升降的强势指标、优势指标和劣势指标。

表10-14　　2015年佛山市农业生产三级指标优劣度统计

指标	强势指标	优势指标	中势指标	劣势指标
农业结构（8个）	第一产业贡献率、第一产业劳动产出率（2个）	（0个）	第一产业弧弹性（1个）	第一产业比重、第一产业投资强度、第一产业不协调度、第一产业结构偏离系数、第一产业区位商（5个）
农业发展（8个）	第一产业扩张弹性系数、耕地密度（2个）	农业指标相对增长率（1个）	农业强度、农业指标动态变化、农业蔓延指数、农业指标绝对增量加权指数（4个）	农业土地扩张强度（1个）
农业产出（9个）	农业生产流强度（1个）	食物生态足迹、人均食物生态足迹、农业生产倾向度（3个）	农业生产比重增量、农业生产平均增长指数（2个）	农业枢纽度、农业生产职能规模、农业生产职能地位（3个）

第十一章 肇庆市农业生产发展水平综合评估

一、肇庆市农业结构竞争力综合评估与比较

(一) 肇庆市农业结构竞争力评估指标变化趋势评析

1. 第一产业比重

根据图 11-1 分析可知，2010~2015 年肇庆市第一产业比重总体上呈现持续下降型的状态。处于持续下降型的指标，意味着城市在该项指标上不断处在劣势状态，并且这一状况并未得到改善。如图所示，肇庆市第一产业比重指标处于不断下降的状态中，2010 年此指标数值最高，是 57.634，2015 年下降至 47.396。分析这种变化趋势，可以得出肇庆市第一产业发展的水平处于劣势，城市的发展活力较低。

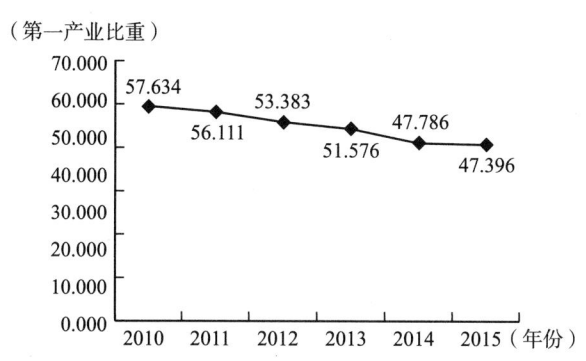

图 11-1 2010~2015 年肇庆市第一产业比重变化趋势

2. 第一产业投资强度

根据图 11-2 分析可知，2010~2015 年肇庆市第一产业投资强度总体上呈现波动保持型的状态。波动保持型指标

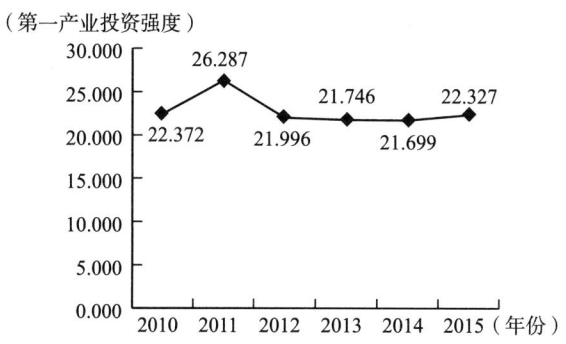

图 11-2 2010~2015 年肇庆市第一产业投资强度变化趋势

意味着城市在该项指标上虽然呈现波动状态，在评价末期和评价初期的数值基本保持一致，该图可知肇庆市第一产业投资强度保持在 21.746~26.287。即使肇庆市第一产业扩张弹性系数存在过最低值，其数值为 21.746，但肇庆市在第一产业扩张弹性系数上总体表现得也是相对平稳；说明肇庆市的投资活力比较稳定。

3. 第一产业不协调度

根据图 11-3 分析可知，2010~2015 年肇庆市第一产业不协调度总体上呈现波动下降型的状态。这种状态表现为在 2010~2015 年间城市在该项指标上总体呈现下降趋势，但在期间存在上下波动的情况，并非连续性下降状态。这就意味着在评估的时间段内，虽然指标数据存在较大的波动，但是其评价末期数据值低于评价初期数据值。肇庆市的第一产业不协调度末期低于初期的数据，降低 18 个单位左右，并且在 2010~2013 年间存在明显下降的变化，这说明肇庆市第一产业不协调度情况处于不太稳定的下降状态。

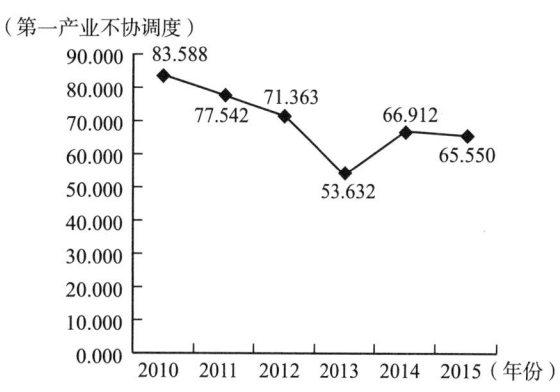

图 11-3 2010~2015 年肇庆市第一产业不协调度变化趋势

4. 第一产业贡献率

根据图 11-4 分析可知，2010~2015 年肇庆市第一产业贡献率总体上呈现波动保持型的状态。波动保持型指标意味着城市在该项指标上虽然呈现波动状态，在评价末期和评价初期的数值基本保持一致，该图可知肇庆市第一产业贡献率保持在 70.962~77.920。即使肇庆市第一产业贡献率存在过最低值，其数值为 70.962，但肇庆市在第一产业贡献率上总体表现得也是相对平稳；说明肇庆市第一产业的发展活力较稳定。

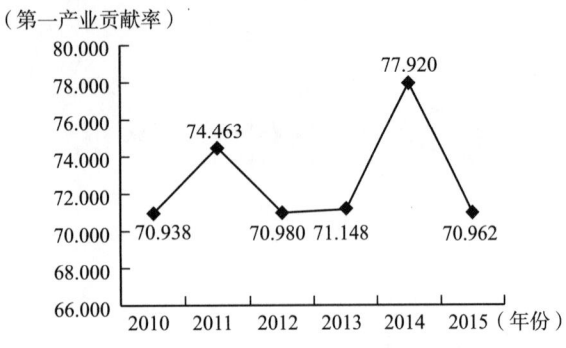

（第一产业贡献率）

图 11-4　2010~2015 年肇庆市第一产业贡献率变化趋势

（第一产业结构偏离系数）

图 11-6　2010~2015 年肇庆市第一产业结构偏离系数变化趋势

5. 第一产业弧弹性

根据图 11-5 分析可知，2010~2015 年肇庆市第一产业弧弹性指数总体上呈现波动上升型的状态。这一类型的指标为 2010~2015 年间城市在该项指标上存在较多波动变化，总体趋势为上升趋势，但在个别年份出现下降的情况，指标并非连续性上升。波动上升型指标意味着在评估期间，虽然指标数据存在较大波动变化，但是其评价末期数据值高于评价初期数据值，其数值保持在 83.853~84.981。肇庆市第一产业弧弹性虽然有过波动下降趋势，但下降趋势不大，这说明肇庆市在第一产业弧弹性这个指标上表现得相对稳定，城市未呈现出第一产业的扩张发展趋势。

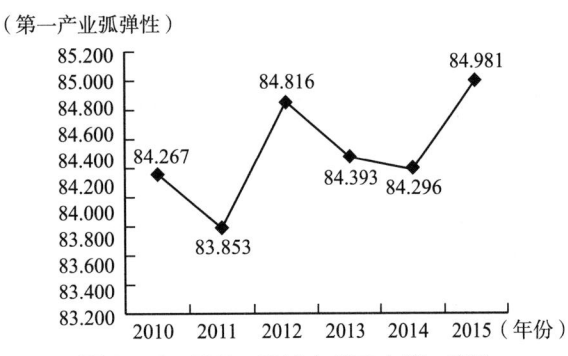

（第一产业弧弹性）

图 11-5　2010~2015 年肇庆市第一产业弧弹性变化趋势

6. 第一产业结构偏离系数

根据图 11-6 分析可知，2010~2015 年肇庆市第一产业结构偏离系数总体上呈现波动下降型的状态。这种状态表现为在 2010~2015 年间城市在该项指标上总体呈现下降趋势，但在期间存在上下波动的情况，并非连续性下降状态。这就意味着在评估的时间段内，虽然指标数据存在较大的波动，但是其评价末期数据值低于评价初期数据值。肇庆市的第一产业结构偏离系数末期低于初期的数据，降低 20 个单位左右，并且 2010~2013 年间存在明显下降的变化，这说明肇庆市第一产业发展情况处于不太稳定的下降状态。

7. 第一产业区位商

根据图 11-7 分析可知，2010~2015 年肇庆市第一产业区位商总体上呈现波动下降型的状态。这一类的指标为 2010~2015 年间城市在该项指标上总体呈现下降趋势，但在评估期间存在上下波动的情况，指标并非连续性下降状态。波动下降型指标意味着在评估期间，虽然指标数据存在较大波动变化，但是其评价末期数据值低于评价初期数据值。该图可知肇庆市第一产业区位商数值保持在 1.489~2.751。即使肇庆市第一产业区位商存在过最低值，其数值为 1.489，但肇庆市在第一产业区位商上总体表现得也是相对平稳；说明肇庆市的第一产业区位商波动减小，城市的第一产业发展水平有所下降。

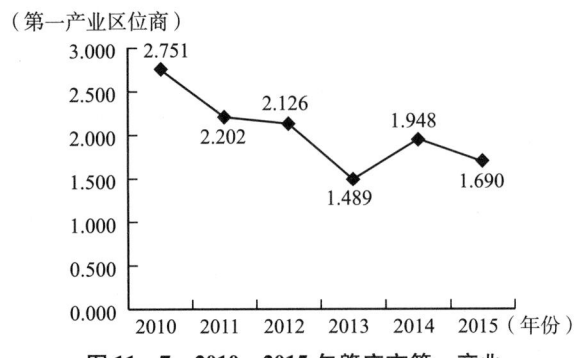

（第一产业区位商）

图 11-7　2010~2015 年肇庆市第一产业区位商变化趋势

8. 第一产业劳动产出率

根据图 11-8 分析可知，2010~2015 年肇庆市第一产业劳动产出率总体上呈现波动上升型的状态。这一类型的指标为 2010~2015 年间城市在该项指标上存在较多波动变化，总体趋势为上升趋势，但在个别年份出现下降的情况，指标并非连续性上升。波动上升型指标意味着在评估期间，虽然指标数据存在较大波动变化，但是其评价末期数据值高于评价初期数据值。通过折线图可以看出，肇庆市的第一产业劳动产出率指标不断提高，2015 年达到 43.912，相较于 2010 年上升 25 个单位左右；说明肇庆市第一产业劳动产出率增大，第一产业经济发展水平提高，第一产业对城市经济发展的贡献也在增大。

（第一产业劳动产出率）

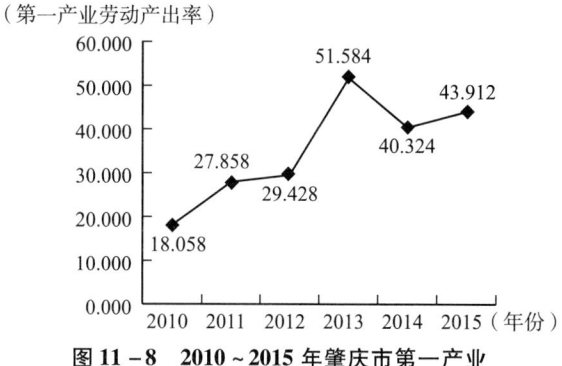

图 11-8 2010~2015 年肇庆市第一产业劳动产出率变化趋势

（二）肇庆市农业结构竞争力评估结果

根据表 11-1，对 2010~2012 年间肇庆市农业结构及各三级指标的得分、排名、优劣度进行分析，可以看到在 2010~2011 年间，肇庆市农业结构的排名下降至处于珠江-西江经济带劣势位置，在 2010 年、2011 年和 2012 年其农业结构竞争力排名持续下降，由 2010 年的第 6 名上升到 2011 年的第 8 名，然后到 2012 年下降到第 9 名，其农业结构竞争力处于下游区。对肇庆市的农业结构竞争力得分情况进行分析，发现肇庆市的农业结构综合得分呈现持续下降趋势，说明城市的农业结构发展整体上低于珠江-西江经济带其他城市。总的来说，2010~2012 年肇庆市农业结构发展处于珠江-西江经济带中游，发展水平落后于经济带其他城市，在经济带中上升空间较大。

表 11-1 2010~2012 年肇庆市农业结构各级指标的得分、排名及优劣度分析

指标	2010 年 得分	排名	优劣度	2011 年 得分	排名	优劣度	2012 年 得分	排名	优劣度
农业结构	22.551	6	中势	22.274	8	中势	20.669	9	劣势
第一产业比重	2.419	6	中势	2.361	6	中势	2.156	6	中势
第一产业投资强度	0.693	3	优势	0.765	3	优势	0.634	4	优势
第一产业不协调度	5.563	10	劣势	5.021	10	劣势	4.369	9	劣势
第一产业贡献率	3.348	11	劣势	3.595	3	优势	3.308	4	优势
第一产业弧弹性	4.408	3	优势	4.703	9	劣势	4.960	7	中势
第一产业结构偏离系数	5.563	10	劣势	5.021	10	劣势	4.369	9	劣势
第一产业区位商	0.078	8	中势	0.064	9	劣势	0.061	9	劣势
第一产业劳动产出率	0.478	3	优势	0.745	2	强势	0.810	2	强势

对肇庆市农业结构的三级指标进行分析，其中第一产业比重的排名呈现持续保持的发展趋势，再对肇庆市的第一产业比重的得分情况进行分析，发现肇庆市的第一产业比重的得分呈现持续下降的发展趋势，说明肇庆市第一产业比重持续减小，其他产业比重加大。

其中第一产业投资强度的排名呈现先保持后下降的发展趋势，再对肇庆市的第一产业投资强度的得分情况进行分析，发现肇庆市的第一产业投资强度的得分先上升后下降，但整体上得分比较低，说明肇庆市的第一产业发展占优势，城市活力较强。

其中第一产业不协调度的排名呈现先保持后上升的发展趋势，再对肇庆市的第一产业不协调度的得分情况进行分析，发现肇庆市第一产业不协调指数的得分持续下降，说明肇庆市第一产业在城市中的发展结构良好，第一产业对城市经济发展起促进作用。

其中第一产业贡献率的排名呈现先上升后下降的发展趋势，再对肇庆市第一产业贡献率的得分情况进行分析，发现肇庆市的第一产业贡献率的得分处于先上升后下降的发展趋势，说明在 2010~2012 年间肇庆市第一产业所提供的就业机会较少、劳动力需求程度降低，产业发展活力减弱。

其中第一产业弧弹性的排名呈现先下降后上升的发展趋势，再对肇庆市的第一产业弧弹性得分情况进行分析，发现肇庆市的第一产业弧弹性的得分处于持续上升的发展趋势，说明肇庆市第一产业经济发展变化增长速率快于其经济的变化增长速率，城市呈现出第一产业的扩张发展趋势。

其中第一产业结构偏离系数的排名呈现先保持后上升的发展趋势，再对肇庆市的第一产业结构偏离系数的得分情况进行分析，发现肇庆市的第一产业结构偏离系数的得分处于持续下降的趋势，说明城市的第一产业就业结构协调程度提高，城市的劳动生产率提高。

其中第一产业区位商呈现先下降后保持的发展趋势，再对肇庆市的第一产业区位商的得分情况进行分析，发现肇庆市的第一产业区位商的得分处于持续下降的趋势，说明城市的第一产业就业程度越低。

其中第一产业劳动产出率的排名呈现先上升后保持的发展趋势，再对肇庆市的第一产业劳动产出率的得分情况进行分析，发现肇庆市的第一产业劳动产出率的得分持续上升的发展趋势，说明肇庆市的第一产业经济发展水平提高，第一产业对城市经济发展的贡献也在增大。

表 11-2　　2013~2015 年肇庆市农业结构各级指标的得分、排名及优劣度分析

指标	2013 年 得分	2013 年 排名	2013 年 优劣度	2014 年 得分	2014 年 排名	2014 年 优劣度	2015 年 得分	2015 年 排名	2015 年 优劣度
农业结构	18.400	10	劣势	20.165	7	中势	19.814	7	中势
第一产业比重	2.060	6	中势	1.815	6	中势	1.813	6	中势
第一产业投资强度	0.610	3	优势	0.609	3	优势	0.633	3	优势
第一产业不协调度	3.145	10	劣势	4.019	9	劣势	3.788	9	劣势
第一产业贡献率	3.347	6	中势	3.538	3	优势	3.367	4	优势
第一产业弧弹性	4.440	3	优势	4.823	9	劣势	4.916	7	中势
第一产业结构偏离系数	3.145	10	劣势	4.019	9	劣势	3.788	9	劣势
第一产业区位商	0.047	9	劣势	0.061	9	劣势	0.050	8	中势
第一产业劳动产出率	1.608	2	强势	1.280	2	强势	1.460	3	优势

根据表 11-2，对 2013~2015 年间肇庆市农业结构及各三级指标的得分、排名、优劣度进行分析，可以看到在 2013~2015 年间，肇庆市农业结构的排名处于中势，在 2013 年、2014 年和 2015 年其农业结构排名先上升后保持，由 2013 年的第 10 名上升到 2014 年第 7 名，2015 年其农业结构排名保持第 7 名位置不变，说明城市的农业结构的发展的稳定性有待提高。对肇庆市的农业结构得分情况进行分析，发现肇庆市的农业结构综合得分呈现先上升后下降趋势，说明城市的农业结构发展整体上低于珠江 - 西江经济带其他城市。总的来说，2013~2015 年肇庆市农业结构发展处于珠江 - 西江经济带中游，发展水平落后于经济带其他城市，在经济带中上升空间较大。

对肇庆市农业结构的三级指标进行分析，其中第一产业比重的排名呈现持续保持的发展趋势，再对肇庆市的第一产业比重的得分情况进行分析，发现肇庆市的第一产业比重的得分持续下降，说明肇庆市第一产业比重持续减小，被其他产业所替代。

其中第一产业投资强度的排名呈现持续保持的发展趋势，再对肇庆市的第一产业投资强度的得分情况进行分析，发现肇庆市的第一产业投资强度的得分先下降后上升，说明肇庆市的第一产业发展占优势，城市活力较强。

其中第一产业不协调度的排名呈现先上升然后再保持的发展趋势，再对肇庆市的第一产业不协调度的得分情况进行分析，发现肇庆市的第一产业不协调度指数的得分先上升后下降，但整体上是上升的。

其中第一产业贡献率的排名呈现先上升后下降的发展趋势，再对肇庆市第一产业贡献率的得分情况进行分析，发现肇庆市的第一产业贡献率的得分处于先上升后下降的发展趋势，但整体上是上升的，说明在 2013~2015 年间肇庆市第一产业所提供的就业机会较少、劳动力需求程度高，产业发展活力强。

其中第一产业弧弹性的排名呈现先下降后上升的发展趋势，再对肇庆市的第一产业弧弹性得分情况进行分析，发现肇庆市的第一产业弧弹性的得分处于持续上升的发展趋势，说明肇庆市第一产业经济发展变化增长速率要快于其经济的变化增长速率，城市呈现出第一产业的扩张发展趋势。

其中第一产业结构偏离系数的排名呈现先上升后保持的发展趋势，再对肇庆市的第一产业结构偏离系数的得分情况进行分析，发现肇庆市的第一产业结构偏离系数的得分处于先上升后下降的趋势，说明城市的就业结构、产业结构出现不协调、不稳定状态。

其中第一产业区位商呈现先保持后上升的发展趋势，再对肇庆市的第一产业区位商的得分情况进行分析，发现肇庆市的第一产业区位商的得分处于先上升后下降的趋势，说明城市的第一产业就业程度越低。

其中第一产业劳动产出率的排名呈现先保持后下降的发展趋势，再对肇庆市的第一产业劳动产出率的得分情况进行分析，发现肇庆市的第一产业劳动产出率的得分先下降后上升的发展趋势，说明肇庆市的第一产业经济发展水平降低，第一产业对城市经济发展的贡献也降低。

对 2010~2015 年间肇庆市农业结构及各三级指标的得分、排名和优劣度进行分析。2010~2015 年肇庆市农业结构的综合得分排名呈现波动下降的发展趋势。2010 年肇庆市农业结构综合得分排名排在珠江 - 西江经济带第 6 名，2011 年下降至第 8 名，2012 年下降至第 9 名，2013 年肇庆市农业结构的综合得分下降至第 10 名，2014~2015 年肇庆市农业结构的综合得分上升至第 7 名。一方面说明肇庆市农业结构的综合得分排名在珠江 - 西江经济带中游和下游之间波动，其农业结构竞争力也一直在经济带中势地位和劣势地位之间波动，肇庆市的农业结构发展水平较之于珠江 - 西江经济带的其他城市较低，在经济带中所具备的竞争力较小；另一方面说明肇庆市在农业结构方面的发展存在不稳定现象，稳定性有待提升。对肇庆市的农业结构得分情况进行分析，发现 2010~2015 年肇庆市农业结构得分频繁升降，整体上肇庆市的农业结构得分呈现波动下降趋势。

从表 11-3 来看，在 8 个基础指标中，指标的优劣度结构为 0.0∶37.5∶37.5∶25.0。

表 11-3　　　　　　　　　　　2015 年肇庆市农业结构指标的优劣度结构

二级指标	三级指标数	强势指标 个数	强势指标 比重（%）	优势指标 个数	优势指标 比重（%）	中势指标 个数	中势指标 比重（%）	劣势指标 个数	劣势指标 比重（%）	优劣度
农业结构	8	0	0.000	3	37.500	3	37.500	2	25.000	中势

（三）肇庆市农业结构竞争力比较分析

图 11-9、图 11-10 将 2010~2015 年肇庆市农业结构竞争力与珠江-西江经济带最高水平和平均水平进行比较。从农业结构竞争力的要素得分比较来看，由图 11-9 可知，2010 年，肇庆市第一产业比重得分比最高分低 1.747 分，比平均分高 0.255 分；2011 年，第一产业比重得分比最高分低 1.847 分，比平均分高 0.158 分；2012 年，第一产业比重得分比最高分低 1.521 分，比平均分高 0.136 分；2013 年，第一产业比重得分比最高分低 1.453 分，比平均分高 0.107 分；2014 年，第一产业比重得分比最高分低 1.274 分，比平均分高 0.109 分；2015 年，第一产业比重得分比最高分低 1.336 分，比平均分高 0.102 分。这说明整体上肇庆市第一产业比重得分与珠江-西江经济带最高分的差距波动下降趋势，与珠江-西江经济带平均分的差距波动下降。

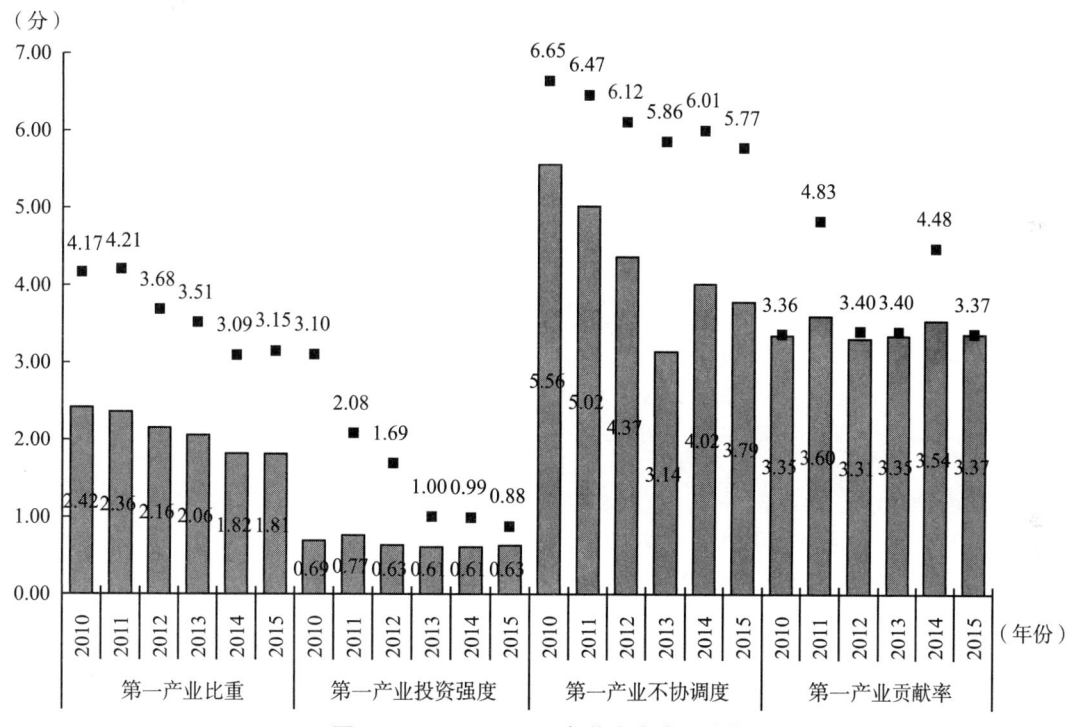

图 11-9　2010~2015 年肇庆市农业结构竞争力指标得分比较 1

2010 年，肇庆市第一产业投资强度得分比最高分低 2.406 分，比平均分高 0.139 分；2011 年，第一产业投资强度得分比最高分低 1.315 分，比平均分高 0.213 分；2012 年，第一产业投资强度得分比最高分低 1.056 分，比平均分高 0.067 分；2013 年，第一产业投资强度得分比最高分低 0.389 分，比平均分高 0.128 分；2014 年，第一产业投资强度得分比最高分低 0.382 分，比平均分高 0.154 分；2015 年，第一产业投资强度得分比最高分低 0.246 分，比平均分高 0.162 分。这说明整体上肇庆市第一产业投资强度得分与珠江-西江经济带最高分的差距持续减小，与珠江-西江经济带平均分的差距波动增加。

2010 年，肇庆市第一产业不协调度得分比最高分低 1.082 分，比平均分低 0.618 分；2011 年，第一产业不协调度得分比最高分低 1.446 分，比平均分低 0.924 分；2012 年，第一产业不协调度得分比最高分低 1.746 分，比平均分低 0.982 分；2013 年，第一产业不协调度得分比最高分低 2.715 分，比平均分低 1.530 分；2014 年，第一产业不协调度得分比最高分低 1.987 分，比平均分低 0.885 分；2015 年，第一产业不协调度得分比最高分低 1.987 分，比平均分低 0.774 分。这说明整体上肇庆市第一产业不协调度得分与珠江-西江经济带最高分的差距波动增加，与珠江-西江经济带平均分的差距波动增加。

2010 年，肇庆市第一产业贡献率得分比最高分低 0.014 分，比平均分低 0.006 分；2011 年，第一产业贡献率得分比最高分低 1.233 分，比平均分高 0.127 分；2012 年，第一产业贡献率得分比最高分低 0.090 分，比平均分高 0.006 分；2013 年，第一产业贡献率得分比最高分低 0.051 分，比平均分低 0.009 分；2014 年，第一产业贡献率得分比最高分低 0.940 分，

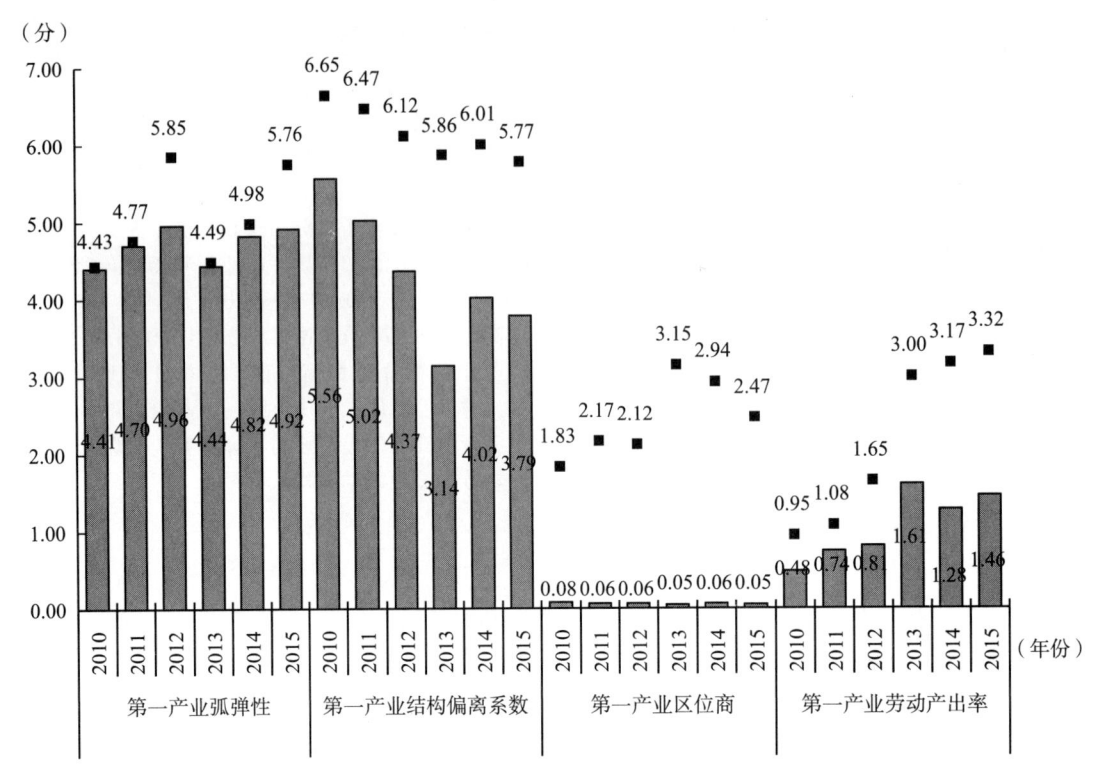

图 11-10 2010~2015年肇庆市农业结构竞争力指标得分比较2

比平均分高0.729分；2015年，第一产业贡献率得分比最高分低0.001分，比平均分高0.013分。这说明整体上肇庆市第一产业贡献率得分与珠江-西江经济带最高分的差距有波动减小的趋势，与珠江-西江经济带平均分的差距波动增加。

由图11-10可知，2010年，肇庆市第一产业弧弹性得分比最高分低0.020分，比平均分高0.352分；2011年，第一产业弧弹性得分比最高分低0.063分，比平均分低0.025分；2012年，第一产业弧弹性得分比最高分低0.888分，比平均分低0.101分；2013年，第一产业弧弹性得分比最高分低0.052分，比平均分高0.462分；2014年，第一产业弧弹性得分比最高分低0.160分，比平均分低0.022分；2015年，第一产业弧弹性得分比最高分低0.840分，比平均分高0.142分。这说明整体上肇庆市第一产业弧弹性得分与珠江-西江经济带最高分的差距有持续增加趋势，与珠江-西江经济带平均分的差距有波动减小趋势。

2010年，肇庆市第一产业结构偏离系数得分比最高分低1.082分，比平均分低0.618分；2011年，第一产业结构偏离系数得分比最高分低1.446分，比平均分低0.924分；2012年，第一产业结构偏离系数得分比最高分低1.746分，比平均分低0.982分；2013年，第一产业结构偏离系数得分比最高分低2.715分，比平均分低1.530分；2014年，第一产业结构偏离系数得分比最高分低1.987分，比平均分低0.885分；2015年，第一产业结构偏离系数得分比最高分低1.987分，比平均分低0.774分。这说明整体上肇庆市第一产业结构偏离系数得分与珠江-西江经济带最高分的差距在波动增加，与珠江-西江经济带平均分的差距呈波动增加。

2010年，肇庆市第一产业区位商得分比最高分低1.755分，比平均分低0.356分；2011年，第一产业区位商得分比最高分低2.102分，比平均分低0.423分；2012年，第一产业区位商得分比最高分低2.059分，比平均分低0.427分；2013年，第一产业区位商得分比最高分低3.105分，比平均分低0.572分；2014年，第一产业区位商得分比最高分低2.877分，比平均分低0.533分；2015年，第一产业区位商得分比最高分低2.417分，比平均分低0.432分。这说明整体上肇庆市第一产业区位商得分与珠江-西江经济带最高分的差距在波动增加，与珠江-西江经济带平均分的差距呈波动增加。

2010年，肇庆市第一产业劳动产出率得分比最高分低0.471分，比平均分高0.258分；2011年，第一产业劳动产出率得分与最高分低0.339分，比平均分高0.454分；2012年，第一产业劳动产出率得分比最高分低0.839分，比平均分高0.451分；2013年，第一产业劳动产出率得分比最高分低1.395分，比平均分高0.968分；2014年，第一产业劳动产出率得分比最高分低1.894分，比平均分高0.631分；2015年，第一产业劳动产出率得分比最高分低1.863分，比平均分高0.608分。这说明整体上肇庆市第一产业劳动产出率得分与珠江-西江经济带最高分的差距波动增加，与珠江-西江经济带平均分的差距呈波动增加。

二、肇庆市农业发展水平综合评估与比较

（一）肇庆市农业发展水平评估指标变化趋势评析

1. 第一产业扩张弹性系数

根据图11-11分析可知，2010~2015年肇庆市第一

产业扩张弹性系数总体上呈现波动下降型的状态。这种状态表现为在2010~2015年间城市在该项指标上总体呈现下降趋势,但在期间存在上下波动的情况,并非连续性下降状态。这就意味着在评估的时间段内,虽然指标数据存在较大的波动,但是其评价末期数据值低于评价初期数据值。肇庆市的第一产业扩张弹性系数末期低于初期的数据,降低35个单位左右,并且在2010~2012年间存在明显下降的变化,这说明肇庆市第一产业生产情况处于不太稳定的下降状态。

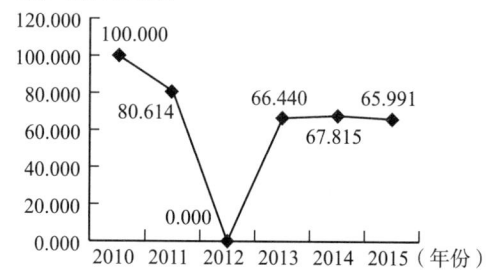

图11-11 2010~2015年肇庆市第一产业扩张弹性系数变化趋势

2. 农业强度

根据图11-12分析可知,2010~2015年肇庆市农业强度总体上呈现波动上升型的状态。这一类型的指标为2010~2015年间城市在该项指标上存在较多波动变化,总体趋势为上升趋势,但在个别年份出现下降的情况,指标并非连续性上升。波动上升型指标意味着在评估期间,虽然指标数据存在较大波动变化,但是其评价末期数据值高于评价初期数据值。通过折线图可以看出,肇庆市的农业强度指标不断提高,2015年达到21.637,相较于2010年上升10个单位左右;说明肇庆市的农业整体发展较高,对外部资源的吸引力较强。

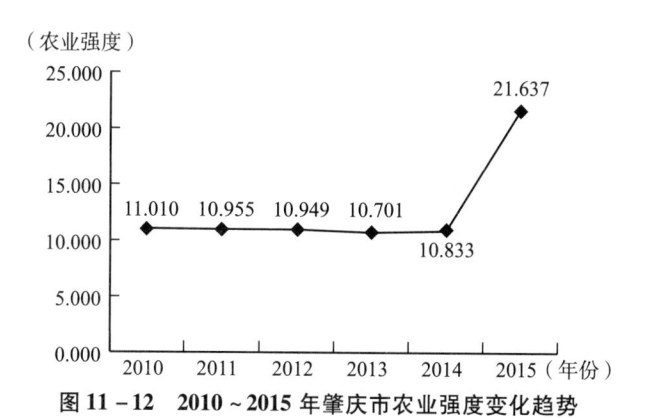

图11-12 2010~2015年肇庆市农业强度变化趋势

3. 耕地密度

根据图11-13析可知,2010~2015年肇庆市耕地密度总体上呈现持续上升型的状态。处于持续上升型的指标,不仅意味着城市在各项指标数据上的不断增长,更意味着城市在该项指标上的竞争力优势不断扩大。肇庆市的耕地密度指标不断提高,2015年达到0.207;这说明肇庆市的农业整体发展较高,其耕地情况处于相对稳定的状态。

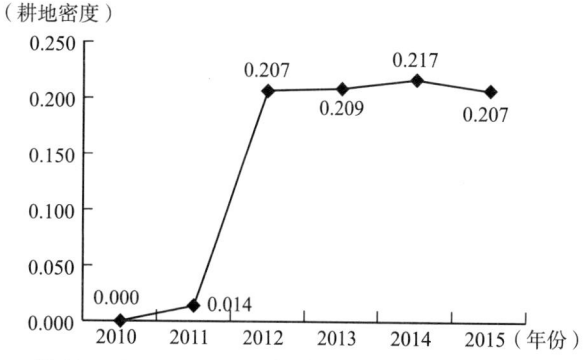

图11-13 2010~2015年肇庆市耕地密度变化趋势

4. 农业指标动态变化

根据图11-14分析可知,2010~2015年肇庆市农业指标总体上呈现波动上升型的状态。这一类型的指标为2010~2015年间城市在该项指标上存在较多波动变化,总体趋势为上升趋势,但在个别年份出现下降的情况,指标并非连续性上升。波动上升型指标意味着在评估期间,虽然指标数据存在较大波动变化,但是其评价末期数据值高于评价初期数据值。肇庆市的农业指标不断提高,在2015年达到100.000;说明肇庆市在农业指标动态变化方面发展较快。

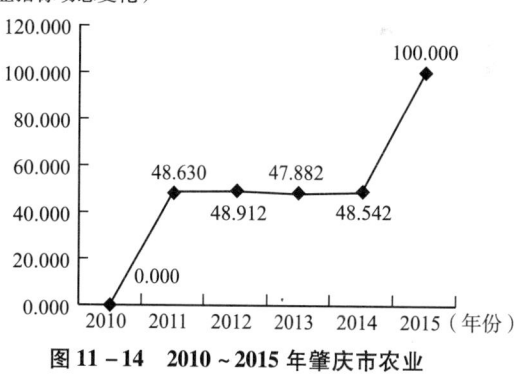

图11-14 2010~2015年肇庆市农业指标动态变化趋势

5. 农业土地扩张强度

根据图11-15分析可知,2010~2015年肇庆市农业土地扩张强度总体上呈现波动下降型的状态。这种状态表现为在2010~2015年间城市在该项指标上总体呈现下降趋势,但在期间存在上下波动的情况,并非连续性下降状态。这就意味着在评估的时间段内,虽然指标数据存在较大的波动,但是其评价末期数据值低于评价初期数据值。肇庆市的农业土地扩张强度末期低于初期的数据,降低8个单位左右,并且在2014~2015年间存在明显下降的变化,这说明肇庆市土地扩张情况处于不太稳定的下降状态。

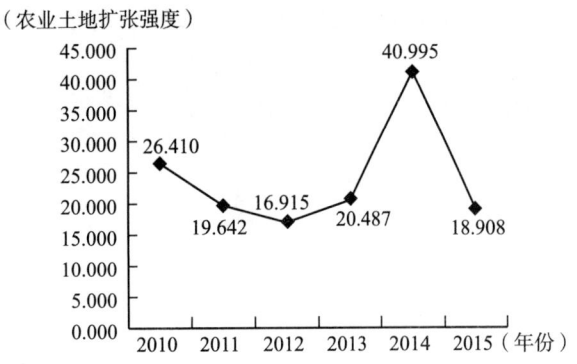

(农业土地扩张强度)

图 11-15 2010~2015 年肇庆市农业土地扩张强度变化趋势

6. 农业蔓延指数

根据图 11-16 分析可知，2010~2015 年肇庆市农业蔓延总体上呈现波动下降型的状态。这一类的指标为 2010~2015 年间城市在该项指标上总体呈现下降趋势，但在评估期间存在上下波动的情况，指标并非连续性下降状态。波动下降型指标意味着在评估期间，虽然指标数据存在较大波动变化，但是其评价末期数据值低于评价初期数据值。该图可知肇庆市农业蔓延保持在 2.612~10.565。即使肇庆市农业蔓延存在过最低值，其数值为 2.612；说明肇庆市在农业蔓延指数方面总体表现相对平稳。

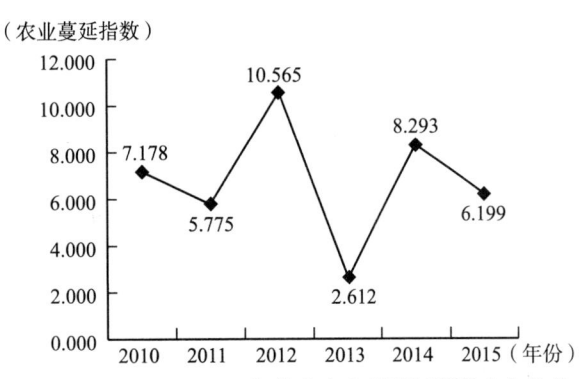

(农业蔓延指数)

图 11-16 2010~2015 年肇庆市农业蔓延指数变化趋势

7. 农业指标相对增长率

根据图 11-17 分析可知，2010~2015 年肇庆市农业指标相对增长率总体上呈现波动下降型的状态。这种状态表现为在 2010~2015 年间城市在该项指标上总体呈现下降趋势，但在期间存在上下波动的情况，并非连续性下降状态。这就意味着在评估的时间段内，虽然指标数据存在较大的波动，但是其评价末期数据值低于评价初期数据值。肇庆市的农业指标相对增长率末期低于初期的数据，降低 10 个单位左右，并且在 2013~2014 年间存在明显下降的变化；这说明肇庆市农业生产情况处于不太稳定的下降状态。

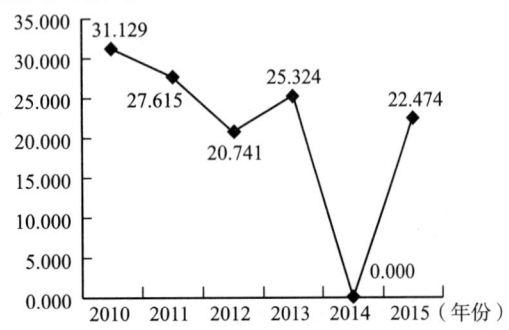

8. 农业指标绝对增量加权指数

根据图 11-18 分析可知，2010~2015 年肇庆市农业指标绝对增量加权指数总体上呈现波动上升型的状态。这一类型的指标为 2010~2015 年间城市在该项指标上存在较多波动变化，总体趋势为上升趋势，但在个别年份出现下降的情况，指标并非连续性上升。波动上升型指标意味着在评估期间，虽然指标数据存在较大波动变化，但是其评价末期数据值高于评价初期数据值。肇庆市的农业指标绝对增量加权指数指标不断提高，2015 年达到 81.707，相较于 2010 年上升 80 个单位左右；说明肇庆市在农业指标绝对增量加权指数上总体表现相对平稳，其在促进农业增长方面的发展水平比较稳定。

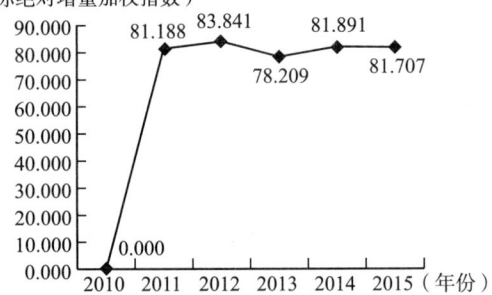

(农业指标绝对增量加权指数)

图 11-18 2010~2015 年肇庆市农业指标绝对增量加权指数变化趋势

（二）肇庆市农业发展水平评估结果

根据表 11-4，对 2010~2012 年间肇庆市农业发展及各三级指标的得分、排名、优劣度进行分析，可以看到 2010~2012 年间，肇庆市农业发展的综合排名处于劣势的状态，在 2010 年、2011 年和 2012 年其经济发展排名先上升后下降，2010 年其经济发展排名是第 11 名，到 2011 年上升至珠江-西江经济带中第 5 名，2012 年又下降至第 11 名，说明肇庆市的农业发展落后于珠江-西江经济带的其他城市。对肇庆市的农业发展得分情况进行分析，发现肇庆市的农业发展综合得分呈现先上升后下降的发展趋势，说明城市的农业有所发展。总的来说，2010~2012 年肇庆市农业发展处于珠江-西江经济带劣势地位，发展水平与经济带其他城市相比较低。

其中第一产业扩张弹性系数的排名呈现先保持后下降的发展趋势，再对肇庆市的第一产业扩张弹性系数的得分情况进行分析，发现肇庆市的第一产业扩张弹性系数的得分呈持续下降的趋势，说明在 2010~2012 年间肇庆市的耕地面积扩张幅度变大，城市城镇化与城市面积之间呈现不协调发展的关系，城镇耕地面积的增加导致城市的过度拥挤及承载力压力问题的出现。

(农业指标相对增长率)

图 11-17 2010~2015 年肇庆市农业指标相对增长率变化趋势

表 11-4　　　　　2010~2012 年肇庆市农业发展各级指标的得分、排名及优劣度分析

指标	2010 年			2011 年			2012 年		
	得分	排名	优劣度	得分	排名	优劣度	得分	排名	优劣度
农业发展	10.730	11	劣势	15.531	5	优势	11.872	11	劣势
第一产业扩张弹性系数	4.937	1	强势	3.853	1	强势	0.000	11	劣势
农业强度	0.348	6	中势	0.342	6	中势	0.342	6	中势
耕地密度	0.000	11	劣势	0.000	11	劣势	0.006	11	劣势
农业指标动态变化	0.000	11	劣势	1.774	7	中势	1.786	5	优势
农业土地扩张强度	4.382	5	优势	4.196	4	优势	4.187	4	优势
农业蔓延指数	0.185	1	强势	0.149	11	劣势	0.274	4	优势
农业指标相对增长率	0.878	1	强势	0.778	1	强势	0.606	11	劣势
农业指标绝对增量加权指数	0.000	11	劣势	4.439	10	劣势	4.670	5	优势

其中农业强度的排名呈现持续保持的发展趋势，再对肇庆市的农业强度的得分情况进行分析，发现肇庆市的农业强度的得分呈先下降后保持的趋势，说明在 2010~2012 年间肇庆市的粮食作物播种面积不具备优势，活力不断减弱。

其中耕地密度的排名呈现持续保持的发展趋势，再对肇庆市的耕地密度的得分情况进行分析，发现肇庆市耕地密度的得分先保持后上升，说明肇庆市的人力资源有所发展，城市的农业生产效率有所提高，农业生产成本有所降低。

其中农业指标动态变化的排名呈现持续上升的发展趋势，再对肇庆市农业指标动态变化的得分情况进行分析，发现肇庆市的农业指标动态变化的得分处于持续上升的趋势，说明在 2010~2012 年间肇庆市的粮食作物播种面积有所增加，对应呈现出地区经济活力和城市规模也有所发展。

其中农业土地扩张强度的排名呈现先上升后保持的发展趋势，再对肇庆市的农业土地扩张强度的得分情况进行分析，发现肇庆市的农业土地扩张强度的得分持续下降的趋势，说明城市的农业土地面积增长速率较弱，呈现出农业生产集聚能力及活力的不断减小。

其中农业蔓延指数的排名呈现先下降后上升的发展趋势，再对肇庆市的农业蔓延指数的得分情况进行分析，发现肇庆市农业蔓延指数的得分先下降后上升，农业蔓延指数小于 1，说明城市的粮食总产量的增长慢于非农业人口的增长水平，农业的发展未呈现出蔓延的趋势。

其中农业指标相对增长率的排名呈现先保持后下降的发展趋势，再对肇庆市的农业指标相对增长率的得分情况进行分析，发现肇庆市农业指标相对增长率的得分持续下降，说明城市的粮产量增长速率减慢，呈现出地区农业集聚能力及活力的不断减少。

其中农业指标绝对增量加权指数的排名呈现持续上升的发展趋势，再对肇庆市农业指标绝对增量加权指数的得分情况进行分析，发现肇庆市的农业指标绝对增量加权指数的得分处于持续上升的趋势，说明城市的粮食产量集中度高，城市粮食产量变化增长趋向于高速型发展。

根据表 11-5，对 2013~2015 年间肇庆市农业发展及各三级指标的得分、排名、优劣度进行分析，可以看到在 2013~2015 年间，肇庆市农业发展的综合排名处于优势的状态，在 2013 年、2014 年和 2015 年其农业发展排名先保持后上升，2013~2014 年其农业发展处于珠江-西江经济带第 10 名，2015 年其排名上升至第 3 名，说明肇庆市的农业发展领先于珠江-西江经济带的其他城市。对肇庆市的农业发展得分情况进行分析，发现肇庆市的农业发展综合得分呈现先下降后上升的发展趋势，说明城市的农业发展水平较高。总的来说，2013~2015 年肇庆市农业发展从珠江-西江经济带劣势地位上升至优势地位，在经济带中具备较大的发展潜力。

表 11-5　　　　　2013~2015 年肇庆市农业发展各级指标的得分、排名及优劣度分析

指标	2013 年			2014 年			2015 年		
	得分	排名	优劣度	得分	排名	优劣度	得分	排名	优劣度
农业发展	14.673	10	劣势	13.954	10	劣势	17.795	3	优势
第一产业扩张弹性系数	3.116	11	劣势	3.207	11	劣势	3.140	11	劣势
农业强度	0.334	6	中势	0.342	6	中势	0.676	3	优势
耕地密度	0.006	11	劣势	0.007	11	劣势	0.006	11	劣势
农业指标动态变化	1.754	10	劣势	1.778	4	优势	4.414	1	强势
农业土地扩张强度	4.204	6	中势	4.244	4	优势	4.263	8	中势
农业蔓延指数	0.079	11	劣势	0.221	2	强势	0.162	3	优势
农业指标相对增长率	0.793	8	中势	0.000	11	劣势	0.656	2	强势
农业指标绝对增量加权指数	4.387	10	劣势	4.156	2	强势	4.477	5	优势

其中第一产业扩张弹性系数的排名呈现持续保持的发展趋势,再对肇庆市的第一产业扩张弹性系数的得分情况进行分析,发现肇庆市的第一产业扩张弹性系数的得分呈先上升后下降的趋势,说明在2013~2015年间肇庆市的耕地面积扩张幅度变大,城市城镇化与城市面积之间呈现协调发展的关系,城镇耕地面积的增加没有导致城市的过度拥挤及承载力压力问题的出现。

其中农业强度的排名呈现先保持后上升的发展趋势,再对肇庆市的农业强度的得分情况进行分析,发现肇庆市的农业强度的得分呈持续上升的趋势,说明在2013~2015年间肇庆市的粮食作物播种面积低于地区的平均水平,但活力不断增强。

其中耕地密度的排名呈现持续保持的发展趋势,再对肇庆市的耕地密度的得分情况进行分析,发现肇庆市耕地密度的得分先上升后下降,说明肇庆市的人力资源较少,城市的农业生产效率较低,农业生产成本增加。

其中农业指标动态变化的排名呈现持续上升的发展趋势,再对肇庆市农业指标动态变化的得分情况进行分析,发现肇庆市农业指标动态变化的得分处于持续上升的趋势,说明在2013~2015年间肇庆市的粮食作物播种面积有所增加,对应呈现出地区经济活力和城市规模也有所发展。

其中农业土地扩张强度的排名呈现先上升后下降的发展趋势,再对肇庆市的农业土地扩张强度的得分情况进行分析,发现肇庆市的农业土地扩张强度的得分持续上升的趋势,说明城市的农业土地面积增长速率较快,呈现出农业生产集聚能力及活力的不断增加。

其中农业蔓延指数的排名呈现先上升后下降的发展趋势,再对肇庆市的农业蔓延指数的得分情况进行分析,发现肇庆市农业蔓延指数的得分先上升后下降,农业蔓延指数小于1,说明城市的粮食总产量的增长慢于非农业人口增长水平,农业的发展未呈现出蔓延的趋势。

其中农业指标相对增长率的排名呈现先下降后上升的发展趋势,再对肇庆市的农业指标相对增长率的得分情况进行分析,发现肇庆市农业指标相对增长率的得分先下降后上升,但整体上是下降的,说明城市的粮食产量增长速率降低,呈现出地区农业集聚能力及活力的不断减小。

其中农业指标绝对增量加权指数的排名呈现先上升后下降的发展趋势,再对肇庆市农业指标绝对增量加权指数的得分情况进行分析,发现肇庆市农业指标绝对增量加权指数的得分先下降后上升的趋势,说明城市的粮食产量集中度提高,城市粮食产量变化增长增强。

对2010~2015年间肇庆市农业发展及各三级指标的得分、排名和优劣度进行分析。2010~2015年肇庆市农业发展的综合得分排名呈现波动上升的发展趋势。2010年肇庆市农业发展综合得分排名处于珠江-西江经济带第11名,2011年上升至第5名,2012年下降至第11名,2013~2014年农业发展综合得分上升至第10名,2015年其排名又上升至第3名。一方面说明肇庆市的农业发展从珠江-西江经济带下游区上升至上游区,其农业发展也从经济带劣势地位上升至强势地位,与经济带其他城市相比,发展水平较高,在经济带中具备较大的竞争力;另一方面说明肇庆市农业发展综合得分上升和下降的幅度较大,在农业发展方面存在不稳定现象,稳定性有待提高。对肇庆市的农业发展得分情况进行分析,发现2010~2015年肇庆市的农业发展综合得分频繁升降,整体上肇庆市农业发展综合得分呈现波动上升的发展趋势,说明肇庆市的农业发展水平有所提升。

从表11-6来看,在8个基础指标中,指标的优劣度结构为25.0:37.5:12.5:25.0。

表11-6　　　　　　　　2015年肇庆市农业发展指标的优劣度结构

二级指标	三级指标数	强势指标 个数	强势指标 比重(%)	优势指标 个数	优势指标 比重(%)	中势指标 个数	中势指标 比重(%)	劣势指标 个数	劣势指标 比重(%)	优劣度
农业发展	8	2	25.000	3	37.500	1	12.500	2	25.000	优势

(三) 肇庆市农业发展水平比较分析

图11-19和图11-20将2010~2015年肇庆市农业发展与珠江-西江经济带最高水平和平均水平进行比较。从肇庆市农业发展的要素得分比较来看,由图11-19可知,2010年,肇庆市第一产业扩张弹性系数得分与最高分不存在差异,比平均分高1.337分;2011年,第一产业扩张弹性系数得分与最高分不存在差异,比平均分高0.372分;2012年,第一产业扩张弹性系数得分比最高分低4.169分,比平均分低3.072分;2013年,第一产业扩张弹性系数得分比最高分低0.291分,比平均分低0.217分;2014年,第一产业扩张弹性系数得分比最高分低0.207分,比平均分低0.149分;2015年,第一产业扩张弹性系数得分比最高分低0.317分,比平均分低0.232分。这说明整体上肇庆市第一产业扩张弹性系数得分与珠江-西江经济带最高分的差距波动增大,与珠江-西江经济带平均分的差距波动减小。

2010年,肇庆市农业强度得分比最高分低2.810分,比平均分低0.294分;2011年,农业强度得分比最高分低2.768分,比平均分低0.292分;2012年,农业强度得分比最高分低2.756分,比平均分低0.292分;2013年,农业强度得分比最高分低2.747分,比平均分低0.300分;2014年,农业强度得分比最高分低2.791分,比平均分低0.299分;2015年,农业强度得分比最高分低2.259分,比平均分高0.041分。这说明整体上肇庆市农业强度得分与珠江-西江经济带最高分的差距波动减小,与珠江-西江经济带平均分的差距也波动减小。

2010年,肇庆市耕地密度得分比最高分低3.071分,比平均分低0.542分;2011年,耕地密度得分比最高分低3.045分,比平均分低0.536分;2012年,耕地密度得分比

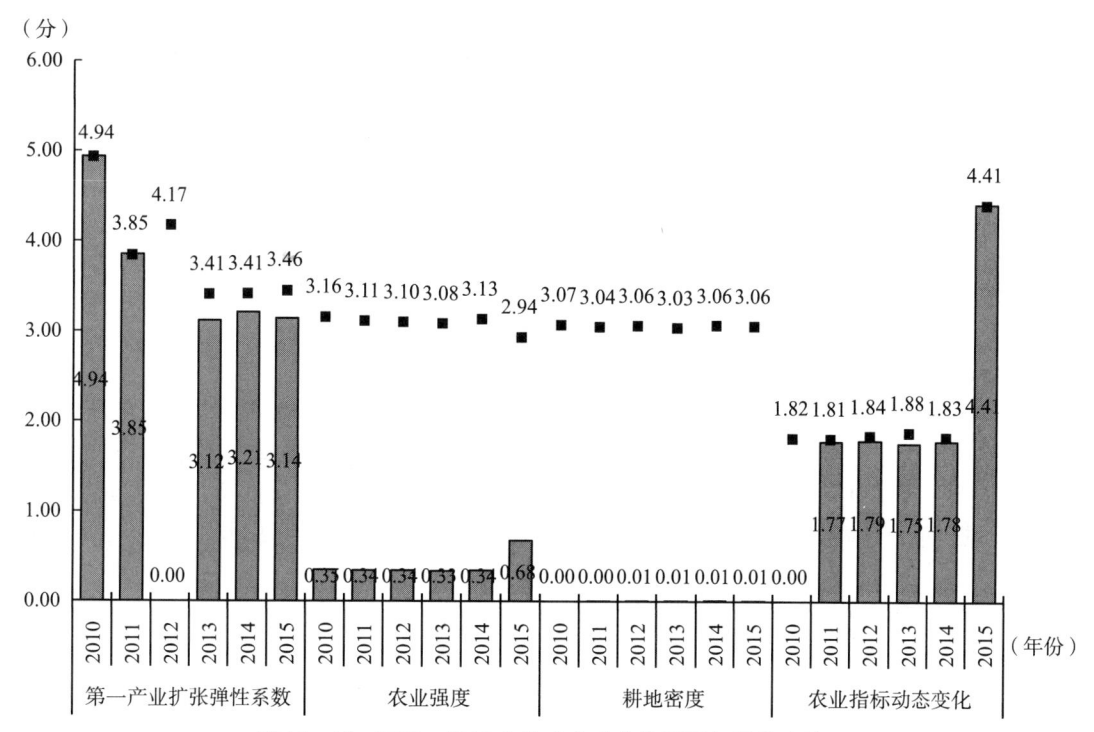

图 11-19　2010~2015 年肇庆市农业发展指标得分比较 1

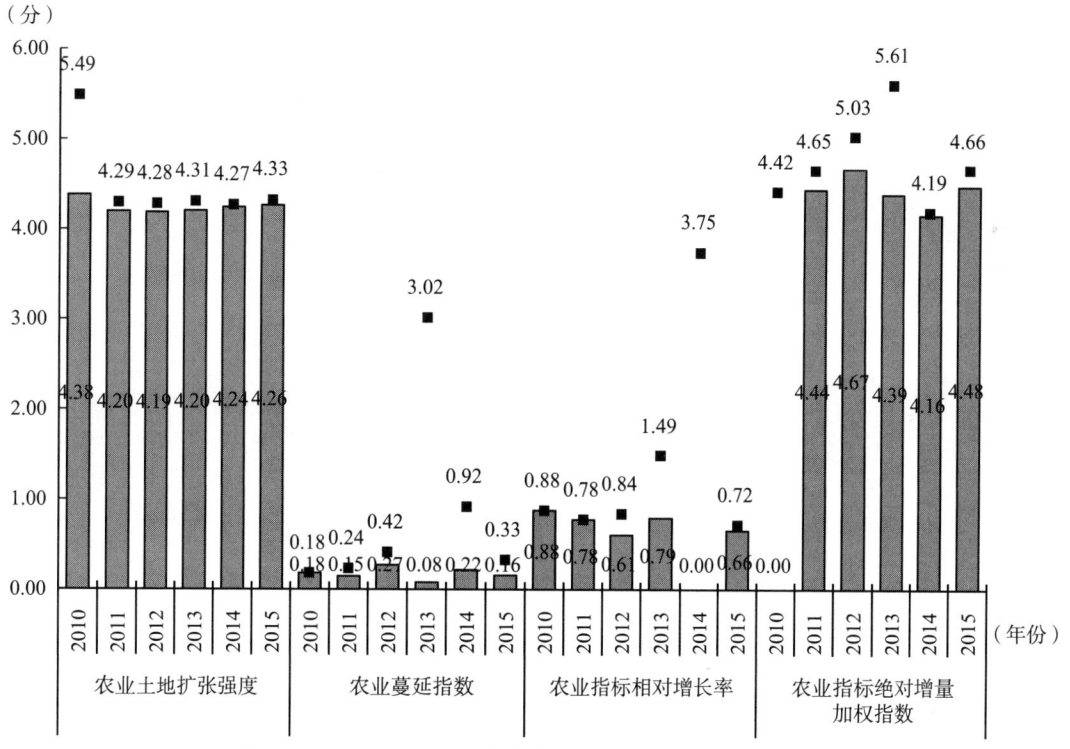

图 11-20　2010~2015 年肇庆市农业发展指标得分比较 2

最高分低 3.053 分，比平均分低 0.531 分；2013 年，耕地密度得分比最高分低 3.028 分，比平均分低 0.530 分；2014 年，耕地密度得分比最高分低 3.053 分，比平均分低 0.534 分；2015 年，耕地密度得分比最高分低 3.049 分，比平均分低 0.536 分。这说明整体上肇庆市耕地密度得分与珠江-西江经济带最高分的差距波动下降，与珠江-西江经济带平均分的差距减小。

2010 年，肇庆市农业指标动态变化得分比最高分低 1.818 分，比平均分低 1.448 分；2011 年，农业指标动态变化得分比最高分低 0.036 分，比平均分低 0.012 分；2012 年，农业指标动态变化得分比最高分低 0.050 分，比平均分低 0.003 分；2013 年，农业指标动态变化得分比最高分低 0.123 分，比平均分低 0.041 分；2014 年，农业指标动态变化得分比最高分低 0.049 分，比平均分高 0.021 分；

2015年，农业指标动态变化得分与最高分不存在差异，比平均分高1.844分。这说明整体上肇庆市农业指标动态变化得分与珠江-西江经济带最高分的差距波动减小，与珠江-西江经济带平均分的差距波动上升。

由图11-20可知，2010年，肇庆市农业土地扩张强度得分比最高分低1.105分，比平均分高0.169分；2011年，农业土地扩张强度得分比最高分低0.098分，比平均分高0.005分；2012年，农业土地扩张强度得分比最高分低0.094分，比平均分高0.010分；2013年，农业土地扩张强度得分比最高分低0.107分，比平均分高0.008分；2014年，农业土地扩张强度得分比最高分低0.028分，比平均分高0.011分；2015年，农业土地扩张强度得分比最高分低0.068分，比平均分高0.010分。这说明整体上肇庆市农业土地扩张强度得分与珠江-西江经济带最高分的差距波动减小，与珠江-西江经济带平均分的差距波动减小。

2010年，肇庆市农业蔓延指数得分与最高分不存在差异，比平均分高0.050分；2011年，农业蔓延指数得分比最高分低0.087分，比平均分低0.036分；2012年，农业蔓延指数得分比最高分低0.141分，比平均分高0.074分；2013年，农业蔓延指数得分比最高分低2.493分，比平均分低0.381分；2014年，农业蔓延指数得分比最高分低0.702分，比平均分低0.018分；2015年，农业蔓延指数得分比最高分低0.169分，比平均分低0.004分。这说明整体上肇庆市农业蔓延指数得分与珠江-西江经济带最高分的差距波动增加，与珠江-西江经济带平均分的差距呈波动下降。

2010年，肇庆市农业指标相对增长率得分与最高分不存在差异，比平均分高0.378分；2011年，农业指标相对增长率得分与最高分不存在差异，比平均分高0.239分；2012年，农业指标相对增长率得分比最高分低0.236分，比平均分低0.087分；2013年农业指标相对增长率得分比最高分低0.694分，比平均分低0.182分；2014年，农业指标相对增长率得分比最高分低3.750分，比平均分低1.478分；2015年，农业指标相对增长率得分比最高分低0.065分，比平均分高0.039分。这说明整体上肇庆市农业指标相对增长率得分与珠江-西江经济带最高分的差距波动增加，与珠江-西江经济带平均分的差距波动减小。

2010年，肇庆市农业指标绝对增量加权指数得分比最高分低4.419分，比平均分低3.854分；2011年，农业指标绝对增量加权指数得分比最高分低0.214分，比平均分低0.076分；2012年，农业指标绝对增量加权指数得分比最高分低0.360分，比平均分高0.010分；2013年农业指标绝对增量加权指数得分比最高分低1.222分，比平均分低0.284分；2014年，农业指标绝对增量加权指数得分比最高分低0.038分，比平均分高0.336分；2015年，农业指标绝对增量加权指数得分比最高分低0.180分，比平均分高0.023分。这说明整体上肇庆市农业指标绝对增量加权指数得分与珠江-西江经济带最高分的差距波动减小，与珠江-西江经济带平均分的差距波动减小。

三、肇庆市农业产出水平综合评估与比较

（一）肇庆市农业产出水平评估指标变化趋势评析

1. 食物生态足迹

根据图11-21分析可知，2010~2015年肇庆市食物生态足迹指标总体上呈现波动上升型的状态。这一类型的指标为2010~2015年间城市在该项指标上存在较多波动变化，总体趋势为上升趋势，但在个别年份出现下降的情况，指标并非连续性上升。波动上升型指标意味着在评估期间，虽然指标数据存在较大波动变化，但是其评价末期数据值高于评价初期数据值。肇庆市的食物生态足迹指标不断提高，2015年达到55.257，相较于2010年上升3个单位左右；说明肇庆市的经济社会发展水平有所提升，城市规模增大，城市居民对各类食物需求也有所提高。

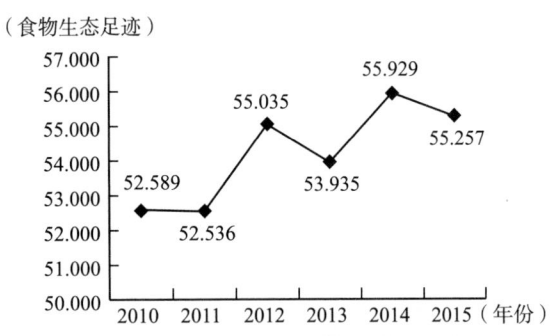

图11-21　2010~2015年肇庆市食物生态足迹指标变化趋势

2. 人均食物生态足迹

根据图11-22分析可知，2010~2015年肇庆市人均食物生态足迹总体上呈现波动下降型的状态。这一类的指标为2010~2015年间城市在该项指标上总体呈现下降趋势，但在评估期间存在上下波动的情况，指标并非连续性下降状态。波动下降型指标意味着在评估期间，虽然指标

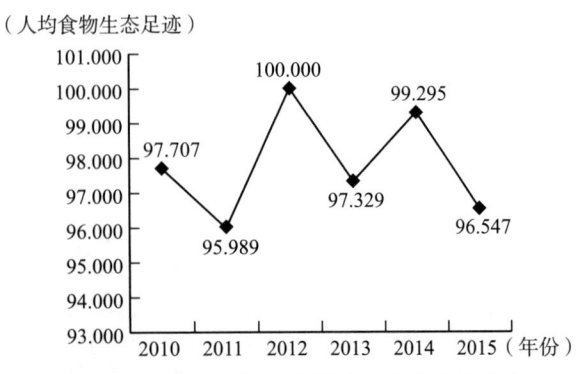

图11-22　2010~2015年肇庆市人均食物生态足迹变化趋势

数据存在较大波动变化,但是其评价末期数据值低于评价初期数据值。该图可知肇庆市人均食物生态足迹数值保持在95.989~100.000。即肇庆市人均食物生态足迹存在过最低值,其数值为95.989;说明肇庆市在人均食物生态足迹方面发展波动较大。

3. 农业生产比重增量

根据图11-23分析可知,2010~2015年肇庆市农业生产比重增量总体上呈现波动上升型的状态。这一类型的指标为在2010~2015年间城市存在一定的波动变化,总体趋势上为上升趋势,但在个别年份出现下降的情况,指标并非连续性上升状态。波动上升型指标意味着在评价的时间段内,虽然指标数据存在较大的波动变化,但是其评价末期数据值高于评价初期数据值。肇庆市在2011~2015年虽然出现下降的状况,最终稳定在69.770;说明肇庆市的农业生产比重增量提高,城市农业生产发展程度提高,城市整体粮食产量水平具备一定的优势。

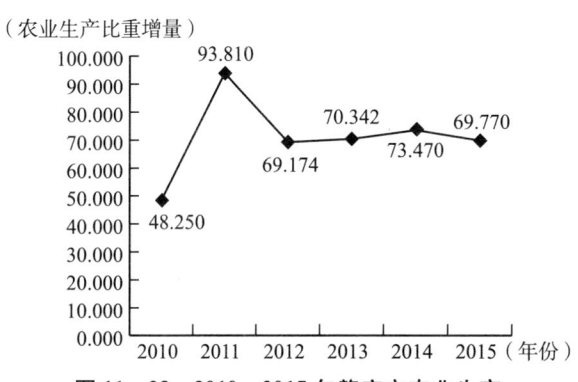

(农业生产比重增量)

图11-23 2010~2015年肇庆市农业生产比重增量变化趋势

4. 农业生产平均增长指数

根据图11-24分析可知,2010~2015年肇庆市农业生产平均增长指数总体上呈现波动下降型的状态。这一类型的指标为在2010~2015年间城市存在一定的波动变化,总体趋势上为下降趋势,但在个别年份出现上升的情况,指标并非连续性下降状态。波动下降型指标意味着在评价的时间段内,虽然指标数据存在较大的波动变化,其评价末期数据值低于评价初期数据值。肇庆市在2010~2011年出现下降的状况,2010年是84.456,2015年是53.079;说明肇庆市的农业生产平均增长指数下降,城市在评估时间段内的农业生产能力降低,整体城市农业生产水平有所降低。

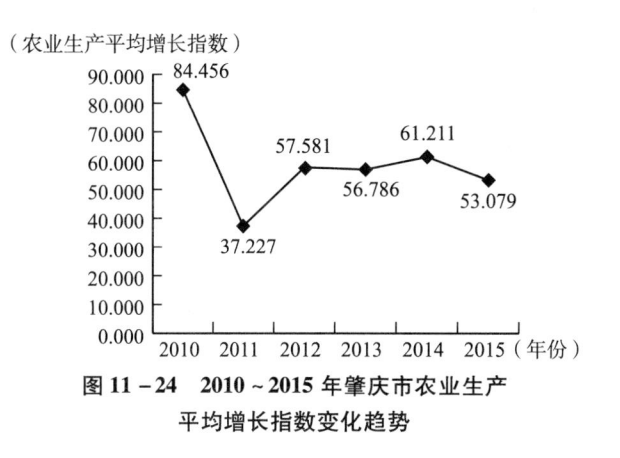

5. 农业枢纽度

根据图11-25分析可知,2010~2015年肇庆市农业枢纽度总体上呈现持续下降型的状态。处于持续下降型的指标,意味着城市在该项指标上不断处在劣势状态,并且这一状况并未得到改善。如图所示,肇庆市农业枢纽度指标处于不断下降的状态中,2010年此指标数值最高,是35.268,2015年下降至18.751;说明肇庆市的农业枢纽度下降,城市的农业发展势头有所减弱。

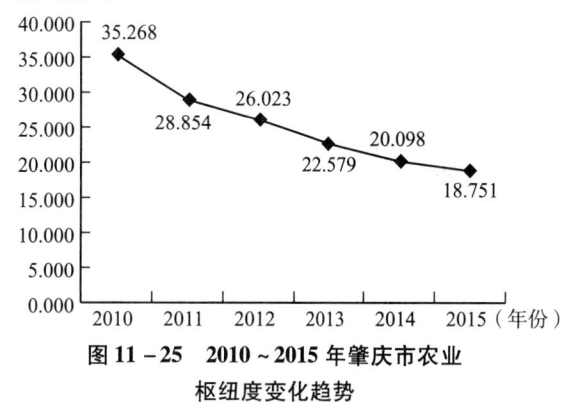

(农业枢纽度)

图11-25 2010~2015年肇庆市农业枢纽度变化趋势

6. 农业生产流强度

根据图11-26分析可知,2010~2015年肇庆市农业生产流强度总体上呈现波动下降型的状态。这种状态表现为在2010~2015年间城市在该项指标上总体呈现下降趋势,但在期间存在上下波动的情况,并非连续性下降状态。这就意味着在评估的时间段内,虽然指标数据存在较大的波动,但是其评价末期数据值低于评价初期数据值。肇庆市的农业生产流强度末期低于初期的数据,降低1个单位左右,并且在2010~2011年间存在明显下降的变化,这说明肇庆市农业生产情况处于不太稳定的下降状态。

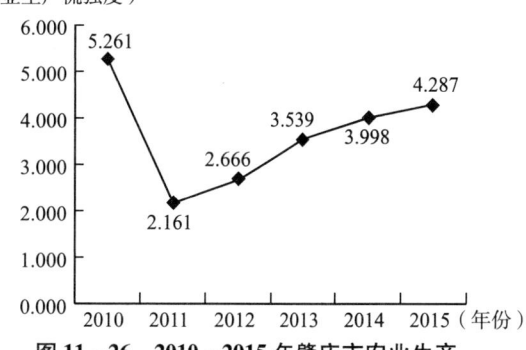

(农业生产平均增长指数)

图11-24 2010~2015年肇庆市农业生产平均增长指数变化趋势

(农业生产流强度)

图11-26 2010~2015年肇庆市农业生产流强度变化趋势

7. 农业生产倾向度

根据图11-27分析可知，2010~2015年肇庆市农业生产倾向度总体上呈现波动下降型的状态。这一类的指标为2010~2015年间城市在该项指标上总体呈现下降趋势，但在评估期间存在上下波动的情况，指标并非连续性下降状态。波动下降型指标意味着在评估期间，虽然指标数据存在较大波动变化，但是其评价末期数据值低于评价初期数据值。如图所示，肇庆市农业生产倾向度指标处于不断下降的状态中，2010年此指标数值最高，是34.475，2015年下降至6.645；说明肇庆市农业生产倾向度下降，城市的总功能量的外向强度减弱。

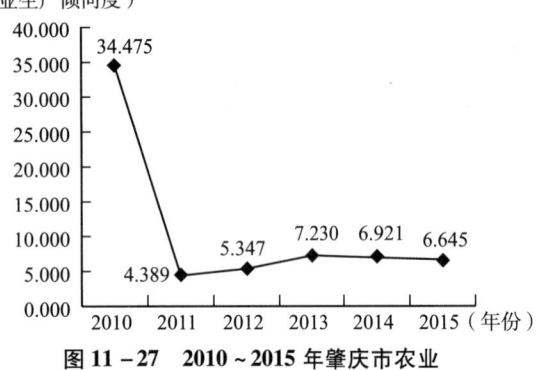

图11-27　2010~2015年肇庆市农业生产倾向度变化趋势

8. 农业生产职能规模

根据图11-28分析可知，2010~2015年肇庆市农业生产职能规模总体上呈现波动上升型的状态。这一类的指标为2010~2015年间城市在该项指标上存在较多波动变化，总体趋势为上升趋势，但在个别年份出现下降的情况，指标并非连续性上升。波动上升型指标意味着在评估期间，虽然指标数据存在较大波动变化，但是其评价末期数据值高于评价初期数据值。可知肇庆市农业生产职能规模数值保持在2.860~3.540。即使肇庆市农业生产职能规模存在过最低值，其数值为2.860，但肇庆市在农业生产职能规模上总体表现得也是相对平稳；说明肇庆市的农业生产职能规模增强，城市的农业生产水平提高，城市所具备的农业生产能力有所提高。

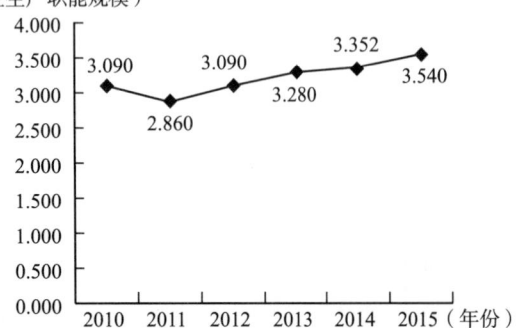

图11-28　2010~2015年肇庆市农业生产职能规模变化趋势

9. 农业生产职能地位

根据图11-29分析可知，2010~2015年肇庆市的农业生产职能地位总体上呈现波动上升的状态。这一类型的指标为2010~2015年间城市在该项指标上存在较多波动变化，总体趋势为上升趋势，但在个别年份出现下降的情况，指标并非连续性上升。波动上升型指标意味着在评估期间，虽然指标数据存在较大波动变化，但是其评价末期数据值高于评价初期数据值。肇庆市的农业生产职能地位指标不断提高，2015年达到35.624，相较于2010年上升10个单位左右；说明肇庆市农业生产职能地位增强，城市的农业生产能力在地区内的水平更具备优势，城市对农业人力资源的吸引集聚能力扩大，城市发展具备农业发展及农业劳动力发展的潜力。

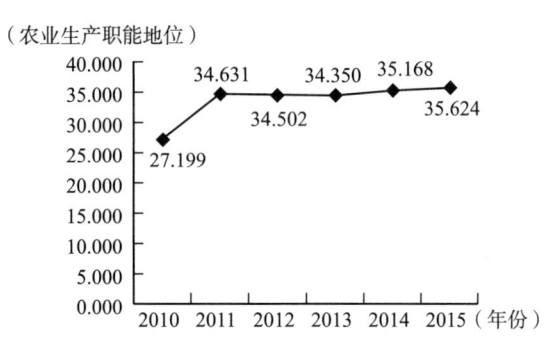

图11-29　2010~2015年肇庆市农业生产职能地位变化趋势

（二）肇庆市农业产出水平评估结果

根据表11-7，对2010~2012年间肇庆市农业产出及各三级指标的得分、排名、优劣度进行分析，可以看到在2010~2012年间，肇庆市农业产出的综合排名一直处于优势状态，在2010年、2011年和2012年其农业产出排名在珠江-西江经济带中先下降后保持，2010年其农业产出排名是第3名，到2011年该排名下降至珠江-西江经济带第5名，2012年保持第5名不变，处于珠江-西江经济带中游区，说明城市的农业产出的发展领先于珠江-西江经济带的其他城市。对肇庆市的农业产出得分情况进行分析，发现肇庆市的农业产出综合得分呈现先下降后上升的发展趋势，说明肇庆市的农业产出活力处于下降状态，发展缓慢。总的来说，2010~2012年肇庆市农业产出发展水平处于珠江-西江经济带优势地位，发展水平与经济带其他城市相比较高。

其中食物生态足迹的排名呈现持续保持的发展趋势，再对肇庆市食物生态足迹的得分情况进行分析，发现肇庆市的食物生态足迹得分处于先下降后上升的发展趋势，说明在2010~2012年间肇庆市的发展水平高，城市规模扩大，城市居民对各类食物需求也增强。

其中人均食物生态足迹的排名呈现持续保持的发展趋势，再对肇庆市的人均食物生态足迹得分情况进行分析，发现肇庆市的人均食物生态足迹综合得分呈现先下降后上升的发展趋势，说明肇庆市的居民对各类食物的人均需求较高。

表 11-7　　　　2010~2012 年肇庆市农业产出各级指标的得分、排名及优劣度分析

指标	2010 年			2011 年			2012 年		
	得分	排名	优劣度	得分	排名	优劣度	得分	排名	优劣度
农业产出	15.158	3	优势	14.358	5	优势	14.600	5	优势
食物生态足迹	1.686	2	强势	1.682	2	强势	1.820	2	强势
人均食物生态足迹	4.169	1	强势	4.044	1	强势	4.393	1	强势
农业生产比重增量	1.872	7	中势	4.496	2	强势	3.362	6	中势
农业生产平均增长指数	3.273	2	强势	1.461	10	劣势	2.436	6	中势
农业枢纽度	1.451	7	中势	1.028	7	中势	0.885	7	中势
农业生产流强度	0.154	5	优势	0.061	9	劣势	0.077	8	中势
农业生产倾向度	1.403	8	中势	0.170	10	劣势	0.211	10	劣势
农业生产职能规模	0.092	7	中势	0.085	9	劣势	0.094	10	劣势
农业生产职能地位	1.059	7	中势	1.332	7	中势	1.322	7	中势

其中农业生产比重增量的排名呈现先上升后下降的发展趋势，再对肇庆市的农业生产比重增量的得分情况进行分析，发现肇庆市的农业生产比重增量的得分呈现先上升后下降的趋势，说明在 2010~2012 年间肇庆市农业生产发展程度增高。

其中农业生产平均增长指数的排名呈现先下降后上升的发展趋势，再对肇庆市农业生产平均增长指数的得分情况进行分析，发现肇庆市的农业生产平均增长指数得分处于先下降后上升的发展趋势，说明在 2010~2012 年间肇庆市在评估时间段内的农业生产能力降低，整体城市农业生产水平下降。

其中农业枢纽度的排名呈现持续保持的发展趋势，再对肇庆市的农业枢纽度得分情况进行分析，发现肇庆市的农业枢纽度综合得分呈现持续下降的发展趋势，说明肇庆市的农业发展缓慢，在经济社会发展中的地位较低。

其中农业生产流强度的排名呈现先下降后上升的发展趋势，再对肇庆市的农业生产流强度得分情况进行分析，发现肇庆市的农业生产流强度综合得分呈现先下降后上升的发展趋势，说明城市之间发生的经济集聚和扩散所产生的农业生产要素流动强度较弱，城市经济影响力较弱。

其中农业生产倾向度的排名呈现先下降后保持的发展趋势，再对肇庆市的农业生产倾向度的得分情况进行分析，发现肇庆市的农业生产倾向度的得分先下降后上升的趋势，但整体上下降的，说明在 2010~2012 年间肇庆市的总功能量的外向强度减弱。

其中农业生产职能规模的排名呈现持续下降的发展趋势，再对肇庆市的农业生产职能规模得分情况进行分析，发现肇庆市的农业生产职能规模综合得分呈现先下降后上升的发展趋势，说明肇庆市的农业生产水平提高，城市所具备的农业生产能力增强。

其中农业生产职能地位的排名呈现持续保持的发展趋势，再对肇庆市的农业生产职能地位得分情况进行分析，发现肇庆市的农业生产职能地位综合得分呈现先上升后下降的发展趋势，说明肇庆市的农业生产能力在地区内的水平所具备优势增强，城市对农业人力资源的吸引集聚能力增强，城市发展具备农业发展及农业劳动力发展的潜力。

表 11-8　　　　2013~2015 年肇庆市农业产出各级指标的得分、排名及优劣度分析

指标	2013 年			2014 年			2015 年		
	得分	排名	优劣度	得分	排名	优劣度	得分	排名	优劣度
农业产出	14.262	5	优势	14.286	4	优势	13.502	5	优势
食物生态足迹	1.818	2	强势	1.895	2	强势	1.899	2	强势
人均食物生态足迹	4.249	1	强势	4.340	1	强势	4.226	1	强势
农业生产比重增量	3.415	6	中势	3.287	2	强势	2.937	2	强势
农业生产平均增长指数	2.215	5	优势	2.226	1	强势	1.928	3	优势
农业枢纽度	0.750	7	中势	0.645	7	中势	0.596	7	中势
农业生产流强度	0.107	8	中势	0.125	8	中势	0.139	8	中势
农业生产倾向度	0.282	10	劣势	0.283	10	劣势	0.264	10	劣势
农业生产职能规模	0.101	9	劣势	0.107	8	中势	0.114	8	中势
农业生产职能地位	1.326	7	中势	1.378	7	中势	1.399	7	中势

根据表11-8，对2013~2015年间肇庆市农业产出及各三级指标的得分、排名、优劣度进行分析，可以看到在2013~2015年间，肇庆市农业产出的综合排名处于优势状态，在2013年、2014年和2015年其农业产出排名先上升后下降，2013~2014年其农业产出排名由第5名上升至第4名，2015年又下降至第5名，其农业产出处于珠江-西江经济带中游区，说明城市的农业产出的发展较为领先于珠江-西江经济带的其他城市。对肇庆市的农业产出得分情况进行分析，发现肇庆市的农业产出综合得分呈现波动下降的发展趋势，说明肇庆市的农业产出活力处于上升状态。总的来说，2013~2015年肇庆市农业产出发展处于珠江-西江经济带优势地位，发展水平与经济带其他城市相比较高。

其中食物生态足迹的排名呈现持续保持的发展趋势，再对肇庆市食物生态足迹的得分情况进行分析，发现肇庆市的食物生态足迹得分处于持续上升的发展趋势，说明在2013~2015年间肇庆市的发展水平高，城市规模大，城市居民对各类食物需求也增强。

其中人均食物生态足迹的排名呈现持续保持的发展趋势，再对肇庆市的人均食物生态足迹得分情况进行分析，发现肇庆市的人均食物生态足迹综合得分呈现先上升后下降的发展趋势，说明肇庆市的居民对各类食物的人均需求降低。

其中农业生产比重增量的排名呈现先上升后保持的发展趋势，再对肇庆市的农业生产比重增量的得分情况进行分析，发现肇庆市的农业生产比重增量的得分持续下降的趋势，说明在2013~2015年间肇庆市农业生产发展程度上升。

其中农业生产平均增长指数的排名呈现先上升后下降的发展趋势，再对肇庆市的农业生产平均增长指数的得分情况进行分析，发现肇庆市的农业生产平均增长指数得分处于先上升后下降的发展趋势，说明在2013~2015年间肇庆市在评估时间段内的农业生产能力提高，整体城市农业生产水平上升。

其中农业枢纽度的排名呈现持续保持的发展趋势，再对肇庆市的农业枢纽度得分情况进行分析，发现肇庆市的农业枢纽度综合得分呈现持续下降的发展趋势，说明肇庆市的农业发展缓慢，在经济社会发展中的地位较低。

其中农业生产流强度的排名呈现持续保持的发展趋势，再对肇庆市的农业生产流强度得分情况进行分析，发现肇庆市的农业生产流强度综合得分呈现持续上升的发展趋势，说明城市之间发生的经济集聚和扩散所产生的农业生产要素流动强度较强，城市经济影响力较强。

其中农业生产倾向度的排名呈现持续保持的发展趋势，再对肇庆市的农业生产倾向度的得分情况进行分析，发现肇庆市的农业生产倾向度得分先上升后下降的趋势，说明在2010~2012年间肇庆市的总功能量的外向强度减弱。

其中农业生产职能规模的排名呈现先上升后保持的发展趋势，再对肇庆市的农业生产职能规模得分情况进行分析，发现肇庆市的农业生产职能规模综合得分呈现持续上升的发展趋势，说明肇庆市的农业生产水平较高，城市所具备的农业生产能力较强。

其中农业生产职能地位的排名呈现持续保持的发展趋势，再对肇庆市的农业生产职能地位得分情况进行分析，发现肇庆市的农业生产职能地位综合得分呈现持续上升的发展趋势，说明肇庆市的农业生产能力在地区内的水平具备优势，城市对农业人力资源的吸引集聚能力较强，城市发展具备农业发展及农业劳动力发展的潜力。

对2010~2015年间肇庆市农业产出及各三级指标的得分、排名和优劣度进行分析。2010~2015年肇庆市农业产出的综合得分排名呈现波动下降的发展趋势。2010年肇庆市农业产出综合得分排名处于珠江-西江经济带第3名，2011年下降至第5名，其后2012~2013年其农业产出排名保持在经济带第5名，2014年上升至第4名，2015年其农业产出下降至第5名。一方面说明肇庆市的农业产出发展始终处于珠江-西江经济带中游，肇庆市的农业产出也一直处于珠江-西江经济带优势地位，发展水平与经济带其他城市相比较高；另一方面说明肇庆市在农业产出方面发展出现波动，稳定性有待提高。对肇庆市的农业产出得分情况进行分析，发现2010~2015年肇庆市的农业产出综合频繁升降，整体上肇庆市的农业产出综合得分呈现波动下降的发展趋势，说明肇庆市的农业产出活力处于下降状态。

从表11-9来看，在9个基础指标中，指标的优劣度结构为22.2:33.3:22.2:22.2。

表11-9　　　　　　　　　2015年肇庆市农业产出的优劣度结构

二级指标	三级指标数	强势指标		优势指标		中势指标		劣势指标		优劣度
		个数	比重（%）	个数	比重（%）	个数	比重（%）	个数	比重（%）	
农业产出	9	2	22.222	3	33.333	2	22.222	2	22.222	优势

（三）肇庆市农业产出水平比较分析

图11-30和图11-31将2010~2015年肇庆市农业产出与珠江-西江经济带最高水平和平均水平进行比较。从农业产出的整体得分比较来看，由图11-30可知，2010年，肇庆市食物生态足迹得分比最高分低1.105分，比平均分高0.834分；2011年，食物生态足迹得分比最高分低1.198分，比平均分高0.811分；2012年，食物生态足迹得分比最高分低1.340分，比平均分高0.844分；2013年食物生态足迹得分比最高分低1.528分，比平均分高0.795分；2014年，食物生态足迹得分比最高分低1.484分，比平均分高0.899分；2015年，食物生态足迹得分比最高分低1.538分，比平均分高0.854分。这说明整体上肇庆市食物生态足迹得分与珠江-西江经济带最高分的差距波动增加，与珠江-西江经济带平均分的差距波动增加。

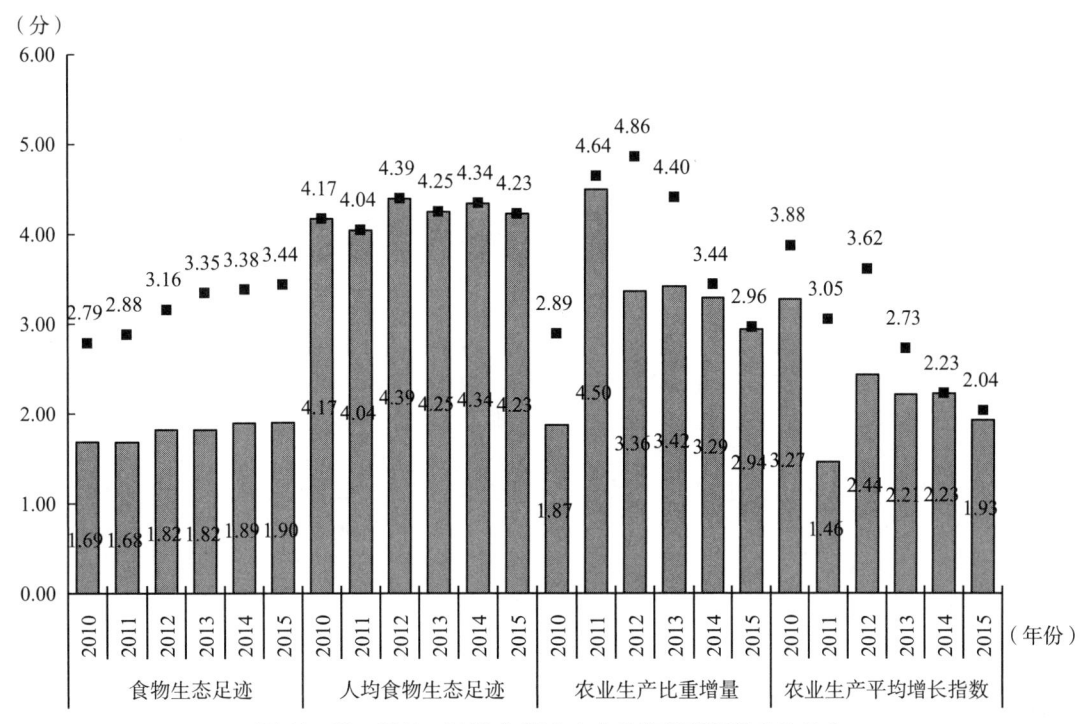

图 11-30　2010~2015 年肇庆市农业产出指标得分比较 1

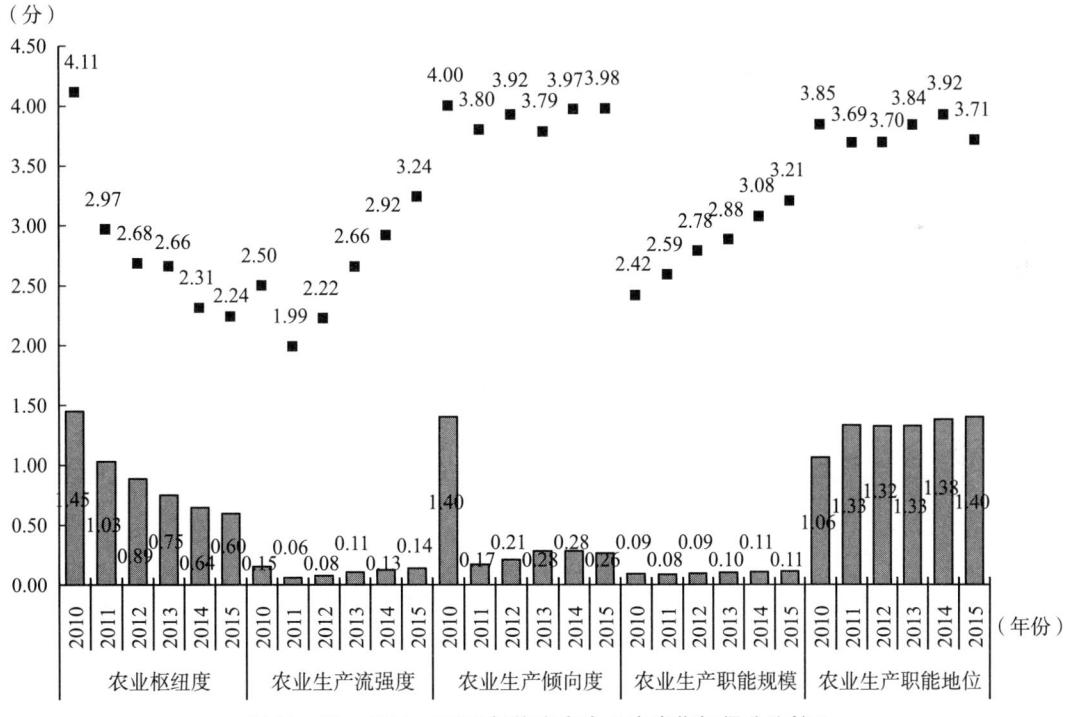

图 11-31　2010~2015 年肇庆市农业产出指标得分比较 2

2010 年，肇庆市人均食物生态足迹得分与最高分不存在差异，比平均分高 1.842 分；2011 年，人均食物生态足迹得分与最高分不存在差异，比平均分高 1.720 分；2012 年，人均食物生态足迹得分与最高分不存在差异，比平均分高 1.824 分；2013 年，人均食物生态足迹得分与最高分不存在差异，比平均分高 1.682 分；2014 年，人均食物生态足迹得分与最高分不存在差异，比平均分高 1.836 分；2015 年，人均食物生态足迹得分与最高分不存在差异，比平均分高 1.723 分。这说明整体上肇庆市人均食物生态足迹得分与珠江-西江经济带最高分不存在差异，与珠江-西江经济带平均分的差距呈波动减小。

2010 年，肇庆市农业生产比重增量得分比最高分低 1.018 分，比平均分低 0.027 分；2011 年，农业生产比重增量得分比最高分低 0.144 分，比平均分高 1.178 分；2012 年，农业生产比重增量得分比最高分低 1.498 分，比平均分低 0.096 分；2013 年农业生产比重增量得分比最高分低

0.987分，比平均分低0.116分；2014年，农业生产比重增量得分比最高分低0.149分，比平均分高0.342分；2015年，农业生产比重增量得分比最高分低0.027分，比平均分高0.464分。这说明整体上肇庆市农业生产比重增量得分与珠江-西江经济带最高分的差距波动减小，与珠江-西江经济带平均分的差距波动增加。

2010年，肇庆市农业生产平均增长指数得分比最高分低0.602分，比平均分高1.588分；2011年，农业生产平均增长指数得分比最高分低1.589分，比平均分低0.614分；2012年，农业生产平均增长指数得分比最高分低1.180分，比平均分低0.132分；2013年，农业生产平均增长指数得分比最高分低0.511分，比平均分高0.108分；2014年，农业生产平均增长指数得分与最高分不存在差异，比平均分高0.569分；2015年，农业生产平均增长指数得分比最高分低0.110分，比平均分高0.264分。这说明整体上肇庆市农业生产平均增长指数得分与珠江-西江经济带最高分的差距先增后减，与珠江-西江经济带平均分的差距波动减小。

2010年，肇庆市农业枢纽度得分比最高分低2.663分，比平均分低0.476分；2011年，农业枢纽度得分比最高分低1.940分，比平均分低0.352分；2012年，农业枢纽度得分比最高分低1.798分，比平均分低0.311分；2013年，农业枢纽度得分比最高分低1.910分，比平均分低0.329分；2014年，农业枢纽度得分比最高分低1.670分，比平均分低0.282分；2015年，农业枢纽度得分比最高分低1.643分，比平均分低0.271分。这说明整体上肇庆市农业枢纽度得分与珠江-西江经济带最高分的差距波动减少，与珠江-西江经济带平均分的差距波动减小。

由图11-31可知，2010年，肇庆市农业生产流强度得分比最高分低2.343分，比平均分低0.299分；2011年，农业生产流强度得分比最高分低1.928分，比平均分低0.375分；2012年，农业生产流强度得分比最高分低2.147分，比平均分低0.408分；2013年，农业生产流强度得分比最高分低2.552分，比平均分低0.455分；2014年，农业生产流强度得分比最高分低2.793分，比平均分低0.517分；2015年，农业生产流强度得分比最高分低3.099分，比平均分低0.550分。这说明整体上肇庆市农业生产流强度得分与珠江-西江经济带最高分差距先减后增，与珠江-西江经济带平均分的差距持续增加。

2010年，肇庆市农业生产倾向度得分比最高分低2.600分，比平均分低0.600分；2011年，农业生产倾向度得分比最高分低3.630分，比平均分低1.559分；2012年，农业生产倾向度得分比最高分低3.713分，比平均分低1.590分；2013年农业生产倾向度得分比最高分低3.505分，比平均分低1.486分；2014年，农业生产倾向度得分比最高分低3.686分，比平均分低1.620分；2015年，农业生产倾向度得分比最高分低3.712分，比平均分低1.509分。这说明整体上肇庆市农业生产倾向度得分与珠江-西江经济带最高分的差距波动增加，与珠江-西江经济带平均分的差距波动上升。

2010年，肇庆市农业生产职能规模得分比最高分低2.332分，比平均分低0.450分；2011年，农业生产职能规模得分比最高分低2.502分，比平均分低0.460分；2012年，农业生产职能规模得分比最高分低2.688分，比平均分低0.518分；2013年农业生产职能规模得分比最高分低2.775分，比平均分低0.548分；2014年，农业生产职能规模得分比最高分低2.971分，比平均分低0.591分；2015年，农业生产职能规模得分比最高分低3.094分，比平均分低0.556分。这说明整体上肇庆市农业生产职能规模得分与珠江-西江经济带最高分的差距持续增加，与珠江-西江经济带平均分的差距波动上升。

2010年，肇庆市农业生产职能地位得分比最高分低2.787分，比平均分低0.637分；2011年，农业生产职能地位得分比最高分低2.356分，比平均分低0.344分；2012年，农业生产职能地位得分比最高分低2.374分，比平均分低0.347分；2013年，农业生产职能地位得分比最高分低2.513分，比平均分低0.356分；2014年，农业生产职能地位得分比最高分低2.541分，比平均分低0.329分；2015年，农业生产职能地位得分比最高分低2.316分，比平均分低0.312分。这说明整体上肇庆市农业生产职能地位得分与珠江-西江经济带最高分的差距波动减小，与珠江-西江经济带平均分的差距波动减小。

四、肇庆市农业生产发展水平综合评估与比较评述

从对肇庆市农业发展水平评估及其3个二级指标在珠江-西江经济带的排名变化和指标结构的综合分析来看，2010～2015年间，农业生产板块中上升指标的数量大于下降指标的数量，上升的动力大于下降的拉力，使得2015年肇庆市农业发展水平的排名呈波动上升，在珠江-西江经济带城市位居第4名。

（一）肇庆市农业生产发展水平概要分析

肇庆市农业发展水平在珠江-西江经济带所处的位置及变化如表11-10所示，3个二级指标的得分和排名变化如表11-11所示。

表11-10 2010～2015年肇庆市农业生产一级指标比较

项目	2010年	2011年	2012年	2013年	2014年	2015年
排名	7	6	11	8	8	4
所属区位	中游	中游	下游	中游	中游	中游
得分	48.440	52.163	47.140	47.335	48.405	51.111
经济带最高分	64.061	66.285	62.112	64.361	61.849	62.336

续表

项目	2010年	2011年	2012年	2013年	2014年	2015年
经济带平均分	51.465	53.838	53.598	51.944	50.910	50.770
与最高分的差距	-15.621	-14.122	-14.972	-17.026	-13.443	-11.225
与平均分的差距	-3.026	-1.674	-6.458	-4.608	-2.505	0.342
优劣度	中势	中势	劣势	中势	中势	优势
波动趋势	—	上升	下降	上升	持续	上升

表11-11　　　　　　　　　　2010~2015年肇庆市农业生产二级指标比较

年份	农业结构 得分	农业结构 排名	农业发展 得分	农业发展 排名	农业产出 得分	农业产出 排名
2010	22.551	6	10.730	11	15.158	3
2011	22.274	8	15.531	5	14.358	5
2012	20.669	9	11.872	11	14.600	5
2013	18.400	10	14.673	10	14.262	5
2014	20.165	7	13.954	10	14.286	4
2015	19.814	7	17.795	3	13.502	5
得分变化	-2.738	—	7.065	—	-1.656	—
排名变化	—	-1	—	8	—	-2
优劣度	中势	中势	劣势	劣势	优势	优势

(1) 从指标排名变化趋势看，2015年肇庆市农业发展水平评估排名在珠江-西江经济带处于第4名，表明其在珠江-西江经济带处于优势地位，与2010年相比，排名上升3名。总的来看，评价期内肇庆市农业发展水平呈现波动上升趋势。

在3个二级指标中，其中1个指标排名处于上升趋势，为农业发展；2个指标排名处于下降趋势，为农业结构和农业产出，这是肇庆市农业发展水平保持稳定上升的动力所在。受指标排名升降的综合影响，评价期内肇庆市农业生产的综合排名呈波动上升，在珠江-西江经济带城市排名第4名。

(2) 从指标所处区位来看，2015年肇庆市农业发展水平处在中游区，其中，农业产出指标为优势指标，农业结构为中势指标，农业发展为劣势指标。

(3) 从指标得分来看，2015年肇庆市农业生产得分为51.111分，比珠江-西江经济带最高分低11.225分，比平均分高0.342分；与2010年相比，肇庆市农业发展水平得分上升2.671分，与珠江-西江经济带平均分的差距逐渐缩小。

2015年，肇庆市农业发展水平二级指标的得分均高于16分，与2010年相比，得分上升最多的为农业发展，上升7.065分；得分下降最多的为农业结构，下降2.738分。

(二) 肇庆市农业生产发展水平评估指标动态变化分析

2010~2015年肇庆市农业发展水平评估各级指标的动态变化及其结构，如图11-32和表11-12所示。

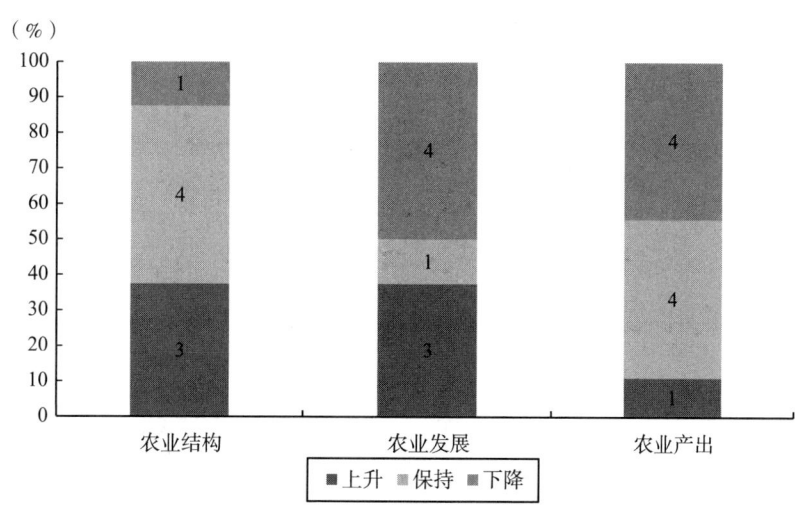

图11-32　2010~2015年肇庆市农业发展水平动态变化结构

表11-12　　2010~2015年肇庆市农业生产各级指标排名变化态势比较

二级指标	三级指标数	上升指标 个数	比重（%）	保持指标 个数	比重（%）	下降指标 个数	比重（%）
农业结构	8	3	37.500	4	50.000	1	12.500
农业发展	8	3	37.500	1	12.500	4	50.000
农业产出	9	1	11.111	4	44.444	4	44.444
合计	25	7	28.000	9	36.000	9	36.000

从图11-32可以看出，肇庆市农业发展水平评估的三级指标中上升指标的比例小于下降指标，表明上升指标未居于主导地位。表11-12中的数据表明，肇庆市农业发展水平评估的25个三级指标中，上升的指标有7个，占指标总数的28.000%；保持的指标有9个，占指标总数的36.000%；下降的指标有9个，占指标总数的36.000%。由于上升指标的数量小于下降指标的数量，且受变动幅度与外部因素的综合影响，评价期内肇庆市农业生产排名呈现波动上升，在珠江-西江经济带城市中居第4名。

（三）肇庆市农业生产发展水平评估指标变化动因分析

2015年肇庆市农业生产板块各级指标的优劣势变化及其结构，如图11-33和表11-13所示。

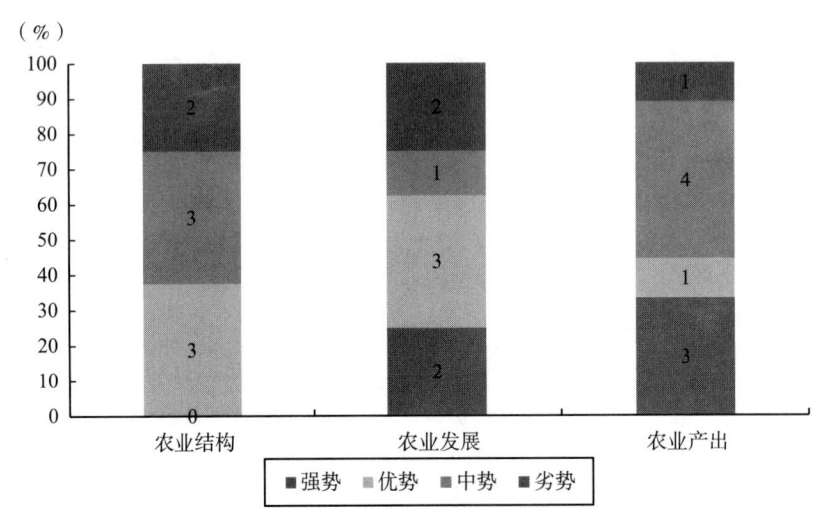

图11-33　2015年肇庆市农业生产优劣度结构

表11-13　　2015年肇庆市农业生产各级指标优劣度比较

二级指标	三级指标数	强势指标 个数	比重（%）	优势指标 个数	比重（%）	中势指标 个数	比重（%）	劣势指标 个数	比重（%）	优劣度
农业结构	8	0	0.000	3	37.500	3	37.500	2	25.000	中势
农业发展	8	2	25.000	3	37.500	1	12.500	2	25.000	优势
农业产出	9	3	33.333	1	11.111	4	44.444	1	11.111	优势
合计	25	5	20.000	7	28.000	8	32.000	5	20.000	优势

从图11-33可以看出，2015年肇庆市农业发展水平评估的三级指标中强势和优势指标的比例大于劣势指标的比例，表明强势和优势指标居于主导地位。表11-13中的数据说明，2015年肇庆市农业生产的25个三级指标中，强势指标有5个，占指标总数的20.000%；优势指标为7个，占指标总数的28.000%；中势指标8个，占指标总数的32.000%；劣势指标为5个，占指标总数的20.000%；强势指标和优势指标之和占指标总数的48.000%，数量与比重均大于劣势指标。从二级指标来看，其中，农业结构不存在强势指标；优势指标3个，占指标总数的37.500%；中势指标3个，占指标总数的37.500%；劣势指标为2个，占指标总数的25.000%；强势指标和优势指标之和占指标总数的37.500%，说明农业结构的强、优势指标居于主导地位。农业发展的强势指标有2个，占指标总数的25.000%；优势指标为3个，占指标总数的37.500%；中势指标1个，占指标总数的12.500%；劣势指标2个，占指标总数的25.000%；强势指标和优势指标之和占指标总数的62.500%，说明农业发展的强、优势指标处于主导地位。农业产出的强势指标有3个，占指标总数的33.333%；优势指标为1个，占指标总数的11.111%；中势指标4个，

占指标总数的 44.444%；劣势指标为 1 个，占指标总数的 11.111%；强势指标和优势指标之和占指标总数的 44.444%，说明农业产出的强、优势指标处于有利地位。由于强、优势指标比重较大，肇庆市农业发展水平处于优势地位，在珠江-西江经济带城市中居第 4 名，处于中游区。

为进一步明确影响肇庆市农业生产变化的具体因素，以便于对相关指标进行深入分析，为提升肇庆市农业生产水平提供决策参考，表 11-14 列出农业生产指标体系中直接影响肇庆市农业发展水平升降的强势指标、优势指标和劣势指标。

表 11-14　　　　　　　　　2015 年肇庆市农业生产三级指标优劣度统计

指标	强势指标	优势指标	中势指标	劣势指标
农业结构（8 个）	（0 个）	第一产业投资强度、第一产业贡献率、第一产业劳动产出率（3 个）	第一产业比重、第一产业弧弹性、第一产业区位商（3 个）	第一产业不协调度、第一产业结构偏离系数（2 个）
农业发展（8 个）	农业指标动态变化、农业指标相对增长率（2 个）	农业强度、农业蔓延指数、农业指标绝对增量加权指数（3 个）	农业土地扩张强度（1 个）	第一产业扩张弹性系数、耕地密度（2 个）
农业产出（9 个）	食物生态足迹、人均食物生态足迹、农业生产比重增量（3 个）	农业生产平均增长指数（1 个）	农业枢纽度、农业生产流强度、农业生产职能规模、农业生产职能地位（4 个）	农业生产倾向度（1 个）

第十二章　云浮市农业生产发展水平综合评估

一、云浮市农业结构竞争力综合评估与比较

(一) 云浮市农业结构竞争力评估指标变化趋势评析

1. 第一产业比重

根据图 12-1 分析可知，2010~2015 年云浮市的第一产业比重总体上呈现持续下降型的状态。处于持续下降型的指标，意味着城市在该项指标上不断处在劣势状态，并且这一状况并未得到改善。如图所示，云浮市第一产业比重指标处于不断下降的状态中，2010 年此指标数值最高，是 84.555，2015 年下降至 69.642。分析这种变化趋势，可以得出云浮市第一产业发展的水平处于劣势，城市的发展活力较低。

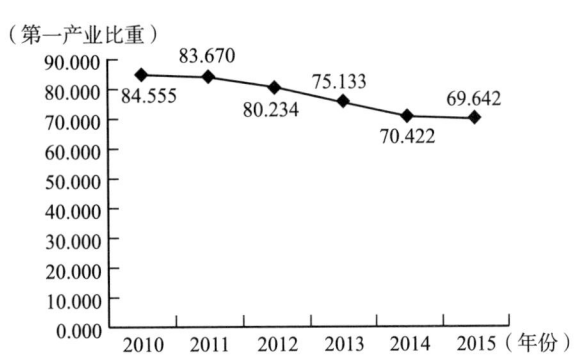

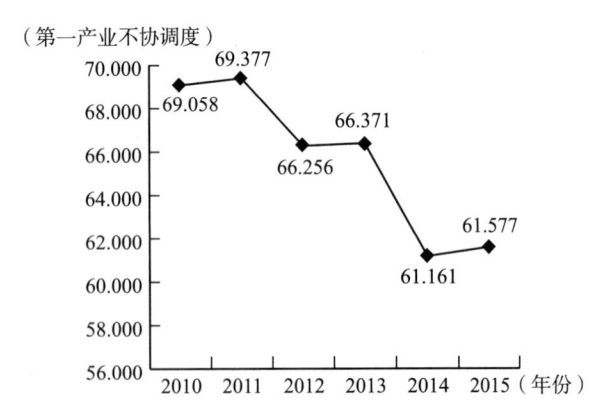

图 12-1　2010~2015 年云浮市第一产业比重变化趋势

2. 第一产业投资强度

根据图 12-2 分析可知，2010~2015 年云浮市的第一产业投资强度总体上呈现波动上升型的状态。这一类型的指标为 2010~2015 年间城市在该项指标上存在较多波动变化，总体趋势为上升趋势，但在个别年份出现下降的情况，指标并非连续性上升。波动上升型指标意味着在评估期间，虽然指标数据存在较大波动变化，但是其评价末期数据值高于评价初期数据值。通过折线图可以看出，云浮市的第一产业投资强度指标不断提高，2015 年达到 14.852，相较于 2010 年上升 5 个单位左右；说明第一产业投资强度增大，云浮市财政发展对第一产业资金、技术、物质等方面的投资增多。

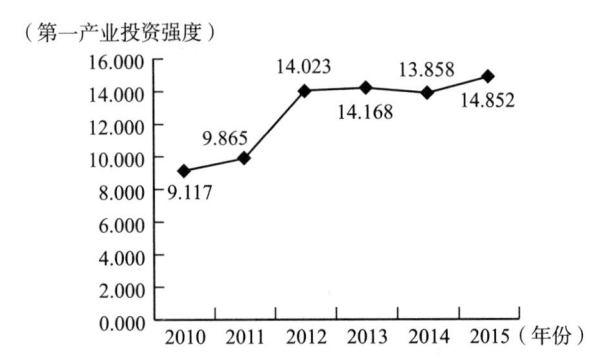

图 12-2　2010~2015 年云浮市第一产业投资强度变化趋势

3. 第一产业不协调度

根据图 12-3 分析可知，2010~2015 年云浮市第一产业不协调度总体上呈现波动下降型的状态。这种状态表现为在 2010~2015 年间城市在该项指标上总体呈现下降趋势，但在期间存在上下波动的情况，并非连续性下降状态。这就意味着在评估的时间段内，虽然指标数据存在较大的波动，但是其评价末期数据值低于评价初期数据值。云浮市的第一产业不协调度末期低于初期的数据，降低 5 个单位左右，并且在 2013~2014 年间存在明显下降的变化，这说明云浮市第一产业不协调度情况处于不太稳定的下降状态。

图 12-3　2010~2015 年云浮市第一产业不协调度变化趋势

4. 第一产业贡献率

根据图 12-4 分析可知，2010~2015 年云浮市第一产业贡献率总体上呈现波动保持型的状态。波动保持型指标意味着城市在该项指标上虽然呈现波动状态，在评价末期和评价初期的数值基本保持一致，该图可知云浮市第一产

业贡献率保持在 68.273~71.022。即使云浮市第一产业贡献率存在过最低值，其数值为 68.273，但云浮市在第一产业贡献率上总体表现得也是相对平稳；说明云浮市第一产业的发展活力较稳定。

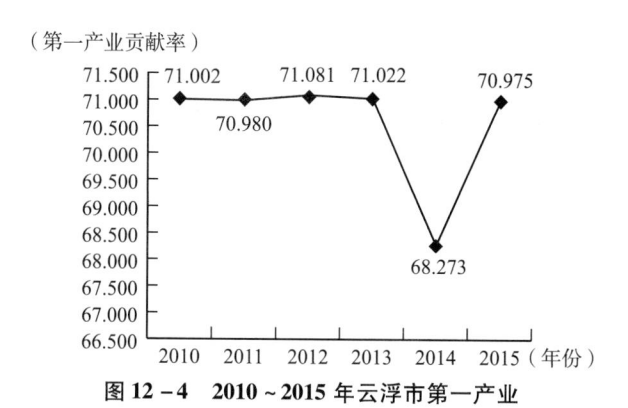

（第一产业贡献率）

图 12-4　2010~2015 年云浮市第一产业贡献率变化趋势

5. 第一产业弧弹性

根据图 12-5 分析可知，2010~2015 年云浮市第一产业弧弹性指数总体上呈现波动下降型的状态。这一类的指标为 2010~2015 年间城市在该项指标上总体呈现下降趋势，但在评估期间存在上下波动的情况，指标并非连续性下降状态。波动下降型指标意味着在评估期间，虽然指标数据存在较大波动变化，但是其评价末期数据值低于评价初期数据值，其数值保持在 83.878~85.390。云浮市第一产业弧弹性虽然有过波动下降趋势，但下降趋势不大。这说明云浮市在第一产业弧弹性这个指标上表现得相对稳定，城市未呈现出第一产业的扩张发展趋势。

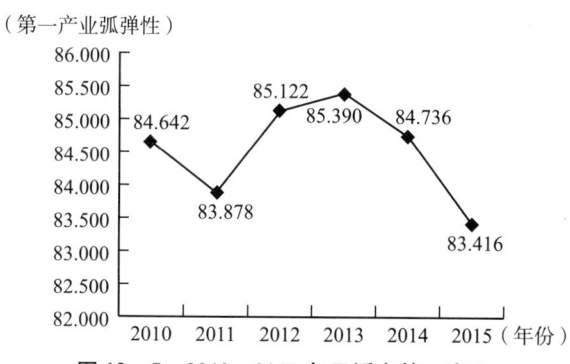

（第一产业弧弹性）

图 12-5　2010~2015 年云浮市第一产业弧弹性变化趋势

6. 第一产业结构偏离系数

根据图 12-6 分析可知，2010~2015 年云浮市第一产业结构偏离系数总体上呈现波动下降型的状态。这种状态表现为在 2010~2015 年间城市在该项指标上总体呈现下降趋势，但在期间存在上下波动的情况，并非连续性下降状态。这就意味着在评估的时间段内，虽然指标数据存在较大的波动，但是其评价末期数据值低于评价初期数据值。云浮市的第一产业结构偏离系数末期低于初期的数据，降低 8 个单位左

右，并且在 2013~2014 年间存在明显下降的变化，这说明云浮市第一产业发展情况处于不太稳定的下降状态。

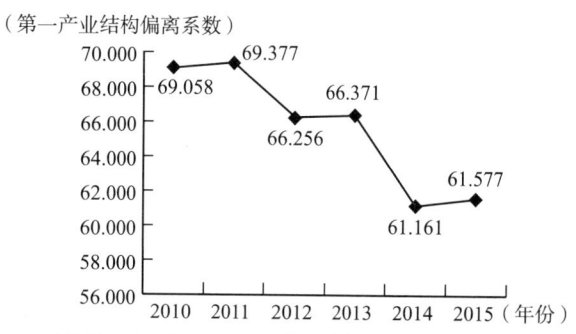

（第一产业结构偏离系数）

图 12-6　2010~2015 年云浮市第一产业结构偏离系数变化趋势

7. 第一产业区位商

根据图 12-7 分析可知，2010~2015 年云浮市第一产业区位商总体上呈现波动保持型的状态。波动保持型指标意味着城市在该项指标上虽然呈现波动状态，在评价末期和评价初期的数值基本保持一致，该图可知云浮市第一产业区位商数值保持在 2.150~2.945。即使云浮市第一产业区位商存在过最低值，其数值为 2.150，但云浮市在第一产业区位商上总体表现得也是相对平稳；说明云浮市的第一产业发展活力比较稳定。

（第一产业区位商）

图 12-7　2010~2015 年云浮市第一产业区位商变化趋势

8. 第一产业劳动产出率

根据图 12-8 分析可知，2010~2015 年云浮市的第一产业劳动产出率总体上呈现波动上升型的状态。这一类型的指标为 2010~2015 年间城市在该项指标上存在较多波动变化，总体趋势为上升趋势，但在个别年份出现下降的情况，指标并非连续性上升。波动上升型指标意味着在评估期间，虽然指标数据存在较大波动变化，但是其评价末期数据值高于评价初期数据值。通过折线图可以看出，云浮市的第一产业劳动产出率指标不断提高，2015 年达到 33.510，相较于 2010 年上升 15 个单位左右；说明云浮市第一产业劳动产出率增大，第一产业经济发展水平提高，第一产业对城市经济发展的贡献也在增大。

图 12-8 2010~2015 年云浮市第一产业劳动产出率变化趋势

（二）云浮市农业结构竞争力评估结果

根据表 12-1，对 2010~2012 年间云浮市农业结构及各三级指标的得分、排名、优劣度进行分析，可以看到在 2010 年云浮市农业结构的排名处于珠江-西江经济带第 9 名，2011 年下降至第 10 名，2012 年上升至第 8 名。说明云浮市农业结构一直处于珠江-西江经济带中下游。对云浮市的农业结构竞争力得分情况进行分析，发现云浮市的农业结构综合得分呈现波动上升趋势，说明城市的农业结构发展潜力较大，但发展水平整体上低于珠江-西江经济带其他城市。总的来说，2010~2012 年云浮市农业结构发展处于珠江-西江经济带下游，发展水平落后于经济带其他城市，在经济带中上升空间较大。

表 12-1 2010~2012 年云浮市农业结构各级指标的得分、排名及优劣度分析

指标	2010 年 得分	排名	优劣度	2011 年 得分	排名	优劣度	2012 年 得分	排名	优劣度
农业结构	21.371	9	劣势	21.608	10	劣势	20.728	8	中势
第一产业比重	3.548	2	强势	3.521	2	强势	3.241	3	优势
第一产业投资强度	0.283	6	中势	0.287	7	中势	0.404	6	中势
第一产业不协调度	4.596	11	劣势	4.492	11	劣势	4.057	11	劣势
第一产业贡献率	3.351	8	中势	3.427	6	中势	3.313	3	优势
第一产业弧弹性	4.428	1	强势	4.704	8	中势	4.978	5	优势
第一产业结构偏离系数	4.596	11	劣势	4.492	11	劣势	4.057	11	劣势
第一产业区位商	0.061	9	劣势	0.070	8	中势	0.083	8	中势
第一产业劳动产出率	0.508	2	强势	0.615	3	优势	0.596	3	优势

对云浮市农业结构的三级指标进行分析，其中第一产业比重的排名呈现先保持后下降的发展趋势，再对云浮市的第一产业比重的得分情况进行分析，发现云浮市的第一产业比重的得分持续下降，说明云浮市第一产业比重持续减小，被其他产业所替代。

其中第一产业投资强度的排名呈现先下降后上升的发展趋势，再对云浮市的第一产业投资强度的得分情况进行分析，发现云浮市的第一产业投资强度的得分持续上升，说明云浮市的第一产业的投资强度在加大，城市活力增强。

其中第一产业不协调度的排名呈现持续保持的发展趋势，再对云浮市的第一产业不协调度的得分情况进行分析，发现云浮市第一产业不协调度的得分持续下降，说明云浮市第一产业在城市中的发展结构良好，第一产业对城市经济发展起促进作用。

其中第一产业贡献率的排名呈现持续上升的发展趋势，再对云浮市第一产业贡献率的得分情况进行分析，发现云浮市的第一产业贡献率的得分处于先上升后下降的发展趋势，说明在 2010~2012 年间云浮市第一产业所提供的就业机会较少、劳动力需求程度有所降低，产业发展活力有所减弱。

其中第一产业弧弹性的排名呈现先下降后上升的发展趋势，再对云浮市的第一产业弧弹性得分情况进行分析，发现云浮市的第一产业弧弹性的得分处于持续上升的发展趋势，说明云浮市第一产业经济发展变化增长速率快于其经济的变化增长速率，城市呈现出第一产业的扩张发展趋势。

其中第一产业结构偏离系数的排名呈现持续保持的发展趋势，再对云浮市的第一产业结构偏离系数的得分情况进行分析，发现云浮市的第一产业结构偏离系数的得分处于持续下降的趋势，说明城市的第一产业就业结构协调程度提高，城市的劳动生产率提高。

其中第一产业区位商呈现先上升后保持的发展趋势，再对云浮市的第一产业区位商的得分情况进行分析，发现云浮市的第一产业区位商的得分处于持续上升的趋势，说明城市的第一产业就业程度提高。

其中第一产业劳动产出率的排名呈现先下降后保持的发展趋势，再对云浮市的第一产业劳动产出率的得分情况进行分析，发现云浮市的第一产业劳动产出率的得分波动上升的发展趋势，说明云浮市的第一产业经济发展水平提高，第一产业对城市经济发展的贡献也在增大。

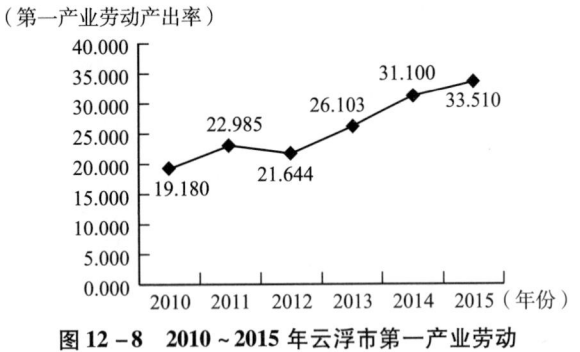

根据表 12-2，对 2013~2015 年间云浮市农业结构及各三级指标的得分、排名、优劣度进行分析，可以看到在 2013 年云浮市农业结构的排名处于珠江-西江经济带第 8 名，2014 年下降至第 9 名，2015 年保持在第 9 名。说明云浮市农业结构一直处于珠江-西江经济带中下游。对云浮市的农业结构竞争力得分情况进行分析，发现云浮市的农业结构综合得分呈现持续上升趋势，说明城市的农业结构发展潜力较大，但发展水平整体上低于珠江-西江经济带其他城市。总的来说，2013~2015 年云浮市农业结构发展处于珠江-西江经济带下游，发展水平落后于经济带其他城市，在经济带中上升空间较大。

表 12-2　　　　2013~2015 年云浮市农业结构各级指标的得分、排名及优劣度分析

指标	2013 年 得分	排名	优劣度	2014 年 得分	排名	优劣度	2015 年 得分	排名	优劣度
农业结构	19.920	8	中势	19.424	9	劣势	19.574	9	劣势
第一产业比重	3.000	3	优势	2.675	3	优势	2.664	3	优势
第一产业投资强度	0.397	8	中势	0.389	7	中势	0.421	8	中势
第一产业不协调度	3.891	9	劣势	3.673	10	劣势	3.558	10	劣势
第一产业贡献率	3.341	9	劣势	3.100	7	中势	3.368	3	优势
第一产业弧弹性	4.492	1	强势	4.849	4	优势	4.825	4	劣势
第一产业结构偏离系数	3.891	9	劣势	3.673	10	劣势	3.558	10	劣势
第一产业区位商	0.093	8	中势	0.076	8	中势	0.066	7	中势
第一产业劳动产出率	0.814	3	优势	0.987	3	优势	1.114	4	优势

对云浮市农业结构的三级指标进行分析，其中第一产业比重的排名呈现持续保持的发展趋势，再对云浮市的第一产业比重的得分情况进行分析，发现云浮市的第一产业比重的得分持续下降，说明云浮市第一产业在城市整个产业中比例有所减小，第一产业对城市经济发展贡献在减小。

其中第一产业投资强度的排名呈现先上升后下降的发展趋势，再对云浮市的第一产业投资强度的得分情况进行分析，发现云浮市的第一产业投资强度的得分波动上升，说明云浮市的第一产业的投资强度在加大，城市活力增强。

其中第一产业不协调度的排名呈现先下降后保持的发展趋势，再对云浮市的第一产业不协调度的得分情况进行分析，发现云浮市第一产业不协调度的得分持续下降，说明云浮市第一产业在城市中的发展结构良好，第一产业对城市经济发展起促进作用。

其中第一产业贡献率的排名呈现持续上升的发展趋势，再对云浮市第一产业贡献率的得分情况进行分析，发现云浮市的第一产业贡献率的得分处于波动上升的发展趋势，说明在 2013~2015 年间云浮市第一产业所提供的就业机会较少、劳动力需求程度有所增加，产业发展活力有所增强。

其中第一产业弧弹性的排名呈现持续下降的发展趋势，再对云浮市的第一产业弧弹性得分情况进行分析，发现云浮市的第一产业弧弹性的得分处于波动上升的发展趋势，说明云浮市第一产业经济发展变化增长速率快于其经济的变化增长速率，城市呈现出第一产业的扩张发展趋势。

其中第一产业结构偏离系数的排名呈现先下降后保持的发展趋势，再对云浮市的第一产业结构偏离系数的得分情况进行分析，发现云浮市的第一产业结构偏离系数的得分处于持续下降的趋势，说明城市的第一产业就业结构协调程度提高，城市的劳动生产率提高。

其中第一产业区位商呈现先保持后上升的发展趋势，再对云浮市的第一产业区位商的得分情况进行分析，发现云浮市的第一产业区位商的得分处于持续下降的发展趋势，说明城市的第一产业就业程度有所降低。

其中第一产业劳动产出率的排名呈现先保持后下降的发展趋势，再对云浮市的第一产业劳动产出率的得分情况进行分析，发现云浮市的第一产业劳动产出率的得分持续上升的发展趋势，说明云浮市的第一产业经济发展水平提高，第一产业对城市经济发展的贡献在增大。

对 2010~2015 年间云浮市农业结构及各三级指标的得分、排名和优劣度进行分析。2010~2015 年云浮市农业结构的综合得分排名呈现波动保持的发展趋势。2010 年云浮市农业结构综合得分排名排在珠江 - 西江经济带第 9 名，2011 年下降至第 10 名，2012~2013 年云浮市农业结构的综合得分上升至第 8 名，2014~2015 年云浮市农业结构的综合得分下降至珠江 - 西江经济带第 9 名。一方面说明云浮市农业结构的综合得分排名在珠江 - 西江经济带中游和下游之间波动，其农业结构竞争力也一直在经济带中势地位和劣势地位之间波动，云浮市的农村结构发展水平较之于珠江 - 西江经济带的其他城市较低；另一方面说明云浮市在农业结构方面的发展存在不稳定现象，稳定性有待提升。对云浮市的农业结构得分情况进行分析，发现 2010~2015 年云浮市农业结构得分呈现持续下降的趋势。

从农业结构基础指标的优劣度结构（见表 12-3）来看，在 8 个基础指标中，指标的优劣度结构为 0.0:37.5:25.0:37.5。

表 12-3　　　　　　　2015 年云浮市农业结构指标的优劣度结构

二级指标	三级指标数	强势指标 个数	比重（%）	优势指标 个数	比重（%）	中势指标 个数	比重（%）	劣势指标 个数	比重（%）	优劣度
农业结构	8	0	0.000	3	37.500	2	25.000	3	37.500	劣势

(三) 云浮市农业结构竞争力比较分析

图 12-9 和图 12-10 将 2010~2015 年云浮市农业结构竞争力与珠江-西江经济带最高水平和平均水平进行比较。从农业结构竞争力的要素得分比较来看，由图 12-9 可知，2010 年，云浮市第一产业比重得分比最高分低 0.617 分，比平均分高 1.385 分；2011 年，第一产业比重得分比最高分低 0.687 分，比平均分高 1.318 分；2012 年，第一产业比重得分比最高分低 0.436 分，比平均分高 1.221 分；2013 年，第一产业比重得分与最高分低 0.512 分，比平均分高 1.048 分；2014 年，第一产业比重得分比最高分低 0.414 分，比平均分高 0.969 分；2015 年，第一产业比重得分比最高分低 0.485 分，比平均分高 0.953 分。这说明整体上云浮市第一产业比重得分与珠江-西江经济带最高分的差距波动缩小，与珠江-西江经济带平均分的差距持续减小。

2010 年，云浮市第一产业投资强度得分比最高分低 2.816 分，比平均分低 0.272 分；2011 年，第一产业投资强度得分比最高分低 1.793 分，比平均分低 0.265 分；2012 年，第一产业投资强度得分比最高分低 1.286 分，比平均分低 0.163 分；2013 年，第一产业投资强度得分比最高分低 0.601 分，比平均分低 0.084 分；2014 年，第一产业投资强度得分比最高分低 0.602 分，比平均分低 0.066 分；2015 年，第一产业投资强度得分比最高分低 0.458 分，比平均分低 0.049 分。这说明整体上云浮市第一产业投资强度得分与珠江-西江经济带最高分的差距波动缩小，与珠江-西江经济带平均分的差距持续缩小，总体上低于平均分。

2010 年，云浮市第一产业不协调度得分比最高分低 2.049 分，比平均分低 1.586 分；2011 年，第一产业不协调度得分比最高分低 1.975 分，比平均分低 1.453 分；2012 年，第一产业不协调度得分比最高分低 2.059 分，比平均分低 1.295 分；2013 年，第一产业不协调度得分比最高分低 1.968 分，比平均分低 0.783 分；2014 年，第一产业不协调度得分比最高分低 2.333 分，比平均分低 1.230 分；2015 年，第一产业不协调度得分比最高分低 2.217 分，比平均分低 1.003 分。这说明整体上云浮市第一产业不协调度得分与珠江-西江经济带最高分的差距持续波动，与珠江-西江经济带平均分的差距波动减小。

2010 年，云浮市第一产业贡献率得分比最高分低 0.011 分，比平均分低 0.003 分；2011 年，第一产业贡献率得分比最高分低 1.401 分，比平均分低 0.041 分；2012 年，第一产业贡献率得分比最高分低 0.085 分，比平均分高 0.011 分；2013 年，第一产业贡献率得分比最高分低 0.057 分，比平均分低 0.015 分；2014 年，第一产业贡献率得分比最高分低 1.378 分，比平均分低 0.291 分；2015 年，第一产业贡献率得分与最高分不存在差距，比平均分高 0.013 分。这说明整体上云浮市第一产业贡献率得分与珠江-西江经济带最高分的差距波动增大，与珠江-西江经济带平均分的差距波动较大。

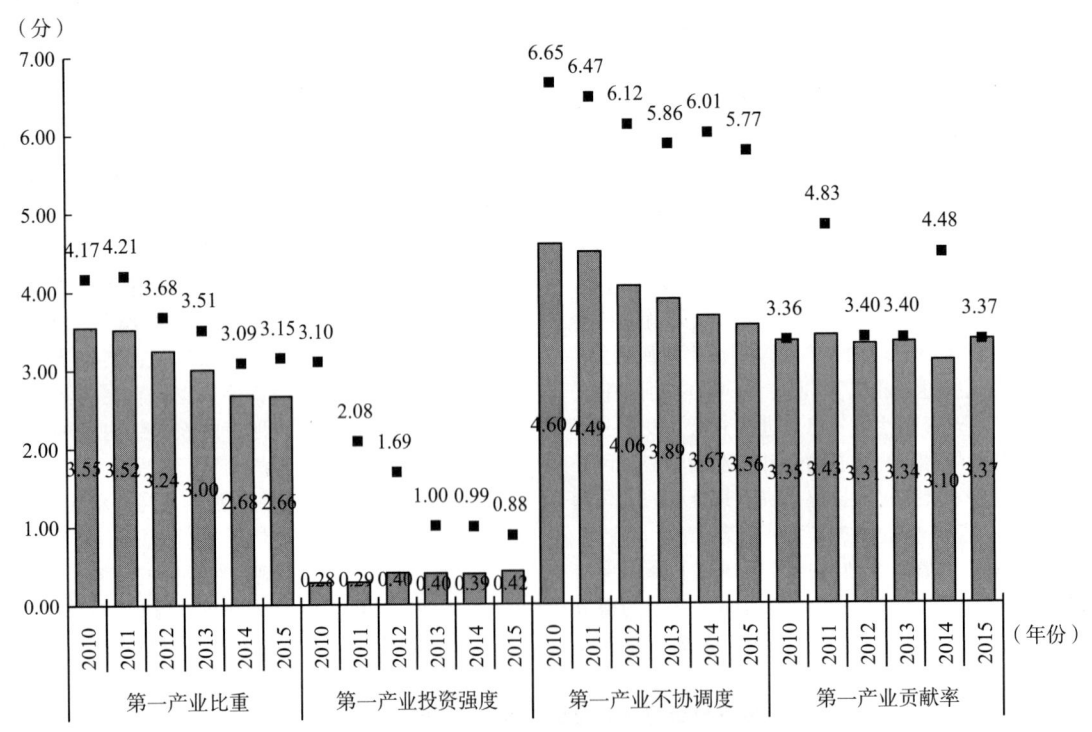

图 12-9　2010~2015 年云浮市农业结构竞争力指标得分比较 1

由图 12-10 可知，2010 年，云浮市产业多样化得分与最高分不存在差距，比平均分高 0.371 分；2011 年，产业多样化得分比最高分低 0.062 分，比平均分低 0.024 分；2012 年，产业多样化得分比最高分低 0.870 分，比平均分低 0.083 分；2013 年，产业多样化得分与最高分不存在差距，比平均分高 0.514 分；2014 年，产业多样化得分比最高分低 0.135 分，比平均分低 0.003 分；2015 年，产业多样化得分比最高分低 0.930 分，比平均分高 0.052 分。这说明整体上云浮市产业多样化得分与珠江-西江经济带最高分的差距波动增大，与珠江-西江经济带平均分的差距波动减小。

2010年，云浮市第一产业结构偏离系数得分比最高分低2.049分，比平均分低1.586分；2011年，第一产业结构偏离系数得分比最高分低1.975分，比平均分低1.453分；2012年，第一产业结构偏离系数得分比最高分低2.059分，比平均分低1.295分；2013年，第一产业结构偏离系数得分比最高分低1.968分，比平均分低0.783分；2014年，第一产业结构偏离系数得分比最高分低2.333分，比平均分低1.230分；2015年，第一产业结构偏离系数得分比最高分低2.217分，比平均分低1.003分。这说明整体上云浮市第一产业结构偏离系数得分与珠江-西江经济带最高分的差距波动增大，与珠江-西江经济带平均分的差距呈波动减小的趋势。

2010年，云浮市第一产业区位商得分比最高分低1.772分，比平均分低0.373分；2011年，第一产业区位商得分比最高分低2.095分，比平均分低0.416分；2012年，第一产业区位商得分比最高分低2.037分，比平均分低0.405分；2013年，第一产业区位商得分比最高分低3.059分，比平均分低0.526分；2014年，第一产业区位商得分比最高分低2.862分，比平均分低0.516分；2015年，第一产业区位商得分比最高分低2.401分，比平均分低0.416分。这说明整体上云浮市第一产业区位商得分与珠江-西江经济带最高分的差距先增大后减小，与珠江-西江经济带平均分的差距波动增大，整体低于平均分。

2010年，云浮市第一产业劳动产出率得分比最高分低0.441分，比平均分高0.288分；2011年，第一产业劳动产出率得分比最高分低0.469分，比平均分高0.324分；2012年，第一产业劳动产出率得分比最高分低1.053分，比平均分高0.237分；2013年，第一产业劳动产出率得分比最高分低2.190分，比平均分高0.173分；2014年，第一产业劳动产出率得分比最高分低2.187分，比平均分高0.338分；2015年，第一产业劳动产出率得分比最高分低2.209分，比平均分高0.263分。这说明整体上云浮市第一产业劳动产出率得分与珠江-西江经济带最高分的差距波动增大，与珠江-西江经济带平均分的差距持续波动。

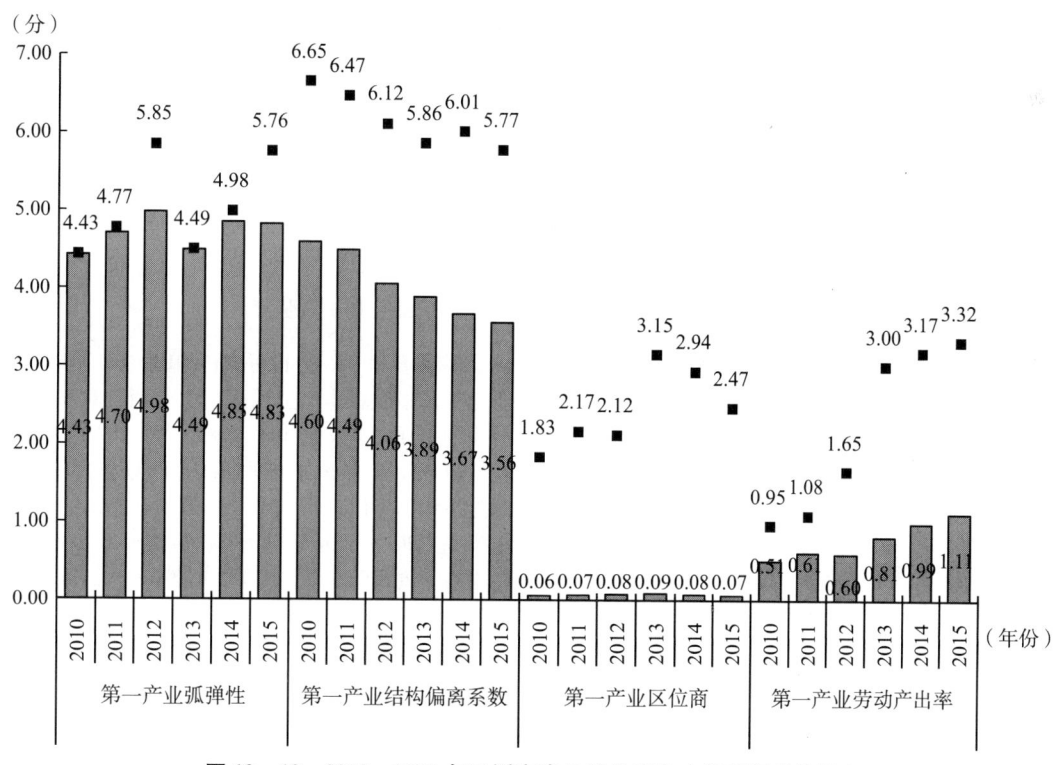

图12-10 2010~2015年云浮市农业结构竞争力指标得分比较2

二、云浮市农业发展水平综合评估与比较

（一）云浮市农业发展水平评估指标变化趋势评析

1. 第一产业扩张弹性系数

根据图12-11分析可知，2010~2015年云浮市第一产业扩张弹性系数总体上呈现波动保持型的状态。波动保持型指标意味着城市在该项指标上虽然呈现波动状态，在评价末期和评价初期的数值基本保持一致，可知云浮市第一产业扩张弹性系数保持在71.556~72.649。即使云浮市第一产业扩张弹性系数存在过最低值，其数值为71.556；说明云浮市在第一产业扩张弹性系数上总体表现相对平稳。

2. 农业强度

根据图12-12分析可知，2010~2015年云浮市的农业强度总体上呈现波动上升型的状态。这一类型的指标为2010~2015年间城市在该项指标上存在较多波动变化，总体趋势为上升趋势，但在个别年份出现下降的情况，指标并非连续性上升。波动上升型指标意味着在评估期间，虽然

(第一产业扩张弹性系数)

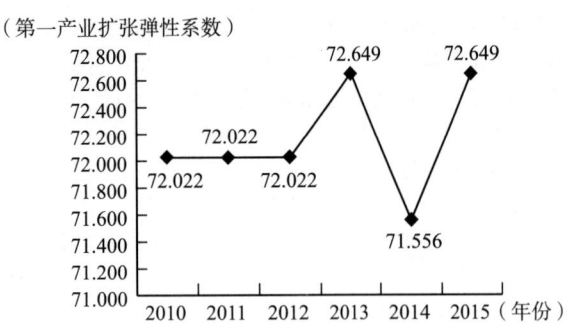

图 12-11 2010~2015 年云浮市第一产业扩张弹性系数变化趋势

指标数据存在较大波动变化,但是其评价末期数据值高于评价初期数据值。通过折线图可以看出,云浮市的农业强度指标不断提高,2015 年达到 6.309,相较于 2010 年上升 5 个单位左右;说明云浮市的农业整体发展较高,对外部资源的吸引力很强。

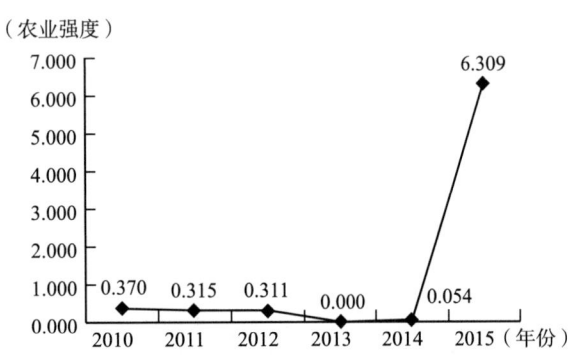

(农业强度)

图 12-12 2010~2015 年云浮市农业强度变化趋势

3. 耕地密度

根据图 12-13 分析可知,2010~2015 年云浮市的耕地密度总体上呈现波动上升型的状态。这一类型的指标为 2010~2015 年间城市在该项指标上存在较多波动变化,总体趋势为上升趋势,但在个别年份出现下降的情况,指标并非连续性上升。波动上升型指标意味着在评估期间,虽然指标数据存在较大波动变化,但是其评价末期数据值高于评价初期数据值。通过折线图可以看出,云浮市的耕地密度指标不断提高,2015 年达到 4.058,说明云浮市耕地

(耕地密度)

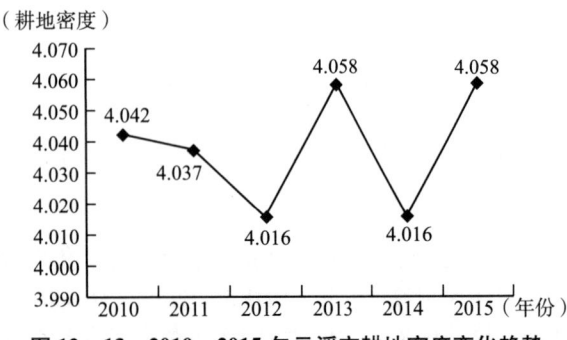

图 12-13 2010~2015 年云浮市耕地密度变化趋势

情况处于相对稳定的上升状态。

4. 农业指标动态变化

根据图 12-14 分析可知,2010~2015 年云浮市的农业指标总体上呈现波动上升型的状态。这一类型的指标为 2010~2015 年间城市在该项指标上存在较多波动变化,总体趋势为上升趋势,但在个别年份出现下降的情况,指标并非连续性上升。波动上升型指标意味着在评估期间,虽然指标数据存在较大波动变化,但是其评价末期数据值高于评价初期数据值。通过折线图可以看出,云浮市的农业指标不断提高,2015 年达到 99.888,相较于 2010 年上升 85 个单位左右;说明云浮市在农业指标动态变化方面发展较快。

(农业指标动态变化)

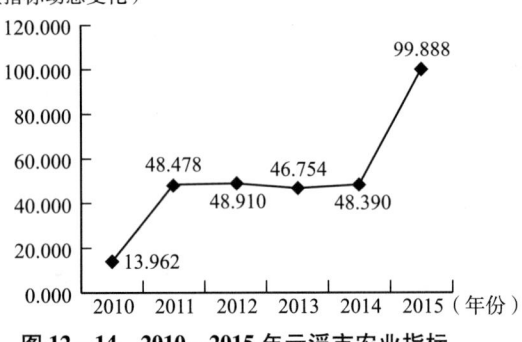

图 12-14 2010~2015 年云浮市农业指标动态变化趋势

5. 农业土地扩张强度

根据图 12-15 分析可知,2010~2015 年云浮市的农业土地扩张强度总体上呈现持续上升型的状态。处于持续上升型的指标,不仅意味着城市在各项指标数据上的不断增长,更意味着城市在该项指标上的竞争力优势不断扩大。通过折线图可以看出,云浮市的农业土地扩张强度指标不断提高,2015 年达到 38.646,相较于 2010 年上升 20 个单位左右;说明云浮市在土地扩张发展方面速度较快。

(农业土地扩张强度)

图 12-15 2010~2015 年云浮市农业土地扩张强度变化趋势

6. 农业蔓延指数

根据图 12-16 分析可知,2010~2015 年云浮市农业蔓延指数总体上呈现波动上升型的状态。这一类型的指标为在

2010~2015年间城市存在一定的波动变化，总体趋势上为上升趋势，但在个别年份出现下降的情况，指标并非连续性上升状态。波动上升型指标意味着在评价的时间段内，虽然指标数据存在较大的波动变化，但是其评价末期数据值高于评价初期数据值。由图可以看出该三级指标在2010~2015年存在较大的波动变化，最终稳定在5.955。云浮市的农业蔓延情况虽然处于上升的阶段，但是个别年份又会出现波动幅度较大的问题，所以云浮市在经济快速发展的同时将注重城市用地面积和人口数量之间的关系问题。

末期数据值高于评价初期数据值，最终稳定在21.365。云浮市的农业指标相对增长率波动增高；说明云浮市的粮食产量增长速率有所加快，呈现出地区农业集聚能力及活力的不断扩大。

8. 农业指标绝对增量加权指数

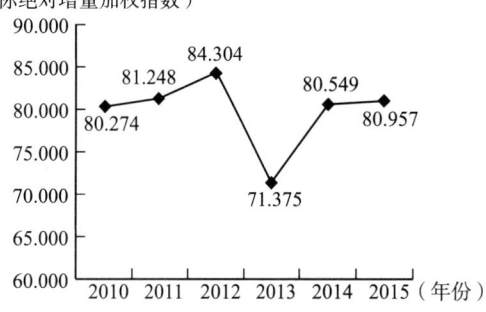

根据图12-18分析可知，2010~2015年云浮市农业指标绝对增量加权指数总体上呈现波动上升型的状态。这一类型的指标为2010~2015年间城市在该项指标上存在较多波动变化，总体趋势为上升趋势，但在个别年份出现下降的情况，指标并非连续性上升。波动上升型指标意味着在评估期间，虽然指标数据存在较大波动变化，但是其评价末期数据值高于评价初期数据值。该图可知云浮市农业指标绝对增量加权指数保持在71.375~84.304。即使云浮市农业指标绝对增量加权指数存在过最低值，其数值为71.375；说明云浮市在绝对增量加权指数上总体表现相对平稳。

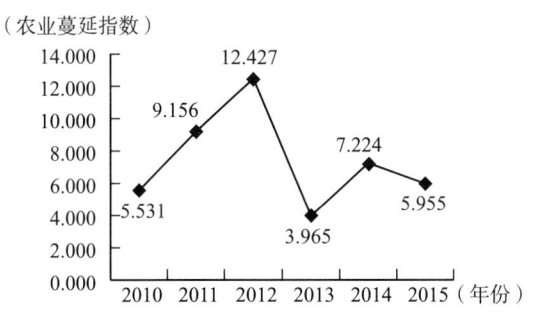

图12-16 2010~2015年云浮市农业蔓延指数变化趋势

7. 农业指标相对增长率

根据图12-17分析可知，2010~2015年云浮市农业指标相对增长率总体上呈现波动上升型的状态。这一类型的指标为2010~2015年间城市存在一定的波动变化，总体趋势上为上升趋势，但在个别年份出现下降的情况，指标并非连续性上升状态。波动上升型指标意味着在评价的时间段内，虽然指标数据存在较大的波动变化，但是其评价

图12-18 2010~2015年云浮市农业指标绝对增量加权指数变化趋势

（二）云浮市农业发展水平评估结果

根据表12-4，对2010~2012年间云浮市农业发展及各三级指标的得分、排名、优劣度进行分析，可以看到在2010年云浮市农业发展的综合排名处于珠江-西江经济带第10名，2011年下降至第11名，2012年上升至第8名。说明云浮市农业发展水平在珠江-西江经济带中处于中下游区，发展水平较低。对云浮市的农业发展得分情况进行分析，发现云浮市的农业发展综合得分持续上升，说明城市的农业发展的发展潜力巨大。总的来说，2010~2012年云浮市农业发展处于珠江-西江经济带下游，发展水平与经济带其他城市相比较低。

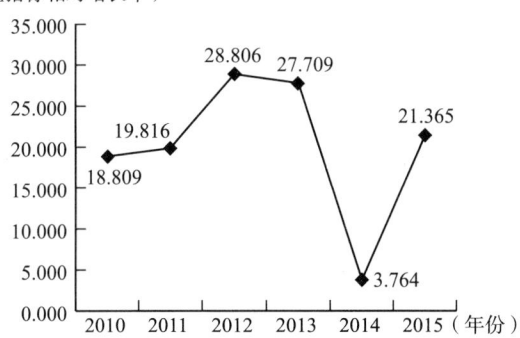

图12-17 2010~2015年云浮市农业指标相对增长率变化趋势

表12-4　　　　2010~2012年云浮市农业发展各级指标的得分、排名及优劣度分析

指标	2010年			2011年			2012年		
	得分	排名	优劣度	得分	排名	优劣度	得分	排名	优劣度
农业发展	13.397	10	劣势	14.770	11	劣势	15.286	8	中势
第一产业扩张弹性系数	3.556	5	优势	3.442	5	优势	3.328	5	优势
农业强度	0.012	11	劣势	0.010	11	劣势	0.010	11	劣势
耕地密度	0.125	9	劣势	0.123	9	劣势	0.123	9	劣势
农业指标动态变化	0.488	10	劣势	1.768	10	劣势	1.786	6	中势

续表

指标	2010年			2011年			2012年		
	得分	排名	优劣度	得分	排名	优劣度	得分	排名	优劣度
农业土地扩张强度	4.378	7	中势	4.190	7	中势	4.179	6	中势
农业蔓延指数	0.142	4	优势	0.236	1	强势	0.323	3	优势
农业指标相对增长率	0.531	5	优势	0.558	5	优势	0.842	1	强势
农业指标绝对增量加权指数	4.165	10	劣势	4.442	8	中势	4.696	4	优势

对云浮市农业发展的三级指标进行分析，其中第一产业扩张弹性系数的排名呈现持续保持的发展趋势，再对云浮市的第一产业扩张弹性系数的得分情况进行分析，发现云浮市的第一产业扩张弹性系数的得分持续下降，说明云浮市第一产业扩张弹性系数持续减小，城市的耕地面积扩张幅度增大，城市城镇化与城市面积之间呈现不协调发展的关系。

其中农业强度的排名呈现持续保持的发展趋势，再对云浮市的农业强度的得分情况进行分析，发现云浮市的农业强度的得分波动下降，说明云浮市的粮食作物播种面积所具备的优势在下降，城市活力有所减弱。

其中耕地密度的排名呈现持续保持的发展趋势，再对云浮市的耕地密度的得分情况进行分析，发现云浮市第一产业不协调指数的得分波动下降，说明云浮市的人力资源不够丰富，城市的农业生产效率较低。

其中农业指标动态变化的排名呈现先保持后上升的发展趋势，再对云浮市农业指标动态变化的得分情况进行分析，发现云浮市的农业指标动态变化的得分处于持续上升的发展趋势，说明在2010~2012年间云浮市的粮食作物播种面积增加持续增大，对应呈现出地区经济活力和城市规模的不断增大。

其中农业土地扩张强度的排名呈现先保持后上升的发展趋势，再对云浮市的农业土地扩张强度得分情况进行分析，发现云浮市的农业土地扩张强度的得分持续下降，说明云浮市农业土地扩张强度在减弱，城市的农业土地面积增速率减慢，呈现出农业生产集聚能力及活力在不断减小。

其中农业蔓延指数的排名呈现先上升后下降的发展趋势，再对云浮市的农业蔓延指数的得分情况进行分析，发现云浮市的农业蔓延指数的得分持续上升，但农业蔓延指数小于1，说明城市的粮食总产量的增长慢于非农业人口的增长水平，农业的发展未呈现出明显蔓延的趋势。

其中农业指标相对增长率呈现先保持后上升的发展趋势，再对云浮市的农业指标相对增长率的得分情况进行分析，发现云浮市的农业指标相对增长率的得分处于持续上升的趋势，说明云浮市的总粮食产量相对增长率有所提升，城市的粮食产量增长速率加快，呈现出地区农业集聚能力及活力在不断扩大。

其中农业指标绝对增量加权指数的排名呈现持续上升的发展趋势，再对云浮市的农业指标绝对增量加权指数的得分情况进行分析，发现云浮市的农业指标绝对增量加权指数的得分持续上升的发展趋势，说明云浮市的粮食产量绝对增量加权指数在增大，城市的粮食产量集中度在不断提高，城市粮食产量变化增长趋向于高速型发展。

根据表12-5，对2013~2015年间云浮市农业发展及各三级指标的得分、排名、优劣度进行分析，可以看到在2013年云浮市农业发展的综合排名处于珠江-西江经济带第11名，2014年保持在第11名，2015年又上升至第4名。说明云浮市农业发展水平在珠江-西江经济带中从下游上升至中游。对云浮市的农业发展得分情况进行分析，发现云浮市的农业发展综合得分先下降后上升，整体上呈上升趋势，说明城市的农业发展整体上高于珠江-西江经济带其他城市。总的来说，2013~2015年云浮市农业发展从珠江-西江经济带劣势地位上升至优势地位，在经济带中具备较大的发展潜力。

表12-5　　　　2013~2015年云浮市农业发展各级指标的得分、排名及优劣度分析

指标	2013年			2014年			2015年		
	得分	排名	优劣度	得分	排名	优劣度	得分	排名	优劣度
农业发展	14.455	11	劣势	13.930	11	劣势	17.686	4	优势
第一产业扩张弹性系数	3.407	1	强势	3.384	8	中势	3.457	1	强势
农业强度	0.000	11	劣势	0.002	11	劣势	0.197	8	中势
耕地密度	0.124	9	劣势	0.124	9	劣势	0.126	9	劣势
农业指标动态变化	1.713	11	劣势	1.772	7	中势	4.410	2	强势
农业土地扩张强度	4.220	4	优势	4.226	8	中势	4.281	3	优势
农业蔓延指数	0.120	10	劣势	0.192	3	优势	0.156	6	中势
农业指标相对增长率	0.868	6	中势	0.141	10	劣势	0.624	6	中势
农业指标绝对增量加权指数	4.004	11	劣势	4.088	6	中势	4.436	7	中势

对云浮市农业发展的三级指标进行分析，其中第一产业扩张弹性系数的排名呈现先下降后上升的发展趋势，再对云浮市的第一产业扩张弹性系数的得分情况进行分析，发现云浮市的第一产业扩张弹性系数的得分波动上升，说明云浮市第一产业扩张弹性系数增大，城市的耕地面积扩张幅度减小，城市城镇化与城市面积之间呈现较协调发展的关系。

其中农业强度的排名呈现先保持后上升的发展趋势，再对云浮市的农业强度的得分情况进行分析，发现云浮市的农业强度的得分持续上升，说明云浮市的粮食作物播种面积所具备的优势在增强，城市活力在增大。

其中耕地密度的排名呈现持续保持的发展趋势，再对云浮市的耕地密度的得分情况进行分析，发现云浮市耕地密度的得分波动上升，说明云浮市的人力资源不断丰富，城市的农业生产效率在提高。

其中农业指标动态变化的排名呈现持续上升的发展趋势，再对云浮市农业指标动态变化的得分情况进行分析，发现云浮市的农业指标动态变化的得分处于持续上升的发展趋势，说明在2013~2015年间云浮市的粮食作物播种面积增加持续增大，对应呈现出地区经济活力和城市规模的不断扩大。

其中农业土地扩张强度的排名呈现先下降后上升的发展趋势，再对云浮市的农业土地扩张强度得分情况进行分析，发现云浮市的农业土地扩张强度的得分持续上升，说明云浮市农业土地扩张强度在增大，城市的农业土地面积增长速率加快，呈现出农业生产集聚能力及活力在不断扩大。

其中农业蔓延指数的排名呈现先上升后下降的发展趋势，再对云浮市的农业蔓延指数的得分情况进行分析，发现云浮市的农业蔓延指数的得分先上升后下降，农业蔓延指数小于1，说明城市的粮食总产量的增长慢于非农业人口的增长水平，农业的发展未呈现出明显蔓延的趋势。

其中农业指标相对增长率呈现先下降后上升的发展趋势，再对云浮市的农业指标相对增长率的得分情况进行分析，发现云浮市的农业指标相对增长率的得分先下降后上升，整体呈下降趋势，说明云浮市的总粮食产量相对增长率有所下降，城市的粮食产量增长速率变慢，地区农业集聚能力及活力有所减弱。

其中农业指标绝对增量加权指数的排名呈现先上升后下降的发展趋势，再对云浮市的农业指标绝对增量加权指数的得分情况进行分析，发现云浮市的农业指标绝对增量加权指数的得分持续上升，说明云浮市的粮食产量绝对增量加权指数在增大，城市的粮食产量集中度有所提升，城市粮食产量变化增长趋向于中高速型发展。

对2010~2015年间云浮市农业发展及各三级指标的得分、排名和优劣度进行分析。2010~2015年云浮市农业发展的综合得分排名呈现波动上升的发展趋势。2010年云浮市农业发展综合得分排名处于珠江-西江经济带第10名，2011年下降至第11名，2012年上升至第8名，2013~2014年农业发展综合得分下降至第11名，2015年其排名上升至第4名。一方面说明云浮市的农业发展从珠江-西江经济带下游区上升至中游区，其农业发展也从经济带劣势地位上升至优势地位，与经济带其他城市相比，发展水平较高；另一方面说明云浮市农业发展综合得分上升和下降的幅度较大，在农业发展方面存在不稳定现象，稳定性有待提高。对云浮市的农业发展得分情况进行分析，发现2010~2012年云浮市的农业发展综合得分持续上升，2013~2014年农业发展综合得分持续下降，2015年得分有所上升，整体上云浮市农业发展综合得分呈现波动上升的发展趋势，说明云浮市的农业发展水平有所提升。

从农业发展基础指标的优劣度结构（见表12-6）来看，在8个基础指标中，指标的优劣度结构为25.0:12.5:50.0:12.5。

表12-6　　　　　2015年云浮市农业发展指标的优劣度结构

二级指标	三级指标数	强势指标 个数	强势指标 比重（%）	优势指标 个数	优势指标 比重（%）	中势指标 个数	中势指标 比重（%）	劣势指标 个数	劣势指标 比重（%）	优劣度
农业发展	8	2	25.000	1	12.500	4	50.000	1	12.500	优势

（三）云浮市农业发展水平比较分析

图12-19和图12-20将2010~2015年云浮市农业发展与珠江-西江经济带最高水平和平均水平进行比较。从农业发展的要素得分比较来看，由图12-19可知，2010年，云浮市第一产业扩张弹性系数得分比最高分低1.381分，比平均分低0.045分；2011年，第一产业扩张弹性系数得分比最高分低0.411分，比平均分低0.038分；2012年，第一产业扩张弹性系数得分比最高分低0.842分，比平均分高0.256分；2013年，第一产业扩张弹性系数得分与最高分不存在差距，比平均分高0.074分；2014年，第一产业扩张弹性系数得分比最高分低0.030分，比平均分高0.028分；2015年，第一产业扩张弹性系数得分与最高分不存在差距，比平均分高0.085分。这说明整体上云浮市第一产业扩张弹性系数得分与珠江-西江经济带最高分的差距有波动减小趋势，与珠江-西江经济带平均分的差距持续减小。

2010年，云浮市农业强度得分比最高分低3.146分，比平均分低0.630分；2011年，农业强度得分比最高分低3.100分，比平均分低0.624分；2012年，农业强度得分比最高分低3.088分，比平均分低0.624分；2013年，农业强度得分比最高分低3.081分，比平均分低0.634分；2014年，农业强度得分比最高分低3.131分，比平均分低0.640分；2015年，农业强度得分比最高分低2.738分，比平均分低0.437分。这说明整体上云浮市农业强度得分与珠江-西江经济带最高分的差距波动缩小，与珠江-西江经济带平均分的差距波动减小，总体上低于平均分。

2010年，云浮市耕地密度得分比最高分低2.946分，比平均分低0.418分；2011年，耕地密度得分比最高分低2.922分，比平均分低0.413分；2012年，耕地密度得分比最高分低2.937分，比平均分低0.414分；2013年，耕地密度得分比最高分低2.910分，比平均分低0.412分；2014年，耕地密度得分比最高分低2.936分，比平均分低0.417分；2015年，耕地密度得分比最高分低2.929分，比平均分低0.416分。这说明整体上云浮市耕地密度得分与珠江－西江经济带最高分的差距持续波动，与珠江－西江经济带平均分的差距持续波动，整体上低于平均分。

2010年，云浮市农业指标动态变化得分比最高分低1.330分，比平均分低0.960分；2011年，农业指标动态变化得分比最高分低0.042分，比平均分低0.018分；2012年，农业指标动态变化得分比最高分低0.050分，比平均分低0.003分；2013年，农业指标动态变化得分比最高分低0.165分，比平均分低0.082分；2014年，农业指标动态变化得分比最高分低0.054分，比平均分高0.016分；2015年，农业指标动态变化得分比最高分低0.005分，比平均分高1.839分。这说明整体上云浮市农业指标动态变化得分与珠江－西江经济带最高分的差距波动减小，与珠江－西江经济带平均分的差距先缩小后增大。

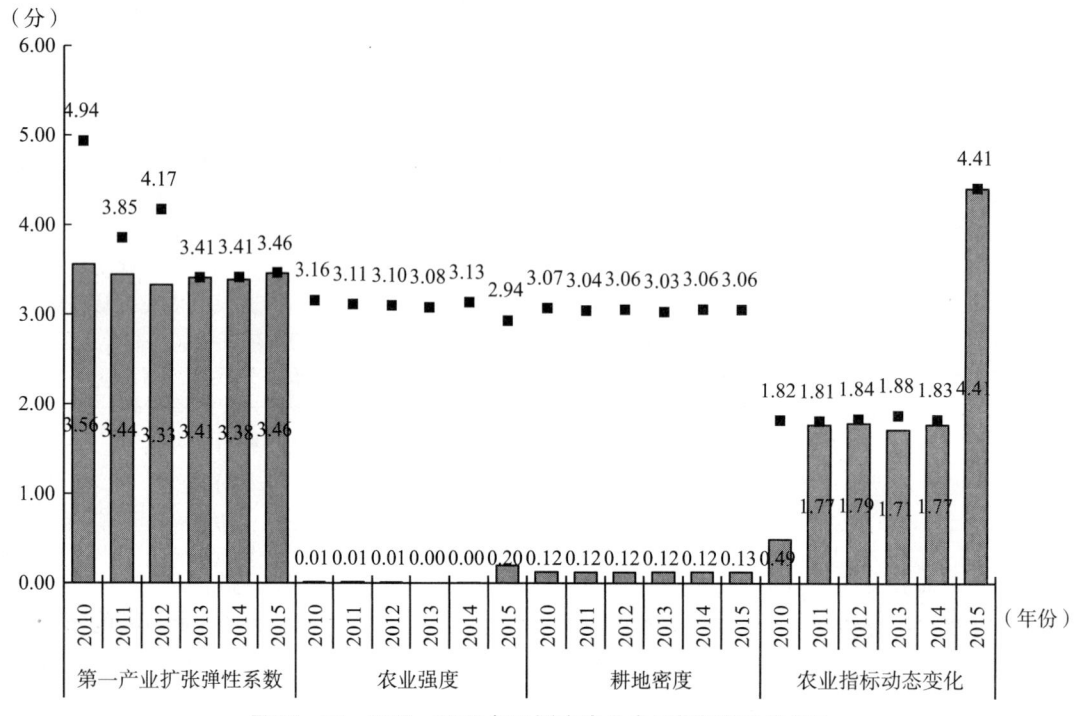

图12-19　2010~2015年云浮市农业发展指标得分比较1

由图12-20可知，2010年，云浮市农业土地扩张强度得分比最高分低1.109分，比平均分高0.165分；2011年，农业土地扩张强度得分比最高分低0.105分，比平均分低0.001分；2012年，农业土地扩张强度得分比最高分低0.102分，比平均分高0.002分；2013年，农业土地扩张强度得分比最高分低0.091分，比平均分高0.024分；2014年，农业土地扩张强度得分比最高分低0.045分，比平均分低0.007分；2015年，农业土地扩张强度得分比最高分低0.050分，比平均分高0.028分。这说明整体上云浮市农业土地扩张强度得分与珠江－西江经济带最高分的差距波动缩小，与珠江－西江经济带平均分的差距波动减小。

2010年，云浮市农业蔓延指数得分比最高分低0.042分，比平均分高0.008分；2011年，农业蔓延指数得分与最高分不存在差距，比平均分高0.051分；2012年，农业蔓延指数得分比最高分低0.092分，比平均分高0.122分；2013年，农业蔓延指数得分比最高分低2.902分，比平均分低0.340分；2014年，农业蔓延指数得分比最高分低0.730分，比平均分低0.047分；2015年，农业蔓延指数得分比最高分低0.176分，比平均分低0.011分。这说明整体上云浮市农业蔓延指数得分与珠江－西江经济带最高分的差距波动增大，与珠江－西江经济带平均分的差距先增大后缩小。

2010年，云浮市农业指标相对增长率得分比最高分低0.348分，比平均分高0.031分；2011年，农业指标相对增长率得分比最高分低0.220分，比平均分高0.019分；2012年，农业指标相对增长率得分与最高分不存在差距，比平均分高0.149分；2013年，农业指标相对增长率得分比最高分低0.619分，比平均分低0.108分；2014年，农业指标相对增长率得分比最高分低3.609分，比平均分低1.336分；2015年，农业指标相对增长率得分比最高分低0.097分，比平均分高0.007分。这说明整体上云浮市农业指标相对增长率得分与珠江－西江经济带最高分的差距先减小后增大，与珠江－西江经济带平均分的差距波动增大。

2010年，云浮市农业指标绝对增量加权指数得分比最高分低0.254分，比平均分高0.311分；2011年，农业指标绝对增量加权指数得分与最高分低0.211分，比平均分低 0.073 分；2012 年，农业指标绝对增量加权指数得分比最高分低 0.334 分，比平均分高 0.035 分；2013 年，农业指标绝对增量加权指数得分比最高分低 1.606 分，比平均分低 0.668 分；2014 年，农业指标绝对增量加权指数得分比最高分低 0.107 分，比平均分高 0.268 分；2015 年，农业指标绝对增量加权指数得分比最高分低 0.221 分，比平均分低 0.018 分。这说明整体上云浮市农业指标绝对增量加权指数得分与珠江-西江经济带最高分的差距先增大后减小，与珠江-西江经济带平均分的差距呈波动下降的趋势。

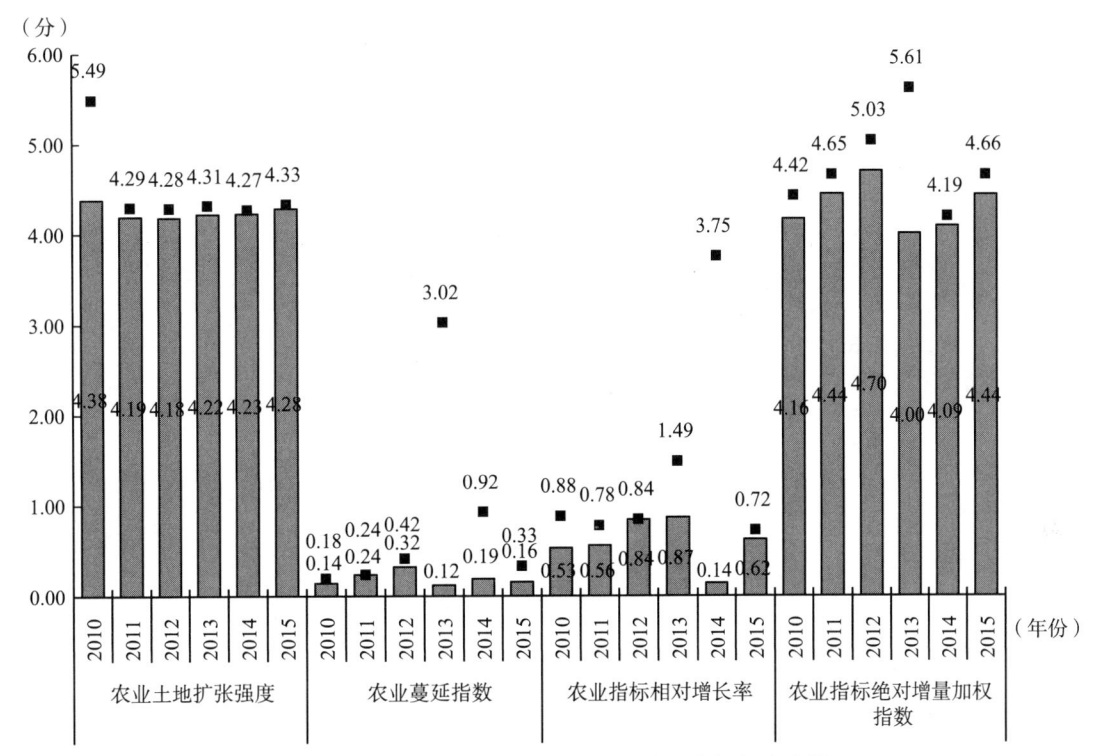

图 12-20 2010~2015 年云浮市农业发展指标得分比较 2

三、云浮市农业产出水平综合评估与比较

（一）云浮市农业产出水平评估指标变化趋势评析

1. 食物生态足迹

根据图 12-21 分析可知，2010~2015 年云浮市的食物生态足迹指标总体上呈现波动上升型的状态。这一类型的指标为 2010~2015 年间城市在该项指标上存在较多波动变化，总体趋势为上升趋势，但在个别年份出现下降的情况，指标并非连续性上升。波动上升型指标意味着在评估期间，虽然指标数据存在较大波动变化，但是其评价末期数据值高于评价初期数据值。云浮市的食物生态足迹指标不断提高，2015 年达到 20.718，相较于 2010 年上升 3 个单位左右；说明云浮市的经济社会发展水平提高，城市规模增大，城市居民对各类食物需求也提高。

2. 人均食物生态足迹

根据图 12-22 分析可知，2010~2015 年云浮市人均食物生态足迹总体上呈现波动上升型的状态。这一类型的指标

图 12-21 2010~2015 年云浮市食物生态足迹指标变化趋势

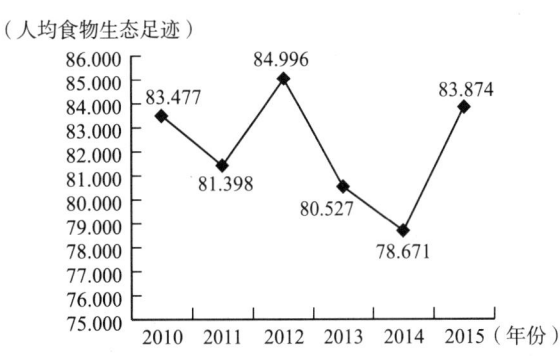

图 12-22 2010~2015 年云浮市人均食物生态足迹变化趋势

为 2010~2015 年间城市在该项指标上存在较多波动变化，总体趋势为上升趋势，但在个别年份出现下降的情况，指标并非连续性上升。波动上升型指标意味着在评估期间，虽然指标数据存在较大波动变化，但是其评价末期数据值高于评价初期数据值。该图可知云浮市人均食物生态足迹数值保持在 78.671~84.996。即使云浮市人均食物生态足迹存在过最低值，其数值为 78.671；说明云浮市在人均食物生态足迹上总体表现相对平稳。

3. 农业生产比重增量

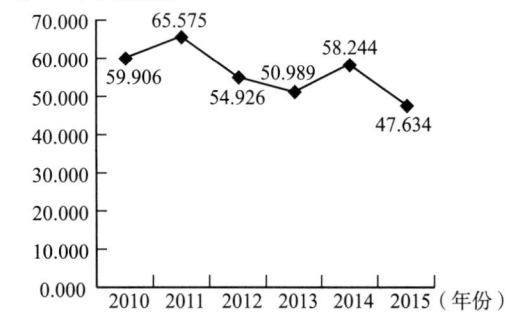

根据图 12-23 分析可知，2010~2015 年云浮市农业生产比重增量总体上呈现波动下降型的状态。这种状态表现为在 2010~2015 年间城市在该项指标上总体呈现下降趋势，但在期间存在上下波动的情况，并非连续性下降状态。这就意味着在评估的时间段内，虽然指标数据存在较大的波动，但是其评价末期数据值低于评价初期数据值。云浮市的农业生产比重增量末期低于初期的数据，降低 5 个单位左右，并且在 2010~2011 年间存在明显下降的变化，这说明云浮市农业生产情况处于不太稳定的下降状态。

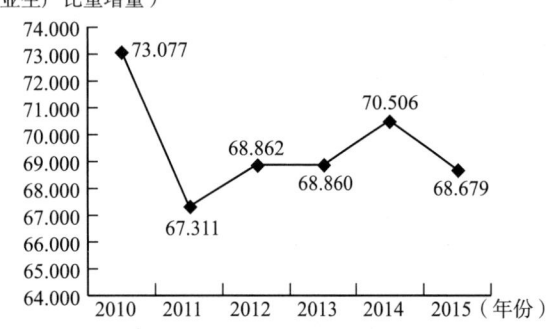

图 12-23　2010~2015 年云浮市农业生产比重增量变化趋势

4. 农业生产平均增长指数

根据图 12-24 分析可知，2010~2015 年云浮市的农业生产平均增长指数总体上呈现波动下降型的状态。这一类的指标为 2010~2015 年间城市在该项指标上总体呈现下降趋势，但在评估期间存在上下波动的情况，指标并非连续性下降状态。波动下降型指标意味着在评估期间，虽然指标数据存在较大波动变化，但是其评价末期数据值低于评价初期数据值。如图所示，云浮市农业生产平均增长指数指标处于不断下降的状态中，2011 年此指标数值最高，是 65.575，2015 年下降至 47.634；说明云浮市的农业生产平均增长指数减小，城市在评估时间段内的农业生产能力减弱，整体城市农业生产水平有所下降。

5. 农业枢纽度

根据图 12-25 分析可知，2010~2015 年云浮市的农业枢纽度总体上呈现持续下降型的状态。处于持续下降型的指标，意味着城市在该项指标上不断处在劣势状态，并且这一状况并未得到改善。云浮市农业枢纽度指标处于不断下降的状态中，2010 年此指标数值最高，是 93.562，2015 年下降至 50.027；说明云浮市的农业枢纽度下降，城市的农业发展有所减弱。

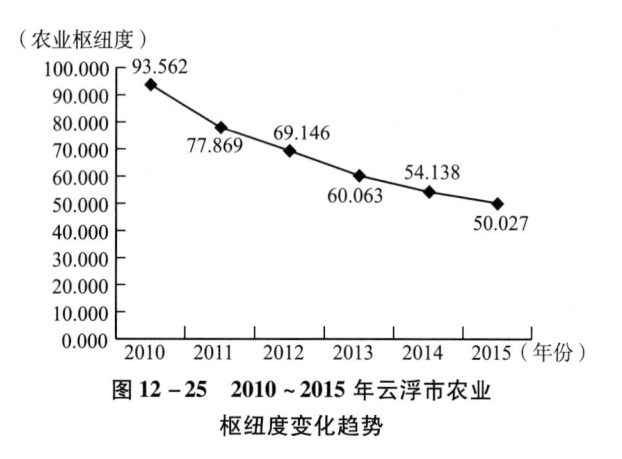

图 12-25　2010~2015 年云浮市农业枢纽度变化趋势

6. 农业生产流强度

根据图 12-26 分析可知，2010~2015 年云浮市的农业生产流强度总体上呈现持续上升型的状态。处于持续上升型的指标，不仅意味着城市在各项指标数据上的不断增长，更意味着城市在该项指标上的竞争力优势不断扩大。云浮市的农业生产流强度指标不断提高，2015 年达到 1.563，相较于 2010 年上升 1 个单位左右；说明云浮市的农业生产流强度增强，城市之间发生的经济集聚和扩散所产生的农业生产要素流动强度增强，城市经济影响力也增强。

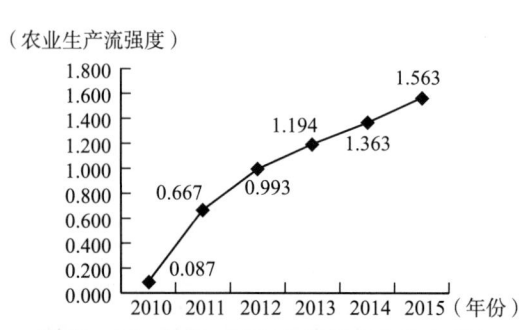

图 12-26　2010~2015 年云浮市农业生产流强度变化趋势

7. 农业生产倾向度

根据图12-27分析可知，2010~2015年云浮市的农业生产倾向度总体上呈现波动上升型的状态。这一类型的指标为2010~2015年间城市在该项指标上存在较多波动变化，总体趋势为上升趋势，但在个别年份出现下降的情况，指标并非连续性上升。波动上升型指标意味着在评估期间，虽然指标数据存在较大波动变化，但是其评价末期数据值高于评价初期数据值。云浮市的农业生产倾向度指标不断提高，2015年达到16.014，相较于2010年上升5个单位左右；说明云浮市农业生产倾向度提高，城市的总功能量的外向强度增强。

（农业生产倾向度）

图12-27 2010~2015年云浮市农业生产倾向度变化趋势

8. 农业生产职能规模

根据图12-28分析可知，2010~2015年云浮市的农业生产职能规模总体上呈现波动上升型的状态。这一类型的指标为2010~2015年间城市在该项指标上存在较多波动变化，总体趋势为上升趋势，但在个别年份出现下降的情况，指标并非连续性上升。波动上升型指标意味着在评估期间，虽然指标数据存在较大波动变化，但是其评价末期数据值高于评价初期数据值。通过折线图可以看出，云浮市的农业生产职能规模指标不断提高，2015年达到0.199；说明云浮市的农业生产职能规模增强，城市的农业生产水平提高，城市所具备的农业生产能力提高。

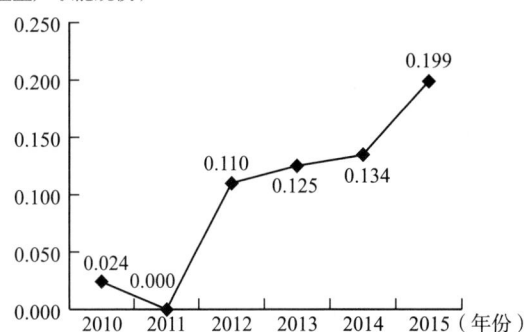

（农业生产职能规模）

图12-28 2010~2015年云浮市农业生产职能规模变化趋势

9. 农业生产职能地位

根据图12-29分析可知，2010~2015年云浮市农业生产职能地位总体上呈现波动上升型的状态。这一类型的指标为在2010~2015年间城市存在一定的波动变化，总体趋势上为上升趋势，但在个别年份出现下降的情况，指标并非连续性上升状态。波动上升型指标意味着在评价的时间段内，虽然指标数据存在较大的波动变化，但是其评价末期数据值高于评价初期数据值。云浮市在2010~2011年虽然出现下降的状况，但是总体上还是呈现上升的态势，最终稳定在1.430；说明云浮市农业生产职能地位增强，城市的农业生产能力在地区内的水平更具备优势，城市对农业人力资源的吸引集聚能力扩大，城市发展具备农业发展及农业劳动力发展的潜力。

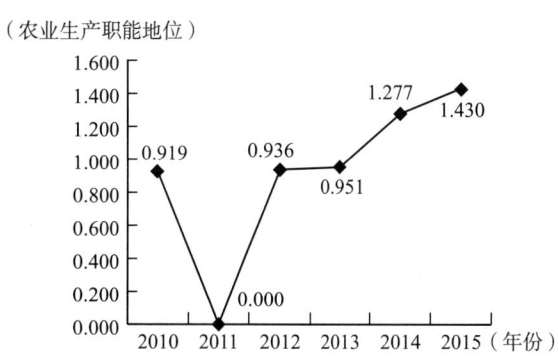

（农业生产职能地位）

图12-29 2010~2015年云浮市农业生产职能地位变化趋势

（二）云浮市农业产出水平评估结果

根据表12-7，对2010~2012年间云浮市农业产出得分、排名、优劣度进行分析。可以看到在2010年云浮市农业产出排名处在珠江-西江经济带第5名，2011年下降至第7名，2012年下降至第10名，其农业产出从珠江-西江经济带中游区滑落至下游区，说明云浮市农业产出的发展水平有所下降。对云浮市的农业产出得分情况进行分析，发现云浮市的农业产出综合得分持续下降，说明云浮市的农业产出发展落后于经济带其他城市，城市的农业产出在不断减弱。总的来说，2010~2012年云浮市农业产出发展从珠江-西江经济带优势地位下降至劣势地位，发展水平与经济带其他城市相比较低，在经济带中具备较大的上升空间。

对云浮市农业产出的三级指标进行分析，再对云浮市的食物生态足迹的得分情况进行分析，发现云浮市的食物生态足迹得分先下降后上升，说明云浮市的食物生态足迹较强，城市的发展水平较高，城市规模较大，城市居民对各类食物需求也较强。

其中人均食物生态足迹的排名呈现先保持后上升的发展趋势，再对云浮市的人均食物生态足迹的得分情况进行分析，发现云浮市的人均食物生态足迹的得分呈现先下降后上升的趋势，整体呈上升趋势，说明云浮市的人均食物生态足迹有所增强，城市居民对各类食物的人均需求也有所提高。

表 12-7 2010~2012 年云浮市农业产出各级指标的得分、排名及优劣度分析

指标	2010 年 得分	2010 年 排名	2010 年 优劣度	2011 年 得分	2011 年 排名	2011 年 优劣度	2012 年 得分	2012 年 排名	2012 年 优劣度
农业产出	13.566	5	优势	13.187	7	中势	13.138	10	劣势
食物生态足迹	0.559	6	中势	0.553	6	中势	0.623	7	中势
人均食物生态足迹	3.562	3	优势	3.429	3	优势	3.734	2	强势
农业生产比重增量	2.835	2	强势	3.226	6	中势	3.347	7	中势
农业生产平均增长指数	2.321	3	优势	2.573	3	优势	2.323	8	中势
农业枢纽度	3.850	2	强势	2.773	2	强势	2.353	2	强势
农业生产流强度	0.003	10	劣势	0.019	10	劣势	0.029	10	劣势
农业生产倾向度	0.400	10	劣势	0.614	9	劣势	0.689	9	劣势
农业生产职能规模	0.001	11	劣势	0.000	11	劣势	0.003	11	劣势
农业生产职能地位	0.036	11	劣势	0.000	11	劣势	0.036	11	劣势

其中农业生产比重增量的排名呈现持续下降的发展趋势，再对云浮市的农业生产比重增量的得分情况进行分析，发现云浮市农业生产比重增量的得分呈现持续上升的趋势，说明云浮市农业生产发展程度有所提高，城市整体粮食产量水平逐渐具备优势。

其中农业生产平均增长指数的排名呈现先保持后下降的发展趋势，再对云浮市农业生产平均增长指数的得分情况进行分析，发现云浮市的农业生产平均增长指数得分先上升后下降，说明在 2010~2012 年间云浮市的农业生产平均增长指数波动较大，城市在评估时间段内的农业生产能力有所减弱，整体城市农业生产水平在下降。

其中农业枢纽度的排名呈现持续保持的发展趋势。再对云浮市的农业枢纽度的得分情况进行分析，发现云浮市的农业枢纽度的得分呈现持续下降的发展趋势，说明云浮市的农业枢纽度在降低，城市的农业发展减弱。

其中农业生产流强度的排名呈现持续保持的发展趋势，再对云浮市的农业生产流强度的得分情况进行分析，发现云浮市的农业生产流强度的得分处于持续上升的状态，说明云浮市的农业生产流强度在逐渐增强，城市之间发生的经济集聚和扩散所产生的农业生产要素流动强度也在增强，城市经济影响力在扩大。

其中农业生产投资倾向度的排名呈现先上升后保持的发展趋势，再对云浮市的农业生产投资倾向度的得分情况进行分析，发现云浮市的农业生产投资倾向度的得分呈现持续上升的趋势，说明云浮市的城市倾向度持续提高，城市的总功能量的外向强度在逐渐增强。

其中农业生产职能规模的排名处于持续保持的发展趋势。再对云浮市的城市农业生产职能规模的得分情况进行分析，发现云浮市的农业生产职能规模得分呈现波动上升的趋势，说明云浮市的农业生产水平在提高，城市所具备的农业生产能力在增强。

其中农业生产职能地位的排名呈现持续保持的发展趋势。再对云浮市的农业生产职能地位的得分情况进行分析，发现云浮市的农业生产职能地位的得分波动保持，说明云浮市对农业人力资源的吸引集聚能力在持续波动，城市发展具备农业发展及农业劳动力发展的潜力。

根据表 12-8，对 2013~2015 年间云浮市农业产出得分、排名、优劣度进行分析。可以看到在 2013 年云浮市农业产出排名处在珠江-西江经济带第 10 名，2014 年上升至第 8 名，2015 年下降至第 10 名，其农业产出处于珠江-西江经济带中下游区，说明云浮市农业产出的发展水平相对较低。对云浮市的农业产出得分情况进行分析，发现云浮市的农业产出综合得分持续下降，说明云浮市的农业产出发展落后于经济带其他城市，城市的农业产出在不断减弱。总的来说，2013~2015 年云浮市农业产出发展处于珠江-西江经济带劣势地位，发展水平与经济带其他城市相比较低。

表 12-8 2013~2015 年云浮市农业产出各级指标的得分、排名及优劣度分析

指标	2013 年 得分	2013 年 排名	2013 年 优劣度	2014 年 得分	2014 年 排名	2014 年 优劣度	2015 年 得分	2015 年 排名	2015 年 优劣度
农业产出	12.171	10	劣势	11.792	8	中势	11.345	10	劣势
食物生态足迹	0.597	7	中势	0.600	7	中势	0.712	7	中势
人均食物生态足迹	3.515	2	强势	3.439	3	优势	3.672	2	强势
农业生产比重增量	3.343	8	中势	3.155	4	优势	2.892	5	优势
农业生产平均增长指数	1.989	8	中势	2.118	2	强势	1.731	6	中势
农业枢纽度	1.994	2	强势	1.737	2	强势	1.589	2	强势
农业生产流强度	0.036	10	劣势	0.043	10	劣势	0.051	10	劣势
农业生产倾向度	0.657	9	劣势	0.647	9	劣势	0.637	9	劣势
农业生产职能规模	0.004	11	劣势	0.004	11	劣势	0.006	11	劣势
农业生产职能地位	0.037	11	劣势	0.050	11	劣势	0.056	11	劣势

对云浮市农业产出的三级指标进行分析，再对云浮市的食物生态足迹的得分情况进行分析，发现云浮市的食物生态足迹得分持续上升，说明云浮市的食物生态足迹较强，城市的发展水平较高，城市规模较大，城市居民对各类食物需求也较强。

其中人均食物生态足迹的排名呈现先下降后上升的发展趋势，再对云浮市的人均食物生态足迹的得分情况进行分析，发现云浮市的人均食物生态足迹的得分呈现先下降后上升的趋势，整体呈上升趋势，说明云浮市的人均食物生态足迹有所增强，城市居民对各类食物的人均需求也有所提高。

其中农业生产比重增量的排名呈现先上升后下降的发展趋势，再对云浮市的农业生产比重增量的得分情况进行分析，发现云浮市农业生产比重增量的得分呈现持续下降的趋势，说明云浮市农业生产发展程度有所下降，城市整体粮食产量水平具备的优势在减少。

其中农业生产平均增长指数的排名呈现先上升后下降的发展趋势，再对云浮市农业生产平均增长指数的得分情况进行分析，发现云浮市的农业生产平均增长指数得分先上升后下降，说明在2013～2015年间云浮市的农业生产平均增长指数波动较大，城市在评估时间段内的农业生产能力有所减弱，整体城市农业生产水平在下降。

其中农业枢纽度的排名呈现持续保持的发展趋势。再对云浮市的农业枢纽度的得分情况进行分析，发现云浮市的农业枢纽度的得分呈现持续下降的发展趋势，说明云浮市的农业枢纽度在降低，城市的农业发展减弱。

其中农业生产流强度的排名呈现持续保持的发展趋势，再对云浮市的农业生产流强度的得分情况进行分析，发现云浮市的农业生产流强度的得分处于持续上升的状态，说明城市的农业生产流强度在逐渐增强，城市之间发生的经济集聚和扩散所产生的农业生产要素流动强度也在增强，城市经济影响力在扩大。

其中农业生产投资倾向度的排名呈现持续保持的发展趋势，再对云浮市的农业生产投资倾向度的得分情况进行分析，发现云浮市的农业生产投资倾向度的得分呈现持续下降的趋势，说明云浮市的城市倾向度持续降低，城市的总功能量的外向强度在逐渐减弱。

其中农业生产职能规模的排名处于持续保持的发展趋势。再对云浮市的城市农业生产职能规模的得分情况进行分析，发现云浮市农业生产职能规模得分呈现持续上升的趋势，说明云浮市的农业生产水平在提高，城市所具备的农业生产能力在增强。

其中农业生产职能地位的排名呈现持续保持的发展趋势。再对云浮市的农业生产职能地位的得分情况进行分析，发现云浮市农业生产职能地位的得分持续上升，说明云浮市对农业人力资源的吸引集聚能力在逐渐增强，城市发展具备的农业发展及农业劳动力发展上的潜力较大。

对2010～2015年间云浮市农业产出及各三级指标的得分、排名和优劣度进行分析。2010～2015年云浮市农业产出的综合得分排名呈现波动下降的发展趋势。2010年云浮市农业产出综合得分排名处于珠江-西江经济带第5名，2011年下降至第7名，2012～2013年其农业产出排名下降至经济带第10名，2014年上升至第8名，2015年其农业产出下降至珠江-西江经济带第10名。一方面说明云浮市的农业产出发展在珠江-西江经济带中游和下游波动，云浮市的农业产出从珠江-西江经济带中势地位下滑至劣势地位，发展水平与经济带其他城市相比较低；另一方面说明云浮市在农业产出方面发展出现波动，稳定性有待提高。对云浮市的农业产出得分情况进行分析，发现2010～2015年云浮市的农业产出综合得分呈现波动下降的发展趋势，说明云浮市的农业产出活力处于下降状态，在珠江-西江经济带中处于下游。

从农业产出基础指标的优劣度结构（见表12-9）来看，在9个基础指标中，指标的优劣度结构为22.22∶11.11∶22.22∶44.44。

表12-9　　　　　　　　　2015年云浮市农业产出指标的优劣度结构

二级指标	三级指标数	强势指标		优势指标		中势指标		劣势指标		优劣度
		个数	比重（%）	个数	比重（%）	个数	比重（%）	个数	比重（%）	
农业产出	9	2	22.222	1	11.111	2	22.222	4	44.444	劣势

（三）云浮市农业产出水平比较分析

图12-30和图12-31将2010～2015年云浮市农业产出与珠江-西江经济带最高水平和平均水平进行比较。从农业产出的要素得分比较来看，由图12-30可知，2010年，云浮市食物生态足迹得分比最高分低2.232分，比平均分低0.293分；2011年，食物生态足迹得分比最高分低2.327分，比平均分低0.318分；2012年，食物生态足迹得分比最高分低2.536分，比平均分低0.352分；2013年，食物生态足迹得分比最高分低2.749分，比平均分低0.425分；2014年，食物生态足迹得分比最高分低2.779分，比平均分低0.396分；2015年，食物生态足迹得分比最高分低2.725分，比平均分低0.333分。这说明整体上云浮市食物生态足迹得分与珠江-西江经济带最高分的差距有扩大趋势，与珠江-西江经济带平均分的差距先增大后减小。

2010年，云浮市人均食物生态足迹得分比最高分低0.607分，比平均分高1.235分；2011年，人均食物生态足迹得分比最高分低0.615分，比平均分高1.105分；2012年，人均食物生态足迹得分比最高分低0.659分，比平均分高1.165分；2013年，人均食物生态足迹得分比最高分低0.733分，比平均分高0.949分；2014年，人均食物生态足迹得分比最高分低0.902分，比平均分高0.935分；2015年，人均食物生态足迹得分比珠江-西江经济带最高分低0.555分，比平均分高1.168分。这说明整体上云浮市人均食物生态足迹得分与珠江-西江经济带最高分的差距先增大后减小,与珠江-西江经济带平均分的差距波动缩小。

2010年,云浮市农业生产比重增量得分比最高分低0.055分,比平均分高0.936分;2011年,农业生产比重增量得分比最高分低1.414分,比平均分低0.092分;2012年,农业生产比重增量得分比最高分低1.513分,比平均分低0.111分;2013年,农业生产比重增量得分比最高分低1.509分,比平均分低0.188分;2014年,农业生产比重增量得分比最高分低0.281分,比平均分高0.209分;2015年,农业生产比重增量得分比最高分低0.073分,比平均分高0.418分。这说明整体上云浮市农业生产比重增量得分与珠江-西江经济带最高分的差距先增大后减小,与珠江-西江经济带平均分的差距先缩小后增大。

2010年,云浮市农业生产平均增长指数得分比最高分低1.554分,比平均分高0.637分;2011年,农业生产平均增长指数得分比最高分低0.477分,比平均分高0.498分;2012年,农业生产平均增长指数得分比最高分低1.293分,比平均分低0.244分;2013年,农业生产平均增长指数得分比最高分低0.737分,比平均分低0.118分;2014年,农业生产平均增长指数得分比最高分低0.108分,比平均分高0.461分;2015年,农业生产平均增长指数得分比最高分低0.307分,比平均分高0.066分。这说明整体上云浮市农业生产平均增长指数得分与珠江-西江经济带最高分的差距呈波动缩小的趋势,与珠江-西江经济带平均分的差距在波动缩小。

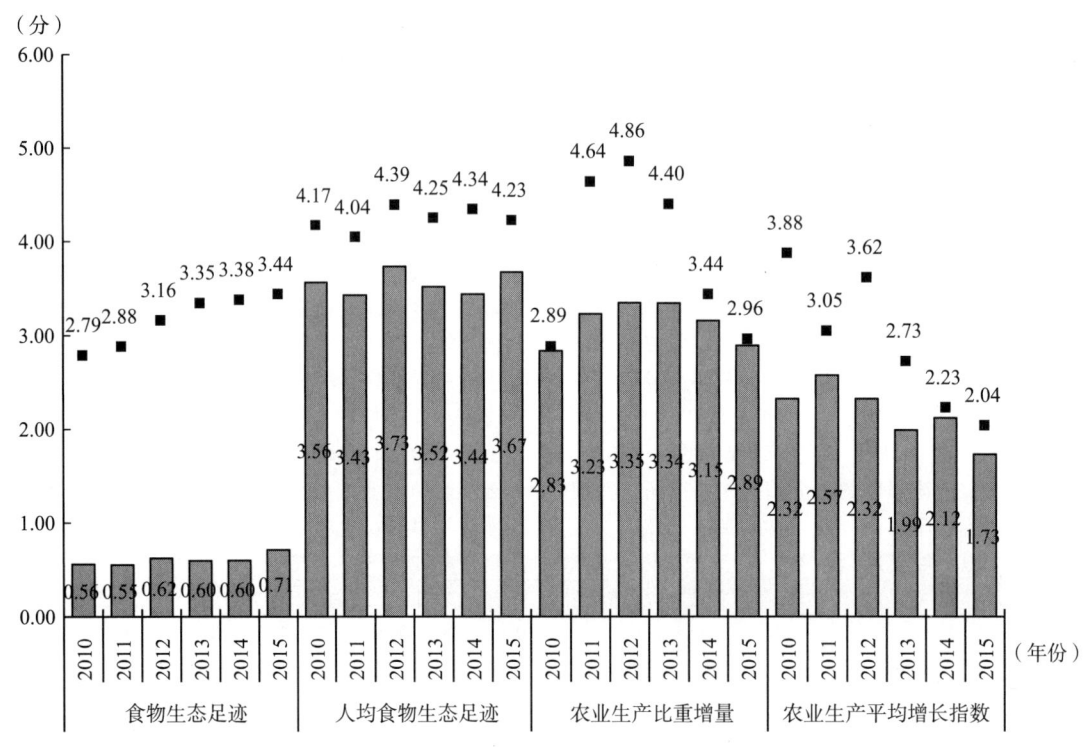

图12-30 2010~2015年云浮市农业产出指标得分比较1

由图12-31可知,2010年,云浮市农业枢纽度得分比最高分低0.265分,比平均分高1.922分;2011年,农业枢纽度得分比最高分低0.194分,比平均分高1.393分;2012年,农业枢纽度得分比最高分低0.331分,比平均分高1.157分;2013年,农业枢纽度得分比最高分低0.665分,比平均分高0.915分;2014年,农业枢纽度得分比最高分低0.578分,比平均分高0.810分;2015年,农业枢纽度得分比最高分低0.649分,比平均分高0.722分。这说明整体上云浮市农业枢纽度得分与珠江-西江经济带最高分的差距波动增大,与珠江-西江经济带平均分的差距逐渐缩小。

2010年,云浮市农业生产流强度得分比最高分低2.495分,比平均分低0.451分;2011年,农业生产流强度得分比最高分低1.971分,比平均分低0.418分;2012年,农业生产流强度得分比最高分低2.196分,比平均分低0.456分;2013年,农业生产流强度得分比最高分低2.623分,比平均分低0.526分;2014年,农业生产流强度得分比最高分低2.875分,比平均分低0.599分;2015年,农业生产流强度得分比最高分低3.187分,比平均分低0.638分。这说明整体上云浮市农业生产流强度得分与珠江-西江经济带最高分的差距先缩小后增大,与珠江-西江经济带平均分的差距先减小后增大。

2010年,云浮市农业生产投资倾向度得分比最高分低3.062分,比平均分低1.602分;2011年,农业生产投资倾向度得分比最高分低3.186分,比平均分低1.115分;2012年,农业生产投资倾向度得分比最高分低3.235分,比平均分低1.112分;2013年,农业生产投资倾向度得分比最高分低3.131分,比平均分低1.112分;2014年,农业生产投资倾向度得分比最高分低3.321分,比平均分低1.255分;2015年,农业生产投资倾向度得分比最高分低3.339分,比平均分低1.137分。这说明整体上云浮市农业生产投资倾向度得分与珠江-西江经济带最高分的差距有波动减小的趋势,与珠江-西江经济带平均分的差距先减小后增大。

2010年,云浮市农业生产职能规模得分比最高分低2.423分,比平均分低0.541分;2011年,农业生产职能规模得分比最高分低2.587分,比平均分低0.545分;2012年,农业生产职能规模得分比最高分低2.778分,比平均分低0.609分;2013年,农业生产职能规模得分比最高分低2.872分,比平均分低0.646分;2014年,农业生产职能规模得分比最高分低3.073分,比平均分低0.693分;2015年,农业生产职能规模得分比最高分低3.202分,比平均分低0.662分。这说明整体上云浮市农业生产职能规模得分与珠江-西江经济带最高分的差距在逐渐增大,与珠江-西江经济带平均分的差距波动增大,整体水平低于平均分。

2010年,云浮市农业生产职能地位得分比最高分低3.811分,比平均分低1.661分;2011年,农业生产职能地位得分比最高分低3.688分,比平均分低1.675分;2012年,农业生产职能地位得分比最高分低3.661分,比平均分低1.633分;2013年,农业生产职能地位得分比最高分低3.082分,比平均分低1.645分;2014年,农业生产职能地位得分比最高分低3.869分,比平均分低1.657分;2015年,农业生产职能地位得分比最高分低3.659分,比平均分低1.655分。这说明整体上云浮市农业生产职能地位得分与珠江-西江经济带最高分的差距先减小后增大,与珠江-西江经济带平均分的差距持续波动,整体水平低于平均分。

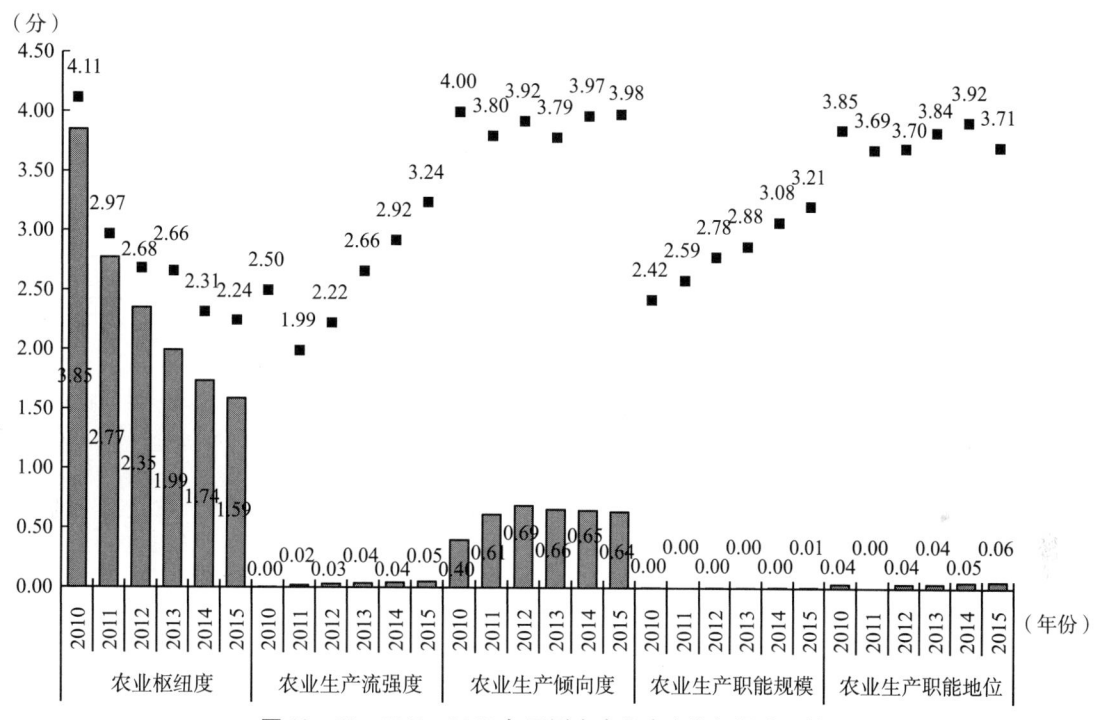

图12-31 2010~2015年云浮市农业产出指标得分比较2

四、云浮市农业生产发展水平综合评估与比较评述

(一)云浮市农业生产发展水平概要分析

云浮市农业发展水平在珠江-西江经济带所处的位置及变化如表12-10所示,3个二级指标的得分和排名变化如表12-11所示。

(1)从指标排名变化趋势看,2015年云浮市农业发展水平评估排名在珠江-西江经济带处于第9名,表明其在珠江-西江经济带处于劣势地位,与2010年相比,排名下降1名。总的来看,评价期内云浮市农业发展水平呈现波动下降趋势。

表12-10　　　　　　　　　2010~2015年云浮市农业生产一级指标比较

项目	2010年	2011年	2012年	2013年	2014年	2015年
排名	8	10	9	9	9	9
所属区位	中游	下游	下游	下游	下游	下游
得分	48.334	49.566	49.152	46.547	45.146	48.605
经济带最高分	64.061	66.285	62.112	64.361	61.849	62.336

续表

项目	2010年	2011年	2012年	2013年	2014年	2015年
经济带平均分	51.465	53.838	53.598	51.944	50.910	50.770
与最高分的差距	-15.727	-16.719	-12.960	-17.814	-16.703	-13.732
与平均分的差距	-3.131	-4.272	-4.447	-5.397	-5.764	-2.165
优劣度	中势	劣势	劣势	劣势	劣势	劣势
波动趋势	—	下降	上升	持续	持续	持续

表12-11　　2010~2015年云浮市农业生产二级指标比较

年份	农业结构 得分	农业结构 排名	农业发展 得分	农业发展 排名	农业产出 得分	农业产出 排名
2010	21.371	9	13.397	10	13.566	5
2011	21.608	10	14.770	11	13.187	7
2012	20.728	8	15.286	8	13.138	10
2013	19.920	8	14.455	11	12.171	10
2014	19.424	9	13.930	11	11.792	8
2015	19.574	9	17.686	4	11.345	10
得分变化	-1.798	—	4.290	—	-2.221	—
排名变化	—	0	—	6	—	-5
优劣度	劣势	劣势	劣势	劣势	劣势	劣势

在3个二级指标中，其中1个指标排名处于上升趋势，为农业发展；1个指标排名处于下降趋势，为农业产出；1个指标排名处于稳定保持，为农业结构，这是云浮市农业发展水平波动下降的原因所在。受指标排名升降的综合影响，评价期内云浮市农业生产的综合排名呈波动下降，在珠江-西江经济带城市中排名第9名。

(2) 从指标所处区位来看，2015年云浮市农业发展水平处在下游区，其中，农业结构、农业发展指标和农业产出指标均为劣势指标。

(3) 从指标得分来看，2015年云浮市农业生产得分为48.605分，比珠江-西江经济带最高分低13.732分，比平均分低2.165分；与2010年相比，云浮市农业发展水平得分上升0.271分，与珠江-西江经济带平均分的差距趋于减小。

2015年，云浮市农业发展水平二级指标的得分均高于11分，与2010年相比，得分上升最多的为农业发展，上升4.290分；得分下降最多的为农业产出，下降2.221分。

(二) 云浮市农业生产发展水平评估指标动态变化分析

2010~2015年云浮市农业发展水平评估各级指标的动态变化及其结构，如图12-32和表12-12所示。

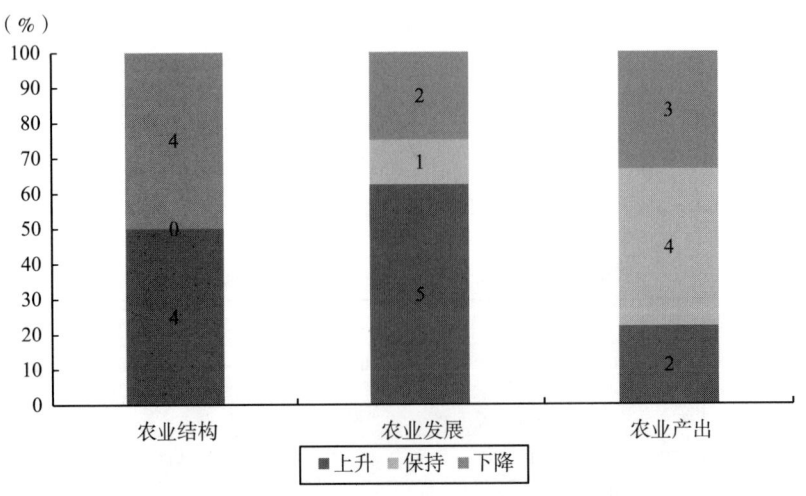

图12-32　2010~2015年云浮市农业发展水平动态变化结构

表 12-12　　　　　　2010~2015 年云浮市农业生产各级指标排名变化态势比较

二级指标	三级指标数	上升指标		保持指标		下降指标	
		个数	比重（%）	个数	比重（%）	个数	比重（%）
农业结构	8	4	50.000	0	0.000	4	50.000
农业发展	8	5	62.500	1	12.500	2	25.000
农业产出	9	2	22.222	4	44.444	3	33.333
合计	25	11	44.000	5	20.000	9	36.000

从图 12-32 可以看出，云浮市农业发展水平评估的三级指标中上升指标的比例大于下降指标，表明上升指标居于主导地位。表 12-12 中的数据说明，云浮市农业发展水平评估的 25 个三级指标中，上升的指标有 11 个，占指标总数的 44.000%；保持的指标有 5 个，占指标总数的 20.000%；下降的指标有 9 个，占指标总数的 36.000%。由于上升指标的数量大于下降指标的数量，且受变动幅度与外部因素的综合影响，评价期内云浮市农业生产排名呈现波动下降趋势，在珠江-西江经济带城市中居第 9 名。

（三）云浮市农业生产发展水平评估指标变化动因分析

2015 年云浮市农业生产板块各级指标的优劣势变化及其结构，如图 12-33 和表 12-13 所示。

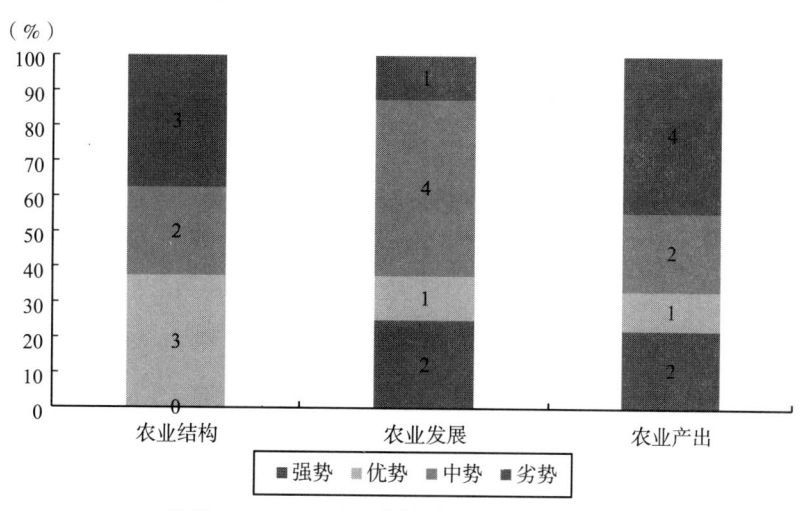

图 12-33　2015 年云浮市农业生产优劣度结构

表 12-13　　　　　　2015 年云浮市农业生产各级指标优劣度比较

二级指标	三级指标数	强势指标		优势指标		中势指标		劣势指标		优劣度
		个数	比重（%）	个数	比重（%）	个数	比重（%）	个数	比重（%）	
农业结构	8	0	0.000	3	37.500	2	25.000	3	37.500	劣势
农业发展	8	2	25.000	1	12.500	4	50.000	1	12.500	优势
农业产出	9	2	22.222	1	11.111	2	22.222	4	44.444	劣势
合计	25	4	16.000	5	20.000	8	32.000	8	32.000	劣势

从图 12-33 可以看出，2015 年云浮市农业发展水平评估的三级指标中强势和优势指标的比例大于劣势指标的比例，表明强势和优势指标居于主导地位。表 12-13 中的数据说明，2015 年云浮市农业生产的 25 个三级指标中，强势指标有 4 个，占指标总数的 16.000%；优势指标为 5 个，占指标总数的 20.000%；中势指标 8 个，占指标总数的 32.000%；劣势指标为 8 个，占指标总数的 32.000%；强势指标和优势指标之和占指标总数的 36.000%，数量与比重均大于劣势指标。从二级指标来看，其中，农业结构不存在强势指标；优势指标 3 个，占指标总数的 37.500%；中势指标 2 个，占指标总数的 25.000%；劣势指标为 3 个，占指标总数的 37.500%；强势指标和优势指标之和占指标总数的 37.500%，说明农业结构的强、优势指标未居于主导地位。农业发展的强势指标有 2 个，占指标总数的 25.000%；优势指标为 1 个，占指标总数的 12.500%；中势指标 4 个，占指标总数的 50.000%；劣势指标 1 个；强势指标和优势指标之和占指标总数的 37.500%，说明农业发展的强、优势指标处于主导地位。农业产出的强势指标有 2 个，占指标总数的 22.222%；优势指标为 1 个，占指标总数的 11.111%；中势指标 2 个，占指标总数的 22.222%；劣势指标为 4 个，占指标总数的 44.444%；强势指标和优势指标之和占指标总数的 33.333%，说明农业产出的强、

优势指标未处于有利地位。由于强、优势指标比重较小，云浮市农业发展水平处于劣势地位，在珠江-西江经济带城市中居第9名，处于下游区。

为进一步明确影响云浮市农业生产变化的具体因素，以便于对相关指标进行深入分析，为提升云浮市农业生产水平提供决策参考，表12-14列出农业生产指标体系中直接影响云浮市农业发展水平升降的强势指标、优势指标和劣势指标。

表12-14　　　　　　　　2015年云浮市农业生产三级指标优劣度统计

指标	强势指标	优势指标	中势指标	劣势指标
农业结构（8个）	（0个）	第一产业比重、第一产业贡献率、第一产业劳动产出率（3个）	第一产业投资强度、第一产业区位商（2个）	第一产业不协调度、第一产业弧弹性、第一产业结构偏离系数（3个）
农业发展（8个）	第一产业扩张弹性系数、农业指标动态变化（2个）	农业土地扩张强度（1个）	农业强度、农业蔓延指数、农业指标相对增长率、农业指标绝对增量加权指数（4个）	耕地密度（1个）
农业产出（9个）	人均食物生态足迹、农业枢纽度（2个）	农业生产比重增量（1个）	食物生态足迹、农业生产平均增长指数（2个）	农业生产流强度、农业生产倾向度、农业生产职能规模、农业生产职能地位（4个）

第十三章　珠江－西江经济带城市农业生产发展水平的现实研判和发展路径

农业生产的评价指标体系是由1个一级指标、3个二级指标、25个三级指标构成，包括农业结构、农业发展、农业产出三个方面的内容，是一个综合性的评价体系。在农业生产的体系中，每一个部分内容之间均不是独立的，不相关的，而是紧密联系、互相渗透、互相制约的，具有内在的独特性。而农业生产综合竞争力的评价结果也综合反映每一个珠江－西江经济带城市的农业结构、农业发展、农业产出三个方面的发展水平，及其在珠江－西江经济带的竞争地位。每一个方面的发展又共同促进、共同影响每个珠江－西江经济带中农业生产的排名和变化趋势，并且反映着一定的变化特征和发展规律。既有珠江－西江经济带中每一个城市发展中普遍存在的变化特征和发展规律，也有每个城市各自的特殊变化特征和发展规律。

通过对珠江－西江经济带中11个城市的农业生产的评价，全面、可观的数据分析说明珠江－西江经济带各城市农业生产的发展水平，分析各城市农业生产变化趋势以及各城市农业发展水平之间的差距，通过认识和把握各城市农业生产过程中的变化特征和发展规律，认清农业生产变化的实质和内在的特性，有利于制定相应的正确发展路径、方法和对策，促进农业生产整体水平提升，对于指导珠江－西江经济带中各城市有效提升农业生产水平，并根据具体情况采取相应的对策措施具有重要意义。

一、提升农业生产发展水平，确保衡量指标协调发展

表13－1列出2010～2015年珠江－西江经济带中各市农业生产的排名及变化情况。从表中可以看到，2010～2015年，珠江－西江经济带中各市农业生产（一级指标）的排名变化波动有幅度较小，只有部分城市的变化较大，排名处于中上游的8个城市当中，有3个城市从2010～2015年始终处于上游区。中游区的变化情况较小，5个中游区城市有4个城市始终处于同一个区段。这在一程度上说明，一个城市的农村生产发展水平受到多方面因素长期综合影响。因此，农业生产排名在短时间内不会出现较大幅度的变化。

表13－1　珠江－西江经济带农业生产排名变化分析

地区	2010年	2015年	区段	地区	2010年	2015年	区段	地区	2010年	2015年	区段
崇左	1	1	上游区	肇庆	7	4	中游区	云浮	8	9	下游区
南宁	3	2		广州	4	5		佛山	9	10	
来宾	2	3		百色	6	6		梧州	11	11	
				贵港	5	7					
				柳州	10	8					

2010～2015年间，农业生产综合竞争力的整体排名变化幅度较小，有3个城市的排名变化超过2名，其中排名变化最大的城市是肇庆，排名上升3名。肇庆市的二级指标变化幅度也较大，如肇庆市农业发展得分评定排名变化最大，排名上升8名；其农业结构得分评定排名变化最大的是百色市，排名上升3名；农业产出得分评定排名变化最大的是云浮市，排名下降5名。再如，2010～2015年，佛山的农业发展排名从第9名上升到第3名，随后又升至第1名，从二级指标来看，佛山的农业结构得分评定、农业发展得分评定和农业产出得分评定的排名分别保持不变、上升8名、保持不变，使得其整体的排名处于下降趋势，进而佛山最终农业生产水平波动下降。从以上的数据说明，农业生产发展水平是农业结构、农业发展和农业产出这三个二级指标共同作用的结果。因此，应重视各个方面的发展，如果其中一个二级指标出现较大幅度的变化，那么它也会给一级指标带来一定程度的影响，有可能是比较大的影响，也有可能影响效果不显著。如果一个二级指标的综合实力下降，它在很大程度上会阻碍一级指标整体竞争力的提升，从而导致农业生产综合竞争力的下降。因此，如果每一个二级指标发展势头良好，将提高农业生产水平，使城市处于珠江－西江经济带优势地位。这也说明分析二级、三级指标有助于正确分析农业发展水平的影响因素和内在特征，如果只对一级指标进行分析，就很难对农业生产的影响因素和内在特征做出全面分析，只能了解到表面现象，而没有掌握农业生产发展的本质。此外，对二级、三级指标进行深入研究和分析，能更深层次探究在农业生产过程中的变化特征和发展规律。在今后农业发展过程中，珠江－西江经济带各城市应重视农业生产的各个方面，促进各方面协调发展，从而提高农业生产的综合实力。应特别重视下降幅度较大的指标，这有助于保持和提升城市的

农业生产水平。

通过以上这些数据分析可以说明,农业生产排名的提高,不是一次偶然的机会,而是长期发展和积累的结果。通过长时间的努力和积累,城市的农业生产表现出不断上升的趋势,才能使农业生产发展水平提高。因此,当城市在某一年因为一些因素导致农业生产水平下降以及排名的下滑,但在以后发展中综合实力也会慢慢恢复正常及提升。所以,每个城市将提高农业生产综合水平,处于上游区的城市保持发展趋势,再接再厉提高综合竞争力;处于中下游区的城市,全面协调农业各个方面发展,提升农业生产综合竞争力;有下降趋势或已经下降的城市,找出影响农业生产的关键因素,积极采取措施扭转下降趋势,保持和提升农业生产综合优势。

二、发展与稳定并重,深化农业生产发展层次

2010~2015年,珠江-西江经济带农业生产的整体平均得分分别为51.465分、53.838分、53.598分、51.944分、50.910分和50.770分,呈逐年波动下降的趋势,但均值在50.000分左右波动。如果将农业生产水平的最高值100分视为理想标准的话,可以发现珠江-西江经济带农业生产与理想标准仍有较大的差距,整体发展水平较低,想要提升农业生产水平还需要不断努力。

珠江-西江经济带农业生产整体水平较低是由农业结构实力、农业发展实力和农业产出实力水平较低造成的,由表13-2可知,整个"十二五"中期,珠江-西江经济带广东地区农业生产的平均得分部未超过50.000分。相对而言,广西地区农业生产的得分较高,综合实力的平均得分均超过50.000分。

广西地区的农业生产得分变化比较稳定,变化波动较大的是广东地区。农业生产大多数年份上下波动2分。珠江-西江经济带农业生产整体水平的保持相对稳定的是广西地区,"十二五"中期,它们的平均分基本均维持在50.000分以上。这说明广西地区各城市在农业结构、农业发展和农业产出方面表现比较好,农业生产方面相对稳定,城市农业生产较为和谐,农业生产水平有较大发展提升空间。各地区各市将充分保持农业结构、农业发展和农业产出稳定地发展,避免导致农业生产得分出现下滑或者较大幅度波动。

表13-2 珠江-西江两个省份板块农业生产平均得分及上游区城市个数

	平均得分(分)						上游区城市个数(个)					
	2010年	2011年	2012年	2013年	2014年	2015年	2010年	2011年	2012年	2013年	2014年	2015年
广西	52.474	54.631	56.066	55.044	53.424	52.014	3	3	3	3	3	3
广东	49.700	52.449	49.280	46.518	46.512	48.591	0	0	0	0	0	0

三、破除地域壁垒,缩小地域发展差异性

将珠江-西江经济带农业生产置于区域层面看,从东往西成阶梯状分布,农业生产水平依次下降,广西地区的农业生产水平相对广东地区来说较高,与广东地区的差距仍十分明显。表13-3列出珠江-西江经济带农业生产的平均得分及其处于上游区城市的个数。从该列表可以看出,从2010~2015年间,广东地区的农业生产平均得分均低于广西地区4分左右,2013年广西地区高于广东地区9分左右,从2010~2015年的总体情况来看,广西地区的农业生产得分增长速度较快,大部分城市处于中、上游区,上游区的3个城市均属于广西地区;说明广西地区的农业生产发展水平较强;广西地区农业生产的平均得分相对广东地区较高,2010~2015年平均分在54.000分左右,且7个城市中有3个城市进入上游区,占比为100%,而广东地区的4个城市均处于珠江-西江经济带中、下游区,说明广东地区的农业生产水平较低。

在发展过程中,广西地区各城市继续保持和巩固农业生产在珠江-西江经济带的优势地位;广东地区加强农业生产建设的投入力度和发展力度,提高农业生产效益和发展水平;有效提升城市的农业生产水平,争取广东地区有更多的城市进入中游区或上游区,逐渐缩小与广西地区在农业生产方面的差距。

表13-3列出2015年珠江-西江经济带实力三级指标的优劣度结构,用来直观反映农业生产指标优劣度及其结构对农业生产排名的影响。上游区各城市的强势和优势指标所占比重相比中游区和下游区较高,综合排名前2名的城市的平均比重达到70.000%,上游区平均比重为63.333%,而中游区平均比重为42.400%,下游区平均比重为33.333%,对数据进行分析可知,上游区、中游区和下游区各自所拥有的强势指标和优势指标的差距较大。通常情况下,如果一个城市拥有较高比重强势和优势指标,那么这个城市的农业生产也可能处于强势地位或优势地位。当然,也存在特殊情况,例如佛山,其强势和优势指标所占比重为36.000%,这在下游区城市中算较高的城市,但佛山的劣势指标比重同样较高,高达36.000%,因此极大地拉低佛山的综合排名。柳州的情况和佛山的情况比较类似,柳州的强势和优势指标所占比重以及其劣势指标比重均较高,分别为40.000%和20.000%。因此,一个城市农业生产水平的发展,需全面分析强势指标、优势指标、中势指标以及劣势指标的比重。在以后的发展过程中,珠江-西江经济带各城市充分考虑自身农业生产综合情况,采取针对性的有效措施促进农业生产水平提高,保证农业生产的优势地位。农业生产是多种因素共同影响的结果,多种因素的变化也是农业生产的直接体现。

表 13-3　　　　　　　　　2015 年珠江 - 西江各城市三级指标优劣度结构

地区	强势指标个数及其比重	优势指标个数及其比重	中势指标个数及其比重	劣势指标个数及其比重	强势和优势指标个数及其比重	综合排名	所属区位
崇左	12 0.480	5 0.200	2 0.080	6 0.240	17 0.680	1	上游区
南宁	4 0.160	14 0.560	4 0.160	3 0.120	18 0.720	2	上游区
来宾	9 0.360	4 0.160	4 0.160	8 0.320	13 0.520	3	上游区
肇庆	5 0.200	7 0.280	8 0.320	5 0.200	12 0.480	4	中游区
广州	3 0.120	6 0.240	8 0.320	8 0.320	9 0.360	5	中游区
百色	2 0.080	9 0.360	7 0.280	7 0.280	11 0.440	6	中游区
贵港	2 0.080	9 0.360	7 0.280	7 0.280	11 0.440	7	中游区
柳州	0 0.000	10 0.400	10 0.400	5 0.200	10 0.400	8	中游区
云浮	4 0.160	5 0.200	8 0.320	8 0.320	9 0.360	9	下游区
佛山	5 0.200	4 0.160	7 0.280	9 0.360	9 0.360	10	下游区
梧州	4 0.160	3 0.120	9 0.360	9 0.360	7 0.280	11	下游区

图 13-1 和图 13-2 分别显示 2010 年和 2015 年珠江 - 西江经济带各农业结构得分评定和农业发展得分评定的对比情况。从图中可以看出，各农业结构得分评定和农业发展得分评定排名差距都较大，只有少数的城市得分排名相同。如广西地区的百色（2010 年）和南宁（2015 年）；当然，也有一些城市的得分排名差距较大，如崇左、广州、肇庆以及百色（2015 年）等，这充分说明农业结构得分评定并不完全替代农业发展得分评定，只是农业生产的基础部分之一。

图 13-3 和图 13-4 分别显示 2010 年和 2015 年珠江 - 西江经济带各农业发展得分评定和农业产出得分评定的对比情况。从图中可以看出，各城市农业发展得分评定和农业产出得分评定排名均有些差距，只有少部分的城市差距较小或完全相同，如广西的梧州（2015 年）；除此之外，也有一些城市的得分排名差距较大，如贵港（2010 年）、崇左（2010 年）、佛山（2015 年）、云浮（2015 年）等，这也正说明农业发展得分评定并不完全替代农业产出得分评定，都是农业生产的基础部分之一。

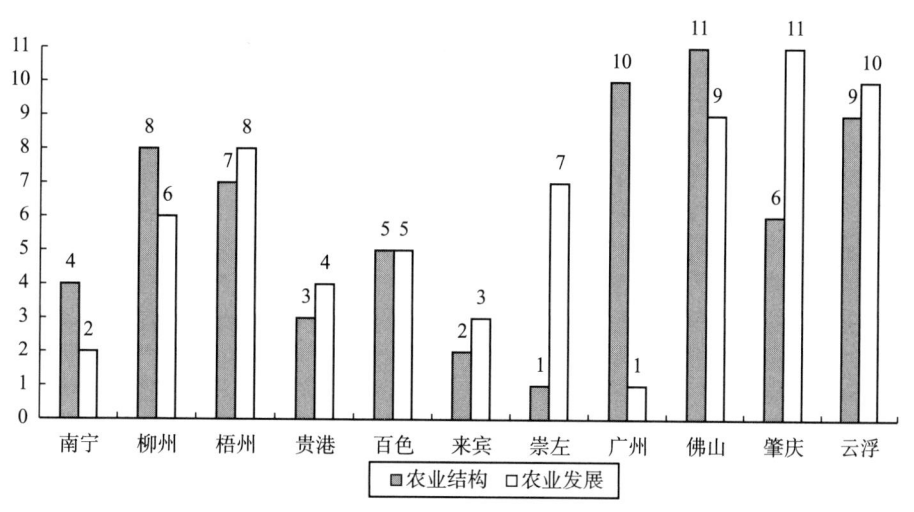

图 13-1　2010 年农业结构和农业发展得分排名对比

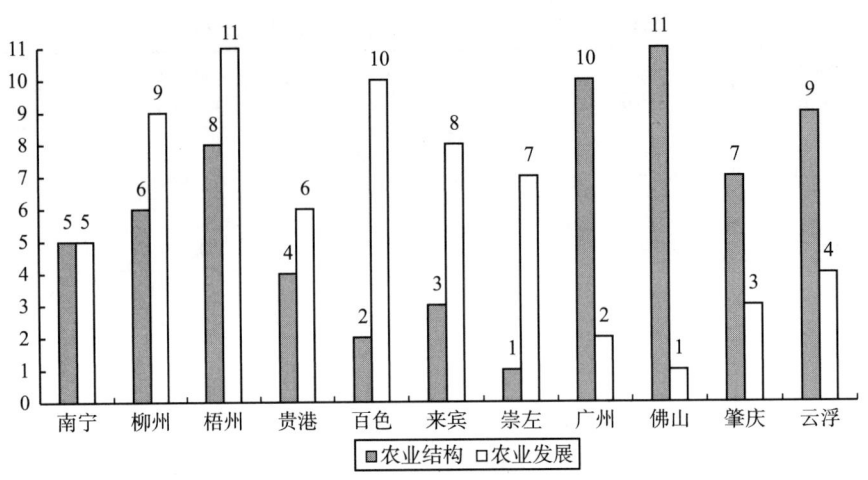

图 13-2 2015 年农业结构和农业发展得分排名对比

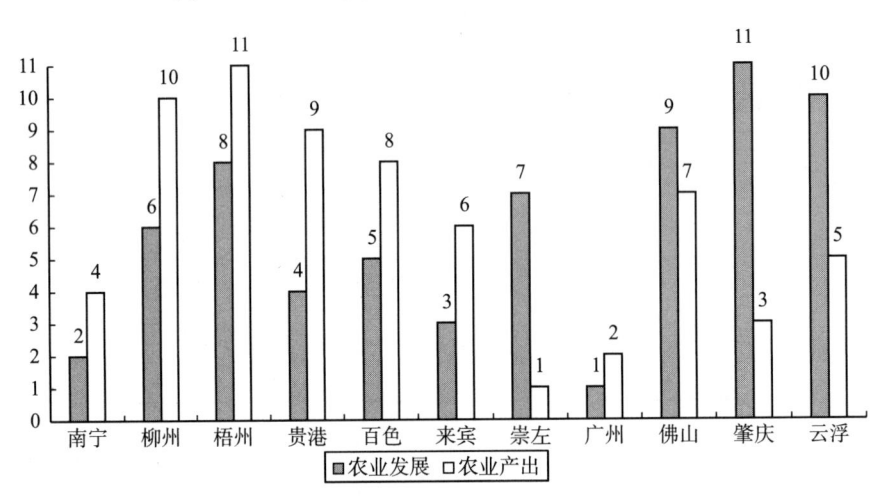

图 13-3 2010 年农业发展和农业产出得分排名对比

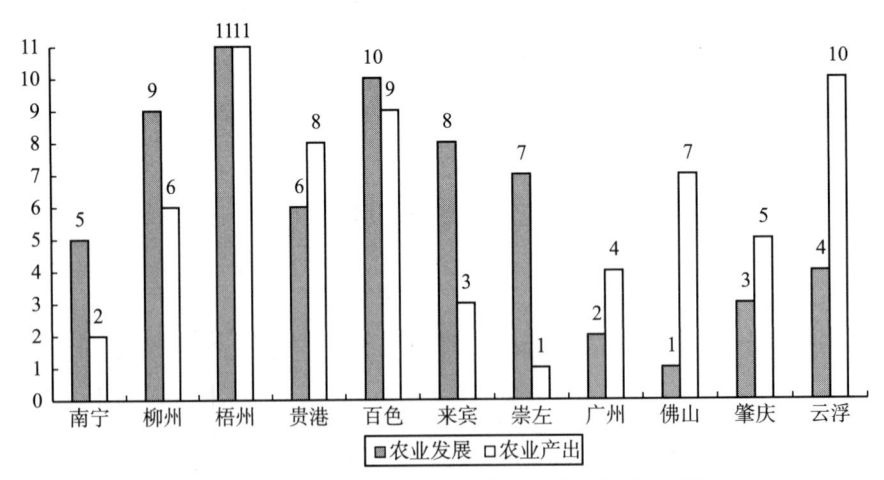

图 13-4 2015 年农业发展和农业产出得分排名对比

总之,农业生产是多种因素的综合作用影响,反映农业结构与农业发展、农业发展与农业产出的复杂关系。而珠江-西江经济带各城市居民的生活、就业对农业生产产生综合的影响,均通过农业结构、农业发展和农业产出表现出来,所以农业结构得分评定、农业发展得分评定和农业产出得分评定是农业生产的基础内容,也是农业生产的直接体现。

四、整合各方资源,拓展农业生产多元化渠道

图 13-5 和图 13-6 分别显示 2010 年和 2015 年珠江-西江经济带各农业结构得分和农业发展得分变化关系。

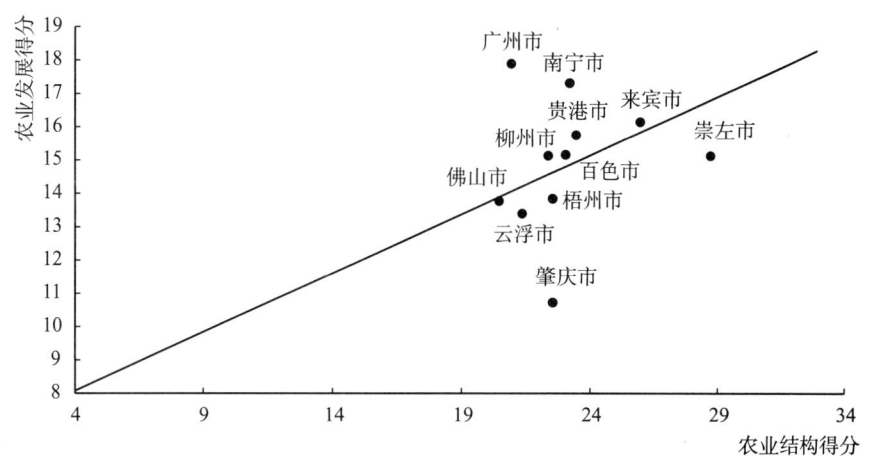

图 13-5　2010 年珠江-西江经济带各城市农业结构得分和农业发展得分关系

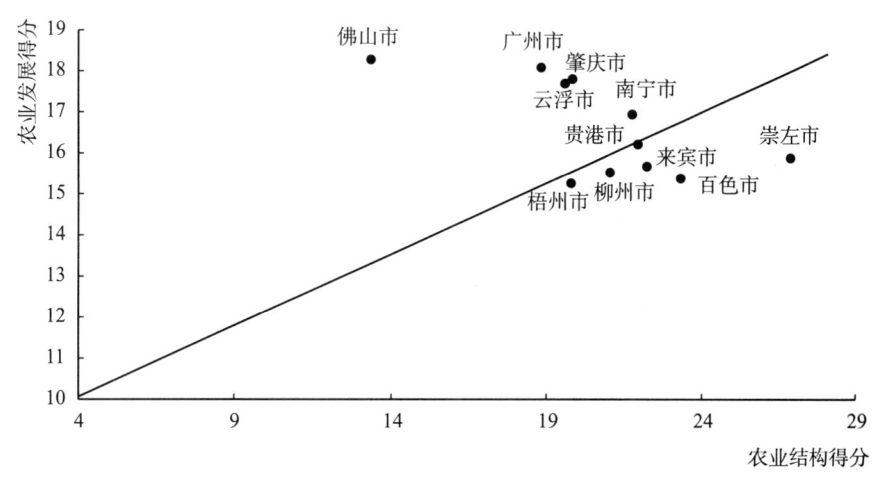

图 13-6　2015 年珠江-西江经济带各城市农业结构得分和农业发展得分关系

从图 13-7 中可以看出，珠江-西江经济带各城市农业结构得分和农业发展得分基本表现为同方向变化，两者之间具有一定的线性相关关系，其中可以看到大部分城市的位置均处于趋势线附近。即农业结构得分较高的城市，农业发展的得分也相对较高。此外可以看到，2010 年和 2015 年的发展趋势类似，其中处于不同位置的农业结构得分评定排名升降与农业发展得分评定排名升降基本同方向变动，两者关系密切，而且可以发现农业结构得分评定以及农业发展得分评定处于上游区的城市，它的农业生产综合竞争力排名也大多处于上游区；农业结构得分评定和农业发展得分评定处于中游区的城市，它的农业生产排名也大多处于中游区；下游区的情况也类似。当然，也有几个比较特殊的城市，如广州市、肇庆市等城市显著地偏离趋势线，说明也存在着不一致性，这说明农业结构得分对农业发展得分有一定的影响，但同时也受到其他因素的影响。

图 13-7 和图 13-8 分别显示了 2010 年和 2015 年珠江-西江经济带各农业发展得分和农业产出得分变化关系。

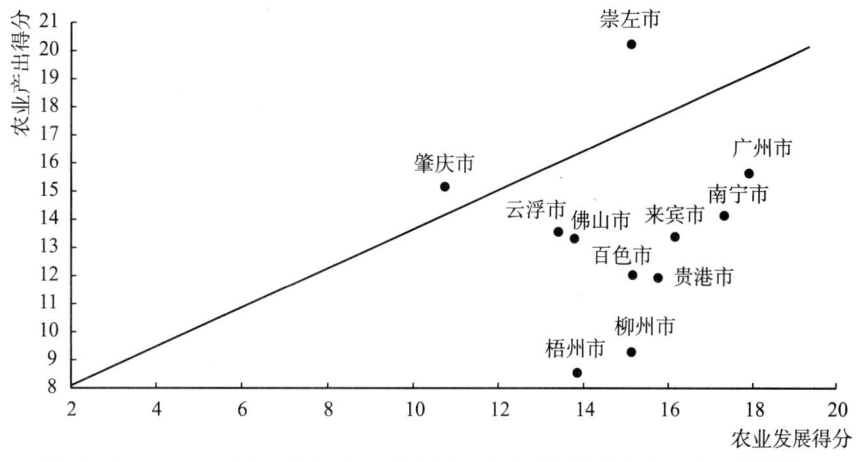

图 13-7　2010 年珠江-西江经济带各城市农业发展得分和农业产出得分关系

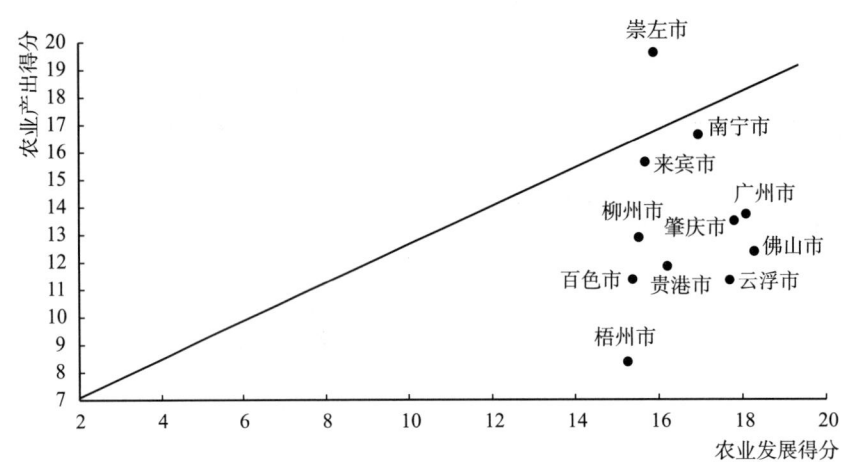

图 13-8 2015年珠江-西江经济带各城市农业发展得分和农业产出得分关系

从图 13-7 和图 13-8 中可以看出，珠江-西江经济带各农业发展得分和农业产出得分基本表现为同方向变化，两者之间具有一定的线性相关关系，其中可以看到大部分城市的位置都处于趋势线附近。即农业发展得分较高的城市，农业产出得分也相对较高，此外可以看到 2010 年和 2015 年的发展趋势类似，其中处于不同位置农业发展得分评定排名升降与农业产出得分评定排名升降基本同方向变动，两者关系密切，而且可以发现农业发展得分评定以及农业产出得分评定处于上游区的城市，它的农业生产排名也大多处于上游区；农业发展得分评定和农业产出得分评定处于中游区的城市，它的农业生产排名也大多处于中游区；下游区的情况也类似。当然，也有几个比较特殊的城市，如梧州市、百色市、贵港市等显著地偏离趋势线，说明也存在着不一致性，这说明农业发展得分对农业产出得分有一定的影响，但同时也受到其他因素的影响。

综合来看，农业结构、农业发展和农业产出对农业生产变化有着显著的作用，是提升农业生产的关键因素和有效力量。因此，珠江-西江经济带中每一个城市将大力提升农业生产的因素的实力，紧紧抓住农业结构、农业发展和农业产出这三个关键指标。特别是一些关键指标综合经济力较低的城市，更需要进一步提升关键指标发展水平，降低关键指标对农业生产不利的影响，有效提升珠江-西江经济带城市整体农业生产发展水平。

第十四章 提升珠江-西江经济带城市农业生产发展水平的对策建议

一、优化农业结构，解放农业生产力

(一) 发挥农业主体的结构调整作用

第一，不同的农业生产主体在农业生产中扮演不同的角色，如在生产观念、技术能力等方面，且发挥的作用也存在差异。在农业生产实践过程中，生产者因差异的存在，其决策也不尽相同。在农业结构调整的过程中，农业生产始终处于主体的地位。在调整优化农业结构的过程中，如果农业生产没有发挥主体作用，未按照市场需求及时作出改变，将很有可能难以形成一个合理的农业结构。而农业的投入回报率以及收益率，与合理的农业结构有着密不可分的关系。如果农产品与市场需求不相符，农业投入较多却无法获得较好的收益，将有可能与不合理的农业结构相关。

第二，针对农民对市场需求变动感知不灵敏等问题，将积极寻找各种途径提高农民对市场需求的认识以及对市场的把控能力。农民是农业生产的主体，在农业生产中地位和作用最基本也最重要，农业结构的调整也离不开农民的参与。农业结构的调整也受其他因素影响，比如农民所生产的农产品是否符合市场需求，农业是否获得合理的收入等方面。其中，农业的收入是否合理，在农业结构的调整过程中发挥着直接作用；如果在农业生产中存在着不合理的农业结构，将导致农民获得的收入与投入不相符，这在影响农民生产积极性的同时，也将对农业发展产生阻碍作用；而农民的生产观念与行为也将作用于农业结构的调整，如果农业结构调整未能适应市场需要，未给农民带来任何效益甚至可能带来的是负效益，将在很大程度上挫伤农民的积极性，降低农民对农业结构调整的信任程度。此外，在市场主体没有正确了解市场的情况下，需发挥宏观调控的作用，积极提供指导帮助，并注意把握力度，以免挫伤生产者的积极性。

第三，积极实施多元化优惠政策，吸引社会资本、金融资本参与农业技术创新、基础设施建设等农业领域投资。在市场经济发展背景下，农业企业已成为新兴农业的投资主体，其具体可分为三种不同的类型：一是由企业兴办的农业企业，这些企业兴起于乡镇企业比较发达的地区，这些地区由于工业发展较快使得农业比重下降，从而使得农业逐渐转为企业化经营；二是由于大部分农民外出务工，部分生产者将大量闲置的土地承包经营；三是其他非农企业对农业的投资经营。这三种不同类型的企业，在生产目的、生产观念、经营方式等方面将与传统的农业生产者不同。这些农业企业有着较强的市场意识和明确的生产目的，拥有较大的生产规模、资金投入以及先进的生产设备等，能够进行规模化的生产，从而能够适应市场需求。所以，这些农业企业逐渐成为我国新型农业的生产主体，为农业现代化发展增添了新的力量，将在农业结构调整中发挥重要作用。此外，不能忽视传统的农业生产者，因为这些生产者仍是农业结构调整的基础力量。

(二) 注重农业结构调整和制度创新

第一，在农业结构调整过程中，对现有的制度体系进行完善和创新。通过完善农业法、农产品质量体系等农业发展规范性制度，对农业用地政策、财政支农政策、金融支农政策、农产品市场调控政策等农业管理制度加以创新；从增加农民收入、调动农民积极性方面出发，围绕土地开发、基础设施建设、农业资金投入等主题，建立健全农业发展保障体系；面向服务和支持新型经营主体发展，完善规模经营配套设施，完善农业用地政策；健全农业农村投入稳定增长机制，将农业农村作为国家财政支出和固定资产投资的重点保障领域，调整和优化农业支持保护补贴、农机购置补贴、生态建设补贴等农业补贴政策；完善开发性金融、政策性金融和商业性金融对"三农"发展的信贷支持政策，健全农业信贷担保体系，支持发展特色农产品保险等，推行农业保险保单质押贷款发展；结合财政承受能力、产业链协调发展、农民合理收益等影响因素，建立和健全农产品市场调控政策。

第二，在农业结构调整过程中，对现有的发展思路、内容、架构等进行调整和创新。通过加快对现有土地征用制度的改革，建立土地流转制度，严格执行耕地保护制度，保证农民的合法权益，严格按照土地审批权限和程序进行审批，严格按照土体规划进行划分；推进农村承包土地的经营权和农民住房财产权抵押贷款试点建设，让生产者对闲置的土地进行承包和企业化经营；加快对粮食、瓜果蔬菜领域的流通改革，建立农产业绿色通道和合理的粮食、瓜果蔬菜流通体制；进一步放开对粮食的收购管控，增加粮食的销售渠道，优化粮食储备布局，合理管理粮食市场；建立瓜果蔬菜绿色通道，让农产品能够在市场自由流通；建立农产品质量检测体系以及农业社会服务化体系，严格执行对农产品的检验检测，确保农产品安全和质量过关；完善和加强农产业的质量认证体系，开展农产品安全绿色试点，扩大绿色食品、无公害有机食品的种植规模，以确保优质农产品在市场上的供应。

(三) 转变政府的农业政策

第一，对我国现有的农业政策制定的基点进行调整。

现阶段我国需要实现农业现代化，必须建立符合我国国情以及国际规则的农业发展政策体系。通过加快我国农业现代化进程，调整现有农业政策制定的基点，建立具有中国特色的现代农业支持体系。从农业政策制定的角度考虑，一方面，总结历史经验，从纵向的角度看待国内农业发展，对我国农业未来发展做出长远性规划，既解决我国农业发展现阶段存在的问题，又考虑农业产出的数量和质量、农产品安全以及农业结构等问题；另一方面，农业发展政策制定与世界农业发展接轨，与工业、现代服务业等其他行业发展相结合。

第二，逐渐转换我国现有农业市场的政策。由于我国农业市场发展不够成熟，仍然存在农产品未能适应市场需要、常出现供不应求或供过于求的现象、部分农产品的市场化程度不高等问题。为此，在农业政策制定的过程中，既要学习国外先进农业技术，也需充分利用国内资源，正确认识市场意识和竞争意识，制定科学合理的、适合我国现代农业发展的农业政策；完善农业市场规则，健全农产品质量标准体系、农业市场交易体系、农产品市场保护体系等方面建设；加强农业结构的调整，建立高标准、市场化、国际化的农业生产标准体系，制定现代农业流通政策和贸易政策。

第三，加快对农业支持政策的改革进程。农业支持政策是政府为农业发展提供的政策性服务，如政府在农业发展过程中的生产环节、流通环节以及社会化服务等环节提供的支持服务。受地区的投资政策环境、农业发展状况、农产品供求格局、自然气候条件等不同因素影响，农业基础比较薄弱的地区，普遍存在农业生产效率低、农业生产工具较为落后、农产品市场化程度较低等问题，需要通过购机补贴、资金发放等形式的生产性补贴，以提升农业投入量，提高农业生产效率。而农业资源禀赋优越、生产条件良好的地区，将在农业投资、贸易合作、技术和产能领域提升农业对外合作水平，完善农业对外合作服务体系，促进农产品贸易健康发展，进而提高农产品的国际市场竞争力。

第四，建立农业公平政策。从单一视角看，农业公平是农民收入公平的问题。但从社会角度看，农业公平则是关乎农业稳定发展的重要问题，同时也影响着社会的平稳发展。重视农业的公平问题，建立和完善农业公平政策，将有利于保证和维护农业公平发展。为此，通过建立完整的农村生产指导和支持制度，提高农民的生产积极性，提高农民的生产技术水平，确保农民持续增收；建立农业发展保障制度，为农业市场竞争提供良好的公平的环境，坚持公平原则，维护农民的合法权益；在农业发展相对落后的地区，积极采取各种有效措施，对农村生产提供各种指导帮助以及支持服务；在农业发展较为先进的地区，鼓励和支持该地区农业发展向规模化、标准化、企业化经营转变；重视东部地区和中西部地区的农业资源禀赋情况，充分考虑各地区的农业特色，结合地区发展优势，促进地区之间的协同发展。

（四）建立现代农业管理体制

建立和善的现代农业管理制度，适应市场发展需要，提升农业竞争力；全面考虑区域农业实际发展情况，从大局和长远性出发，加大农业发展力度，拓宽农业发展渠道；努力打破落后的管理制度，解除地区发展限制，实现农产品的自由流通；积极转变和创新农业管理方式，把握农业结构调整的关键，坚持因地制宜和协调发展原则，更好地指导和帮助农民进行农业生产；建立农业现代化建设协调机制，根据国民经济和社会发展情况以及国内外市场形势，适时完善规划目标任务，统筹研究解决推进农业现代化建设过程中关键问题和重要难题。

（五）加强现代农业发展服务支撑体系构建

第一，调控农产品的价格波动。农产品价格的稳定不仅关系农业生产的稳定发展，也关系农民的收入以及农产品的供给与市场需求。农产品价格的上涨将对消费者价格指数产生带动效应，提高农产品对应的各类加工产品的价格，使得产业链的其他产品价格也将提高。而如果农产品价格下降，农民收益将受损，进而影响农民生产的积极性，破坏农产品市场价格体系。通过合理调控农产品的市场价格，防止农产品价格的大范围波动对市场经济造成不良影响，保持农产品供给需求在正常范围，减少价格不稳定对农户造成的损失，这对于农业产出的稳步提升是尤为重要。为此，通过加大对农业的财政投入，扶持发展潜力大、易形成规模化生产的农业生产区域或农业企业，打造优势农业产业；针对具有一定风险的种植业和养殖业落实政府财政补贴政策，减少农民损失；建立健全粮食储备机制和进出口机制，保证农产品的有效供给。

第二，加强现代农业产业以及农机装备建设。随着科学技术与农业的融合发展，生物技术、物理技术、节水灌溉技术、电子信息技术等科学技术被广泛应用于农业。在进行农业结构调整过程中，推进现代农业发展与信息化建设的深度融合，加快实施"互联网+"现代农业行动，加强智能装备和物联网的推广与应用。通过建立及时完整的农业市场信息发布系统，定期发布重要农产品供需信息，发挥农产品信息平台在农产品生产者和农业市场两者之间的中介作用；改变现代农业的产出增长方式，使其从单纯地依靠资源投入转变为注重提高资源利用率的可持续发展模式；全面提高农业科技创新能力和自主创新能力，推进现代农业产业技术体系建设，提高产品研发和技术创新的力度；构建以基层农技推广机构为主导、科研院所和高等院校为支撑、农业社会化服务组织广泛参与的新型农技推广体系；促进农业机械化提档升级，从政策层面支持农机企业参与重大项目建设和改造，集中优势建造农机产业区，推进农机产业化、规范化、集中化发展；优化农机装备结构布局，落实农机购买补贴政策，研制适合地区农业生产并能有效提高农业生产力的机械工具。

第三，发挥区域优势，发展农产品加工业。通过发挥区域和资源优势，推动农产品加工业的集聚发展；以全产业链为纽带，实现生产种植基地化、加工规模化、产品优质化、服务多元化；加快农业领域投融资体制改革，强化开发性金融和政策性金融对农业发展和农村基础设施建设的支持，健全商业性金融涉农服务的激励机制；鼓励和吸引社会资本参与农业发展领域投资，加快农业科技成果的转化与推广，推进信息、生物、新材料等高新技术在农产品加工业中的应用。

二、增大生产投入，提高农业生产效率

（一）加大农业基础设施投资

第一，加快推进农村环境设施建设和农业发展基础设施建设的进程。通过逐步增加国家财政支出和固定资产投资用于农业农村的投入总量，引导和推动农村结构与农业结构的调整，加大对中小型农业企业发展基础设施建设的资金投入；采取积极措施逐步改变农民的生活条件以及农业生产条件，引导和鼓励农民积极生产，因地制宜地为农民制订合适的生产计划，为农业持续增收创造有利条件；加大农业投资力度，完善农村和农业建设内容，扩大农业生产规模；充分考虑当地农业发展的实际情况，建设美丽宜居乡村，推动农业发展领域的基础设施以及城乡基本公共服务均等化；注重提升农业可持续发展水平，推进农业发展绿色化与生态文明建设的有机融合。

第二，引导农村集体经济组织和农民增加对农业基础设施的投入。通过支持农村集体经济组织建立完整的资金管理制度，鼓励农村集体经济组织继续加大对农村基础设施建设的资金投入，提高其对农村建设的投资能力；鼓励农民增加农业基础设施建设的投入，采取投入补助等方式实施农业基础设施建设项目；鼓励社会资本投资农垦产业发展股权投资基金、农业产业投资基金、农业科技创业投资基金、农业私募股权投资基金等农业产业投资基金；充分发挥土地政策在精准扶贫、精准脱贫过程中的积极作用，维护农民土地的合法权益。

（二）提高整体农业知识科技水平

第一，推动现代农业的科技发展进程。通过推进区域农业供给侧结构性改革，构建区域性现代农业科技创新中心，构建符合区域发展的现代农业产业技术体系，促进农业产业链与农业科技创新链的融合发展；健全农业科技创新的市场导向机制和政府引导机制，促进企业成为农业技术创新的核心主体，引导创新要素向企业集聚发展；鼓励和引导社会资本参与农业技术创新发展领域投融资建设，强化资本市场对于农业科技创新的支撑作用；充分利用现代信息传播媒体，提升农业科技创新的显示度以及影响力；优化区域农业科技创新条件的能力建设，促进区域农业科技创新联盟建设，强化区域农业科技创新资源的协同共享发展，推进农业科技研发与应用推广。

第二，培育新型职业农民、农村实用人才和农业技能提升型人才。通过建立总量结构合理、创新氛围浓郁、农业技术过硬的新型职业农民、农村实用人才和农业高技能人才；面向"三农"发展需求，推进生产经营型、专业技能型以及专业服务型新型职业农民认定，强化农村实用人才和农业技能提升型人才的能力培养与素质提升。

（三）强化农业品牌建设形成市场影响力

第一，大力支持农产品品牌创立。通过强化农业品牌制定相关的政策和采取有效措施，帮助农民创立农产品品牌；为品牌设立专项资金，加大对创立农产品品牌的资金投入，提高资金的使用效率，创立优势农产品品牌；建立健全农业保障服务体系，在农产品创立和战略实施过程中，确保农村服务保障体系能够有力支撑农产品品牌的发展；优化市场的经营环境，加快推进农村基础设施建设，推进优质农产品的流通和推广；加快农村城镇化建设进程，完善城镇化中的通信、物流等功能，保证农产品品牌推广和发展；制定保护农产品品牌的相关制度和法规，积极维护农产品品牌的合法权益不受侵犯。

第二，建立和完善农产品品牌创立的管理制度。通过加强对品牌创立的管理，帮助农业企业了解国际标准并按照标准完善农产品检测体系，提升农业企业的管理水平，帮助农业企业推广和提升农产品品牌；建立和完善产品品牌认证体系，严格按照规定检测产品的产地、质量等方面的信息，按照制度管理好品牌商标，促进品牌的建设；建立健全相关农产品品牌的法律法规，严厉打击假冒伪劣品牌，保护品牌的合法权益；在健全农产品品牌的过程中，注意农产品商标、原产地等信息，维护好产品品牌的形象。

第三，大力发展和推广农产品品牌，形成品牌优势，并将品牌优势转为市场优势。通过创立农产品品牌，大力发展和推广农产品品牌，建立农业品牌发展战略；在品牌战略的实施过程中，注重制定现代企业管理办法，运用科学的现代企业品牌营销战略；在农产品品牌营销过程中，时刻注意以人的需要为核心，考察自身农产品与市场同类产品相比是否具有成本优势和价格优势，明确自身产品在市场中的定位；重视品牌质量管理，监督产品的生产实施全过程，加大对农产品品牌的宣传力度。

（四）打造优势农业产业带

第一，选择适合当地生产的种植模式。通过积极建设现代化农业，在充分考虑本地自然资源基础上，选择适合区域生产的特色农产品，制定相应的农产品种植模式；鼓励农业龙头企业充分发挥带头作用，对优质农产品进行经营化管理，合理布局区域优势农产品；将农业企业与单个农户有效衔接，打造具有地区优势产业带的农产品。

第二，创立优质农产品品牌，提高农产品市场竞争力。通过强化农产品品牌优势，利用农产品品牌优势转化为市场优势，扩大市场份额；以创立和推广农产品品牌为基点，努力培育优质农产品，扩大生产规模和不断巩固农产品品牌的市场占有率；注意保护生态环境，降低在农业生产过程中对生态环境的影响，促进农业与生态环境之间的和谐发展。

第三，将传统农业生产结构向优势农产品产业带转变。结合区域资源禀赋情况，考虑农产品成长所需的气候、温度、土壤等因素，把握市场需求，引导农民种植适宜的农产品；在农产品种植过程中加大对农业科学技术的投入，帮助农民提高生产效率，实现规模化生产和管理化经营，打造优质农产品品牌；逐步将优势农产品集聚并形成农产品优势区域，实现优势农产品生产规模化；促进农产品优势区域和农业企业融合发展，构建优势农产品区域生产产业链。

(五) 扩大土地经营规模

确保土地承包经营权有效实施,推行土地承包流转制度,对土地进行适度规模经营;实行土地承包经营权流转制度,严格按照程序进行土地流转,建立良好的土地流转市场,提高土地流转效率;重视土地承包经营权的登记工作,促进土地流转和扩大流转范围,提高农业土地的生产效率,有效保障农民土地权益;将农业企业与农户有效结合,建立农业股份制农业企业,促进农业规模化和产业化生产,实现农民持续增收、企业稳定获益的双赢局面。

参考文献

[1] 曹慧、郭永田、刘景景、谭智心：《现代农业产业体系建设路径研究》，载《华中农业大学学报》（社会科学版）2017年第2期。

[2] 陈航英：《新型农业主体的兴起与"小农经济"处境的再思考——以皖南河镇为例》，载《开放时代》2015年第5期。

[3] 陈文胜：《论中国农业供给侧结构性改革的着力点——以区域地标品牌为战略调整农业结构》，载《农村经济》2016年第11期。

[4] 崔晓、张屹山：《中国农业环境效率与环境全要素生产率分析》，载《中国农村经济》2014年第8期。

[5] 邓远建、肖锐、严立冬：《绿色农业产地环境的生态补偿政策绩效评价》，载《中国人口·资源与环境》2015年第1期。

[6] 冯小：《新型农业经营主体培育与农业治理转型——基于皖南平镇农业经营制度变迁的分析》，载《中国农村观察》2015年第2期。

[7] 高帆：《我国区域农业全要素生产率的演变趋势与影响因素——基于省际面板数据的实证分析》，载《数量经济技术经济研究》2015年第5期。

[8] 高强、孔祥智：《中国农业结构调整的总体估价与趋势判断》，载《改革》2014年第11期。

[9] 高云、詹慧龙、赵跃龙、李树君、矫健：《国家现代农业示范区显著性分析》，载《中国农业资源与区划》2016年第2期。

[10] 郭秀兰：《新常态下农业结构调整的多维困境及其路径选择》，载《经济问题》2015年第9期。

[11] 胡雪萍、董红涛：《构建绿色农业投融资机制须破解的难题及路径选择》，载《中国人口·资源与环境》2015年第6期。

[12] 黄祖辉、傅琳琳、李海涛：《我国农业供给侧结构调整：历史回顾、问题实质与改革重点》，载《南京农业大学学报（社会科学版）》2016年第6期。

[13] 冀县卿、钱忠好、葛轶凡：《如何发挥农业补贴促进农户参与农地流转的靶向作用——基于江苏、广西、湖北、黑龙江的调查数据》，载《农业经济问题》2015年第5期。

[14] 姜长云：《关于发展农业生产性服务业的思考》，载《农业经济问题》2016年第5期。

[15] 蒋和平、张成龙、刘学瑜：《北京都市型现代农业发展水平的评价研究》，载《农业现代化研究》2015年第3期。

[16] 靳淑平：《我国现代农业发展的演进分析》，载《中国农业资源与区划》2014年第5期。

[17] 孔祥智：《农业供给侧结构性改革的基本内涵与政策建议》，载《改革》2016年第2期。

[18] 李登旺、仇焕广、吕亚荣、韩炜：《欧美农业补贴政策改革的新动态及其对我国的启示》，载《中国软科学》2015年第8期。

[19] 李国英：《"互联网+"背景下我国现代农业产业链及商业模式解构》，载《农村经济》2015年第9期。

[20] 李娜：《新常态下农业可持续发展的新问题及对策研究》，载《中国农业资源与区划》2016年第1期。

[21] 李同昇、罗雅丽：《农业科技园区的技术扩散》，载《地理研究》2016年第3期。

[22] 刘红瑞、霍学喜：《城市居民休闲农业需求行为分析——基于北京市的微观调查数据》，载《农业技术经济》2015年第4期。

[23] 刘晓梅、余宏军、李强、蒋卫杰：《有机农业发展概述》，载《应用生态学报》2016年第4期。

[24] 刘应元、冯中朝、李鹏、丁玉梅：《中国生态农业绩效评价与区域差异》，载《经济地理》2014年第3期。

[25] 刘玉春、修长柏：《农村金融发展、农业科技进步与农民收入增长》，载《农业技术经济》2013年第9期。

[26] 刘兆阳、蒋辉、张康洁、张怀英：《农业发展在政策减贫过程中的中介效应研究》，载《农业现代化研究》2017年第3期。

[27] 龙冬平、李同昇、苗园园、于正松：《中国农业现代化发展水平空间分异及类型》，载《地理学报》2014年第2期。

[28] 罗浩轩：《中国农业资本深化对农业经济影响的实证研究》，载《农业经济问题》2013年第9期。

[29] 罗迈钦：《现代农业发展背景下的经验农民向知识农民转型研究》，载《农业现代化研究》2014年第3期。

[30] 罗明忠、林家宝、张奕婧：《制度创新与农业发展：中国经验与国际比较——中国国外农业经济研究会2017年年会暨学术研讨会综述》，载《中国农村经济》2017年第11期。

[31] 罗锡文、廖娟、邹湘军、张智刚、周志艳、臧英、胡炼:《信息技术提升农业机械化水平》,载《农业工程学报》2016年第20期。

[32] 吕悦风、陈会广:《农业补贴政策及其对土地流转的影响研究》,载《农业现代化研究》2015年第3期。

[33] 孟丽、钟永玲、李楠:《我国新型农业经营主体功能定位及结构演变研究》,载《农业现代化研究》2015年第1期。

[34] 仝志辉、侯宏伟:《农业社会化服务体系:对象选择与构建策略》,载《改革》2015年第1期。

[35] 盛来运、付凌晖:《转型期.农业发展对经济增长的影响》,载《中国农村经济》2014年第1期。

[36] 万宝瑞:《当前我国农业发展的趋势与建议》,载《农业经济问题》2014年第4期。

[37] 汪发元:《新型农业经营主体成长面临的问题与化解对策》,载《经济纵横》2015年第2期。

[38] 王健、汲朋飞、刘立军:《"互联网+现代农业园区"的个案研究》,载《经济纵横》2016年第9期。

[39] 王欧、杨进:《农业补贴对中国农户粮食生产的影响》,载《中国农村经济》2014年第5期。

[40] 王树进、陈宇峰:《我国休闲农业发展的空间相关性及影响因素研究》,载《农业经济问题》2013年第9期。

[41] 王雅鹏、吕明、范俊楠、文清:《我国现代农业科技创新体系构建:特征、现实困境与优化路径》,载《农业现代化研究》2015年第2期。

[42] 魏金义、祁春节:《农业技术进步与要素禀赋的耦合协调度测算》,载《中国人口·资源与环境》2015年第1期。

[43] 魏金义、祁春节:《中国农业要素禀赋结构的时空异质性分析》,载《中国人口·资源与环境》2015年第7期。

[44] 吴丽丽、李谷成、周晓时:《要素禀赋变化与中国农业增长路径选择》,载《中国人口·资源与环境》2015年第8期。

[45] 吴林海、彭宇文:《农业科技投入与农业经济增长的动态关联性研究》,载《农业技术经济》2013年第12期。

[46] 吴鸢莺、李力行、姚洋:《农业税费改革对土地流转的影响——基于状态转换模型的理论和实证分析》,载《中国农村经济》2014年第7期。

[47] 肖卫东、张宝辉、贺畅、杜志雄:《公共财政补贴农业保险:国际经验与中国实践》,载《中国农村经济》2013年第7期。

[48] 谢天成、施祖麟:《城镇化与农业现代化协调发展研究——以昆山市为例》,载《农业现代化研究》2015年第6期。

[49] 许世卫、王东杰、李哲敏:《大数据推动农业现代化应用研究》,载《中国农业科学》2015年第17期。

[50] 姚延婷、陈万明、李晓宁:《环境友好农业技术创新与农业经济增长关系研究》,载《中国人口·资源与环境》2014年第8期。

[51] 杨建利、邢娇阳:《我国农业供给侧结构性改革研究》,载《农业现代化研究》2016年第4期。

[52] 杨萍、季明川、郝晋珉:《以土地高效利用为核心的现代农业园区设计与实证分析》,载《农业工程学报》2015年第9期。

[53] 叶兴庆:《演进轨迹、困境摆脱与转变我国农业发展方式的政策选择》,载《改革》2016年第6期。

[54] 尹昌斌、程磊磊、杨晓梅、赵俊伟:《生态文明型的农业可持续发展路径选择》,载《中国农业资源与区划》2015年第1期。

[55] 曾福生、高鸣:《中国农业现代化、工业化和城镇化协调发展及其影响因素分析——基于现代农业视角》,载《中国农村经济》2013年第1期。

[56] 张克俊、张泽梅:《农业大省加快构建现代农业产业体系的研究》,载《华中农业大学学报》(社会科学版)2015年第2期。

[57] 张晓雯、眭海霞、陈俊江:《促进"互联网+"现代农业科学发展研究》,载《农村经济》2017年第2期。

[58] 张勇民、梁世夫、郭超然:《民族地区农业现代化与新型城镇化协调发展研究》,载《农业经济问题》2014年第10期。

[59] 张震、刘学瑜:《我国设施农业发展现状与对策》,载《农业经济问题》2015年第5期。

[60] 周广胜:《气候变化对中国农业生产影响研究展望》,载《气象与环境科学》2015年第1期。

[61] 周立:《以特色农业引领农业结构优化升级的路径与启示——以洛阳市为例》,载《地域研究与开发》2016年第5期。

[62] 周应恒、胡凌啸、严斌剑:《农业经营主体和经营规模演化的国际经验分析》载《中国农村经济》2015年第9期。

[63] 周振、孔祥智:《中国"四化"协调发展格局及其影响因素研究——基于农业现代化视角》,载《中国软科学》2015年第10期。

[64] 朱鹏颐:《农业生态经济发展模式与战术探讨》,载《中国软科学》2015年第1期。

[65] 朱品文:《河南省循环农业发展的实践模式及借鉴》,载《中国农业资源与区划》2016年第7期。

[66] 邹珊、李想、杨敬华:《湖南省创意休闲农业发展水平综合评价研究》,载《农业现代化研究》2017年第1期。

[67] Andreas Kamilaris, Andreas Kartakoullis, Francesc X Prenafeta - Boldú. A Review On the Practice of Big Data Analysis in Agriculture. *Computers and Electronics in Agriculture*, Vol. 143, 2017, pp. 23 - 37.

[68] Basil Manos, Parthena Chatzinikolaou, Fedra Kiomourtzi. Sustainable Optimization of Agricultural Production. *APCBEE*

Procedia, Vol. 5, 2013, pp. 410 – 415.

[69] B Bellotti, J F Rochecouste. The Development of Conservation Agriculture in Australia—Farmers as Innovators. *International Soil and Water Conservation Research*, Vol. 2, Issue 1, March 2014, pp. 21 – 34.

[70] Bernardo Mueller, Charles Mueller. The Political Economy of the Brazilian Model of Agricultural Development: Institutions Versus Sectoral Policy. *The Quarterly Review of Economics and Finance*, Vol. 62, November 2016, pp. 12 – 20.

[71] Bingjie Song, Guy M Robinson, Zhongxue Zhou. Agricultural Transformation and Ecosystem Services: A Case Study From Shaanxi Province, China. *Habitat International*, Vol. 69, November 2017, pp. 114 – 125.

[72] Constantin Ciutacu, Luminiţa Chivu, Jean Vasile Andrei. Similarities and Dissimilarities between the EU Agricultural and Rural Development Model and Romanian Agriculture Challenges and Perspectives, *Land Use Policy*, Vol. 44, March 2015, pp. 169 – 176.

[73] Christian Levers, Van Butsic, Peter H Verburg, Daniel Müller, Tobias Kuemmerle. Drivers of Changes in Agricultural Intensity in Europe. *Land Use Policy*, Vol. 58, 15 December 2016, pp. 380 – 393.

[74] Connor Joseph Cavanagh, Anthony Kibet Chemarum, Paul Olav Vedeld, Jon Geir Petursson. Old wine, new bottles? Investigating the differential adoption of "climate-smart" agricultural practices in western Kenya. *Journal of Rural Studies*, Vol 56, November 2017, pp. 114 – 123.

[75] Chung – Hui Lai, Shih – Wen Hu, Vey Wang, Chi – Chur Chao. Agricultural R&D, Policies, (in) Determinacy, and Growth. *International Review of Economics & Finance*, Vol. 51, September 2017, pp. 328 – 341.

[76] Darmawan Listya Cahya. Analysis of Urban Agriculture Sustainability in Metropolitan Jakarta (Case Study: Urban Agriculture in Duri Kosambi). *Procedia – Social and Behavioral Sciences*, Vol. 227, 14 July 2016, pp. 95 – 100.

[77] E Ustaoglu, C Perpiña Castillo, C Jacobs – Crisioni, C Lavalle. Economic Evaluation of Agricultural Land to Assess Land Use CAhanges. *Land Use Policy*, Vol. 56, November 2016, pp. 125 – 146.

[78] Ivana Kravcakova Vozarova, Rastislav Kotulic. Quantification of the Effect of Subsidies on the Production Performance of the Slovak Agriculture. *Procedia Economics and Finance*, Vol. 39, 2016, pp. 298 – 304.

[79] James W Jones, John M Antle, Bruno Basso, Kenneth J Boote, Tim R Wheeler. Toward a New Generation of Agricultural System Data, Models, and Knowledge Products: State of Agricultural Systems Science. *Agricultural Systems*, Vol. 155, July 2017, pp. 269 – 288.

[80] Jason Potts, Tim Kastelle. Economics of Innovation in Australian Agricultural Economics and Policy. *Economic Analysis and Policy*, Vol. 54, June 2017, pp. 96 – 104.

[81] Jian Peng, Zhicong Liu, Yanxu Liu, Xiaoxu Hu, An Wang. Multifunctionality Assessment of Urban Agriculture in Beijing City, China. Science of The Total Environment, Vol. 537, 15 December 2015, pp. 43 – 351.

[82] Joao Paulo A de Souza. Evidence of Growth Complementarity between Agriculture and Industry in Developing Countries. *Structural Change and Economic Dynamics*, Vol. 34, September 2015, pp. 1 – 18.

[83] Kristal Jones, Leland L Glenna, Eva Weltzien. Assessing Participatory Processes and Outcomes in Agricultural Research for Development from Participants' Perspectives. *Journal of Rural Studies*, Vol. 35, July 2014, pp. 91 – 100.

[84] Lara Riguccio, Giovanna Tomaselli, Patrizia Russo, Concetta Falanga. Identification of "Typical Agricultural Districts" for the Development of Rural Areas Applied to Eastern Sicily, *Land Use Policy*, Vol. 44, March 2015, pp. 122 – 130.

[85] Laura Vang Rasmussen, Rosina Bierbaum, Johan A Oldekop, Arun Agrawal. Bridging the Practitioner – Researcher Divide: Indicators to Track Environmental, Economic, and Sociocultural Sustainability of Agricultural Commodity Production, *Global Environmental Change*, Vol. 42, January 2017, pp. 33 – 46.

[86] Marcia S DeLonge, Albie Miles, Liz Carlisle. Investing in the Transition to Sustainable Agriculture. *Environmental Science & Policy*, Vol. 55, Part 1, January 2016, pp. 266 – 273.

[87] Martijn J Smit, Eveline S van Leeuwen, Raymond J G M Florax, Henri L F de Groot. Rural Development Funding and Agricultural Labour Productivity: A Spatial Analysis of the European Union at the NUTS2 Level. *Ecological Indicators*, Vol. 59, December 2015, pp. 6 – 18.

[88] Mohammad Sadegh Allahyari, Masoumeh Mohammadzadeh, Stefanos A Nastis. Agricultural Experts' Attitude Towards Precision Agriculture: Evidence From Guilan Agricultural Organization, Northern Iran. *Information Processing in Agriculture*, Vol. 3, Issue 3, September 2016, pp. 183 – 189.

[89] Natalija Bogdanov, Vesna Rodić, Matteo Vittuari. Structural Change and Transition in the Agricultural Sector: Experience of Serbia. *Communist and Post – Communist Studies*, Vol. 50, Issue 4, 2017, pp. 319 – 330.

[90] P L de Freitas, J N Landers. The Transformation of Agriculture in Brazil Through Development and Adoption of Zero Tillage Conservation Agriculture. *International Soil and Water Conservation Research*, Vol. 2, Issue 1, March 2014, pp. 35 – 46.

[91] Pratap Srivastava, Rishikesh Singh, Sachchidanand Tripathi, Akhilesh Singh Raghubanshi. An Urgent Need for Sustain-

able Thinking in Agriculture – An Indian Scenario. *Ecological Indicators*, Vol. 67, August 2016, pp. 611-622.

[92] Rigoberto A Lopez, Xi He, Eleonora De Falcis. What Drives China's New Agricultural Subsidies? *World Development*, Vol. 93, May 2017, pp. 279-292.

[93] Shi-wei XU, gan-qiong LI, Zhe-min LI. China Agricultural Outlook for 2015-2024 Based on China Agricultural Monitoring and Early-warning System (CAMES). *Journal of Integrative Agriculture*, Vol. 14, Issue 9, September 2015, pp. 1889-1902.

[94] Stephen Whitfield, Andrew J Dougill, Jen C Dyer, Felix K Kalaba, Lindsay C Stringer. Critical Reflection on Knowledge and Narratives of Conservation Agriculture. Geoforum, Vol. 60, March 2015, pp. 133-142.

[95] Wanki Moon. Conceptualising Multifunctional Agriculture from a Global Perspective: Implications for Governing Agricultural Trade in the Post – Doha Round era. *Land Use Policy*, Vol. 49, December 2015, pp. 252-263.

[96] Xiaobo Zhang, Jin Yang, Reardon Thomas. Mechanization Outsourcing Clusters and Division of Labor in Chinese Agriculture. *China Economic Review*, Vol. 43, April 2017, pp. 184-195.

[97] Xiaolong Wang, Zhejin Li, Pan Long, Lingling Yan, Peng Sui. Sustainability evaluation of recycling in agricultural systems by emergy accounting. *Resources, Conservation and Recycling*, Volume 117, Part B, February 2017, pp. 114-124.

[98] Yazhou Liu, Yueqing Ji, Shuai Shao, Funing Zhong, Yishan Chen. Scale of Production, Agglomeration and Agricultural Pollutant Treatment: Evidence From a Survey in China. *Ecological Economics*, Vol. 140, October 2017, pp. 30-45.

[99] Yongyang Cai, Alla A Golub, Thomas W Hertel. Agricultural Research Spending Must Increase in Light of Future Uncertainties. *Food Policy*, Vol. 70, July 2017, pp. 71-83.

[100] Yu Qin, Xiaobo Zhang. The Road to Specialization in Agricultural Production: Evidence from Rural China, *World Development*, Vol. 77, January 2016, pp. 1-16.

后　　记

　　近 1000 万字的《珠江－西江经济带城市发展研究（2010～2015）》（10 卷本）经过我们研究团队一年多时间的通力合作最终完成了。

　　呈现给读者的这 10 卷本著作是课题组多年来对珠江－西江经济带城市研究的全面整合和更进一步地深入探讨。既从理论上探讨了城市综合发展水平的内涵和内在机制，也对珠江－西江经济带城市综合发展现状进行了全面评估。其中既包括课题组的独特思考和创新，也传承了前人在珠江－西江经济带各方面研究所奠定的基础。由于珠江－西江经济带发展规划从真正实施至今已有三年多，而规划实施之后经济带各城市发展得如何？规划实施效果是否明显？城市各方面发展成效还有很多内容值得挖掘，研究永无止境，课题组也将持续关注珠江－西江经济带城市综合发展水平，追踪珠江－西江经济带城市发展规划的实施成效。

　　回首这 10 卷本著作的创作过程，我的内心五味杂陈，心中充满了感谢。

　　首先要感谢广西师范大学副校长林春逸教授对这 10 卷本著作的大力支持，没有您的帮助我们的课题研究走不到今天。

　　其次要感谢广西师范大学珠江－西江经济带发展研究院对这 10 卷本著作的立项，并从前期构思、数据收集到成果完成给予大力支持。感谢广西师范大学的徐毅教授在此之中为我们做的大量无私的工作。

　　再次要感谢经济科学出版社的李晓杰编辑及其编辑团队，是你们在出版过程中的辛勤工作以及给我们的帮助与支持才让这 10 卷本著作能够按时付梓。

　　最后要感谢研究团队的每一位成员，在我们一起经历的三百多个日日夜夜中，我们利用暑假和寒假之时，以及平时工作学习之余全身心的投入才取得了如此的成果，这 10 卷本著作凝结了我们研究团队的每一位成员的智慧和劳动。

　　感谢每一位帮助过我们的人。

　　由于我们的学识有限，在这 10 卷本著作中难免存在疏漏与不足，我们真诚地希望读者能够提出批评指正，以使我们能够完善自身研究的缺陷与不足，在学术道路上能有进一步提升。